THE
CAMBRIDGE
HISTORY
OF
RUSSIA

剑桥
俄国史

I

第一卷

**从早期罗斯
到1689年**

Volume I

From Early Rus'
to 1689

[英]莫琳·佩里 主编

杨成 等译

复旦大學 出版社

译者序

杨　成

在世界史学研究领域,"剑桥史"系列拥有一个多世纪的深厚积淀,并因而被各国学术界视为一座难以逾越的高峰和一面卓然屹立的旗帜。自19世纪末阿克顿勋爵(John Emerich Edward Dalberg-Acton, 1st Baron Acton)主持的规模宏大的首部《剑桥近代史》顺利出版以来,该系列在很多方面重新定义了世界史,尤其是区域国别史的书写范式。

"剑桥史"系列兼具学术性和普及性,语言文字通俗易懂,引用文献准确规范,内部结构逻辑严谨,相关论证清晰缜密,尤其善于在编年体纪事和专题式叙事两种方式之间取得平衡。这些特点足以使"剑桥史"系列成为当代经典的代名词。

经过多年精心策划和组织,2006年,剑桥大学出版社正式出版了三卷本《剑桥俄国史》。此前,俄国史在欧美学术界一直主要属于世界史通史的范畴,相关通史类著作多仅用一章或者几章的篇幅来介绍它。因此,世界范围内长期缺乏一部与"剑桥史"其他系列,如《中国史》《印度史》《奥斯曼帝国史》相媲美的大部头俄国通史。

在俄国史相较于冷战时期已不再是西方学术界重点关注的核心领域时,《剑桥俄国史》三卷本在相当程度上填补了空白。凭借杰出的作者群体,多元的研究视角,巧妙的篇章结构,严谨的分析框架,可靠的文献资料,以及新颖的研究范式,该书一经推出,就迅速获得了国际学术界和出版界的普遍认可和高度评价。

目前,《剑桥俄国史》已成为"剑桥史"系列作品中的重要组成部分。无论从研究的深度和广度,还是国际影响力来看,《剑桥俄国史》在短短不足二十年的时间内已经奠定其在俄国通史研究领域中的经典地位,成为"剑桥史"系列的又一成功范例和当代英语学术界在俄国史研究领域的一项标志性成果。

一

《剑桥俄国史》涵盖从古罗斯起源到 20 世纪末的俄国历史。三卷主编分别由英国伯明翰大学莫琳·佩里（Maureen Perrie）、英国伦敦政治经济学院多米尼克·利芬（Dominic Lieven）和美国芝加哥大学罗纳德·格里戈尔·苏尼（Ronald Grigor Suny）担任。此外，广泛邀请当代国际俄国史研究领域的一流学者参与撰稿。该书以其跨学科研究的雄浑气象与话语创新，为理解这个充满悖论的大国提供了全新的认知框架。

《剑桥俄国史》将整个俄国历史的发展划分为三个阶段。

第一卷主要涵盖从早期罗斯到 1689 年彼得一世掌权之前的俄国史。本卷采用年代顺序与主题研究相结合的编纂体例：在纵向维度上，完整呈现自留里克王朝至罗曼诺夫王朝初期的政权更迭轨迹；在横向维度上，着力剖析该时期政治合法性的构建、法律与社会变迁、俄罗斯族与非俄罗斯族的相互交往以及国家与东正教会的关系等核心议题。全卷不仅描述了俄罗斯国家的起源，并且将影响俄国历史发展方向的诸多要素明确地铺陈出来，对"前彼得大帝"时期，即欧洲化进程对俄国社会和文化产生重大影响之前的俄国历史进行了深度诠释，为理解俄国文明的发展路径提供了多维度的阐释框架。

第二卷主要涉及 1689—1917 年的俄国历史，即俄罗斯帝国的历史。在多米尼克·利芬的主导下，"帝国"成为全书的核心理念。本卷并没有用很多篇幅介绍沙俄时期的历史进程，而是主要采取专题研究的方式，从社会史、文化史、经济史、思想史等多重视角，系统构建自 1689 年彼得大帝亲政至 1917 年罗曼诺夫王朝覆灭的俄罗斯帝国兴衰史的立体阐释框架。全卷通过七组专题研究单元，既全景式解析帝国在欧亚地缘格局中崛起为世界强权的政治演进（军事改革、官僚体系完善）、经济现代化（农奴制转型、工业化进程）与文化认同重塑（启蒙思想传播、艺术流派嬗变），又聚焦帝制晚期社会裂变中的关键张力——东正教伦理与现代法治的冲突、秘密警察制度与社会控制机制、女性意识觉醒对传统秩序的冲击，以及革命思潮的跨国流动与本土化实践。所有主要俄国社会群体都对应独立章节，非俄罗斯族以及政府的相关政策亦得到详尽考察。

第三卷的主要内容是 20 世纪的俄苏历史,涵盖俄罗斯帝国晚期、苏俄、苏联和俄罗斯联邦四个阶段的历史,其中又以苏联历史的研究为主,深入探究了苏联社会的各个方面。该卷以 1905 年革命为起点,贯通两次世界大战、斯大林体制的建构与解构、冷战对峙以及苏联的衰落和解体等重大历史节点,通过政治制度嬗变、意识形态博弈、社会结构转型与文化认同重构等多重视角,深度解析俄国和苏联现代化道路的内在逻辑与历史代价。本卷的鲜明特点是立足苏联解体后解密的大量档案文献,系统重构 20 世纪俄苏史的演进谱系。

《剑桥俄国史》没有忽视早期社会、思想、宗教、地理、人口等方面因素对俄国历史发展产生的深远影响,体现了编创团队对俄国历史路径依赖的深层思考。但整体而言,从三卷本的时段划分看,《剑桥俄国史》以一种"非均衡""非对称"的方式切割了俄国历史,通过"厚今薄古"的历史分期突出了对成长为世界大国之后的俄国历史的重视。这种对于帝国时期和苏联时期的俄国史给予更多关注的历史书写,总体上折射出编撰团队以成败和影响力论国家兴衰的认知定式。

在写作呈现上,《剑桥俄国史》秉持了"剑桥史"系列作品的一贯特点,通过将编年史与专题史相结合的方式,既在总体上展现了俄国史时间上的连续性,又不完全机械地编年叙事,而是将各种专题史贯穿其中,以问题为导向,尽量突出影响俄国发展的关键因素与重要命题。在这种特殊的篇章结构安排下,时代特征被深深地嵌入历史叙述之中,俄国历史发展的复杂过程得以在多重视角的"复调"中加以"深描"。读者借此更容易理解俄国历史发展的内在逻辑,整部著作的理论深度也因而进一步加强。

在《剑桥俄国史》三卷本中,第二卷相对更为特殊。它通篇只见专题,不见编年,将"剑桥史"议题导向的特点彰显得最为充分。表面上,它只提供了碎片化的帝俄历史知识,但实际上这更凸显了多米尼克·利芬及其作者群的匠心独运。这种不常见的历史书写将按时间由远及近的叙述全部以隐性的方式嵌入深刻的主题研究,致力于让读者在纷繁复杂的历史细节中抓住俄国历史发展的主要脉络。

因此,《剑桥俄国史》可以被视为一种非典型的俄国编年体通史著作。它以通史的方式"架梁立柱",提供有关俄国历史的全面知识;又以专题史的方式"精耕细作",挖掘影响俄国政治、经济、社会、民族等独特面貌的权力"毛细血管"的作用。作者对于俄国历史主要发展线索的理解由此贯穿于整部作品之中,关键节点、关键人物、关键事件、关键概念的重要作用被充分说明。在此意义上,《剑桥俄国史》不仅是对俄国历史的一般叙述,更是一部以点连线、以线带面的反映俄国社会主要方面的百科全书,展示了一个相对完整而且真实的俄国,具有优秀作品特有的"转移一时之风气"的基本特点。

二

三卷本《剑桥俄国史》基于西方与俄罗斯在俄国史领域的最新研究成果,提出了不少富有创见性但颇具争议性的新观点,一定程度上反映了苏联解体以来国际学术界在"去俄罗斯中心主义"及"自下而上"与"自上而下"相结合的方法论指引下重新书写俄国史的总趋势。

针对英文世界俄国史主流著作往往"依赖过时且认识肤浅的研究"这一明显不足,莫琳·佩里在《剑桥俄国史》第一卷中致力于提供"严肃学者最新的解释成果",试图呈现对彼得大帝以前俄国史的可靠权威论述。为此,她在第一卷汇集了 19 位作者的 28 篇论文,但没有强行在各章之间建立统一的叙事结构。时间维度与王朝维度的结合构成了第一卷的主线,政治史因此占据本卷的核心地位。这一特点从作为俄国历史发展驱动力的横向分析框架中可见一斑,本卷因此高度重视呈现"外部环境"(地缘政治压力与考量)和"内部因素"(教会、国家与贵族之间的关系)之间的互动。

整体而言,第一卷的创新点主要集中于以下四个方面:一是颠覆古罗斯和早期俄国的孤立印象;二是挑战线性专制论;三是展现与刻板印象不同的俄国社会文化的复杂面貌;四是避免简单地解读那些早期俄国重要象征符号的合法性构建。

莫琳·佩里以留里克王朝及其继承者的统治范围为立论依据,强调现代乌克兰、白俄罗斯等国也都主张自己继承了基辅罗斯的遗产,因而早期罗斯/俄国不能视作现代民族国家的直接前身。这种承认疆域及身份的"流动性"和"多民族特性"意味着,本卷作者试图让读者避免用现代国家的观念回溯历史。这一历史书写路径,和当代俄罗斯主张的自身作为基辅罗斯正统继承者的历史观之间,存在明显张力。乔纳森·谢泼德(Jonathan Shepard)综合大量考古与文献资料深入研究从罗斯起源到弗拉基米尔大公统治及其皈依基督教的整个过程,其中特别强调古罗斯与东方草原帝国可能发生了早期联系和文化借用,提出了在早期罗斯纯粹欧洲(维京/诺曼)起源说之外的新可能。从第一卷的第四、五、七这三章看,早期罗斯和莫斯科公国的权力继承并非简单的父死子继,而是兄终弟及的侧位继承与直位继承原则的模糊、冲突与长期并存,并因此导致王朝内部频繁且残酷的权力斗争。作者们倾向于认为,不明晰的继承制度是俄国政治不稳定的关键因素。这似乎能够解释,为何内战而非外敌经常成为俄国历史转折的主要驱动力。西蒙·富兰克林(Simon Franklin)则注意到,尽管文化和宗教上基辅罗斯与拜占庭联系紧密,但由于地理邻近、边界互动和贸易需求,罗斯王公与西欧各政治力量乃至波兰、匈牙利、神圣罗马帝国、斯堪的纳维亚政权的实际政治、军事和联姻互动,可能比与遥远的拜占庭更为频繁和具有现实必要性。本卷在论及蒙古鞑靼与莫斯科公国崛起的相互关系时也有新论,比如,第九章强调莫斯科公国的权力结构并非一开始就是绝对专制,其立法、外交、战争等重要决策往往需要波雅尔杜马协商同意,呈现出一种可能受到草原政治模式影响的君主-议会二元结构共治色彩。本章同时注意到,俄国以服役为条件的土地授予制度,即服役领地制度的核心原则与伊斯兰世界的伊克塔(Iqta)制高度相似,可能是由鞑靼贵族去莫斯科服役的时候带入,并非纯粹本土创造或只受西欧影响。在第十章中,谢尔盖·博加特廖夫(Sergei Bogatyrev)在揭示伊凡四世(Ivan IV)这一人物的复杂性以及学界观点多元性的同时,注意到特辖制的宗教意义,认为特辖制除了政治恐怖和权力斗争,可能还蕴含着深层的文化和宗教象征意义。在作者看来,伊凡四世或许将特辖军视为替天行道、涤荡罪恶的末世工具,并模仿天国秩序进行审判。另外,相较以往的早期俄国历史综述,本卷最令人欣喜的创新也许是新增了关于农民与农奴制度、城镇与贸易、法律、民众起义,以及关于多个非俄罗斯族群的内容。这些章节共同呈现出一个远比以往叙述更为复杂的俄国国家与社会面貌。从本卷第九章和第十九章等可以看出,俄国统治精英中的外来民族比例很高。到17世纪,莫斯科的统治精英家族中有近一半的姓氏源于波兰-立陶宛或更广泛的“西欧”地区,其混杂和开放程度令人惊叹。

　　如果说莫琳·佩里主编的《剑桥俄国史》第一卷侧重系统分析的话,由多米尼克·利芬主编的第二卷则更强调多元研究路径,折射出主编对帝国主题和微观史的偏好。在这位俄罗斯帝国史研究的权威看来,俄国本身彼时已演变为一个高度多元而复杂的社会,“帝国”才是理解从彼得一世正式宣布俄国为帝国到1917年3月罗曼诺夫王朝及沙俄帝国覆灭整个时期的关键概念。多米尼克·利芬明确指出,英语俄国史学界当下有关俄国史的主流研究往往忽视了国家财政和银行体系等核心领域,而更关注社会史和文化史。在他看来,承认历史的"复杂性"与"多样性",要比时间上的"连贯性"更为重要;更平衡、更全面地"理解俄罗斯国家权力及其国际作用的基础"更是十分必要。为此,他主张,要充分了解俄罗斯帝国,就需要努力探讨那些"过时"的话题,包括国家的财政状况、为军事扩张和工业化提供资金的能力、信贷体系等。因此,《剑桥俄国史》第二卷有意识地重视外交政策、军事、财政和经济结构等领域。

除此之外,该卷试图弥合西方与俄罗斯俄国史学界不同知识传统之间的分歧,多米尼克·利芬为此邀请了俄罗斯学者弗拉基米尔·博布罗夫尼科夫(Vladimir Bobrovnikov)撰写第十章"俄国伊斯兰教",鲍里斯·阿纳尼奇(Boris Ananich)编撰第十九章"俄国经济与银行系统",拉里莎·扎哈罗娃(Larisa Zakharova)撰述第二十八章"亚历山大二世的统治:分水岭?"。该卷还多次引用苏联著名史学家彼·安·扎伊翁奇科夫斯基(P. A. Zaionchkovskii)的观点。扎氏以极其严谨扎实的档案研究而闻名,是研究19世纪俄国国家机器、官僚制度、军事改革和社会史,特别是农民问题和农奴制改革的泰斗。他培养了许多学生,很多西方研究者也曾深受其影响。他治俄国史所关注的重点问题,如国家、官僚、改革、军事等,恰好也是多米尼克·利芬反复强调的在西方"不时髦"的主题。这似乎足以表明,《剑桥俄国史》第二卷在相当程度上是西方和俄罗斯两种不同俄国史研究知识传统相互对接、相互渗透的产物,至少反映了局部"去西方中心主义"的编排思路。

在多米尼克·利芬的主导下,《剑桥俄国史》第二卷既没有按罗曼诺夫统治的时间顺序编排章节,也没有附录家谱表。该卷前三章并不聚焦彼得及其继承人,而是分别为多米尼克·利芬撰写的比较视角下的俄国"帝国与边缘"概论、西奥多·R.维克斯(Theodore R. Weeks)编撰的沙皇民族政策,以及马克·巴辛(Mark Bassin)撰述的三种帝国愿景结构中的身份问题。这三位俄国史大家一致认为,19世纪中叶是帝国政策的转折点。

多米尼克·利芬的导言将关于俄罗斯帝国是"落后性代表"还是"主导行为体"的传统争论,转化为与同期其他欧亚帝国的比较分析,因而超越了简单的先进—落后视角。他指出俄国是相对成功的帝国,强调其在调动资源和适应欧洲模式方面比奥斯曼帝国更高效,打破了前彼得时期的俄国经常落后于邻国的刻板印象。

　　多个非俄罗斯民族在第二卷中获得专题探讨,如乌克兰人和波兰人、犹太人以及信奉伊斯兰教的民族,西奥多·R.维克斯关于民族政策的章节也可以归入此类。这些章节反复强调历史的复杂面貌,即沙俄帝国史并不只是俄罗斯族统治和压迫其他民族的历史,非俄罗斯族群在帝国文化、行政、军事、科学等领域的深度参与和贡献不可忽视;帝俄当局对非俄罗斯族群的政策并不一致,有时试图促进族群融合,有时忽视其他族群,有时选择彻底镇压和"俄罗斯化",不存在单一的、不变的民族政策;这种复杂的民族互动及民族政策的背后,则是沙俄帝国政权的行政能力、安全考虑、社会政治思潮如泛斯拉夫主义等各因素的相互牵制。

　　同样具有启发性的还有本卷第四部分中关于女性的章节,以及旧制度下"阶层"演变的研究。作者注意到,18世纪的俄国法律赋予了贵族妇女一定的权利,其中包括管理嫁妆和继承财产。这比当时欧洲其他国家更先进,甚至维多利亚时代的英国妇女也还没有自主支配财产的权利,后者在许多英国经典文学作品里都有侧面反映。除此之外,分析城市"阶层"对农民、退伍军人等群体的接纳过程的相关章节,也为俄罗斯帝国史,尤其是17世纪至19世纪上半叶的历史,提供了全新视角。

　　《剑桥俄国史》第二卷最后一部分聚焦改革与革命主题。在近年来西方史学研究中,这些主题的学术前景明显减弱,甚至趋于边缘化,所以这种安排也反映了主编及具体撰稿人的反主流意识。一般观点倾向于将改革视为线性的进步,或将改革失败归咎于保守派阻挠。该卷则强调改革具有内在矛盾和悖论。相关章节强调,沙俄当局在克里米亚战争失败后,沙俄当局试图以改革促进现代化,使国家富强,但这同时又威胁到制度本身。改革因而既具有变革性,又具有根本局限性。保留专制、维持村社等做法,反映了现代化的冲动与需求和维持传统专制之间的固有紧张关系,最终导致了沙俄政权的不稳定。

　　除了对帝国治理的现代转换逻辑和俄国知识精英在传统—现代夹缝中的创造性转化的探讨外,第二卷就技术变革对俄国社会关系的催化与异化的论证也颇为精巧。在论述1900年海军的第二十七章中,尼古拉·阿福宁(Nikolai Afonin)将技术变革作为社会分析的视角。作者注意到,甲板军官多来自世袭贵族家庭,而新兴轮机、通信等技术岗位则由平民工程师担任,形成贵族指挥、平民操作的结构。新型无线电报、蒸汽轮机等设备操作需要专业知识,但平民技术军官晋升受限于贵族主导的职级体系。贵族军官在尼古拉海军学院接受战术培训,而水兵训练以机械操作为主,缺乏战术理解。于是,贵族军官阶层与平民水兵之间的差距越来越大,后者的技术优势成为阶级对抗的有力象征,水兵们怨恨军官无能、不近人情、严苛、贪污腐化导致条件恶劣。在这一视角下,作者显然在强调,技术并不是中立的,而在切实重塑社会关系。

与传统历史叙述不同,《剑桥俄国史》第三卷的时间跨度并非从1917年开始,而是完整覆盖了整个20世纪。这种处理方式有助于凸显俄国历史经验长期存在的矛盾性,以及西方史学界关于这些经验的持续争论。这也反映出本卷主编罗纳德·格里戈尔·苏尼及西方学术界的主流时间观,即弱化1917年革命的转折意义。不同的是,在这一问题上,欧美学界存在着两种不同的俄国时间认知:一种更强调20世纪30年代斯大林时期开始的俄国"短20世纪"大转型;另一种更强调俄国从19世纪90年代开启的"长20世纪"漫长的现代化进程。而本卷主编显然更倾向于后一种假设。

于是,该卷采用了与第一卷编年史与主题史互相嵌入截然不同的研究路径,按时间顺序的叙事和专题式研究被明确地一分为二,不仅完整梳理出沙俄末期、第一次世界大战、内战、新经济政策、斯大林模式形成,以及赫鲁晓夫、勃列日涅夫、戈尔巴乔夫、叶利钦等关键历史时期,还深度考察了经济、农业、工业、女性、科技、文化、外交、非俄罗斯民族、周边国家等事关苏俄发展的核心问题。在此历史经纬上,我们得以一脚站在时间轴上纵观俄国20世纪的发展脉络,一脚踏入特定领域,在历史细微之处找到其深层逻辑。

罗纳德·格里戈尔·苏尼的长篇导言毫无疑问是第三卷的精华所在。他在这篇围绕"连续修正主义"论点巧妙展开的重磅综述性评论中,对英美关于苏联历史书写的史学史进行了近乎人类学家推崇的"深描",并将其恰当地置于历史维度之中,清晰地梳理了苏联史领域的重要学术观点和关键性争论,论证了西方俄国史书写如何在不同政治氛围和史学自身演变中不断重塑的过程。这篇致力于"去政治化"的学术史综述,追溯了从早期民族/地理决定论、"俄罗斯灵魂"论,到战后专业化研究及极权主义范式的兴起,再到20世纪80年代修正主义的挑战,直至苏联解体后新极权主义(现代性范式)与新修正主义(新传统主义范式)的论争。在罗纳德·格里戈尔·苏尼看来,英语世界的苏联研究领域深受苏联作为国际挑战者的影响,与西方的整体政治氛围密切相关;同样地,学术观点也随苏联经验的不同阶段而不断演变。该领域中持续存在的保守派与自由派之分,体现在政治史与社会史、意识形态与现实环境、极权主义与现代化等一系列对立性解释之中。即使在苏共政权最终崩溃后,关于苏联时代历史性质的争论,仍在"现代化派"与"新传统主义者"之间持续不断地进行着。

马克·D.斯坦伯格(Mark D. Steinberg)关于革命前俄国复杂局势的分析是本卷编年史部分的亮点。他深入剖析 1914 年的俄国社会,批判性检视"革命前夜动荡论"与"乐观稳定论",着力揭示俄国步入现代世界的复杂矛盾,精湛地论述了第一次世界大战如何催化苏联国家形态的生成与演变,从而将苏联置于欧洲现代性核心框架内。S. A.史密斯(S. A. Smith)关于 1917 年革命的章节深入浅出地解释了自由派和温和社会主义者对俄国继续参战的坚持是布尔什维克崛起的最大助力,在平衡性方面堪称典范。对于毁誉参半的勃列日涅夫时代,斯蒂芬·E.汉森(Stephen E. Hanson)提出"革命现代性的常态化"概念,借此解释为何聚焦苏联政权革命志向者倾向于将勃列日涅夫时代看作一种破产、停滞的妥协,而关注苏联现代化努力者却会注意到苏联在 20 世纪六七十年代的真正进步。他敏锐地注意到,在布尔什维克革命 50 年后,那种通过革命彻底改造现代性本质的梦想逐渐被老一代苏联人的自满所取代,而青年一代则对"完善社会主义"的意识形态话语愈发漠然。因此,当苏联宣称要打造一种"革命现代性"的生活方式时,这种生活方式恰恰因其足够成功而趋于平庸,反而失去了内在一致性。阿奇·布朗(Archie Brown)对米哈伊尔·戈尔巴乔夫成败得失的论述较为充分和精彩。他指出,1985 年来自下层的改革压力其实并不大,苏联一切政治控制机制依然稳固;如果没有发生这场动摇其根基的激进改革,或者说"自上而下的革命",那么苏联很可能持续到 21 世纪。布朗强调,与其说是危机催生了激进的戈尔巴乔夫改革,不如说是戈尔巴乔夫激进的改革制造了危机。

《剑桥俄国史》第三卷的专题章节则力求超越传统俄国史的国家和精英中心主义叙事,更多地从"自下而上"的视角,将工人、农民、知识分子、女性、日常生活、少数族裔、边缘国家等多元视角囊括其中,使社会史与文化史、妇女与少数民族的经历、对外关系等主题得以系统性呈现,得到与传统"自上而下"的研究路径不同的洞察。

本卷以拉尔斯·利赫(Lars Lih)的一篇颇具哲思的重新梳理苏联历史的论文收尾。他以苏联追求共产主义目标的发展逻辑为线索,探讨了从列宁革命运动年代到赫鲁晓夫时期马克思主义社会民主愿景的变化。利赫认为,尽管"新经济政策"后被视为一种可能带领苏联走向不同方向的政策选项,但十月革命事实上已大致决定了苏俄和苏联接下来70多年的发展轨道。换言之,作者坚信俄国发展存在历史路径依赖,而苏联并不例外。

20世纪的俄国成为理解本世纪重大历史议题的重要透镜,苏联鲜明的意识形态特征更赋予其历史以独特的复杂性。十分难得的是,尽管"盎格鲁-撒克逊中心主义"的底层逻辑依然浸染其中,相对较为中立的叙事是贯穿《剑桥俄国史》第三卷的基本特点。通览全卷,各位撰稿人审慎地将俄国历史嵌入欧洲发展进程,意识形态与"特殊道路"论被有所淡化,这至少表明英美史学界在20世纪俄国史研究问题上较以往相对更为成熟。

三

《剑桥俄国史》三卷本堪称"冷战"后英语学界俄国历史研究的标志性成果,在相当程度上将英语学界的俄国通史研究推到一个新高度。在世界范围内,对《剑桥俄国史》的翻译和研讨自其出版以来已延续多年,至今依然方兴未艾。该书的独特体例和研究方法被其他国家的很多研究机构和学者或模仿、或参照、或沿袭、或消化、或批判、或吸收,使其俨然成为当代最重要、最具影响力的俄国通史作品之一,已经变成俄国史研究者必备的权威参考文献与综合性指南。毫不夸张地讲,在学术更新加速的时代,此书虽然难称永恒经典,但其学术价值绝对不容置疑。尽管如此,这套引领一时风潮的俄国史杰作并非毫无缺点,甚至可以说,它的不足之处与其优点一样突出。

第一,三卷本的体例未能做到结构化的统一。"剑桥史"系列最大的特点在于致力于实现时间连续性和专题导向性的巧妙结合,确保读者既能理解相关世界史,尤其是区域国别史的整体历史脉络,又能对可能的关键节点、事件、人物、现象有更深刻的认知。这种将编年史与专题史混编、追求知识广度和知识深度相结合的方式确实成了"剑桥史"的标志,成为其引人入胜的关键原因所在。但《剑桥俄国史》三卷本却分别采用了不同的编排体例:第一卷忠实执行了"剑桥史"系列的基本路径,编年史和专题史相互嵌入,混合编排;第二卷则全部采用专题史形式呈现;第三卷则将编年史和专题史直接一分为二,先按编年史呈现 20 世纪俄国史的连续性，再集中用专题史讨论社会、文化等重要主题。这样一来，三卷本的异质性被充分显现，三位主编似乎各行其是，没有严格遵循相同的编辑思路，从而在相当程度上破坏了三卷本的整体性。

以第二卷为例，本卷涵盖了大量主题，其中帝国 3 章，文化、思想、身份 4章，非俄罗斯民族 3 章，俄罗斯社会、法律与经济 9 章，政府 3 章，外交政策与武装力量 5 章，改革、战争与革命 4 章，内容不可谓不丰富，主题选择得不可谓不独到，但可能也不可避免地舍弃或绕开了其他深刻影响沙俄帝国发展的同等重要的议题。比如：有关"俄国性"话语的持久争论；现代化、现代性与现代主义的复杂三元关系；历史"转折点"等关键节点以及相关的连续性、断裂性问题；帝国中央与地方之间的紧张关系等。

更关键的是，第二卷在篇章结构的安排上和其他两卷相差甚远，其最大的问题可能在于叙事框架的贯通性。本书第一卷和第三卷都有详尽导言，结合时间顺序与主题结构，阐述该卷所覆盖的历史时间范围内俄国发展的基本脉络和关键因素。但第二卷却既无明确的时间框架，也无概念维度。主编多米尼克·利芬撰写了名为"俄国作为帝国与边陲"的首章，但他更倾向于浓缩自己关于该主题的专论内容，而非引介俄罗斯帝国或本卷整体内容。

除此之外，在各卷的具体章节中，两种具有明显张力的历史书写方法不时冲突：一种追求对历史细节的铺陈，将阐释范式运用到极致，以至于常常过于琐碎；另一种则借助社会科学的概念、范畴、理论、方法，将解释进行到底，失去了对历史细节的充分捕捉。

第二，"盎格鲁-撒克逊中心主义"特征鲜明。《剑桥俄国史》三卷本分卷主编自身的"学术网络"也顺理成章地体现在撰稿人的选择上。从作者的国籍及学术背景可以清晰地看出，加入编写团队的"顶尖专家"明显多为英美学者。这样的组合实际上使得《剑桥俄国史》三卷本在具体历史问题的阐发上，或多或少陷入了不是一般的"西方中心主义"或"欧洲中心主义"，而是更为偏狭的"盎格鲁-撒克逊中心主义"迷思。

最典型的例子是罗纳德·格里戈尔·苏尼为第三卷撰写的长篇导言。这位分卷主编甚至自己也承认，他的相关讨论几乎完全局限于英美学界，仿佛"西方"有关俄国史研究，尤其是 20 世纪苏联史研究的杰出学术成果并不包含法国、德国及其他西方国家的相关知识生产。更让人感到意外的是，他对苏联及后苏联学界规模十分庞大的研究成果只字未提，似乎它们仍然被隔绝在早已随着东欧剧变和苏联解体而在物理意义上彻底消解的"铁幕"之外。这种选择性极强的"苏尼钟罩"表明,主客位的相互转换和"将心比心"的逻辑在英美苏联史研究领域仍然居于相对边缘的地位,也使得真正"走入苏联"获得有关苏联的可靠认知在相当程度上还是一种可遇而不可求的奢侈品。

《剑桥俄国史》三卷都邀请了一些俄罗斯学者撰稿,但这种参与更多的是点缀式的。同时,相关作者获得邀约似乎也是因为其研究视角、研究偏好甚至是研究结论可能更接近英美同行,而不是其理论、方法、史料等都具备了与"盎格鲁-撒克逊中心主义"平等对话的能力。

以第三卷为例,除了撰写关于斯大林领导集团一章的合作者奥列格·赫列夫纽克(Oleg Khlevniuk)之外,该卷缺乏来自研究对象国俄罗斯的学者的充分参与。这在某种程度上反映出英美学界在思想上和行动上的二律背反:一方面经常对"西方中心主义"开展激烈的自我批评,但另一方面又不愿意真正接纳非西方学者的平等对话,从而错失了由俄罗斯学者与西方学者合作完成此类研究并实现观点平衡、客观、理性、中立的良机,尽管苏联解体为此提供了前所未有的可能性。

"盎格鲁-撒克逊中心主义"的凸显,导致三位主编在编撰相关分卷时未能在真正意义上实现重大突破。从第一卷看,主编莫琳·佩里明显倾向于政治史研究视角,而且在时间分期上沿用了传统上以彼得大帝统治时期为分界点的做法。这种历史分期明显带有浓厚的"欧洲中心主义"逻辑,因为早期俄国与欧洲在这一视角下几乎毫无关联,彼得时代的俄国才被认为开始真正融入欧洲。无论这种观点正确与否,它显然将"欧洲化"作为评估和书写俄国历史的标准。它的优点是与帝国维度相契合,却将亚洲帝国演变对理解俄国历史的重要性置于次要地位。在这一领域,濮德培(Peter Perdue)等人其实已做出卓越的研究成果,其研究范式完全可以被吸纳进该卷,从而获得更均衡和更恰切的俄国史认知与理解。

第三,编年史和主题史混编以及撰稿人过多带来了先天不足。前者带来的最大问题是很多章节出现前后重复或论点矛盾;后者则由于每一卷都任用了大量作者,且分卷主编缺乏对各个撰稿人切入视角足够细致的协调,导致撰稿方式、体例、文风等过于多样化。因此,书中对同一事件常常出现相互矛盾的叙述和评价,而某些现象既没有被清楚解释,也未能令人满意地纳入更大的历史框架之中。

比如,有评论注意到,第一卷中在不同章节至少呈现了关于俄国国家性质的四种无法调和的观点:一是主张俄罗斯国家结构的基础来自蒙古鞑靼,并认为该体制建立在精英阶层共识之上,统治者权力有限,即莫斯科大公的权力受到严格限制;二是倾向于将国家视为"畸形扩张",将统治者看作独裁君主,因其模仿6世纪拜占庭的理念而自认为是上帝在人间的代理人;三是介于两者之间,认为统治精英均贪婪好权,沙皇本身就是其中一员;四是提出复杂权力平衡的图景,强调强势的沙皇、强大的文官集团以及二者之间不断的博弈。对缺乏相关背景知识的非专业读者而言,在这些相互冲突的观点中找到理解的方向,是极为困难的。更糟糕的是,这四种观点中至少有两种因其或多或少的偏激性而并不具备足够的代表性。在国际学界中存在更温和、更主流的表述,但在《剑桥俄国史》中未能充分呈现。在关于法律和社会的章节中也存在类似问题。比如,有作者认为俄国85%的人口是农奴,而另一位撰稿人却指出该国广大地区从未经历过农奴制。

除了部分章节内容出现不少重复且不同作者观点截然对立外,反过来的问题同样存在,即一些重要内容被选择性遗漏。例如对17世纪非俄罗斯民族的讨论遗漏了乌克兰哥萨克人,而这可以说是自16世纪80年代征服西伯利亚以来,俄国最重要的扩张成果之一。另外一个章节虽然在军事史背景下讲述了乌克兰哥萨克人及其接受沙皇阿列克谢宗主权的过程,但关于1667年以后其与俄国的关系却全然未纳入讨论,而这一部分的重要性显然不亚于西伯利亚扩张。

第三卷将按时间顺序的叙事和专题式研究一分为二的编撰方式虽有其优势,但也存在一定弊端,其中之一便是第一、二部分之间存在大量冗余重复。事实上,在引导读者经历第一次世界大战、革命、内战、集体化、工业化、第二次世界大战、改革、停滞、再改革及最终解体的过程时,第一部分无法回避对第二部分核心主题的探讨。而第二部分的专题章节本质上也以时间顺序展开,于是读者在第二部分中又一次随着农民走过俄国的20世纪,接着再从起点出发,与工人一起走过俄国的20世纪,然后是女性,接着是科学家,以此类推,不断循环往复。

第四,多学科、跨学科的研究不够充分。其中第三卷苏联史部分表现得最为明显,该卷主编将苏联历史后半段(从1945年至解体)几乎完全交由政治学家撰写,其直接后果是该卷必然以制定政策的精英为研究焦点。但这种过于单一学科背景的撰稿人组成,必然不利于获得对苏联的全方位、全领域理解。尤其是在苏联解体后,以美国加州大学伯克利分校教授阿列克谢·尤尔恰克(Alexei Yurchak)以及圣彼得堡欧洲大学谢尔盖·阿巴申(Sergey Abashin)为代表的人类学家恰恰提供了对苏联社会最富有洞察力的解释。不同学科专家的介入,绝对有利于推动形成有关苏联研究的新的问题意识,进而通过新的论争形成新的综合知识,但《剑桥俄国史》的主创团队显然未能充分发挥多学科、跨学科甚至超学科剖析俄国历史发展的比较优势。

第五,编辑上的疏漏与失误。比如瓦西里·波列诺夫(Vasilii Polenov)创作于1878年的著名画作《莫斯科的小院》(Moskovskii dvorik),画中展现了莫斯科教堂穹顶的天际线以及城市郊区精心营造的田园生活,在其时许多俄国人眼中代表了民族的真正灵魂。但在第二卷插图14中它却被用作展现"农村生活:俄国中部村庄情景"的配图,但作者和编者均未注明这只是一幅经典画作,而非实际场景。第三卷中有一章声称"迄今尚无对20世纪40年代末反犹运动的明确解释",而另一章却正好提供了这样的解释。在第三卷中,一位作者将苏联最具情感共鸣的纪念日——"胜利日"——误写为向西方盟国投降的5月8日,而没能注意到向苏联单独投降的5月9日才是苏联官方确定的"伟大卫国战争"的胜利日。无独有偶,另一位作者强调斯大林宣称社会主义现实主义"在内容上是社会主义的,在形式上是民族的",但实际上这是斯大林有关苏联民族政策的经典表述。此外,个别地方还有英文拼写错误的问题。诸如此类的细节瑕疵,对《剑桥俄国史》而言实在不该发生。

<h1 style="text-align:center">四</h1>

晚清以来的中国历史变革表明,外部世界的影响一直是中国现代化的重要组成部分。其中,沙俄、苏联及当代俄罗斯这三个相互异质但又一脉相承的国家,无疑是最重要的外部"他者"之一。"中国离不开世界,世界离不开中国"的宏大历史进程,在很大程度上表现为中国和三个"俄国"的复杂关联;同样,世界读懂中国和中国读懂世界,似乎也离不开三个"俄国"的中介作用。

从现有史料看,我国的俄国史研究始于18世纪初。但从彼时起至20世纪初,有关俄国的研究与其说是系统性成果,不如说是纪行文学更为准确,《奉使俄罗斯行程录》《异域录》等都属于此类作品。1903 年，上海出版了两本《俄国史》译著，20 世纪中国研究俄国史的序幕就此徐徐拉开。1949 年前先后出版的何汉文、娄壮行、顾谷宜编著的《俄国史》，是我国独立撰写俄国史的首批著作。中华人民共和国成立后，研究和学习苏联一度成为主要潮流，苏联官修史书被大量译介。中苏两党关系破裂后，中国学界开始加大对中俄关系史的研究，20 世纪 70 年代出版的《沙俄侵华史》等著作和资料集是其时的代表作。

改革开放以后，尤其是 20 世纪 90 年代以来，中国的世界史研究获得了长足的进步，在很多领域都产生了具有国际影响力的学术成果。然而，俄国史研究的进步相对而言却不尽如人意。尤其在俄国通史研究领域，在 1986 年孙成木、刘祖熙先生主编的《俄国通史简编》出版之后，近 40 年的时间里中国大陆学界竟然没有出现一本以俄国历史为研究对象的通史类著作。闻一先生的力作《俄罗斯通史(1917—1991)》已经出版，但其遗作《俄罗斯通史(基辅罗斯—1917)》何时面世尚未可知。近年来，尽管翻译出版了梁赞诺夫斯基(N. V. Riasanovsky)的《俄罗斯史》等一系列成果，但部分俄国史译作在文本选择的权威性方面无法令人满意，也远远不能满足研究者和对俄罗斯问题感兴趣的普罗大众日益增长的知识需求。可以说，加强俄国史研究，尤其是加强对于俄国通史问题的研究已经成为当代中国的俄国史学界，乃至广义上的俄罗斯研究学界无法回避的迫切问题。

当前，区域国别学已经成为交叉学科门类下的新兴一级学科。作为服务国家战略需求的应用性基础学科，区域国别学的重要研究对象必然包含俄罗斯这一我国外交布局中在大国、周边、发展中国家及多边四个维度都具有特殊性和独特价值的关键邻国。掌握俄国史的基本知识理应为题中应有之义。

在构建区域国别学自主知识体系的过程中，俄国史的空白无疑需要填补。但俄国史自主知识体系的建设并非一日之功，需要持久的投入、关注、研究和创新。尤为关键的是，自主不是自大，更不是封闭，而应该在充分批判吸收外部世界已有优秀成果的基础上加以超越。因此，加强俄国通史的研究，除了组织力量开展俄国通史写作之外，通过翻译介绍的方式，将在国际史学界有重要影响的俄国通史类著作引入中国学术界的视野，也具有非常重要的意义。

作为当代英语学术界最有影响力的俄国通史类作品之一，三卷本《剑桥俄国史》无论在理论深度、研究方法，还是研究的时效性方面都在同类作品中首屈一指。翻译出版《剑桥俄国史》，不仅可以填补我国当代优秀俄国通史类作品的空白,而且可以为中国的俄国通史研究提供有益的借鉴。

同时,我并不完全认同"剑桥史"系列明确声称的自己具有绝对权威性。正如前文分析所指出的,《剑桥俄国史》同样存在明显不足。这刚好可以成为一个重要契机——我国的俄罗斯-欧亚研究者,尤其是俄国史研究者,应加速推出克服并超越英美学界既有范式弊端的、基于中国视角的俄国通史著作。

我最早阅读《剑桥俄国史》是 2008 年在法国塞尔奇-蓬图瓦斯大学(现巴黎-蓬图瓦斯大学)做客座教授期间,2009 年 9 月至 2010 年 8 月在日本北海道大学斯拉夫研究中心担任外国人研究员时再次较为系统地阅读了这套著作,并被其深深吸引。查阅历史邮件发现,2010 年 9 月 21 日,我首次向我指导的硕士研究生孙超、胡彦和程艳阳推介了《剑桥俄国史》,要求他们先精读第二卷和第三卷的导言,并组织专题研讨。2011 年 9 月 12 日,翻译《剑桥俄国史》的工作正式启动。此后十余年间,基于从事俄罗斯-欧亚研究教学和科研工作的实际需要,同时也旨在培养新一代以俄罗斯和欧亚地区为研究对象的区域国别人才,我开始带领硕士、博士研究生及博士后等青年学者一遍又一遍地进入《剑桥俄国史》的文本场域,借此增加他们对俄罗斯的系统认知。此后,该书被反复阅读、讨论,多轮翻译、审校,部分章节甚至多次重译,最终形成了读者诸君看到的这一中文版。

前期翻译分工如下:

第一卷,第一至第八章(聂晓)、第九至十八章(张莹)、第十九章(杨成、华盾)、第二十章(杨茗)、第二十一、二十二章(杨成、华盾)、第二十三至二十七章(陈雅卿)、第二十八章(单梦杰、杨成);

第二卷,导言(丁端)、第一至七章(赵舒婷)、第八至十章(李佩)、第十一、十二章(王璐)、第十三、十四章(丁端)、第十五至十九章(王璐)、第二十章(杨茗、杨成、李佩)、第二十一、二十二章(李佩)、第二十三至二十七章(杨一帆)、第二十八至三十一章(丁端);

第三卷,导言与第一章(孙超)、第二章(孟维瞻)、第三章(封帅、郭雨桐)、第四章(封帅)、第五章(孟维瞻)、第六章(郭雨桐、吴瑞星)、第七章(吴瑞星)、第八章(吴瑞星、张露瑶)、第九章(张露瑶、任治亚)、第十章(任治亚)、第十一章(任治亚、杨子桐)、第十二章(杨子桐、柴璐)、第十三章(柴璐、刘依)、第十四章(孟维瞻)、第十五章(杨成)、第十六章(刘依)、第十七章(杨茗、刘依、林秋晶)、第十八章(杨茗、林秋晶、丁卉雯)、第十九章(丁卉雯、向子悦)、第二十章

（向子悦）、第二十一章（向子悦、于倩婧）、第二十二章（于倩婧、赵文捷）、第二十三章（赵文捷、郭鑫）、第二十四章（郭鑫、马真骅）、第二十五章（马真骅）。

三卷专有名词对照：杨成、樊文进、丁端、赵舒婷、李佩、王璐、杨一帆。

不同阶段参加前期部分章节校对的还包括封帅、韩冬涛、侯丹玮、肖杨、潘榆桐、于艺凡、田园园、马跃驰等。

统稿阶段参加审校的有杨成、华盾、林文昕、袁勋、孙秀文。

最终定稿人为杨成、林文昕、华盾。

《剑桥俄国史》三卷本中文稿凡230万字，因时间久远，数度译改，以上译者统计不排除有遗漏或错讹，如有偏差，敬请谅解。在此特别感谢各位译者、审校者，尤其是为最后统稿、定稿付出巨大努力、做出重要贡献的林文昕和华盾。这是一个教学相长、共同进步的过程，我从中学到了很多，这必将成为我终身珍惜的宝贵财富。

此外，中国社会科学院学部委员、一级研究员邢广程，北京师范大学历史学院教授张建华帮助撰写审稿意见；中国社会科学院俄罗斯东欧中亚研究所研究员张盛发、复旦大学文史研究院研究员白若思（Rostislav Berezkin）拨冗审读稿件；复旦大学出版社总编辑王卫东，编辑史立丽、赵婪月为本书问世付出了大量辛勤劳动；中译本的出版得到了上海外国语大学上海全球治理与区域国别研究院的专项资助。在此一并致谢。

《剑桥俄国史》涉及内容庞杂，包含大量术语，尽管我们已经尽力参照各种已有文献加以校改，但疏漏之处仍在所难免。如出现相关问题皆因能力有限，力有未逮之处请读者见谅。若有讹误，还请不吝指正。

2025年4月
于上海外国语大学全球治理与区域国别研究大楼

目　录

第一部分　早期罗斯与莫斯科公国的
崛起(约 900—1462 年)

第二部分 莫斯科公国的扩张、巩固以及危机(1462—1613 年)

第三部分 第一代罗曼诺夫王朝治下的俄国(1613—1689 年)

插 图 目 录

(插图见本书第 392—393 页之间)

地 图 目 录

图 表 目 录

撰稿人简介

谢尔盖·博加特廖夫(Sergei Bogatyrev),伦敦大学学院斯拉夫东欧研究院讲师,教授早期俄国历史;赫尔辛基大学讲师,教授早期俄国文化。著有《君主及其顾问:莫斯科公国政治文化中的仪式化咨询(14 世纪 50 年代—17 世纪 70 年代)》(*The Sovereign and His Counsellors: Ritualised Consultations in Muscovite Political Culture*,1350s-1570s,2000 年),编有《俄国的形成:从中世纪到现在的整合模式》(*Russia Takes Shape: Patterns of Integration from the Middle Ages to the Present*,2004 年)。

罗伯特·O. 克拉米(Robert O. Crummey),加州大学戴维斯分校历史学荣休教授,著有《旧礼仪派与反基督者的世界:维格团体与俄罗斯国家(1694—1855)》(*The Old Believers and the World of Antichrist: The Vyg Community and the Russian State*,1694-1855,1970 年)、《贵族与服务者:俄国的波雅尔精英(1613—1689)》(*Aristocrats and Servitors: The Boyar Elite in Russia*,1613-1689,1983 年)以及《莫斯科公国的形成 1304—1613》(*The Formation of Muscovy*,1304-1613,1987 年)。

布莱恩·戴维斯(Brian Davies),得克萨斯大学圣安东尼奥分校历史学副教授,著有《近代早期俄罗斯的国家权力与团体:以科兹洛夫为例(1635—1649)》(*State Power and Community in Early Modern Russia: The Case of Kozlov*,1635-1649,2004 年)。

马丁·迪姆尼克(Martin Dimnik),多伦多宗座中世纪研究所高级研究员兼名誉所长,多伦多大学中世纪史教授。著有《米哈伊尔,切尔尼戈夫王公兼基辅大公(1224—1246)》(*Mikhail, Prince of Chernigov and Grand Prince of Kiev*,1224-1246,1981 年)、《切尔尼戈夫王朝(1054—1146)》(*The Dynasty of Chernigov*,1054-1146,1994 年)以及《切尔尼戈夫王朝(1146—1246)》(*The Dynasty of Chernigov*,1146-1246,2003 年)。

迈克尔·S. 弗莱尔（Michael S. Flier），哈佛大学乌克兰语文学亚历山大·波铁布尼亚讲席教授。与亨里克·比恩鲍姆（Henrik Birnbaum）合编《中世纪俄国文化》（*Medieval Russian Culture*，1984 年），与丹尼尔·罗兰（Daniel Rowland）合编《中世纪俄国文化 2》（*Medieval Russian Culture II*，1994 年）；与亨宁·安德森（Henning Andersen）合编弗兰西斯·J. 维特菲尔德（Francis J. Whitfield）的《古教会斯拉夫语读本》（*Old Church Slavic Reader*，2004 年）。

西蒙·富兰克林（Simon Franklin），剑桥大学斯拉夫研究教授，著有《罗斯的兴起（750—1200）》[*The Emergence of Rus 750-1200*，与乔纳森·谢泼德（Jonathan Shepard）合著，1996 年]以及《早期罗斯的著作、社会与文化（约950—1300 年）》（*Writing, Society and Culture in Early Rus c. 950-1300*，2002 年）。

理查德·赫利（Richard Hellie），芝加哥大学俄国史托马斯·E. 唐纳利讲席教授，著有《莫斯科公国的奴役与军事变迁》（*Enserfment and Military Change in Muscovy*，1971 年）、《俄国的奴隶制（1450—1752）》（*Slavery in Russia 1450-1725*，1982 年）以及《俄国的经济与物质文化（1600—1725）》（*The Economy and Material Culture of Russia 1600-1725*，1999 年）。

林赛·休斯（Lindsey Hughes），伦敦大学学院斯拉夫东欧研究院俄国史教授，著有《索菲娅摄政下的俄国（1657—1704）》（*Sophia Regent of Russia 1657-1704*，1990 年）、《彼得大帝时代的俄国》（*Russia in the Age of Peter the Great*，1998 年）以及《彼得大帝传》（*Peter the Great: A Biography*，2002 年）。

V. L. 亚宁（V. L. Ianin），俄罗斯科学院院士，著有《诺夫哥罗德与立陶宛：13—15 世纪的边境局势》（*Novgorod i Litva. Pogranichnye situatsii XIII-XV vekov*，1998 年）、《诺夫哥罗德国家的缘起》（*U istokov novgorodskoi gosudarstvennosti*，2001 年）以及《诺夫哥罗德的统治者们》（*Novgorodskie posadniki*，2003 年第 2 版）。

米哈伊尔·霍达科夫斯基（Michael Khodarkovsky），芝加哥洛约拉大学历史学教授，著有《两个世界的相遇：俄罗斯国家与卡尔梅克游牧部落（1600—1771）》（*Where Two Worlds Met: The Russian State and the Kalmyk Nomads, 1600-1771*，1992 年）以及《俄国的草原边疆：缔造殖民帝国（1500—1800）》（*Russia's Steppe Frontier: The Making of a Colonial Empire, 1500-1800*，2002 年）；与罗伯特·杰拉奇（Robert Geraci）合编《宗教与帝国：

沙皇俄国的传教、皈依与宽容》(*Of Religion and Empire: Missions, Conversion, and Tolerance in Tsarist Russia*,2001年)。

南希·谢尔兹·科尔曼(Nancy Shields Kollmann),斯坦福大学历史学威廉·H. 邦萨尔讲席教授,著有《亲属与政治:缔造莫斯科公国的政治制度(1345—1547)》(*Kinship and Politics: The Making of the Muscovite Political System*, *1345-1547*,1987年)和《囿于荣誉:近代早期俄罗斯的国家与社会》(*By Honor Bound: State and Society in Early Modern Russia*,1999年)。

珍妮特·马丁(Janet Martin),迈阿密大学历史学教授,著有《黑暗之地的宝藏:毛皮贸易及其对中世纪俄国的意义》(*Treasure of the Land of Darkness: The Fur Trade and Its Significance for Medieval Russia*,1986年、2004年)和《中世纪俄国(980—1584)》(*Medieval Russia 980-1584*,1995年)。

大卫·B. 米勒(David B. Miller),芝加哥罗斯福大学历史学荣休教授,著有《〈月份诵经合集〉、都主教马卡里的〈皇室谱牒〉与俄罗斯国家意识的起源》(*The Velikie Minei Chetii and the Stepennaia Kniga of Metropolitan Makarii and the Origins of Russian National Consciousness*,1979年),并且撰写有多篇关于莫斯科公国以及基辅罗斯历史的文章。

唐纳德·奥斯特洛夫斯基(Donald Ostrowski),哈佛大学拓展学院讲师兼社会科学研究顾问,著有《莫斯科公国与蒙古人:对草原边疆的跨文化影响(1304—1589)》(*Muscovy and the Mongols: Cross-Cultural Influences on the Steppe Frontier*, *1304-1589*,1998年),编纂《〈往年纪事〉:字里行间的校勘与传承》(*The Povest' vremennykh let: an Interlinear Collation and Paradosis*,2003年)。

A. P. 巴甫洛夫(A. P. Pavlov),圣彼得堡俄罗斯科学院历史研究所高级研究员,著有《君主法庭与鲍里斯·戈杜诺夫治下的政治冲突(1584—1605)》[*Gosudarev dvor i politicheskaia bor'ba pri Borise Godunove（1584-1605 gg.*),1992年],与莫琳·佩里合著《伊凡雷帝》(*Ivan the Terrible*,2003年)。

莫琳·佩里(Maureen Perrie),伯明翰大学俄国历史荣休教授,著有《近代早期俄国的僭位者与大众君主制:"混乱时期"的俄国伪沙皇》(*Pretenders and Popular Monarchism in Early Modern Russia: The False Tsars of the Time of Troubles*,1995年),与安德烈·巴甫洛夫合著《伊凡雷帝》(2003年)。

马歇尔·坡(Marshall Poe),《大西洋月刊》(*The Atlantic Monthly*)撰稿

人,著有《生而为奴的民族:近代早期欧洲民族志中的俄国(1476—1748)》("*A People Born to Slavery" : Russia in Early Modern European Ethnography, 1476 - 1748*,2000 年)、《世界历史中的俄国时刻》(*The Russian Moment in World History*,2003 年)以及《17 世纪的俄国精英》(*The Russian Elite in the Seventeenth Century*,两卷本,2004 年)。

丹尼斯·J. B. 肖(Denis J. B. Shaw),伯明翰大学俄国地理学高级讲师,著有《近代世界中的俄国》(*Russia in the Modern World*,1999 年)和《罗曼诺夫俄国的地形与定居(1613—1917)》[*Landscape and Settlement in Romanov Russia*, *1613 - 1917*,与朱迪斯·帕洛特(Judith Pallot) 合著,1990 年],并且撰写有多篇关于近代早期俄国的历史地理学文章。

乔纳森·谢泼德(Jonathan Shepard),曾任剑桥大学俄国史讲师,与西蒙·富兰克林(Simon Franklin) 合著《罗斯的兴起(750—1200)》(*The Emergemce of Rus 750 - 1200*,1996 年),编纂《剑桥拜占庭帝国史》(*The Cambridge History of the Byzantine Empire*,2006 年)。

致　谢

我要感谢所有为本卷的撰写提供帮助和支持的人。我尤其要感谢西蒙·富兰克林(Simon Franklin),他不仅就本卷涉及的最早几个世纪的内容提出了宝贵建议,还对我翻译的 V.L.亚宁(V. L. Ianin)关于诺夫哥罗德章节的初稿给予了意见。丹尼斯·肖(Denis Shaw)总是不厌其烦地倾听我在编辑过程中对那些不如他守时尽责的撰稿人发出的种种抱怨。

伯明翰大学为整个项目提供了至关重要的支持。特别感谢俄罗斯与东欧研究中心的玛雷亚·阿里斯(Marea Arries)和特里西娅·卡尔(Tricia Carr)提供的文书协助,以及社会科学学院的杰夫·古德(Geoff Goode)和休·詹金斯(Hugh Jenkins)提供的信息技术支持。亚历山大·贝科夫图书馆的奈杰尔·哈德维尔(Nigel Hardware)始终不遗余力地提供帮助。同时感谢地理、地球与环境科学学院的安妮·安科恩(Anne Ankcorn)和凯文·伯克希尔(Kevin Burkhill)为本卷第二章和第二十五章绘制地图。

关于日期与音译的说明

　　本卷采用了美国国会图书馆转写系统的简化形式,并对旧式拼写进行了现代化处理。部分专有名词采用英语化译法而非音译转写,尤其是那些在非专业读者中广为人知的君主名称,例如 17 世纪的沙皇米哈伊尔、阿列克谢和彼得(本卷将他们的姓名拼作 Michael、Alexis 和 Peter,而非 Mikhail、Aleksei 和 Petr)。大部分鞑靼以及其他突厥语姓名都已改为英语化(而非俄语化)表达方式。

　　本卷日期采用旧历(儒略历)。纪年以 9 月 1 日为岁首。若月份不详,则年份以"1598/1599"形式标注。

年　表

10 世纪初	留里克的儿子伊戈尔成为基辅王公。
约 945 年	伊戈尔去世。
972 年	伊戈尔与奥莉加的儿子斯维亚托斯拉夫去世。
约 978 年	雅罗波尔克·斯维亚托斯拉维奇去世。
约 978—1015 年	弗拉基米尔一世·斯维亚托斯拉维奇成为基辅王公。
988 年	弗拉基米尔率罗斯皈依东正教。
1015 年	弗拉基米尔去世;斯维亚托波尔克·弗拉基米罗维奇成为基辅王公。
1034/1036 年	"智者"雅罗斯拉夫·弗拉基米罗维奇成为基辅唯一的统治者。
1054 年	东西教会分裂。
1054 年	"智者"雅罗斯拉夫去世;伊贾斯拉夫·雅罗斯拉维奇成为基辅王公。
1078 年	弗谢沃洛德·雅罗斯拉维奇成为基辅唯一的统治者。
1093 年	弗谢沃洛德去世;斯维亚托波尔克·伊贾斯拉维奇成为基辅王公。
1097 年	王朝会议达成《柳别奇协定》。
1113 年	斯维亚托波尔克去世;弗拉基米尔·弗谢沃洛德维奇·莫诺马赫成为基辅王公。
1125 年	弗拉基米尔·莫诺马赫去世;姆斯季斯拉夫·弗拉基米罗维奇成为基辅王公。
1132 年	姆斯季斯拉夫去世;雅罗波尔克·弗拉基米罗维奇成为基辅王公。
1139 年	雅罗波尔克去世;切尔尼戈夫王公弗谢沃洛德·奥列戈

维奇成为基辅王公。

1146 年	弗谢沃洛德去世;伊贾斯拉夫·姆斯季斯拉维奇成为基辅王公。
1154 年	伊贾斯拉夫去世。
1155 年	"长臂"尤里成为基辅王公。
1157 年	"长臂"尤里去世。
1159 年	罗斯季斯拉夫·姆斯季斯拉维奇成为基辅王公。
1167 年	罗斯季斯拉夫去世;姆斯季斯拉夫·伊贾斯拉维奇成为基辅王公。
1169 年	安德烈·博戈柳布斯基进攻基辅。
1176 年	斯维亚托斯拉夫·弗谢沃洛德维奇成为基辅王公。
1177 年	"大窝"弗谢沃洛德成为弗拉基米尔王公。
1185 年	波洛伏齐人打败伊戈尔王公。
1194 年	斯维亚托斯拉夫去世;留里克·罗斯季斯拉维奇成为基辅王公。
1203 年	王朝动乱期间留里克洗劫基辅。
1208 年	留里克去世;"红头发"弗谢沃洛德·切尔姆尼成为基辅王公。
1212 年	"大窝"弗谢沃洛德与"红头发"弗谢沃洛德去世;姆斯季斯拉夫·罗曼诺维奇成为基辅王公。
1223 年	鞑靼在迦勒迦河大败罗斯王公;姆斯季斯拉夫去世,弗拉基米尔·留里科维奇成为基辅王公。
1237 年	切尔尼戈夫王公米哈伊尔·弗谢沃洛德维奇成为基辅王公;鞑靼人开始入侵。
1240 年	鞑靼人攻占基辅;亚历山大·涅夫斯基在涅瓦河大败瑞典人。
1242 年	亚历山大·涅夫斯基在楚德湖大败条顿骑士团。
1243 年	拔都可汗废黜米哈伊尔,任命弗拉基米尔王公雅罗斯拉夫·弗谢沃洛德维奇为基辅王公。
1246 年	拔都处死米哈伊尔;雅罗斯拉夫去世。
1247 年	斯维亚托斯拉夫·弗谢沃洛德维奇成为弗拉基米尔

王公。

1249 年	安德烈·雅罗斯拉维奇成为弗拉基米尔王公。
1252 年	亚历山大·涅夫斯基成为弗拉基米尔王公。
1263 年	亚历山大·涅夫斯基去世;雅罗斯拉夫·雅罗斯拉维奇成为弗拉基米尔王公。
1271/1272 年	雅罗斯拉夫去世。
1272 年	瓦西里·雅罗斯拉维奇成为弗拉基米尔王公。
1277 年	瓦西里去世;德米特里·亚历山德罗维奇成为弗拉基米尔王公。
1294 年	德米特里去世;安德烈·亚历山德罗维奇成为弗拉基米尔王公。
1299 年	都主教马克西姆从基辅迁往弗拉基米尔。
1304 年	安德烈去世;特维尔王公米哈伊尔·雅罗斯拉维奇成为弗拉基米尔王公。
1318 年	月即别汗处死米哈伊尔;莫斯科王公尤里·丹尼洛维奇成为弗拉基米尔王公。
1322 年	特维尔王公德米特里·米哈伊洛维奇成为弗拉基米尔王公。
1325 年	月即别汗处死德米特里;特维尔王公亚历山大·米哈伊洛维奇成为弗拉基米尔王公。
1331 年	莫斯科王公伊凡·丹尼洛维奇("钱袋"伊凡一世)成为弗拉基米尔唯一大公。
1341 年	"钱袋"伊凡去世;谢苗·伊凡诺维奇成为弗拉基米尔大公。
1353 年	谢苗去世;伊凡二世·伊凡诺维奇成为弗拉基米尔大公。
1359 年	伊凡二世去世。
1362 年	莫斯科王公德米特里·伊凡诺维奇(德米特里·顿斯科伊)成为弗拉基米尔大公。
1380 年	库利科沃战役。
1389 年	德米特里·顿斯科伊去世;瓦西里一世·德米特里耶维奇成为弗拉基米尔大公。

1425 年	瓦西里一世去世;瓦西里二世·瓦西里耶维奇成为弗拉基米尔大公。
1437—1439 年	费拉拉-佛罗伦萨宗教会议:宣布重新统一东正教与天主教会。
1441 年	瓦西里二世拒绝与罗马联盟,罢免都主教伊西多尔。
1448 年	俄国主教推选梁赞主教约纳担任都主教。
1453 年	土耳其人攻陷君士坦丁堡。
1456 年	与诺夫哥罗德签订《雅热尔比齐条约》。
1462 年	瓦西里二世去世;伊凡三世·瓦西里耶维奇成为莫斯科公国大公。
1472 年	索菲娅·帕列奥洛格成为伊凡三世第二任妻子。
1478 年	伊凡三世吞并诺夫哥罗德。
1480 年	在乌格拉河会战大帐汗国。
1485 年	伊凡三世吞并特维尔。
1497 年	颁布《法典》。
1498 年	伊凡三世加封其孙德米特里·伊凡诺维奇为联合统治者兼继承人。
1502 年	伊凡三世逮捕德米特里·伊凡诺维奇。
1503 年	召开宗教会议。
1504 年	宗教会议声讨异端。
1505 年	伊凡三世去世;瓦西里三世·伊凡诺维奇成为大公。
1510 年	瓦西里三世吞并普斯科夫。
1514 年	瓦西里三世吞并斯摩棱斯克。
1521 年	瓦西里三世吞并梁赞。
1521 年	克里米亚鞑靼人进攻莫斯科。
1525 年	瓦西里三世与首任妻子索洛莫尼娅离婚。
1526 年	瓦西里三世迎娶叶连娜·格林斯卡娅。
1533 年	瓦西里三世去世;伊凡四世·瓦西里耶维奇成为大公。
1538 年	伊凡之母兼摄政叶连娜·格林斯卡娅去世。
1542 年	马卡里成为都主教。
1547 年	伊凡四世加冕为"沙皇"。

1550 年	颁布新《法典》。
1551 年	召开百章会议。
1552 年	征服喀山。
1556 年	征服阿斯特拉罕。
1558—1583 年	利沃尼亚战争。
1563 年	都主教马卡里去世。
1565—1572 年	特辖制。
1566 年	首次召开"缙绅会议"。
1569 年	奥斯曼-克里米亚远征阿斯特拉罕。
1570 年	特辖军洗劫诺夫哥罗德。
1571 年	克里米亚鞑靼人火烧莫斯科。
1572 年	克里米亚鞑靼人在莫洛季战役中败北。
1575—1576 年	伊凡任命西梅翁·贝克布拉托维奇为莫斯科大公。
1581 年	伊凡杀死身为继承人的儿子、皇子伊凡·伊凡诺维奇。
1582 年	叶尔马克打败西伯利亚汗。
1584 年	伊凡四世去世;费奥多尔·伊凡诺维奇成为沙皇。
1589 年	设立俄罗斯牧首一职。
1591 年	乌格利奇的皇子德米特里·伊凡诺维奇去世。
1597 年	确立关于农民与奴隶的法律。
1598 年	沙皇费奥多尔去世;鲍里斯·戈杜诺夫当选沙皇。
1601—1603 年	饥荒。
约 1603—1613 年	"混乱时期"。
1603 年	伪德米特里一世在波兰现身。
1604 年	伪德米特里一世入侵俄国。
1605 年	鲍里斯·戈杜诺夫去世,其子费奥多尔遇害;伪德米特里一世成为沙皇。
1606 年	伪德米特里一世被推翻且遭杀害;瓦西里·舒伊斯基成为沙皇。
1606—1607 年	博洛特尼科夫起义。
1607—1610 年	伪德米特里二世挑战舒伊斯基。
1609 年	瑞典支持舒伊斯基;波兰人包围斯摩棱斯克。

1610 年	舒伊斯基被罢黜;皇位被献给波兰王子瓦迪斯瓦夫;波兰人占领莫斯科;伪德米特里二世被杀。
1611 年	第一国民卫队试图解放莫斯科。
1612 年	米宁与波扎尔斯基领导第二国民卫队成功解放莫斯科。
1613 年	米哈伊尔·罗曼诺夫当选沙皇。
1617 年	与瑞典签订《斯托尔博沃条约》。
1618 年	与波兰签订《杰乌利诺条约》。
1619 年	费拉列特·罗曼诺夫成为牧首。
1632—1634 年	斯摩棱斯克战争。
1633 年	牧首费拉列特去世。
1634 年	与波兰达成《波利亚诺夫卡和约》。
1637 年	顿河哥萨克人占领亚速。
1645 年	米哈伊尔去世;阿列克谢成为沙皇。
1648 年	莫斯科民众起义。
1648 年	波格丹·赫梅利尼茨基在乌克兰领导反波兰起义。
1649 年	颁布《会议法典》。
1652 年	尼康成为牧首。
1654 年	《佩列亚斯拉夫尔条约》。
1654—1667 年	十三年战争。
1662 年	莫斯科发生"铜币起义"。
1666 年	尼康被罢去牧首之位。
1666—1667 年	宗教会议确认新的仪式。
1668—1676 年	索洛维茨基修道院之围。
1670—1671 年	斯捷潘·拉辛起义。
1676 年	阿列克谢去世;费奥多尔·阿列克谢耶维奇成为沙皇。
1676—1681 年	俄土战争。
1682 年	费奥多尔去世;伊凡五世与彼得一世共同成为沙皇,其姊索菲娅公主摄政。
1689 年	索菲娅摄政被推翻。

缩略语对照

AAE   *Akty，sobrannye v bibliotekakh i arkhivakh Rossiiskoi imperii Arkheograficheskoiu ekspeditsieiu Imperatorskoi Akademii nauk*（由帝国科学院考古考察队收藏在俄罗斯帝国图书馆和档案馆中的资料）

AI   *Akty Istoricheskie，sobrannye i izdannye Arkheograficheskoiu Kommissieiu*（由考古委员会收集和出版的历史资料）

AN SSSR   Akademiia nauk SSSR（苏联国家科学院）

CASS   *Canadian-American Slavic Studies*（《加拿大－美国斯拉夫研究》）

ChOIDR   *Chteniia v Imperatorskom Obshchestve Istorii i Drevnostei Rossii pri Moskovskom Universitete*（《莫斯科大学俄罗斯帝国历史与古物学会会刊》）

DopAI   *Dopolneniia k Aktam Istoricheskim，sobrannye i izdannye Arkheograficheskoiu Kommissieiu*（考古委员会收集和出版的有关历史法令的补充材料）

FOG   *Forschungen zur osteuropäischen Geschichte*（《东欧历史研究》）

HUS   *Harvard Ukrainian Studies*（《哈佛乌克兰研究》）

IZ   *Istoricheskie Zapiski*（《历史笔记》）

JGO   *Jahrbücher für Geschichte Osteuropas*（《东欧历史年鉴》）

Kritika   *Kritika: Explorations in Russian and Eurasian History*（new series）[《评述：俄国和欧亚历史研究》（新丛书）]

LGU   Leningradskii Gosudarstvennyi Universitet（列宁格勒国立大学）

MERSH   *Modern Encyclopedia of Russian and Soviet History*（《俄国与

苏维埃历史现代百科全书》）

MGU	Moskovskii Gosudarstvennyi Universitet（莫斯科国立大学）
PRP	*Pamiatniki russkogo prava*（《俄国法律文献》）
PSRL	*Polnoe sobranie russkikh letopisei*（《完整俄国编年史集》）
RAN	Rossiiskaia Akademiia Nauk（俄罗斯国家科学院）
RH	*Russian History / Histoire Russe*（《俄国历史》）
RR	*Russian Review*（《俄国评论》）
RZ	*Rossiiskoe zakonodatel'stvo X - XX vekov*（《10—20 世纪俄国立法》）
SEER	*Slavonic and East European Review*（《斯拉夫和东欧评论》）
SGGD	*Sobranie Gosudarstvennykh Gramot i Dokumentov, khraniashchikhsia v Gosudarstvennoi kollegii inostrannykh del*（国家外事委员会中收藏的国家文献资料合集）
SR	*Slavic Review*（《斯拉夫评论》）
TODRL	*Trudy Otdela drevnerusskoi literatury*（《俄国古代文学论文集》）
VI	*Voprosy istorii*（《历史问题》）

第一章 导　言

莫琳·佩里

　　作为三卷本《剑桥俄国史》的首卷，本书讲述了彼得大帝统治之前的俄国史。"前彼得大帝"时期这一概念在俄国智识和文化史中有着深远的影响。尽管在彼得大帝统治之前，俄国也未能完全免除西方的影响，不过自18世纪始，俄国欧洲化的速度与规模都大大增加了。这一进程导致了严重的分化，其意义和效果引发了西方主义和斯拉夫主义知识分子的热烈讨论，前者青睐现代化，后者则将莫斯科公国的历史理想化。在后苏联时期，体验了70年社会主义的俄罗斯人试图重建国家认同，西方主义者和斯拉夫主义者的辩论再次兴起。在部分新斯拉夫主义者圈子里，前彼得大帝时期被视作俄国本土价值观的宝库，该时期未受西方影响的"污染"，正是西方的影响最终导致了失败的共产主义试验。然而，对许多当代西方主义者而言，斯大林式独裁很大程度上并非来自马克思主义，而是源于莫斯科公国独裁和专制的传统。这些观点往往基于过时与错误的研究，却能够在很多西方新闻评论和一些畅销的英文俄国史中觅得踪迹。本卷汇集了一批严肃学者的最新诠释，从而为前彼得大帝阶段的俄国提供一份权威可靠的叙述，以期增进英语世界对这一历史时期的认识与理解。

一、本卷范围：前彼得大帝时期俄国的概念与地域

　　在后苏联时期，界定前彼得大帝时期俄国的空间是一大难题，新独立的乌克兰、白俄罗斯以及俄罗斯联邦都声称继承了早期（"基辅"）罗斯的遗产。较之把今日的政治和民族认同投射到过去，本卷选择使用当时的王朝政治标准，因此聚焦于贯穿公元10世纪到16世纪的留里克王朝（半神话式人物北欧海盗

留里克的后裔)及其 17 世纪的后继者罗曼诺夫王朝的疆域。这一时期罗斯西南部的土地被排除在考察范围之外,因为它们构成了波兰-立陶宛的领土(不过本卷包括中世纪的诺夫哥罗德)。本卷承认早期罗斯与莫斯科公国存在一定程度的政治延续性,同时也不否认现在乌克兰与白俄罗斯(或者其他苏联解体后出现的国家)所声称的独立且区别于俄罗斯的历史。

这一时期的"俄国"被界定为留里克王朝的王公与 1598 年之前的沙皇所统治的领土范围,以及此后他们的后继者统治的疆域,这块土地的边界一直在变化。从 14 世纪开始,早期罗斯的大片西南领土被并进了波兰-立陶宛,随后在 17 世纪中叶又被莫斯科公国吞并。至此,莫斯科公国的领土范围已经远远超出了伊凡四世统治之前吞并的东北部公国。16 世纪 50 年代,对喀山和阿斯特拉罕的鞑靼可汗的征服开辟了向伏尔加之外的北高加索和西伯利亚扩张的道路。不过,事实证明向西扩张更为艰难,由于 17 世纪初的"混乱时期",俄国失去了斯摩棱斯克和诺夫哥罗德(更为短暂)这些重要城市。

领土边界不断变化,地理空间持续扩张,这塑造了前彼得大帝时期俄国的制度,又反过来被其所塑造。北部波罗的海与南部黑海和里海之间的内河网络构成了贸易路线,它对早期罗斯的发展十分关键。东北部霜冻土地的农业产出很低,虽然森林和河流的出产弥补了耕地的不足,但是莫斯科公国时期的俄国统治者们仍面临着统合国家稀缺资源的问题。向南直至森林-草原、草原的领土扩张提供了获取源源不断资源的通道和获利丰厚的贸易路线,然而路途遥远和信息不畅为政治控制和有效管理带来了巨大的挑战。

二、本卷的编排与结构

对历史学家而言,在主题与编年之间取得结构平衡是一个长期的难题。本卷范围跨越数个世纪,完全依照主题行文将会导致一些问题。笔者更倾向于主要按照年代编排,希望能为那些把本书作为参考书目的非专业读者提供一个连贯的叙事框架。在这一框架内,还会编入数个与主题相关的章节,这部分内容在后几个世纪里占比更大。

作为三卷本专著的第一卷,本卷覆盖的历史时期始于罗斯的起源,即公元 900 年左右(《往年纪事》追溯到公元 9 世纪留里克的活动);讫于 1689 年——这一选择可能需要进一步的解释。1682 年沙皇费奥多尔·阿列克谢耶维奇驾崩之后,其姐索菲娅公主暂代两位幼弟,即伊凡和彼得两位沙皇摄政。其中年长的伊凡沙皇是索菲娅公主同父同母的兄弟,但他病弱低能,尽管一直活到 1696 年,但当 1689 年索菲娅的摄政统治被推翻之后,事实上他们同父异母的兄弟彼得(日后被称作"大帝")已经开始了完全独立的统治。因此,1689 年可被视作前彼得大帝时期的终点,以及向圣彼得堡或是俄罗斯帝国时期过渡的起点。此后直到 1917 年的俄国历史,都包含在本书第二卷中。

本卷把前彼得大帝时期的俄国历史划分成三个阶段:(1)早期罗斯和莫斯科公国的崛起(约公元 900—1462 年);(2)莫斯科公国的扩张、巩固与危机时期(1462—1613 年);(3)罗曼诺夫王朝初期(1613—1689 年)。政治-王朝标准不仅用于界定本卷的领土范围,还应用在历史分期当中。因此,1462 年伊凡三世大公即位成为前两个阶段的分水岭(而非 1480 年的"乌格拉河对峙",它有时被视作蒙古统治的终结)。根据个人看法,笔者把第三个阶段的起点定在 1613 年,即选出首位罗曼诺夫沙皇,而非定为 1598 年即留里克王朝的终结,因为在这之后即"混乱时期"(约公元 1603—1613 年)。

依照《剑桥俄国史》三卷本的内容分配(第一卷介绍公元 10—17 世纪,第二卷介绍 18—19 世纪,第三卷介绍 20 世纪),后来的历史时期记述详尽。所以本卷中"短暂的"17 世纪和"漫长的"16 世纪篇幅相近,内容都比整个 1462 年以前的时期多。

本卷前两章起导语作用。导言部分概括了本卷的主题,并且讨论了一些历史编纂学问题。接下来的"历史地理"一章提供背景介绍,探讨了前彼得大帝时期俄国的自然环境及其对经济、社会和政治发展的影响。

按照上文的分期,本卷主要内容可分为三个部分。第一部分除第八章外均根据编年原则撰写,第八章涵盖了中世纪诺夫哥罗德的历史(甚至有所超出第一个历史时期),即从其起源到被莫斯科公国吞并。第二部分("漫长的"16世纪)中的四章主要是关于政治的历史,基于年代行文,另外六章按照主题介绍这一时期的相关内容。第三部分也即最后一个部分("短暂的"17 世纪)参照政治延续性的程度,完全依据主题撰写。

第一部分涵盖的时段最长,牵涉的领土最广,包括早期("基辅")罗斯以及蒙古统治下的东北部公国。依照本卷体例,该部分按照年代划分章节,遵循政治-王朝标准。因此,第三章截至弗拉基米尔·斯维亚托斯拉维奇去世(1015年),第四章终于弗拉基米尔·莫诺马赫去世(1125 年),第五章则止于 1246 年切尔尼戈夫的米哈伊尔去世,弗拉基米尔的雅罗斯拉夫也于同年去世。第六章概述了弗拉基米尔和莫斯科王公们的统治,直至 1359 年伊凡二世去世;第七章叙述至 1462 年瓦西里二世去世。如果进行历史分期,第三至五章大致对应基辅时期或称为蒙古到来之前的罗斯历史,第六至七章则对应蒙古统治时期(有时亦称"分封时期"或"封建分裂时期")。

第二部分的章节也在编年原则之下按政治-王朝标准分成四块。首先(第九章)介绍了伊凡三世大公(1462—1505 年在位)和瓦西里三世大公(1505—1533 年在位)统治时期——该阶段展开了"罗斯开疆拓土"的进程(莫斯科公国进行领土扩张,兼并东北部其他公国)。第十章讲述了伊凡四世(别名"伊凡雷帝")的统治,这一时期构建了后世苏联史学家所称的"中央集权的多民族国家"(政治上于 16 世纪 50 年代征服喀山和阿斯特拉罕的鞑靼汗国),并且进行了利沃尼亚战争(1558—1583 年),这一时期的恐怖统治还伴随着沙皇亲军"特辖军"(oprichnina,1565—1572 年)的创建。第十一章叙述了沙皇费奥多尔·伊凡诺维奇(Fedor Ivanovich,1584—1598 年在位)的统治,他的去世标志着留里克王朝的终结,其继任者是鲍里斯·戈杜诺夫(Boris Godunov,1598—1605年在位)。随后的"混乱时期"起于 1603 年(波兰-立陶宛出现伪德米特里一世),迄于 1613 年米哈伊尔·罗曼诺夫(Michael Romanov)被选为沙皇,这是第十八章的主题,置于该部分的最后,起承上启下的作用。

第二部分和第三部分按主题划分的章节讨论了以下话题:农村与城市的经济和社会(第十二、十三、二十三、二十五章),俄国与非基督教国家和非俄罗斯民族的关系(第十四、二十二章),东正教会(第十五、二十七章),以及法律(第十六、二十四章)。第二部分还包括关于政治理念和仪式(第十七章)的一章。第三部分介绍了人民起义(第二十六章)和文化、智识活动(第二十八章)。第二部分中按年代划分的章节(第九至十一、十八章)强调的三个"核心"政治主题,即中央政府及其机构(第十九章)、地方政府和行政管理(第二十章),以及对外关系、领土扩张和战争(第二十一章),在第三部分被单独论述。第一部分按年代划分的章节也(较为简略地)讨论了这些话题。

三、前彼得大帝时期的历史主题

除了第二部分和第三部分的各章节按主题所探讨的问题外,还有许多话题贯穿全书。在此概述这些主题并标注其所在章节,将对读者有所助益。

(一)外部环境及其影响

第一批主题与前彼得大帝时期俄国的总体情况,尤其是与莫斯科公国密切相关,主要是由于国家持续扩张,它们以邻为壑,持续不断地攫取领土和人口,因此某个世纪的外部敌人在下个世纪常常成为国内的一个"民族问题"。俄国统治者为了获取、吞并和保卫自己的新领地,需要实施一系列战略,军事需求深刻影响了国家与社会的发展。

这一时期,俄国统治者遭遇了一批又一批威胁国土安全的敌人。正如第一部分所示,早在 13 世纪蒙古人入侵之前,罗斯王公们就不得不抵御草原上的游牧部落。受制于莫斯科公国在亚欧大陆上所处的位置,俄国南部和西部同时发生战争的风险加剧,因此为了避免两线作战,它面临着外交上的挑战:16、17 世纪俄国人的主要敌人是西边的利沃尼亚骑士、波兰-立陶宛、瑞典,以及南边的克里米亚鞑靼人和奥斯曼土耳其人。第二部分的第九、十、十一、十四和十八章描述了莫斯科公国的统治者们在 16 世纪发起的战争;第三部分的第二十一章叙述了 17 世纪的对外关系和战争。第七章和第九章概括了莫斯科兼并俄国东北部其他公国的领土扩张;第十四章介绍了 16 世纪对喀山、阿斯特拉罕和西伯利亚的征服;第二十一章重点回顾了 17 世纪莫斯科公国吞并波兰-立陶宛联邦统治下的乌克兰领土的经过。

早期罗斯的斯拉夫居民不得不与草原上并非斯拉夫种族的游牧部落共处。自从 16 世纪征服喀山和阿斯特拉罕的鞑靼汗国,并且把疆域拓展至西伯利亚,莫斯科公国日益呈现出多民族的特点。米哈伊尔·霍达科夫斯基(Michael Khodarkovsky)在第二部分和第三部分的一些章节中论述了俄国统治者将非俄罗斯民族(16 世纪之前他们中的大多数也不是基督徒)纳入管辖范围的方式。

俄国的领土扩张并不总是包括对那些已有一定人口的土地的吞并。从 16

世纪末开始,莫斯科公国在其南部和东部获得了一片开阔的草原,从而开启了"从上"(国家支持下的定居)和"从下"(农民自发的移民)殖民的进程。第二章简述了这些进程,第二部分的第十一章和第十八章则描述了南部新城镇构建的防线,以及"混乱时期"前后哥萨克人的壮大与他们同国家的关系。第三部分的第二十一章讲述了 17 世纪莫斯科与顿河以及扎波罗热地区哥萨克人的关系,并且介绍了西南边疆的防御。

军事防御需求深刻地影响了俄国国内的政治、经济与社会发展。基辅罗斯王公的扈从们也扮演着政治顾问的角色。唐纳德·奥斯特洛夫斯基(Donald Ostrowski)在第九章指出,贵族地主向国家提供军事服务的义务奠定了莫斯科公国政治制度的基础,并且伴随着边疆向南部草原的不断推进,军人要求控制其私人庄园中的农民劳动力,从而导致了 17 世纪中叶农奴制的合法化(见第二十三章)。正如第二十一章所述,17 世纪的军事改革是出于同"新式"(new formation)政权波兰-立陶宛和瑞典对抗的需要;这一改革或许是为了提高军事效率,但它促成了沙皇阿列克谢推行提拔"新人"(new men)的政治改革,马歇尔·坡(Marshall Poe)在第十九章谈到了这部分内容。

(二)内部发展

本卷聚焦于俄罗斯国家与社会的发展,重点关注政治、经济和社会问题,包括法律、东正教会和文化与智识活动。政治历史构成了本卷的主要框架,王朝更替与政治合法性问题是第一部分和第二部分按年代编排的章节以及第三部分按政治主题编排的章节中的主要内容。

在早期罗斯和莫斯科公国时期,统治者的政治合法性来自继承制度,然而这一制度的模棱两可经常导致冲突和内战。基辅罗斯实行复杂的纵向和横向(或称附加)继承制度,后来经过王朝内部的领土分封以及时而发生的赤裸裸的权力斗争,该制度不时得以修改。不论是基辅大公还是后来的弗拉基米尔大公,继承的合法性常常受到挑战。蒙古入侵之后,弗拉基米尔大公职位的继承原则基本延续了基辅大公。然而珍妮特·马丁(Janet Martin)指出(第六、七章),尽管莫斯科的丹尼尔·亚历山德罗维奇(Daniil Aleksandrovich)本人不是大公,但在 14 世纪,其后代们却在蒙古可汗的支持下获得了大公头衔,哪怕根据"子承父位"这一传统标准,特维尔的米哈伊尔的后代们地位更加正统。经过数次王朝战争,留里克王朝的丹尼洛维奇支系保住了大公地位。他们的胜利很大程度上得益于蒙古可汗以及东正教会领袖的支持。

在 15 世纪,莫斯科公国由旁系继承改成直系(纵向)继承,但这一变动并非没有受到挑战:例如,1425 年瓦西里一世去世之后,其弟尤里质疑了其子瓦西里二世的继承合法性。自 16 世纪中叶始,莫斯科公国的统治者们通过采用"沙皇"(可汗、皇帝)这一称号巩固自身地位,加冕仪式为统治者赋予了神圣的色彩,从而为其提供了额外的合法性来源:沙皇享有"天赐皇冠",后来又有"天主涂油"。半传奇性质的故事不仅把王朝起源追溯至早期罗斯,甚至追至古代罗马,这也提升了王朝的地位。随后,因为契合自身目标,莫斯科公国的统治者们还声称是蒙古可汗的合法继承者。

1598 年留里克王朝的终结造成了政治合法性上的巨大危机。选举原则的引进导致了"混乱时期"的动乱,鲍里斯·戈杜诺夫和瓦西里·舒伊斯基(Vasilii Shuiskii)继承皇位时受到一批冒充者(冒名顶替皇室成员)的挑战,这些人纷纷声称自己是旧朝的合法继承人。1613 年,缙绅会议推选米哈伊尔·罗曼诺夫为沙皇,从而恢复了国家稳定,不过新王朝仍须强调与留里克王朝的延续性[米哈伊尔是伊凡四世的第一个妻子安娜斯塔西娅·罗曼诺夫娜(Anastasiia Romanovna)的侄了],并且宣称午轻的罗曼诺夫沙皇由上帝拣选,以补充自身的选举合法性。17 世纪时,由于担心新的冒充者威胁罗曼诺夫统治者的地位,于是一套仪式与典礼被发展出来用以巩固王朝的合法性。

除了主要的政治合法性问题,第一部分和第二部分按年代编排的章节中还审视了大公和沙皇与其精英服务者和顾问的关系。这些章节考察了统治者权力的本质及其被施加的正式和非正式限制的程度,包括基辅罗斯王公的"德鲁日纳"(druzhina,扈从),中世纪诺夫哥罗德的"维彻"(veche,市政会议),以及莫斯科公国的"波雅尔杜马"(boyar duma,议会)和"泽姆斯基索伯尔"(zemskii sobor,缙绅会议)。在第三部分第十九章,马歇尔·坡对这一问题的性质和范围以及"统治精英"组成人员的变化进行了详细论述,探讨了 17 世纪的中央政府及其机制。

地方和中央政府在责任方面不断变化的平衡是贯穿本卷的一个重要主题,这一点在 16 世纪和 17 世纪的莫斯科公国体现得尤为明显。16 世纪中叶,地方政府展开了重大改革,中央任命地方长官被地方自治政府的选举机制部分取代。谢尔盖·博加特廖夫(Sergei Bogatyrev)在第十章指出,尽管这些改革是为了契合地方认同,它也同时服务于国家的政治需要。布莱恩·戴维斯

(Brian Davies)在第二十章指出,从 16 世纪末开始,尤其是在"混乱时期"结束后的 17 世纪,国家不断加强对地方的控制,地方选举机构的职能逐渐被莫斯科任命的军事长官取代。不过,为了防止地方长官权力过大从而损害中央利益,设立其他机制加以限制也成为必要之举。

对统治者权力的法律制约的缺位常被视作俄国专制制度的突出特征,但是早期罗斯和莫斯科公国都有完备的法律制度。本卷从 11 世纪的《罗斯法典汇编》(Russkaia pravda)讲到 1497 年和 1550 年的《法典》(sudebniki),再到 1649 年的《会议法典》(Ulozhenie),考察了法典的演变。在论述 16 世纪法律的一章中,理查德·赫利(Richard Hellie)强调了法律作为国家实行中央集权以及进行动员的手段的功能,南希·科尔曼(Nancy Kollmann)则关注了 17 世纪依然存在的法律文献的多样性。

公元 988 年,弗拉基米尔·斯维亚托斯拉维奇(Vladimir Sviatoslavich)皈依东正教,自此东正教会与留里克王朝联系起来,并且为王公们的统治提供合法性。都主教公署与王朝首都一道,从基辅迁到弗拉基米尔,随后迁至莫斯科,东正教会构成了基辅时期和莫斯科公国时期罗斯延续性的重要元素;14 世纪时丹尼洛维奇支系担任弗拉基米尔大公,都主教进一步促进了其合法性的确立。在国家羸弱之时,东正教会在罗斯土地上代表着统一与国家认同,这尤其体现在蒙古入侵之后以及"混乱时期"。本卷始终关注着教会与国家的关系。大卫·米勒(David Miller)撰写的 16 世纪一章考察了大众与官方的宗教活动,而罗伯特·克拉米(Robert Crummey)所撰的 17 世纪一章解释了 60 年代教会分裂的起源与影响。

直到 17 世纪,俄国文化和智识活动深受东正教会影响,但自 17 世纪中叶开始,世俗化现象已经出现。不过林赛·休斯(Lindsey Hughes)在第二十八章指出,即使是在 17 世纪,抽象的政治思想依然很少:对权力的思考主要通过非语言方式表达出来,如艺术和建筑作品,又如迈克尔·弗莱尔(Michael Flier)在第十七章提到的仪式和典礼。

迄于 20 世纪,俄国一直都是以农业为主的国家。在前彼得大帝时期,农耕是经济的基础,领主(包括世俗和宗教方面)攫取农业剩余产品,在 16 世纪和 17 世纪,其手段变得愈发胆大妄为。理查德·赫利在第十二、二十三章详尽阐述了丹尼斯·肖(Denis Shaw)在第二章首次提出的问题,分析了莫斯科公国农民在气候和土壤方面所面临的挑战,以及这些挑战对其饮食和住房的影响。

本卷所涉及的其他经济问题包括市场关系的性质和范围、国内及国际贸易的增长,以及城镇的建设。早期罗斯的发展与沿着河网系统形成的贸易路线密切相关,河网连接波罗的海、黑海("从瓦良格通向希腊之路")以及里海。河网流经的大型城市都是重要的贸易中心,尤以诺夫哥罗德为代表,其财富积累来自南北向和东西向的贸易,包括出口毛皮、鱼、蜡和蜂蜜,以及进口银器(见第八章)。正如珍妮特·马丁在第六章所述,蒙古统治时期,贸易仍在继续,罗斯的一些公国经丝绸之路与中国进行商业往来。

16世纪利沃尼亚战争期间,莫斯科公国占领纳尔瓦,因此曾在波罗的海上短暂地拥有一个港口。1553年英国莫斯科公司开发了白海贸易路线,随着阿尔汉格尔港(Archangel)于1583—1584年建成,这条商路日益受到重视。白海商路是17世纪最重要的商路,出口产品包括亚麻和大麻这类农产品,而非林业产品(见第十三、二十五章)。

城镇的发展很大程度上受益于贸易的增长,同时还有其他因素的共同推动。正如丹尼斯·肖在第二部分和第三部分的章节中所述,莫斯科公国的城镇是多功能的:它们不仅是商业和制造业中心,而且负责行政和宗教事务,边疆城镇还发挥着军事防卫功能。从纯粹商业发展的角度来看,俄国城镇较之西欧城镇是落后的,但肖认为俄国城镇拥有商业、行政和军事上的三重功能,它们在16世纪为国家建构起到了作用。

如上所述,与政治发展相关的章节极为重视政治精英,以及不同时期其人员构成的变化。莫斯科公国的军事服役人员与朝臣们地位尊贵,其所获得的财富大致匹配各自的政治地位与显赫家世。17世纪的专业行政人员组成愈发壮大的官僚系统,中央和地方层面产生了严格的官员等级体系。然而,16、17世纪大部分俄国人都是农民,到17世纪中叶其身份逐渐沦为农奴:他们的处境,以及奴隶(另一个重要的社会群体)的处境在第十二、二十三章有所探讨。城镇的社会结构远比乡村复杂,丹尼斯·肖这样说道:形形色色的商贩、军事服役人员与神职人员构成了城市居民(第十三、二十五章)。在17世纪中期,市民和农民的活动受到同样的限制,理查德·赫利称正是这样的情况导致了社会阶层的固化。

本卷最后还研究了威权与冲突。前彼得大帝时期的俄国并非19世纪斯拉夫主义者所想象的那般有机与和谐。16世纪以前的国内暴力活动多是王朝战争。不过,16世纪开始出现前所未有的国家暴力,特辖制(oprichnina)时期伊凡四世对其臣民采取了恐怖统治。"混乱时期"不仅存在外部入侵与国内战争,还爆发了大规模的社会冲突,包括农民、奴隶、哥萨克人以及城市贫民在内的下层民众纷纷攻击精英阶层。莫琳·佩里在第二十六章把社会与政治冲突频发的17世纪称作"叛乱的年代"。

四、前彼得大帝时期俄国历史的研究现况

对于前彼得大帝时期(以及此后的历史时期)的俄国史编纂而言,一个重大事件就是1991年苏联的解体,这意味着官方意识形态指导下的马克思主义历史研究方法、强制的审查以及其他形式的控制手段的终结。然而许多俄国历史学家,尤其是在苏联时期训练出来的一批学者,继续沿用马克思主义的研究与写作方法。好的一面是,苏联时期史学研究的积极方面在1991年后依然保留了下来,例如细致研究资料来源以及出版优秀学术作品。坏的一面是,苏联时代的结束并不意味着一切都向积极方面转变:20世纪90年代初的经济危机影响了档案馆员、图书馆员以及历史学家的收入、待遇和就业;取消审查的直接后果是各种关于历史的怪异理论四起,专注耸人听闻事件的历史读物与人物传记大行其道。不过,后苏联时代经济危机的恶劣影响消退之后,俄国历史出版领域再次变得生机勃勃起来。一批俄国学者发表了备受关注的新作品,许多十月革命前的经典历史著作重新出版,中世纪史家记录的珍贵资料也获得重印,例如《往年纪事》。还有大量重要的西方学术专著出现了俄文版。

苏联解体对前彼得大帝时期历史研究的影响并不如苏联时期那般剧烈,对后者而言,档案的开放为俄国和西方学者创造了激动人心的研究契机。但新的机会令研究各个历史时期的俄国历史学家们走出国门,出席会议,加入联合项目,参与学术出版,与西方同行们进行更为频繁的联系与更为密切的合作。俄国历史学家们,尤其是年轻一代,迅速接受了西方史学界最新以及最流行的趋势。就此而言,自20世纪90年代以来,俄国与西方史学界对前彼得大帝时期历史的研究实现了某种程度的交融。[1] 不过,关于新的观点与方法的交

---

[1] 关于近期研究的概述,见于一批纪念苏联解体十周年的文章,参见 Nancy Shields Kollmann, "Convergence, Expansion and Experimentation: Current Trends in Muscovite History-Writing", *Kritika*, 2 (2001): 233-240; Simon Franklin, "Pre-Mongol Rus': New Sources, New Perspectives", *RR*, 60 (2001): 465-473; and Robert O. Crummey, "The Latest from Muscovy", *RR*, 60 (2001): 474-486。(脚注体例除明显有误者外维持原书。——译者注)

流并不是单向的:"莫斯科-塔尔图"符号学派在苏联最后十年的研究成果对西方影响巨大,B. A. 乌斯宾斯基(B. A. Uspenskii)、米哈伊尔・巴赫金(Mikhail Bakhtin)以及 A. Ia. 古列维奇(A. Ia. Gurevich)等学者的影响已经远远超出了俄国史研究学界。① 尽管如此,过去十年以来,西方各种后现代主义流派仍然为俄国与西方历史学家们带来了最为显著的影响。②

伴随着新的研究方法的出现,新的研究主题开始盛行。例如宗教这样的话题此前探讨受限,后来则在后苏联时代的俄国获得了广泛的关注。大体而言,对后苏联时代俄国东西部历史学家极具吸引力的最新研究主题,与世界其他地区历史学家的兴趣并无太大不同。在西方,尤其是女性历史和性别历史研究兴起③,关于仪式和典礼则涌现了一批有趣的研究成果④。不过,近年来在西方引发关注的巫术与魔法却受到俄国历史学家的冷遇,可能因为这些现象本身在俄国并不突出(尽管这本身也是一个有争议的主题)。⑤

---

① 英文译本包括 Mikhail Bakhtin, *Rabelais and his World*, trans. Hélène Iswolsky (Cambridge, Mass.: MIT Press, 1968); Ju. M. Lotman and B. A. Uspenskij, *The Semiotics of Russian Culture*, ed. Ann Shukman (Ann Arbor: Department of Slavic Languages and Literatures, University of Michigan, 1984); *The Semiotics of Russian Cultural History. Essays by Iurii M. Lotman, Lidiia Ia. Ginsburg, Boris A. Uspenskii*, eds. Alexander D. Nakhimovsky and Alice Stone Nakhimovsky (Ithaca, N. Y., and London: Cornell University Press, 1985); A. Ia. Gurevich, *Categories of Medieval Culture*, trans. G. L. Campbell (London: Routledge and Kegan Paul, 1985)。

② 参见例如 Aleksandr I. Filiushkin, "Post-modernism and the Study of the Russian Middle Ages", *Kritika*, 3 (2002): 89-109。

③ 参见例如 Eve Levin, *Sex and Society in the World of the Orthodox Slavs*, 900-1700 (Ithaca, N. Y.: Cornell University Press, 1989); N. L. Pushkareva, *Zhenshchiny drevnei Rusi* (Moscow: Mysl', 1989); N. L. Pushkareva, *Zhenshchiny Rossii i Evropy na poroge novogo vremeni* (Moscow: Institut etnologii i antropologii RAN, 1996); N. L. Pushkareva, *Women in Russian History from the Tenth to the Twentieth Century*, ed. Eve Levin (Armonk, N. Y.: M. E. Sharpe, 1997; and Stroud: Sutton, 1999); Nada Boŏskovska, *Die russische Frau im 17. Jahrhundert* (Cologne, Weimar and Vienna: Böhlau Verlag, 1998); Nada Böskovska, "Muscovite Women during the Seventeenth Century: At the Peak of the Deprivation of their Rights or on the Road towards New Freedom?", *FOG*, 56 (2000): 47-62; Isolde Thyrêt, *Between God and Tsar: Religious Symbolism and the Royal Women of Muscovite Russia* (DeKalb: Northern Illinois University Press, 2001)。

④ 参见本卷中迈克尔・弗莱尔所撰章节引用资料。

⑤ 参见例如 W. F. Ryan, "The Witchcraft Hysteria in Early Modern Europe: Was Russia an Exception?", *SEER*, 76 (1998): 49-84; W. F. Ryan, *The Bathhouse at Midnight: A Historical Survey of Magic and Divination in Russia* (University Park, Pa.: Pennsylvania State University Press; and Stroud: Sutton, 1999); Valerie A. Kivelson, "Male Witches and Gendered Categories in Seventeenth-Century Russia", *Comparative Studies in Society and History*, 45 (2003): 606-631。

同时,较之西欧历史资料,应当注意前彼得大帝时期的大部分资料来源存疑,从而限制了历史写作的类型、所能使用的手法,以及能够回答的问题。印刷在俄国的发展相对滞后,这意味着这一时期的文字资料主要是手写材料。大部分手写材料只有复制版本留存了下来,追溯原稿的起源导致了一些难以避免的问题,长久以来被视作真实与重要的资料的真伪引发了激烈辩论。① 不过,就前彼得大帝时期的历史(包括早期历史)而言,文字资料多元而丰富。自11 世纪以来,俄国就有历史编年的传统,最早的一批法典(它们提供了关于社会等级体系的珍贵证据)都能追溯到 11 世纪。② 著名的诺夫哥罗德桦树皮档案,以及近期在上蜡石板上发现的《诗篇》(Psalter),都为这座城市的早期历史提供了迷人的证据。③

本卷所撰历史中,早期文字资料相对匮乏,从而要求历史学家们更多地采用非文字资料,例如考古学证据。硬币和印章为早期历史提供了重要实物资料。即使到了后来文字资料更为丰富的时期,学者们也在越来越多地通过包括绘画和建筑在内的非文字资料,获取关于符号文化系统的新认识。鉴于本土资料的局限,以及官方严格的管控,外国游客的文字记录提供了宝贵的补充资料。正如其他史料一样,需要谨慎对待这些资料,它们往往记载了独特有趣的民族志现象,而这些现象被俄国人视作理所当然,因此本土资料中没有记述。④ 外国人描述并刻画公开的典礼和仪式,例如,圣枝主日和主显节游行为政治学和文化符号学研究提供了重要资料。⑤ 最后,俄国海外流亡者,例如 16

① Edward L. Keenan, *The Kurbskii-Groznyi Apocrypha. The Seventeenth-Century Genesis of the "Correspondence" Attributed to Prince A. M. Kurbskii and Tsar Ivan IV* (Cambridge, Mass.: Harvard University Press, 1971); Edward L. Keenan, "Putting Kurbskii in his Place, or: Observations and Suggestions Concerning the Place of the History of the Grand Prince of Muscovy in the History of Muscovite Literary Culture", *FOG*, 24 (1978): 131-161. 关于更近期相关争论的发展,参见 C. J. Halperin, "Edward Keenan and the Kurbskii-Groznyi Correspondence in Hindsight", *JGO*, 46 (1998): 376-403; and Edward L. Keenan, "Response to Halperin, 'Edward Keenan and the Kurbskii-Groznyi Correspondence in Hindsight'", *JGO*, 46 (1998): 404-415. 另有一部新近关于来源批判的作品,Edward L. Keenan, *Josef Dobrovsky and the Origins of the Igor' Tale* (Cambridge, Mass.: Harvard University Press, 2004)。

② 参见 Simon Franklin, *Writing, Society and Culture in Early Rus, c. 950-1300* (Cambridge: Cambridge University Press, 2002)。

③ 参见 V. L. 亚宁所撰本卷中的章节。

④ 参见例如 Marshall Poe, *"A People Born to Slavery": Russia in Early Modern European Ethnography* (Ithaca, N. Y., and London: Cornell University Press, 2000)。

⑤ 参见本卷第十七章。

世纪的安德烈·库尔布斯基王公(Prince Andrei Kurbskii)与 17 世纪的格里戈里·科托什辛(Grigorii Kotoshikhin)①的文字记录了俄国国内档案所没有的内容。

同新的研究主题一样,长久以来的争议继续吸引着东西方的历史学家们。不过,自苏联解体后,一些过去的讨论不再具有现实意义。西方暂时停止了对苏联马克思主义研究方法的批判,俄国也暂时中断了对资产阶级史学的攻击。一些其他的长期讨论似乎也遭遇了瓶颈,例如诺曼主义者及其反对者们对维京人在早期罗斯国家建立过程中的作用的辩论。对伊凡雷帝行为的精神病学解释,或者与之相关的他到底是"疯狂的还是邪恶的"的争论,大多已被文化和符号学研究所取代。不过,另一些老旧的辩论出人意料地恢复了生机。唐纳德·奥斯特洛夫斯基 1998 年的专著探讨了蒙古对莫斯科公国机制的影响。②马歇尔·坡研究了莫斯科公国在 16、17 世纪的性质,他批评哈佛学派史学家们对专制制度的暴虐与高压特征的轻描淡写,并且抨击他们过于强调统治者和精英阶层的非正式磋商。③

就莫斯科公国政治制度性质展开的讨论也提供了比较研究的视角。一些历史学家强调前彼得大帝时期俄国的独特性,其他学者则认为当时的俄国与其他欧洲和亚洲社会存在诸多共同特征。

苏联史学严格遵循马克思主义理论框架,把俄国的发展与西欧国家置于相同的参照系之下,沿用源自西方的术语,如"封建主义"、"专制主义"、"社会

---

① J. L. I. Fennell (ed. and trans.), *Prince A. M. Kurbsky's History of Ivan IV* (Cambridge: Cambridge University Press, 1965); Grigorij Kotošixin, O Rossii v carstvovanie Alekseja Mixajloviča. *Text and Commentary*, ed. A. E. Pennington (Oxford: Clarendon Press, 1980).

② Donald Ostrowski, *Muscovy and the Mongols. Cross-Cultural Influences on the Steppe Frontier*, *1304-1598* (Cambridge: Cambridge University Press, 1998). 另参随后的辩论, Charles J. Halperin, "Muscovite Political Institutions in the 14th Century", *Kritika*, 1 (2000): 237-257; David Goldfrank, "Muscovy and the Mongols: What's What and What's Maybe", *Kritika*, 1 (2000): 259-266; and Donald Ostrowski, "Muscovite Adaptation of Steppe Political Institutions: A Reply to Halperin's Objections", *Kritika*, 1 (2000): 267-304。

③ Marshall Poe, "The Truth about Muscovy", *Kritika*, 3 (2002): 473-486; and responses: Valerie A. Kivelson, "On Words, Sources and Historical Method: Which Truth about Muscovy?", *Kritika*, 3 (2002): 487-499; Charles J. Halperin, "Muscovy as a Hypertrophic State: A Critique", *Kritika*, 3 (2002): 501-507. 坡将下列历史学家视为哈佛学派的成员: Edward L. Keenan, Nancy Shields Kollmann, Daniel Rowland, George G. Weickhardt, Valerie A. Kivelson and Donald Ostrowski. 虽然基维森(Kivelson)接受坡将她的早期作品划入哈佛学派的做法,但是最近她做出了一项调和"软"与"硬"的极富创新性的尝试,参见"Muscovite 'Citizenship': Rights without Freedom", *Journal of Modern History*, 74 (2002): 465-489。

阶层"(sosloviia)、"财产代表君主制"、"城市团体"等。对于苏联史学家而言，基辅罗斯和莫斯科公国都是封建社会，尽管他们探讨了早期罗斯的起源、性质和封建化的程度等问题①，他们的参照系依然是马克思基于西欧经验的总结。

许多西方历史学家也把西欧与俄国进行比较。汉斯-约阿希姆·托尔克（Hans-Joachim Torke）与罗伯特·克拉米认为，17 世纪中叶西方的影响与军事竞争推动了俄国建立起西方的专制制度。② "哈佛学派"的部分学者也倾向于西方专制主义参照系，不过近期的研究称其在实践上远没有理论上专制。③ 其他历史学家则倾向于采用专制主义的一种变体，把莫斯科公国称作"财政-军事"国家。④

另一种可供比较的参照系是亚洲社会。马克思提出了"亚细亚生产方式"，意指相对于西方封建主义而言的另一条发展道路，不过苏联史学家很少使用这一概念。长期以来，西方学者讨论蒙古征服对莫斯科公国的影响，使其更像是东方或者说亚洲的专制主义，而非拜占庭式政体。卡尔·魏特夫（Karl Wittfogel）对俄国使用了"东方专制主义"一词，20 世纪 60 年代该词在西方流传开来。⑤ 尽管唐纳德·奥斯特洛夫斯基在其新近出版的著作中抵制这一术语，但他在更宏观的层面上指出蒙古影响了莫斯科公国的军事和内政。⑥

马克思·韦伯（Max Weber）的"家长式专制"概念也提供了一种参照，在这一政体下，统治者拥有王国内所有的土地。对韦伯而言，各个时代和地区都有这样的政体：众所周知，理查德·派普斯（Richard Pipes）把这一概念应用于

---

① 关于这一讨论在苏联后期的概述，参见 Takeo Kuryuzawa, "The Debate on the Genesis of Russian Feudalism in Recent Soviet Historiography", in *Facing up to the Past Soviet Historiography under Perestroika*, ed. Takayuki Ito (Sapporo, Japan: Slavic Research Center, Hokkaido University, 1989), pp. 111-147。

② Hans-Joachim Torke, *Die staatsbedingte Gesellschaft im Moskauer Reich: Zar und Zemlja in der altrussischen Herrschaftsverfassung*, 1613-1689 (Leiden: E. J. Brill, 1974); Robert O. Crummey, "Seventeenth-Century Russia: Theories and Models", *FOG*, 56 (2000): 113-131.

③ 尤其参见 Nancy Shields Kollmann, *By Honor Bound: State and Society in Early Modern Russia* (Ithaca, N. Y., and London: Cornell University Press, 1999)。

④ 参见例如 Chester S. L. Dunning, *Russia's First Civil War. The Time of Troubles and the Founding of the Romanov Dynasty* (University Park, Pa.: Pennsylvania State University Press, 2001), pp. 19-21, 462-463;另参本卷中谢尔盖·博加特廖夫所撰章节。

⑤ Karl A. Wittfogel, *Oriental Despotism: A Comparative Study of Total Power* (New Haven: Yale University Press, 1957); Karl A. Wittfogel, "Russia and the East: A Comparison and Contrast", *SR*, 22 (1963): 627-643; Nicholas Riasanovsky, "'Oriental Despotism' and Russia", *SR*, 22 (1963): 644-649; Bertold Spuler, "Russia and Islam", *SR*, 22 (1963): 650-655; and Karl A. Wittfogel, "Reply", *SR*, 22 (1963): 656-662.

⑥ Ostrowski, *Muscovy and the Mongols*.

俄国,他发现最为接近俄国的是古代世界的希腊城邦国家。① 根据派普斯的观点,蒙古入侵之前俄国东北部已是家长式专制统治,整个莫斯科公国时期一直保持这一政体形式。②

相较之下,一批西方历史学家认为俄国的发展自成一格。马歇尔·坡坚称莫斯科公国是专制统治,与之相似的是,理查德·赫利则用"要塞""服役"和"过度膨胀的国家"这些术语描述俄国。③

* * *

本卷撰稿人包括各个学派的研究人员(以及并不隶属于任何学派的人员),他们展示了对这一历史时期的各种研究路径。作为主编,笔者承担着选择研究主题的职责,在此过程中尽量做到全面统一,并且不向撰稿人强加自己的意见。笔者认为本书的一个重要作用就是,刊印研究前彼得大帝时期俄国史的权威学者的著作,提供多种视角以飨读者。

出于现实原因,本卷作者主要来自英语世界的国家,其中大多数来自北美地区,尤以美国学者为主。所有研究俄国的历史学家们都应感激其俄国同行们,无论过去还是现在,包括十月革命前的史学大家,以及苏联时期的历史学家,他们在各种艰难的处境下力求保存学术遗产。尽管撰稿人中仅有几位俄国和俄裔学者,但本卷处处彰显着俄语史学对前彼得大帝时期的研究成果。

---

① Richard Pipes, *Russia under the Old Regime* (Harmondsworth: Penguin Books, 1977), pp. 22-24, 112.

② Ibid., pp. 40-48, 58-111. 关于这一主题近期的交流,参见 George G. Weickhardt, "The Pre-Petrine Law of Property", *SR*, 52 (1993): 663-669; Richard Pipes, "Was there Private Property in Muscovite Russia?", *SR*, 53 (1994): 524-530; and George G. Weickhardt, "Response", *SR*, 53 (1994): 531-538。

③ Poe, "The Truth about Muscovy"; Richard Hellie, "The Structure of Modern Russian History: Toward a Dynamic Model", *RH*, 4 (1977): 1-22; and critiques: Ann Kleimola, "Muscovy Redux", *RH*, 4 (1977): 23-30; James Cracraft, "Soft Spots in the Hard Line", *RH*, 4 (1977): 31-38; and Richard Wortman, "Remarks on the Service State Interpretation", *RH*, 4 (1977): 39-41. 另参 Richard Hellie, *Enserfment and Military Change in Muscovy* (Chicago: University of Chicago Press, 1971);以及本卷中他所撰的章节。

第二章　俄国的地理环境

丹尼斯·J. B. 肖

　　本卷在试图探讨长期以来俄国的环境时面临着一个直接问题：俄国领土的地理边界究竟在哪里？公元9世纪时，罗斯穿越东欧平原上的森林，矗立在波罗的海和伏尔加河中游之间；17世纪末时，辽阔的莫斯科公国（不久就是俄罗斯帝国）西起波罗的海，往东跨越亚欧大陆直达太平洋，北起北冰洋，南至黑海的大草原——领土范围与今天的俄罗斯联邦基本一致。俄国在哪里，以及俄国是什么，数个世纪以来一直在变化。对俄国地理环境的任何讨论都须考虑此种变化。

　　伯克利文化地理学家卡尔·索尔（Carl Sauer）的著作对领土界定问题提供了部分答案。[①] 在1925年的一篇文章里，索尔宣称任何地理研究的焦点都应是"文化景观"，即"某一文化群体由自然景观塑造而成"的领土。"文化是主体，自然区域是媒介，文化景观是结果。"依照索尔的观点，本章将会重点关注俄国的"文化景观"，在所考察的时期内，俄国人的定居点、经济活动和生活方式改变了地球上相关区域的自然景观。一个明显的问题是人类不可能像索尔设想的那样，被简单地按照人类学划分成不同的文化单元。例如，中世纪初的罗斯人绝不仅仅是俄罗斯人的祖先，乌克兰人和白俄罗斯人也起源于此，而且需要指出的是，第一批罗斯人是斯堪的纳维亚人而非斯拉夫人。[②] 而且，大批非斯拉夫人居住在罗斯境内及周边，在日后的俄罗斯更是如此。

　　界定领土还可以采取一种更为简便的替代方式，即将其定为俄罗斯人的国家所占领的区域——尤其是在前彼得大帝时期的最后阶段，当时俄国达到

---

① Carl Sauer, "The Morphology of Landscape", in John Leighly (ed.), *Land and Life: A Selection from the Writings of Carl Ortwin Sauer* (Berkeley and Los Angeles: University of California Press, 1963), pp. 315-350.
② Simon Franklin and Jonathan Shepard, *The Emergence of Rus*, *750-1200* (London: Longman, 1996), pp. XVII-XVIII.

了最大的地理范围。不过这一界定也并不完全令人满意。13 世纪前的"罗斯土地"仅有一部分是后来的莫斯科公国（最终成为俄罗斯帝国）的前身，两者的地理坐标完全不相匹配。罗斯的部分领土甚至在 17 世纪末的俄罗斯之外，况且并非所有的俄罗斯人都住在俄国。因此，我们所要研究的范围仍是模糊不清的。

鉴于以上问题，本章将会采用一种宽泛的、普遍的，或许甚至有些逃避现实的方式对俄国的地理环境进行讨论，即包括本卷其他章节涉及的全部领土。目的在于为接下来的讨论提供一个领土和环境框架。还有两点需要注意：一是本章并未把自然环境当作上演历史大戏的中立舞台。人类社会永远无法脱离自身存在的自然环境，强行这样做只会带来抽象与虚幻，妨碍理解。跟随着索尔，我们把自然环境或者说地理景观（包括空间特征）理解成"生活环境复合体"，它内生于某一社会。重要的是，"人类改变环境并且使其满足自身需要"①，索尔如此写道。换言之，人类社会随着自身存在的自然环境而改变。二则正如索尔所言，"没有普遍的社会法则，只有文化层面的认可"②。换句话说，关注自然环境及其历史影响，并非就是承认某种环境决定论，正如经济史学生并不必然认可经济决定论。自然环境影响人类方方面面的发展，而且它也是发展的一部分，但环境并不能决定发展。"地理环境论，"索尔写道，"代表着一种教条——一种理性时代的新福音。"他拒斥此种"狭隘的、唯理论的命题"，而是推崇让自己闻名于世的人文主义文化研究。③ 正是在这一态度下，我们开始了对地理环境问题的研究。

一、农民环境

在本卷涵盖的历史时期内，大多数俄国人都是农民，他们在土地上耕作，并且从事着其他农业活动。所以，讨论"农民环境"就是讨论大多数俄国人所面临的自然环境，这是他们日复一日维持生计的基本载体。大部分俄国人生活在广阔的东欧平原上，正如地图 2.1 所示，这里的环境多样，农民谋求生计的

① Sauer, "Morphology", p. 333.
② Carl Sauer, "Foreword to Historical Geography", in Leighly (ed.), *Land and Life*, p. 378.
③ Sauer, "Morphology", p. 346ff.

方式因此也不尽相同。"农民生态环境类型"理论已经分析了农民群体根据各自所处的地理环境,采取不同的资源利用方式。[1] 本章将在俄国环境中存在的主要地带差异的背景下,而非根据现实发现的各种不同情况,来讨论生态环境类型。根据索尔所言,尤为重要的一点是此种社会差异并非由环境决定,而是应被视作对环境可能性的不同回应。

　　19 世纪末,俄国伟大的土壤学家 V. V. 道库恰耶夫(V. V. Dokuchaev)及其同事开始分析东欧平原东西向的土壤带,他不认为是地质类型造成了此种差异,而是气候、植被、水文、水土流失以及其他因素在漫长的时间里综合作用导致的。最后,俄国科学家定义了这种"自然带"或者说"地理带"概念。土壤、气候、植物、动物、水文、地形随地带不同而变化,它们彼此之间相互依存,这种现象不仅出现在俄国,而且在全球普遍存在。[2] 根据上述方法,17 世纪末的俄国领土从北到南可以划分为四个主要地带:苔原、森林(可细分为北方森林和混交林)、森林-草原和草原(见地图 2.1)。本章将会按照前彼得大帝时期俄国农民踏上不同地带的顺序,依次研究这些地带,即混交林、北方森林、苔原、森林-草原和草原。

　　在前几个世纪,东斯拉夫人向东欧平原迁徙,罗斯人从西北部南下,他们逐渐与芬兰-乌戈尔人、波罗的人以及居住在平原中部混交林地带的其他民族融合。混交林地带大致呈三角形,西面就是波罗的海和俄罗斯帝国的西部边疆(因此包括今天的白俄罗斯和乌克兰西北部),东端指向乌拉尔山脉。从圣彼得堡和诺夫哥罗德向东南指向雅罗斯拉夫尔和下诺夫哥罗德的一线构成了其北部边界;从基辅、布良斯克、卡卢加、梁赞朝东北指向下诺夫哥罗德的一线形成了南部边界,至此混交林几乎消失在北方森林和南方森林-草原之间,东部狭长的残余地带直抵乌拉尔山脉。据估计,这一区域的面积占 17 世纪末俄国欧洲领土的 12%,1719 年(普查)人口占俄国欧洲部分登记人口的 42.5%。[3]

---

[1]　E. R. Wolf, *Peasants* (Englewood Cliffs, N. J.: Prentice Hall, 1966); J. Langton, "Habitat, Society and Economy Revisited: Peasant Ecotypes and Economic Development in Sweden", *Cambria*, 12 (1985): 5-24.

[2]　V. V. Dokuchaev, *Russkii chernozem* (Moscow: Gosudarstvennoe izdatel'stvo sel'skokhoziaistvennoi literatury, 1952); V. V. Dokuchaev, "K ucheniiu o zonakh prirody", in his *Izbrannye trudy*, vol. III (Moscow: Gosudarstvennoe izdatel'stvo se'skokhoziaistvennoi literatury, 1949), pp. 317-329; L. S. Berg, *Geograficheskie zony Sovetskogo Soiuza* (Moscow: OGIZ, 1947).

[3]　A. V. Dulov, *Geograficheskaia sreda i istoriia Rossii* (Moscow: Nauka, 1983), pp. 12, 39.

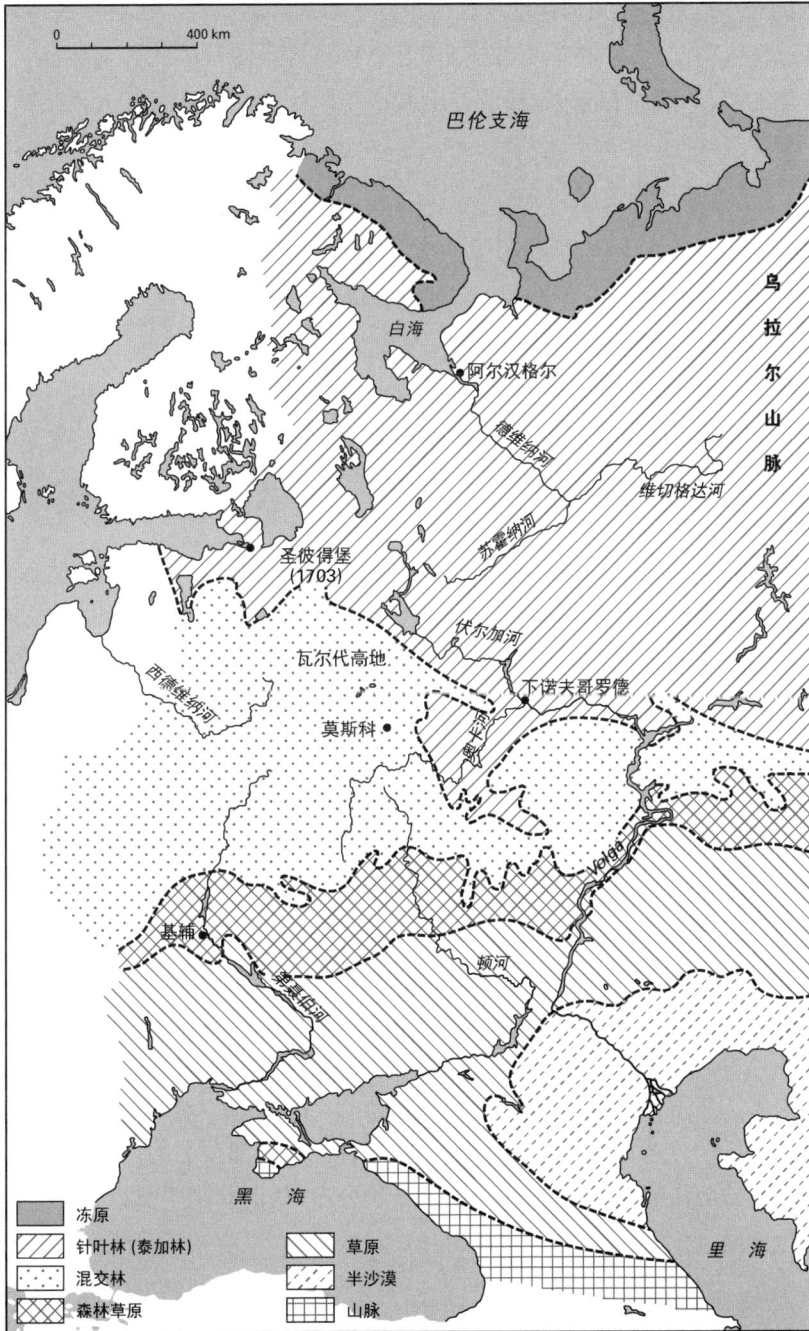

巴伦支海

乌拉尔山脉

白海

阿尔汉格尔

苏霍纳河

维切格达河

圣彼得堡
(1703)

伏尔加河

瓦尔代高地

不诺夫哥罗德

西德维纳河

莫斯科

volga

基辅

第聂伯河

顿河

黑海

里海

冻原		草原
针叶林（泰加林）		半沙漠
混交林		山脉
森林草原		

地图 2.1 中世纪末期的东欧平原

　　混交林地带的三角形区域反映了东欧平原的环境条件。从波罗的海和中欧往东深入内陆，大陆特征更加突出，混交林北边是潮湿的北方森林，南边则是干燥的森林-草原和草原，被两者不断挤压。从西向东一线深入内陆地区，降水量逐渐减少，冬季更为漫长和寒冷，农业发展潜力递减。前彼得大帝时期，混交林地带成为俄国农业定居和生产活动的中心地区。顾名思义，混交林地带是一个过渡地区，北部主要是针叶林，南部则多是阔叶林。一些常见的针叶树包括冷杉、云杉和生长在砂土上的松树，而橡树、榆树、桦树、欧椴树、椴木、枫树和角树都是阔叶树。土壤多为酸性的草炭灰化土，越往南走，则越多见更为肥沃的灰色森林土。

　　数个世纪以来，尽管混交林地带土壤品质一般，大陆性气候突出，但是这里依然成了俄国农业的中心地带。不过在该区域内，定居环境和农业条件各不相同。在西北部的瓦尔代高地，以及更西更北的地区，其地貌很大程度上是由冰河运动和冰川堆积形成的，冰碛沉积阻碍了自然排水，众多的湖泊、巨砾、沼泽和冰碛地貌影响了农业定居点。从伊尔门湖向西南方向延伸的一些地区更受青睐，这里的土壤普遍灰化，十分肥沃，适宜耕种。在更往南一些的地区，终碛导致地势并不平坦，由此形成了莫斯科-斯摩棱斯克高地，建于此处的农业定居点排水便利，前景光明。再往南去，俄国中部高地的西南边缘就是第聂伯低地。尽管此地排水相对不便，但黄土上产生了草炭灰化土和灰色森林土，生长着一望无际的松树、山毛榉、角树和橡树，为农民们带来了数不清的机会。

　　在第聂伯低地的东北部，也就是在伏尔加河和奥卡河的分界处（这一地区是莫斯科公国的核心地带），农业定居点受到地形的巨大影响，显示出潜在地质、冰川沉积和流水侵蚀的作用。这里地貌复杂，森林、沼泽、草地、牧场和林地等不一而足，土壤和植被的类型随地势、排水和其他因素而变化。东部和北部的森林覆盖率更高，尤其是在伏尔加河以北的地区，冰川沉积限制了排水，从而妨碍了垦殖。往南越过奥卡河，排水便利，土壤肥沃，这个位于森林-草原边缘的地区十分适宜农业发展。在河间地的混交林（如著名的弗拉基米尔-奥波莱地区），肥沃的森林-草原式土壤呈岛状分布，从而有别于莫斯科东南部的梅晓拉低地，这个低地既有长着松树和云杉的森林，又有沼泽，然而土壤沙化，排水不畅。

　　最后，往东跨过伏尔加河直到乌拉尔山脉，该地区的自然条件深受大陆性特征影响，直到前彼得大帝时期末，这里的混交林地带才出现农业垦殖。

混交林环境为农民的生活提供了各种资源。最开始的定居点建在山谷，靠近河流与溪流，便于向草地与林地汲水与运输。排水便利的地方，如河流阶地等更受欢迎。阔叶林地带通常易于开垦，因此便于农业种植。后来，随着技术的进步，人们逐渐可以挖掘深井，建设分水岭。学者们已经研究了相对简单的农业地形（例如暂时采取刀耕火种技术开垦的林中田地）是如何逐渐变为发展密集型农业的固定地形的，不过森林里面依然广泛分布着这种临时田地。①黑麦、大麦和燕麦是当时种植的主要粮食作物。干草地、湿草地、牧场以及林中空地为农民饲养的少量家畜提供了饲料。饲养家畜要求在漫长的冬季进行舍饲，森林为农民提供了诸多必需品：木材（用于建筑）、木头（原木、木杆、木棍、木柴，可以用作栅栏、工具、器皿、家具、燃料、草碱、树脂、焦油、沥青）、食物（浆果、坚果、水果、菌类、猎物、蜂蜜）以及牲畜的额外牧场。河流还为人类提供了鱼。如同所有的前工业化社会，古代俄国制造了各种各样的动植物产品，例如织物、服装、食物、调料、药物、皮革、染料以及房屋等。

自中世纪以来，俄国农民开始向北方迁移，这里的生活环境迥异于混交林地带。这一地区被道库恰耶夫等人称作北方森林（即针叶林），在整个亚欧大陆的北部，即从西边的北斯堪的纳维亚到东边的太平洋海岸，越过白令海峡，一直延伸至阿拉斯加和加拿大北部，这片地区覆盖着浓密的针叶林。杜洛夫（Dulov）指出，在 17 世纪末，该地区占俄国欧洲部分领土的将近一半，而在1719 年，其人口仅占俄国登记人口的 12％。② 正如上述数字所示，这块土地十分贫瘠，无边无际的针叶林（云杉、松树、冷杉、桦树，向东直到西伯利亚还有落叶松和雪松）里布满成片的沼泽地。夏季短暂，冬季漫长，加上长期低温（尽管不同地区气候条件有所区别），这意味着北方森林十分潮湿。针叶树产生的松针碎屑使得水呈酸性，水分过滤了丰富的植物矿物质，因此土壤不够肥沃。这种灰化土的表层含有丰富的二氧化硅，只含少量甚至不含腐殖质，而且地表以

① N. Rozhkov, *Sel'skoe khoziaistvo Moskovskoi Rusi v XVI veke* (Moscow: Universitetskaia tipografiia, 1899); M. A. D'iakonov, *Ocherki iz istorii sel'skogo naseleniia v Moskovskom gosudarstve XVI-XVII vv.* (St Petersburg: Tipografiia I. N. Skorokhodova, 1898); G. E. Kochin, *Sel'skoe khoziaistvo na Rusi v period obrazovaniia Russkogo tsentralizovannogo gosudarstva, konets XIII-nachalo XVI v.* (Moscow and Leningrad: Nauka, 1965); A. L. Shapiro, *Agrarnaia istoriia severo-zapada Rossii, vtoraia polovina XV-nachalo XVI v.* (Leningrad: Nauka, 1971); R. E. F. Smith, *Peasant Farming in Muscovy* (Cambridge: Cambridge University Press, 1977).

② Dulov, *Geograficheskaia sreda*, pp. 12, 39.

下半米处常是如同铁板一块的冻土层,从而妨碍了排水。在俄国欧洲部分领土的北部以及西伯利亚的北部、中部和东部大部分地区,永久冻土进一步加剧了土壤的湿软。因此,土壤贫瘠、沼泽遍地、夏季短暂(日照时间长一定程度上缓解了这一劣势)以及长期低温导致农业开发地域严重受限。利于农业发展的地区通常位于河谷地带,定居点也主要位于这里。人们常常避开沼泽、丛林和偏远地区建设定居点。

同时,不同地区的地理环境也有差异。在俄国欧洲部分领土的南部,排水条件优于其他地方,这里的土壤很少灰化,因此能在河谷地区以及分水岭发展农业。优质土壤包括冰川黏土、二叠纪泥灰土和冲积黏土。在苏霍纳河与维切格达河的河谷、别洛耶湖附近、苏霍纳河与伏尔加河的分水岭,还有其他一些条件良好的地区,人们纷纷建起了相对分散的小块农业定居点。很多地方一直采用刀耕火种的方法发展农业。河谷地区冲积土壤上的天然牧场和其他地方的草地,都为该地的畜牧业提供了极大便利,这一特征自 18 世纪开始变得更加突出。尽管严酷的环境影响了土壤肥力,但是混交林地带的针叶树也为人们的生计提供了各种资源。北方还有大量农民从事着非农业生产活动。在海岸地带与河湖地区,渔业最为重要,无论是内河湖水还是海洋,都有丰富的渔业资源。鲑鱼、鲟鱼、梭鱼、鳕鱼、鲱鱼、鳎鱼还有其他一些鱼类备受欢迎。农户们还能在森林里捕获毛皮厚实的猎物,例如黑貂、貂、狐狸、野兔、白鼬、海狸和松鼠等。北方森林里更有麋鹿、驯鹿、狍和熊。对北方其他农民而言,直到前彼得大帝时期末,盐业也是谋求生计的一个重要途径。[1]

在 16 世纪末,俄国人开始全面进入西伯利亚,直到前彼得大帝时期末,他们的活动范围主要局限在北方森林地带(西伯利亚领土以这一地带为主)。这里农民的经济状况和生活方式极其类似于俄国西部的混交林地区。到 17 世纪,伴随着农民定居点的建立,西伯利亚西南部一些地区的农业发展获得支持,这一措施旨在解决当地严峻的食物和必需品供给问题。[2] 但是直到前彼得大帝时期末,西伯利亚的农业发展以及农民定居点都影响微弱。

在 17 世纪末之前,俄国定居者几乎没有到达遥远的北方苔原。苔原地带

---

[1] *Istoriia severnogo krest'ianstva*, vol. I: *Krest'ianstvo Evropeiskogo severa v period feodalizma* (Arkhangel'sk: Severo-Zapadnoe knizhnoe izdatel'stvo, 1984).

[2] V. I. Shunkov, *Voprosy agrarnoi istorii Rossii* (Moscow: Nauka, 1974), pp. 95ff; V. I. Shunkov, *Ocherki po istorii kolonizatsii Sibiri v XVII - nachale XVIII vekov* (Moscow and Leningrad: AN SSSR, 1946).

都是沼泽、苔藓、泥炭、地衣、灌木和一年四季的草地,林木线跨越了俄国欧洲部分的领土和西伯利亚北部,一直从西边的科拉半岛延伸至亚欧大陆的东北部。在西伯利亚北部和东北部部分地区,由于山地起伏,苔原环境甚至蔓延至更南部的地区。在这些地区,俄国人主要从事打猎和捕鱼。在欧洲北部,人们往往能够猎获家禽、驯鹿、海象、海豹和鲸鱼。

在俄国欧洲部分混交林地带的南部,地貌逐渐过渡为森林-草原,最终变为草原,这一地区在今天都是耕地,但在当时主要是自然草场。在西伯利亚西南部,完全没有混交林,北方森林直接往南过渡到森林-草原。在欧洲地区,森林-草原沿着西南-东北一线形成了一片宽度在 250 千米到 500 千米之间的区域,西起今天乌克兰的西部与摩尔多瓦的北部和中部,跨过乌克兰中部,延伸至乌拉尔山。越过乌拉尔山,该区域继续穿越西西伯利亚南部,直到阿尔泰山西坡。这是森林-草原在欧洲的北部边界。南部边界则从摩尔多瓦的基希讷乌到乌克兰的哈尔科夫,再到南边的沃罗涅日和伏尔加河上的萨马拉,最后直到乌法。据估计,在 17 世纪末,森林-草原的面积占俄国欧洲部分领土的 21%,人口占俄国登记人口首次修订以来的 43%。[①]

东斯拉夫人在东欧平原出现之初,就已经在森林-草原西部建立了定居点,后来他们的活动受到各种好战的游牧部落的限制,这些游牧部落从东方迁来。13 世纪,鞑靼人出现在欧洲的森林-草原和草原地区,四个世纪后,卡尔梅克人到来,他们是最后一批由东迁来的游牧部落。自 16 世纪中期起,俄罗斯人才开始在这一地区大规模定居,这时莫斯科公国已拥有足够的军事力量保卫民众免遭游牧部落的侵袭。顾名思义,森林-草原就是北方森林和南方草原的过渡地区。从北到南,湿度不断降低,树木生长日益受制,主要的自然植被逐渐变为草地。河谷地带水源丰富,一直往南都有属于混交林地带的植被。而且,分水岭也可能出现森林,这取决于当地的气候、水文和土壤条件,还有其他因素如发生火灾的频率。森林覆盖地区的基土十分类似于混交林南部的土壤——灰色森林土、黑钙土以及其他土壤。树木也以落叶植物为主:欧洲地区主要是橡树,西伯利亚地区主要是桦树。同时欧洲地区根据具体的环境,还分布着桦树、欧椴树、山杨、榆树和枫树,沙地还生长着松树林。不过,尤其是在草原地区,当地最典型的特征得以凸显——充足的热量带来了降水和蒸发的平衡,令黑土或者黑钙土含有丰富

① Dulov, *Geograficheskaia sreda*, pp. 12, 39.

的腐殖质,土壤极其肥沃。这种土壤满足了不同物种的需要,但是往大草原的更南方走,土壤肥沃程度不断下降,物种数量也有所减少。

在森林-草原地区的森林里,农民能像在混交林里一样从事多种农业活动。最初的定居点沿河谷而建,这里水源充足,树木可以被伐净以便开垦土地,漫洪草原等地区为牲畜提供了足够的饲料,还有其他可供利用的生产资源。然而,随着土壤肥沃的草地获得更为广泛的运用,采取包括长期的休耕(perelog)和轮作(zalezh)在内的措施十分必要。在许多分水岭,定居点起初面临着极大的困难,因为难以获得充足的水源,有时也因为无法用犁松动坚硬的草原土地。不过,草原上还有着为数众多的野生动植物。都主教皮缅(Pimen)在 14 世纪时穿过欧洲草原,声称看到了大量野兽,包括野山羊、麋鹿、狼、狐狸、水獭、熊、海狸,以及鹰、鹅、天鹅和鹤等鸟类。① 森林-草原地带森林里的典型物种有熊、麋鹿、狍、松鼠和貂等,草原上的典型物种则包括土拨鼠、跳鼠和旱獭。在建立定居点初期,各种各样的猎区土地被划界,并被租给个人和修道院。② 后来,在游牧部落侵扰的问题缓解之后,大规模定居开始之前,草地一直用于畜牧。

在本卷涵盖的历史时期内,上述环境逐渐在人类居民的活动下改变。森林被开辟成定居点和农田,水土日渐流失,森林-草原遭到烧毁,各种珍稀动物都被猎取(因为毛皮贸易的发展,这些动物有时会被全部脱毛),河道和溪流中的鱼类被大量捕捞,部分地区建立水坝,自然受到了前所未有的破坏。人类活动(以及相关活动,如家禽饲养)深刻影响了水文、土壤和动植物,而且这种影响并不总是可以逆转的。当然,比起工业化时代改造自然的努力,这不过是小巫见大巫,但其作用不容忽视。在这一过程中,俄国人改造自然环境以满足自身需要,并且逐渐把自然景观打造成了文化景观。③

二、方位与空间

如上所述,"农民环境"一词意指俄国农民在日常生活中所处的环境,因此

---

① *PSRL*, vol. XI (St Petersburg: Tipografiia I. N. Skorokhodova, 1897), p. 96.
② 参见例如 L. B. Veinberg and A. A. Poltoratskaia, *Materialy dlia istorii Voronezhskoi i sosednikh gubernii*, vol. II (Voronezh, 1891), pp. 139-141。
③ Sauer, "Morphology".

主要是指当地环境。不过,环境也可以指宏观层面——如区域层面、国家层面,甚至国际层面。这些层面的环境都会冲击农民的日常生活,同时也对其他方面产生影响。鉴于俄国横跨亚欧大陆,这一部分讨论俄国社会以及日后的莫斯科公国如何受到所在方位的影响,这一方位存在何种问题,以及俄国人如何应对广阔的空间。

在蒙古人入侵之前,关于俄国人迁至混交林和森林-草原的具体情况,我们所知甚少。显然这一地区并不缺少人口,俄国人在迁徙和定居的过程中,逐渐与芬兰-乌戈尔人、波罗的人和其他先民产生了融合。而且,早期俄国人的迁徙活动明显没有遭遇大规模有组织的抵抗。俄国农耕民族遭遇的抵抗主要来自草原上的游牧部落,事实上,他们比俄国农民强大得多。后来这一方向上的威胁升级,更加好战的东方民族入侵,尤其是佩切涅格人、波洛伏齐人和鞑靼人。因此众所周知,之后的数个世纪,俄国人无法进入草原定居,有时还须服从于这些游牧部落建立的政体,或者从他们手中保护自己。与之类似,长期以来,俄国人向乌拉尔山以东草原的迁徙一直遭到游牧部落的阻挠。

在北边的混交林地区,俄国人的定居没有遭遇有组织的抵抗。然而在东边,直到1552年伊凡雷帝最终征服喀山汗国,俄国的殖民进程一直受到制约。随后俄国迅速征服西伯利亚,1649年在太平洋沿岸建立第一批俄国人定居点。直到17世纪,俄国在扩张过程中遭遇中国人,他们在远东的野心才受到抑制。然而,即使在此时,俄国人也继续向白令海峡扩张,最终抵达北美大陆。[1]

在俄国领土的西部,一系列国家和政体长期与俄国争夺土地,如短期存在的条顿骑士团,还有瑞典、波兰、匈牙利和立陶宛等国家。因此这些地区体现了欧洲的地缘政治形势,即国家间互相竞争、挑战他国的领土扩张。17世纪,足够强大的俄国才开始在这个方向上取得领土。

因此,俄国在亚欧大陆的位置对其长期发展至关重要,莫斯科公国以其14世纪初获得的领土为核心,向四面八方进行扩张。欧洲任何其他地方都不可能进行此种规模的国家扩张——西欧国家从15世纪开始只能在海外建立帝国。坐守欧洲东部边界的俄国,则得以建立一个独一无二的横跨亚欧大陆的帝国。

---

[1]　James R. Gibson, *Imperial Russia in Frontier America* (New York: Oxford University Press, 1976).

　　长期以来,历史学家研究了推动俄罗斯帝国建立的殖民进程,并就其原因和性质展开争论。一些人强调国家在追求权力和资源的过程中发挥了主导和激励作用;另一些人则着眼于俄国普通农民和其他人在抵抗威胁时做出的自发的和机会主义的决定,他们在崛起的过程中充分利用发展机会。19 世纪,研究草原边疆的乌克兰民族历史学家 D. I. 巴加列伊(D. I. Bagalei)认为,16 世纪和 17 世纪俄国在森林-草原和草原地区的殖民进程,很大程度上受到了国家的支持,相反,乌克兰哥萨克人在这一地区的定居则是自发进行的。① 同时,许多采用阶级视角的苏联历史学家倾向于认为,自发的农民移民和定居是反抗封建国家阶级斗争的一部分。R. E. F. 史密斯(R. E. F. Smith)提及农民在混交林进行自发的内部垦殖时称:"农民的迁徙与定居似乎表明大部分农民倾向于在没有国家制约的情况下生活。他们同自然的斗争相当艰苦,有时甚至十分残酷,但他们明显感觉这远远比不上国家施加的剥削与伤害。"② 毫无疑问,这一观察是正确的,但在本卷涵盖的历史时期内,不同边疆与不同时期的情况有所区别:有时农民主动垦殖,有时是国家、地主或者其他人发起。如此大规模和漫长的殖民过程是难以一言以蔽之的。

　　问题在于这些俄国人如何能够跨越如此遥远的距离。河流显然十分关键。正如富兰克林和谢波德所说:"当《往年纪事》的编纂者试图指出他们的土地在世界上所处的位置时,他们想到的主要是河流与河道,部落和人们的名字与它们有关,交通要道和名人的旅程一同被记录下来。"③ 河流因此在早期俄国人的身份认同中最为重要。对于农民而言,它们提供了重要的资源。它们还是主要的通道。在毫无特色的东欧平原,平静辽阔的河流提供了相对简便的交通方式,而且旅行者通常不会迷路。相对的,它们常常给选择陆路的行人带来诸多阻碍。早期,编年史记录者等人展现出对河流系统与运输网络的丰富知识。正如一位作家在谈到 17 世纪的西伯利亚地图时所说:"人们除了知道西伯利亚河流纵横,海岸处河口密布,其他什么也不清楚。"④ 因此重要的地理

① D. I. Bagalei, *Ocherki iz istorii kolonizatsii i byta stepnoi okrainy Moskovskogo gosudarstva* (Moscow, 1887), pp. 131-132.

② Smith, *Peasant Farming*, p. 221.

③ Franklin and Shepard, *The Emergence*, p. 3.

④ Henry R. Huttenbach, "Hydrography and the Origins of Russian Cartography", in *Five Hundred Years of Nautical Science* (London: National Maritime Museum, 1981), pp. 142-152.

读物,例如 1627 年左右编纂的著名的《大地图册》,也是按照河流网络绘制而成的。①

毋庸置疑,河流网络方便了俄国人跨越平原,并且最终把广阔的俄国领土连接在一起。在近代交通运输方式出现之前,因为"空间阻力"的减少,水路运输比陆路运输更为便宜,也更有效率。据估计,在光滑、水平的路面上以 1 米/秒的速度推动重 1.6 吨的物体所需的力量,在静止的水中能以相同速度推动 60 吨～100 吨重的物体。② 17 世纪 30 年代末,亚当·奥莱利乌斯(Adam Olearius)沿伏尔加河从莫斯科前往阿斯特拉罕时,已经看到装载有 400 拉斯特～500 拉斯特③货物(主要运送盐、鱼子酱和咸鱼)和 200 名船员的平底轮船逆流而上。6 月 30 日,奥莱利乌斯离开莫斯科,中途数次停靠岸边,最后于 9 月 15 日抵达目的地。④ 据估测,17 世纪顺流而下的客船平均速度从每 24 小时 44 千米到 85 千米不等(奥莱利乌斯所乘船只 24 小时行驶距离甚至达到 144 千米),逆流而上的速度则是每 24 小时 25 千米～46 千米不等。⑤ 与此同时,水路交通也会遇到诸多困难与危险。航运受到季节限制,为防止腐烂或被盗,冬季通常需要贮藏货物。除了冬天河流结冰,春天的洪水、夏天的干旱也会影响航运。许多河段都会出现湍流和瀑布,因此运输时常受到阻碍,甚至面临倾覆的风险。浅滩、沙洲和沙堤不断沿着河床变换位置,进一步增加了航运的难度。逆流而上总是缓慢和麻烦的。从 16 世纪开始,纤夫们(burlaki)开始在伏尔加河上帮助推动驶向上游的船只。在俄国众多的湖泊中航行有许多便利之处,例如可以使用船帆,不过风暴来临之际也会增加倾覆的危险。

奥莱利乌斯顺伏尔加河而下,一路上险象环生,17 世纪通过水路穿越大草原地区,遇险是意料之中的事。他曾遭到河边一伙鞑靼人的射击,受到哥萨克强盗的威胁,船只搁浅,卡在一棵沉木上弄丢了锚,并曾遇到冰山,遭遇强劲的

---

① K. N. Serbina, *Kniga bol'shomu chertezhu* (Moscow and Leningrad: AN SSSR, 1950).

② Dulov, *Geograficheskaia sreda*, p. 109.

③ 17 世纪,德国拉斯特作为一个重量单位的重要性似乎随着地区和货物变化。因此,难以确定奥莱利乌斯在这里所使用的是什么测量方法。

④ A. Olearius, *The Travels of Olearius in Seventeenth-Century Russia*, trans. and ed. Samuel H. Baron (Stanford, Calif.: Stanford University Press, 1967), pp. 287, 296, 324.

⑤ Dulov, *Geograficheskaia sreda*, p. 121.但奥莱利乌斯所估计的速度是每日不超过 5 千米(*Travels*, p. 297)。

逆风,被迫靠着河岸行驶并减缓速度,因为变质的面包和鱼干腹泻,喝光啤酒,还同时面临酷暑与狂风暴雨并存的恶劣天气,这段旅程极为艰难。总之,旅程遭遇各种险情,这在当时十分正常。[1]

　　在河流结冰的冬季,或是无法通航的路段,道路的重要性开始凸显。例如传统的鞑靼小道(shliakhi),鞑靼人沿着南部草原地区和莫斯科公国中心地区的分水岭,进行了数次入侵俄国的远征活动。俄国人拥有自己的道路网络,因此很少使用这些小道。不过这些道路构成了战略威胁,并且成为防御的对象,17 世纪 20 年代制成的《大地图册》详细展示了南部边疆的军事地图。[2]　其他重要的大路包括从莫斯科到雅罗斯拉夫尔的道路,从沃洛格达经陆路/水路抵达阿尔汉格尔,或者经过苏霍纳河与北德维纳河(Northern Dvina)抵达阿尔汉格尔。这是 16 世纪和 17 世纪俄国人、外国商人和外国使节频繁涉足的路线。奥莱利乌斯从西欧启程的路途便经过西北部起自莫斯科的诺夫哥罗德大道,西边的莫斯科-斯摩棱斯克高地一线的道路则经过维亚兹马、多罗戈布日和斯摩棱斯克,一直延伸至立陶宛。16 世纪末一条重要的路线是通往西伯利亚的水陆混合路线。在 16 世纪末,这条路线始自北部苏霍纳河上的大乌斯秋格(Velikii Ustiug),途经索里维切戈茨克(Sol'vychegodsk)、拉利斯克(Lal'sk)、切尔登(Cherdyn')和索利卡姆斯克(Solikamsk),然后经过洛兹温斯克(Lozvinsk)抵达西伯利亚的塔夫达(Tavda)和托博尔(Tobol)。1595 年开拓了一条直达路线,即穿过乌拉尔山的维尔霍图里耶(Verkhotur'e)。这条大路经过图拉(Tura)、托博尔,最后抵达图林斯克(Turinsk)、秋明(Tiumen')和托博尔斯克(Tobol'sk)。从 17 世纪中叶起,一条新的从莫斯科经由维亚特卡(Viatka)到索利卡姆斯克的道路得以开辟,17 世纪末从维尔霍图里耶到托博尔斯克的这段路线再次改道,囊括了繁荣的贸易中心伊尔比特(Irbit)。从托博尔斯克出发,可以通过水陆两路抵达叶尼塞河,然后进入东西伯利亚。毛皮和其他商品经由这些路线流动,并且受到位于战略要处的政府海关邮政网络的管理。[3]

　　在中世纪的俄国,经由陆路旅行也会遭遇特有的困难。冬季道路结冰,因

---

[1]　Olearius, *Travels*, pp. 287-324.

[2]　Serbina, *Kniga*; A. V. Postnikov, *Razvitie krupnomasshtabnoi kartografii v Rossii* (Moscow: Nauka, 1989), pp. 20-21.

[3]　*Kratkii istoricheskii ocherk razvitiia vodianykh i sukhoputnykh soobshchenii i torgovykh portov v Rossii* (St Petersburg: Kushnerev, 1900).

此可以使用雪橇,只要温度不是太低,它在效率上就可以媲美水路旅行。在相对有利的条件下,雪橇的速度甚至可能高于夏季陆路交通 30％～50％。① 然而雪地没有标识极易迷路,穿过结冰的河流也有可能遇难,而且冬季风雪天气时可能死于受冻。俄国道路没有获得良好的维修,16 世纪的西欧旅客在此不能像在别处一样享受住宿以及其他服务。游客通常要在大路附近的私人住宅里请求过夜,但在人烟稀少的地区,这样的住所十分少见。路况不好(rasputitsa)的时候,例如春天和秋天,常常无法通行。桥梁和浅滩也会十分危险,由于洪涝频仍,当地粗心大意的居民时常阻断大路。野生动物和法外之徒(强盗和土匪)也会增加陆路旅行的危险。

随着俄罗斯国家的统一和扩张,极有必要投入更多的资源以克服"空间阻力"。政府开始加强对主要交通要道的保养、规范化道路建设和维修,并且修建桥梁。从 16 世纪开始,政府邮政驿站(iamskaia gon'ba)开始沿主要道路建立,有效连接了首都、省会和像阿尔汉格尔这样的战略要处。这些道路上每隔一段距离就会有一家驿站,驿站指派服务人员(iamshchiki)保障马匹体力,从而确保信使及时传递政府邮件。因此,政府公务人员的出行速度远远超过一般人。例如,莫斯科—诺夫哥罗德一线的信使送信在夏天可能用时六七天,而莫斯科—沃洛格达一线的则只要五天。这意味着每天行驶 80 千米～100 千米的路程。② 普通行程远远落后于这一速度。

改善交通的同时,政府也在采取措施加强这个不断扩张的国家的凝聚力,包括整顿地方行政和军事管控,更加重视边疆划界和防御,以及统一度量衡、货币和法律。与此同时,政府改善了情报收集机制,方便掌握土地所有、军事部署、财富收入、交通状况以及定居点的相关信息。16 世纪时,俄国首次绘制疆域地图。因此,国家建构与政府监管、稳固以及领土开发密切相关,这也意味着加强对空间的控制。但是由于国力有限,政府无法掌控偏远地区,国家建构的进程因而漫长且零碎。直到前彼得大帝时期末,俄国疆域依然一片松散。

俄国人在广阔的亚欧大陆不断扩张,他们遭遇了诸多自然障碍,也获得了众多机会。广阔的空间带来巨大挑战,但也绝非完全负面的现象。土地辽阔

---

① Dulov, *Geograficheskaia sreda*, p. 116.

② A. S. Kudriavtsev, *Ocherki istorii dorozhnogo stroitel'stva v SSSR* (Moscow, 1951), pt. 1, p. 97.

意味着可以获取新的资源,接触新的生活方式,以及逃离既有的约束。广大的空间便于国家流放国内敌人,抵御外部强敌。俄国人在拓展空间的同时,不断接触着外部世界。

俄国位于东欧边缘,它在亚欧大陆不断扩张,接触了各种民族与文化。如上所述,早在俄国人对欧洲的混交林地带进行拓殖之前,芬兰-乌戈尔人与波罗的人已经来到这里,他们彼此杂居,甚至在一定程度上相互融合。就此而言,俄国从一开始就是多元文化,尽管许多文化交流迷失于逝去的时代。混交林地区没有明确的边界,没有树立抵挡外部世界的屏障,这也意味着当地俄国人与他人早有交流。例如,不能低估草原的重要性。俄国农学家们与草原游牧民族有着迥异的生活方式与世界观,但他们之间贸易往来与文化交流频仍,在蒙古统治时期这种交流尤其得到加强。学界一直在探讨此种联系对俄国人的长远影响,然而学者之间几无共识。在邻近草原地区之外,我们对俄国与更广泛的亚洲文化的联系知之甚少。不过显然,地理条件使得俄国与亚洲建立了密切联系,而这种联系必然对其发展产生了重要影响。在前彼得大帝时期末,俄国人扩张到了西伯利亚地区,他们与东方的联系进一步加强。

自公元 10 世纪起,俄国皈依东正教,融入拜占庭的文化,成为基督教世界的一员。毫无疑问,俄国与希腊世界跨越草原与黑海的长期联系与之相关,他们与巴尔干地区的斯拉夫人更直接的联系也是如此。基督教引领罗斯进入欧洲文化世界,但是由于语言以及其他障碍,俄国长久以来未能继承其文化遗产。在漫长的岁月里,俄国人一直都对基督教文化的基础懵懂无知。直到 17 世纪,俄国与西方的联系日益频繁,此种状况方才有所改善。

缺乏便捷的海陆通道导致俄国与西欧长期以来咫尺天涯,东正教与天主教文化的差异又加剧了双方的隔阂。而与波兰-立陶宛、瑞典以及其他国家的竞争进一步加重了这一问题。因此,尽管诺夫哥罗德与普斯科夫同波罗的海地区有着紧密的贸易联系,而且俄国与中欧的陆路畅通,但是其与西欧之间始终关系疏远。俄国处于欧洲发展的边缘地带,直到晚近,它才参与到欧洲事务以及跨大西洋贸易当中。在 16 世纪末,英国人与荷兰人跨过白海,俄国人开始与他们展开密切的贸易往来,此后俄国人逐渐对欧洲事务,尤其是西欧的技术与文化成就产生了浓厚的兴趣。不过,直到彼得大帝在位时期,俄国在波罗的海获得了通往西方的"窗口"圣彼得堡,才正式开启了俄国文化的"欧洲化"。

三、生存与发展资源

自 15 世纪始,商业在西欧逐渐占据重要地位,如上所述,地理条件以及政治因素使得俄国无法参与其中。地理环境也阻碍了俄国本身的贸易发展。上文已经论述过,水陆交通不便,距离遥远,人口稀疏,总体而言规模小、密度低的城镇,这些都限制了贸易往来。俄国与西欧的一大差异就在于地理条件的不同,换言之,它们有着各自的空间关系。这一关键区别决定了其发展轨迹(尽管并非所有方面)的差异。

俄国政府无法依靠贸易获得所需的财政收入,因此不得不开发国内资源。最晚从 16 世纪开始,俄国地主们发现自己必须要为国家效力,从而换取土地所有权。农民则被束缚在土地上,必须为地主服务。17 世纪中叶,最终出现了农奴。国家管理土地所有权,并且据此征税。它还对获取新的土地,亦即新的财富源泉抱有强烈的兴趣。众多学者强调欧洲海外扩张的重要性,欧洲经济发展正是得益于从海外攫取的新资源。[1] 一位学者把这种获取资源的途径形容为"伟大边疆",另一位学者则称其为一本万利的"生态横财"[2]。俄国通过领土扩张,也获得了意外之财,不过这种收获远远小于西欧获取的暴利。在前彼得大帝时期,俄国夺取了北方地区以及西伯利亚,这里资源丰富、物种繁多,但是气候恶劣,不利于人类定居以及发展农业。直到这一时期末,俄国人才开始在森林-草原以及草原的肥沃土地上安顿下来。俄国的扩张并未为其带回热带产品,而这类产物在欧洲贸易扩张中发挥了重要作用。

在本卷涵盖的前彼得大帝时期,农业资源仍是俄国经济的基础。本章已经论述了农业发展的条件及其问题。资料表明,俄国的农业生产力远远低于西欧。这在一定程度上可以归咎于社会因素,例如俄国农业不如西方那般精耕细作。但是自然环境也是一大因素,冬季寒冷漫长,农作物生长周期受限

① W. P. Webb, *The Great Frontier* (Boston: Houghton Mifflin, 1952); E. L. Jones, *The European Miracle* (Cambridge: Cambridge University Press, 1981), pp. 70-84.
② Jones, *The European Miracle*, p. 84.

（莫斯科地区的无霜期仅有 130 天左右），春秋两季都有可能出现霜冻，大片土地十分贫瘠、缺少肥料，这是主要的问题。大多数农作物产量很低，因此在 16 世纪的混交林地区，广泛种植着产量为其他作物三倍的冬黑麦。[①] 而在南边的森林-草原地区，产量也不见得更好，原因可能在于这里发展粗放式农业。[②] 混交林地区土壤贫瘠，这常与缺少肥料有关，因此也难以发展畜牧业。冬季极其寒冷，干草常常不足，牲畜一年之中有很长时间（200 天甚至更久）只能被圈养。干草地并不多产，这也要归咎于严酷的气候，人们到处搜罗干草，并且寻找各种替代品。总之，农户经常难以维持生计。正如一份研究农民生产与消费的报告所言："农民能为家人提供足够的粮食，尤其是在子女成人可以通过劳作减轻家庭负担的时候，但是，牲畜在一定程度上，有时甚至是在很大程度上，需要仰赖森林的供给。"[③]

因此，农业所能提供的剩余资源相对有限，如果庄园组织有序，农业盈余就相对较多，一些大型修道院就是如此。[④] 市场上出现了亚麻、大麻及其衍生品、皮革、动物油脂、兽皮和粮食等农产品，其中部分产品出口海外。在 1600 年左右，这些农产品是俄国主要的出口产品。[⑤] 不过正如琼斯所言，"北方森林"的产物同样重要。[⑥] 首先，尽管毛皮贸易已经开展了数个世纪，但在 16 世纪时，莫斯科公国才因此闻名遐迩。俄国森林里的黑貂、白鼬、貂、狐狸以及松鼠被运往"世界各个角落"[⑦]。在 1500 年左右，俄国主要出口毛皮、蜡、蜂蜜等森林产物。[⑧] 市场上其他的北方产品包括兽皮、鱼类、鲸油等。在 18 世纪，海军物资（木材、沥青、树脂、焦油、松节油以及大麻）开始大量出口。本章之前已经讨论了森林资源与农业经济的关系。当然，包括木材、木质燃料以及钾肥在内的其他产品也很重要。

---

① Smith, *Peasant Farming*, pp. 86-87.
② I. N. Miklashevskii, *K istorii khoziaistvennogo byta Moskovskogo gosudarstva*, vol. I: *Zaselenie i sel'skoe khoziaistvo iuzhnoi okrainy v XVII veke* (Moscow: D. I. Inozemtsev, 1894), p. 230; L. B. Veinberg, *Ocherk sel'skokhoziaistvennoi promyshlennosti Voronezhskoi gubernii* (Voronezh, 1891), p. 54.
③ Smith, *Peasant Farming*, p. 94.
④ Ibid., pp. 24-32.
⑤ Paul Bush kovitch, *The Merchants of Moscow, 1580-1650* (Cambridge: Cambridge University Press, 1980), p. 102.
⑥ Jones, *The European Miracle*, p. 81.
⑦ Janet Martin, *Treasure of the Land of Darkness* (Cambridge: Cambridge University Press, 1986), p. 167.
⑧ Bushkovitch, *The Merchants*, p. 102.

在前彼得大帝时期，俄国经济还依赖很多其他自然资源。[1] 人们竭尽所能，攫取各种资源。鉴于其在贸易往来以及日常生活中的重要性，本卷还会提到两种资源。一是铁矿石，或称褐铁矿，是从东欧平原的沼泽地区开采的少量资源。在彼得大帝发展乌拉尔地区的冶炼业之前，自 17 世纪上半叶起，当地铁矿石就成为图拉冶炼业的重要原料。对于武器以及其他器具而言，铁是不可或缺的；质量更好的铁矿则须进口。另一重要商品是盐。白海海滨最早的产业就是从海水中蒸发盐，后来这一技术被钻探盐水所取代。在俄国欧洲部分的北部与中部，人们开采地表或地下盐水，在诺夫哥罗德附近的旧鲁萨（Staria Rusa）、维切格达河与苏霍纳河谷[索里维切格达、亚伦斯克（Iarensk）、托季马（Tot'ma）]、俄国中部等地以及日后的卡马河上游[索尔卡马（Sol'kama）]都是如此。17 世纪，人们逐渐开始在伏尔加河中游的萨马拉与阿斯特拉罕附近（埃尔顿湖、巴斯昆恰克湖）采盐。还有一些盐来自西伯利亚的额尔齐斯河上游地区。[2]

四、环境风险与不确定性

自然环境一直在变。正如我们所见，无论人为还是自然所致，一些变化长期存在，其他变化则很短暂。有的遵循一定周期，有的完全没有章法。本章最后一部分研究导致俄国人的生活充满风险与不确定性的因素，如果仅从长期视角观察，可能无法获知这些。

我们已经注意到了俄国社会有时混乱无序。部分原因在于国土辽阔，监管难以抵达人口稀疏的地区。另一部分原因在于边境地区动荡不安。所有前现代国家都有这个问题，它们的边疆"洞开"，当时俄国的南部与东部边境都是如此，这些问题尤为棘手。游牧部落时常侵扰南部的草原边疆，在前彼得大帝时期的最后两个世纪里，克里米亚的鞑靼人及其盟友诺盖人经常挑起冲突。他们抢夺战利品、劫掠奴隶，尤其是在俄国与奥斯曼帝国发生冲突之际，后者

[1]　参见例如 Richard Hellie, *The Economy and Material Culture of Russia*, *1600-1725* （Chicago: University of Chicago Press, 1999）。

[2]　R. E. F. Smith and David Christian, *Bread and Salt: A Social and Economic History of Food and Drink in Russia* （Cambridge: Cambridge University Press, 1984）, pp. 27-73.

获得了波兰人以及其他人的支持。例如,在 1571 年和 1591 年,鞑靼人先后进攻了莫斯科。在"混乱时期",这些问题尤为严重,后来,在 17 世纪三四十年代此类问题再次出现。此时,政府修建了别尔哥罗德防线,成功阻断了鞑靼人的侵袭。① 但在防线南部,侵扰依然持续着,1652 年,乌斯曼遭到进攻,1659 年,沃罗涅日地区遇袭。② 人员伤亡(战斗与被俘)与财产损失严重,不过一切只是推测。雪上加霜的是,卡尔梅克人也来劫掠,1674 年他们就组织了一次行动③,俄国与哥萨克人也是矛盾重重。在伊凡·博洛特尼科夫(Ivan Bolotnikov,1606—1607 年)以及斯捷潘·拉辛(Sten'ka Razin,1667—1671 年)领导的大规模起义中,后者的力量达到巅峰。

社会动荡的一个恶果便是大火,造成人员伤亡与财产损失。1590 年,一伙乌克兰哥萨克人在沃罗涅日纵火,城内木屋燃起熊熊大火,夺去许多生命。④ 实际上,所有的俄国城镇都面临着火灾的威胁,这些城镇房屋密集,而且多为木质建筑。瑟京(Sytin)称,从 12 世纪到 16 世纪,莫斯科发生了 30 起大火,1501 年、1508 年、1531 年、1547 年(3 起)、1560—1562 年、1564—1565 年、1571 年、1591 年(当年鞑靼入侵)以及 1595 年均发生大火。⑤ 1626 年 5 月的大火之后,克里姆林宫以及基泰城⑥(Kitai gorod)的大部分被毁,沙皇下令更新国家原先的《大地图册》。⑦ 但是新旧规划图先后遗失,可能是因为大火再次造访,一直到前彼得大帝时期末,首都以及俄国其他城镇都因此遭受巨大损失。正是源于对火灾的恐惧,早在彼得大帝统治之前,俄国就开始进行建筑管控(与规划),并且组织了首支火情巡逻队。⑧

---

① V. P. Zagorovskii, *Belgorodskaia cherta* (Voronezh: Izdatel'stvo Voronezhskogo Gosudarstvennogo Universiteta, 1969).

② L. B. Veinberg, *Materialy po istorii Voronezhskoi i sosednikh gubernii. Drevnie akty XVII stoletiia* (16 *vols.*, Voronezh, 1885-90), vol. I, no. 54, vol. II, nos. 23, 133, 144, 145.

③ M. De-Pule, *Materialy po istorii Voronezhskoi i sosednikh gubernii. Orlovskie akty XVII - XVIII stoletii* (Voronezh, 1861), pp. 350-354.

④ V. P. Zagorovskii, *Voronezh: istoricheskaia khronika* (Voronezh: Tsentral'no-Chernozemnoe knizhnoe izdatel'stvo, 1989), p. 16.

⑤ P. V. Sytin, *Istoriia planirovki i zastroiki Moskvy. Materialy i issledovaniia*, *vol. I: 1147-1762* (Moscow: Trudy Muzeia Istorii i Rekonstruktsii Moskvy, vyp. 1, 1950), pp. 53, 56, 59.

⑥ 该地名有多个起源解释,主要包括古俄语或突厥语、蒙古语"栅栏"或"编织物",指木质栅栏防护的城镇区域。其发音与现代俄语"中国"(Китай)相似,有时误译成"中国城"。——译者注

⑦ Postnikov, *Razvitie*, p. 26.

⑧ Sytin, *Istoriia*, pp. 83ff.

众所周知，天气除了火灾以外，还导致了许多天灾人祸。15世纪，气候进一步恶化，灾害的影响加剧。① 俄国城镇、村落大多坐落在河岸处，因此洪水成为长期威胁。1616年春，沃罗涅日河发生水灾，圣母升天修道院的河边木屋以及邻近房舍全数被毁。② 接下来的数年里，又爆发了多起洪水。国家层面或地方大范围的庄稼歉收与饥荒也很常见。例如，根据一份不太可靠的报告，1601—1604年发生饥荒，光是莫斯科就有50万人死去。③ 1704—1705年，庄稼未能挺过冬天的严寒，饥荒席卷了俄国中部。④ 局部的食物短缺更是常事，瓦卢伊基（Valuiki）在1667—1669年以及1674年、奥尔洛夫在1677年以及1680—1681年都出现了这种情况。地方军事长官（voevody）受命建造粮仓，以防不测。但是剩余的粮食有限，此种做法也有诸多问题。

在俄国人的日常生活中，还面临着一大威胁，那就是疾病与健康状况不佳，这主要是由恶劣的饮食导致的。在短暂的生命中，俄国人备受各种疾病的折磨，从营养缺乏症到麦角中毒以及其他真菌感染，从致使身体衰弱的疟疾、肺结核以及坏血病到瘟疫、天花、流行性感冒以及伤寒这类传染病。传染病极易在城市环境大肆蔓延，例如1654年的瘟疫，据说造成多达80%的莫斯科居民不幸丧命。⑤ 1709—1713年间，瘟疫席卷了新近征服的波罗的海地区、诺夫哥罗德、普斯科夫以及乌克兰部分地区，城市居民遭受的苦难尤为深重。⑥ 家畜与庄稼染病也是一大问题。⑦

学者们普遍认为，中世纪的俄国环境险恶。但在与同时期西欧的环境风险进行比较时，他们产生了分歧，这个问题有待进一步研究。

五、结语

中世纪俄国的故事，就是俄国人如何适应并改造不同自然环境，使其满足

---

① Dulov, *Geograficheskaia sreda*, pp. 14-18; I. E. Buchinskii, *O klimate proshlogo Russkoi ravniny* (Leningrad, 1958).

② Zagorovskii, *Voronezh*, p. 20.

③ Smith and Christian, *Bread and Salt*, pp. 109-110.

④ Ibid., p. 189.

⑤ *Istoriia Moskvy*, vol. I: *Period feodalizma*, XII-XVII vv. (Moscow: AN SSSR, 1952), p. 453.

⑥ A. Kahan, *The Plow, the Hammer and the Knout: An Economic History of Eighteenth-Century Russia* (Chicago: Chicago University Press, 1985), p. 15.

⑦ Dulov, *Geograficheskaia sreda*, pp. 22-24.

自身需要的故事。最初,俄国人发现了混交林地区,他们努力适应该区域的各种环境,后来,他们又被其他地带的资源禀赋所吸引。当然,其他社会也是如此,自 15 世纪开始,西欧人开始踏上海外征途。而俄国的扩张之所以独具一格,是因为它发生在毗邻却特征迥异的土地上。在其疆域内,农民逐渐扩散开来,正如一位学者所言,"就像生物细胞一样",渗入所能进入的空间。① 远离海洋,以及俄国人开拓地区的特定环境,将能解释这个社会及其演变。本章认为,俄国的地理环境对于理解俄国而言必不可少。

---

① Smith, *Peasant Farming*, p. 9.

第一部分

早期罗斯与莫斯科公国的崛起（约 900—1462 年）

第三章　罗斯的起源(约 900—1015 年)

乔纳森·谢泼德

一、《往年纪事》对罗斯起源的探寻

　　罗斯的起源存在诸多疑问,这一名称如何形成以及从何而来,这些问题自有记录以来就一直在第聂伯河中游地区备受追问。在罗斯《往年纪事》的开篇,就写下了这一问题。编年史认为本地人和外来者通过订立契约,从而一举形成了政治阶层。斯拉夫人、芬兰人以及这片土地上的其他本地人虽被纵横交错的大江大河隔开,但他们一致同意从海外请来一位统治者。为把瓦良格人请到罗斯,他们称:"我们的土地辽阔富饶,然而却无秩序,请像王公一样进行统治,在我们身上加诸权威!"①公元 862 年左右,王室三兄弟带着"他们的亲人"以及"所有罗斯人"来到这里。两个弟弟很快去世,幸存下来的留里克(Riurik)把他们的领地合并于自己的土地,然后派人管理各个城镇(grady)。这些地方已有土著居民居住,"诺夫哥罗德住着斯拉夫人,波洛茨克(Polotsk)住着克里维奇人,别洛奥焦尔②(Beloozero)住着维斯人……留里克统治着所有人"。不久,并非王族的瓦良格人阿斯科尔德(Askold)与迪尔(Dir)南迁至第聂伯河中游。据说他们到了一个叫作基辅的小城,掌管了这里,并且得知当地居民要向可萨人纳贡。后来,一个名叫奥列格(Oleg)的人到来,他自己不是王公,而是代表留里克的幼子伊戈尔(Igor)履行职责。他公开抨击阿斯科尔德与迪尔既非王公,也无王室血统,从而将那个孩子推到前面:"看啊! 留里克的儿子!"并将阿斯科尔德与迪尔两人处死。公

---

① *Povest' vremennykh let*（hereafter *PVL*）, ed. V. P. Adrianova-Peretts and D. S. Likhachev with revisions by M. B. Sverdlov, 2nd ed.（St Petersburg：Nauka, 1996）, p. 13. 在这一语境下,海外的"瓦良格人"只能意味着斯堪的纳维亚人。

② Белоозеро 为 1777 年之前名,之后该地称 Белозерск,译为别洛奥焦尔斯克。——译者注

元 882 年左右,基辅开始出现王公统治,奥列格担任伊戈尔的军事指挥官。①

包括 16 世纪的《尼康编年史》在内的著作都记述了这一系列事件。它们构成了这片日后成为莫斯科公国乃至俄国的土地上一切"政治"叙述的基本框架。《往年纪事》因集中论述王公而被诟病为过度简化历史,仅仅是关于两三个兄弟的神话故事,已然遭到抛弃。而且,其编年要么把历史进展定得太早,要么太晚。实际上,在 9 世纪的第二个 25 年里,早已出现某种形式的霸权结构,直到公元 882 年,也就是一两代人之后,第聂伯河中游才成为王室中心。其他条件可见《往年纪事》的插图——它是该书接近完成的 12 世纪初期的产物,也是其诞生地基辅洞窟修道院的产物。当时,沿着沃尔霍夫河(Volkhov)与西德维纳河(Western Dvina)往南,两河交汇于第聂伯河,然后注入海洋——这条"从瓦良格通向希腊之路"构成了轴心地区(尽管并非无懈可击)。编年史记录者们一厢情愿地认为权力从一开始就被授予诺夫哥罗德与基辅,这一点尚可理解。他们没有时间选择其他地点,比如从北方地区通往伏尔加河下游可萨人聚居地以及伊斯兰世界的道路。他们强调这片广阔的土地上有着丰富多彩的礼仪与习俗②,但也偶尔暗示在公元 9 世纪以及 10 世纪的大多数时间里,王公的政治权威不断收紧。

唯一主导家族的兴衰与罗斯领土的出现与范围密不可分。针对《往年纪事》开篇提及的问题:"罗斯的土地源于何处? 何人率先统治基辅……?"③编年史家们并未草率行文。根据考古发掘,从一开始,被视为"瓦良格"新移民居住中心的地区,就有来自斯堪的纳维亚的居民或是访客,如斯塔拉亚拉多加(Staraia Ladoga)。与此同时,考古学家发现,早在斯堪的纳维亚人到来之前,下列地区已有"土著居民"的定居点,例如穆罗姆(Murom)、萨斯科耶(Sarskoe)、普斯科夫以及伊兹博尔斯克(Izborsk)设有防御的定居点。《往年纪事》中还有一些内容从独立证据得到了证实。它所追溯的王室是早期罗斯所有统治家族当中最具活力与效力的一支(例如留里克的后裔,见图 3.1)。三兄弟中老大的名字"HrørıkR"(留里克)显然源自古代挪威,在留里克生活的公元 9 世纪,这个名字从语言学角度看似可信。④ 他的儿子伊戈尔——这个斯

① *PVL*, p. 14.
② 关于不同部落组织的位置和语言,参见 *PVL*, pp. 10-11.
③ *PVL*, p. 7.
④ G. Schramm, *Altrusslands Anfang. Historische Schlüsse aus Namen, Wörtern und Texten zum 9. und 10. Jahrhundert* (Freiburg im Breisgau: Rombach, 2002), pp. 265-266. 带有星号的名字被认为是斯拉夫人名所源自的斯堪的纳维亚姓名形式。

拉夫式的名字源自古代挪威的"Inghari"——毋庸置疑是一位历史人物。到 9
世纪的最后十年,考古学证据表明已有来自更北的地方的人们定居基辅。《往
年纪事》就记录下了 9 世纪末的政治变迁与人口迁移。但因编纂者的资料有
限,他们的认知存在缺口,表述过于浅陋。留里克被描绘为 9 世纪中叶的领
袖,然而事实上他的儿子活跃于 10 世纪中期。[①] 为了获得关于过去的印象,他
们不得不回溯来自远方地区且没有一手资料的人撰写的记录,并参考经常十
分不可靠的考古发现。

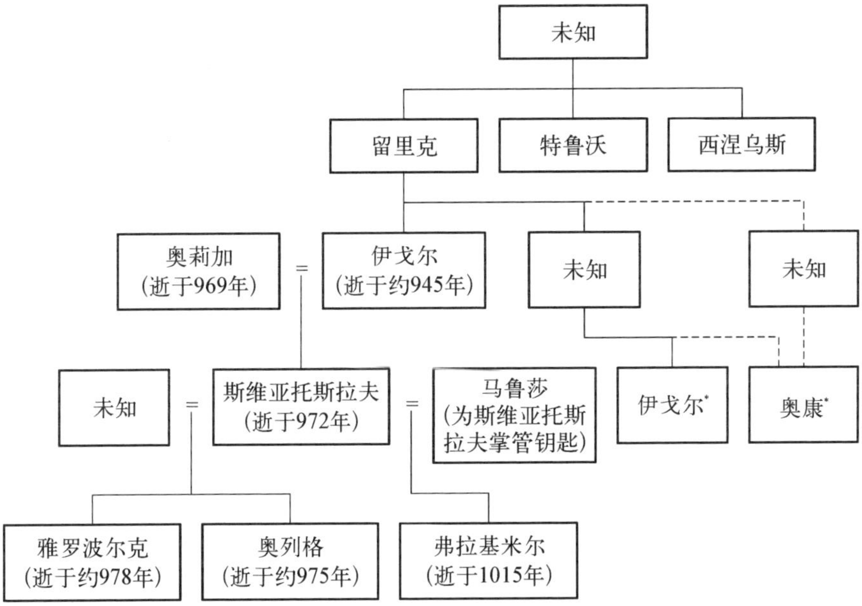

* 据罗斯《往年纪事》为伊戈尔之侄

图 3.1 公认的留里克王公后裔

二、政治架构的开端

(一)在伊斯兰世界与波罗的海世界的长途贸易当中,在那片广袤
的森林之间,首次出现了权力组织

早在公元 9 世纪之前,第聂伯河中游地区的北部已经出现了政治等级,但

---

① *PVL*, pp. 13, 22—27.

是现在无法重现其原貌。一个可以确信的事实是,公元838年已经存在一个统治者,他领导着一群被拜占庭称为罗斯人(Rhōs)或是类似名字的人群。一些罗斯人陪同拜占庭大使一道前往"虔诚者"路易(Louis the Pious)的宫廷,他们请他协助自己返回"家乡"。① 当时的法兰克宫廷编年史对涉及这一部分的内容措辞谨慎。这表明罗斯人在"国王"的统治下组织有序,能够向拜占庭皇帝派遣使团,并有充足的资源在远地建设使馆。关于这群陌生人,编年史还记录了一些令人困惑的情况,他们将首领称作可汗(chaganus),路易详细调查之后,发现他们"属于瑞典人"。由于担心他们是间谍,路易将所有人拘留之后进行审讯。可见,他们首领的头衔类似可萨人的可汗,而他们的特征却类似瑞典人。

围绕编年史的这条内容产生了无数史学解释,然而无法判断这些解释的内在合理性,很多都要取决于对芬兰湾与可萨人主导的顿河以及伏尔加河草原之间总体情况的假定。《往年纪事》暗示,北方斯堪的纳维亚人的政体与可萨人的政权并存,后者向西部直到第聂伯河地区征收贡品。不过,也存在反对意见。例如,编年史中对公元838年的政体描述与《往年纪事》中有所出入,瑞典君主几无可能接受可萨的头衔。然而,象征罗斯精英地位的标志却有可萨与突厥民族的特征——例如腰带嵌入金属托板,系带镶着精美的饰品。此外,不列颠群岛上的斯堪的纳维亚军阀常会接受当地的习俗,并摆出基督教国王的特质,从而巩固自己的政权。

黑海草原北边的大型江河流域居民拥有可萨式的统治者,出现这一情况有着多个原因。这个半游牧的民族组织能力强大,定期掠夺邻人的财物,克里米亚与里海东北部之间草原上的"可萨和平"(pax khazarica)吸引了来自远东、高加索以及阿拔斯王朝的商人们沿着丝绸之路来到这里。阿拉伯减弱向可萨人与其他草原居民传播伊斯兰教的力度之后,从公元8世纪中叶开始,阿拔斯王朝发行了大量迪拉姆(dirham)银币,刺激了这个长期以来的贸易枢纽的发展。我们尚不清楚这些往来的变化情况,但是显然时移世易。人口围绕湖泊、河道聚集,为这些远途商人们创造了交易中心。伊尔门湖与拉多加湖这样的大型湖泊有着双重功能,湖中资源丰富,湖边土壤肥沃,周边生活的人们能够

---

① *Annales Bertiniani*, eds. F. Grat, J. Vielliard and S. Clémencet (Société de l'histoire de France 470) (Paris: C. Klincksieck, 1964), pp. 30-31.

渔猎耕作。同时它们还是交流中心,吸引着各色各样的人群,他们在此施展手艺或是从事贸易。位于出产毛皮的北方与波斯萨珊人生活的草原以及拜占庭市场之间的贸易枢纽地曾在公元 6 世纪与 7 世纪初繁盛一时,阿拉伯人在第一个世纪的入侵并未将其完全毁灭。它们的持续存在也能解释阿拔斯王朝的银币为何能够如此快速地出现在芬兰湾地区。在斯塔拉亚拉多加的小型贸易站,出现了阿拔斯王朝的铸币,以及类似斯堪的纳维亚用具的打铁装备。工场采用斯堪的纳维亚技艺焊接刀具,到公元 9 世纪初生产了钉子和小艇铆钉,并且能够制造玻璃珠子。俄国发掘的最早一批迪拉姆从公元 9 世纪开始存放在芬兰湾附近,也就是今天的圣彼得堡西边。一些铸币上面刻有斯堪的纳维亚的文字以及阿拉伯字母,有的迪拉姆上面刻着希腊文的"撒迦利亚"(Zacharias)字样,还有一些硬币上面刻着突厥文,这些钱币可能来自可萨人的领地。① 这些标记代表着毛皮贸易中十分活跃的外地商人们。因此在公元 8 世纪末,瑞典中部的陪葬品中出现这类迪拉姆并非偶然情况。正对着奥兰群岛(Åland islands)的地方在中世纪的瑞典法典中被称作"罗登"(Rodhen)或"罗兹"(Rodhs)。波罗的地区的芬兰人刚开始只把来自这里的人称作"罗茨"(Rōtsi),后来他们这样称呼所有的斯堪的纳维亚人。这个名字被斯拉夫人引进之后变成了"罗斯"(Rus')。这些"罗茨"从事着小规模贸易,波罗的海东部的商业中心促进了旅行与交流,一个至高无上的权威标志有利于形成秩序。他们的领主与可萨统治者的头衔相同——迪拉姆流经其领地——这一头衔满足了他们的需求。这于是契合了法兰克编年史所言,斯堪的纳维亚人由一位可汗领导,并且当地人与"瓦良格人"签订了契约。

(二)动荡的征兆(约 860—871 年)

"北方人的可汗"(公元 871 年拜占庭皇帝的一封书信当中如是称呼)②建都何处仍有争议,但是很有可能面朝伊尔门湖,也就是在日后的诺夫哥罗德的南边。这里修筑了防御工事,边远地区的定居点可以追溯到公元 9 世纪初甚至更早。作为大型的定居点与商业中心,这里连通着四面八方,北抵拉多加

---

① E. A. Mel'nikova, *Skandinavskie runicheskie nadpisi. Novye nakhodki i interpretatsii* (Moscow: Vostochnaia Literatura, 2001), pp. 107, 115-119.

② "Chaganum ... Northmannorum": Louis II, *Epistola ad Basilium I.*, Monumenta Germaniae Historica, Epistolae Karolini Aevi, V (Berlin: Weidmann, 1928), p. 388.

湖,东达伏尔加河的源头,南至西德维纳河。今天称作留里科沃-戈罗季谢
(Riurikovo Gorodishche)的岛屿形区域被阿拉伯人描绘成一个遍布沼泽的"大
岛",东西距离相当于三天的行程,"罗斯的可汗(khāqān)就住在这里"①。早在
9世纪60年代,拜占庭便向这里派遣宗教使团,这支使团是应罗斯之请派出
的。此前他们曾向君士坦丁堡派去一支舰队,舰队一路洗劫边远地区,但在归
途中遭遇风暴沉没。这种维京式的劫掠获得了罗斯领导者的支持,而根据主
要是拜占庭的史料,随后派出使团的目标正是让罗斯统治者及达官贵族为之
负责。② 860年远征活动的参与者大多是新近来到波罗的海东部的这片地区
的。在9世纪的最后三十余年里,新涌入的兵团追逐财富,直接导致了政治混
乱。从863年到871年左右,斯塔拉亚拉多加几乎被夷为平地;同时戈罗季谢
(Gorodische)燃起大火,9世纪下半叶,沃尔霍夫的一些定居点也发生了火灾。

尚不清楚考古学证据所记录下的究竟是一次动乱还是反复的灾难。但
是,两大商业中心的毁损定然伴随着政治动乱,其间至少出现了一次王权变
动。拜占庭使团很可能是因动乱而被迫离开的:在长达一百年的时间里,罗斯
没有出现高级神职人员。暴乱并未终结商贸活动,事实上,贸易很可能是暴乱
的起因。一些人积聚银币以及其他珍宝,从而争取追随者,并且显著提高其个
人地位。用于换取迪拉姆的一大"产品"是奴隶,这一贸易显然威胁着人身自
由。持续蔓延的暴乱损害了这个复杂的网络,影响了聚集在商业中心的成群
定居点,而正是由这些边远地区的居民提供了最重要的产品——毛皮。因此,
在经历了一段动荡不安的时期后,出现更加严苛的政治秩序并不令人意外。
其中一个迹象就是斯塔拉亚拉多加修筑了堡垒,四周包裹了一层石灰岩厚板。
在河对面的普拉康(Plakun)的扩展定居点,装备着斯堪的纳维亚式武器的士
兵们葬身于此。在9世纪90年代中期,这里修建了一座大厅,部分木材取自已
经拆卸的船只,很可能是某位王公或是军事长官曾经的住所。这一整套建筑
象征着罗斯人抵御来自斯堪的纳维亚的掠夺者和征服者入侵的努力。

在沃尔霍夫的另一侧,戈罗季谢也从严重的破坏中复苏。9世纪末,在原
先的山地堡垒之下,沼泽地面上搭建起了新的结构。工场能够生产斯堪的纳

① Ibn Rusta, *Kitāb al-A'lāk an-nafīsa*, ed. T. Lewicki, *Źródla arabskie do dziejów słówiańszczyzny*, vol. II.2 (Wrocław, Warsaw, Cracow, and Gdansk: Polska Akademia Nauk, 1977), pp. 38–41.
② *Theophanes Continuatus*, ed. I. Bekker (Corpus scriptorum historiae byzantinae)(Bonn: E. Weber, 1838), pp. 196, 342–343.

维亚式的女用胸针、兵器以及其他男用金属制品。银器、玻璃珠子以及其他相对贵重的物品从东方市场输入,它们或是用于贮藏,或是用作装饰。而在其他贸易中心,陶器开始采用轮制取代手制。达官贵人、专职武士以及阔太太们大多拥有斯堪的纳维亚血统,正如管辖他们的王公家族一样。而在戈罗季谢,与鱼骨、木头、黏土打交道的则大多是斯拉夫人与芬兰人,其中一些人来自极其遥远的地方。他们制作的产品证实了这一点。其他中心城市(如普斯科夫)的人口构成不断变化,但是斯堪的纳维亚人是长期存在、富裕且拥有武装的人群。

9世纪后期,位于与伏尔加河上游相连的主要河湖岸边的大型芬兰人定居点迎来了许多(其中一些规模很大且随和)来自奥兰群岛的居民。与当地居民一样,这些居民也从事毛皮贸易,他们被涅罗湖(Lake Nero)与普列谢耶沃湖(Lake Pleshcheevo)周边的肥沃土壤吸引而来,期盼能因此致富。当地便于渔猎,而且早已建立起与萨斯科耶这类中心地区以及北方的毛皮产区的联系。新来的移民驾船技术娴熟,他们能够通过水路前往那些获利丰厚的市场。9世纪末,在保加尔人的可汗的帮助下,伏尔加河中游产生了新的政治组织;通过以物易物以及征收贡物,保加尔人积累了大量毛皮。只要乘坐两三个星期的船到伏尔加河口,人们就能抵达可萨的首都伊迪尔(Itil),再沿陆上的商路就可以前往中亚河中(Transoxiana)地区萨曼王朝(Samanid)的疆域。自9世纪末起,萨曼王朝发行了大量迪拉姆促进贸易。保加尔可汗据此设计了自己的银币,不久,保加尔精英成为穆斯林,他们修建了清真寺与学校。伏尔加河上游的罗斯新移民从自己的邻人那里获得了充足的银币。现在俄国发现的伊斯兰货币大多是10世纪萨曼王朝铸造的迪拉姆,这些货币主要出现在波罗的海地区。不过,这种层次的交流并不需要定期协调或是武装保护,因此尽管伏尔加河的罗斯人及其合作者们构成了某种政体,以此区别于西北地区,但是他们并未创立一个紧密的政治-军事组织。东北地区的银币易于获得,流通范围广泛,而且同最北方的毛皮贸易路线繁多。至于伏尔加河中游与下游地区的秩序,则由大批保加尔人与可萨人负责维持。

正是在这一背景之下,9世纪末,北方人开始在第聂伯河中游定居。他们的文化——包括语言——依然具有突出的斯堪的纳维亚特征,而他们将被视作"罗斯人"(Rhōs),正如公元838年、839年派往拜占庭的使节一样。由于此时在迅速发展的"城市"网络中获得一定地位的条件是财富,愿意从事精英阶层工作的众多个体和先驱都有晋升的机会。此外,奴隶贸易还导致了大批混血儿的出现。来自北方的新移民在建造房屋时,呈现的是斯塔拉亚拉多加而非第聂伯河中游地区定居点的特征。根据树轮年代学的分析,9 世纪 90 年代,人们在基辅河边的潮湿土地上建造木屋,其中很多木屋用作工场或是仓库。在河畔,当时的小城镇占据着重要的经济地位。基辅在古代也曾成为重要的商业中心,人们在此用北方森林的产品换取草原及其他南方文明的产物。基辅也是拉特纳(Radhanite)犹太商人活跃的舞台,他们穿梭于西欧、伊迪尔与中国之间。但是直到 9 世纪末左右,第聂伯河航道才开始发挥重要作用。基辅由此成为贸易基地,航海家们顺着湍急的水流而下,升起桅杆驶向海洋另一侧的市场。正是出于这一目的,大量北方人定居基辅、切尔尼戈夫(Chernigov)以及附近的谢斯托维扎(Shestovitsa)。

　　历经数年谈判,使节最终说服拜占庭皇帝,在君士坦丁堡经商的罗斯商人能够免费通行,他们将以 50 人一组的方式"不带武器,穿过(唯一的)大门"。如果携带货物,他们还能享有长达六个月的免费食宿,并在返程时获得"食物、绳索、锚、帆以及其他必需品"。[1] 取得特权之后不久,罗斯便与拜占庭签署了双边协议,规定了解决双方争端的程序,并且制定了船舶失事与货物赔偿的相关规定。使节的背景尚不清楚,但在 911 年 9 月签订的条约里,14 位负责人中再次出现了之前 5 人的名字。这种延续性与对法律和秩序的尊重暗示着政治组织的存在,使节的姓名具有北欧特征,如卡尔(Karl)、鲁拉夫(Rulav)和斯特米德(Stemid)。

　　如同阿斯科尔德与迪尔的故事一样,北方人向基辅的迁移一开始很可能是为了继承罗斯的其他优势。但是由于质量最优的毛皮产自更远的北方,这些商人无法长期独立。公元 911 年签订的条约囊括了大部分北方王公,以及第聂伯河中游地区的新兴巨头。与基辅相比,类似戈罗季谢这样的中心城镇规模庞大,人口众多,统治精英的军事力量强大无比。10 世纪初,精英阶层出现了一位最高统治者。一位派驻保加尔的阿拉伯使节于 922 年观察了伏尔加河中游的罗斯商人们,催生了罗斯统治者的朝廷:他安坐于一张巨大的宝座之上,40 位女奴环绕左右,无须触地便能上马,400 名"无畏的勇士"守卫着他的"宫殿","他们甘愿与他同生共死,甚至为他献身";一位副官负责指挥军队为

---

[1]　*PVL*,p. 17.

他作战。① 上述内容表明罗斯与可萨汗国的政治文化联系紧密,双头统治模式、可汗头衔以及三叉戟式的权威象征都借鉴自可萨汗国。或许正因为此,罗斯最高统治者直到 10 世纪 20 年代仍居住在北方的戈罗季谢。尽管第聂伯河中游地区的罗斯人隶属于这一政体,但是他们仍须向可萨汗国进贡。10 世纪中叶,可萨汗国的统治者依然认为谢韦里安人(Severian),也就是第聂伯河中游地区的斯拉夫人,须向自己纳贡,而基辅则有一个可萨式的名字桑巴塔斯(Sambatas)。②

三、基辅王公与"拜占庭关系": 挑战与回应

罗斯在基辅地区确立最高统治的最早的确凿证据,便是留里克的儿子伊戈尔,而他直到公元 940 年左右才被证实在基辅。大批北方人首先抵达第聂伯河中游地区,大概一代人的时间之后,政治-军事中心便开始南移。这体现了其飞速的发展以及拜占庭的吸引力,发达的贸易为其创造了巨额财富。但是这种迁移也反映了另一事态。拜占庭对奴隶有着强烈的需求,而罗斯恰恰因此得益。奴隶不是没有生命的货物,他们能够自由行走,因而更易挺过航程中的重重险境。由于担心游牧部落以及船舶失事,罗斯出现了统一指挥的护航组织,并与拜占庭当局定期交易。这同时也是为了确保奴隶供应的稳定,并且应对第聂伯河中游地区组织有序、装备精良的斯拉夫人。罗斯控制了城镇,加上王公的领导,他们能够拒绝过分的纳贡要求。尤为重要的是,罗斯的领导者们需要巧妙地与可萨汗国交涉,他们的抗压能力时常被忽视。约从 940 年起的事件,亦即可靠的最早的罗斯历史事件,都能证明这一点。

当时的拜占庭政府送给罗斯领导者"贵重的礼物",敦促其占领可萨人在

① Ibn Fadlan, *Risāla*, ed. T. Lewicki, '*Zródla arabskie do dziejów słówiańszczyzny*, vol. III (Wroclaw, Warsaw, Cracow, Gdansk, and Lodz: Polska Akademia Nauk, 1985), pp. 75-76. 另参 J. E. Montgomery, "Ibn Fadlān and the Rūsiyyah", *Journal of Arabic and Islamic Studies*, 3 (2000): 21-22.

② P. K. Kokovtsov, *Evreisko-khazarskaia perepiska v X veke* (Leningrad: AN SSSR, 1932), p. 98 and n. 4; Constantine VII, *De administrando imperio*, ed. and trans. G. Moravcsik and R. J. H. Jenkins (Corpus fontium historiae byzantinae I) (Washington: Dumbarton Oaks, 2nd edn., 1967), ch. 9, pp. 56-57.

刻赤海峡的要塞。随后，可萨人将罗斯人逐出家园，击败了他们称作"H-l-g-w"的罗斯领导人，并且迫使罗斯人进攻拜占庭。虽然极不情愿，但他还是服从了指令。罗斯军队的远征持续了四个月，拜占庭最终"凭借火攻取胜"①。资料证实，941 年罗斯确实对君士坦丁堡发动了进攻，不过领导远征的罗斯统治者是伊戈尔。而"H-l-g-w"这个名字很可能对应着北欧的"Helgi"。现存最早的《往年纪事》指出，伊戈尔与奥列格（"Helgi"的斯拉夫语形式）曾经联合突袭拜占庭。② 上述细微的差别反映了双头统治模式，伊本·法德兰（Ibn Fadlan）与编年史都提到了这点。可萨的史料也表明，此次溃败导致罗斯在第聂伯河中游的统治岌岌可危，而进入拜占庭市场的特权的重要性直到数年之后才显现出来。伊戈尔没有财力满足家臣的需求，因而试图增加德雷夫利安人（Derevlians）的贡赋，他为此付出了生命的代价。德雷夫利安人的王公向伊戈尔的遗孀奥莉加（Ol'ga）求婚，不过遭到了拒绝。此时，罗斯已与拜占庭达成了新的条约，双方恢复了商贸往来。奥莉加王妃担任摄政，她规范了贡赋，并且设立了狩猎屋舍，以便捕获鸟类等猎物，从而将其与毛皮、石蜡、蜂蜜和奴隶一道装船运往拜占庭。奥莉加也曾亲自前往拜占庭确认并优化此前签订条约的条款。她"与同是王妃的亲属以及自己的侍女"还有"罗斯（Rhōsia）王公的使节和商人们"一道受到朝廷接待。③ 奥莉加在君士坦丁堡期间接受了洗礼，并且获得了与皇帝妻子相同的受洗名字——海伦娜（Helena）。不过，奥莉加-海伦娜并未带上一位主教回到罗斯，直到 959 年秋，她才请求萨克森王公奥托（Otto of Saxony）派遣宗教使团。最终一位叫作阿达尔伯特（Adalbert）的主教被派往罗斯，但他不久便带着自己的信徒一道离开，并宣称在此传教是徒劳之举。④

　　目前尚无法评价上述事件，甚至连奥莉加面见拜占庭皇帝的日期也有争议，根据罗斯编年史与拜占庭史料，存在公元 946 年与 957 年两种可能。可以确定的是，奥莉加出访之际，罗斯国内经济繁荣、秩序井然。君士坦丁七世亲

① N. Golb and O. Pritsak, *Khazarian Hebrew Documents of the Tenth Century* (Ithaca, N. Y.: Cornell University Press, 1982), pp. 118-119.

② *Novgorodskaia pervaia letopis' starshego i mladshego izvodov*, ed. A. N. Nasonov (Moscow and Leningrad: AN SSSR, 1950), pp. 107-108.

③ Constantine VII, *De cerimoniis aulae byzantinae*, II. 15, ed. J. J. Reiske, vol. I (Corpus scriptorium historiae byzantinae) (Bonn: E. Weber, 1829), pp. 594-595.

④ Adalbert, *Continuatio Reginonis*, eds. A. Bauer and R. Rau, in *Quellen zur Geschichte der sächsischen Kaiserzeit* (reprinted Darmstadt: Wissenschaftliche Buchgesellschaft, 2002), pp. 214-219.

笔描述了每年春天卫队在基辅的列队。斯拉夫人带着"由王公(archontes)与所有罗斯人(Rhōs)"冬天征收的贡品,乘船远行,一路上游牧部落伺机行动:倘若船只失事沉入黑海,"他们都会上岸,从而结成统一战线对抗佩切涅格人(Pechenges)"。① 10 世纪 40 年代,罗斯政权越过了重重障碍与挑战,这一方面归功于奥莉加的个性,另一方面也体现了其内在稳定性。基辅与谢斯托维扎的墓室表明,第聂伯河中游地区集聚了大笔的财富与武器。墓室的主人们为来世准备了武器与马具——有时还有马匹与女奴——做生意时需要用到的砝码与天平也会伴其左右(见插图 1)。他们大多都是王公的家臣或是其他达官贵人。第聂伯河中游地区的墓穴并不算多,但这印证了君士坦丁七世的说法,即罗斯军力有限,自律极强。

　　风险也未阻断与拜占庭的贸易往来,斯摩棱斯克旧址见证了南来北往、生机盎然的航路。这里今天叫作格涅兹多沃(Gnezdovo),坐落在一条河流与第聂伯河的交汇处,许多北方航道都能通向这里,例如西德维纳河与洛瓦季河(Lovat)。作为商业中心以及服务站,它为长途运输的船只提供维修与置换。从 10 世纪中叶开始,定居范围不断扩大,到 10 世纪末,其面积已经达到了 15 公顷,也正是在这一时期,出现了陪葬丰富的大型坟茔。在十来个类似的墓穴中发现了船舶燃烧的痕迹,尽管几个铁铆钉无法证实整条船只被烧,但它依然具有深远的象征意义——这种斯堪的纳维亚式的葬礼表明墓主的身份与贸易和船舶相关。玳瑁胸针则证实了其中葬有富裕的斯堪的纳维亚妇女,还有一些墓室存放着拜占庭丝绸,这是从"希腊人"那里获得的最珍贵的奢侈品。形形色色的人纷至沓来,他们在格涅兹多沃当起了纤夫、铁匠或在工场做工。10 世纪上半叶的一只罐子上出现了斯拉夫刻画,这意味着墓主是一名受过教育的斯拉夫居民。戈罗季谢也展开了相应的扩张,其过剩人口开始奔向附近的诺夫哥罗德。穆斯林迪拉姆的持续涌入长久地刺激着经济增长,西方市场也融入了这个贸易网络。拜占庭生产的丝绸在其中占据了重要地位,它们出土于比尔卡(Birka),偶尔还有不列颠群岛中斯堪的纳维亚人控制的地区,9 世纪末与 10 世纪初,迪拉姆也流入了此地。

　　奢侈品的样式与墓室的类型也有着松散的联系。在比尔卡、海泽比(Hedeby)以及丹麦其他地方发掘的墓地属于小康阶层的"社会名人",他们并

---

① Constantine VII, *De administrando imperio*, ch. 9, pp. 62-63.

非都是统治精英,当合法权威陷入争议时,兵团便会发起动乱。不过,从事贸易的家臣更加支持稳定。墓穴在罗斯的分布勾勒出了 9 世纪末的王室要塞与贸易节点:从斯塔拉亚拉多加、戈罗季谢与普斯科夫一直到格涅兹多沃与第聂伯河中游,还有伏尔加河上游的提莫勒沃(Timerevo)。兵团与商行成员汲取众长,采用了本土以及外来文化中的服饰、马具和装饰设计。但他们的大本营依然是斯堪的纳维亚人的世界,长途旅行是成员身份的标志。

基督教以各种方式传播到了罗斯——通过经常出入瑞典与丹麦王宫和商业中心的战士及商人、往返于拜占庭的人们,以及拜占庭皇帝与神职人员派出的传教士。他们成功地影响着罗斯上层的宗教事务,几无败绩。946 年,受洗的罗斯人公然出现在大皇宫。无论是为了让贵族基督徒们牢记于心,还是出于个人信仰,奥莉加都与拜占庭统治家族建立了某种神圣关系。鉴于阿达尔伯特主教的经历,拜占庭极不情愿派出使团是可以理解的。阿达尔伯特放弃传教之后,数名教徒遇害,他称自己也是勉强逃过一劫。奥莉加于 969 年去世,此前她的随从当中一直都有一位牧师,当时罗斯的领导者中已有多人皈依基督教,基辅也自然出现了牧师与教堂。然而,罗斯当权者反对基督教化。《往年纪事》对此也有撰述,奥莉加曾让自己的儿子斯维亚托斯拉夫(Sviatoslav)改宗,但是后者回应道:"我的扈从们会耻笑我。"[1]斯维亚托斯拉夫被描绘成一个暴徒,总是反对其母的和平主张。据说他剃光了头发,仅留下长长一撮,这是突厥贵族的标志。罗斯精英们十分熟稔代表草原居民神话与习俗的手工艺品,角杯意指战斗与掠夺,它会唤起可萨人的王权观念。10 世纪60 年代,某位切尔尼戈夫要人的坟冢里便配有角杯与托尔的雕像。

四、斯维亚托斯拉夫:最后的迁移

10 世纪 60 年代中期,斯维亚托斯拉夫与游牧部落的一支,即乌古斯人(Oghuz)结成同盟,他们联合打击可萨人。据称,斯维亚托斯拉夫发动进攻的原因在于,他发现维亚提奇(Viatichi)以"先令"(shillings)向可萨人进贡。[2] 本

---

[1] *PVL*, p. 30.
[2] *PVL*, p. 31.

节将阐述斯拉夫人获利丰厚的贸易活动、可萨人广阔的势力范围，以及罗斯人的航海活动。斯维亚托斯拉夫夷平可萨的首都伊迪尔之后，击败了来犯的敌人。他在打击伏尔加河的保加尔人和布尔塔斯人（Burtas）时，谋求畅通无阻地进入萨曼王朝的领地，这里是罗斯白银的主要来源地。不过，斯维亚托斯拉夫并未把大本营设在伏尔加河下游或是刻赤海峡，尽管他的军队曾经在此洗劫可萨的要塞斯姆科尔茨（S-m-k-r-ts）。实际上，当时来自萨曼王朝的银币不断减少。斯维亚托斯拉夫选择驻扎在多瑙河下游的佩列亚斯拉维茨（Pereiaslavets），他称这里将是"我的领土的中心，所有精美的商品都会流经此处：希腊人的黄金、华服、美酒与水果，捷克人与匈牙利人的白银与骏马，以及罗斯人的毛皮、石蜡、蜂蜜与奴隶"[1]。968 年，斯维亚托斯拉夫意外介入了巴尔干地区。拜占庭皇帝尼基弗鲁斯二世（Nicephorus II）许以黄金，鼓动他进攻保加利亚。拜占庭史料称罗斯人惊叹于当地的富饶，运送黄金的使者劝说斯维亚托斯拉夫留在此处，这激发了他争夺皇位的野心。事实上，斯维亚托斯拉夫留在南方可能不需要太多动力，他早已对现状表示不满，粉碎可萨的霸权之后，位于第聂伯河中游的罗斯依然面临周边的掣肘。斯维亚托斯拉夫僭越自身的职责之后，佩切涅格人（Pechenegs）在皇帝的煽动下进攻基辅，基辅几乎沦陷。斯维亚托斯拉夫与游牧部落达成协议，969 年秋，许多佩切涅格人陪同他回到了巴尔干地区。匈牙利人也加入斯维亚托斯拉夫一方，他们助其把势力范围往南拓展到了阿卡迪奥波利斯（Arcadiopolis），并且刺死了大批俘虏。暴行并非完全肆意为之。斯维亚托斯拉夫意欲成立一个跨越不同文化与气候带的联邦：他年轻的儿子雅罗波尔克（Iaropolk）、奥列格（Oleg）和弗拉基米尔（Vladimir）分别被派往基辅、德雷夫利安以及诺夫哥罗德，而斯维亚托斯拉夫自己则在多瑙河口安顿下来。保加利亚沙皇鲍里斯（Boris）留守首都普列斯拉夫（Preslav），罗斯人驻守在这些地区以及多瑙河流域城镇。斯维亚托斯拉夫的目标是，促进主要航道之间及沿线的贸易，利用游牧部落管辖草原并且保持和平。他的大本营靠近"希腊人"和中欧的市场，那里开采出了萨克森白银。斯维亚托斯拉夫并非首个汲汲于商机的罗斯领导人。

　　斯维亚托斯拉夫高估了拜占庭接受自己成为新邻居的意愿。971 年 4 月，尼基弗鲁斯的继任者约翰一世·齐米西斯（John I Tzimisces）穿过哈伊莫斯

---

[1]　*PVL*，p. 32.

(Haemus)山口发起进攻,不久斯维亚托斯拉夫在多罗斯特隆(Dorostolon)遭到监禁。帝国舰队阻断了罗斯人顺多瑙河而下的撤退,帝国还收买了大多数游牧部落。7 月底,双方激战之后达成协议。斯维亚托斯拉夫手书誓约,承诺不再袭击帝国领土或是保加利亚。作为回报,罗斯人获得了粮食与安全,并且有权前往君士坦丁堡从事贸易。斯维亚托斯拉夫精明狡黠,他接受了游牧部落的生活方式,使用马鞍枕①,却认为商业发展取决于拜占庭与西欧市场,而非传统上的东方。若非拜占庭军队当时处在全盛时期,那么或许会出现一个多瑙河畔的罗斯。在斯维亚托斯拉夫提出和谈之前,战局一直都不明朗:他并没有真的投降,也不打算放弃俘虏与战利品,然而正是这些奴隶与赃物导致了他的失败。由于要将这些东西装船运回罗斯,斯维亚托斯拉夫军队的撤退速度减缓。972 年,他们在第聂伯河上遭到佩切涅格人的伏击,几乎无人逃过此劫,斯维亚托斯拉夫的头盖骨被制成酒杯,草原居民常常这样处理他们敌人的头颅。

五、972—978 年左右的分裂

斯维亚托斯拉夫的灭亡使得罗斯王朝陷入动荡不安之中,外部势力纷纷踏足"从瓦良格通向希腊之路"。斯维亚托斯拉夫最年长的两个儿子即雅罗波尔克与奥列格打猎时起了冲突,雅罗波尔克当军事指挥官的儿子柳特(Liut)为此丢了性命。雅罗波尔克随后发起进攻,大败自己的兄弟,奥列格在逃亡途中丧命。弗拉基米尔则逃到了"海的另一头"。《往年纪事》叙述这段历史时言简意赅,称之为指挥官为柳特复仇的故事。然而,其中关于争夺资源的暗示,以及朝臣卷入冲突的事件并非杜撰。伊戈尔远征拜占庭失利之后,罗斯就出现了难以满足朝臣需要的问题,德雷夫利安人也牵涉其中。上述两个插曲证实拜占庭大败罗斯之后,加之贸易受阻,王公的境遇每况愈下。有迹象表明雅罗波尔克曾试图与皇帝奥托一世(Otto I)重归于好,973 年 3 月,罗斯使节现身奥托王宫。为了向白银丰富的中欧市场出口毛皮与奴隶,与神圣罗马帝国统治者建立友好关系是很好理解的,这里就此取代了拜占庭以及其他东方市场。

① *PVL*, p. 31.

当时正值政治动乱，名为罗格沃洛德［Rogvolod，古挪威语中为拉恩瓦尔(Ragnvaldr)］的斯堪的纳维亚人和图雷(Tury)分别出现在波洛茨克和图罗夫，这两个据点通往西方，但是靠近"从瓦良格通向希腊之路"。这条路线的魅力不曾消逝，甚至吸引了弗拉基米尔·斯维亚托斯拉维奇(Vladimir Sviatoslavich)回到此处。他曾寄住在斯堪的纳维亚宫廷，并且在此聚集了一批扈从，带领他们一同回到罗斯。较之其他当权者与争权者，他的优势在于身为斯维亚托斯拉夫的儿子，熟识戈罗季谢-诺夫哥罗德的领导者们。他母亲的兄弟多布里尼亚(Dobrynia)成为他事实上的保护者，并且一路追随于他。弗拉基米尔因此能够募集到更多百姓，其中既有芬兰人也有斯拉夫人，尽管这些人并非专业的战士，但他们与瓦良格人加在一起的人数远远超过了罗格沃洛德一方。弗拉基米尔个人的品性无情兼精明，也使他占得先机，他处死了据称是"王公"①的罗格沃洛德及其儿子们。他迎娶了罗格沃洛德的女儿，带着诺夫哥罗德人以及自己的扈从回到基辅。之后他收买了雅罗波尔克的防卫军指挥官，邀请自己同父异母的兄弟在他们父亲古老的石厅里会谈。雅罗波尔克一进门，"两名瓦良格人拿剑刺入了他的胸部"②。978年左右，弗拉基米尔夺得基辅王公的宝座。

六、弗拉基米尔的军队、合法性的缺失与皈依上帝

　　弗拉基米尔面临着诸多掣肘因素，他与当地精英以及第聂伯河中游的人们尚未建立良好的关系。尽管拥有王族血统，但他的母亲曾为斯维亚托斯拉夫执掌钥匙，并非自由之身。弗拉基米尔在边远之地度过青年时期，而且在将"瓦良格"扈从派往拜占庭之后，他没有长期固定的扈从。由于拒绝支付贵金属，后来又否认用貂皮偿付，他解散了自己的扈从。这个插曲表明运营一支军团耗资不菲，它也展现了弗拉基米尔的政治理念。他极力避免对富裕的基辅居民征收过多税赋，以防激怒他们。正如在诺夫哥罗德一样，巩固政权需要市民的积极合作：他同父异母的兄弟被杀害之后，至少一名支持者逃到佩切涅格人处，"时常"加入他们的突袭。③

─────────

① 　*PVL*，p. 36.
② 　*PVL*，p. 37.
③ 　*PVL*，p. 37.

　　物资匮乏部分解释了弗拉基米尔在位之初的情况。他要重新征收贡赋，并且扩大纳贡范围，从而满足基辅市场的需求，以及确保属下获得奖赏。他向西进军，多次进攻令人生畏的维亚提奇，试图向其征收贡赋。除了恢复贸易中心的商贸活动，弗拉基米尔还借助军团巩固自身的权力基础。他不仅取悦于第聂伯河中游地区形形色色的人，还通过取得战事胜利以及发起公共崇拜引导他们。他在基辅礼堂外竖起了诸神的木质神像，领头的便是斯拉夫雷电之神庇隆（Perun）。这是王公试图引导公众信仰的首例证据，他把自己的统治与一堆拼凑起来的神灵相关联，其中既有当地信奉的神祇，也有信徒广布的神明（如庇隆）。弗拉基米尔希望以此增加自身的合法性，从而赢取进一步的胜利。征服西边的拉脱维亚人后，他要求人们为礼堂外供奉的神灵奉献祭品，以示感谢。我们能够获知此事，是因为一个被选作祭品的男孩的父亲恰巧是位基督徒，这个瓦良格人虽来自希腊，却定居基辅，他拒绝牺牲自己的儿子，最后为此丧命。弗拉基米尔的指令性崇拜导致出现了一批"殉教者"。在基辅的主要墓地，从墓室里的棺椁与陪葬品可以看出，基督徒、半基督徒和异教徒比邻而居，和平共处。来自波罗的海地区与拜占庭的旅行者络绎不绝，越来越多的罗斯人受洗，基督教也为广大的城市居民所熟知，但这并未使得罗斯王公跟随潮流。

　　弗拉基米尔发起军事行动，他占领了桑河（San）与西布格河（Western Bug）之间的城镇，其中包括切尔文（Cherven）与佩列梅什［Peremyshl'，即今天波兰境内的普热米什尔（Przemyśl）］，它们都是通往西方市场沿线的人口重镇。然而胜利未能延续，弗拉基米尔在毗邻罗斯的伏尔加保加尔人手上栽了跟头。他本想夺得他们的市场，但是最终接受舅舅的建议做出妥协。多布里尼亚道出这群敌人也穿靴子的事实："我们要找那些穿着树皮鞋子的人！"[1]他的意思是，弗拉基米尔向那些低微的民众征收贡赋有辱身份，他应从自己的疆域内获取资源。就此而言，庇隆以及其他神灵没有尽责，因此寻找一位更强大的保护神也就可以理解了。《往年纪事》中提到，10世纪80年代中期，弗拉基米尔在伏尔加河受挫之后，保加尔人派出使团使其皈依伊斯兰教。这个故事仅仅是弗拉基米尔"调查信仰"的开端，大多数（不过并非全部）调查材料都有特定的教义诠释。弗拉基米尔调查了四种一神论——伊斯兰教、犹太教、东正教与

---

① *PVL*, p. 39.

天主教,这概括了编年史之前的条目与整体的历史背景给人的预期。自奥莉加以降的罗斯统治者们一直都在寻求替代性的神圣权威来源,对王公而言,崇拜一位全能上帝的宗教自有其吸引力,正如弗拉基米尔一样,他们统治的合法性问题能够得到解决。鉴于诸多达官贵人见识了拜占庭的富饶与雄伟,人们可能认为弗拉基米尔最终选择东正教不足为奇。但是如果奥托三世政府大力开展传教事业,弗拉基米尔也有可能追随自己的祖母,接受日耳曼人的宗教。史料表明,弗拉基米尔还曾向花剌子模派出使团,请来一位传授“伊斯兰教法”的讲师。11 世纪末,一位波斯作家记录了罗斯“国王”此举,这也契合了《往年纪事》中的内容,即弗拉基米尔派人请教穆斯林、日耳曼人以及拜占庭人。① 尽管罗斯与中亚的贸易联系没有那么密切,他们仍向东方派出了使团。

　　一系列并发事件促使弗拉基米尔接受了宗教使团,并与拜占庭皇帝巴西尔二世(Basil II)定下姻亲,结成同盟,签署条约。历史再清楚不过:988 年初,巴西尔被围困于都城,叛军驻扎在博斯普鲁斯海峡(Bosporus),巴尔干半岛上的保加尔人起义也呈燎原之势。巴西尔与弗拉基米尔达成协议,他把自己的妹妹嫁到罗斯,从而换取军事援助;弗拉基米尔自然而然地接受了洗礼。弗拉基米尔派出一支 6 000 名精兵的军队,至迟到 989 年初,他们就在克里索波利斯(Chrysopolis)擒获了没有防备的反叛者。局势陡然扭转,数年之内叛军便被消灭,拜占庭的安娜·波菲罗洁尼塔公主(Anna Porphyrogenita)与自己的丈夫一道定居基辅。弗拉基米尔取教名“巴西尔”,以示对内兄的尊敬。上述事件表明,国内利益使得巴西尔二世与弗拉基米尔暂时走到了一起。罗斯统治者通过提供拜占庭迫切需要的军队,获得了对方的慷慨让步,此前奥莉加不曾争取到这些。

　　历史的具体进程及其意义则较难把握,尤其是弗拉基米尔远征赫尔松(Cherson)之举。《往年纪事》糅合了各种迥然不同的资料,约同时期的外国资料也相对简略。关于弗拉基米尔的远征有着多种解释,一种说法认为,如同占领切尔文以及其他西部城镇,弗拉基米尔要“先发制人”。10 世纪时,赫尔松繁盛一时,城镇规模不断扩大。弗拉基米尔趁巴西尔二世全力应对叛军之际,夺取了克里米亚最为富庶的城镇,他可以借机攫取当地税赋或是将其作为谈判

① V. Minorsky, *Sharaf al-Zamān Tāhir Marvazīon China*, *the Turks and India* (James G. Forlong Fund 22) (London: Royal Asiatic Society, 1942), p. 36; *PVL*, pp. 48-49.

筹码。作为随后签订的条约的一部分,他可能向巴西尔提供了军事援助;也可能弗拉基米尔夺取赫尔松是为了报复巴西尔,因为后者没有及时遵守当初的协议,他借此举迫使其履行承诺;又或者,如果如上所述,当地居民选择了支持叛军,那么占领赫尔松实际上是在帮助巴西尔。① 无可争辩的是,如同"全能的上帝所担保的",弗拉基米尔利用拜占庭的动乱巩固了自身的权威。

七、弗拉基米尔-巴西尔、"新君士坦丁"与大牧首

后世教徒称赞弗拉基米尔是"统治者中的使徒",他使众人免遭魔鬼的蒙骗。② 魔鬼本会在这片土地上建立家园,如今也要为遭到驱逐而哀叹。弗拉基米尔受洗之时的壮观场景引发了类似的想象,11 世纪下半叶,一位基辅修士依然记得"罗斯受洗"的情形。③ 基辅市民受命前往第聂伯河接受集中洗礼。庇隆神像被马拖走,遭到棍棒暴打,又被扔进了河里,并且随着湍流越漂越远,直至离开罗斯。弗拉基米尔下令"砍伐树木,在神像旧址建起教堂","打碎神像,竖起圣像"。④ 净化与转变的过程必须符合要求。早在受洗之前,罗斯已有相当一批精英皈依了东正教:10 世纪 40 年代,罗斯已经出现了洗礼。不过,普通民众"基督教化"的程度与性质尚不清楚,尤其是那些住在城镇之外以及不受王公直接统治的人们。编年史也只提到弗拉基米尔要求"所有城镇与村庄"的人们受洗,牧师们被派往各个城镇而非村庄。异教神像、圣殿以及典礼——一切涉及对旧教忠诚与期望的东西——都被清除殆尽。

教徒对弗拉基米尔成就的描绘并非全然虚构。弗拉基米尔主动皈依,是为了把自己的政权与基督教上帝及其圣徒牢牢地绑在一起,从而使得提拔教会有利于王公的统治。他成功地把东正教植入了罗斯的政治文化之中。不同于斯堪的纳维亚的一些篡位者,没有一位罗斯王公能够复兴旧教。弗拉基米

---

① 参见 A. Poppe, "The Political Background to the Baptism of Rus", *Dumbarton Oaks Papers*, 30 (1976): 197-244; reprinted in his *The Rise of Christian Russia* (London: Variorum Reprints, 1982), no. 2。

② Ilarion, "Slovo o zakone i blagodati", in D. S. Likhachev et al. (eds.), *Biblioteka literatury drevnei Rusi*, vol. I (St Petersburg: Nauka, 1997), p. 52; *PVL*, p. 58。

③ *PVL*, p. 81。

④ *PVL*, p. 53; Ilarion, "Slovo o zakone i blagodati", p. 44。

尔的基督教统治预示了他的胜利,而《往年纪事》所描述的他对于赫尔松行动的必胜信念,或许正起到了宣传作用。他还充分利用了自己与拜占庭新建立的关系,在罗斯人眼中,这个朝廷拥有着天赐的财富。安娜公主最终安眠于弗拉基米尔身旁的大理石棺内,这既象征着地位平等,也标志着两人的婚姻关系。安娜可能住在斯塔罗基辅斯卡亚山(Starokievskaia Hill)上的宫殿里,每周日圣母教堂的宗教仪式过后,隔壁安娜的宫殿都会举行宴会。这些砖石建筑都出自拜占庭的大师之手,室内绘有精美的壁画,并且装饰着大理石工艺品。教堂的设计似乎仿照了拜占庭皇帝宫殿里的法罗斯(Pharos)教堂,它们同样供奉着圣母。弗拉基米尔鼓励人们比较其住所与拜占庭皇帝的宫殿。他命一个名叫阿纳斯塔修斯(Anastasius)的人主管王宫教堂,更加表明自己能与希腊人匹敌。据说是阿纳斯塔修斯向弗拉基米尔泄露了供水管道的位置,后者切断供水管道之后,方才攻下饱受断水之苦的赫尔松。① 许多来自赫尔松的其他牧师被派到著名的“什一教堂”(Desiatinnaia),它因获得财政收入的十分之一拨款而得名。从赫尔松运来的圣克莱芒(St. Clement)遗物享受着人们的尊崇,而劫掠来的其他古代雕像则被放在外面。在某种意义上,这座教堂是一座胜利纪念碑,它记录着弗拉基米尔率其民众皈依的功勋。

　　第聂伯河中游地区的人们被罗斯教徒称作“新的基督徒,上帝的选民”。为了保卫这个宗教中心,弗拉基米尔深入草原开拓新的定居点,充分利用当地肥沃的黑土。基辅本身的面积不断扩大,防御土墙内的 10 公顷土地被囊括进去,该城南边也建起了相似的土墙。第聂伯河支流上建起了各种壁垒与要塞,罗斯在与游牧部落的关系中获得了新的优势。尽管问题不断,双方依然保持着大致和平的贸易往来。根据《往年纪事》,“冲突一直持续”②,尽管基辅牢不可破,拱卫基辅的大型城镇却遭到佩切涅格人的进攻。基辅西南部的别尔哥罗德(Belgorod)就长期被围,不过并未陷落,这要归功于未经烧制的砖,高达五六米的土墙主要由它们构成。堡垒内部覆盖面积达到 105 公顷,一个高度组织化的机构为居民供应必需品。罗斯当局不仅借鉴了拜占庭王朝的砖石与玻璃制造技术,还学习筹建了大型蓄水池与用石脑油作为燃料的灯塔。然而,新城镇的规模很少赶上别尔哥罗德与佩列亚斯拉夫尔,大多数定居点没有防御

---

①　*PVL*，pp. 49-50.
②　*PVL*，p. 56.

土墙,附近的堡垒承担了避难所的功能。农民种植粮食,生产各种农产品,为驻扎在要塞的骑士与马匹提供食物;铁匠制造镰刀、犁头;贸易节点开始兴盛起来。这里还发掘出了大量具有光泽的餐具、两耳细颈酒杯以及玻璃手镯,证实了当地居民生活的富足。去往拜占庭的行程风险有所降低——尽管从未消失——第聂伯河沿岸筑起了堡垒,苏拉河(Sula)与第聂伯河的交汇之地沃因(Voin)也建起了河港。骑兵护送船只顺流而下,从 10 世纪末起,应拜占庭政府的要求,罗斯在第聂伯河口兴建了贸易点。

弗拉基米尔在位之前,第聂伯河中游地区的人口并不密集。《往年纪事》中写道,他聚集了来自森林地带的斯拉夫与芬兰居民,把这批“最优秀的人”安顿在自己的定居点。① 新来的移民分布在数百座拱卫基辅的堡垒和定居点里,他们成为福音传播者以及劫掠者的主要目标。王公的统治需要宗教上的支持,弗拉基米尔在位期间设立了几个主教辖区,其中就有别尔哥罗德。瓦西里耶夫・弗拉基米尔(Vasil'ev Vladimir)曾在一座桥下躲避佩切涅格人的追捕,后来他在这里建立教堂、举办宴会,以示感恩。北方地区人口锐减,加之教牧关怀,人们日益倾向于遵守基督的训诫。在这些定居点的墓地里,很少有异教的丧葬仪式。在以基辅为中心 250 千米范围内的墓地里,墓穴上方并未堆起坟冢,早已接受东正教洗礼的切尔文更是如此。而在其他地方,坟堆则很常见,尽管下葬的是基督徒。小小的圆形坟冢里常常陪葬有陶器、骨灰以及代表丧宴的食物(如果它们不是丧宴上遗留下来的话),而这并不为教会所准许。

弗拉基米尔领导罗斯皈依东正教,对地区的影响有限,然而波及的民众却相当广泛。第聂伯河中游地区成立了新的信徒团体,贸易口岸原有的群体力量进一步加强,尤其是斯堪的纳维亚基督徒频繁光顾的北方城镇。诺夫哥罗德成为主教辖区。尽管没有常驻主教,但是斯摩棱斯克与波洛茨克广建教堂、任命神父。而在东北地区,基督教成为王公家臣以及其他代理人的信仰,当地人也试图借此提高自己的地位。在伏尔加河上游的乌格利奇(Uglich,正如斯摩棱斯克、普斯科夫和基辅),弗拉基米尔皈依之后,人们便夷平了异教徒的墓地,在 11 世纪的头 25 年里,专为救世主基督兴建了教堂。不久,上层人士纷纷入葬教堂墓地,谨守教规。为弗拉基米尔征收贡赋的官员以及其他巡回代理人追随于他,并非仅仅因为能够获得新奇的银币、分得部分贡品或是用银汤匙

① *PVL*, p. 54.

享受盛宴,虽然这些确实重要(弗拉基米尔的银币见插图 2)。他们还在宗教上追随于弗拉基米尔:同样贪婪、有野心,并且关切个体在此生与来世的生活。这一切决定了他们对王公的效忠。正因如此,弗拉基米尔瞥见了把信仰灌输给下一代人的好处。"贵族家庭"的孩子离家学习"书本知识",而他们的母亲"信仰尚不坚定……常为子女落泪,好似他们过世了一般"。①

在《往年纪事》中,研究《圣经》与宗教似乎被等同于书本知识学习,通过启蒙贵族儿童,弗拉基米尔赢得了一定的道德声望。然而我们不能就此假定,精英子女所受教育能够贯彻到日常治理当中。王公统治并无成熟完备的行政管理与意识形态基础,尽管弗拉基米尔喜爱自己的"扈从,常就土地、战争以及法律之事咨询他们"②。"罗斯地区"如同由大型自治团体构成的群岛。大量北方群体仍以部落形式组织,其中就有臭名昭著的维亚提奇人。只有在弗拉基米尔兴建于第聂伯河中游地区的一批新要塞与定居点,群集的指挥官、军事长官以及代理人们才时常得以介入普通民众的事务。同时,游牧部落频频来袭。尽管如此,官员依然难以发布证书或是手书判决,至于裁定纠纷或是执行法律一类事宜,他们也未起到支配作用。罗斯长久以来一直都有法律程序概念。在 10 世纪与拜占庭签订的条约中,就包括因侮辱、伤害、偷盗与杀人等行为进行赔偿的内容。不过,对立双方在实际解决冲突时,并未遵守这些法规,也未惩处那些违背教规的行为。在《往年纪事》中,就有一段关于司法不容置喙的内容,可能早在弗拉基米尔统治之前,它就已经借助口口相传流传了下来。主教们敦促弗拉基米尔惩罚强盗,因为"上帝授命你惩处罪犯"。弗拉基米尔不再向犯罪者收取赎罪金(viry),转而回归"父辈的道路"③。显然,教会人士十分清楚,罗斯的"新君士坦丁"④对其权威的认知十分有限。

相较于制度框架与司法公正,弗拉基米尔的政权更为依赖运行良好的任命机制以及血统赋予的正统地位。他虽然杀害了一位同父异母的兄弟,却能加强公众对自身的崇拜。在其他方面,弗拉基米尔充分利用家族血脉及相应的纽带。他的舅舅多布里尼亚是他的主要依靠,在 10 世纪中叶的第聂伯河中游地区,尚未出现大量"王公"与巨贾。斯维亚托斯拉夫发动军事行动,加之其

① *PVL*, p. 53.
② *PVL*, p. 56.
③ *PVL*, p. 56.
④ *PVL*, p. 58.

子之间产生内讧,这些事件造成的损失可能清除了危机。无论如何,弗拉基米尔很快就开始依赖自己的儿子,形成一种新式家族集体领导。作为罗斯王公,派遣儿子前往边远地区掌权并非他的创举,然而在其任上,派遣的规模远超此前。《往年纪事》中记录了弗拉基米尔任命 12 个儿子为王公,恰如基督的十二使徒。弗拉基米尔对待嫡子与庶子的态度并无显著差异,真正担任王公的儿子远不止这些。他是孩子们的父亲这一点已然足够:弗拉基米尔能委派他们前往各地。如果说一个儿子被派到诺夫哥罗德再平常不过,那么普斯科夫——弗拉基米尔祖母的城镇,拥有长久的权威——没有自己的王公难免引人注目。一些儿子被分到了新近出现的城镇,这些地方有望成为强大的权力中心,例如波洛茨克与图罗夫。伊贾斯拉夫(Iziaslav)是弗拉基米尔派往波洛茨克的首个代理人,他于 1001 年去世,他的儿子获准继任,王公世袭制度就此扎根;伊贾斯拉夫的母亲是罗格涅达(Rogneda),她是罗格沃洛德的女儿。弗拉基米尔原本计划在此建立一个深耕厚植的政权,以防止外来者日后争夺波洛茨克。还有一些王公的驻地与城市网络并无特定的“政治”联系。例如,10世纪八九十年代,罗斯托夫才发展为大型城镇,当地居民主要是芬兰梅尔人。筑有防御工事的新城也享有王公常驻的尊荣,雅罗斯拉夫到此之后建起了橡木教堂。另有一些地方虽具战略重要性,但与王室缺乏联系,这些地方未派王公。997 年以及 1015 年初,埃里克·哈康松(Erik Haakonson)与斯温·哈康松(Sveinn Haakonson)分别突袭斯塔拉亚拉多加,当地军事长官不得不应对城市遭遇的洗劫与火灾。

待弗拉基米尔的政权暴露弱点,斯温便率兵突袭了“东方道路”。父子之间的联系能使和平维持一代人的时间,但对地位和继承权的争夺又会迅速打破和平。1013 年左右,弗拉基米尔与儿子斯维亚托波尔克(Sviatopolk)的关系十分紧张,后者被削去图罗夫王公之位并且遭到监禁。此外,弗拉基米尔与仅次于基辅的第二大王公关系恶化。1014 年,身为诺夫哥罗德王公的雅罗斯拉夫扣留了本要付给基辅的年度贡赋,弗拉基米尔开始准备远征北方。弗拉基米尔与自己两个最重要的儿子不和,继承问题因此悬而未决。雅罗斯拉夫“前往海外,请来瓦良格人”[1]帮忙作战。然而,弗拉基米尔突然病倒,远征被推迟,他最终于 1015 年 7 月 15 日去世。

---

[1]　*PVL*, p. 58.

实际上,广阔的"罗斯土地"是一个家族单元,包括与之相关的所有姻亲关系以及紧张局势,但在产生被普遍接受的继承人问题上,它却未能发展出一套有效仪式或是合法机制。"家长"一旦去世,其中的不确定性就会爆发,弗拉基米尔所有符合继承条件的儿子都将面临同样的境地。东正教带来了富足的经济与先进的文化,黑土地上布满了定居点,与此同时,"个人崇拜"笼罩着弗拉基米尔,导致了对王族血统的过度强调。数个世纪间,始终是弗拉基米尔的后人在争夺罗斯的王位,鲜有例外。这是风俗习惯与王室扈从双重作用的结果。不同群体以及城市中心达成共识、走向合作,他们都对维持现状有着浓厚的兴趣,尤其是考虑到长途贸易所能带来的利润。对于这些罗斯居民而言,他们对从海外请来留里克的故事有着强烈的共鸣,因此弗拉基米尔所缔造的政权能够维持一种秩序。没有其他最高权威,即使地位尊贵的教会人士也不能让王公听命于己。但是观察东正教罗斯的面貌,它又怎么可能呈现出其他模样呢?

第四章 基辅罗斯(1015—1125年)

西蒙·富兰克林

从1015年到1125年,也就是从弗拉基米尔·斯维亚托斯拉维奇去世到他的曾孙弗拉基米尔·弗谢沃洛德维奇[Vladimir Vsevolodovich,也被称为弗拉基米尔·莫诺马赫(Vladimir Monomakh)]去世,这一阶段长期以来被视作早期罗斯的黄金时代。当时,基辅王公能在相对统一的土地上施行相对集中的政治权威,同时在本土基督教文化蓬勃发展的背景下,基辅的经济繁荣昌盛,军事安全有所保障。①

罗斯强大形象得以塑造的因素之一是当地丰富的资料。这一时期出现了早期罗斯的考古学资料,并辅以留存至今的本地文本、建筑与图画。尤其是自11世纪中叶起,滴水般稀见的资料逐渐变成涓涓细流,进而化作流动的河水。在约1045年之前的时段,我们没有找到任何本土叙述、评释与管理方面的文字记录。而到1125年,我们已经有了首批布道辞、圣徒生平、法典、使徒书信以及朝圣记录,同时桦树皮上的文字、教堂墙壁上的壁画以及各种各样的史料也开始涌现。② 在弗拉基米尔·斯维亚托斯拉维奇去世之前,我们最主要的叙事资料——《往年纪事》中的任何内容,都无法被证明来自当时罗斯人的观察;到12世纪初,即编年史编撰之时,作者则融合了数十年来的本土叙述与解释。弗拉基米尔·斯维亚托斯拉维奇时代以及更早的地面建筑均未能保存下来,而我们今天仍能看到一些建于11世纪中叶到12世纪初的罗斯建筑。它们保

---

① 关于这一"黄金时代",参见例如 Boris Rybakov, *Kievan Rus* (Moscow: Progress Publishers, 1984), pp. 153-241. 其他这一时期的宏观叙述有 George Vernadsky, *Kievan Russia*, 7th printing (New Haven and London: Yale University Press, 1972); Simon Franklin and Jonathan Shepard, *The Emergence of Rus 750-1200* (London and New York: Longman, 1996), pp. 183-277。

② 书面资料参见 Simon Franklin, *Writing, Society and Culture in Early Rus c. 900-1300* (Cambridge: Cambridge University Press, 2002)。

存状况各异,分散在从北边的诺夫哥罗德到南边的基辅和切尔尼戈夫一线。留存到 20 世纪中叶的建筑为数更多,最终毁于德国人的入侵与狂热的斯大林主义者。① 这些早期著作与建筑被赋予了——有的甚至明确传达了——权威的光环,这些文化、政治以及意识形态的典范获得了某种绝对地位,就此奠定了传统的基石。

在后世的观察者眼中,1015—1125 年间,罗斯走出了黑暗,并且立即迎来了自身的启蒙——此种观点真实反映了罗斯重要的文化历史。然而,记录的准确性值得商榷,而我们对这一时期的讲述较之其留给人们的印象更为不堪。

一、王朝政治

罗斯王朝有着政治合法性。统治家族为自己的显赫地位创造了一套意识形态框架,五百多年来没有遭遇过任何严峻挑战。就此而言,罗斯的政治结构十分简单:根据定义,罗斯土地属于弗拉基米尔·斯维亚托斯拉维奇的后人(或者根据更遥远的家系传说,属于 9 世纪瓦良格人留里克的后裔)。但是这种简单的表述掩盖了实际操作的复杂性。宣称王朝拥有合法性是一回事,如何界定以及分配权力又是另一回事。整个家族拥有合法性,而非其中的任何个人。在这个不断扩大的家族中,权力经历了反复的分配以及亲人间的争夺,它并非由父亲原封不动、自然而然地传给儿子。总之,当时的政治史表明,王朝与地区两个因素相互作用:一方面,统治家族内部的地位与资历非常重要;另一方面,作为权力分配的结果,统治家族支系在各地的利益根深蒂固、彼此抵牾。

国内政治变化莫测,继承权引发的争端常常导致局势紧张。继承包括"纵向"与"横向"两种,前者是指从上一代传到下一代,后者亦即传给同代人,兄终弟及抑或堂兄传给堂弟。1015—1125 年间,王朝三次调整为"纵向"继承:1015 年弗拉基米尔本人去世时,1054 年他的儿子雅罗斯拉夫去世时,1093 年他的孙子弗谢沃洛德(Vsevolod)去世时(见图 4.1)。每当继承原则变为"纵向",

---

① 参见例如 William Craft Brumfield, *A History of Russian Architecture* (Cambridge: Cambridge University Press, 1993), pp. 9-33。

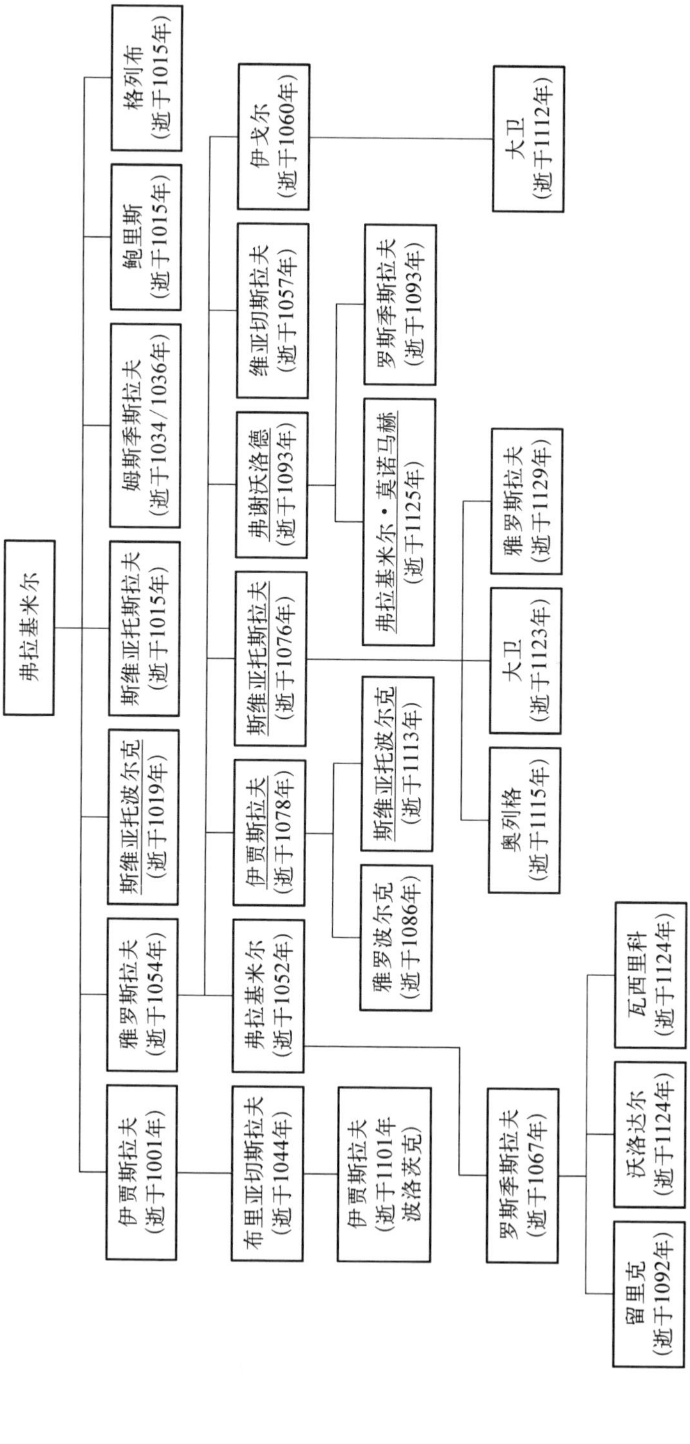

图 4.1 从弗拉基米尔·斯维亚托斯拉维奇到弗拉基米尔·莫诺马赫（有下画线的表示为基辅王公）

都给下一代的继任者带来了"横向"问题，解决方案每一次都有细微不同。通过审视权力序列的调整与变化，我们能够获悉一系列惯例与原则，虽然它们从未被完整地应用，但依然是一套接近成熟的政治"制度"。①

1015 年，弗拉基米尔的儿子散落在罗斯各地——他给每个儿子分配一块领地，以便巩固自己的家族对纳贡地区的控制。一人被分到西边的图罗夫，它位于前往波兰的道路上；一人获得了德雷夫利安人的土地，是基辅波利尼亚人西北部的近邻；一人在北边的诺夫哥罗德安顿下来；还有一人定居在遥远的南部边区特木托罗坎（Tmutorokan'），它位于草原的另一头，濒临黑海与亚速海之间的刻赤海峡。在东北地区的罗斯托夫（Rostov）与穆罗姆也有一些驻地，西北部的波洛茨克同样如此。弗拉基米尔借此框架保证每个儿子都有独立自主的支持力量，整个家族合在一起则能够控制它所统御的疆土。

弗拉基米尔甫一去世，该统治框架立即坍塌。尽管它们彼此相距遥远，但很显然，这些领地并未被视作中央权力的替代者（如果我们把第聂伯河中游地区看作"中央"的话）。波洛茨克是唯一的例外，因为此时弗拉基米尔的儿子伊贾斯拉夫已经去世，其子布里亚切斯拉夫（Briacheslav）继位：没有迹象表明布里亚切斯拉夫曾与自己的叔伯们竞争，这是分配地区首次被当作家族某个支系的世袭领地。弗拉基米尔在世的儿子们之间的争端更加激烈。三人被杀害〔其中两人分别为鲍里斯（Boris）和格列布（Gleb），他们后来被奉为圣徒〕②，另外三人——图罗夫的斯维亚托波尔克、诺夫哥罗德的雅罗斯拉夫以及特木托罗坎的姆斯季斯拉夫（Mstislav）——成为主要的竞争者。他们利用各自所在地区的资源，加紧争夺权力中心基辅。斯维亚托波尔克与波兰国王结盟，他们的跨国部队曾在一段时期里占领基辅；雅罗斯拉夫扩充诺夫哥罗德的军队，斯堪的纳维亚的雇佣兵加入其中，他最终打败并且驱逐了斯维亚托波尔克；姆斯季斯拉夫在高加索北部征召士兵，他于 1024 年与雅罗斯拉夫达成协议：姆斯季斯拉夫占领切尔尼戈夫，并控制"左岸"地区（第聂伯河东部），而雅罗斯拉夫

---

① 关于王朝的政治制度，参见 Nancy Shields Kollmann, "Collateral Succession in Kievan Rus'", *HUS*, 14 (1990): 377-387; Janet Martin, *Medieval Russia 980-1584* (Cambridge: Cambridge University Press, 1995), pp. 21-35; Franklin and Shepard, *The Emergence of Rus*, pp. 245-277.

② 关于早期宗教，参见 Gail Lenhoff, *The Martyred Princes Boris and Gleb: A Socio-Cultural Study of the Cult and the Texts* (Columbus, Oh.: Slavica, 1989); Paul Hollingsworth, *The Hagiography of Kievan Rus'* (Cambridge, Mass.: Harvard University Press, 1992), pp. XXVI-LVII.

将控制包括基辅和诺夫哥罗德在内的"右岸"地区。姆斯季斯拉夫去世(1034 年或 1036 年)之后,雅罗斯拉夫才像其父那般成为唯一的统治者。①

　　弗拉基米尔去世之后,他的儿子们自相残杀,爆发了长达三年的王朝战争,之后又经历了七年周期性的武装冲突,而后是十年的共存期,最终,弗拉基米尔为数众多的儿子中只有一位——雅罗斯拉夫存活下来,并且得以执掌大权。我们可以(有学者也确实这样做了)推断 1015 年的继承"本应"如何发生。为了使推测具有价值,我们必须明确三点:(1)我们清楚弗拉基米尔儿子们的资历;(2)我们清楚弗拉基米尔自己的意愿;以及(3)我们清楚王朝当时如何界定"正当得体"。然而,我们对以上情况全然不知。即使我们清楚,即使我们能在理论上推断出一套本应被遵守的继承制度,弗拉基米尔儿子们的行动也表明任何抽象制度都是无济于事的。与现实目的相比,不存在这样的制度。

　　1054 年雅罗斯拉夫去世,代际更替更为有序。正如弗拉基米尔一样,雅罗斯拉夫也把儿子们派往各地。根据《往年纪事》,有别于弗拉基米尔的是,他明确规定了王朝内部以及各个领地之间的资历序列,并为王室内部关系制定了一些原则。编年史把雅罗斯拉夫的安排写成了他在临终前对儿子们的遗言,不过,这份记录很可能是在日后回顾时编纂的。②

　　弗拉基米尔去世时规定,对于那些先于自己过世的儿子,他们的后裔不能享有分配的土地。资历遵循先横向后纵向的原则,也就是说,子辈的继承权优先于孙辈。不过虽然在 1015 年弗拉基米尔已故儿子的家族依然统治着波洛茨克,但 1054 年时诺夫哥罗德(雅罗斯拉夫的长子分得此地,他于 1052 年去世)不再是世袭领地,而是回到了基辅王公手里。1054 年,雅罗斯拉夫所有在世的儿子当中最年长的一位分到了第聂伯河中游地区的城镇。伊贾斯拉夫与斯维亚托斯拉夫原本分别获得基辅与切尔尼戈夫(如同 30 年前雅罗斯拉夫与姆斯季斯拉夫的安排一样,它们仍是最令人垂涎的城市),而身为三子的弗谢

①　Franklin and Shepard, *The Emergence of Rus*, pp. 183-207. 相关事件的准确缘由是具有连续性的,参见例如 I. N. Danilevskii, *Drevniaia Rus' glazami sovremennikov i potomkov (IX-XII vv.)* (Moscow: Aspekt Press, 1998), pp. 336-354; A. V. Nazarenko, *Drevniaia Rus' na mezhdunarodnykh putiakh. Mezhdistsiplinarnye ocherki kul'turnykh, torgovykh, politicheskikh sviazei IX-XII vekov* (Moscow: Iazyki russkoi kul'tury, 2001), pp. 451-503。

②　*Povest' vremennykh let* (hereafter *PVL*), eds. D. S. Likhachev and V. P. Adrianova-Peretts, 2 vols. (Moscow and Leningrad: AN SSSR, 1950), vol. I, p. 108. 参见 Martin Dimnik, "The 'Testament' of Iaroslav 'the Wise': A Re-Examination", *Canadian Slavonic Papers*, 29 (1987): 369-386。

沃洛德得到了佩列亚斯拉夫尔,这里位于南部,靠近草原。至于家族事务,"遗嘱"有两点要求:其一,长子(伊贾斯拉夫)接替父亲之位,享有与其同等的尊敬,并且承担解决争端的职责;其二,分配领土不容侵犯,兄弟之间无权越界。

雅罗斯拉夫的"遗嘱"解决了迫切的继承问题,然而考虑到王朝背景,这份遗嘱本应更有作为,却仅仅处理了几个地区的问题,完全没有涉及之后的继承权。遗嘱的两项主要内容可能存在冲突:最年长的儿子继承父亲的权威,而各个儿子所分得的土地不容侵犯——是指切尔尼戈夫与佩列亚斯拉夫尔已经分别成为斯维亚托斯拉夫与弗谢沃洛德的世袭领地吗?还是说伊贾斯拉夫拥有父亲的权威,有权重新分配土地?当然,正如其他文件一样,只有有关各方对"遗嘱"予以承认,它才能够生效。在长达近二十年的时间里,雅罗斯拉夫的儿子们维持着相对和谐的三头统治状态[1067—1068年曾被短暂打破,当时弗谢斯拉夫·布里亚切斯拉维奇(Vseslav Briacheslavich)身为王朝在波洛茨克支系的男性亲属,被一伙市民拥戴为基辅王公]。1073年,两个弟弟,也就是斯维亚托斯拉夫与弗谢沃洛德,公然违背父亲的遗嘱,驱逐了伊贾斯拉夫。1076年斯维亚托斯拉夫去世之后,伊贾斯拉夫回到基辅,1078年,他在与斯维亚托斯拉夫的儿子,即自己的侄子的战斗中身亡。尽管在伊贾斯拉夫在位的最后几年中,王朝一片混乱,但最终角逐出了胜者。按照旁系继承原则,基辅落入弗谢沃洛德之手,他与父亲雅罗斯拉夫在11世纪30年代中期的处境相似:兄弟全都过世,他是"唯一的统治者"。雅罗斯拉夫的"遗嘱"绘制了集体统治的蓝图,最终却依然蜕变成君主制。不过,我们将会看到,王朝内部的问题自有其复杂性,并不能简单地概括为对基辅的争夺。

1093年弗谢沃洛德去世,再次出现代际更替,王朝惯例得以体现与巩固。斯维亚托波尔克·伊贾斯拉维奇(Sviatopolk Iziaslavich)接替弗谢沃洛德,继承基辅王公之位。因而,资历序列并未由弗谢沃洛德直接排到他的儿子,而是转到他哥哥的儿子,或者说,回归到了曾经担任基辅王公的长兄之子手上(一般规定,只有父亲担任过王公,儿子才能继位——因此那些父亲很早去世的王族排到更低的继承序列)。由此出现了三项原则:(1)合法性为王朝全体所有;(2)资历序列先按横向原则排到各个兄弟,然后回到兄长的儿子;(3)基辅王公应由基辅王公的儿子担任(编年史中称王公"坐在他的父亲和祖父的宝座上")。

尽管这一细微差别有效限定了争夺继承权的人数,王朝排除在外的成员并未消失,他们继续担任王公,依然继承着家族的合法领地。争夺基辅只是王朝统治中的一小部分:随着家族的扩大,王朝形势日益复杂。被分配的土地逐渐被视为世袭领地,年长的王公再在自己的儿子之间分配领地,也就是把基辅的继承模式搬到了地方层面。的确,就王朝整体而言,基辅与诺夫哥罗德一直在各个方面享受着例外,它们从未成为世袭公国。随着王朝规模的扩大,每位王公的每个儿子依然担任王公,没有任何机制限制王公的总数,地方层面的继承争端迅速增加。自从 1078 年弗谢沃洛德登基,四十余年来,关于基辅的继承问题没有出现严重争端,但是基辅王公及其在第聂伯河中游地区的高级助手们,不得不花更多时间处理其他王公以及失去继承权的亲属之间的冲突。渴望土地的王公之间出现了竞争与对抗,他们不断开拓新的定居点和殖民地,由此产生了地位与划界问题。如果说 1015 年时边缘地带的王公们还都望向基辅,那么到了 11 世纪 90 年代,之前的边远地区则出现了对征收贡赋与定居权力的激烈争夺,例如东北地区(罗斯托夫、苏兹达尔)以及西南地区[沃利尼亚的弗拉基米尔、佩列梅什与捷列博夫利亚(Terebovl')],它们因而深深卷入政治、经济与文化交流之中。王朝惯例虽然看似毫无章法(11 世纪 90 年代发生了一系列特别严重的冲突,1097 年《柳别奇协定》试图进行规制)①,但却推动了罗斯领土的向外扩张,原先位于波罗的海与草原之间的轴心地区,现在日益巩固为一个具有凝聚力的政治-文化带。

　　不过,回到基辅的王朝政治问题上:1113 年,斯维亚托波尔克去世,这次并未产生代际更替,但就基辅本身而言,在 11 世纪下半叶,它使人们注意到了惯例的模棱两可。谁是合法的继任者?切尔尼戈夫王公斯维亚托斯拉夫的儿子奥列格?抑或佩列亚斯拉夫尔王公弗谢沃洛德的儿子弗拉基米尔·莫诺马赫?一方面,奥列格的父亲在兄弟间年纪较长,弗拉基米尔的父亲是弟弟;在弗拉基米尔的父亲弗谢沃洛德(1078—1093 年)登基之前,奥列格的父亲斯维亚托斯拉夫曾任基辅王公(1073—1076 年),因此奥列格的序列显然更优先,他应当享有继承权。另一方面,奥列格的父亲斯维亚托斯拉夫并非合法的基辅王公,他的即位不合资历要求,而且按照兄弟之间的资历排序,他也没有自己的哥哥活得长久:他驱逐了哥哥伊贾斯拉夫,但却比后者先过世,就这两点而

① 　Franklin and Shepard, *The Emergence of Rus*, pp. 265-277; cf. Martin Dimnik, *The Dynasty of Chernigov 1054-1146* (Toronto: Pontifical Institute of Mediaeval Studies, 1994), pp. 191-223.

言,他的儿子是否具有继承权存在疑义。1113 年,问题得以解决,结果有利于弗拉基米尔·弗谢沃洛德维奇,他(根据编年史)意识到了问题所在,但是得到了基辅市民的拥戴。不过,在今后至少 100 年间,类似弗拉基米尔及其堂兄弟奥列格·斯维亚托斯拉维奇的继承权之争一直反复出现。

这段短暂的历史已然令人眼花缭乱,在不断调整与适应的过程中,王朝的政治文化得以塑造。然而,无论家族有何考量,家族成员的协议本身不足以确保其执行,家族资历也不足以成为行使权力的机制。如果不是由涉及更广泛社会群体的威压和合法性结构来维持,那么少数几个兄弟或堂兄弟、叔侄之间的政治文化将是无关紧要的。

二、权力与治理

罗斯王公也是军事领袖,领导着一支军事精英队伍。当基辅王公弗拉基米尔·弗谢沃洛德维奇·莫诺马赫给儿子发布"指令"时,一份简要的履历呈现了他堪称典范的资历与成就。以弗拉基米尔为例,何以成为模范王公呢?答案很简单:他参与军事行动,并把打猎当作消遣。弗拉基米尔这样叙述他的生平:"我要告诉你们,我的孩子们,我所经历的艰辛:自我 13 岁起,我就参与作战和打猎。"他最后以一番吹嘘总结道:"在全部(我所参加的)83 起主要军事行动中,并不包含那些并不起眼的战斗。"①除了亲人,他最信赖、最倚重的便是自己的扈从(druzhina),扈从们为他的权力保驾护航、添砖加瓦。

扈从效忠王公个人,在一定程度上,他们可以选择自己的支持对象。1015年,据说弗拉基米尔·斯维亚托斯拉维奇的儿子鲍里斯就曾与父亲的扈从一道在草原作战。弗拉基米尔去世时,"他们告诉他:'你掌控着你父亲的扈从与军队;去基辅坐上他的宝座吧。'"但是鲍里斯予以拒绝,军队于是离他而去,他孤身一人,仅仅受到圣歌的赞美,无力对抗他那暴虐的兄弟斯维亚托波尔克。②鲍里斯身为圣徒,品德高尚,然而圣人的道德对于普通人而言不过是颠顸而已:明智的王公培植自己的扈从,亲近他们,款待他们,请教他们,并且奖赏他

---

① *PVL*, vol. I, pp. 158, 162.
② *PVL*, vol. I, pp. 90-91.

们为自己付出的辛劳。①

　　扈从一词及其机制灵活多变。② 该词的核心是"小规模"（malaia）扈从，也就是王公固定的贴身保镖，除此之外，扈从融入王公的家族与朝廷（dvor），他们构成了王公治理的核心。扈从曾经一度推进了军事团体之间的平等理念，王公一人高高在上，其他众人地位平等，然而，随着王公的工作与公国的治理——尤其是对于高级王公而言——日益复杂，扈从内部由此划分出了等级与功能，拥有各自的职责与机构。它包括高级成员——波雅尔们（boyars），以及普通"青年"（otroki）构成的"初级"（mladshaia）扈从。波雅尔办公机构涵盖了军事、内政与市政，从军事长官（voevoda）到一家之长（kormilets）、管家抑或房产经纪人（tiun），再到地方市政长官［tysiatskii，即千夫长，在他们之下还有百夫长（sotskie）］。低级官员包括内务官员（kliuchnik，字面意思是"执掌钥匙者"）、宣诏官（birich）这样的执法官员，以及管理印章（pechatnik）和负责抄写（pisets）的专职侍从。不过对于军事精英而言，军事部门与行政部门的区别不大：因此，在诺夫哥罗德的铭文中，"剑客"（mechnik）承担财政管理与征收贡赋的职责。③

　　因此，政治秩序并不只是王公家族内部，即王公核心亲属的协议或者争端的问题。王公需要扈从，扈从们是王公的核心侍从。王公还需要至少来自城镇的广泛支持，而他与外围的联系则相对松散。蒙古入侵之前，城市经济增长，人口增加，在这一阶段，统治者们并非仅仅坐享这种增长，而是积极促进它，他们支持长途贸易，建立外交关系，鼓励文化活动，推动地方技术发展，创造手工制造市场。在一些地区，随着世袭领地的建立和增加，王公们与自己所在城市的关系越发密切；但在基辅与诺夫哥罗德（可能还有其他地方），王公没有无条件地融入城市社会结构。并非王公统治本身受到质疑：城市需要王公，正如王公需要城市一样，但这位王公不必是某个特定的王公。王公从城市获

① 参见例如 PVL，vol. I，p. 86。
② 参见 Uwe Halbach, Der russische Fürstenhof vor dem 16. Jahrhundert: eine vergleichende Untersuchung zur politischen Lexikologie und Verfassungsgeschichte der alten Rus' (Quellen und Studien zur Geschichte des östlichen Europa, 23; Stuttgart: Steiner Verlag, 1985), pp. 94-113; A. A. Gorskii, Drevnerusskaia druzhina. K istorii genezisa klassovogo obshchestva i gosudarstva na Rusi (Moscow: Prometei, 1989)。
③ 参见 V. L. Ianin, U istokov novgorodskoi gosudarstvennosti (Novgorod: Novgorodskii gosudarstvennyi universitet, 2001)。

得的支持程度各不相同,他们所行使的权威性质与范围也各异。①

城市的支持根植于政治合法性的规则与惯例。1015 年,斯维亚托波尔克(根据一位厌恶他的编年史作者所书)贿赂了基辅人,所以他们"接受了"他,但"他们的内心并未追随他",他询问维什哥罗德人(Vyshgorod)是否愿意"全身心地接受他"。② 1024 年,切尔尼戈夫与特木托罗坎王公姆斯季斯拉夫向基辅进军,然而市民"没有接受他"③。1068 年 9 月 15 日,一伙基辅人在集市广场上召开了"维彻"(veche,即市政会议),释放了遭到监禁的弗谢斯拉夫·布里亚切斯拉维奇(Vseslav Briacheslavich),把他带到王宫,为他"欢呼"——不过几个月后,当伊贾斯拉夫带着一支波兰军队回到基辅时,他们再次"接受"了他。④ 1102 年,斯维亚托波尔克·伊贾斯拉维奇与堂弟弗拉基米尔·弗谢沃洛德维奇(莫诺马赫)达成协议,斯维亚托波尔克的儿子应当接替弗拉基米尔的儿子姆斯季斯拉夫担任诺夫哥罗德王公。然而诺夫哥罗德人坚决反对:"我们不需要斯维亚托波尔克或者他的儿子。请派(姆斯季斯拉夫)来,哪怕他有两颗脑袋。"据说他们如此回应。斯维亚托波尔克连蒙带哄,依然未能说服他们,诺夫哥罗德人因此留下了姆斯季斯拉夫。⑤ 1113 年,弗拉基米尔·莫诺马赫(据一位支持他的编年史作者说)接受了基辅王公的宝座,这并非出于王朝的必要,而是因为基辅人民发出了威胁,如若拒绝,他们将会暴动。"全体基辅人"在他进城时夹道相迎。⑥ 这与前蒙古入侵时代后期的书面和契约形式资料尚且有所不同,即诺夫哥罗德为其王公设定规则和条件⑦,不过,市民的"接受"或"欢呼"、他们"全心追随"的承诺(后来体现为公开宣誓)于政治合法性而言已至关重要。

成为王公需要付出代价。为了获得保护与声望,市民出让部分权力。治理的详细记录没有留存下来(很可能并没有这方面的记录),但是我们仍然可以通过法典等探寻王公统治的方方面面。弗拉基米尔·斯维亚托斯拉维奇在

---

① 参见 A. P. Tolochko, *Kniaz' v Drevnei Rusi: vlast', sobstvennost', ideologiia* (Kiev: Naukova Dumka, 1992)。

② *PVL*, vol. I, p. 90.

③ *PVL*, vol. I, p. 99.

④ *PVL*, vol. I, pp. 115, 116.

⑤ *PVL*, vol. I, p. 182.

⑥ *PVL*, vol. I, p. 196.

⑦ 在本章论及的时期,基辅王公在他最年长的儿子童年时就将其派往诺夫哥罗德并不罕见:很显然,其子并不直接治理该地区,而是被作为与基辅王室联系的象征。日常统治权力被交于一名市政官(posadnik)。12 世纪,诺夫哥罗德市政官开始由选举产生,与基辅的联系中断。

位之前,罗斯尚未出现任何正式实施的成文法。当然,这并不意味着国家没有法律,仅仅表明争端的解决与社会的规约依靠习俗发挥作用。编年史(引自拜占庭史料)精练地表述道:"对于没有成文法的人们而言,祖先习俗就是法律。"[1]到弗拉基米尔·莫诺马赫去世时,虽然篇幅不大,但是罗斯已经确立了三种类型的法典:教会发布的法典("教会法")、王公发布的法典(Russkaia pravda,即《罗斯法典汇编》)以及王公与教会一道发布的共同法。对于王室治理而言,其中最重要的就是《罗斯法典汇编》。

　　《罗斯法典汇编》是一系列法典的通用名字——我们或许可以把它看作法典的累加——雅罗斯拉夫颁布了首部罗斯法典,后来的继任者们不断修改与扩充其内容。《罗斯法典汇编》的开篇规定了血亲复仇所允许的亲属关系程度("兄弟能为兄弟复仇,儿子能为父亲复仇,父亲能为儿子复仇,侄子能为叔叔复仇,外甥能为舅舅复仇")。[2] 后面的内容则罗列了各种罪行及相应的惩罚,还有一些条款规定了司法程序。这一时期,《罗斯法典汇编》的内容不断扩充,表明(虽然并非绝对)王室日益介入争端的解决。雅罗斯拉夫的法典相当简短,按照现代印刷版本,勉强占到一页纸。它主要是关于扈从与城市精英的规约与争端的,包括对以下行为的处罚:例如用剑或者剑柄击打他人,砍掉一条手臂或是切断一根手指,藏匿逃跑的奴隶,推搡斯堪的纳维亚人,毁坏他人的胡须,以及盗窃马匹,同时还规定了找回转手多次的奴隶的程序。值得一提的是雅罗斯拉夫儿子的补充,即损害王公的侍从与财产也会受到惩罚,弗拉基米尔·莫诺马赫对法典的增补更为详尽,他制定了关于利率和贷款等金融事务的规章。[3]

　　《罗斯法典汇编》的条款融合了习俗与创新。在中世纪初,北欧的司法汇编中也有类似的法典,但罗斯法典的内容具有独特性。法典的实施与增补表明王室努力推动两大进程:标准化执法以及扩展王室权威。雅罗斯拉夫担任基辅王公时,诺夫哥罗德颁布了首部成文法,因此在王公缺位的情况下,他们

---

[1]　*PVL*,vol. I, p. 15.

[2]　*RZ*,9 vols. (Moscow: Iuridicheskaia literatura, 1984-1994), vol. I: *Zakonodatel'stvo Drevnei Rusi*, ed. V. L. Ianin (1984), p. 47; cf. Daniel H. Kaiser (ed. and trans.), *The Laws of Rus'—Tenth to Fifteenth Centuries* (The Laws of Russia. Series I, Vol. 1; Salt Lake City, Oh.: Charles Schlacks, 1992), p. 15.

[3]　雅罗斯拉夫的法典及其子对法典的补充被汇总为一个"较短"的版本,收录于以下幸存文献:*RZ*,vol. I, pp. 7-9;弗拉基米尔·莫诺马赫的增补被收入"增补"版,该版本也收录了后期的补充:*RZ*,vol. I, pp. 64-73. Cf.。英译本参见 Kaiser, *The Laws of Rus'*, pp. 15-34。

决定通过书面文件推进标准的行政管理。更具代表性的是雅罗斯拉夫儿子们的规定,杀害王公的马厩管理员需要罚款 80 格里夫纳(grivnas),"就像伊贾斯拉夫在多罗戈布日人杀害了他的马厩管理员时规定的一样"①。成文法用于规范王朝对地方的管辖。同时,条款的性质与数量反映了王公干涉意愿的变化。早期条款规定了直接惩罚(血亲复仇),并且明确了对受害人及其家人的赔偿数额。王公从未完全成功禁止血亲复仇(尽管他们显然试图如此),但是赔偿逐渐被罚款所替代:也就是说,起初罪犯要对受害人负责,现在规定罪犯要对统治者负责。"横向"或者"二元"的司法程序逐渐变为纵向或者"三元"的模式。② 此外,这也表明王公正在延展自己的司法权威,成文法扩大了受众范围,拓宽了所涉及的行为。即使在其初期,罗斯法典也反映了王公权威已形成一种正式机制,不断侵入城市居民彼此的关系以及活动。

通过法典扩展与协调统治,这是政治与社会融合的一部分。统治王朝并非推进成文法典的唯一机构,教会也参与其中。编年史作者写道:"我们基督徒拥有一套法律。"③不过,他并不是指王室的世俗法律,而是指基督教法、教会权威及其教义:《圣经》具有整体性权威,数个世纪以来冠以教会法的实际法规也有效力。教会法与教会制定的拜占庭皇室立法被编纂成《法律手册》(Kormchie knigi)这样的参考书。许多法律手册与教会内部的教条和规约有关,但是也有大量内容涉及更为广泛的人群,罗斯教士的一项主要职责就是提倡遵守教会法的行为,并在各地运用和阐释这些法规。教会在促进社会与文化融合的过程中成为王公的潜在伙伴,教会声称能够影响王公力所难及的地方。教会法规从公共领域渗透进了家庭和日常生活。它规定了每年特定的时间里哪些食物能吃、哪些不能,哪些人能够结婚、以何种方式结婚,什么能穿、什么不能穿。显然,习俗在这些领域更有影响,而且罗斯各地风俗各异。一些资料记录了高级教士对实际生活当中问题的回应。例如,都主教约安二世(Ioann II,约 1077—1089 年)曾对各种事务给出建议:在北方严寒的冬季里,是否能穿兽皮制成的内衣,兽皮来自那些被视作不洁、不能食用的动物(答案:是);如何处理那些按照异教仪式结婚的人(答案:让他们像私通者一样

---

① *RZ*,vol. I,p. 48;cf. Kaiser,*The Laws of Rus'*,p. 17.
② 长期的情况参见 Daniel H. Kaiser,*The Growth of the Law in Medieval Russia*(Princeton:Princeton University Press,1980)。
③ *PVL*,vol. I,p. 16.

悔罪);一位被视作不洁净的母亲能否以母乳喂养她生病的孩子(答案:能,如果孩子性命堪忧的话)。①

第三种法典联合了世俗力量与宗教力量。教会能够行使权威,进行建议、劝诫和惩罚,然而只有王公才能执行实质性的制裁。一系列"王室法令"(ustavy)明确规定了教会管辖的人员与行为。弗拉基米尔与雅罗斯拉夫分别颁布了两部重要法规,不过,与《罗斯法典汇编》类似,它们是在逐渐积累中成型的,留存下来的是后世的文本。原则上,两部法规的基本性质十分清晰。"弗拉基米尔的法令"涉及章程内容,它规定了教会审判权的覆盖人群(修士与修女、神职人员及其家人,以及无家可归者,如寡妇、瘸子和瞎子)和适用领域[离婚、家庭暴力、诱拐与强奸、巫术(可能包括草药的使用)以及异教]。② "雅罗斯拉夫的法令"在形式上更接近《罗斯法典汇编》:列举罪行及其相应惩罚。值得注意的是,它体现了社会分化。毋庸置疑,法律之下众人"平等":强奸或是绑架波雅尔的女儿须赔偿五个格里夫纳的黄金,并向主教支付相同金额的罚款;而强奸或是绑架"低级波雅尔"的女儿仅须支付一个格里夫纳的黄金,地位更低的阶层对应更少的金额。重婚须罚以四十格里夫纳白银,乱伦则须罚以一百格里夫纳白银。有时罪犯会受到多项处罚:如若打了别人的妻子,须向主教支付六个格里夫纳,而且他还会受到世俗法律的处罚。③

王室权力与教会权威相辅相成。而且在某些方面,教会能比王公更有效地传播和监督成文法的实施,这是教会的主要使命,它还有一批训练有素的主教与神职人员网络。当时的王室管理尚且相对初级。例如,实施成文法并不意味着采取标准的行政程序,也不预示着行政管理阶层的出现。④ 服务功能日益分化,但在 11 世纪的罗斯,行政管理机构既无法企及同时期的拜占庭,也与 16 世纪的莫斯科公国相去甚远。在本章涵盖的阶段,变化的方向已经确立,并且积聚了转变的势头,然而罗斯仍有很长的一段路要走。

社会和行政结构缺少王公、扈从以及城市部分领域以外的显著表现。换

---

① 关于约安二世的"教理问答",斯拉夫语文本见 *Russkaia istoricheskaia biblioteka*, vol. VI (St Petersburg: Arkheograficheskaia Kommissiia, 1908), cols. 1-20;希腊语版见 ed. A. S. Pavlov, "Otryvki grecheskogo teksta kanonicheskikh otvetov russkogo mitropolita Ioanna II", *Zapiski Imperatorskoi Akademii nauk*, 22 (1873): Appendix 5。

② *RZ*, vol. I, pp. 139-140; cf. Kaiser, *The Laws of Rus'*, pp. 42-44.

③ 参见 *RZ*, vol. I, pp. 168-170 ("short" version); cf. Kaiser, *The Laws of Rus'*, pp. 45-50 ("expanded" version)。

④ 参见 Franklin, Writing, *Society and Culture*, pp. 129-186。

言之,我们对人口的大多数依然知之甚少。当然,缺少认知并不妨碍历史学推断:有多少农村人口是"依附式的"抑或"自由的",他们又在多大程度上是"依附式的"或"自由的"? 他们处在何种状态? 提及"封建"结构及其关系是否不够合理? 早期罗斯包括"城邦"集合体,奴隶劳动力以及自由农民生产的剩余农产品维持了它们的存在;也包括一套封建经济,它建立在贵族庄园以及大量依附农民的基础之上。① 并且,各个地区的情况各异。确实仍有一些问题,但是根据所能拼凑出的图景,我们依然能够解释历史背后的诸多奥秘。

三、对外关系

罗斯历史上的大部分时间里,没有外交政策一说。当时罗斯的政治权力相对统一,基辅王公的行动或者高级王公的联合行动可被视作罗斯的政策。在 11 世纪与 12 世纪初,"唯一统治"与联合行动较之此后更为常见,但是地方王公在处理与邻邦的关系时,通常谋求自身利益。10 世纪时,罗斯王公通过集体外交与君士坦丁堡签订了贸易协定,然而后来此种协调一致的外交政策在罗斯难以重现。

我们先从北方开始论述。雅罗斯拉夫在诺夫哥罗德时,便与斯堪的纳维亚建立了密切的关系。他娶了瑞典国王的女儿英格格尔德(Ingigerd),在 1015—1019 年的战斗中,他还与丹麦国王结成同盟。② 斯堪的纳维亚传说赞颂了诺夫哥罗德王公雅罗斯拉夫(Iarisleif of Holmgarthr)的热情好客,讲述了他在东方道路上对维京人的帮助。③ 不过,雅罗斯拉夫是最后一位与斯堪的纳维亚保持传统密切关系的罗斯王公。11 世纪中叶双方的交流突然减少,部分原因在于双方的关系本身变得紧张。编年史透露了雇佣兵与诺夫哥罗德常住

---

① 关于俄国相关辩论的历史,参见 M. B. Sverdlov, *Obshchestvennyi stroi Drevnei Rusi v russkoi istoricheskoi nauke XVIII-XX vv.* (St Petersburg: Dmitrii Bulanin, 1996); also Vernadsky, *Kievan Russia*, pp. 143-151。

② 参见 A. V. Nazarenko, "O russko-datskom soiuze v pervoi chetverti XI v.", *Drevneishie gosudarstva na territorii SSSR. Materialy i issledovaniia. 1990 god* (Moscow: Nauka, 1991), pp. 167-190。

③ H. R. Ellis Davidson, *The Viking Road to Byzantium* (London: George Allen and Unwin, 1976), pp. 158-173; Henrik Birnbaum, "Iaroslav's Varangian Connection", *Scandoslavica*, 24 (1978): 5-25. 相关的一系列来源参见 T. N. Dzhakson, *Islandskie korolevskie sagi o vostochnoi Evrope* (seredina XI-seredina XIII v.) (teksty, perevod, kommentarii) (Moscow: Ladomir, 2000)。

人口之间的敌对,弗拉基米尔本人也很乐意向君士坦丁堡转手斯堪的纳维亚的勇士。[①] 然而在某种程度上,罗斯与斯堪的纳维亚直接的政治联系减弱,反映了 11 世纪下半叶以来诺夫哥罗德王公自主性的削弱。

在 11 世纪的大多数时间里,罗斯托夫与苏兹达尔这类东北部定居点依然属于被敌对人群环伺的偏远地带。据称,11 世纪 70 年代被派往那里的一位主教遭到谋杀,《往年纪事》叙述了异教徒领导的起义,弗拉基米尔·莫诺马赫也在其自传中称,"经过维亚提奇(把第聂伯河中游地区与东北部定居点隔开的部落)"的远征尤为艰险。[②] 然而,该地毛皮资源丰富,并且地处波罗的海与伏尔加河中游的商路要道,经济潜力突出。在 11 世纪末,基辅、切尔尼戈夫与佩列亚斯拉夫尔等南方王公激烈争夺在东北地区征收贡赋的权利。1097 年柳别奇协定的达成,部分原因在于弗拉基米尔·莫诺马赫与其堂兄弟,即切尔尼戈夫王公奥列格·斯维亚托斯拉维奇(Oleg Sviatoslavich)发生了冲突。苏兹达尔的地位相对较低,这表现为莫诺马赫将其分配给最小的儿子尤里。在尤里的统治下,苏兹达尔发展为一个强大的公国,尤里本人后来也被称作"长臂"(Dolgorukii),下一章将会论述这段历程。

南方草原上生活着游牧民族与半游牧民族,佩切涅格人的主导地位一直持续到 11 世纪 30 年代,从 11 世纪 60 年代起,波洛伏齐人[Polovtsy,也被称作库曼人(Cumans)、奇普查克人(Qipchaks)]则取得了支配权。[③] 许多编年史以及日后的大量历史著作都表明罗斯与草原游牧部落势不两立——但这一论述太过粗略。双方之间确实发生了冲突、侵扰与摩擦,然而也有友好的阶段,总体而言边疆地区相当稳定,彼此之间几乎没有领土企图。这里还出现了由代理人发起的少量殖民活动,例如招募和安置托尔克斯人(Torks,即乌古斯人)定居在特别设立的城镇托切斯克(Torchesk),并把该地当作缓冲区。总之,罗斯王公与佩切涅格人以及波洛伏齐人作战的时间可能还不及与其亲戚多。

相较于基辅以及佩列亚斯拉夫尔,草原地区与切尔尼戈夫的关系更为和睦。切尔尼戈夫与顿河下游以及亚速海地区保持着传统联系。1024 年,特木

---

① *PVL*, vol. I, pp. 56, 95, 97.

② *PVL*, vol. I, pp. 117-119, 158; Gail Lenhoff, "Canonization and Princely Power in Northeast Rus': The Cult of Leontij Rostovskij", *Die Welt der Slaven*, nf, 16 (1992), 359-380.

③ 参见 R. M. Mavrodina, *Kievskaia Rus' i kochevniki (pechenegi, torki, polovtsy). Istoriograficheskii ocherk* (Leningrad: Nauka, 1983); S. A. Pletneva, *Polovtsy* (Moscow: Nauka, 1990); T. S. Noonan, "Rus', Pechenegs and Polovtsy", *RH*, 19 (1992): 300-326.

托罗坎王公姆斯季斯拉夫与诺夫哥罗德王公雅罗斯拉夫就土地划分事宜达成一致,姆斯季斯拉夫迁入切尔尼戈夫,这并不意味着协议于他不利。自 1024 年到姆斯季斯拉夫去世之间的十年里,切尔尼戈夫希望获得第聂伯河中游地区的支配权,绝非巧合的是,雅罗斯拉夫为了确立"唯一统治",首个举措就是削弱切尔尼戈夫与草原的关系,对佩切涅格人发起了一场决定性的战斗,从而恢复基辅的至高地位。同样,1094 年切尔尼戈夫王公奥列格·斯维亚托斯拉维奇与波洛伏齐盟友一道,从特木托罗坎开启远征,力图从堂兄弟弗拉基米尔·莫诺马赫的手里夺回世袭城市。[①] 1096 年,尽管面临莫诺马赫及其父亲——基辅王公弗谢沃洛德的巨大压力,奥列格仍拒绝加入他们针对波洛伏齐的军事行动,甚至为一位被莫诺马赫下令处决的波洛伏齐领袖的儿子提供庇护。[②] 在 12 世纪头 20 年里,莫诺马赫组织了一系列相当成功的远征波洛伏齐的行动[③],同时结合军事胜利与政治联盟,给自己的两个儿子(包括"长臂"尤里)娶了波洛伏齐新娘。[④]

君士坦丁堡坐落在草原和黑海以南。在此我们面临一个悖论,某种意义上,基辅与君士坦丁堡应当保持着长期密切的关系。对罗斯商人而言,君士坦丁堡一直极具吸引力。大量文献记录表明,10 世纪时,罗斯与君士坦丁堡在军事、经济、外交和文化事务上往来频繁(虽然并非一贯友好),罗斯皈依基督教后,双边关系达到顶点,并且为各个层面上深化关系进一步扫清障碍。然而在 11 世纪与 12 世纪初,尽管宗教与文化联系很重要,双方的政治与外交关系却时断时续。自 11 世纪中叶之后,罗斯掌握了一定的技术,逐渐从进口转向本地生产,双边贸易明显衰退,制造业尤甚。约 1050 年之后,罗斯已经罕见拜占庭货币。[⑤] 1043 年,雅罗斯拉夫派长子弗拉基米尔抗击君士坦丁堡,这是自 150 年前起发生的一系列战争中的最后一次,尚不完全清楚原因(据说一位罗斯商人在君士坦丁堡一家市场与人发生口角致死,两国之间的冲突进而升级)。最终罗斯溃败,然而结果并没有那么严重:在 11 世纪 40 年代末,拜占庭艺术家与手工艺者促成了圣索菲亚大教堂的完工,这是雅罗斯拉夫的主要形

---

① *PVL*,vol. I, pp. 101-102, 148.
② *PVL*,vol. I, p. 149.
③ *PVL*,vol. I, pp. 187, 190-192, 201.
④ *PVL*,vol. I, pp. 187, 202.
⑤ T. S. Noonan, "The Monetary History of Kiev in the Pre-Mongol Period", *HUS*, 11 (1987): 384-443.

象工程,到 11 世纪 50 年代初,雅罗斯拉夫的儿子弗谢沃洛德与拜占庭皇帝君士坦丁九世·莫诺马乔斯(Constantine IX Monomachos)的家族联姻。此次联姻生下了弗拉基米尔·莫诺马赫,他于 1116—1118 年帮助了阿莱克修斯一世·科穆宁(Alexios I Komnenos)的政敌,损害了拜占庭的权威,但这不过是一个小小的插曲。1122 年,莫诺马赫的孙女嫁入在位的科穆宁家族。[①]

　　出人意料的是,尽管罗斯王公们在宗教和文化上倾心于拜占庭,他们与西欧各个地区的政治关系却更为持久多样。作为一个粗略的指标,我们注意到罗斯与西欧的王朝婚姻名录要长得多,其中既包括雅罗斯拉夫的女儿安娜与法国国王亨利一世这类上层联姻,也包括 11 世纪 70 年代初莫诺马赫与英格兰国王哈罗德(他死于 1066 年黑斯廷战役)的女儿吉莎(Gytha)这种较低层级的联姻。不过,这种失衡或许并非那么令人吃惊。首先,对比并不公平。虽然习惯上称为“西欧”,但它并非一个单一或是同质的地区。“西欧”多元的政体与拜占庭单一的政体并无可比性。其次,拜占庭距离遥远,少有罗斯王公亲临该地,拜占庭军队也从未进犯抑或争夺罗斯领土。相反,罗斯与西欧多个地区经由数条商路连接,其数量远远多于罗斯与拜占庭之间的商路,而且西欧若干民族及政体与罗斯存在着众多周期性的边界纠纷。对于罗斯王朝而言,与拜占庭的政治往来可有可无,而与西欧的政治往来却必不可少。即使 1054 年君士坦丁堡与罗马的教会分裂(迄今尚未解决),也未对罗斯与“拉丁”国家及民族的外交关系和民间交往产生严重影响。高级神职人员——尤其是那些从君士坦丁堡来到罗斯的人——可能写下措辞严厉的小册子,就“拉丁人”的过失以及与之交往的危险提出警告[②],然而王朝联姻仍在继续。1106—1108 年左右,一位罗斯修士造访圣地,显然他们与率领十字军东征的“拉丁”统治者们关系良好。[③]

---

① 关于这些以及其他记录在案的联姻,参见 Alexander Kazhdan,“Rus'-Byzantine Princely Marriages in the Eleventh and Twelfth Centuries”,HUS,12/13 [1988/1989(pub. 1990)]:414-429。卡日丹(Kazhdan)强调,除了弗拉基米尔·斯维亚托斯拉维奇与皇帝的妹妹安娜的婚姻,其他有记录的联姻或许并非都是与顶级拜占庭皇子或公主的。

② 参见研究佩列亚斯拉夫尔的利奥(Leo)、约安二世与尼科夫一世(Nikofor I)的著作:Sophia Senyk, A History of the Church in Ukraine, vol. I: To the End of the Thirteenth Century (Orientalia christiana analecta 243; Rome: Pontificio Istituto Orientale, 1993), pp. 316-321; Gerhard Podskalsky, Christentum und theologische Literatur in der Kiever Rus' (988-1237) (Munich: C. H. Beck, 1982), pp. 170-184。

③ 关于这位丹尼尔修士的朝圣之旅,参见 Senyk, A History, pp. 314-315。关于更宏观的对“拉丁人”的态度,参见 John Fennell, A History of the Russian Church to 1448 (London and New York: Longman, 1995), pp. 96-104。

　　至于那些自身利益在很大程度上直接取决于西方邻国的王公,他们毫不意外地更倾向于重视这些邻国,无论双边关系是友好的还是敌对的。在众多王公以及未来的基辅王公当中,这点在图罗夫王公身上体现得尤为明显,图罗夫正是位于一条通往西方的要道上。首先是斯维亚托波尔克·弗拉基米罗维奇(Sviatopolk Vladimirovich),他于 1018 年说服波兰国王波列斯瓦夫一世(Bolesław I,后者恰是前者的岳父)组建一支军队助其拿下基辅。其次是伊贾斯拉夫·雅罗斯拉维奇(Iziaslav Iaroslavich),他于 1069 年说服波列斯瓦夫二世(Bolesław II,后者恰是前者妻子的侄子)助其夺回基辅。1073 年,他再度被自己的弟弟斯维亚托斯拉夫逐出基辅,伊贾斯拉夫逃亡西方,在整整三年间,试图争取波列斯瓦夫、神圣罗马帝国皇帝亨利四世(Henry IV)以及教皇的物质支持。然而在 11 世纪末,可以说图罗夫已被包抄,越来越多的年轻王公们,例如沃利尼亚的弗拉基米尔、佩列梅什以及捷列博夫利亚的王公,渴求土地,他们争夺着西部边境地区的疆土。11 世纪 90 年代末,围绕着雅罗斯拉夫三位其父未曾就任基辅王公的后人,即瓦西里科与沃洛达尔·罗斯季斯拉维奇(Vasilko and Volodar Rostislavichi,雅罗斯拉夫早逝的长子弗拉基米尔之孙)以及大卫·伊戈列维奇[David Igorevich,其父伊戈尔·雅罗斯拉维奇(Igor' Iaroslavich)先于兄长们去世],波兰国王瓦迪斯瓦夫(Władysław)与匈牙利国王卡尔曼(Kalman)卷入了王朝内讧。① 这不过是匈牙利介入加利奇(Galich)内政的序曲,其影响在 12 世纪上半叶不断增长。

　　罗斯的对外政治关系正如其内政一般,要么团结一致,要么各自为政。在政治权威相对统一的罕见时期里——例如弗拉基米尔·斯维亚托斯拉维奇在位时,或是 1036 年雅罗斯拉夫成为"唯一统治者"之后——外交政策相对一致。其他时候,罗斯王公们与非罗斯邻邦的关系在很大程度上不甚紧密,并且逐渐独立自主。

四、宗教、文化、意识形态

　　在弗拉基米尔之后的三代人当中,官方皈依基督教的影响日益明显。正

---

① Franklin and Shepard, *The Emergence of Rus*, pp. 269-270.

式受洗仅是其中一例可以确定年代的事件。基督教化的漫长历程深远地影响
了社会制度、经济活动、权力结构、城市环境、就业模式、生产与制造技术、私人
与公共行为、饮食、文字与图像文化、审美标准与知识概念、观念与意识形态，
以及对世界的理解。

　　教会以及修道院为基督教奠定了制度基础。就基督教的行政管理体系而
言，罗斯只是君士坦丁堡大牧首区下的一个地区。罗斯教会由都主教领
导——恰当的称谓应是"罗西亚（Rhōsia）都主教"或者"罗斯都主教"，不过现代
史学往往根据住处称其为"基辅都主教"。这一时期，仅有一位都主教——伊
拉利昂（Ilarion，约 1051—1054 年）是罗斯本地人。拜占庭任命的其他都主教
全都说希腊语。[1] 都主教之下是主教，他们掌管次一级地区的教会机构。概言
之，主教辖区的增加表明基督教有组织地扩散。弗拉基米尔·莫诺马赫在位
时，第聂伯河中游地区布满了主教辖区：切尔尼戈夫与佩列亚斯拉夫尔，以及
基辅附近的别尔哥罗德与尤列夫（可能是为协助管理基辅）。往北在图罗夫、
波洛茨克和诺夫哥罗德也设立了主教辖区。关于在东北部的罗斯托夫设立主
教辖区的日期，目前存在多种看法，不过直到 12 世纪这里才有主教。[2] 在官方
皈依一百余年之后，基督教组织的分布依然十分紧凑：由南至北，密集地分布
在从诺夫哥罗德到基辅的轴心地区以及第聂伯河中游，不过尚未深入东部和
西部。[3] 换言之，尽管存在一定的时间间隔，但基督教机构的组建始终伴随着
王朝的政治运势。

　　第一批主教定然来自拜占庭或者保加利亚（他们拥有在斯拉夫人中传教的
经验），但到 11 世纪下半叶，开始出现在罗斯当地的修道院里接受训练的主教。[4]

---

[1] 参见以下简要传记：Andrzej Poppe in Podskalsky, *Christentum*, pp. 282-286。
[2] 参见 Andrzej Poppe, "Werdegang der Diözesanstruktur der Kiever Metropolitankirche in den ersten Jahrhunderten der Christianisierung der Ostslaven", in K. C. Felmy et al. (eds.), *Tausend Jahre Christentum in Russland. Zum Millennium der Taufe der Kiever Rus'* (Göttingen: Vandenhoeck and Ruprecht, 1988), pp. 251-290; J.-P. Arrignon, "La Création des dioc'eses russes au milieu du XII si'ecle", in *Mille ans de christianisme russe, 988-1988. Actes du colloque international de l'Université Paris-Nanterre 20-23 janvier 1988* (Paris: YMCA, 1989), pp. 27-49。
[3] 另参相关考古学发现：A. P. Motsia, "Nekotorye svedeniia o rasprostranenii khristianstva na Rusi po dannym pogrebal'nogo obriada", in *Obriady i verovaniia drevnego naseleniia Ukrainy. Sbornik nauchnykh trudov* (Kiev: Naukova Dumka, 1990), pp. 114-132; V. V. Sedov, "Rasprostranenie khristianstva v Drevnei Rusi", *Kratkie soobshcheniia Instituta arkheologii*, 208 (1993): 3-11。
[4] 参见 Franklin and Shepard, *The Emergence of Rus*, pp. 311-312。

修士与主教必须保持独身,而教区神职人员必须结婚,因此会从修士而非教区神职人员(其受教育程度很可能更低)当中挑选主教。罗斯修道院制度的早期历史鲜为人知,但到了 11 世纪末,其在基辅以及其他主要城镇已经有了扎实的基础。

　　教会最具公众性的举动并非祷告,而是建筑,基督教机构改变了城市面貌。大部分教堂规模较小,多为木质结构。弗拉基米尔为其位于基辅的宫殿修建了圣母"什一教堂",它是第一座砖石结构的教堂①,从 11 世纪的第二个 25 年开始,在某种程度上形成了修建此类建筑的传统。姆斯季斯拉夫·弗拉基米罗维奇(Mstislav Vladimirovich)在切尔尼戈夫发起了修建计划,但直至其去世,主显圣容教堂的主体建筑仍然仅如"一人屹立马背抬起双臂之高"②。自雅罗斯拉夫·弗拉基米罗维奇确立"唯一统治"的那一刻起,他就开始把基辅打造成光辉壮丽的中心,以使罗斯其他城市无从匹敌。他把君士坦丁堡当作典范,聘请拜占庭的专业人士监工,他还命人修筑了宏伟的(以东方基督教堂的标准来看)圣索菲亚大教堂,以及圣乔治与圣艾琳教堂(主保圣人及其妻子,同时复制了君士坦丁堡著名的皇室建筑)。11 世纪中叶,诺夫哥罗德与波洛茨克也建起了规模较小的圣索菲亚大教堂。11 世纪末与 12 世纪初建造了一批享有盛名的教堂:洞窟修道院的圣母升天教堂与维杜比奇修道院(Vydubichi monastery)的圣米哈伊尔教堂(均建于 11 世纪 70 年代,且位于城市郊外)、贝列斯托沃(Berestovo)王宫的圣米哈伊尔"金穹"教堂(约 1108 年)与救世主教堂(1115—1119 年)。11 世纪 90 年代与 12 世纪的第一个 10 年里,佩列亚斯拉夫尔建起了一批教堂,诺夫哥罗德圣乔治与圣安东尼修道院的主要教堂建于 12 世纪第一个 10 年,在 12 世纪的头 20 年里,苏兹达尔、斯摩棱斯克与佩列梅什修建了最早的砖石结构教堂。③ 教堂样式也反映了王朝的财力。

　　建造和维护教堂与大型修道院需要耗费巨资。虽然各行各业的人们都会捐款,但是主要资金还是来自王室向教会缴纳的什一税。数份文件资料都证实了支付什一税的惯例,尽管细节上存在出入。④ 与之相对,修道院获得的大

---

① 参见 F. Kämpfer, "Eine Residenz für Anna Porphyrogenneta", *JGO*, 41 (1993): 101-110; *Tserkva Bohoroytsi desiatynna v Kyevi* (Kiev: ArtEk, 1996)。

② *PVL*, vol. I, p. 101.

③ 关于砖石教堂的历史时间表,参见 P. A. Rappoport, *Drevnerusskaia arkhitektura* (St Petersburg: Stroiizdat, 1993), pp. 255-272。

④ 参见 Ia. N. Shchapov, *Gosudarstvo i tserkov' Drevnei Rusi X-XIII vv.* (Moscow: Nauka, 1989), pp. 85-87; B. N. Floria, *Otnosheniia gosudarstva i tserkvi u vostochnykh i zapadnykh slavian* (Moscow: Institut slavianovedeniia i balkanistiki RAN, 1992), pp. 5-20.

额捐赠更多的是土地,同时包括这些土地上的人应该缴纳的款项。修士们能够从事生产活动,包括农作、小型手工艺与贸易。当都主教与主教们严重依赖着他人馈赠的过剩财富时,经营有方的修道院既能获得捐赠,也能通过生产活动创收。尚不清楚底层神职人员从何处获得支持,我们推测他们可能主要依靠当地人们的捐助。

在教堂与修道院的内部,各种物件、图画、声音、文字以及气味营造出了一种独特的氛围,反映着东方基督教的仪式、礼拜与沉思。东斯拉夫人长久以来的高雅文化历史,即艺术与文学(不过这些术语并非完全适用于宗教背景)起源于 11 世纪中叶。11 世纪中叶的赞助人与艺术家们野心勃勃,他们制定的高标准延续了近五百年:基辅圣索菲亚大教堂顶壁装饰着耀眼的马赛克(见插图 3 与插图 5)[1];伊拉利昂在《论法律与恩典》(*Sermon on Law and Grace*)中写下了优雅精妙的语句[2];《奥斯特罗米尔福音书》(*Ostromir Gospel*,1056—1057 年)是首本流传下来的斯拉夫文书籍,也是莫斯科公国时代之前最大开本的图书(见插图 4)[3]。以上三部作品代表了三种不同类型的文化传媒。基辅圣索菲亚大教堂的马赛克沿袭了拜占庭风格,甚至连其中的铭文也是希腊文(见插图 5)。《奥斯特罗米尔福音书》是希腊文经典的斯拉夫语译本。伊拉利昂的布道辞套用了拜占庭的神学概念,从而构建出罗斯本土历史的解释框架。罗斯主要通过这三种方式接受拜占庭文化:直接引进相关物品或是神职人员;用斯拉夫语翻译典籍;根据本地需求进行改编。在整个中世纪,俄国的基督教文化都可以被视为以上三种模式互相作用的结果。

从 11 世纪中叶到 12 世纪初,诸种进程一一展开,已然确立的典范与先例奠定了俄国传统的基石。例如,尽管 11 世纪中叶的圣索菲亚大教堂未被模仿,洞窟修道院的圣母升天大教堂却成为罗斯土地上诸多著名教堂的模板。[4] 11 世纪,教会正式承认了首批罗斯圣人:其中两位——鲍里斯与格列布王子,于 1015 年遇害——恰是统治王朝的成员,因而极受青睐(见插图 6);另外一位——修道院长费奥多西(Abbot Feodosii,逝于 1074 年)制定了洞窟修道院的公共准则,一位名叫涅斯托尔(Nestor)的洞窟修士撰写了他的《生平》

---

① 参见 V. N. Lazarev, *Old Russian Murals and Mosaics* (London: Phaidon, 1966)。

② Simon Franklin, *Sermons and Rhetoric of Kievan Rus'* (Cambridge, Mass.: Harvard University Press, 1991), pp. XVI-XLIV, 3-29。

③ *Ostromirovo Evangelie. Faksimil'noe vosproizvedenie* (Leningrad: Aurora, 1988)。

④ 参见 Podskalsky, *Christentum*, p. 281。

(*Life*),并且讲述了鲍里斯与格列布的事迹。[1] 包括涅斯托尔在内的洞窟修士们很可能承担了编纂《往年纪事》的主要工作,数个世纪以来,该书在一定意义上始终是东斯拉夫编年史的第一部分,其中关于罗斯起源与形成的叙述被公认为标准的罗斯"创始神话"[2]。诚然,如果我们将后世讲述修士行止的《帕特里克》(*Paterik*)或称《帕特里孔》(*Paterikon*)纳入考察范围[3],那么洞窟修道院的著作为这一时期提供了相当丰富的本土叙事资料。因此,作为物质与语言形象的汇集,以基辅为中心的"早期罗斯的黄金时代"(在中世纪之后的著作中它被称作"基辅罗斯")最先是由雅罗斯拉夫·弗拉基米罗维奇手下的建筑师、艺术家以及文人们开创的,而后是由洞窟修道院的修士们缔造的。当然,现代人在多大程度上能够精确地认可和接受此种罗斯形象仍然有待讨论,但是回过头来看,它们确实相当成功地塑造了后人的观念。

---

[1] *Biblioteka literatury Drevnei Rusi. Tom I: XI - XII veka* (St Petersburg: Nauka, 1997), pp. 352-432; Hollingsworth, *Hagiography*, pp. LVIII-LXVIII, 33-95.

[2] 参见 D. S. Likhachev, *Russkie letopisi i ikh kul'turno-istoricheskoe znachenie* (Moscow and Leningrad: Nauka, 1947).

[3] L. A. Ol'shevskaia and S. N. Travnikov (eds.), *Drevnerusskie pateriki* (Moscow: Nauka, 1999), pp. 7-80;另一(稍有不同的版本)翻译参见 Muriel Heppell, *The "Paterik" of the Kievan Caves Monastery* (Cambridge, Mass.: Harvard University Press, 1989)。

第五章　罗斯诸公国(1125—1246 年)

马丁·迪姆尼克

一、引言

　　从 1125 年到 1246 年,出现了形形色色的公国与主教辖区,它们此消彼长,或繁荣,或衰微。在此期间,统治集团实行横向继承制度,每个王朝内部的王公依此原则晋升为地位更高的王公,不同王朝的王公也借此争夺罗斯的首都基辅。①

　　一开始,罗斯王公按照宗族资历进行继承。这意味着王朝地位较高的王公去世之后,将由其在世的弟弟中最年长的一位继承王公之位。所有的弟弟轮上一番之后,接着就是最年长的侄子继位。弗拉基米尔·斯维亚托斯拉维奇(逝于 1015 年)没有弟弟在世,因此他在去世之前指定自己的大儿子斯维亚托波尔克统治基辅。后者担心自己的弟弟们夺权,于是对他们所有人开战。最后,"智者"(Mudryi)雅罗斯拉夫胜出。②

　　雅罗斯拉夫追随自己的父亲弗拉基米尔,把世袭领地分给自己的儿子,并且遵循横向继承原则(第四章更为全面地探讨了 1015—1125 年间的王朝政治)。不过,为了避免未来出现手足相残的情况,他改变了基辅的继承性质。他的三个年长的儿子及其后代成为核心集团,他赋予这些人继承基辅的权利。而他两个年幼的儿子伊戈尔和维亚切斯拉夫(Viacheslav)则被禁止继位(izgoi)。他让自己的大儿子伊贾斯拉夫接替自己。伊贾斯拉夫去世之后,则由斯维亚托斯

---

① 编年史和特许状是这一时期政治、宗教、文化史信息的主要来源。考古、建筑、艺术、印章和钱币资料也提供了有用的信息,尤其是在商业、贸易和文化领域。
② Martin Dimnik, "Succession and Inheritance in Rus' before 1054", *Mediaeval Studies*, 58 (1996):87-117.

拉夫统治基辅。斯维亚托斯拉夫去世之后,弗谢沃洛德继位,在他之后,宝座则会传给核心集团的下一代人。雅罗斯拉夫还给予三个儿子紧邻基辅的世袭领地:伊贾斯拉夫获得图罗夫,斯维亚托斯拉夫得到切尔尼戈夫,弗谢沃洛德分到佩列亚斯拉夫尔。[①] 他们统治基辅之后,仍能保留自己的世袭领地。雅罗斯拉夫认为,这种安排将赋予基辅王公远超其他王公的军事优势。[②]

除了唯一一次偏差,雅罗斯拉夫设计的体系在第一代人中运行良好。伊贾斯拉夫继承了父亲的位置,但斯维亚托斯拉夫为了保证自己的儿子能够即位,而推翻了自己的兄长。伊贾斯拉夫的寿命比斯维亚托斯拉夫要长,在后者去世之后,前者回到基辅。后来弗谢沃洛德继位,接着他的侄子图罗夫王公,即伊贾斯拉夫的长子斯维亚托波尔克即位。然而,他和弗谢沃洛德的儿子佩列亚斯拉夫尔王公弗拉基尔·莫诺马赫违反了雅罗斯拉夫的安排(见图5.1)。

1076 年,斯维亚托斯拉夫去世,他的长子奥列格接替他成为斯维亚托斯拉维奇家族的大王子(senior prince),并且就任切尔尼戈夫王公。[③] 然而在 1096 年,斯维亚托波尔克与莫诺马赫夺走了他在切尔尼戈夫的土地。1097 年在柳别奇(Liubech)召开的大会上,因为奥列格拒绝共同对抗波洛伏齐人,罗斯王公们惩罚了统治切尔尼戈夫的家族。他出切尔尼戈夫唯一的王公被贬为与自己的弟弟大卫共同统治,而且后者在政治上还是他的上级。王公们还使大卫家族的政治资历高于奥列格家族,因此大卫的儿子将能先于奥列格的儿子统治切尔尼戈夫。更重要的是,斯维亚托波尔克与莫诺马赫把莫诺马赫的继承顺序排在斯维亚托斯拉维奇的前面,从而降低了整个切尔尼戈夫家族的地位。因此,斯维亚托波尔克去世之后,莫诺马赫而非奥列格将会统治基辅。莫诺马赫提升自己地位的行为违背了雅罗斯拉夫的"遗嘱"。通过调整核心集团的政治资历排序,莫诺马赫排除了斯维亚托斯拉维奇继位的可能。奥列格与大卫比他先去世,他们的儿子也就失去了继承权。

莫诺马赫并未止于降低斯维亚托斯拉维奇的地位。斯维亚托波尔克去世之后,他与奥列格和大卫达成协定,阻止斯维亚托波尔克的继承人统治基辅。由此,核心集团中的两大家族,即切尔尼戈夫的斯维亚托斯拉维奇与图罗夫的

---

① 关于雅罗斯拉夫的家族,参见 N. de Baumgarten, *Généalogies et mariages occidentaux des Rurikides russes du Xe au XIIIe siècle* (Orientalia Christiana) (Rome: Pont. Institutum Orientalium Studiorum, 1927), vol. IX, no. 35, table 1。

② 关于雅罗斯拉夫继承系统的争议,参见 Martin Dimnik, "The 'Testament'"。

③ 关于斯维亚托斯拉夫的继承人,参见 Baumgarten, *Généalogies et mariages*, table IV。

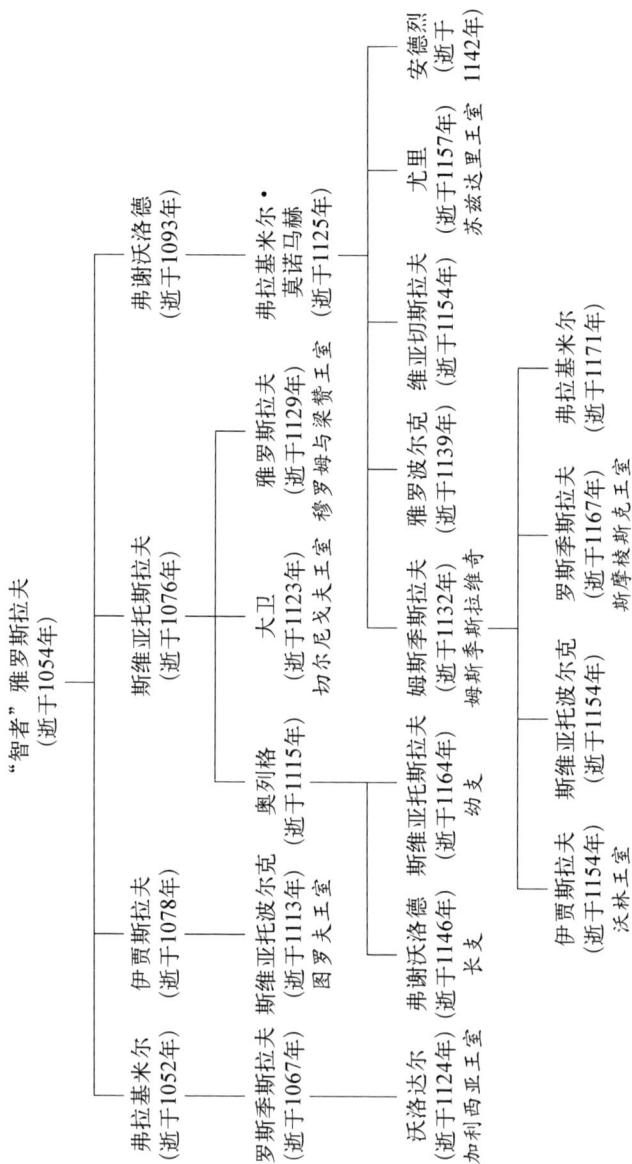

图 5.1 "智者"雅罗斯拉夫家族

伊贾斯拉维奇都失去了继承权。所以,"智者"雅罗斯拉夫设计的三大家族继承基辅的制度失效。莫诺马赫的后代成为基辅唯一的继承者,但他还为自己的王朝进行了其他的安排。他与基辅人达成协议,他们接受他的长子姆斯季斯拉夫的家族成为常驻王公。① 为此,莫诺马赫把姆斯季斯拉夫从诺夫哥罗德召来,将基辅西南部的别尔哥罗德交给他,并且任命他为联合统治者。②

二、弗拉基米尔·莫诺马赫的继任者

1125 年,姆斯季斯拉夫接替父亲统治基辅,抢在伊贾斯拉维奇与斯维亚托斯拉维奇以前,其他王公没有反对他的举动。伊贾斯拉维奇家族势力衰微,因此无人发出挑战。不过,斯维亚托斯拉维奇家族有一位符合条件的候选人雅罗斯拉夫,他已接替自己的兄长奥列格与大卫继承了切尔尼戈夫。根据《柳别奇协定》,他才是正当的统治者。然而雅罗斯拉夫没有对抗姆斯季斯拉夫的领导才能。因此,他与自己的儿子们都失去了继承权。

奥列格的长子弗谢沃洛德对雅罗斯拉夫的无能感到不满,1127 年把自己的叔叔逐出了切尔尼戈夫,宣布自己成为王朝的领导者。基辅王公姆斯季斯拉夫是他的岳父,批准了他的夺权。姆斯季斯拉夫与弗谢沃洛德为弥补雅罗斯拉夫的损失,把穆罗姆与梁赞作为世袭领地送给他。因为认可弗谢沃洛德的篡位,姆斯季斯拉夫再次违反了横向继承原则。③ 不过,他的做法帮助弗谢沃洛德恢复了奥列戈维奇家族(Ol'govichi)排在达维多维奇家族(Davidovichi)之前的资历。他还废除了王公们此前在柳别奇所决定的资历调整。

1130 年,为了贯彻莫诺马赫维护其家族权威的政策,姆斯季斯拉夫征服波

---

① 关于莫诺马赫的继承人,参见 Baumgarten, *Généalogies et mariages*, table V。

② 关于《柳别奇协定》的详细核验以及莫诺马赫与基辅人的联合,参见 Martin Dimnik, *The Dynasty of Chernigov 1054-1146* (Toronto: Pontifical Institute of Mediaeval Studies, 1994), pp. 207-223, 271-272, 277, 305-308, 324-325。

③ *PSRL*, vol. II: *Ipat'evskaia letopis'*, 2nd edn (St Petersburg: Tipografiia M. A. Aleksandrova, 1908; photoreproduction, Moscow: Izdatel'stvo vostochnoi literatury, 1962), cols. 290-292; *PSRL*, vol. I: *Lavrent'evskaia letopis'*, 2nd edn (Leningrad: Postoiannaia Istoriko-Arkheograficheskaia Kommissiia AN SSSR, 1926; photoreproduction, Moscow: Izdatel'stvo vostochnoi literatury, 1962), cols. 296-297. 这些编年史的准确时间参见 N. G. Berezhkov, *Khronologiia russkogo letopisaniia* (Moscow: AN SSSR, 1963)。

洛茨克,将其王公流放到拜占庭。① 他是基辅最后一任能够控制这个王朝的统治者,在他去世之后,波洛茨克王公与基辅开始了长达 40 年的自相残杀。13世纪初,编年史中几乎没有关于波洛茨克地区的内容,然而考古学证据表明那是一个活动频仍的年代。王公们击退了进犯的圣剑骑士(利沃尼亚骑士团)与立陶宛人。那也是一个繁荣的年代。1229 年,斯摩棱斯克王公与里加谈成了一项贸易协议,波洛茨克从中也能获益。然而不久之后,立陶宛人就统治了这里。②

姆斯季斯拉夫的统治相当成功,他的子孙当中无人获得像他那般的权力。事实上,一些历史学家称他为"伟大的"姆斯季斯拉夫。③ 他在世的时候控制了基辅、佩列亚斯拉夫尔、斯摩棱斯克、罗斯托夫、苏兹达尔、诺夫哥罗德、波洛茨克以及沃利尼亚的弗拉基米尔。他的父亲把波洛伏齐人赶到了顿河附近,1129 年,姆斯季斯拉夫又把这群不好对付的人赶到了伏尔加河以外。④ 他于1132 年 4 月 15 日去世。⑤

按照父亲莫诺马赫的愿望,加之与哥哥姆斯季斯拉夫达成的协议,雅罗波尔克接替姆斯季斯拉夫继位。但是冲突立刻出现,他的兄弟们、莫诺马赫的儿子们(莫诺马斯奇家族)和侄子们、姆斯季斯拉夫的儿子们(姆斯季斯拉维奇家族)之间产生了矛盾。莫诺马赫原本安排姆斯季斯拉夫拥有世袭领地佩列亚斯拉夫尔,在没有子嗣的雅罗波尔克去世之后,他们将能借此跳板统治基辅。尽管莫诺马赫不让自己较小的儿子维亚切斯拉夫、尤里和安德烈继位,但是他们三人声称,根据"智者"雅罗斯拉夫所主张的宗族资历原则,他们应比自己的侄子享有优先继承权。他们获得了雅罗波尔克的支持,姆斯季斯拉夫被迫寻求切尔尼戈夫王公,即自己的堂兄弟弗谢沃洛德的帮助。双方在接下来的数年里持续交战。1139 年 2 月 18 日雅罗波尔克去世,莫诺马斯奇家族胜出,图罗夫王公维亚切斯拉夫继位。⑥

---

① *PSRL*, vol. XXV: *Moskovskii letopisnyi svod kontsa XV veka* (Moscow and Leningrad: AN SSSR, 1949), p. 31.

② 关于波洛茨克,参见 L. V. Alekseev, *Polotskaia zemlia* (*Ocherki istorii severnoi Belorusii*) *v IX-XIII vv.* (Moscow: Nauka, 1966)。

③ John Fennell, *The Crisis of Medieval Russia 1200-1304* (London and New York: Longman, 1983), pp. 10, 119。

④ *PSRL*, vol. XXV, p. 31.

⑤ *PSRL*, vol. II, col. 294.

⑥ Dimnik, *The Dynasty of Chernigov 1054-1146*, pp. 324-348.

　　莫诺马赫的幼子们就此扰乱了他的计划,基辅不再是姆斯季斯拉维奇的世袭领地。更为重要的是,弗谢沃洛德·奥列戈维奇(Vsevolod Ol'govich)终结了莫诺马赫的安排,莫诺马赫的子孙不再是基辅的唯一统治者。1139 年,他罢免了维亚切斯拉夫。[①] 他拒绝接受柳别奇会议约定的莫诺马赫比自己的父亲享有优先继承权的安排。因为奥列格未曾统治基辅,所以他不能宣称继承自己父亲的宝座。尽管如此,他在宗族当中以及政治地位上都要高于其他人,而且篡位在当时是一种被认可的夺权方式。他以武力方式保障了继承人统治基辅的权利。

　　他与莫诺马赫和姆斯季斯拉夫一样,享有至高无上的权力。他侵占了图罗夫与沃利尼亚的弗拉基米尔。他还把自己的弟弟斯维亚托斯拉夫派到诺夫哥罗德,诺夫哥罗德颁布法令(ustav),规定王公与教会之间的关系。[②] 诺夫哥罗德人驱逐了斯维亚托斯拉夫之后,弗谢沃洛德让姆斯季斯拉夫的儿子斯维亚托波尔克接替王公一职。伊贾斯拉夫则获得了佩列亚斯拉夫尔。除了加利奇王公弗洛迪梅科(Volodimerko of Galich)想要夺取沃利尼亚的弗拉基米尔,无人强烈反对弗谢沃洛德(关于弗洛迪梅科,见图 5.2)。他也曾安抚自己愤愤不平的兄弟们,让自己的堂兄弟斯维亚托沙·达维多维奇(Sviatosha Davidovich),即日后封圣的洞窟修道院修士代表自己进行调停。他还积极资助教会,在基辅修建了圣西里尔修道院(St. Cyril),在卡尼夫(Kanev)建造了圣乔治教堂(St. George)。

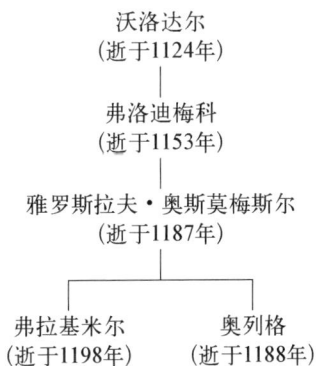

沃洛达尔
(逝于1124年)
|
弗洛迪梅科
(逝于1153年)
|
雅罗斯拉夫·奥斯莫梅斯尔
(逝于1187年)
|
弗拉基米尔　　　奥列格
(逝于1198年)　　(逝于1188年)

图 5.2　加利西亚王室

　　在 1146 年 8 月 1 日去世之前[③],弗谢沃洛德也效法莫诺马赫,试图让基辅成为奥列戈维奇家族的世袭领地,他指定弟弟伊戈尔担任自己的继任者。[④] 不过伊戈尔未能如愿进行统治。基辅人遵照对莫诺马赫的承诺,更青睐姆斯季

① *PSRL*,vol. II,cols. 302-303.
② Daniel H. Kaiser,*The Growth of the Law in Medieval Russia*(Princeton:Princeton University Press,1980),pp. 58-59.
③ *PSRL*,vol. II,cols. 320-321.
④ 关于弗谢沃洛德的统治,参见 Dimnik,*The Dynasty of Chernigov 1054-1146*,pp. 349-413。

斯拉夫的长子佩列亚斯拉夫尔王公伊贾斯拉夫。① 然而,基辅人对后者的支持使得莫诺马赫王室陷入动乱。伊贾斯拉夫及其兄弟再次对抗自己的叔叔们。

三、"长臂"尤里

尤里是一名野心勃勃的领导人。为了从罗斯托夫的波雅尔手中获得更彻底的独立,他把首都迁到规模更小的苏兹达尔(Suzdal'),此后领地随之改名苏兹达里(Suzdalia)。为了巩固统治,他积极开展城镇建设计划,不过尚不清楚哪些城市[如佩列亚斯拉夫尔-扎列斯基(Pereiaslavl'-Zalesskii)、德米特罗夫(Dmitrov)与尤里耶夫-波利斯基(Iur'ev Pol'skii)]由他创建,哪些城市[如莫斯科、加利奇、兹韦尼哥罗德(Zvenigorod)与科斯特罗马(Kostroma)]仅仅由他加固城防。他开创了用白色的卡马河石灰岩修筑教堂的传统,据称,五座为人称颂的教堂由他建造,当中包括佩列亚斯拉夫尔-扎列斯基的基督变容教堂,并在教堂内堆满了书籍。② 为了拓展苏兹达里的疆界,他开始对穆罗姆与梁赞的王公宣示统治地位。他与伏尔加-卡马河的保加尔人开战,争夺对通往里海的贸易通道的控制权。为了增进在波罗的贸易活动中的利益,他积极干预诺夫哥罗德。简而言之,尤里提升了苏兹达里的政治地位。在他声称掌管遥远的基辅之后,他还收获了"长臂"这个绰号。③

与此同时,在一位长支王公(弗谢沃洛德)去世以及另一位王公(伊戈尔)遭到基辅驱逐之后,奥列戈维奇家族的命运跌至谷底。他们的弟弟,即诺夫哥罗德-谢韦尔斯基的王公斯维亚托斯拉夫,要求伊贾斯拉夫·姆斯季斯拉维奇释放伊戈尔。统治切尔尼戈夫的达维多维奇家族乘机向伊贾斯拉夫做出承

① *PSRL*, vol. II, col. 327. 关于从弗谢沃洛德·奥列戈维奇去世到鞑靼入侵之间政治竞争的详细研究,参见 Martin Dimnik, *The Dynasty of Chernigov 1146-1246* (Cambridge: Cambridge University Press, 2003)。

② 关于教堂建筑与文化,参见 S. Franklin and J. Shepard, *The Emergence of Rus 750-1200* (London and New York: Longman, 1996), pp. 352-363。

③ 关于尤里,参见 A. M. Ianovskii, *Iurii Dolgorukii* (Moscow: Moskovskii rabochii, 1955); V. A. Kuchkin, *Formirovanie gosudarstvennoi territorii severo-vostochnoiRusi vX - XIVvv.* (Moscow: Nauka, 1984), pp. 3-92; and Iu. A. Limonov, *Vladimiro-Suzdal'skaia Rus': Ocherki sotsial'nopoliticheskoi istorii*, ed. B. A. Rybakov (Leningrad: Nauka, 1987), pp. 27-37。

诺,支持他在基辅的统治,作为回报,他则须帮助达维多维奇家族驱逐斯维亚托斯拉夫。斯维亚托斯拉夫于是进行报复,他没有像自己的兄弟弗谢沃洛德那般支持姆斯季斯拉维奇家族,而是要求尤里帮助自己夺回奥列戈维奇家族丧失的土地,然后才会助其夺回基辅。最后,双方走向战场。

尤里坚持"智者"雅罗斯拉夫所设计的宗族资历继承原则,以此挑战自己的侄子伊贾斯拉夫的统治。他要求伊贾斯拉夫让位,由莫诺马赫的儿子维亚切斯拉夫与尤里轮流统治基辅。不过伊贾斯拉夫声称莫诺马赫指定姆斯季斯拉维奇家族为继承者,因此自己有权统治基辅。由于基辅人的支持对于其未来的统治者而言至关重要,伊贾斯拉夫获得了基辅人的支持,因此再次大获全胜。

1147年,伊贾斯拉夫要求召开主教会议,任命罗斯人克利姆·斯莫利亚季奇[Klim (Kliment) Smoliatich]担任基辅都主教,遭到包括弟弟罗斯季斯拉夫(Rostislav)在内众人的竭力反对。一些人认为这一极具争议的任命是要从君士坦丁堡大牧首的支配下解放罗斯教会,不过也有人表示他会采取此种举动是由于君士坦丁堡的大牧首一职空缺,无法任命主教。[①] 同时,达维多维奇家族参与斯维亚托斯拉夫的密谋,计划杀害伊贾斯拉夫,释放伊戈尔。基辅人杀害伊戈尔以示报复。[②]

伊贾斯拉夫努力维持对基辅的统治,击退了尤里及其同盟的进攻,尤里的盟友包括奥列戈维奇家族,被称为加利奇"智慧超过八个人"(Osmomysl)的尤里的女婿雅罗斯拉夫·弗洛迪梅洛维奇(Iaroslav Volodimerovich),以及"古道热肠"的波洛伏齐人,尤里联合盟友两度驱逐伊贾斯拉夫。伊贾斯拉夫于1151年采取了史无前例的对策,最后终于安抚了尤里。他邀请叔叔维亚切斯拉夫,也就是尤里的哥哥担任联合统治者。[③] 1154年11月14日伊贾斯拉夫去世之后,他的弟弟斯摩棱斯克王公罗斯季斯拉夫接替他与维亚切斯拉夫共同统治。后者不久之后去世,罗斯季斯拉夫成为基辅唯一的统治者。[④]

① 关于克利姆任命的争议,参见 Dimitri Obolensky, "Byzantium, Kiev and Moscow: A Study in Ecclesiastical Relations", in his *Byzantium and the Slavs* (Crestwood, N. Y.: St Vladimir's Seminary Press, 1994), pp. 142-149; Simon Franklin (trans. and intro.), *Sermons and Rhetoric of Kievan Rus'* (Cambridge, Mass.: Harvard University Press, 1991), pp. XLV-LVIII.
② *PSRL*, vol. II, cols. 347-354.
③ *PSRL*, vol. II, cols. 417-418.
④ *PSRL*, vol. II, cols. 468-469; *Novgorodskaia pervaia letopis' starshego i mladshego izvodov*, ed. A. N. Nasonov (Moscow and Leningrad: AN SSSR, 1950), pp. 215-216.

1155年3月20日,尤里废黜罗斯季斯拉夫。[1] 他把姆斯季斯拉维奇家族的领地分给自己的儿子们,把安德烈派到维什哥罗德,把格列布派到佩列亚斯拉夫尔,把鲍里斯派到图罗夫,把瓦西里科(Vasil'ko)派到罗西河(Ros')地区(见图5.3)。他还把奥列戈维奇家族的领地返还给斯维亚托斯拉夫,伊贾斯拉夫曾将这里据为己有。此外,他还同意斯维亚托斯拉夫把伊戈尔的遗体运到切尔尼戈夫,伊戈尔在这里被封为圣徒。[2] 不过由于基辅人看不起他,尤里的统治十分短暂,1157年5月15日,他在宴席上遭人下毒致死。[3]

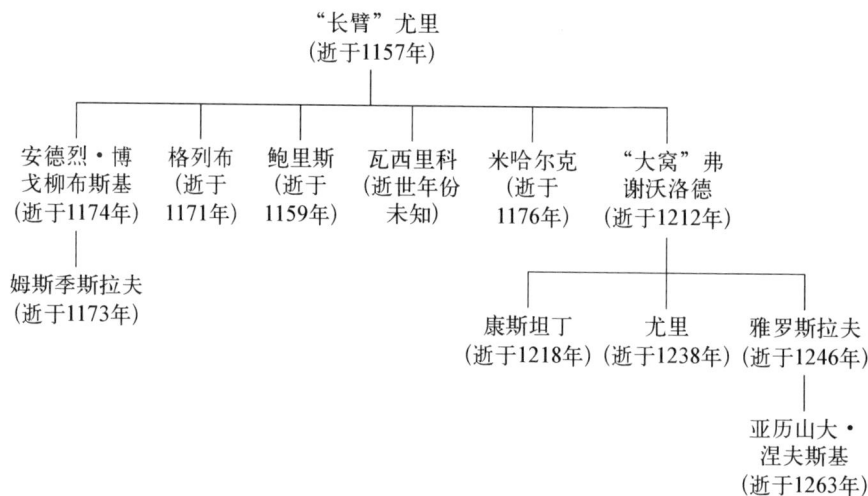

```
                          "长臂"尤里
                         (逝于1157年)
    ┌──────┬──────┬──────┬──────┬──────┬──────────┐
  安德烈·博   格列布   鲍里斯   瓦西里科   米哈尔克   "大窝"弗
  戈柳布斯基  (逝于    (逝于   (逝世年份   (逝于    谢沃洛德
  (逝于1174年) 1171年) 1159年)   未知)    1176年)  (逝于1212年)
    │                                        ┌──────┬──────┐
  姆斯季斯拉夫                              康斯坦丁   尤里    雅罗斯拉夫
  (逝于1173年)                           (逝于1218年)(逝于1238年)(逝于1246年)
                                                              │
                                                          亚历山大·
                                                          涅夫斯基
                                                         (逝于1263年)
```

图5.3 苏兹达里王室

基辅王公去世之后,盟友们失去了他分配的基辅土地,这些曾是失去继承权的家族的领地,基辅新的统治者以及这些土地的合法所有者纷纷夺回了城镇,图罗夫就是如此。弗拉基米尔·莫诺马赫占据了斯维亚托波尔克·伊贾斯拉维奇(逝于1113年)儿子们的领地,并且将其纳入基辅王公的疆域。不过在"长臂"尤里去世之后,斯维亚托波尔克的后人尤里·雅罗斯拉维奇(Iurii Iaroslavich)重新夺回这里。[4] 此后,政治上失势的图罗夫王公逐渐为沃林

---

[1] *Novgorodskaia pervaia letopis'*, pp. 29, 216.

[2] *PSRL*, vol. II, col. 408.

[3] *PSRL*, vol. II, col. 489.

[4] *PSRL*, vol. XXV, p. 63. 关于斯维亚托波尔克的家族,参见 Baumgarten, *Généalogies et mariages*, table II, 3。

(Volyn')、加利西亚与立陶宛所掌控。尽管如此,这里依然发展成一个繁荣的文化中心,图罗夫主教西里尔的著作就反映了这点。①

尤里去世之后,切尔尼戈夫王公也曾短期称霸。伊贾斯拉夫·达维多维奇夺得了基辅。② 虽然他的父亲大卫从未统治这里,但是他以家族中资历最高的王公以及切尔尼戈夫王公的身份证明自己的篡位是正当的。然而,他的统治十分短暂,1159年沃林王公姆斯季斯拉夫·伊贾斯拉维奇领导一支王公联盟将其废黜。两年之后,8月6日,他因试图夺回基辅而被杀害。③ 此后,达维多维奇家族式微,奥列戈维奇家族成为切尔尼戈夫唯一的统治王朝。1164年斯维亚托斯拉夫·奥列戈维奇去世之后,奥列戈维奇家族分成两支,一支是由弗谢沃洛德·奥列戈维奇的后裔组成的长支王公,另一支是由斯维亚托斯拉夫·奥列戈维奇的后代组成的幼支王公。

四、姆斯季斯拉维奇家族

正如人们所言,"智者"雅罗斯拉夫安排的基辅继承制度从一开始就注定会失败,在此过程中,却逐渐发展出一套由政治与系谱综合作用的继承制度。到12世纪中叶,这套继承制度依旧是由三个家族构成的:切尔尼戈夫的奥列戈维奇家族中的长支,莫诺马赫的长子姆斯季斯拉夫在沃林和斯摩棱斯克的后裔,以及苏兹达里的莫诺马赫儿子尤里的家族。④

1159年,伊贾斯拉夫·达维多维奇逃离基辅,沃林王公姆斯季斯拉夫·伊贾斯拉维奇及其盟友邀请他的叔叔,即斯摩棱斯克王公罗斯季斯拉夫·姆斯季斯拉维奇统治基辅。⑤ 此时他已使斯摩棱斯克脱离佩列亚斯拉夫尔而独立。斯摩棱斯克位于从诺夫哥罗德到君士坦丁堡的希腊商路上,从贸易往来中获利丰厚。罗斯季斯拉夫曾反对任命克利姆·斯莫利亚季奇为都主教,尽管此

---

① 关于图罗夫,参见 P. F. Lysenko, "Kiev i Turovskaia zemlia", in L. D. Pobol' et al. (eds.), *Kiev i zapadnye zemli Rusi v IX-XIII vv.* (Minsk: Nauka i Tekhnika, 1982), pp. 81-108;关于图罗夫的西里尔,参见 Franklin (trans. and intro.), *Sermons and Rhetoric*, pp. LXXV-XCIV。

② *PSRL*, vol. II, col. 490.

③ *PSRL*, vol. II, cols. 517-518.

④ 关于尤里的继承者,参见 Baumgarten, *Généalogies et mariages*, table VI。

⑤ *PSRL*, vol. II, col. 504.

次克利姆也提出了反对意见,但罗斯季斯拉夫仍在斯摩棱斯克建立了自治教区。他颁发了特许状(gramota),规定教区与主教的特权,这份文件还提供了商业、地理和社会方面的宝贵资料,其中斯摩棱斯克的阿夫拉米(Avramii)的《生平》(Zhitie)为我们描绘了当时的社会状况。[1]

罗斯季斯拉夫成功占领基辅得益于宗族系谱方面的两个原因:他的兄弟伊贾斯拉夫去世之后,他成为姆斯季斯拉维奇家族在世者中最年长的一位;加之他的叔叔尤里去世之后,他成为整个莫诺马赫王室最年长的王公。他因此成为两个阵营眼中基辅的合法继承者。莫诺马赫王室的所有王公纷纷承认他的资格,在他统治期间几乎没有发生内乱。然而,波洛伏齐人加强了攻势,他们大肆劫掠黑海与亚速海地区的水上和陆上商队。罗斯季斯拉夫组织反击这些游牧部落,但是未能遏制他们的侵扰。

罗斯季斯拉夫于 1167 年 3 月 14 日去世。[2] 此后,姆斯季斯拉维奇家族分成两个王朝:一支是伊贾斯拉夫的后代,沃林是他们的世袭领地,还有一支是罗斯季斯拉夫在斯摩棱斯克的后人[3](见图 5.4 及图 5.5)。罗斯季斯拉夫去世之后,他的侄子姆斯季斯拉夫·伊贾斯拉维奇,也就是沃利尼亚的弗拉基米尔王公,从自己的叔叔多罗戈布日(Dorogobuzh)王公,即弗拉基米尔·姆斯季斯拉维奇手中夺取了基辅的统治权。[4]

起初,姆斯季斯拉夫获得了姆斯

```
              伊贾斯拉夫
             (逝于1154年)
                  |
        ┌─────────┴─────────┐
    姆斯季斯拉夫          雅罗斯拉夫
    (逝于1172年)         (逝于1180年)
        |                    |
      罗曼               英格瓦尔
    (逝于1205年)         (逝于1212年)
        |
   ┌────┴────┐
  丹尼尔    瓦西里科
(逝于1264年)(逝于1269年)
```

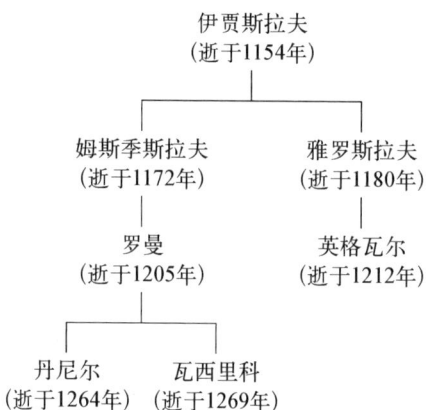

图 5.4 沃林王室

---

[1] 关于斯摩棱斯克,参见 L. V. Alekseev,*Smolenskaia zemlia v IX - XIII vv. Ocherki istorii Smolenshchiny i Vostochnoi Belorussii* (Moscow: Nauka, 1980)。关于罗斯季斯拉夫的特许状,参见 Ia. N. Shchapov,*Kniazheskie ustavy i tserkov' v drevnei Rusi XI - XIV vv.* (Moscow: Nauka,1972),pp. 136-150。关于阿夫拉米,参见 P. Hollingsworth (trans. and intro.),*The Hagiography of Kievan Rus'* (Cambridge, Mass.: Harvard University Press, 1992),pp. LXIX-LXXX。

[2] *PSRL*,vol. II, cols. 528-532.

[3] 关于罗斯季斯拉夫的继承者,参见 Baumgarten,*Généalogies et mariages*,table IX。

[4] *PSRL*,vol. II, col. 535. 关于弗拉基米尔和姆斯季斯拉夫,参见 Baumgarten,*Généalogies et mariages*,table V,30 and 36。

罗斯季斯拉夫
(逝于1167年)

罗曼
(逝于1180年)

大卫
(逝于1197年)

留里克
(逝于1208年)

姆斯季斯拉夫
(逝于1180年)

姆斯季斯拉夫
(逝于1223年)

弗拉基米尔
(逝于1239年)

"无畏的"姆斯季斯拉夫
(逝于1228年)

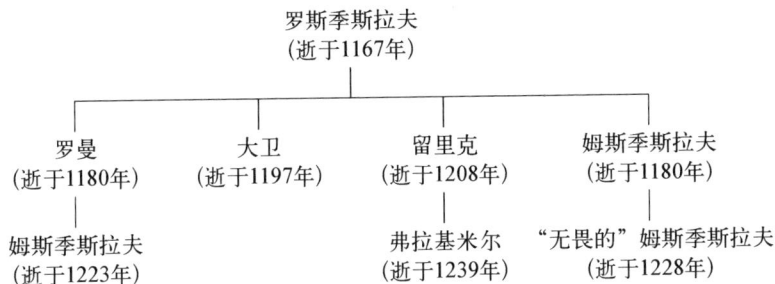

图 5.5 斯摩棱斯克王室

季斯拉维奇家族其他人的支持,他们希望借此操控姆斯季斯拉夫。然而在姆斯季斯拉夫拒绝给予他们所要求的城镇之后,他们发现姆斯季斯拉夫完全不受控制。姆斯季斯拉夫还与安德烈·博戈柳布斯基(Andrei Bogoliubskii)为敌,安德烈接替他的父亲"长臂"尤里担任苏兹达里王公。安德烈认为,姆斯季斯拉夫即位违反了基辅传统的继承顺序。此外,姆斯季斯拉夫派遣儿子罗曼(Roman)前往诺夫哥罗德,安德烈也试图在此扩展影响力。尽管姆斯季斯拉夫不受欢迎,但是他成功地联合了罗斯王公对抗波洛伏齐人。不过在战场上,姆斯季斯拉夫再次引发了他们的敌意。在没有告知其他工公的情况下,他允许自己的士兵洗劫游牧部落的营地。此后,王公们密谋推翻他。①

五、安德烈·博戈柳布斯基

1169 年,安德烈·博戈柳布斯基联合同盟把姆斯季斯拉夫逐出基辅。来自苏兹达里、斯摩棱斯克、沃林和切尔尼戈夫的王公加入了由安德烈的儿子姆斯季斯拉夫领导的军事行动。② 众多王公参加此次行动,并非因为他们承认安德烈有权优先继承基辅,而是因为他们极其憎恶姆斯季斯拉夫在战利品一事上对大家的欺骗。就安德烈进攻基辅的目标以及 3 月 8 日攻城的意义而言,历史学家们并无一致意见。一些人认为,由于基辅是这一地区的首都,他要使合法的莫诺马斯奇家族夺回基辅的宝座。然而其他人指出安德烈是要使其臣服

---

① *PSRL*,vol. II,cols. 538-543.

② *PSRL*,vol. II,cols. 543-544.

于弗拉基米尔,基辅的陷落标志着它的衰落。①

或许每种观点都有其正确之处。迫使篡位者姆斯季斯拉夫逃到沃林之后,作为苏兹达里王室的合法继承人,安德烈控制了基辅。出人意料的是,他的部队占领基辅之后大肆劫掠。② 他们显然未对姆斯季斯拉夫处以任何刑罚,而是把怒气出在了基辅人身上。一方面羡慕基辅城的繁荣,另一方面痛恨基辅人的傲慢,他们把首都洗劫一空。安德烈本人纵容了抢劫行为,他希望基辅就此衰败,以便自己兴建的首都弗拉基米尔与之抗衡。但是他的计划落空了,基辅并未因此衰落,而是逐渐复苏,并且走向繁盛。事实表明,具备统治其资格的家族一直都在觊觎基辅(其于1203年和1240年再次遭受洗劫),他们对基辅的垂涎也证实了基辅本身的欣欣向荣。

与此同时,诺夫哥罗德也是争夺的焦点之一。由于苏兹达里连通着从诺夫哥罗德到里海的波罗的贸易路线,安德烈意图从基辅王公手上夺取此城。他把姆斯季斯拉夫逐出基辅两年之后,最终通过对所有粮食实施禁运迫使诺夫哥罗德人就范。③

尽管历史学家在安德烈的目标与成就问题上有所分歧,但可以断言他捍卫了其父支持的基辅继承顺序。然而与尤里不同,他选择住在苏兹达里,父亲的命运对他产生了震慑。如果占领基辅,他将远离自己在苏兹达里的权力中心。正如"智者"雅罗斯拉夫所预见的那样,领地毗连基辅的王公更有机会成功统治基辅,他能从自己的领地迅速获得军事支持。安德烈意识到统治基辅的王公将会获得道德优势,因此不能让其落入敌人手中。他坚持宗族资历制度,让弟弟们担任基辅王公,他们有权坐上曾经属于自己父亲的宝座。首先,他派去了佩列亚斯拉夫尔王公格列布,但是基辅人将他毒死(无论实情如何,安德烈坚信如此)。格列布遇害使得安德烈更加确定基辅人就像厌恶尤里一样鄙视他的儿子们。接着,他任命米哈尔克(Mikhalko)为基辅王公,但他拒绝了这一可疑的荣誉,而是把基辅让给了弟弟弗谢沃洛德。④

---

① 围绕安德烈的同盟攻陷基辅之后,该城是否失去了其重要地位,历史学家有着不同的观点。相关争论参见 P. P. Tolochko, *Drevniaia Rus', Ocherki sotsial'nopoliticheskoi istorii* (Kiev: Naukova Dumka, 1987), pp. 138-142; Franklin and Shepard, *The Emergence of Rus*, pp. 323-324; Fennell, *Crisis*, p. 6.
② *PSRL*, vol. II, cols. 544-545.
③ *Novgorodskaia pervaia letopis'*, pp. 221-222.
④ *PSRL*, vol. II, cols. 569-570.

1170 年，姆斯季斯拉夫·伊贾斯拉维奇在沃林去世，斯摩棱斯克的罗斯季斯拉维奇家族发动战争争夺基辅。他们驱逐了弗谢沃洛德，由留里克·罗斯季斯拉维奇（Riurik Rostislavich）统治基辅。① 三年之后，安德烈与切尔尼戈夫王公斯维亚托斯拉夫·弗谢沃洛德维奇结成同盟，他决心为格列布之死进行报复，惩罚罗斯季斯拉维奇家族的抗命行为，因此驱逐了留里克。斯维亚托斯拉夫意欲占领基辅。安德烈承认斯维亚托斯拉夫与自己一样有权继承基辅，他还默认了自己维持基辅傀儡政权的失败。斯维亚托斯拉夫作为联盟的总指挥，把留里克赶出基辅。不过后来，已逝的姆斯季斯拉夫的弟弟，也就是卢茨克（Lutsk）王公雅罗斯拉夫·伊贾斯拉维奇（Iaroslav Iziaslavich）从沃林带来了增援部队，帮助留里克赶走了斯维亚托斯拉夫，并且重新占领基辅。②

安德烈在其领地的一大目标就是提升弗拉基米尔的政治、经济、文化与宗教地位，使其高于基辅。因此，他完成了父亲的建设工程，并且发起了新的项目。他在弗拉基米尔修建了圣母升天教堂，它那金色的大门就是根据基辅教堂进行仿造的。他的王宫位于博戈柳博沃（Bogoliubovo）附近的村庄（他因此被称为博戈柳布斯基），他还在涅尔利河（Nerl）边修建了圣母代祷教堂。他聘请的工匠来自各地，因此出现了罗马式、拜占庭式以及南高加索式等风格各异的教堂。为了营造弗拉基米尔的神圣感，他还把罗斯托夫主教列昂季（Leontii）的遗物奉为圣物，并把维什哥罗德的圣母像运到弗拉基米尔。为了把弗拉基米尔的宗教地位抬升至与基辅同等水平，他积极宣扬是由圣弗拉基米尔创建了弗拉基米尔城。虽是徒劳之举，但他还试图设立一个新的都主教区。

安德烈在周边关系上独断专行，他把领地扩张到伏尔加保加尔人所在地区，并把自己的意志强加到穆罗姆和梁赞王公的身上。在国内，他则削弱市政会议（维彻）的权威；他驱逐了三个兄弟、两个侄子以及父亲年长的波雅尔们；他还断然拒绝了罗斯托夫与苏兹达尔的权贵，并设立小城弗拉基米尔为首都，此后该地也被称为弗拉基米尔-苏兹达尔。他的专横政策引起了广泛的憎恶。1174 年 6 月 29 日，他任命斯摩棱斯克王公罗曼·罗斯季斯拉维奇担任基辅王公，在等待切尔尼戈夫王公斯维亚托斯拉夫·弗谢沃洛德维奇的同意时，他被波雅尔们刺杀。③

①　*PSRL*，vol. II，cols. 570-571.

②　*PSRL*，vol. II，cols. 572-578.

③　*PSRL*，vol. II，cols. 580-595. 关于安德烈的经历，参见 E. S. Hurwitz，*Prince Andrej Bogoljubskij: The Man and the Myth*，Studia historica et philologica 12，sectio slavica 4（Florence：Licosa Editrice，1980）；and Limonov，*Vladimiro-Suzdal'skaia Rus'*，pp. 38-98.

六、斯维亚托斯拉夫·弗谢沃洛德维奇

此后,斯维亚托斯拉夫成为弗拉基米尔-苏兹达尔的造王者。早前,在安德烈把自己的兄弟与侄子逐出苏兹达里后,斯维亚托斯拉夫在切尔尼戈夫为他们提供庇护。安德烈死后,他帮助这些流亡者争取自己的继承权。叔侄之间激烈对抗之后,弗谢沃洛德,也就是日后因子女众多而闻名的"大窝"(Bol'shoe Gnezdo),攻占了克利亚济马(Kliaz'ma)河畔的弗拉基米尔。[①] 他的成功在一定程度上得益于斯维亚托斯拉夫的支持,他统治了弗拉基米尔近四十年,成为这片土地上最有权势的王公。

安德烈去世之后,罗曼作为罗斯季斯拉维奇家族最年长的王公,接替雅罗斯拉夫·伊贾斯拉维奇担任基辅王公。[②] 1176 年,斯维亚托斯拉夫寻衅与波洛伏齐人一道攻打罗曼。为了使罗斯的基督徒们免遭屠戮,罗曼把基辅的控制权交给了斯维亚托斯拉夫。[③] 不久之后,诺夫哥罗德人邀请后者派自己的儿子来担任王公。

与此同时,为了巩固自己的女婿,即梁赞王公罗曼·格列波维奇(Roman Glebovich)的势力,使其在与"大窝"弗谢沃洛德的对抗中获胜,斯维亚托斯拉夫派儿子格列布带领军队前往梁赞。[④] 然而,弗谢沃洛德俘虏了这位年幼的王公。斯维亚托斯拉夫怒不可遏,为了报复莫诺马赫家族,他想在维什哥罗德王公大卫·罗斯季斯拉维奇狩猎时将其抓获。未能如愿之后,他放弃了基辅,大卫的兄弟留里克占领该城。斯维亚托斯拉夫也未能从弗谢沃洛德手里解救格列布。他因而前往儿子弗拉基米尔所在的诺夫哥罗德,担任那里的王公(见图5.6)。[⑤]

1181 年,他往南进攻留里克,他的弟弟切尔尼戈夫王公雅罗斯拉夫、堂弟伊戈尔·斯维亚托斯拉维奇以及波洛伏齐人随同作战。留里克提前撤出基

---

① *PSRL*,vol. I,cols. 379-382.

② *Novgorodskaia pervaia letopis'*,p. 223.

③ *PSRL*,vol. II,cols. 603-605.

④ 关于罗曼·格列波维奇,参见 N. de Baumgarten, *Généalogies des branches régnantes des Rurikides du XIIIe au XVIe siècle*(*Orientalia Christiana*)(Rome:Pont. Institutum Orientalium Studiorum,1934),vol. 35,no. 94,table XIV,11。

⑤ *PSRL*,vol. II,cols. 618-620.

辅,斯维亚托斯拉夫未遇任何抵抗便占领了基辅。与此同时,伊戈尔、空察汗
(Khan Konchak)及其军队从基辅到第聂伯河一路上尽情享乐,留里克的军队
大败这群寻欢作乐之徒。斯维亚托斯拉夫被迫接受留里克担任联合统治者。①

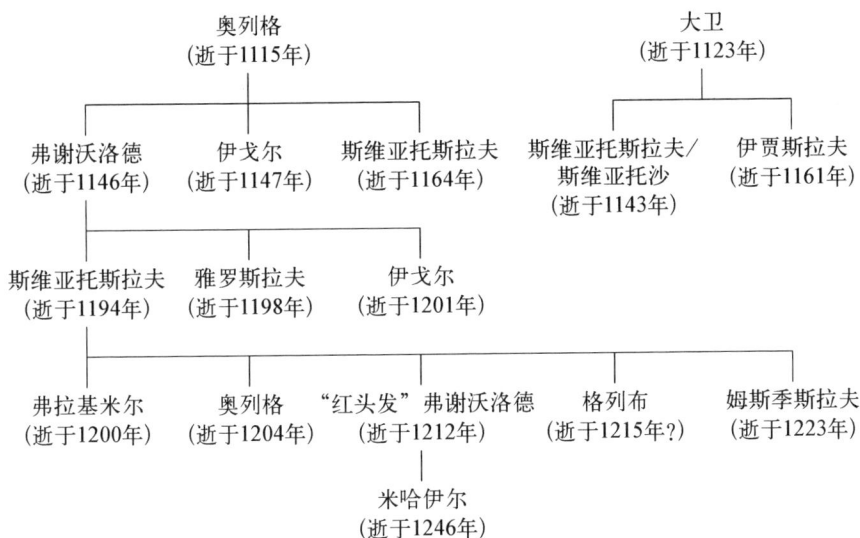

```
                 奥列格                                大卫
               (逝于1115年)                         (逝于1123年)
       ┌───────────┼────────────┐          ┌──────────────┴──────────┐
   弗谢沃洛德      伊戈尔       斯维亚托斯拉夫   斯维亚托斯拉夫/            伊贾斯拉夫
  (逝于1146年)  (逝于1147年)   (逝于1164年)   斯维亚托沙                (逝于1161年)
       │                                  (逝于1143年)
   ┌───┼───────────┐
斯维亚托斯拉夫   雅罗斯拉夫      伊戈尔
(逝于1194年)  (逝于1198年)   (逝于1201年)
   ┌────────────┬──────────────┬─────────────┬─────────────┐
弗拉基米尔      奥列格      "红头发"弗谢沃洛德    格列布        姆斯季斯拉夫
(逝于1200年) (逝于1204年)   (逝于1212年)    (逝于1215年?)   (逝于1223年)
                              │
                          米哈伊尔
                        (逝于1246年)
```

图5.6 切尔尼戈夫王室

　　基辅过去也曾出现过双头政治。此前,伊贾斯拉夫·姆斯季斯拉维奇与
叔叔维亚切斯拉夫·弗拉基米罗维奇曾共同执掌基辅,共享全部领地。不过,
斯维亚托斯拉夫与留里克之间的关系有所不同,前者地位更高并且担任总司
令,但仅统治基辅;留里克控制基辅周边地区,住在别尔哥罗德附近的村镇,他
的领地位于基辅西北的弗鲁奇(Vruchii)。留里克对基辅周边城镇的控制限制
了斯维亚托斯拉夫的权力。

　　1187 年 10 月 1 日,加利奇王公雅罗斯拉夫·奥斯莫梅斯尔(Iaroslav
Osmomysl)去世。② 他在位时与匈牙利人(他的母亲是匈牙利公主)、波兰人、
保加利亚人以及希腊人保持着政治联系。根据编年史记载,他加固了城防,推
动了农业与手工业的发展。下普鲁特河与多瑙河地区的商业日益繁荣,加利
西亚还为基辅供应食盐。尽管位高权重,但是由于雅罗斯拉夫的家族并不属

---

① PSRL,vol. II,cols. 621-624.

② PSRL,vol. II,cols. 656-657.

于核心集团,他未曾统治基辅。对加利西亚而言,不幸的是,雅罗斯拉夫在临终之时犯下了一个严重的政治错误——也许是在逐渐势大的波雅尔集团的坚持下,他指定情妇所生的小儿子奥列格为继承人,而非其正妻奥莉加("长臂"尤里的女儿)所生的长子弗拉基米尔。① 弗拉基米尔挑战奥列格的地位,并且积极争夺加利奇。② 1188 年,斯维亚托斯拉夫·弗谢沃洛德维奇趁其内讧,巩固自身对广大基辅地区的统治。匈牙利国王贝拉三世(Béla III)占领加利奇,斯维亚托斯拉夫与留里克奋起抵抗,斯维亚托斯拉夫提议把加利奇分给留里克,从而换取他在基辅的领土及其世袭领地弗鲁奇,留里克拒绝了这一提议。③

次年,弗拉基米尔逃离匈牙利。加利西亚人恢复他的地位之后,他请求弗拉基米尔-苏兹达尔王公"大窝"弗谢沃洛德支持他的统治。作为回报,他承诺会对叔叔俯首。弗谢沃洛德表示同意,并且要求所有王公,尤其是沃利尼亚的弗拉基米尔王公罗曼·姆斯季斯拉维奇、留里克以及斯维亚托斯拉夫不去挑战自己侄子的统治。在其军事力量的威慑下,他们默许了这一要求。④ 此外,做此承诺之际,莫诺马赫家族的所有王公均承认弗谢沃洛德为王朝的长支王公。斯维亚托斯拉夫虽然身为奥列戈维奇家族的成员,但也表示服从弗谢沃洛德的指示,不去进攻弗拉基米尔。然而作为基辅王公,此举使他颜面无存。⑤

身为总司令,斯维亚托斯拉夫的一项重要职责就是保卫罗斯,抵御波洛伏齐人的进攻。此前,尤里等一些王公曾把波洛伏齐人当作帮手,到 13 世纪初仍然如此。不过在罗斯季斯拉夫·姆斯季斯拉维奇在位 20 年后,罗斯王公与游牧部落极端对立。这群来自第聂伯河东岸与黑海北边的骑兵袭击了佩列亚斯拉夫尔以及基辅南边的罗西河地区,住在顿涅茨河盆地的游牧部落主要劫掠奥列戈维奇家族在扎德塞涅(Zadesen'e)与波塞梅(Posem'e)地区的领地。⑥

斯维亚托斯拉夫、留里克及其盟友多次追剿这些抢劫者。1184 年,他们在佩列亚斯拉夫尔地区南部的埃雷尔河(Erel')取得大捷,俘获了大批人马。⑦ 次年,

---

① 关于雅罗斯拉夫的家族,参见 Baumgarten, *Généalogies et mariages*, table III, 13。
② 关于加利西亚的历史,参见 V. T. Pashuto, *Ocherki po istorii Galitsko-Volynskoi Rusi* (Moscow: AN SSSR, 1950)。
③ *PSRL*, vol. II, cols. 662-663.
④ *PSRL*, vol. II, cols. 666-667.
⑤ Dimnik, *The Dynasty of Chernigov 1146-1246*, pp. 193-195.
⑥ S. A. Pletneva, *Polovtsy* (Moscow: Nauka, 1990), p. 146; see also Janet Martin, *Medieval Russia 980-1584* (Cambridge: Cambridge University Press, 1995), pp. 129-132.
⑦ *PSRL*, vol. II, cols. 630-633.

斯维亚托斯拉夫的堂弟,即诺夫哥罗德-谢韦尔斯基的王公伊戈尔·斯维亚托斯拉维奇在顿涅茨河盆地惨遭溃败(编年史对此次战役的插画见插图7)。[1] 这次战事被写入了著名罗斯史诗《伊戈尔远征记》(Slovo o polku Igoreve)。[2] 尽管英勇无畏,斯维亚托斯拉夫未能打败敌人,也未能通过谈判达成持久和平。

斯维亚托斯拉夫在其权力的巅峰时期是罗斯政治的主导者。他不仅获得了所有王公的效忠,还与匈牙利人、波兰人和君士坦丁堡皇室保持着外交关系和商贸往来。[3] 此外,他也热衷于建设。他在基辅修建了新王宫与圣瓦西里教堂,还修缮了破损的圣索菲亚大教堂。在切尔尼戈夫,他建起了第二座王宫、圣米迦勒教堂与圣母领报教堂。弗拉基米尔-苏兹达尔王公"大窝"弗谢沃洛德、斯摩棱斯克王公大卫·罗斯季斯拉维奇以及加利奇王公雅罗斯拉夫·奥斯莫梅斯尔三人都把圣母领报教堂作为已有教堂的扩张和修建新教堂的样板。[4] 在其统治下,切尔尼戈夫的面积虽未超过,但也已接近基辅。[5] 斯维亚托斯拉夫在1194年7月的最后一周去世,根据协议,留里克接替了他。[6]

七、留里克·罗斯季斯拉维奇

1195年,留里克邀请斯摩棱斯克王公大卫协助其把基辅城镇分给他们的亲人,他借此对自己的哥哥表示了尊重。尽管担任基辅王公,但留里克依然身处大卫之下,大卫是罗斯季斯拉维奇家族的长支王公。然而令留里克后悔不

---

[1] *PSRL*, vol. II, cols. 637 - 644; see also Martin Dimnik, "Igor's Defeat at the Kayala: The Chronicle Evidence", *Mediaeval Studies*, 63 (2001): 245-282.

[2] John Fennell and Dimitri Obolensky (eds.), "The Lay of Igor's Campaign", in *A Historical Russian Reader: A Selection of Texts from the XIth to the XVth Centuries* (Oxford: Clarendon Press, 1969), pp. 63-72.

[3] *PSRL*, vol. II, col. 680.

[4] B. A. Rybakov, "Drevnosti Chernigova", in N. N. Voronin (ed.), *Materialy i issledovaniiapo arkheologii drevnerusskikh gorodov*, vol. I (= *Materialy i issledovaniia po arkheologii SSSR*, no. 11, 1949), pp. 90-93.

[5] 据专家估计,在其统治巅峰的12世纪后期至13世纪初,切尔尼戈夫占地400公顷~450公顷,是罗斯面积最大的城镇之一。基辅的面积是360公顷~380公顷。参见 Volodymyr I. Mezentsev, "The Territorial and Demographic Development of Medieval Kiev and Other Major Cities of Rus': A Comparative Analysis Based on Recent Archaeological Research", *RR*, 48 (1989): 161-169。

[6] *PSRL*, vol. II, col. 680. 关于斯维亚托斯拉夫,参见 Dimnik, *The Dynasty of Chernigov 1146-1246*, pp. 135-212.

迭的是,他在分配领地时疏忽了"大窝"弗谢沃洛德,罗斯季斯拉维奇家族也尊其为长支王公。受到弗谢沃洛德的威胁之后,留里克把分给自己的女婿,即沃林王公罗曼·姆斯季斯拉维奇的土地划给了弗谢沃洛德。罗曼·姆斯季斯拉维奇对此怒不可遏,便与切尔尼戈夫王公雅罗斯拉夫·弗谢沃洛德维奇达成协议。

留里克担心雅罗斯拉夫罢免自己,恳请弗谢沃洛德让雅罗斯拉夫承诺不会占领基辅。而且,他还要求奥列戈维奇家族宣布放弃后人的继承权。雅罗斯拉夫宣布这一要求荒谬绝伦,拒绝放弃奥列戈维奇家族后人继承基辅的权利。他与留里克就此开战,直到弗谢沃洛德与大卫进攻切尔尼戈夫,战事方才结束。1197 年,弗谢沃洛德、大卫以及雅罗斯拉夫达成协议。后者承诺不会从留里克手上攫取基辅,但是拒绝放弃后裔继承基辅的权利。协商之际,三位王公同时确认了诺夫哥罗德人的权利,即有权从任一王朝中挑选自己的王公。此外,他们允许梁赞王公设立一个独立于切尔尼戈夫的自治教区。留里克没有参与商议,他让雅罗斯拉夫与罗曼中止协议的要求遭到了忽视。弗谢沃洛德的目标是确保罗斯季斯拉维奇家族依赖自己的军事协助。1198 年雅罗斯拉夫·弗谢沃洛德维奇去世之后[1],留里克与其继承人奥列格·斯维亚托斯拉维奇结成联盟。

第二年,罗曼在波兰的帮助下夺取加利奇,他因而成为罗斯最有权势的王公之一。1202 年,他大展拳脚,先是大败波洛伏齐人,后又把自己的岳父留里克赶出基辅,让自己的堂弟卢茨克王公英格瓦尔·雅罗斯拉维奇(Ingvar' Iaroslavichi)担任基辅王公,英格瓦尔的父亲曾经统治基辅。[2] 尽管罗曼属于姆斯季斯拉夫家族,但是他们一支的资历低于留里克与"大窝"弗谢沃洛德,因此没有资格继承基辅。然而,"大窝"弗谢沃洛德吸取父亲尤里以及哥哥安德烈的教训,没有占领基辅。由此,斯摩棱斯克的罗斯季斯拉维奇家族成为莫诺马赫家族的唯一继承人。尽管如此,弗谢沃洛德、罗曼及其子孙们仍时刻盯着基辅王公之位,并且常常操纵王公人选。

1203 年,留里克、切尔尼戈夫王公奥列格以及波洛伏齐人进攻基辅以示报复。尽管后来他曾几次占领基辅,但其对基辅的洗劫产生了深远的影响。编

---

① *PSRL*, vol. II, cols. 707 - 708;关于雅罗斯拉夫的经历,参见 Dimnik, *The Dynasty of Chernigov 1146-1246*, pp. 214-232。

② *PSRL*, vol. I, cols. 417-418.

年史称这是自罗斯皈依基督教以来，基辅所经历的最为惨烈的破坏。[1] 也就是说，有别于许多历史学家的观点，这次浩劫较之安德烈·博戈柳布斯基联盟的破坏更为严重。次年，罗曼再次占据上风，迫使留里克遁入修道院。[2] 1205年，罗曼在与波兰人的作战中遇难，留里克重新担任基辅王公。[3]

罗曼与波兰(他的母亲是波兰人)和拜占庭保持着密切的联系。他与首任妻子、留里克的女儿普莱德斯拉娃(Predslava)断绝关系，转而迎娶安娜，她可能是皇帝伊萨克二世·安格鲁斯(Isaac II Angelus)的女儿。[4] 他还对加利奇采取进攻性政策，他是首个废黜雅罗斯拉夫·奥斯莫梅斯尔儿子的王公。他自己的儿子丹尼尔与瓦西里科从而有权继承加利奇，因为他们能够坐上自己父亲的宝座。[5] 他在波雅尔的帮助下占领加利奇，这些波雅尔们在他去世之后大多投靠他的儿子们。然而罗曼的儿子们尚且年幼，罗曼的过早去世导致罗斯西南部出现了政治真空，他的儿子们受到了沃林、斯摩棱斯克和切尔尼戈夫的王公以及匈牙利人的挑战。

八、"大窝"弗谢沃洛德与"红头发"弗谢沃洛德

罗曼去世之际，"大窝"弗谢沃洛德正值权力巅峰。他避免卷入南方的事务，而是把全部精力用于巩固自己在东北部的统治。他决心征服梁赞王公，如果他们加入自己在切尔尼戈夫的亲人，这将会对"大窝"弗谢沃洛德的权威造成严重威胁。为了加强对里海贸易的控制，他对伏尔加河-卡马河的保加尔人以及莫尔多瓦人(Mordva)部落开战，摧毁了波洛伏齐人(Polovtsian)在顿河沿岸的营地，巩固了在伏尔加河中游以及北德维纳河地区的边防。尽管他夺取了伏尔加河上游的诺夫哥罗德人土地，却未能占领诺夫哥罗德，"无畏的"(Udaloi)姆斯季斯拉夫·姆斯季斯拉维奇作为罗斯季斯拉维奇家族的成员，曾经占领这里。与安德烈一样，"大窝"弗谢沃洛德在自己的领地加强集权，他一

[1] *PSRL*, vol. I, col. 418.
[2] *PSRL*, vol. XXV, p. 101.
[3] *PSRL*, vol. I, cols. 425-426.
[4] Fennell, *Crisis*, p. 24.
[5] 关于罗曼的家族，参见 Baumgarten, *Généealogies et mariages*, table XI.

方面压制地方的反对势力,另一方面巩固城镇的边防。他还大力修建教堂,其中最引人瞩目的就是弗拉基米尔的圣德米特里教堂(St. Dmitrii),它以浮雕闻名于世。同时,与他的父亲尤里与哥哥安德烈的统治时期相类似,还出现了卷帙浩繁的编年史,表明他在位时文学十分繁荣。①

1204 年,即罗曼去世前一年,切尔尼戈夫王公奥列格·斯维亚托斯拉维奇去世,他的弟弟"红头发"(Chermnyi)弗谢沃洛德继位。有别于在他之前的切尔尼戈夫长支王公,"红头发"弗谢沃洛德试图夺取加利奇,但是一个幼支家族挫败了他的计划。伊戈尔·斯维亚托斯拉维奇的儿子们(伊戈列维奇家族)的母亲是雅罗斯拉夫·奥斯莫梅斯尔的女儿,他们接受了加利奇人让其担任王公的邀请。弗谢沃洛德虽然未能让自己的家族占领基辅,但对亲人统治这里十分满意,他把留里克逐出了基辅。后来他还驱逐了佩列亚斯拉夫尔王公雅罗斯拉夫,即"大窝"弗谢沃洛德的儿子。② 虽然为期很短,但是奥列戈维奇家族成员首次控制了切尔尼戈夫、基辅、加利奇以及佩列亚斯拉夫尔。

佩列亚斯拉夫尔曾是弗拉基米尔·莫诺马赫的世袭领地。如上所述,他的子孙(姆斯季斯拉维奇家族)争夺该城,并且把其作为进入罗斯首都的跳板。"长臂"尤里占领基辅之后,他的后人获得了佩列亚斯拉夫尔。在 12 世纪最后25 年里,佩列亚斯拉夫尔及其附近村镇频繁遭受波洛伏齐人的侵袭。它自此不可避免地衰落下去,到 13 世纪初,这里已经数年没有王公。弗谢沃洛德对佩列亚斯拉夫尔表现出强烈的兴趣,他派自己尚未成年的儿子雅罗斯拉夫治理此地。③

"红头发"弗谢沃洛德并未将在基辅最初取得的成功延续下去,留里克将其赶出基辅。此后,基辅在两人之间多次易手。同时,"红头发"弗谢沃洛德把雅罗斯拉夫逐出佩列亚斯拉夫尔,由此惹怒了他的父亲"大窝"弗谢沃洛德。"大窝"弗谢沃洛德于是向切尔尼戈夫进军,行军途中,梁赞王公加入他的队

---

① 关于弗谢沃洛德,参见 Fennell, *Crisis*; Limonov, *Vladimiro-Suzdal'skaia Rus'*; D. Wörn, "Studien zur Herrschaftsideologie des Grossfürsten Vsevolod III ' Bol'shoe gnezdo ' von Vladimir", *JGO*, 27 (1979):1 - 40;关于编年史书写,参见 Iu. A. Limonov, *Letopisanie Vladimiro-Suzdal'skoi Rusi* (Leningrad:Nauka, 1967)。

② *PSRL*, vol. I, cols. 426-428.

③ 关于佩列亚斯拉夫尔,参见 V. G. Liaskoronskii, *Istoriia Pereiaslavskoi zemli s drevneishikh vremen do poloviny XIII stoletiia* (Kiev, 1897); M. P. Kuchera, " Pereiaslavskoe kniazhestvo", in L. G. Beskrovnyi (ed.), *Drevnerusskie kniazhestva X - XIII vv.* (Moscow:Nauka, 1975), pp. 118-143。

伍。获悉他们与"红头发"弗谢沃洛德达成协议,弗谢沃洛德自觉遭到背叛,因此进攻梁赞。他把俘获的王公、他们的妻子以及波雅尔们带至弗拉基米尔,这些人在其去世之后依然待在那里。1208 年留里克去世,"红头发"弗谢沃洛德未遇任何挑战便攻下了基辅。[①] 两年之后,他与"大窝"弗谢沃洛德达成协议,两人其后结下姻亲。[②] 他们的联盟组成了罗斯土地上最强大的力量。

"红头发"弗谢沃洛德在加利西亚的亲戚则没那么幸运。1211 年,波雅尔们发动叛乱,绞死了伊戈列维奇家族的三位成员。[③] 弗谢沃洛德指责罗斯季斯拉维奇家族与叛变的波雅尔们沆瀣一气,把他们赶出了其在基辅的领地,他因而成功占据了父亲斯维亚托斯拉夫未能从留里克手中夺取的土地。不过,遭到驱逐的年幼王公们转而向斯摩棱斯克王公姆斯季斯拉夫·罗曼诺维奇以及诺夫哥罗德王公"无畏的"姆斯季斯拉夫·姆斯季斯拉维奇求助。与此同时,1212 年 4 月 13 日,"大窝"弗谢沃洛德去世,"红头发"弗谢沃洛德失去了强大的同盟。[④] 值此权力平衡倾斜之际,罗斯季斯拉维奇家族进攻基辅,赶走弗谢沃洛德。他们一直将其赶到切尔尼戈夫,弗谢沃洛德在此阵亡。[⑤]

九、迦勒迦河溃败

姆斯季斯拉夫·罗曼诺维奇接替弗谢沃洛德统治基辅,在其治下这里获得了一段时间的和平,然而东北部地区陷入动乱。"大窝"弗谢沃洛德在去世之前削弱了弗拉基米尔-苏兹达尔长支王公的权力,将其领地划分给他的儿子们。他让自己的次子尤里而非长子康斯坦丁担任继承人,导致事态进

---

① 关于留里克去世日期的不同说法,参见 Martin Dimnik, "The Place of Ryurik Rostislavich's Death: Kiev or Chernigov?", *Mediaeval Studies*, 44 (1982): 371-393; John Fennell, "The Last Years of Riurik Rostislavic", in D. C. Waugh (ed.), *Essays in Honor of A. A. Zimin* (Columbus, Oh.: Slavica, 1985), pp. 159-166; O. P. Tolochko, "Shche raz pro mistse smerti Riuryka Rostyslavycha", in V. P. Kovalenko et al. (eds.), *Sviatyi kniaz' Mykhailo chernihivs'kyi ta ioho doba* (Chernihiv: Siverians'ka Dumka, 1996), pp. 75-76。

② *PSRL*, vol. I, col. 435.

③ *PSRL*, vol. II, cols. 723-727. 关于三位王子身份的争议,参见 Dimnik, *The Dynasty of Chernigov 1146-1246*, pp. 272-275。

④ *PSRL*, vol. I, cols. 436-437.

⑤ *PSRL*, vol. XXV, p. 109. 关于"红头发"弗谢沃洛德的统治,参见 Dimnik, *The Dynasty of Chernigov 1146-1246*, pp. 249-287。

一步恶化。① 后者由此与其为敌。与此同时,"无畏的"姆斯季斯拉夫统治诺夫哥罗德,但是佩列亚斯拉夫尔-扎列斯基王公雅罗斯拉夫决定驱逐他。康斯坦丁加入姆斯季斯拉夫一方,而尤里支持弟弟雅罗斯拉夫。双方于 1216 年 4 月 21 日在利比扎河(River Lipitsa)附近交战,姆斯季斯拉夫与康斯坦丁获胜。② 因此,姆斯季斯拉夫保住了诺夫哥罗德,康斯坦丁接替尤里成为长支王公。

两年之后,"无畏的"姆斯季斯拉夫放弃了诺夫哥罗德。不久之后,该地落入尤里手中,他在 1218 年康斯坦丁去世之后成为长支王公。由此,弗拉基米尔-苏兹达尔王公最终获得了诺夫哥罗德,这并非因为他要比"无畏的"姆斯季斯拉夫强大,而是因为他在谋求西南部地区的牧场。③ 在堂弟斯摩棱斯克王公弗拉基米尔·留里科维奇与奥列戈维奇家族的陪同下,他从匈牙利人手中夺回了加利奇。④ 此后,罗斯季斯拉维奇家族控制了斯摩棱斯克、基辅与加利奇,成为最有权势的王朝。

1223 年,鞑靼人(蒙古人)消灭了波洛伏齐人的军事力量。获知此事之后,姆斯季斯拉夫·罗曼诺维奇召集罗斯王公前往基辅,他们同意共同应对国外的新敌人。他们的军事力量由来自基辅、斯摩棱斯克、切尔尼戈夫、加利西亚、沃林以及图罗夫的部队构成,弗拉基米尔-苏兹达尔、梁赞、波洛茨克以及诺夫哥罗德没有派兵参加。军队动身之后,"无畏的"姆斯季斯拉夫与其堂兄弟基辅王公姆斯季斯拉夫发生争端。两人的分歧在一定程度上导致了他们的军队于 5 月 31 日在迦勒迦河(River Kalka)遭到全歼。⑤

"无畏的"姆斯季斯拉夫活着逃走,然而基辅王公姆斯季斯拉夫·罗曼诺维奇与切尔尼戈夫王公姆斯季斯拉夫·斯维亚托斯拉维奇阵亡,他们的遇难使得设立新任长支王公十分必要。留里克的儿子弗拉基米尔占领基辅;"红头发"弗谢沃洛德的儿子米哈伊尔占领切尔尼戈夫。⑥ 权力得以依据横向继承制度平稳过渡。鉴于奥列戈维奇家族遭受了重大人员伤亡,米哈伊尔并未试图夺取基辅。

① PSRL,vol. XXV, p. 108. 关于弗谢沃洛德的继承者,参见 Baumgarten, *Généalogies et mariages*, table X。
② PSRL,vol. XXV, pp. 111-114; Fennell, *Crisis*, pp. 48-49.
③ 关于诺夫哥罗德的争议,参见 Fennell, *Crisis*, pp. 51-58; V. L. Ianin, *Novgorodskie posadniki* (Moscow:MGU, 1962)。
④ *Novgorodskaia pervaia letopis'*, pp. 59, 260-261.
⑤ PSRL,vol. II, cols. 740-745. 关于运动的讨论,参见 Fennell, *Crisis*, pp. 63-68。
⑥ 关于米哈伊尔的生平,参见 Martin Dimnik, *Mikhail*, *Prince of Chernigov and Grand Prince of Kiev*, *1224-1246* (Toronto:Pontifical Institute of Mediaeval Studies, 1981)。

在其他地方,王公们遗忘甚至忽视了鞑靼人的威胁,重新开始相互对抗:"无畏的"姆斯季斯拉夫、沃林王公丹尼尔·罗曼诺维奇以及匈牙利人争夺加利西亚,而诺夫哥罗德市民努力从弗拉基米尔-苏兹达尔王公手上争取更大的特权。

十、米哈伊尔·弗谢沃洛德维奇

1224 年,米哈伊尔拜访在东北部的妹夫尤里,后者请他担任其与诺夫哥罗德的调停者。尤里与诺夫哥罗德市民未就统治条款达成一致,他的兄弟雅罗斯拉夫曾对诺夫哥罗德人课以重税,并且任命自己的官员管理他们。作为尤里的代理人,米哈伊尔废除了雅罗斯拉夫实施的诸项苛政,但是此举激怒了后者。尽管如此,米哈伊尔谈成了优惠的贸易协议,使得切尔尼戈夫获利丰厚。在 13 世纪 30 年代初,雅罗斯拉夫劫掠他的世袭领地之后,米哈伊尔卷入了南方地区的事务,他便终止了与诺夫哥罗德的联系。

此后,雅罗斯拉夫通过自己的儿子,也就是日后被称为涅夫斯基(Nevskii)的亚历山大(Aleksandr),在诺夫哥罗德展示权威。米哈伊尔撤出北方的商业中心,这使得尤里恢复了自己的兄弟与侄子间的联合。然而由于"大窝"弗谢沃洛德将其土地分给所有儿子,弗拉基米尔-苏兹达尔的碎片化进一步加速。世袭领地在新的儿子之间进一步分割。

在 13 世纪 20 年代末,米哈伊尔的姐夫丹尼尔向沃林与加利西亚扩张。他成功占据了这些地区,迫使基辅王公弗拉基米尔·留里科维奇与米哈伊尔联合抵抗。1228 年,他们未能在卡缅涅茨(Kamenets)将其打败,丹尼尔继续肆意扩张。[1] 同时,由于迦勒迦河的溃败、"无畏的"姆斯季斯拉夫的去世、继承危机导致的王朝分裂、斯摩棱斯克的饥荒以及立陶宛人的进犯,罗斯季斯拉维奇家族不断衰微。尽管出现这些挫折,斯摩棱斯克的贸易却仍旧十分兴旺。1229 年,斯摩棱斯克王公与里加的日耳曼人达成一项贸易协议,划定斯摩棱斯克郊区的一片土地为商人聚居区。[2] 然而两年之后,鉴于王朝的持续衰落,弗拉基米尔召集罗斯王公前往基辅,要求他们宣誓效忠。

---

[1] *PSRL*, vol. II, cols. 753-754.
[2] 关于斯摩棱斯克贸易协议,参见 R. I. Avanesov (ed.), *Smolenskie gramoty XIII-XIV vekov* (Moscow: AN SSSR, 1963), pp. 18-62。

不久之后，米哈伊尔围攻弗拉基米尔，弗拉基米尔被迫加入占领加利奇的丹尼尔一方。1235 年，他们进攻切尔尼戈夫，米哈伊尔与波洛伏齐人一道将其打败。他把弗拉基米尔逐出基辅，但是后来又让罗斯季斯拉维奇家族成员担任自己的代理。他以此仿效安德烈·博戈柳布斯基，后者曾在 1171 年任命罗曼·罗斯季斯拉维奇，即罗斯季斯拉维奇家族当时的长支王公担任基辅的傀儡。后来，米哈伊尔从丹尼尔手中夺回加利奇。米哈伊尔亲自占领加利奇，而非像他的父亲"红头发"弗谢沃洛德那样，让伊戈列维奇家族统治这里。①

他积极谋求控制加利奇与基辅，并且更倾向于占领加利奇，主要原因在于贸易。商人们从下洛林（Lower Lotharingia）、莱茵河地区、威斯特伐利亚（Westphalia）以及下萨克森（Lower Saxony）经加利奇与基辅向切尔尼戈夫运来了奢侈品。② 十年之后，方济各会修士柏朗嘉宾（John de Plano Carpini）写道，基辅汇聚着来自布拉迪斯发（Bratislava）、君士坦丁堡、热那亚（Genoa）、威尼斯、比萨、阿克里（Acre）、奥地利以及波兰的商人们。③ 丹尼尔控制加利奇后，便能阻断从此地到切尔尼戈夫的商品流动。此外，与弗拉基米尔结成同盟之后，丹尼尔还可能会说服他遏制从基辅到切尔尼戈夫的商品流动。米哈伊尔为了确保外国商品运往切尔尼戈夫，需要取代丹尼尔在加利奇的地位，或是让弗拉基米尔成为自己在基辅的代理。

在当地波雅尔们、主教、匈牙利人以及波兰人的支持下，米哈伊尔控制了加利奇，他的统治一直持续到 1237 年左右。当时，正值米哈伊尔的儿子罗斯季斯拉夫抗击立陶宛人之际，加利奇市民邀请丹尼尔接替他担任王公。④ 此前一年，由于尤里与丹尼尔两人联合，米哈伊尔已经回到基辅。因为担心米哈伊尔过于强大，他们想要驱逐弗拉基米尔，从而使米哈伊尔失去基辅。斯摩棱斯克爆发继承战争之后，罗斯季斯拉维奇家族实际上成为弗拉基米尔-苏兹达尔的臣属，这一任务因此变得容易。尤里的弟弟雅罗斯拉夫让儿子亚历山大掌

---

① 　*PSRL*，vol. II，cols. 773-774；*Novgorodskaia pervaia letopis'*，pp. 74，284-285.
② 　V. P. Darkevich and I. I. Edomakha，"Pamiatnik zapadnoevropeiskoi torevtiki XII veka"，*Sovetskaia arkheologiia*，3（1964）：247-255；V. P. Darkevich，"K istorii torgovykh sviazei Drevnei Rusi"，*Kratkie soobshcheniia o dokladakh i polevykh issledovaniiakh Instituta arkheologii*，138(1974)：93-103.
③ 　G. Vernadsky，*The Mongols and Russia*（New Haven：Yale University Press，1953），pp. 62-64；C. Dawson（ed.），*The Mongol Mission: Narratives and Letters of the Franciscan Missionaries in Mongolia and China in the Thirteenth and Fourteenth Centuries*（New York：Sheed and Ward，1955），pp. 70-71；Dimnik，*Mikhail*，pp. 76-77.
④ 　*PSRL*，vol. II，cols. 777-778.

管诺夫哥罗德,自己占领了基辅。然而基辅市民拒绝支持他,他又回到了弗拉基米尔-苏兹达尔。① 为了加强对基辅的控制,米哈伊尔亲自占领这里。

　　鞑靼人的入侵分为两个阶段。第一阶段,1237 年 12 月,他们迅速占领了梁赞,次年春天他们攻下了弗拉基米尔-苏兹达尔,不过诺夫哥罗德与斯摩棱斯克幸免于难。第二阶段,1239 年,他们将佩列亚斯拉夫尔与切尔尼戈夫夷为平地;1240 年 12 月 6 日,他们占领了基辅,摧毁了加利西亚与沃林。②

　　金帐汗国拔都可汗定都萨莱(Sarai)之后,他要求每位王公前来朝拜并领取统治领地的封册③(iarlyk)。1243 年,弗拉基米尔-苏兹达尔王公雅罗斯拉夫接替被鞑靼可汗杀害的尤里成为长支王公,他是首位对拔都可汗卑躬屈膝的王公。作为回报,可汗任命他为罗斯长支王公,让他取代米哈伊尔担任基辅王公。④ 1245 年,丹尼尔获得了沃林与加利西亚的封册。⑤ 次年,米哈伊尔前往萨莱,但是由于他拒绝拜神,拔都可汗将其赐死。⑥ 在其后所谓的蒙古统治时期,权力中心从基辅转向了莫斯科公国,“大窝”弗谢沃洛德的后人统治这里,他们通过成为鞑靼人的封臣从而取得罗斯的支配地位。

十一、结语

　　总之,1125—1246 年间产生了新的公国(斯摩棱斯克、苏兹达里、穆罗姆与梁赞)与新的教区(斯摩棱斯克与梁赞)。多个公国的政治地位不断上升(切尔尼戈夫、斯摩棱斯克、沃林与苏兹达里),其他一些公国则在衰落(图罗夫、加利奇、波洛茨克、佩列亚斯拉夫尔、穆罗姆与梁赞)(地图 5.1 展示了 1246 年左右的罗斯诸公国)。与匈牙利、波兰以及希腊相邻的公国同这些地区建立了政治的、私人的和文化上的联系。此外,王朝还与法国、波希米亚、匈牙利、波兰人、日尔曼人、波罗的地区、近东以及拜占庭进行商贸往来。而他们与卡马河地区

---

① *Novgorodskaia pervaia letopis'*, pp. 74, 285.
② 关于鞑靼入侵,参见 Fennell, *Crisis*, pp. 76-90。
③ 俄语中 ярлык 一词借自突厥语,意为“君主的法令、信件”,其蒙古语源词含有“公告、通知”之意,本卷借鉴《俄国通史简编》(孙成木、刘祖熙、李建主编)译法。——译者注
④ *PSRL*, vol. I, col. 470.
⑤ *PSRL*, vol. II, cols. 805-808; Pashuto, *Ocherki*, pp. 220-234.
⑥ *Novgorodskaia pervaia letopis'*, pp. 298-303; Dimnik, *Mikhail*, pp. 130-135.

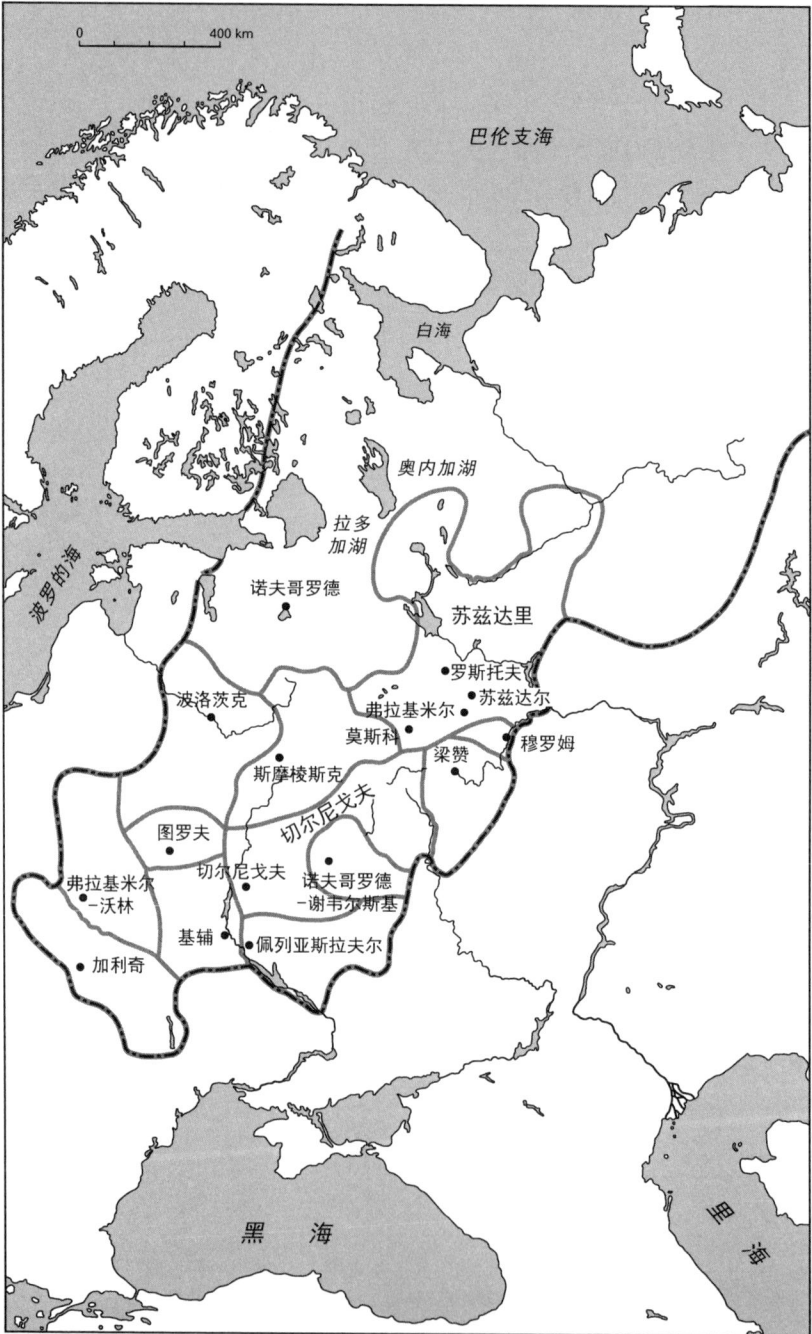

巴伦支海

白海

奥内加湖

拉多加湖

波罗的海

诺夫哥罗德

苏兹达里

罗斯托夫

波洛茨克

弗拉基米尔

苏兹达尔

莫斯科

斯摩棱斯克

梁赞

穆罗姆

图罗夫

切尔尼戈夫

弗拉基米尔
－沃林

切尔尼戈夫

诺夫哥罗德
－谢韦尔斯基

基辅

佩列亚斯拉夫尔

加利奇

黑 海

里 海

0   400 km

地图 5.1 1246 年的罗斯诸公国

的保加尔人、莫尔多瓦、波洛伏齐人以及立陶宛人则时常敌对。

这一时期还出现了文化的繁荣，尤其体现在野心勃勃的建设项目上。王公们从希腊、西方甚至高加索之外的地方征召工匠。教会扩散的同时伴随着地方圣徒数量的增加，圣地、祷告、圣像以及其他宗教物件也越来越多。当时教会分别出现了两大情况。安德烈·博戈柳布斯基试图在弗拉基米尔建立一个都主教区，主教会议任命克利姆·斯莫利亚季奇为第二位本地都主教。安德烈的计划失败，克利姆的当选只是孤例，它们都未对教会的组织结构产生持久影响。

这一阶段，罗斯内部的王朝发生了激烈对抗，它们各自努力扩大自身的地盘。加利西亚、波洛茨克、图罗夫、穆罗姆与梁赞等公国成为这一行为的主要受害者。诺夫哥罗德则因其贸易财富广受垂涎，而且与基辅一样，这里没有常驻王公。赢得基辅便能在罗斯赢得政治与道德的至高地位，因此基辅成为内战各方的主要目标。来自"智者"雅罗斯拉夫设计的核心集团的显赫王朝王公成为主要的竞争者。他们彼此之间展开了王朝内和王朝间的争斗，但是依然奉行着宗族资历制度和横向继承原则。

当一位王公试图剥夺另一位王公的继承权，或是谋求夺取他的地位时，王朝内部便会出现分裂（如姆斯季斯拉维奇家族对抗其叔叔们）。同样，如果一方剥夺另一方统治基辅的权利，两个家族就会开战（如留里克·罗斯季斯拉维奇对抗切尔尼戈夫王公雅罗斯拉夫）。当两个家族的长支王公互相挑战对方对基辅的要求，那么挑战者能否成功则取决于家族的人力资源以及联盟的军事力量（如弗谢沃洛德·奥列戈维奇对抗维亚切斯拉夫·弗拉基米罗维奇；"长臂"尤里对抗罗斯季斯拉夫·姆斯季斯拉维奇；安德烈·博戈柳布斯基对抗姆斯季斯拉夫·伊贾斯拉维奇；米哈伊尔·弗谢沃洛德维奇对抗弗拉基米尔·留里科维奇）。有时，来自对立家族的挑战者还会通过共同掌权的方式共治基辅（如伊贾斯拉夫·姆斯季斯拉维奇与维亚切斯拉夫·弗拉基米罗维奇，斯维亚托斯拉夫·弗谢沃洛德维奇与留里克·罗斯季斯拉维奇）。获胜的挑战者在基辅任命自己的傀儡往往失败（如安德烈·博戈柳布斯基与米哈伊尔·弗谢沃洛德维奇）。最后，也有王公和平继位（如姆斯季斯拉夫·弗拉基米罗维奇接替弗拉基米尔·莫诺马赫；"红头发"弗谢沃洛德接替留里克·罗斯季斯拉维奇；弗拉基米尔·留里科维奇接替姆斯季斯拉夫·罗曼诺维奇）。

在这一阶段，"智者"雅罗斯拉夫创设的核心集团经历了政治现实的锻造。

弗拉基米尔·莫诺马赫废除了图罗夫与切尔尼戈夫家族的继承权,他的继承人因此成为基辅唯一合法的继承人。然而,当他的幼子与孙子(姆斯季斯拉维奇家族)捍卫自己的继承权时,也把家族分裂成对立的两支。弗谢沃洛德·奥列戈维奇从莫诺马赫家族手上夺取了基辅,他也为自己的子孙争取了继承权。三个家族因此成为基辅的合法继承人。随着姆斯季斯拉维奇家族分裂成沃林与斯摩棱斯克两支,拥有基辅合法继承权的变成了四个家族。不过到 13 世纪初,只有两个家族依然能够要求继承基辅,也就是斯摩棱斯克(姆斯季斯拉夫·罗曼诺维奇与弗拉基米尔·留里科维奇)与切尔尼戈夫(米哈伊尔·弗谢沃洛德维奇)。沃林王公由于在宗族系谱中的资历太低而失去了继承权,苏兹达里王公则是因为不受基辅人的欢迎,加之距离基辅太过遥远。最终,在 13 世纪 40 年代,鞑靼人终结了基辅既定的继承顺序。

第六章　俄国东北部和金帐汗国（1246—1359 年）

珍妮特·马丁

在蒙古入侵之前，两大机构界定了基辅罗斯。一个是留里克家族，由其长支王公统治基辅。另一个是由都主教领导的东正教会，也坐落在基辅。尽管构成基辅罗斯的公国数目不断增加，王朝的不同支系掌握着世袭领地，并且出现了一定程度的离心力，但是他们都承认基辅是这片土地的政治、宗教中心，彼此之间也存在着密切的家族、政治、文化与商业联系。

位于基辅罗斯东北部地区的公国是弗拉基米尔，亦即苏兹达里、罗斯托夫-苏兹达尔和弗拉基米尔-苏兹达尔。这片地区以上伏尔加河与奥卡河盆地为中心，西北部是诺夫哥罗德，西南部是斯摩棱斯克，南部是切尔尼戈夫和梁赞。弗拉基米尔-苏兹达尔公国的东部边境延伸到伏尔加河流经的下诺夫哥罗德（Nizhnii Novgorod），再往东去的土地上生活着伏尔加保加尔人。

弗拉基米尔-苏兹达尔王公传承自"长臂"尤里（1149—1157 年）及其子"大窝"弗谢沃洛德（1176—1212 年）一系。蒙古入侵俄国时，弗谢沃洛德的儿子尤里在家族上一代人中最为年长，根据基辅罗斯所有公国普遍适用的原则，他成为自己所在支系地位最高的王公。他也因此就任弗拉基米尔大公。尽管他对基辅政治持超然态度，但尤里统治弗拉基米尔的合法性来源于他在王朝中的地位。留里克王朝的主权也扩展到了弗拉基米尔，它因而在政治上成为基辅罗斯不可分割的一部分。

蒙古入侵之前，弗拉基米尔已经开始了内部分割，弗谢沃洛德的后代们也统治着公国的其他地区。弗谢沃洛德王公把罗斯托夫城及周边地区赐给了自己的儿子康斯坦丁；1218 年康斯坦丁去世，他的后代继承了罗斯托夫及附近地区。① 1238 年,该地由瓦西里科·康斯坦丁诺维奇(Vasil'ko Konstantinovich,1238 年去世)统治。② 数个公国已在俄国东北部明确了边界,不过罗斯托夫并不包括在内。这片地区尚未成为家族某一支系的世袭土地,却仍是大公国的领土,弗拉基米尔王公偶尔会将其分封给自己的亲属。③

　　弗拉基米尔公国信奉东正教会,这也决定了它是基辅罗斯的一个组成部分。13 世纪初,罗斯托夫主教一直是弗拉基米尔公国的教会领袖。1214 年,罗斯托夫王公康斯坦丁与被父亲任命为弗拉基米尔王公的弟弟尤里争夺弗拉基米尔公国,主教管区因此分裂。罗斯托夫主教保留对罗斯托夫、乌格利奇和雅罗斯拉夫尔的管辖权,弗拉基米尔城的主教则负责弗拉基米尔、苏兹达尔及附近地区的教会事务。④ 这两个主教辖区都隶属于基辅都主教领导的罗斯东正教会。

　　蒙古入侵并未立即摧毁基辅罗斯留下的遗产。留里克王朝与东正教会这两大机构为基辅罗斯提供了身份认同与凝聚力,它们继续在俄国东北部的政治事务与教会事务中发挥主导作用。但在接下来的一个世纪里,由于金帐汗国的宗主地位,俄国东北部的家族政治关系发生了变化。在蒙古入侵之后的数十年里,俄国东北部与基辅和西南部公国的长期联系有所松弛。俄国东北部与基辅罗斯西南部的公国分离,弗拉基米尔-苏兹达尔分裂成数个更小的公国。14 世纪,留里克王朝的莫斯科支系,即丹尼尔·亚历山德罗维奇的后人赢得了蒙古人的青睐,在国内权力斗争中获胜。他们取得的政治优势违背了自基辅时期传承下来的家族传统,即弗拉基米尔王公人选应由家族内部人员的资历以及横向继承原则决定。在争取支持与合法性的过程中,莫斯科王公严重依赖其蒙古保护人。同时他们也展开了扩张领土的进程,加强王朝的联盟,

---

① *PSRL*, vol. I: *Lavrent'evskaia letopis'*, *Suzdal'skaia letopis'* (Moscow: Vostochnaia literatura, 1962), cols. 434, 442; John Fennell, *The Crisis of Medieval Russia*, *1200-1304* (London and New York: Longman, 1983), pp. 45-46.

② Fennell, *Crisis*, p. 98; John Fennell, *The Emergence of Moscow 1304-1359* (Berkeley and Los Angeles: University of California Press, 1968), appendix B, table 3.

③ V. A. Kuchkin, *Formirovanie gosudarstvennoi territorii severo-vostochnoi Rusi v X-XV vv.* (Moscow: Nauka, 1984), pp. 101, 110; Fennell, *Crisis*, p. 50.

④ Yaroslav Nikolaevich Shchapov, *State and Church in Early Russia 10th-13th Centuries*, trans. Vic Schneierson (New Rochelle, N. Y., Athens and Moscow: Aristide D. Caratzas, 1993), pp. 50-51; E. Golubinskii, *Istoriia russkoi tserkvi*, vol. I (Moscow: Imperatorskoe obshchestvo istorii i drevnostei rossiiskikh, 1901; reprinted The Hague: Mouton, 1969), pp. 336, 338; Fennell, *Crisis*, p. 59 n. 26.

发展与教会的关系,从而维持自己在俄国东北部的政治主导地位,并且保住弗拉基米尔大公之位。这些进程也为莫斯科大公国的成立奠定了基础。

一、人口与经济错位

蒙古的入侵给俄国社会与经济带来了深刻的影响。战事在 1237—1238 年持续了一整个冬天,弗拉基米尔城被围之后遭到焚毁,苏兹达尔也遭洗劫。这一地区的其他主要城市——罗斯托夫、特维尔(Tver')、莫斯科等城镇都遭遇了直接进攻。[1] 城镇的投降与俄国东北部军队的溃败并未终止蒙古军队的侵袭。在最初攻势后的接下来 25 年里,蒙古人又对俄国东北部发起了 14 次军事行动。在俄国王公的陪同或是请求下,金帐汗国的可汗继续向这里派遣远征军。直到 14 世纪 20 年代末,这类军事行动才有所减少。[2]

战争造成了俄国人口的巨大伤亡。无论王公贵族还是平民百姓,无论城市人口还是农村居民,要么遇害,要么被俘。同千千万万人一样,弗拉基米尔王公尤里·弗谢沃洛德与罗斯托夫王公瓦西里科·康斯坦丁诺维奇也死于 1238 年的战事。[3] 尽管尚不清楚具体数字,但据乔治·维尔纳茨基(George Vernadsky)估计,在 1237—1240 年的战争中,至少 10% 的俄国人死去或是被俘。[4] 长期战争也造成俄国东北部的人口规模显著缩小,同时,蒙古可汗的劳役要求更加重了影响。俄国王公加入了蒙古的军事作战,普通民众也被征召

---

[1] *PSRL*, vol. I, cols. 460-467; *PSRL*, vol. III: *Novgorodskaia pervaia letopis' starshego i mladshego izvodov* (Moscow: Iazyki russkoi kul'tury, 2000), p. 288; *PSRL*, vol. X: *Patriarshaia ili Nikonovskaia letopis'* (St Petersburg: Arkheograficheskaia kommissiia, 1885; reprinted Moscow: Nauka, 1965), pp. 106-109; Fennell, *Crisis*, pp. 79-80; Fennell, *Emergence*, p. 12; Lawrence N. Langer, "The Medieval Russian Town", in Michael Hamm (ed.), *The City in Russian History* (Lexington: University of Kentucky Press, 1976), p. 15.

[2] *PSRL*, vol. X, p. 188; *PSRL*, vol. XV: *Rogozhskii letopisets, Tverskoi sbornik* (St Petersburg, 1863 and Petrograd, 1922; reprinted, Moscow: Iazyki russkoi kul'tury, 2000), cols. 43-44, 416; Langer, "The Medieval Russian Town", p. 15; Robert O. Crummey, *The Formation of Muscovy 1304-1613* (London and New York: Longman, 1987), pp. 30-31; V. V. Kargalov, "Posledstviia mongolo-tatarskogo nashestviia XIII v. dlia sel'skikh mestnostei Severo-VostochnoiRusi", *VI*, 1965, no. 3: 53, 57; Fennell, *Crisis*, p. 129.

[3] Ibid., pp. 80-81, 98-99.

[4] George Vernadsky, *The Mongols and Russia* (*A History of Russia*, vol. III) (New Haven: Yale University Press and London: Oxford University Press, 1953), p. 338.

入伍。技术精湛的工匠与缺乏训练的劳工一同建造了萨莱,这座金帐汗国的都城是由拔都可汗选址建在下伏尔加河支流畔的。他们还修建了新萨莱,该城坐落在距离旧城 77 英里的上游,在 14 世纪 40 年代初成为金帐汗国的新首都。俄国工匠们在萨莱为其居民和市场制作物品,他们甚至还被派到哈拉和林(Karakorum)与中国从事手工制造。①

蒙古入侵不仅造成俄国东北部人口的枯竭,还导致这片地区从属于术赤兀鲁思(Juchi' ulus),即钦察汗国(Kipchak Khanate),亦称金帐汗国,它是蒙古帝国的西北组成部分。金帐汗国的可汗要求罗斯王公们承认自己的宗主权,并且要求他们以实物形式进贡,到 14 世纪则以白银替代。蒙古管理机构八思哈(baskaki)与军队一起驻扎在俄国东北部的一些城镇,负责监督收税和确保人们遵守可汗的法令。② 贡品(vykhod)每年都要进献,根据估算,1389 年达到5 000 银卢布,此前的数额可能更大。③ 纳贡严重阻碍了俄国东北部的经济发展。④

蒙古的军事进犯、扣押俘虏以及要求劳役与进贡并非仅有的影响俄国东北部人口与经济状况的因素。蒙古入侵一个世纪之后,黑死病席卷了这片地区。1346—1347 年,它从金帐汗国传播到欧洲,继而扩散到俄国北部,1352 年蔓延到普斯科夫与诺夫哥罗德。传染病肆虐俄国东北部次年,它已夺去了都主教、大公、大公的儿子与一个兄弟的生命。首次暴发之后,黑死病还在接下来的一个世纪里多次卷土重来。编年史记录了在瘟疫的高发期,每天多达一

---

① Langer, "The Medieval Russian Town", p. 23; Thomas T. Allsen, "Ever Closer Encounters: The Appropriation of Culture and the Apportionment of Peoples in the Mongol Empire", *Journal of Early Modern History*, 1 (1997): 2-4; Donald Ostrowski, *Muscovy and the Mongols: Cross-Cultural Influences on the Steppe Frontier*, *1304-1589* (Cambridge: Cambridge University Press, 1998), pp. 113-114; Vernadsky, *Mongols*, pp. 88, 123, 201, 213, 227, 338-339. 关于萨莱,参见 Thomas T. Allsen, "Saray", in *Encyclopedia of Islam*, 2nd edn., vol. IX (Leiden: E. J. Brill, 1996), pp. 41-42; Vernadsky, *Mongols*, p. 141。
② Vernadsky, *Mongols*, p. 220; Donald Ostrowski, "The Mongol Origins of Muscovite Political Institutions", *SR*, 49 (1990): 527; Fennell, *Crisis*, pp. 128-129.
③ Michel Roublev, "The Mongol Tribute According to the Wills and Agreements of the Russian Princes", in Michael Cherniavsky (ed.), *The Structure of Russian History* (New York: Random House, 1970), pp. 56-57; Michel Roublev, "The Periodicity of the Mongol Tribute as Paid by the Russian Princes during the Fourteenth and Fifteenth Centuries", *FOG*, 15 (1970): 7.
④ Ostrowski, *Muscovy and the Mongols*, pp. 108-109; Roublev, "The Periodicity of the Mongol Tribute", p. 13.

百人死去。学者们估计黑死病导致俄国人口减少了 25%。①

　　尽管蒙古人的征服与黑死病的肆虐带来了极大的负面影响,俄国东北部的经济仍开始逐渐复苏。居民纷纷逃离蒙古时常进犯的地区,导致弗拉基米尔城人口锐减,尽管王公雅罗斯拉夫·弗谢沃洛德维奇进行了重建,但城市复苏依然迟缓。② 难民们在罗斯托夫和雅罗斯拉夫尔这些更为偏远的地方安顿下来。1238—1300 年间,八个地区中的五个变成不同的公国,它们都不是罗斯托夫-苏兹达尔公国此前主要的人口中心。此外,14 世纪俄国东北部还建起了40 座新城镇。因此,蒙古进攻带来的人口变化也刺激了经济增长。特维尔和莫斯科都受益于这种人口的重新分配,它们在 14 世纪成为俄国东北部极具活力的政治经济中心。③

　　经济复苏的一个明显迹象就是工匠的生产活动。尽管蒙古征召大批工匠和手艺人从事劳役,13 世纪时仍有大批木匠、铁匠、陶工以及其他工匠继续制造器具;14 世纪时他们生产的物品已经远远多于蒙古入侵之前。④ 蒙古入侵之后修建的房屋数量减少,尤其是砖石结构的防御工事与教堂。入侵之后 25年间,只有一座小型教堂在弗拉基米尔建成,不过半个世纪后,包括王公和都主教在内的建筑项目赞助人已经能够聚集足够的资金与熟练工人。从 14 世纪初开始,俄国东北部大兴土木。首先是特维尔,接着是莫斯科,都在纷纷开展建设,十年之内,陆续修建了圣母升天大教堂、天使长米迦勒教堂以及其他

①　*PSRL*, vol. X, pp. 217, 226; *PSRL*, vol. XI: *Patriarshaia ili Nikonovskaia letopis'* (St Petersburg: Arkheograficheskaia kommissiia, 1897; reprinted Moscow: Nauka, 1965), p. 3; Lawrence N. Langer, "The Black Death in Russia: Its Effects upon Urban Labor", *RH*, 2 (1975): 54-57, 62; Gustave Alef, "The Origins of Muscovite Autocracy. The Age of Ivan III", *FOG*, 39 (1986): 22-24; Gustave Alef, "The Crisis of the Muscovite Aristocracy: A Factor in the Growth of Monarchical Power", *FOG*, 15 (1970); reprinted in his *Rulers and Nobles in Fifteenth-Century Muscovy* (London: Variorum Reprints, 1983), pp. 36-38.

②　Fennell, *Crisis*, pp. 119-120; A. N. Nasonov, *Mongoly i Rus'* (*Istoriia tatarskoi politiki na Rusi*) (Moscowand Leningrad: AN SSSR, 1940; reprinted The Hague and Paris: Mouton, 1969), pp. 38-39.

③　Janet Martin, *Treasure of the Land of Darkness: The Fur Trade and its Significance for Medieval Russia* (Cambridge: Cambridge University Press, 1986), p. 88; Kuchkin, *Formirovanie gosudarstvennoi territorii*, pp. 121-122; Ostrowski, *Muscovy and the Mongols*, p. 127; Vernadsky, *Mongols*, p. 241; Nasonov, *Mongoly i Rus'*, pp. 36-38.

④　Langer, "The Medieval Russian Town", pp. 23-24; Vernadsky, *Mongols*, pp. 338-341; Ostrowski, *Muscovy and the Mongols*, p. 112.

三座砖石教堂。到 14 世纪中期,下诺夫哥罗德也是一派欣欣向荣。[①]

经济复苏在一定程度上归功于商业活动。金帐汗国通过军事征服了俄国及其草原邻国,然而它只是广袤无垠的蒙古帝国的一部分,蒙古帝国依赖着从东方的中国到地中海的巨大商业网络。萨莱是连接着中亚与黑海的丝绸之路北段的商业中心。忙哥帖木儿可汗(Khan Mangu Temir,1267—1281 年在位)尤其热衷于发展疆域内商路沿线的贸易活动。为此他授予热那亚人特别贸易权,鼓励他们在黑海边克里米亚半岛上的卡法(Kafa/Caffa)和苏达克(Sudak/Surozh/Soldaia)建立贸易殖民区。他还与拜占庭建立外交关系,命萨莱主教担当使节。[②]

俄国北部也进入了蒙古的商业网络。献给可汗与鞑靼贵族的贡品与礼物沿着伏尔加河运到萨莱。蒙古也鼓励俄国发展商业,尤其欢迎诺夫哥罗德西北部城市在波罗的海从事贸易活动。忙哥帖木儿可汗向不受诺夫哥罗德人待见的大公雅罗斯拉夫·雅罗斯拉维奇(1263—1271/1272 年在位)施压,迫使其促进诺夫哥罗德与其日尔曼和瑞典贸易伙伴的商业联系,确保商人能在弗拉基米尔-苏兹达尔自由运输和交易商品。[③] 在接下来的一个世纪里,这个商业网络把从欧洲进口的商品带到诺夫哥罗德,之后运往俄国东北部,再沿着伏尔加河送到萨莱。13 世纪末和 14 世纪上半叶,俄国商人带着进口货物以及当地生产的商品沿伏尔加河乘船前往萨莱、阿斯特拉罕和意大利殖民地塔纳(Tana)、卡法和苏达克。在市场上,来自欧洲的银器和纺织品,俄国的毛皮和其他北方商品,还

① Langer, "The Medieval Russian Town", pp. 21, 23; David B. Miller, "Monumental Building as an Indicator of Economic Trends in Northern Rus' in the Late Kievan and Mongol Periods, 1138-1462", *American Historical Review*, 94 (1989): 368-369; N. S. Borisov, "Moskovskie kniaz'ia i russkie mitropolity XIV veka", *VI*, 1986, no. 8: 38; N. S. Borisov, *Russkaia tserkov' v politicheskoi bor'be XIV - XV vekov* (Moscow: Moskovskii universitet, 1986), pp. 58 - 61; Fennell, *Crisis*, p. 89; Ostrowski, *Muscovy and the Mongols*, pp. 128-131.

② Vernadsky, *Mongols*, p. 170; Martin, *Treasure*, p. 31; Ostrowski, *Muscovy and the Mongols*, pp. 110-111, 117; John Meyendorff, *Byzantium and the Rise of Russia. A Study of Byzantino-Russian Relations in the Fourteenth Century* (Cambridge: Cambridge University Press, 1981), p. 46; Nasonov, *Mongoly i Rus'*, p. 46.

③ *PSRL*, vol. III, pp. 88-89, 319; *Gramoty Velikogo Novgoroda i Pskova*, ed. S. N. Valk (Moscow: AN SSSR, 1949), nos. 13, 30, 31, pp. 13, 57, 58-61; Langer, "The Medieval Russian Town", pp. 16, 17, 20; Vernadsky, *Mongols*, pp. 170 - 171; V. L. Ianin, *Novgorodskie posadniki* (Moscow: Moskovskii universitet, 1962), p. 156; V. N. Bernadskii, *Novgorod i Novgorodskaia zemlia* (Moscow and Leningrad: AN SSSR, 1961), p. 21; Ostrowski, *Muscovy and the Mongols*, p. 118.

有丝绸、香料、粮食和奴隶都沿着丝绸之路往来于东西方之间。① 从俄国东北部城镇特维尔到下诺夫哥罗德的贡品运输与商品交易刺激了经济的发展。

正是金帐汗国的经济需求与商业机会为俄国东北部的复苏提供了可能。同样在蒙古的主导之下,俄国东北部在遭到入侵后的一个世纪里经历了政治重组。

二、王朝重组与金帐汗国

1246 年,切尔尼戈夫王公米哈伊尔在拜见拔都可汗(逝于约 1255 年)时遇害,俄国东北部王公此时已经参拜了蒙古宗主,巩固了自己的地位。② 雅罗斯拉夫·弗谢沃洛德维奇接替了 1238 年去世的哥哥尤里·弗谢沃洛德维奇,成为弗拉基米尔王公。他的任命符合王朝传统的横向继承原则。雅罗斯拉夫的弟弟斯维亚托斯拉夫获得了苏兹达尔与下诺夫哥罗德。另一个弟弟伊凡成为斯塔罗杜布(Starodub)王公。雅罗斯拉夫的儿子亚历山大·涅夫斯基(Aleksandr Nevskii)则被派到诺夫哥罗德(见图 6.1)。

数年之后,俄国东北部的政治局势方才稳定下来。1245 年雅罗斯拉夫再次拜见拔都,他被派往哈拉和林的大汗那里。雅罗斯拉夫后来在返乡途中去世。③ 他的弟弟斯维亚托斯拉夫王公接替了他(1247 年),并把自己的领地分给了雅罗斯拉夫的儿子们。康斯坦丁·雅罗斯拉维奇获得了加利奇和德米特罗夫,雅罗斯拉夫·雅罗斯拉维奇分到了特维尔,六岁的瓦西里·雅罗斯拉维奇成为科斯特罗马(Kostroma)王公。④ 斯塔罗杜布仍属于伊凡·弗谢沃洛德的子孙。康斯坦丁·弗谢沃洛德维奇 1218 年去世前继续掌管罗斯托夫,罗斯托夫后来分裂成别洛奥焦尔、雅罗斯拉夫尔、乌格利奇和乌斯秋格(Ustiug)四个公国。

① Langer, "The Medieval Russian Town", pp. 20-21; Martin, *Treasure*, pp. 31, 90, 192 n. 132, 218 n. 17.
② Nasonov, *Mongoly i Rus'*, p. 26.
③ *PSRL*, vol. I, col. 471; Vernadsky, *Mongols*, pp. 61, 142-143; Fennell, *Crisis*, pp. 100-101; Christopher Dawson (ed.), *The Mongol Mission* (London and New York: Sheed and Ward, 1955), pp. 58, 65.
④ *PSRL*, vol. I, col. 471.

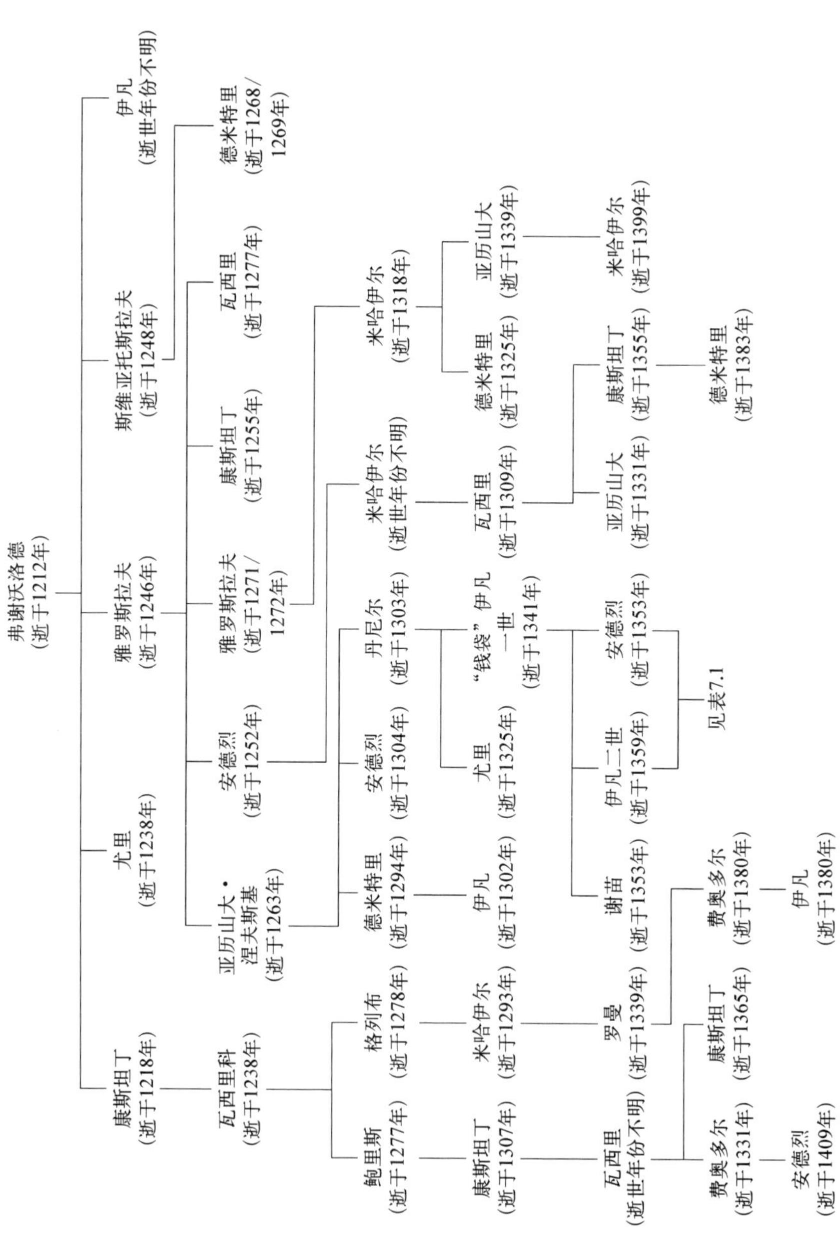

弗谢沃洛德
(逝于1212年)

伊凡
(逝世年份不明)

德米特里
(逝于1268/
1269年)

斯维亚托斯拉夫
(逝于1248年)

雅罗斯拉夫
(逝于1246年)

瓦西里
(逝于1277年)

米哈伊尔
(逝于1318年)

亚历山大
(逝于1339年)

米哈伊尔
(逝于1399年)

雅罗斯拉夫
(逝于1271/
1272年)

康斯坦丁
(逝于1255年)

德米特里
(逝于1325年)

康斯坦丁
(逝于1355年)

米哈伊尔
(逝于1341年)

瓦西里
(逝世年份不明)

瓦西里
(逝于1309年)

亚历山大
(逝于1331年)

德米特里
(逝于1383年)

尤里
(逝于1238年)

安德烈
(逝于1252年)

丹尼尔
(逝于1303年)

"钱袋"伊凡
一世
(逝于1341年)

安德烈
(逝于1353年)

见表7.1

亚历山大·涅夫斯基
(逝于1263年)

德米特里
(逝于1294年)

尤里
(逝于1325年)

伊凡二世
(逝于1359年)

康斯坦丁
(逝于1218年)

安德烈
(逝于1304年)

伊凡
(逝于1302年)

谢苗
(逝于1353年)

费奥多尔
(逝于1380年)

伊凡
(逝于1380年)

瓦西里科
(逝于1238年)

格列布
(逝于1278年)

米哈伊尔
(逝于1293年)

罗曼
(逝于1339年)

饱里斯
(逝于1277年)

康斯坦丁
(逝于1307年)

瓦西里
(逝世年份不明)

康斯坦丁
(逝于1365年)

费奥多尔
(逝于1331年)

安德烈
(逝于1409年)

图6.1 1246—1359 年间的弗拉基米尔历任大公

此种安排仅维持到 1249 年雅罗斯拉夫的儿子安德烈和亚历山大从哈拉和林回国。安德烈接替了自己从弗拉基米尔逃走的叔叔斯维亚托斯拉夫。[①]安德烈仅仅当了两年的大公。1251 年,蒙哥(Mongke)成为新的大汗,罗斯王公们受命前往金帐汗国可汗处领取新的封册。亚历山大奉命,安德烈却抗命不遵。亚历山大带着一支鞑靼军队回到弗拉基米尔,驱逐了安德烈,安德烈先是逃往诺夫哥罗德,后来逃到瑞典。1252 年,亚历山大·涅夫斯基成为弗拉基米尔王公。[②]

起初,拔都及其继任者在确立对俄国东北部的宗主权时,尊重弗拉基米尔王公从基辅罗斯继承下来的家族传统,确立了弗谢沃洛德维奇一脉为弗拉基米尔的统治家族。拔都等在任命弗拉基米尔王公时,也遵守着自基辅罗斯时期一直沿用的王朝家族与继承原则。但是蒙古的宗主地位改变了继承过程。尽管他们倾向于维护留里克传统,但是蒙古可汗们有权向王公颁发封册。他们要求自己的新子民们进献贡品,并且派遣八思哈前往俄国东北部监督税收和维持秩序。在接下来的一个世纪里,俄国东北部的王公们逐渐适应这些情况,王朝政治出现变化。弗拉基米尔大公之位的继承较少取决于家族资历,更多取决于可汗个人的好恶,而王公所展现的较高的征收和运送贡品的能力能赢得可汗的青睐。

亚历山大·涅夫斯基在统治弗拉基米尔期间(1252—1263 年)与金帐汗国密切合作。其中一个突出的例子就是他对诺夫哥罗德采取的政策。诺夫哥罗德城位于俄国西北部弗拉基米尔公国的边界,控制着广袤的北方地区,它一直延伸到乌拉尔山脉。诺夫哥罗德还是著名的商业中心,它与波罗的海沿岸的瑞典人与日尔曼人贸易往来频繁。区别于基辅罗斯的其他公国,诺夫哥罗德没有世袭王公。但从 13 世纪初起,它就承认弗拉基米尔王公的权威。在蒙古入侵俄国后,诺夫哥罗德接受了雅罗斯拉夫·弗谢沃洛德维奇王公派自己的儿子亚历山大·涅夫斯基掌管这里的做法。[③]

诺夫哥罗德没有屈服于蒙古人的铁蹄,但在 1257 年,蒙古试图在诺夫哥罗德展开人口普查,以便征兵和收税。诺夫哥罗德人拒绝接受人口普查。陪同鞑靼官员的涅夫斯基惩罚了诺夫哥罗德,不过在 1258 年他就和罗斯托夫王

① *PSRL*, vol. I, col. 472.
② *PSRL*, vol. I, col. 473.
③ *PSRL*, vol. I, col. 475.

公一道被征召到汗国了。回国之后,亚历山大王公、弟弟安德烈和罗斯托夫王公三人一起执行鞑靼命令,对诺夫哥罗德进行了人口普查。

此后,在亚历山大·涅夫斯基的指引下,俄国东北部不断靠近萨莱这座建在伏尔加河下游的金帐汗国都城。作为涅夫斯基的继任者,他的弟弟雅罗斯拉夫(1263—1271/1272年在位)与瓦西里(1272—1277年在位)追随兄长的脚步,与蒙古可汗展开更为密切的合作。弗拉基米尔王公丧失了在俄国西南部的利益,把自身局限在俄国北部,即弗拉基米尔-苏兹达尔公国和诺夫哥罗德。① 作为回报,鞑靼人帮助诺夫哥罗德王公对抗勒韦尔(Revel',1269年),1273年他们还帮助瓦西里把其侄子德米特里逐出诺夫哥罗德,以确立瓦西里个人的权威。②

在13世纪的最后25年里,俄国东北部的下一代王公们利用金帐汗国内部的政治环境,以服务于自身的目标,并且挑战他们所继承的王朝传统。在忙哥帖木儿统治期间(1267—1281年),一位叫诺盖③(Nogai)的领袖崛起为权势熏天的军事指挥官,事实上他对汗国的西部领土行使着自治权。诺盖的权力一直持续到脱脱蒙哥(Tuda Mengu)时期,脱脱蒙哥于1281年继位,1287年为自己的侄子兀剌不花(Tele Buga)让位。不过,兀剌不花受到忙哥帖木儿的侄子脱脱(Tokhta)的挑战,脱脱获得了诺盖的庇护与支持。诺盖与脱脱一道成功杀害兀剌不花,脱脱最终在萨莱就任可汗(1291年)。脱脱与诺盖的联盟没有一直持续下去,两方开战之后,诺盖于1299年战败而死。④

瓦西里王公在忙哥帖木儿统治期间去世(1277年),弗拉基米尔大公的宝座传给了德米特里·亚历山德罗维奇。⑤ 德米特里在下一代人中最为年长,他的父亲也曾担任弗拉基米尔王公,因此他的即位符合王朝传统。但是德米特里未曾像他的父亲与叔叔那样表现出与可汗合作的意愿,目前尚不清楚他是否前去拜见忙哥帖木儿,领取王公一职的封册。蒙古号召俄国东北部王公加入其在北高加索的军事行动时,不同于服从命令的弟弟安德烈和罗斯托夫王公,德米特里王公拒绝参与行动。1281年,脱脱蒙哥成为可汗,德米特里没有前往萨莱朝见并更新封册。因此脱脱蒙哥任命了德米特里的弟弟安德烈为弗

---

① Nasonov, *Mongoly i Rus'*, pp. 47-48; Fennell, *Crisis*, p. 143.
② *PSRL*, vol. III, p. 88; Fennell, *Crisis*, pp. 128-129.
③ 该将领所辖势力成为独立部落,是后来诺盖人的前身。——译者注
④ *PSRL*, vol. I, col. 526; *PSRL*, vol. X, pp. 168, 169, 172.
⑤ *PSRL*, vol. I, col. 525.

拉基米尔王公,并且派遣一支鞑靼军队帮助安德烈与罗斯托夫王公对抗德米特里。[①]

然而,金帐汗国内部的双重权威使得德米特里获得了诺盖的支持,诺盖向德米特里颁发了封册,并且帮他重登弗拉基米尔大公的宝座,还助他控制诺夫哥罗德。尽管兄弟之间战事不断,但直到 1291 年脱脱成为萨莱可汗时,德米特里一直都安坐在大公的宝座上。德米特里再次拒绝前往萨莱,特维尔王公米哈伊尔·雅罗斯拉维奇和莫斯科王公丹尼尔·亚历山德罗维奇与他一道抗命。与之相对,安德烈与罗斯托夫王公朝见了脱脱,重申自己对萨莱可汗的忠诚,并且投诉了德米特里·亚历山德罗维奇。1293 年脱脱对诺盖发起军事行动,他还派遣军队帮助安德烈推翻德米特里。德米特里在获悉军队逼近时逃走了。鞑靼军队总共袭击了 14 座城镇,其中包括弗拉基米尔、苏兹达尔与莫斯科。直到 1294 年德米特里去世,俄国王公之间的纷争方才平息。根据王朝传统,加之可汗支持,安德烈随后继承大公之位。尽管安德烈享有正当性,但其对手阻止他占领佩列亚斯拉夫尔-扎列斯基这座重要城镇,这里先是由德米特里的儿子伊凡占据,1302 年伊凡去世之后,则由丹尼尔的儿子尤里控制。[②]

安德烈王公虽然拥有萨莱可汗的支持,但在削弱王朝传统与攫取弗拉基米尔大公宝座方面并不成功。根据这一传统,罗斯托夫王公不能就任弗拉基米尔大公,因此选择支持安德烈。然而,德米特里有着弟弟丹尼尔·亚历山德罗维奇,以及堂弟米哈伊尔·雅罗斯拉维奇的支持,尽管他此前曾与特维尔发生过冲突[③]。金帐汗国的政治形势不同寻常,令他得以获得诺盖的支持,因此能够挑战萨莱可汗与安德烈。

尽管莫斯科王公丹尼尔·亚历山德罗维奇支持德米特里与家族资历的传统,但他的儿子们却成功挑战了这一传统。莫斯科王公取得了萨莱可汗的支持,而且在 14 世纪上半叶没有像诺盖这样的对手,他们轻易登上了弗拉基米尔大公的宝座。莫斯科王公们为了获得大公之位,不仅挑战大公的继任者,还强行把属于弗拉基米尔的土地划到自己的名下。

[①] *PSRL*, vol. I, col. 525;*PSRL*, vol. X, p. 159.

[②] *PSRL*, vol. I, cols. 484,526,527;*PSRL*, vol. X, pp. 161,165-166,168-169,170; Nasonov, *Mongoly i Rus'*, pp. 72-73,80;Vernadsky, *Mongols*, pp. 193-194;Fennell, *Emergence*, p. 61;L. V. Cherepnin, *Obrazovanie russkogo tsentralizovannogo gosudarstva v XIV-XV vekakh* (Moscow:Sotsial'noekonomicheskaia literatura,1960),pp. 459-460.

[③] 例如 *PSRL*, vol. X, pp. 166-167。

　　1304 年安德烈去世,丹尼尔·亚历山德罗维奇在前一年即 1303 年去世。[①] 米哈伊尔·雅罗斯拉维奇在下一代人中最为年长,他的父亲特维尔王公雅罗斯拉夫也曾担任弗拉基米尔王公(1263—1271/1272 年),他因此成为弗拉基米尔大公之位的候选人。脱脱可汗同意米哈伊尔担任大公。尽管王朝传统与蒙古方面为米哈伊尔提供了充分的合法性,但遭到了莫斯科王公尤里·丹尼洛维奇的反对。为了捍卫自己的地位,米哈伊尔被迫两度向尤里发起军事行动(1305 年和 1308 年)。[②]

　　特维尔王公与莫斯科王公之间的竞争贯穿 14 世纪头 25 年。根据王朝传统的继承原则,特维尔王公是弗拉基米尔大公之位的合法继承人,而莫斯科王公则不合法。丹尼尔·亚历山德罗维奇从未担任弗拉基米尔大公,因此他的后代也不能就任大公。脱脱可汗依循前例,确认了王朝的大公人选。起初,他的继任者月即别汗(Khan Uzbek,1313—1341 年)也遵循先例。米哈伊尔亲自前往金帐汗国,月即别汗为他颁发了新的封册。[③] 米哈伊尔在汗国待了两年,他的对手尤里利用其外出的时机,试图巩固自己在俄国北部的政治权力。诺夫哥罗德因其庞大的商业财富而享有无与伦比的重要性,米哈伊尔派来的地方长官遭到逮捕,尤里受邀担任王公。即便如此,月即别汗也继续支持米哈伊尔,并派鞑靼部队送他返回俄国,以重新树立他的权威,同时尤里受命参见可汗。[④] 尤里·丹尼洛维奇不仅赢得了可汗的支持,而且成功地与可汗的妹妹联姻。[⑤] 他带着妻子、可汗的使节以及一支军队从金帐汗国回到了俄国,并且发动了推翻米哈伊尔的战争。米哈伊尔的部队赢得了战事。然而,由于公然违抗可汗权威,加上尤里的妻子在被扣留期间去世,米哈伊尔遭到月即别汗处决。尤里成为弗拉基米尔大公。[⑥] 封册传到丹尼洛维奇王公手中之时,可汗个人的好恶取代了家族的传统。

　　尤里仅仅担任了四年大公(1318—1322 年),其间困难重重,时时仰赖汗国的军事援助。1322 年,月即别汗让弗拉基米尔大公之位的合法继承人——米

① *PSRL*, vol. I, col. 486.
② Nasonov, *Mongoly i Rus'*, p. 81;Fennell, *Emergence*, pp. 64-65;Cherepnin, *Obrazovanie*, p. 462.
③ *PSRL*, vol. X, p. 178.
④ *PSRL*, vol. X, pp. 178-179;Fennell, *Emergence*, pp. 75-81.
⑤ *PSRL*, vol. X, p. 180.
⑥ *PSRL*, vol. X, pp. 181-186.

哈伊尔的儿子德米特里,亦即由家族继承原则决定的人选重新登上宝座。尤里打算抗议,并且把从诺夫哥罗德搜集的一大批珍宝进献给可汗。但在尤里前往金帐汗国途中,德米特里的弟弟亚历山大劫走了这些宝贝。1325年尤里终于抵达金帐汗国,德米特里将其谋杀,月即别汗因此判处德米特里死刑。可汗把弗拉基米尔大公的封册颁给了王朝继承原则规定的下一个合法继承人,即德米特里的弟弟亚历山大·米哈伊洛维奇。[①]

不过,这位家族的候选人未能获得可汗的支持,两年之后,特维尔人发起抵抗可汗使节的暴动,这位使节带着一支部队来到特维尔筹款和征兵,以打击伊利汗国。[②] 尤里的弟弟伊凡·丹尼洛维奇拜见月即别汗后,可汗派遣一支军队护送他返回俄国东北部。伊凡与苏兹达尔王公亚历山大·瓦西里耶维奇一道对特维尔发起军事行动。亚历山大·米哈伊洛维奇逃往普斯科夫(1327年)。[③] 由于都主教费奥格诺斯特[Feognost,即狄奥格诺斯托斯(Theognostos)]因窝藏逃犯把城镇人口全部逐出教会,亚历山大搬到立陶宛(1329年)。1331年,亚历山大回到普斯科夫,直到1337年都担任这里的王公。后来他再次前往金帐汗国,重新获得了特维尔大公之位。不过两年之后,他被召到金帐汗国并被处死。[④]

1327年,亚历山大·米哈伊洛维奇失去了大公之位,俄国东北部从基辅罗斯继承下来的王朝政治遗产失去效力。数个世纪以来,资历要求与继承原则曾被俄国东北部的留里克家族成员以及整个基辅罗斯奉为圭臬,它与可汗封册一道为大公提供合法性,此时,两者均被抛弃。可汗的支持成为获得俄国东北部最高政治地位的唯一途径。尽管月即别汗在1328年让伊凡·丹尼洛维奇和苏兹达尔王公亚历山大·瓦西里耶维奇分割弗拉基米尔和诺夫哥罗德,但1331年伊凡·丹尼洛维奇成为弗拉基米尔唯一的大公。[⑤] 月即别汗与其继任者罕见地把莫斯科王公之位授予丹尼洛维奇家族。自此,伊凡·丹尼洛维

---

① 　*PSRL*，vol. X，pp. 188-190.

② 　*PSRL*，vol. X，p. 194；Charles Halperin，*The Tatar Yoke*（Columbus，Oh.：Slavica，1986），p. 54.

③ 　*PSRL*，vol. X，p. 195.

④ 　Fennell，*Emergence*，pp. 118，158-169. Cf. Halperin，*The Tatar Yoke*，pp. 85，87.

⑤ 　*PSRL*，vol. III，p. 469；PSRL，vol. X，p. 195；Cherepnin，*Obrazovanie*，pp. 497-498；A. E. Presniakov，*The Formation of the Great Russian State. A Study of Russian History in the Thirteenth to Fifteenth Centuries*，trans. A. E. Moorhouse（Chicago：Quadrangle Books，1970），pp. 123-124；Fennell，*Emergence*，pp. 112-113，119.

奇[也被称为"钱袋"伊凡一世(Ivan I Kalita)],他从1331年到1341年去世前一直独享这一宝座。尽管特维尔、别洛奥焦尔、雅罗斯拉夫尔、苏兹达尔以及诺夫哥罗德的王公群起反对,最终仍由伊凡的儿子谢苗(Semen,1341—1353年)和伊凡二世(1353—1359年)继位。

三、重新分配领土

当弗拉基米尔王公与萨莱建立了密切关系,尤其是莫斯科王公在公国内部赢得了支配地位时,俄国东北部与基辅罗斯西部以及西南部的联系却不断削弱。此时,丹尼洛维奇家族更为关注俄国北部,开始在弗拉基米尔和罗斯托夫拓展世袭的公国领地。

即使在蒙古入侵基辅罗斯之前,俄国东北部与西南部之间的关系也已经明显疏远。不过在蒙古入侵之后的一段短暂时间里,基辅还被视作象征性的政治中心。雅罗斯拉夫可能是首位朝见拔都可汗的罗斯王公,他应该不仅获得了弗拉基米尔-苏兹达尔的封册,还拿到了基辅的。[1] 亚历山大和安德烈从哈拉和林返回时,亚历山大获得了基辅王公宝座。但是,东北部王公不再承认基辅的中心地位。安德烈在大汗的授意下担任弗拉基米尔大公,驱逐自己的叔叔斯维亚托斯拉夫,而亚历山大则去往诺夫哥罗德——他从未前往基辅就职。[2]

尽管弗拉基米尔王公避免占据基辅王公之位,并且专注于自己在东北部的领地,他们仍与基辅罗斯的其他地区保持着私人的和政治的关系。这种关系体现在各个方面。例如,1246年罗斯托夫王公鲍里斯·瓦西里科维奇在萨莱侍奉自己的外祖父米哈伊尔王公,表现出与切尔尼戈夫的团结一致。[3] 莫扎伊斯克(Mozhaisk)王公费奥多尔·罗斯季斯拉维奇(Fedor Rostislavich)是斯摩棱斯克王公格列布的弟弟,他与罗斯托夫家族结下姻亲,后来在1260年左

① PSRL,vol. II: Ipat'evskaia letopis' (Moscow: Iazyki russkoi kul'tury, 1998), col. 806; Fennell, Crisis, p. 100.

② PSRL, vol. I, col. 472; PSRL, vol. III, pp. 80, 304; PSRL, vol. X, p. 137; Fennell, Crisis, p. 107; Vernadsky, Mongols, p. 147; Kuchkin, Formirovanie gosudarstvennoi territorii, p. 111.

③ PSRL, vol. III, p. 301.

右成为雅罗斯拉夫尔王公。①

不过,最引人注目的是弗拉基米尔王公安德烈和加利西亚-沃利尼亚王公丹尼尔(Danylo)之间的同盟。1245 年丹尼尔王公拜见拔都可汗,巩固了自身的地位。然而与此同时,他联合自己的西边邻国对抗鞑靼人。在他提名担任都主教的基里尔(Kirill)的帮助下,他让自己的儿子利奥(Leo)娶了匈牙利国王贝拉四世(Bela IV)的女儿。丹尼尔自己娶了立陶宛国王的侄女(1251 年)。②他还与弗拉基米尔王公安德烈建立了密切的关系。1250 年,已经就任都主教的西里尔启程前往俄国北部,他护送丹尼尔的女儿来到弗拉基米尔,1251 年她嫁给了安德烈王公。③ 次年,安德烈拒绝朝见可汗,此举被视为与丹尼尔王公结成同盟公然违抗可汗的表现。鞑靼派来军队惩罚两位王公。④ 1252 年,安德烈王公在佩列亚斯拉夫尔-扎列斯基战败,被迫逃离故国。丹尼尔仍在努力争取西方的支持,他随后接受了教皇英诺森四世(Innocent IV)的加冕,作为回报,允许罗马教会统一加利西亚-沃利尼亚教会。⑤ 然而由于缺乏军事支持,他又立即放弃了这些关系。1256 年,他与蒙古人再次开战,1260 年,他被迫逃到波兰和匈牙利。⑥ 丹尼尔没有获得俄国东北部留里克王朝家族的任何帮助。流亡归来之后,安德烈臣服于自己的兄弟与蒙古人。都主教西里尔也转而效忠亚历山大·涅夫斯基王公,并且长期待在距离基辅极远的弗拉基米尔。⑦

尽管俄国东北部与西南部的政治合作(安德烈与丹尼尔)以失败告终,但还有其他王公保持了此种关系。特维尔王公兼弗拉基米尔大公(1263—1271/1272 年在位)雅罗斯拉夫·雅罗斯拉维奇安排女儿嫁给加利西亚王公尤里。

---

① *PSRL*, vol. X, pp. 153-154; Gail Lenhoff, *Early Russian Hagiography: The Lives of Prince Fedor the Black* (Wiesbaden: Harrassowitz, 1997), pp. 41-52; Fennell, *Crisis*, pp. 121-122 n. 2, 125, 143.

② Vernadsky, *Mongols*, p. 156.

③ *PSRL*, vol. I, col. 472; Joseph Fuhrmann, "Metropolitan Cyril II (1242-1281) and the Politics of Accommodation", *JGO*, 24 (1976): 164; Vernadsky, *Mongols*, p. 147.

④ *PSRL*, vol. II, col. 829; Fennell, *Crisis*, pp. 107, 111; Vernadsky, *Mongols*, p. 148.

⑤ Martin Dimnik, "Principality of Galicia-Volynia", in *MERSH*, vol. XII (Gulf Breeze, Fla.: Academic International Press, 1979), p. 68; Michael Zdan, "The Dependence of Halych-Volyn' on the Golden Horde", *SEER*, 35 (1957): 515; Nasonov, *Mongoly i Rus'*, pp. 24-26.

⑥ Fuhrmann, "Metropolitan Cyril II", 167; Vernadsky, *Mongols*, p. 158.

⑦ Nasonov, *Mongoly i Rus'*, pp. 40, 47; Fuhrmann, "Metropolitan Cyril II", 162-167; Fennell, *Crisis*, p. 112; Donald Ostrowski, "Why Did the Metropolitan Move from Kiev to Vladimir in the Thirteenth Century?", in Boris Gasparov and Olga Raevsky Hughes (eds.), *Slavic Cultures in the Middle Ages* (California Slavic Studies, vol. 16) (Berkeley, Los Angeles and Oxford: University of California Press, 1993), pp. 83-88.

特维尔也与西边不断扩张的邻国立陶宛建立了密切的联系。雅罗斯拉夫王公的孙子德米特里·米哈伊洛维奇在 1322—1325 年间担任弗拉基米尔大公,他娶了立陶宛大公格季明(Gedimin,1316—1341 年在位)的女儿玛丽亚(Maria)。莫斯科的丹尼洛维奇家族没有保持这种关系,他们凌驾在特维尔王公之上,弗拉基米尔王公的政治利益范围不断缩小,已从整个基辅罗斯及其西部边陲萎缩至位于俄国北部的领地。[1]

自 13 世纪末起,莫斯科王公丹尼尔及其继承者也开始把弗谢沃洛德维奇家族其他人的世袭公国纳入自己的领地,以扭转公国领土继续分裂的趋势。蒙古入侵之前已经出现公国世袭的趋势,罗斯托夫成为康斯坦丁·弗谢沃洛德维奇及其后代的领地,蒙古入侵之后这一趋势仍在继续。分割自弗拉基米尔-苏兹达尔的土地以及由此产生的公国数量不断以倍数增加。雅罗斯拉夫·弗谢沃洛德维奇王公接替哥哥尤里即位之后,他把领地分给了自己的侄子们。亚历山大统治尤里耶夫-波利斯基期间,这里被承认为世袭公国,尽管在 1213 年时它原本是要划给斯维亚托斯拉夫·弗谢沃洛德维奇王公的。1253 年斯维亚托斯拉夫去世,这里便被传给了他的儿子德米特里。[2] 佩列亚斯拉夫尔-扎列斯基成为亚历山大·涅夫斯基的儿子德米特里的领地,莫斯科则被留给了他的儿子丹尼尔。1255 年安德烈王公结束流亡生涯,回国后分得了苏兹达尔。[3]

V. A. 库奇金(V. A. Kuchkin)指出,从 1238 年到 1300 年,俄国东北部共计 14 个公国,其中 8 个是新划出来的。[4] 其中一些公国成为世袭领地,由分得这些公国的王公后裔继承。因此,特维尔成为雅罗斯拉夫·雅罗斯拉维奇一脉的领地;莫斯科成为丹尼尔·亚历山德罗维奇后代的领地。其他公国则不具有独立与世袭的地位。例如,在 13 世纪 50 年代,科斯特罗马(Kostroma)是由瓦西里·雅罗斯拉维奇王公统治的独立公国,他在 1272 年成为弗拉基米尔大公,然而在其 1277 年去世时,科斯特罗马却不再是一块独立的封地。[5]

---

[1] Fennell, *Emergence*, pp. 103-104.

[2] Fennell, *Crisis*, pp. 47, 111.

[3] Kuchkin, *Formirovanie gosudarstvennoi territorii*, pp. 110-113.

[4] Kuchkin, *Formirovanie gosudarstvennoi territorii*, pp. 110, 121. 这 8 个公国分别是斯塔罗杜布、苏兹达尔、特维尔、加利奇-德米特罗夫(Galich-Dmitrov)、科斯特罗马、莫斯科、下诺夫哥罗德-戈罗杰茨(Nizhnii Novgorod-Gorodets)和别洛奥焦尔。另参 Fennell, *Emergence*, p. 21。

[5] Kuchkin, *Formirovanie gosudarstvennoi territorii*, p. 119;Fennell, *Emergence*, pp. 21-22.

　　部分公国属性模糊,因而莫斯科王公能够长久地拥有它们。在 13 世纪末莫斯科王公争取担任弗拉基米尔大公之前,这一进程便已开始。如上所述,佩列亚斯拉夫尔-扎列斯基的地位陷入争议,德米特里·亚历山德罗维奇王公曾经统治这里,他也担任过弗拉基米尔大公。尽管他的弟弟安德烈与之争夺弗拉基米尔大公之位,德米特里依然保有对佩列亚斯拉夫尔-扎列斯基的权威。1294 年德米特里去世,他的儿子伊凡继承了这块领地。但是安德烈并不承认它是德米特里及其儿子们的世袭公国,认为它是大公国的领地,争端持续了十年。尽管安德烈不断请求脱脱可汗的帮助,但在 1296 年与 1300 年召开的王公会议上,特维尔王公米哈伊尔与莫斯科王公丹尼尔为伊凡·德米特里耶维奇保住了这片领土,同时通过军事手段捍卫他的地位。1302 年伊凡·德米特里耶维奇去世,丹尼尔的部队阻止了安德烈大公控制该城。1303 年丹尼尔去世,它接受其子尤里担任王公。直到 1341 年尤里的弟弟"钱袋"伊凡一世去世,佩列亚斯拉夫尔-扎列斯基一直都是莫斯科家族的领地。此后,这里再度被视作大公国的一部分,不过,当时担任大公的已是莫斯科王公。①

　　丹尼尔与他的儿子尤里还把谢尔普霍夫（Serpukhov）、科洛姆纳(Kolomna)和臭扎伊斯克纳入自己的领地。他们不仅使自己的领土扩大了两倍,还控制了整条莫斯科河以及从科洛姆纳到谢尔普霍夫一段的奥卡河流域。② 尽管 1304 年尤里无法确立对科斯特罗马的管辖权,但在莫斯科王公成为弗拉基米尔大公之后,科斯特罗马作为附属领地一并归他们所有。③ 获得这些公国之后,莫斯科王公的领地范围扩展,因而得以掌握这些土地上的战略经济资源。同时,通过控制与弗拉基米尔大公国相关的土地,他们也增加了自己担任大公的可能。

　　"钱袋"伊凡一世王公兼并了众多的公国,其中包括罗斯托夫公国的土地别洛奥焦尔、乌格利奇和加利奇,因此"钱袋"的孙子德米特里不断赞颂他。④ 有证

① Cherepnin, *Obrazovanie*, pp. 459-460; Vernadsky, *Mongols*, pp. 193-194; Fennell, *Crisis*, pp. 151-152.
② Fennell, *Emergence*, pp. 50-51; Crummey, *The Formation of Muscovy*, p. 35; Cherepnin, *Obrazovanie*, pp. 459-460; Vernadsky, *Mongols*, p. 193.
③ Fennell, *Crisis*, pp. 127-128; Fennell, *Emergence*, pp. 62, 112.
④ Wladimir Vodoff, "Apropos des 'achats' (kupli) d'Ivan Ier de Moscou", *Journal des Savants*, (1974): 95-96; A. I. Kopanev, "O 'kupliakh' Ivana Kality", *IZ*, 20 (1946): 24-37; Fennell, *Emergence*, pp. 177, 182-184, 191-193; Crummey, *The Formation of Muscovy*, p. 49; Borisov, "Moskovskie kniaz'ia", 35; Cherepnin, *Obrazovanie*, pp. 510-511.

据表明伊凡还向罗斯托夫派遣官员进行监督。① 尽管部分学者质疑伊凡是否真的获得了这些土地，但他确实把自己的女儿们分别嫁给了别洛奥焦尔、雅罗斯拉夫尔以及罗斯托夫的王公们，从而至少在罗斯托夫家族的三大分支内确立了自身的资历。② "钱袋"的继承人还把莫斯科东北部（尤里耶夫-波利斯基）和该城西边的土地［韦列亚（Vereia）和博罗夫斯克（Borovsk）］纳入自己的领地。

除了关注俄国东北部，弗拉基米尔大公还一直在谋求维持自己身为诺夫哥罗德王公的地位。在蒙古入侵的危难之际，雅罗斯拉夫·弗谢沃洛德王公就任弗拉基米尔大公，他最先采取的措施就是派自己的儿子亚历山大·涅夫斯基前往诺夫哥罗德。涅夫斯基抵挡住立陶宛的扩张，保卫了诺夫哥罗德及其邻国普斯科夫，立陶宛此时已经吞并波洛茨克，并且正在蚕食斯摩棱斯克。1245 年与 1248 年涅夫斯基两度打败立陶宛。③

然而，诺夫哥罗德不是弗谢沃洛德维奇家族或是留里克王朝任何其他支系的世袭领地。尽管在 13 世纪初，它一直接受弗拉基米尔王公担任自己的大公，但长期以来，诺夫哥罗德一直能够自行挑选并且驱逐王公。因此，当它对雅罗斯拉夫·雅罗斯拉维奇大公感到不满，并于 1270 年试图剥夺他的诺夫哥罗德王公之位时，诺夫哥罗德邀请德米特里·亚历山德罗维奇担任王公。德米特里当时予以拒绝。④ 但在雅罗斯拉夫去世（1271/1272 年）之后，他接受了诺夫哥罗德王公之位，以对抗自己的叔叔瓦西里·雅罗斯拉维奇，瓦西里担任弗拉基米尔大公之后，被迫发动战争夺回诺夫哥罗德王公之位。⑤

不过到了 14 世纪，诺夫哥罗德继续掌握王公的任命并且限制他们的权威，这使得莫斯科王公得以在此扩大自身的影响。1304 年，特维尔王公米哈伊尔·雅罗斯拉维奇成为大公，他向诺夫哥罗德派遣地方长官代行职权时遭到反对。尽管米哈伊尔在 1307 年成功确立了对诺夫哥罗德的统治，双方的关系依然十分紧张。1312 年，也就是在他朝见新可汗月即别汗的前一年，米哈伊尔与诺夫哥罗德再次发生冲突，他对诺夫哥罗德进行贸易封锁，从而迫使其

① Cherepnin, *Obrazovanie*, p. 509.
② Vodoff, "A propos des 'achats'", 109, 123；Kopanev, "O kupliakh", 27；Fennell, *Emergence*, pp. 177, 180-184, 193, 245；Cherepnin, *Obrazovanie*, p. 509.
③ *PSRL*, vol. I, cols. 471-472；*PSRL*, vol. III, pp. 79, 304；Fennell, *Crisis*, pp. 100, 102-103.
④ *PSRL*, vol. III, pp. 88, 320.
⑤ *PSRL*, vol. III, pp. 88-89, 322；*PSRL*, vol. X, p. 151；Fennell, *Crisis*, p. 129.

屈服。

诺夫哥罗德对米哈伊尔的不满为莫斯科王公尤里·丹尼洛维奇提供了机会,他也抓住了这个机会。因此,诺夫哥罗德陷入了特维尔与莫斯科王公的敌对关系之中,双方的敌对关系贯穿了 14 世纪头 30 年。米哈伊尔前去朝见月即别汗时,诺夫哥罗德邀请尤里担任自己的王公。在鞑靼军队的支持下,回归的米哈伊尔迫使诺夫哥罗德臣服于自己,而就在此时,月即别汗任命尤里担任大公。米哈伊尔在 1317 年打败了尤里,尤里撤退到诺夫哥罗德。尤里在担任大公的四年里,大部分时间都待在诺夫哥罗德,而非俄国东北部。他一心扑在诺夫哥罗德上,这使新的对手德米特里·米哈伊洛维奇有理由要求月即别汗撤换大公,从而让特维尔王公重新坐上大公之位。这一请求获得了支持——尤里搜集诺夫哥罗德的珍宝送给可汗,途中却遭到德米特里的兄弟亚历山大抢劫(1322 年)。接着,尤里回到诺夫哥罗德,在 1323 年与 1324 年两年里他都在为其服务。他在拉多加湖边的奥列霍夫(Orekhov)修筑堡垒,让诺夫哥罗德与瑞典达成和约,并且因为大乌斯秋格阻断了诺夫哥罗德人进出东北地区的通道而对其发起远征。1325 年他再次带着珍宝前往汗国,却被德米特里王公杀害。[1]

诺夫哥罗德的商业财富决定了它在政治斗争中的重要地位,进贡给可汗的白银都来自这里。到 14 世纪,征收与运送贡品的职责从八思哈转移到了弗拉基米尔大公。[2] 通过成功征收、运送贡品与礼物,献给可汗以及其他有权势的鞑靼贵族,罗斯王公能够获得可汗的信任与支持。若其未能履行职责,则使可汗有理由撤换大公,向其他王公颁发大公国封册,并且让其负责运送贡品。尤里重视诺夫哥罗德事务,正是因为他要控制这里的经济,从而满足向可汗纳贡的要求。诺夫哥罗德经大乌斯秋格从遥远的东北部运来高档毛皮,瑞典人和日尔曼人再用银币购买这些毛皮,尤里支持诺夫哥罗德的商业活动也就获得了它的财富。

伊凡·丹尼洛维奇担任弗拉基米尔大公时也密切参与诺夫哥罗德的事务,他在这里定期征收用于纳贡的财富以及其他特定的款项。14 世纪 30 年代,金帐汗国与伊利汗国交战,猛增的军费开支加大了财政压力,伊凡为此也

---

[1]　*PSRL*, vol. III, pp. 94-97, 335-339；Vernadsky, *Mongols*, pp. 96, 100-101.
[2]　Ibid., pp. 199, 228.

向诺夫哥罗德施加更多的压力。1332 年,即伊凡刚刚获得大公国封册之后,他就要求诺夫哥罗德支付特别款项(扎卡姆斯基白银,zakamskoe serebro),并且通过阻断其与俄国东北部的联系迫使该城顺从。诺夫哥罗德首次向立陶宛求助,并且欢迎格季明的儿子纳里芒塔(Narimunt)担任王公。1334—1335 年,它再次承认伊凡为自己的王公。伊凡还向诺夫哥罗德的北方公国施压。尽管尤里迫使大乌斯秋格为诺夫哥罗德开放东北部通道,但伊凡为征收贡品进攻了大乌斯秋格与诺夫哥罗德。1337 年,他还派部队夺取诺夫哥罗德的北德维纳河地区。1339 年,伊凡再次要求诺夫哥罗德缴纳高额的税赋,双方再次发生冲突,这场冲突一直持续到 1341 年伊凡去世。[1]

尽管诺夫哥罗德予以抵制,但是丹尼洛维奇家族依然主导了该城并且掌握了它的财富。学界普遍认同莫斯科王公控制了诺夫哥罗德的商品供给,如高档毛皮,丹尼洛维奇家族还从这里获得大量的白银,用来向金帐汗国的可汗纳贡,从而展现自身的可靠。作为回报,可汗则向他们授予弗拉基米尔大公之位。[2]

大公"钱袋"伊凡一世统治末期,弗拉基米尔王公的领土定位有所改变。他们减少了与俄国西部和西南部的联系,转而聚焦俄国东北部、诺夫哥罗德和金帐汗国。丹尼洛维奇家族不断拓展自己的领土范围,其权力甚至延伸到俄国东北部的世袭公国。他们开始扭转 13 世纪以来弗拉基米尔公国与罗斯托夫分裂成数个公国的趋势。丹尼洛维奇家族遏制领土的分裂,扩大领地的范围,征服或是削弱对手,获得大量经济、人力资源,他们因而能够更好地收税、集结军事力量,并且向蒙古纳贡。

除了不断扩展在俄国东北部世袭公国的权威,丹尼洛维奇家族还谋求诺夫哥罗德王公之位。诺夫哥罗德作为重要的财富来源,成为特维尔王公和莫斯科王公之间争夺的目标。丹尼洛维奇家族在获得弗拉基米尔大公之位前,就已经通过捍卫诺夫哥罗德的商业利益和保护商路获得了诺夫哥罗德的支持。不过,尤里·丹尼洛维奇在与特维尔王公竞争时,为了诺夫哥罗德的利益而保持了商路畅通,伊凡·丹尼洛维奇却控制了诺夫哥罗德及其商业资源。

尽管丹尼洛维奇家族将弗拉基米尔与诺夫哥罗德一并收入囊中,与瑞典

---

[1]　*PSRL*, vol. III, pp. 99, 344-348, 350; Janet Martin, *Medieval Russia 980-1584* (Cambridge: Cambridge University Press, 1995), pp. 184-185; Martin, *Treasure*, p. 131; Fennell, *Emergence*, pp. 140, 148, 153, 156-157, 242-243; Bernadskii, *Novgorod*, p. 24.

[2]　Borisov, "Moskovskie kniaz'ia", 35; Halperin, *The Tatar Yoke*, p. 81; Fennell, *Emergence*, p. 193; Martin, *Medieval Russia*, pp. 182, 185.

和利沃尼亚骑士团发生战争,但他们并不关注俄国的西部边疆。他们在同特维尔王公的斗争中赢得了金帐汗国可汗的支持,获得了弗拉基米尔大公之位,而与此同时,立陶宛王公格季明则把自己的影响力扩张到了罗斯西部的公国,斯摩棱斯克、切尔尼戈夫和基辅都效忠他和他的儿子阿尔吉德(Ol'gerd,1345—1377年在位)。1340年加利西亚和沃利尼亚王公尤里二世去世,沃利尼亚落入立陶宛之手。格季明把自己的女儿嫁给了特维尔王公德米特里·米哈伊洛维奇(1320年),并且接受了普斯科夫王公之位(1323年)。1332年,诺夫哥罗德邀请其子纳里芒塔担任王公,这显然表明诺夫哥罗德也在考虑让立陶宛接替弗拉基米尔。立陶宛不断向俄国东北部渗透,挑战着莫斯科王公的权威。①

四、教会

尽管金帐汗国曾经确认"长臂"尤里的子孙统治弗拉基米尔的权力,但它在任命丹尼洛维奇家族成为弗拉基米尔人公时否定了基辅罗斯的传统。丹尼洛维奇家族采取了一系列政策削弱与基辅罗斯其他公国的联系,在俄国北部的领地范围内进一步巩固自身的权威。教会与王朝一样给予基辅罗斯身份认同并且界定它的范围,但教会没有限制自身的利益范围与活动场所。都主教们继续把基辅罗斯所有土地上的东正教人口视作自己的子民,并且抵制分割教会领地。

蒙古入侵之后,领导俄国教会的第一批都主教是西里尔(1242—1280/1281年)和马克西姆(1282/1283—1305年)。尽管基辅被毁,但到13世纪末它一直都是教会活动的中心。不过,教会关注的是整个都主教区。因此,虽然西里尔是由加利西亚王公丹尼尔提名为都主教的,但他在任期内走遍了整个教区。据称,他曾六次前往俄国东北部。1252年他曾在弗拉基米尔欢迎亚历山大·涅夫斯基返回该城,1263年他主持了涅夫斯基的葬礼;西里尔自己在佩列亚斯拉夫尔-扎列斯基去世。不出门的时候,他就待在基辅,去世之后他的遗

---

① Vernadsky, *Mongols*, pp. 202-203, 238; Fennell, *Emergence*, pp. 98-99, 104, 122-123.

体也被运回这里。[1] 马克西姆同样为整个教区服务。[2] 1299 年,马克西姆把都主教的宅邸搬到了弗拉基米尔。[3]

与弗拉基米尔王公一样,都主教也要适应金帐汗国的存在。1261 年,都主教西里尔在萨莱建立了一个新的主教辖区。忙哥帖木儿就任可汗不久,就给予了教会特权,免除他们的纳税义务和兵役任务。作为回报,神职人员为可汗祈祷,并且承认其宗主地位的合法性。[4] 14 世纪 40 年代,都主教费奥格诺斯特被迫应对贾尼别克汗[5](Khan Janibek)对教会特权的变更。[6]

马克西姆与继任者彼得(Petr,1308—1325 年)、费奥格诺斯特(1328—1353 年)以及阿列克谢(Aleksei,1354—1378 年)区别于俄国东北部王公,他们没有减少与西部和西南部公国的互动,并且把政治重心转向俄国北部与金帐汗国,而是致力于维持教会领地的统一。马克西姆离开基辅之后,分割罗斯都主教辖区的苗头出现了。1303 年左右,加利西亚发起了对教区统一的首个挑战,罗斯西南主教辖区被设为一个都主教辖区[7],不过它的存在时间很短。加利西亚王公尤里·利沃维奇(Iurii L'vovich)是丹尼尔的孙子,提名彼得担任西南部教区的第二任都主教,而彼得却被选任接替马克西姆(逝于 1305 年)担任基辅和全罗斯的都主教。加利西亚都主教辖区因此解体,整个基辅与全罗斯都主教辖区重新统一。[8] 彼得保持了这种统一状态,但是加利西亚对整个教区的挑战并未就此消失。在彼得晚年,加利西亚再次建起了一个都主教辖区

① PSRL, vol. I, col. 473; PSRL, vol. X, pp. 139, 143; Jaroslaw Pelenski, "The Origins of the Muscovite Ecclesiastical Claims to the Kievan Inheritance (Early Fourteenth Century to 1458/1461)", in Gasparov and Raevsky-Hughes (eds.), *Slavic Cultures in the Middle Ages*, p. 103; Ostrowski, "Why Did the Metropolitan Move?", 83, 87, 92; Fuhrmann, "Metropolitan Cyril II", 162-164, 166, 171.

② Fuhrmann, "Metropolitan Cyril II", 164; Meyendorff, *Byzantium and the Rise of Russia*, p. 79.

③ Ostrowski, "Why Did the Metropolitan Move?", 93-94.

④ Nasonov, *Mongoly i Rus'*, p. 45; Vernadsky, *Mongols*, pp. 165-166; Crummey, *The Formation of Muscovy*, p. 31; Fuhrmann, "Metropolitan Cyril II", 168.

⑤ 按照突厥语读音,本卷译作"贾尼别克汗"。——译者注

⑥ Meyendorff, *Byzantium and the Rise of Russia*, pp. 160-161; Borisov, *Russkaia tserkov'*, p. 68.

⑦ Meyendorff, *Byzantium and the Rise of Russia*, p. 92; Borisov, *Russkaia tserkov'*, p. 39; Fennell, *Emergence*, pp. 68, 125; Pelenski, "Muscovite Ecclesiastical Claims", 105.

⑧ Meyendorff, *Byzantium and the Rise of Russia*, pp. 92-94; Dimitri Obolensky, "Byzantium, Kiev and Moscow: A Study in Ecclesiastical Relations", *Dumbarton Oaks Papers*, 11 (Cambridge, Mass.: Harvard University Press, 1957); reprinted in Dimitri Obolensky, *Byzantium and the Slavs: Collected Studies* (London: Variorum Reprints, 1971), 35; Fennell, *Emergence*, pp. 68-69, 125-126; Borisov, *Russkaia tserkov'*, pp. 39, 43-44; Presniakov, *Formation*, p. 242.

（1325 年）。不过新一任俄国都主教费奥格诺斯特在去弗拉基米尔的路上途经加利西亚，重建了西南部的主教辖区（1327 年）。1331 年费奥格诺斯特前往该地时，新的都主教辖区仅仅存在数月，他再次挫败了加利西亚建立都主教辖区的尝试，接着在 1332 年赶往君士坦丁堡。1341 年加利西亚又出现了一个都主教辖区，都主教费奥格诺斯特继续竭尽全力将其废止，1347 年终于废除了它。①

　　除了加利西亚想从基辅都主教辖区分离出来这种反复出现的威胁外，还有一个挑战来自立陶宛。在 14 世纪第二个 25 年里，立陶宛不断兼并曾经属于基辅罗斯的教会领地。在格季明统治时期（1316—1341 年）与阿尔吉德统治时期（1345—1377 年），立陶宛的势力延伸到斯摩棱斯克、切尔尼戈夫以及基辅。1340 年加利西亚与沃利尼亚王公尤里二世去世之后，沃利尼亚落入立陶宛之手。1332 年，立陶宛人纳里芒塔成为诺夫哥罗德王公，立陶宛的影响蔓延到诺夫哥罗德、普斯科夫和特维尔。② 立陶宛一方面对这些公国的东正教人口确立权威，另一方面在 1315—1319 年建立了一个独立的都主教辖区。1330 年，该教区的都主教西奥菲勒斯（Theophilus/Feofil）去世，没有任命继任者。费奥格诺斯特 1332 年仍在君士坦丁堡，可能促成了这一职位的空缺。③ 1352 年，在费奥格诺斯特去世前夕，立陶宛敦促派人掌管自己的都主教辖区。君士坦丁堡几乎无人响应这一请求，特尔诺沃（Trnovo，保加利亚）牧首宣告狄奥多勒（Theodoret）成为立陶宛都主教。④ 狄奥多勒宣布掌管阿尔吉德治下的全部东正教区，包括基辅在内。尽管狄奥多勒遭到君士坦丁堡解除职务并逐出教会，但他继续担任立陶宛教区的都主教，直到 1354 年君士坦丁堡任命阿列克谢为罗斯都主教，并且任命罗曼为立陶宛都主教（1355 年）。⑤ 罗曼也把承认立陶

① Meyendorff, *Byzantium and the Rise of Russia*, pp. 94, 154-158, 161-162; Presniakov, *Formation*, p. 242; Fennell, *Emergence*, pp. 125-129; Borisov, *Russkaia tserkov'*, p. 71; Pelenski, "Muscovite Ecclesiastical Claims", 105; Dimnik, "Galicia-Volynia", pp. 68-69.
② Vernadsky, *Mongols*, pp. 202-203, 238; Fennell, *Emergence*, pp. 104, 122-123.
③ Fennell, *Emergence*, pp. 129-130; Meyendorff, *Byzantium and the Rise of Russia*, pp. 95, 152; Pelenski, "Muscovite Ecclesiastical Claims", 105.
④ *PSRL*, vol. X, p. 226; Meyendorff, *Byzantium and the Rise of Russia*, pp. 164-165; Presniakov, *Formation*, p. 243; Obolensky, "Byzantium, Kiev and Moscow", 40; Fennell, *Emergence*, pp. 130, 134; Pelenski, "Muscovite Ecclesiastical Claims", 105.
⑤ *PSRL*, vol. XV, col. 63; John Meyendorff, "Alexis and Roman: A Study in Byzantino-Russian Relations (1352-1354)", *St Vladimir's Theological Quarterly*, 11 (1967), 143; Meyendorff, *Byzantium and the Rise of Russia*, pp. 166-170; Presniakov, *Formation*, p. 243; Dimitri Obolensky, "Byzantium and Russia in the Late Middle Ages", in J. R. Hale, J. R. L. Highfield and B. Smalley (eds), *Europe in the Late Middle Ages* (London: Faber （转下页）

宛宗主地位的基辅纳入自己的教会领地。阿列克谢极力收回立陶宛主教辖区,他多次前往君士坦丁堡和基辅,在基辅时还被关押了两年。直到1362年罗曼去世,基辅与全罗斯都主教辖区依然处于分裂状态。①

因此,尽管莫斯科王公对米哈伊尔·雅罗斯拉维奇王公及其子担任弗拉基米尔大公提出了质疑,而且努力迎合可汗以推翻王朝传统的资历要求与继承原则,都主教们却一再重申基辅罗斯的遗产是维持教区统一的基础,并且请求君士坦丁堡的大牧首支持自己的立场。

虽然都主教们与丹尼洛维奇家族并没有共同的目标,但他们的一些行动却帮助莫斯科王公确立了在俄国东北部的政治主导地位。都主教们承认蒙古可汗对俄国领土的宗主权,责成人们遵守可汗的裁决,其中包括弗拉基米尔大公的人选。大牧首选择彼得而非特维尔王公米哈伊尔提名的人选担任基辅与全罗斯的都主教,彼得本人常被视为偏袒莫斯科王公。② 彼得与特维尔王公米哈伊尔(后来成为弗拉基米尔大公)以及特维尔主教安德烈之间的关系十分紧张。1310年底抑或1311年初,在一次大牧首代表和罗斯托夫主教共同出席的教会会议上,安德烈主教指责彼得买卖圣职,双方的关系跌至冰点。③ 彼得把都主教官邸非正式地搬到莫斯科,表现出对莫斯科明显的偏爱④,此外他还与伊凡·丹尼洛维奇合作修建了圣母升天大教堂(1325年),后来他也葬在这里。⑤ 在他去世(1325年12月)之后不久,彼得被封为圣徒,莫斯科也成为他的信徒的中心。⑥ 不过,正如 N. S. 鲍里索夫(N. S. Borisov)所言,在1315—1325年间,即与特维尔王公的冲突最激烈的时候,没有记录表明彼得曾经帮助莫斯科王公。⑦

（接上页）and Faber, 1965）；reprinted in Dimitri Obolensky, *Byzantium and the Slavs: Collected Studies* (London: Variorum Reprints, 1971), p. 256; Fennell, *Emergence*, p. 302; Borisov, *Russkaia tserkov'*, pp. 79-80; G. M. Prokhorov, *Povest'o Mitiae. Rus' i Vizantiia v epokhu kulikovskoi bitvy* (Leningrad: Nauka, 1978), p. 42.

① Presniakov, *Formation*, pp. 244-245, 253; Meyendorff, *Byzantium and the Rise of Russia*, pp. 170-171; Meyendorff, "Alexis and Roman", 139, 144; Prokhorov, *Povest'o Mitiae*, p. 26 (1362); Obolensky, "Byzantium and Russia", 256; Borisov, *Russkaia tserkov'*, p. 80.

② Ibid., pp. 43-44.

③ Ibid., p. 45; Pelenski, "Muscovite Ecclesiastical Claims", 103; Fennell, *Emergence*, pp. 71-72; Presniakov, *Formation*, p. 114.

④ Pelenski, "Muscovite Ecclesiastical Claims", 103-104; Fennell, *Emergence*, p. 192.

⑤ *PSRL*, vol. X, p. 190; Presniakov, *Formation*, p. 121; Fennell, *Emergence*, pp. 191-192.

⑥ Pelenski, "Muscovite Ecclesiastical Claims", 107; Presniakov, *Formation*, pp. 121-122.

⑦ Borisov, "Moskovskie kniaz'ia", 33-34.

费奥格诺斯特的行动也有助于莫斯科在与特维尔的冲突中获胜。1327年特维尔爆发起义,亚历山大王公逃往普斯科夫,因为普斯科夫为亚历山大提供庇护,都主教将其全部人口逐出教会。他做出这个对亚历山大不利的决定很可能是因为特维尔与立陶宛之间存在密切的关系,而他的对手都主教西奥菲勒斯宣称有权管辖俄国西南部的主教辖区。① 费奥格诺斯特此举也促使教会同意了可汗的决定,即解除特维尔王公的大公头衔。由此丹尼洛维奇家族担任大公也就获得了又一重合法性。1354年,莫斯科终于正式成为都主教驻地,该城因而迅速成为俄国东北部的教会中心。

在莫斯科王公与特维尔王公的长期矛盾当中,教会的以上举动表现出对莫斯科王公的支持,不过还有其他一些举动虽然在政治上并非彻底中立,但至少没有完全偏向俄国东北部或是丹尼洛维奇家族。唐纳德·奥斯特洛夫斯基(Donald Ostrowski)表示,13世纪末,为了避免卷入诺盖与脱脱之间的冲突,马克西姆放弃了基辅。他是在逃离基辅的途中做出定居弗拉基米尔的决定的,并非有意抬高罗斯东北部某个公国的地位。② N. S. 鲍里索夫指出,1304年,都主教马克西姆试图阻止莫斯科王公尤里挑战特维尔王公米哈伊尔就任大公,然而并未成功。③ 他还认为都主教彼得、费奥格诺斯特与阿列克谢并非始终如一地支持莫斯科王公。尽管莫斯科王公可能从他们的一些举动中获益,但是都主教采取这些行动出于其他方面的考量。因此,费奥格诺斯特在就任罗斯都主教之初把亚历山大·米哈伊洛维奇逐出教会,并非出于对亚历山大·米哈伊洛维奇在莫斯科的对手的忠诚,而是在履行对蒙古可汗的义务。同样,他在离任之际支持阿列克谢接替自己,并非因为阿列克谢的波雅尔出身会使其效忠莫斯科王公,而是因为他看重阿列克谢与俄国东北部和西南部两方面的关系。鲍里索夫也注意到都主教的行动并非是为了莫斯科王公的利益。费奥格诺斯特缺席教会祝圣仪式,是因为莫斯科成为教会中心;他与封为圣徒的彼得断绝关系,是因为彼得与莫斯科关系密切;他也不同意谢苗的第三次婚姻,是因为这场联姻的目的是改善莫斯科与特维尔的关系,这些都表明费

---

① Fennell,*Emergence*,p. 103;Borisov,*Russkaia tserkov'*,p. 67;Borisov,"Moskovskie kniaz'ia",36.

② Donald Ostrowski,"Why Did the Metropolitan Move?",92-95. 另参 Meyendorff,*Byzantium and the Rise of Russia*,p. 46。

③ Borisov,*Russkaia tserkov'*,pp. 39-40.

奥格诺斯特在政治上和思想上与莫斯科王公保持距离。①

尽管都主教的一些举动客观上有助于莫斯科王公夺取弗拉基米尔的宝座,但教会与丹尼洛维奇家族的政治目标并不一致,在 1359 年之前他们也没有结成同盟。这一结论有别于 A. E. 普列斯尼亚科夫(A. E. Presniakov)以及一批学者所持的观点,他们认为都主教与丹尼洛维奇家族有着密切的合作。②即使都主教把教区从基辅搬到弗拉基米尔,然后搬到莫斯科,并且介入弗拉基米尔的内政与王朝斗争,王朝与教会之间的目标和政策仍然存在显著的分歧。弗拉基米尔王公的政治中心局限在俄国北部,与之相对,都主教的视野更为广阔,他们继续关注整个大教区。同时,王公们严重依赖可汗的支持,在政治上和商业上与萨莱密切合作,而都主教一方面建立与萨莱的关系,另一方面继续寻求君士坦丁堡大牧首的指导与支持。都主教的首要目标并非服务弗拉基米尔,也不是效忠丹尼洛维奇家族;他们致力于维持教区的统一,防止世俗政治领域的分裂蔓延到教会。

五、14 世纪中叶的俄国东北部

到 14 世纪中叶,丹尼洛维奇家族获得了弗拉基米尔大公之位。在月即别汗的支持下,他们战胜了特维尔王公,"钱袋"伊凡一世成功坐上弗拉基米尔的宝座。1341 年伊凡一世与月即别汗去世之后,月即别汗的继任者依次是迪尼别克汗(Tinibek,1341—1342 年)、贾尼别克汗(1342—1357 年)以及别儿迪别汗(Berdibek,1357—1359 年),他们授予伊凡的儿子谢苗(1341—1353 年)和伊凡二世(1353—1359 年)弗拉基米尔大公之位。因为教会和家族的其他支系都未表示支持,莫斯科王公的统治缺乏来自国内的合法性,他们只得依靠金帐汗国的可汗保住自己的地位。

在"钱袋"伊凡一世统治期间以及此后,王朝一直不愿承认莫斯科王公的

---

① Borisov, "Moskovskie kniaz'ia", 38 – 40; Borisov, *Russkaia tserkov'*, pp. 60ff.; S. B. Veselovskii, *Feodal'noe zemlevladenie v severo-vostochnoi Rusi* (Moscowand Leningrad: AN SSSR, 1947), pp. 333-334.

② Presniakov, *Formation*, pp. 114-115, 121-122, 239-240; Pelenski, "Muscovite Ecclesiastical Claims", 103-104; Fennell, *Emergence*, pp. 191-192; Martin, *Medieval Russia*, p. 390.

资历,尽管月即别汗偏爱丹尼洛维奇家族,但是其他坚持家族传统的留里克王公都拒绝提供支持。因此,1339 年亚历山大·米哈伊洛维奇朝见月即别汗时,别洛奥焦尔与雅罗斯拉夫尔的王公陪他一道。此次朝见途中,亚历山大遭到处决。[①] 尚不清楚别洛奥焦尔王公日后的遭遇,但 1341 年雅罗斯拉夫尔王公瓦西里·达维多维奇(Vasilii Davydovich)加入了特维尔和苏兹达尔王公一方,反对谢苗·伊凡诺维奇就任大公。[②] 1353 年,诺夫哥罗德提名苏兹达尔王公康斯坦丁·瓦西里耶维奇(Konstantin Vasil'evich)担任弗拉基米尔大公。然而,贾尼别克汗把大公封册颁给了谢苗的兄弟,即莫斯科王公伊凡·伊凡诺维奇。[③]

为了让王朝内部的反对者们保持中立,"钱袋"伊凡一世把自己的女儿嫁给了家族成员。1320 年,他的哥哥尤里也曾把女儿嫁给康斯坦丁·米哈伊洛维奇,而康斯坦丁是其对手德米特里和特维尔王公亚历山大·米哈伊洛维奇的兄弟。[④] 1327 年亚历山大逃离特维尔,不过直到 1339 年,康斯坦丁在统治中才与自己妻子的叔叔"钱袋"伊凡一世趋于和睦。[⑤] 与之类似,伊凡一世也把一个女儿嫁给了罗斯托夫王公康斯坦丁·瓦西里耶维奇(1328 年)。1339 年雅罗斯拉夫尔与别洛奥焦尔王公表示支持特维尔王公亚历山大,伊凡一世让自己的两个女儿分别嫁给了他们的儿子。伊凡一世作为岳父享有资历,那些抵制他的王朝支系也因姻亲关系不得不接受他的地位。[⑥] 1347 年,他的儿子谢苗试图通过同样的方式扩大自己在特维尔的影响,因为前一年康斯坦丁·米哈伊洛维奇王公的去世,这里出现了内乱。然而,都主教费奥格诺斯特拒绝批准大公的第三次婚姻,因此在未经教会同意的情况下,谢苗娶了已逝王公康斯坦丁·米哈伊洛维奇的女儿。[⑦]

比起祖父丹尼尔、叔叔尤里以及父亲伊凡,谢苗与伊凡二世的领土扩张政策都不太成功,他们未能如先辈一样巩固在弗拉基米尔的权力。莫斯科王公

[①] *PSRL*, vol. X, pp. 208-211; *PSRL*, vol. III, pp. 349-350; *PSRL*, vol. XV, cols. 418-420; Fennell, *Emergence*, pp. 244-245.

[②] Ibid., pp. 181 n. 2, 213, 225.

[③] *PSRL*, vol. III, p. 363.

[④] *PSRL*, vol. XV, cols. 413-414.

[⑤] *PSRL*, vol. XV, col. 417; Fennell, *Emergence*, p. 226.

[⑥] Kopanev, "O kupliakh", 27, 30, 34; Fennell, *Emergence*, pp. 177, 181, 245; Cherepnin, *Obrazovanie*, p. 509.

[⑦] *PSRL*, vol. X, pp. 217-218; Borisov, *Russkaia tserkov'*, p. 67; Fennell, *Emergence*, pp. 225-233.

把自身的权威扩展到其他世袭公国和诺夫哥罗德,进一步扩充可供汲取的资产,他们因此不仅能够广泛地征收税款,还能征募足够的军事力量。[1]　然而,伊凡二世在位时,扩张遭到了遏制。丹尼洛维奇家族牢牢地掌握着弗拉基米尔大公之位。在自己的世袭领地内,他们控制着内部的土地分割,避免像罗斯托夫以及 14 世纪 40 年代的特维尔一样,但是在 14 世纪中叶,弗拉基米尔大公的权威受限,谢苗即使凭借婚姻与大公头衔也不足以凌驾于特维尔之上。1341年,经月即别汗和贾尼别克汗批准,苏兹达尔与下诺夫哥罗德合并成一个独立运转的大公国,从而挑战了丹尼洛维奇家族的弗拉基米尔王公的地位。梁赞之前对自己的北部邻国一直恭顺,现在却对莫斯科控制从科洛姆纳到谢尔普霍夫一段的奥卡河表示不满,为此还与莫斯科产生了边境纠纷,尽管莫斯科早在 14 世纪初就兼并了这片领土。罗斯托夫与雅罗斯拉夫尔的王公们也在努力摆脱谢苗的权威。[2]

　　谢苗和伊凡二世还在逐渐失去诺夫哥罗德的忠诚。1339 年,诺夫哥罗德与“钱袋”伊凡一世发生争端,伊凡去世之后,他的儿子谢苗威胁派遣军队前往诺夫哥罗德边境征收特别款项,双方的矛盾才得以平息。1346 年,谢苗抵达诺夫哥罗德担任王公。尽管谢苗与伊凡二世要求诺夫哥罗德支付巨额钱款,他们却没有履行保卫诺夫哥罗德的义务。正如 1337—1338 年间伊凡一世未能帮助诺夫哥罗德挡住瑞典的进攻,十年之后,在 1346 年和 1348 年,谢苗也未能抵挡住立陶宛和瑞典的攻势。伊凡·伊凡诺维奇派遣自己的弟弟同瑞典人作战,并且占领了尤里·丹尼洛维奇王公于 1323 年修建的奥列霍夫要塞,但是他自己却离开了诺夫哥罗德,没有加入战斗。1349 年 2 月,诺夫哥罗德人在经历了长达六个月的围城之后,在没有莫斯科帮助的情况下收复了奥列霍夫。诺夫哥罗德人在维堡(Vyborg)对瑞典人的驻地发起了反攻,诺夫哥罗德与瑞典就此停止敌对,弗拉基米尔大公依旧没有提供支持。事实上,尤里·丹尼洛维奇是最后一位真正领导诺夫哥罗德军队的王公。[3]　因此,诺夫哥罗德不仅反对

①　Cf. Fennell, *Emergence*, p. 193.
②　Borisov, *Russkaia tserkov'*, p. 65; Cherepnin, *Obrazovanie*, pp. 537 – 538; Presniakov, *Formation*, pp. 194 – 195, 238; Fennell, *Emergence*, pp. 50, 65 – 66, 175 – 176, 220 – 221; Vernadsky, *Mongols*, p. 226.
③　*PSRL*, vol. III, pp. 358-361; Presniakov, *Formation*, pp. 236-237; Cherepnin, *Obrazovanie*, pp. 543 – 544; Fennell, *Emergence*, pp. 154 – 155, 157, 247 – 248, 261 – 262, 265 – 269; Bernadskii, *Novgorod*, pp. 22, 33-34.

伊凡二世就任大公,还一直推迟允许伊凡二世担任诺夫哥罗德王公,后来他们基本上自行处理事务,不去征询伊凡二世的意见。①

* * *

1359 年伊凡二世去世时,界定基辅罗斯的两大机构——留里克王朝与东正教会继续塑造着俄国东北部,但是金帐汗国的宗主权彻底改变了王朝的面貌。丹尼洛维奇家族是王朝的莫斯科支系,虽然并不符合传统标准,但是他们掌握了弗拉基米尔大公国,他们的政治地位取决于金帐汗国可汗的偏爱与权力。大公减少了与罗斯西南部公国的联系,这些地区逐渐成为立陶宛的势力范围,俄国东北部也在努力适应金帐汗国的存在,他们力图主导贡品的征收,控制贸易的往来,并且扩大自身的军事规模,加强王宫扈从的力量。不过,丹尼洛维奇家族在俄国东北部的权威受到限制,他们无法控制特维尔与苏兹达尔-下诺夫哥罗德大公国,他们南边的邻居梁赞也不受管控。此外,立陶宛不断向诺夫哥罗德与东北部公国施加影响,而在此前,它们都由弗拉基米尔大公领导。

教会也保留了自身的权威。都主教迥异于莫斯科王公,试图维持基辅罗斯全部教区的统一。他们不断采取措施,压制加利西亚和立陶宛分裂基辅与全罗斯大教区的企图。都主教没有与俄国西南部断绝联系,而是继续前往这些地区以及君士坦丁堡和萨莱。他们依然保持着广阔的视野,关注着基辅罗斯的所有东正教教众。

1359 年,别儿迪别汗的统治遭到颠覆,金帐汗国出现了 20 年的政治动乱。俄国东北部丹尼洛维奇家族赖以支撑的基础就此动摇。伊凡二世的继承人是他的幼子德米特里,虽然需要填补金帐汗国方面缺失的支持,但是德米特里既无法向其他王公求助,因为这些王公并未完全接受丹尼洛维奇家族统治的合法性,也不能转而求助于都主教阿列克谢,因为阿列克谢担心教区分裂而与莫斯科保持距离。金帐汗国政治失序,加之没有获得王朝与教会的切实支持,德米特里·伊凡诺维奇的未来飘忽不定,莫斯科王公在弗拉基米尔以及俄国东北部的地位危如累卵。

---

① *PSRL*, vol. III, p. 99; Bernadskii, *Novgorod*, p. 24; Martin, *Medieval Russia*, pp. 184-186.

第七章　莫斯科的兴起(1359—1462年)

珍妮特·马丁

　　在蒙古入侵以及金帐汗国征服俄国土地后的百年间,莫斯科王公丹尼洛维奇家族在俄国东北部获得了显赫地位。通过赢得金帐汗国可汗的支持,他们成功地打破了继承传统,成为弗拉基米尔大公。但是丹尼洛维奇王公无法获得俄国东北部其他支系的完全支持,后者呼吁正统原则,而且难以取得教会的助力,都主教致力于实现基辅教区以及罗斯全境的团结一致。因此,他们指望金帐汗国的可汗延续对其的支持,从而确保自身的地位。然而在 1359 年,别儿迪别汗被推翻,金帐汗国陷入长达 20 年的内战。丹尼洛维奇家族的权力基础也因此动摇。

　　不过,丹尼洛维奇家族并未就此失去弗拉基米尔王公的宝座。尽管金帐汗国走向衰落并且出现剧烈冲突,他们也没有宣布放弃效忠可汗,或是让俄国东北部脱离鞑靼的统治走向独立。相反,虽然极不情愿且减少了进贡的频率,包括丹尼洛维奇家族在内的俄国北方的王公们依然继续前往金帐汗国领取封册和进贡。[①] 莫斯科王公领导的俄国东北部并未崛起,它无力取代分崩离析的金帐汗国成为东欧的主导者,而是由一个更为强大并且充满活力的立陶宛承担这一职责,并对俄国的西部和北部施加影响。不过,丹尼洛维奇家族开始在自己的疆域内减少对可汗的依赖,并且不断拓展国内的支持——这些支持来自与王朝支系中的前对手以及教会的关系。随着金帐汗国逐渐走向解体,统治到 1389 年的德米特里·伊凡诺维奇与其继任者瓦西里一世·德米特里耶维奇(1389—1425 年)、瓦西里二世·瓦西里耶维奇(1425—1462 年)通过建设

---

① Gustave Alef, "The Origins of Muscovite Autocracy. The Age of Ivan III", *FOG*, 39 (1986): 40; Donald Ostrowski, "Troop Mobilization by the Muscovite Grand Princes (1313-1533)", in Eric Lohr and Marshall Poe (eds.), *The Military and Society in Russia, 1450-1917* (Leiden, Boston and Köln: Brill, 2002), pp. 25, 34, 38.

和发展这些基本要素,确立了自己作为莫斯科公国统治者的合法性,并为他们的后代垄断了这些广袤土地的王公一职。

一、丹尼洛维奇家族与金帐汗国

早在金帐汗国出现政治动乱之前,已经爆发了各种社会经济剧变。导致此种动荡的一大原因就是黑死病。1346—1347 年,鞑靼首都萨莱、阿斯特拉罕以及黑海沿岸的港口城市出现黑死病。1364 年,黑死病再次肆虐萨莱,十年之后又席卷了金帐汗国。[1]

此外,在经济上维持蒙古帝国的商业网络发生了摩擦。奥斯曼土耳其占领加利波利(Gallipoli),扩张到巴尔干地区,从而扰乱了进出黑海的海上交通。当时中国的元朝已经覆灭(1368 年),取代蒙古人的明朝统治者对促进跨大陆贸易兴趣寥寥,而此前丝绸之路的商品往来奠定了整个帝国的商业基础。由于在商路两端同时受挫,控制着西部商路北方分支的金帐汗国的商业活动与财政收入纷纷锐减。[2]

金帐汗国的人口和经济问题进一步加剧了别儿迪别汗死后爆发的政治危机。之后的 20 年里,萨莱的王位数十次易手。一些鞑靼部族就此收回对萨莱可汗的支持,转而承认地方领袖。金帐汗国一度出现七位可汗同时在位的情况。一批成吉思汗家族之外的强势领袖和贵族的出现使得局势更为复杂,他们把成吉思汗家族的被保护人推上王位。其中最为著名的就是马麦(Mamai),他控制了金帐汗国的西部。这场骚乱中还出现了一批来自术赤兀鲁思东部的竞争者们,其中最有名的就是脱脱迷失(Tokhtamysh),他们竞相

---

① Lawrence N. Langer, "The Black Death in Russia. Its Effects upon Urban Labor", *RH*, 2 (1975): 55-56; Gustave Alef, "The Crisis of the Muscovite Aristocracy: A Factor in the Growth of Monarchical Power", *FOG*, 15 (1970); reprinted in his *Rulers and Nobles in Fifteenth-Century Muscovy* (London: Variorum Reprints, 1983), p. 36; *PSRL*, vol. X (St. Petersburg: Arkheograficheskaia kommissiia, 1885; reprinted Moscow: Nauka, 1965), p. 217; *PSRL*, vol. XI (St Petersburg: Arkheograficheskaia kommissiia, 1897; reprinted Moscow: Nauka, 1965), p. 21.

② David Morgan, *The Mongols* (Oxford and New York: Blackwell, 1986), pp. 134-135, 204; George Vernadsky, *The Mongols and Russia* (*A History of Russia*, *vol. III*) (New Haven: Yale University Press and London: Oxford University Press, 1953), pp. 91-92, 205, 246, 268.

争夺金帐汗国的领导权。①

1378 年脱脱迷失控制萨莱,危机开始平息。1381 年,他打败了马麦,使金帐汗国获得暂时的稳定。不过十年之后,他被自己之前的保护人帖木儿(Timur/Tamerlane)打败。帖木儿并非成吉思汗家族的后裔,他以中亚的撒马尔罕(Samarkand)为首都,建立了自己的帝国。虽然脱脱迷失无法控制术赤兀鲁思东部,但其在萨莱的地位维持到 1395—1396 年,直到帖木儿对萨莱、阿斯特拉罕以及顿河河口的亚速(塔纳)发起进攻。帖木儿的军事行动对金帐汗国的主要城镇和商业中心带来了毁灭性打击。②

当脱脱迷失逃到立陶宛之际,另一个并非成吉思汗家族的后裔也迪该(Edigei)乘机把持了金帐汗国。他通过控制帖木儿·忽都鲁(Timur Kutlugh)可汗进行统治,在 1399 年打败了立陶宛王公维陶塔斯(Vitovt)支持的脱脱迷失。也迪该的统治持续到 1411 年,直到他的女婿把他从萨莱赶走。尽管他像脱脱迷失一样想要重新统一金帐汗国,但是其社会经济基础已经严重削弱。在 15 世纪的第二个 25 年里,金帐汗国分裂成克里米亚汗国、喀山汗国和阿斯特拉罕汗国。

金帐汗国的政治动乱影响了俄国东北部的政治局势。1359 年,即别儿迪别汗被推翻当年,伊凡二世大公去世;继承人是其九岁的儿子德米特里,即后来的德米特里·顿斯科伊(Dmitrii Donskoi)。别儿迪别去世之后,俄国王公前往萨莱接受新的封册。他们尚在途中时,别儿迪别的继任者就被推翻。新的可汗纳兀鲁思(Navruz)未向德米特里·伊凡诺维奇颁发弗拉基米尔大公的封册,而是把这一位置给了德米特里·康斯坦丁诺维奇,他是苏兹达尔和下诺夫哥罗德王公(1360 年)。③ 纳兀鲁思被推翻并由库迪尔(Kudyr')取代之后,罗

① PSRL, vol. XV: Rogozhskii letopisets; Tverskoi sbornik (Moscow: Iazyki russkoi kul'tury, 2000), cols. 68 - 69, 70 - 71; Vernadsky, Mongols, pp. 204, 245 - 246; L. V. Cherepnin, Obrazovanie russkogo tsentralizovannogo gosudarstva v XIV-XV vekakh (Moscow: Sotsial'no-ekonomicheskaia literatura, 1960), p. 551; A. N. Nasonov, Mongoly i Rus' (Moscow and Leningrad: AN SSSR, 1940; reprinted The Hague and Paris: Mouton, 1969), pp. 117-124; L. N. Gumilev, Drevniaia Rus' i velikaia step' (Moscow: Mysl', 1989), pp. 617-618.

② PSRL, vol. XI, pp. 127, 157, 158-159; Vernadsky, Mongols, pp. 269, 270, 271-273, 274-277; Janet Martin, Treasure of the Land of Darkness: The Fur Trade and its Significance for Medieval Russia (Cambridge: Cambridge University Press, 1986), p. 33; Robert O. Crummey, The Formation of Muscovy 1304-1613 (London and New York: Longman, 1987), p. 64.

③ PSRL, vol. X, p. 231; PSRL, vol. XV, cols. 68 - 69; Cherepnin, Obrazovanie, p. 552; Nasonov, Mongoly i Rus', p. 121; N. S. Borisov, Russkaia tserkov' v politicheskoi （转下页）

斯王公再次前来接受封册。然而内战十分激烈,不仅库迪尔遇害,王公们也受了伤,私人财物还遭抢劫。[①]

1362 年,从声称有权统治金帐汗国的两位可汗其中一人手里,莫斯科王公德米特里·伊凡诺维奇终于拿到统治弗拉基米尔大公国的封册。[②] 这位可汗以及德米特里背后的保护人是马麦。促使马麦支持德米特里的一个关键因素在于,德米特里能够运送贡品,这对想要获取并且维持主导金帐汗国权力的马麦而言尤为关键。此前,俄国北部通过商业活动获得白银。商路沿线的安全对商品流动而言极其重要,这些货物运往汉萨同盟和条顿骑士团以换取白银,其他欧洲的货物则被运往金帐汗国用来纳贡。但是金帐汗国的内部纷争致使从俄国土地通往南方的商路中断。早在 1360 年,强盗和水匪(ushkuinniki)就在伏尔加河沿岸的重要城市抢劫。在下诺夫哥罗德遇袭之后,德米特里·伊凡诺维奇对强盗的大本营诺夫哥罗德施压,要求约束这些不法之徒。[③]

德米特里不仅要求诺夫哥罗德对海盗造成的破坏负责,还要求其对从汉萨同盟和条顿骑士团的进口削减负责。到 1367 年,商业关系不断恶化。诺夫哥罗德与蚕食普斯科夫边境的条顿骑士团陷入敌对关系。1369 年,汉萨同盟对诺夫哥罗德的白银进口征收关税。1373 年,汉萨同盟禁止向诺夫哥罗德出口白银,这项政策实施了整整两年。到 1375 年,诺夫哥罗德和日耳曼商人遭到扣押,货物也被没收,双方的商业关系更是一落千丈。此时,马麦迫切需要寻找一个能够搜集并且运送贡品的代理人,因此把弗拉基米尔大公的封册从德米特里手中转发给特维尔王公米哈伊尔·亚历山德罗维奇(1370 年),后来再返还给德米特里(1371 年)。1373 年德米特里停止纳贡之后,马麦再次向米哈伊尔颁发封册(1375 年)。[④]

德米特里公然违抗马麦,拒绝把宝座和弗拉基米尔城交给米哈伊尔。由

(接上页)*bor'be XIV-XV vekov* (Moscow: Moskovskii universitet, 1986), p. 81; Ostrowski, "Troop Mobilization", p. 28.

① *PSRL*, vol. XV, col. 71; Cherepnin, *Obrazovanie*, p. 552; Nasonov, *Mongoly i Rus'*, pp. 118-120, 122.

② *PSRL*, vol. XI, p. 2; *PSRL*, vol. XV, cols. 72, 74.

③ *PSRL*, vol. XV, col. 69; Janet Martin, "Les uškujniki de Novgorod: Marchands ou Pirates?", *Cahiers du monde russe et soviétique*, 16 (1975), 5-18; Cherepnin, *Obrazovanie*, p. 553.

④ *PSRL*, vol. XI, pp. 15-16; *PSRL*, vol. XV, col. 110; A. E. Presniakov, *The Formation of the Great Russian State. A Study of Russian History in the Thirteenth to Fifteenth Centuries*, trans. A. E. Moorhouse (Chicago: Quadrangle Books, 1970), pp. 249, 265; A. L. Khoroshkevich, *Torgovlia Velikogo Novgoroda s pribaltikoi i zapadnoi Evropoi v XIV-XV vekakh* (转下页)

于金帐汗国深受黑死病肆虐之苦,马麦的命令无法执行。德米特里击败米哈伊尔,保住了自己的地位。在此之后,他选择归入苏兹达尔-下诺夫哥罗德王公德米特里·康斯坦丁诺维奇麾下,以此恢复伏尔加河沿岸的秩序(1377 年)。不过,他再也没有纳贡。1378 年,他的军队与马麦的一支队伍发生冲突。[①] 1378 年,脱脱迷失控制了萨莱。马麦虽不是金帐汗国的正统统治者,但却是最有权的人,在此次冲突中其地位受到严重挑战。

在此情势之下,俄国北部的贡品不仅代表他的权威,更是其军队获得补给所仰赖的财政来源。为了获得立陶宛和梁赞的支持,马麦要求德米特里进贡。德米特里没有纳贡,马麦于是对他发起军事行动。然而,弗拉基米尔大公临时从罗斯托夫、雅罗斯拉夫尔、别洛奥焦尔、大乌斯秋格、科洛姆纳、科斯特罗马、佩列亚斯拉夫尔以及俄国北部的其他公国招募了一支军队。两支军队在库利科沃(Kulikovo)交战(1380 年),德米特里打败马麦,赢得"顿斯科伊"(Donskoi)的称号。次年,鞑靼领袖请来脱脱迷失助战,然而再次大败。[②]

德米特里·顿斯科伊与金帐汗国的关系相当复杂。他承认金帐汗国的权威以及从可汗手里获取封册的正当性。然而在金帐汗国内部出现纷争之后,他依靠马麦和马麦任命的可汗。但是德米特里也挑战了马麦。他拒不接受马麦把弗拉基米尔的封册转颁给特维尔王公米哈伊尔·亚历山德罗维奇的决定,而且在作为商业来源的白银减少之后,他没有遵守规定与承诺继续纳贡。最终,他同马麦交战并且打败了马麦。当脱脱迷失占领萨莱、打败马麦之时,德米特里·顿斯科伊像俄国东北部其他的王公一样,立即承认金帐汗国可汗的宗主权,并且派遣信使赠送价值不菲的礼物。不过脱脱迷失并没有对他采取特殊的关照,反而发起进攻。不同于 1380 年的情势,德米特里无法组建一

(接上页)(Moscow: AN SSSR, 1963), pp. 109, 280; A. L. Khoroshkevich, "Iz istorii ganzeiskoi torgovli (Vvoz v Novgorod blagorodnykh metallov v XIV-XV vv.)", in *Srednie veka. Sbornik*, no. 20 (Moscow: AN SSSR, 1961), p. 108; E. A. Rybina, *Torgovlia srednevekovogo Novgoroda. Istorikoarkheologicheskie ocherki* (Velikii Novgorod: Novgorodskii gosudarstvennyi universitet, 2001), pp. 135-139.

① *PSRL*, vol. XI, p. 25; Vernadsky, *Mongols*, p. 258; Charles Halperin, *The Tatar Yoke* (Columbus, Oh.: Slavica, 1986), p. 95; Crummey, *Formation of Muscovy*, p. 52.

② *PSRL*, vol. XI, pp. 52, 54; Halperin, *The Tatar Yoke*, pp. 99-101, 104; Vernadsky, *Mongols*, p. 263; Crummey, *Formation of Muscovy*, pp. 53, 57; Donald Ostrowski, *Muscovy and the Mongols. Cross-Cultural Influences on the Steppe Frontier, 1304-1589* (Cambridge: Cambridge University Press, 1998), pp. 155-156; V. A. Kuchkin, "Dmitrii Donskoi", *VI*, 1995, nos. 5-6: 75-76.

支军队对抗脱脱迷失，于是逃离了遭到脱脱迷失包围和洗劫的莫斯科。德米特里依然是弗拉基米尔大公，他派自己的儿子瓦西里向脱脱迷失纳贡，瓦西里后来留在脱脱迷失的宫廷里充当人质。①

德米特里打败马麦的举动没有改变俄国东北部和金帐汗国的基本关系。德米特里及其继任者仍须仰赖可汗颁发封册，以获得担任弗拉基米尔大公的合法性。他们继续向可汗进贡。因此，1382 年之后德米特里铸造的硬币一面刻有"德米特里·伊凡诺维奇大公"的字眼，另一面则刻着"苏丹脱脱迷失万岁！"的铭文。瓦西里一世在硬币上宣称自己是"全罗斯的大公"，但是到 1399 年也迪该在沃尔斯克拉河(Vorskla)战役中打败脱脱迷失及其盟友立陶宛王公维陶塔斯之时，他也在硬币的另一面刻下"苏丹脱脱迷失万岁！"这类字眼。1408 年之后，瓦西里的硬币上面再次出现尊奉蒙古人的符号。②

然而，莫斯科公国王公与金帐汗国的关系本质却在不断变化。在帖木儿罢免脱脱迷失之后，非成吉思汗家族后裔的也迪该在金帐汗国主持大局，他再次发起了针对俄国东北部的军事行动(1408 年)。他觉得很有必要用武力降伏俄国东北部，并让瓦西里一世服从自己的宗主权。据称，瓦西里没有亲自出现在他的面前，而是扣留贡品，并向身为其对手和敌人的脱脱迷失的儿子们提供庇护。③

即使在 15 世纪 20 年代，当金帐汗国分崩离析之际，俄国北方的王公们依然承认可汗的权威。1430 年，当尤里·德米特里耶维奇王公与自己的侄子瓦西里二世·瓦西里耶维奇大公争夺弗拉基米尔和德米特罗夫王公之位时，两位王公转向兀鲁黑-马哈麻(Ulu-Muhammed)求助。可汗任命瓦西里二世担任大公，不过他的裁决没有足够的权威，因此未能解决争端。瓦西里二世为了

① Crummey, *Formation of Muscovy*, pp. 57-58；Halperin, *The Tatar Yoke*, pp. 99-100, 116-117；Cherepnin, *Obrazovanie*, p. 649；Ostrowski, *Muscovy and the Mongols*, p. 156；Presniakov, *Formation*, p. 270；Janet Martin, *Medieval Russia 980-1584* (Cambridge：Cambridge University Press, 1995), pp. 214, 384-385.
② Thomas Noonan, "Forging a National Identity：Monetary Politics during the Reign of Vasilii I (1389-1425)", in A. M. Kleimola and G. D. Lenhoff (eds.), *Culture and Identity in Muscovy, 1359-1584* (Moscow：ITZ-Garant, 1997), pp. 495, 501-503；*PSRL*, vol. XI, pp. 172-174.
③ *PSRL*, vol. XI, pp. 205-206；Ostrowski, "Troop Mobilization", p. 38；A. A. Gorskii, *Moskva i Orda* (Moscow：Nauka, 2000), pp. 127-133；Charles Halperin, "The Russian Land and the Russian Tsar：The Emergence of Muscovite Ideology, 1380-1408", *FOG*, 23 (1976)：55-56；Crummey, *Formation of Muscovy*, p. 65；Vernadsky, *Mongols*, pp. 286-287；Nasonov, *Mongoly i Rus'*, p. 144.

保住自己的地位，与自己的叔伯、堂兄弟开战，这场战争持续了将近 25 年。[①] 瓦西里二世是最后一位在鞑靼可汗处接受封册的丹尼洛维奇王公，也是第一个未经可汗同意直接指定自己继任者的王公。[②]

兀鲁黑-马哈麻指定瓦西里二世担任弗拉基米尔大公多年以后，他带领部族离开克里米亚半岛向北迁徙。[③] 1437 年在俄国与立陶宛边境附近的别廖夫 (Belev)，鞑靼人遭遇了瓦西里堂兄弟率领的罗斯大军。鞑靼汗国继续沿着奥卡河东迁。与罗斯军队数次交战之后，他们与带领一小支队伍的瓦西里二世在苏兹达尔开战 (1445 年)。瓦西里二世受伤被俘。据称，在瓦西里二世承诺支付 20 万卢布的赎金并提高贡赋金额之后，兀鲁黑-马哈麻将其释放。瓦西里二世大公于 1445 年 11 月回到莫斯科。[④] 兀鲁黑-马哈麻的汗国继续转移，最后在伏尔加河中游落脚，由此创立了喀山汗国 (1445 年)。

尽管金帐汗国解体，兀鲁黑-马哈麻领导的汗国羸弱不堪，大公瓦西里二世依然承认鞑靼可汗的宗主权。但在 1447 年，兀鲁黑-马哈麻遭到儿子谋杀篡位，他的另两个儿子卡西姆 (Kasim) 和雅库布 (Iakub) 逃离汗国。他们来到瓦西里二世的宫廷为其效劳。卡西姆的效力使其获赐奥卡河沿岸的土地，这里即日后闻名的卡西莫夫 (Kasimov) 汗国，它是莫斯科公国的附庸。[⑤] 从 14 世纪 30 年代开始，就有源源不断的鞑靼贵族纷纷效力丹尼洛维奇王公，卡西姆及其兄弟不过是最近一批而已。[⑥] 出现这些效力莫斯科王公的鞑靼人，代表着权力的平衡开始转移，金帐汗国余部的权势不再，莫斯科公国崛起。

尽管他们没有否认鞑靼可汗的宗主权，也没有永久性地停止进贡，但丹尼洛维奇王公逐渐扭转了与领土不断分崩离析的鞑靼可汗的关系。如果按照军

① A. A. Zimin, *Vitiaz' na rasput'e. Feodal'naia voina v Rossii XV v.* (Moscow: Mysl', 1991), pp. 43, 45-47.

② Alef, "Origins", 40.

③ Vernadsky, *Mongols*, p. 293; Gustave Alef, "The Battle of Suzdal' in 1445. An Episode in the Muscovite War of Succession", *FOG*, 25 (1978); reprinted in Gustave Alef, *Rulers and Nobles in Fifteenth-Century Muscovy* (London: Variorum Reprints, 1983), p. 12.

④ *PSRL*, vol. XII (St. Petersburg: Arkheograficheskaia kommissiia, 1901; reprinted Moscow: Nauka, 1965), pp. 63-65; *PSRL*, vol. III: *Novgorodskaia pervaia letopis'* (Moscow: Iazyki russkoi kul'tury, 2000), p. 426; Alef, "The Battle of Suzdal", 14-15, 17-19; Ostrowski, "Troop Mobilization", p. 22; Cherepnin, *Obrazovanie*, p. 787.

⑤ Janet Martin, "Muscovite Frontier Policy: The Case of the Khanate of Kasimov", *RH*, 19 (1992): 169-170, 174; Vernadsky, *Mongols*, p. 331.

⑥ Ostrowski, "Troop Mobilization", pp. 37-39; Ostrowski, *Muscovy and the Mongols*, p. 54.

事行动的胜负衡量,脱脱迷失、也迪该和兀鲁黑-马哈麻在苏兹达尔战役中获胜,意味着权力的天平依然偏向蒙古可汗。但是如果观察寻求莫斯科王公庇护并且为其效力的鞑靼贵族人数,同时对效忠可汗、进献礼物这一情况不予考虑,那么在瓦西里二世统治末期,莫斯科王公的能力不断加强,权力的重心也在向新崛起的莫斯科公国倾斜。

二、丹尼洛维奇家族与王朝

1359 年,伊凡二世大公去世,他的儿子德米特里没有立刻即位。纳兀鲁思可汗把弗拉基米尔大公国的封册颁发给了苏兹达尔和下诺夫哥罗德王公德米特里·康斯坦丁诺维奇(1360 年)。尽管"钱袋"伊凡一世通过联姻方式确保了数个家族的忠诚,德米特里·伊凡诺维奇的叔叔罗斯托夫王公康斯坦丁·瓦西里耶维奇、莫斯科王公的堂兄别洛奥焦尔王公伊凡·费奥多罗维奇,以及德米特罗夫的德米特里·鲍里索维奇纷纷支持德米特里·康斯坦丁诺维奇。[1]

不过,在德米特里·伊凡诺维奇拿到大公国的封册之后,效忠于他的部队,其中包括他的兄弟伊凡(1364 年去世)和堂兄弗拉基米尔·安德烈耶维奇的部队,把他的敌人从弗拉基米尔赶走(1262—1263 年),并且阻止其再次踏足这里。[2] 随后,德米特里·伊凡诺维奇让对手们的支持者失去了宝座。1363年,德米特里·伊凡诺维奇把斯塔罗杜布和加利奇王公驱逐出其土地。次年,他迫使王公康斯坦丁·瓦西里耶维奇离开罗斯托夫前往乌斯秋格。康斯坦丁的侄子是德米特里·伊凡诺维奇的盟友,他取代了康斯坦丁成为罗斯托夫王公。[3] 1364 年,两位德米特里和解。1366 年,德米特里·伊凡诺维奇迎娶德米特里·康斯坦丁诺维奇的女儿,两人达成同盟关系。德米特里·康斯坦丁诺维奇并未就此成为这位年轻的弗拉基米尔大公的下属,只是出让了弗拉

---

[1]　Martin, *Medieval Russia*, pp. 207-208.

[2]　*PSRL*, vol. X, pp. 233-234; *PSRL*, vol. XI, p. 2; Cherepnin, *Obrazovanie*, p. 554; Nasonov, *Mongoly i Rus'*, pp. 120, 124; Ostrowski, "Troop Mobilization", p. 28; Vernadsky, *Mongols*, p. 252.

[3]　*PSRL*, vol. XI, p. 2; Wladimir Vodoff, "A propos des 'achats' (kupli) d'Ivan Ier de Moscou", *Journal des Savants* (1974): 115; Martin, *Treasure*, p. 132; John Fennell, *The Emergence of Moscow 1304-1359* (Berkeley and Los Angeles: University of California Press, 1968), pp. 182-183.

基米尔大公国,支持德米特里·伊凡诺维奇,并且向他提供重要的军事援助。①

　　1367 年,德米特里·伊凡诺维奇与苏兹达尔王公结成同盟,贬黜了后者的支持者们,并且确立了自己在众人之上的权威。他还接任诺夫哥罗德王公,并开始在莫斯科周围修筑防御工事,这进一步巩固了他的政治地位。② 德米特里大公接着向其潜在的挑战者特维尔王公米哈伊尔·亚历山德罗维发起了冲击。当时,特维尔王朝的两个支系发生内乱,米哈伊尔·亚历山德罗维奇一方胜出。德米特里对结果予以干涉,让米哈伊尔的对手登上了特维尔王公的宝座。1367 年双方发生冲突,一直持续到 1375 年德米特里打败米哈伊尔。德米特里无法把米哈伊尔赶下特维尔王公宝座,不过无论是米哈伊尔还是其强大的盟友,立陶宛王公阿尔吉德都无法打败德米特里。尽管他们对莫斯科进行了长达三天的围城(1368 年),但他们依然无法攻破城墙。1370 年德米特里对特维尔领土发动进攻,米哈伊尔向马麦求助,正是在这一年里,马麦把弗拉基米尔的封册颁发给了特维尔王公。③ 不过,德米特里从马麦那里拿回了封册,保住了来自俄国东北部王公和诺夫哥罗德的支持,并且打败了米哈伊尔(1372 年)。④ 德米特里和米哈伊尔达成协议,不过和解仅维持到 1375 年,同年米哈伊尔再次获得弗拉基米尔大公国的封册。但是德米特里获得了他从前的对手苏兹达尔王公的军事支持,并且获得了俄国东北部其他王公以及诺夫哥罗德的帮助,因此取得了对米哈伊尔的决定性胜利。⑤ 在随后达成的和约中,两位大公地位对等,但是米哈伊尔承认德米特里的优先地位,宣布放弃诺夫哥罗德的王公一职,并且同意放弃与立陶宛和金帐汗国建立独立的关系。⑥

① *PSRL*, vol. XI, p. 7; Cherepnin, *Obrazovanie*, pp. 554 - 555; Nasonov, *Mongoly i Rus'*, pp. 120, 124-125; Vodoff, "Achats", 115; A. I. Kopanev, "O 'kupliakh' Ivana Kality", *IZ*, 20 (1946), 25; Ostrowski, "Troop mobilization", pp. 28-30.

② Lawrence N. Langer, "The Medieval Russian Town", in Michael Hamm (ed.), *The City in Russian History* (Lexington: University of Kentucky Press, 1976), p. 26; Ostrowski, *Muscovy and the Mongols*, p. 129; David B. Miller, "Monumental Building as an Indicator of Economic Trends in Northern Rus' in the Late Kievan and Mongol Periods, 1138 - 1462", *American Historical Review*, 94 (1989): 370, 377, 379.

③ *PSRL*, vol. XI, p. 14; Kuchkin, "Dmitrii Donskoi", 68; Presniakov, *Formation*, pp. 247 - 249; Borisov, *Russkaia tserkov'*, pp. 84-85; Crummey, *Formation of Muscovy*, p. 46.

④ *PSRL*, vol. XI, pp. 16, 19; Presniakov, *Formation*, pp. 249-250.

⑤ *PSRL*, vol. XI, p. 22; Presniakov, *Formation*, pp. 250-251.

⑥ *Dukhovnye i dogovornye gramoty velikikh i udel'nykh kniazei XIV - XVI vv.*, ed. L. V. Cherepnin (Moscow and Leningrad: AN SSSR, 1950), no. 9, pp. 25 - 28; Presniakov, *Formation*, pp. 251 - 252; Wladimir Vodoff, "La Place du grand-prince de Tver' dans les structures politiques russes de la fin du XIVe et du XVe siècle", *FOG*, 27 (1980): 33.

囿于自身的年轻以及金帐汗国的内乱,德米特里无法获得一个强势的蒙古可汗的坚定支持,但他保住了弗拉基米尔大公一职。并且,他还经受住了来自苏兹达尔与特维尔王公的挑战,他们都想争夺弗拉基米尔大公国。14 世纪70 年代之后,家族中再也没有其他支系质疑莫斯科王公担任弗拉基米尔大公了。到其统治末期,德米特里·伊凡诺维奇甚至还能直接指定自己的继承人。

德米特里的优势在于能够获得战胜对手的必要军事支持。在没有蒙古可汗援助的情况下,德米特里更多地依靠亲戚和盟友提供军事力量,而此前他们都是依靠金帐汗国的武力执行继位决议的。德米特里的权力扩张到俄国东北部的一些王公身上,他还与其他人结成同盟,从而获得了事实上和象征意义上的影响力。在他们的帮助下,德米特里能够组建庞大的军队,大肆扩张莫斯科王公的权威,因此比起自己的父亲伊凡和叔叔谢苗,他在奉行祖父的政策上更为成功。1360 年,科斯特罗马和加利奇都被纳入了莫斯科公国的领土范围之内。① 1364 年,德米特里大公任命安德烈·费奥多罗维奇为罗斯托夫王公,德米特里不仅赢得了他的效忠,还获得了罗斯托夫的军事力量——这支部队在1360 年支持了德米特里·康斯坦丁诺维奇王公。②

因此,1375 年德米特里迎战特维尔王公米哈伊尔时,他能集结一支由"所有罗斯王公"部队组建的军队,苏兹达尔、罗斯洛夫、雅罗斯拉夫尔、别洛奥焦尔和斯塔罗杜布的王公——囊括在内。③ 同样在 1380 年,当德米特里与马麦在库利科沃交战时,他的军队也是由各个公国的军事力量组成的,其中包括别洛奥焦尔、雅罗斯拉夫尔、罗斯托夫、乌斯秋格、科斯特罗马、科洛姆纳、佩列亚斯拉夫尔以及其他公国。④

德米特里的儿子兼继任者瓦西里一世继续执行父亲的政策,但是由于其岳父立陶宛王公维陶塔斯的扩张行动,他不得不放缓步伐。1395 年维陶塔斯攫取罗斯西部的公国斯摩棱斯克,瓦西里没有采取任何阻止行动,他也无力遏制立陶宛在俄国北部的中心城镇特维尔和诺夫哥罗德扩展影响力。⑤ 不过,瓦西里获得了下诺夫哥罗德,根据 1391 年与脱脱迷失达成的协议,下诺夫哥罗

---

① Ostrowski, "Troop Mobilization", p. 30; Fennell, *Emergence*, pp. 67, 112.
② Martin, *Treasure*, pp. 132, 234 n. 80.
③ *PSRL*, vol. XI, pp. 22-23.
④ *PSRL*, vol. XI, pp. 52, 54; Alef, "Origins", 18.
⑤ *PSRL*, vol. III, p. 400; *PSRL*, vol. XI, pp. 162, 204; Presniakov, *Formation*, p. 280; Vernadsky, *Mongols*, pp. 280, 284.

德脱离苏兹达尔公国,归入莫斯科公国。[1] 他还拿下了穆罗姆和戈罗杰茨。尽管在15世纪初及其头25年里,他一直努力夺取诺夫哥罗德的北部领土德维纳河地区,在此过程中他曾让军事长官取代乌斯秋格王公,但是始终未能拿下这片土地。[2] 瓦西里的父亲夺取了加利奇、别洛奥焦尔、斯塔罗杜布和乌格利奇,瓦西里则在这串名单后面加上了乌斯秋格、下诺夫哥罗德、穆罗姆和戈罗杰茨。德米特里在其遗嘱中把弗拉基米尔、佩列亚斯拉夫尔、科斯特罗马和尤里耶夫都留给了瓦西里一世。[3]

莫斯科公国控制着罗斯东北部的各个公国,不仅增强了自身的军事力量,大公还能获取更多经济资源。蒙古可汗与埃米尔们(emir)的进贡要求给大公带来了沉重的压力。贡品由1389年的每年5 000卢布上升到1401年的7 000卢布,在瓦西里一世统治时期一直维持此种水平。[4] 面对这一压力,莫斯科王公于1380年采取了军事行动,在1382年和1408年造成了惨烈的结果,不过,莫斯科王公可以利用赋税征收与蒙古人的纳贡要求推动自身的经济发展。尽管他们已经进献了足额的贡品,但他们还是保留了各种各样的赋税,例如关税和过路费,以充盈自己的国库。[5] 1364年,莫斯科公国确立了对罗斯托夫的领导权,获得了从罗斯托夫、乌斯秋格以及东北部彼尔姆(Perm')地区征收贡品的权利。1367年,根据编年史记载,大公也获得了在诺夫哥罗德的东北地区这样做的权力。彼尔姆的斯特凡(Stefan)让维切格达-彼尔姆(Vychegda Perm')的居民皈依了基督教,诺夫哥罗德都主教为他们划出了一个主教辖区(1383

① Nasonov, *Mongoly i Rus'*, pp. 138-139; Alef, "Origins", 19, 152; Presniakov, *Formation*, pp. 226-227; Noonan, "Forging a National Identity", 511.

② Martin, *Treasure*, pp. 134-135; Cherepnin, *Obrazovanie*, pp. 697-702.

③ *Dukhovnye i dogovornye gramoty*, no. 12, p. 34; *PSRL*, vol. XI, p. 2; V. A. Kuchkin, *Formirovanie gosudarstvennoi territorii severo-vostochnoi Rusi v X-XV vv.* (Moscow: Nauka, 1984), pp. 143-144, 232, 239, 242, 305-306, 308; Vodoff, "Achats", 107; Presniakov, *Formation*, p. 274.

④ Michel Roublev, "The Mongol Tribute According to the Wills and Agreements of the Russian Princes", in Michael Cherniavsky (ed.), *The Structure of Russian History. Interpretive Essays* (New York: Random House, 1970), p. 526.

⑤ Ostrowski, *Muscovy and the Mongols*, pp. 119-121; *Dukhovnye i dogovornye gramoty*, no. 4, p. 15 and no. 12, p. 33; S. M. Kashtanov, "Finansovoe ustroistvo moskovskogo kniazhestva v seredine XIV v. po dannym dukhovnykh gramot", in *Issledovaniia po istorii i istoriografii feodalizma. K 100-letiiu so dnia rozhdeniia akademika B. D. Grekova* (Moscow: Nauka, 1982), p. 178.

年),莫斯科则强制这些地区向其纳贡和交易毛皮。①

莫斯科王公拨出一部分财富用于装点城市。砖石建筑反映了 14 世纪初俄国北部的经济复苏,在德米特里·伊凡诺维奇和他的儿子瓦西里统治时期,仍在继续兴建砖石建筑。大卫·米勒(Daivd Miller)指出,在 1363—1387 年之间,俄国东北部修建了 16 座此种建筑,占据了俄国东北部全部砖石建筑的四分之一。在接下来的 25 年里,俄国北部又修建了 21 座砖石建筑,其中 29% 位于俄国东北部。② 这其中还包括保卫莫斯科的城墙。

由于黑死病的肆虐,始于 14 世纪中叶的修道院运动也促进了新建筑的发展。③ 在莫斯科的东部、东南部和北部纷纷修筑了建有围墙的修道院。尽管圣三一修道院不能抵挡脱脱迷失和也迪该的进攻,但莫斯科周边的修道院仍能起到为城市提供防御的屏障作用。谢尔普霍夫和科洛姆纳的修道院也建有防御工事,在莫斯科公国的南部边疆起到防御作用。④

莫斯科王公权力的巩固还得益于家族支系较少和内部团结一致。由于黑死病以及其他影响人口的因素,丹尼洛维奇家族的规模一直很小。通过父子相传或是大公分配,每位王公都有自己的公国,但是丹尼洛维奇家族的土地并没有像罗斯托夫王公那样被分割成大量弱小的公国。仅有一位堂兄弟,即谢尔普霍夫王公弗拉基米尔·安德烈耶维奇,与德米特里·顿斯科伊大公共享公国领地(见图 7.1)。丹尼洛维奇王公之间的关系相对友善,不像特维尔的统治家族那样一分为二,在 14 世纪中期相互敌对。丹尼洛维奇一系和平共享家族领地和财政收入,丹尼洛维奇王公的朝臣们也能自由改投其他家族成员门下。

① P. Doronin, "Dokumenty po istorii Komi", *Istoriko-filologicheskii sbornik Komi filiala AN SSSR*, 4 (1958), 257 - 258; Martin, *Treasure*, pp. 132 - 133; Ostrowski, *Muscovy and the Mongols*, p. 125; Crummey, *Formation*, p. 121; John Meyendorff, *Byzantium and the Rise of Russia. A Study of Byzantino-Russian Relations in the Fourteenth Century* (Cambridge: Cambridge University Press, 1981), pp. 136 - 137.

② Miller, "Monumental Building", 368, 373; Ostrowski, *Muscovy and the Mongols*, p. 130.

③ Pierre Gonneau, "The Trinity-Sergius Brotherhood in State and Society", in A. M. Kleimola and G. D. Lenhoff (eds.), *Culture and Identity in Muscovy*, *1359 - 1584* (Moscow: ITZ-Garant, 1997), p. 119.

④ Miller, "Monumental Building", 372; Borisov, *Russkaia tserkov'*, p. 112; Nancy Shields Kollmann, *Kinship and Politics: The Making of the Muscovite Political System*, *1345 - 1547* (Stanford, Calif.: Stanford University Press, 1987), pp. 32 - 33; Crummey, *Formation of Muscovy*, p. 121.

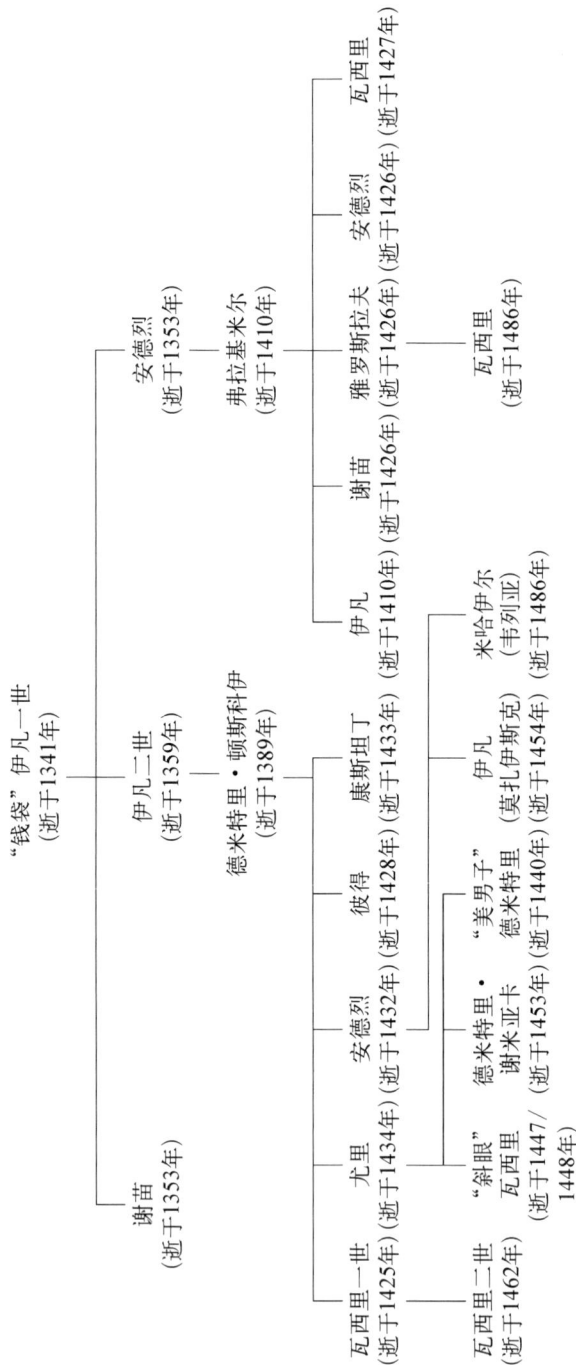

图 7.1 "钱袋"伊凡一世王公及其后裔

这一状况一直维持到 1425 年大公瓦西里·德米特里耶维奇去世。他的四个兄弟以及他的儿子瓦西里依然在世。自丹尼洛维奇家族成为弗拉基米尔大公,家族不同支系间首次发生争端。家族内部的不和演变成一场旷日持久的激烈内战,战事分为三个阶段。交战的原因主要是两点。首先就是王朝的资历和继承问题。

依据传统,如果大公之位空缺,应当由家族内资历最老的合格成员继承大公。资历最老的王公是指上一代中最年长的成员。继承权原本限定在父亲担任过大公的王公之间,由此遵循横向或称旁系继承模式。大公由年长的哥哥传给年幼的弟弟或堂弟。当一代人中所有的合格成员都已担任大公或是去世时,才会传位给下一代人。先前大公的儿子们再根据年龄长幼继承宝座。即使蒙古可汗把弗拉基米尔大公之位赋予丹尼洛维奇家族(根据上述规定他们没有资格继位,因为丹尼尔从未做过大公),他们也按照横向继承原则发布封册。

因此根据以上规定,"钱袋"伊凡一世在其兄尤里之后继位。伊凡去世之后,王公之位传给下一代人,他的长子谢苗成为弗拉基米尔大公。黑死病夺去了谢苗及其儿子还有弟弟安德烈的性命,活卜来的伊凡二世继承了宝座。伊凡二世是自己这一代中的最后一人,在他去世之后,宝座传给了他的儿子德米特里。由于家族规模较小以及成员早夭,在遵循横向继承原则的同时,事实上已经形成了父传子的纵向继承原则。

尽管王朝其他成员抗议他们的继承原则,丹尼洛维奇王公们都接受了由年长成员担任大公。1389 年瓦西里一世继承王公之位,莫斯科的王朝支系曾发出微弱的抗议。谢尔普霍夫王公弗拉基米尔·安德烈耶维奇是德米特里·顿斯科伊的堂弟,显然反对瓦西里继位,尚不清楚弗拉基米尔·安德烈耶维奇自己是否想要争取担任大公。尽管他作为上一代人资历更老,但他的父亲在1353 年死于黑死病,从来没有当过大公,因此不具备继承资格。[1]

1425 年,瓦西里·德米特里耶维奇去世,根据旁系继承原则,他的弟弟尤里是合法继承人。但是根据瓦西里 1423 年写下的遗嘱,他把弗拉基米尔大公国和莫斯科的领地及财产留给了自己的儿子瓦西里·瓦西里耶维奇。这种纵向继承原则直接绕过了他的兄弟。为了确保自己的遗嘱得以执行,他让自己

---

[1]　*PSRL*, vol. XI, p. 121; Presniakov, *Formation*, pp. 274, 314-315, 320.

的弟弟彼得和安德烈以及两位堂弟,还有立陶宛王公也即儿子的外祖父维陶塔斯保护自己的儿子,在他1425年去世时这个孩子年仅十岁。①

　　引发王朝战争的另一个原因是大公的特权,他有权处置家族的领地,还能决定家族成员的地位。14世纪时,大公与其莫斯科亲属的关系尚属和谐。谢苗大公与自己的两个弟弟共享关税收益,不过作为地位更高的大公,他会分到一半而非三分之一的收入。② 德米特里·顿斯科伊与堂弟弗拉基米尔·安德烈耶维奇的关系也很友好。这位谢尔普霍夫王公在自己的公国里享有自主权,能够向居民自行征税。他还有权获得家族共同的领地莫斯科赋税的三分之一。③

　　瓦西里二世担任大公之后情况有所变化。弗拉基米尔·安德烈耶维奇在1410年去世,他的五个儿子在1427年之前都已去世,其中四个都死于1426—1427年的黑死病,只有一个孙子瓦西里·雅罗斯拉维奇幸存下来。在他要继承家族的领地时,大公的摄政们予以干涉。他们为瓦西里二世没收了一部分谢尔普霍夫世袭领地,并且还把一部分土地给了大公的叔叔康斯坦丁·德米特里耶维奇。④ 1428年,大公的另一个叔叔德米特罗夫王公彼得·德米特里耶维奇去世。瓦西里二世政府再次无视家族其他成员共享彼得所在公国的要求,而是把德米特罗夫纳入大公领地。⑤

　　瓦西里的摄政所采取的措施确保了年幼大公的叔叔康斯坦丁的忠诚。大公的另一位叔叔安德烈是摄政之一,也支持自己的侄子。1432年安德烈去世之后,他的儿子莫扎伊斯克王公伊凡和韦列亚王公米哈伊尔迅速与堂兄弟们缔结友好关系。彼得去世之后没有继承人。然而,相同的行径引起了兹韦尼哥罗德(Zvenigorod)和加利奇王公尤里·德米特里耶维奇的反对。作为瓦西里一世依然在世的最年长的弟弟,他认为自己是王朝资历最老的成员,因此也是合法的继承人。他在1425年表达了自己的不满,拒绝前往莫斯科宣誓效忠自己的侄子,同时积极备战。由于暴发黑死病以及面临立陶宛王公维陶塔斯

---

① *Dukhovnye i dogovornye gramoty*, no. 22, p. 62; Presniakov, *Formation*, p. 319; Vernadsky, *Mongols*, p. 294.

② *Dukhovnye i dogovornye gramoty*, no. 2, p. 11; Kashtanov, "Finansovoe ustroistvo", 178.

③ M. N. Tikhomirov, "Moskovskie tretniki, tysiatskie, i namestniki", *Izvestiia AN SSSR, seriia istorii i filosofii*, 3 (1946): 311-313; Presniakov, *Formation*, pp. 152-159; Crummey, *Formation of Muscovy*, pp. 50-51.

④ Zimin, *Vitiaz'*, p. 37

⑤ Cherepnin, *Obrazovanie*, p. 749; Zimin, *Vitiaz'*, pp. 39-40.

干涉的威胁，都主教福蒂乌斯（Fotii/Photios）成功说服他不要举事。① 直到金帐汗国的可汗获悉这一事件，尤里才接受瓦西里担任大公的现实。②

1431 年夏末此事才被报给可汗，此时维陶塔斯和福蒂乌斯已经去世。1432 年 6 月，可汗兀鲁黑-马哈麻向瓦西里颁发弗拉基米尔大公国封册，不过他认为具有争议的德米特罗夫公国应当分给尤里。③ 瓦西里拒绝出让德米特罗夫，尤里于是发起军事行动。这次战争以及瓦西里的战败开启了内战的第一阶段。尤里取代瓦西里担任大公，并把科洛姆纳作为属地分给他的侄子。但瓦西里依然拥有朝臣的支持，他们一同前往科洛姆纳支持自己的王公。尤里被迫把大公国和德米特罗夫归还给瓦西里。④

尤里回到了加利奇。他的两个年长的儿子，"斜眼"瓦西里（Vasilii Kosoi）和德米特里·谢米亚卡（Dmitrii Shemiaka）既不支持他的决定，也不支持他与瓦西里二世达成的协议。1433 年 9 月，重新担任大公的瓦西里对他们发起了一次失败的军事进攻。这场战争把尤里再次拉回了冲突之中。1434 年 3 月瓦西里二世再次战败，他先逃到诺夫哥罗德，然后去往特维尔和下诺夫哥罗德。同时，尤里包围了莫斯科并且再次占领了首都。这次他获得了广泛的支持，却在 1434 年突然去世。⑤

尤里·德米特里耶维奇的去世终结了内战的第一阶段。他的儿子"斜眼"瓦西里开启了内战的第二阶段（1434—1436 年）。他取代父亲的尝试以失败而告终。"斜眼"瓦西里的兄弟拒绝为他作战，他因而无法获得担任大公所需要的足够支持。根据传统的资历原则以及父亲的遗嘱，加之可汗颁发了封册，瓦西里·瓦西里耶维奇成为合法继承人，他不仅担任弗拉基米尔大公，还把德米特罗夫和堂弟的公国兹韦尼哥罗德纳入自己的领地。1435 年，两位王公达成协议。但在 1435—1436 年冬天，"斜眼"瓦西里进攻了自己兄弟的属地加利奇，还有乌斯秋格和沃洛格达。他在 1436 年 5 月被俘，被刺瞎双目后送到科洛姆

① Vernadsky, *Mongols*, p. 295；Zimin, *Vitiaz'*, pp. 33-37；Crummey, *Formation of Muscovy*, p. 69；Presniakov, *Formation*, p. 323.

② *Dukhovnye i dogovornye gramoty*, no. 24, pp. 63-67；Zimin, *Vitiaz'*, pp. 39-40；Alef, "Origins", 34.

③ Zimin, *Vitiaz'*, p. 47；Vernadsky, *Mongols*, pp. 299-300；Presniakov, *Formation*, pp. 325-326.

④ Presniakov, *Formation*, pp. 326-327；Alef, "Origins", 31；Crummey, *Formation of Muscovy*, p. 70；Zimin, *Vitiaz'*, pp. 57-58, 60；Vernadsky, *Mongols*, p. 300.

⑤ Zimin, *Vitiaz'*, pp. 62-67；Vernadsky, *Mongols*, p. 300；Alef, "Origins", 31；Crummey, *Formation of Muscovy*, p. 71；Presniakov, *Formation*, p. 327.

纳，最后在 1447/1448 年去世。①

在接下来的十年里，瓦西里二世与自己的亲属维系了和平。但在 1445 年，他被正在转移的兀鲁黑-马哈麻可汗部族俘虏，这一情况为他的堂弟德米特里·谢米亚卡创造了机会。作为"斜眼"瓦西里的弟弟，德米特里·谢米亚卡想为自己的家族重新争取大公宝座。他没有参加自己的哥哥在 1434—1436 年对瓦西里二世发起的军事行动，在"斜眼"瓦西里战败之后，他承认了瓦西里二世的权威。② 但是，两位堂兄弟之间的关系十分紧张。他们对尤里另一个儿子"美男子"德米特里（Dmitrii Krasnoi）的领地分配产生分歧，这位"美男子"德米特里于 1440 年去世。两人还因谢米亚卡加入瓦西里的军事行动及其对鞑靼的进贡产生不和。③

瓦西里二世被俘之后，德米特里作为王朝资历最老的成员填补了大公之位的空缺。但是兀鲁黑-马哈麻释放了瓦西里，后者承诺向前者支付巨额赎金，瓦西里因而带着一批鞑靼人回到了莫斯科。然而，当他前往圣三一修道院朝圣时，德米特里·谢米亚卡开启了内战的第三阶段（1446—1453 年）。谢米亚卡占领了莫斯科，效忠于他的部队俘虏了瓦西里（1446 年）。瓦西里被刺瞎双目，并被流放到了乌格利奇。随后，作为他承诺接受德米特里·谢米亚卡担任大公的回报，瓦西里获得了沃洛格达属地。④

不过，谢米亚卡作为大公并没有得到普遍的认可，军事力量的平衡也出现变化。大公没有自己的军队，他同自己的父亲和祖父一样，依靠家族成员、独立王公以及鞑靼可汗所提供的部队组建起一支军队。⑤ 尽管瓦西里二世在第一阶段赢得了众多朝臣的支持，但他没有足够的军事力量打败他的叔叔尤里。尤里通过自己的部队与他抗衡。俄国东北部其他王公在丹尼洛维奇家族的争端中保持中立。可汗兀鲁黑-马哈麻正因金帐汗国的分崩离析而忧心忡忡，故而没有派遣军事力量执行自己授予瓦西里大公地位的决定。

---

① Presniakov, *Formation*, pp. 327-328; Alef, "Origins", 32; Crummey, *Formation of Muscovy*, p. 71; Vernadsky, *Mongols*, p. 301; Zimin, *Vitiaz'*, pp. 70, 74-77.

② *Dukhovnye i dogovornye gramoty*, no. 35, pp. 89-100; Zimin, *Vitiaz'*, p. 77.

③ Ibid., pp. 72, 95; Alef, "Origins", 19; *Dukhovnye i dogovornye gramoty*, no. 38, pp. 107-117.

④ *PSRL*, vol. XII, pp. 65-69; Presniakov, *Formation*, pp. 334-335; Zimin, *Vitiaz'*, pp. 105-111; Vernadsky, *Mongols*, pp. 318-320, 322; Crummey, *Formation of Muscovy*, pp. 74-75.

⑤ Ostrowski, "Troop Mobilization", pp. 25-26.

谢米亚卡夺权之后,与莫扎伊斯克王公伊凡·安德烈耶维奇结成同盟。但是谢尔普霍夫王公瓦西里·雅罗斯拉维奇并不赞同他的行为,因此逃到了立陶宛。[①] 不仅如此,特维尔王公鲍里斯·亚历山德罗维奇此前在莫斯科王公之间的冲突中保持中立,现在转而支持瓦西里,并为自己五岁的女儿与瓦西里七岁的儿子定下了婚约。[②] 鞑靼王子卡西姆和雅库布加入瓦西里一方,其他支持者则聚集在立陶宛和特维尔。瓦西里从部分亲戚、独立王公和鞑靼人当中获得了支持,他还赢得了教会最杰出的主教梁赞主教约纳(Iona)的支持。

瓦西里因此组建了一支能够夺回莫斯科的强大军事力量。1449 年 2 月,大公大获全胜,回到首都。[③] 1447 年夏,交战双方达成和平协议。[④] 但是 1450 年瓦西里与德米特里再次开战,并且占领了德米特里的属地加利奇城。谢米亚卡逃往诺夫哥罗德,接着在乌斯秋格、德维纳地区以及维切格达-彼尔姆的北部继续发动战事。1453 年他在回到诺夫哥罗德前夕被毒死。[⑤]

随后,莫扎伊斯克王公伊凡逃到立陶宛,瓦西里没收了他的公国,还把德米特里·谢米亚卡的属地加利奇纳入自己的领地。1456 年,瓦西里逮捕了自己之前的盟友兼支持者谢尔普霍夫王公瓦西里,把他流放到乌格利奇,同时控制了他的领地。在瓦西里的堂弟当中,只有韦列亚王公米哈伊尔获得莫斯科公国的一块土地,作为自己的属地。[⑥]

战争期间以及战事结束之后,瓦西里二世已经声称对弗拉基米尔和莫斯科之外的王公与土地拥有统治权。1449 年,他与苏兹达尔王公达成和约,后者同意不从鞑靼可汗处讨要或是接受封册。[⑦] 苏兹达尔王公现在仰赖的是莫斯科王公,而非可汗。1456 年梁赞王公去世时,瓦西里二世把他的儿子带回自己家,并派遣军事长官管理梁赞公国。此时,瓦西里也与特维尔王公达成新的协

① *PSRL*, vol. XII, p. 69；Vernadsky, *Mongols*, p. 322；Zimin, *Vitiaz'*, p. 111.

② *PSRL*, vol. XII, p. 71；Vernadsky, *Mongols*, pp. 323-324；Presniakov, *Formation*, pp. 335-336；Vodoff, "La Place du grand-prince de Tver", 50.

③ *PSRL*, vol. XII, p. 73；Crummey, *Formation of Muscovy*, p. 75；Vernadsky, *Mongols*, pp. 323-325；Zimin, *Vitiaz'*, pp. 116, 118-122.

④ Zimin, *Vitiaz'*, p. 125.

⑤ *PSRL*, vol. XII, p. 75；Martin, *Treasure*, pp. 137-138；Vernadsky, *Mongols*, pp. 325, 328；Zimin, *Vitiaz'*, pp. 139-154；Crummey, *Formation of Muscovy*, p. 75；Presniakov, *Formation*, pp. 336-338.

⑥ Vernadsky, *Mongols*, pp. 327-328；Kollmann, *Kinship and Politics*, p. 157；Zimin, *Vitiaz'*, p. 176；Presniakov, *Formation*, pp. 337-338, 341-342.

⑦ *Dukhovnye i dogovornye gramoty*, no. 52, pp. 156, 158；Ostrowski, "Troop Mobilization", p. 34；Zimin, *Vitiaz'*, p. 133.

议,尽管他没有承认瓦西里的统治资格,但他承诺在对抗鞑靼人以及西部邻国时与瓦西里合作;鲍里斯也承认瓦西里是合法大公兼诺夫哥罗德王公。[①]

瓦西里也确立了对诺夫哥罗德的管辖权。1431 年,诺夫哥罗德与立陶宛王公什维特里盖洛(Svidrigailo)达成和约,接受他的侄子担任王公。尽管什维特里盖洛与加利奇王公尤里是连襟,但诺夫哥罗德在尤里与瓦西里二世的冲突中保持了中立。[②] 瓦西里二世与"斜眼"瓦西里交战时,瓦西里与诺夫哥罗德进行协商以谋求支持,他表现出解决诺夫哥罗德东部边境争端的意愿。但在打败"斜眼"瓦西里之后,他背弃了自己的承诺,派官员征收贡品。在 1440—1441 年立陶宛王公离开诺夫哥罗德之后,他对诺夫哥罗德发起进攻,迫使诺夫哥罗德支付额外的款项并且定期纳税和缴纳钱款。[③] 15 世纪 40 年代,诺夫哥罗德与其主要的西方贸易伙伴汉萨同盟和条顿骑士团交战。汉萨同盟封锁诺夫哥罗德,并且在长达六年的时间里停止在当地的商业活动。诺夫哥罗德失去了贸易收入,城内商品价格居高不下,饥馑蔓延。危难之时,诺夫哥罗德接受了又一位立陶宛王公(1444 年)。[④] 瓦西里二世与德米特里·谢米亚卡的冲突转移到北方之时,诺夫哥罗德北部的商路被迫中断,此时诺夫哥罗德向谢米亚卡提供了支持与庇护。

1456 年,瓦西里确立了对罗斯其他公国的管辖权,他再次进攻诺夫哥罗德并且将其打败。诺夫哥罗德被迫接受《雅热尔比齐条约》(Treaty of Iazhelbitsii)。条约规定,诺夫哥罗德须切断与谢米亚卡家族以及大公所有敌人的联系。诺夫哥罗德须向大公纳税并且支付向鞑靼人进献的贡品;须接受大公派遣的司法官员;须终止与外国势力的一切协议,除非协议获得大公同意。诺夫哥罗德还被迫向大公割让其北部边陲的部分重要地区。[⑤]

① Presniakov, *Formation*, p. 344; Vernadsky, *Mongols*, p. 325.

② *Gramoty Velikogo Novgoroda i Pskova*, ed. S. N. Valk (Moscow: AN SSSR, 1949; reprinted Düsseldorf: Brücken Verlag and Vaduz: Europe Printing, 1970), no. 63, pp. 105–106; *PSRL*, vol. III, p. 416; Presniakov, *Formation*, pp. 325, 330.

③ *PSRL*, vol. III, pp. 418–421; Presniakov, *Formation*, pp. 330–331; Zimin, *Vitiaz'*, p. 80.

④ *PSRL*, vol. III, p. 423; *PSRL*, vol. XII, p. 61; Martin, *Treasure*, p. 82; Phillippe Dollinger, *The German Hansa*, trans. D. S. Ault and S. H. Steinberg (Stanford, Calif.: Stanford University Press, 1970), p. 295; Rybina, *Torgovlia srednevekogo Novgoroda*, pp. 158–160; N. A. Kazakova, *Russko-livonskie i russko-ganzeiskie otnosheniia* (Leningrad: Nauka, 1975), pp. 120–126; Cherepnin, *Obrazovanie*, p. 784.

⑤ *PSRL*, vol. XII, pp. 110–111; V. N. Bernadskii, *Novgorod i Novgorodskaia zemlia* (Moscow and Leningrad: AN SSSR, 1961), pp. 254–259; Cherepnin, *Obrazovanie*, pp. 817–822; Presniakov, *Formation*, p. 343; Zimin, *Vitiaz'*, pp. 173–175; Martin, *Treasure*, p. 138.

　　王朝战争以瓦西里二世获胜而告终。战争解决了继承权问题和大公的特权问题,瓦西里二世就此获得了对大公国及其财产和莫斯科公国全部附属领地无可争议的控制权。在瓦西里二世成为王公时,与之共享家族领地的亲属或已去世,或遭到流放,或服从于他。只有堂弟韦列亚王公米哈伊尔获准保留属地。瓦西里那些尤里耶维奇家族的堂兄弟们,还有莫扎伊斯克王公伊凡·安德烈耶维奇和谢尔普霍夫王公瓦西里·雅罗斯拉维奇两个堂兄弟,他们领地上的全部经济资源与财政收入现在都已转到大公名下。

　　战事结束之后,瓦西里对其亲属与周边王公所采取的措施也旨在加强大公的军事力量。尽管他仍依赖他们提供武装部队,但是他们现在都已臣服于他,或是根据条约承诺支持他。瓦西里还在奥卡河与鞑靼王子卡西姆建立同盟,卡西姆汗国也会加入到莫斯科大公的军事行动中来。瓦西里因此确保了自己的军事实力不会像刚就任大公时那样薄弱,他所采取的一系列政策使得自己能够获得大批军事力量,而无须担心在俄国东北部出现潜在的对手,同时也不必仰仗独立王公、金帐汗国可汗以及新出现的喀山汗国和克里米亚汗国的支持。[1]

　　战后,瓦西里二世成为俄国东北部最强大的王公。回到莫斯科后不久,他在新铸币上刻上"全罗斯的统治者"以彰显统治权威。1447年底或1448年初,他还任命自己年幼的儿子伊凡为共同统治者,铸币上的铭文随后改为"全罗斯的统治者们"[2]。瓦西里二世确认了莫斯科王公之位的纵向继承原则,莫斯科王公的旁系亲属将会更加难以挑战其子的继承权。1462年伊凡三世继位,莫斯科所有的王公都已无力或是无权像尤里·德米特里耶维奇和他的儿子们那样发起军事挑战。虽然瓦西里二世曾向兀鲁黑-马哈麻可汗申请颁发弗拉基米尔大公之位的封册,但现在鞑靼可汗在继承问题上已失去了决定性的影响力。瓦西里二世通过取得对叔叔和堂兄弟们的军事胜利,把传统的横向继承原则改为纵向继承原则,无须事先征求鞑靼可汗同意,就能把大公国和莫斯科公国的附属领地传给自己的儿子。伊凡三世及其子孙将在这些领地的基础上

---

① Ostrowski, "Troop Mobilization", p. 26.
② Gustave Alef, "Muscovy and the Council of Florence", *SR*, 20 (1961); reprinted in his *Rulers and Nobles in Fifteenth-Century Muscovy* (London: Variorum Reprints, 1983), 399; Gustave Alef, "The Political Significance of the Inscriptions of Muscovite Coinage in the Reign of Vasilii II", *Speculum*, 34 (1959); reprinted in his *Rulers and Nobles in Fifteenth-Century Muscovy* (London: VariorumReprints, 1983), 6, 11; Alef, "Origins", 42; Noonan, "Forging a National Identity", p. 505; Zimin, *Vitiaz'*, p. 133.

不断向外扩张,建立起莫斯科大公国。①

三、丹尼洛维奇家族与教会

　　14 世纪上半叶,丹尼洛维奇家族成为弗拉基米尔大公时,就王朝传统的资历与继承原则而言,他们尚缺乏合法性。他们依靠金帐汗国可汗的权威与支持保住自己的地位。14 世纪 60 年代的继承权危机引发金帐汗国的内部纷争之后,金帐汗国又遭到帖木儿入侵,最终在 15 世纪第二个 25 年里分裂为数个汗国。莫斯科王公无法通过可汗的权力确立自身合法性。在 14 世纪和 15 世纪,他们一直谋求战胜自己家族的对手或迫使他们保持中立。因此,他们不断开疆拓土,巩固经济军事力量,在俄国北部一家独大。不过,教会主教和作为道德权威的修道院领袖们发展出了一套意识形态系统,从而赋予了建立莫斯科大公国的王公以合法性。

　　在蒙古入侵之后、德米特里·顿斯科伊统治之前,俄国教会都主教们与弗拉基米尔大公,尤其与丹尼洛维奇王公们产生了分歧。王公们专注于俄国北部和金帐汗国,都主教则投身于教会领域,并把构成基辅罗斯的所有地区囊括在内。都主教们、俄罗斯人和非俄罗斯人②都与君士坦丁堡的大牧首定期保持联系。1359 年伊凡二世去世时,教会都主教为阿列克谢,他从 1354 年到 1378 年一直在职。担任都主教之初,他与此前的都主教们看法一致。不过在接下来的一个世纪中,尤其是在 15 世纪俄国教会获得自治地位时,其领导人开始发展出一套符合教会利益的理念与神话,同时赋予丹尼洛维奇家族统治的合法性,抬高它在王朝其他成员当中的地位。

　　阿列克谢被都主教费奥格诺斯特任命为继任者,阿列克谢的父亲是费奥多

①　Alef, "Origins", 40; Presniakov, *Formation*, p. 322.
②　Dimitri Obolensky, "Byzantium, Kiev and Moscow: A Study in Ecclesiastical Relations", *Dumbarton Oaks Papers*, 11 (Cambridge, Mass.: Harvard University Press, 1957), 33, reprinted in his *Byzantium and the Slavs* (London: Variorum Reprints, 1971) and his *Byzantium and the Slavs* (Crestwood, N. Y.: St Vladimir's Seminary Press, 1994); Dimitri Obolensky, "Byzantium and Russia in the Late Middle Ages", in J. R. Hale, J. R. L. Highfield and B. Smalley (eds.), *Europe in the Late Middle Ages* (London: Faber and Faber, 1965), p. 254.

尔·比亚孔(Feodor Biakont),他从切尔尼戈夫搬来,为丹尼尔王公效劳。他的兄弟亚历山大(Aleksandr)是德米特里·伊凡诺维奇王宫里的一名波雅尔,而他自己却成了一名修士,1340年费奥格诺斯特让他管理都主教辖区。1352年,费奥格诺斯特任命他为弗拉基米尔主教。费奥格诺斯特还向君士坦丁堡派出代表团,提名阿列克谢担任都主教一职。代表们回到莫斯科时,费奥格诺斯特已经去世(1353年)。阿列克谢亲自前往君士坦丁堡待了一年,而后正式履职(1354年)。①

不过当年晚些时候,另一名都主教罗曼被任命领导立陶宛控制地区的东正教会,基辅也包括在内。直到1362年罗曼去世后,都主教辖区才重新统一。因此,阿列克谢在任第一年的主要目标是结束分裂。1355年他从君士坦丁堡回到莫斯科之后,游历到了金帐汗国,其后再次前往君士坦丁堡,最终于1358年返回基辅。立陶宛王公阿尔吉德将他关押了两年。②

阿列克谢在基辅时,纳兀鲁思可汗向苏兹达尔王公德米特里·康斯坦丁诺维奇颁发了弗拉基米尔大公国封册。③ 阿列克谢回到莫斯科后,围绕大公之位的政治竞争愈发激烈。阿列克谢运用自身的影响力和名望,同时与莫斯科波雅尔们交好,确保莫斯科王公德米特里·伊凡诺维奇获得大公之位。④ 德米特里·伊凡诺维奇成功继承父亲的宝座之后,阿列克谢的对手罗曼去世(1361年),都主教于是投入更多精力辅佐年幼的王公。阿列克谢密切关注与大公相关的世俗事务,这引发了波兰和立陶宛的不满,向大牧首投诉称阿列克谢忽视他们的宗教需求。阿列克谢在1368年公国冲突时明显表现出对莫斯科的支持,这也激起了特维尔的反对。1371年,大牧首把加利西亚改为都主教辖区,划归波兰王室管辖。他敦促阿列克谢关照所有地区,但是投诉依然源源不断,他便派自己的代理人基普里安(Kiprian/Cyprian)以及使节进行调查(1373年),随后任命基普里安担任立陶宛地区的都主教(1375年)。人们认为,阿列克谢去世之后,基普里安将会接替他的职位,在其领导之下,基辅与全罗斯的

① Obolensky, "Byzantium, Kiev and Moscow", 37-38; Meyendorff, *Byzantium and the Rise of Russia*, pp. 166-167; Presniakov, *Formation*, pp. 239-240; Crummey, *Formation of Muscovy*, p. 43; S. B. Veselovskii, *Feodal'noe zemlevladenie v severo-vostochnoi Rusi* (Moscow and Leningrad: AN SSSR, 1947), p. 334.

② Borisov, *Russkaia tserkov'*, pp. 79-80; N. S. Borisov, "Moskovskie kniaz'ia i russkie mitropolity XIV veka", *VI*, 1986, no. 8: 41; Meyendorff, *Byzantium and the Rise of Russia*, pp. 169-171, 185-186; Presniakov, *Formation*, pp. 243-245, 253-254; Fennell, *Emergence*, p. 302.

③ *PSRL*, vol. X, p. 231.

④ Borisov, *Russkaia tserkov'*, p. 81; Borisov, "Moskovskie kniaz'ia", 41.

都主教辖区将会再次统一起来。①

　　1378 年阿列克谢去世,立陶宛都主教基普里安主张重新统一都主教辖区。② 阿列克谢在其就任之初调整了前任的政策,使得从 1354 年开始以弗拉基米尔为中心开展活动的教会逐渐与俄国东北部交往密切,尤其与莫斯科王公保持着良好的关系。因此,当基普里安试图接管阿列克谢的职位时,他被德米特里·伊凡诺维奇大公逐出了莫斯科。大公提名自己的告解神父米哈伊尔-米蒂埃(Michael-Mitiai)接替阿列克谢,然而此人死在了去往君士坦丁堡的途中,一个叫皮缅的随从接替了他。③

　　尽管德米特里毫不客气地把基普里安赶出了莫斯科,但在库利科沃战役之后,他转变了自己的立场。基普里安就任都主教一职,并在莫斯科居住了两年。皮缅从君士坦丁堡回来之后,德米特里逮捕了他。然而在脱脱迷失兵临城下之时(1382 年),基普里安从莫斯科逃走了,尽管他依然拥有都主教身份,但皮缅实际上承担了俄国东北部都主教的职责。两人之间的争端一直持续到 1389 年,此时君士坦丁堡的新任大牧首确认基普里安为都主教,而皮缅和德米特里大公已经去世。1390 年,基普里安回到莫斯科。④

　　基普里安把罗斯所有地区的教会统一在一个都主教辖区之下。他的努力获得了新大公瓦西里一世的鼎力支持,俄国东北部修道院运动的领袖拉多涅日(Radonezh)的谢尔盖(Sergei)也对他提供了帮助。1391 年,立陶宛王公维陶塔斯的女儿嫁给了瓦西里一世,此前基普里安合并了立陶宛和俄国东正教会,维陶塔斯也对基普里安及其政策表示支持。⑤ 基普里安在后来的任期里努

① Meyendorff, *Byzantium and the Rise of Russia*, pp. 184, 192-201, 287-289; Borisov, *Russkaia tserkov'*, pp. 82, 84-87, 89-90; Obolensky, "Byzantium and Russia", 256; Presniakov, *Formation*, pp. 253, 257-258, 260; Crummey, *Formation of Muscovy*, pp. 44, 47-49.

② Presniakov, *Formation*, pp. 297, 299.

③ Meyendorff, *Byzantium and the Rise of Russia*, pp. 209 - 211, 214 - 220; Obolensky, "Byzantium and Russia", p. 257; Borisov, *Russkaia tserkov'*, pp. 79, 100-101, 104-105; A. S. Khoroshev, *Politicheskaia istoriia russkoi kanonizatsii* (XI-XVI vv.) (Moscow: Moskovskii universitet, 1986), pp. 100-102; Presniakov, *Formation*, pp. 294-298; Kuchkin, "Dmitrii Donskoi", 73-74, 76-77.

④ L. A. Dmitriev, "Rol' i znachenie mitropolita Kipriana v istorii drevnerusskoi literatury", *TODRL*, 19 (1963): 217-219; Crummey, *Formation of Muscovy*, pp. 58-62; Meyendorff, *Byzantium and the Rise of Russia*, pp. 224-241; Borisov, *Russkaia tserkov'*, pp. 108-109.

⑤ Crummey, *Formation of Muscovy*, p. 62; David B. Miller, "The Cult of Saint Sergius of Radonezh and Its Political Uses", *SR*, 52 (1993): 454; Andrei Pliguzov, "On the Title 'Metropolitan of Kiev and All Rus'", *HUS*, 15 (1991): 351-352.

力加强观念与意识形态方面的统一。他到莫斯科后,身边陪同着两名希腊都主教和五名代表俄国东北部和西南部的主教,这正体现了他致力于统一都主教辖区。①

基普里安晚年授意编纂的《三一编年史》(*Trinity Chronicle*)中也表达了同样的主题。这部编年史是在《往年纪事》的基础上创作的,记述内容始于基辅罗斯时期,1305 年在米哈伊尔·雅罗斯拉维奇统治下的特维尔出现了手抄本。编年史一直写到 1408 年,其来源和内容塑造了都主教基普里安致力于推进东正教会包容统一的形象。这本编年史还重点叙述了莫斯科,15 世纪初的莫斯科是俄国东北部的文化与教会中心,书中将其描绘成基辅历史的继承者,而基辅正是全罗斯都主教的起源之地。②

东正教罗斯的教会统一预示了政治统一的前景。莫斯科都主教辖区声称继承了基辅都主教辖区,实现教会统一意味着莫斯科大公是基辅先辈的后继者。这一观点符合教会主教的利益,他们谋求统一都主教辖区,并由莫斯科高级神职人员进行管辖。这对莫斯科王公而言却没有那么具有吸引力。15 世纪初,将俄国北部地区以及立陶宛统治下的东正教土地统一的做法并不现实。此外,莫斯科王公与基辅罗斯在一定程度上有所关联,基辅大公的后裔们因此也被赋予了相应的地位与尊重。然而,根据基辅时期延续下来的继承原则,丹尼洛维奇家族的王公却不具合法性。③

15 世纪中叶,关于莫斯科都主教是俄国土地上东正教会的唯一合法领袖的表述不断出现,并迅速成为各方势力关注的焦点。这些表述反映了当时教会正面临的危机,它们不仅将莫斯科王公与其基辅先辈联系起来,而且赋予莫斯科王公一定的道德权威,让他们成为世俗的统治者,令他们肩负保卫东正教会的职责。因此,教会为莫斯科大公的合法性提供了意识形态基础。

在 15 世纪的第二个 25 年里,莫斯科公国土地上的人们遭遇了多重危机。在 15 世纪初(1408—1409 年、1417 年、1419—1420 年)的黑死病中幸存下来的

① Halperin, "Russian Land and Russian Tsar", 61.
② Fennell, *Emergence*, pp. 315 - 316; Vernadsky, *Mongols*, p. 381; Gonneau, "The Trinity-Sergius Brotherhood", 138; Ia. S. Lur'e, *Dve istorii Rusi XV veka. Rannie i pozdnie, nezavisimye i ofitsial'nye letopisi ob obrazovanii Moskovskogo gosudarstva* (St. Petersburg: Dmitrii Bulanin, 1994), pp. 13, 57-59; Halperin, "Russian Land and Russian Tsar", 58-59, 63-64; Jaroslaw Pelenski, "The Origins of the Official Muscovite Claims to the 'Kievan Inheritance'", *HUS*, 1 (1977): 32-33.
③ Noonan, "Forging a National Identity", pp. 495, 504.

人没能躲过疾病的再次肆虐,1424—1427 年和 1448 年的两次疫情最为严重,与此同时还出现了饥荒。[①] 15 世纪 30 年代,瓦西里二世先是与他的叔叔尤里,接着与他的堂弟"斜眼"瓦西里交战。鞑靼人俘虏了瓦西里二世(1445 年),大火烧毁了莫斯科。后来,瓦西里二世获释,重启了战事,这次是同他的堂弟德米特里·谢米亚卡交战。[②] 在这一时期的大部分时间里,教会都没有都主教,神职人员之间出现了政治分裂。俄国的主教们与君士坦丁堡的大牧首发生决裂更使得形势雪上加霜。

1431 年,基普里安的继任者都主教福蒂乌斯去世,此后教会内部爆发危机。他的接替者由君士坦丁堡的大牧首任命,但却死在了前往莫斯科的途中。瓦西里与叔叔开战之时,俄国教会的都主教一职刚好空缺,于是梁赞主教约纳暂代都主教一职。然而,战争延误了向大牧首正式递交提名一事。直到瓦西里二世和"斜眼"瓦西里的战事告一段落,1436 年约纳方才出发前往君士坦丁堡。但是在他抵达之时,大牧首和拜占庭皇帝已经任命伊西多尔(Isidor)担任俄国教会的领袖(1437 年)。[③]

任命伊西多尔是出于政治的考虑。14 世纪,奥斯曼土耳其占领了拜占庭帝国的大片领地,严重威胁拜占庭帝国的生存。皇帝和大牧首迫切需要欧洲的军事援助,认为只有让东正教会和罗马天主教会达成和解才能获得支援。关于重新统一两大教会的会议被提上了日程。伊西多尔曾经参与筹备会议,并且拥护和解,因此被选为俄国教会领袖,从而便于争取合作以及派遣代表参加会议。[④]

伊西多尔抵达莫斯科后六个月,他就率领庞大的代表团前往意大利的费拉拉和佛罗伦萨出席会议。俄国教会再次没有常驻都主教。1441 年,伊西多尔返回莫斯科,由于 1439 年的会议达成了合并的目标,他在回来时还兼任着

[①] Gonneau,"The Trinity-Sergius Brotherhood",p. 119;Alef,"Origins",24;Langer,"Black Death",58,60-61,67;Lawrence N. Langer,"Plague and the Russian Countryside:Monastic Estates in the Late Fourteenth and Fifteenth Centuries",*CASS*,10 (1976):355.

[②] Miller,"The Cult of Saint Sergius",689.

[③] Alef,"Muscovy and the Council of Florence",394;Alef,"Origins",43;Michael Cherniavsky,"The Reception of the Council of Florence in Moscow",*Church History*,24 (1955):347;Borisov,*Russkaia tserkov'*,p. 142.

[④] Alef,"Muscovy and the Council of Florence",390,393-394;Alef,"Origins",42-43;Charles Halperin,"Tverian Political Thought in the Fifteenth Century",*Cahiers du monde russe et soviétique*,18 (1977):267.

红衣主教和罗马教皇的使节。三天之后,瓦西里二世命令将他免职并且逮捕了他。尽管六个月后伊西多尔获准逃往意大利,但大公以及莫斯科大公国的神职人员坚决拒绝与罗马教会合并。

俄国教会的都主教一职已经空缺了七年。1448 年,亦即瓦西里二世收复莫斯科后不久,他召集了俄国所有主教辖区的主教们,从中选出约纳担任俄国教会的都主教。因为没有遵循大牧首联合罗马教会的要求,主教们在瓦西里的支持下完全自主任命了都主教。1453 年,君士坦丁堡落入土耳其人之手,这被视作上天的惩罚,俄国教会的都主教们更加确信君士坦丁堡联合罗马之举是异端行为。俄国教会由此成为东正教信仰的唯一继承者。[①]

约纳获得了主教们的选举和大公的任命,但是未经大牧首正式宣告,所以他的都主教地位相当脆弱。他与支持者们一道采取了一系列措施,以巩固自己在整个都主教辖区的领导地位,并且增加自身当选的合法性。因此莫斯科王公,尤其是瓦西里二世,被描述成蒙受上天的眷顾,由上天选来统治和保卫莫斯科大公国这一东正教信仰的堡垒。旨在巩固都主教地位的手段也为提升大公的地位奠定了意识形态基础,因为正是大公在军事上战胜对手,在政治上巩固了自己在俄国北部的权威。他们用国内的合法性来源取代了莫斯科土公此前仰赖的鞑靼庇护。

约纳当选以后,开始像基普里安、福蒂乌斯与伊西多尔那样使用“基辅与全罗斯的都主教”这一头衔。约纳就此宣告自己是这些先辈的合法继承人,是整个教会的领袖。直到 1461 年去世,他一直保有这个头衔。1458 年,流亡在外的君士坦丁堡大牧首授予格列高利(Gregory/Gregorios Bulgar)都主教头衔。1459 年,格列高利前往立陶宛,在波兰和立陶宛国王的世俗统治下,负责包括基辅地区在内的东正教会事务。俄国都主教辖区再次分裂,约纳实现教会统一的目标再次受挫。[②]

同时,俄国教会还致力于增进自身的精神声望。1447—1449 年间,拉多涅

①　Obolensky, "Byzantium and Russia", 266, 270-271; Cherniavsky, "Reception of the Council of Florence", 348-349, 351-354; Alef, "Muscovy and the Council of Florence", 390, 394, 396, 400; Alef, "Origins", 43-45; Borisov, *Russkaia tserkov'*, pp. 142-143, 156, 158-159; Zimin, *Vitiaz'*, pp. 131-132.

②　Pliguzov, "Metropolitan of Kiev and All Rus'", 344, 352; Alef, "Origins", 45; Obolensky, "Byzantium and Russia", 272-273.

日的修士谢尔盖(Sergei of Radonezh)封圣(圣谢尔久斯,St Sergius)一事获得承认。① 14 世纪 30 年代末在谢尔盖的个人档案中,帕霍米(Pakhomii)记录了一些圣迹。② 与基辅渊源颇深的圣母玛利亚有一次现身于谢尔盖面前,承诺将会保护他的修道院。③ 15 世纪 50 年代,圣三一修道院开始创作关于这一圣迹的绘画。④ 在另一幅画中,谢尔盖在库利科沃战役之前为德米特里·伊凡诺维奇大公及其军队祈福,因此他们的获胜得益于天主的帮助。不过,学者们质疑谢尔盖是否进行了祷告。⑤ 然而通过展示这些圣迹,帕霍米暗示天主通过谢尔盖这一媒介,把此前对基辅的保护转移到莫斯科及其大公一方。正因蒙受天主的恩赐,德米特里才能成功打败异教徒马麦及其主子。德米特里的神秘获胜正好映衬了叛教的拜占庭抵御土耳其的失败。帕霍米在撰写谢尔盖的弟子尼康的事迹时也反映了这一主题。在尼康的故事里,异教徒是也迪该,他于 1408 年入侵俄国。尽管也迪该的进攻是毁灭性的,但在尼康祷告下,谢尔盖、都主教彼得和阿列克谢进行调解,从而拯救了俄国土地。⑥

约纳的教会支持者们认为,作为东正教会中心的莫斯科获得了天主的保护与圣徒的调解。在此背景下,莫斯科王公们也被描绘成天选之人,有能力抗衡异教徒并且保卫东正教会。在 15 世纪中叶,德米特里·顿斯科伊就被塑造成这样的人物,他的身世不止被追溯到"钱袋"伊凡一世和莫斯科公国的创建者丹尼尔·亚历山德罗维奇,更被追溯到基辅时期的圣弗拉基米尔。⑦

15 世纪 50 年代末和 60 年代初,甚至在编年史收录德米特里的事迹之前,瓦西里二世就被收入编年史条目和其他一些与佛罗伦萨宗教会议有关的文献

---

① Miller, "Cult of Saint Sergius", 691.

② Ibid., 692-693; Crummey, "Formation of Muscovy", p. 192.

③ Serge A. Zenkovsky (ed.), *Medieval Russia's Epics, Chronicles, and Tales* (New York: E. P. Dutton, 1974), p. 287; Borisov, *Russkaia tserkov'*, pp. 38, 111-112; David B. Miller, "The Origin of Special Veneration of the Mother of God at the Trinity-Sergius Monastery: The Iconographic Evidence", *RH*, 28 (2001): 303.

④ Miller, "The Origin of Special Veneration", 306-307, 311.

⑤ 例如 Miller, "Cult of Saint Sergius", 692; Miller, "The Origin of Special Veneration", 303。

⑥ Miller, "Cult of Saint Sergius", 693.

⑦ Gail Lenhoff, "Unofficial Veneration of the Daniilovichi in Muscovite Rus'", in A. M. Kleimola and G. D. Lenhoff (eds.), *Culture and Identity in Muscovy*, 1359-1584 (Moscow: ITZ-Garant, 1997), pp. 405-408; Wladimir Vodoff, "Quand a puêtre le Panégyrique du grand-prince Dmitrii Ivanovich, tsar russe?", *CASS*, 13 (1979), 100; Pelenski, "Origins of the Official Muscovite Claims", 37, 40-42, 44; Jaroslaw Pelenski, "The Emergence of the Muscovite Claims to the Byzantine-Kievan 'Imperial Inheritance'", *HUS*, 7 (1983): 521; Halperin, "Russian Land and Russian Tsar", 76.

中。瓦西里二世被比作圣弗拉基米尔,后者将东正教引进罗斯大地,瓦西里二世则是它的捍卫者。他有见识、有勇气拒绝叛教者伊西多尔,保护了俄国东正教。因此他拥有任命都主教的精神权威,大公的身份也被赋予了光荣与职责。拜占庭的陷落使得莫斯科大公国成为世界上最大的东正教区,大公从拜占庭皇帝手中接过保卫信仰的义务。莫斯科大公上承圣弗拉基米尔,蒙受天主的恩赐,肩负起捍卫东正教信仰的职责,就此奠定了其统治合法性的基石。[1]

* * *

在 1359—1462 年这段时期,莫斯科王公们努力克服来自王朝反对势力的挑战,以保住弗拉基米尔大公这一地位。在金帐汗国分裂出的诸多鞑靼汗国的包围下,同时还面临着立陶宛的威胁,莫斯科公国可谓强邻环伺。但是到1462 年瓦西里大公去世,他们已经积聚了足够的领土、经济和军事资源,成为俄国北部的主要政治力量。东正教会虽然无力统一基辅与全罗斯的都主教辖区,但为莫斯科王公提供了他们长期可望而不可即的正当性,因而进一步巩固了莫斯科公国的成就。瓦西里二世在内战中打破了横向继承的王朝传统,终结了先辈继位对可汗的依赖,把自己的头衔与领地 并传给了儿子瓦西里三世,瓦西里三世进而发扬光大自己所继承的一切,开创了莫斯科大公国。

---

[1] Cherniavsky, "Reception of the Council of Florence", 349 - 350, 352; Joel Raba, "The Authority of the Muscovite Ruler at the Dawn of the Modern Era", *JGO*, 24 (1976): 323; Obolensky, "Byzantium and Russia", 267-268; Alef, "Crisis", 24.

第八章 中世纪的诺夫哥罗德

V. L. 亚宁

在中世纪的俄国,诺夫哥罗德的历史最为与众不同。

过去 70 年来,中世纪的诺夫哥罗德成为最热门的考古调查对象。挖掘成果有力地弥补了早期罗斯历史中传统资料的欠缺,正是环境因素造成了这一令人遗憾的状况,在整个中世纪(甚至直到现代),俄国人居住于木屋,构成文化中心的城镇也是木质结构,常常毁于火灾。

由于过于潮湿且通风不良,诺夫哥罗德的堆积层极具特色,这里各类古代文物保存完好,包括有机材料(木头、骨头、皮革、布料和谷物)制成的器物,而在一般环境下这类物品多半会出现不可逆的毁损。这一特点使得研究人员能够通过树轮年代学确定所有发掘物件的具体年代。这一方法还使 1951 年发现桦树皮上书写的文件成为可能,它们在堆积层中的完美条件下获得有效保存。2003 年结束实地考察工作之际,学者们在诺夫哥罗德发现了 949 份桦树皮文件,附近的戈罗季谢也有一份,周边地区还有 57 份[38 份位于旧鲁萨,19份位于托尔若克(Torzhok)]。在这当中,将近 500 份文件可以追溯到 11 世纪至 13 世纪的头 30 年。这次发现极大地增加了关于中世纪初期历史可供研究的文字资料,同时学者还能就此审视过去长期争论的问题。

一、诺夫哥罗德的起源

俄国西北部广阔的土地上覆盖着森林、湖泊和沼泽,然而耕地十分有限。从新石器时代到青铜时代,这里长期居住着芬兰-乌戈尔语族部落。公元 5 世纪和 6 世纪,斯拉夫人部落开始涌入这一地区,但是未与原住民产生任何冲突。原住民主要的经济活动是捕鱼和打猎,斯拉夫人则辛勤犁地,种植粮食。因此两个族群在不同的区域建立了定居点,互不干涉。

长久以来,历史学家相信斯拉夫移民[诺夫哥罗德的斯拉夫人和克里维奇人(Krivichi)]来自第聂伯河中游。在 12 世纪罗斯分成不同公国之前,东斯拉夫人说着相同的语言,直到 12 世纪才开始产生不同的方言,13世纪的鞑靼入侵加速了这一进程。然而,对数百份桦树皮的研究表明,这一过程完全是以相反的方式进行的。结果证明,早在 11 世纪和 12 世纪,文本上的诺夫哥罗德方言特征已经相当明显,后来在与其他东斯拉夫方言的交流过程中逐渐消失。在寻找类似于诺夫哥罗德方言特征的事物过程中,我们发现迁至俄国西北部的斯拉夫人源自现在的波兰、德国北部地区,中世纪诺夫哥罗德人的祖先就是来自这些地区。① 这一结论获得了考古学和人类学证据的证实。

在罗斯西北部地区的早期历史当中,最为重要的事件就是当地人曾短暂臣服于斯堪的纳维亚人的权威。后来《诺夫哥罗德编年史》的记录表明,瓦良格人(即挪威人)要求从斯拉夫人和克里维奇人组成的斯拉夫人部落以及楚德人(Chud')组成的芬兰-乌戈尔人部落收集大量贡品(每人一张松鼠皮),这些部落此前各自为战。共同的苦难导致了反抗瓦良格人的起义的爆发,瓦良格人后来被赶出了这片地区。一俟独立,斯拉夫人和芬兰-乌戈尔人便团结一致建设城镇,但是随后因为三方(斯拉夫人、克里维奇人和芬兰-乌戈尔人)不愿给予任何一方显赫地位,所以他们发生了争端,于是决定邀请一位瓦良格王公进行统治。在公元 859 年或 862 年,他们向斯堪的纳维亚王公留里克发出了邀请②,这一计划正式生效。来自丹麦或者弗里斯兰(Friesland)的留里克起初住在拉多加湖,后来迁至较为便捷的沃尔霍夫河③源头地区,主要的东欧贸易路线交会于此。

在戈罗季谢(距离诺夫哥罗德 3 千米)进行的发掘证实了这一事件是真实发生的,直到 15 世纪末,诺夫哥罗德的王公们一直定居于此。戈罗季谢的考古证据表明该地确实建于 9 世纪中期,居民显然就是当时的社会精英,主要成

---

① A. A. Zalizniak, "Novgorodskie berestianye gramoty s lingvisticheskoi tochki zreniia", in V. L. Ianin and A. A. Zalizniak, *Novgorodskie gramoty na bereste (iz raskopok 1977–1983 gg.)* (Moscow: Nauka, 1986), pp. 89–121.

② *Novgorodskaia pervaia letopis' starshego i mladshego izvodov* (Moscow and Leningrad: AN SSSR, 1950), p. 106.

③ *PSRL*, vol. II (St Petersburg: Tipografiia M. A. Aleksandrova, 1908), col. 14.

员为诺曼人。①

　　王公的权力何时首次受到限制？这是研究诺夫哥罗德政治制度的学者面临的一个重要问题。对王公发出的邀请中已经提出了作为交换条件的限制规定,诺夫哥罗德及其王公现存最古老的协议大概是在13世纪60年代(更早的协议未能保存下来)签署的,其中就有这些条文。②

　　最为重要的一项约束就是受邀王公及其家臣不得在诺夫哥罗德的土地上征税。这一权力属于诺夫哥罗德人自己,他们要用税收向王公支付所谓的"礼物",即其行使职责应得的报酬。在对诺夫哥罗德进行发掘的过程中,从公元10世纪末到12世纪头25年的堆积层中,频繁发现木质印章,它能保障袋内毛皮等物品的安全,这些物品用作税收。印章上刻有铭文,表明袋内物品属于王公或是收税者个人,根据《罗斯法典汇编》(最古老的罗斯法律典籍),收税者可以保留一定比例的征收物品。总共发现51件此类物品,它们都在诺夫哥罗德人自己家中。一些印章旁边同时还有桦树皮文件,里面详细记录了税收情况,这些文件上所写的姓名就是印章上所刻的铭文。留存下来的最早一批印章可以追溯到公元10世纪末,在波兰的什切青(Szczecin)和爱尔兰的都柏林也有类似发现,这让我们认为使用这些物件的风俗来自诺曼文化。但在征税与制订预算这一重要领域限制王公权力,则可能源于诺夫哥罗德人与留里克的协议。③

　　倘若历史恰是如此,那么这解释了为什么留里克的继任者——奥列格,以及留里克的儿子伊戈尔——离开了诺夫哥罗德。奥列格打破终身担任王公的协议,为了先后征服斯摩棱斯克和基辅而前往南方。他在基辅的权力并非基于协议,而是作为一位征服者获得的。因此王公本人的行为不会受限,他和他的扈从能在服从自身权威的土地上征税(poliud'e)。

　　奥列格和伊戈尔离开诺夫哥罗德前往南方,导致了罗斯西北部的政治真空。奥列格违背协议的一个后果就是,这里没有王公。戈罗季谢仍有一位王公任命的军事长官,领导着王公的部下们,但在当时,诺夫哥罗德城尚不存在。

① E. N. Nosov, *Novgorodskoe (Riurikovo) Gorodishche* (Leningrad: Nauka, 1990).
② *Gramoty Velikogo Novgoroda i Pskova* (Moscow and Leningrad: AN SSSR, 1949), nos. 1–3, pp. 9–13.
③ V. L. Ianin, *U istokov novgorodskoi gosudarstvennosti* (Velikii Novgorod: Novgorodskii gosudarstvennyi universitet, 2001).

对诺夫哥罗德不同地区的挖掘没有发现任何公元 9 世纪的堆积层。然而,公元 9 世纪末和 10 世纪初,人们开始大规模定居在诺夫哥罗德即将开拓的领土上。这一进程同时伴随着对附近地区诸多定居点的废弃。我们可以假定,两个进程互相联系,而且是由王公缺位带来的政治真空所导致的,斯拉夫人、克里维奇人和楚德人的部落领袖们因此受到鼓励,迁往诺夫哥罗德的未来领土,这里距离王公的宅邸不远。

选择这个地方是由于其位于重要的国际商路交会点,就像公元 9 世纪中叶王公选择宅邸所处位置时一样。在这里,沃尔霍夫河从伊尔门湖流出,"从瓦良格通向希腊之路"(南北主要交通线)与伏尔加河-波罗的海一线(东西主要交通线)相交。这里贮藏了不可胜数的从 9 世纪末到 11 世纪初的东方银币,在亚洲的银矿枯竭之后,则藏起数不胜数的 11 世纪和 12 世纪初的西欧便士(denarii),这些都表明商路上的贸易活动相当活跃。

考古挖掘揭示了日后的诺夫哥罗德在公元 10 世纪上半叶的本质。那时它还算不上是一个城镇,仅仅是部落领袖建立的三个定居点,彼此之间被荒无人烟的地区隔开。在这些定居点的主要农庄周围,分布着土路交叉划开的耕地。这些定居点的名称表明它们可能由以下民族构成:Slavenskii(即斯拉夫人)、Nerevskii(来自芬兰-乌戈尔人部落 Noroma 或 Nereva)以及 Liudin(来自斯拉夫语 Liudi,意指人们——它很可能是克里维奇人定居点)。后来它们奠定了诺夫哥罗德行政区(kontsy)的基础。公元 10 世纪中叶,这些松散的前都市结构转变成城镇。

公元 947 年,基辅女王公奥莉加改革了公国的行政制度,并在西北部作战,最后征服并且统一了姆斯塔河(Msta)与卢加河(Luga)沿岸的人口密集地区。因此,诺夫哥罗德的税收不止翻了一番。这里开始铺设街道,提供便民服务与公共设施,在道路两侧修建住宅,不断赋予它城镇的特征。[①] 此时方才适用"诺夫哥罗德"一词,因为这里建起了新的社会中心——克里姆林(Detinets),一开始它被称作 Novyi gorod(新城),以与戈罗季谢和早先三个城市类型的定居点相区分。

---

① V. L. Ianin, "Kniaginia Ol'ga i problema stanovleniia Novgoroda", *Drevnosti Pskova. Arkheologiia. Istoriia. Arkhitektura* (Pskov: Pskovskii gosudarstvennyi ob'edinennyi istorikoarkhitekturnyi i khudozhestvennyi muzei-zapovednik, 2000), pp. 22-25.

二、波雅尔权力的发展

这座焕然一新的城镇对所有俄国王公都产生了巨大的吸引力。公元970—980 年,基辅王公斯维亚托斯拉夫·伊戈列维奇的儿子弗拉基米尔和雅罗波尔克争夺王公地位,并且各自向诺夫哥罗德指派了地方长官。最后,弗拉基米尔胜出。在他的统治下(即在他成为基辅王公之后),诺夫哥罗德追随基辅皈依了基督教(约 990 年),并且接受了其子"智者"雅罗斯拉夫担任王公。10世纪末,诺夫哥罗德开始修建第一批教堂——木质的圣索菲亚大教堂和圣徒约阿希姆和安娜教堂,它们是被献给名为约阿希姆的诺夫哥罗德首任主教的。

雅罗斯拉夫王公的统治一直持续到 1015 年,在他父亲死后,他与"恶棍"(Okaiannyi)斯维亚托波尔克交战,争夺基辅的控制权。诺夫哥罗德人助他获胜,雅罗斯拉夫给予他们新的特权,以回报其帮助。特权包括宣布诺夫哥罗德的波雅尔们不受王公管辖,这些波雅尔是部落领袖们的直系后代,正是其先辈邀请留里克来到诺夫哥罗德。[①] 然而,在弗拉基米尔去世前,雅罗斯拉夫已经于 1014 年拒绝支付传统上应交给基辅的 2 000 格里夫纳,只是弗拉基米尔的逝世制止了父子之间的军事对立。

诺夫哥罗德波雅尔们从"智者"雅罗斯拉夫手中获得的特权,奠定了诺夫哥罗德分裂为两个行政机构的基础。波雅尔们的庄园不受王公管控,而这些庄园构成了"行政区"制度的基础。这些"区"之间的地方居住着独立于波雅尔们的居民,其中包括自由的工匠和商人,仍然受王公管辖。他们被划分成百户(sotni),接受千夫长(tysiatskie)和百夫长(sotskie)的管理,直到 12 世纪末,他们始终是王公统治体制的组成部分。

雅罗斯拉夫担任基辅王公期间,曾深远地影响了诺夫哥罗德的文化发展。1030 年访问诺夫哥罗德时,他"召集 300 名长老和神父的子女,教会他们读书识字"[②]。不过,考古发现表明,诺夫哥罗德早在此之前就展开了读写教育。2000 年,在挖掘留丁丁(克里姆林南边)11 世纪初的堆积层时,发现了三块上蜡木板,上面刻着几首赞美诗(见插图 9)。研究表明,这些木板是用来识字的:

---

①   V. L. Ianin and M. Kh. Aleshkovskii, "Proiskhozhdenie Novgoroda: K postanovke problemy", *Istoriia SSSR*, 1971, no. 2: 32-61.

②   *PSRL*, vol. VI, vyp.I (Moscow: Iazyki russkoi kul'tury, 2000), col. 176.

老师们在上面写字，让学生们抄写，擦去后再写上别的内容。目前，《诺夫哥罗德诗篇》——这样称它是因为木板保存了《诗篇》的选段——是整个斯拉夫世界最古老的"书"。它展示了诺夫哥罗德第一批基督徒们刚刚皈依不久（10世纪末）时是如何学习书写的。① 当"智者"雅罗斯拉夫在诺夫哥罗德创办学校时，他不过是在延续一个早已存在的传统。"智者"雅罗斯拉夫在位期间，诺夫哥罗德王公的权力获得巩固，王公的住处从戈罗季谢搬到诺夫哥罗德也体现了这点。这座宅邸位于城市的商业区，正对着克里姆林，今天它被称作"雅罗斯拉夫的王宫"。

　　木质的圣索菲亚大教堂毁于大火之后，砖石结构的圣索菲亚大教堂在1045—1050年完工，至今依然矗立在诺夫哥罗德。教堂的修建是由"智者"雅罗斯拉夫的儿子弗拉基米尔王公发起的，许多来自基辅的顶尖工匠参与了建设工作。它也是今天俄国领土上最古老的砖石教堂。与此同时，克里姆林内也建造了新的防御工事，旨在保卫旁边的教堂和主教宅邸。

　　在11世纪最后25年里，诺夫哥罗德发生了翻天覆地的变化，本地贵族（波雅尔们）的权力进一步巩固，王公的权力进一步削弱。1088—1094年，时任诺夫哥罗德王公的姆斯季斯拉夫是弗拉基米尔·莫诺马赫的小儿子。基辅派来取代他的王公大卫遭到诺夫哥罗德人的驱逐，他们坚持要让姆斯季斯拉夫复位。这是首次明确的"自由选择王公"的行动，后来它也成为诺夫哥罗德的波雅尔体制的原则，对留里克的邀请则被援引为这一权利的先例。

　　1102年，基辅计划派人取代姆斯季斯拉夫，再次遭到了诺夫哥罗德人的反对。关于进口的考古学证据表明，诺夫哥罗德反对基辅使其遭受了贸易封锁：基辅切断了从南方运送货物至此的商路。

　　诺夫哥罗德人关注姆斯季斯拉夫的同时，就波雅尔的统治确立了一项重要的政治制度——市政官制（posadnichestvo）。此前posadnik一词是指由基辅派来的市政官，后来则指从波雅尔中选举一人与王公共同治理诺夫哥罗德。② 当时，王公的权力还受到了第二重限制——受邀王公不得在诺夫哥罗德的土地上以个人财产的名义拥有土地。这一权利仅由诺夫哥罗德人自己

---

① V. L. Ianin and A. A. Zalizniak, "Novgorodskaia psaltyr' nachala XI veka - drevneishaia kniga Rusi", *Vestnik Rossiiskoi akademii nauk*, 71, 3 (2001): 202-209.

② V. L. Ianin, *Novgorodskie posadniki* (Moscow: Izdatel'stvo Moskovskogo universiteta, 1962), pp. 54-62.

享有。

此外,王公及其朝臣回到了戈罗季谢,那里的宅邸进行了翻修,直到 16 世纪他们一直居于此处。

1117 年,在弗拉基米尔·莫诺马赫的指示下,姆斯季斯拉夫·弗拉基罗维奇离开诺夫哥罗德,前往斯摩棱斯克,留下他的儿子弗谢沃洛德担任诺夫哥罗德王公。为了向弗谢沃洛德供应物资,姆斯季斯拉夫将自己的斯摩棱斯克公国的广阔边陲之地转让给诺夫哥罗德公国,这些土地因而成为弗谢沃洛德的疆域。土地转让的条件是,只有受邀王公是姆斯季斯拉夫的直系后裔时,从这些土地上获取的收入才由诺夫哥罗德王公自行支配。如果其他家族的成员担任王公,这块领土上的税收就归斯摩棱斯克所有。①

在弗谢沃洛德统治期间,诺夫哥罗德的波雅尔们对王公权利施加了另一重限制。起初,王公曾履行过诺夫哥罗德的最高法官这一职责,随后则设立了联合法庭,由王公、市政官和波雅尔领袖共同组成。王公在形式上发挥主要作用(使用印章批准裁决),但是如果没有市政官的认可,他无权做出最终决定。在 1998 年的考古挖掘中,发现了此种法庭。根据现场的桦树皮文件,它建于 12 世纪 20 年代中期,曾经运转五六十年,处理各种类型的司法争端。②

1136 年爆发了反抗王公的起义,在这场冲突中波雅尔们大获全胜。他们重新制订政治制度,王公就此成为波雅尔“共和国”的官员。王公保留审判职能,然而他的裁决只有在市政官进行最终确认之后方可生效。这次起义还导致弗谢沃洛德王公被赶出诺夫哥罗德,来自切尔尼戈夫的斯维亚托斯拉夫·奥列戈维奇受邀取代前者。当然,这一转变意味着需要再次解决王公及其扈从的酬劳问题。斯维亚托斯拉夫获得了位于北德维纳河与佩切拉河(Pechera)地区的北方土地。不过这些土地很快回到了波雅尔们的手中,分配给王公的土地比这更加贫瘠。

从 12 世纪初开始,土地所有权成为诺夫哥罗德政治经济历史的中心问题。诺夫哥罗德的土地上缺少矿物,这里的铁矿仅仅只有沼铁矿。工艺生产所需的原材料全部通过贸易获取:贵金属和有色金属从多个欧洲国家进口,琥珀来自波罗的海,珍贵的木材来自高加索,贵重的装饰石材来自乌拉尔和东方。

①　V. L. Ianin, *Novgorod i Litva. Pogranichnye situatsii XIII-XV vekov* (Moscow: Izdatel'stvo Moskovskogo universiteta, 1998).

②　Ianin, *U istokov novgorodskoi gosudarstvennosti*, pp. 6-30.

　　通过进口以上物品,诺夫哥罗德也让自己土地上的资源进入国际市场,具体包括打猎获取的昂贵毛皮、捕鱼获取的珍稀鱼类以及养殖蜜蜂获取的蜡和蜂蜜。出口这块土地上的丰富资源使得诺夫哥罗德波雅尔们变得富足。正是在12世纪,诺夫哥罗德开始实施世袭地产(votchiny)制度。[①]

　　每位城市波雅尔的住宅不仅包括正屋和外屋,还包括屋主为自己供养的手工艺人所建的工作坊。波雅尔们让工匠在此处加工自己土地上的产品,然后拿到市场上出售,商人们可以用它们换取来自国外的原材料。因此,拥有着其土地上的产品的地主获得了主要收益。

　　因为这种关系,12世纪诺夫哥罗德的军事政策主要旨在保卫北方领土免遭弗拉基米尔-苏兹达尔公国的袭击。编年史中提到,诺夫哥罗德和声称拥有这些领土的苏兹达尔人发生了无数次冲突。双方之间最为重要的一场战役发生在1169—1170年,最终诺夫哥罗德人获胜,胜利被归功于《祈祷的圣母》圣像所创造的奇迹,从此它成为诺夫哥罗德人最神圣的标志。

　　诺夫哥罗德波雅尔们的内政受到各个地方群体的极大影响,这还要追溯到早先这里三个定居点之间的敌对。不同群体彼此之间争夺市政官一职,他们与斯摩棱斯克、切尔尼戈夫和苏兹达尔的王公达成同盟,最后他们的内部争端演变为罗斯王公们在诺夫哥罗德争权夺势。1207年的起义生动展示了这种持续不断的斗争,当时掌权的是留丁区(Liudin)的波雅尔,他们被驱逐出诺夫哥罗德,包括土地在内的财产被分配给起义的参与者,房屋则遭到焚毁,市政官一职也落入了作为竞争对手的波雅尔手中,正是他们联合苏兹达尔王公发动了此次起义。

　　还有一项重大举措推动了波雅尔式国家的发展,那就是在12世纪末设置了"千夫长"一职,其结果是"百户"制度下的司法权从王公转移到波雅尔手中。[②]

　　12世纪,诺夫哥罗德产生了自己的艺术和建筑流派。在12世纪初,圣安东尼和圣乔治修道院的教堂里装饰着壁画,王公所在的戈罗季谢也修建了圣母领报教堂。这些教堂成为整个12世纪的建筑典范。其中最为杰出的作品就是涅列基察(Nereditsa)的救世主教堂,它于1198年在戈罗季谢附近修建,

---

① V. L. Ianin, *Novgorodskaia feodal'naia votchina* (*Istoriko-genealogicheskoe issledovanie*) (Moscow: Nauka, 1981), pp. 200–257.

② Ianin, *Novgorodskie posadniki*.

次年绘以壁画。艺术史学家指出,这些画作是中世纪俄国绘画的代表,它们一直保存到 20 世纪。然而,大部分画作在第二次世界大战中遭到毁损。20 世纪 60 年代,教堂恢复原貌,壁画却只有一些复制品和照片留存下来。①

值得注意的是,中世纪罗斯的艺术作品通常不具名。众所周知,费奥凡·格列克[Feofan Grek,即希腊的赛奥法尼斯(Theophanes the Greek)]、安德烈·鲁布廖夫(Andrei Rublev)和迪奥尼西(Dionisii)是 14 世纪和 15 世纪生人,但是蒙古人统治之前的艺术家姓名长期以来不为人所知。学者们也常说,他们将会一直匿名下去。不过,在 20 世纪七八十年代,考古学家发掘出一位 12 世纪末 13 世纪初的艺术家住宅,桦树皮信件上写着他的名字,其中很多信件都是要求预订圣像画。这位艺术家名叫奥利塞·格列钦(Olisei Grechin),编年史中称他是一位壁画大师。对他在桦树皮文件上的亲笔签名进行研究,并且比对牵头创作涅列基察救世主教堂的艺术家手迹,结果发现大部分壁画都由奥利塞创作。②

大量桦树皮信件是由奥利塞的父亲——彼得·米哈尔科维奇(Petr Mikhalkovich)所写,或是写给他的。这些文件或许可以让我们确定,彼得与妻子玛丽亚(桦树皮上写的是 Marena)委托绘制了 12 世纪最出名的诺夫哥罗德圣像——《祈祷的圣母》。我们已经提过这幅圣像在 1170 年的战役中发挥了重要作用。事实上,这幅画像是为彼得·米哈尔科维奇的女儿安娜斯塔西娅和诺夫哥罗德的王公姆斯季斯拉夫——他是声名显赫的王公"长臂"尤里的儿子——的婚礼所作。婚礼举办于 1155 年,同时,彼得与妻子还定制了诺夫哥罗德的艺术杰作——工艺大师科斯塔(Kosta)的银圣杯(圣餐杯),上面刻着圣母与圣徒彼得和安娜斯塔西娅的画像。③

三、13 世纪和 14 世纪

诺夫哥罗德在 13 世纪历经磨难。在 13 世纪初,诺夫哥罗德的西部边陲出

---

① *Freski Spasa-Nereditsy* (Leningrad, 1925).
② B. A. Kolchin, A. S. Khoroshev and V. L. Ianin, *Usad'ba novgorodskogo khudozhnika XII v.* (Moscow: Nauka, 1981).
③ A. A. Gippius, "K attributsii novgorodskikh kratirov i ikony 'Znamenie'", *Novgorod i Novgorodskaia zemlia. Istoriia i arkheologiia*, *vyp. 13* (Novgorod: Novgorodskii gosudarstvennyi obedinennyi muzei-zapovednik, 1999), pp. 379–394.

现了长期军事威胁,威胁来自定居波罗的地区的条顿骑士。在西北边陲,瑞典的侵扰也构成了极大的威胁。1238年,鞑靼-蒙古军队开始入侵诺夫哥罗德领土。拔都可汗的军队包围诺夫哥罗德城镇托尔若克一个月之久,歼灭了这里英勇的守卫者。不过,托尔若克的防守拯救了诺夫哥罗德。鞑靼军队3月份攻下托尔若克,但此时骑兵的补给已经耗尽,他们担心将会失去作为主要军事运输工具的马匹,从而产生巨大危险,因此鞑靼军队从距离诺夫哥罗德100千米处撤回到南部的大草原。[①]

在此之后,诺夫哥罗德人集中军事力量防守西部边陲。1240年,亚历山大在涅瓦河战役中大败瑞典,他由此得名"涅夫斯基";1242年,他在冰冻的楚德湖上击败条顿骑士团。然而这次胜利并非决定性的。直到1269年的拉科沃[Rakovor,爱沙尼亚称为拉克沃(Rakver)]之战,西部边陲方才实现和平。

同时,鞑靼-蒙古入侵也影响了诺夫哥罗德。它的传统贸易体系以及与满目疮痍的罗斯诸公国的文化联系同时遭到摧毁。这里直到13世纪90年代才恢复修建砖石教堂,1302年才开始在木质克里姆林宫原址修建砖石克里姆林宫。

诺夫哥罗德波雅尔与王公之间的关系也发生了剧变。此前"自由选择王公"原则是双方关系的基础,但是现在金帐汗国的可汗指定他们的王公为罗斯诸王公之首(大公),诺夫哥罗德人默认了这一事实。不过,大公的主要活动范围仍在诺夫哥罗德之外,这里仍由其任命的市政官治理。因此大公很少参与诺夫哥罗德的事务,从而再度巩固了波雅尔"共和"制度。

尽管诺夫哥罗德未被蒙古征服,大公亚历山大·涅夫斯基依然要求诺夫哥罗德向蒙古人进贡,并且废除了波雅尔们的部分特权,他的行为激起了诺夫哥罗德人的公愤,一俟亚历山大去世,他们立刻着手重新安排政治制度。13世纪60年代,诺夫哥罗德人与亚历山大的兄弟雅罗斯拉夫·雅罗斯拉维奇达成协议,确认了诺夫哥罗德此前获得的特权:王公不得在诺夫哥罗德的土地上征税(诺夫哥罗德人自行征税,因此掌握预算),不得在诺夫哥罗德的土地上拥有任何私人财产性质的不动产,未获市政官许可不得宣布司法裁决。在这份协议里,王公还避免重蹈其兄弟生前践踏法律的覆辙。

---

① V. L. Ianin, "K khronologii i topografii ordynskogo pokhoda na Novgorod v 1238 g.", *Issledovaniia po istorii i istoriografii feodalizma* (Moscow: Nauka, 1982), pp. 146-158.

　　在此之后，王公在司法领域的职能受到了进一步限制。如果说此前所有的司法事务受他管辖，那么在 13 世纪末组建的商业法庭则受千夫长（诺夫哥罗德波雅尔）的管辖，同时成立的主教法庭有权处理大批居住在教会土地上人员的事务。

　　这种情况也导致了另一重变化。从 13 世纪末开始，诺夫哥罗德修建了大量修道院。富足的波雅尔家庭资助修道院，充当它们的赞助人，并且以土地的形式给予它们巨额财富。不过，整个土地所有制度受担任教会领袖的都主教管辖，鉴于"谁控制财富，谁就掌握了权势"，波雅尔们意识到修道院将来进行的土地扩张很可能使都主教由精神领袖转变为国家真正的主人。因此，他们开始实施改革，设立了大修道院长（archimandrite）一职作为诺夫哥罗德全体神职人员的领袖。

　　大修道院长住在距诺夫哥罗德 4 千米远的圣乔治修道院，他负责管理诺夫哥罗德五个行政区的修道院长。在教会和教士事务上，他当然服从都主教，然而他并非由都主教任命，而是由波雅尔维彻（veche）推选，与市政官以及其他官员产生的方式相同，他在经济事务上对波雅尔们而非都主教负责。换言之，波雅尔集团全面掌控大修道院长的世俗活动，如果他不合适或是不称职，还能将他撤职。波雅尔集团充分运用这一权利。①

　　在 13 世纪最后 30 年里，诺夫哥罗德的政治制度出现了重要变化。波雅尔们试图减少争夺高级职位控制权时的敌对，因此创立了能够代表所有群体利益的机构。商人组织有其独特的管理制度，负责人千夫长也是在规定时期由选举产生的。

　　13 世纪 90 年代初实施了一项关于共和政体的改革。这意味着须每年选举公国领袖（市政官）、商人和手工艺人领袖（千夫长）、神职人员领袖（大修道院长）。要对公国的最高领导人进行控制，可能没有比这更好的方式了。通过采取新的政治组织形式，诺夫哥罗德进入了 14 世纪。②

　　就许多方面而言，14 世纪初是罗斯历史的转折点，对诺夫哥罗德尤其如此。必须强调诺夫哥罗德在巩固俄国经济中发挥的作用。诺夫哥罗德一方面避免了金帐汗国的军事摧毁，另一方面击退了瑞典和条顿骑士团对其西部边

---

① V. L. Ianin, "Monastyri srednevekovogo Novgoroda v strukture gosudarstvennykh institutov", *POLYTROPON: k 70-letiiu V. N. Toporova* (Moscow：Indrik，1998)，pp. 911–922.
② Ianin, *Novgorodskie posadniki*.

陲的入侵，因此成为唯一一个能够通过农业、渔猎和养蜂产品获取大量西方银币的地区。整个罗斯都需要银币，既为购买必需品，又要向金帐汗国进贡。诺夫哥罗德向罗斯中部的特维尔、莫斯科、苏兹达尔和其他地方的银币再输出，不仅巩固了自身的经济，也激起了邻邦的入侵野心，因此先后与特维尔和莫斯科陷入了长期的军事冲突。

此外，14 世纪初西方银币源源不断地流入诺夫哥罗德，促进了新的货币单位——卢布的诞生。这也成为迄今俄国货币制度的基础。

13 世纪和 14 世纪，诺夫哥罗德边境地区出现了一种特别的防御体系。一些边陲地区处于敌对势力的双重控制之下。例如，位于诺夫哥罗德西南边陲的托尔若克地区，同时受到诺夫哥罗德和大公方面的控制。诺夫哥罗德的飞地沃洛科拉姆斯克（Volokolamsk）被莫斯科公国包围，因而陷入相同的处境。在 14 世纪初以及 14 世纪 70 年代，特维尔一直试图使托尔若克脱离诺夫哥罗德的管辖，但是遭到诺夫哥罗德人的抵制。

由此，边陲地区从属于两个权威的体系形成，诺夫哥罗德人能够有效应对自 13 世纪下半叶起来自立陶宛的军事威胁。从 13 世纪中叶到 14 世纪头 30 年，由于立陶宛入侵斯摩棱斯克和诺夫哥罗德，斯摩棱斯克公国北部与诺夫哥罗德接壤的地区落入立陶宛手中。1326 年，诺夫哥罗德发动了一次成功的军事行动，诺夫哥罗德、条顿骑士团、斯摩棱斯克、波洛茨克和立陶宛大公国之间实现总体和平。和约的一个主要内容就是为立陶宛和诺夫哥罗德的边境地区规定长期的相处原则。立陶宛同意诺夫哥罗德对其全部领土行使主权，不过作为交换，它将享有诺夫哥罗德部分边境地区的税收，其根据是 1117 年姆斯季斯拉夫的要求，只要诺夫哥罗德王公是姆斯季斯拉夫的后裔，斯摩棱斯克的部分领土将转归诺夫哥罗德所有。征服斯摩棱斯克领土之后，立陶宛也继承了斯摩棱斯克和诺夫哥罗德之前关系中所确立的权利。[1]

此后，诺夫哥罗德和立陶宛之间不断扩展军事政治合作。立陶宛王公接受诺夫哥罗德与瑞典接壤的部分城镇的"供养"（kormlenie），并且承担保护那里的诺夫哥罗德领土免遭瑞典扩张侵犯的义务。这一模式虽然历经波折，不过直到 15 世纪末诺夫哥罗德失去独立地位，它在总体上运作成功。

① Ianin, *Novgorod i Litva*.

四、与莫斯科的冲突

诺夫哥罗德与莫斯科的关系更为复杂。在 1380 年的库利科沃战役中,罗斯取得了对金帐汗国的决定性胜利。在此之前,作为罗斯中心城镇代表的各个公国——尤其是特维尔和莫斯科,积极争夺大公地位。1380 年的胜利使得莫斯科王公获得这一头衔。但是与此同时,这一结果意味着诺夫哥罗德将失去自主选择王公的传统权利,这导致诺夫哥罗德同莫斯科关系的恶化,它试图寻找莫斯科的对手作为保护者。

1384 年,诺夫哥罗德人宣布不再接受莫斯科的管辖。两年之后,莫斯科王公德米特里对诺夫哥罗德采取军事行动,以报复诺夫哥罗德人对其领土的进攻。1397 年,德米特里的儿子瓦西里一世打破了与诺夫哥罗德人的和平,迫使德维纳波雅尔们承认其对德维纳的权威,此外他还夺取了沃洛科拉姆斯克、托尔若克、沃洛格达和别热茨克(Bezhetsk)。1398 年,形势得到部分恢复。1419 年,诺夫哥罗德人宣布他们的王公为莫斯科王公的兄弟康斯坦丁·德米特里耶维奇,他和瓦西里一世曾经起过争端,但是冲突很快平息了下来。

诺夫哥罗德与莫斯科的复杂关系促使其加强防御。14 世纪 80 年代,诺夫哥罗德搭建了一圈防御工事——外城(Okol'nyi gorod),长达 9 千米,土质壁垒上面覆盖着木质护墙,进口处建有石质塔楼。

在德米特里·顿斯科伊统治时期,诺夫哥罗德与莫斯科严重对立,诺夫哥罗德还采用了大诺夫哥罗德这个名字,从而与大公这一头衔形成对等地位。

失去自由选择王公的权利是诺夫哥罗德波雅尔们团结一致的首要原因。其次,诺夫哥罗德没有特权的民众滋生了反波雅尔情绪,也迫使他们加强团结。早在 14 世纪中期,波雅尔权力机制已经获得承认。在 1354 年改革之前,五个诺夫哥罗德行政区选举产生自己的终身代表,每年会从他们当中选出市政官(人数也在此之下)。现在五名代表都是市政官,然后再由维彻选出一名资深市政官(stepennyi posadnik)。①

新的制度加强了波雅尔之间的团结。此前,波雅尔家族间因为争夺公国

---

① Ianin, *Novgorodskie posadniki*.

的高级职位而产生冲突,导致诺夫哥罗德不同行政区之间的竞争。同时,波雅尔们无法进行广泛的社会动员。此前竞选市政官职位的独立波雅尔候选人可以告诉普通民众问题是由于其对手在位而带来的,从而为自己拉票,现在波雅尔们作为一个整体为他们的政治行为集体负责。

这在改革的下一个阶段,即 15 世纪第一个十年末显得尤为突出。在 1417 年左右,代表相关标准增加了两倍:自即日起,需要证明同时存在 18 名市政官,公国行政长官选举一年举行两次而非一次。然而,这项改革并未改变社会紧张局势。1418 年,斯捷潘卡(Stepanka)领导了一场反波雅尔的起义,成群的叛乱者涌入修道院洗劫,他们说:"这里就是波雅尔的粮仓,我们要把敌人掠夺一空!"在大主教的帮助下,惊恐的波雅尔们成功安抚了民众,但是在此次起义过程中,不同的波雅尔群体之间依然存在冲突,作为诺夫哥罗德精神领袖的大主教也对此提出了批评。

1418 年的反波雅尔大起义促使诺夫哥罗德的波雅尔们进一步团结一致,同时存在的市政官人数也增加到了 24 人,1463 年甚至增加到 36 人(当时他们还选出了 7 名千夫长)。事实上,诺夫哥罗德每个波雅尔家族都能分得权力的一杯羹。所有这些家族的代表们,不仅有机会当选市政官或是千夫长,还能在实际上控制这些职位。编年史在记述 15 世纪下半叶头 25 年的历史时,时常不避讳正面提到市政官。由于 15 世纪的改革把市政官的数目增加到波雅尔家族的数目,市政官的头衔因此贬值,而波雅尔称号的分量进一步增加。在这一时期,波雅尔和市政官两个称谓可以交换使用。

同时,1417 年的合议机构由 18 名市政官、5 名千夫长、大修道院长和 5 名修道院长(各自管辖本行政区内的修道院并受大修道院长管辖)组成,这和威尼斯共和国的参议院十分相似。正如以下说明所示,诺夫哥罗德也承认这种相似性。从 1420 年起,诺夫哥罗德人开始铸造自己的货币,直到诺夫哥罗德失去独立地位,钱币式样一直保持不变,上面刻着一位跪着的骑士从诺夫哥罗德的保护人——圣索菲亚手里接过权力的象征。毫无疑问,这个形象是以威尼斯钱币为模板的,其上刻着一位下跪的总督(Doge)从威尼斯的保护人——圣马可(St Mark)手里接过权力的象征。

与此同时,这种寡头形式的政治机制从根本上扭转了波雅尔和诺夫哥罗德其他社会阶层之间的关系。此前波雅尔群体之间争权夺利,而现在,团结一致的波雅尔们形成一个整体,与诺夫哥罗德没有特权的阶层对峙。15 世纪中叶的编年史中也反映了这种变化,它提及了"不义的波雅尔们",并且称"我们没有正义,没有公正的法庭程序"。一批新出现的文学作品批判了波雅尔们,尤其是市政官的自私自利与腐败(《市政官多布里尼亚的故事》和《市政官谢西尔的故事》)。以上观点对诺夫哥罗德的未来产生了深远影响,当诺夫哥罗德波雅尔们的权力遭到伊凡三世清算时,普通民众均不支持波雅尔们。

此时诺夫哥罗德与莫斯科之间的对立不断加剧。莫斯科大公"瞎子"(Temnyi)瓦西里二世与加利奇王公德米特里·谢米亚卡之间的冲突也影响了诺夫哥罗德。德米特里·谢米亚卡在被自己弄瞎的瓦西里打败之后,到诺夫哥罗德避难,但是瓦西里复仇的步伐紧紧跟随着他:莫斯科大公下令毒死德米特里,随后在1456年对诺夫哥罗德发动军事进攻。诺夫哥罗德人被告知不得支持德米特里·谢米亚卡的儿子伊凡及其盟友莫扎伊斯克王公伊凡·安德烈耶维奇。1463年,诺夫哥罗德人公然违抗这一禁令,将与莫斯科之间的嫌隙公开化,由此进入了波雅尔代表掌握最高权力机构的最后一个阶段。倘若波雅尔集团不是如此团结,那么他们无法采取如此关键的举措。

至此,诺夫哥罗德的独立地位已经濒临终结。伊凡三世采取了反诺夫哥罗德的政策,他声称诺夫哥罗德想要并入立陶宛并且放弃东正教信仰。由于担心莫斯科公国的扩张,诺夫哥罗德的确寻求联合立陶宛,而且提出邀请立陶宛大公卡西米尔(Casimir)担任王公。不过,协议草案中的特别条款要求宗教独立以及东正教信仰神圣不受侵犯。1471年,伊凡三世在捍卫东正教的口号下对诺夫哥罗德发起了进攻,诺夫哥罗德在舍隆河(Shelon')战役中遭遇大溃败。提议联合立陶宛的人遭到处决,但波雅尔的权力机制仍未改变。

1475年,莫斯科王公对诺夫哥罗德发起了"和平攻势"。他一路上会见诺夫哥罗德代表,在司法裁决中展现出一定程度的客观性,以此回应诺夫哥罗德居民的诉求。

诺夫哥罗德的独立地位在1477年走向终结,当时伊凡三世派遣大量部队前往诺夫哥罗德。讽刺的是,数份档案表明莫斯科大公并没有征服诺夫哥罗德的明确意愿。这次军事行动的一份卷宗保留了下来,其中的文件显示,莫斯科的合法权利只涉及北德维纳河地区的领土。伊凡三世的军事目标在于从诺

夫哥罗德人手中拿回德维纳河流域。① 不过如上所述,波雅尔们已经没有支持
者了,诺夫哥罗德落入莫斯科大公之手。1478 年 1 月,他完全控制了诺夫哥罗
德。此后,维彻被禁止,作为自治象征的市政官制度也被废止,维彻钟被送到
了莫斯科。然而,莫斯科大公承诺不会干涉诺夫哥罗德人的土地所有权。数
十年后,这一承诺终被打破,莫斯科公国的地主们来到这里,成千上万名诺夫
哥罗德地主被迫搬迁到莫斯科公国的土地上。

五、15 世纪的诺夫哥罗德

被莫斯科取消独立地位的诺夫哥罗德境况如何? 回答这一问题要求我们
审视其文化中的重要方面。

50 年前,学界主流观点认为,中世纪罗斯的人民都是文盲,只有教士和王
公受过教育,而且他们当中也并非所有人都有读写能力。

目前,在早期罗斯的城镇已经发掘出了 1 000 余份从 11 世纪到 15 世纪的
桦树皮文件,其中 949 份来自诺夫哥罗德。基于诺夫哥岁德堆积层特征的计
算,我们能够确定至少还存在着 2 万份类似文件,由当时各行各业的人所
写——波雅尔、农民、工匠和商人。其中还有大量文件是由妇女撰写的,这在
中世纪很能说明一个社会的文化水平相对较高。显然上述人物只是中世纪诺
夫哥罗德撰写桦树皮文件人群的一小部分:大部分此类文件已在路边的火堆
或是家中的火炉中烧毁。同时值得注意的是,14 世纪到 15 世纪的大量文件都
由社会地位不高的人书写。

其他地方罕见的桦树皮文件在诺夫哥罗德却相当丰富,这不只是由于
1932 年开始的诺夫哥罗德的考古发掘出土了诸多资料。诺夫哥罗德的高识字
率还得益于其独特的政治制度。每年举行的两次高级官员选举使得每位波雅
尔都有机会当选。诺夫哥罗德波雅尔的经济基础在于拥有大规模的土地。在
罗斯中部和南部的诸公国,各个地方实行世袭政治,波雅尔们表现出强烈的离
心倾向,他们希望住在远离王公的自家庄园上,这样他们在自己的土地上行使

---

① 　V. L. Ianin, "Bor'ba Novgoroda i Moskvy za Dvinskie zemli v 50-kh-70-kh gg. XV v.", *IZ*, 108
(1982): 189–214.

权力就不会受到管束了。但是诺夫哥罗德波雅尔们却具有向心趋势。离开诺夫哥罗德去距离城市数十千米甚至数百千米的庄园居住,意味着成为一名隐士,完全脱离孕育政治激情的温床,公开宣布放弃权力。15 世纪的地籍簿表明诺夫哥罗德的波雅尔们住在城市里,远离自己的土地和农民。但是波雅尔们需要长期关注这些土地。他们要向管家发布指示,审阅关于农事活动进展、收成预期以及收入状况的报告。14 世纪和 15 世纪的桦树皮信件多是关于此类内容的。这类通信不仅要求主人接受教育,而且要求仆人能够识文断字。我们发现这一时期的大量信件是由农民所写的,里面有各种各样的投诉,其中包括针对管家活动的投诉。

还有一重因素促使诺夫哥罗德的市民拥有较高的文化水平。区别于威尼斯参议院为确保会议保密而在封闭的大楼里召开会议,诺夫哥罗德维彻起初一年一次,后来一年两次选举波雅尔"共和国"的首脑,他们在市场周边、圣尼古拉教堂附近的公开场所讨论问题。维彻成员作为城市精英的代表,在城市中有着大型宅邸,他们中的大多数都是波雅尔,有权就重要问题进行表决。14 世纪的德意志资料称诺夫哥罗德维彻是"300 条金腰带",恰好对应拥有城市大型宅邸的人数。公众能够参与维彻:诺夫哥罗德平民聚集在维彻广场,通过发出赞同或是反对的呼声影响维彻投票,因此他们感觉自己也能参与城市和公国的政治生活。这虽然是一种错觉,但是参与感无疑是中世纪诺夫哥罗德人心理的重要组成部分。

诺夫哥罗德络绎不绝的国际往来也产生了重要影响。普希金谈及彼得大帝时曾经写道,他通过兼并芬兰湾的波罗的海岸,"打开通往欧洲的窗口"。当代作家鲍里斯·基谢廖夫(Boris Kiselev)重新表述了普希金的说法:"彼得打开通往欧洲的窗口,中世纪的诺夫哥罗德一直敞开着面向外部世界的大门。"

诺夫哥罗德从建城之初就与波罗的海地区有着紧密的联系。早在汉萨同盟成立之前,诺夫哥罗德就已和欧洲北部和西部的国家展开了贸易往来。12 世纪初,城市的商业区建有哥特法庭,来自哥特兰岛的商人待在那里。12 世纪末,德意志商人很快成为波罗的海贸易中的领军人物,他们也建立了一个类似的商人法庭。汉萨同盟成立之后,这些哥特和德意志的外国商人法庭受到汉萨商人的管辖,并且设立了一个统一的汉萨办公室。汉萨资料中称它们为圣彼得法庭,这是因为德意志法庭所在的地方此前是一座天主教堂。除诺夫哥罗德外,还有三个欧洲城市设有汉萨办公室:伦敦、布鲁日和卑尔根。①

诺夫哥罗德与西欧的联系不仅限于贸易。诺夫哥罗德圣索菲亚大教堂的入口处装饰着精美绝伦的铜门,这一景观一直保留到今天。这些铜门 12 世纪在马格德堡(Magdeburg)制造,14 世纪运到诺夫哥罗德,俄国工匠随后饰以浮雕,并在拉丁铭文旁边刻上俄文译文。编年史称诺夫哥罗德大主教的宅邸于 1433 年完工,由德意志工匠和诺夫哥罗德工匠共同建造。上文也已经提到,诺夫哥罗德钱币与威尼斯钱币样式相同,不过是把图上的人物换成了当地庇护圣徒。

诺夫哥罗德的文化成就在 14 世纪和 15 世纪已经达到了很高的水平,这体现在莫斯科兼并诺夫哥罗德之后,于 15 世纪末编集的为数众多的教堂的目录中。该市共有 83 座教堂投入使用,它们全部都用石头建造,其中包括 14 世纪诺夫哥罗德风格的艺术杰作,如布鲁克的圣西奥多·斯特拉迪拉特斯教堂(St Theodore Stratelates on the Brook)和伊尔茵街的主显圣容教堂(Transfiguration of the Saviour on Il'in Street),这两座教堂内部都绘有壁画。负责主显圣容教堂的艺术家是费奥凡·格列克(即希腊的赛奥法尼斯)。1407 年,作为中世纪诺夫哥罗德建筑的顶峰,圣彼得和圣保罗教堂在科哲维尼奇(Kozhevniki)建成。

诺夫哥罗德的周边地区还建有许多修道院,如 14 世纪建在沃洛托沃(Volotovo)和科瓦勒沃(Kovalevo)的教堂以及建在诺夫哥罗德公墓的圣诞教堂,它们内部的精美壁画绘于同一时期。这些修道院始建于 11 世纪,其中包括 12 世纪的艺术和建筑杰作圣乔治大教堂和圣安东尼修道院,还有涅列基察的圣母领报修道院和救世主教堂。

都主教叶夫菲米二世(Evfimii II,1428—1454 年)在位时期是诺夫哥罗德建筑史上一段有趣的插曲。作为莫斯科的坚定反对者,他是持反莫斯科公国情绪的主要思想家。由于诺夫哥罗德在 12 世纪见证了对抗王公权力的胜利,同时波雅尔的权力机构不断巩固,叶夫菲米恢复了这一时期的建筑风格。然而它们同 14 世纪和 15 世纪初的风格大相径庭,当时标准的教堂结构是一个半圆形拱顶和倾斜(lopastnyi)的屋顶,但是叶夫菲米鼓励复兴 12 世纪的教堂风格,即三个半圆形拱顶,并在屋顶饰以拱形山墙。莫斯科公国确立了在诺夫哥

---

① E. A. Rybina, *Inozemnye dvory v Novgorode XII - XVII vv.* (Moscow: Izdatel'stvo Moskovskogo universiteta, 1986).

罗德的统治之后,这些复古主义风格的教堂成为后来流行的典范,诺夫哥罗德日后的建筑都以它们为模板建造。

六、结语

1478 年,莫斯科兼并诺夫哥罗德,从此扰乱了诺夫哥罗德的建筑活动。在诺夫哥罗德保持独立地位的最后数年里,因为一直处在与莫斯科的冲突动乱之中,它已完全放弃修建新的建筑。兼并之前完工的最后一座教堂建于 1463 年,下一座教堂则建于 1508 年。莫斯科公国占领诺夫哥罗德之后,主要是加固该地的防御工事,从而使其成为罗斯西北部的坚固堡垒。15 世纪末,克里姆林宫的城墙与塔楼得到翻修。作为外部防御工事的诺夫哥罗德的外城也接着进行了重建。莫斯科为了夺取波罗的海的出海口,进行了长期战争的准备。

1570 年,诺夫哥罗德上演了又一起惨剧。因为怀疑诺夫哥罗德居民叛国,伊凡雷帝血洗该城。[1] 利沃尼亚战争(1558—1583 年)也使诺夫哥罗德遭受了沉重的打击。16 世纪 80 年代编纂的地籍簿中展现了这个曾经欣欣向荣的城市所遭受的破坏。不过在 16 世纪末,诺夫哥罗德重新崛起。一位迄今不为人知的意大利建筑师受邀来到这里,他为砖石克里姆林宫设计了额外的防御工事。所谓的"土城"是欧洲最早的一批堡垒建筑。然而,在 17 世纪初以及"混乱时期",诺夫哥罗德在长达七年(1611—1617 年)的时间里处在瑞典控制之下,城市遭到彻底破坏[2],同时俄国与西欧贸易的中心转移到了阿尔汉格尔,诺夫哥罗德由此进一步遭受重挫。

1941—1945 年的苏德战争抹去了诺夫哥罗德在地球上的痕迹,数十座历史建筑毁于一旦。然而,由于其在俄国以及欧洲的文化影响力,诺夫哥罗德再次从废墟中站起,如同凤凰一般浴火重生。顾名思义,诺夫哥罗德(Novyi gorod)——"新城"象征着这座伟大城市的年轻与不朽。

(莫琳·佩里 英译)

---

[1]　R. G. Skrynnikov, *Tragediia Novgoroda* (Moscow: Izdatel'stvo imeni Sabashnikovykh, 1994).
[2]　*Opis' Novgoroda 1617 goda*, vyp. 1-2 (Moscow: AN SSSR, 1984).

第二部分

莫斯科公国的扩张、巩固以及危机（1462—1613 年）

第九章　莫斯科公国的兴起(1462—1533年)

唐纳德·奥斯特洛夫斯基

1462—1533年间,莫斯科公国的领土和人口数量发生了巨大的变化,其实际规模已是之前的三倍之多(见地图9.1)。莫斯科公国通过与立陶宛签订条约的方式获取了西南地区大量的领土与人口,此外,它又接连兼并了其他的一些公国或"共和国",包括雅罗斯拉夫尔(1471年)、彼尔姆(1472年)、罗斯托夫(1473年)、特维尔(1485年)、维亚特卡(1489年)、普斯科夫(1510年)、斯摩棱斯克(1514年)以及梁赞(1521年)。但迄今为止,其获取领土最多的一次是1478年对诺夫哥罗德的兼并。与此同时,莫斯科公国的统治秩序,即大公、王公、波雅尔以及其他地主的等级划分,加强了对民众和农村地区的控制。我们不应该将这种无穷尽的扩张归因于莫斯科人的"天命"心态(即所谓的"俄国领土的凝聚"),因为这种扩张其实是莫斯科大公与统治阶层的精英们重塑和推行其国内政策的结果。这些政策使得莫斯科公国从一个架构与周边的草原汗国类似的、组织涣散的联邦,一跃变为与欧洲王朝国家相似的、实行君主议会政府体制、近乎准官僚制管理的国家。这些政策中囊括了一系列更高效、统一的管理制度和方法,成立了能随时投入战斗的战备军事力量,在首都建立起壮观的城堡,使人们对其统治力量望而生畏。大量非俄罗斯裔的王公贵族也被吸纳进来。另外一项大的发展是统治阶级权力的急剧膨胀。简而言之,他们建立起了莫斯科王朝国家。这些变化在瓦西里二世执政时期出现萌芽,伊凡三世统治时期逐渐成熟,瓦西里三世时期得到了进一步的发展与完善。

这一历史时期,大公的统治需要得到统治阶层的一致同意与支持。虽然某一波雅尔可能会因为违抗统治者而被治罪,但是就波雅尔这一阶层整体而言,它有助于莫斯科公国权力的扩张。与国家平行的教会也制定了标准化的政策和措施。另外,教会人员创造出一套反对鞑靼人的意识形态,这种意识形态很快渗透到所有关于草原国家的描写中,并且深刻影响了历史学家对这一历史时期的阐释。最终,随着民政管理的加强,国家越来越多地涉足教会事务,教会在铲除异教徒的过程中也对政府要员产生了一定的影响。总体而言,这一时期的教会与政府处于相互合作的状态,尽管两者的关系并不总是和谐融洽的。

地图 9.1 1462—1533 年莫斯科公国的扩张

接下来,笔者将论述的内容有:1462 年伊凡三世继位时莫斯科公国所处的情形与态势;伊凡三世和瓦西里三世的统治是如何影响到这种态势的;截至1533 年莫斯科公国发生了哪些变化。

一、1462 年的莫斯科公国

　　15 世纪中期,莫斯科公国是数个罗斯公国、"共和国"中独立的、有潜力向外兼并扩张者之一。在莫斯科公国的东南方、奥卡河的另一畔坐落着梁赞,尽管梁赞处于西部草原国家向北扩张的范围之内,并且常常被卷入钦察可汗与莫斯科大公的战争中,但它依然幸存下来并保住了自己的政权。特维尔位于莫斯科的西方,特维尔大公名义上只是莫斯科大公的一个封臣,却能够相对独立地处理其对外关系。特维尔随时可能与立陶宛联合起来对付莫斯科,而这种联合一旦成功,特维尔大公就将成为众多罗斯王公中的领袖。特维尔再往西就是商业繁荣的诺夫哥罗德。诺夫哥罗德名义上掌控着北部和东北部大量的土地,其领土一直延伸至白海和北冰洋沿岸。此外,还有其他四个公国或"共和国"也在试图摆脱强邻控制,保持自己的独立地位。雅罗斯拉夫尔和罗斯托夫实际上处于莫斯科的包围之中,被兼并似乎是迟早的事。普斯科夫位于立陶宛与诺夫哥罗德之间,它更倾向于与诺夫哥罗德保持紧密的联系,但是它也有可能(甚至在某些情况下这样做了)以与立陶宛在地理上的邻近性作为政治较量的筹码。最后是维亚特卡,它位于莫斯科公国的东北方,喀山的正北方向,为了保持本国的独立,它也与这两个强大的邻国展开了较量。

　　在国内,莫斯科大公的权力是极其有限的。大公手下没有常备军,他必须依靠亲戚和其他王公的力量来召集军队。由于大公缺乏充足的经济来源以维持大规模的常备军,因此他时常需要面临内外部势力对其王位的军事挑战,大公对其权力的掌握是很不牢固的。1445 年,瓦西里二世勉强从喀山鞑靼人手中逃脱,之后他又在与其叔叔和侄子的战争中幸存下来,这场内战使得莫斯科的疆域在将近二十年内陷入分裂状态。

　　到 1462 年瓦西里二世去世时,他已经在内战中打败了对手,巩固了统治阶层内部的支持力量,与罗斯教会的领袖达成了协议。其子伊凡三世继承下来的是一片相对繁荣的疆域,能够沿着莫斯科河岸以及受其控制的奥卡河、伏尔加河的部分区域征收赋税。他还可以从农民手中征税,这些农民通常从事种植粮食、亚麻,采集蜂蜜、石蜡或砍伐木材的工作。

　　莫斯科公国的社会结构和罗斯教会的内在连续性奠定了国家进一步发展

的基础。莫斯科国内的社会结构本身及其分类保持着一致性,但是每个分类的组成发生了很大的变化。

在瓦西里二世的遗嘱中,他清楚地表示希望长子伊凡三世继承大公的位置。尽管如此,瓦西里依然将他的土地分别划给了五个儿子(见图 9.1)。虽然伊凡得到了瓦西里领土的大部分(他得到了 14 个城镇,余下的 12 个城镇在 4 个儿子之间划分),伊凡的兄弟们——尤里、大安德烈、鲍里斯、小安德烈也得到了大量的财产。实际上,伊凡在兄弟中只是处于领头羊的位置,而在征集军队时,他依然需要寻求兄弟们的帮助。

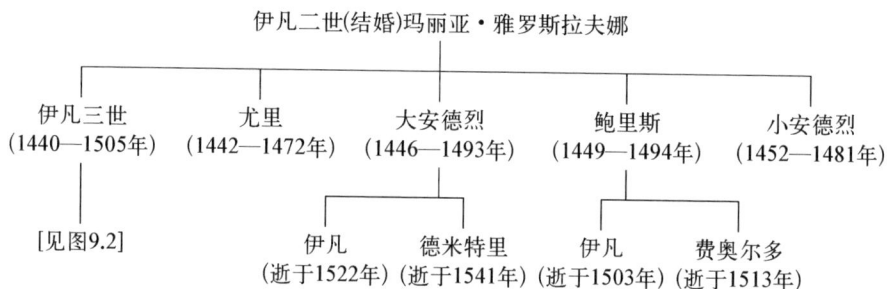

伊凡二世(结婚)玛丽亚·雅罗斯拉夫娜

伊凡三世	尤里	大安德烈	鲍里斯	小安德烈
(1440—1505年)	(1442—1472年)	(1446—1493年)	(1449—1494年)	(1452—1481年)

[见图9.2]

伊凡(逝于1522年) 德米特里(逝于1541年) 伊凡(逝于1503年) 费奥尔多(逝于1513年)

图 9.1 瓦西里二世及其直系后裔

这一时期,莫斯科大公成功地结束了其他罗斯王公的独立状态。其方式之一是不让他们单独与鞑靼可汗直接接触,使他们无法接受封册。而且,这些国家所获得的封册必须转交于莫斯科大公。就这样,莫斯科大公成为王公们合法统治的唯一权力来源。

大公本人无法集结大规模的军事力量,至少在 15 世纪末之前,他都要依靠其他人的支持来动员军队。14 世纪时,大公主要依靠鞑靼可汗提供大量军队进行大规模的作战,同时会有本族亲属(兄弟、叔伯以及表亲)和其他独立公国所提供的一些军队作为辅助。当鞑靼可汗不再提供军队支持时,大公就依赖于各独立的罗斯公国所提供的军力。15 世纪早期,鞑靼可汗和其他独立公国都停止了对莫斯科公国的军事支持①,因此大公只能更多地依靠家族成员以

---

① 第二部《索菲亚编年史》中记录,诺夫哥罗德大主教约纳警告诺夫哥罗德人,不要在瓦西里二世 1460 年来访时杀害他,因为"他的大儿子伊凡王子……将会带着可汗的军队来对付你们"。参见 *PSRL*,vol. VI.2 (Moscow: Iazyki russkoikul'tury, 2001),col. 131. 虽然自 1406 年起,可汗就不再对莫斯科提供军事援助,但是大公在理论上能够请来他们的军队这种观点本身在 54 年后依然存在。

及享有半独立地位的"服役"王公们(包括立陶宛人、罗斯人、鞑靼人)的支持，他们主要贡献自己的扈从与士兵。

莫斯科政府的运行仰赖经由制度性协商而达成的决议，以及君主与精英之间所形成的共识，并通过精英延伸至统治阶层。莫斯科大公与波雅尔们协商制订最重要的法律，这些法律必须得到波雅尔们的同意才可以被发布。因此，波雅尔杜马成为一个起到显著作用的政治机构，扮演着国家议会的角色。它与哈剌赤伯①(qarachi beys)的"会议厅"(即草原汗国的部落首领会议制度)一样具有三大职能，极有可能就是仿效后者而建立的。所有重要的政府事务都需要经过波雅尔同意，一切国内政策都须经过其成员签署才能生效。条约和协议的签署需要波雅尔的见证，统治者的兄弟和儿子、亲密的顾问、其他宗族显要成员以及宗教领袖也可以发挥这一作用。大公与外国使节、公使的所有会晤都需要有波雅尔派其成员代表参加。② 这样就避免了统治者在未经波雅尔杜马知会和同意的情况下与外国势力签订协议。

由于大公手下没有常备军，因此每次战役他都需要集结新的部队，在战役结束之后将这些部队解散。这一时期的莫斯科公国在作战过程中采用了草原国家的策略和武器装备，这种战术依靠骑兵弓箭手以及复合型战弓。根据西吉斯蒙德·冯·赫伯斯坦因(Sigismund von Herberstein)《莫斯科公国纪事》(*Notes on Muscovy*)16 世纪中期的影印本，莫斯科骑兵弓箭手使用了草原上的反曲复合弓，相比于弩以及英式长弓，这种弓箭发弓更有力，射程更远，在射程、准确度和命中率方面甚至优于 19 世纪以前的所有热兵器(见插图 11)。《职官录》(*Razriadnye knigi*)展示了莫斯科军队的军团编制。他们的军团编制与蒙古和鞑靼人的军队类似。但到 15 世纪后半期，莫斯科公国逐渐加入西方国家的火药革命中。根据编年史记载，莫斯科在 1480 年与鞑靼人的作战中就使用了火绳枪。16 世纪和 17 世纪时，射击军的前锋使用这些武器进行攻击。

15 世纪，商业活动使莫斯科身处一个巨大的商业贸易网络中，这一网络从黑海一直延伸到北方的森林。草原到黑海的区域被三条主要的贸易线路分割：最东边的一条沿着顿河直到塔纳；中间的线路以陆路为主，连接到皮里科

---

① 14—16 世纪中汗国最高级别贵族，包括四个非王室大家族。——译者注

② 参见 Donald Ostrowski, "Muscovite Adaptation of Steppe Political Institutions", *Kritika*, 1 (2000)：288-289。

普(Perekop)与克里米亚;最西侧的线路从莫斯科开始,经由卡卢加(Kaluga)、布林(Bryn)、布良斯克(Briansk),从东面绕过基辅,直到诺夫哥罗德-谢韦尔斯基(Novgorod Severskii)和普季夫利(Putivl')。① 这些贸易路线的记载主要来自 15 世纪末期,当时莫斯科公国开始对经过这些道路的罗斯人加以保护。用于贸易的林业产品、商品关税(tamga、kostki)以及处于莫斯科控制区域内的商业通行费(myt)是促进 15—16 世纪莫斯科公国繁荣景象形成的基础。

同当时的许多国家一样,莫斯科公国 85% 的人口都从事农业生产。大多数农民都不是自由身,而是依附于大地主与修道院。农民与地主的关系是复杂而尖锐的,往往会导致司法纠纷。习惯于刀耕火种的流动生活的农民们,在国家的管控下,逐渐失去了迁徙的自由。

奴隶占了莫斯科人口的 10%。莫斯科公国存在着不同类型的奴隶,有些被认为是精英奴隶,主要从事政府、地方事务以及资产的管理工作。② 精英奴隶占据了财务主管(kaznachei)、行政助理(tiun)、乡村管理者(posel' skii)、资产管理员(kliuchnik)、国务秘书和地产监管者(d'iak)的职位,还担任从翻译(tolmach)到弓箭手(strelok、luchnik)等职务。③ 伊凡三世到瓦西里三世统治的时期内,对于谁可以拥有奴隶几乎没有限制。之后的 16 世纪,这方面的规定才开始出现。人们也可以选择持有或者摆脱奴隶的身份。伊凡三世引入了服役封地(pomest'e)制度(见下文),使很多军事奴隶中的精英转变成为士兵。④

莫斯科是西方草原地区北面的森林地带重要的贸易中心。因此,莫斯科公国统治阶级、军队、行政以及文化都深受外来影响。15 世纪以前,亚欧大陆上最主要的影响是自东向西传播的,最新的发明和行政管理方式从中国扩散到西方。15 世纪时,这种传播发生了转向,逐渐呈现出由西向东的态势。处于东西方交界处的莫斯科开始经受西方的影响。

最后,大公与都主教关系的理想模式承袭自拜占庭,它是统治者(basileus)与大牧首关系的反映,意味着教会与政府的关系应是和谐的。按照拜占庭的

---

① V. E. Syroechkovskii, "Puti i usloviia snoshenii Moskvy s Krymom na rubezhe XVI veka", *Izvestiia AN SSSR. Otdelenie obshchestvennykh nauk*, 3 (1932):200-202 and map. 另参 Janet Martine, "Moscovite Relations with the Khanate of Kazan' and the Crimea (1460s to 1521)", *CASS*, 17(1983):442。

② Richard Hellie, *Slavery in Russia 1450-1725* (Chicago:University of Chicago Press, 1982), p. 15.

③ Ibid., p. 462, table 14.1.

④ Ibid., p. 395.

政治理论,政府首脑与教会领袖是同一政治体上的两条臂膀。他们的影响范围虽有所不同,但在一定程度上也有所重叠。政府统治者的主要影响范围在公民行政管理以及军事力量的领导方面,而教会领袖在这一领域内主要扮演着建议者的角色。同样,教会领袖的影响范围主要是国内的教会事务,比如意识形态与仪式典礼方面。然而,国家元首也可以对这些事务提出建议。在相互重叠的领域,例如涉及国外教会的管理时,双方共同发挥作用。如同拜占庭一样,统治者们努力寻求达到这两种权力的理想交互模式,但是效果并不总是理想的。

二、伊凡三世与瓦西里三世

历史上对伊凡三世个人特点的记载很少。现今唯一可寻的或许就是安布雷佐·康塔里尼(Ambrogio Contarini)对 37 岁时的伊凡的描述:"他高高的、瘦瘦的,很英俊。"[①]如果根据伊凡三世颁布的政策和举措进行推测,我们能看出伊凡三世是一个富有扩张欲望的人,然而他有时会犹豫不决,有时不知道如何达到自己的目标,颁布了一项法令后又废弃之,改换另一项。他容忍诺夫哥罗德-莫斯科异端很久,直到他们也引起了教会领袖的恼怒,后于 1504 年帮助教会把这些异端送上了审判庭接受惩罚。1498 年,伊凡三世让他的孙子德米特里与他共同统治,并处死了六个谋叛者,同时抓获了一批图谋造反者,他们被指控在其子瓦西里的领导下,意图在北方省份别洛奥焦尔和沃洛格达建立起反叛中心。[②] 四年后,伊凡改变了他的想法,任命瓦西里为他的共同统治者,将德米特里以及他的母亲叶连娜软禁起来。神圣罗马帝国的使者西吉斯蒙德·冯·赫伯斯坦因曾于 1517 年、1526 年访问莫斯科,根据他的叙述,伊凡三

---

① Ambrogio Contarini, "Viaggio in Persia", in *Barbaro i Kontarini o Rossii. K istorii italorusskikh sviazei v XV v.*, ed. E. Ch. Skrzhinskaia (Leningrad: Nauka, 1971), p. 205.

② 对阴谋者的处决可参见 *PSRL*, vol. VI.2, col. 352; *PSRL*, vol. VIII (Moscow: Iazyki russkoi kul'tury, 2001), p. 234; *PSRL*, vol. XII (Moscow: Nauka, 1965), p. 246; *Ioasafovskaia letopis'*, ed. A. A. Zimin (Moscow: AN SSSR, 1957), p. 134. 除此以外,根据《尼康编年史》的副本之一,一个"女人(babi)带着草药(据估计是有毒的)找到她(Sofiia)",他们"在夜里溺毙于莫斯科河"。见 *PSRL*, vol. XII, p. 263.

世临终前再一次改变他的遗嘱,想让德米特里继承王位。① 1480 年在与钦察汗国可汗的战役中,由于他犹豫不决,缺乏胆识,因此遭到了都主教的羞辱。② 据赫伯斯坦因所说,摩尔达维亚王爵斯蒂芬(Stephen)对伊凡的评价是:"他在家里坐着、躺着就巩固了自己的统治,然而依靠天天打仗却很难捍卫住自己的疆域。"③尽管如此,伊凡三世的统治以及他所做的一些举措都对莫斯科公国的建立有着绝对性的影响。

伊凡 6 岁的时候与特维尔大公鲍里斯·亚历山德罗维奇的女儿玛丽亚订立婚约,这是 1446 年伊凡二世为从他的表亲德米特里·谢米亚卡手中获得大公的位置而订立的条约内容之一。六年后,即 1452 年,双方成婚,1458 年,玛丽亚·鲍里索夫娜产下一名男婴即伊凡。她于 1467 年去世。相比她的婆婆玛丽亚·雅罗斯拉夫娜以及 1472 年同伊凡三世结婚的继任妻子索菲娅·帕列奥洛格,玛丽亚对当时的政治似乎并没有产生直接的影响。索菲娅共生下八个孩子(见图 9.2):叶连娜(与立陶宛大公亚历山大成婚)、费奥多西娅[与王公 V. D. 霍莫斯基(V. D. Kholmskii)成婚]、瓦西里三世、德米特罗夫的尤里、乌格利奇的德米特里、叶夫多西娅[与喀山皇子彼得·伊布拉伊莫夫(Peter Ibraimov)成婚]、卡卢加的西梅翁和斯塔里察(Staritsa)的安德烈。与此同时,伊凡三世与玛丽亚·鲍里索夫娜所生的儿子伊凡娶了摩尔达维亚的叶连娜,叶连娜产下一子德米特里。伊凡三世晚年,应该将王位传给他第一任妻子的儿子的后代,也就是他的孙子德米特里,还是传给与第二个妻子所生的儿子瓦西里,这个问题一直困扰着他。此外,伊凡三世在 1503 年严重中风,看起来总是虚弱无力,两年后他于 1505 年 10 月 27 日去世。

瓦西里三世同他父亲一样,一直在努力扩大个人权力与国家权力,也如同他父亲一样,更依赖于统治阶层贵族精英的建议而不是自家兄弟。1505 年 10 月继位后,他在两个月内使喀山汗国皇子(tsarevichi)库达伊·库尔(Kudai Kul)转变成基督徒,并改名为彼得·伊布拉伊莫夫。从 1487 年开始,库达伊·库尔便被瓦西里三世保护性地软禁起来。成为基督徒一个月后,他便

---

① Sigismund von Herberstein, *Notes upon Russia*, 2 vols., trans. R. H. Major (New York: Burt Franklin, 1851-1852), vol. I, p. 21.

② *Pamiatniki literatury drevnei Rusi. Konets XV - pervaia polovina XVI veka* (Moscow: Khudozestvennaia literatury,1984), pp. 522-537.

③ Herberstein, *Notes*, vol. 1, p. 24.

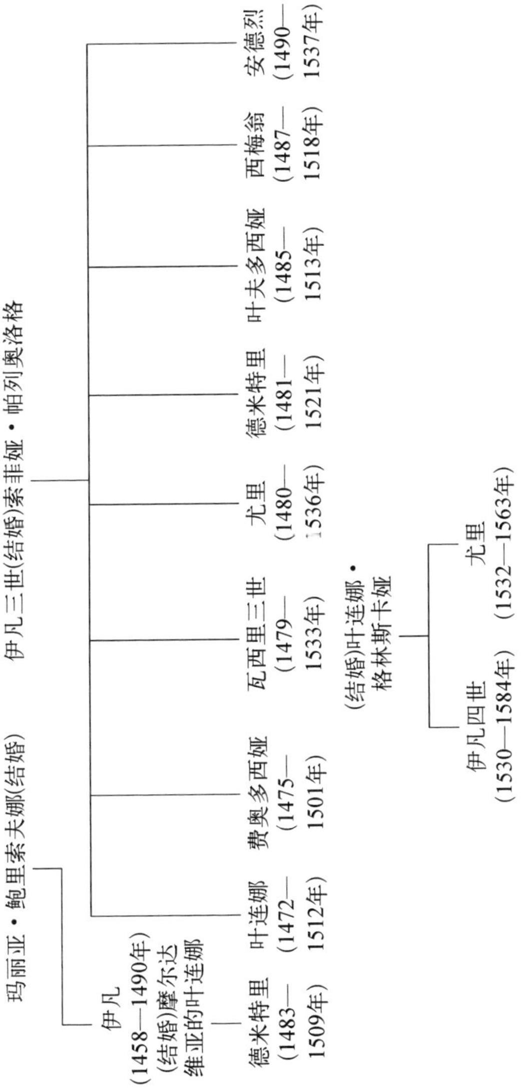

图 9.2　伊凡三世及其直系后裔

玛丽亚·鲍里索夫娜(结婚)　　伊凡三世(结婚)索菲娅·帕列奥洛格

伊凡
(1458—1490年)
(结婚)摩尔达
维亚的叶连娜

德米特里
(1483—
1509年)

叶连娜
(1472—
1512年)

费奥多西娅
(1475—
1501年)

瓦西里三世
(1479—
1533年)

尤里
(1480—
1536年)

德米特里
(1481—
1521年)

叶夫多西娅
(1485—
1513年)

西梅翁
(1487—
1518年)

安德烈
(1490—
1537年)

(结婚)叶连娜·
格林斯卡娅

伊凡四世
(1530—1584年)

尤里
(1532—1563年)

与瓦西里的妹妹叶夫多西娅成婚。从那时起一直到他于 1523 年去世,库达伊·库尔一直是瓦西里最亲近的亲信①,并一度成为他最有可能的继承者②。直到其去世后,瓦西里三世才提出要与妻子索洛莫尼娅离婚,因为她没有产下子嗣。1525 年 11 月 28 日,她去了苏兹达尔的代祷修道院,成了一个修女。在短短两个月的时间内,瓦西里就与叶连娜·格林斯卡娅(Elena Glinskaia)结婚,她生下两个儿子——1530 年产下伊凡,1532 年产下尤里。由于左腿烫伤感染,1533 年 9 月 21 日,瓦西里三世去世。

(一)国内政策

伊凡三世与瓦西里三世的国内政策都侧重于削减其他兄弟的势力,以及与波雅尔和教会搞好关系。伊凡三世与瓦西里三世的关系,以及他们与各自兄弟之间的关系,经常是紧张而且充满悬疑色彩的。然而,他俩都需要弟兄们的帮助来动员军队。这两位大公都有四个兄弟,每个兄弟在打仗时都能集结将近 1 000 人。

伊凡最大的弟弟尤里终生无子,1472 年 9 月 12 日弥留之际未完成其遗嘱。他的遗嘱简稿只列出一个清单,显示了如何将其货物、钱财以及村庄土地在他母亲、兄弟、个体以及修道院之间进行划分。在遗嘱中,他对其领地德米特罗夫、霍顿(Khotun')、梅迪恩(Medyn')、莫扎伊斯克、谢尔普霍夫该如何划分却只字未提。伊凡决定独自占有尤里的土地,不想照以往那样与其他兄弟平分。这一行为招致了没能得到任何利益的兄弟们的不满,在他们的抱怨之下,依照继承顺序,伊凡与他的母亲玛丽亚给予了他们额外的领土。一年之后,也就是 1473 年,伊凡先后与鲍里斯(2 月)和大安德烈(9 月)签订条约,在这两份条约中,他们都承认伊凡三世以及他的儿子伊凡是"长兄",这项条约规定鲍里斯和大安德烈在未经伊凡三世同意的情况下,不得与其他统治者建立外

---

① 参见拙作"The Extraordinary Career of Tsarevich Kudai Kul/Peter in the Context of Relations between Muscovy and Kazan", in Janusz Duzinkiewicz, Myroslav Popovych, Vladyslav Verstiuk and Natalia Yakovenko (eds.), *States*, *Societies*, *Cultures: East and West. Essays in Honor of Jaroslaw Pelenski* (New York: Ross Publishing, 2004), pp. 697-719。

② 关于这一点,参见 A. A. Zimin, "Ivan Groznyi i Simeon Bekbulatovich v 1575 g.", *Uchenye zapiski Kazanskogo gosudarstvennogo pedagogicheskogo universiteta 80: Iz istorii Tatari*, 4 (1970): 146-147; A. A. Zimin, *Rossiia na poroge novogo vremeni (Ocherki politicheskoi istorii Rossii pervoi treti XVI v.)* (Moscow: Mysl', 1972), p. 99; A. A. Zimin, *V kanun groznykh potriasenii. Predposylki pervoi Krest'ianskoi voiny v Rossii* (Moscow: Mysl', 1986), p. 25。

交或军事关系。相对的,伊凡与外国王公达成的决议也将告知他们。此外,他们有必要保护各方以及各方的财产,但没有记载显示伊凡与小安德烈也签订过类似的条约。

1480 年夏,大安德烈与鲍里斯将军队撤走,前往立陶宛。这种潜在的背叛发生在一个很关键的时期,当时大帐汗国的阿黑麻可汗(Khan Ahmed)正在派兵进逼莫斯科公国。经过多次谈判,大安德烈和鲍里斯返回保卫莫斯科。1481 年,小安德烈去世,他把一切财产都留给了伊凡,这也可能是伊凡为了避免与鲍里斯、大安德烈再次发生争执而要求小安德烈这样做的,这种争执早在8 年前他们的兄弟尤里去世时就上演过。值得注意的是,小安德烈遗嘱的见证人之一是波雅尔伊凡·帕特里克耶夫(Ivan Patrikeev)王公。

伊凡逮捕了大安德烈,因为在 1491 年与大帐汗国的交战过程中,他没有向伊凡提供兵力来帮助克里米亚鞑靼人。1493 年,安德烈死于狱中,伊凡接手了他所有的遗产。1494 年,鲍里斯去世,他把自己的财产分给了两个儿子:费奥多尔与伊凡。1503 年伊凡·鲍里索维奇去世时,他的土地被收回到伊凡三世的手中,而 1515 年费奥多尔·鲍里索维奇死去的时候,他的土地又回到了瓦西里三世的手中。

看起来,相互不喜欢与不信任是瓦西里兄弟关系的特点。1511 年,他的兄弟西梅翁向立陶宛潜逃被捕,瓦西里也可能是担心他的兄弟会在彼得·伊布拉伊莫夫“皇子”死后继承他的王位,所以他与无子嗣的索洛莫尼娅离婚后便与叶连娜成婚。[1] 瓦西里继续他父亲在位时就开始的工作,削减大公兄弟们的权力,减少对他们军队的依赖。

从 15 世纪中期开始,大公们就将他们的大部分军队置于服役王公的管理下,1495 年伊凡去诺夫哥罗德的时候,他的《职官录》中显示有 170 个人跟随,其中 60 个人都有王公的头衔(35.3%)。资源上的突出地位也反映出他们在军事上的战略优势,伊凡三世继位时,莫斯科公国内唯一有半独立封地的是韦列亚王公米哈伊尔·安德烈耶维奇(Mikhail Andreevich),他始终效忠于伊凡的父亲。然而,伊凡向他施加压力,要求他放弃伊凡二世承诺给他的部分封地。1478 年,针对谁在基里尔-别洛泽尔斯基修道院享有司法裁决权这一问题上,双方产生了分歧,其后伊凡要求接管属于米哈伊尔的别洛奥焦尔地区。1486

---

[1]　*PSRL*, vol. V.1 (Moscow: Iazyki russkoi kul'tury, 2000), p. 103.

年米哈伊尔死后,伊凡占有了他的剩余土地。

1473 年,伊凡三世与其兄弟鲍里斯、大安德烈签订了协议,其中的条款之一就是承认达尼亚尔·卡西莫维奇(Danyar Kasimovich)以及其他鞑靼服役王公与伊凡"地位平等"(s odnogo),也就是说,他们的地位将高于大公的兄弟们。15 世纪之初的 1406 年,瓦西里一世曾宣布,大公兄弟们的地位要高于处于大公统治之下或者为莫斯科公国服役的罗斯王公。① 瓦西里三世将兄弟们的地位置于服役王公之上,将"皇子"的地位置于兄弟之上,因为他更倾向于让他的妹夫彼得·伊布拉伊莫夫担任他最亲近的顾问,陪同他参加战役,并且在 1521 年克里米亚可汗进攻之时保卫莫斯科。

伊凡三世和瓦西里三世将服役王公的军队吸纳进公国的军事体系中,与波雅尔们整合到一起。我们发现了 1462 年的军队中包括 9 位波雅尔的证据,其中 4 人是王公;而到 1553 年,有军队中包括 12 位波雅尔的证据,其中 6 位是王公(以及 3 个御前侍臣,其中 1 位是王公)。这些数字表明在瓦西里二世的统治下,服役王公逐渐被吸纳进了波雅尔。他的儿子和孙子继续这项事业,并进一步巩固了这一做法。伊凡三世与瓦西里三世都给予波雅尔优待,让他们自由管理自己的财产,并在制订国家政策时定期与他们咨商。例如,1497—1589 年的三部法典就将波雅尔与大公/沙皇列为共同编纂和颁行法典的人。1497 年制定的《法典》(Sudenik)开头写道:"7006 年 9 月,罗斯大公伊凡·瓦西里耶维奇,与其子和波雅尔,制定了此法典……"②大量法条都包含"大公与波雅尔共同制定此条款……"的叙述,或者有相似的论述表明大公与波雅尔在很多重大事项上协同裁定法令。③ 这些论述表明,波雅尔不只充当建议者的角色,很

① *PSRL*, vol. XV.2 (Moscow: Iazyki russkoi kul'tury, 2000), cols. 476-477.
② *Sudebniki XV-XVI vekov*, ed. B. D. Grekov (Moscow and Leningrad: AN SSSR, 1952), p. 19. 1550 年《法典》以类似的文字开头:"7058 年 6 月,沙皇与全罗斯大公伊凡·瓦西里耶维奇及他的亲族与波雅尔们制定了此法典。"见 *Sudebniki XV-XVI vekov*, p. 141. 1590 年《法典》(长篇校订)包括上级教会主教与"全体王公和波雅尔们",他们与沙皇共同制定和发布该法典。见 *Suedniki XV-XVI vekov*, p. 366。
③ 参见例如 *Sbornik Imperatorskogo Russkogo istoricheskogo obshchestva*, vol. 35 (1882), p. 503, no. 85; p. 630, no. 93; *PRP*, 8 vols. (Moscow: Gosiurizdat, 1952 - 1963), vyp. IV: *Pamiatniki prava perioda ukrepleniia russkogo tsentralizovannogo gosudarstva XV-XVU vv.*, ed. L. V Cherepnin (1956), pp. 486, 487, 495, 514, 515, 516, 517-518, 524, 526, 529; *PRP*, vyp. v: *Pamiatniki prava perioda soslovno-predstavitel'noi monarkhii. Pervaia polovina XVII v*, ed. L. Cherepnin (1959), p. 237; *Tysiachnaiakniga 1550 g. i Dvorovaia tetrad' piatidesiatykh godov XVI veka*, ed. A. A. Zimin (Moscow and Leningrad: AN SSSR, 1950), p. 53。

多法案的发布都需要经过他们的同意。

波雅尔参与制定的法案往往涉及最重要的事项,包括法典、对外合约与开创性的举措。其他重要性次之的法令,例如供养制度(kormlenie)、世袭土地(votchina)、服役封地补贴(pomest'e grants)、司法豁免、地方政府等协议,则显然是由统治者独自决定的。可以预料到的是,模糊不清的中间地带总是存在的,当一方认为另一方行为越界时,这种模糊性有时会成为统治者与波雅尔之间摩擦的来源。

1489 年,伊凡三世告诉神圣罗马帝国皇帝的使臣尼古拉斯·波佩尔(Nicholaus Poppel),自己不能在没有波雅尔在场的情况下会见他。[1] 这遵循了草原国家的传统,只有在国家"议会"代表在场的情况下,统治者才能会见外国使臣。外务衙门(Posol'skii prikaz)的记录以及莫斯科的外国使臣的叙述都显示出这一做法几乎没有被破坏过。瓦西里曾因绕过波雅尔,"在寝宫单独与(另外)三人"商讨政策,而被朝臣 I. N. 伯尔森-别克列米谢夫(I. N. Bersen-Beklemishev)指控。[2] 不过,提出这一指责的并非波雅尔,而是一个孤立的个人。在瓦西里的任期内,他跟波雅尔看起来步调相当一致。

服役封地的引入使得大公有能力维持一组骑军(到伊凡四世统治时期,军队人数达到约 17 500 人)[3],这支军队只要一声令下便可集结并投入战斗当中(至少理论上是如此)。他们听命于莫斯科大公,因为大公为他们提供财政支持。此外,其他士兵还可以通过供养补贴成为代理人[如地方官(namestniki)和州长(volosteli)],在有限任期内直接从大公那里领到津贴。[4]

现代的一些证据表明这一时期的莫斯科公国出现了繁荣的商业景象。游牧民族每年将数以万计的马匹带到莫斯科。根据编年史记录,1474 年,来自萨莱的 3 200 名商人与 600 名使节抵达莫斯科,将 40 000 匹马带来贩卖。[5] 马

---

① *Pamiatniki diplomaticheskikh snoshenii drevnei Rossi s derzhavami inostrannymi*, 10 vols. (St Petersburg: Tipografiia II Otdeleniia Sobstvennoi E. I. V; Kantseliarii, 1851–1871), vol. 1 (1851), col. 1.

② *AAE*, 4 vols. (St Petersburg: Tipografiia II Otdeleniia Sobstvennoi E. I. V. Kantseliarii, 1836), vol. I, p. 142.

③ Richard Hellie, *Enserfment and Military Change in Muscovy* (Chicago: University of Chicago Press, 1971), p. 267.

④ Herberstein, *Notes*, vol. 1, p. 30.

⑤ *Ioasafovskaia letopis*, p. 88; *PSRL*, vol. VIII, p. 180; *PSRL*, vol. XII, p. 156; *PSRL*, vol. XVIII (St Petersburg: Tipografiia M. A. Aleksandrova, 1913), p. 249; *PSRL*, vol. XXVI (Moscow and Leningrad: AN SSSR, 1959), p. 254; *PSRL*, vol. XXVIII (Moscow （转下页）

克·莱文金斯基的《编年笔记》(Chronicle Notes of Mark Levkeinskii)中提到，1530 年，诺盖人将 80 000 匹马带到莫斯科，1531 年带来 30 000 匹，1534 年50 000 匹。① 同样是在 1534 年，瓦斯克里谢尼(Voskresenie)和尼康的《编年史》记载了另一支来自诺盖鞑靼人的商队，该商队中包含了 4 700 名商人、70名穆尔扎(缙绅)、70 名使节以及 8 000 匹马。② 虽然史书里关于此类经济信息的叙述很少见，也无从查证，但是我们可以从 16 世纪晚期贾尔斯·弗莱彻(Giles Fletcher)的记录中发现鞑靼人每年在莫斯科贩卖的马匹数量的证据："每年有三四万鞑靼马匹被贩卖到莫斯科，交换其他商品，他们将这种马称作科尼(Cones/koni)。"③罗斯商人在其他城市也十分活跃。例如，1505 年 6 月 24 日，喀山可汗马哈麻·叶明(Muhammed Emin)逮捕了在喀山的莫斯科商人，并处死了部分人，将其余人贬为奴隶，这引发了喀山与莫斯科公国的一场战争。④

关于当时莫斯科公国经济总量的唯一估计或许来自乔治·塔拉汗尼欧特(佩尔卡莫塔)[George Trakhaniot (Percamota)]，他是莫斯科大公雇用的一个希腊人。1486 年，在一次前往米兰国王宫廷的外交任务中，他汇报称莫斯科公国"每年的收入超过了十万杜卡特金币(ducats)，这些金币的价值和重量可与土耳其、威尼斯相抗衡"⑤。塔拉汗尼欧特接着说道：

> 有些特定的地区……每年都会提供数量可观的紫貂皮、白貂皮、松鼠皮作为贡品。其他地区则向朝廷进奉布匹及其他生活必需品。甚至供王爵和宫廷里其他人使用的肉类、蜂蜜、啤酒、饲料和草料也有相应的团体

(接上页)and Leningrad: AN SSSR, 1959), p. 308; and "Letopisnye zapisi Marka Levkeinskogo", in A. A. Zimin, "Kratkie letopisi XV - XVI vv.", *Istoricheskii arkhiv*, 5 (1950): 10.

① "Letopisnye zapisi Marka Levkeinskogo", 12-13.

② *PSRL*, vol. VIII, p. 287; *PSRL*, vol. XIII (Moscow: Nauka, 1965), p. 80. Cf. *PSRL*, vol. XX (St Petersburg: Tipografiia M. A. Aleksandrova, 1910), p. 425.

③ Giles Fletcher, *Of the Russe Common Wealth, or Maner of Gouernement of the Russe Emperour*, (*Commonly Called the Emperour of Moskouia*) *with the Manners, and Fashions of the People of that Country* (London: T. D. for Thomas Charde, 1591), fo. 70 v.

④ *PSRL*, vol. VI.2, col. 373; *PSRL*, vol. VIII, pp. 244-245; *PSRL*, vol. XII, p. 259.

⑤ George Trakhaniot, "Notes and Information about the Affairs and the Ruler of Russia", in Robert M. Croskey and E. C. Ronquist, "George Trakhaniot's Description of Russia in 1486", *RH*, 17 (1990): 61. 塔拉汗尼欧特很可能指的是听众可以理解的相应额度的财物，而不应被视为莫斯科流通的金币。

或地区依照命令定额供给……①

塔拉汗尼欧特的记载佐证了先前康塔里尼关于莫斯科的重要商业地位的叙述：

> 很多来自神圣罗马帝国、波兰的商人冬天会聚集在这座城市，他们专门来买各种皮毛——紫貂皮、狐狸皮、松鼠皮，有时候是狼皮。虽然这些皮毛是在距离莫斯科有几天旅程的地方获取的，大多数是在东北方向的地方，甚至可能是在西北方，但它们都被带到了这个地方，商人们都来此地交易皮毛。②

史料显示，大量财富集中来自主要河流——伏尔加河、奥卡河、莫斯科河与其支流——两岸的商业活动。

在宗教方面，这一时期主要由宗教会议主导，从 1447 年的宗教会议开始，尤其是在 1448 年，俄国的主教们选举出了自己的都主教。历届宗教会议（1488 年、1490 年、1504 年、1525 年与 1531 年）都担心异端邪说的传入，并展开对异教徒的调查。而在 1455 年、1459 年、1478 年、1492 年、1500 年、1503 年以及 1509 年，会议讨论了其他宗教问题。例如，1503 年的会议就针对宗教的一些管理条例与程序做出了多项决定，包括禁止为神职人员和牧师提供安置费用，规定担任主教的最低年龄，禁止神职人员酒后参加大规模的庆祝活动，规定鳏寡的牧师必须进入修道院，禁止修士和修女同住于一家修道院。禁止为主教的安置提供费用这一规定似乎是对异端宣称此类费用不合理的回应。

传统上认为，教会与修道院土地的世俗化同 1503 年的宗教会议密不可分，但这种联系来源于 16 世纪中期错误且不可靠的争议性记述。目前还没有可靠的证据来解释宗教会议中这种现象的产生，也没有清晰可靠的证据来证明伊凡三世计划将对教堂与修道院土地的没收从诺夫哥罗德扩大到整个莫斯科公国。③

---

① Trakhaniot, "Notes andinformation", 61. 根据克洛斯奇(Croskey)的研究，达·芬奇的肖像画《抱银貂的女子》中的貂或许就是塔拉汗尼欧特带到米兰的礼物和活貂之一。见 Croskey and Ronquist, "George Trakhaniot's Description of Russia", 58-59。

② Contarini, "Viaggio in Persia", p. 205.

③ 参见拙文"A 'Fontological' Investigation of the Muscovite Church Council of 1503", unpublished Ph.D. dissertation, Pennsylvania State University, 1977 (Ann Arbor: UMI, 1977, AAT 7723262); and "500 let spustia. Tserkovnyi Sobor 1503 g.", *Paiaeoslavica*, II (2003): 214-239。

这一时期,尼尔·索尔斯基(Nil Sorskii,逝于 1508 年)与约瑟夫·沃罗茨基(Iosif Volotskii,逝于 1515 年)是东正教三种隐修形式中最杰出的代表人物。他们分别代表了隐修(skete)的生活方式以及公共的修士生活(第三种形式是独居修士)。这两种修道方式相互补充、互不冲突。尼尔与约瑟夫看起来彼此尊重,只是后来修士派系的对立,以及尼尔的门徒瓦西安·帕特里克耶夫(Vassian Patrikeev)与约瑟夫的门徒丹尼尔都主教的冲突,导致人们误会两者之间出现了某种对立。

约瑟夫·沃罗茨基时常被认为曾经鼓动宗教会议于 1504 年镇压异端。在他那部冗长的论战性作品《启示者》(Prosvetitel')中展现了他对异端错误的理解。他有可能也参与了 1494 年罢黜都主教佐西马(Zosima)的事件。① 除了对异端的攻击之外,约瑟夫关于如何做一名有智慧的顾问的政治理论也使他地位显著:(1)当统治者依据神的法律办事时,要不加评判默默地服从;(2)当合法的统治者正在超越神的法律界限时,要发出批评的声音,但是也要服从;(3)当合法的统治者命令谏臣跨越神的法律界限时,要发出批评的声音,并且消极地抵抗;(4)如果统治者是不合法的,那么就要在言语和行动上反对他。对于超越了神的法律界限的暴君(muchitel'),他在《启示者》的第十六章建议采取不批评与沉默服从的策略,而在第七章,他则建议采取不服从的态度。② 我们不应该专注于他的某一个论述,认为这是约瑟夫唯一"正确"且排他的观点,而应当把它们理解成根植于拜占庭政治思想的一系列政治理论中的一部分。③

伊凡三世与瓦西里三世都积极地参与到教会事务中,这也与他们国家首脑的身份相当。他们在各自的主教区内主持宗教会议,承认教会的精神领袖作用。根据《印刷编年史》(Typography Chronicle)的记载,都主教西蒙迫使伊凡三世赎罪,因为他在 1493 年害死了自己的兄弟大安德烈,伊凡三世看起来也接受了这一做法。如果我们接受约瑟夫的说法,那么 1502 年,伊凡曾忏

---

① 他指责佐西马对异端太过宽容且犯有淫行。当代关于佐西马被罢黜的唯一证据来自第二部《索菲亚编年史》(Sofiia Chronicle),书中指出他酗酒成性,蔑视教会,见 PSRL, vol. VI. 2, col. 341。

② Iosif Volotskii, Prosvetitel', ili oblichenie eresi zhidôstvuiushchikh, 3rd edn, ed. A. Volkov (Kazan': Tipografiia Imperatorskogo universiteta, 1896), pp. 547, 287.

③ 参见拙著 Muscovy and the Mongols: Cross-Cultural Influences on the Steppe Frontier (Cambridge: Cambridge University Press, 1998), pp. 203-207。

悔他对待异端以及异端的同情者,包括对他的儿媳叶连娜和孙子德米特里的态度不够强硬,但是他依然可以维持外来教派的生存。1478年,在一场涉及基里尔-别洛泽尔斯基修道院的管辖权纠纷中,他决定支持自己的忏悔师——罗斯托夫大主教瓦西安,并且反对修道院长以及韦列亚附属国王公米哈伊尔和都主教格龙季(Gerontii)。1479年,他对教会应该沿什么方向围绕教堂游行展开了三年的调查,他认为格龙季采取的方向是错误的(伊凡后来为此道歉)。1490年,他在一次宗教会议即将结束时现身,同时命都主教佐西马对涉及异教徒的教规进行调查。[1]

　　瓦西里三世也容忍了教会的特权,积极地惩罚异端。瓦西里极好地扮演了自己的角色,于1516年致函君士坦丁堡大牧首,要求派人协助将希腊图书翻译成俄文,为此,希腊人马克西莫斯(Maksim Grek)来到莫斯科。但是,1509年谢拉皮翁(Serapion)被劝退后,瓦西里三世利用其君权,拒绝指派一名大主教前往诺夫罗德。最终在17年后,瓦西里任命了莫扎伊斯克附近的卢热茨基(Luzhetsk)修道院的大修道院长马卡里(Makarii)担任此职位。1525年,瓦西里与妻子离婚,但是此举遭到了来自教会内外的一致反对。马卡里支持瓦西里离婚,这可能是他能够晋升大主教的原因。

　　1497年《法典》具有成为第一部全莫斯科公国法典的特质。显然,这部法典是法官在裁决案件和确定罚金方面的指南,统一了大公拥有的旧领土和新获得的领土上的法律。从这些法条中,我们可以瞥见一套完备的司法体系。大多数案件是在地方一级的教会法院或普通法院(obshchii sud)裁决的,但有三种高级法院被提及:(1)代理(比如地方官和州长及其代理人)法庭;(2)由波雅尔或者御前侍臣主持的法庭[后来由国务秘书(d'iak)负责将判决结果报告给大公国法院请示批准];(3)大公及其子的法庭。《法典》的68项条款中主要有:关于谋杀、抢劫、纵火等各种犯罪的处罚规定,以及有关土地和贷款、劳资关系、地主与农民间关系的诉讼规则。其中15项条款涉及对个人的损害赔偿,36项规定了需要向法庭支付的款项和费用。第30条是我们讨论的重点,因为它规定了要在莫斯科公国国土内的53个地区支付给执行官(nedel'shchiki)"骑行费用",这些地区几乎涵盖了180年间莫斯科大公获得的

---

① N. A. Kazakova and Ia. S. Lur'e, *Antifeodatnye ereticheskie dvizheniia na Rusi XIV-nachala XVI veka* (Moscow and Leningrad: AN SSSR, 1955), p. 385.

所有城镇。

1497 年《法典》中的第 57 条规定农民的迁移要符合农村公社的需要。他们每年可以在 11 月收割之后迁徙一次。如果农民住在地主建造的房子内,他们就得为一间森林里的房子付半卢布,为一间草原上的付高达一卢布。此条款的目的是保护地主免受农民在其土地上频繁迁移的影响,从而确保地主在一年内有足够的劳动力。16 世纪末 17 世纪初,这些限制性规定进一步扩大,农民被作为农奴绑在了土地上。

在我们今天看来,1497 年《法典》可能很原始并且不够系统,但是从将莫斯科公国从一个松散的邦联变成一个相对组织严谨的国家的角度来讲,这是一项非常重要的举措。

伊凡三世统治之初,土地在莫斯科公国通常会被分成四类:(1) 王朝土地,由政府高官和下级官员(通常是奴隶)管理;(2) 黑土地,由二等官员(即地方官和州长)管理;(3) 世袭土地(votchiny),可以买卖、抵押或者赠送;(4) 教会土地,由教会管理。[1] 1482 年,在这些土地的基础上又增加了服役封地,当时发布了第一张服役封地的产权证。服役封地(或称军事封地)常被用来奖励勇敢的行为或忠诚的护卫。从服役封地的产权证看,没有任何形式的免费授予条款,说明所有者通过服役换取土地。相反,大公可以选择将服役封地赐给某个士兵或者自己保留产权。同样,大公也可以将服役封地赐予那些被剥夺了世袭土地的人,比如诺夫哥罗德的地主们。

服役封地在很多方面都与世袭土地相似。同后者一样,服役封地也可以通过继承得到,从一开始即是如此。[2] 继承的条件是本家族的成员——儿子或者兄弟——必须能够继续向大公效劳。否则,服役封地就将被大公收回,赐给

[1]　R. E. F. Smith, *Peasant Farming in Muscovy* (Cambridge: Cambridge University Press, 1977), pp. 100–102.

[2]　Iu. G. Alekseev and A. I. Kopanev, "Razvitie pomestnoi sistemy v XVI v.", in *Dvorianstvo i krepostnoi stroi Rossii XVI - XVIII vv. Sbornik statei, posviashchennyi pamiati Alekseia Andreevicha Novosel'skogo*, eds. N. I. Pavlenko et al. (Moscow: Nauka, 1975), p. 59; A. Ia. Degtiarev, "O mobilizatsii pomestnykh zemel' v XVI v.", in *Iz istorii feodal'noi Rossii. Stat'i i ocherki k 70-letiiu so dnia rozhdeniia prof. V. V. Mavrodina*, eds. A. Ia. Degtiarev et al. (Leningrad: Izdatel'stvo Leningradskogo universiteta, 1978), pp. 85 - 89; B. Kobrin, "Stanovlenie pomestnoi sistemy", *IZ*, 105 (1980): 151 - 152; V. B. Kobrin, *Vlast' i sobstvennost' v srednevekovoi Rossii (XV–XVI vv.)* (Moscow: Mysl', 1985), pp. 92–93; and my "Early *pomest'e* Grants as a Historical Source", *Oxford Slavonic Papers*, 33 (2000): 36–63.

其他人。服役封地和世袭土地被从一个家族转移到另一个家族的概率是相近的。所有者会把土地看作无限期地属于自己的,因为只要有合适的家族继承人能够继续为大公服役,他对土地的所有就不会是暂时的或者有附加条件的。和世袭土地一样,服役封地可以交换。不过,历史学家 V. B. 柯布林(V. B. Kobrin)指出了服役封地与世袭土地的三点不同:接受服役封地的人不能像世袭土地拥有者一样卖掉自己的土地,以此作为抵押贷款(例如换取现金)或者转赠他人(例如赠予修道院)。[1] 这三项禁令表明从根源上说,服役封地产生自伊凡三世为自己的士兵提供住所的需要。这种规定与伊斯兰国家的伊克塔(iqta)土地所有制度相似,因此人们猜想,伊凡三世在管理赐给军队的土地时借鉴了伊克塔的原则和理念。这种借鉴可能得益于成吉思汗家族的王公和其他鞑靼人的建议,当时他们涌入莫斯科公国的军事系统。[2]

虽然服役封地制度的设置建立起了一支直接效忠于大公的随时待命的军事力量,但是伊凡三世与瓦西里三世仍然觉得他们需要依靠服役王公与家庭成员的力量来集结兵力。不过,他们现在已经可以在不经中间人的情况下召集到空前规模的服役军。最终,大公的家族成员以及服役王公开始丧失半独立的军事与政治地位。服役封地制度实际上保障了大公一定的军事力量,虽然不是常备军,但起码是一个可随时快速召集的、只要大公与波雅尔杜马认为有必要就可以动员的军事力量。

(二) 国外的影响

伊凡三世和瓦西里三世都曾将国外的制度和管理技巧运用到国内的政策中。下文展示了部分此类影响。

草原国家对莫斯科公国的影响大多发生于 1462 年以前。[3] 伊凡三世与瓦西里三世都积极地推行雅姆制度(iam),这是从蒙古人那里承袭下来的一个驿站网络。赫伯斯坦因曾这样描述这个系统:"王公们在其领地的各个地点都设立了驿站,不同的地方都有一定数量的马匹,这样每当王室派传信官去某地时,他就能立刻得到一匹快马……有一次,我的一个仆人骑着驿站的快马从诺

---

① Kobrin, "Stanovlenie", 180; and Kobrin, *Vlast' i sobstvennost'*, p. 134.

② 参见拙文"The Military Land Grant along the Muslim-Christian Frontier", *RH*, 19 (1992): 327-359; and "Errata", *RH*, 21 (1994): 249-250。

③ 关于草原国家对莫斯科公国影响的列表,参见 Ostrowski, "Muscovite Adaptation", 295, table 2。

夫哥罗德赶到了莫斯科,距离有 600 俄里(642.1 千米)……用了 72 个小时。"①
伊凡三世统治时期确立了服役封地制度,如上所述,该制度就是在由钦察汗国
的鞑靼难民带来的伊斯兰伊克塔基础上形成的。这一时期,一些鞑靼人记录
档案的做法,例如卷轴的使用,也被引进莫斯科公国衙门。

　　15—16 世纪,随着立陶宛贵族涌入莫斯科公国公务阶层,西方对莫斯科产
生了重要影响。例如,帕特里克耶夫家族是立陶宛一个地位显赫的王公家族,
在伊凡三世统治的大部分时期里,其家族成员在波雅尔杜马中占据了主导地
位。② 据估计,17 世纪的统治阶层中,拥有波兰-立陶宛和"西欧"名字的家族
所占的比例达 49.4%(915 个家族中有 452 家)。③ 在莫斯科公国当局转变为
一个不单单由个人统治、对个人效忠,而且拥有法律和制度的政府的过程中,
立陶宛贵族投身莫斯科公务作用显著,他们的积极支持加快了转变的完成。

　　意大利与莫斯科公国最初的交往始于 1438 年 9 月的佛罗伦萨会议。罗斯商
人与意大利商人在卡法与塔纳交易,直到 1475 年意大利人被奥斯曼土耳其人驱
除出境。1472 年,佐伊(索菲娅)·帕列奥洛格[Zoe (Sofiia) Palaeologa]与伊凡三
世结婚,她的随行人员中有很多意大利化的希腊人,他们进入莫斯科政府任
职。④ 这些意大利化的希腊人带来的是对于组织严谨的政府结构的认识,这种
结构以前莫斯科公国以及它的邻国都未曾见过。

　　国家建设方面一项引人注目的举动,便是莫斯科克里姆林宫的翻新改造。
其中也有意大利建筑学家与设计师的共同努力。1475—1479 年,意大利建筑
师亚里士多德·菲奥拉万蒂(Aristotle Fioravanti)被伊凡三世请来设计和监
督圣母升天大教堂的建造。1487—1491 年,意大利建筑师马可·鲁福(Marco
Ruffo)与彼得罗·安东尼奥·索拉里奥(Pietro Antonio Solario)设计并监督
建造了多棱宫(Granovitaia palata)。1505 年,由威尼斯人阿莱维修·兰贝
蒂·达·蒙塔尼亚纳(Alevisio Lamberti da Montagnana)设计的天使长大教

---

① Herberstein, *Notes*, vol. 1, pp. 108-109.
② 有证据表明,15 世纪 90 年代的王朝危机中,很多帕特里克耶夫家族成员被逮捕或贬谪,这是因
为其他波雅尔试图削弱他们的势力。参见 Nancy Shields Kollmann, "Consensus Politics; The
Dynastic Crisis of the 1490s Reconsidered", *RR*, 45 (1986); 235-267。
③ 该统计来自扎格斯金(N. P. Zagoskin),引自 M. F. Vladimirskii-Budanov, *Obzor istorii russkogo
prava*, 3rd edn. (Kiev; N. Ia. Ogloblin, 1900), p. 135, n. I。
④ 参见例如 Robert Croskey, "Byzantine Greeks in Late Fifteenth- and Early Sixteenth[-] Century
Russia", in *The Byzantine Legacy in Eastern Europe*, ed. Lowell Clucas (Boulder, Colo; East
European Monographs, 1988), pp. 35-56。

堂建成。目前克里姆林宫的锯齿状墙壁与尖塔的设计,也归功于索拉里奥、安东尼奥·弗里亚辛(Antonio Friazin)等意大利人。① 宏伟壮观的宫廷与教堂建筑在今天仍然是令人赞叹的景观。对于当时的莫斯科公国统治者与贵族而言,这些已经足够向外来使臣等展示国家实力的强大,因为他们也深受壮丽王朝仪式的影响。

(三)对外政策

伊凡三世与瓦西里三世都制定了长远的对外战略。他们关心的主要是草原民族和摩尔达维亚人②,但关注点延伸到西方很远的地方。例如,伊凡三世与丹麦国王扬(Jan)达成了对抗瑞典的协议,还与神圣罗马帝国皇帝就一项反对波兰-立陶宛的条约进行了谈判。瓦西里三世继续和忙于同法国进行外交接触的神圣罗马帝国皇帝展开谈判。

早在 1314 年,诺夫哥罗德就曾要求莫斯科大公尤里担任王公。这是为了保护诺夫哥罗德不受特维尔和弗拉基米尔大公米哈伊尔·雅罗斯拉维奇的侵犯和过高的贡赋要求的困扰。但是在 1317 年,诺夫哥罗德人与米哈伊尔缔结了一项单独的条约。15 世纪中叶,瓦西里二世和他的儿子伊凡三世利用其先祖尤里受邀担任诺夫哥罗德王公以及其他莫斯科与诺夫哥罗德联合反对特维尔的协定,声称诺夫哥罗德是他们的遗产。1456 年,在《雅热尔比齐条约》的约束下,诺夫哥罗德同意将自己的外交决策权交给莫斯科公国。随后,瓦西里二世成为第一个在遗嘱中宣示诺夫哥罗德是自己遗产的大公(1462 年)。1470 年,诺夫哥罗德宣布立陶宛的米哈伊尔·奥列尔科维奇(Mikhail Olelkovich)为其王公,试图打破这一条约的限制。1472 年,伊凡三世向诺夫哥罗德进军,重新确立了《雅热尔比齐条约》的条款。1475 年,在一次"和平出访"中,伊凡逮捕了一批诺夫哥罗德波雅尔,将他们驱逐到莫斯科境内。1478 年,他完全接管了诺夫哥罗德,然而此时,他开始怀疑出现了进一步的阴谋。他禁止召开维彻,并没收了召集维彻的钟。截至 1500 年,他已经没收了近百万公顷(250 万

① 关于意大利建筑对莫斯科克里姆林宫影响的更多信息,参见 William Craft Brumfield, *A History of Russian Architecture* (Cambridge: Cambridge University Press, 1993), pp. 95-106; and William Craft Brumfield, *Gold in Azure: One Thousand Years of Russian Architecture* (Boston: David R. Godine, 1983), pp. 139-157.
② Knud Rasmussen, "On the Information Level of the Muscovite Posol'skij prikaz in the Sixteenth Century", *FOG*, 24 (1978): 91, 94.

英亩)的诺夫哥罗德波雅尔和教会的土地,转移了大量地主和商人,并断绝了诺夫哥罗德与汉萨同盟的来往。

在 1478 年征服诺夫哥罗德并夺取托尔若克后,莫斯科公国领土完全包围了特维尔。1483 年,特维尔王公米哈伊尔·鲍里索维奇——伊凡三世第一任妻子的兄弟——承认了与莫斯科大公的从属关系。[1] 当米哈伊尔于 1484 年向波兰和立陶宛的卡西米尔四世(Casimir IV)寻求结盟时,伊凡先发制人。不久后的 1485 年,特维尔被正式吞并。

1462—1533 年间,亚欧大陆中心地带的西部草原地区见证了五个中等经济、军事力量的政治实体之间的权力平衡:克里米亚汗国、大帐汗国(1502 年由阿斯特拉罕汗国取代)、喀山汗国、秋明汗国(很快将被西伯利亚汗国取代)和莫斯科公国。这五个政治实体占据了距离相对较远的、当时的三大主要强国(或核心地区)——奥斯曼帝国、波兰-立陶宛和萨法维波斯——之间的前线地带。三大强国都没有足够的实力或够近的距离,能够对西部草原或附近的稀树草原和森林边界地区施加霸权。

莫斯科公国与奥斯曼帝国的第一次直接外交接触发生在 1496 年,尽管此前 20 年两者已经通过克里米亚汗国有过间接往来。奥斯曼帝国和莫斯科公国之间保持着良好的关系,尽管很多人希望莫斯科公国与奥斯曼帝国兵戎相见,以便"解救"那里的东正教徒。两国之间的贸易关系进一步发展,土耳其商人购买莫斯科的毛皮、铁质工具、亚麻、海象象牙和汞,而俄国商人则从土耳其人手中购买锦缎、塔夫绸和丝绸。

然而,15 世纪下半叶,莫斯科公国陷入困境,波兰-立陶宛极有可能联合莫斯科的敌对国家,尤其是大帐汗国和克里米亚对付自己。不过,此时的喀山发现自己的处境更加危险,它位于莫斯科公国、秋明汗国、大帐汗国、克里米亚外加诺盖汗国的中间地带。这种中间位置使喀山易受来自一国甚至多国的军事攻击,但是也赋予了喀山汗国蓬勃的商业活力。

自 1475 年以来,克里米亚可汗一直是奥斯曼苏丹名义上的附庸,尽管他在西部草原上独立自治。大帐汗国已经不再是解体之前的钦察汗国那样的大国,然而直到 1502 年,它依然是莫斯科公国名义上的宗主国。作为大帐汗国

---

[1] *Dukhovnye i dogovornye gramoty velikikh i udel'nykh kniazei XIV - XVI vv.*, ed. L. V. Cherepnin (Moscow and Leningrad: AN SSSR, 1950), pp. 295-301.

的后继者,阿斯特拉罕汗国依然能收到来自莫斯科大公的进贡,其他的后继汗国也是如此。只要喀山汗国与莫斯科公国保持友好或者至少独立、中立,莫斯科大公就不用过分担心东部边疆的安全,因为喀山汗国的国力有限。一旦喀山陷入周边汗国的直接控制,它就会被用作先遣基地,为打击莫斯科提供额外的力量——正如克里米亚可汗马哈麻·吉列亦(Muhammed Girey)在 1521 年所做的那样。

这段时期内,莫斯科公国继续向名义上的宗主国可汗进贡。其他证据表明这正是大公的旨意。例如,伊凡三世 1504 年曾明确指示要向阿斯特拉罕、克里米亚、喀山以及"皇子的城镇"(卡西莫夫)运送贡品。①

在很大程度上,我们必须把 16 世纪西部草原国家力量关系的戏剧性逆转归因于莫斯科公国领导人成功的军事战略,尤其是动员军队与整合战备资源的能力。14 世纪中叶到 15 世纪的莫斯科大公非常善于让立陶宛王公贵族及其随从士兵为大公效力②,尽管到 16 世纪,一些服务于莫斯科统治者的王公会逃往立陶宛大公手下③。而 15 世纪中期至 16 世纪,莫斯科大公则同样甚至更加擅长吸纳喀山皇子和其他鞑靼贵族及其随从为自己服务。④ 例如,伊凡三世在卡西莫夫建立了一个傀儡汗国,鞑靼难民可以逃脱至此,而不违背伊斯兰教义和成吉思汗的法令。

1490 年,卡西米尔四世去世,波兰和立陶宛再次分而治之。伊凡三世利用立陶宛衰弱之机,在立陶宛边境地区采取了侵略性的军事政策。1494 年,立陶宛将维亚兹马(Viaz'ma)割让给莫斯科公国。1495 年,亚历山大大公与伊凡的

① *Dukhovnye i dogovornye gramoty*, p. 362.
② 参见 Oswald P. Backus, *Motives of West Russian Nobles in Deserting Lithuania for Moscow*, *1377-1514* (Lawrence: University of Kansas Press, 1957), p. 98. 书中他给出了 13 个有出处的理由,说明立陶宛贵族为何在 1481—1500 年间来到莫斯科。为莫斯科公国效力的地位最高的立陶宛人是格季明诺维奇(Gediminovich)的王公们——费奥多尔·伊凡诺维奇·贝尔斯基(Fedor Ivanovich Bel'skii)、米哈伊尔·利沃维奇·格林斯基(Mikhail L'vovich Glinskii)和德米特里·费奥多罗维奇·沃罗滕斯基(Dmitrii Fedorovich Vorotynskii)。
③ Oswald P. Backus, "Treason as a Concept and Defections from Moscow to Lithuania in the Sixteenth Century", *FOG*, 15 (1970): 119-144.
④ 参见拙作"Troop Mobilization by the Muscovite Grand Princes (1313-1533)", in Eric Lohr and Marshall Poe (eds.), *The Military and Society in Russia*, *1450-1917* (Leiden: Brill, 2002), pp.37-39;另参 Craig Gayen Kennedy, "The Juchids of Muscovy: A Study of Personal Ties between Émigré Tatar Dynasts and the Muscovite Grand Princes in the Fifteeth and Sixteeth Centuries", unpublished Ph.D. dissertation, Harvard University, 1994 (Ann Arbor: UMI, 1994, AAT 9520971)。

女儿叶连娜成婚,巩固了这场交易。1500—1503 年间莫斯科与立陶宛的敌对状态扩散,并将利沃尼亚骑士与大帐汗国(两者都支持立陶宛)以及克里米亚汗国(支持莫斯科)卷进来。莫斯科公国得到了更多领土,包括切尔尼戈夫-谢韦尔斯克(Chernigov-Seversk),大帐汗国也被明里·吉列亦(Mengli Girey)打垮。瓦西里三世统治期间,立陶宛与莫斯科曾两次交战,分别发生于 1507—1508 年、1512—1522 年。第二次交战期间的 1514 年,莫斯科公国兼并了斯摩棱斯克。

"大帐汗国"一词出现于 15 世纪中期至 1502 年间,用来指喀山汗国与克里米亚汗国分裂后残余的钦察汗国势力。至 1480 年时,伊凡三世已经独立制订政策很多年,不再需要大帐汗国可汗的许可。同年夏末秋初,大帐汗国可汗阿黑麻率领一支庞大的军队向莫斯科公国的西南方进军。伊凡显然希望能得到时任波兰国王和立陶宛大公的卡西米尔的军事援助,但是这一援助始终没有到来。伊凡的两个兄弟大安德烈和鲍里斯及其附属军队也没有给予军事支持。伊凡召集了一个由波雅尔杜马、高级教士[包括都主教格龙季和大主教瓦西安·莱罗(Vassian Rylo)],以及伊凡的母亲玛丽亚组成的战争委员会,来讨论如何打赢这次战役,留下伊凡·帕特里克耶夫王公防卫莫斯科。

大帐汗国与莫斯科公国的军队在乌格拉河两岸交锋,在大约两周的时间里,双方互相射出了一些箭矢,发射了数发火绳枪。11 月 11 日,阿黑麻撤退,双方恢复了和平。当时的历史记录中毫不夸张地描述了两军不敢开战的场景。大主教瓦西安·莱罗给伊凡写了一封措辞尖锐的信,指责他优柔寡断,缺乏意志力。这场乌格拉河上的交战与以往鞑靼和莫斯科军队的交战类似,任何一方都无法取得军事优势。然而,不属于军事统帅的教会人员却以另一种不同的视角看待这些事情。即便如此,16 世纪 50 年代的教会作品《乌格拉河上的对峙》中仍将此事描述为世界历史上影响最深远的事件之一。[1]《喀山史》(Kazanskaia istoriia)的作者增加了许多虚构的细节,使得历史学家相信 1480 年"挣脱鞑靼桎梏"是不可抗拒的。这一切都是罗斯教会人员创作的反鞑靼"意识形态包裹"的一部分,导致后来记录莫斯科公国与草原国家民族关系的编年史和其他教会资料都采取了敌视对抗的口吻。[2] 除了代表着"挣脱鞑靼桎

① D. P. Golokhvastov and Archimandrite Leonid, "Blagoveshchenskii ierei Sil'vestr i ego poslaniia", *ChOIDR*, 1874, kn. I, pp. 71-72. 该作品采用了给伊凡四世书信的形式,其作者一般被认为是都主教马卡里或牧师希尔维斯特(Sil'vestr)。

② 关于这一"意识形态包裹",参见拙著 *Muscovy and the Mongols*, pp. 135-198。

桎"以外,乌格拉河事件并未对莫斯科公国与大帐汗国的关系产生任何影响。然而,它确实是大帐汗国对莫斯科的最后一次进攻,虽然这并不是其对莫斯科公国的盟国克里米亚汗国的最后一次进攻。

伊凡三世统治期间,莫斯科公国与克里米亚汗国之间一直保持着友好的关系。克里米亚可汗明里·吉列亦将自己视为大公的兄弟,明里·吉列亦的妻子努尔·苏丹(Nur Sultan)视自己为大公的妹妹,伊凡三世因此得以阻止立陶宛大公与克里米亚可汗结盟。相比之下,瓦西里三世统治时期,莫斯科与克里米亚的关系恶化了。明里·吉列亦的儿子马哈麻·吉列亦对莫斯科公国采取了侵略性的外交政策,导致喀山与克里米亚结成了长期联盟,最终于 1521年对莫斯科发起了灾难性的进攻。这场进攻所带来的后果之一是莫斯科公国每年必须额外向克里米亚可汗缴纳贡品。从这方面来讲,瓦西里三世的草原国家政策不如他父亲那样成功。

三、1533 年的莫斯科公国

教会试图推动国家打压异教徒,可以被视为一场世俗和宗教权威规范莫斯科公国内的信仰和实践的运动的一部分。这场更广泛的运动的重要组成部分之一,就是教会建立了反鞑靼的意识形态,这将莫斯科公国与草原汗国的关系置于新的框架下,与以往君主所实行的框架都不同。新领土的大规模兼并要求将行政惯例与法律的适用范围扩大到这些地区。在这一过程中,诺夫哥罗德的地主们被转移到靠近莫斯科的地方,并且被因服务于大公而得到服役封地的中等服役阶层替代。起初,伊凡三世并不像大主教根纳季那样狂热地追捕缉拿异教徒。然而,在其生命即将终结之际,伊凡同意将这些异教徒处决。在他的后继者瓦西里三世统治期间,政府管理机关开始干涉教会以往所享受的获取土地的自由。正是在瓦西里时期,第一次出现了教会和修道院获取土地需要在国家机关登记的条款。大公扮演外部教会的保护者角色,他和他的代理人们开始没收特定的教会土地。法律中不断被灌输政府机关有权涉入教会事务的内容,这引起了教会领袖的强烈反对,其后果将在 16 世纪后半叶有所体现。

1533 年,莫斯科公国几乎成为西部草原地区的主导力量。这得益于大公与贵族们的成功,他们不断地获取新的资源与土地,扩大并改良(就组成部分而言)了统治阶级,而且结合自己的需求不断适应并借鉴邻国的文化,建立起一支能够随时集结的军队,将莫斯科公国重塑为一个王朝国家。

第十章　伊凡四世(1533—1584年)

谢尔盖·博加特廖夫

伊凡四世是俄国历史上统治时间最长的君主之一,这一时期是莫斯科公国政治、军事以及文化事业蓬勃发展的时期。统治阶层利用所有的物质与人力资源加强统治,将各个在文化以及经济发展传统上相异的地区统一到一个国家之内。这些发展目标并不总是相辅相成的。统一所造成的后果之一就是莫斯科公国在政治及社会上变得越来越复杂了,这反而将整个王朝置于来自中央、地方以及国际社会的压力之下。作为王朝的领袖,伊凡果断地应对了统一所带来的挑战,虽然他的措施经常难以预测,并且缺乏连续性。

一、保卫皇室家族

伊凡·瓦西里耶维奇,即未来的伊凡四世"雷帝"(Groznyi),出生于1530年8月25日。他的父亲是留里克王朝的领袖莫斯科大公瓦西里三世,母亲是米哈伊尔·利沃维奇·格林斯基的侄女叶连娜·格林斯卡娅,她于1508年从立陶宛前来嫁予瓦西里三世。1533年12月瓦西里三世去世后,伊凡四世名义上成为大公,当时他只有三岁。不久后,叶连娜就明显在政界活跃起来,并摆脱了瓦西里三世所指派的亲属和摄政的控制。朝臣在提及叶连娜时也开始将她与名义上的统治者伊凡看作同等的权威(gosudarynia)。[①]

我们所知的关于伊凡早年生活的记载大多数来自后世的材料,这些记录大多是带有政治偏见的。然而,我们可以通过对男孩成长的物质和文化环境

---

① A. L. Iurganov, "Politicheskaiabor'bav30-e gg. XVI veka", *Istoriia SSSR*, 1988, no. 2: 106-112.

的重现,来考察他人生成型的重要阶段。在叶连娜·格林斯卡娅的管理下,宫廷仪式往往在举行官方仪式的国务厅或者她与伊凡居住的私人房间里举行。① 这些建筑是由米兰设计师设计建造的,具有典型的文艺复兴时期的外观。② 然而,克里姆林宫的空间格局却不是欧洲文艺复兴时期的宫殿那样相连的房间,而是由典型的莫斯科风格的三个相套的房间(enfilades)组成的。③ 另一个本土特色是克里姆林宫的总体建筑群包含了很多教堂。这种与教堂比邻而居的环境以及家族的文化传统,都无疑有助于伊凡东正教信徒身份的形成。同时,伊凡成长于一个大都市国际化的氛围里,他所处的是莫斯科与西方建筑结合的大环境。他对东方风俗文化的了解也逐渐加深,甚至在与鞑靼权贵阶层的接触中对鞑靼文化有了基本的了解。④

统治阶层圈内的人都很担心王朝其他分支的首领们,瓦西里三世的兄弟德米特罗夫王公尤里·伊凡诺维奇和斯塔里察王公安德烈·伊凡诺维奇会在伊凡幼年时期谋取政权。1533 年 12 月,尤里王公被监禁,三年之后去世。⑤ 从 1534 年到 1536 年,叶连娜·格林斯卡娅向安德烈·伊凡诺维奇王公施压,强加新的条款以重新定义他们之间的关系。⑥ 这些条件反映出大公家族内以及王朝的其他分支之间的关系发生了深刻的变化。不同于以往王朝内各成员间制定的协议,大公不再承认一些传统的责任,比如尊重安德烈的近亲地位并保护他的土地财产。叶连娜还禁止安德烈拥有大公卫队,尽管先前的协议都允许卫队成员根据个人意志选择主人。

这些新的条款在王朝内促成了有利于统治家族的内部权力重新分配。这些决定很有可能正是造成安德烈在 1537 年发起反对叶连娜的暴动的原

---

① 参见 PSRL，vol. XIII (Moscow：Iazyki russkoi kul'tury, 2000)，p. 104，left column。
② 目前此宫殿的设计来源于 17 世纪的革新。参见 S. S. Pod''iapol'skii, G. S. Evdokimov, E. I. Ruzaeva, A. V Iaganov and D. E. Iakovlev, "Novye dannye o Kremlevskom dvortse rubezha XV-XVI vv.", in A. L. Batalov et al. (eds.), Drevnerusskoe iskusstvo. Russkoe iskusstvo pozdnego srednevekov'ia, XVI vek (St Petersburg：Dmitrii Bulanin, 2003)，pp. 51-98。
③ 1577 年,伊凡又在他科洛姆纳的住所里重建了类似的空间布局。参见 I. E. Zabelin, Domashnii byt russkikh tsarei i tsarits v XVI i XVII stoletiiakh, vol. III：Materialy (Moscow：Iazyki russkoi kul'tury, 2003)，p. 458 (first pagination)。
④ 参见 PSRL，vol. XIII, p. 104, left column。
⑤ 关于带有偏见的官方史书对尤里·瓦西里耶维奇王公在大公家庭中的地位的不同解读,参见 PSRL，vol. XIII, pp. 77-78, 90；关于尤里,另参 M. M. Krom, "Sud'ba regentskogo soveta pri maloletnem Ivane IV：Novye dannye o vnutripoliticheskoi bor'be kontsa 1533-1534 goda", Otechestvennaia istoriia, 1996, no. 5：40-42。
⑥ SGGD, vol. 1 (Moscow：Tipografiia N. S. Vsevolozhskogo, 1813)，pp. 451-452.

因。① 尽管安德烈有可支配的军事力量,但他最终还是选择了与莫斯科的统治者们协商而不是继续战争。叶连娜利用这一局势来实现自己的目的,她邀请安德烈来到都城,却将他和他的妻儿——叶夫罗西尼娅(Efrosin'ia)和弗拉基米尔因禁起来。1537 年 12 月,安德烈在幽禁中去世,但是在接下来的几十年里,他的家族成员仍是伊凡四世地位的威胁。

1538 年 4 月 3 日,叶连娜去世,这时她大约 30 岁,这导致很多人猜想她是中毒而死。考古学家 T. D. 帕诺娃(T. D. Panova)对克里姆林宫埋葬的王室成员的尸检报告进行分析,认为他们当中的很多人,包括叶连娜,都是中毒而死的。② 帕诺娃得出这一结论的依据是在这些尸体内发现了大量的砷和水银。然而,我们对莫斯科公国的饮食营养、药物成分和化妆品内的化学物质构成知之甚少。这也是只能做假设而不能下绝对结论的原因。在叶连娜体内发现的砷这样典型的有毒物质的含量比确定中毒了的人(斯塔里察家族)体内的含量低得多。总体而言,下毒的指控在 16 世纪的政治斗争中很常见,但它们却并不怎么可信。③

叶连娜尚在世时,王朝内的统治阶层还有足够的政治力量将其意志强加在他们认为会对王位造成威胁的人身上。在她死后,随之出现了所谓的"波雅尔统治"(1537—1547 年)。尽管统治者尚未成年,国家的行政机构与法庭仍在各自的领域发挥着作用。同时,"波雅尔统治"经历了以舒伊斯基(Shuiskiis)、贝尔斯基(Bel'skiis)、库班斯基(Kubenskiis)和格林斯基等王公家族为首的朝廷集团与沃龙佐夫(Vorontsov)家族为首的波雅尔集团之间冲突的升级。发生政治危机的原因是执政家族中缺乏有能力的领袖,而教会的首领无法调和朝廷内部各派系的冲突。④

然而,莫斯科公国存在着一些保护年幼君主王位的文化机制。统治阶层将伊凡塑造成一个富有能力的君主和勇敢的战士。这种做法自从瓦西里三世时期就已经存在了,他不仅仅将伊凡看作一个孩子,还将他看作王朝的代表,

① 关于安德烈的叛乱,参见 I. I. Smirnov, *Ocherki politicheskoi istorii Russkogo gosudarstva 30-50 kh godov XVI veka* (Moscow and Leningrad: AN SSSR, 1958), pp. 56-74; A. L. Iurganov, "Staritskii miatezh", *VI*, 1985, no. 2: 100-110。
② 迄今为止,学界都未公布有关尸检结果。主要尸检结果可以在一篇流行文章中找到,见 Denis Babichenko, "Kremlevskie tainy: 33-i element", *Itogi*, no. 37 (327), 17 September 2002: 36-39。
③ 参见 Andrei Pavlov and Maureen Perrie, *Ivan the Terrible* (Harlow: Longman, 2003), p. 29。
④ M. M. 克罗姆(M. M. Krom)认为造成危机的主要原因是君主少不更事,参见他的"Politicheskii krizis 30-40 kh godov XVI veka. Postanovka problemy", *Otechestvennaia istoriia*, 5 (1998): 13, 15。

尽管伊凡还很幼小。瓦西里为年幼的伊凡定制了一顶头盔,寓意是他将由一个孩童转变为至上的权威。这一头盔是成人头盔的缩小版,上面的印刻昭示着瓦西里三世的专制权威,并凸显伊凡是他的继承人的身份(见插图 12a)。① 官方的历史记载以及政府文件中采用了与之相同的文化权威模式,代表着统治者获得了肉身以外的生命形式。根据这些资料,这位年幼丧亲的君主负责了从 16 世纪 30 年代末至 40 年代的所有国家决策。南希·谢尔兹·科尔曼认为,官方所塑造出的统治者形象与年幼的伊凡的无权无势之间的差异,反映出在莫斯科公国的政治舞台上每个君主所处的劣势地位,不管他的年龄几何。② 然而,官方的文件也承认了大公是一个无法自保的未成年人,无法参与军事行动,并且需要成年人的指导。③ 这种计划性的宣传部分出于王朝政策,对统治家族内部的权力继承产生了影响。

16 世纪 40 年代早期,政治稳定的局面开始出现。1540—1541 年,叶夫罗西尼娅与斯塔里察的弗拉基米尔从监狱中被释放出来,弗拉基米尔获得了其父亲的土地。1542 年,马卡里成为新的都主教,王朝有了有力的保护者。④ 有一种被广泛接受的观点认为马卡里受舒伊斯基王公的庇护,后者在王朝中属于苏兹达尔一系,并且与统治家族有着姻亲关系。⑤ 同时,还未担任都主教之前,马卡里是诺夫哥罗德地区的主教,在当时的教会等级中排名第二,此时的他已经积累了大量的政治和道德资本。马卡里在诺夫哥罗德的任期(1526—1542年)与 A. M. 舒伊斯基在普斯科夫的副摄政任期(1539/1540—1540/1541 年冬

---

① 参见 N. S. Vladimirskaia (ed.), *Orel i lev. Rossiia i Shvetsiia v XVII veke. Katalog vystavki. Gosudarstvennyi istoricheskii muzei*, 4.04-1.07.2001 (Moscow: Gosudarstvennyi istoricheskii muzei, 2001), pp. 56-57, no. 3。

② 参见 Nancy Shields Kollmann, "The Grand Prince in Muscovite Politics: The Problem of Genre in Sources on Ivan's Minority", *RH*, 14 (1987): 293-313.

③ *PSRL*, vol. VIII (St Petersburg: Tipografiia Eduarda Pratsa, 1859; reprinted Moscow: Iazyki russkoikul'tury, 2001), pp. 297-301; *Pskovskieletopisi*, ed. A. N. Nasonov, vol. I (Moscowand Leningrad: AN SSSR, 1941; reprinted Düsseldorfand The Hague: Brücken-Verlag GMBH, Europe Printing, 1967), p. 110; *Sbornik Imperatorskogo Russkogo istoricheskogo obshchestva*, vol. LIX (St Petersburg: Tipografiia F. Eleonskogo i K., 1887), pp. 33, 34, 37, 43-44, 66-67, 95. 感谢查尔斯·哈尔佩林(Charles J. Halperin)提供上述参考文献。

④ 关于马卡里,参见 Arkhimandrit Makarii (Veretennikov), *Zhiz-n'i trudysviatiteliaMakariia, mitropolita Moskovskogo i vseia Rusi* (Moscow: Izdatel'skii sovet Russkoi pravoslavnoi tserkvi, 2002)。

⑤ 参见例如 A. A. Zimin, *Reformy Ivana Groznogo* (Moscow: Izdatel'stvo sotsil'noekonomicheskoi literatury, 1960), p. 264. 克罗姆(Krom)指出,舒伊斯基家族在 1542—1543 年并未垄断权力,参见他的"Politicheskii krizis"。

天)重合。在普斯科夫,A. M. 舒伊斯基苛待当地人民,导致很多普斯科夫修士逃往诺夫哥罗德。[①] 他计划在普斯科夫隆重接待马卡里,但是有关普斯科夫的历史中并未出现有关此行的记载。显然,因为执政者的恶行,马卡里取消了前往普斯科夫的计划。[②] 马卡里显示出对普斯科夫教会事务的浓厚兴趣,因而无法接受当地神职人员受到的残酷对待。[③] 这也是为什么不太可能是舒伊斯基提拔了马卡里。马卡里在成为都主教后介入朝廷争斗,反对舒伊斯基。[④] 1543 年,A. M. 舒伊斯基被扔进朝廷"狗舍"。很多资料都将发布处死舒伊斯基指令的源头指向大公或者匿名的波雅尔。不管此次谋杀的幕后是谁,马卡里都没有用他强大的道德力量阻止舒伊斯基羞耻的死亡。显然,都主教对挽救这位波雅尔的性命不感兴趣。

根据官方编年史,舒伊斯基被谋杀之后,"波雅尔们开始惧怕王权"[⑤]。当时伊凡的仪式与社交活动范围看起来确实更加广泛了。自 1543 年起,官方资料中就把克里姆林宫的官方会客厅记载为"斯托罗维亚"(Stolovia),意指王位(stol),或者更加宽泛地来说,指大公的世袭王权。[⑥] 这一新的称谓表明伊凡开始经常性地使用这个专为统治者举行仪式活动而设立的场所。1543 年,统治阶层开始对外宣扬伊凡打算成婚。克里姆林宫对外国王室发出求亲信号并等待答复。[⑦] 伊凡四世的官方编年史也提及了他最初想要迎娶外国新娘。编年史解释称,伊凡最终放弃了这一想法,因为他担心自己与外国新娘的性情可能会大不相同。这种解释让读者们觉得是在掩盖婚姻计划失败的事实。[⑧] 外国君主们显然不想与莫斯科王朝结下婚约,因为在伊凡幼年时期,他的名声在西方与东方邻国都一落千丈。[⑨] 后来,伊凡不断尝试与外国联姻,但只在 1561 年

---

① 参见 *Pskovskie letopisi*, vol. I, p. 110; T. I. Pashkova, *Mestnoe upravlenie v Russkom gosudarstve vpervoi polovine XVI v. Namestniki i volosteli* (Moscow: Drevlekhranilishche, 2000), p. 154.

② Makarii (Veretennikov), *Zhizn'*, pp. 67, 346-347. 维瑞特尼科夫(Veretennikov)似乎认为马卡里是在舒伊斯基的授意下拜访了普斯科夫,但是没有解释为何普斯科夫的编年史都没有记录这样的访问。

③ 关于马卡里的普斯科夫之行,参见 Makarii (Veretennikov), *Zhizn'*, pp. 64-65。

④ *PSRL*, vol. XIII, p. 145.

⑤ *PSRL*, vol. XIII, p. 145.

⑥ S.S. Pod"iapol'skii, "Moskovskii Kremlevskii dvorets XVI v. po dannym pis'mennykh istochnikov", in Batalov et al. (eds.), *Drevnerusskoe iskusstvo*, p. 113.

⑦ *Sbornik Imperatorskogo Russkogo istoricheskogo obshchestva*, vol. LIX, p. 228.

⑧ *PSRL*, vol. XIII, p. 450.

⑨ 参见 Krom, "Politicheskii krizis", 13; A. L. Khoroshkevich, *Rossiia v sisteme mezhdunarodnykh otnoshenii serediny XVI veka* (Moscow: Drevlekhranilishche, 2003), p. 65; Pavlov and Perrie, *Ivan*, p. 41。

与高加索公主玛丽亚·库彻涅(Mariia Kuchennei)的联姻中获得了成功。①

为了重建王朝在国内外的名声,伊凡开始了一项雄心勃勃且极富政治争议的计划,即成为全罗斯的"沙皇"(tsar of all Rus')。教会的经文里将《旧约》中的国王称为"沙皇",将基督称为"天堂里的沙皇"。莫斯科公国的政治词汇中用"沙皇"形容拥有更高地位的统治者——拜占庭帝国皇帝与鞑靼可汗。对莫斯科公国而言,东正教皇帝的道德权威和穆斯林可汗的政治权力来自上帝的意志。鉴于沙皇这一称号强烈的宗教含义,我们几乎可以肯定,这一加冕背后的驱动者是马卡里都主教。他熟悉拜占庭帝国加冕仪式的记述,因此充当了伊凡加冕礼的主持人,加冕仪式于 1547 年 1 月 16 日在克里姆林的圣母升天大教堂举行。②

在加冕礼期间,统治阶层宣称伊凡的统治与拜占庭皇帝以及基辅大公的统治具有连续性。在伊凡四世之前,莫斯科公国的意识形态文本就曾用沙皇来称呼基辅的弗拉基米尔一世和莫斯科的德米特里·顿斯科伊,从而宣扬从基辅到莫斯科王朝的延续性。莫斯科公国的统治者在 1547 年的加冕仪式上公开表明了日益增长的政治野心,这招致了西方邻国的负面反应,尤其是在基辅和基辅罗斯的其他地区拥有土地的波兰与立陶宛的西吉斯蒙德二世。结果,紧随这一加冕仪式开启了莫斯科与波兰-立陶宛在伊凡四世新名号上长期的外交斗争。③

加冕礼的仪式中包括了大量的拜占庭元素,结合 1547 年以后伊凡的侵略性对外政策,这引起了人们对于伊凡的权力是否带有帝国色彩的讨论。从严格的历史学意义上来讲,把伊凡的加冕看作带有帝国色彩是不正确的。在拜占庭,教会首领会为皇帝举行涂油礼,标志着他从此重生为像耶稣一样的存在。由于涂油礼将赋予统治者神圣的形象,因此帝王会变成神圣的人物。然

---

① 参见 Hugh F. Graham, "Paul Juusten's Mission to Muscovy", *RH*, 13 (1986): 44, 89; Jerome Horsey, "Travels", in Lloyd E. Berry and Robert O. Crummey (eds.), *Rude and Barbarous, Kingdom. Russiain the Accounts of Sixteenth-Century English Voyagers* (Madison: University of Wisconsin Press, 1968), pp. 279-280; Khoroshkevich, *Rossiia*, p. 275。

② 参见 David B. Miller, "Creating Legitimacy: Ritual, Ideology, and Power in Sixteenth-Century Russia", *RH*, 21 (1994): 298-302; Pavlov and Perrie, *Ivan*, pp. 34-36。

③ 参见 Jaroslaw Pelenski, "The Origins of the Official Muscovite Claims to the 'Kievan Inheritance'", *HUS*, 1 (1977): 29-52; A. L. Khoroshkevich, "Tsarskii titul Ivana IV i boiarskii 'miatezh' 1553 goda", *Otechestvennaia istoriia*, 1994, no. 3: 23-42。

而，关于伊凡四世加冕礼的最精确的记载也只字未提涂油礼一事。① 将涂油礼排除在仪式之外或许是有利于马卡里的，因为他一直希望保持自己精神权威的地位。马卡里在此次仪式的演讲中强调，上天会为沙皇安排属于他的审判官，统治者只有通过恰当地完成保护基督教信仰和东正教教会的任务，才能够在天堂享有沙皇地位。这种道德上的约束督促着统治者保护教会，采纳明智的谏者的意见，这是莫斯科公国政治文化的重要元素。

伊凡的加冕礼过后，随之而来的是 1547 年 2 月与安娜斯塔西娅·罗曼诺夫娜的婚礼。她是有名望的波雅尔家族扎哈尔因-尤里耶夫(Zakhar'in-Iur'evs)的一员。科尔曼继承爱德华·L. 基南(Edward L. Keenan)的观点，将伊凡的婚姻看作年长的波雅尔宗族控制下的"政治联姻"，据称，这种婚姻是为了按照他们的利益掌控莫斯科公国的政治，操纵统治者。② 然而，在这之前，伊凡曾大张旗鼓地寻找一个王室新娘。正如前文所提及的，伊凡愿意迎娶外国新娘，甚至很明显，外国新娘比莫斯科本国的新娘更受欢迎。本国新娘的竞争者中不仅仅有波雅尔和其他朝臣的女儿们，还有普通地方骑兵和教会人员的女儿们。这些线索表明，新娘的年龄、相貌以及健康状况与其家族血统一样重要。③ 伊凡后来的众多妻子们有的来自莫斯科贵族家庭[玛丽亚·纳戈娅(Mariia Nagaia)]，有的来自名不见经传的士绅家族[马尔法·索巴吉娜(Marfa Sobakina)、安娜·科尔托夫斯卡娅(Anna Koltovskaia)、安娜·瓦西里奇科娃(Anna Vasil'chikova)]，还有的来自国外的王室(玛丽亚·库彻涅)。皇后们不同的种族和社会背景表明了这些决定不仅仅是由一小撮波雅尔宗族所做出的"政治联姻"。皇室婚姻对广泛地保持王朝与各阶层之间的联系、维持当时的国际关系是非常重要的。

伊凡的加冕和他的婚姻是促成和加强他在莫斯科公国首领地位的主要因素。虽然加冕礼没有将伊凡变成神圣的统治者，但却象征着莫斯科公国政治

① 关于加冕礼的早期描述，参见 *PSRL*, vols. XIII, pp. 150-151; XXIX (Moscow: Nauka, 1965), pp. 49-50. 关于仪式缺少的元素，参见 A. P. Bogdanov, "Chiny venchaniia rossiiskikh tsarei", in B. A. Rybakov et al. (eds.), *Kul'tura srednevekovoi Moskvy XIV - XVII vv.* (Moscow: Nauka, 1995), p. 217; B. A. Uspenskii, *Tsar'i patriarkh: Kharisma vlasti v Rossii. Vizantiiskaia model' i ee russkoe pereosmyslenie* (Moscow: Iazyki russkoi kul'tury, 1998), pp. 109-113(其中包含一段对相关历史的回顾)。

② Nancy Shields Kollmann, *Kinship and Politics. The Making of the Muscovite Political System, 1345-1547* (Stanford, Calif.: Stanford University Press, 1987), pp. 121-145, 174.

③ 参见 V. D. Nazarov, "Svadebnye dela XVI veka", *VI*, 1976, no. 10: 118-120。

制度的巨大转变。加冕改变了统治家族的地位,对国内外政策和文化政策都产生了影响。伊凡的旧称谓"大公"使他成为王朝成员中"地位最尊贵"(primus inter pares)的,而通过接受沙皇这一称号,伊凡获得了上天选定的统治者的地位,在其他王公和教会成员中获得了至高无上的权威。

王朝首领地位的提升促使统治阶层开展一系列意识形态攻势,拉拢君主身边的精英人物。官方宣传的主题与伊凡幼年时期波雅尔的无序统治迥然相异,沙皇伊凡治下一片和谐。教会积极促进"和解政策"的实现,虽然某些教会人员在这个过程中所发挥的作用是饱受争议的。相传,16 世纪 50 年代,牧师希尔维斯特(Sil'vestr)是沙皇身边很有影响力的咨政官之一,不管是在精神领域还是政治领域。然而,卡罗琳·约翰斯顿·庞西(Carolyn Johnston Pouncy)提出,尽管希尔维斯特是一个受过良好教育的、人缘较好的人,但并不像后来所说的那样是一个具有影响力的咨政官。[1] 与希尔维斯特不同,都主教马卡里确实算得上沙皇身边最亲近的随从。他提出了 16 世纪 40 年代末 50 年代初的激进东正教思想,并且参与到行政管理与外交事务当中。都主教马卡里极有可能是新意识形态的主要缔造者,这从所谓的"百章会议"(Stoglav)的记录中能够清晰地看出。这一顶级神职人员与部分贵族朝臣的集会在 1551 年召开,通过了改善宗教生活和教会人士道德水平的措施。与马卡里在加冕礼上陈述的一样,"百章会议"维护神职人员的利益,强调沙皇与教会的联合。

"百章会议"的行动还包括沙皇的一场演讲,以有利于王朝的方式展示了伊凡幼年时期朝廷的腐败。在演讲中,伊凡回忆他的童年,认为那是一个充满反叛的时期,并且指责波雅尔夺取权力,削弱其叔父们。[2] 由于伊凡现存的讲稿已经被编辑过了,因此我们很难知道是谁在背后为叶连娜·格林斯卡娅的种种行为,包括德米特罗夫的尤里和斯塔里察的安德烈之死开脱。即使如此,这个演讲也可以被看作伊凡为重新阐释近期王朝历史而做出的贡献。至少出于意识形态的目的,伊凡允许使用他早年的以及与他关系密切的人的个人信息。除此之外,伊凡很有可能参与了讲稿的撰写,因为根据遗存下来的会议记录,原稿是由伊凡亲笔所写或是由他署名的。[3] 皇室向来具有重视文化教育的

---

[1] Carolyn Johnston Pouncy, "'The Blessed Sil'vestr' and the Politics of Invention in Muscovy, 1545-1700", *HUS*, 19 (1995): 548-572.

[2] E. B. Emchenko, *Stoglav. Issledovanie i tekst* (Moscow: Indrik, 2000), p. 246.

[3] Emchenko, *Stoglav*, p. 242.

传统,因此伊凡参与讲稿的创作也是极有可能的。①

　　然而,马卡里维持统治家族与教会关系和谐的范式,却不如"百章会议"那样有效。1553 年,伊凡病重,他命令波雅尔们宣誓对他儿子德米特里效忠,整个王朝陷入危机之中。这场危机让人想起瓦西里三世在位的后期,各派朝臣陷入纷争中,有人认为大安德烈的儿子斯塔里察的弗拉基米尔是更好的继承人人选。本来应该由都主教担任冲突的调停者,但是不知出于什么原因,马卡里并没有介入调停。② 从 16 世纪 50 年代中期起,马卡里就逐渐减少了对国家大事的参与,这很明显是他在 1553 年危机中模棱两可的态度以及积极代表部分朝臣与沙皇斡旋所导致的后果。③

　　16 世纪 50 年代后半期,君主与俄国教会首领的关系有了更进一步的变化,那就是伊凡从君士坦丁堡大牧首那里确认了沙皇这一称号。作为这一事件的后续,伊凡主管意识形态的咨政官还为沙皇的后继者伊凡·伊凡诺维奇的加冕礼仪式制定了新的规则。与 1547 年马卡里所主持的加冕礼不同,新的仪式中包含了为统治者施涂油礼这一项,也就是将他比作耶稣。利用这一概念,伊凡很快就用极端暴力的方式对付自己的臣属,也包括一些教会的掌权者(见下文)。1563 年马卡里死后,沙皇毅然将那些不接受自己颁行的不稳定内政措施的都主教们罢黜,甚至将他们处决。

　　统治者地位的强化也体现在官方的纹章中和伊凡时期的货币设计上。④ 从 1560 年到 1563 年,教会思想家创作了《皇室谱牒》(*Stepennaia kniga*),这本著作颂扬了莫斯科公国王室家族。⑤ 从 16 世纪 60 年代中期开始,伊凡就开始宣传他的君权神授观念和他对沙皇这一称号的世袭权利,这在他给流亡波雅

① 关于瓦西里三世与斯塔里察的安德烈的文化水平,参见 V. V. Kalugin, *Andrei Kurbskii i Ivan Groznyi. Teoreticlesfeie vzgliady i literaturnaia tekhnika drevnerusskogo pisatelia* (Moscow: Iazyki russkoi kul'tury, 1998), pp. 138-139。

② 参见 I. Gralia (Hieronim Grala), *Ivan Mifehailov Viskovatyi: Kar'era gosudarstvennogo deiatelia v Rossii XVI v.* (Moscow: Radiks, 1994), pp. 136-138。德米特里在危机之后不久的一场事故中去世。

③ 参见 Smirnov, *Ocherki*, pp. 194-202; S. O. Shmidt, "Mitropolit Makarii i pravitel'stvennaia deiatel'nost' ego vremeni", in S. O. Shmidt, *Rossiia Ivana Groznogo* (Moscow: Nauka, 1999), pp. 239-245; Makarii (Veretennikov), *Zhizn'*, pp. 143-154。

④ Uspenskii, *Tsar'*, pp. 20, 109-113; Khoroshkevich, *Rossiia*, pp. 66, 186-188, 288-289, 348; A.S. Mel'nikova, *Russkie monety ot Ivana Groznogo do Petra Velikogo. Istoriia russkoi denezhnoi sistemy s 1533 po 1682 god* (Moscow: Finansy i statistika, 1989), p. 41。

⑤ David B. Miller, "The Velikie Minei Chetii and the Stepennaia Kniga of Metropolitan Makarii and the Origins of Russian National Consciousness", *FOG*, 26 (1979): 263-382。

尔王公安德烈·米哈伊洛维奇·库尔布斯基(Andrei Mikhailovich Kurbskii)和波兰、瑞典以及英格兰君主们的信中都有所体现。① 在写给库尔布斯基的信中，伊凡夸大了"百章会议"关于波雅尔对国家造成危害的观点。他再一次指责波雅尔趁他未成年时谋取权力的野心，并在 16 世纪 50 年代对他的随行人员们做出了相似的谴责。

基南认为伊凡是个文盲，从来都未写过那些他署名的著作，但是现在很多历史学家不认同这一观点。② 基南的猜想主要建立在他对伊凡和库尔布斯基之间通信饱受争议的研究上。但是同时，伊凡还有其他信件。这些信件中的很多都充满了对反对者的讽刺、戏仿与嘲弄，它们被 16 世纪外务衙门的档案留存了下来。基南没能找到这些书信的其他作者，也没能为它们的出现提供任何文化层面的解释。从莫斯科公国过于正式审慎的外交惯例来看，我们很难假定除了沙皇之外的任何人有足够的权威向外国的统治者写这些怪异的信件。虽然关于伊凡的"文艺复兴"图书馆的浪漫故事不可信，但是很明显，他熟知文字文化。伊凡的宝库包括了一系列典型的莫斯科教会书籍，还有一些编年史和一些西方草药方面的书籍。近年来的一些资料表明，伊凡经常向牧师和朝臣们借书阅读，并将一些书捐献给了教堂和修道院。③

16 世纪 50 年代的和解政策几乎没有被应用到王朝的众多分支家族身上。伊凡提高了本家族的地位，代价是牺牲了德米特罗夫和斯塔里察两个支系。沙皇的大臣们拟定了一份特殊的名单(sinodik)，包括从中世纪的基辅王公开始，一直到伊凡已故的子孙，让君士坦丁堡的大牧首为其悼念，以巩固古老王

---

① D. S. Likhachev and Ia. S. Lur'e (eds.), *Poslaniia Ivana Groznogo* (Moscow and Leningrad: AN SSSR, 1951); J. L. I. Fennell (ed. and trans.), *The Correspondence between Prince Kurbsky and Tsar Ivan IV of Russia* (Cambridge: Cambridge University Press, 1955).

② 参见 Edward L. Keenan, *The Kurbskii-Groznyi Apocrypha. The Seventeenth-Century Genesis of the "Correspondence" Attributed to Prince A. M. Kurbskii and Tsar Ivan IV*, with an appendix by Daniel C. Waugh (Cambridge, Mass.: Harvard University Press, 1971). 另参查尔斯·哈尔佩林的回顾性文章，"Edward Keenan and the Kurbskii-Groznyi Correspondence in Hindsight"，and Keenan's response, both in *JGO*, 46 (1998): 376-415。

③ 关于沙皇私人宝库的书单，参见"Opis' domashnemu imushchestvu tsaria Ivana Vasil'evicha, po spiskam i knigam 90 i 91 godov", in *Vremennik Imperatorskogo Moskovskogo obshchestva istorii i drevnostei rossiiskikh*, 7 (Moscow: Universitetskaia tipografiia, 1850), smes': 6-7. 该书单是不完整的，因为它是伊凡四世去世之后丢失的物品清单的一部分，参见 G. V. Zharinov, "O proiskhozhdenii tak nazyvaemoi 'Opisi domashnemu imushchestvu tsaria Ivana Vasil'evicha …'", *Arkhiv russkoi istorii*, 2 (Moscow: Roskomarkhiv, 1992): 179-185. 关于伊凡捐献和借阅过的图书，参见 N. N. Zarubin, *Biblioteka Ivana Groznogo. Rekonstruktsiia i bibliograficheskoe opisanie*, ed. A. A. Amosov (Leningrad: Nauka, Leningradskoe otdelenie, 1982), p. 22。

朝的根基。① 德米特罗夫的尤里和斯塔里察的安德烈都没有出现在这一名单上,尽管伊凡为纪念尤里的修道院捐献了很多钱。② 伊凡对斯塔里察的弗拉基米尔的态度也是非常谨慎的。在 16 世纪五六十年代,沙皇定期让他参加军事行动,给他送去经验丰富的外国建筑师。③ 同时,1553 年的危机之后,沙皇要求弗拉基米尔为皇室提供无条件的支持,命令他住在莫斯科,并限制他王宫的规模。④ 16 世纪 60 年代,伊凡不断向斯塔里察家族施压。很多历史学家将斯塔里察的弗拉基米尔和叶夫罗西尼娅看作保守政治力量的领袖,反对沙皇不断集权的政策,但是这一解读太过依赖伊凡的官方说辞。弗拉基米尔没有必要提出会引起沙皇猜疑的政治主张,因为亲族之间的不信任在前现代君主中十分常见。伊凡与斯塔里察家族的关系是由他的家族政策和他对个人权力的看法所造成的。伊凡认为他的权威是神圣的,作为统治家族,伊凡对王朝的其他分支家族采取了极端的压制政策。

1563 年,都主教马卡里去世,这明显使得伊凡放开了手脚。从 1564 年开始,沙皇就多次强迫斯塔里察的弗拉基米尔交换他的世袭地产,这最终导致斯塔里察属地(udel)的丧失。伊凡四世还将弗拉基米尔的母亲叶夫罗西尼娅赶入修道院,因为她在斯塔里察王宫里颇具影响力,并将弗拉基米尔的朝廷塞满自己的亲信。1569 年,沙皇指控弗拉基米尔及其家族叛国,将他们毒杀。⑤

1553 年,伊凡四世襁褓中的儿子德米特里死去,他于是开始为另一个儿子伊凡·伊凡诺维奇的继位铺路。沙皇根据皇室的传统培养他的儿子,让皇室成员适应新的政治文化环境。1557 年,沙皇延续瓦西里三世的做法,为他三岁的儿子定制了一个头盔,以此强调家族内权力的承袭(见插图 12b)。同时,伊

---

① S. M. Kashtanov, "The Czar's Sinodik of the 1550s", *Istoricheskaia Genealogiia/Historical Genealogy*, 2 (Ekaterinburg and Paris: Yarmarka Press, 1993): 44-67. 1560 年,大牧首有所保留地承认了伊凡的沙皇头衔。

② S. M. Kashtanov, *Finansy srednevekovoi Rusi* (Moscow: Nauka, 1988), p. 141.

③ 参见 *Razriadnaia kniga 1475-1598 gg.*, ed. V. I. Buganov (Moscow: Nauka, 1966), pp. 127-230; G. S. Evdokimov, E. I. Ruzaeva and D. E. Iakovlev, *Arkhitekturnaia keramika v dekore Moskovskogo velikokniazheskogo dvortsa v seredine XVI v.'*, in Batalov et al. (eds.), *Drevnerusskoe iskusstvo*, p. 126。

④ *SGGD*, vol. I, pp. 460-468.

⑤ 关于斯塔里察家族成员墓葬的最新考古学资料,参见 T. D. Panova, "Opyt izucheniia nekropolia Moskovskogo Kremlia", in F. Kozlov et al. (eds.), *Moskovskii nekropol'. Istoriia, arkheologiia, iskusstvo, okhrana* (Moscow: Nauchnoissledovatel'skii institut kul'tury, 1991), pp. 101-104; T. D. Panova, *Nekropoli Moskovskogo Kremlia* (Moscow: Muzei-zapovednik "Moskovskii Kreml", 2003), p. 31, no. 94。

凡·伊凡诺维奇头盔上的铭文使用了新的修辞,强调了沙皇及其子的虔诚,赞美了伊凡四世对上帝的爱,并且宣扬莫斯科是沙皇帝国的首都。① 与头盔上双头鹰的纹章一起,这些颂词显示出了该王朝新的政治地位及其与上帝力量的紧密联系。16 世纪 60 年代初,沙皇把他年幼的儿子塑造成一个能够发布政令的君主,并为他建立了一个小朝廷。② 然而,这位继承人从未当上沙皇。1581年 9 月,伊凡四世在一次争吵中意外地杀死了他的儿子。关于该事件的起因有无数猜想,然而都无法得到证实,但是很明显,沙皇并不是有意要杀死伊凡·伊凡诺维奇的。

这场悲剧给伊凡带来了巨大的打击,1584 年 3 月 18 日,伊凡四世自然死亡。他死后出现了一些典型的流言谣传他是被暗杀的,但是根据考古学家所提供的资料,这一传言没有根据。与埋葬于克里姆林宫的一个死于毒杀的斯塔里察家族的婴儿相比,其他家族成员遗体中的砷含量低得多。同时,毒药并没有影响到受害者体内的水银含量。因此在这种情况下,与他人相比遗体中砷含量较高可以被视为中毒的证据。根据考古学家们的调查,在克里姆林宫埋葬的遗体中,伊凡四世是体内砷含量最低的之一,所以他中毒而死的可能性非常小。③ 伊凡四世的尸检还显示他患有脊柱疾病,体内有大量水银。然而,宣称伊凡难以预测的政治行为和古怪的家庭生活是由水银中毒导致的也值得商榷,因为人体内化学物质的含量与他的行为并没有直接关系。根据尸检的结果,伊凡·伊凡诺维奇体内的化学物质成分与沙皇体内的物质高度相似,包括水银的含量。然而,伊凡·伊凡诺维奇从未做出像他父亲一样过分的行为。

伊凡四世的另一个儿子费奥多尔继承了皇位。他哥哥在世时,费奥多尔在家族里的地位是相对不起眼的。国外的和后来莫斯科公国的一些线索表明,费奥多尔患有智力障碍,不过,L. E. 莫洛佐娃(L. E. Morozova)质疑这一证据的可信度。④ 不管费奥多尔是否患有精神疾病,他依然能够参与军事战斗和宫廷仪式。费奥多尔成为留里克家族在位的最后一人。

① I. A. Komarov et al. (eds.), *Armoury Chamber of the Russian Tsars* (St Petersburg: Atlant, 2002), pp. 44, 300.

② A. V. Antonov, "Serpukhovskie dokumenty iz dela Patrikeevykh", *Russkii diplomatarii*, 7 (Moscow: Drevlekhranilishche, 2001): 304—305.

③ 参见 M. M. Gerasimov, "Dokumental'nyi portret Ivana Groznogo", in *Kratkie soobshcheniia Instituta arkheologii AN SSSR* 100 (1965): 139; Babichenko, "Kremlevskietainy", 38。

④ 参见 L. E. Morozova, "Fedor Ivanovich", *VI*, 1997, no. 2: 49—71。

二、国家建设

伊凡统治初期,他所辖的疆域(英语国家给它取了一个不太准确的名称,即莫斯科公国)内的人口以讲俄语为主,大多信奉东正教。非俄罗斯少数族群生活在国家的边缘地带,人口数量也较少。语言和宗教是加强凝聚力的重要因素,然而它们并没有消除全国各地的区域差异。在北方地区,白海沿岸的偏远地区有一群自给自足的农民和渔民,他们在伊凡统治时期对当地事务享有高度的自治权。在西北地区,诺夫哥罗德与普斯科夫等城镇则拥有成熟的城市社会。伏尔加河流域、梁赞、奥卡河流域的地方贵族只要保持对莫斯科的忠心,就有权维持自己的世袭领土和附属财产。

在伊凡的幼年时期,统治阶层为了实现对广大领土的兼并采取了一系列措施。16 世纪 30 年代晚期和 40 年代,中央政府实行了一项大规模的土地勘定计划。在勘定过程中,中央政府加重了当地人民的税收负担,从各方面增加他们的义务。通过对重要元素的界定与描述,这一调查还影响了当地的自然景观。① 调查是在中央政府的资助下展开的,因此它不仅记载了各地的独特属性,还促进了当地认同的形成。16 世纪上半期,中央政权用货币支付的方式取代了各种各样的免役税。为了适应货币在莫斯科经济中不断上升的地位,叶连娜·格林斯卡娅成功地推行了货币改革,在 16 世纪 30 年代后半期统一了全国的货币单位。新的货币体系有效地促进了诺夫哥罗德与普斯科夫地区货币的融入,有助于将这些具有重要经济地位的区域吸纳进公国的疆域。②

为了使不同的地方性群体加入各地区法律与社会秩序的维持,中央政府尝试了各种各样的方法。虽然这些尝试不仅仅局限于地方骑兵,但是在解决当地事务时,恰恰是这一群体组成了政府的主要代理人。骑兵们具有足够的军事技能,而且作为军事服役人员和地产所有者积累了一定的管理经验。自16 世纪 50 年代开始,地方骑兵就开始执掌本行政区(guba)的管理,负责维持本地区的法律与秩序,管理本地人口的流动,分配服务性土地,征收赋税,集结

---

① 没有被调查的土地和草场通常依旧不为人知。参见 Kashtanov, *Finansy*, p. 28。这些无名的事物在当地人眼里不具有重要的意义。

② Mel'nikova, *Russkie monety*, pp. 14-28.

当地军事力量,确认奴隶合同。行政区长老的权限涵盖了当地多样的群体,因此行政区的管理成为团结当地社区的关键因素。行政区管理的职位对非莫斯科公国出身的骑兵也是开放的,这也促进了他们的融入。就这样,政府积极地参与到当地身份认同的构建中,并利用它为自己的政治目标服务。

在 16 世纪 50 年代的改革中,城镇居民与农民社区在处理本地事务时享有有限的自治权。这些地方管理的变化导致了权力的重新分配,即向城镇和乡村社区倾斜,而代价是当地代表在中央政府中所占人数的减少(代理人)。然而,与广为流传的观点不同的是,代理人的管理在 16 世纪中期没有被废除。① 16 世纪 50 年代,统治阶级试图在全国范围内使司法条例和管理行为标准化,其途径是引入新的法典(1550 年),并且给结构逐渐完善的衙门(prikazy)指派固定的任务,管理行政事务和财务。②

兵役条款的标准化,登记管理的加强,以及作战期间服务关系的规定,导致军队精英士兵的地位也变得更加稳固了。1550 年改革的结果之一就是统治者的朝廷,即精英服役人员所组成的等级分明的组织中,产生了复杂的军衔体系。③ 朝臣之间的服役关系受到门第制(mestnichestov)的规范,这是一套复杂的系统,根据朝臣的祖先或亲属的功绩和职位来确定其地位。究竟谁能从门第制中获益,不同的人有不同的看法。科尔曼把它看作一种在世袭政治体制下加强统治精英团结的手段,而不是对沙皇权力的确认。S. O.施密特(S. O. Shmidt)认为,这一体系是在家族荣誉的传统原则和皇室权力所构造的服役关系原则的混合基础上运行的。君主可以通过门第制实现对精英的控制。安·克莱莫拉(Ann M. Kleimola)的观点与之类似,门第制在伊凡幼年时期最终成

---

① 有关地方管理,参见 N. E. Nosov, *Ocherki po istorii mestnogo upravleniia Russkogo gosudarstva pervoi poloviny XVI veka* (Moscow and Leningrad: AN SSSR, 1957); N. E. Nosov, *Stanovlenie soslovno-predstavitel'nykh uchrezhdenii v Rossii. Izyskaniia o zemskoi reforme Ivana Groznogo* (Leningrad: Nauka, Leningradskoe otdelenie, 1969); Carol B. Stevens, "Banditry and Provincial Order in Sixteenth-Century Russia", in Ann M. Kleimola and Gail D. Lenhoff (eds.), *Culture and Identity in Muscovy, 1359-1584* (UCLA Slavic Studies, n. s., vol. 3; Moscow: ITZ-Garant, 1997), pp. 578 – 579; Sergei Bogatyrev, "Localism and Integration in Muscovy", in Sergei Bogatyrev (ed.), *Russia Takes Shape. Patterns of Integration from the Middle Ages to the Present* (Helsinki: Finnish Academy of Science and Letters, 2004), pp. 59-127. 关于代理人行政历史的回顾,参见 Brian L. Davies, "The Town Governors in the Reign of Ivan IV", *RH*, 14 (1987): 77-143; Pashkova, *Mestnoe upravlenie*.
② 参见 Horace W. Dewey, "The 1550 Sudebnik as an Instrument of Reform", *JGO*, 10 (1962): 161-180; Peter B. Brown, "Muscovite Government Bureaus", *RH*, 10 (1983): 269-330。
③ 关于统治者的朝廷,参见 Bogatyrev, *Sovereign*, pp. 16-26; Pavlov and Perrie, *Ivan*, pp. 23, 70。

型,导致了精英之间的分裂,同时也防止了阻碍统治者专制权力的世袭贵族势力的聚合。施密特和克莱莫拉的观点解释了为什么这些贵族部下没能有效地反对沙皇对门第制的违反和私自干涉。①

我们很难猜出究竟是谁主导了此次改革。历史学家们有时会将 16 世纪50 年代的统治阶层称为"天选朝廷",但是这一模糊的词汇与政府制度明显是不相关的。② B. N. 弗洛里亚(B. N. Floria)指出,这一改革是统治阶层集体决策的结果,其成员在波雅尔统治时期经历了长期的冲突之后又团结到了一起。③ 伊凡确实承诺向很多精英服役人士授予朝廷最高等级的职位,其中皇后的亲族扎哈尔因-尤里耶夫家族获利最多。与此同时,这些精英也并不完全和谐。1553 年的王朝危机之后,与统治者的姻亲关系也未能阻止扎哈尔因家族失去支持。进入朝廷上层的广泛通道明显在一定程度上促进了朝堂的社会流动。这种形势对朝臣阿列克谢·费奥多罗维奇·阿达舍夫(Aleksei Fedorovich Adashev)和伊凡·米哈伊洛维奇·维斯科瓦特(Ivan Mikhailovich Viskovatyi)等官员来说是非常有利的。他们并不属于精英中的最高阶层,但是却积极地推动了政治组织的运转。阿达舍夫有权修改官方宗谱记录,使其有利于自己的家族。他还参与撰写了官方编年史。尽管他在 16 世纪 50 年代政府中的作用可能被后来的资料夸大了,但是很明显阿达舍夫在当时是个很重要的人物。④

改革虽然是有限且不连续的,但是这些改革使得伊凡在一定程度上巩固了疆域,并得以对邻国采取更具侵略性的政策。伊凡陆续拿下了鞑靼人建立的喀山汗国(1552 年)和阿斯特拉罕汗国(1556 年),获得了大量国土——那里人口众多,民族多样,具有截然不同的文化和经济传统的穆斯林占据大多数。

① Nancy Shields Kollmann, *By Honor Bound. State and Society in Early Modern Russia* (Ithaca, N.Y., London: Cornell University Press, 1999), pp. 166 - 167; S. O. Shmidt, *Uistokovrossiiskogo absoliutizma. Issledovanie sotsiafna-politicheskoi istorii vremeni Ivana Groznogo* (Moscow: Progress, 1996), pp. 330 - 380; Ann M. Kleimola, "Status, Place, and Politics: The Rise of Mestnichestvo during the Boiarskoe Pravlenie", *FOG*, 27 (1980): 195-214. 关于伊凡对门第制的违反,参见 A. A. Zimin, *Oprichnina* (Moscow: Territoriia, 2001), p. 221; Pavlov and Perrie, *Ivan*, pp. 187-188。

② A. N. Grobovsky, *The "Chosen Council" of Ivan IV. A Reinterpretation* (New York: Gaus, 1969); A. I. Filiushkin, *Istoriia odnoi mistifikatsii. Ivan Groznyi i "Izbrannaia Rada"* (Moscow: Voronezhskii gosudarstvennyi universitet, 1998).

③ Boris Floria, *Ivan Groznyi*, 2nd edn (Moscow: Molodaia gvardiia, 2002), p. 50.

④ 关于 A. F. 阿达舍夫,参见 D. M. Bulanin, "Adashev Aleksei Fedorovich", in *Slovar'fenizhnifeov i knizhnosti Drevnei Rusi*, vyp. 2: *Vtoraia polovina XIV-XVI v.* (Leningrad: Nauka, Leningradskoe otdelenie, 1988), pt. 1, pp. 8-10; Filiushkin, *Istoriia*;关于 I. M. 维斯科瓦特,参见 Gralia, *Ivan*。

因此,这一征服是促进伊凡的疆域向多民族帝国转变的关键一步。通过对汗国的兼并,沙皇控制了伏尔加河水路,获得了进入里海和伊朗市场的通道。官方把这场对鞑靼的征服宣传为东正教对异教徒的军事胜利,对喀山和阿斯特拉罕汗国(按照莫斯科公国的历史传统,它们被看作沙皇帝国的领土)的征服也增加了伊凡获得沙皇这一称号的合法性。统治阶级在新领土上推行了各种各样的一体化方法,包括武力镇压反叛者、基督教化(尽管既不够彻底也不够系统全面)、将当地忠诚的精英人士纳入沙皇政府中,以及给予被兼并的领土在行政系统中特殊的待遇。[1]

对喀山汗国的征服促进了莫斯科公国向西伯利亚地区的扩张。喀山陷落后,西伯利亚可汗承认了伊凡四世的宗主权并向他进贡。为了将西伯利亚变为殖民地,统治阶层雇用了富有创业精神的商人斯特罗加诺夫(Stroganov)家族。对阿斯特拉罕汗国的兼并则加强了莫斯科公国在北高加索地区的存在感。上述伊凡与卡巴尔达(Kabarda)的玛丽亚·库彻涅的婚姻也是这一政策的一部分。[2]

兼并喀山与阿斯特拉罕汗国激化了莫斯科公国与克里米亚汗国、土耳其等强大伊斯兰国家之间的紧张关系。克里米亚可汗将喀山看作自己的世袭领土,土耳其苏丹则尤其担忧莫斯科公国在北高加索地区的扩张。这些大国尽管政见不同,但是最终结成了反对莫斯科公国的联盟,并于1569年联合进攻阿斯特拉罕。俄国方面采取了防守措施,同时展开外交斡旋,再加上土耳其将领后勤上的决策失误,这场战役最终以失败告终。[3] 这次失败并没有阻止克里米亚可汗继续对莫斯科公国采取侵略性的外交政策。1571年,他对莫斯科公国造成了严重破坏,但是在1572年的莫洛季战役中被伊凡的将领击败。这次胜利暂时阻止了克里米亚可汗的复仇计划。

伊凡四世在多方前线不断陷入军事冲突。南面的冲突还未解决,他就于1558年发动了对西面邻国利沃尼亚的战争。历史学家传统上从地缘政治的角度解读这场战争(1558—1583年),断言伊凡的目的是得到波罗的海入海口,以

---

[1] Andreas Kappeler, *The Russian Empire: A Multiethnic History* (Harlow: Longman, 2001), pp. 24-32; M. B. Pliukhanova, *Siuzhety i simvly Moskovskogo tsarstva* (St Petersburg: Akropol', 1995), pp. 177-190, 199-202.

[2] 参见 Janet Martin, *Medieval Russia, 980-1584* (Cambridge: Cambridge University Press, 1995), pp. 354-355; Kappeler, *The Russian Empire*, pp. 33-36。

[3] 参见 Martin, *Medieval Russia*, pp. 355-357; Khoroshkevich, *Rossiia*, pp. 508-514。

便扩大海外贸易。修正主义学者则将这场战争的源头解释为伊凡对得到贡品充实自己的宝库的短期兴趣。他们认为从地缘政治角度解读利沃尼亚战争的方法是过时的,明显带有经济决定论的印记。目前被广泛接受的说法是,沙皇发动战争的目的是得到波罗的海入海口,这些大都基于利沃尼亚和波兰的记录。与此同时,莫斯科公国并没有类似的记录证明莫斯科的统治者们期望在波罗的海地区发展贸易、修建交通设施。[①]

16 世纪 50 年代后期,莫斯科公国多次打败利沃尼亚,但莫斯科的统治者们并没有表现出将战争升级的意向。然而 16 世纪 60 年代初,形势发生了极大变化,这一时期,波兰-立陶宛、瑞典以及丹麦瓜分了利沃尼亚,直接投身这场正在进行的战争中。莫斯科公国的主要对手——波兰和立陶宛通过缔结 1569 年卢布林联盟组合成一个新的君主国,政治军事资源明显增强。波兰-立陶宛的斯特凡·巴托里(Stefan Batory)是一名精力充沛的政治家和天资过人的将军,他自 1579 年起击退莫斯科公国的兵力,随后入侵诺夫哥罗德与普斯科夫地区。在战争的最后阶段,瑞典占领了莫斯科公国在芬兰湾的许多要塞。利沃尼亚战争只给莫斯科公国带来了人力、物力的损失。

伊凡致力于寻找盟友,他慷慨地许诺赋予英格兰商人特权,积极支持莫斯科与英格兰的贸易往来。英格兰人对毛皮以及莫斯科公国的很多造船用品(木材、纤维绳、牛脂、焦油)感兴趣,莫斯科则得到了英格兰提供的兵器、贱金属制品、衣物和奢侈品。然而,沙皇与英国女王伊丽莎白一世缔结政治联盟的尝试却失败了。

莫斯科公国日益介入国际事务,再加上国内社会构成与行政管理的复杂结构,这给君主有限的政治资源带来越来越大的压力。到 16 世纪 60 年代中期,政治斗争以及西方政策的失败加深了他对自己家族的担忧。[②] 为了安全起见,伊凡带着一家人离开了莫斯科,1564 年 12 月,他们在莫斯科公国东北方的亚历山德罗夫斯卡亚-斯洛博达(Aleksandrovskaia Sloboda)定居下来。亚历山德罗夫斯卡亚-斯洛博达是大公的郊区住所中面积最大的,由瓦西里三世建造。它被设计成一个孤立的、带有防御工事的要塞,也是一个朝圣所,包括一

---

① 参见 Maureen Perrie, *The Cult of Ivan the Terrible in Stalin's Russia* (Houndmills: Palgrave, 2001), pp. 89-92; Aleksandr Filiushkin, "Diskursy Livonskoi voiny", *Ab Imperio*, 4 (2001): 43-80。

② 有关外交政策在建立特辖制中的作用,参见 Khoroshkevich, *Rossiia*, p. 416。

座教堂(公国内最大的教堂之一)和一座具有后哥特式建筑特点的宫殿。尽管借鉴了很多西方元素,其整体设计仍然是非常复古的,即便在瓦西里三世时期也是如此。[1] 伊凡四世选择了一个非常保守的空间作为他的避难所。在亚历山德罗夫斯卡亚-斯洛博达住下之后,他指控以前的朝堂官员犯有叛国罪,并指责神职人员包庇叛国者。沙皇要求惩罚他的敌人们。他将自己的疆域、朝廷和管理机构分成两部分:一部分是沙皇个人控制下的"特辖区"(oprichnina,源自俄语词汇"oprich",是分开、分割之意),另一部分是"泽姆什纳"(zemshchina,源自俄语词汇"zemlia",为土地之意),由留在莫斯科的波雅尔管理。

"特辖区"的概念从来没有被完整地表达出来。伊凡肯定利用了 16 世纪 50 年代关于波雅尔统治时期盛行无政府状态的政治观点。[2] 16 世纪 60 年代最终形成的关于伊凡神圣权力的观念,也在"特辖区"的构建中起到了重要作用。官方编年史强调,伊凡是在上帝的指示下逃离了莫斯科。[3] 普里西拉·亨特(Priscilla Hunt)将特辖制时期伊凡的符号性行为解读为官方意识形态中神圣王权思想的极端展示。亨特认为,内含着耶稣的严谨与善良的"神圣智慧狂热"(cult of Holy Wisdom)与 16 世纪 60 年代伊凡的政策尤其相关。[4] 伊凡确实非常重视镇压为"神圣智慧狂热"建造教堂的地区,特别是 1562 年的波洛茨克与 1570 年的诺夫哥罗德。官方宣传和宫廷仪式将这些行动阐释为对东正教的重建,以保护神圣的教会不受异教徒的侵害。[5]

这样一种将伊凡视为一个专断的法官,像上帝一样以威严和怜悯的态度对待他的子民的观念,解释了为什么特辖制政策是血腥恐怖与公众和解政策的结合。据官方不完全统计,在特辖制期间,有 3 000 人由于各种各样的刑罚而死去,而刑罚之后伴随的常常是大赦。大约 180 名王公和骑兵被流放到喀

---

[1] V. V. Kavel'makher, "Gosudarev dvor v Aleksandrovskoi slobode. Opyt rekonstruktsii", in Iakob Ul'feldt, *Puteshestviev Rossiiu*, eds. Dzh. Lind and A. L. Khoroshkevich (Moscow: Iazyki slavianskoi kul'tury, 2002), pp. 457-487.

[2] 对于在伊凡未成年时期违抗他的波雅尔的指控,在关于特辖制确立过程的官方记录中是非常重要的。参见 *PSRL*, vol. XIII, p. 392.

[3] *PSRL*, vol. XIII, p. 392.

[4] 参见 Priscilla Hunt, "Ivan IV's Personal Mythology of Kingship", *SR*, 52 (1993): 769-809。亨特相信沙皇的权力概念直接来自马卡里的观点,但是这一概念的形成过程可能分为多个阶段。

[5] 关于波洛茨克的行动,参见 Sergei Bogatyrev, "Battle for Divine Wisdom. The Rhetoric of Ivan IV's Campaign against Polotsk", in Eric Lohr and Marshall Poe (eds.), *The Military Pan Society in Russia*, 1450-1917 (Leiden: Brill, 2002), pp. 325-363。关于诺夫哥罗德的惩罚行动,参见 Floria, *Ivan*, p. 239。

山,他们的土地被没收(1565年),而后来他们又被赦免,财产部分复原。1566
年,沙皇在特辖制恐怖期间发动了一次大规模的集会,史称"缙绅会议",精英
服役人员、地方骑兵、神职人员和商人都前来探讨是否应该继续利沃尼亚战
争。很多学者将这一集会看成"阶层代表"们的组织,它与西方议会相似,由不
同的社会团体代表组成。其他学者指出,这些参会者并不能代表他们所在的
地方社团或阶层,因为他们并不是由选举产生的。[1] 根据保存下来的会议记
录,这些成员确实首先将自己看作沙皇的服务者,而不是选民们的代表。跟以
前很多朝臣的做法一样,他们表达对统治者政策的支持,宣誓对其效忠,用这
种传统的方式与君主交流。[2]

　　文字资料中对特辖制有各种各样的解读。有些历史学家将它看作某些社
会团体有意识的斗争,有些人则认为这是伊凡的精神疾病所造成的非理性结
果。亨特和A. L. 尤尔加诺夫(A. L. Iurganov)从文化层面解读特辖制,他们
并不排除伊凡的个人性格深刻地影响了其政策的可能性。特辖制包括了一种
特殊的象征,这一象征暗指沙皇和他的特辖制是愤怒的神灵的处罚工具,尤尔
加诺夫用末世论的预警解释特辖制,将其视为对《圣经》里天堂的模仿。[3] 这一
解释契合伊凡在特辖制开始之前不久的1559—1560年定制的军旗的复杂象
征意义。军旗上复制有基督、天使长米迦勒与使徒圣约翰的形象,以及《启示
录》的引文,暗示了沙皇在最终的战役中与邪恶神灵战斗(见插图13)。[4] 从当
时的一部地方编年史将伊凡的统治比作末日王国来看,这种末日论想象可能
在信奉伊凡文化思想的臣民中得到了反响。[5]

　　特辖制以不同的方式影响到了各地。掌权者将特辖军以外的人员逐出特
辖区,并将他们的地产授予特辖军,这种强行性的重新安置的范围尚不可知。

---

[1]　关于1566年缙绅会议的历史,参见 Pavlov and Perrie, *Ivan*, pp. 131-132。

[2]　*SGGD*, vol. I, pp. 545-556. 关于莫斯科公国政治文化中宣誓效忠的行为,参见 H. W. Dewey and A. M. Kleimola, "Promise and Perfidy in Old Russian Cross-Kissing", *Canadian Slavic Studies*, 3 (1968): 334。

[3]　A. L. Iurganov, "Oprichnina i strashnyi sud", *Otechestvennaia istoriia*, 1997, no. 3: 52-75; A. L. Iurganov, *Kategorii russkoi srednevekovoi kul'tury* (Moscow: MIROS, 1998), pp. 382-398.

[4]　Lukian Iakovlev, *Drevnosti Rossiiskogo gosudarstva. Dopolnenie k III otdeleniiu. Russkie starinnye znamena* (Moscow: Sinodal'naia tipografiia, 1865), pp. 8-10; D. Strukov and I. Popov, *Risunki k izdaniiu "Russkie starinnye znamena" Lukiana Iakovleva* (Moscow: Khromolitografiia V. Bakhman, 1865).

[5]　The Stroev copy of the third *Pskov Chronicle*, dating to the 1560s: *Pskovskie letopisi*, ed. A. N. Nasonov, vol. II (Moscow: AN SSSR, 1955; reprinted Moscow: Iazyki russkoi kul'tury, 2000), p. 231.

尽管存在这样的安置,但特辖制并没有剥夺地方骑兵的活动空间。统治者可能要花上一年半的时间,才能将骑兵们从特辖区内转移出去。在此期间,很多地方骑兵从中央政府获得了免税权,并得到了他们渴望的新住地的土地所有权。更有甚者,他们中的一些人并没有去往被分到的地区,而是根据其亲属关系(dlia rodstva)选择了目的地。面对这种情况,政府就会满足他们的希望。①为了组织资金和特辖区的运转,"泽姆什纳"担负了沉重的财政负担。有些泽姆什纳被抢劫一空甚至被摧毁。16世纪70年代早期,沙皇和他的特辖军洗劫了诺夫哥罗德,在那里他们屠杀了3 000人到15 000人。同时,莫斯科地位较低的居民有幸逃离了伊凡的暴行和强制迁移。对于偏远北方地区的纳税者而言,特辖制的建立主要意味着收税人的变化。

1572年,由于沙皇的军队没能成功抵御鞑靼人对莫斯科的灾难性突袭,沙皇废除了特辖制。然而,在16世纪50年代西梅翁·贝克布拉托维奇(Simeon Bekbulatovich)"统治"时期,他又恢复了分化自己的朝廷的做法。这一轶闻展示了沙皇朝廷愈发复杂的民族组成影响了伊凡的王朝政策。莫斯科公国越来越频繁地介入东方外交关系,这导致越来越多的鞑靼官员和士兵出现在莫斯科。从瓦西里三世时期开始,成吉思汗一系的鞑靼高官显要们就在莫斯科大公的朝廷里占据高位。根据莫斯科公国的传统做法,这些鞑靼精英将获得"沙皇"的称号。由于他们的流动性与军事技巧,成吉思汗后裔所领导的鞑靼军队成为沙皇西线军力的重要组成部分。②

到16世纪70年代中期,只有一位鞑靼"沙皇"——受过洗礼的鞑靼可汗西梅翁·贝克布拉托维奇可汗尚在人世。他积极参与沙皇的行动,并成为伊凡四世的女婿。1575年,伊凡出人意料地将西梅翁·贝克布拉托维奇推上莫斯科大公的宝座来代替自己。整整一年,西梅翁都是莫斯科公国名义上的统治者。③学者们通常把伊凡这一古怪的行为看作退位的尝试,一种文化试验或者一个政治笑话。根据苏联历史学家A. A. 兹明(A. A. Zimin)的看法,伊凡计划将王位传给西梅翁。这位历史学家公正地考察了莫斯科王朝与成吉思汗后

---

① 参见 V. N. Kozliakov, "Novyi dokument ob oprichnykh pereseleniiakh", in *Arkhiv russkoi istorii*, 7 (Moscow: Drevlekhranilishche)。

② 参见 Janet Martin, "Tatars in the Muscovite Army during the Livonian War", in Lohr and Poe (eds.), *The Military and Society*, pp. 365-387。

③ A. A. Zimin, *V kanun groznykh potriasenii. Predposylki pervoi krest'ianskoi voiny v Rossii* (Moscow: Mysl', 1986), p. 27. 相关历史的回顾参见 Pavlov and Perrie, *Ivan*, pp. 172-173。

代之间的密切关系,但是他似乎低估了给予西梅翁称号这一王朝政策的影响。16 世纪 60 年代后半期,伊凡赐予西梅翁"沙皇"的称号。① 鉴于他的血统与称号,西梅翁确实能够成为莫斯科王位的候选人,在 16 世纪 70 年代中期紧张的政治形势下,这明显会招致伊凡的猜疑。同时,西梅翁的"沙皇"称号使得伊凡在处理与他的关系时不能采取暴力措施。对拥有"沙皇"称号的人使用武力会冲击沙皇权力的神圣来源思想。这也是为什么伊凡接下来不断地降低西梅翁在王朝等级中的位次。他先是任命西梅翁为莫斯科大公,紧接着又任命他做特维尔大公。② 因此,与西梅翁的故事似乎是伊凡精心设计的、用来断绝成吉思汗后裔攫取皇位的手段。

伊凡统治末期,莫斯科公国的人力与经济资源已经被耗尽了。利沃尼亚战争、特辖制、饥荒与传染病造成了大量人口损失,经济不断下滑。诺夫哥罗德地区的经济危机尤为严重,在战争和特辖制时期几乎崩溃。与 16 世纪中期相比,16 世纪 80 年代初这一地区的人口减少了至少 80%。经济困境导致很多农民逃往国土的边缘地带。到伊凡统治末期,农民已经抛弃了全国 70%～98% 的可耕地。统治者们试图通过限制农民流动的方式来阻止这一行为。起初这一做法并不经常出现,后来,这些措施的实行导致了俄国农奴制的形成。

*　*　*

把目光放长远来看,伊凡的统治是否意义重大? 传统观点认为,伊凡建立起了一个中央集权国家,在独裁的政治体制中控制着他的臣民。历史学家也经常把伊凡统治的前半期和后半期区分开来,前半期是一个充满改革的时期,而后半期则实施恐怖政策。近期的研究侧重连贯性、地区性、少数民族和精英阶层内的非正式关系,提出伊凡的政权性质仍是中世纪的和个人化的。伊凡和他的官僚们确实采取了一些传统的王朝与宫廷政策。同样,明显可以看出,伊凡四世统治下的莫斯科公国的社会和政治结构与"中央集权"国家从来不是同质性的。

① A. A. Zimin (ed.), *Gosudarstvennyi arkhiv Rossii XVI stoletiia. Opyt rekonstruktsii*, vol. III (Moscow: Institut istorii SSSR, 1978), p. 451.
② 后来的一份表明西梅翁于 1575 年加冕为沙皇的记载是不可信的,因为从 1575 年直到 1584 年伊凡去世,同时期的作品中提到他时都使用大公的称号。伊凡四世去世后,西梅翁才恢复了沙皇的称号。参见 *PSRL*, vol. XXXIV (Moscow: Nauka, 1978), p. 192; *Razriadnaia kniga 1475-1598 gg.*, p. 363.

　　即便如此,伊凡依然改变了莫斯科公国。16 世纪 40 年代末到 60 年代初是伊凡统治的成型期。皇室获得了新的地位——从伊凡加冕为沙皇开始,到最终成为一个神圣的人物,权力的概念发生了多方面的变革。16 世纪 50 年代的和解政策也进一步巩固了王朝统治。通过强调被普遍接受的对波雅尔统治的重新解读,君主明确展示了自己在莫斯科公国政治中的中心地位。精英们被仔细分配到等级秩序中的不同位置,公职人员处理事务时要遵循明确的程序和各种文件形式。由于这些改革,朝廷、衙门系统和地方行政机构成为一套复杂的组织,保障了这个军事财政国家的运转。[①]

　　伊凡很重视他在 16 世纪 50 年代所学到的政治与组织手段。确实,他后来的政策变得奢靡无度且不可预测,或许这是他的精神疾病所造成的。然而,伊凡的过失并不是国家全面衰弱的信号,因为后者有着自己的逻辑,而这一逻辑基于 16 世纪 50 年代所形成的思想观念:沙皇的权力由上帝赋予,应阻止波雅尔复兴他们的统治,因为这将导致无政府状态。尽管伊凡的政治改革使他声名受损,但他从未放弃过沙皇的称号,并一心致力于将此称号传给他的后代。很明显,伊凡过分夸大了(甚至可能是想象出来的)其权力和家族所面临的各种威胁,这也是为什么伊凡的很多独特行为实际上是防卫性的。无论伊凡的王朝政策怎样古怪,他最终还是成功地将其付诸实施;尽管他的家族经历了这么多的悲剧事件,他最后还是为他的儿子保住了继承权。对沙皇称号的猜想与积极鼓吹、伊凡的过失以及特辖制期间国家政策的突变,都成功地塑造了莫斯科大公只对上帝负责的统治者形象。尽管后继的君主们都没有做出伊凡这样极端的行为,但他们都受益于伊凡统治时期得以具体化的俄国君权神授的思想原则。

　　在伊凡漫长的统治时期内,他个人对权力到底掌握到什么程度?统治者与他的朝臣之间的关系是复杂的,根据外界环境的变化而改变。伊凡在孩童时期必然依赖于他的导师,不过在他成年之后,任何关于朝臣对他产生影响的证据都应该被严肃对待,因为在文学作品和文件记录资源中,关于好的与坏的

---

① 有关军事财政国家,参见 Jan Glete, *War and the State in Early Modern Europe. Spain, the Dutch Republic and Sweden as Fiscal-Military States*, 1500-1660 (London and New York: Routledge, 2002), passim; Chester S. L. Dunning, *Russia's First Civil War: The Time of Troubles and the Founding of the Romanov Dynasty* (University Park, Pa.: Pennsylvania State University Press, 2001), p. 19。

朝臣的描述都是很常见的。在恐怖的高潮时期,伊凡会怀疑和处罚每个朝臣。① 因此,伊凡的统治显示出,当统治者超越了政治体制正常的暴力水平时,社会与法律对个人的保护就会显得十分有限。

　　总体来说,伊凡成功地做到了将各方的领土统一到一个国家中。尽管在利沃尼亚战争中失败了,但他的政权依然具有足够的政治、军事、经济和文化资源来实现对广阔领土的兼并。伊凡也维持住了中央政府在各地的存在感,并适应了地方特色。中央政府在各省建立起一套政府系统,这一系统建立在中央委派的官员与地方选举出的官员共同合作的基础上。尽管接下来又做了很多调整,但是这种地方管理形式依然被证明是有效的和持久的。伊凡给他的继承人留下了一个饱受创伤但内在一致的国家,尽管历经了"混乱时期"的剧烈冲突,但依然保持着领土的完整。伊凡统治的结果,就是使莫斯科公国在付出了巨大的代价之后,成了一个自给自足的政治体。

---

① 参见伊凡所实施的一项调查的已公开资料: S. K. Bogoiavlenskii (ed.), "Dopros tsarem Ioannom Groznym russkikh plennikov, vyshedshikh iz Kryma", in *ChOIDR*, 2 (Moscow: Sinodal'naia tipografiia, 1912), Smes': 26-33。

第十一章　费奥多尔·伊凡诺维奇与鲍里斯·戈杜诺夫(1584—1605 年)

A. P. 巴甫洛夫

伊凡雷帝统治末期,俄国经历了严重的政治、社会与经济危机。旷日持久的利沃尼亚战争与自然灾害将莫斯科公国的经济拖入了完全崩溃的深渊。诺夫哥罗德的税收地籍簿显示,16 世纪 80 年代初出现了灾难性的人口急剧下降(约 80%)和可耕地的废弃(无人耕种的土地所占比例超过了 90%)。[①] 这场危机不但影响到了西北部地区,而且蔓延到了整个国家。[②] 经济衰退也造成了军队实力的下降,很多贵族的领地受损严重,不再有能力提供兵员。伊凡雷帝死后,波兰国王斯特凡·巴托里酝酿了进攻俄国的计划。他指望着从俄国社会的某些群体中得到支持。M. I. 戈洛文(M. I. Golovin)叛逃立陶宛后,向立陶宛国王保证俄国不会做出实质性的反抗。俄罗斯国家面临着外来侵略和内部动荡的双重危机。

统治精英阶层出现的严重危机使得这一形势更加恶化。沙皇伊凡死后,立即出现了对权力的争夺。在他去世当晚(1584 年 3 月 18/19 日晚),杜马内部就爆发了冲突,德米特里皇子的亲族——纳戈伊家族(Nagois)被逮捕并逐出朝堂。[③] 不久之后,德米特里皇子就被流放到了他的属地乌格利奇。伊凡雷帝的大儿子费奥多尔被推上了皇位。费奥多尔体弱多病且生性软弱,因此他不能独自统治,根据同时代人的记述,甚至一些正式的宫廷仪式对他来说都是一种负担。皇位的归属与国家的命运如今掌握在相互竞争的波雅尔团体手中。伊凡雷帝花费漫长时间建立的“专制主义”的可靠性面临考验。S. F. 普拉

---

① *Agrarnaia istoriia Severo-Zapada Rossii XVI veka: Novgorodskie piatiny* (Leningrad: Nauka, 1974), pp. 291-292.

② E. I. Kolycheva, *Agrarnyi stroi Rossii XVI veka* (Moscow: Nauka, 1987), pp. 178-195.

③ *PSRL*, vol. XIV (Moscow: Nauka, 1965), p. 35.

托诺夫(S. F. Platonov)认为,沙皇费奥多尔统治初期,权贵之间的矛盾只停留在争夺朝廷内影响力的小冲突上。[①] 但是这种观点忽略了情形的复杂性与严重性。当时,国家未来的政治发展成为问题。沙皇费奥多尔统治初期,存在两股截然对立的政治势力,其中一方是处于上层地位的世袭王公贵族。这一政治斗争的逻辑,导致舒伊斯基家族的王公等前特辖区("朝堂")权贵,和前泽姆什纳成员,即姆斯季斯拉夫斯基、沃罗滕斯基、库拉金和戈利岑(Golitsyn)等家族的王公结成联盟。这些波雅尔可以占据沙皇首席咨政大臣的职位,因为他们拥有极其显赫的血统,而不需要朝廷的偏爱。这一群体的目的被认为是限制沙皇的权力,以支持长支王公贵族制。毫不奇怪的是,这些"候补皇子"对波兰-立陶宛联邦(Rzeczpospolita)的体制公开表达过认同,因为国王是由选举产生的,而且他的权力依赖于贵族群体的意志。[②]

与王公贵族团体相对的是出身较低的特辖区("朝堂")贵族,他们关心的是保住他们在伊凡雷帝时期所享有的权利与特殊地位。1584年4月初,他们中最活跃的B. Ia.贝尔斯基(B. Ia. Bel'skii)试图夺权,迫使沙皇继续推行特辖制。贝尔斯基的行动并未成功,他也被"光荣流放"至下诺夫哥罗德任地方长官。贝尔斯基被革职之后,先前"朝堂"贵族的地位也被大大削弱了。

不管是王公还是特辖区贵族,都未能在斗争中占据上风。以戈杜诺夫(Godunov)和罗曼诺夫(Romanov)家族为首的第三方政治势力崭露头角,并取得了胜利。1584年夏,这两个家族联合起来,他们达成了一项"友好遗嘱联盟",其中约定沙皇费奥多尔的舅舅,即年迈的尼基塔·罗曼诺维奇·尤里耶夫(Nikita Romanovich Iur'ev)把他年幼的儿子们——尼基季奇·罗曼诺夫兄弟的抚养权交给沙皇的内兄鲍里斯·戈杜诺夫。这项协议对戈杜诺夫有利。这极有可能是在N. R.尤里耶夫的支持下产生的结果,新沙皇加冕之际(1584年5月),鲍里斯获得了波雅尔序列中较高的皇室侍从地位。从那以后,戈杜诺夫家族的地位急速上升。1584年夏,戈杜诺夫家族已有五人进入国家杜马。1584年11月,驻神圣罗马帝国的俄国大使卢卡·诺沃西利采夫(Luka Novosil'tsev)在维也纳提到鲍里斯·戈杜诺夫时,将他称作"国土的统治者,伟

① S. F. Platonov, *Ocherfei po istorii Smuty v Moskovskom gosudarstve XVI-XVII vv.*, 5th edn (Moscow: Pamiatniki istoricheskoi mysli, 1995), pp. 125-127.
② B. N. Floria, *Russko-pol'skie otnosheniia i politicheskoe razvitie Vostochnoi Evropy* (Moscow: Nauka, 1978), pp. 133-140.

大的慷慨的主"①。因此，戈杜诺夫在 1584 年的夏天走上了历史舞台，并被官方认可为国家的统治者、沙皇费奥多尔的摄政。接下来的 20 年里，直到他去世，他都是莫斯科公国的核心政治人物。

一、鲍里斯·戈杜诺夫摄政时期

　　鲍里斯在一个极其困难的时刻掌握了政权。伊凡雷帝为他的继承者留下了一笔沉重的负担，带领国家走出严重的政治经济危机是必要的任务。

　　亟待完成的首要任务就是消除统治贵族之间的分化，重建中央政府被削弱的权威。但是，只要舒伊斯基家族及其支持者们阻拦，戈杜诺夫就无法完全解决这个问题。因此一经掌权，戈杜诺夫就对他们发起了决定性的进攻。首当其冲的是舒伊斯基家族的支持者们——戈洛文（Golovin）家族、库拉金王公、戈利岑家族和沃罗滕斯基（Vorotynskii）家族，以及资历深厚的杜马波雅尔 I. F. 姆斯季斯拉夫斯基（I. F. Mstislavskii）王公。随后，1586 年年底，目标转向了舒伊斯基家族。1586 年 5 月，舒伊斯基家族在俄国教会首领狄奥尼西都主教（Metropolitan Dionisii）以及莫斯科市民的支持下，以国土上所有国民的名义向沙皇费奥多尔请愿，请求他与未生育子嗣的皇后伊琳娜·戈杜诺娃（Irina Godunova）离婚。然而，沙皇没有答应这一请求。当时，戈杜诺夫并没有直接处罚舒伊斯基的打算，他正在等待更有利的时机，搜集对他们不利的证据。铲除舒伊斯基家族的计划在一个俄国使团从波兰返回（1586 年 10 月 1 日）之后启动。鲍里斯有可能收到了确切信息证实了舒伊斯基家族与波兰贵族勾结的猜疑。② 1586 年秋，舒伊斯基家族被逐出首都，并在接下来的一年里受到了严厉的处罚。其中最有名、最活跃的伊凡·彼得罗维奇（Ivan Petrovich）与安德烈·伊凡诺维奇（Andrei Ivanovich）在狱中被狱卒杀死，而这很可能是戈杜诺夫的授意。都主教狄奥尼西和克鲁蒂察主教瓦尔拉姆（Bishop Varlaam of Krutitsa）被罢黜。支持舒伊斯基的"贸易农民"被羞辱并被处决。③

　　16 世纪 80 年代末是政治斗争的重大分水岭，鲍里斯·戈杜诺夫取得了彻

①　Platonov, *Ocherki po istorii Smuty*, p. 134.
②　Floria, *Russko-pol'skie otnosheniia i politicheskoe razvitie Vostochnoi Evropy*, p. 140.
③　R. G. Skrynnikov, *Rossiia nakanune "Smutnogo vremeni"* (Moscow: Mysl', 1981), pp. 58-59.

底的胜利。最受瞩目的成果是打败了出身高贵的精英"候补皇子",并且夺取了出身较低的特辖军的权力。

　　同伊凡雷帝一样,鲍里斯·戈杜诺夫也致力于加强沙皇的专制权力,迫使国土内所有的臣民服从,尤其是王公波雅尔精英们。但戈杜诺夫采取了不同的方式来实现目标。与广为流传的观点不同,尽管戈杜诺夫出身特辖军,并且是臭名昭著的特辖军军官马柳他·斯库拉托夫(Maliuta Skuratov)的女婿,但是总体而言鲍里斯原则上并不反对王公精英群体。经过对波雅尔杜马组成的调查,我们意外地得到了一个异于传统的观点——在整个鲍里斯统治时期内(无论是作为沙皇费奥多尔的摄政还是亲自统治),级别最高的王公波雅尔都明显在杜马中起着主导作用。

　　如果我们研究 16 世纪 80 年代后半期鲍里斯·戈杜诺夫的统治下实行的宫廷改革的话,就可以更清晰地了解他所提出的与波雅尔有关的政策。作为一个有智慧且冷静的政治家,他意识到特辖制与"波雅尔统治"机制都不能解决俄国的政治危机。戈杜诺夫摄政回顾了 16 世纪中期具有建设性的政治改革,尤其是 1550 年的千夫长改革思想,其目的在于将上层服役人员巩固在皇位四周。鲍里斯·戈杜诺夫遵循这一模式,重新组织并审核了宫廷的人事组织。1550 年与 1587 年颁布的法令,在分配都城附近的附属地产给朝廷官员这一方面具有很大的相似性。在 16 世纪 80 年代后半期所进行的宫廷改革中,成员身份被全面重新审核。政府的目的在于将朝廷官员的等级次序与其社会出身统一起来,同时清除朝堂中出身低微的人。① 1588/1589 年朝廷幸存的成员名单显示,占据了朝廷最高等级的是最为显赫的王公波雅尔家族的代表——波雅尔杜马与莫斯科贵族。戈杜诺夫统治期间(包括摄政和沙皇时期),朝堂始终由贵族组成。② 同时,16 世纪末 17 世纪初,地方贵族的数量有了显著的增长,他们的政治活动也逐渐增多。然而,地方贵族在很大程度上无权参与政府管理。国家机构中的最高职位都集中在朝廷的贵族精英以及衙门书记手中。16 世纪末,波雅尔在中央和地方行政管理机构中的治理作用增加,他们与莫斯科贵族们在衙门中的作用也明显加强,地方长官的权力也得到强化。在

①　*Tysiachnaia kniga 1550g. i Dvorovaia tetrad' 50-kh godov XVI v.*, ed. A. A. Zimin (Moscow and Leningrad: AN SSSR, 1950), pp. 53-54; *Zakonodatel'nye akty Russkogo gosudarstva vtoroi poloviny XVI-pervoi poloviny XVII veka: Teksty* (Leningrad: Nauka,1986), p. 63.

②　*Boiarskie spiski poslednei chetverti XVI-nachala XVII v. irospis' russko govoiska 1604 g.*, comp. S. P. Mordovina and A.L. Stanislavskii, pt.I (Moscow: TsGADA,1979), pp. 104-176.

戈杜诺夫摄政期间，我们可以清楚地看出，不管是在朝廷还是在衙门书记处，波雅尔精英都被团结为一个享有特权的服役人员团体。

然而，这一团结并没有削弱君主专制。16世纪末，王公波雅尔精英已经失去了大部分世袭土地，先前与地方贵族的联系也被阻断，他们无法构成任何在地方无所不能的豪绅阶层。俄国贵族完全依赖国家工作，他们因位次等级的纠纷而分裂，无法统一力量捍卫共同的利益。[①] 许多最为显赫的王公都谋求与强大的执政者鲍里斯·戈杜诺夫建立友谊，后者在很大程度上控制着土地的分配与劳役、兵役的指派，因此王公们向他提供支持。戈杜诺夫不需要大规模地诉诸贬黜和处刑的方式来获得精英阶层的服从。不过，他之所以得以避免采取特辖制的方法，主要是因为他能够利用特辖制的成果以及此前的莫斯科统治者们所采取的中央集权政策。

戈杜诺夫摄政期间最重要的事件之一是1589年俄罗斯牧首区的建立。这有助于在国内外加强俄国主权和教会的权威。牧首区的引入导致教会和国家之间的关系进一步和缓。君士坦丁堡大牧首耶利米（Patriarch Jeremiah）前来俄国商讨牧首区的建立时，主要谈判人是世俗权力的代表——鲍里斯·戈杜诺夫摄政与宗教衙门书记 A. Ia. 谢尔卡洛夫（A. Ia. Shchelkalov）。[②] 同时，在16世纪后期，神职人员在保卫国家利益方面发挥着越来越重要的作用。例如，教会首领在戈杜诺夫被推选为沙皇和他的专制权力合法化过程中，以及在谴责第一个伪德米特里是骗子的过程中发挥了显著作用。支持鲍里斯·戈杜诺夫的都主教成了牧首，其他教会首领也都得到了晋升。他们地位的巩固在很大程度上归功于摄政。

在专制主义的背景下，通过实行这种巩固执政阶层和神职人员中的上层阶级的政策，鲍里斯·戈杜诺夫成功地解决了国内的政治危机，重建了俄国君主的权威，巩固了自己的权力。

为了加强国家权力，戈杜诺夫政府对中央和地方政府机构进行了一系列改组。16世纪末17世纪初，他们引入了新的方法以改善和扩大行政衙门系

---

① A. P. Pavlov, *Gosudarev dvor i politicheskaia bor'ba pri Borise Godunove*（1584-1605 gg.）(St Petersburg：Nauka, 1992)，pp. 202-203.

② A. Ia. Shpakov, *Gosudarstvo i tserkov' v ikh vzaimnykh otnosheniiakh v Moskovskom gosudarstve*（Odessa：Tipografiia Aktsionernogo Iuzhno-russkogo obshchestva pechatnogo dela, 1912），pp. 245-341；R. G. Skrynnikov, *Gosudarstvo i tserkov' na Rusi XIV-XVI vv.*（Novosibirsk：Nauka, 1991），pp. 351-361.

统,书记的数量也增加了。① 中央政府对地方的掌控再次明显加强。其中一个重要指标是地方军事长官权力的发展与巩固。这一时期的另一个新特征是不仅边远市镇有了管理者,北部与中部地区也是如此。② 同时,我们可以看到当地社会实现地区自治的行政区与缙绅会议(zemskii,"土地")制度的作用减弱了。

在外交政策领域,鲍里斯·戈杜诺夫政府力图解决利沃尼亚战争留下的繁重负担,重建莫斯科公国的国际威望。伊凡雷帝死后,俄国外交官们与波兰展开了紧张的斡旋谈判,设法阻止了与波兰可能爆发的破坏性军事对峙,并达成了休战的 15 年协定。1601 年,这一协定又被延长了 20 年。俄国利用这种有利的国际形势,再加上此时瑞典国内面临诸多困难,于 1589/1590 年发起了对瑞典的军事进攻,其目的在于夺回波罗的海沿岸的城镇。1595 年,俄国与瑞典在蒂亚夫齐诺(Tiavzino)的农村签订了和平协定,瑞典将伊凡哥罗德(Ivangorod)、雅姆(Iam)、科波尔(Kopor'e)、奥列谢克(Oreshek)和科列拉(Korela)归还给俄国。这对于俄国来说是一次重大胜利,虽然这一成就不应该被夸大——通向波罗的海的通道问题还没有从根本上得到解决,所谓的"纳尔瓦航路"(Narva sailing)还掌握在瑞典人的手中。③ 像以前一样,俄国与西欧地区的贸易主要还是经由本国北部地区实现的。在戈杜诺夫的努力下,俄国与英格兰的关系复苏了。俄国政府将贸易优惠惠及英国商人,给予他们关税特权,但拒绝给予他们在白海的贸易垄断权,让港口对其他国家的商人也同样开放。

如果说莫斯科在西方将局势稳定了下来,那么可以说它的东方和南方政策则更积极、更加富有侵略性。鲍里斯·戈杜诺夫领导下的俄国最重要的外交胜利之一,就是最终巩固了对西伯利亚地区的控制。叶尔马克(Ermak)死后,西伯利亚重新回到当地可汗手中。1586 年初,由指挥官 V. B. 苏金(V. B. Sukin)领导的政府部队被派往乌拉尔山脉以外。俄国将军们不仅开展了军事活动,而且在西伯利亚建立起了一整套要塞城镇网络。1588 年,西伯利亚可汗赛德-艾哈迈特(Seid-Akhmat)被俘,十年之后,俄国将军们送走了库丘姆可汗

① A. P. Pavlov, "Prikazy i prikaznaia biurokratiia (1584-1605 gg.)", *IZ*, 116 (1988): 187-227.
② Pavlov, *Gosudarev dvor*, pp. 239-249.
③ B. N. Floria, *Russko-pol'skie otnosheniia i baltiiskii vopros v kontse XVI - nachale XVII v.* (Moscow: Nauka,1973), pp. 61-62.

(Khan Kuchum)的部落。16 世纪末,广阔而富饶的西伯利亚成为俄国领土的
一部分(见地图 11.1)。

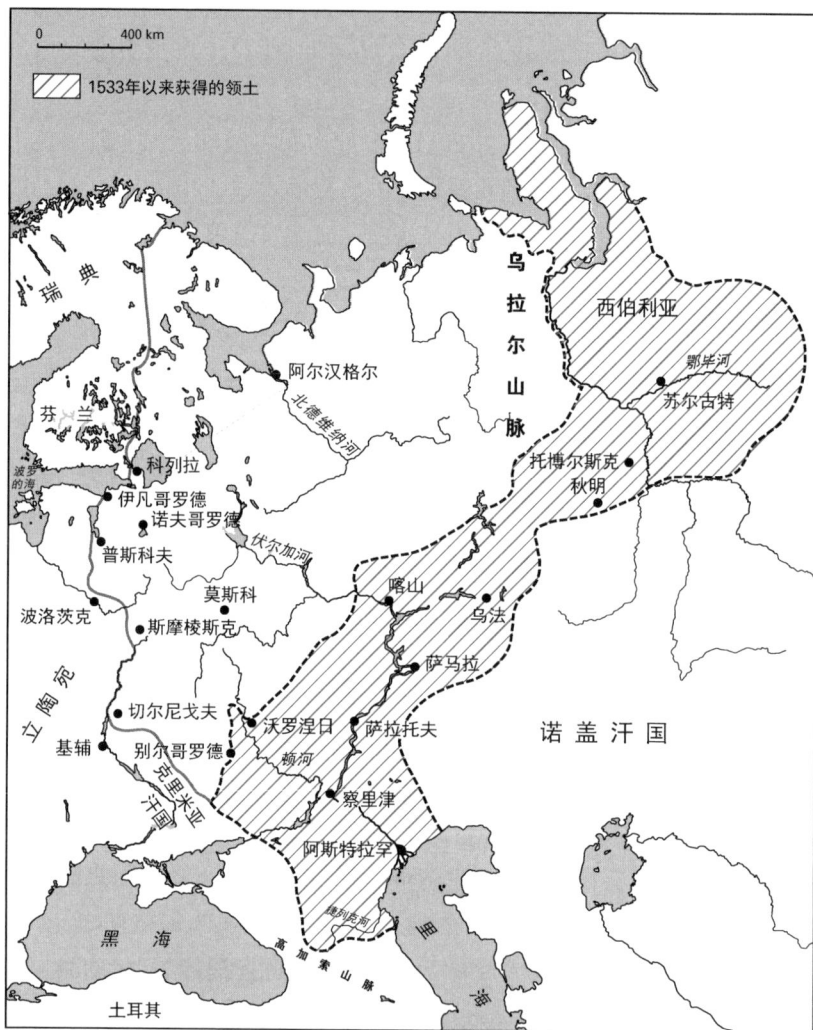

地图 11.1　1598 年的俄国

　　俄国在伏尔加河流域的地位大大加强。16 世纪 80 年代到 90 年代,一系
列新的市镇——乌法(Ufa)、萨马拉(Samara)、察里津(Tsaritsyn)、萨拉托夫
(Saratov)等建成。俄国影响力在伏尔加河地区的加强,导致诺盖汗国的诸部
落开始承认莫斯科公国的权威。在"克里米亚前线"地区,也建立起一系列带

有防御工事的城镇[沃罗涅日(Voronezh)、利夫尼(Livny)、叶列兹(Elets)、库尔斯克(Kursk)、别尔哥罗德、克罗米(Kromy)、奥斯科尔(Oskol)、瓦卢伊基(Valuiki)和察列夫-鲍里索夫(Tsarev Broisov)]。整个国家的边界向南延伸了许多。国际形势有利于俄国向南扩张。克里米亚汗国多次被卷入土耳其与波斯、哈布斯堡家族、波兰-立陶宛联邦的战争中,因此难以再有充足的兵力对俄国发起大规模的进攻。在戈杜诺夫摄政和统治时期,只有一次克里米亚汗国攻入了俄国腹地。1591年夏,卡齐-吉列亦可汗(Khan Kazy-Girey)带领大军远征莫斯科,遭到了大量俄国军队的阻截,难以前进。为了保全军队,他下令撤退。

鲍里斯·戈杜诺夫摄政时期是俄国与西欧国家文化往来发展的重要阶段。戈杜诺夫热衷于聘请外国专家为俄国服务。17世纪的俄国作家们甚至指责他过度偏爱外国人。鲍里斯青年时期没有机会接受系统的学校教育,但是他为儿子费奥多尔提供了良好的教育。鲍里斯·戈杜诺斯头脑活跃且实际,他对欧洲启蒙运动并不陌生,而且重视推行将欧式学校引进俄国的计划。为了培养精英,他派遣了一批贵族和官员的年轻子嗣们去国外求学。

挽救崩溃的经济,克服严重的社会危机,这是俄国所面临的尤为重要且非常复杂的任务。16世纪末17世纪初,俄国内部政策的中心问题是如何满足贵族军官的经济利益(当时的骑兵包括了服役的贵族,他们构成了俄国军队的主力)。在沙皇费奥多尔·伊凡诺维奇统治的第一年(1584年)7月20日,政府要求宗教会议同意一项决议,该决议批准了1580年所做出的决定,即禁止将土地遗赠给修道院,而且加入了一条重要的新规定,取消了神职人员与世俗大地主们的税收特权(tarkhany)。[①] 然而,这种做法遭到了教会当局的反对,鲍里斯·戈杜诺夫政府因此选择了不完全废除其税收特权,而是控制其限度,采用16世纪80年代伊凡雷帝的做法,从"免税"土地中收取额外的赋税。1584年的法案将这一行为合法化。宗教会议禁止将土地遗赠给修道院的决议也陆续投入实践。从文献中,我们看到了很多触犯这一法律的案例。[②] 16世纪八九十年代的一系列举措并没有阻止修道院不断获得更多土地的态势,也没能从根本上消除大地主的税收特权。它们并没有真的保证实现税收的统一,也没有

---

① *Zakonodate Vnyeakty*, p. 62.
② S. B. Veselovskii, *Feodal'noe zemlevladenie v severo-vostochnoi Rusi* (Moscow and Leningrad: AN SSSR, 1947), p. 107.

扩大国家土地储备，以便赐予服役人员。此外，政府还继续向修道院和波雅尔显贵们授予更多的土地。虽然不欲与有影响力的神职人员发生争执，但戈杜诺夫政府还是以修道院的利益为代价，尽量减少对贵族的妥协。

　　旨在满足贵族利益的最主要措施是有关农奴制的法律的颁布与执行。鲍里斯·戈杜诺夫政府起初继续采取所谓"禁忌年代"的做法，这种做法于 16 世纪 80 年代初伊凡雷帝统治时期引入（"禁忌年代"指农民们被剥夺了在圣乔治日离开地主的传统权利的年份）。16 世纪 80 年代至 90 年代，官方开展了一场地区土地普查。然而，16 世纪末的土地普查并不像通常认为的那样全面。很多地区缺乏完整的实时普查，农奴制的推行因此推迟。"禁忌年代"的行动本身并不能有效地将农民限制在某个地方。这一做法包含着大量矛盾。一方面，土地所有者们有权在整个"禁忌年代"寻找附属于他们的农民，这种搜索并没有规定期限；另一方面，"禁忌年代"被认为是一项临时措施，"截止于君主发布敕令"。另外，"禁忌年代"在全国范围内的推行时间并不是同步的，这也导致司法业务中出现了进一步的混乱。1592 年以后，"禁忌年代"一词逐渐消失。V. I. 科列茨基（V. I. Koretskii）认为，在 1592/1593 年，一部适用于全俄国的禁止农民流通的法律被引入。[1] 但是其他学者严重怀疑这样一部主要的农奴制法律是否真的存在过。[2] 科列茨基所发现的文件引起了人们的重大兴趣，根据文件中的记录，16 世纪 90 年代初颁布了寻回被诱拐的农民的五年请愿期限的规定。通过明确规定找回农民的五年期限，政府试图在一定程度上缓和由农民拥有权问题所引发的地主之间关系的极度混乱状态。新的政策废止了"禁忌年代"这一旧规定，否定了区域土地普查的意义。这些普查工作直到 16 世纪 80 年代和 90 年代初期也依然没有完成，尽管它是出于对农民转让的禁止而产生的。上述 16 世纪 90 年代初期的政策在 1597 年 11 月 24 日的一项法令中得到了进一步发展，该法令是目前尚存的最早的农奴制法令。根据这一法令，如果前任主人在五年之内找到逃跑的与被诱拐的农奴，那么农奴必须回到主人身边，但是五年期限过后，他们就将归属于新的所有者。这种农奴的五年

---

① V. I. Koretskii, *Zakreposhchenie krest'ian i klassovaia bor'ba v Rossii vo vtoroi polovine XVI v.* (Moscow: Nauka, 1970), pp. 123ff.

② V. M. Paneiakh, "Zakreposhchenie krest'ian v XVI v.: novye materialy, kontseptsii, perspektivy izucheniia（po povodu knigi V. I. Koretskogo）", *Istoriia SSSR*, 1972, no. I: 157-165; R. G. Skrynnikov, "Zapovednye i urochnye gody tsaria Fedora", *Istoriia SSSR*, 1973, no. 1: 99-129.

搜捕模式有利于产业规模大,同时又享有特权的大地主们,他们有更多的机会吸引农民,或者将农民藏在自己的庄园内。

与农奴制有关的法律同这些农奴制相关的措施一道,在 16 世纪末也得以颁布。关于奴隶制最重要的法律是 1597 年 2 月 1 日颁布的《法典》,要求必须将农奴的姓名登记注册到一个特殊的册子上。根据 1597 年的《法典》,债奴(kabal'nye liudi)将失去通过偿还债务恢复人身自由的权利,而是将始终依附于主人,直到对方死去。法律规定,为主人服务超过六个月的"自由人"将被收回劳役契约(sluzhilye kabaly),从而变成契约奴隶。由此,奴隶主们有了奴役大量的"自愿仆人"的可能性,从而大大弥补了劳工短缺的问题。

因此,鲍里斯·戈杜诺夫政府非常重视满足贵族的经济需求。但与此同时,为了赢得有影响力的波雅尔和神职人员的支持,戈杜诺夫显然不打算触犯他们的利益来迎合低级贵族,这也就解释了他的"亲贵族"政策所展现出的前后矛盾为何受人诟病。

戈杜诺夫政府在城镇里进行了一项所谓的"交易街区工程",这满足了很多城镇居民的经济利益,因为"纳税(tiaglye)的交易者"(缴纳国家税务的城镇居民)包括了隶属于修道院和军人管理的工匠和商人。同时,"交易街区"的建造依靠强制的方法施行,这进一步促使城镇居民被困在交易街区中。[1]

政府所实行的经济政策和确保边界和平的对外策略,很快就收获了成效。16 世纪 90 年代,国内经济明显复苏。16 世纪 80 年代末到 90 年代初,税收负担也有所降低。[2] 时人一致认为,费奥多尔·伊凡诺维奇统治时期是一个稳定和繁荣的时代,而这大部分归功于鲍里斯·戈杜诺夫。"鲍里斯是无可匹敌的。"俄国派驻波斯的特使说。他所指的不仅仅是摄政卓越的智慧,还有他在政府中所发挥的独特作用。16 世纪 80 年代末,戈杜诺夫获得了独立处理外国事务的权力。他使用了很多高贵的称号来彰显自己突出的地位。除了 1584 年获得的皇室侍从称号,他还称自己为喀山与阿斯特拉罕汗国的"摄政和守护人"以及"宫廷(privy)总督",并且采纳了"服役者"这一头衔。驻外国朝廷的俄国特使这样解释最后一个称呼:"这一头衔高于所有波雅尔贵族,由君主授予

---

① P. P. Smirnov, *Posadskie liudi i ikh klassovaia bor'ba do serediny XVII veka*, 2 vols. (Moscow and Leningrad: AN SSSR, 1947-1948), vol. 1 (1947), pp. 160-190.

② Kolycheva, *Agrarnyi stroi*, p. 168.

提供特殊服务的人。"①

　　通过精心谋划,戈杜诺夫缓慢但稳步达到权力顶峰。他并未诉诸大规模的贬黜和流血的方式。在他统治期间,不管是作为摄政还是沙皇,没有一个波雅尔被当众处决。② 但他绝不是一个温顺和善的人。他在最危险的对手面前狡猾又无情,对敌人的报复是秘密的,往往先发制人。大臣 P. I. 戈洛文(P. I. Golovin)在流放途中被暗杀,戈杜诺夫对此明显并非毫不知情。他还秘密处置了王公伊凡·彼得罗维奇和安德烈·伊凡诺维奇·舒伊斯基。他在政治游戏中游刃有余,提前计划好每一步,不仅仅消除眼前的敌人,还会连带消灭潜在的对手。例如,在深得他信任的助手英国人杰尔姆·霍西(Jerome Horsey)的帮助下,戈杜诺夫说服了利沃尼亚"国王"马格努斯(Magnus)的遗孀玛丽亚·弗拉基米罗夫娜[Mariia Vladimirovna,弗拉基米尔·斯塔里茨基(Vladimir Staritskii)与叶夫多基娅·纳戈娅(Evdokiia Nagaia)的女儿]回到俄国。不过,玛丽亚回来后,她与她的小女儿就被关进了女修道院。

　　1591 年 5 月,伊凡雷帝最小的儿子——德米特里皇子在乌格利奇神秘地死去。乌格利奇的居民在皇子的亲族纳戈伊(Nagoi)家族的煽动下掀起骚动,杀害莫斯科政府在乌格利奇的代表米哈伊尔·比佳戈夫斯基(Mikhail Bitiagovskii)书记父子,以及其他他们认为与皇子的死有关的人。不久之后,由王公 V. I. 舒伊斯基带领的调查委员会从莫斯科赶来。他们给出的结论是皇子在癫痫发作的过程中用刀子将自己刺死了。但是鲍里斯·戈杜诺夫命人杀害了德米特里的说法广为流传。沙皇瓦西里·舒伊斯基统治时期,乌格利奇的德米特里在被封为圣徒时,这一说法得到了教会的官方认同。在很长一段时间里,鲍里斯·戈杜诺夫杀害皇子的观点在历史文献中被不加质疑地采纳。而随着 S. F. 普拉托诺夫与 V. K. 克莱因(V. K. Klein)发表其研究成果,情形发生了改变。③ 普拉托诺夫追溯了很多关于德米特里皇子被"谋杀"的文

① G. N. Anpilogov, *Novye dokumenty o Rossii kontsa XVI - nachala XVII veka* (Moscow Izdatel'stvo Moskovskogo universiteta, 1967), pp. 77-78.

② Dzherom Gorsei, *Zapiski o Rossii: XVI-nachalo XVII v.* (Moscow: MGU, 1990), p. 101; cf. Lloyd E. Berry and Robert O. Crummey (eds.), *Rude and Barbarous Kingdom: Russia in the Accounts of Sixteenth-Century English Voyagers* (Madison, Milwaukee and London: University of Wisconsin Press, 1968), p. 322.

③ S. F. Platonov, *Boris Godunov* (Petrograd: Ogni, 1921), pp. 96-97; V. K. Klein, *Uglichskoe sledstvennoe delo o smerti tsarevicha Dimitriia* (Moscow: Imperatorskii Arkheologicheskii institut imeni Imperatora Nikolaia II, 1913).

献记录,指出"混乱时期"撰写此事的人们对鲍里斯在谋杀中所扮演的角色持谨慎态度,而关于谋杀的戏剧性细节记载在 17 世纪之后才出现。克莱因展开了深入且富有成效的调研,重构了 1591 年乌格利奇事件的调查报告。他指明,我们看到的是原始版本,它是由舒伊斯基调查委员会在 1591 年 6 月 2 日向教会提交的(只有报告的第一部分缺失)。调查报告中所载的版本得到了 I. A. 戈卢布佐夫(I. A. Golubtsov)、I. I. 波洛辛(I. I. Polosin)、R. G. 斯科雷尼科夫(R. G. Skrynnikov)及其他历史学家的支持,但关于调查报告的编纂方式是否可靠的怀疑仍然没有被消除。① A. A. 兹明对这一资料做出了一系列严厉的批评。② 毫无疑问,这份调查报告是有倾向性的,但批评者们并未提出决定性的论断来反驳调查委员会的结论。根据这些资料,对鲍里斯的指控仍未得到证实,但为他辩护的人也无法提供完美的"不在场证明"。

德米特里的死符合戈杜诺夫的利益吗? 对于这个问题,我们很难给出明确的答案。一方面,反对派以皇子德米特里为首,聚集在乌格利奇形成一个反对中心,这不可能不引起摄政的担忧;但另一方面,鲍里斯可以在不杀害德米特里的情况下实现他"至高无上"的权力。德米特里是在不合教规的第七次婚姻之后出生的,这令戈杜诺夫可以质疑他的继承权。同时,鲍里斯还煞费苦心地提升他妹妹即皇后伊琳娜的地位,以便使她作为皇位的可能继承者。鲍里斯·戈杜诺夫是实际上唯一的统治者,在这种态势下,沙皇费奥多尔的"上帝眼中的合法妻子"很有理由质疑沙皇伊凡的一个"不合法的第七任妻子"所生的儿子有无皇位继承权。戈杜诺夫很有可能筹划处置皇子和他的亲族。③ 但是,如果他打算谋杀德米特里,1591 年 5 月并不是最佳时机。这年 4、5 月传来令人担忧的消息,克里米亚可汗正准备入侵,1591 年春天都城的态势也并不平静。总体而言,我们并没有足够的证据否定或证实乌格利奇调查报告的结果,德米特里死亡的情形还是一个开放的问题。

1592 年 5 月,朝廷上下都在隆重庆祝公主费奥多西娅(Tsarevna Fedos'ia)的出生,她是沙皇费奥多尔和伊琳娜皇后的女儿。但是公主在 1594 年 1 月 25 日,也就是不到两周岁的时候就夭折了(见图 11.1)。费奥多西娅的夭折明显

---

① I. A. Golubtsov, "'Izmena' Nagikh", *Uchenyezapiski instituta istorii RANION*, 4 (1929):70 etc.; Skrynnikov, *Rossiia nakanune "Smutnogo vremeni"*, pp. 74-85.

② A. A. Zimin, *Vkanun groznykh potriasenii* (Moscow:Mysl', 1986), pp. 153-182.

③ Dzhil's Fletcher, *O gosudarstve Russkom* (St Petersburg:A. S. Suvorin, 1906), p. 21; cf. Berry and Crummey, *Rude and Barbarous Kingdom*, p. 128.

暴露出统治王朝正面临着危机,皇位的继承问题愈发紧迫。戈杜诺夫家族直白地表露了继承皇位的意愿。从 16 世纪 90 年代中期起,鲍里斯就开始让他的儿子费奥多尔参与到国家事务中。但是鲍里斯·戈杜诺夫并不是皇位唯一的候选人。他的前盟友——罗曼诺夫家族阻碍了他的道路。他们的优势在于沙皇费奥多尔本人有着罗曼诺夫家族血统(源自伊凡沙皇与安娜斯塔西娅·罗曼诺夫娜的婚姻)。作为费奥多尔的内兄,鲍里斯·戈杜诺夫与沙皇没有血缘关系。渐渐地,罗曼诺夫家族进入朝廷,并在杜马中占据了颇具影响力的地位。他们身边也形成了一圈亲信与支持者。从此之后,罗曼诺夫家族与戈杜诺夫家族之间形成了对抗与竞争的局面。这不是针对政策方向的冲突,而是两个强大的波雅尔团体之间争夺权力和皇位的斗争。同戈杜诺夫家族一样,罗曼诺夫家族在朝廷中也有着很大影响力,然而在管理国家方面,罗曼诺夫家族只拥有几个有声望的朝臣,无法与戈杜诺夫家族相比。鲍里斯·戈杜诺夫拥有真正的权力。他能够得到大量杜马波雅尔和朝臣的支持,也得到了衙门机构、有影响力的神职人员和商界精英的支持,这是他能够在皇位竞争中获胜的关键。

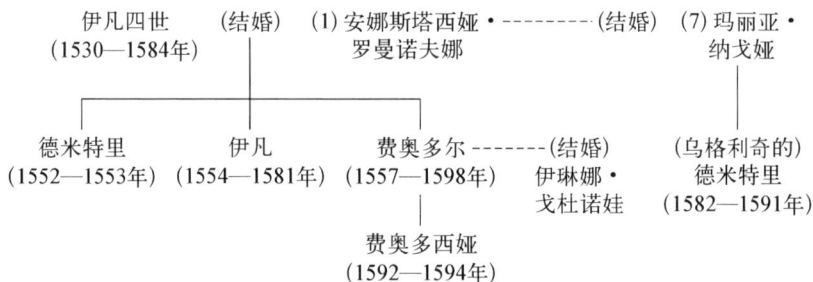

```
伊凡四世      (结婚)  (1) 安娜斯塔西娅·---------(结婚)  (7) 玛丽亚·
(1530—1584年)               罗曼诺夫娜                    纳戈娅
      |————————————————————|                              |
德米特里      伊凡        费奥多尔-------(结婚)       (乌格利奇的)
(1552—1553年) (1554—1581年) (1557—1598年)  伊琳娜·     德米特里
                              |           戈杜诺娃    (1582—1591年)
                          费奥多西娅
                          (1592—1594年)
```

图 11.1 留里克王朝的终结

1598 年 1 月 7 日,沙皇费奥多尔去世。40 天的吊唁期满后,缙绅会议于 21 日在莫斯科召开,这次会议选举鲍里斯·戈杜诺夫为沙皇。根据历史学家们的传统观点,出席大会的尽是戈杜诺夫的支持者,这场选举是遵照写好的剧本上演的一出"闹剧"。[1] 然而,V. O. 克柳切夫斯基(V. O. Kliuchevskii)研究了大会主要文件"确认特许状"里的签名后得出结论:1598 年选举在人员组成

---

[1] 参见例如 V. N. Latkin, *Zemskie sobory drevnei Rusi* (St Petersburg:Izdatel'stvo L. F. Panteleeva, 1885), pp. 94-95。

上是符合传统的。克柳切夫斯基评论说,即使曾有某种形式的活动支持鲍里斯,它也没能改变出席缙绅会议的人员组成。[①] 在最近的历史学著作中,对于留存下来的确认特许状副本里的签名的真实性与完整性,以及大会的实际成员,学者们表达了各种各样的看法。[②] 然而,我们没有理由怀疑1598年确实举行过这场缙绅会议,鲍里斯·戈杜诺夫也是经由合法渠道选举出来的。[③] "混乱时期"的人们质疑的并非鲍里斯·戈杜诺夫选举的"合法性",而是其"道德性"——他被看作一个"圣徒杀手"(德米特里的死与他密切相关),这样的人不能成为"真正的"沙皇。就1598年的大会本身来说,"混乱时期"的学者们没有怀疑其"正确性",他们甚至将戈杜诺夫"所有城镇"参与的选举与瓦西里·舒伊斯基没有经过任何"国民"协商的"突然"继位进行对比。

二、沙皇鲍里斯

9月1日,鲍里斯庄严加冕,成为沙皇。他的加冕经过了一系列奢华的典礼和仪式。新沙皇竭尽全力想要获得民众的欢迎,庄严承诺做到国无饥馑。鲍里斯即位后,给予了各种利益集团许多特权和优惠。甚至有证据显示,沙皇鲍里斯打算调整农奴的义务。[④] 不过,虽然鲍里斯迎合疆域内的地主,但是他并没有依赖他们的想法。他试图成为人民心中"伟大的慷慨的主",旨在成为专制君主,而不是一个依靠其"选民"的统治者。在向臣民们保证施以恩惠的同时,鲍里斯同时也要求他们忠于自己,鼓励他们谴责"恶人"和"叛贼"。[⑤]

但是在16、17世纪,俄国专制君主的权力并不是绝对的。鲍里斯巩固自

① V. O. Kliuchevskii, "Sostav predstavitel' stva na zemskikh soborakh drevnei Rusi", in his *Sochineniia*, 8 vols. (Moscow: Izdatel'stvo sotsial'no-ekonomicheskoi literatury, 1956-1959), vol. VIII (1959), pp. 59-61.

② S. P. Mordovina, "Kharakter dvorianskogo predstavitel'stva na zemskom sobore 1598 g.", *VI*, 1971, no. 2: 55-63; L. V. Cherepnin, *Zemskie sobory Russkogo gosudarstva v XVI-XVII vv.* (Moscow: Nauka, 1978), p. 146; R. G. Skrynnikov, "Zemskii sobor 1598 goda i izbranie Borisa Godunova na tron", *Istoriia SSSR*, 1977, no. 3: 141-157; Zimin, *V kanun groznykh potriasenii*, pp. 212-233.

③ A. P. Pavlov, "Sobornaia utverzhdennaia gramota ob izbranii Borisa Godunova na prestol", *Vspomogatel'nye istoricheskie distsipliny*, 10 (1978): 206-225.

④ *Donesenie o poezdke v Moskvu M. Shilia 1598 g.* (Moscow, 1875), p. 17.

⑤ *Russkaia Istoriches'kaia Biblioteka*, vol. II (St Petersburg: Arkheograficheskaia Kommissiia, 1875), cols. 63-66.

己的统治地位的同时,不得不针对波雅尔精英制定出谨慎而灵活的政策。如果新沙皇的决策过于专断、过于仓促,那么他之前巩固大贵族的成果都将付诸东流,并面临严重对抗。作为一名经验丰富的政治家,鲍里斯·戈杜诺夫懂得与掌握统治权的波雅尔群体关系出现裂痕会带来怎样的危险,也明白对贵族阶层施加过大的压力的风险。为了庆祝他于 1598 年 9 月加冕,鲍里斯·戈杜诺夫慷慨地将杜马的职位分配给上层贵族。到戈杜诺夫统治末期,波雅尔杜马的规模有所减小,但其中王公贵族所占的比重增加了。1605 年的 20 位杜马波雅尔中,有 12 位属于长支王公家族或者是地位显赫的外国人。[1] 一般认为,鲍里斯过多地提拔了他的亲族和支持者,在他们的帮助下治理国家,但实际的情况更为复杂。在鲍里斯统治的第一年,4 名戈杜诺夫家族成员进入国家杜马,但他们都没有获得波雅尔杜马中的最高级别,而是成了御前侍臣。鲍里斯统治时期,只有 2 名戈杜诺夫家族新成员(凭借担任御前侍臣)成了波雅尔,但同时 2 名年长的戈杜诺夫波雅尔离开了席位。新近被提拔入杜马的戈杜诺夫家族成员中,没有一人具备成为治国者的品质。在鲍里斯摄政期间及成为沙皇之后,他试图获得各种各样的波雅尔团体的支持,包括原先的王公贵族。他也成功地做到了这一点。为了进一步捍卫自己的利益,沙皇巧妙地利用了王公波雅尔们争夺地位的矛盾。S. F. 普拉托诺夫认为沙皇鲍里斯在波雅尔的包围中处于政治上的孤立地位,但是这种观点并不完全正确。进入朝廷享受沙皇恩赐的波雅尔不在少数(从这方面来说,普拉托诺夫是正确的),然而他们没有结成单一的有凝聚力的党派,他们当中也很少有人真的具备政治才能。[2] 这导致了戈杜诺夫政府内在的弱点,而这在鲍里斯死后凸显了出来。

受到 16 世纪 80 年代镇压的削弱,加上缺乏波雅尔、教会以及城镇居民的支持,舒伊斯基家族和其他较有影响力的"候补皇子"无法公开对抗戈杜诺夫。对于戈杜诺夫来说,最主要的威胁是罗曼诺夫波雅尔家族,他们始终不甘心于选举中的失败。1600 年 11 月,罗曼诺夫家族遭到残酷的贬黜与羞辱。最年长的费奥多尔·尼基季奇·罗曼诺夫(Fedor Nikitich Romanov)被迫出家,改名费拉列特(Filaret)后被流放到北方的安东涅夫-希斯基修道院(Antoniev-Siiskii monastery)。他的兄弟与追随者也都被囚禁在不同的市镇,很多人死于

---

① Pavlov, *Gosudarev dvor*, p. 66.
② Platonov, *Ocherki po istorii Smuty*, pp. 161, 175.

流放途中。R. G. 斯科雷尼科夫令人信服地表明,罗曼诺夫家族遭到迫害与鲍里斯患病存在关联。① 他忧虑继承人的命运,因此利用了罗曼诺夫家族的一个农奴对主人的告发,对其给予重击。罗曼诺夫家族案是鲍里斯统治期间最重要的一次审判,但受到它直接影响的只有少数波雅尔和贵族。17 世纪初,戈杜诺夫的老对手 B. Ia. 贝尔斯基也受到了镇压和贬黜,就像书记 V. Ia. 谢尔卡洛夫(V. Ia. Shchelkalov)一样。

历史文献中有一种广为流传的观点,认为扶持伪沙皇上台是波雅尔反对派为推翻戈杜诺夫家族而提出的,但是我们没有直接可靠的证据。S. F. 普拉托诺夫所说的罗曼诺夫家族是伪沙皇阴谋的参与者这一猜想是不可信的。② 伪沙皇格里高利·奥特列皮耶夫(Grigorii Otrep'ev)住在罗曼诺夫家族及其追随者切尔卡斯基家族(Cherkasskii)的宅邸里,但这一事实本身并不能为此观点提供支持。如果我们接受这一观点,那就很难解释为什么到了戈杜诺夫统治末期,强加在失势的罗曼诺夫家族身上的监禁机制变得宽松了,或者说为什么很多被流放的罗曼诺夫支持者又被允许返回故土了。1604—1605 年,沙皇鲍里斯任命波雅尔和地位显赫的 F. I. 姆斯季斯拉夫斯基王公、V. I. 舒伊斯基和 D. I. 舒伊斯基王公、V. V. 戈利岑王公率军攻击伪德米特里,这些军官在多布雷尼奇大败伪沙皇的军队。鲍里斯死后,这支军队才公开反叛戈杜诺夫王朝。即便在当时,也绝不是所有贵族和指挥官都背叛了,其中一些军官[M. P. 卡特列夫-罗斯托夫斯基王公(M. P. Katyrev-Rostovskii)、A. A. 捷利亚捷夫斯基王公(A. A. Teliatevskii)]等带领部分忠诚的部队赶回了莫斯科。在军队倒向伪德米特里的过程中,起到决定性作用的是南部城镇的军官。俄国内外的记载一致认为,谢韦尔斯克(Seversk)"前线地区"的投降倡议不是由长官们提出的,而是来自下层阶级。V. O. 克柳切夫斯基和 S. F. 普拉托诺夫认为,"混乱时期"开始于"上层"(波雅尔圈子),但事实上,在混乱发生前夕,骚动爆发于社会金字塔的下层,而不是上层。

尽管经济开始复苏,但到 16 世纪末,经济与社会危机所带来的影响还没被完全消除:大部分地区的耕地和农庄依然无法耕种,农村人口也没能回到危机前的水平。③ 在俄国从后特辖制危机中复苏之前,其经济体系在 17 世纪初

① R. G. Skrynnikov, *Boris Godunov*, 3rd edn (Moscow, 1983), pp. 137-138.
② Platonov, *Ocherki po istorii Smuty*, p. 160.
③ Kolycheva, *Agrarnyi stroi*, p. 201; *Agrarnaia istoriia*, p. 296.

又受到了可怕的饥荒影响，这场饥荒持续了三年，蔓延到整个国家。1601—1603 年的饥荒夺去了成千上万人的生命。戈杜诺夫政府采取了积极的措施来减轻自然灾害带来的破坏，逐步打击粮食的囤积居奇：确定粮食价格，打击投机者；在首都和其他市镇大量拨款救济饥民；组织建设公共工程。然而，这些措施并没有给当时的情形带来多大改善。

在饥荒和经济危机的大背景下，社会冲突激化，农民与奴隶们纷纷逃亡。为了缓解不断加剧的社会紧张局面，1601 年秋，政府颁布法令宣布恢复农奴们在圣乔治日离开土地的传统权利。[1] 但是这一安排只适用于地方贵族与位次较低的朝臣所掌握的土地，朝廷和国家所有的土地上的农民依然无权迁移，势力庞大的教会和世俗大地主们土地上的农民也是如此。同以前一样，鲍里斯·戈杜诺夫并不想触犯有影响力的统治贵族们的利益。政府向农奴和大地主们做出的妥协损害了士绅阶层的普遍利益。为了避免彻底失去低级军官群体，新法条允许贵族"相互"交换一两名农奴。1601 年法令中的条款在 1602 年11 月 24 日的新法条中得到了进一步的确认。1601 年与 1602 年的法条在实际执行中不但没有平息矛盾，反而严重加剧了社会的不和谐。农奴们按照自己的利益阐释这一法律，认为政府承诺给予他们完全的自由，而贵族大地主们则无视该法律规定，用各种方法阻止农奴移动。这一法律在 1603 年没有被再度颁布，鲍里斯·戈杜诺夫在其统治末期恢复了农奴制。[2] 这加重了农民们的不满。同时，戈杜诺夫政府在贵族中的受欢迎程度也大大降低了。

在饥荒横行和经济危机蔓延的形势下，底层社会不断掀起反抗。1603 年秋，莫斯科郊外爆发了一场大规模血腥冲突，政府军与一个名叫赫洛普科(Khlopko)的人所领导的叛乱分子展开了激战。政府不断将贵族士兵组成的部队派往各个城市。苏联时期的历史研究中，这些事件被看作农民一方展开阶级斗争的标志，也象征着农民战争的开始。[3] 对此，R. G. 斯科雷尼科夫指出，1601—1603 年平民暴动的规模比以往所想的要小，而且骚动本身并没有扩大。[4]

南部边境地区的情况尤为紧张。17 世纪初，大批逃跑的农民和奴隶从中

[1] *Zakonodatel'nye akty*, p. 70.
[2] V. I. Koretskii, *Formirovanie krepostnogo prava i prevaia krest'ianskaia voina v Rossii* (Moscow: Nauka, 1975), p. 365.
[3] I. I. Smirnov, *Vosstanie Bolotnikova* (Moscow: Gosudarstvennoe Izdatel'stvo politicheskoi literatury, 1951), pp. 77-83; Koretskii, *Formirovanie krepostnogo prava*, pp. 192-235.
[4] R. G. Skrynnikov, *Rossiia v nachale XVII v. "Smuta"* (Moscow: Mysl', 1988), pp. 58-73.

部和北部地区逃向南部地区,并且加入"自由的"哥萨克人的行列。农民、贵族的军事奴隶,甚至潦倒贵族的加入使他们的人数不断膨胀。哥萨克人的数量相当多,与鞑靼人和土耳其人的战争(他们是一支不可忽视的力量)则使得情形对俄国来说更加艰难。更重要的是,哥萨克人对南方边境地区新城镇的建设心怀不满,因为这一工事侵入了他们的土地。饥荒时期粮食价格的飞涨导致哥萨克人愈发频繁地袭击克里米亚和土耳其,俄国所面临的国际形势进一步复杂化。哥萨克还袭击了俄国的居民点和商人的车队。所有这些事态集中迫使鲍里斯·戈杜诺夫政府对他们实行镇压,尤其是禁止他们向顿河地区贩卖火药,切断他们的粮食供应。① 但是,戈杜诺夫的压制措施未能平息"自由的哥萨克人",而是加速了他们不满的爆发。

为了保障南部新兼并地区的粮食供应,政府颁布了涉及面广泛的法令,迫使当地居民在国有土地[即所谓的"君主的什一税耕地"(gosudareva desiatinnaia pashnia)]上劳动(barshchina)。但是由于这一地区的农业人口很少,因此土地的耕种主要是由"契约"(pribornye)士兵和下层贵族完成的,他们既要承担兵役,还要承担繁重的劳役。所有这些都助长了南部地区服役人员的反抗。波雅尔大地主们在南部地区扩张,占有肥沃的领土,这极人地激怒了南部土地规模较小的地主们。这些权倾朝野的大地主相互勾结,损害了低级服役士兵们的经济利益,进而激起了他们对莫斯科"波雅尔"政府的仇恨。

鲍里斯·戈杜诺夫统治末期,南部边境成了一个随时可能被引爆的火药桶。一个自称皇子德米特里的人进入俄国,宣称自己是从戈杜诺夫派去杀他的人手中逃离出来的,这成为导火索。戈杜诺夫政府称他是格里高利·奥特列皮耶夫,是一个被解职的逃亡修士,曾是加利奇贵族——这仍是对这个伪装成伊凡雷帝之子德米特里的人的身份最值得信服的解释。②

1604年秋跨越俄国边境时,伪德米特里的军队里只有2 000名波兰贵族以及几千名扎波罗热和顿河哥萨克人。然而,随着他向俄国中心地带进军,部队吸收了数量惊人的新兵力。伪德米特里得到了哥萨克人与反对戈杜诺夫的南部边境人的大力支持,这确保了他的胜利。南部城镇的市民们自愿承认了

---

① A. L. Stanislavskii, *Grazhdanskaia voina v Rossii XVII v. Kazachestvo na perelome istorii* (Moscow: Mysl', 1990), pp. 17-20.

② R. G. Skrynnikov, *Samozvantsy v Rossii v nachale XVII veka: Grigorii Otrep'ev* (Novosibirsk: Nauka, 1987).

"真正的"沙皇德米特里,将本地的长官交由他处置。

1605年4月13日,在对阵伪沙皇的高潮时期,沙皇鲍里斯·戈杜诺夫突然崩逝。他的儿子费奥多尔皇子成为继任者。但是鲍里斯年幼的继承人缺乏执政经验,政府的运转频频失控。在他统治的末期,鲍里斯·戈杜诺夫对富有才能和雄心的P. F. 巴斯马诺夫将军(General P. F. Basmanov)寄予厚望。然而在鲍里斯死后起草新的辅佐名单时,势力强大的朝臣、波雅尔谢苗·尼基季奇·戈杜诺夫把他的女婿A. A. 捷利亚捷夫斯基王公放到了巴斯马诺夫之前。愤怒的巴斯马诺夫因此背叛了戈杜诺夫家族。不过,在事件的发展中起到了决定性作用的并不是波雅尔的反叛,而是南部市镇(梁赞、图拉等)大量士兵的立场。1605年5月,军队在克罗米倒戈伪德米特里一方,这决定了戈杜诺夫王朝的命运。1605年6月1日,伪德米特里的支持者们在莫斯科煽动起一场动乱,导致了戈杜诺夫王朝的覆灭。数日之后,6月10日,年轻的沙皇费奥多尔·鲍里索维奇以及鲍里斯的遗孀玛丽亚·格里高列夫娜皇后(Tsaritsa Mariia Grigor'evna)被伪德米特里派来的由V. V. 戈利岑王公所带领的一队人杀害。鲍里斯的女儿克谢尼娅公主(Tsarevna Kseniia)被送入修道院幽禁。由此,鲍里斯·戈杜诺夫所建立的王朝以悲剧落幕。毁灭性的、血腥的"混乱时期"就此拉开帷幕。

* * *

"混乱时期"的暴乱事件在很大程度上转移了历史学家们对鲍里斯·戈杜诺夫改革活动的注意力。可是应当铭记的是,多亏戈杜诺夫的改革,俄国才能在16世纪末和17世纪初享受了20年的和平。在战争与特辖制的狂欢过后,有一段时间国家政治稳定,经济繁荣。俄国的国际声望得到了提升。这段时间也发生了一些对未来影响深远的事件,比如东正教牧首区的确立以及对西伯利亚的兼并。鲍里斯·戈杜诺夫为团结身边的贵族精英而制定的政策也给后世留下了深刻的印记。俄国未来的政治发展方向在很大程度上是在鲍里斯·戈杜诺夫时期确立的,特定的国家结构形成,强大的专制权力与波雅尔贵族共存,并且共同发挥作用。在向广大服役阶级妥协的同时,戈杜诺夫继续推行农奴制的政策,但他的政策缺少连续性。戈杜诺夫政府牺牲了众多底层社会人民和下级士兵的利益,他们的不满最终导致了内战的爆发,也将俄国推入"混乱时期"的深渊。

(莫琳·佩里 译)

第十二章　农民阶级

理查德·赫利

一、农耕与物质文明

　　探讨这一问题的方式之一是比较俄国农民与美国农民的处境。美国的农民们是完全的自由人，拥有属于自己的独立农庄或宅地，与家人居住在自己的房屋内。小木屋里的暖炉通过烟囱向外排烟，小屋里的一切都归他所有。因为土地是免费的，所以只要体力允许，他就可以尽可能多地耕种土地。他的土地相对来说更富饶肥沃，收成也更加丰富。他可以以多种形式积攒或存储财富：粮食、牲畜、物质财富与现金。最典型的是，他不用听从地主的命令，自己负责缴纳赋税。相比较而言，到本章所涉的时期末，俄国农民正出于各种实际原因遭到奴役（见第十六章与第二十三章），他们居住在村庄里，耕种着不属于自己的土地。虽然他们可能相信土地是属于自己的，但实际上，国家认为土地国有，可以被征收后交给修道院、其他教会机构或者为国家提供全职军事或民政服务的个体地主。[①] 他们的木屋与美国人的木屋规模大致相同，建造方式也大致相同：被锯开的圆木彼此堆叠在一起，缝隙处填上苔藓和/或黏土。俄国农民的土地资源虽然丰富，但土壤贫瘠，农作物产量非常低。下文将进一步说明，俄国农民小屋的内部构成明显不同于美国。俄国的牲畜、农具以及农作物也与美国大不相同。由于气候和社会政治因素，俄国农民们很难积聚财富，公共税收体系使得某个农民看起来比别人富有是一件很危险的事情。最后，俄

---

① A. D. Gorskii, *Bor'ba krest'ian za zemliu na Rusi v XV - nachale XVI veka* (Moscow: MGU, 1974); L. I. Ivina, *Krupnaia votchina Severo-Vostochnoi Rusi kontsa XIV-pervoi poloviny XVI v.* (Leningrad: Nauka, 1979), p. 105. 农民与他人之间围绕土地的案件诉讼是关于这些要求的主要资料来源。另参 Iu. G. Alekseev, *Agrarnaia i sotsial'naia istoriia Severo-Vostochnoi Rusi XV-XVII vv. Pereiaslavskii uezd* (Moscow and Leningrad: Nauka, 1966), p. 167, et passim.

国农民与美国农民的服装也不一样。

在本章所讲述的历史时期内,俄国农民的居住范围大幅扩展,第九、十、十一章中对此都有详细的论述。简而言之,1462 年,俄国农民的居住地从西部的普斯科夫延伸到东部的下诺夫哥罗德,从南部的奥卡河到北部的伏尔加河流域。而到 1613 年,俄国人的领土已经越过伏尔加河流域与乌拉尔山脉,向东扩张到西伯利亚,南方沿着伏尔加河到达阿斯特拉罕甚至奥卡河南部的一些地区,最后又远至伏尔加河北面的白海地区。大多数地区都对农民的农业生产与物质生活具有严重且难以克服的限制。无霜期开始于 5 月中旬,9 月末结束,因此每年只有 80 天~120 天的短暂时间供农作物生长。① 一年中将近一半的时间里土地都被积雪覆盖。② 这里不仅无霜期短暂,而且大多数地区的土壤十分贫瘠(土层厚度只有 7.5 厘米),酸性灰化土内的腐殖质含量很低(只占 1%~4%)。③

这些因素决定了黑麦至今是这里的主要粮食作物,它的收成很少:运气好的时候,每播种一粒能收获三粒种子。燕麦的收获量更少。对西方而言,这相当于前卡洛林王朝的产量,到 15 世纪末收成与播种比增加至 6:1。俄国农业的低产量在很大程度上是向下选种的结果:俄国人用最大颗粒的种子缴纳赋税和租金,而不是把它们留下播种,种下的不是最小的种子就是中等大小的,然后将其他的吃掉。这一时期,小麦种植很少见,冬黑麦因不受短暂生长期的限制成为最重要的粮食④(冬黑麦秋天播种,降雪前发芽,然后夏天收获)。燕麦是为供人食用而种植的,但它首先被用于供应马匹饲料。种植燕麦的土地几乎同黑麦一样多。⑤ 偶尔人们也会种植大麦和小麦。用于工业生产的农作物主要是亚麻,种植在西部地区,有时还会种植大麻与啤酒花。

俄国人通常会建造菜园,在菜园里种上白菜(这是他们维生素 C 的主要来源)、黄瓜、胡萝卜、甜菜、萝卜、芜菁、豌豆、大蒜和洋葱。恶劣的气候不适合水

---

① I. A. Gol'tsberg (ed.), *Agroklimaticheskii atlas mira* (Moscow and Leningrad: Gidrometeoizdat, 1972), pp. 41, 48, 55.

② Ibid., p. 105.

③ V. K. Mesiats (ed.), *Sel'sko-khoziaistvennyi entsiklopepanicheskii slovar'* (Moscow: Sovetskaia entsiklopediia, 1989), p. 403; A. I. Tulupnikov (ed.), *Atlas sel'skogo khoziaistva SSSR* (Moscow: GUGK, 1960), p. 8.

④ V. D. Kobylianskii (ed.), *Rozh'* (Leningrad: Agropromizdat, 1989), p. 259 et passim.

⑤ A. L. Shapiro et al., *Agrarnaia istoriia severo-zapada Rossii. Vtoraia polovina XV-nachalo XVI v.* (Leningrad: Nauka, 1971), pp. 39, 44, 249.

果树的生长,但一些俄国人会种植苹果树(多达十种)。少见的还有樱桃、李子和树莓。森林里产出的各种蘑菇、浆果和坚果也被带进俄国人的生活。①

如上所述,俄国农民住在村庄里,而不是独立的庄园内。村庄的大小不一,小的只有几户人家,大的有数十户人家居住。② 生活用水主要来自河流、溪水或村庄里的水井。每间小木屋都被木头栅栏围成一个庭院(dvor)。③ 各地并不存在普遍的"村庄设计"。在一些地方,后代人的庭院将其共同祖先的院落环绕起来;在其他地方,庭院一个挨着一个,共同朝向在现代人看来算不上街道也算不上小路的同一条"土路"④。农户的菜园可能就在院子里,也可能在院外。⑤ 修建栅栏的目的是防止牲畜夜晚走失。白天,村子里的牲畜都被赶往共享的草场觅食,会有一个或多个农民在那里放牧。一个典型的农民拥有一匹用于负重的马,一两头用来产奶、制作奶酪和肉食的奶牛,一只幼崽(非常小的马和牛),有时还会有绵羊或山羊,或许还有猪和一些每周下蛋不超过一个的鸡。⑥ 所有这一切加起来构成了俄国人寒酸、单调的饮食,偶尔辅以提神的酒水。蜂蜜酒(接近于啤酒)是非常受欢迎的饮料,16 世纪末,许多农民都有

① N. A. Gorskaia et al. (eds.), *Krest'ianstvo v periody rannego i razvitogo feodalizma* (*Istoriia krest'ianstva SSSR s drevneishikh vremen do velikoi oktiobr'skoi sotsialisticheskoi revoliutsii*, vol. II) (Moscow: Nauka 1990), pp. 160, 214, 230, 240; A. D. Gorskii, *Ocherki ekonomicheskogo polozheniia krest'ian Severo-Vostochnoi Rusi XIV–XV vv.* (Moscow: MGU, 1960), pp. 61-64.

② A. Ia. 戴格蒂亚列夫(A. Ia. Degtiarev)注意到,在 1500 年左右的诺夫哥罗德地区,90%的村庄只有 1 户~5 户居民。参见 *Russkaia derevnia v XV–XVII vekakh* (Leningrad: LGU, 1980), pp. 23, 37。根据 S. B. 维塞洛夫斯基(S. B. Veselovskii)的计算,伏尔加-奥卡河地区的定居点通常由仅包含 1 户~3 户的村庄组成。参见 *Selo i derevnia v Severo-Vostochnoi Rusi XIV– XVI vv.* (Moscow and Leningrad: OGIZ, 1936), p. 26。数字之所以如此之小被认为与蒙古征服有关:以极小的村落为单位居住是避免劫掠的方法之一,因为这样的村落不值得被掳掠。总体而言,这一数字在 1550 年有所上升。到 1588 年,一处下诺夫哥罗德村落有大约 9 户家庭 (Degtiarev, *Russkaia derevnia*, p. 116)。类似的一村有 2 户~5 户的低数据还可以在以下著作中找到: E. I. Kolycheva, *Agrarnyi stroi Rossii XVI veka* (Moscow: Nauka, 1987), p. 105。另参 N. N. Voronin, *K istorii sel'skogo poseleniia feodal'noi Rusi. Pogost, svoboda, selo, derevnia* (Leningrad: OGIZ, 1935)。

③ A. A. Shennikov, *Dvor krest'ian Neudochki Petrova i Shestachki Andreeva. Kak byli ustroeny usad'by russkikh krest'ian v XVI veke* (St Petersburg: Russkoe geograficheskoe obshchestvo, 1993)。

④ Gorskaia, *Krest'ianstvo v periody*, p. 158。

⑤ Gorskii, *Ocherki*, pp. 60-62。

⑥ A. L. Shapiro et al., *Agrarnaia istoriia severo-zapada Rossii XVI veka. Sever. Pskov. Obshchie itogi razvitiia severo-zapada* (Leningrad: Nauka, 1978), p. 25。几位作者向笔者赠送了该书,在此致谢。另参其所撰 *Agrarnaia istoriia* (1971), pp. 33, 35, 168。格尔斯卡娅提出了一个重要的观点,即虽然农民养鸡,但鸡肉、鸡蛋和鹅都是典型的向地主上交的租金形式(Gorskaia, *Krest'ianstvo v periody*, p. 160)。突出的例子可见科雷切娃的作品,其中农民的鸡蛋和奶酪被用作租金的主要组成部分(Kolycheva, *Agrarnyi stroi*, pp. 85, 88)。

200 个到 500 个蜂箱,用于酿造蜂蜜酒。① 伏特加的起源尚不明确。伏特加首次被提及是在 1174 年,它可能是在相对繁荣的 15 世纪下半期作为畅销商品获得承认的。② 农民家里很少见到肉类,鱼更加常见。③

院子里还有一间旱厕、一座在寒冷天气供牲畜躲避的外屋或畜棚、一台谷物干燥机、一块打谷场和一间存放农具、干草和粮食(包括来年要用于播种的种子)的仓库。农民的院子里找不到有名的俄式浴室(原因之一是担心起火),它位于临近水源的地方,如池塘、湖边或者河边。

当天气变得非常冷的时候,大部分(甚至全部)家畜和白菜等食物都会被转移到室内。农民家的小屋里必定会有的主要设施是炉灶,它被建在小屋的一角,往往占据了房间的大部分空间。它由石头和砂浆构成,有三个炉膛,以便最大限度地输出热量。如果俄国的炉灶有烟囱的话,那么 80％ 的热量将会扩散出去,因此暖炉背后只有一个小口将烟排进室内。一年当中有六个月需要取暖④,因此每年有六个月的时间,农民们都要呼吸带有一氧化碳的毒气和阻塞喉咙、肺部的柴烟颗粒。这就是臭名昭著的俄罗斯烟雾小屋,它是斯拉夫人自 6 世纪时东迁到乌克兰地区起,随后在 11—13 世纪迁往伏尔加河-奥卡河流域,一直到 20 世纪 30 年代所创造的文明的主要特色之一。炉烟非常浓重,在墙上形成一条与肩膀齐高的线,烟雾的底端悬浮于此。空气里充满了有毒物质,连房间里的蟑螂都无法生存。俄国人有这样一句话:“如果你想暖和,那就必须忍受这些烟雾。”⑤

除了炉灶之外,房间里还有几条长凳放在墙边,农民们白天坐在长凳上,到了晚上,则铺上装满了干草或稻草的垫子睡在上面。早期的桌子是泥土做成的,无法移动,可移动的木桌直到 17 世纪才出现。⑥ 有些农户有着原始的凳子和箱子(由木头、皮革和/或编织的树皮、芦苇等材料制成),后者用来存放多

---

① G. M. Karagodin, *Kniga o vodke i vinodelii* (Cheliabinsk: Ural LTD, 2000), p. 31; Gorskii, *Ocherki*, pp. 75-81.

② Ibid., p. 45. 格尔斯卡娅倾向于 16 世纪(Gorskaia, *Kresfianstvo v periody*, p. 160)。

③ Ibid., p. 160; Gorskii, *Ocherhi*, pp. 82-86.

④ Richard Hellie, *The Economy and Material Culture of Russia* (Chicago: University of Chicago Press, 1999), p. 117 (Fig. 4. Monthly sales of firewood).

⑤ Richard Hellie, "The Russian Smoky Hut and Its Possible Health Consequences", *RH*, 28 (2001): 171-184.

⑥ D. A. Baranov et al., *Russkaia izba. Illiustrirovannaia entsiklopediia. Vnutrennee prostranstvo izby. Mebel' i ubranstvo izby. Domashniaia i khoziaistvennaia utvar'* (St Petersburg: Iskusstvo, 1999), pp. 114-115.

余的和不应季的衣物,除此之外,没有椅子或其他家具。其中一面墙壁上往往
会有一个突出的架子,用来摆放厨房用具。陶罐被用于存储或搅拌。通常房
间会有三四扇小窗户(以防热量流失),窗户有时会用云母(多见于条件较好的
房子),更多时候则会用牛皮纸糊上(穷人的小屋则根本没有窗户)。窗户一般
不会打开,在天气非常寒冷的时候,人们还会用毛毡将其覆盖,从而保存热量。
同样是为了存储热量,前门被建得又低又矮。室内照明(如果有的话——农民
的小屋总是黑暗的)一般依靠燃烧小木片或者煤油灯。17世纪时,人们开始使
用冒烟的牛脂蜡烛,蜜蜂数量多的地区则会利用更加昂贵的蜂蜡蜡烛。[①] 大多
数小屋都是泥土地面,这可能是为了方便清洁打扫,因为在最冷的月份里,所
有牲畜和家庭成员都要整日待在屋里。[②] 在冬季喂养牲畜是一件苦差事。冬
末或春初时常会出现饲料耗尽的情况,饥饿的动物们的惨叫声在整个村子里
回荡。春天来临时,有些动物已经非常虚弱,甚至无法走动,不得不被搬运到
牧场上喂食。

　　多亏俄国人的餐桌上有黑麦的存在,普通俄国人的营养状况才能比我们
想象得要好。然而,这并不意味着俄国人的营养供应是理想的。问题之一是
肉类的缺乏,这主要是由冬天里俄国的牲畜数量不足所导致的。虽然精英阶
层(牧师和修士)能够得到足够的鱼肉供应,但是不确定普通人是否也能得到。
普通俄国人所能获得的水果、蔬菜的数量和种类也非常有限。因此,俄国人可
能缺乏维生素A、烟酸、钴胺素、维生素D、钙和硒。我们几乎可以断定,这些物
质的缺乏使得俄国人的身体素质无法达到最佳水平,使他们更容易患病,并且
损害他们的精力。这些因素与烟雾小屋的影响合在一起,令俄国人变得短命、
无精打采、生产能力低下、创造力不足且原始。

　　农民的服装很简单,几乎都是由自家纺织的羊毛或亚麻,有时还有大麻制
成的。农民头戴帽子(kolpak)或者毡帽(shapka),女性则戴着头巾。男人的外
套一般是长袖的袍子(kaftan),女人的外套或长衫则被称为"特洛格里卡"
(telogreia)。男人的外套叫作"奥德诺里亚德卡"(odnoriadka),而他们冬天厚

---

① D. A. Baranov et al., *Russkaia izba. Illiustrirovannaia entsiklopediia. Vnutrennee prostranstvo izby. Mebel' i ubranstvo izby. Domashniaia i khoziaistvennaia utvar'* (St Petersburg: Iskusstvo, 1999), pp. 306-307.

② Ibid. 该书主要关注 1700—1825 年,但这种情况在很大程度上与更早的时期相关,因为传统生活方式改变得非常缓慢。正如该书所指出的,很多小屋直到 20 世纪二三十年代仍然没有木质地板(第 55 页)。

实的御寒用外套是一块被称为"舒巴"（shuba）的羊皮。衬衫（rubakha，rubashka）和长裤（porty，shtany）是男人最基本的服装，女人最基本的服装是连衣裙（rubakha，sarafan 或 letnik）。无论男女，大家都会在夏天穿着长袜（chulki）和椴树皮鞋子（lapti），天气冷一点的时候穿普通的皮鞋（男人的皮鞋被称作"bashmaki"，女人的被称作"koty"），雪天还要穿毛毡靴子。手套（perchatki）与连指手套（rukavitsy）丰富了农民们的装扮。未婚女子会留一条辫子，结婚后改梳两条辫子。女人们也会佩戴耳环、珠子和项链。富裕一些的农民（相对来说很少）会穿着毛皮大衣，戴着昂贵的珠宝，他们家里会有金属器皿和在市场上购买来的其他物品，甚至会摆放书籍。[1] 在集体纳税的体制下，穷人会要求富农承担更多的税收责任，因此向别人显露财富是一件有风险的事情。

农民的农业创造是他的个人财产，其性质决定于农业生产条件和他的庄稼。灰化土土层浅薄，因此不需要用犁去翻新沟畦。著名的两爪抓犁（sokha）足以翻新土壤。土地被耙平整——这种耙是由四五个呈直角交错的木板构成的格栅，每个交叉点处都钉有突出的钉子，能够将土块打碎。耕犁和耙子都很轻，一匹马就可以轻易拉动，除非这匹马营养不良到了不能走路的地步。冬天，马可以拉雪橇，这些雪橇在夏天被用作四轮车。农民们用钐刀和镰刀收割粮食和干草，它们可能是农民们所拥有的最主要的铁制器具了。除此之外，农民还有连枷，即在棍子的末端绑上一根链条，可以击打出秸秆里的谷物颗粒。农民不会把谷粒留在禾束堆里让它自行晾干，他们更可能会将其放入烘干机，空气的流动会带走湿气，将雨水、冰雹和积雪挡在谷物之外。斧头的出现丰富了农民们的生产清单，人们用它砍伐森林里的树木，制作盖房子用的木材、炉灶里的柴火或其他木质用具。居住在有航行能力的河流水道附近的农民拥有各种各样的船：独木舟、驳船、平底船等。水力磨坊早在 13 世纪就已经出现了。[2]

农民经济的性质在本章中论及的时期内不止一次发生过改变。1453 年大公瓦西里二世先后与他的叔父和表亲爆发内战，战争末期，莫斯科公国的人口密度变得非常小，这导致了农奴制的出现。然而就我们的研究目的而言，这也意味着到处都是无主的土地，这一现象被旅行者们看在眼里。它导致刀耕火

---

① A. I. Kopanev, *Krest'ianstvo Russkogo Severa v XVI v.* (Leningrad: Nauka, 1978), p. 211-213.

② Gorskaia, *Kresfianstvov periody*, p. 214.

种/开垦的农业形式在各处流行开来。虽然相比其他农业形式,这种形式要付出大量繁重的劳动,可是它的收获量也更多。农民会来到森林里的一块空地上,将树木砍伐干净。这些树可以充当盖房的木材和燃料。不过最主要的是在得到这些木材后,他会将剩下的东西点燃,产生的灰烬变成更加肥沃的表层土壤,人们可以在上面播种,获得更好的收成。土壤的高生产力大约能够维持三年,然后农民们就会再次转移到新的放火烧过的土地上。在这种刀耕火种的粗放耕种方式下,大概要过 40 年土壤肥力才能复原,但是由于有着大量无主的森林土地,对俄国农民们来说,这恰恰是收益最好的耕种方式。

随着莫斯科的崛起和 1453 年以后莫斯科公国的不断巩固,内战基本结束,人口数量也开始增加。在文献中,1480—1570 年常被解读为经济崛起的时期。① 刀耕火种的粗放型农业变得不合时宜。到了 16 世纪,这一现象更加明显。② 1550 年,刀耕火种的农业形式③开始向集约式的三田制转变,并且在《法典》(Sudebnik)中得到了体现(见第十六章)。④ 在传统的三田制下,通常是第一块田地春天播种,秋天收获;第二块田地秋天播种,来年夏天收获;第三块田地休耕。"第二块田地"产量最高,因为它不会由于留给作物的生长期太短而使农民急于在春天播种、秋天收获,相反,人们可以选择在夏季/秋季更从容地播种,次年仲夏时节有更充裕的时间收割。在冬播地里,播下的种子在降雪来临之前就会发芽,如果没有积雪覆盖,幼苗可能会被冻死,但这种情况并不常见,因此并不构成主要风险。1550 年颁布的《法典》第 88 条规定,在冬播完成后的圣乔治日(11 月 26 日)迁移的农民们可以在来年夏天回来收割庄稼。⑤ 历史学家们推测,1550 年时,三田制已经非常普及了。同时推行的还有条状种植体系。在这种体系下,田地被划分成长而窄的条状田地。这些条状的田地

① A. L. Shapiro, *Russkoe krest'ianstvo pered zakreposhcheniem* (*XIV-XVI vv.*), (Leningrad: LGU, 1987), p. 3.

② G. E. Kochin, *Sel'skoe khoziaistvo na Rusi v period obrazovaniia Russko gotsen tralizovannogo gosudarstva*, *konets XIII-nachalo XVI v.* (Moscow and Leningrad: Nauka, 1965), pp. 129-175, 431-434; Gorskii, *Ocherki*, pp. 32-37, 55.

③ V. P. Petrov, *Podsechnoe zemledelie* (Kiev: Naukova Dumka, 1968).

④ Gorskaia, *Krest'ianstvo v periody*, pp. 230-232.

⑤ Richard Hellie (ed. and trans.), *Muscovite Society* (Chicago: University of Chicago Syllabus Division, 1967, 1970), pp. 105-106.

被分配给农民,使得他们面对同等的耕种风险(如虫害、枯萎、冰雹)。[①]

　　然而,这一情形并不长久。1565年,性情偏执的沙皇伊凡雷帝发动了病态的特辖制,将沙皇俄国拆分成两部分:由他统治的特辖区和由七个波雅尔统治的泽姆什纳,通常君主不在时由这七个波雅尔管理朝政。伊凡的亲信——臭名昭著的特辖军野蛮残暴的行为之一,就是"一年内向农民征收堪比十年的租赋"[②]。到了1572年,农民们开始反抗,如同瓦西里二世时期的内战一样,农民向伏尔加北部[③]、喀山东部直到乌拉尔山脉和西伯利亚迁移,沿着伏尔加河南下,并一度深入奥卡河南部地区。这导致接下来的人口普查发现莫斯科公国85％的核心地区,尤其是莫斯科和诺夫哥罗德的周边已经遭到遗弃,农民们在圣乔治日自由迁移的权利也逐渐被取消了。[④] 三田制也经常被抛弃,这一耕种制度直到18世纪下半叶才再次被广泛采用。[⑤]

二、农奴制与奴役的开始

　　1462—1613年间,俄国人口的绝大多数都是农民,他们即将沦为农奴,大约占到人口的85％。剩余的人中有5％~15％是奴隶。[⑥] 相对较少的城镇居

[①]　Donald N. McCloskey, "Scattering in Open Fields", *Journal of European Economic History*, 9 (1980): 209-214.关于同一主题的文章还有许多。

[②]　Richard Hellie, "What Happened? How Did he Get away with it? Ivan Groznyi's Paranoia and the Problem of Institutional Restraints", *RH*, 14 (1987): 199-224; Gorskaia, *Krest'ianstvo v periody*, pp. 263-265. 科雷切娃举例称,自16世纪70年代起,80％~100％的农田处于休耕状态,1584—1586年间,休耕地占到莫斯科的86.6％(*Agrarnyi stroi*, pp. 182-183,191)。

[③]　关于16世纪初中期与80年代、17世纪20年代相对准确的数据,参见Shapiro et al., *Agrarnaia istoriia* (1978), pp. 9, 136。

[④]　Richard Hellie, *Enserfment and Military Change in Muscovy* (Chicago: University of Chicago Press, 1971), pp. 96-97 et passim; Degtiarev, *Russkaia derevnia*, pp. 77, 88。

[⑤]　格尔斯卡娅注意到,16世纪七八十年代,大部分土地处于休耕状态,但是她主张这只是因为劳动力短缺,而并不意味着三田制遭到了放弃(Gorskaia, *Krest'ianstvo v periody*, p. 235)。

[⑥]　Richard Hellie, *Slavery in Russia 1450-1725* (Chicago: University of Chicago Press, 1982). 阿列克谢耶夫论证了至少在一种情况下,奴隶占到了总人口的17％~30％(*Agrarnaia istoriia*, p. 122),但这种情况比较少见。这一时期,统计奴隶人数的主要困难在于,唯一可靠的数据是农业奴隶的人口,他们占农村户口的2％。有时候,一名骑兵手下只有一名农奴,大多数奴隶并不从事生产,而是不被当时的"普查数据"(地籍簿)记录的家奴。第二十三章更详细地论述了生产性(农业)奴隶对政府而言构成了更大的问题。总体原则上,奴隶一无所有,无法生产,因此也不能对其征税。宣称农奴无法生产显然是错误的,因此政府逐渐开始向他们征收赋税。(转下页)

民、神职人员和政府工作人员构成了余下的人口。这种均势反映出农业生产力的低下,几乎需要所有人都参与到农业生产中,甚至城镇居民、大多数神职人员和很多士兵都需要自己种植粮食。

正如我们在第十六章中将要讲到的,农奴制是俄国历史上最古老的社会制度之一,也是很多《法典》的焦点。作为所有法律中的一部分,只与农奴制有关的法条数量多得惊人。事实上,农奴制在俄国是那么重要,以至于1550年左右俄国成立了专门的中央政府机构单独处理与农奴制有关的问题。俄国是历史上唯一在都城设立专门解决奴隶问题的政府机构的国家。在本章所涵盖的时期内,农奴制发生了很大变化。上文已经提到,伊凡四世的统治结束后,整个社会一片混乱,鲍里斯·戈杜诺夫以患有智力障碍的沙皇费奥多尔·伊凡诺维奇的名义执政,试图通过在16世纪90年代采取一系列历史性的奴隶和农民政策稳定局面。其中有一项与奴隶相关的措施极大地改变了制度的性质。当时,奴隶制度主要指有限契约奴役(kabal'noe kholopstvo):一名俄国人——尤其是一个无精打采、穷困潦倒的人——走近另一名俄国人,请求他将自己买下。交易以借贷的方式进行:"借方"从"贷方"得到一笔钱(1、2或3卢布),并同意为其工作一年来偿还借款利息。[1] 在古老的帕提亚,这种行为被称为抵押(antichresis)。如果借方无法在一年内还清贷款,那么他就变成了贷方的全职奴隶。几乎没有人能够还清"贷款",借贷两方从一开始就知道这场交易实际上是自我贩卖成为永久奴隶。16世纪,有限契约奴役取代奴隶制,成为想要把自己贩卖为奴的人的主要救济制度。有限契约奴役的不同之处在于,它能给人在一年之后解放的希望,而奴隶制从一开始就是终身的、代代相传的。对于政府来说,奴隶制的问题是它通常会将一个人排除出纳税人之列,而这是政府不想看到的。因此在1597年4月25日,典型的激进主义政府颁布政令改变了有限契约奴役的性质。借贷的期限不再是一年,而是贷方的一生。直到贷方死亡,奴隶才能恢复自由,并有可能再次回到纳税册当中。政府没有料到的是,奴隶制所造成的依赖性导致重获自由的人根本无法独自生存,结果他只能再次卖身为奴,通常是卖给死者的后代。政府始终无法解决这一难题,直到1724年彼得大帝下令将所有家奴变成农奴(包括从新生儿到老人的所有

(接上页)1678年的普查显示,大多数农奴都从名义上或法律上转变成了奴隶,所以在1679年,政府采用了将所有从事农业的奴隶转化为纳税农奴的方式解决问题。

[1] Hellie, *Muscovite Society*, pp. 240-242.

的男性,他们被称为"魂灵"),他们都必须纳税。

伊凡的病态统治也使农民们陷入混乱。农奴制的起源要追溯到 15 世纪 50 年代,伴随着修道院债奴只能在圣乔治日(11 月 26 日)迁移的规定而出现。[1] 1497 年的《法典》将圣乔治日的适用范围扩大到所有农民。16 世纪 80 年代,政府开始废除在特定地主土地上生活的农民们在圣乔治日迁移的权利。1592 年,这一禁令的范围扩大到所有农民,要求他们"等候通知"。这样做的目的是稳定地方中等骑兵阶层的劳动力,在缺少农民纳税的情况下,他们无法提供军事服务。随着农庄的复苏,过度膨胀的鲍里斯·戈杜诺夫政府改变了至少十分之九的俄国人的法律地位。若非俄国奴役传统深厚,农奴制是不可能出现的,尤其是农奴被迫陷入了奴隶似的境地。

鲍里斯并没有停止 16 世纪 90 年代无节制的社会立法。他又给农奴制法令增加了一个条款,限制对逃亡农奴的追回。过去并没有针对寻回逃亡农奴的限制,但是鲍里斯决定,逃亡农奴的主人应有五年的时间寻找奴隶,并且起诉重新拥有他们。五年的时间看似很长,但俄国地域辽阔,而且其疆域如上文所述一直在扩大。一旦有俄国农奴逃到伏尔加-奥卡河平原以外的地区,那么想要找到他就几乎不可能了。俄国政府的多个部门希望所有这些区域都有少量俄罗斯人居住,实际上也鼓励人们往这些地方移民。造成对稀缺劳动力的争夺的还有一个因素:农奴们不仅可以逃往俄国的新领土,还可以并且确实逃去了世俗和修道院地主的土地。这些大地主[他们在 17 世纪 30 年代被称作"不听命令的人"(sil'nye liudi),其字面意义是"强大的人"]在很多地方都有自己的庄园,可以将逃亡的农奴从一个地方转移到另一个地方,这样追捕者就没有办法找到他们。对大地主和当地大奴隶主来说,五年的期限允许他们从莫斯科中心地区的中等服役骑兵阶层手中夺取农民劳动力。第二十三章将会讨论其后果。

1607 年,沙皇瓦西里四世·舒伊斯基公布了一项针对逃亡农奴和奴隶的决断。[2] 首先,他将两者关联起来。其次,他将限制条款中的搜捕和起诉期限

① Hellie, *Muscovite Society*, ch. 7; Hellie, *Enserfment*, chs. 4 - 6; V. V. Mavrodin (ed.), *Materialy po istorii krest'ian v Rossii XI - XVII vv. Sbornik dokumentov* (Leningrad: LGU, 1958), pp. 39-110; A. E. Vorms et al. (eds.), *Pamiatniki istorii krest'ian XIV - XIX vv.* (Moscow: N. N. Klochkov, 1910), pp. 14-50. 关于农奴制的作品很多,在参考文献中可以找到更多资料。

② Hellie, *Muscovite Society*, pp. 137-141.

延长到 15 年。舒伊斯基将农奴与奴隶联系在一起的做法,是俄国农民身份被贬低的一个重要标志。圣乔治日举措只是将农民绑在了土地上,使他们不断为下一代地主缴纳赋税,而现在他们更像是由一个地主留给下一个的不可转移的财产。国家章程中以两种形式把这一体制"合法化"了。第一种是发行给地主的"引入章程"(vvoznaia gramota),告诉地主某一块土地上的农奴为他缴纳传统赋税。16 世纪上半叶,地主很有可能都不会自己收取租金,而是由第三方来收取。第二种章程被称作"服从章程"(poslushnaia gramota),是发给农民们看的,告诉他们某人现在是土地的所有者,他们应该按惯例向他支付租金。然而,在伊凡四世疯狂的特辖制时期,他对"服从章程"做了很大改动:农民们被要求"一切听从地主",而不是仅仅缴纳租金。这就使得地主们控制了农民的一切。很多农民暴动都与之相关,最终导致了农民在圣乔治日的迁徙权被废除。从长远来说,农民个人地位降低的影响同样重要。1607 年舒伊斯基颁布的法令进一步贬低了农民的地位——1592 年和 1597 年改变奴隶和农民地位的法律就预示了这一点。

1462—1613 年间,"阿加佩图斯国家"(见第十六章)以前所未有的程度介入了臣民的生活。奴隶制的许多方面发生了巨大变化,农民阶级的自由也被大大剥夺。彼得大帝统治末期,奴隶制被废除,奴隶被变成了农奴。而 18 世纪末期,彼得大帝的后继者们又将农奴变成了地主(主人)的财产,近乎奴隶。"阿加佩图斯国家"十分强大,它(在几乎没有遭遇任何反对的情况下)掌控了三个基本经济要素中的两个,即本国所有的土地和劳动力。[1] 这对农民们的耕种方式或物质文化几乎没有产生影响,但是却奠定了 1991 年之前俄国历史的道路。

---

[1] Richard Hellie, "Thoughts on the Absence of Elite Resistance in Muscovy", *Kritika*, 1 (2001):5-20. 第三个要素——资本,在这一时期几乎没有作用。

第十三章　城镇与商贸

丹尼斯·J. B. 肖

　　"我们尚未对这个国家最主要的城市莫斯科展开论述。——据我们的人
描述,莫斯科有伦敦市和它周边的郊区加起来那么大。莫斯科有很多宏伟的
建筑,但是都不如我们的精致美观。很多市镇和村庄规划建设得十分混乱,也
不够漂亮。他们的街道不像我们这里铺满了石子,他们的房屋墙壁是木头的,
大多数房顶由瓦板搭建。"①

　　理查德·钱塞勒(Richard Chancellor)于 1553 年初次访问莫斯科,他对莫
斯科近乎轻蔑的描述反映了欧洲人对彼得大帝之前俄国城镇的态度。俄国城
镇不同于欧洲城镇,比它们落后很多。这种描述延续至今。1917 年前的俄国
学者与西方学者都曾将中世纪和前现代时期的欧洲城市与俄国城市做对比。
前者充满商业活力,拥有政治自由,而后者则商业上被限制,政治上被压制。②
俄国的城市几乎没有发展出马克斯·韦伯所描述的那种"城市社区"③。显而
易见,这种倾向性从根本上源自一个更加宏大的问题:俄国到底在多大程度上

---

① Richard Chancellor, "The First Voyage to Russia", in Lloyd E. Berry and Robert O. Crummey
(eds.), *Rude and Barbarous Kingdom: Russia in the Accounts of Sixteenth-century English
Voyagers* (Madison: University of Wisconsin Press, 1968), p. 23.

② I. I. Ditiatin, *Ustroistvo i upravlenie gorodov Rossii* (St Petersburg: Tipografiia Merkul'eva,
1875); P. Miliukov, *Ocherkipo istorii russkoi kuftury. Chasfpervaia: naselenie, ekonomicheskii,
gosudarstvennyi i soslovnyi stroi* (St Petersburg: Mir Bozhii, 1896); Samuel H. Baron, "The
Town in 'Feudal' Russia", *SR*, 28 (1969): 116-122; Samuel H. Baron, "The Weber Thesis
and the Failure of Capitalist Development in 'Early Modern' Russia", *JGO*, 18 (1970): 320-
336; V. Murvar, "Max Weber's Urban Typology and Russia", *Sociological Quarterly*, 8
(1967): 481-494; Richard Pipes, *Russia under the Old Regime* (Harmondsworth: Penguin
Books, 1977), pp. 191-211.

③ Max Weber, *The City*, trans. and eds. Don Martindale and Gertrud Neuwirth (New York: The
Free Press, 1958); Jan de Vries, *European Urbanization, 1500-1800* (London: Methuen,
1984), pp. 3-13; Don Martindale, "Prefatory Remarks: The Theory of the City", in Weber,
The City, pp. 9-62; Murvar, "Max Weber's Urban Typology".

算得上欧洲国家,或者说它有希望成为欧洲国家吗?

俄国研究专家因此开始关注俄国城镇在多大程度上展现出了完全的城市特征,而与此同时,进行城市化比较研究的学生则越来越多地质疑这一辩题背后的假设。韦伯的"城市社区"或独特的"城市文明"概念本应阐释中世纪和前现代化时期欧洲城市的特点,它们的实证主义适用性和普遍化程度引起了疑虑。[①] 马克思主义者认为,虽然很多学者断言俄国的城镇是农奴制海洋中的自由岛屿,但实际上,城市是加强封建社会联系的重要载体。[②] 而且,欧洲城市(更普遍地说,欧洲的现代化)应该被视作衡量其他地区城市标准的假设也广受挑战。[③] 一些学者强调,城市不应被作为独立的单元比较,而应该将整合了所有社会团体的城市体系和体系内等级的进步作为社会发展的衡量标准。[④]

本章将避免讨论城市化"最本质"的特性,而将俄国城市作为与外界社会、经济以及政府有着复杂联系的社会体系网中的节点来论述,而不是将它们看作独立的个体。[⑤] 换句话说,本章的重点不是作为商业中心的城市,更多的在于它们多功能的特征。不过,在本章展开对这一时期贸易的宏观叙述之前,城市作为商业中心的意义还是会被着重论述。

一、城市网络

这一时期,俄国城镇的数量和相对重要性是不确定的,这反映出文献来源

① Paul Wheatley, "The Concept of Urbanism", in P. Ucko, R. Tringham and G. W. Dimbleby (eds.), *Man, Settlement and Urbanism* (London: Duckworth, 1972), pp. 601-637; Christopher R. Friedrichs, *The Early Modern City* (London: Longman, 1995), pp. 3-15.

② J. Merrington, "Town and Country in the Transition to Capitalism", in R. Hilton (ed.), *The Transition from Feudalism to Capitalism* (London: NLB, 1976), pp. 170-195; R. H. Hilton, "Towns in English Feudal Society", in *Class Conflict and the Crisis of Feudalism: Collected Essays of R. H. Hilton* (London: Hambledon Press, 1984), pp. 175-186.

③ V. Liebermann, "Transcending East-West Dichotomies: State and Culture Formation in Six Ostensibly Different Areas", in V. Lieberman (ed.), *Beyond Binary Histories: Reimagining Eurasia to c.1830* (Ann Arbor: University of Michigan Press, 1999), pp. 19-102; G. Rozman, *Urban Networks in Russia, 1750-1800 and Pre-Modern Periodization* (Princeton: Princeton University Press, 1976).

④ Ibid.; de Vries, *European Urbanization*, pp. 3-13; G. William Skinner, "Regional Urbanization in Nineteenth-Century China", in G. William Skinner (ed.), *The City in Late Imperial China* (Stanford, Calif.: Stanford University Press, 1977), pp. 211-249.

⑤ de Vries, *European Urbanization*, p. 9.

的不完整与不明确。俄语中的"哥罗德"(gorod,即城镇)仅仅意味着一块筑防起来的居住地。16 世纪时,官方记载中一般使用这一词语表示具有行政管理和军事意义的地区。资料中并没有给出确切的城市名单,俄国城市研究学者只能通过查找地籍簿(pistsovye knigi)、军事名册和记录、法令、政府文件、宪章和特许状的方式寻找相关记录,力图拟出具体名单。① 正是基于以上资料,涅沃林(Nevolin)、切丘林(Chechulin)、斯米尔诺夫(Smirnov)等学者和最近的弗兰奇(French)以及其他学者们计算出了当时城镇的数量。② 弗兰奇指出,16世纪初,俄国至少有 130 个市镇,并暗示切丘林所认为的 16 世纪某一时期市镇数量为 218 个(不含西伯利亚的市镇)的论断到 16 世纪末期未免有些低了。然而,对于其中哪些可以被称为"真正的"市镇(例如哪些具有真正的商业功能)这一问题,大家并没有达成一致见解,为争论留下了空间。

俄罗斯国家的统一导致许多坐落在各公国边境上的要塞城市逐渐衰退甚至消失。不过,新市镇的不断涌现充分弥补了这一损失,上述总数显示了它们对城镇网络的补充。有些城市是通过领土征服获得的,它们位于西部边境和伏尔加河沿岸新占领的地区(1552 年的喀山和 1556 年的阿斯特拉罕)。在西方,除了被莫斯科公国兼并的罗斯其他公国(1478 年的诺夫哥罗德、1485 年的特维尔、1510 年的普斯科夫)之外,还有一些重要领土来自立陶宛和利沃尼亚,包括维亚兹马(1494 年)、托罗佩茨(Toropets)、切尔尼戈夫和其他一些城镇(1503 年)、斯摩棱斯克(1514 年)与纳尔瓦(Narva,1558—1581 年)。1492 年,伊凡三世在纳尔瓦河对岸建立了伊凡哥罗德要塞,起威吓作用,并吸引其进行贸易。其他要塞也沿着南部边境建立起来。这一时期,北方地区很少有新城市出现,但是出现了一些重要城市的雏形,包括伯朝拉河口的普斯托泽尔斯克(Pustozersk,1499 年)以及北德维纳河口的阿尔汉格尔(1583—1584 年)。

截至此时建立的最重要的城市是俄国占领伏尔加河谷的成果。处于喀山上

① 参见例如 A. A. Zimin, "Sostav russkikh gorodov XVI v.", IZ, 52 (1955):336-347。
② K. A. Nevolin, "Obshchii spisok russkikh gorodov", in his Polnoe sobranie sochinenii, vol. VI (St Petersburg, 1859), pp. 27-96; N. D. Chechulin, Goroda Moskovskogo gosudarstva v XVI veke (St Petersburg:Tipografiia I. N. Skorokhodova, 1889), pp. 14 - 23; P. P. Smirnov, Goroda Moskovskogo gosudarstva v pervoi polovine XVII veke, vol. I, pt. 2 (Kiev:A. I. Grossman, 1919); R. A. French, "The Early and Medieval Russian Town", in J. H. Bater and R. A. French (eds.), Studies in Russian Historical Geography (London:Academic Press, 1983), pp. 263-264.

游的一些新城市［瓦西里苏尔斯克(Vasil'sursk)、斯维亚日斯克(Sviiazhsk)，或许还有切博克萨雷(Cheboksary)］在 1552 年的征服之前就已经建立起来了。萨马拉(1586 年)、察里津(1588 年)、萨拉托夫(1590 年)一系列要塞的建立，巩固了俄国对该河谷直至阿斯特拉罕的占领。同时，在更往西的地区，1571 年鞑靼对莫斯科毁灭性进攻之后，俄国政府决定通过在利夫尼和沃罗涅日(1585 年)、察里津(1588 年)、库尔斯克和别尔哥罗德(1596 年)等地建立军事重镇的方式，威吓住鞑靼人进攻的脚步，在开阔的大草原上展开防御。① 在伏尔加河东岸，随着喀山的没落，俄国也开始占领其他地区。1586 年，也就是萨马拉建立当年，俄国在西西伯利亚建立了乌法、秋明，次年又建立了托博尔斯克。1598年，维尔霍图里耶在乌拉尔地区建立，两年后图里斯克(Turiisk)建成。鄂毕河沿岸也相继建立起很多城市，1604 年建立的托木斯克(Tomsk)为这一进程画上了句号。②

16 世纪是一个城市纷纷得以建立的活跃时期，16 世纪后半叶尤其如此。但对于城镇的商业贸易来说，情况却大不相同，因为在 16 世纪下半期，俄国的商业发展困难重重。遗憾的是，目前可用的数据中很难找到关于这一时期城市扩张和收缩的资料，城市人口水平和城市等级特点也很不明确。然而，在城市等级中占据最高层的毫无疑问是莫斯科。在缺少城市地籍簿和人口普查册的情况下，对于人口数量的估计只能依靠像赫伯斯坦因这样的旅行家，他讲述称，根据官方统计，城内有家庭 41 500 户。③ 这一数字被解读为表示的更可能是城市中成年男性的数量。16 世纪末，人口数量估计达到了 80 000～100 000。④如果这个数字正确，那么这意味着莫斯科是当时欧洲最大的城市之一(当时只有 9 个城市的人口数量超过了 80 000：伦敦、巴黎、米兰、威尼斯、那不勒斯、罗马、巴勒莫、塞维利亚、里斯本)。⑤ 莫斯科当然也是沙皇和政府所在

① D. J. B. Shaw, "Southern Frontiers of Muscovy, 1550-1700", in J. H. Bater and R. A. French (eds.), *Studies in Russian Historical Geography* (London: Academic Press, 1983), pp. 117-142.
② V. I. Kochedatov, *Pervye russkie goroda Sibiri* (Moscow: Stroiizdat, 1978), pp. 20-21.
③ Sigismund von Herberstein, *Description of Moscow and Muscovy*, 1557, ed. B. Picard (London: J. M. Dent, 1969), p. 20.
④ M. N. Tikhomirov, *Rossiia v XVI veke* (Moscow: AN SSSR, 1962), p. 66; *Istoriia Moskvy*, vol. I, *Period feodalizma*, XII-XVII vv. (Moscow: AN SSSR, 1952), p. 179; *Ocherki istorii SSSR*, *period feodalizma*, *konets XVv.-nachalo XVIIv.* (Moscow: AN SSSR, 1955), p. 266. 赫伯斯坦因的旅行是在 1517—1518 年与 1526—1527 年间进行的。
⑤ de Vries, *European Urbanization*, pp. 270-278.

地,所有相关活动都在这里举行。它还是主要的商业贸易中心,以及军事与宗教活动等枢纽。换句话说,它是国内的地缘中心。

相比莫斯科,虽然有关人口规模的证据十分不足,但俄国其他城市在面积和重要性上都要黯然失色。例如,诺夫哥罗德已经不再是 1478 年未被莫斯科兼并时的商业中心,尽管直到 1570 年伊凡四世建立特辖区,它始终占据着重要地位。根据切丘林的推测,16 世纪 40 年代末,诺夫哥罗德有超过 5 000 户人家,这表明其总人口超过 20 000。[1] 根据 16 世纪 60 年代的地籍簿记载,位于新兼并地区的东南前线的喀山有着重要的商业和军事意义,切丘林据此资料估计其人口多达 15 000。[2] 其他规模宏大的城市还包括斯摩棱斯克、下诺夫哥罗德、普斯科夫、卡卢加、科洛姆纳、沃洛格达、科斯特罗马和霍尔莫戈里(Kholmogory),它们在 16 世纪不同时期的人口都超过了 500 户。[3] 即将在 17 世纪成为主要都市的雅罗斯拉夫尔当时可能也在这一行列中,但是资料来源并不可靠。[4] 因此,除了首都之外,俄国较大的城市包括了以前和直到最近仍未独立的国家或公国(喀山、诺夫哥罗德和普斯科夫)、地方中心城市(下诺夫哥罗德、卡卢加、科洛姆纳、沃洛格达和科斯特罗马),以及一些边疆城市,其人口能反映出当地的商业和驻军规模(诺夫哥罗德、斯摩棱斯克、喀山、普斯科夫和下诺夫哥罗德)。与西欧相比,俄国的城市相对来说更小,莫斯科例外。俄国相比西欧缺少规模较大的区域中心(虽然这方面它与英格兰和苏格兰相似)。[5] 然而,吉尔伯特·罗兹曼(Gilbert Rozman)认为,这种城市分级反映出俄国社会正在跨越纯粹地由行政管理整合的阶段,商业联合变得越来越重要。在他看来,俄国进入了 100—150 年前英格兰和法国所处的阶段。[6]

虽然地籍簿、人口普查册和类似的材料能够让我们看到一座城市在某一时期的相对大小,但是它们不够常见,也很少可以相互比较,从而告诉我们这一时期城市准确的扩张或萎缩情况。不过,其他类型的证据可以展现出一定的整体趋势。俄国城市在何种程度上繁荣或衰弱这一问题受到广泛讨论,随

---

[1] Chechulin, *Goroda*, p. 52.

[2] Ibid., p. 206.

[3] Tikhomirov, *Rossiia v XVI veke*; Henry L. Eaton, "Decline and Recovery of the Russian Cities from 1500 to 1700", *CASS*, II (1977): 220-252.

[4] Tikhomirov, *Rossiia v XVI veke*, pp. 217-218. 阿斯特拉罕可能是另一个重要中心,但是相关资料不是十分精确。

[5] de Vries, *European Urbanization*, pp. 269-287.

[6] Rozman, *Urban Networks in Russia*, pp. 33-42, 56-66.

着城市向 17 世纪列宁提出的"全俄罗斯市场"发展,苏联历史学家们更倾向于采取积极的态度。很明显,上述城市数量的增加看起来确实显示了城市活力,但是与此同时,至少从 16 世纪中期开始,很多城市,尤其是俄国中部和西北部地区的城市,开始遭受苦难。多项证据表明自 15 世纪后半期开始,俄国也赶上了波及欧洲大部分地区的经济增长的洪流,然而从 16 世纪中期开始,俄国国内的情况开始恶化。造成这种情况的最常被提到的原因就是伊凡四世的政策。[①] 伊凡一方面使国家陷入与利沃尼亚的持久战中(1558—1583 年),另一方面,他的特辖制恐怖统治(1565—1572 年)造成了大规模的破坏,几乎没有一个地方能够完全幸免。诺夫哥罗德和普斯科夫遭到洗劫(1570 年),莫斯科受到克里米亚鞑靼入侵(1571 年),乡村广大地区被毁,农民们大量迁移构成了这一艰难的历史时期的记忆。接着,经过伊凡去世(1584 年)后短暂的恢复期,16 世纪 90 年代见证了更多战争,最终导致鲍里斯·戈杜诺夫统治时期(1598—1605 年)的灾难(包括 1601—1603 年的饥荒),以及被称为"混乱时期"(1604—1613 年)的无政府状态和战事。

贾尔斯·弗莱彻于 1588—1589 年访问俄国,他见证了伊凡四世统治造成的一些破坏。例如,在莫斯科,他指出"垃圾布满了街道,这些地方曾经矗立着精心设计的建筑"——这是 1571 年鞑靼人袭击之后的结果。他还提到了其他一些地方,随后断言:"除了城墙内的诸多废墟,其他城市没有什么值得记忆的地方,可见罗斯人民在其政府领导下的衰落。"同样,他注意到很多村庄和小镇被遗弃,例如在沃洛格达和雅罗斯拉夫尔之间就是如此:"目光所及之处至少有 50 个村庄,有的在半英里外,有的距离一英里,这些地方是那样空旷,看不见一个居民。"据弗莱彻说,有旅行经历更加丰富的知情者告诉他,像这样的景象在俄国国内的其他地方随处可见。[②]

不管弗莱彻是否夸大其词,其他证据也展示了 16 世纪后半期经济和社会的萧条画面。伊顿(Eaton)估计,自 1550 年起至 16 世纪 80 年代,城市里缴纳赋税的人家从 231 户下降到 151 户,即下降了 35%。他调查了两个时期有记载的 25 个市镇的户口记录,计算出的降幅是 61%。[③] 科洛姆纳在 16 世纪 70

① Richard Hellie, "Foundations of Russian Capitalism", *SR*, 26 (1967): 148-154.
② Giles Fletcher, "Of the Russe Commonwealth", in Lloyd E. Berry and Robert O. Crummey (eds.), *Rude and Barbarous Kingdom: Russia in the Accounts of Sixteenth-Century English Voyagers* (Madison: University of Wisconsin Press, 1968), pp. 125, 170.
③ Eaton, "Decline and Recovery", p. 229.

年代的人口被认为是 3 000,却只有 12 户人家缴税,54 处住所被登记为无人居住,249 块田地无人耕种。1552 年,谢尔普霍夫有 623 户纳税人口,有 143 块无主田地;1566 年,穆罗姆分别有 587 户纳税,151 块无主地;到了 1574 年,只剩下 111 家纳税,157 间房屋空置,520 块田地弃耕。① 经济萧条对西北地区打击尤大,因为这里是大部分战事和暴动的发生地。但毫无疑问,不同地方的情况不同,中央和西北部遭受的损失某种程度上在新的边缘地带的收获中找到了平衡。例如,1585 年沃罗涅日建成,根据 1615 年当地第一本地籍簿的记载,它的人口已经超过了 800 户,包括 76 个城市纳税户和 87 名修士家属,后者大多从事贸易和手工制作。该市有 63 个私人店面(lavki)和小摊,其中 23 个是由国家服役人员经营的。② 很多城镇居民显然都是从更北部的地区迁移过来的,或许有一部分是从经济困难的其他地区逃亡过来的。

二、城市社会与管理

德维里斯(de Vries)将现代化初期的欧洲城市看作整个社会活动中的协调点③,与之类似,俄国城镇(除了那些最不重要的)也是承担了多种功能的节点,在国家的扩张中承担着一系列重要的任务。因此,它们既是行政管理中心,也是对国家周边区域加强控制的地点。它们还是军事和防卫节点,用于与国内外的敌人作战。它们商业贸易的中心点各有各的规模。这些城市大多都有手工艺行业和制造业,设有宗教机关,其中不少还具备园艺甚至农业功能。城镇不仅为国家服务,而且在财富的创造中起着重要作用。因此,它们是许多社会力量关注的焦点。

城镇的多种功能也体现在其物理形态中。④ 16 世纪典型的俄国城市都有一座中心堡垒,通常被称为"克里姆林"(kreml')或"哥罗德",这里有着重要的行政和军事办公室,上层人士甚至少部分的平民有时也会住在这里。外面是

---

① Chechulin, *Goroda*, pp. 156-159, 173; *Ocherki istorii SSSR*, p. 263.
② L. B. Veinberg and A. A. Poltoratskaia, *Materialy dlia istorii Voronezhskoi i sosednikh gubernii*, vol. II (Voronezh, 1891), pp. 1-26.
③ de Vries, *European Urbanization*, p. 12.
④ French, "The Early and Medieval Russian Town", pp. 268-274; L. M. Tverskoi, *Russkoe gradostroitel'stvo do kontsa XVII veka* (Moscow and Leningrad: AN SSSR, 1953).

近郊商业区或者说"波萨德"（posad），经常也会被墙围起来，有时还会有墙把它们分成不同的区域。波萨德之外是其他郊区［防御工事可有可无，有时会被称作"斯洛博达"（slobody）］，它们或与波萨德紧邻，或被一块空地隔开。在一些情况下，整个或大部分居民区会处于一堵墙内，这堵墙被称作"奥斯特罗格"（ostrog）。① 因此，典型的市镇有着类似细胞的构造。市镇形态将会在第二十五章更详细地说明。

　　城市社会结构往往是复杂的。存在商业活动的市镇一般都有需要"纳税"的居民或波萨德人。这部分人口依靠手工制造、做生意和类似的活动谋生，为了得到在城市里从事这种活动的权利，他们必须承担国家规定的"季亚哥罗"（tiaglo，即赋税）。除了缴纳税赋，季亚哥罗还包括提供一系列服务的义务，如充当海关官员、守卫、巡夜者等，这些任务可能非常棘手。一般而言，季亚哥罗是以群组的方式由纳税的团体一起承担的（有时候会分成几个小组），他们通过集会或者其他机制选举官员完成纳税义务。然而，波萨德团体内部绝不是平等的。成员被依照财富划分等级。其中一个极端是莫斯科的客商（gosti），他们是本国最富有、地位也最重要的商人，为国家提供最高级别的服务。莫斯科的"商人团体"——16 世纪晚期的客商团（gostinaia sotnia）和呢绒团（sukonnaia sotnia）也很富有，承担着重要的国家任务。大多数波萨德成员会依据他们的财产被分成三个等级（stati），但是每个城镇的分配细节不同。很多时候，波萨德里也有佃农（bobyli）、劳动者和其他通过开展小本贸易、充当看守人或者临时工等谋生的人。这些人并不是波萨德的正式成员，但是他们要为国家缴纳代役租（obrok）。波萨德集中分布在西北部、北部和中部地区的城镇，不过上文提到过，中部地区的很多人在 16 世纪下半期时逃向了南部地区。他们中的很多人在那里加入服役阶层，边境的流动生活使得这一社会转变更容易发生。

　　波萨德成员以及他们占有的土地被指定为"黑色"，意味着这些人要缴纳赋税。但并不是所有 16 世纪的城镇商人和手工业者都会被指定为"黑色"。其他人是"白色"的，即他们生活在属于上层贵族、中等服役阶层、教会、修道院的郊区等。这些人可以免于纳税，因为他们服从主人的命令，而不是国家。很多城市都有这样的"白色"郊区（经常被称为"斯洛博达"），这些地方是俄国过去的政区划分的产物，按照那时的习惯，王公、修士、高级神职人员等从他们近

① 正如 1615 年的沃罗涅日那样。参见 Veinberg and Poltoratskaia, *Materialy*, pp. 1-26。

郊的财产中获得收益。从伊凡三世开始,沙皇就试图将其废除,原因是他们不向国家缴纳赋税,"黑色"地区的人们也反感他们,因为他们拥有税收特权,导致了不公平的贸易竞争。沙皇面临的另一个难题是私人城镇的存在,这些城镇一般都位于修道院或世袭的庄园里。根据斯米尔诺夫的计算,16世纪时大约有15个加筑防御工事的私人城镇,17世纪上半叶,这一数字降到大约10个。[①]

士兵是很多城镇(也包括"白色"城镇)人口的重要组成部分,其中大多数是低等服役阶层的成员,包括射击军(strel'tsy)、哥萨克人等。与中等服役阶层(deti boiarskie)不同的是,这些地位较低的士兵要么没有土地,津贴往往用现金或者实物支付,要么与团队中的其他成员共享公社土地。他们很少会有农奴或其他从属者。莫斯科的人口中有很大一部分是军事服役阶层。军事服役阶层在北方和西北部分地区相对不那么常见,但是在南部边境城镇往往占据了城市人口的绝大多数。在这里,除了履行军事义务以外,他们还要跟家人一起进行农业生产,很多人还从事贸易和手工艺制造。他们在要塞城市的近郊定居,听从所属军团和公社组织的管理。

城镇人口中也有其他的组成部分。除了上述居住在"白色"地区的修道院从属人员外,还有牧师、修士、修道院和教会服务人员。莫斯科原本就存在着自沙皇往下的社会等级。上层人士居住在首都,同时又在其他地方拥有庄园。下属人员——农奴、奴隶和其他一些人的供养使得他们生活安逸。在一些别的市镇,比如喀山,城镇中也有中层的服役阶级。虽然这一群体通常居住在乡郊的庄园里,但他们也被要求在城中拥有住所("围城居所"),以便在冲突或动乱时征用。当房主不在时,这类房屋通常由管家(dvornik)负责照看,而管家一般是奴隶或其他经常参与商业活动的从属人员。其他群体还包括非俄罗斯人(欧洲士兵、大使、商人和其他莫斯科居民;其他地方的欧洲商人,尤其是阿尔汉格尔和沃洛格达;莫斯科、喀山、阿斯特拉罕和其他城市的鞑靼等少数民族代表与族群),以及一些无业人员(流亡者、乞丐、犯罪团伙)。

由各不相同的城镇人口组成的"城市市民",或者他们所表达的相同政治观点、统一政治认同,是没有意义的。各群体的管理是相互独立的,他们的利益不同,唯一一致的地方在于拥有同一个代表沙皇的城市长官,长官的职权范

---

① Smirnov, *Goroda*, p. 110.

围涵盖了整个城市和周围地区。从这一角度来说，城市几乎无法代表一个与周遭环境分离开来的实体，它内部分裂，高度依赖国家的保护。过去自由主义的学者们因而抱怨俄国缺乏商业机会、进取精神和公民自由，他们认为莫斯科公国推行中央集权的控制模式，对于城镇实施高压管理，而不是像他们猜想早期诺夫哥罗德所做的那样，实行更加"民主"的模式。[①]

然而从更加强硬且财政严格的莫斯科公国的角度来看，国家管控有很多益处。问题在于，政府很少有能力执行管理。16 世纪是一个转折的时期，它连接了后蒙古时期标志性的分裂政体，与彼得大帝创设的更加集权的体制。随着莫斯科公国的扩张，更多城镇被吸纳进来，原先的王公和统治者被沙皇的代理人所取代，这些代理人通常是莫斯科精英阶层的成员。"供养"(kormlenie)体制或支付、储备体制维持着他们的生活，主要由当地提供资源。类似的款项也被支付给下属官员。随着中央集权的加强，这些资金的管理愈发严格，代理人的某些职权也被转移到了中央指派的官员手中。然而，受朝廷中贵族权力更迭的影响，部分代理人变得不受约束、无能且腐败。因此，从 16 世纪 30 年代起，国家开始了多项改革。首先，行政区改革(1538—1539 年)将代理人镇压违法和暴动事件的权力转交给了出当地人民选举出来的官员，颁布了新的法典(1550 年)规范地方行政管理。其次，16 世纪 50 年代，设置了新的地方长官监管税收和民政管理，1555—1556 年，"供养"制度被废除，代理人也不再负责地方行政。[②] 最终，代理人被驻在城镇的、负责当地和周边区域(uezdy)民政与军事事务的军事长官行政体系所代替。军事长官通常来自服役阶层而不是中央精英阶层。16 世纪末以前，这一新体制在南部边境地区首先被实行。然而，对城市及其周边地区严格而系统的中央管控被中央衙门的杂乱结构破坏了，这些衙门会随机地监管城市生活的不同方面和不同地区的城市。这一问题一直持续到彼得大帝改革时期。[③]

---

① J. Michael Hittle, *The Service City: State and Townsmen in Russia*, *1600-1800* (Cambridge, Mass.: Harvard University Press, 1979), pp. 5-9.

② Janet Martin, *Medieval Russia*, *980-1584* (Cambridge: Cambridge University Press, 1995), pp. 284-286, 344-347; Brian L. Davies, "The Town Governors in the Reign of Ivan IV", *RH*, 14 (1987): 77-144.

③ Tikhomirov, *Rossiya v XVI veke*, p. 30. 关于 17 世纪城镇和地区中央行政的细节，参见 A. S. Lappo-Danilevskii, *Organizatsiia priamogo oblozheniia v Moskovskom gosudarstve so vremen smuty do epokhi preobrazovanii* (St Petersburg: Tipografiia I. N. Skorokhodova, 1890), pp. 542-550。

三、市镇与地区商贸

这一时期,农民占据了俄国人口的大多数,他们主要为生存而劳作,只有在需要赚钱缴税、履行义务或者购买生活必需品时,才会求诸市场。很多城镇居民也或多或少地参与农业活动,或者从事各种各样的初级生产。富有的地主们,包括莫斯科和其他城市从事政治、管理、军事等行业的人,往往可以依靠农奴和从属者由农村的庄园获得必需品。然而,其他城市居民,包括很多行政和军事工作人员、牧师、商人、交易者和手工艺者,则或多或少地要依靠市场谋生。城镇的兴起和发展,尤其是国家迅速崛起的刺激再加上它对原材料和工业商品的需求,是促进市场和商业发展的重要力量。在这一点上,作为国家商业、政治、行政管理中心的莫斯科尤为重要,它在全国的城市中起着主导性作用。国内主要的交通线路(陆路和水路)以首都为中心,向各个人口密集的地区发散,并通过港口与边境据点延及更远的地方。一些学者因此认为,莫斯科作为"全俄罗斯市场"的中心地位就是在这一时期奠定的。[1] 由于缺乏相关资料,我们无法确定国际市场在俄国的发展中产生的影响,因此不能夸大其词地做出断言。然而很明显,俄国的国家建设有一部分是面对外部敌人所带来的危险和挑战而做出的。俄国无法从以欧洲和北大西洋为基础的商业体系的扩张中完全获益,这种情况在此时变得更加明显。[2] 俄国不仅仅在地缘上处于新兴发展区域的边缘,而且受阻于交通和有限的海岸线。[3]

商业和制造业在城市周围聚集使得它们能够得到军事保护和重要官员的照顾,并且从城市中心的地理优势获益。同时,国家本身也鼓励这种模式,因

[1] *Ocherki istorii SSSR*, pp. 249 - 261; Artur Attman, "The Russian Market in World Trade, 1500 - 1800", *Scandinavian Economic History Review*, 29 (1981): 177 - 180; Kristoff Glamann, "The Changing Patterns of Trade", in *Cambridge Economic History of Europe*, vol. V (Cambridge: Cambridge University Press, 1977), pp. 217, 228.

[2] I. Wallerstein, *The Modern World-System*, vol. II: *Mercantilism and the Consolidation of the European World-Economy, 1600-1750* (New York: Academic Press, 1980).

[3] 不过关于 16 世纪 60 年代前情况的乐观评估,参见 D. P. Makovskii, *Razvitie tovarno-denezhnykh otnoshenii v sel'skom khoziaistve russkogo gosudarstva v XVI veke* (Smolensk: Smolenskii gosudarstvennyi pedagogicheskii institut, 1963); N. E. Nosov, "Russkii gorod i russkoe kupechestvo v XVI stoletii (k postanovke voprosa)", in *Issledovaniia po sotsial'no-politicheskoi istorii Rossii* (Leningrad: Nauka, 1971), pp. 152-177。

为它缓解了管理问题与税收压力。尤其是从伊凡三世(1462—1505 年)时期开始，沙皇就推行将富裕的商人从边远地区聚集到莫斯科和其他城市的政策。这种贸然的行为似乎更多地出于政治动机而不是经济目的，可能会损害商业发展。不过，这确实表明了沙皇对商业，尤其是对商人和手工业者的重视。城市对于国家的重要性是后者从 15 世纪开始力图消除私人所有的郊区和市镇的原因之一。

手工业和制造业是很多市镇，甚至很多"白色"郊区的波萨德的突出特点。莫斯科是其典型代表，它拥有很多由朝廷、国家或者私人地主(包括教会)所有的郊区土地，这些地区的居民都不是(或者不全是)依靠售卖他们的产品为生的，而是听从主人的命令活动。因此，莫斯科有自己的武器制造者(最著名的就是由伊凡三世创立的大炮制造厂)和其他金属工匠，他们有些人为朝廷制造精品金属用具，那些从事纺织品与服装制造、食品生产、木材和石材制造的工人们，从事圣像画绘制、印刷和珠宝制造的手工业专家以及其他人，常常直接为朝廷、政府或私人地主服务。但问题的关键在于，制造业的出现并不一定能体现出市场关系。起初，莫斯科朝廷(或者皇宫和国库)所属的郊区是为了供应宫廷和政府需求而开发的，听从他们的具体命令。这里的居民履行作为朝廷所属郊区住民的义务。然而，到了 16 世纪晚期，这些人中有很多都开始从事市场活动(其中可能也包含购买者是国家的活动)，就像"黑色"和"白色"郊区的居民一样。

手工业和制造业通常在位于城市郊区的各工匠家里进行。我们很难从已有的资料中得知制造业和手工业生产在不同地区的分布状况，但就莫斯科的例子而言，有些近郊地区已经专业化，其中包括一些朝廷所属郊区。① 贸易广场(torg)是很多城市的亮点，这些广场通常坐落于市中心方便到达的地方。以莫斯科为例，贸易广场位于莫斯科河畔的克里姆林东面，也就是今天的红场地区，冬天，人们还会在结冰的河道上交易。如今广场上的公共开放区域在 16 世纪时被各种各样的商店街(riady)所占据，包括个人店面、小摊，有时还有商人、手工艺者、教会和修道院从属人员等租下的酒窖和杂货店。店铺一般都是木屋，偶尔会有石屋。16 世纪和 17 世纪初的莫斯科商业街包括了"苏罗什斯

---

① V. Snegirev, *Moskovskie slobody* (Moscow：Moskovskii rabochii, 1947), pp. 56ff., 78; French, "The Early and Medieval Russian Town", p. 270.

基街"(主要贩卖外国商品)、鞋店街、五金街、布匹街、手套街、妇人街、长袍街、铁器街、银器街、修补街以及其他数量众多的街道。16世纪末,有不止一个囊括了店铺和商业街的贸易场地(palaty)被记录下来,包括商人市场(gostinnyi dvor),行商和外国商人们可以在那里交易。莫斯科最古老的波萨德——基泰城(Kitai gorod)街区位于贸易广场东侧,建有许多商业设施,包括外国商人的宅院。同时,有的贸易集市和市场坐落在城市的其他地区,包括交易马匹、牛、木材以及建材的市场。[1]

因为缺乏足够的资料来源,所以我们无法得到16世纪莫斯科更为详细的贸易与商业地理分布模型。例如,我们对莫斯科与其他城市之间关系的性质只有部分的了解,这还多亏了一小部分学者对棘手材料所做的研究。[2] 我们对俄国各地城镇的贸易和商业特点的了解也是有限的。尽管已经有足够的证据表明,至少从15世纪起,各地就已经出现了贸易中心和村落,但是我们对主要城市之外的贸易和商业依然知之甚少。例如,在西北地区,诺夫哥罗德的地籍簿中记录了很多始于这一时期的小型贸易点或者商店街,而北部的类似集市(通常从事毛皮贸易)被描述为"波戈斯季"(pogosti)。波萨德也可以被用来形容这样的商业中心,譬如西北地区的季赫温波萨德(Tikhvin Posad)。[3] 当地居民多是商人或工匠,而不是农民。很多此类聚落以修道院为中心。塞比纳(Serbina)搜集了34个周边区域(uezdy)在16世纪各历史时期有关一百多个小型贸易和商业中心的材料,其中93个商贸中心的所有者可以确定:82%属于修道院,四分之一属于同一家修道院,即位于莫斯科东北部的圣三一-谢尔

---

[1] *Istoriia Moskvy*, vol. I, pp. 156-161.

[2] 参见例如 M. V. Fekhner, *Torgovlia russkogo gosudarstva so stranami Vostoka v XVI veke* (Moscow: Izdatel'stvo Gosudarstvennogo Istoricheskogo muzeia, 1952); N. Kostomarov, *Ocherki torgovli Moskovskogo gosudarstva v XVI i XVII stoletiiakh* (St Petersburg: N. Tiblen, 1862); S. V. Bakhrushin, *Nauchnye trudy*, 4 vols. (Moscow: AN SSSR, 1952-1959); G. S. Rabinovich, *Gorod soli: Storaia Russa v kontse XVI-seredine XVIII vekov* (Leningrad: Izdatel'stvo Leningradskogo universiteta, 1973); K. N. Serbina, *Ocherki iz sotsial'no-ekonomicheskoi istorii russkogo goroda: Tikhvinskii posad v XVI-XVII vv.* (Moscow and Leningrad: AN SSSR, 1951); Paul Bushkovitch, *The Merchants of Moscow, 1580-1650* (Cambridge: Cambridge University Press, 1980).

[3] French, "The Early and Medieval Russian Town", pp. 265-266; R. A. French, "The Urban Network of Later Medieval Russia", in *Geographical Studies on the Soviet Union: Essays in Honor of Chauncy D. Harris* (Chicago: University of Chicago, Department of Geography, Research Paper no. 211, 1984), p. 45; Serbina, *Ocherki*; V. N. Vernadskii, *Novgorod i Novgorodskaia zemlia v XV veke* (Moscow and Leningrad: AN SSSR, 1961), p. 112.

久斯修道院(Troitse-Sergiev)。① 这些商贸中心在 16 世纪的变迁中的发展不得而知,但很明显,多个位于西北地区和靠近西部边境地区的中心都逐渐消失了,这可能是利沃尼亚战争的后果。②

市镇通常会充当周边地区的商业节点,很多制造商以当地人的日常需求为导向,包括为城市和农村地区人口提供食品、服装、鞋靴、燃料、建筑材料、马匹等。从这层意义上说,城市经济具有非专业化的特点,这一特点在横贯欧洲的近代早期城镇中十分常见。尽管他们也从事更加专业的活动,但是这反映出城镇的地理位置与当地的资源、重要的贸易路线、海岸线、边境线等特征密切相关。曾经作为诺夫哥罗德财富之源的皮毛贸易就是一个例子。15 世纪下半期,诺夫哥罗德的领先地位受到莫斯科的冲击,同时,大乌斯秋格、沃洛格达③和西伯利亚的托博尔斯克等新兴贸易中心也变得越来越重要。④ 与之相似,食盐贸易在很多北部和其他靠近乌拉尔山脉以及更南部伏尔加河沿岸的中心城镇占有重要地位。⑤ 铁矿、鱼类和亚麻、大麻等其他农产品奠定了其他中心的地位。对俄国中部的城市来说,莫斯科的存在以及它的市场需求格外重要,它能够在更广阔的范围内对城市经济产生影响。

四、远距离与国际贸易

克里斯托夫·格拉曼(Kristof Glamann)这样描述 16、17 世纪的欧洲地区经济:"跃入眼帘的是孤立,而不是互动。"⑥海岸和远距离贸易的风险在任何地

① K. N. Serbina, "Iz istorii vozniknoveniia gorodov v Rossii XVI v.", in *Goroda feodal'noi Rossii* (Moscow: Nauka, 1966), pp. 135-138.
② French, "The Urban Network", p. 46.
③ J. Martin, *Treasure of the Land of Darkness: The Fur Trade and its Significance for Medieval Russia* (Cambridge: Cambridge University Press, 1986), pp. 92-109.
④ N. Vilkov, "Tobol'sk-tsentr tamozhennoi sluzhby Sibiri XVII v.", in *Goroda Sibiri: efeonomika, upravlenie i kul'tura gorodov Sibiri v dosovetskii period* (Novosibirsk: Nauka, Sibirskoe otdelenie, 1974), pp. 131-169.
⑤ E. I. Zaozerskaia, *U istofeow krupnogo proizvodstva v russkoi promyshlennosti XVI - XVII vv.: k voprosu o genezise kapitalizma v Rossii* (Moscow: Nauka, 1970); N. V Ustiugov, *Solevarennaia promyshlennost' Soli Kamskoi v XVII veke* (Moscow: AN SSSR, 1957); R. E. F. Smith and David Christian, *Bread and Salt: A Social and Economic History of Food and Drink in Russia* (Cambridge: Cambridge University Press, 1984), pp. 27-73.
⑥ Glamann, "The Changing Patterns", p. 186.

方都会阻碍商业的发展。陆路贸易尤其困难重重。只有在水路深入欧洲大陆的地区,例如最典型的地中海、波罗的海以及周边海湾地区,或者东欧平原等有宽阔且容易通行的河流流经的地区,贸易交流才相对轻松。在波罗的地区,汉萨同盟在日尔曼北部城市的崛起促进了与俄国城镇,尤其是诺夫哥罗德和普斯科夫的商业联系。汉萨同盟与俄国的交易得到了他们建在诺夫哥罗德、里加、维特伯斯克(Vitebsk)、波洛茨克和多尔帕特(Dorpat)工厂的推动。[①] 不过,与俄国有着贸易联系的不只西方。它与东方也建立了紧密的商业关系,250 年以来,东方的重要性因俄国对金帐汗国的依赖得到加强。与东方的往来随着顿河、第聂伯河以及后来的伏尔加河的利用变得便捷起来。费赫纳(Fekhner)认为,16 世纪,与东方的贸易联系对俄国来说比西方的更加重要。[②]

俄国与西方的贸易及相关政策受到这一时期的两大因素的影响。其一是15 世纪后的贸易机会与更具活力的欧洲经济带来的发展,其二是与第一点相关的、俄国西部边界不断加剧的政治不稳定局势,东波罗的地区的不同势力开始争夺领土与商业利益。传统上,集中在吕贝克(Lübeck)的日尔曼汉萨同盟控制了波罗的地区的粮食、食盐和咸鱼、毛织物、毛皮、木材与林业产品贸易。欧洲中西部对毛皮、皮革、蜂蜜、亚麻、大麻、蜂蜡等波罗的产品有着长期的需求。然而自 15 世纪初起,汉萨同盟的垄断不断受到波罗的东部城市的挑战,它们试图绕过吕贝克及其盟友的控制。莫斯科吞并诺夫哥罗德(1478 年)、特维尔(1485 年)和普斯科夫(1510 年)使得情况进一步复杂化。这威胁到了当地的力量平衡。尤其是当伊凡三世于 1492 年在纳尔瓦对面建立伊凡哥罗德,这无疑昭示了莫斯科公国对波罗的贸易的野心。不过两年后,伊凡关闭了汉萨同盟在诺夫哥罗德的主要工厂,伊凡哥罗德加上俄国与其他外国商人贸易的启动也难以弥补其所带来的严重损害。莫斯科公国愈发需要西方商品以及专业技术,同时也渴望将俄国商品运往西方市场,双方的联系因此进一步加强。除了波罗的地区以外,俄国还通过传统陆上路线经由立陶宛和波兰连接西方,不过贸易时常被复杂的政治关系与边境变化打断。[③] 1514 年,俄国兼并斯摩棱斯克,得到了这一方向上的这个重要交易中心。

---

① Walther Kirchner, *Commercial Relations between Russia and Europe*, 1400-1800: *Collected Essays* (Bloomington: Indiana University Press, 1966), p. 92.
② Fekhner, *Torgovlia*, pp. 5-6.
③ Bushkovitch, *The Merchants of Moscow*, pp. 87-91.

1558 年,利沃尼亚战争的爆发是俄国与西方商业关系中的一个转折点。俄国部队于当年攻陷纳尔瓦,这意味着俄国在波罗的地区拥有了一个稳定的港口,吸引着来自北欧和西欧的商船。柯克纳(Kirchner)指出,纳尔瓦在十年之内发展成了波罗的最富裕的港口与最重要的政治焦点。① 根据柯克纳的观点,如果俄国占领纳尔瓦更长时间,它就会成为其西方化过程中最有力的武器,1581 年纳尔瓦被瑞典人夺走对于俄国来说是一项巨大挫折,直到彼得大帝时期才得到补救。不过,这一观点过高地评价了单一港口的重要性——与利沃尼亚战争、特辖制以及 16 世纪后期其他导致俄国衰弱的灾难相比,丧失纳尔瓦只是一个很小的事件。然而,失去纳尔瓦确实意味着俄国缺少属于自己的波罗的海港口,不得不依赖瑞典,经由勒韦尔和纳尔瓦维持波罗的贸易联系。这种情况深刻地影响了俄国的波罗的关系,直到彼得大帝时期。

在这一背景下,以理查德·钱塞勒为首的英格兰商人船队于 1553 年抵达白海的北德维纳河口具有重要意义。这名英格兰人在一定程度上参与了波罗的贸易,尽管他们之所以向北航行,更多的是为了寻找一条由北向东通往亚洲的航路,而不是为了开辟到达俄国的新路线。一家英格兰莫斯科公司在两年之内成立,以便开拓这一新的商业机遇。荷兰人、法国人等很快加入了英格兰人的行列。起初,贸易要求将货物转运到霍尔莫戈里,要做到这一点相当困难,因为霍尔莫戈里位于北德维纳河上游一个大型船只无法靠近的港口。1583—1584 年,政府为了弥补丢失纳尔瓦造成的损失,决定在河口建设新港口阿尔汉格尔,便于英格兰人和荷兰人的大型海船顺利通过环绕北角(North Cape)的危险航路。阿尔汉格尔在几年内就成了俄国最重要的港口。② 根据布什科维奇(Bushkovitch)的研究,阿尔汉格尔的重要性不仅在于多样的商品种类,而且在于它使得俄国能够越过瑞典中间商与西欧国家直接联系。阿尔汉格尔的早期贸易数据几乎全部遗失了,不过 16 世纪 80 年代中期英格兰莫斯科公司的一些资料显示,这一时期,农业产品(亚麻与大麻绳索、动物油脂)是比传统林业产品更重要的出口物资。③ 这反映出 16 世纪俄国经济的一些变化。虽然阿尔汉格尔地处偏远,但它直到 18 世纪都在俄国贸易中发挥了重要作

① Kirchner, *Commercial Relations*, pp. 70-71.
② Bushkovitch, *The Merchants of Moscow*, p. 69.
③ T. S. Willan, *The Early History of the Russia Company*, *1553-1603* (Manchester: Manchester University Press, 1956), pp. 182-183; Bushkovitch, *The Merchants of Moscow*, pp. 65-67.

用。阿尔汉格尔与俄国中部建立了沟通,通过北德维纳河和苏霍纳河(Sukhona)航道,再经由沃洛格达与雅罗斯拉夫尔连接到莫斯科,而且经过大乌斯秋格、维亚特卡与彼尔姆连通西伯利亚,这给许多北部中心城镇带来了远距离贸易的益处。

记录俄国与南方国家贸易的有限资料仅够我们描绘宏观的画面。[①] 一直到 1530 年左右,奥斯曼帝国都是俄国商人的主要交易伙伴,后者定期通过顿河或其他航路前往克里米亚的卡法。后来,商人们转向穿越波兰与摩尔达维亚前往奥斯曼帝国的路线。然而,与奥斯曼帝国的贸易从 1580 年开始衰落,相对的,经由伏尔加河和阿斯特拉罕与波斯的贸易兴起。俄国人需要波斯丝绸与其他织物,而俄国皮革与毛料被运往波斯。许多伏尔加河沿岸城市乃至莫斯科本身都从中获益。

五、结语

16 世纪,俄国及其城市历经沧桑。不同于 15 世纪晚期和 16 世纪初期城市明显的增加,1560 年以后,城市以及商业生活总体都进入了一个问题重重的阶段。然而,俄国继续扩大疆界,伴随着这种扩张而来的是城市化和商业活动在新地区的扩展。不幸的是,资料来源的不足导致我们在研究这一矛盾的过程中遇到了很大的困难。可以说,城市体系的不断扩大对于俄国的国家构建非常重要。虽然俄国的城市在商业活力和公民发展方面可能无法与西欧城市相比,但是它们对于俄国想要建立更强大、更辽阔的帝国的要求来说具有重要意义。

---

① V. E. Syroechkovskii, *Gosti-surozhane*（*Izvestiia gosudarstvennoi Akademii Istorii Material'noi Kul'tury*, *127*）（Moscow and Leningrad：OGIZ, 1935）; Fekhner, *Torgovlia*; Bushkovitch, *The Merchants of Moscow*, pp. 92-101.

第十四章　莫斯科公国边境的非基督教徒

米哈伊尔·霍达科夫斯基

　　1462 年,伊凡三世加冕为莫斯科大公,成为这个规模较小却野心勃勃的公国的首领。作为平等公国中的头领,莫斯科大公是众多俄国东正教王公中的一位,统治着东斯拉夫地区。到 1505 年伊凡三世去世时,他已经成为独立的莫斯科公国的统治者,吞并了其他大多数俄罗斯东正教公国,并且成为拜占庭帝国皇帝的后继者。伊凡三世的长期统治开辟了莫斯科公国历史上两个重要的历史局面:一方面,俄国东正教土地在政治上被统一到同一个君主的统治之下;另一方面,其领土扩张到邻近的非基督教地区。

一、征服北部和东北部地区

　　莫斯科公国的兴起总是与它在北部和东北部地区的扩张密切相关。北方地区茂密的树林和众多湖泊、河流为它提供了大量珍贵的毛皮,当地过着原始生活的猎人们很容易缴纳贡赋。从 14 世纪后期开始,莫斯科就试图控制北部的德维纳河沿岸与东北部的彼尔姆地区。莫斯科多次与诺夫哥罗德交战,抢夺对北部地区和当地已经开始向诺夫哥罗德纳贡的居民们的控制权。纵贯整个 15 世纪,诺夫哥罗德被迫将越来越多的北部聚落让给莫斯科,直到 1478 年最终落败,这一地区彻底被纳入莫斯科公国的统治范围。[1]

　　新兴的东正教莫斯科公国独自面对着信仰罗马天主教的西北方的瑞典与

---

[1] Janet Martin, "Russian Expansion in the Far North", in *Russian Colonial Expansion to 1917*, ed. Michael Rywkin (London: Mansell Publishing, 1988), pp. 35-40; Andreas Kappeler, *The Russian Empire: A Multiethnic History*, trans. Alfred Clayton (Harlow: Longman, 2001), pp. 6-18; M. K. Liubavskii, *Istoricheskaia geografiia Rossii v sviazi s kolonizatsiei* (Moscow: I. I. Liubimov, 1909; reprinted St Petersburg: Lan', 2001), pp. 155-162.

西方的立陶宛，南方的伊斯兰教金帐汗国以及它的后继者克里米亚汗国和阿斯特拉罕汗国，还有东边的喀山汗国。除了西部边疆地区主要由基督教徒构成之外，莫斯科周围的绝大部分是被非基督教世界所环绕的。正是在这些非基督教的边境地区，俄国取得了其主要军事胜利，获得了民族自信，强化了民族身份，建立起了第一个帝国。

在 16 世纪早期金帐汗国彻底覆灭，令莫斯科得以向南部和东部扩张以前，莫斯科公国扩张的自然方向是东北方。随着莫斯科对毛皮、盐以及金属需求的增加，莫斯科公国开始向居住着拥有各种泛灵论信仰的民族的遥远地区入侵。

不同于只向北方地区的原住民榨取贡赋的诺夫哥罗德，莫斯科公国在该地区推行了全面的殖民运动。北方地区从前主要是未经开发的荒野，原住民们在这里捕鱼、狩猎，而这种传统自然风光如今经历着彻底的变革。随着俄国农民、士兵、市民、商人和官员的涌入，新的村庄、要塞、市镇和修道院不断出现，他们意图定居，并在此殖民，牧师们则想要转变这里的异教徒的信仰。在乌拉尔山以北，普斯托泽尔斯克的建设使得莫斯科涉足涅涅茨人（萨莫耶德人）居住的北极冻原，同时，乌斯季维姆（Ust'-Vym）、切尔登、索利卡姆斯克等莫斯科公国城镇的存在也使得科米人（齐良人）聚居的广大彼尔姆地区被牢牢地掌握在莫斯科公国之下。随着 1462 年乌拉尔地区第一座大修道院约纳-博格斯洛夫斯基修道院（Ioanna-Bogoslovskii monastery）在切尔登建成，俄国东正教先前零散的教会活动也有了新的势头。[①]

16 世纪 50 年代，新近加冕全罗斯沙皇的伊凡四世开始将乌拉尔山以东地区——"奥布多尔（Obdor）、孔达（Konda）以及西伯利亚的所有区域"纳入领土。通常，这类对新领土和人口的诉求都为时过早，莫斯科对当地的影响还很有限，需要与当地人交换协议。莫斯科公国要等到 16 世纪 90 年代，也就是别列佐夫（Verezov）、奥布多尔斯克（Obdorsk）和维尔霍图里耶等要塞城镇建立起来时，才能更好地控制住大部分都是汉特人（奥斯恰克人）与曼西人（沃古尔人）居住的乌拉尔山以东地区。[②]

16 世纪中期，莫斯科公国在东北地区不断扩张，逐渐侵入了伏尔加河-卡

①　*Istoriia Urala s drevneishikh vremen do 1861 g.* (Moscow: Nauka, 1989)，p. 146.

②　James Forsyth, *A History of the Peoples of Siberia* (Cambridge: Cambridge University Press, 1992)，p. 10.

马河流域各民族的居住地。这里是强大的穆斯林喀山汗国的北部边疆。与此同时,莫斯科的扩张使它直逼喀山城门,喀山依然是阻挠莫斯科公国向西伯利亚东扩和向高加索地区南扩的主要障碍。

二、征服喀山和阿斯特拉罕

征服和兼并喀山汗国是俄国历史上最重要的转折点之一,这为莫斯科在接下来几个世纪里疯狂的领土扩张奠定了基础。莫斯科公国迅速崛起为一个帝国,其统治者自称是注定要领导众多异教徒和穆斯林的全世界的皇帝。

很明显,征服喀山有着重要的战略意义和经济意义:莫斯科得以控制伏尔加河中游的富庶之地,得到西伯利亚地区的财富,掌握通往中亚和中国,以及伊朗与高加索地区的贸易线路。换句话说,喀山成了莫斯科面向东方的窗口。

但比这更重要的是它的象征意义。喀山汗国是金帐汗国的继承者之一,统治者是成吉思汗的直系后代。鉴于之前所受的长达几个世纪的屈辱和大公对金帐汗国可汗的屈从,莫斯科无疑将对喀山的征服看成赢得主权的证据,显示出其武装的优越,更重要的是,它还是莫斯科已经成为基督教王国的中心的神圣喻示。

当然,伊凡三世并不是唯一自称全世界基督徒统治者的人,同时代的哈布斯堡家族的神圣罗马帝国皇帝——查理五世和他儿子西班牙国王菲利普二世,在伊凡四世之前都曾说过相似的话。伊凡四世的行动实际上可能受到了西班牙一系列壮举的鼓舞,例如从穆斯林手中收复伊比利亚半岛的失地,迅速征服美洲和那里的泛灵论者,乃至 1535 年查理五世征服突尼斯——这被当作对伊斯兰世界长期斗争的胜利来庆祝。

征服喀山之后,莫斯科很快表现出与西班牙一样的疯狂:清真寺被毁,穆斯林们面临着被屠杀、驱逐、强制移民和被迫改信东正教的危险。① 在征服的最初阶段就改变了信仰的人被称为旧皈依者(starokreshchennye)。然而,莫斯科对以穆斯林人口为主的区域实施的统治方式跟西班牙大相径庭。吞并喀

---

① *Prodolzhenie drevnei rossiiskoi vivliofiki*, 11 vols. (St Petersburg: Imperatorskaia Akademiia Nauk, 1786-1801; reprinted in Slavic printings and reprintings, 251, ed. C. H. van Schooneveld, The Hague and Paris: Mouton, 1970), vol. IX (1793), pp. 60-65.

山之后不久,莫斯科就改变了统治政策,开始实行"胡萝卜与大棒"相结合的策略,更多地依靠调和与拉拢,而不是暴力的手段解决问题。莫斯科公国的统治者从未诉诸像西班牙收复失地那样的暴力运动方式,即大规模强制改信基督教以及驱逐异教徒。

虽然时机落后且令人难以信服,但莫斯科也试图将喀山作为失地收复,声称喀山一直是俄国王公的遗产。这种说法能为莫斯科公国和西方观众提供一个合适的理由,却明显无法得到喀山汗国人民及其以外的穆斯林的支持。与西班牙不同的是,西班牙是罗马天主教欧洲的一部分,而莫斯科则被很多强大的伊斯兰国家以及大量非基督教人口包围,它无力与这些人争斗,更无法驱逐他们。为了在金帐汗国人民眼中将征服合法化,莫斯科必须继承可汗的衣钵,声称自己是其荣耀的继承人。这不会是莫斯科最后一次放弃作为征讨者注定要统治并使异教徒和穆斯林皈依的政治方略,而从现实出发,调整为采取更富有和解性的措施。在很长一段时间内,莫斯科务实的政治政策与其宗教观点就这样艰难地共存着。

兼并喀山汗国之后,大量非基督徒加入莫斯科公国。他们中有莫尔多瓦人(Mordva)、楚瓦什人(Chuvash)、马里人[Mari,切列米斯人(Cheremis)]以及乌德穆尔特人[Udmurts,沃季亚克人(Votiaks)]。他们在伏尔加河、维亚特卡河以及卡马河沿岸建立了繁荣的农业社区,并且大多数依然是异教徒。但最重要的是,莫斯科第一次获得了大量穆斯林人口,他们将成为基督教沙皇的臣民。这些鞑靼人主要居住在伏尔加河东部的喀山、巴什基尔及其周围地区。

1552年对喀山汗国的征服和兼并是一段漫长过程的高潮:一方面是莫斯科在不断增长的经济和军事实力驱使下进行的逐步而坚决的领土扩张,另一方面是金帐汗国的继任者的竞争和衰微。莫斯科的扩张也是建立在它与金帐汗国的各个组成部分之间不断变化的关系的基础上的。

众所周知,莫斯科在1480—1509年间所取得的可观的军事胜利要归功于其与克里米亚汗国的结盟。当然,这一实际上的联盟在草原政治世界看来是一种不平等关系。克里米亚可汗自视为金帐汗国遗产的继承人,自称"大帐汗国的伟大可汗"(Ulug Ordugunun Ulug Khan),同时依然将罗斯大公看作进贡的附属国君主。自13世纪中期依附于金帐汗国可汗起,俄国王公们确实曾处于这样的地位。莫斯科大公们精明地对此保持了缄默,从未公开挑战过克里米亚,因为克里米亚与莫斯科有着共同的敌人,即波兰-立陶宛联邦和大帐汗国。

15世纪中叶,成吉思汗家族的多个分支脱离了金帐汗国。他们在传统商业枢纽的基础上,在金帐汗国的边远地区建立起了新的政治中心,因此出现了克里米亚汗国、喀山汗国、阿斯特拉罕汗国和西伯利亚汗国。金帐汗国剩下的部分成了大帐汗国,这是一个失去了重要经济中心的游牧联盟,与其他成吉思汗王朝的可汗相比,大帐汗国可汗自称金帐汗国更加正统的后继者,因此也是克里米亚可汗最主要的竞争者。1502年,大帐汗国遭到克里米亚的毁灭性打击,从此覆灭,虏获的民众和畜群被带到了克里米亚。随着莫斯科与克里米亚共同敌人的消失,两者的利益也开始出现分歧。克里米亚可汗意图在金帐汗国的原领土上建立自己的权威,因此试图控制喀山、卡西莫夫和阿斯特拉罕,并继续要求莫斯科缴纳贡品,提供兵力。

与此同时,莫斯科也有自己的计划。面对得之不易的主权,莫斯科拒绝接受克里米亚取代萨莱——金帐汗国大汗住地的位置。它削减了很多传统贡赋,在帮助克里米亚抗击阿斯特拉罕一事上一拖再拖,最重要的是,它积极维护着自己在喀山地区的影响。虽然是断断续续且间接的,但是莫斯科自1487年起就对该地区实现了控制。1519年,莫斯科任命了沙阿阿里(Shah Ali)统治喀山,他是成吉思汗家族中对立分支的一员、已故的大帐汗国可汗阿黑麻的侄子。对此,克里米亚可汗马哈麻·吉列亦难以忍受。1521年,马哈麻·吉列亦与他的主要对手阿斯特拉罕可汗结成同盟,共同反对莫斯科。同时,喀山地区支持克里米亚的势力策划了一场政变,成功地将已故的克里米亚可汗明里·吉列亦的儿子萨希·吉列亦(Sahip Girey)推上王位。这种延迟的敌意是自1509年以来莫斯科与克里米亚关系的突出特征,而这种敌意如今转变成了公开的战争。克里米亚和喀山发动的对莫斯科的战争是莫斯科公国历史上最具有毁灭性的战争之一。[1]

随着金帐汗国的最终消失,草原上的中央权威假象不复存在,从而导致了进一步的动荡,新的势力和新的联盟逐渐产生。从16世纪20年代中期开始,莫斯科在军事上所取得的胜利在很大程度上是依靠与诺盖人结盟实现的,后

---

[1] M. Khudiakov, *Ocherki po istorii Kazanskogo khanstva* (Kazan': Gosudarstvennoe izdatel'stvo, 1923; reprinted Kazan': Fond TIAK, 1990), pp. 49-80; Michael Khodarkovsky, *Russia's Steppe Frontier: The Making of a Colonial Empire, 1500-1800* (Bloomington: Indiana University Press, 2002), pp. 91-100.

者是一个强大的突厥-蒙古游牧部族联盟。整个 16 世纪，诺盖人面临着来自其他游牧民族越来越大的压力，包括哈萨克人和卡尔梅克人，因此被迫向西迁移到了接近莫斯科公国影响范围的区域。作为草原动荡政治局势中实际上的重要成员之一，诺盖人无权继承大帐汗国可汗的位置，因为他们的统治者不是成吉思汗的子孙。诺盖人在歼灭大帐汗国，帮助莫斯科打败喀山和阿斯特拉罕的过程中发挥了重要作用。[1]

莫斯科吞并喀山不仅意味着军事上的胜利，它还代表着对打着可汗的名号、意欲统治金帐汗国原领土的克里米亚的终极挑战。看得见的形象比语言更加具有说服力。为了庆祝莫斯科对喀山的胜利，伊凡四世下令建造最不同寻常的教堂——圣瓦西里大教堂矗立在克里姆林宫旁边的红场，其兼收并蓄的建筑风格代表着莫斯科在其自我构造的神学和政治世界中的终极形态。莫斯科将同时成为新耶路撒冷和新萨莱。

在莫斯科的军事胜利之后，外国使臣大量涌入，进一步证明了莫斯科国际地位的提升。《喀山编年史》的作者毫不怀疑莫斯科打败喀山一事的神圣意义，他将巴比伦人列入前来朝拜莫斯科沙皇的外国使节。[2] 那些寻求得到莫斯科经济和军事援助的国家最先承认沙皇作为金帐汗国可汗继承者的地位。喀山被征服后，诺盖人承认了莫斯科公国统治者的主权和至高无上的地位，并开始频繁地将伊凡四世称为"白色沙皇"。一位诺盖权贵贝莱克-布拉特（Belek-Bulat）决定要奉承得远超其他人，将伊凡四世称为"成吉思汗之子"。

诺盖权贵伊斯梅尔（Ismail）和贝莱克-布拉特的牧场在伏尔加河沿岸，他们仍然是莫斯科重要的盟友。伊凡在 1553 年初写给伊斯梅尔的信中明确表示，莫斯科的野心并没有随着喀山被吞并而结束。伊凡向他询问什么时候是进攻阿斯特拉罕的合适时机，并向他提议征服克里米亚的最佳方案。[3]

1554 年春，在伊斯梅尔的建议下，伊凡派遣了一支 3 万人的军队沿着伏尔加河下行，与伊斯梅尔的诺盖人军队会合后，扶植从阿斯特拉罕王朝挑选出的、莫斯科和诺盖的傀儡德尔维什·阿里（Dervish Ali）登上阿斯特拉罕的宝座。与对喀山的征服不同，莫斯科在征服阿斯特拉罕的过程中并没有出现太

[1]　Michael Khodarkovsky, *Russia's Steppe Frontier*, pp. 81，100-107.

[2]　A. Iuzefovich, "*Kak v posol'skikh obychaiakh vedetsia ...*" (Moscow：Mezhdunarodnye otnosheniia, 1988), p. 5.

[3]　*Prodolzhenie drevnei rossiiskoi vivliofiki*, vol. IX, pp. 64-66，80，81.

多的争斗或戏剧性事件。阿斯特拉罕可汗亚姆古尔奇（Yamgurchi）几乎没有抵抗莫斯科的围攻，弃城逃往亚速。莫斯科宣布德尔维什为新可汗。伊斯梅尔得到了 30 名莫斯科射击兵，以保卫通往阿斯特拉罕的陆上通道，而伊凡四世负责保卫水上路线。

伊斯梅尔把阿斯特拉罕交到莫斯科公国手中的做法，重新激发了很多诺盖首领的不满。同过去一样，诺盖内战主要发生在亲俄派与反俄派之间。1555 年初，占据上风的亲俄派获得了领导权，伊斯梅尔成为他们的"拜格"（beg，即至高无上的首领）。次年，当反对派诺盖贵族反抗伊斯梅尔拜格，德尔维什可汗与克里米亚联系密切时，伊凡四世再次派遣军队入侵阿斯特拉罕。德尔维什可汗逃亡，阿斯特拉罕未经任何抵抗就被攻陷了。然而这一次，伊凡吸取了喀山的经验，决定不再扶植成吉思汗家族的傀儡，而是吞并了阿斯特拉罕，由莫斯科公国指派的军事长官（voevodas）统治这一地区。[1]

三、立足北高加索

吞并阿斯特拉罕使得莫斯科一夜之间崛起，成为高加索地区的重要国家。16 世纪 50 年代初期，来自北高加索五山城（Piatigorsk）地区的、各个卡巴尔达王公的使臣们纷纷来到阿斯特拉罕和莫斯科。他们前来寻求盟友，共同抗击强敌——西部的克里米亚与东部的库梅克（Kumyks）。克里米亚可汗要求继续征收当时奥斯曼宫廷里大量需要的卡巴尔达少男少女。任何拒绝提供年轻人的行为都将受到克里米亚的惩罚。同时，东部的卡巴尔达村庄饱受库梅克人的劫掠。库梅克由沙木哈尔（shamkhal，库梅克统治者的称号）统治，他住在达吉斯坦（Daghestan）北部的塔尔基（Tarki），与克里米亚和奥斯曼建立了紧密的同盟，因此构成北高加索地区军事和经济实力最强大的势力之一。俘虏卡巴尔达人、格鲁吉亚人和其他高加索人，并进行奴隶贸易是库梅克人主要的财政收入来源，他们在恩德里市[Enderi，俄国称安德烈耶夫斯卡亚（Andreevskaia）]繁荣的奴隶市场将这些人口贩卖给从波斯和中亚来的商人们。恩德里与奥斯曼帝国在克里

---

[1] *Prodolzhenie drevnei rossiiskoi vivliofiki*, vol. IX, pp. 122-126, 152-156, 163-168; V. V. Trepavlov, *Istoriia Nogaiskoi Ordy* (Moscow: Vostochnaia literatura, 2001), pp. 263-264, 297-299.

米亚的港口卡法是这一地区最重要的两个奴隶贸易中心,从斯拉夫地区来的船只在此出售奴隶,或者将他们运送到远方。

　　由大公特姆留克·伊达洛夫(Temriuk Idarov)所领导的一群卡巴尔达贵族尤其热衷于与莫斯科建立联盟。作为效力莫斯科的交换,特姆留克期待莫斯科能够帮助他保护自己的人民不受库梅克的侵犯,并镇压敌对的卡巴尔达王公。从传统政治文化的角度来看,特姆留克将成为伊凡四世的“库纳克”(kunak),也就是重要的客人、朋友或者盟友。然而在莫斯科眼里,沙皇与特姆留克只能是统治者与他的子民的关系。早在 16 世纪 50 年代,莫斯科编年史作家就有卡巴尔达人成为莫斯科公国子民的记录,并且不加批判地将其纳入了历史学传统。两个多世纪之后,奥斯曼宫廷被迫承认卡巴尔达是俄国的势力范围,但卡巴尔达拒绝对俄国宣誓效忠,坚称他们一直都只是俄国的库纳克,而不是子民。①

　　不管在如何阐释双方关系上有什么分歧,卡巴尔达和莫斯科公国都十分热衷于与对方建立紧密联系。当时,他们当中大概很少有人想到这一联系会变得如此密切。1561 年,伊凡四世的第一任妻子过世后不久,伊凡就迎娶了特姆留克·伊达洛夫的女儿。她被带到莫斯科,接受洗礼,改名为玛丽亚,直到 1569 年去世前她都是伊凡的妻子。② 这场婚姻是莫斯科在高加索地区野心的最有力证明,也是它第一次通过忠诚的卡巴尔达王公在该地建立立足点的尝试。

　　促成这场与卡巴尔达公主的皇室联姻的可能不只是地缘政治因素。莫斯科公国的大臣们认为卡巴尔达人在成为穆斯林之前信奉东正教,由于伊斯兰教对卡巴尔达的影响并不明显,因此莫斯科希望不付出太多代价就让他们改宗。1560 年,伊凡派遣军队帮助卡巴尔达攻打库梅克时,他也派去了一批牧师,这些人奉命为卡巴尔达人洗礼。但是,莫斯科所期待的卡巴尔达人大批改变信仰的情形并未发生。同时实现莫斯科的宗教和军事目的比预想的要艰难得多。③

---

① *Akty*, *sobrannye Kavkazskoi Arkheograficheskoi kommissiei*, 12 vols. (Tiflis, 1866 – 1883), vol. I (1866), p. 91.

② *Kabardino-russkie otnosheniia v XVI-XVIII v. Dokumenty i materialy*, 2 vols. (Moscow: AN SSSR, 1957), vol. I, p. 9.

③ Ibid., p. 8; Michael Khodarkovsky, “Of Christianity, Enlightenment, and Colonialism: Russia in the North Caucasus, 1500-1800”, *Journal of Modern History*, 71 (1999): 412-413.

　　莫斯科在北高加索地区日益增多的活动终于引起了奥斯曼苏丹苏莱曼大帝(Süleyman the Magnificent)的注意。尽管起初他也关注莫斯科对喀山和阿斯特拉罕的征服,但遏制莫斯科的野心并没有成为土耳其宫廷的首要任务,因为它深陷与西方的哈布斯堡王朝和东方波斯萨非王朝的持久战。然而到16世纪60年代初,莫斯科沿着伏尔加河、顿河的急速向南扩张显然威胁到了奥斯曼帝国在这一地区的战略利益,他们不能再对此坐视不管了。顿河哥萨克人的劫掠扰乱了奥斯曼亚速要塞的陆路交流,阿斯特拉罕的俄国军事长官也不允许穆斯林朝圣者从中亚各汗国安全到达麦加。

　　1567年,苏丹和可汗发现莫斯科公国正在北高加索东角的捷列克河(Terek River)上修筑捷尔斯克要塞(Fort Tersk)。莫斯科向南进一步扩张骤然威胁到土耳其朝廷与其新获得的里海西海岸领土的交流,以及克里米亚对北高加索部分地区和卡巴尔达人的控制。土耳其朝廷派遣了一支远征队,开挖连接顿河和伏尔加河的运河。如果奥斯曼帝国成功地建立起了这样一条运河,那么伊斯坦布尔将能够征服阿斯特拉罕,主宰整个北高加索地区,并且控制连接布哈拉(Bukhara)、希瓦(Khiva)、乌尔根奇(Urgench)、塔什干(Tashkent)与奥斯曼市场的贸易路线。

　　1567年,莫斯科收到消息,新任奥斯曼苏丹塞利姆二世(Selim II)下令集结7 000艘战舰开往亚速海,与克里米亚可汗会师,进攻阿斯特拉罕。克里米亚可汗杰夫列特·吉列亦(Devlet Girey)向驻在克里米亚的莫斯科大使表达了自己对莫斯科公国扩张的担忧:"过去伊凡向喀山缴纳贡品(shuby,字面意义是毛皮大衣),后来他征服了喀山和阿斯特拉罕,现在他又建立了捷尔斯克要塞。"有了奥斯曼军队在背后支持,克里米亚可汗写信给伊凡,抬高与莫斯科和解的要价。杰夫列特·吉列亦要求伊凡将喀山与阿斯特拉罕归还给克里米亚["因为从历史上看,阿斯特拉罕与喀山是伊斯兰世界和我朝可汗的属地(iurt)"],进奉大量珍贵财物,并且停止在捷列克河上修筑堡垒。可汗警告说,否则和平就将不复存在。①

---

① *Rossiiskii gosudarstvennyi arkhiv drevnikh aktov*, Moscow, Krymskie dela, f. 123, kn. 13, ll. 57, 66ob., 67, 71ob., 82, 83; E. I. Kusheva, "Politika russkogo gosudarstva na Severnom Kavkaze v 1552-1572 gg.", *IZ*, 34 (1950): 279-280; A. A. Novosel'skii, *Bor'ba Moskovskogo gosudarstva s tatarami v pervoi polovine 17 veka* (Moscow and Leningrad: AN SSSR, 1948), pp. 23-27; P. A. Sadikov, "Pokhod tatar i turok na Astrakhan' v 1569 g.", *IZ*, 22 (1947): 143-150.

1569年春,大批奥斯曼-克里米亚军队投入战斗。在顿河与伏尔加河最近的地点挖凿运河非常困难,不久之后,这一工程就被放弃了。1569年9月,奥斯曼-克里米亚远征军接近阿斯特拉罕。他们没有继续在深秋发动战役,而是决定在附近修筑堡垒,就地过冬,等待明年援军的到来。最后,关于俄国军队要直下伏尔加河,波斯也将派遣军队帮助阿斯特拉罕的谣言迫使奥斯曼军队撤退。

虽然军事行动失败了,但是1569年的阿斯特拉罕战役使得莫斯科坚信,必须更认真地对待土耳其朝廷的疑虑。伊凡四世保证不会伤害穆斯林与伊斯兰教,宣称自己征服伏尔加汗国的目的仅仅是确保他们的忠诚,然而,这些保证并未能使塞利姆二世感到满意。苏丹坚持认为高加索地区的阿斯特拉罕与卡巴尔达居住的是穆斯林,在传统上是奥斯曼的领地。他要求允许布哈拉和其他地区的朝圣者与商人们经由阿斯特拉罕的路线进入麦加。1571年,为了避免另一场针对阿斯特拉罕的战争(当时的莫斯科已无力应对),伊凡四世告诉苏丹,他们正在拆除捷尔斯克要塞,阿斯特拉罕的路线已经恢复畅通。[1] 莫斯科几乎是立即被卷入了伊斯兰教的争斗前线,但它还不足以应付这样一场冲突。在当时的情况下,政府不得不尽量避免一切会激怒奥斯曼土耳其的传教以及其他活动。

四、征服西伯利亚

莫斯科公国在高加索的野心与当地强大的竞争者们的利益之间发生了冲突,包括伊斯兰克里米亚汗国、奥斯曼土耳其以及波斯,但是在西伯利亚地区并不存在这样阻碍莫斯科扩张的国家。在这里,没有国家会对当地民族宣示主权,或者要求占人口多数的泛灵论者信奉与他们相似的宗教。直到17世纪下半期,当俄国人到达阿穆尔河(即黑龙江)遥远的尽头时,它才面临另一个强大国家的竞争,那就是明朝时期的中国。

没有敌对国家在西伯利亚地区宣示主权,再加上西伯利亚边疆所带有的

[1] *Kabardino-russkie otnosheniia v XVI-XVIII vv.*, vol. I, no. 10, p. 20; no. 13, p. 26; no. 16, pp. 27-29; *Puteshestviia russkikh poslov XVI-XVII vv. Stateinye spiski* (Moscow and Leningrad: AN SSSR, 1954), p. 76.

商业性质,这似乎解释了为什么对西伯利亚的征服与殖民被交到了私人——资金雄厚的诺夫哥罗德商人和企业家,斯特罗加诺夫家族手中。毕竟,16世纪皇室颁发给斯特罗加诺夫家族的在西伯利亚殖民的特许状和19世纪俄美开发阿拉斯加的许可是我们看到的仅有的两个此类案例,它们存在的时间并不长,就像更广为人知的西欧扩张历史中的做法一样,国家将新边疆的殖民开发事业交由大型商业公司管理。

伊凡四世在1558年的许可令中将卡马河地区交给斯特罗加诺夫家族管理,而斯特罗加诺夫家族在此地殖民的成功促使伊凡四世又发行了一系列相似的特许状,承诺给予斯特罗加诺夫家族20年的关税与税收豁免权,为了实现对东乌拉尔的殖民,还规定他们有权修筑边塞堡垒,并且雇佣自己的军队。

莫斯科的扩张计划受到了日益崛起的西伯利亚汗国统治者——库丘姆可汗的阻挠。西伯利亚汗国本是金帐汗国的一部分,占据了托博尔河(Tobol')与额尔齐斯河(Irtysh)之间的大部分区域。1563年,库丘姆夺回可汗之位,恢复了成吉思汗家族在西伯利亚地区的统治——这一权力于1459年其祖父阿巴克(Ibak/Abak)在位时被当地贵族托伊布基德家族(Toibugid)夺取。在接下来的几十年里,库丘姆依靠诺盖人和巴什基尔人的军事力量,迫使当地的汉特人(Khanty)和曼西人(Mansi)纳贡,建立起实力强大的汗国,他在自己冬季的住处——位于托博尔河与额尔齐斯河交汇处的西伯尔(Sibir')进行统治。①

不久之后,斯特罗加诺夫家族的商业活动就蔓延到了汗国的边境地区。围绕纳贡的汉特人与曼西人的纠纷导致莫斯科要塞和定居点不断发生冲突和劫掠事件。莫斯科想要对新征服的民族宣示主权,垄断毛皮贸易,而库丘姆和他的汗国对莫斯科构成了直接挑战。此外,斯特罗加诺夫家族在卡马河地区的特许状已经到期,他们有强烈的动机扩张并保卫自己在东乌拉尔的商业利益。在这些目标的驱使下,格里高利·斯特罗加诺夫(Grigorii Stroganov)出资组建了远征军,深入库丘姆的汗国。

1581年秋,一个名叫叶尔马克的伏尔加哥萨克人带领500名雇佣兵与库丘姆可汗兵戎相见。就像西班牙国王从未想到16世纪早期派去查探的赫尔南多·科尔特斯(Hernando Cortez)和弗朗西斯科·皮萨罗(Francisco

---

① Trepavlov, *Istoriia Nogaiskoi Ordy*, pp. 118-119; *Istoriia Sibiri*, 5 vols. (Leningrad: Nauka, 1968), vol. I, pp. 363-372; vol. II, pp. 26-35; Forsyth, *A History of the Peoples of Siberia*, pp. 19-27.

Pizarro)所带领的小队竟然能够征服整个北美大陆一样,斯特罗加诺夫与伊凡四世也没有料到叶尔马克此次远征能够为以后占领西伯利亚打下基础。

叶尔马克的雇佣兵们沿河而下,劫掠当地的村庄,在到达托博尔河河口之前,他们没有遇到任何抵抗。1582 年秋,叶尔马克领导的哥萨克人与库丘姆可汗的军队在这里展开了第一场大规模战役。库丘姆的军队惨败。接下来的战斗则再次证明了库丘姆的士兵难以抵挡哥萨克人的步枪和大炮。

库丘姆逃亡,哥萨克军队成功进入汗国的都城西伯尔。然而,胜利的喜悦并未持续太长时间,鞑靼人没能战胜的军队被疾病和残酷的环境击败了。当地一些本来站在叶尔马克一边的首领很快意识到叶尔马克不过是继承鞑靼人的另一位暴君时,他们便抛弃了叶尔马克。1585 年夏,由于受到孤立且缺乏物资和弹药,叶尔马克及其追随者遭到伏击覆亡。①

莫斯科起初对 1581 年斯特罗加诺夫家族发起的这场远征浑然不知,得知消息后,伊凡四世最初的反应是暴怒。他咒骂斯特罗加诺夫家族未经莫斯科同意就雇佣不守规矩的伏尔加哥萨克人。伊凡四世称他们的行动为叛国,指责斯特罗加诺夫家族没有必要挑衅库丘姆可汗,导致莫斯科要塞和城镇屡遭侵犯。他命令斯特罗加诺夫让叶尔马克及其手下的哥萨克人撤回彼尔姆地区,为确保这件事尽快执行,他还派遣了一支莫斯科军队将叶尔马克的哥萨克军队带回彼尔姆。② 伊凡四世拒绝支持斯特罗加诺夫家族在西伯利亚的开拓,最终注定了叶尔马克和他的同伴的下场。

1584 年,伊凡四世去世,这导致政府对西伯利亚战役的态度发生了天翻地覆的变化。莫斯科立刻下令吞并西伯利亚,并派遣军队捍卫叶尔马克的胜利。1586 年,莫斯科军队修建了秋明要塞,一年之后修建了托博尔斯克要塞。这两座要塞都建在战火摧毁的西伯利亚可汗居所附近:秋明要塞建在奇姆加图拉(Chimga Tura)附近的图拉河畔,托博尔斯克建在可汗最近的住地西伯尔附近。

接下来的 30 年间,成吉思汗家族的敌对支系与托伊布基德家族依然战事不断,莫斯科公国得以进一步巩固自己的势力,并迅速向西伯利亚中部扩张,直到叶尼塞河(Enisei River)西岸。西伯利亚四通八达的河流网络提供了良好的

---

① *Istoriia Urala s drevneishikh vremen do 1861 g.*, pp. 153-159.
② Aleksandr Andreev(comp.), *Stroganovy. Entsiklopedicheskoe izdanie* (Moscow: Belyi volk-Kraft, 2000), pp. 245-246.

交通条件。不断兴建的市镇和边塞显示出莫斯科发展的方向和速度。1587年托博尔斯克建立之后,莫斯科公国又向东南方扩张,相继在额尔齐斯河[塔拉(Tara),1594年]、鄂毕河[苏尔古特(Surgut),1594年;纳雷姆(Narym),1596年;托木斯克,1604年]、叶尼塞河[叶尼塞斯克(Eniseisk),1619年]建立起新的市镇。这些要塞处于西伯利亚森林与开阔大草原的衔接地带,它们成为莫斯科应付各突厥-蒙古草原游牧民族的前哨。北方的要塞有1601年建成的塔兹河畔的曼加泽亚(Mangazeia),还有1607年建成的叶尼塞河畔的新曼加泽亚,它们为以后莫斯科公国对当地涅涅茨人的统治奠定了基础。

　　从某种程度上来说,尽管中央政府更倾向于采取缓慢而谨慎的扩张速度,但是西伯利亚还是被征服了。当库丘姆的军队表现得软弱无力时,莫斯科迅速在哥萨克人大胆行动的基础上继续进攻。对西伯利亚的殖民不再由斯特罗加诺夫家族掌握,而是与莫斯科其他边塞一样,成为一项政府事业。随后,莫斯科又征服且吞并了一块原属金帐汗国的领土。16世纪末期,除了克里米亚之外,莫斯科公国的统治者已经控制住了金帐汗国的所有领土。

五、原住民社会的结构

　　经过16世纪残酷的扩张,莫斯科出现了各种各样的民族,他们使用着不同的语言,有着不同的信仰,遵循着不同的法律和习俗。然而在莫斯科北部、东部和南部边疆的广阔地区,这些原住民都有一个不可否认的共同特征:他们并不是以主权国家的形式被组织起来的,而是结成传统的、以亲属关系为基础的社会,不存在或者只存在力量微弱的中央权威。他们的社会与政治组织程度不一:北极圈以北,以放牧驯鹿为生的涅涅茨人形成的是处于当地酋长领导下、以亲缘关系结成的长期分散的组织;伏尔加河与卡马河流域的莫尔多瓦、楚瓦什、马里和乌德穆尔特人形成的是更加复杂的农业社会;西西伯利亚地区的汉特人和曼西人形成的是渔猎社会;最后,在大草原的南部地区,则出现了社会层级更明显、中央更加集权的巴什基尔和诺盖游牧民族社会。

　　当地首领的权威只限于自己的"尤尔特"(iurt,即属地,由一群有亲属关系的人所控制的领土）或者一些其他部落单位。战时，某个长官可能成为最高领袖，但战争结束之后，他的权力随之消失。彼尔姆的一名曼西首领就曾经掌权。1581 年，叶尔马克的离开暴露了莫斯科的后方，于是他集结了当地兵力冲击莫斯科公国的边塞和殖民点。诺盖人的社会更加集权，他们结成了具有凝聚力的部落宗族联盟，以拜格为首，形成了社会管理层级。

喀山、阿斯特拉罕和西伯利亚的穆斯林汗国，是在社会和政治方面最为复杂、发展程度最高的国家。突厥人，一般称之为鞑靼人，是这些由成吉思汗家族所统治的汗国最主要的人口构成。尽管在被莫斯科公国征服之后，他们失去了政治权力，但尤其是突厥人与喀山鞑靼人依然是伊斯兰文明的重要组成部分，也是众多莫斯科公国新成员中最为复杂的群体。

六、交锋中的条件

到了 16 世纪晚期，金帐汗国东部和南部的大部分地方都已经成了莫斯科公国的领土，突厥-蒙古的统治贵族们也已经被莫斯科的管理人员所取代。从一开始，莫斯科就依靠现有的理念和架构治理被征服的人口。与当地民族关系相关的三个基本观念都来自突厥语：谢尔切（shert'）、阿马纳特（amanat）和雅萨克（iasak）。第一个词表示宣誓效忠并臣服于沙皇；第二个词表示遣送当地人质交给莫斯科公国看管，来保证上述誓言的实现；第三个词表示在经济上纳贡，向莫斯科缴纳毛皮或者其他贡品。以上内容至少符合莫斯科的观点，但并不总是被当地人民所接受。

1483 年，一支莫斯科公国武装部队越过乌拉尔山脉（它在不同历史时期被称作"铁门"或"岩石带"）。这些探险者大多来自诺夫哥罗德，这并不是他们第一次翻越乌拉尔山，去探索未知的土地与财富，并与当地人民贸易。然而，当 1483 年他们再次出发时，代表的是急速扩张并且公开自称东正教公国的莫斯科统治者伊凡三世。莫斯科公国官员曾记述过一次此类会面，并这样描述莫斯科与汉特人、曼西人首领签订和平协议的仪式：

他们签订和平协定的传统是这样的：把一张熊皮放在砍伐好的粗松

树树桩下,然后在熊皮上放上两把军刀,刀刃朝上,以及面包和鱼。我们在松树树桩上放上十字架,他们则放上木质神像,将神像捆在十字架下面。接着,他们朝着太阳的方向,从神像下走过。其中有个人站在附近说:"谁破坏了和平,谁就会受到他所信仰的神的惩罚。"他们绕着树走了三圈,我们向十字架鞠躬,他们则向太阳鞠躬。这些都结束了之后,他们用盛着金块的水杯喝水,同时说道:"金子啊,你快找出这当中有没有叛徒。"[1]

俄国编年史中也记载了同样的事件,但是却采用了很不一样的描述:"当地王公都宣誓不会带有敌意,不会使用暴力,效忠于莫斯科大公。"[2]很显然,同一件事在西伯利亚河畔的居民眼中与莫斯科人眼中并不一样。当地首领们眼里与新来客缔结的和平协定,在莫斯科看来却是对大公宣誓效忠、对莫斯科臣服的证明。这是俄国征服西伯利亚后得到的第一粒果实,而类似的胜利也将继续建立在双方的误解之上。莫斯科试图将当地人看成沙皇长久的臣民,当地人则只将俄国看作另一个军事和贸易伙伴。

对当地一些曾经臣属于金帐汗国,后来又服从其分裂成的各汗国的人来说,这一协定的条款可能没有那么暧昧。其中部分民族延续了以前的做法,将对突厥-蒙古贵族的效忠和进贡转移到新的莫斯科公国上。这在伏尔加河中游民族或者西西伯利亚的大多数汉特人、曼西人身上十分典型。但是对很多其他人来说,莫斯科所提出的无条件臣服、遣送人质以及纳贡的要求令人费解且具有侵略性。

莫斯科公国立即向沙皇臣服的要求在南部和东部边疆地区格外突出。例如,1589 年,北高加索地区新建立的捷尔斯克要塞的指挥官遵照沙皇的命令,命令库梅克沙木哈尔派遣使节,向沙皇请愿成为他的子民,否则他们将面临军事打击的危险。[3] 同年,针对莫斯科效忠和上交人质的要求,卡巴尔达领袖阿尔卡斯(Alkas)回应道:"我年纪大了,到目前为止,人们相信我说过的每句话,

---

[1]　S. V. Bakhrushin, "Ostiatskie i vogul'skie kniazhestva v XVI - XVII vv.", in his *Nauchnye trudy*, 4 vols. (Moscow: AN SSSR, 1952-1959), vol. III, pt. 2 (1955), p. 152.

[2]　Ibid.; *PSRL*, vol. XXVI: *Vologodsko-Permskaia letopis'* (Moscow: AN SSSR, 1959), p. 277.

[3]　*Snosheniia Rossii s Kavkazom. Materialy izvlechennye iz Moskovskogo Ministerstva Inostrannykh del, 1578-1613*, comp. S. L. Belokurov (Moscow: Universitetskaia Tipografiia, 1889), no. 10, p. 79; no. 12, p. 112.

我从来没有上交过人质或者向任何人宣誓效忠。"①几年之后,在西伯利亚边疆地区,莫斯科从卡尔梅克首领霍乌鲁克(Kho-Urlük)那里得到了更加戏剧化的回答。1606 年与霍乌鲁克第一次会面时,西伯利亚塔拉城的使者就向其递交通牒,督促他宣誓对莫斯科宗主效忠并上交人质,否则就踏平该地。面对这种要求,受辱的霍乌鲁克将莫斯科使者处死。②

然而最终,卡巴尔达、卡尔梅克和许多其他首领都选择了遵从莫斯科公国的要求,随之而来的是充满诱惑力的赠予礼物、年金,提供军事援助。作为他们宣誓效忠和上交人质的回报,莫斯科赠送了现金、羊毛、毛皮和各种各样的奢侈品,"这样,其他民族就会效仿,进而也向沙皇宣誓效忠……"因此,阿尔卡斯向贵族们(uzden)征求意见,决定答应莫斯科的要求,条件是莫斯科向他支付年金,允许卡巴尔达人在河边自由打猎、捕鱼,帮助他们渡河,并且抵御敌对势力。③

不过,在很长一段时期内,俄国想要将这些当地人变成自己忠诚的、缴纳赋税的子民的目标都没能实现。当地人依旧按照他们所理解的关系与莫斯科政府交往,这种关系与莫斯科的理解截然不同。莫斯科眼中的谢尔切,即宣誓效忠,在当地首领们看来只不过是一项双方均负有义务的和平协定。上交人质被视为面对莫斯科坚决要求人员担保首领们所做出的妥协,莫斯科承诺保证人质享受贵宾礼遇,并许诺他们回国时会得到奖赏,这帮助了首领们说服其亲族这是唯一能够保证和平协议顺利履行,并从莫斯科得到好处的方法。例如,在北高加索地区,这样的"人质"更多的是军事联络人而不是人质。多年来,他们带着扈从居住在捷尔斯克要塞,参与莫斯科的军事行动,从而获取丰厚的回报和报酬。④

即使是通常被视为当地人为了向莫斯科表示效忠和臣服而缴纳贡赋的毋庸置疑的标志雅萨克,实际上也被认为是一种两个平等主体之间的不平等皮毛贸易。当时的一名观察者评论道,当地首领从自己的人民手中收集毛皮,然后主动献给莫斯科官员。很多莫斯科官员感叹,如果没有收到预期的实物支

---

① *Snosheniia Rossii s Kavkazom. Materialy izvlechennye iz Moskovskogo Ministerstva Inostrannykh del*, *1578-1613*, comp. S. L. Belokurov (Moscow: Universitetskaia Tipografiia, 1889), no. 11, pp. 142-143.
② Ibid., no. 4, pp. 28-29.
③ Ibid., no. 10, p. 77; no. 11, pp. 142-143.
④ Ibid., no. 11, pp. 142-143; no. 19, p. 305.

付或莫斯科的赠予,当地人就拒绝上交毛皮。[①]

最后,在莫斯科眼里,每年的报酬和时而赏赐的礼物是沙皇为换取当地首领的忠诚而赠予的年金与恩惠,可在当地人看来,这是一种合法的贡赋或支付形式,是他们所签订的和平协定的条件之一。如果这些报酬没有及时到达或者数量不足,那么诺盖、卡巴尔达、卡尔梅克和其他首领们就会随意劫掠莫斯科公国,要求恢复原状。

17世纪,莫斯科继续与周边不安分的邻国不断定义和重新定义彼此之间的关系。不过,时机最终落到了莫斯科一边。本书第二十二章将对这些事件进行更详尽的描述。这里只想重申,从最初的交锋开始,莫斯科与当地人民就从不同的角度看待彼此,对现实的理解也大为迥异,这些情况在莫斯科公国边疆地区持续存在。

七、征服方式

尽管用词和协议表述存在争议,但有一项事实始终不可否认:莫斯科公国在16世纪的扩张依靠其相对北部、东部和南部边疆各个民族压倒性的军事、经济和政治优势。游牧部落及其敌对首领之间近乎永久的战争状态有利于莫斯科的征服。有些首领寻求莫斯科的力量来与自己的竞争者对抗,可是不久之后就发现自己已经完全依赖于莫斯科的帮助。另一些首领则被各种各样的经济援助所收服:报酬、礼物、贸易特权、关税豁免以及贿赂。通常,当地首领会要求莫斯科在附近修建要塞对他们加以保护。因此,喀山附近的斯维亚日斯克要塞的建成离不开楚瓦什和马里首领们的合作,北高加索地区的捷尔斯克要塞离不开卡巴尔达首领特姆留克·伊达洛夫及其继任者,西伯利亚中部的托木斯克和叶尼塞斯克要塞离不开曼西首领阿拉切夫(Alachev),西伯利亚北部的曼加泽亚要塞则离不开芒坎西涅涅茨首领的合作。[②]

---

① *Istoriia Sibiri*, vol. I, p. 369; S. V. Bakhrushin, "Iasak v Sibiri v XVII v.", in his *Nauchnye trudy*, 4 vols. (Moscow: AN SSSR, 1952-1959), vol. III, pt. 2 (1955), pp. 71-75.

② *Kabardino-russkie otnosheniia v XVI-XVIII vv.*, vol. I, no. 10, p. 20; Narody Sibiri, eds. M. G. Levina and L. P. Potapova (Moscow: AN SSSR, 1956), pp. 573-574; Forsyth, *A History of the Peoples of Siberia*, p. 36.

　　有些地方首领和王公选择服从莫斯科的利益,从而加强自己在本族内的势力,也有很多人更倾向于离开故土去莫斯科公国内定居。事实上,积极雇佣当地精英是莫斯科长期以来的政策。起初,许多当地王公满足于偶尔跟随莫斯科大公参加军事行动以获取回报,然而不久之后,他们便情愿在莫斯科安定下来,并提供军事服务以换取稳定的收入:赏赐的土地、粮食、现金和慷慨的礼物。莫斯科军队里这样的叛逆本地王公数量的不断增加与其部落内部动荡的局势有着直接的关系。

　　其中最有名的案例(虽然比较罕见)应该是金帐汗国可汗兀鲁黑-马哈麻的儿子卡西姆来到了莫斯科。1452 年,大公瓦西里二世将位于梅晓拉地区(Meshcherskii gorodok)的边塞城市赐给卡西姆。后来,该市改名卡西莫夫,在超过两个世纪的时间里,这里都是成吉思汗家族成员们的居住地。起初,卡西莫夫只是位于莫斯科公国边疆地区的一块穆斯林自治飞地,由合法的可汗管理,但不久之后,它就成为莫斯科公国境内的傀儡汗国,以及便于沙皇在喀山和阿斯特拉罕安插忠诚的成吉思汗家族统治者的跳板。①

　　征服喀山之后,莫斯科选择了采取符合莫斯科领土上传统的强制人口安置和互换的政策。鞑靼人被驱逐出去,迁移到远至诺夫哥罗德等地方,俄罗斯东正教市民和农民则被带到喀山地区定居下来。然而很快,这种政策的极端性就显现出来了。政府意识到,在向非俄罗斯和非基督徒的土地扩张时,应该采取更加渐进的方式。②

　　同样,最初那种想要烧毁喀山的清真寺、强迫穆斯林改变信仰,从而宣示基督教战胜了穆斯林汗国的狂热很快消退了下去。面对当地的反抗和奥斯曼-克里米亚侵略的危险,莫斯科不得不推迟短期内将穆斯林土地转变成基督教领土的计划。使非基督徒改变信仰的事业并未停止,但是大规模的传教活动不得不等候更好的时机。直到 18 世纪早期,莫斯科都被迫采取更渐进和务

---

① V. V. Vel'iaminov-Zernov, *Issledovanie o Kasimovskikh tsariakh i tsarevichakh*, 4 vols. (St Petersburg: Imperatorskaia Akademiia Nauk, 1863-1887), vol. I (1863), pp. 13-28. 爱德华·基南正确地观察到,卡西莫夫必定是在瓦西里二世与兀鲁黑·马哈麻达成协议的基础上被给予卡西姆的("Muscovy and Kazan, 1445-1552: A Study in Steppe Politics", unpublished Ph. D. thesis, Harvard University, 1965, p. 397)。关于卡西莫夫在伊凡三世时期的莫斯科-克里米亚关系中角色的讨论,参见 Janet Martin, "Muscovite Frontier Policy: The Case of the Khanate of Kasimov", *RH*, 19 (1992): 169-179。

② M. K. Liubavskii, *Obzor istorii russkoi kolonizatsii*, reprint edn. (Moscow: Izdatel'stvo Moskovskogo Universiteta, 1996), pp. 246-247; Janet Martin, "The Novokshcheny of Novgorod: Assimilation in the Sixteenth Century", *Central Asian Survey*, 9 (1990): 13-38.

实的方式(关于 17 世纪宗教皈依的更多细节,参见第二十二章)。

虽然以武力使非基督徒皈依的危险暂时消失了,但是关于即将到来的宗教皈依的传言依然导致很多非基督徒逃离他们的土地。有些人被驱逐,其他人则选择逃离新地主、行政长官和收税者的控制。莫斯科公国的征服,尤其是在人口密集的伏尔加河中游地区,导致了当地人口向东部和东南部的大规模迁移。到 18 世纪早期,一些迁移的马里、楚瓦什、乌德穆尔特和巴什基尔地区的其他人形成了一个特殊的登记农民社会群体,他们被称为"泰普特尔"(tepter,来源于 defter,突厥语中的一种登记簿)。19 世纪中期,这些人的数量已达到 300 000——他们都是穆斯林,现在被称为巴什基尔人。

莫斯科公国对这些新征服地区的管理非常随意。政府的政策是典型的"胡萝卜与大棒"的结合,对忠诚的贵族与首领们给予宽容,对反抗者则施以高压。那些皈依基督教的人得到了最好的"胡萝卜"待遇:这些贵族可以保留他们的土地、地位和特权,平民也可以暂时获得税收豁免,或者一次性地以现金或实物支付。

莫斯科对新的非基督徒臣民的政策与其实际做法经常大相径庭。事实上,对于满是说着不同语言、遵循着不同法律的各族人民的偏远边疆,治理方式远远不像政府政令所规定的那样明确。边疆地区的莫斯科政府充满腐败,边境管理者经常颠覆他们所应遵循的法律。尽管政府下令禁止在喀山地区修建清真寺,但还是有很多清真寺建立起来,教会管理人员们干脆把责任推到了当地政府身上。在西伯利亚,为了保证毛皮的供应,政府试图限制当地人皈依基督教,否则他们将在莫斯科公国内重新定居并停止缴纳雅萨克。然而,迫使当地人皈依基督教也是腐败的官员们谋取钱财最可靠的渠道之一:皈依者经常会被政府官员监禁起来,当作奴隶贩卖给他人,或者采取其他方式对他们进行剥削。17 世纪时,每个被派去管理西伯利亚的新长官都会接到命令,严禁政府官员囚禁或者贩卖新皈依者。① 可以毫不夸张地说,莫斯科在打击官员腐败上所做的努力丝毫不比压制当地人少。

* * *

16 世纪末,莫斯科公国戏剧性地从一个由大公统治的落后公国,一跃成为

---

① *AI*, 5 vols. (St. Petersburg: various publishers, 1841-1842), vol. I (Tipografiia Ekspeditsii zagotovleniia Gosudarstvennykh bumag, 1841), no. 209, p. 449; vol. III (Tipografiia II Otdeleniia Sobstvennoi E. I. V. Kantseliarii, 1841), no. 1542, pp. 244-245.

当时最大的帝国之一,其统治者也不再被其他强国蔑称为野心过大的暴发户。当时,莫斯科还不足以挑战西方邻国,因此它在其他方向上开始了疯狂的扩张。有了诺夫哥罗德先前对北部地区殖民的基础,莫斯科在北部和东北部的扩张几乎没有遇到明显的阻力。很快,国家、农民和修道院的殖民活动便压垮了当地居民。

东部,尤其是南部所面临的挑战更加艰巨。莫斯科公国在东部地区的扩张主要是出于商业方面的考虑,首要目标是不惜一切代价确保毛皮供应,用于贸易、纳贡或上述任意组合。在南部地区,莫斯科的目标在于军事和地缘政治两方面:保护其边疆不受蚕食,同时使躁动不安的游牧和半游牧民族邻国成为可靠的辅助者。除了斯特罗加诺夫家族的短暂插曲外,东部和南部的殖民活动完全掌握在国家手中。

莫斯科公国的扩张发生在其他欧洲帝国向海外进军的同一时期。欧洲和莫斯科公国的"新世界"都包括了居住着大量泛灵论者的土地。然而,与欧洲的不同之处在于,除了泛灵论者所在的土地之外,莫斯科公国还扩张到了毗连的穆斯林聚居领土。只有一个欧洲大国——西班牙,在 15 世纪同样扩张到了穆斯林的土地。西班牙采取的"最终方案"要求清除所有非基督徒,包括穆斯林和犹太人,这与莫斯科的做法截然不同。俄国的基督教统治者不能也不愿意采取西班牙的解决方法,因此,他们将继续统治一个拥有大量穆斯林的多元帝国。在这个意义上,俄国更接近奥斯曼帝国,在那里,穆斯林苏丹统治着大量基督徒臣民。

第十五章　东正教会

大卫·B. 米勒

　　1448 年,莫斯科大公瓦西里二世以及他控制下的基辅与全罗斯主教教区委员会将梁赞的约纳主教提拔为都主教。此举的目的在于防止对莫斯科不利的都主教上位,更为了预防出现支持 1438 年与罗马教廷在佛罗伦萨缔结联盟的都主教。瓦西里与主教们期待君士坦丁堡的东正教大牧首能够为约纳封圣,但是 1453 年君士坦丁堡落入了土耳其人之手。1461 年约纳逝世后,瓦西里与他手下的主教们一致通过约纳未经大牧首同意的升职符合教规。莫斯科的统治阶层和高级教士们选择了费奥多西(1461—1464 年)和菲利普(1464—1473 年)继承约纳的"全罗斯都主教"头衔。然而,他们所管埋的"罗斯"等同于莫斯科公国的管辖范围。莫斯科都主教仍然声称拥有对立陶宛和诺夫哥罗德的管辖权,但是其管辖权只局限于处于莫斯科控制之下的区域。不过,莫斯科将约纳的升职解读为该教区被赋予了不同寻常的命运。在一封要求他们接纳自己的信中,约纳告诉立陶宛的东正教主教们,当君士坦丁堡接受了和罗马的盟约,它便丧失了上帝的神圣庇佑,落入土耳其人之手。在另一封信中,约纳"遵从上帝的意志出任这一伟大职务……遵从当今伟大的东正教罗斯所有大主教及主教们的意志,遵从我的儿子瓦西里·瓦西里耶维奇大公的意志"[1]。

　　1551 年百章会议时,教会结构还同约纳时期一样原始。九位主教和大主教出席了此次会议。1552 年,第十个主教辖区在喀山设立。1589 年,普斯科夫建立了第十一个主教辖区。都主教辖区及其主教辖区范围广大,再加上主教辖区历来有自治的传统,这使得对教区神职人员的监管变得几乎不可能。

---

①　*Russkaia Istoricheskaia Biblioteka*, 39 vols. (St Petersburg：Arkheograficheskaia kommissiia, 1872-1927), vol. VI (1908), cols. 622-623, 627-632.

教会的解决方法与莫斯科统治者的做法类似。它委派被称为"什一税庭"（desiatel'niki）的全权代表来管理每个教区的十个区。什一税庭负责收取该教区的什一税，并对辖区内的宗教案件拥有裁判权。这种法庭的裁决高于神职人员，而且在涉及异教、巫术、淫乱和家庭法的案件中，也高于世俗判决。在教会土地上，他们与市民法庭共享关于教会财产以及威胁公共秩序的案件的审判权。与统治者手下的长官一样，他们享有专断的权力，鉴于教会无力提供物质报酬，他们从什一税和法庭裁判费用中获取收入。这些人大多是门外汉，他们的头衔——波雅尔、小地主（deti boiarskie）、办事员——也都是仿照世俗统治者的官阶设立的。教区居民或地主雇佣经由主教授予圣职的教士。大多数教士都与当地人结婚，住在乡下。他们耕种社区提供的土地维持生计，通过管理圣礼取得收入，并领取国家提供的微薄津贴。在教士们的眼中，什一税庭贪得无厌，而且教士们厌恶听从门外汉的指挥。① 毋庸置疑，什一税庭尚不能指挥神职人员，更不用说教导教区民众如何做一名基督徒了。

　　E. V. 阿尼奇科夫（E. V. Anichkov）将理解忏悔神学等同于信仰宗教，他在 1914 年撰文指出，农民从 15 世纪才开始信奉基督教。阿尼奇科夫指责的对象可能也包含了贵族阶级，因为大多数与宗教文化有关的证据都是关于王公贵族、地主、教士和修士的。② 从罗斯遗留下来的手稿可以看出当时的文化水平，精英神职人员的文化程度也仅局限于一些礼拜仪式的书籍、关于布道与讲道的合辑、编年史以及圣徒生平。直到 1500 年左右，除了少数圣徒传外，几乎没有作品被翻译为当地语言，原创作品也寥寥无几。原先来自修道院等机构的教士可能具备一些宗教法和神学的知识基础，贵族和城市小康阶层或许能够读懂一些神学文献。但是根据 1500 年诺夫哥罗德大主教根纳季·贡佐夫（Archbishop Gennadii Gonzov）向西蒙都主教的抱怨，平民阶层几乎都是文盲，"选不出合适的人来当牧师"。③ 尽管他们不愿任命没有接受过正当教育的人

---

① E. B. Emchenko, *Stoglav: Issledovanie i tekst* (Moscow: Indrik, 2000), p. 255; Evgenn Golubinskii, *Istoriia russkoi tserkvi*, 2 vols. (Moscow: Universitetskaia Tipografiia, 1900 - 1922), vol. II, pt. 2, pp. 7-61; Paul Bushkovitch, *Religion and Society in Russia* (New York: Oxford University Press, 1992), pp. 22-23.

② E. V. Anichkov, *Iazychestvo i Drevniaia Rus'* (St Petersburg: M. M. Stasiulevich, 1914), p. 306.

③ *AI*, vol. I (St Petersburg: Arkheograficheskaia kommissiia, 1841), p. 147; Francis J. Thomson, "The Corpus of Slavonic Translations Available in Muscovy", in Boris Gasparov and Olga Raevsky-Hughes (eds.), *Slavic Cultures in the Middle Ages* (*Christianity and the Eastern Slavs*, vol. 1) (Berkeley: University of California Press, 1993), pp. 179-186; （转下页）

担任牧师或助祭,但高级教士们别无他法。不过,认为大众宗教不够丰富、多样,而且直到 16 世纪还不够富有特色的看法也是错误的。

一、大众信仰

俄国东正教在由君士坦丁堡所继承的礼仪日历中增加了许多新的节日庆典。但是由于没有教会规范和统一的程序,因此每个国家的节庆日历都各不相同。百章会议曾警告人们警惕那些对奇迹与启示做出虚假预言的门外汉,但是面对当地牧师倡导的大众异端仪式,中央政府往往会妥协。[①] 1458 年,乌斯秋格的一名牧师记述了圣愚普罗科皮(holy fool Prokopii)的坟墓具有治疗效用。1471 年,他的墓地旁边建起一座教堂;到 1500 年,则出版了一本记载奇闻逸事和预言力量的传记。最终,1547 年 7 月 8 日,宗教会议为普罗科皮在本地封圣。政府也无法忽视莫斯科人民对于被赐福的圣愚瓦西里(holy fool Vasilii the Blessed,逝于约 1552 年)的狂热。瓦西里表面上的愚钝行为与无礼(甚至是对统治者的无礼)源于他能看到别人看不见的真相。当他的墓穴也因其治愈功能而名声大噪时,沙皇费奥多尔一世于 1588 年将瓦西里的灵柩迁入邻近红场代祷教堂旁的圣堂里。他的影响深远,以至于灵柩所在圣堂所依附的教堂如今以他的名字命名(圣瓦西里大教堂)。[②] 不过,16 世纪被列入节庆日历的大多数圣徒(至少 21 人中的 16 人)都是修道院的创始人,其继承者发掘了他们的遗物,并宣扬他们的圣迹。例如,修道院长格拉希(Hegumen Gelasii)发起了对萨瓦·维舍斯基(Savva Visherskii)的崇拜,15 世纪 50 年代,萨瓦·维舍斯基曾在诺夫哥罗德附近建立修道院。由于大主教约纳曾让塞尔维亚圣徒传作者帕霍米为萨瓦创作传记,因此他变得声名远扬。1550 年,教会将萨瓦封为"国家"圣徒。有圣徒传作者为其作传的 14 名圣徒中,8 人是修士,1 人是

(接上页)Emchenko, *Stoglav*, pp. 285-286; Jack E. Kollmann, Jr., "The Stoglav Council and Parish Priests", *RH*, 7 (1980): 66-67, 74-76.

[①] Richard D. Bosley, "The Changing Profile of the Liturgical Calendar in Muscovy's Formative Years", in A. M. Kleimola and G. D. Lenhoff (eds.), *Culture and Identity in Muscovy, 1319-1354* (Moscow: ITZ-Garant, 1997), pp. 26-38; Emchenko, *Stoglav*, pp. 311-312.

[②] *Slovar' knizhnikov i knizhnosti Drevnei Rusi*, vol. II, ed. D. S. Likhachev (St Petersburg: Nauka, 1988-1989), pt. I, pp. 322-324; Natalie Challis and Horace W. Dewey, "Basil the Blessed, Holy Fool of Moscow", *RH*, 14 (1987): 47-59.

修女。

莫斯科公国的扩张促进了新节庆的增加。诺夫哥罗德被莫斯科征服以后,该地的教士们一度拒绝庆祝莫斯科圣徒的节日。因此,1499 年 12 月 8 日,当莫斯科任命的大主教根纳季组织了一场巡游以纪念莫斯科都主教圣彼得和圣阿列克谢时,诺夫哥罗德的主要修道院院长拒绝加入其中。根纳季于是妥协了。在一周后的巡游中,这些修道院院长加入了纪念莫斯科圣徒的宗教仪式,但这些仪式也被献给诺夫哥罗德的圣瓦尔拉姆·胡滕斯基(St Varlaam Khutynskii)。① 都主教马卡里积极地推动节庆日历的国家化。1547 年,宗教会议将 18 人列为"全罗斯"圣徒,当地专门举行节日纪念他们。马卡里后来又在 1549 年的宗教会议上追加认定了至少 15 名"全罗斯"圣徒。圣徒传作家瓦西里在普斯科夫的萨瓦·克里佩茨基的《生平》(Life of Savva Krypetskii of Pskov,1555 年)中反思封圣仪式时写道,俄国正如君士坦丁堡、第二罗马一样,到处可见圣徒庆典。"在那里,"他说,"无神论的土耳其人的穆罕默德式谬误摧毁了东正教,但是在这里,我们神圣先祖们的教诲前所未有地照亮了俄国这片土地。"②宗教会议并没有规定封圣仪式的程序,"全罗斯"圣徒的节庆日历互不相同。但是从那以后,反映这些封圣仪式的公认节日在俄国各地被广为庆祝。

对于牧师们来说,各种圣徒庆典的原意与夏至、冬至或农业周期中不同时节的传统仪式发生了重叠、冲突。在主显节前夕(东正教庆祝耶稣基督接受洗礼的节日),狂欢者们向"约旦河"行进,象征性地浸浴河水,以便得到灵魂的净化。③ 伴随着重生希望的受难周和三一星期六(圣灵降临节前夕),都是在向斯拉夫异教太阳神雅利洛(Iarilo)表达尊敬。相传雅利洛会在春天重生,给人们带来丰收。在这些场合中,牧师们祭拜祖先并献上贡品,向逝者询问他们获得救赎的前景。在圣格里高利日,农民们将牲畜赶去牧场,向以利亚(Elijah)祈求不发生干旱。俄国人也向圣像祈祷,结合民间习俗,把圣像刻在护身符上。

① *Novgorodskie letopisi* (St Petersburg:Akademiia Nauk, 1879), pp. 59-64.
② V. O. Kliuchevskii, *Drevnerusskie zhitiia sviatykh kak istoricheskii istochnik* (Moscow: Tipografiia Gracheva, 1871), pp. 227-228; G. Z. Kuntsevich, "Podlinnyi spisok o novykh chudotvortsakh", *Izvestiia Otdela russkogo iazyka i slovesnosti Akademii nauk*, 15 (1910), bk. 1, pp. 255-257; Bushkovitch, *Religion*, pp. 75-89.
③ Emchenko, *Stoglav*, pp. 313-315, 399-402; Bushkovitch, "The Epiphany Ceremony of the Russian Court in the Sixteenth and Seventeenth Centuries", *RR*, 49 (1990):12-14.

根据地方风俗,符号、预兆以及圣徒祷告能够打乱或者匡正社会道德秩序。人们相信基督教圣徒拥有治疗能力,有助于灵魂得救或实现家庭与社会的平衡。人们几乎可以为任何事向圣母玛利亚祈祷。圣帕拉斯科娃-比亚特尼莎(St Paraskeva-Piatnitsa)因殉道而受人敬仰,女人们向她祈祷婚姻美满,生育顺利,家务料理得当。女人们还向圣古里奥斯(Gurios)、圣萨莫纳斯(Samonas)和圣阿比博斯(Abibos)祈祷,希望与丈夫和睦,向圣科农(St Conon)祈祷能够医治好孩子的天花。①

　　莫斯科公国的礼拜仪式不断变化。15 世纪早期,普斯科夫牧师伊欧夫(Iov)援引罗斯的希腊人都主教福蒂乌斯的观点,认为东正教中盛行吟诵三遍哈利路亚,而修士叶夫罗辛(Evfrosin)则认为人们应该吟诵两遍哈利路亚。但到了 1510 年,叶夫罗辛被当地人公认为圣徒,1551 年百章会议规定应吟诵两次哈利路亚,并确定仪式上改用两根手指而不是三根手指来画十字架。百章会议的投诉状揭露了其他民间习俗渗透入礼拜仪式的例子:向圣坛上供奉宴会用食物是"亵渎神灵";新生儿的胎头羊膜被视为吉兆;清洗圣堂所用的香皂和盐要在耶稣升天节的黎明前夕放在圣坛上,然后再被用于医治人或牛的病症。牧师向本教区居民分发圣水以护身或治疗,这样一来,他们与术士的界线逐渐模糊。为了缩短仪式时间,教士们同时吟诵祷告文的不同部分(mnogoglasie),使其难以理解。信徒尊崇这一仪式的"魔力",默许这种做法。牧师们也将口头的祷告文改编为"连续的颂曲",并参考传统方式在仪式和行进中顺时针或朝着太阳行走。当都主教格龙季援引希腊的做法,质疑 1479 年教士们在奉献圣母升天教堂时顺时针行进的做法时,大公伊凡三世斥责了他。② 到了 1600 年,这套礼拜仪式已成为"全国性的"。正如 16 世纪 50 年代的《治家格言》(Domostroi)手稿中所描写的一样,婚礼是依照传统习俗举行的家族联合仪式。其程序与基督教大相径庭,例如,新娘要戴上主妇的帽子

---

① V. G. Vlasov, "The Christianization of the Russian Peasants", in Marjorie Mandelstam Balzer (ed.), *Russian Traditional Culture* (Armonk, N. Y.: M. E. Sharpe, 1992), p. 17; N. M. Nikol'skii, *Istoriia russkoi tserkvi*, 4th edn. (Moscow: Izdatel'stvo politicheskoi literatury, 1988), pp. 43-44, 47, 50-51; Eve Levin, "Supplicatory Prayers as a Source for Popular Religious Culture in Muscovite Russia", in S. H. Baron and N. S. Kollmann (eds.), *Religion and Culture in Early Modern Russia and Ukraine* (DeKalb: Northern Illinois University Press, 1997), p. 101.

② Emchenko, *Stoglav*, pp. 290-293, 304, 309-310, 313-315, 319; Vlasov, "Christianization", pp. 24-26; Nikol'skii, *Istoriia*, p. 43; *Slovar'*, vol. II, pt. 1, pp. 262-264.

(kika),象征着她从少女到已婚妇女的转变。牧师批准仪式的举行,但婚礼由伴郎(druzhka)和媒人(svakha)主持。教堂婚礼只在 14 世纪流行,接着进行民间仪式,布置寝具,宣布夫妻的结合,并且净化。尽管如此,到 16 世纪,由某一凌驾于宗族或者宗族之外的权威来举行婚礼的做法还是成为习俗。在《治家格言》中,平民与皇家婚礼的情况是相似的。①

在 16 世纪的建筑热潮中,一种"国家"教堂建筑风格形成。其元素之一是砖石结构的教堂,有着近乎垂直的"帐幕"屋顶和拱形的山墙,灵感来源于乡村木匠建造的木塔教堂。首先出现的是科罗缅斯科耶(Kolomenskoe)的耶稣升天教堂(1529—1532 年),建于瓦西里三世时期。新风格的另一个元素是出现了圣像,这些圣像将教堂正厅与圣坛隔离开来,代祷人排列开来,都朝向最中心绘制在教堂圣所入口的"权威的基督"(Christ in His Powers)圣像。有人认为其灵感来源于拜占庭圣灵,其他人则认为这始于俄国装饰木质教堂的方式。现存最古老的高圣像壁位于圣三一-谢尔久斯修道院的三位一体礼拜堂,它绘制于 15 世纪 20 年代。这一时期,新型砖石建筑和设计技术也不断涌现。在1474 年完工以前,都主教菲利普建于克里姆林宫的新圣母升天大教堂坍塌,为此,伊凡三世请来了普斯科夫的建筑工人和一名来自博洛尼亚的工程师亚里士多德·菲奥拉万蒂。菲奥拉万蒂负责修建的五圆顶教堂于 1497 年竣工,该教堂类似俄国方形十字教堂,同时运用了意大利工程技术,展示了普斯科夫的建筑工人在石灰岩、砖石和装饰瓷砖上的品位和技术(见插图 15)。普斯科夫的建筑工人还将钟楼引进莫斯科教堂建筑群中,最早出现的是圣三一-谢尔久斯修道院圣灵堂中的单高鼓座(1476 年)。1505 年,伊凡任命威尼斯人小阿莱维修(Alevisio the Younger)修建天使长米迦勒教堂作为家庭墓葬教堂。其壁柱、飞檐和扇形的山墙近似威尼斯的教堂。莫斯科的新圣女修道院(1524—1525 年)、罗斯托夫的圣母升天大教堂(约 1600 年)等新教堂都汲取了这些创新之处。季亚科沃(Diakovo)的施洗者圣约翰教堂(约 1547 年)、斯塔里察的圣徒鲍里斯和格列布教堂(1558—1561 年)以及红场上的代祷教堂(圣瓦西里大教堂,1555—1561 年)都体现了建筑工人基于上述风格创造出的各种复杂变体。代祷教堂内包括八个围绕着中央圣坛的小圣堂,屋顶呈帐幕状。夸张的

---

① Daniel H. Kaiser, "Symbol and Ritual in the Marriages of Ivan IV", *RH*, 14 (1987): 247-262; Carolyn J. Pouncy (ed.), *The Domostroi* (Ithaca, N.Y.: Cornell University Press, 1994), pp. 204-239.

头盔状穹顶取代了传统的浅圆顶,覆盖在圣坛被抬高了的鼓座上。一位来自普斯科夫的建筑师监督了施工过程,意识形态体系和西方模式影响了该教堂的设计。到 1600 年,拥有多个圣坛、帐幕屋顶和头盔式穹顶的教堂随处可见。① 这些建筑融合了形式、各地的材料和技术、大众信仰元素以及文艺复兴时期工程和设计的创新。

世俗之人将各种各样数量庞大的圣物盒、圣像以及其他宗教物品捐赠给修道院,这推翻了认为大众信仰流于形式的看法。编年史里的记录也讲述了同样的故事,例如 1383 年一幅圣母像出现在诺夫哥罗德奥贝涅日斯卡亚地区 (Obonezhskaia)的季赫温卡河(River Tikhvinka)之上。这些所谓的奇迹吸引着朝圣者们。一个世纪以后,文人将新的传奇故事写进诺夫哥罗德编年史,大主教谢拉皮翁(1504—1509 年)修建了一座砖石教堂来安放圣像。在莫斯科,异端崇拜被写入礼拜日历。1524 年,都主教丹尼尔(Metropolitan Daniil)又把它写进了他所撰的俄国历史中,这本史书被称为《尼康编年史》(*Nikon Chronicle*)。人们抱怨这种普遍存在的不合教规或不敬的圣像,这反映出教会对这种"现象"的矛盾心态。更有甚者,朝廷也成为其同谋。伊凡四世的掌印大臣伊凡·维斯科瓦特就曾抱怨 1547 年大火后,来自普斯科夫和诺夫哥罗德的画家在重新装饰伊凡四世的天使报喜家庭教堂时绘制了一些从未见过的圣像。②

有关火灾的记载表明,城镇中到处可见教堂,普通民众在里面分享礼拜仪式的经验。频繁的宗教巡游是大众信仰的另一种表现。这些巡游可能是地方性的庆祝活动,就像 1557 年在乌斯秋格,居民们戴着十字架游行,以此纪念圣尼古拉·维利科勒茨基大教堂(church of St. Nicholas Velikoretskii)的建立;也可能是重大的仪式,例如 1472 年 4 月 30 日和 5 月 23 日都主教菲利普为圣母升天大教堂的建造举行开幕仪式,并将已故都主教福蒂乌斯、基普里安和约纳的遗体转移至此。③ 最晚于 1548 年,都主教马卡里还设计了庆祝圣枝主日

① William Craft Brumfield, *A History of Russian Architecture* (Cambridge: Cambridge University Press, 1993), pp. 89-140, 501-515; cf. A. M. Lidov (ed.), *Ikonostas* (Moscow: Progress-Traditsiia, 2000); and George Majeska, "Ikonostas", unpublished paper presented May 2003 at Dumbarton Oaks, Washington, DC.

② *Slovar'*, vol. II, pt. 2, pp. 365-367; Emchenko, *Stoglav*, p. 376; David B. Miller, "The Viskovatyi Affair of 1553-54", *RH*, 8 (1981): 293-332.

③ K. N. Serbina (ed.), *Ustiuzhskii letopisnyi svod* (Moscow and Leningrad: AN SSSR, 1950), p. 109; *Ioasafovskaia letopis'*, ed. A. A. Zimin (Moscow: AN SSSR, 1957), pp. 76-77.

的宫廷游行。这一游行源于他在诺夫哥罗德观察到的一种仪式,再现了耶稣进入耶路撒冷的过程。沙皇在前面徒步领队,都主教们骑马紧随其后,再后面跟着贵族和神职人员,一直走到红场的代祷教堂。1558年,为了主显节宴会,伊凡四世带领贵族和朝廷大臣来到莫斯科河上的一个冰窟,马卡里曾手持十字架向河水祈祷。之后,马卡里向伊凡的儿子和贵族们洒水,民众鱼贯而来,用河水装满盆罐,小孩和病人被浸泡在水中,一些鞑靼人接受了洗礼,伊凡的马也被带来饮水。在具有象征意义的"约旦河"接受洗礼、动物饮水和疗伤是大众节日不可或缺的元素。[①] 尽管许多农村缺少教堂,但农民大多也会通过公众庆祝活动来深刻表达宗教信仰。当他们办不到的时候,他们就会厌弃这些活动。1582年,在一份呈递给诺夫哥罗德大主教的请愿书中,来自偏远教区的农民和小地主们(deti boiarskie)请求允许他们去附近的教堂礼拜。请愿者们说,他们无法跟牧师交流,因为牧师所在的教堂离他们很远,需要坐船才能到达,结果是病人去世时无人祷告,母亲生产后无人祝福,新生儿也无法接受洗礼。[②]

离开修道院,大众信仰就难以被人理解。没有人知道曾有多少修道院同时存在,不过,根据 E. I. 科雷切娃(E. I. Kolycheva)的估计,1448—1600年间有486家修道院建成。通常情况下,它们一开始被作为隐修处(sketes)。随着规模的扩大,都主教鼓励它们规范和组织公众生活。修道院从属于主教或是世袭产业(ktitorskie),例如基里尔-别洛泽尔斯基修道院(Kirillo-Belozerskii monastery)最初是由莫扎伊斯克的安德烈大公(逝于1432年)与其子韦列亚的米哈伊尔(逝于1486年)负责给养的。[③] 大的修道院里保存有记录着赠礼的捐赠账簿、记录着土地转让的复印本和记录着赞助人姓名的节日账簿。虽然当地地主的名字占大多数,但是捐赠者来自自由民中的各行各业,他们通过捐赠来换取对自己、家庭成员和祖先灵魂的祈祷。尽管东正教中不存在关于炼狱的教义,但死亡仪式包含长达40天的纪念祷告。1400年左右,信徒们开始觉

---

① Bushkovitch, "Epiphany", pp. 1-14; Michael S. Flier, "Breaking the Code: The Image of the Tsar in the Muscovite Palm Sunday Ritual", in Michael S. Flier and Daniel Rowland (eds.), *Medieval Russian Culture*, vol. II (Berkeley: University of California Press, 1994), pp. 214-232.

② P. S. Stefanovich, *Prikhod i prikhodskoe dukhovenstvo v Rossii v XVI-XVII vekakh* (Moscow: Indrik, 2002), pp. 250-251.

③ E. I. Kolycheva, "Pravoslavnye monastyri vtoroi poloviny XV-XVI veka", in N. V. Sinitsyna (ed.), *Monashestvo i monastyri v Rossii, XI-XX veka* (Moscow: Nauka, 2002), pp. 82-89.

得这难以保证亲人们得到救赎，无论他们是刚去世还是久辞人世。其解决办法是请求在保留了代祷者遗物、可能永久进行祷告的修道院中举行纪念仪式。作为交换，他们赠予修道院礼物。[1] 到 1500 年，这种纪念仪式文化以追荐亡人名簿（sinodiki）的形式制度化，追荐亡人名簿上记录着被祈祷人的名字。1479 年，约瑟夫·沃罗茨基创建了一座修道院，并制定了一项制度，可以用一小笔钱购买追荐亡人名簿上一个"永恒的"（vechnyi）位置，举行礼拜仪式时这个名单会被单独念出来。50 卢布可买入"一日的"（posiavdnevnyi）名簿位置，这个名单较短，在纪念仪式期间念出。逢周年庆典要花 100 卢布。其他修道院也有类似的制度。有钱人可以在多个修道院中安排纪念仪式。15 世纪晚期，削发以及葬在神迹实行者附近的要求开始出现。[2]

　　莫斯科的统治者们去修道院朝圣、祈祷，担负节庆费用并捐赠各种礼品。伊凡四世经常踏上超出计划的朝圣之旅。1545 年 5 月 21 日，他拜访了圣三一-谢尔久斯修道院，位于佩列亚斯拉夫尔、罗斯托夫和雅罗斯拉夫尔的修道院，别洛奥焦尔附近的基里尔（Kirill）修道院和费拉蓬特（Ferapont）修道院，德米特里-普里卢斯基（Dmitrii-Prilutskii）修道院和沃洛格达附近的其他三家修道院。莫斯科统治者的妻子们创造出了一种对圣谢尔久斯的性别化崇拜。1499 年，伊凡三世的第二任妻子索菲娅·帕列奥洛格（Sophia Palaeologa）向圣三一-谢尔久斯修道院捐赠了一块圣像织物，因为她相信圣谢尔久斯的代祷故事能够让她为伊凡生育继承人，即瓦西里三世。16 世纪的理论家认为奇迹源自朝圣。1547 年，安娜斯塔西娅皇后徒步前往圣三一修道院祈求上帝赐予她后代，1585 年伊琳娜皇后也做了同样的事。[3] 精英阶层把安排纪念仪式、在修道院削发和入葬纳入死亡仪式，并将其公开展示，以彰显家族身份和社会地位。但

---

[1] Daniel H. Kaiser, "Death and Dying in Early Modern Russia", in Nancy Shields Kollmann (ed.), *Major Problems in Early Modern Russian History* (New York: Garland, 1992), pp. 217-257; Ludwig Steindorff, "Klöster als Zentren der Tötensorge in Altrussland", *FOG*, 50 (1995): 337-353.

[2] Ludwig Steindorff, "Sravnenie istochnikov ob organizatsii pominaniia usopshikh v Iosifo-Volokolamskom i Troitse-Sergievom monastyriakh v XVI veke", *Arkheograficheskii Ezhegodnik za 1996 g.* (Moscow: Nauka, 1998), pp. 65-78.

[3] Nancy S. Kollmann, "Pilgrimage, Procession and Symbolic Space in Sixteenth-Century Russian Politics", in Michael S. Flier and Daniel Rowland (eds.), *Medieval Russian Culture*, vol. II (Berkeley: University of California Press, 1994), pp. 163-181; Isolde Thyrêt, *Between God and Tsar: Religious Symbolism and the Royal Women of Muscovite Russia* (DeKalb: Northern Illinois University Press, 2001), pp. 21-39 ff.

是,区分大众信仰和贵族信仰是没有必要的。农民去教堂参拜在传奇故事中多有记载,修道院许可证也记录了它们在庆祝过渡仪式和悼念先祖的节日向平民分发酒水。世俗之人不断走访修士所在的修道院,他们的信仰融合了民俗与基督教惯例,形成了一种和谐的纪念文化。[1]

出于虔诚与经济和政治上的考量,王公们豁免了修道院在商业、盐业、农业和渔业上的赋税与关税。伊凡三世在位时期终止了这种做法,甚至将诺夫哥罗德修道院的土地充公。从那时起,伊凡三世及其后继者们就掌握了大修道院长的任命权,定期清查修道院的许可证,导致其中一些修道院被取缔。与之相矛盾的是,瓦西里三世向修道院赠送丰厚的礼物,伊凡四世也慷慨地赠予礼品。在繁荣的 16 世纪 30 年代至 50 年代以及特辖制之后,财产的积聚不再受限,大修道院瞬间积攒了大量财富。到 1600 年,临近莫斯科的西蒙诺夫斯基修道院(Simonovskii monastery)在 19 个区已拥有五十多个村落,圣三一-谢尔久斯基修道院在 40 个区拥有近 118 000 公顷土地,并且在至少 15 个城镇拥有商业和手工业资产。修道院至少掌握了 20% 的可耕地。[2]

财富的积聚以及出身贵族的修士都不能破坏公共财产规则、平等地位和简单的生活。约瑟夫·沃罗茨基高度评价西蒙诺夫斯基修道院和基里尔-别洛泽尔斯基修道院的清修,并在自己的修道院中努力推行。修士们穿着朴素,一同吃饭、祷告,没有私人财产。然而,由于这种秩序难以维持,或者是由于约瑟夫 1515 年病逝,同为修道院长的丹尼尔制定了新教规。新教规更为宽松,修士被分为三个等级,依据等级领取衣食和个人用品。在大多数修道院中,出身有产家庭的修士占了很大一部分,并且大多身居管理职位。通过捐献贡品换取削发的人生前可以一直享有捐赠财产所带来的收入。没有财产的多是工匠、下层管理者或干粗活的人。[3] 尼尔·索尔斯基(逝于 1508 年)的职业生涯

[1] Emchenko, *Stoglav*, pp. 330 - 335, 339 - 343; Vlasov, "Christianization", pp. 20 - 21; Eve Levin, "*Dvoeverie* and Popular Religion", in Stephen K. Batalden (ed.), *Seeking God: The Recovery of Religious Identity in Orthodox Russia, Ukraine, and Georgia* (DeKalb: Northern Illinois University Press, 1993), pp. 45-46.

[2] Kolycheva, "Monastyri", pp. 99-109.

[3] A. A. Zimin and Ia. S. Lur'e (eds.), *Poslaniia Iosifa Volotskogo* (Moscow and Leningrad: AN SSSR, 1959), pp. 296 - 319; K. I. Nevostruev (ed.), "Zhitie prepodobnogo Iosifa Volokolamskogo, sostavlennoe Savvoiu, episkopom krutitskim", *Chteniia Obshchestva Liubitelei drevnei pis'mennosti*, 2 (1865): 15-18, 24-31, 49-53, 61-65; and K. I. Nevostruev (ed.), "Zhitie prepodobnogo Iosifa Volokolamskogo, sostavlennoe neizvestnym", ibid., 88-108; Kolycheva, "Monastyri", pp. 89-95.

和作品解释了约瑟夫为何选择基里尔-别洛泽尔斯基修道院作为清修案例。尼尔在那里削发,并在 1489 年之前奔赴位于希腊圣山(Mount Athos)的东正教精神圣地。这让尼尔踏上了一条新的精神道路。他以早期圣徒和基里尔曾经的归隐处为蓝本,在索拉河(Sora River)畔建立了一座半隐居式的隐修所。里面的修士自给自足,自炊自食;除了圣像和祷告书外,他们没有任何财产。尼尔写道,寂静和简单的生活方式,为修士创造了唯一能实现"上帝在心中"的环境。引用新神学家西梅翁(Simeon the New Theologian)和西奈的格雷戈里(Gregory of Sinai)的叙述,其方式是念诵祷告文:"主耶稣基督,上帝之子,怜悯我这个罪人。"这在拜占庭是神秘静修者的祷告文。① 在所有的修道院中,约有 14% 是女修道院。后者主要依附于男性的修道院,厢房非常小,并且仅有小部分财产。其他的则位于祖传的宅院,如克里姆林的耶稣升天女修道院,它是由大公德米特里一世的遗孀叶夫多基娅(修女叶夫罗西尼娅)于 1407 年创建的。1518/1519 年,瓦西里三世赋予其永久地位,又修建了一座砖石结构的教堂放置叶夫多基娅的遗物,并使其成为大公主们的墓葬教堂。1525 年,瓦西里在莫斯科附近建立新圣女修道院,将出身名门的修女和一幅有神力的圣像安置于此,保证它今后都能得到丰厚的捐赠。到 1602—1603 年,该修道院已有 141 名修女。富有的女修道院也有等级之分,反映着修道院外的社会等级。贵族捐献一次,就可以让家族内的女眷登记在册,而给男修道院捐赠的人,他们或者他们的遗孀去世时则可以得到一方墓穴。这些贵族们控制着财产,为其家族事务忙进忙出,有仆人供其役使,服从他们的赞助者。而入院时没有资助的修女们只是平凡的姐妹,付出必要的劳动,依靠少量生活配给共同生活。②

二、异端

在约瑟夫和尼尔不断完善自己的理想时,其他人则在批评传统信仰、仪式

---

① M. S. Borovkova-Maikova, "Nil Sorskogo predanie i ustav", *Pamiatniki drevnei pis'mennosti i iskusstva*, no. 179 (St Petersburg, 1912), esp. pp. 21-22, 88-89.
② E. B. Emchenko, "Zhenskie monastyri v Rossii", in N. V. Sinitsyna (ed.), *Monashestvo i monastyri v Rossii, XI-XX veka* (Moscow: Nauka, 2002), pp. 90, 245-284.

与制度。1467 年,都主教菲利普写信给诺夫哥罗德的大主教约纳,信中提到约纳的主教辖区内大众对教会及其财富的仇视。大主教根纳季告诉都主教佐西马,1471 年从基辅前来担任诺夫哥罗德王公的米哈伊尔·奥列尔科维奇的随从中有一名犹太人,正是他引发了动乱,神职人员、助祭、官员以及普通民众都受到了影响。1487 年,根纳季指控四个人散布异端邪说,并将他们送到莫斯科接受审判。伊凡三世和都主教格龙季赦免了其中一人,其他人被定以亵渎圣像的罪名,并施以鞭刑。根纳季认为此举过于宽容,因而向佐西马控诉格龙季(逝于 1489 年)允许异端牧师加夫里科(Gavrilko)和丹尼斯(Denis)在莫斯科活动,后者甚至就职于克里姆林宫的天使长米迦勒大教堂,伊凡的外交官费奥多尔·库里岑(Fedor Kuritsyn)为他们提供保护。根纳季动员了其他主教,将阿列克谢逐出自己的教堂,同时迫使佐西马重新召开宗教会议。1490 年 10 月 17 日,他又控告一部分人亵渎圣像、"犹太化"地否认基督的神圣地位,并指控修士扎卡里(Zakarii)为斯特里戈尔尼克派(strigol'nik)——该派是普斯科夫一群拒绝承认买卖圣职的高级教士权威的异端分子。宗教会议驱逐了异端,开除了他们的教籍,并将他们流放到诺夫哥罗德作为惩罚。[1] 不过,只要伊凡依然支持库里岑所在的执政派,自由思想家们在莫斯科就不会受到惩罚。

这引起了根纳季和约瑟夫·沃罗茨基的警觉。在根纳季看来,异端传教士已经联络到了整个主教辖区内容易受骗的基督徒。不仅如此,伊凡还任命库里岑的同伙卡西安(Kassian)为诺夫哥罗德的尤里耶夫(圣乔治)修道院名誉院长。莫斯科的异端分子数量不多,但影响广大。据说大公主叶连娜也是异端之一。对于根纳季和约瑟夫来说,这些异端都是有文化的牧师和世俗之人(他们的意见不应被列入宗教事务)也令人苦恼。可以肯定的是他们进行了宣教,称崇拜人造信仰符号属于偶像崇拜,崇奉圣徒遗物属于迷信行为,隐修方式也非必要。根纳季甚至将他们的信仰比作否定三位一体的异教徒,称他们像犹太人一样祷告。根纳季曾抱怨异端分子在论辩时引用《旧约》的段落和他从未见过的《逻辑》(Logika)与《六翼》(Shestokril)。《逻辑》作为一部理性主义地解读神学的作品为人所知,而《六翼》原本是一部天文学作品,在临近

---

[1] *Russkaia Istoricheskaia Biblioteka*, vol. VI, cols. 715-720; N. A. Kazakova and Ia. S. Lur'e, *Antifeodal'nye ereticheskie dvizheniia na Rusi XIV - nachala XVI veka* (Moscow and Leningrad: AN SSSR, 1955), pp. 309-315, 373-386, 468-473.

7000 年①(公元 1491/1492 年)时获得愈发重要的地位。根据末世论的观点,上帝在七天时间里创造了世界,随后将迎来 7 000 年的信仰时代,继之,基督徒们可能面临混乱、基督的第二次降生和审判日。这种说法一度引发了不安,但是由于无事发生,自由思想者们因此质疑起宗教的权威。库里岑伪造的圣保罗给老底嘉人的信是少数幸存的异端作品之一,展现了一个人文主义的基督教。② 其他异端分子也可能和库里岑一样,相信基督教的虔诚源于优先人类理性的良知。然而,大多数被指控者都是牧师,因此认为异端是东正教的世俗批评者是错误的。

为了抵制异端,根纳季招募了一批文人,包括两名希腊人、多明我会修士维尼亚明(Veniamin)和两名吕贝克人——印刷工人巴特洛马斯·哥丹(Bartholomäus Ghotan)和医生尼克劳斯·布洛夫(Niklaus Bülow)。他们的伟大成就是 1499 年在莫斯科公国整理成了第一本完整的《斯拉夫圣经》。它成为今后诸多版本的蓝本,也是 1580/1581 年伊凡·费奥多罗夫(Ivan Fedorov)时期乌克兰西岸第一本印刷《圣经》的底本。布洛夫翻译了拉丁语日历和天文学文本,得出新的复活节教规,重申基督将再次降临。他还翻译了一部驳斥犹太教的中世纪拉丁文本。③ 对莫斯科的自由思想家们来说,约瑟夫·沃罗茨基是心头之患。1502—1504 年间,约瑟夫重新组织布道内容,并据此撰写了《新异端之书》,或称《启示者》,在书中他指责伊凡教唆异端,同时宣称佐西马之所以对待异端很宽容,是因为他本身就是一名异端分子。将异端思想等同于犹太教十分罕见,因为后者对东正教来说是来自外部的敌人。根纳季声称库里岑在 1482—1486 年出使匈牙利后就成了一名异端。④ 约瑟夫指责异端分子以改革东正教为幌子,想要使人们改信犹太教,这反映出遭人憎恶的犹太教在俄国的影响长期以来引发了诸多争议,并反过来控诉俄国的反犹主义。Ia. S. 卢里耶(Ia. S. Lur'e)反对关于犹太教影响的说法,但莫伊舍·陶布(Moishe Taube)指出,《六翼》和《逻辑》都是从中世纪希伯来文本翻译过来的,证明根纳季任用了基辅犹太人扎哈里亚·本·阿隆(Zacharia ben Aharon),并

① 这里使用的是拜占庭以"世界创造"为起点的纪年法,以《圣经·旧约》记载推算的公元前 5508 年为创世纪年、历法之起点。后文不赘。——译者注
② Kazakova and Lur'e, *Dvizheniia*, pp. 265-269, 309-313, 315-373, 391-414.
③ Ibid., pp. 137-146.
④ Ibid., pp. 320-373, 377, 391-414, 427-438, 466-477; Iosif Volotskii, *Prosvetitel' ili oblichenie eresi zhidovstvuiushchikh*, 4th edn (Kazan': Kazan'skii universitet, 1903), pp. 27-304.

认为库里岑在给老底嘉人书信的第一部分参照了希伯来语《秘中之秘》
(Secretum secretorum)的译本。无人质疑异端分子是否出于基督教考量而请
求翻译。①

伊凡三世清除了朝廷中库里岑所在的派别,囚禁了共治者德米特里以及德
米特里的母亲叶连娜,并于 1502 年 4 月宣布瓦西里为唯一继承人,在此之后,伊
凡召见了约瑟夫,商讨如何对付异端分子。据约瑟夫所言,伊凡请求他宽恕自己
保护异端的行为。1504 年 12 月,瓦西里、伊凡和都主教西蒙召开会议,指控伊凡
-沃尔克·库里岑(Ivan-Volk Kuritsyn,资料最后提到其兄弟费奥多尔是在 1500
年)和另外两人为异端,并将他们处以火刑。诺夫哥罗德的异端分子也被烧死
或囚禁。尼尔·索尔斯基对异端的抵制被记录在案。但是尼尔的门徒瓦西
安·帕特里克耶夫曾写道,北方的隐修士们认为,不妥协的人应被监禁,而教
会应宽恕那些悔改的人。有一位门徒声称尼尔赞同这个看法。② 尼尔或许同
意约瑟夫审判异端的做法,但在如何惩罚他们这一问题上,两人分道扬镳。

三、约瑟夫派与"无产者"

1499 年,伊凡扫荡了诺夫哥罗德主教辖区的财产。根纳季大主教指责伊
凡的异端顾问,他还准备了追荐亡人名簿,将所有侵占教会财产的人开除教
籍,并任命维尼亚明进行"简短的布道"(Slovo kratka),其中提到罗马皇帝君士
坦丁一世曾向教皇发布许可证,宣告教会地产神圣不可侵犯。③ 1503 年 8—9

① Kazakova and Lur'e, *Dvizheniia*, pp. 74-91, 109-193; Ia. S. Lur'e, "Istochniki po istorii 'novoiavivsheisia novgorodskoi eresi' ('Zhidovstvuiushchikh')", *Jews and Slavs*, 3 (1995): 199-223; M. Taube, "The Kievan Jew Zacharia and the Astronomical Works of the Judaizers", *Jews and Slavs*, 3 (1995): 168-198; M. Taube, "The 'Poem of the Soul' in the Laodicean *Epistle* and the Literature of the Judaizers", *HUS*, 19 (1995): 671-685; M. Taube, "Posleslovie k 'Logicheskim terminam' Maimonida i eres' zhidovstvuiushchikh", in *In Memoriam: Sbornik Pamiati Ia. S. Lur'e* (St Petersburg: Atheneum-Feniks, 1997), pp. 239-246.
② Kazakova and Lur'e, *Dvizheniia*, pp. 217-222, 436-438; Iu. V. Ankhimiuk, "Slovo na 'Spisanie Iosifa'-pamiatnik rannego nestiazhatel'stva", *Zapiski Otdela rukopisei Russkoi gosudarstvennoi biblioteki*, 49 (1990): 115-146; N. A. Kazakova, *Vassian Patrikeev i ego sochineniia* (Moscow and Leningrad: AN, 1960), pp. 253-277; A. I. Pliguzov, *Polemika v russkoi tserkvi pervoi treti XVI stoletiia* (Moscow: Indrik, 2002), pp. 57-80.
③ *Pskovskie letopisi*, vol. II, ed. A. N. Nasonov (Moscow: AN SSSR, 1955), p. 252; "'Slovo kratka' vzashchitu monastyrskikh imushchestv", *ChOIDR*, (1902), no. 2: 31-32.

月,伊凡召开宗教会议,将教会的土地问题提上议程。伊凡预计不会出现超过没收诺夫哥罗德土地时的激烈反抗。贵族阶层是他的辅佐者和必须拉拢的盟友,他们通过赠予修道院财产换取悼念祷告,因此维持现存秩序符合其利益。都主教西蒙引用君士坦丁许可证回应伊凡的提案,并声称伊凡的"先祖"基辅大公弗拉基米尔(逝于 1015 年)和雅罗斯拉夫(逝于 1054 年)支持这一秩序。当时或表面上捍卫圣三一–谢尔久斯修道院对伊莱姆纳村(village of Ilemna)管辖权的行动不久后,一些未署名的"其他布道"(Slovo inoe)为伊凡的"答复"做了注脚——伊凡意图迫使教会依附于国家财政。据载,为了达到这一目的,伊凡曾召见尼尔·索尔斯基,令其作证"修士不能占有村镇"。匿名的《与约瑟夫·沃罗茨基的论战》极有可能是可信的,即伊凡命令尼尔和约瑟夫面对面,以相对立的立场辩论。[①] 由于缺乏官方资料,而且提及会议和与会人员倾向的记载出现较晚,历史学家曾陷入困境。[②] 然而,宗教会议无疑是召开过的。在没有记载的情况下,我们只好认为教会的反对使得伊凡做出了让步。考虑到利害关系,可以理解同时代人为何对此次失败的会议保持沉默,同时,约瑟夫和尼尔的门徒留下的片面叙述也就说得通了。

　　五十年里,各派别一直在争论究竟什么是东正教传统。来自约瑟夫的修道院和其他大修道院的修士们努力捍卫修道院的财产权与自主权,与约瑟夫一样憎恨异端,并将其对手也视为异端。捍卫尼尔留下的遗产的人大多来自北方的隐修院。由于承诺放弃财产,他们被称为"无产者"(nestiazhateli),愿意宽恕悔改的异端分子。这些人的领导者是瓦西安,1499 年,瓦西安曾使其父伊凡·帕特里克耶夫蒙羞,伊凡三世命他削发,并将他流放至基里尔-别洛泽尔斯基修道院。瓦西安成为尼尔的门徒,并于 1509—1510 年瓦西里三世政府重审修道院豁免权时返回莫斯科。瓦西安同时代的人解释了 1503—1504 年宗教会议的意义。瓦西安称,修士理应摒弃物质负担,培养虔诚之心,遵循尼尔的精神路径。他指出,希腊圣徒修士、基辅佩切尔斯基(洞窟)修道院的圣安东

① Zimin and Lur'e (eds.), *Poslaniia Iosifa*, pp. 322-326, 367; Kazakova, *Vassian*, p. 279; Nevostruev (ed.), "Zhitie, sostavlennoe neizvestnym", pp. 112-120; Iu. K. Begunov, "'Slovo inoe'-novonaidennoe proizvedenie russkoi publitsistiki XVI v. o bor'be Ivan III s zemlevladeniem tserkvi", *TODRL*, 20 (1964): 351-352; *PSRL*, vol. VI (St Petersburg: Tipografiia Eduarda Pratsa, 1853), p. 49.

② Pliguzov, *Polemika*, pp. 21-56, 330-386; R. G. Skrynnikov, *Krest i korona. Tserkov'i gosudarstvo na Rusi IX-XVII vv.* (St Petersburg: Iskusstvo, 2000), pp. 172-184.

尼和圣费奥多西、圣徒瓦尔拉姆·胡滕斯基、谢尔久斯·拉多涅日斯基
（Sergius Radonezhskii）和基里尔·别洛泽尔斯基（Kirill Belozerskii）都身无长
物。瓦西安编纂的教规（kormchaia kniga）也批判了占有土地的修道院。[1]

1518 年，瓦西安找到希腊人马克西莫斯作为盟友和翻译。马克西莫斯原
名米哈伊尔·蒂沃利斯（Michael Tivolis），生于伊庇鲁斯（Epirus）的一个贵族
家庭。1492 年前后，米哈伊尔加入意大利的希腊流亡者。他认识约翰·拉斯
卡里斯（John Lascaris）和马西利奥·菲契诺（Marsilio Ficino），曾与皮科·德
拉·米兰多拉（Pico della Mirandola）一同学习，协助阿尔杜斯·马努修斯
（Aldus Manutius）印刷希腊经典，见证了萨沃纳罗拉（Savonarola）掌权，并成
了一名多明我会修士。回归东正教后，米哈伊尔于 1505—1506 年在希腊圣
山的瓦托派迪修道院（Vatopedi monastery）成为修士马克西莫斯。瓦西里三
世禁止马克西莫斯重回希腊圣山。后来，由于拥有俄国人未曾有过的知识，
马克西莫斯获得了大量追随者，他撰写关于翻译、专有名词以及语法的著
作，进行有关占星术、预言以及杜撰作品的布道，出版围绕治理的专著，并且
研究针对其他信仰的论战。约瑟夫派对其学识抱着怀疑的态度，尤其是有
报告称，马克西莫斯发现俄国的宗教仪式十分守旧，有关宗教仪式的书籍漏
洞百出。他与瓦西安的盟友关系进一步加剧了约瑟夫派对他的质疑。此
外，马克西莫斯交给瓦西里和瓦西安的关于希腊圣山上的修道院，以及关于
方济会和多明我会规则的描述具有偏向性，表明他们自给自足，没有侵占任
何村镇。[2]

1525 年，约瑟夫派都主教丹尼尔召集会议，以微不足道的理由裁定马克西
莫斯为异端，指控他勾结土耳其人叛国。他被除去教籍，戴枷囚禁于约瑟夫-
沃洛科拉姆斯基修道院（Iosifo-Volokolamskii monastery）。1531 年，丹尼尔再
次审判马克西莫斯，意图借机逮捕瓦西安。看守者表示，马克西莫斯和瓦西安
诋毁莫斯科公国礼拜礼仪的改革，并且他怀疑博罗夫斯克的帕夫努季（Pafnutii

[1] Kazakova, *Vassian*, pp. 36-64, 232-233, 256-257, 272-274, 276-279; Pliguzov, *Polemika*, pp. 57-178, 253-257.

[2] Dimitri Obolensky, "Italy, Mount Athos, and Muscovy: The Three Worlds of Maximos the Greek (c. 1470-1556)", *Proceedings of the British Academy*, 67 (1981): 143-149; Maksim, *Sochineniia*, 3 vols., 2nd edn. (Kazan': Kazan'skii universitet, 1894-1897), vol. II, pp. 89-118, vol. III, pp. 182-183, 203; V. F. Rzhiga, "Neizdannye sochineniia Maksima 'Greka'", *Byzantinoslavica*, 6 (1935-1956): 96, 100.

of Borovsk)和其他拥有村庄的修士的圣洁。宗教会议还调查到,在马克西莫斯所翻译的"改编者"西梅翁的《圣母的一生》中有"犹太"段落。马克西莫斯的抄写员、修士伊萨克·索巴卡(Isak Sobaka)供称,是马克西莫斯将译本交给了瓦西安,而其他人则认为瓦西安才是罪魁祸首。宗教会议将瓦西安开除教籍,监禁在约瑟夫-沃洛科拉姆斯基修道院直到他去世。马克西莫斯被送到特维尔的奥特洛奇修道院(Otroch' monstery)。虽然约瑟夫派将"无产者"等同于"犹太派",但却始终无法孤立他们。特维尔主教阿卡基(Akakii)让马克西莫斯卸下枷锁,给他书看,让他写作。1539 年,圣三一-谢尔久斯修道院院长约瑟夫·斯克里皮岑(Ioasaf Skripitsyn)取代丹尼尔成为都主教,他恢复了伊萨克的教籍,先是使他成为西蒙诺夫斯基修道院院长,后又命他担任克里姆林宫丘多夫斯基(奇迹)修道院[Kremlin Chudovskii (Miracles) monastery]院长。1542 年,在教会派别之争中,马卡里取代了约瑟夫。马卡里来自一个与约瑟夫·沃罗茨基相关的莫斯科神职人员家庭,与约瑟夫一样在帕夫纳特耶夫修道院(Pafnut'ev monstery)削发,他曾担任丹尼尔的诺夫哥罗德大主教,痛恨异端。1549 年,他向瓦西里三世揭发了伊萨克与异端马克西莫斯、瓦西安的同谋关系,再次将他定罪。[①]

四、改革

外交官伊凡·别克列米谢夫(Ivan Beklemishev)是马克西莫斯的密友和1525 年的辩护人,根据他的评价,马克西莫斯"是个聪明人,当我们请教统治者应该如何管理土地、怎么对待人民,城镇居民应该怎样生活时,他总能帮助我们,启发我们",他还撰写了一部探讨基督徒生活方式的新著作。[②] 当提及被宫廷医生尼克劳斯·布洛夫引起的对占星学的兴趣时,马克西莫斯警告说,人造的科学总是会营造出诱人的幻觉,让人误以为外力能够主宰人的命运。这会剥夺上帝所赋予人的自由意志,因此是非常危险的。在一次忏悔讲道中,他提

① N. N. Pokrovskii, *Sudnye spiski Maksima Greka i Isaka Sobaki* (Moscow: Glavnoe arkhivnoe upravleniia, 1971), pp. 90 - 125, 130 - 139; Kazakova, *Vassian*, pp. 285 - 318; Pliguzov, *Polemika*, pp. 207-252.
② *AAE*, vol. I (St Petersburg: Tipografiia II Otdeleniia Sobstvennoi E. I. V. Kantseliarii, 1836), p. 141.

议"远离俗世,保有修士的习惯……对上帝来说,这些就如同纯洁的信仰、诚实的生活、踏实的工作"①。尽管教士们的信仰类型众多,好比"无产者"修士阿尔捷米(Artemii)和都主教丹尼尔,但他们也说明了这个问题。阿尔捷米像波兰-立陶宛的很多宗教激进分子一样,声称《圣经》会比奇迹更好地引导人们过上道德的生活,并强调寻求者有责任让《圣经》塑造自己的人生。丹尼尔的讲道更加传统,但他是莫斯科公国首位用这种方式布道的贵族。同阿尔捷米一样,他在讲道中将道德指引、仪式和祷告置于优先地位。② 人们经常引用《治家格言》来陈述服役的军人、国家公务人员和城镇居民重视道德教导。希尔维斯特是克里姆林宫圣母领报堂的牧师兼圣像画家,他将这部匿名作品的一个副本留给儿子安菲姆(Anfim),告诉他基督徒家庭将赢得别人的敬重。东正教仪式构筑了男女、父子、主仆之间的尊卑体系。在养育子女这一章中,父亲的职责是保护子女,对其行为和职业给予指导,母亲负责教育女儿。他们引用《圣经》中的话,劝诫人们不要太过仁慈、溺爱孩子。③ 在诺夫哥罗德,马卡里在不同方面进行了改革,1538 年,他们以日历的形式制作了一套记录着每个圣徒节日的百科全书。这套书共有 12 卷,每月一卷,被称为"伟大的圣诞日历"(velikie minei chetii),因为其中包含了圣徒的完整传记与其他内容。都主教马卡里赞助了此书的增补版,补入了他所追封的圣徒传记及其档案室里的材料。因此,7 月卷和 8 月卷就补入了约瑟夫《启示者》的最终版、佛罗伦萨的里科多斯(Ricoldus,约 1300 年)用希腊语撰写的敌视伊斯兰信仰作品的部分翻译、基于经典(约 1462 年)的布道内容(责难接受与罗马教廷联盟并赞颂瓦西里二世大公拯救莫斯科者)、普斯科夫的菲洛费(Filofei)1524 年写给米舒尔·穆涅欣(Misiur' Munekhin)将俄国比作第三罗马的书信体诗文以及俄国教士的信件。马卡里声称自己留存了所有神圣的笔记,他保留了一份副本,然后在 1552 年将其他的呈送给了伊凡四世作为官方的参考书。④

　　然而,伊凡四世与新的得力助手阿尔捷米一起,想要进行更加激进的改革。阿尔捷米来自深受波兰-立陶宛改革主义潮流影响的普斯科夫。伊凡将

① Maksim, *Sochineniid*, vol. I, pp. 387, 400-401; vol. II, p. 149.

② *Russkaia Istoricheskaia Biblioteka*, vol. IV, cols. 1407-1412; V. I. Zhmakin, "Mitropolit Daniil i ego sochineniia", *ChOIDR* (1881), no. 2, app., pp. 1-39, 44-55, 62-76.

③ Pouncy (ed.), *Domostroi*, pp. 177, 193, 145, 176-190.

④ V. A. Kuchkin, "O formirovanii Velikikh Minei Chetii mitropolita Makariia", in A. A. Sidorov (ed.), *Problemy rukopisnoi i pechatnoi knigi* (Moscow: Nauka, 1976), pp. 86-101.

他从北方的隐修院召回,迫使圣三一-谢尔久斯修道院接受其为院长。同时,伊凡于 1551 年 1 月召集了百章会议。在开幕讲话中,他说为了拯救灵魂而建立的修道院变得世俗化了,人们成为修士是为了过上安逸舒适的生活,他们与俗人一道寻欢作乐,全然不顾自己的使命。伊凡提醒宗教会议,修道院不断接受赠礼和村镇才使得它走到这个地步。马卡里和大多数约瑟夫派修士不得不回应,自君士坦丁始,拜占庭帝国的皇帝、教士和宗教会议、俄国大公和鞑靼可汗都尊重教会财产。最后,谁都没有得到满意的结果。约瑟夫派在很多点上做出了让步:宗教会议认可政府清查修道院土地的权利;承诺遵守 1550 年《法典》中停止豁免许可签发的条款;同意对其获得财产权利的限制,以及国家对修道院补贴的减少;承认 1550 年 9 月 15 日的沙皇法令,该法令重新确立了国家在教会所有的俄国城镇郊区的征税权和管辖权,并禁止建立新的教会郊区。[①] 不过,修道院依然保留了相当大的自主权和获取财产的权利。

　　宗教会议也致力于纠正教区神职人员和世俗人员的行为。当有人犯了错误,宗教会议就会劝诫他来教堂,敞开心扉向上帝忏悔。宗教会议重新制定了相关教规,以解决人们对婚姻法的无视和漠然。教士们定期举行宗教仪式和安魂弥撒,让教区居民对上帝保有敬畏之心。普通民众因而不再有理由拒绝参加宗教活动。宗教会议禁止教士在圣礼中收取不合理费用,教区内无视劝解、扰乱或未出席宗教活动的居民可能会被开除教籍。神职人员也清楚自己的职责,宗教会议下令在城镇建立神学院,提醒牧师们自己有教导的义务。不称职的神职人员将会被解雇。改革并没有收到明显效果,主要是因为教会没有将神学院建立起来,也没有改进自己的管理。伊凡告诉宗教会议,"什一税庭"唯利是图,他们征收赋税使得教区居民陷入贫困,无法供养教会。教会的答复是从当地神职人员中选出高级牧师(popovskie starosty)来取代他们,支付本教区的什一税。[②] 这种做法是否带来了更多收入尚不清楚,但是就提高神职人员的道德和神学修养,以及管理教区民众的能力来说,它反而是一种倒退。高级牧师不受大主教区监督,并不比低级牧师拥有更高的教育水平。

　　1551 年 6 月,阿尔捷米回到北方隐修院,他的改革随之结束。报复也随之而至,1553—1554 年间,马卡里召集宗教会议聆听指控,宣称阿尔捷米与异端

---

① Emchenko, *Stoglav*, pp. 256-259, 328-335, 343-356, 358-372, 376-380, 407-409.
② Emchenko, *Stogiav*, pp. 239, 244-245, 255, 281-287, 297-302, 390, 394-397, 399-405; Jack Kollmann, "The Stoglav", 66-91.

军人马特维·巴什金（Matvei Bashkin）、逃亡奴仆和修士费奥多西·科索伊（Feodosii Kosoi）以及官员伊凡·维斯科瓦特相勾结。维斯科瓦特的罪名较轻，其他人则被划为异端并开除教籍。1555年和1556—1557年间，其门徒也被定罪。巴什金被送到了约瑟夫-沃洛科拉姆斯基修道院，其他人则被送往索洛维茨基修道院，途中他们逃至立陶宛。费奥多西成为反三位一体的牧师，阿尔捷米仍然是东正教修士。[1] 据官方记载，除维斯科瓦特以外，被告都认为耶稣不如上帝，并且质疑宗教仪式、符号以及崇拜圣徒和遗迹的功用。我们很难知道16世纪50年代初期费奥多西·科索伊信奉的是什么，因为对其神学思想的驳斥出现在他逃亡之后，据一位批评者说，在立陶宛的一次讲道中，费奥多西告诉人们教会是所有信徒的联盟，在上帝面前，鞑靼人、日耳曼人以及基督徒都是平等的。朝廷听取了巴什金询问为什么教徒拥有奴隶，同时又自称爱别人就像别人爱自己一样的证词。虽然阿尔捷米并非对改革主义的浪潮一无所知，但他的神学观点与"无产者"的传统一致。他反对怀疑安魂仪式与宗教象征的功效，敦促伊凡没收修道院的土地，他"像犹太人那样写作"或者拒绝诅咒诺夫哥罗德的异端分子，说拯救只与合乎道义的生活有关，对异端的惩罚并不公正。当时朝廷中唯一的非约瑟夫派、梁赞主教卡西安对此表示赞同，针对约瑟夫的《启示者》的批评引起了一场轩然大波。伊凡和马卡里都认可该书，于是罢免了卡西安。[2]

当时并没有出现大规模要求宗教改革的运动。大多数信徒都致力于异端分子所批判的宗教仪式和制度。而且，相关资料只通过手抄副本传播。印刷文化尚未普及，像同一时期席卷西欧的信息革命那样的风潮在俄国不成气候，这使得马克西莫斯的译作、布道和辩词，教会的教学以及批评家的言论只能在小范围的人群中间传播。唯一一家出版机构是1553年伊凡四世和马卡里创立的，由克里姆林宫助祭伊凡·费奥多罗夫（Ivan Fedorov）和彼得·姆斯季斯拉维奇（Petr Mstislavich）经营。它前后共印刷了6本匿名经文，以及费奥多罗夫的《使徒行传》（The Acts and Letters of the Apostles，1564年）和《时间之

---

[1]　*AAE*，vol. I, pp. 240-256；M. V. Dmitriev, *Dissidents russes*, 2 vols. (vols. XIX, XX of André Séguenny, ed., *Biblioteka Dissidentium*, Baden-Baden: Koerner, 1998-1999), vol. I, pp. 73-75; vol. II, pp. 15-18, 22, 37, 61-63.

[2]　*AAE*，vol. I, pp. 249, 251-253；A. N. Popov (ed.), "Poslanie mnogoslovnoe, sochinenie inoka Zinoviia", *ChOIDR*, (1880), bk. 2, pp. 143-144; *Russkaia Istoricheskaia Biblioteka*, vol. IV, cols. 1439-1440.

书》(Book of Hours,1565 年)。1568 年,费奥多罗夫前往立陶宛,据记载,曾有暴徒在教士的唆使下放火烧了他的出版社。然而,1568—1606 年间,该出版社又出版了至少 13 本书,包括《圣经》、礼拜用书和月历。①

五、教会与国家

1504 年后不久,约瑟夫·沃罗茨基就援引助祭阿加佩图斯(Agapetus)献给拜占庭皇帝查士丁尼一世的双重格言赞美了莫斯科公国的君主。这一文本是东正教信徒人人熟知的,认为只要君主能够坚持东正教的美德和正义,那么他就值得臣民们的服从。约瑟夫是第一位从探索教会与国家关系的角度来庆祝莫斯科兴起的人。1519 年,马克西莫斯对瓦西里三世讲述了查士丁尼一世的看法,即教会的精神力量与国家的政治力量必须和谐一致。② 1547 年,马卡里加冕伊凡四世为沙皇时,重申了这一原则。以拜占庭仪式为蓝本,加冕仪式宣告君主的统治是神圣的,有权干涉宗教事务,有义务使臣民保持信念。1561 年,君士坦丁堡大牧首承认了伊凡的头衔,1584 年费奥多尔加冕时,以一场横穿莫斯科的游行作为结束。同圣枝主日和主显节游行一样,其所反映的帝国形象沐浴着基督教的谦恭。1586 年,为了重建统治者和教会领袖之间的和谐关系,鲍里斯·戈杜诺夫代表沙皇费奥多尔先是游说安提阿牧首约阿希姆(Patriarch Joachim of Antioch),然后又前往莫斯科请求资金支持,以便安排宗教大会,扶持莫斯科都主教伊欧夫(Metropolitan Iov of Moscow)登上牧首之位。他什么也没实现。因此,当君士坦丁堡大牧首耶利米二世(Patriarch Jeremiah II)于 1589 年来到莫斯科请求资助时,鲍里斯将他扣留,直到他为伊欧夫祝圣,使其成为牧首,并且宣布俄罗斯沙皇的帝国(tsarstvo)为第三罗马。在 1590 年 5 月的一次宗教大会上,所有东方牧首都认可了对伊欧夫的任命。③ 事实上,伊欧夫的地位是脆弱的。1448 年,大公瓦西里二世开始计划让约纳担

---

① A. S. Zernova, *Knigi kirillovskoi pechati*, *izdannye v Moskve v XVI-XVII vekakh* (Moscow: Gosudarstvennaia biblioteka SSSR, 1958), pp. 11-25.

② Iosif, *Prosvetitel'* (4th edn), p. 547; Zimin and Lur'e (eds.), *Poslaniia Iosifa*, pp. 183-185, 229-232; Maksim, *Sochineniia*, vol. II, pp. 297-298.

③ *SGGD*, vol. II (St Petersburg: Tipografiia Vsevolozhskogo, 1819), pp. 94-103; Skrynnikov, *Krest i korona*, pp. 316-326.

任都主教。继任者也都操纵了都主教或牧首的人选,监督他们选择高级教士,而且经常干预人员的提拔或撤免。他们在宗教事务中更加谨慎。1479 年,都主教格龙季宣布退休,返回西蒙诺夫斯基修道院,并拒绝主持宗教仪式,以此反对伊凡三世干涉圣母升天大教堂的奉献仪式。伊凡不得不当面拜访他,使他重回旧职。1483 年,格龙季故技重施,但没有得到上次的回应。随后,统治者们开始更加大胆地插手教会内部事务,伊凡四世时期尤甚,不过,这些行动仍然符合拜占庭式的精神世界与世俗世界的和谐一致。伊凡四世打破了这一形象。1569 年,他处死了都主教菲利普。这在当时举世瞩目,1590 年,索洛维茨基修道院的一名修士撰写了菲利普的生平,宣称他为圣徒,并引用阿加佩图斯的话谴责伊凡对他的谋杀。[1]

六、"混乱时期"

对于教会而言,"混乱时期"的情势也非常错综复杂。牧首伊欧夫曾帮助戈杜诺夫当上沙皇,他因此被伪德米特里一世罢免。1606 年,克里姆林宫圣母领报堂修士捷连季(Terentii)回顾此事时描述了一个梦境,梦中上帝感叹在他的"新以色列",根本不存在真正的沙皇、牧首、教士或子民。[2] 1606 年底,王公瓦西里·舒伊斯基推翻了伪德米特里的统治,选中盖尔摩根(Germogen/Hermogen)担任牧首。盖尔摩根将领导教众抵制波兰人侵占莫斯科,并于1613 年加冕米哈伊尔·罗曼诺夫为沙皇。然而,他的对手——罗斯托夫都主教费拉列特,以及讲述"混乱时期"(smuta)圣三一-谢尔久斯修道院所面临考验的修士阿夫拉米·帕里岑(Avraamii Palitsyn)——的职业生涯更典型地体现了高级教士们矛盾的忠诚。费拉列特原名费奥多尔·尼基季奇,他是罗曼诺夫家族的元老,与伊凡四世有着姻亲关系。1600 年,沙皇鲍里斯命他削发,结束了他的政治生涯。伪德米特里一世将他释放,任命他为罗斯托夫都主教;伪德米特里二世使他成为牧首,与盖尔摩根对抗。费拉列特在地位不保时与

---

[1]　Paul Bushkovitch, "The Life of Saint Filipp: Tsar and Metropolitan in the Late Sixteenth Century", in Flier and Rowland (eds.), *Medieval Russian Culture*, vol. II, pp. 29-46.

[2]　A. I. Pliguzov and I. A. Tikhoniuk (eds.), *Smuta v Moskovskom gosudarstve* (Moscow: Sovremennik, 1989), p. 64.

波兰国王西吉斯蒙德商议,加冕西吉斯蒙德的儿子瓦迪斯瓦夫(Władysław)为沙皇。俄国军队解放莫斯科并为其子米哈伊尔加冕之际,费拉列特尚在波兰的监狱中。帕里岑是一个失败的军人,1597 年后成为修士,1608 年时是圣三一-谢尔久斯修道院的后勤管理员。米哈伊尔统治早期,他撰写了一部关于"混乱时期"的故事,主要讲述了 1608 年 9 月至 1610 年 1 月伪德米特里二世和波兰人对修道院的围攻。真实的细节、远见与奇迹,以及反波兰爱国主义丰富了故事的叙述。然而,此次围攻发生时,帕里岑正在莫斯科谋划让瓦迪斯瓦夫替代舒伊斯基。有一段时间,他还支持西吉斯蒙德上位。然而,波兰的占领强化了百姓们基于信仰而产生的国民意识。日耳曼人康拉德·比索(Konrad Bussow)是这一事件的目击证人,他写道,1611 年 1 月 29 日,由于民众们怨恨波兰人对其宗教仪式的嘲弄以及对圣徒的侮辱,因此把他们围堵在了克里姆林宫内。波兰人禁止圣枝主日后的当年春,愤怒的人群开始用自己的方式庆祝这个节日。曾经的贵族事务变成了广泛的庆典,庆典上,象征着谦恭基督徒的沙皇代理,带领以都主教盖尔摩根为首的教会,前往代祷教堂的耶路撒冷礼拜厅,标志着救赎诺言的重生。①

---

① Konrad Bussov, *Moskovskaia khronika*, 1584 - 1613 (Moscow and Leningrad: AN SSSR, 1961), pp. 317, 320-321.

第十六章 法　律

理查德·赫利

这一时期的法律发生了重大变化。首先，它完成了从二元程序到三元程序的演变。其次，它在由主要基于口头证据向基于书面证据转变方面取得了重大进展。最后，它以四部主要法典(Sudebniki)为特色，这四部法典意味着俄国取得了大幅超越往昔的成果。

中世纪法律集成——《罗斯法典汇编》(Russkaia pravda)的编纂工作于1016年启动，1170年完成，直到1549年，它仍然是俄国的"基本法"。下文将概述《罗斯法典汇编》中的条款。[①] 我们将之与莫斯科公国中期法律进行对比，说明后者取得的进步——这一时期有时被称为"法典时代"(era of the Sudebniki)。

一、《罗斯法典汇编》

一开始，《罗斯法典汇编》是一本法庭手册，用来保护诺夫哥罗德人民反抗维京雇佣兵的压迫。雅罗斯拉夫的儿子们在1072年左右基于土地法增加了附属条款，通过各种名目的罚款来制裁凶杀、盗窃或破坏大公财产的行为，从而试图保护王公政府代表及其财产。"弗拉基米尔·莫诺马赫法规"(1113—

---

① 关于《罗斯法典汇编》的研究不计其数。其中最重要的版本仍然是由格列科夫(B. D. Grekov)等人编辑的三卷本《罗斯法典汇编》[Pravda russkaia (Moscow and Leningrad: AN SSSR, 1940-1963)]。最好的英译本是丹尼尔·凯泽尔(Daniel H. Kaiser)的《俄国法——10至15世纪》[*The Laws of Rus'-Tenth to Fifteenth Centuries* (Salt Lake City, Ut.: Charles Schlacks, 1992), pp. 14-40]。笔者最喜欢的文章参见 L. V. Cherepnin, "Obshchestvenno-politicheskie otnosheniia v drevnei Rusi i Russkaia pravda", in A. P. Novosel'tsev et al., *Drevnerusskoe gosudarstvo i ego mezhdunarodnoe znachenie* (Moscow: Nauka, 1965), pp. 128-278。

1125 年)专门解决债务问题。约 1176 年弗谢沃洛德统治期间新增的附属条款包括一项"奴隶法规"[其中说明奴隶不是动物,而是具有人类的特征(a to est' ne skot)],以及关于庭审程序、刑法和继承法的法条。

《罗斯法典汇编》在证据问题上的解释十分详尽。证人可以是目击者(vidoh),也可以是性格或传闻证人(poslukh)。绑架或偷窃奴隶的证词、暴力留下的伤痕等被看作决定性证据。反抗也是很好的证据。各种形式的神示也被纳入证据,譬如铁与水的誓言和磨难。《罗斯法典汇编》集结于依赖口头证据的社会,当时书面证据少到不值一提。

继承规则也相对细致。遗嘱(通常是口头形式)得到承认。监护是被允许的。如果一个人没有继承者,那么他的财产就要归还给大公。妻子没有继承权,女奴的孩子也没有。宅基地应被传给最小的儿子(作为照顾父母的回报),且不能被分割。

侵犯财产、纵火、谋杀和袭击都是犯罪。罚款是一般的处罚手段,但除此之外,犯人也可能被判驱逐和流放,甚至没收财产、体罚和死刑。

在长达 500 年的《罗斯法典汇编》时代,法律的功能如下:约束可能寻仇的亲属;收回死者亲属复仇的权力,使惩罚凶手成为王公的义务;保护市民不受王公扈从的伤害;从犯罪者手中保护社会;保护下层阶级免受上层阶级的迫害;维持秩序;为多民族社会营造和谐氛围。法律还履行了保护基督教的义务,维持社会等级制度和父权至上,同时保护无助的妇女,实施集体责任制。法律也是一种中央集权的手段,首都的法规被推广到罗斯的其余地区。该法试图支持私有财产制度,并保护贸易和商业。法律的首要功能之一是为官方提供财政支持,其次还要维持军队。最后,像所有法律一样,《罗斯法典汇编》也是解决冲突、调节损害赔偿、创造更人道的社会以替代丛林法则的工具。下文将对《罗斯法典汇编》与莫斯科公国中期法律的功能进行对比。

围绕《罗斯法典汇编》的来源,几个世纪以来都没有形成一致的答案。一些人认为拜占庭法是《罗斯法典汇编》的灵感源泉,但实际上俄国法典中没有任何法条可以在拜占庭找到对应文本。斯堪的纳维亚法也可能是一个源头。①针对这个问题,合乎逻辑的解决方案似乎是将《罗斯法典汇编》的作者归于东

① 已故的奥斯瓦尔德·普伦蒂斯·巴库斯(Oswald Prentiss Backus)教授在他去世前不久告诉笔者,他在波罗的海的一个岛上发现了一卷很可能是《罗斯法典汇编》的斯堪的纳维亚原型的文件,但在他去世后未能听到更多消息。

斯拉夫人自己。当问题出现时,他们知道如何解决。他们不懂希腊语、拉丁语或瑞典语,所以无法找到先例和解决方案,只好求诸自身。

从基辅罗斯法延续至这一时期的另一个因素是教会法。这里必须提及两部据称是从 11 世纪初开始施行的法律。其一是弗拉基米尔的《教会法》(Church Statute)。① 这是一部简明的法律,它所规定的少数普适性法条一直沿用到近代早期。其中一条是"教会人员"不受国家法律管辖。"教会人员"不仅包括都主教、主教、修道院长老、修士和牧师等显而易见的神职人员,而且包括寡妇、乞丐、流浪者、被解放的奴隶等无助的群体。其二是雅罗斯拉夫的《教会法》,它赋予教会对家庭法和社区关系许多方面的管辖权,有时被认为侵犯了社区法。② 社区法相当复杂,注定通行时间不长。它很快被《舵手》或称《领航员之书》(Kormchaia kniga)取代,这是拜占庭教会法(Nomocanon)的教会斯拉夫语译本。③《舵手》在 13 世纪最后 25 年开始实施,并进入了早先推行雅罗斯拉夫《教会法》的辖区。除教会法以外,《舵手》还包含拜占庭民法,如《选举法》(Ekloga)和《法学手册》(Procheiros nomos)。

在《罗斯法典汇编》向莫斯科中期法律发展的过程中,最主要的变化或许是法律程序从二元转变为三元。④ 二元法律程序是主要基于共识、最低程度治理的社会的特征。在这样的社会中,"国家"有偿提供冲突的司法解决服务。然而,除了为其官员带来的收入以外,"国家"很少关心司法程序。"国家"不立案或起诉,几乎没有强制执行机制,也没有监狱。在这种法律程序中,"民事"和"刑事"案件(当时不存在区别)的受害人作为原告立案,被告有义务做出回应。整个流程是责问式的,原告对推进审理程序负全责。如果被告没有回应,那么他/她会自动输掉官司,必须支付作为主审法官的官员所规定的罚款。拒绝不支付罚款在这样的社会中会导致被告沦为奴隶或遭到驱逐。在 21 世纪,二元法律模式见于国际法和国际法院,只有当潜在诉讼当事人愿意时,他们才

---

① Kaiser, *Laws of Rus'*, pp. 42-44.

② Ibid., pp. 45-50.

③ Denver Cummings (trans.), *The Rudder (Pedalion) of the Metaphorical Ship of the One Holy Catholic and Apostolic Church of the Orthodox Christians* (Chicago: Orthodox Christian Education Society, 1957).

④ Daniel H. Kaiser, *The Growth of the Law in Medieval Russia* (Princeton: Princeton University Press, 1980). 关于二元—三元演化的更多细节,参见凯泽尔未发表的博士学位论文,"The Transformation of Legal Relations in Old Rus' (Thirteenth to Fifteenth Centuries)", University of Chicago, 1977。

会出现在法庭上。

三元法律程序则大不相同。国家关注案件，由官员推动案件审理。国家本身就有可能启动"刑事案件"，随着案件进入调查，有时官员/法官会充当检察官。在"民事案件"中，原告必须推动案件审理程序，但法官不一定是中立的仲裁者。国家发挥执行判决的作用。监狱在俄国出现于1550年左右，成为法律程序的重要工具。除监禁外，还有其他补充罚款的制裁，例如体罚、死刑和毁尸。

从二元到三元法律程序的演变是一个渐进的过程。随着礼俗社会（Gemeinschaft）过渡到法理社会（Gesellschaft），基于共识的社会逐渐消失。这种演变在诺夫哥罗德（在1478年被莫斯科吞并之前至少有2万人口）、普斯科夫（在1510年被莫斯科吞并之前人口约为1.5万）和莫斯科本身（在16世纪上半叶据称有4万户人家）都已经取得了相当大的进展。16世纪20年代，向三元法律程序的转变发生了"大中断"——当时在莫斯科公国大部分地区，法律和秩序崩溃，而共识社会的遗产也随之丧失。首都收到了无数请愿书，要求对犯罪采取行动。作为回应，莫斯科向各地派遣了代表，以制止犯罪浪潮。这使得国家以前所未有的方式直接进入了刑事诉讼程序。自此以后，三元法律程序获得了至高无上的地位。

在此之前，还发生了一系列对法律产生重大影响的事件。从15世纪末到16世纪的第一个十年，三个相互独立的问题交织在一起，其二级作用对俄国产生了持久的影响。[1] 第一个问题是由谁来继承伊凡三世的王朝争议，这已经在15世纪末得到解决，继任者定为伊凡在第二次婚姻中所生的儿子瓦西里三世。第二个问题是所谓的"犹太派"，他们是一群持异见的神职人员，坚持《旧约》中的许多信条，但也是莫斯科先进知识分子的代表。他们的追随者跻身伊凡三世的侧近，但最终在16世纪初被宗教会议清除。第三个问题涉及俄国东正教在世界范围内的作用。自14世纪中叶以来，教会——特别是修道院——一直在扩张土地，到1500年，已经拥有了莫斯科近三分之一人口稠密的土地。这是教会走向"世界"的一种重要方式，却冒犯了纯粹主义者，因为他们相信教会的职责是救赎灵魂，而不是积累财产。这样就出现了"无产者"和"有产者"两

---

[1] Aleksandr Ianov, *Rossiia: U istokovtragedii 1462-1584* (Moscow: Progress, 2001), pp. 122-153.

大阵营。前者也被称为"跨伏尔加河(伏尔加河以北)长老",领袖是尼尔·马伊科夫·索尔斯基(Nil Maikov Sorskii)。他们的主要反对者是沃洛科拉姆斯基修道院的长老约瑟夫,即伊凡·萨宁(Ivan Sanin)。在清算"犹太派"的同一次会议上,"跨伏尔加河长老"们也被击败。约瑟夫成为所有三个事件的胜利者:王位继承、"犹太派"争议和教会土地问题。出于对伊凡三世和瓦西里三世的感激,在难熬的几年中,他重述了拜占庭助祭阿加佩图斯(盛于 527—548 年)的学说,将其写入教条:"君主在肉体上是人,但在权威上如同上帝。"[①]这一关于国王神圣权威的俄国版本的阐述支撑着俄国的法律和君主制,直到它于 1917 年秋崩溃,被苏维埃以另一种形式取代。这里想要说明的是,当时广受争议且众所周知的约瑟夫派口号,起到了促进莫斯科正式的三元法律体系合法化的作用。

在开始讨论莫斯科公国中期法典之前,必须提及另外两部早期俄国法典——《普斯科夫司法规约》(Pskov Judicial Charter,1397—1467 年间编入 120 条)和《诺夫哥罗德司法规约》(Novgorod Judicial Charter,1478 年莫斯科吞并该"共和国"后不久收入 42 条)。[②] 它们代表着当时俄国西北部最好的法律,比同时期的莫斯科法律更加先进。

二、《普斯科夫司法规约》

《普斯科夫司法规约》中的法条源自《罗斯法典汇编》、统治者亚历山大(Aleksandr,1327—1330、1332—1337 年在位)和君士坦丁(Konstantin,1407—

---

① Ihor Ševčenko, "A Neglected Byzantine Source of Muscovite Political Ideology", *Harvard Slavic Studies*, 2 (1954): 141-179.

② Richard Hellie, "Russian Law from Oleg to Peter the Great", the Foreword in Kaiser's *Laws of Rus'*, pp. XXIII-XXIV. 凯泽尔对这两部法律的译文可见该书第 66—105 页。其他近期的相关版本可见 *PRP*, 8 vols. (Moscow: Gosiurizdat, 1952-1963), vyp. II; *Pamiatniki prava feodal'no-razdroblennoi Rusi XII-XV vv.*, comp. A. A. Zimin (1953), pp. 210-244 and 282-381 and *RZ*, 9 vols. (Moscow: Iuridicheskaia literatura, 1984-1994), vol. I; *Zakonodatel'stvo Drevnei Rusi*, ed. V. L. Ianin (1984), pp. 299-389. 后文脚注将简称《普斯科夫司法规约》(Pskovskaia sudnaia gramota)为 *PSG*,简称《诺夫哥罗德司法规约》(Novgorodskaia sudnaia gramota)为 *NSG*。莫斯科公国中期法典可见 *Sudebniki XV-XVI vekov*, ed. B. D. Grekov (Moscow and Leningrad, AN SSSR, 1952),以及 *PRP*、*RZ* 等合集。后文脚注将简称其为 *1497 Sudebnik*、*1550 Sudebnik* 等。

1414 年在位)颁布的法律、市民维彻和城市管理委员会(gospoda)下达的政令以及普斯科夫习惯法或普通法。它是 1497 年莫斯科公国中期法典最重要的来源之一。在普斯科夫,从二元法律到三元法律的转变正在进行,但还完全没有结束。这种过渡明显地体现在有着调查刑事犯罪义务的"警官、执行官、守卫"(即 pristav,变形自动词 pristaviti,意为"提出、传达、发出命令,任命")的机构中。在调查期间,原告应与警官一起行动,他在案件审理过程中充当原告的助手。① 在公证协议、调查犯罪、逮捕小偷或债务人并强制他们出庭,以及充当死刑执行人之时,警官代表着社会、社区以及任命他的政治权威(王公和市政官)。②

如果我们可以概括地说《罗斯法典汇编》关注的是程序法和刑法,那么相比较而言,《普斯科夫司法规约》总体上主要涉及民事规范:合同、财产、继承和农民的法律地位。

由于土地所有权在基辅罗斯几乎无关紧要,因此《罗斯法典汇编》几乎没有区分不动产和动产。显然,解决城市财产冲突被认为并没有那么重要,以至于不值得写入法律。而普斯科夫的情况明显不同,不动产和动产的区分是明朗的。

到了 15 世纪,世袭地产制度在普斯科夫建立。法律根据世袭地产的所有者(王公、修道院、波雅尔、家族)和产生方式(统治者售卖或授予)将其区分为各种形式。③ 普斯科夫法律理论上允许出售任何动产或不动产。然而,在中世纪晚期和近代早期的俄国,土地很少充当商品,因为卖方的家族成员有权继承庄园,能够几乎不受任何限制地将土地购回。这大大抑制了土地的流动性,因为市场深陷赎回限制的制约。在普斯科夫,土地出售合同必须规定卖方或其继承人可以赎回该世袭地产的最后日期。④ 这是对市场的一种适度让步,但从本质上看,大家族的利益仍然占了上风。即使卖方本人也可以赎回不动产,除非他在出售合同中放弃这项权利。宗族也可以指控一个人在未经同意的情况下售卖土地,并上诉要求归还。17 世纪中叶之前,个人主义在俄国任何地方几乎都是闻所未闻的,不过,财产法只是阻碍个人主义发展的一个因素,这种情

---

① *PSG*, arts. 67, 98.
② *PSG*, arts. 34, 98.
③ *PSG*, art. 13.
④ *PSG*, art. 13.

况是出于保护家族集体利益的目的。

从法律经济史的角度看,一项有趣的法律条款允许土地的管理者和耕作者在四五年后获得对土地的所有权。即使土地所有者持有书面文件,如果他超过五年未使用该土地,他也会失去它。[①] 该条款不适用于林地,对于林地所有权,书面文件拥有最高法律效力。这样做的目标是保持农业用地的产出。如果土地所有者做不到,那么所有权就会流到能做到的人手中。诉讼中经常援引该法条。

普斯科夫的法律旨在保护物主的利益。在醉酒时进行的交易无效,无论卖方还是买方都不能在清醒时对其提出挑战。[②] 卖方必须保证售出的物品不是偷盗的赃物。[③] 普斯科夫法律有一点惊人地先进,那就是如果购得的物品有缺陷,那么买方有权宣布交易无效。[④]《罗斯法典汇编》中规定拾物者拥有他所拾得的任何东西,但是根据普斯科夫的法律,失物者有权起诉拾物者,拾物者必须证明没有故意偷窃该物。[⑤] 这种进步是合理的,因为在基辅几乎没有或者缺少可靠的文件,人们不得不依赖口头证词,而普斯科夫的法律环境更加精细,因此保护物主权利的成本是可以承受的。

这一时期,普斯科夫的合同法是最为复杂的。《罗斯法典汇编》中没有关于书面合同的规定,所有合同都是在证人面前口头订立的。然而,普斯科夫禁止超过一卢布的口头合同。[⑥] 普斯科夫承认四种合同:(1)口头合同。(2)扎皮斯(zapis'),这是一种书面文件,圣三一大教堂档案馆保存有一份副本。这种文件在法庭上不可质疑。(3)利亚德尼查(riadnitsa),另一种书面文件,记录货币支付、贷款偿还,须提交到圣三一大教堂存档。它同样不可质疑。(4)多斯卡(doska),根据词源学,它可能是写在平板或面板上的一种记录,但到 15 世纪,它成为圣三一大教堂不归档的私人文件,在审判中会受到质疑。[⑦] 上述四种合同都没有进入莫斯科公国中期法律的主流。

总体上,普斯科夫为商业提供了一个有利的法律环境——这对于俄国最

---

① *PSG*,art. 9.

② *PSG*,art. 114.

③ *PSG*,arts. 46,47,56.

④ *PSG*,art. 118,这里指患病的牛。

⑤ *PSG*,arts. 46,47.

⑥ *PSG*,arts. 30,33.

⑦ *PSG*,arts. 30,31,32,36,38.

"西方"的城市而言并不奇怪。存储、典当和贷款都受到保护。① 贷款利息(imanie)是合法的,而且没有最高限额的规定。出现相关冲突时,双方须向普斯科夫管理委员会提起诉讼,该委员会根据《普斯科夫司法规约》的许多其他条款承担司法责任。②

普斯科夫引入了劳动法。工人(naimit,本意为"雇员")明确拥有索取工资的权利。他作为自由人与雇主订立口头合同,有权起诉雇主。他可以在任何时候离开,并得到已完成工作的报酬。工人必须公开宣布他对雇主的索求。③

在从基辅传播到普斯科夫的过程中,俄国继承法变得更加复杂。早期的遗嘱是口头形式的,在普斯科夫,口头遗嘱依然有效。若一个人还活着或者濒临死亡,那么他可以在证人的见证下将任何动产或不动产赠送给任何人,这种赠予合法。④ 然而,书面遗嘱更受青睐,而且人们可以通过在圣三一大教堂档案馆保存一份副本确保遗嘱生效。如果一位拥有土地的妻子去世,那么她的鳏夫能继续持有她的财产,直到他去世或再婚,她的财产才归属她的家族。这项规定同样适用于寡妇。如果鳏夫或者寡妇再婚,鳏夫过世妻子的亲属或者寡妇过世丈夫的家族就可以索取她或他的衣物,而鳏夫或者寡妇有义务转交。双方都无须起誓说明没有更多的衣物了。寡妇可以向她的公公或亡夫的兄弟索取自己的动产,而他们有转交的义务。⑤

"刑法"毫无疑问是《普斯科夫司法规约》中相对不重要的一部分——尽管它是必要的。叛国会被判处死刑,这在《罗斯法典汇编》中没有提及。同样应判死刑的还有第三次盗窃、偷马、偷窃普斯科夫要塞教堂(偶尔被商人用于存储货物)的财产、纵火和逃至国外。违反宫廷礼仪者会被戴上枷锁(dyba)并处以罚款。⑥ 第一次和第二次盗窃也会被处以罚款。

刑法处罚的目的主要有四个方面:(1)威慑,通过展示后果抑制其他潜在的罪犯;(2)去能,借助重刑(当时不存在监狱,驱逐也没有被采纳)清除危险

---

① *PSG*，arts. 16，17，29-32.
② *PSG*，arts. 73，74.
③ *PSG*，arts. 39，40. 相对而言,莫斯科对工人更不友好,如果工人提前离职而没能完成合同,则他失去所有薪酬。参见 *1497 Sudebnik*，art. 54，*1550 Sudednik*，art. 83，*1589 Sudednik Short*，art. 16，*1589 Sudednik Expanded*，art. 148。
④ *PSG*，art. 100.
⑤ *PSG*，arts. 88-91.
⑥ *PSG*，arts. 58.

的个体,从而保护社会治安;(3) 通过提高量刑以遏止再犯;(4) 达成和解,补偿受害者。

普斯科夫借助法律来界定和规范社会。对于俄国历史的长远发展而言,佃农(izornik)的情况格外重要。他可能从地主那里贷得了粮食、工具或现金(pokruta),地主甚至会给予他一片园地。如果农民在未偿还贷款的情况下逃跑(盗窃的一种形式),地主就可以获得他的财产。佃农死后,他的继承人继承他的债务,偿贷后即可获得剩余的财产。如果他偿清了贷款,他就可以在 11 月 14 日——圣菲利普斋戒日(后来演变为 11 月 26 日的莫斯科圣乔治日)迁移,这是俄国农奴制形成的主要机制。佃农有权向法庭起诉。在没有证明文件的情况下,地主可以公开声明他对佃农的指控,发誓证明控告真实,并提供证人证实该农民是他土地上的佃农。随后法庭则会对佃农做出判决。①

普斯科夫的举证规则比基辅更加"现代化"。正如前面多次提到的,书面证据在普斯科夫具有绝对优势,而这在莫斯科直到 1550 年以后才出现。在普斯科夫,书面法律判决(pravaia gramota)也很重要②,文件概述案情经过,并附有胜诉方获得的判决。③ 胜诉方可以凭借该文书提出索赔要求,以防出现后续纠纷。关于失物或丢失奴隶的口头市场公告(zaklikan'ia)仍然在使用,雇工试图从雇主那里获取报酬④,或者雇主、地主试图从农民手中收回贷款时的口头公告也依然有效。⑤ 其他重要的证据形式是证人和宣誓。地产边界争端可以通过在十字架前宣誓而解决。⑥

《普斯科夫司法规约》第 37 条规定可以通过决斗解决司法争端。13 世纪,决斗取代了《罗斯法典汇编》中的"铁与水磨难"审判。⑦ 决斗中允许找帮手。如果败者在决斗中死亡,胜者就可以取走他的盔甲或他身上的任何衣物,但仅

---

① *PSG*,arts. 42,44,51,63,74-76,84-87.

② 已知最早的法律判决可追溯至 1284 年的斯摩棱斯克。

③ *PSG*,art. 61. 另参 *1497 Sudebnik*,art. 27.

④ *PSG*,art. 39. 在莫斯科,在合同到期前离职的工人会失去全部薪酬(*1497 Sudebnik*,art. 54)。然而半个世纪后,一项追加条款规定如果雇主没有支付工人应得的工资,则他必须双倍补偿(*1550 Sudebnik*,art. 83;*1589 Sudebnik*,art. 148 将罚金上调至三倍)。

⑤ *PSG*,art. 44.

⑥ *PSG*,art. 78. 这取代了东斯拉夫人传统的由当事人头顶一片草皮沿着边界行走的做法。参见 Elena Pavlova,"Private Land Ownership in Northeastern Russia during the Late Appanage Period(Last Quarter of the Fourteenth through the Middle of the Fifteenth Century)",unpublished Ph.D. dissertation,University of Chicago,1998。

⑦ 关于决斗裁决(pole)的一部上佳讨论可见 Grekov,*Sudebniki*,pp. 47-50。"Pole"一词直到 14 世纪末才出现于一部诺夫哥罗德法律汇编(kormchaia kniga)。

此而已。如果败者幸存下来，那么他必须向在场官员支付各种费用，但无须向大公支付，并且赔偿胜者的一切诉求。① 到15世纪末，除了莫斯科以外，在提倡书面证据的几乎所有地区，决斗都遭到了摒弃（见下文）。1410年，俄国东正教会表示反对决斗裁决，认为这将神圣的判决变成了明显的闹剧，因为胜者经常被证明只是雇用了最强壮的猛士来为其决斗。

第71条让人觉得通过禁止"代理人"（posobnik）每天参与一场以上审判，一种新的法律职业正在形成。术语"posobnik"意为"助手"，可以认为半职业化的律师正在出现，否则就不存在每人每天不能处理超过一桩案件的问题。在大多数案件中，妇女、修士、未成年人、老年人和聋人的"代理人"只是助手，"代理人"可能是一名亲戚，而不是每天只能处理一桩案件的律师。关于职业律师开始出现的更多证据表现在市政官或其他官员（vlastel'）不得为任何人代理诉讼的规定中。市政官和官员都可以为自己打官司，市政官还有权为他任长老的教会辩护。② 这一新风后来被抛弃，在16世纪的俄国文献中，只提到奴隶在法庭上为当事人提供咨询，目的或许是收取费用。③ 直到1864年，俄国独裁政府才允许发展出庭律师职业。

普斯科夫建立了一套复杂的专门法庭系统。王公、市政官和百大长审理"大案件"：凶杀、抢劫、盗窃、袭击和殴打、债务逃犯（盗窃的另一种形式）和土地所有权纠纷。由市政官和市民维彻选出的法官所组成的法庭处理关于合同的案件。兄弟会等团体组成的法庭处理节庆期间发生的争斗、纠纷和其他冲突。

普斯科夫的法律程序主要是二元的。此外，刑事和民事程序之间没有区别。审判是指控性的，双方都必须在场，发挥主要作用的不是法官的审讯。在水平程序中，是市民带来了所有的案件。程序的首要目的是迅速解决冲突（少数时候是为了快速收到费用），"正义"可能是次要的。在一些微不足道的案件中，原告无力强制传唤被告出庭。因此五天后，没有出庭的被告自动输掉官司。④

---

① 另参 *PSG*，arts. 10，13，17，18，21，36，37，101，117，119。
② *PSG*，arts. 68—69。
③ Richard Hellie，*Slavery in Russia 1450—1725*（Chicago：University of Chicago Press，1982），pp. 477—478. 上述著作转引了1582年提交给伊凡四世的一份报告中关于法庭上奴隶的尖锐描述。
④ *PSG*，arts. 25，26，39。

除了调节冲突以外,《普斯科夫司法规约》的另一个主要功能是提供官方收入。作为一个现金来源,法律对于发展三元关系至关重要,因为法律在调节冲突之余也拥有自己的生命。法官组织、法警和抄写员都有酬劳。法律的一个关键功能就是调节这一群体的收入。随之而来的是贿赂问题。《普斯科夫司法规约》第 4 条禁止秘密(非法)受贿。对现代人来说,这似乎是一个矛盾,但是在中世纪后期的东斯拉夫,这只是调节收入积累的一种方式,而调节收入积累是司法制度的主要功能之一。

普斯科夫法律的其他功能是支持和保护教会;维持性别差异(性别歧视明显少于后来的莫斯科公国法律);支持家庭,如自动剥夺不赡养父母的儿子的继承权。[①]

三、《诺夫哥罗德司法规约》

《诺夫哥罗德司法规约》仅存一份,且内容残缺。通常认为它与诺夫哥罗德共和国的法律有着特定的联系,但是这一仅有的副本显然是在 1478 年诺夫哥罗德共和国被吞并之后,在莫斯科的命令下编纂的。想要从莫斯科占领军下令制作的文本中整理出 1478 年以前诺夫哥罗德的法律规范似乎是不可能的——只有一个例外:许多条款规定莫斯科人和诺夫哥罗德人应共同行使职责。诺夫哥罗德市政官应与莫斯科委派的地方长官一同审理案件,莫斯科大公有权旁听诺夫哥罗德的任何裁决。[②] 莫斯科委派的地方长官也可以独立审理案件。[③]

诺夫哥罗德的许多法条与基辅和普斯科夫的相同或者是后者的变体。司法程序应是有序的,不可使用恐吓或武力。[④] 陪同当事人出庭的只能有两个朋友,如果陪同者超过两人,那么获得许可的两人必须支付罚款。[⑤] 任何人一旦攻击派发传票的法警就会自动输掉官司。审判必须迅速,不能超过一个月。[⑥]

---

① *PSG*, arts. 53.
② *NSG*, arts. 2-3.
③ *NSG*, art. 25.
④ *NSG*, arts. 6, 7.
⑤ *NSG*, art. 42.
⑥ *NSG*, art. 40.

土地纠纷必须在两个月内解决。在莫斯科增补条款中,规定地方官员(市政官或军事指挥官)会因任何延迟受到50卢布的大额罚款。原告有权通过法警迫使法官按时结案。① 从另一些迹象中可以看出,诺夫哥罗德立法者清楚"延迟执法"(莎士比亚语)的危害,因此当案件推迟审理而当事人未能及时出庭时,他就会自动输掉官司。② 同样,如果代表当事人的代理人/律师死亡,那么当事人必须另选一名代理人/律师或自己出庭,否则就会输掉官司。③ 这些条款只允许案件推迟一次。

关于司法服务费用的核心问题需要阐明,这包括了发出传票的费用。败者必须立即支付庭审费用。④ 败诉的被告有一个月的时间支付原告费用,否则原告有权逮捕被告,将他变为奴隶。如果败者躲藏起来,那么全体诺夫哥罗德人都将惩罚他。⑤ 这是二元程序本质的一个很好阐释:败者要么服从法庭的命令,要么接受整个社会的惩罚。

在土地纠纷中引入了一项新原则。首先,原告必须起诉被告强行占领土地,然后就实际所有权问题提起诉讼。⑥ 这类似于英国普通法,它规定一次只能起诉一个案件,案件之间不能混同。有人可能会注意到,诺夫哥罗德没有采用普斯科夫四至五年土地所有权的规定。这可能有如下几个原因:诺夫哥罗德的土地远比普斯科夫更多,很容易找到没有人正在使用的土地进行耕种,而且普斯科夫土地的质量更好,比诺夫哥罗德"共和国"的土地更有价值,总体来说,诺夫哥罗德比普斯科夫更关心城市问题。

另一项新的程序规则是原告须对十字架宣誓(亲吻十字架),之后才能开始案件的审理。无论原告还是被告,如果未能做到这一点就会自动败诉。⑦ 在这些案件中,宣誓不起决定性作用,但诺夫哥罗德比早期立法者更相信此类证据,这反映出1350—1480年间基督教在俄国"大众"中取得了相当大的扩展。据推测,这也是一项"提效"措施:如果一个迷信的当事人在案件审理前甚至不能亲吻十字架,那么就省去了审案本身的麻烦。由代理人或亲属代表当事人

①　*NSG*,art. 9.

②　*NSG*,arts. 28-29.

③　*NSG*,arts. 31,32.

④　*NSG*,arts. 8,23,33,34.

⑤　*NSG*,art. 34.

⑥　*NSG*,arts. 10,11,13.

⑦　*NSG*,arts. 14-15.

是被允许的,但当事人必须先亲自吻十字架。儿子可以为他的寡母亲吻十字架,但如果他不愿意这样做,她就必须自己在家里亲吻十字架。[1] 在关于船舶所有权的诉讼中,代理人和证人也不得不亲吻十字架。官员们也被要求发誓会在法庭上诚实。[2] 诚实在莫斯科代理人(tiun)的法庭语境中有所提及,它要求每一名当事人都须由一名诺夫哥罗德法警(pristav)陪同出庭,还提到了法官的誓言。[3] 法警被认为应在将证人带上法庭等事宜上协助当事人。

《诺夫哥罗德司法规约》中一项模棱两可的法条列举了今天所谓的重罪:盗窃、抢劫、殴打、纵火和凶杀,以及可能犯下这些罪行的人。模糊之处在于犯下这些重罪的被告是奴隶还是其他各阶层的诺夫哥罗德人。因此,奴隶制问题(如一个人是不是奴隶)被列入法条。在诺夫哥罗德,奴隶制是一项非常突出的制度,没有更多的章程专门讨论这一问题是令人惊讶的。[4] (也许包含奴隶制的部分没有保存下来。)公民可以通过宣誓并签署诉状立案(二元程序的一部分),一旦起诉,官员即将被告带到法庭。在带被告上庭的过程中不能使用武力(sila),这被猜测是因为被告仍然只是受到指控,还没有被裁定有罪。使用不必要武力的官员本人也犯了罪。[5] 第 37 条也存在类似的不确定性,涉及的问题似乎是关于奴隶所犯的重罪,针对他们的指控会导致他们被原告即受害人奴役,因此对与原主人的关系不利。和大多数奴隶制社会一样,原主人须对奴隶的行为负责,必须为奴隶犯下的任何错误赔偿受害者。各地的奴隶制在多大程度上承认奴隶的人格(如普斯科夫声称奴隶不是动物)、奴隶是否对自己的行为负责、是否有能力上庭作证等有所不同,但所有奴隶制度都认为所有者对奴隶的行为负有最终责任。诺夫哥罗德法律不允许这样的被告成为第四人的奴隶,因为第四人不得不为他的奴隶所犯的罪行承担责任。相似的模糊之处还存在于第 38 条中,规定被控犯罪的奴隶必须亲吻十字架,否则就

----

[1]　*NSG*,arts. 16-19.

[2]　*NSG*,art. 27.

[3]　*NSG*,art. 25.

[4]　Hellie,*Slavery in Russia*. 另参 A. I. Iakovlev (ed.),*Novgorodskie zapisnye kabal'nye knigi 100-104 i 111 godov (1591-1596 i 1602-1603 gg.)*(Moscow and Leningrad: AN SSSR,1939),该书收录了一系列 16 世纪的文件。关于 1478 年前奴隶制重要性的另一个证据来自奴隶街与高街交岔口的著名考古发掘。那里出土了所谓的"桦树皮宪章",因为奴隶街是诺夫哥罗德最繁忙的街区之一,阅读者/写作者在繁忙的路口设立摊位,满足城市里不识字的大多数人口的需求。专业读者将桦树皮上的信息朗读给不识字的顾客后,后者就将桦树皮扔进垃圾堆,从而使得这些文件被保存了超过 500 年。

[5]　*NSG*,art. 36.

得在没有主人帮助的情况下受审。选择为自己辩护的奴隶有可能成为原告的奴隶。由于许多奴隶会选择卖身的主人，因此该条款似乎在说如果奴隶想要留在原主人身边，他就必须寻找足够的证据为自己辩护，以帮助原主人摆脱麻烦，否则就要面对被转给并非自己所选的、不认识的主人的风险。对于一个无辜的奴隶来说，这带来了一个困境——如若不能有效地保护自己，就会落入陌生人手中。

四、豁免

豁免是中世纪晚期和近代早期俄国的一项重要制度。豁免许可由统治当地的王公颁发给个人或教会团体（尤其是重要的豪商或修道院），他们因而可以享受税收豁免或本地法庭判决豁免，又或者两种都能享受到。历史学界在此问题上存在重大争议，即这究竟体现了国家权力的衰弱（豁免许可授予者无法事事亲为，故将事务交给下级处理）还是强化（作为一项特权，国家允许被豁免者免缴特定税款，或者不必开庭审理部分案件，因而省下了国家官员的薪酬，从而得以保留一笔特殊的财富）。[1] 大量豁免许可已经得到发表，它们所规定的免税类型构成了研究当时存在的税种的主要资料来源——既然被豁免者不必支付这些税款，那么可以推断其他人需要缴纳这些税款。不过，这里我们更感兴趣的是司法豁免，它也反映了豁免许可授予者所关心的犯罪类型。当豁免许可首次出现时，王公朝廷官员所能给予的豁免没有限制，而且只有持有豁免许可的地主才可以执行该领域的审判。但是随着莫斯科的崛起，从 14 世纪末开始，这些权利开始受到限制。谋杀和现行抢劫案的判决权仍归属于王公的官员。到 1425 年，所谓的"联合法庭"由一名王公手下的官员和豁免许可持有者派出的一位代表主持，他们必须做出判决，惩罚小偷和强盗。15 世纪 50 年代，在莫斯科公国内战结束后，司法权利进一步受到限制，谋杀被全面排除出司法豁免的范围，抢劫和现行盗窃偶尔也不被允许豁免。

作为一项规则，伊凡三世进一步限制了司法豁免，因为他希望自己的官员

---

① S. M. Kashtanov, *Sotsial'no-politicheskaia istoriia Rossii kontsa XV-pervoi poloviny XVI veka* (Moscow: Nauka, 1967), pp. 4-5.

能够从所有案件中收取费用。他在 15 世纪 80 年代末和 90 年代初期颁发给修道院的豁免许可中只保留了王公对谋杀案的审判权,但在颁发给世俗领主的许可中,取消豁免许可的范围更广:谋杀、抢劫和现行盗窃。[①] 伊凡四世成年之前,即"波雅尔统治"期间,豁免许可被重新颁布,有 238 份文件留存至今。[②] 其中大多是税务和关税豁免,但也包括许多司法豁免。一份格外慷慨的司法豁免允许修道院审判所有的罪行,而一份更受限的司法豁免则将重罪的判决留给大公下属官员。1551 年,所有豁免许可都受到了审查,没有更新的则失去效力。[③] 豁免许可制度在"特辖制"(1565—1572 年)期间复兴,但 1584 年伊凡的去世标志着豁免时代的终结。[④] 虽然 1550 年法典的第 43 条和 1589 年法典的第 92 条禁止授予并要求收回已发出的豁免许可,但是有限的豁免授予一直持续到 17 世纪,最终随着莫斯科衙门系统的完善退出历史舞台。

五、莫斯科公国中期法典

1497 年法典的起源我们无从得知。继承危机已经过去了。民间动乱是俄国编纂法律的常见原因,但几乎可以肯定这不是这部法典的编纂原因。很多统治者喜欢自视为君士坦丁或查士丁尼再世,却没有证据表明日渐衰弱的伊凡三世也是其中之一。我们所能够知道的是,1497 年法典保存至今,它提出的一些原则后来成了莫斯科公国中期法律的核心,例如农奴制以及官员不能制定法律。如果法律没有对某一具体问题给出一个确切的解决方案,那么该案件就必须被送到莫斯科审理。留存下来的 1497 年法典只有一版,而《罗斯法典汇编》1550 年前的许多版本仍然可用。保留下来的文本数量与相关法典的使用情况相呼应。1497 年法典的编撰者(费奥多尔·瓦西里耶维奇·库里岑圈子中的某人)借用了来自《普斯科夫司法规约》的 11 个法条、《罗斯法典汇编》的 2 个法

① S. M. Kashtanov, *Sotsial'no-politicheskaia istoriia Rossii kontsa XV-pervoi poloviny XVI veka* (Moscow: Nauka, 1967), pp. 14-15.

② S. M. Kashtanov, "Feodal'nyi immunitet v gody boiarskogo pravleniia (1538-1548 gg.)", *IZ*, 66 (1960): 240.

③ S. M. Kashtanov, "K voprosu ob otmene tarkhanov v 1575/76 g.", *IZ*, 77 (1965): 210-211.

④ 关于司法豁免的一部上佳历史分析可见 Marc David Zlotnik, "Immunity Charters and the Centralization of the Muscovite State", unpublished Ph.D. dissertation, University of Chicago, 1976, pp. 113-164。

条,以及大公向"供养"系统(kormlenie)内三年一换的各地方长官下达的 12 条命令。

1550 年法典(其中三分之二源自 1497 年法典)没有任何人的署名,但一般认为它是为了从伊凡四世成年前的混乱统治(包括莫斯科的起义)中恢复秩序所做的尝试的成果之一。1550 年左右,伊凡的核心内阁(史料中称"内定会议")进行了一些军事和司法改革。其中一项改革就是制定了内含 100 项条款的法典。1550—1607 年间,法典中又增补了 73 项补充条款。到 1649 年颁布《会议法典》之前,这 173 条法规一直是俄国法律的基础,衙门的卷轴记录对其构成了补充。1550 年法典现存大约 50 个副本。

1589 年,俄国北部(白海沿岸地区,也被称为德维纳地区)的人们决定制定一部法典来满足自己的需要。他们创作了精简版(56 项法条,被认为是 1550 年法典的补充)和扩展版(231 项法条)的法典。如果不是现有证据表明当地人使用了 1589 年法典解决冲突,相关纸质记录被在莫斯科发现,这部法典很可能就被忽视了。扩展版中约有 64% 的法条源于 1550 年法典,剩下的有一小部分源于 1556 年的各种法规,还有 27% 是为了满足北部的需要。它们主要集中在法典的最后一部分。

据推测,莫斯科公国中期的最后一部法典编纂于 1606 年,编纂者是将伪德米特里一世推上皇位的波兰军队。这部所谓的"综合性法典"可能从未被任何人在任何地方使用——不过,该法典现存五个副本,这意味着人们对它有足够的兴趣以至于愿意制作副本。1606 年法典将法条进行逻辑归类,划分为二十五章。俄国西部的 1588 年《立陶宛规约》(Lithuanian Statute of 1588)就包含二十五章,因此可能有一些西部俄国人参与了 1606 年法典的起草。巧合的是,伟大的 1649 年《会议法典》也有二十五章。这部综合性的法典中吸纳了 1550 年法典及上文提过的补充条款,1562 年和 1572 年关于王公地产的法令,以及 1597 年、1602 年和 1606 年关于奴隶和农民的法律。它不合时宜地忽略了 1592 年的两项社会法条:(1)"临时"废除农民在圣乔治日(11 月 26 日)离开地主土地的权利;(2)为起诉索回逃跑农民的权利设定五年时限。波兰-立陶宛联邦的农民并不自由,因此这不是一次"对比监督"。入侵的波兰人或许希望通过支持俄国农民对抗他们的主人和鲍里斯·戈杜诺夫政府,使农民们站到自己这边。真相现在已无法得知。

莫斯科公国中期法典主要发挥法庭工作手册的作用。因此,它们主要关注司法服务的收费情况、哪些官员有权收取费用是不足为奇的。① 程序得到规定后②,就明确了受王公管辖的不法行为③。

　　1497—1606 年间俄国地方行政所经历的变化之多,不输其他任何时期。15 世纪,大公的地方代理人是他的军事长官(voevoda,namestnik),一名地方军事长官治理一块范围明确的区域,一至三年轮换一次。地方军事长官需要取得足够的收入(称为"供养"),以维持他在莫斯科继续生活——地方军事长官可能在骑兵队服役。④ "地方军事长官的正义"(Voevoda-justice)是一个二元的至高程序。地方军事长官带上他的奴隶赴任。根据个人能力,每位地方军事长官与他的奴隶分担职责。有现存抄本中显示,参与审判的所有人可能都是奴隶:法官、原告和被告。出于简便的目的,到 1556 年,由莫斯科派遣地方军事长官的制度被逐步淘汰,当地选举的官员受到支持,他们负责处理刑事和民事案件。这不是全面的权力下放,因为莫斯科要求地方官员在当选后立即向首都汇报,并且每年或每半年提交一次工作记录。1606 年波兰人到来时看到的就是这样的情况。1589 年法典中依然提及了地方军事长官,原因不明。

　　同样出于不明原因,莫斯科公国中期法典禁止了收受贿赂。在此之前,这种收入形式只是受到管控。⑤

　　官员们收费的名目多到难以想象:审理案件、起草并签署文书、步行和骑马执行任务(例如派发传票或带某人出庭)、登记贷款和奴隶。中期法典还规定了提交给法庭的案件比重以及一系列其他费用,这些都显示出莫斯科公国

---

① *1497 Sudebnik*,art. 51. 另参下条,n. 66。
② *1497 Sudebnik*,arts. 26,36-38,45,51;*1550 Subednik*,arts. 15,20,22,23,28-30,48,49,62,68,74,75;*1589 Sudebnik*,arts. 20-22,31,32,34,35,75,78,97-99,116,122,133,134.
③ *1497 Sudebnik*,arts. [盗窃] 34,36,39;[殴打] 48,53;[抢劫] 48;[侮辱] 53;*1550 Sudebnik*,arts. [纵火] 12,61,62;[殴打] 11,16,25,31;[土匪] 53,59,60,62,89;[盗窃教会财产] 55,61;[破坏边界市场] 87;[间谍、叛国] 61;[污蔑、诽谤] 59,72;[伪造] 59;[侮辱、侵害名誉] 25,26,31,62,70;[绑架] 55;[谋杀] 12,59,60,62,71,72;[惯犯] 52,53,59-61,71;[官员渎职] 3-5,18,21,28,32,53,54;[抢劫] 16,25;[诈骗] 58;[盗窃] 52-55,57,60,62,71。1589 年法典同上。
④ *1497 Sudebnik*,art. 41;*1550 Sudebnik*,arts. 22,24,48,60,62-64,66-68,70-72,75,96;*1589 Sudebnik*,arts. 34,36,37,97,114,116-118,125-129,133,134,198.
⑤ *1497 Sudebnik*,arts. 1,33,34,38,67;*1550 Sudebnik*,arts. 1,32,53,62,68,99;*1589 Sudebnik*,arts. 1,80,96,104,122,202.

中期法律的执行者不会让自己陷入穷困。①

　　如前所述,俄国法律格外担心"司法延迟"问题。在 1497 年的口头司法社会中,迅速解决冲突并支付所需费用几乎总是头等大事。② 1550 年之后,社会文化水平逐渐提升③,延迟到 1550 年已成为三元过程的审判程序,是国家(至少在理论上)不能容忍的。④

　　中期法典最基本的要点是法官绝不能通过阐释、类比、"灵活性"或其他任何手段来制定法律。法官必须根据法庭上呈现的证据处理面前的案件。其他任何案件都必须送往莫斯科判决。⑤ 1550 年的中央集权程度是非同一般的:许多案件都必须被送到莫斯科进行最终裁决。⑥ "阿加佩图斯国家"(其中当权者相信他是上帝在人间的代理人,他的大多数臣民也有此信仰)不能容忍在莫斯科以外的任何地方设立的规范。18 世纪,这导致了俄国司法的滞塞,直到亚历山大二世推行著名的 1864 年司法改革才解决。

　　近代早期的俄国有着不同级别的法庭——本地法庭、农民法庭、地方法庭、首都法庭以及统治者法庭,却没有上诉制度。⑦ 当事人必须遵守受到的判决。法律假定(并且要求)法官是中立的,他会权衡证词,并依照规则做出同样情况下任何理性的人都会做出的裁决。当事人可以起诉法官渎职,但这是另一回事,原案件不会被重新审理。官员渎职在 1550 年时是一个重大问题,法典中的很多严刑(高额罚款、当众鞭打、监禁)都是为滥用职权的官员而设定的。⑧ 当事人也可以向君主(1547 年以前的大公和之后的沙皇)上诉,统治者

---

① *1497 Sudebnik*,arts. 3-8,15-18,21-26,28-30,36,38-40,44,48,50,53,64,65,68;*1550 Sudebnik*,arts. 8-12,15,16,18,28,30-31,33-42,44-46,49-51,55,59,62,65,74,75,77;*1589 Sudebnik*,arts. 10-17,21,27,29,77-79,81-91,94-96,99,102,116,133,134,139. 关于传唤,参见 *1497 Sudebnik*,art. 26;*1550 Sudebnik*,arts. 21,41;*1589 Sudebnik*,arts. 168-171.

② *1497 Sudebnik*,arts. 27,32.

③ *1550 Sudebnik*,arts. 62,69. 这两项法条提及一些官员能够识文断字,另一些则不能。另参 *1589 Sudebnik*,arts. 116,123.

④ *1550 Sudebnik*,arts. 41,42,49,69,72,75;*1589 Sudebnik*,arts. 98,99,124,129,134.

⑤ *1550 Sudebnik*,arts. 7,98;*1589 Sudebnik*,arts. 8,201.

⑥ *Inter alia*,*1550 Sudebnik*,arts. 39,54,63,66,67,69,71,72,76,77,100;*1589 Sudebnik*,arts. 117,119,120,121,126,128,129,136-140,204.

⑦ *1497 Sudebnik*,arts. 19,21;*1550 Sudebnik*,arts. 28,37,38,60,97;*1589 Sudebnik*,arts. 75,86,200.

⑧ *1550 Sudebnik*,arts. 3-5,18,21,32,38,53,54,71;*1589 Sudebnik*,arts. 3-5,29,80,104-106,126. 在某种意义上,最糟糕的对官员的制裁是损毁名誉(opala),即官员失去职位(*1550 Sudebnik*,art. 7;*1589 Sudebnik*,art. 8)。

能够利用所谓的"阿加佩图斯权力"翻案。这在法律中没有明确规定,如果出现翻案的情况,那么体现出的是君主的任意性,而不是因为人们相信他对案件拥有神圣的知识。是否存在翻案,或者翻案发生的频率是未知的。1550 年的法律本身就经常表现出任意性。法律不是对犯罪进行制裁,而是仅仅宣告依据沙皇的命令,罪犯将被惩罚,展现着"阿加佩图斯国家"。①

　　证据规则的演变是莫斯科公国中期法典最有趣的进步之一。正如刚才提到的,当时社会正处于从基于口头传统②向书面文件能够(说"应该"为时尚早)发挥主要作用(已经在《普斯科夫司法约规》中出现)转变的激进过渡时期。推动这一进程的主要力量是 1550 年衙门的出现,这些衙门自己保留记录,并要求各地方的代理人持续回报消息。到 16 世纪 70 年代至 80 年代,地方重罪管理机构的所有官员都必须识字,这些官员从地方骑兵这一中级服役阶层中由同行投票选出。

　　另一种证据形式是神示,如拈阄③、发誓④和司法决斗,关于该主题的法条数量惊人地多⑤。在 1497 年和 1550 年,决斗裁判几乎成为首要证据形式。16 世纪末的某个时候,它不再被使用。没有人知道原因,但一种不错的猜测是火器(特别是手枪)的传入带来了一种说法:射击更准的人就是上帝指定的正义之士。另一个使决斗失去效力的因素可能是 1550 年法典引入的不名誉的概念。⑥ 这持续到 1649 年,以至于从最低等的奴隶或农民到最高级的莫斯科波雅尔都有了一种不名誉价值,要么罗列在法律中,要么由政府补偿水平决定。因此,如果一个人感到名誉受损,与其进行物理上的决斗,他可以向法庭起诉,法庭决定是否属实。誓言的威信下降,因为人们开始怀疑俄国东正教作为真理唯一源泉的地位。物证(例如盗窃的物品)以及不同形式的人证具有了法律

---

① *1550 Sudebnik*, arts. 3, 25, 26, 44, 53, 67, 69, 75; *1589 Sudebnik*, arts. 39, 43, 105, 123.

② *1497 Sudebnik*, art. 34; *1550 Sudebnik*, arts. 53, 69, 95, 99. 第 99 条要求口头证人只能对自己亲眼所见的事情作证(另参 *1589 Sudebnik*, art. 203)。

③ *1550 Sudebnik*, art. 27.

④ *1497 Sudebnik*, arts. 46-48, 52, 58; *1550 Sudebnik*, arts. 16, 19, 25, 27, 93; *1589 Sudebnik*, arts. 27, 30, 40, 74.

⑤ *1497 Sudebnik*, arts. 4-7, 38, 48-49, 52, 68; *1550 Sudebnik*, arts. 9-17, 19, 62, 89; *1589 Sudebnik*, arts. 12-22, 27, 28, 30, 180.

⑥ 早期的例子可见 *1497 Sudebnik*, art. 53. 典型可见 *1550 Sudebnik*, art. 26,其中罗列了对大多数莫斯科居民(包括农民和奴隶)而言的全部不名誉情况。另参 arts. 25, 31, 62, 70 以及 *1589 Sudebnik*, arts. 39, 41-73。这些最后的条款构成了不名誉(bezchest'e)规约的原本,成为 1649 年《会议法典》第十章的雏形。

效力。一种是证人(主要是目击者,性格、谣言或传闻证人不再被区分)①;另一种是当庭对质(原告必须与被告面对面并重复他的指控);最后一种证据形式是调查[其中一个特殊的方式是"普查"(poval'nyi obysk),其间整个社区都会被审问"谁是那头带弯曲角的牛的主人","得票"数量最多的当事人赢得此案]。②

原始社会很难判断从发起指控到法庭下达判决的这段时间如何处理涉案人员。这样的社会没有关押被告的监狱,而且许多人认为这是在被告被确认有罪前就不分青红皂白地对其进行了处罚。监狱的一个替代品是让某人签订契约,用锁链将被拘留者拴在墙上,被拘留者必须为拘留支付"锁链费"(pozheleznoe),并且以某种方式支付他的伙食费(或者由亲戚送饭)。③ 1497年法典提供了另一种选择:被告可以支付保释金,从而不必被锁链拴在墙上。④

到1613年,"犯罪"尤其是惩处方式已经与12世纪70年代的惯例明显不同。大多数区别都可以被看作法律程序从二元演变到三元中的一部分。在《罗斯法典汇编》中,"罪行"是受害人应该得到安抚和赔偿的侵权行为。视"社会"为真正的受害者这一更现代的观念完全不存在。社会是犯罪活动的受害者这一观念盛行于中期法典。那么问题来了:罪犯如何向社会偿债? 一种方式是坐牢,但直到1550年莫斯科才出现监狱⑤,几十年后才广泛用于刑事监禁。流放和驱逐是社会制裁的另一有效方式,但对于像莫斯科这样劳动力短缺的社会来说成本太大。死刑也是一样⑥:谁能从死人那里获益(除非他罪大恶极,在任何情况下社会都不能容忍)? 肉刑被证明是可行的。⑦ 很多势力在

---

① *1497 Sudebnik*, arts. 46, 47, 52; *1550 Sudebnik*, arts. 15-18; *1589 Sudebnik*, arts. 20-22, 27-29。

② 关于调查(obysk),参见 *1497 Sudebnik*, arts. 14, 34; *1550 Sudebnik*, arts. 52, 56, 57, 72; *1589 Sudebnik*, arts. 205 et al.。

③ *1550 Sudebnik*, arts. 3, 70; *1589 Sudebnik*, arts. 3, 125.

④ *1497 Sudebnik*, arts. 14, 31, 35; *1550 Sudebnik*, arts. 12, 47, 49, 54, 55, 58, 70, 72; *1589 Sudebnik*, arts. 10, 17, 81, 96, 98, 99, 106, 107, 125, 128, 129.

⑤ *1550 Sudebnik*, arts. 7-11, 13, 33, 34, 46, 53, 55, 58; *1589 Sudebnik*, arts. 8, 11, 16, 18, 105, 107.

⑥ *1550 Sudebnik*, arts. 56, 57, 59-61; *1589 Sudebnik*, arts. 108, 109, 113-115. 另参上文对不同侵权行为的讨论。

⑦ *1550 Sudebnik*, arts. 5, 6, 8, 9, 28, 32-34, 42, 47, 53, 54, 58, 99; *1589 Sudebnik*, arts. 5, 6, 11, 12, 80, 81, 104-106, 110.

推动莫斯科向实施肉刑的残暴方向发展（在 1663 年"重罪条例"以及 1649 年《会议法典》的第二十一、二十二章达到高潮），包括更"西方化"的法律，如俄国西部 1529 年、1566 年和 1588 年的《立陶宛规约》，但主要的动力肯定是国内对"严加"惩治犯罪活动的要求。拜占庭法律遗产可能在莫斯科法律变得暴力的过程中发挥了作用，但很明显蒙古霸权（1237—1480 年）却没有造成影响。

1497 年之前，几乎没有什么罪行会被判死刑。然而，1550 年法典将死刑覆盖的罪行范围扩大到凶杀、纵火、盗马、偷窃教会财产、盗窃奴隶、叛国、抢劫、叛乱以及累犯轻于上述的重罪。[①] 犯罪意图直到 1649 年《会议法典》才被列入莫斯科公国的制裁范围。有犯罪记录且人赃俱获的小偷，如果受到五六个人的指控就会被判处死刑。原告的索赔将以他的财产支付。1550 年死刑的"举证责任"扩大到对大众的普遍讯问。如果讯问记录表明被告是一个好人，那么他会受到正常程序的审判。但无论如何他都会遭受酷刑。[②] 如果他认罪，就会被处决；如果他不认罪，则会被判处终身监禁。1589 年，酷刑规定变得更为精确：鞭笞 100 下（这肯定会杀死一个普通人）。1589 年，如果大众讯问说明被告是好人，那么他将被立即无罪释放。[③]

其他惩罚包括鞭笞（仅针对第一次偷窃，另加罚款）、监禁以及传统的罚款。[④] 司法领域最明显的一个因素是政府的介入程度提高了。普通臣民仍然可以起诉，但任何"有趣"的案件都很快会被国家接管和处理。

"阿加佩图斯国家"认为这不仅增加了政府在政治和司法领域的责任，而且增加了生活中其他所有领域的责任。任何经济体都包含的三个因素是土地、劳动力和资本。到 1613 年，政府已经几乎完全控制住了前两者，如果有足够多的资本可控的话也会对其加以控制（见第二十三章）。1480 年前，土地的占有主要是一种政治行为，而不是经济行为。土地上的人口十分稀少，因而占有任何特定地块（除了极少数城市区域）都不太会产生争议。对大片地区的控制十分重要，因为国家及其代理人需要访问各地，向人们征税，偶尔征兵，在需

---

① *1497 Sudebnik*, arts. 8, 39. 另参上述第 62 条。最有趣的是，法律强调罪有应得的犯人必须被处决，而不用被交给受害者当作奴隶，即便犯人的财产不足以弥补受害者的损失。

② *1497 Sudebnik*, art. 34 [酷刑]；*1550 Sudebnik*, arts. 52, 56, 57, 72, 74.

③ *1589 Sudebnik*, art. 103.

④ *1497 Sudebnik*, arts. 10, 62；*1550 Sudebnik*, arts. 5, 6, 28, 55, 58, 87, 99；*1589 Sudebnik*, arts. 4-6, 11, 12, 13, 16, 80, 81, 102, 103, 105-107, 112, 113, 170, 172, 203, 212, 213. 从上述条款中就可以明显看到 1550—1589 年间野蛮鞭笞的大规模使用。

要的时候当场提供冲突解决方案。修道院是唯一的例外。各个修道院只能向住在他们的土地上和房产中的农民收取租金。这就是为什么 1425—1453 年内战结束后在劳动力混乱的状况下，正是修道院设立了圣乔治日来控制债农的流动性。

然而，1497 年法典改变了很多东西。在土地问题上，吞并诺夫哥罗德并驱逐原来的地主后，伊凡三世政府发现可以动用土地来增强其军事力量。因此，第一次"服役阶层革命"兴起，莫斯科骑兵取代了原本诺夫哥罗德的地主们，他们获分土地，每片土地上约有三十户农民，农民向他们缴纳租金，以便骑兵们提供军事服务。只有不断服兵役，骑兵才能持续享有这些服役封地；服役结束后，服役封地所有者（pomeshchik）就不得不把分配到的土地转给另一个骑兵。1497 年法典就提到了这一体系。[①] 随着莫斯科公国疆域的扩大，许多被吞并的土地都成了服役封地。1556 年，为了集结兵力兼并伏尔加河下游地区（喀山南部，1552 年被吞并），作为军事行动的一部分，政府打算从所有领土征调兵力[此前以其他主要形式——如世袭领地——持有土地的所有者在一定程度上是有选择的]。1556 年的法令规定，100 俄亩（cheti，1 俄亩＝ 1.39 英亩或半公顷）人居土地必须派出一名全副武装的骑兵。[②] 这迫使地主从市场上雇用军事奴隶来满足征兵配额，军队名册上满是这些奴隶骑兵的名字。到了 16 世纪 80 年代，大约 80％的军用土地资产是服役封地，世袭领地濒临消失。这之所以没有发生，是因为每个服役封地所有者都渴望成为可以将财产传给继承人的世袭地主，这种土地继承是 17 世纪下半叶的通行做法，并在 18 世纪得到法律认可。1450 年以前，东斯拉夫王公们将他们治下的所有土地视为私人世袭财产，可以自由处置。而到 1556 年以后，大多数可用地事实上都成了国家可以军事目的动用的土地。[③]

过度膨胀的国家开始通过动用土地着手控制所有的劳动力。相关做法始于 15 世纪 50 年代对修道院债农在圣乔治日迁移权利的限制。这展示了国家

① *1497 Sudebnik*, arts. 29, 63；*1550 Sudebnik*，art. 84. 德维纳地区没有服役封地，因此 1589 年法典没有提到这一主题并不奇怪。
② Richard Hellie, *Enserfment and Military Change in Muscovy*（Chicago：University of Chicago Press，1971），pp. 37-38.
③ 即便在今天，栅栏在东欧也不如在美洲普遍。据推测，栅栏的出现反映了节省放牧的劳动力、保护粮食不被牲畜啃食以及增加土地价值的目的。参见 *1497 Sudebnik*，art. 61；*1550 Sudebnik*，arts. 86，87；*1589 Sudebnik*，arts. 168，171。

可以做什么,而在1497年法典中它被推广到所有农民。① 正如第十二章中所讨论的,1592年,全体农民都被禁止迁移,而国家在决定它有权力控制农民的法律地位后,又决定它可以改变奴隶的地位。1497年法典中有大量法条的主题是奴隶,其数量远远超过其他任何社会群体。② 除了奴隶解放以外,这种国家对奴隶制度的大幅干预在人类历史上都是罕见的。完全奴隶制与有限服务契约奴役制混为一体,在随后的16世纪90年代,这种"有限"的实质从将自己抵押(antichresis,见第十二章)给债主一年,因一年后无力偿还贷款而沦为彻底的世袭奴隶,变为终身成为奴隶,死后才能被强制解放。1550年,政府颁布法令规定,身体健全的居民必须生活在司法管辖下的城镇,而不能居于修道院的城市地产。③ 16世纪90年代,政府决定它有权控制城镇居民的流动(与控制农民的流动同步)④,这最终发展为1649年《会议法典》中禁止市民离开他们城镇居所的规定。这个例子完美地说明了"阿加佩图斯国家"是如何向极多主义发展的,政府几乎能干预俄国人生活的方方面面。⑤ 相比之下,有趣的是这种演变中法律的应用。例如在美国,法律通常被看作一种非常保守的体制,是对过去发生的事实的汇编;而在近代早期的俄国,法律成为国家希望颁布的社会计划的声明,它通常可以强制执行已经制定的大多数法条。从这个角度看,莫斯科公国可谓苏联——一个不断试图颁布社会改造计划的激进政治组织——的绝妙先例。而后果是第一次"服役阶层革命"的发生。

关于土地财产还有几点需要说明。前面已经提到了有条件的服役封地。世袭地产有很多种类:王公的、波雅尔的、修道院的、家族的、授予和购买的。每种都有自己的出售规则,也有赎回可能性。修道院地产事实上是不可转让的,但大多数地产都可以赠予、通过遗嘱继承、出售、交换和抵押。现实经济中

---

① *1497 Sudebnik*, art. 55; *1550 Sudebnik*, art. 88 对此有所深化,这反映了农业三田制的引入。
② *1497 Sudebnik*, arts. 17, 18, 23, 40-43, 55, 56, 66. 奴隶制在莫斯科的中心地位进一步体现在以下条款中: *1550 Sudebnik*, arts. 26, 35, 40, 54, 59-63, 65-67, 71, 77-81. 第76条是一项缩略版的奴隶规约,第90条则反映了奴隶在军事行动中逐渐增强的作用——一个被敌军俘虏的奴隶如果返回莫斯科,就可以获得自由。事实上,1589年法典中关于奴隶制的条款之多(arts. 88, 113, 115, 117, 119-121, 136-146, 182)恰恰反映了这一机制在莫斯科有多么重要。
③ *1550 Sudebnik*, art. 91; *1589 Sudebnik*, arts. 184, 188, 189. 这在1497年法典中并无先例。
④ Richard Hellie (ed. and trans.), *Muscovite Society* (Chicago: University of Chicago Syllabus Division, 1967 and 1970), pp. 33-47.
⑤ Richard Hellie, "The Expanding Role of the State in Russia", in Jarmo T. Kotilaine and Marshall T. Poe (eds.), *Modernizing Muscovy: Reform and Social Change in Seventeenth-Century Russia* (London: Routledge, 2003), pp. 29-56.

土地财产很少发生转移,因为服役封地是被保留给军事服役人员的国家资产,而私有的世袭地产卖出后的40年内都可以以原价赎回。① 因此,私人购买土地没有任何意义,因此在莫斯科公国也找不到农业土地价格的资料。②

到15世纪末,莫斯科的人口密度开始上升,对于土地所有权的争夺也变得更加频繁。出于贯穿本章的对有效性的关注,1497年法典制订了限制性规约,处理修道院、服役阶层和农民之间(三年)以及君主、修道院和服役人员之间(六年)围绕土地所有权的案件。③ 其中可以看到1592年索回逃跑农奴五年时限的先例,但没有法规限制关于包括奴隶在内的动产的诉讼。

继承规则在中期法典中有详细说明。口头或书面遗嘱具有优先性。如果没有遗嘱,则由儿子继承,接下来是女儿,然后是其他家族成员。如果没有符合条件的继承人,则地产会被王公征收。④

D. P. 马科夫斯基(D. P. Makovskii)数十年前指出,在伊凡实行特辖制(1565—1572年)之前,莫斯科公国正在朝着商业社会发展。⑤ 这在法律中十分明显,许多条款涉及贷款。⑥ 格外引人关注的是允许有息借款的规定。⑦ 关于给马打火印子的新立法是否反映了马匹的日益商品化还有待探究。⑧

到1613年,俄国法律与中世纪晚期相比已经有了很大变化,但也必须强调两者的连续性。首先,法律依然是官员主要的增收手段。法律仍旧被用来处理社会乱象,无论是重罪还是民事纠纷。早期法规与进入罗曼诺夫王朝以前的几十年的主要区别在于重罪和民事纠纷的界限——国家对重罪越来越感兴趣,而起初并不关心民事纠纷,但是随着社会要求法律程序从二元转变为三元,社会的本质也发生了变化,国家权力的性质一同改变,从相对温和脆弱、少有主张的机构,转变为愈发武断的专制体制,其权威基本上不受限制。这种变化的发生得益

① *1550 Sudebnik*, art. 85. 这在1497年法典中并无先例,另参*1589 Sudebnik*, arts. 164, 165。

② Richard Hellie, *The Economy and Material Culture of Russia 1600–1725* (Chicago: University of Chicago Press, 1999), pp. 391–393, 411.

③ *1497 Sudebnik*, art. 63; *1550 Sudebnik*, arts. 24, 84; *1589 Sudebnik*, arts. 37, 149, 150, 156.

④ *1497 Sudebnik*, art. 60; *1550 Sudebnik*, art. 92; *1589 Sudebnik*, art. 190.

⑤ D. P. Makovskii, *Razvitie tovarno-denezhnykh otnoshenii v sel'skom khoziaistve Russkogo gosudarstva v XVI veka* (Smolensk: Smolenskii pedagogicheskii institut, 1963).

⑥ *1497 Sudebnik*, arts. 53, 55. 注意*1550 Sudebnik*增补的条目 arts. 11, 15, 16, 31, 36, 82, 90。另参*1589 Sudebnik*, arts. 15, 84, 146, 147, 181, 182。

⑦ *1550 Sudebnik*, art. 36; *1589 Sudebnik*, art. 84. 这没有先例。

⑧ *1550 Sudebnik*, arts. 94–96; *1589 Sudebnik*, arts. 195–198.

于首都和各地少数人群的文化水平提高了。这些人的角色很重要,他们主要负责一些有用的记录,比如追踪奴隶所有权的交接、土地分配和占有、兵役和补偿、对外关系、对本国人叛国罪的指控、驿道以及审判程序。法律仍然具有决定继承、维护父权至上地位和政权统治的功能,但它也在惊人的程度上成了政府的喉舌,将社会引向严格分层、接近种姓社会的方向。法律一方面成为立法者保留想要的过去做法的主要工具,另一方面同时敦促社会向预期方向进展。

第十七章　政治观念与仪式

迈克尔·S. 弗莱尔

1479 年,莫斯科大教堂落成典礼举行后不久,大公伊凡三世便指责都主教格龙季违反仪式传统,带领十字架队伍在教堂周围逆时针(protiv solntsa)行进,而不是顺时针(po solon')行进。伊凡也许是出于迷信,考虑到之前重建失败的经历,也许是因为他受到了第二任妻子索菲娅·帕列奥洛格的天主教随从的影响,索菲娅曾经是教皇的捍卫者,但无论是出于什么原因,伊凡都下令莫斯科在此后三年间禁止修建任何教堂,同时调查以前的做法。由于没有找到明确的礼仪规则,他不得不在 1482 年放弃这一禁令以防都主教辞职。① 这种罕见的涉及仪式和政治控制的个人记载揭示了一种值得进一步探讨的联系。

仪式,同它的象征意义和实际行动一道,有力地表达了一个社会的成员,特别是社会精英,如何看待自己以及希望别人如何看待自己。本章旨在描述和分析 17 世纪以前仪式所代表的莫斯科政治思想的功能。政治仪式是指由法律条文规定的一套传统活动,由公开执行的单独行为组成,其目的是确认或重建共同持有某一政治观念或信仰的仪式参与者和观察者之间的联系。政治和宗教在中世纪社会的相互联系假定政治意识形态是在某个精神框架内提出的。宗教象征主义接近于上帝领域内政治结构的和谐。

在任何情况下,成功举行的仪式都应当是变革性的。大公登基成为沙皇;神圣之水惠及需要恩典的人;臣民的忠诚度和政治劣势得到确认;社会再次致力于追求死后可能会出现的重生。这些都是仪式所带来的心理上的和精神上的变革。

莫斯科社会的政治生活中充满了各种各样的仪式。最艰巨的仪式或许是

---

① *PSRL*, vol. VI, pt. 2 (Moscow: Iazyki russkoi kul'tury, 2001), pp. 286 – 287, 313 – 314; *PSRL*, vol. XX, pt. I (St Petersburg: Tipografiia M. A. Aleksandrova, 1910), pp. 335, 348.

在教堂里亲吻十字架（krestnoe tselovanie），起誓或证明所说为真。王公们通过亲吻十字架结盟、确认条约、彰显意志。法庭争端中当事人如没有明确证据，就得站在十字架前严肃地第三次亲吻它，并发誓证词为真。他们也经常选择其他的方式。①

请愿仪式塑造出了不同的关系。在描述 16 世纪初莫斯科宫廷的仪式时，神圣罗马帝国皇帝的大使西吉斯蒙德·冯·赫伯斯坦因写道：

> 每当有人提出请愿，或表达谢意，他就会习惯性地低头鞠躬；如果他希望采用别具一格的方式，那么他就会低身弯腰直到手能触摸地面；但如果他想对大公给予的任何赏赐表达感谢，或者向大公乞求任何东西，他就会弯腰低身直到额头接触地面。②

这种仪式将请愿人视为奴隶（kholopy），将统治者比作主人（gosudar'），它让包括赫伯斯坦因的许多外国人相信，莫斯科公国是一个专制国家。毕竟，"磕头"（bit' chelom）是莫斯科人表示恭敬顺从的术语，也是"请愿"（chelobitie/chelobit'e）一词的来源，字面意为"击打前额"。

亲吻十字架是基辅和莫斯科的一种仪式，表明在上帝面前恭敬顺从，所有的人，不论地位高低，在造物主面前都是平等的。相比之下，磕头则体现出一种不对称关系，展现出请愿者和接受请愿者之间的不平等地位，并证实了莫斯科公国的政治和社会等级。

一、莫斯科公国与统治意识形态

仪式和政治思想间的相互作用始于莫斯科公国的历史变革，以及对其进行解释的神话的诞生。到 15 世纪中叶，莫斯科正在适应其在东正教世界地位的变化。莫斯科拒绝与佛罗伦萨和费拉拉结盟，并且在 1448 年拒绝希腊人插

---

① Giles Fletcher, "Of the Russe Commonwealth", in Lloyd E. Berry and Robert O. Crummey (eds.), *Rude and Barbarous Kingdom: Russia in the Accounts of Sixteenth-Century English Voyagers* (Madison: University of Wisconsin Press, 1968), pp. 174 - 175; Nancy Shields Kollmann, *By Honor Bound: State and Society in Early Modern Russia* (Ithaca, N.Y.: Cornell University Press, 1999), pp. 119-120.

② Sigismund von Herberstein, *Notes upon Russia*, 2 vols., trans. R. H. Major (New York: Burt Franklin, 1851-1852), vol. II, pp. 124-125.

手任命都主教一事,实际上形成了一个独立的东正教会。此后,莫斯科教会发起了编年史中记载的一场反鞑靼、反穆斯林运动,以捍卫莫斯科所代表的纯正基督教传统。① 莫斯科愈发被描绘为继承了基辅罗斯的遗产,从而形成了罗斯土地的神话,而这一神话最终被融合进莫斯科统治者的神话中。② 1453 年,土耳其人占领君士坦丁堡,其后莫斯科看似幸运的扩张为 1462 年登基的伊凡三世开辟了新视野。到了 1480 年,在与金帐汗国(“无神论的夏甲之子”)的斗争中,瓦西安·莱罗大主教敦促伊凡三世成为伟大的基督教沙皇和罗斯土地——“新以色列”的解放者。③

伊凡三世(1462—1505 年)、其子瓦西里三世(1505—1533 年)以及其孙伊凡四世(1533—1584 年)统治期间,莫斯科逐渐清晰的意识形态反映出它延续了君士坦丁堡的理念,即这块由皇帝主宰的疆域正是“人间的基督之国”。如果说阿加佩图斯学说给了统治者对国家绝对的政治权威(“君主在肉体上是人,但在权威上如同上帝”),那么大牧首佛条斯(Patriarch Photius)所编纂的《法律入门》(*Epanagōgē*)以及其他当时莫斯科著名的拜占庭政治著作则对世俗和精神领袖之间的权力范围进行了细致划分。④ 约瑟夫·沃罗茨基等宗教辩论家在《启示者》中赞美了大公的权力与威望,但依然坚持留用明智的献策者——世俗和精神领域的——以抗衡违反上帝之法的威权。⑤

《弗拉基米尔诸王公的故事》(*The Tale of the Princes of Vladmir*,约 1510 年)中虚构的传统最为突出地展现了莫斯科公国的统治和基辅的遗产。利用罗马谱系将留里克王朝追溯到普鲁斯(Prus)——奥古斯都·恺撒的亲

① Donald Ostrowski, *Muscovy and the Mongols: Cross-Cultural Influences on the Steppe Frontier, 1304-1589* (Cambridge: Cambridge University Press, 1998), pp. 164-170.

② Charles J. Halperin, "The Russian Land and the Russian Tsar: The Emergence of Muscovite Ideology, 1380-1408", *FOG*, 23 (1976): 79-82; Jaroslaw Pelenski, "The Origins of the Official Muscovite Claims to the 'Kievan Inheritance'", *HUS*, 1 (1977): 40-42, 51-52; and "The Emergence of the Muscovite Claims to the Byzantine-Kievan 'Imperial Inheritance'", *HUS*, 7 (1983): 20-21.

③ *PSRL*, vol. VIII (Moscow: Iazyki russkoi kul'tury, 2001), pp. 212-213.

④ Deno John Geanakoplos, *Byzantine East & Latin West: Two Worlds of Christendom in Middle Ages and Renaissance*, *Studies in Ecclesiastical and Cultural History* (New York: Harper Torchbooks, 1966), pp. 63-65; Ostrowski, *Muscovy and the Mongols*, pp. 207-208.

⑤ David M. Goldfrank, *The Monastic Rule of Iosif Volotsky*, rev. edn., Cistercian Studies Series, no. 36 (Kalamazoo, Mich., and Cambridge, Mass.: Cistercian Publications, 2000), p. 42; Daniel Rowland, "Did Muscovite Literary Ideology Place Limits on the Power of the Tsar (1540s-1660s)?", *RR*, 49 (1990): 126-131; Ostrowski, *Muscovy and the Mongols*, pp. 199-218.

威,可能是为了向欧洲人证实用"沙皇"称呼莫斯科统治者是合法的。莫诺马赫传说展示了莫斯科东正教统治者的拜占庭血统,因为拜占庭皇帝君士坦丁·莫诺马乔斯(Constantine Monomachos)送给了弗拉基米尔·莫诺马赫一个具体的皇室权威象征,以便后者加冕为基辅大公。①

理论上,莫斯科的统治者有无限的权力和威信来传递上帝的意志,但在现实中,其统治需要世俗贵族、教会精英的支持和深度参与。② 统治精英不得不面对 1492 年"末日"——拜占庭人推算中不祥的 7000 年——的临近。在这样的背景下,莫斯科城在东正教中被重新定义为"新耶路撒冷",莫斯科公国被视为上帝选民的化身,其统治者由上帝所选,将引领人们得到救赎。③

二、仪式和配置

在三个世纪的时间里,莫斯科逐渐从一个边缘城镇,演变为一座壁垒森严、高大宏伟的城市。到了 15 世纪 70 年代,标志着城市兴起的早期建筑——石灰墙、石教堂、王宫和大厅已经变成了断壁残垣。④ 与他之前的统治者不同的是,伊凡三世明白环境和仪式有助于将新兴的莫斯科公国同统治精英结合起来。在一个令人印象深刻的场景中,庄严的仪式可以提升统治者的威信,有助于人们认可他社会顶点的地位。没有什么地方比莫斯科的堡垒——克里姆林更适合举行这些目标远大的仪式。

大教堂广场是克里姆林内具有符号象征意义的地方之一(见图 17.1)。北边是圣母升天大教堂(最主要的大教堂),东边是"伊凡大帝"钟楼,南边是天使

① Ostrowski, *Moscovy and the Mongols*, pp. 171-176.
② Edward L. Keenan, "Muscovite Political Folkways", *RR*, 45 (1986): 128-136; Nancy Shields Kollmann, *Kinship and Politics: The Making of the Muscovite Political System*, 1345-1547 (Stanford, Calif.: Stanford University Press, 1987), pp. 146-187; Kollmann, *By Honor Bound*, pp. 169-202; Ostrowski, *Muscovy and the Mongols*, pp. 85-107, 135-143, 199-218.
③ Ostrowski, *Moscovy and the Mongols*, p. 218; Michael S. Flier, "Till the End of Time: The Apocalypse in Russian Historical Experience before 1500", in Valerie A. Kivelson and Robert H. Greene (eds.), *Orthodox Russia: Belief and Practice under the Tsars* (University Park, Pa.: Pennsylvania State University Press, 2003), pp. 152-158.
④ I. E. Grabar' (ed.), *Istoriia russkogo iskusstva*, 13 vols. (Moscow: AN SSSR, 1953-1964), vol. III (1955), pp. 282-333; T. F. Savarenskaia (ed.), *Arkhitekturnye ansambli Moskvy XV-nachala XX vekov: Printsipy khudozhestvennogo edinstva* (Moscow: Stroiizdat, 1997), pp. 17-53.

图 17.1　大教堂广场,莫斯科克里姆林

图注:1.圣母升天大教堂;2.天使长米迦勒教堂;3.圣母领报主教座堂;4.多棱宫;5.金色大厅;
6.美丽(红色)门廊;7.皇宫;8.伊凡大帝钟楼;9.泰伊尼克塔楼

长米迦勒大教堂(王家墓葬),西边则是圣母领报主教座堂(王家教堂)、金色大厅(王座室),以及与之相邻的美丽(红色)门廊和阶梯、多棱宫(接待大厅)。

1474 年莫斯科重建圣母升天大教堂时发生了灾难性的坍塌事故,因此博洛尼亚建筑师亚里士多德·菲奥拉万蒂重新进行了设计(1475—1479 年)。[①]菲奥拉万蒂改进了原本弗拉基米尔圣母升天大教堂的设计图,采用文艺复兴的关键元素,同时维持了改良后的中世纪弗拉基米尔-苏兹达尔建筑外观特征。他修建了一扇壮观的南门,正对大教堂广场,使柱间距更加和谐、拱顶变得平滑,并创造出一种具有特色的东北走向石灰石外墙,同时代人描述该建筑像是"用一块石头"雕刻出来的。[②] 他将内部空间扩展到最高的拱顶,去掉传统上陈列皇室成员画像的画廊。大公的寝室被搬到底层南门附近,为统治者主持游行提供了一个有效的替代出口。

圣母升天大教堂的很多仪式都提及了"都主教座",它很显然是于 1479 年到 15 世纪 80 年代中期之间被安置在面朝圣像的中殿东南柱附近的。[③] 直到七十多年后的 1551 年 9 月 1 日,伊凡四世正式加冕成为第一任沙皇四年后,独立的"沙皇御座"才被安置进来。它更广为人知的名称是"莫诺马赫宝座",它由十二块木板组成,根据《弗拉基米尔诸王公的故事》中莫诺马赫传奇的片段设计。除了进攻拜占庭,木板上还描绘了莫诺马赫咨询波雅尔会议、拜占庭皇室象征物到达基辅以及它们在弗拉基米尔·莫诺马赫加冕为大公的过程中的应用——所有的信息都与莫斯科意识形态密切相关。檐口周围的雕刻表现了耶路撒冷的主题,再现了上帝关于王朝连续性的训谕,以及智者大卫王和所罗门王。此外,宝座的构成与圣母升天大教堂的小锡安山有着明显的联系,它是一种代表耶路撒冷的圣墓并且会在庄重的游行中使用的礼拜银器。[④]

---

① 参见相关历史调查,资料来源 V. P. Vygolov, *Arkhitektura Moskovskoi Rusi serediny XV veka* (Moscow：Nauka，1988), pp. 177-210。

② *PSRL*, vol. XXV (Moscow and Leningrad：AN SSSR, 1949), p. 324.

③ T. V Tolstaia, *Uspenskii sobor Moskovskogo Kremlia* (Moscow：Nauka, 1979), p. 30; G. N. Bocharov, "Tsarskoe Mesto Ivana Groznogo v Moskovskom Uspenskom sobore", in *Pamiatniki russkoi arkhitektury i monumental'nogo iskusstva：Goroda, ansambli, zodchie*, ed. V. P. Vygolov (Moscow：Nauka, 1985), p. 4.

④ I. A. Sterligova, "Ierusalimy kak liturgicheskie sosudy v Drevnei Rusi", in *Ierusalim v russkoi kul'ture*, eds. Andrei Batalov and Aleksei Lidov (Moscow：Nauka, 1994), p. 50; Michael S. Flier, "The Throne of Monomakh：Ivan the Terrible and the Architectonics of Destiny", in James Cracraft and Daniel Rowland (eds.), *Architectures of Russian Identity 1500 to the Present* (Ithaca, N.Y.：Cornell University Press, 2003), pp. 30-32.

　　天使长米迦勒大教堂(1505—1508年)是由另一位意大利建筑师小阿莱维修设计的。他保留了中世纪早期不对称柱的设计,但添加了显著的文艺复兴风格的装饰,包括红砖墙上的石灰石铰链和代表重生的独特大型扇贝山墙。这很适合作为纪念皇室家族的象征,雕花石棺放置在墓区南部(后来移到北部)以及圣坛附近的一间礼拜堂。

　　圣母领报主教座堂(1484—1489年)由当地的普斯科夫建筑师们重建,他们巧妙地将基本的苏兹达里式铰接立方体与带状假连拱廊、尖顶山墙以及普斯科夫和诺夫哥罗德典型的砖结构和设计联系在一起,这种风格的融合反映出莫斯科公国在"统一罗斯土地"方面的成功。

　　多棱宫(1487—1491年)由意大利人马可·鲁福和彼得罗·安东尼奥·索拉里奥按照文艺复兴时期意大利北方宫殿的风格设计,同时明显地对应了诺夫哥罗德的一座同名建筑。多棱宫得名于正对广场的东侧雕刻面,值得注意的是其内部设计,有一根巨大的中央墩柱支撑着穹棱拱顶。墩柱被作为大公主办的官方招待会和晚宴的舞台区域。在外国文献记录中,多棱宫经常被称为举办许多地位仪式,以及接待外国观众、签订协议、品尝和分发食物、祝酒的场所。①

　　金色大厅由伊凡三世规划,由他的儿子瓦西里三世在1508年建成。位置绝佳的美丽(红色)门廊俯瞰着大教堂广场,金色大厅包括一间前厅(要员们在此聚会)和王座室。这个名字显然受到了放置君士坦丁堡拜占庭皇帝宝座的金色接见大厅皇座室(Chrysotriklinos)的启发。1547年莫斯科的大火严重毁坏了金色大厅,在新加冕的沙皇伊凡四世的命令下,大厅得以完整重建,装饰着精心制作却饱受争议的壁画——它们是关于对莫斯科公国意识形态十分重要的寓言和历史事件的。②

---

① Herberstein, *Notes*, vol. II, pp. 127-132; Richard Chancellor, "The First Voyage to Russia", in Berry and Crummey (eds.), *Rude and Barbarous Kingdom*, pp. 25-27.

② O. I. Podobedova, *Moskovskaia shkola zhivopisi pri Ivane IV: Raboty v Moskovskom Kremle 40-kh-70-kh godov XVI v.* (Moscow: Nauka, 1972), pp. 59-68; David B. Miller, "The Viskovatyi Affair of 1553-54: Official Art, the Emergence of Autocracy, and the Disintegration of Medieval Russian Culture", *RH*, 8 (1981): 298, 308, 314-320; Michael S. Flier, "K semioticheskomu analizu Zolotoi palaty Moskovskogo Kremlia", in *Drevnerusskoe iskusstvo. Russkoe iskusstvo pozdnego srednevekov'ia: XVI vek* (St Petersburg: Dmitrii Bulanin, 2003), pp. 180-186; Daniel Rowland, "Two Cultures, One Throneroom: Secular Courtiers and Orthodox Culture in the Golden Hall of the Moscow Kremlin", in Kivelson and Greene (eds.), *Orthodox Russia: Belief and Practice under the Tsars*, pp. 40-53.

除克里姆林宫本身以外,主要的建筑创新是在护城河上的代祷教堂,后来被称为圣瓦西里大教堂。它建造在美丽广场(红场)上,以纪念伊凡四世在 1552 年对喀山汗国战争的胜利。代祷教堂于 1555 年从多个独立的圣堂慢慢演变成一座复式教堂,宛如一个微缩的耶路撒冷。① 1561 年,代祷教堂在中央市场和非精英阶层聚居区附近完工,与克里姆林宫墙后的大教堂广场核心建筑物相对。

1598/1599 年,代祷教堂的北部竖立起石质圆形讲台,它可能是早期木质结构的替代品。② 它被称为宣谕台③(Lobnoe mesto,意为"头骨处"),用于皇家宣布重大事项,包括宣战、公布皇室成员出生和死亡、命名继承人。它可能取代了原来的城市论坛。讲台也被用作由主要高级教士和沙皇带领十字架游行的一站,该仪式以展示莫斯科守护者弗拉基米尔圣母像为特色,以纪念她的慈爱保护。宣谕台的命名和它靠近"耶路撒冷"代祷教堂的位置,彰显了莫斯科以"新耶路撒冷"自我标榜的野心。

最直接地体现莫斯科统治者及其王国传说的政治仪式要么是偶然的、由环境促成的,要么是周期性的,按照教会日历举行。这些仪式或是"直接"的,要求统治者出席,或是"间接"的,与朝廷官员相关。除了仪式现行的礼节要求,举行仪式的场所(无论在莫斯科之内还是之外)及其"黄金中心地带"都为支配和丰富仪式所要传达的信息提供了重要参照。外交礼仪最好地彰显了这一点,因为我们拥有相当丰富的外交官应对资料。④

三、使团仪式

(一)国外外交仪式

在一篇令 16、17 世纪作家都产生共鸣的文章中,赫伯斯坦因评论了外国

---

① Michael S. Flier, "Filling in the Blanks: The Church of the Intercession and the Architectonics of Medieval Muscovite Ritual", *HUS*, 19 (1995): 120-137; Savarenskaia (ed.), *Arkhitekturnye ansambli Moskvy*, pp. 54-99.
② *PSRL*, vol. XXXIV (Moscow: AN SSSR, 1978), p. 202; B. A. Uspenskii, *Tsar' i patriarkh: Kharizma vlasti v Rossii (Vizantiiskaia model' i ee russkoe pereosmyslenie)* (Moscow: Iazyki russkoi kul'tury, 1998), p. 455 (n. 52).
③ 原文为各各他(Golgotha),即耶稣被钉死在十字架上的地方。——译者注
④ Marshall Poe, "*A People Born to Slavery*": Russia in Early Modern Ethnography, *1476-1748* (Ithaca, N.Y.: Cornell University Press, 2000), pp. 39-81.

使馆人员靠近莫斯科公国领土时将面对的间接却详细的仪式礼仪。① 礼仪要求中的每一部分——初步接触、走访、等待莫斯科的指令、护送、进入莫斯科城、隔离、会见莫斯科统治者——都在确认两国的相对地位。诸如从马背或雪橇上下来时的动作、等待交谈时的脱帽等礼节性手势,都有特定的顺序,目的在于提高莫斯科代表的地位,凸显大公的尊贵地位高于外来使节及其君主。

行进途中,皇家护卫队分别走在使团队伍的前方和后方,防止有人落后或加入随行人员。在象征意义上,这表示皇室的势力延伸到国土的边界,包围住外国人并引导他们向中心聚集。每到一个驿站,就会有新的中央代表前来迎接使团人员,以统治者的名义向他们问好,直到最后,在城外等了数日甚至数周之后,使团才会被护送着穿过刻意被带来的人群,进入莫斯科。他们步行进入克里姆林,其间会遇到大量士兵和不同等级的侍从,根据赫伯斯坦因的解释,人数之众足以让外国人感受到莫斯科人丁兴旺,大公治国有方。离大公的住所越近,他们就能看到越多位高权重的贵族,每一等级的贵族都依序加入队伍,直接跟在使团之后,等待下一等级的贵族前来迎接。

被引入宫殿以后,使者们要走下几级台阶,站在平地上。所处的位置使他们不得不仰视宝座上盛装的统治者。此外,他们还必须问候君主的众多臣子,众臣身披长及脚踝的织金衣物,波雅尔们头戴华丽的皮毛高帽,所有人都背靠三面墙壁依序坐在台阶上的长凳上。② 英国商人理查德·钱塞勒说道:"这是一次多么光荣的集会,如此伟大的陛下,如此伟大的宫殿,定会使我国国民感到震撼,由衷赞美。"③觐见伊凡四世的教皇使节安东尼奥·波塞维诺(Antonio Possevino)曾评价,莫斯科的宫殿华美至极,朝臣优雅高贵,沙皇"已经超越了其他国王,可与教皇匹敌"④。英国的商务代表杰尔姆·霍西带着艳羡的口吻提到过沙皇宝座左右的四名侍卫(ryndy),他们身穿银闪闪的衣服,手持仪式用战斧。⑤ 这样精心安排的沙皇朝臣队列包罗万象,意在使来访者感受到莫斯

① Herberstein, *Notes*, vol. II, pp. 112-142.

② Chancellor, "First Voyage", p. 24.

③ Ibid., p. 25.

④ Antonio Possevino, *The Moscovia of Antonio Possevino*, S. J., ed. and trans. Hugh F. Graham, UCIS Series in Russian and East European Studies, no. 1 (Pittsburgh: University Center for International Studies, University of Pittsburgh, 1977), p. 47.

⑤ Sir Jerome Horsey, "Travels", in Berry and Crummey (eds.), *Rude and Barbarous Kingdom*, p. 303.

科宫廷的规模、威严和无尽的财富。所有请愿者都需要重复统治者冗长的头衔,这一头衔罗列了其等级和领土地理范围,省略任何头衔都是不被允许的。[①]会面中最重要的礼仪是外交官亲吻沙皇的右手(如果沙皇给予他这个机会的话)。[②] 随后,沙皇礼节性地询问外交官的健康,接着外交官则可以正式向沙皇呈送礼物。

(二)皇室巡游

除了外交官仪式性地向政治中心聚集之外,皇室也前往边远地区巡游,统治者带着圣像等宗教道具走访城市、村镇和修道院,借此机会宣传莫斯科公国的意识形态。[③] 这种巡幸领土并圈定皇家空间的仪式拉近了土地与君主之间的联系。通过举行令人印象深刻的"进入"(adventus)和"离开"(profectio)仪式,统治者可以从物理和精神上占领这一地区,正如1552年伊凡四世征服并开进喀山,然后凯旋莫斯科那样令人敬畏。[④]

(三)新娘秀

那些旨在维持朝臣之间的平衡与和谐的仪式直接或间接地表现出了统治者的权威。例如,联姻就有助于维持宗族之间脆弱的权力网。以仪式形式呈现在沙皇眼前的复杂的新娘秀,能够保证官员及其家族牢牢控制遴选过程,并且决定是加强、削弱还是结束某段关系。[⑤]

(四)以头示降仪式

间接仪式以头示降(vydacha golovoiu)旨在确认根据门第制确立的贵族等级,并在科托什辛对17世纪莫斯科宫廷的描述中有所体现。[⑥] 违反等级优先

① Fletcher, "Russe Commonwealth", pp. 131-132; cf. Herberstein, *Notes*, vol. II, pp. 34-38.
② L. A. Iuzefovich, "*Kak v posol'skikh obychaiakh vedetsia*" (Moscow: Mezhdunarodnye otnosheniia, 1988), pp. 115-116.
③ Nancy Shields Kollmann, "Pilgrimage, Procession, and Symbolic Space in Sixteenth-Century Russian Politics", in Michael S. Flier and Daniel Rowland (eds.), *Medieval Russian Culture*, 2 vols. (Berkeley: University of California Press, 1994), vol. II, pp. 163-166.
④ *PSRL*, vol. XIII (Moscow: Iazyki russkoi kul'tury, 2000), pp. 220-228.
⑤ Russell E. Martin, "Dynastic Marriage in Muscovy, 1500-1729", unpublished Ph. D. dissertation, Harvard University, 1996, pp. 30-110.
⑥ Grigorij Kotošixin, *O Rossii v carstvovanie Alekseja Mixajloviča: Text and Commentary*, ed. A. E. Pennington (Oxford: Clarendon Press, 1980), fos. 63-64v, 67, 149, 150.

原则的人将会被逐出象征着沙皇权威的克里姆林，步行而非骑马一直走到被冒犯者家里，沙皇的代表在那里宣布统治者的决定，胜者站在台阶上方的门廊上。高位与低位的象征性对立还表现在败者允许胜者释放情感羞辱自己，而不会遭遇打击报复。该仪式强化了君主富有魅力而专制的形象，贵族精英则是提供支持的温和顾问，致力于维持秩序和稳定使得基于共识的政府得以存续。[①]

（五）加冕仪式

虽然我们无法找到有关基辅罗斯和 15 世纪晚期以前莫斯科公国大公加冕仪式的记载，但是某些形式的授职仪式肯定是存在过的。编年史中的一手记载只说某位王子在某个都城继承了王座（siede，字面意思即"坐上"），或某位更有权势的统治者任命他为君主（posadi，字面意思即"使他坐上"）。

实际上莫斯科最早关于加冕典礼的记录出现于 1498 年 2 月 4 日，当时伊凡三世举行了一场基于拜占庭典礼的仪式，用来合法化他争议性地任命孙子德米特里为继承者，而不是第二个儿子瓦西里。1502 年，瓦西里重新获得支持，被封为大公，因此有权继承父亲的大业。有趣的是，加冕仪式的举行并没有保证德米特里获得继承权，这显示了该仪式作为一种政治工具在文化上的劣势地位。1502 年，瓦西里成为后继者，1505 年继承了去世的父亲的王位，两次都没有举行加冕仪式，也能使人理解这一点。

然而，1533 年伊凡四世的继位标志着莫斯科统治者的观念发生了转折。在经历多起宫廷阴谋之后，伊凡与马卡里结成联盟，后者起初是诺夫哥罗德大主教，1542 年成为莫斯科都主教。通过提出一系列文化倡议，其中最突出的是《大教历》（Great Reading Menology）的修订和《皇室谱牒》（Book of Degrees）的编写，马卡里试图提高沙皇作为救世主的地位和权威，在事实上神化他，赋予他特殊的人格魅力。[②] 1547 年，马卡里准备宣布伊凡不仅是大公，而且是沙

[①]　Nancy Shields Kollmann, "Ritual and Social Drama at the Muscovite Court", *SR*, 45 (1986): 497-500.

[②]　David B. Miller, "The Velikie minei chetii and the Stepennaia kniga of Metropolitan Makarii and the Origins of Russian National Consciousness", *FOG*, 26 (1979): 264-267, 312-313, 362-368; V. M. Zhivov and B. A. Uspenskii, "Tsar' i Bog: Semioticheskie aspekty sakralizatsii monarkha v Rossii", in *Iazyki kul'tury i problemy perevodimosti* (Moscow: Nauka, 1978), pp. 56-57, 84; Possevino, *Moscovia*, p. 47.

皇和独裁者,是上帝选择的君主。因此,他在为德米特里举行的拜占庭式仪式的基础上设计出了一套加冕仪式,该仪式足以将一个年仅 16 岁的王公转变为沙皇。

1547 年 1 月 16 日,伊凡在圣母升天大教堂正式举行加冕仪式,这对莫斯科统治者历史和末世学上的地位有诸多影响。日期是非常重要的,它被选定在主显节最后一场纪念仪式后的第一个星期日,该仪式是为了庆祝上帝对约翰("先行者")在约旦河为基督洗礼表示满意。施行涂油礼之后,基督开始履行他在圣地的职责,非常适合伊凡作为沙皇统治莫斯科——"新以色列"的开始。[①]

圣母升天大教堂的加冕典礼综合了庄严性与传说和《圣经》片段的象征意义,营造出一种普遍影响。等级有序的教士们围在两侧,教堂中央则是专门为马卡里和伊凡设置的高台,上面摆放着供他们所坐的椅子。高台与皇家圣像门之间的地面上铺着金黄的锦缎,其上有一个台子,用来放置皇室象征物——象征物由大公的告解神父"带着恐惧颤抖地"用一只金盘子呈上,一位出身高贵的侍从在旁守卫。30 分钟后,莫斯科四处响起钟声,伊凡离开他所在的位置,庄严地前行,告解神父在他前面泼洒圣水,他的兄弟和其他皇室成员紧随其后。

象征性物品与莫诺马赫传奇有着明显的关联,是统治者的基辅和拜占庭血统的公开标志。重要的是,象征物的数量在 16 世纪中发生了变化,显然是为了能够在仪式上展示出更多可见的权力和权威象征。在德米特里的加冕典礼上,只提到他穿戴了沙皇披肩(barmy)——一种精心绣制且珠光宝气的领饰和一顶帽子(shapka),相同的服饰组合在自"钱袋"伊凡一世(约 1339 年)以来的记述中都有发现。[②] 在伊凡四世的加冕仪式上,使用了一个用基督被钉死的真十字架做成的十字架。加冕礼所用的物品清单中,有三件与《弗拉基米尔诸王公的故事》及相关文本列举的五件和莫诺马赫有关的物品符合。[③] 剩余的两件中,一条金链被用于伊凡加冕礼的扩展仪式,而恺撒·奥古斯都所钟爱的红玛瑙箱却从未在仪式中出现过。红玛瑙箱被排除在外是一个明显的标志,表

① Daniel Rowland, "Moscow-The Third Rome or the New Israel?", *RR*, 55 (1996): 602-603.

② *Dukhovnye i dogovornye gramoty velikikh i udel'nykh kniazei XIV-XVI vv.*, ed. L. V. Cherepnin (Moscow and Leningrad: AN SSSR, 1950), p. 8.

③ R. P. Dmitrieva, *Skazanie o kniaz'iakh vladimirskikh* (Moscow and Leningrad: AN SSSR, 1955), pp. 164, 177, 190.

明尽管罗马谱系对于外国人认可"沙皇"的称号至关重要,但只有"拜占庭"物品才适合确认莫斯科统治者的精神地位。①

教士和贵族们有序地排列着,站在伊凡走向高台的道路两侧。他们被命令不许出声,不敢逾越沙皇的道路。沙皇一到,钟声便停止了。说完介绍性的祷词后,都主教马卡里从金盘中托起十字架,挂在伊凡的脖子上,并向给予启示的上帝宣告。他把撒母耳为大卫涂油,宣布他为以色列国王,与加冕伊凡·瓦西里耶维奇大公为全罗斯沙皇的涂油礼联系起来。他祝愿大公万寿无疆,沙皇统治的合法性现在已被拜占庭圣物合法化了。马卡里为伊凡穿上沙皇披肩,戴上莫诺马赫帽,为沙皇祝祷后,又训诫他东正教统治者的职责,其所参考的文本主要源于巴西流对其精神之子利奥的告诫。② 仪式以在圣像前举行圣餐会收尾。

伊凡经由南口离开圣母升天大教堂,他站在出口位置,金银币三次从他头上倾倒而下。随后,他踏上一条铺满天鹅绒和锦缎的通路,向天使长米迦勒大教堂走去,在皇室先祖的墓前聆听祷文并祈祷。他穿过西门离开天使长大教堂,再次淋浴金银币三次。伊凡继而沿一条铺着布的小路走向圣母领报主教座堂,聆听祷文,之后走下台阶来到广场上,冉走上通向金色大厅的中央阶梯,在返回自己的皇宫住所前,金银币又像雨滴般落在他身上。③ 他在多棱宫为高级教士和贵族举行了盛大的宴会。同时,那些留在圣母升天大教堂里的人们可以拆除特制的礼台,拿走仪式中神圣化的纪念品。④

一项附加礼仪——沙皇的涂油礼显然只在 1584 年费奥多尔·伊凡诺维奇的加冕典礼的拓展仪式上实行。涂油礼在圣餐前举行,与拜占庭用神圣的没药(myrrh)涂抹额头不同,而是类似洗礼中的傅油礼,为头部、眼睛、耳朵、胸前以及手的两面涂油(见插图 17)。⑤ 这种额外的仪式不仅将莫斯科沙皇比作拜占庭皇帝和他们所效仿的《旧约》中的君主,而且比作洗礼中的基督本人,进

---

① 总体而言,莫斯科-第三罗马理念的重要性在 16 世纪的莫斯科历史文献中是被夸大了的。参见 Ostrowski, *Muscovy and the Mongols*, pp. 219-243。

② Ihor Ševčenko, "A Neglected Byzantine Source of Muscovite Political Ideology", in his *Byzantium and the Slavs in Letters and Culture* (Cambridge, Mass.: Harvard Ukrainian Research Institute, 1991), p. 72.

③ *PSRL*, vol. XIII, pp. 150-151, 451-453.

④ E. V. Barsov, *Drevne-russkie pamiatniki sviashchennogo venchaniia tsarei na tsarstvo* (Moscow: Universitetskaia tipografiia, 1883), pp. 66, 90; *PSRL*, vol. XIII, p. 150.

⑤ Barsov, *Drevne-russkie pamiatniki*, pp. 61-64; Uspenskii, *Tsar' i Patriarkh*, pp. 14-29, 111-112.

一步神圣化莫斯科公国的统治者。[1]

让沙皇接受钱币的淋浴可以在场地与功能之间建立有形的联系。在圣母升天大教堂,沙皇代表基督在人间的代行者;在天使长米迦勒大教堂,他代表一个高贵王朝的后继者;在圣母领报主教座堂,他代表国家的统治者。每一站钱币的撒播都象征着国家的繁荣昌盛、永世长存。讽刺的是,这一仪式源于朝拜者对 1392 年拜占庭加冕礼的错误描述——显然在构建莫斯科仪式的过程中它是一个重要参考来源。可能是斯摩棱斯克的伊格纳季(Ignatii of Smolensk)曲解了拜占庭皇室出于慷慨在人群中抛撒硬币的风俗,也可能是后来的抄写员误读了他的文本,将借词误作物主代词,才会出现用钱币淋浴沙皇的做法。[2]

加冕仪式是最重要的团体仪式,它奠定了沙皇统治的神圣地位,每一任沙皇只能举行一次。以固定间隔举行的皇家仪式,尤其是通过提及与他的转换有关的文物或者遗迹,则有助于莫斯科统治者向世俗以及宗教界精英宣扬自己的传奇。

四、周期性仪式

教会日历指导着整个莫斯科公国的生活。除了沙皇和贵族们定期出席的教会活动外,还有五个格外重要的仪式。它们区分了一年中的关键节点,并且传递了神圣背景下莫斯科公国神话的根本价值。其中两个是非叙事性的,即新年仪式和最后审判仪式;另外三个则包含着戏剧化的故事内容,即火炉仪式(Fiery Furnace ritual)、主显节仪式(Epiphany ritual)和圣枝主日仪式(Palm Sunday ritual)。这五个仪式都必须有莫斯科宗教与国家首脑到场,并且强调多种关于上帝任命的统治者、教会、统治者的宗教和世俗顾问之间关系的视角。全部五种仪式都突出由克里姆林宫及其近郊划分出的符号学上神圣空间

---

[1] Uspenskii, *Tsar' i Patriarkh*, p. 20.

[2] George P. Majeska, "The Moscow Coronation of 1498 Reconsidered", *JGO*, 26 (1978): 356-357, and his *Russian Travelers to Constantinople in the Fourteenth and Fifteenth Centuries*, Dumbarton Oaks Studies, no. 19 (Washington, DC: Dumbarton Oaks Research Library and Collection, 1984), pp. 112-113, 435-436; Ostrowski, *Muscovy and the Mongols*, p. 186 (n. 104).

的特定部分,都以一种响彻克里姆林宫的特殊钟声为标志。①

(一)新年仪式

新年告别式(Letoprovozhdenie)在 9 月 1 日的早晨举行。② 都主教带领两名手持《福音文选》的助祭走在前面,其余的神职人员以十字架队形行进,从圣母升天大教堂来到圣母领报堂和天使长米迦勒大教堂之间的空地,这里摆着两张为都主教和沙皇提供的椅子。沙皇不持皇家圣物,以谦卑的姿态从圣母领报堂的门廊走到中央空地。仪式代表着辞旧迎新,以交互轮唱和两部《福音文选》为标志,象征着过渡的完成。两部书被放置在单独的讲台上,侧面是修行者圣西门(St. Simeon the Stylite)的圣像,其节庆正是每年 9 月 1 日。

规定的赞美诗关注上帝选民的救赎和命运(《诗篇》73[74]和 2),以及选民与上帝之间的契约(《诗篇》64[65]),最后宣告"你以恩典为年岁的冠冕"。《以赛亚书》里 61∶1—9 包含宣言∶"主耶和华的灵在我身上,因为耶和华用膏膏我,叫我传好消息给谦卑的人……报告耶和华的恩年。"紧随为国王的祈祷和感恩(《提摩太前书》2∶1—7)之后是福音书诵读,其中基督引用了以赛亚宣言(《路加福音》4∶16—22)。该篇目被逐行诵读两次,第一次由都主教从一部文选中选读,第二次由大助祭从另一部文选中选读。这种双重仪式环节似乎是为了强调起点与终点的融合,代表来年将是被上帝庇佑的一年。都主教将十字架浸入圣水,在地上的四个角落施以手势,标志着新年的开始,然后祝愿沙皇万寿无疆,将圣水洒在他身上,继而依照次序对贵族们重复同样的程序,最终所有人聚集到一起。沙皇返回圣母领报堂举行圣餐。

新年的过渡仪式、对统治者和上帝选民的祝福、象征上帝庇佑的一年的基督涂油礼,都表明统治者与被统治者在慈爱上帝庇护下的良好关系。值得注意的是,环绕金色大厅王座室屋顶的、作为最终审判者的基督·以马内利的三

---

① 关于这些莫斯科仪式的讨论基于外国人的记录、俄国编年史、已出版的档案、17 世纪莫斯科圣母升天大教堂的仪式用书,它们直接或间接地反映了之前一个世纪间的活动(Aleksandr Golubtsov, "Chinovniki Moskovskogo Uspenskogo sobora", *ChOIDR*, 1907, bk. IV, pt. I)。

② Golubtsov, "Chinovniki", 1-4, 147-150, 214, 279; Konstantin Nikol'skii, *O sluzhbakh Russkoi tserkvi byvshikh v prezhnikh pechatnykh bogosluzhebnykh knigakh* (St Petersburg: Tipografiia Tovarishchestva "Obshchestvennaia pol'za", 1885), pp. 98-158.

段主要铭文中的两段,都来自新年礼拜仪式。① 新年仪式与王座室的联系强化了伊凡四世开创莫斯科公国新时代的观念。

(二) 最终审判仪式

谢肉节的前一天——"离肉主日"(Meatfare Sunday)是等待所有基督徒的宿命性事件——最终审判之日。② 在一场类似新年的仪式中,教会和国家首脑分别从圣母领报堂和圣母升天大教堂出发进行十字架游行,一直走到教堂广场东北面圣母升天大教堂后殿,那里的两座讲台旁都放置了椅子,讲台上摆放着两部《福音文选》,紧挨着最后审判圣像。在吟唱完献给最后审判的赞美诗后,大助祭朗诵《旧约》节录,警告即将来临的毁灭和绝望的日子,同时为上帝的选民提供救赎(《约瑟书》2:1—27 和 3:1—5,《以赛亚书》13:6),描述永在之神和最后审判的可怕异象(《但以理书》7:1—14)。都主教面向东方,即基督复活的方向诵读福音书,读出最终审判中善人与罪人的命运(《马太福音》25:31—46)。站在他对面的大助祭在诵读同一段落时面朝西方,即最终审判的方向。③ 与新年仪式中相似的复调诵经,强调了末日的转变时刻。

沙皇被选为主要代表,他的身体健康和运势将对所有上帝选民产生影响,特别是贵族,他们继沙皇之后在离开前接受了圣水的淋洒。仪式是在朝东的圣母升天大教堂画壁下方进行的,中央壁画是《新约》圣三位一体,这与最终审判密切相关。④ 通过这一年度仪式,莫斯科及其统治者的命运得以在复活节前的大斋戒开始之前确认。

(三) 火炉仪式

12 月 17 日是纪念三名希伯来青年——沙得拉(Shadrach)、米煞(Meshach)和亚伯尼歌(Abednego)的节日。他们拒绝向尼布甲尼撒王的黄金塑像行礼,于是在邪恶的迦勒底看守的怂恿下,国王下令将他们投入火热的窑炉中。在一位天使的庇佑下,这些年轻人安然无恙,但把他们投入火炉的迦勒底狱卒自

---

① Frank Kämpfer, "'Rußland an der Schwelle zur Neuzeit': Kunst, Ideologie und historisches Bewußtsein unter Ivan Groznyj", *JGO*, 23 (1975): 509.

② Golubtsov, "Chinovniki", 82-85, 242; Nikol'skii, *O sluzhbakh*, pp. 214-236.

③ 在东正教教堂的装饰中,西墙上描绘的最终审判通常是信徒离开教堂中殿时看到的最后画面。

④ V. G. Briusova, "Kompozitsiia 'Novozavetnoi Troitsy' v stenopisi Uspenskogo sobora", in E. S. Smirnova (ed.), *Uspenskii sobor Moskovskogo Kremlia* (Moscow: Nauka, 1985), pp. 88-97.

己却被烈火烧死了。尼布甲尼撒震撼于年轻人们的得救,下令释放他们,并赞美上帝,认可上帝的至高无上(《但以理书》3)。

火炉仪式是在圣诞节前的第一个或第二个星期天在沙皇面前举行的,仪式在晨祷期间进行,会唱诵与三名年轻人相关的第七和第八首圣歌。一座高台(peshch',"火炉")被置于圣母升天大教堂圣像门前。在圣堂中,助祭用一条长布绑在三个男孩(扮演三名年轻人)的脖子上,带领他们穿过北门,交给"迦勒底人"拘禁。他们被带到"火炉"的中心后,《三圣子之歌》开始演唱(《但以理书》3)。当大助祭吟诵"耶和华的使者降临火炉"时,绘在羊皮纸上的天使形象从高处下降到"火炉"中,伴随着雷鸣般的巨响。在向天使鞠躬之后,三个年轻人沿着"火炉"内缘环绕三圈,并唱诵《亚撒利雅祷词》。"迦勒底人"向幸存的年轻人鞠躬,将他们带出"火炉"。年轻人们走近都主教,祝愿他和皇室长命百岁。随后,主持仪式的神职人员和波雅尔依次向沙皇唱诵"长寿"赞歌。

这段情节本身就是关于统治者、谋臣和上帝选民之间关系的寓言。伴随着迦勒底谋臣们被大火吞噬、年轻人们得救,统治者由恶转善。火炉仪式强调佞臣对统治者的潜在危害,因此可以被与其他莫斯科文化遗迹(例如金色大厅的前庭壁画和莫诺马赫王座)一起,用来彰显统治者在上帝和他的子民面前的职责。

(四)主显节仪式

圣诞节假期以庆祝基督在约旦河受洗的重大仪式结束。1月6日上午,一个庄严的仪式进入高潮——"圣水祝福"以长达一英里的十字架游行开始,包括了教会和国家领袖的队伍从圣母升天大教堂出发,穿过当时可以通行的泰伊尼克塔楼(Tainik Tower)离开克里姆林,走上莫斯科河的冰面。[①] 冰上开凿有一个约18平方英尺的洞,露出下面的河水,仪式上它被称为"约旦河"。神职人员聚集在洞口周围,并在一侧设置一个平台来固定都主教的宝座。沙皇免冠站在冰上,在为"约旦河"祝圣后,都主教用手掬起河水,先淋洒在沙皇身上,然后以类似的方式依次洒在其他贵族身上。沙皇和他的随行人员离开后,围观的人们便纷纷上前分享新的"圣水"。英国商人安东尼·詹金森(Anthony Jenkinson)描述了他们1558年愉快的"抢水"经历:"皇帝离开后关于水的活动

---

① Golubtsov, "Chinovniki", 35-37, 176, 218, 294-295; Nikol'skii, *O sluzhbakh*, pp. 287-296; Fletcher, "Russe Commonwealth", p. 233.

相当值得一看,因为大约 5 000 人涌过来了。他们要将自己的壶装满‘圣水’,因为没有抢到水的俄国人会认为自己是不幸的。"①

主显节仪式令所有观看的外国人印象深刻。② 同新年仪式一样,它代表着一种重要转变、净化和重生。随着游行队伍走出克里姆林宫墙,该仪式邀请所有莫斯科居民——无论出身什么阶级——参与其中。先后被泼洒向沙皇和贵族的圣水送出再生性祝福,象征性地延及莫斯科居民,吸引他们积极地将自己、家人甚至珍贵的家畜沉浸于新的圣水中。③

詹金森错误地解读了仪式的象征意义,他认为,沙皇在都主教和神职人员坐着的时候露出头部并且站立一定显示了世俗统治者相对较低的尊严和地位。④ 他并不知道在礼拜仪式上,神职人员被要求在诵读《旧约》时坐着,诵读《新约》时站着。此外,他也没有意识到该仪式公开表达了沙皇作为基督在人间的代言人所拥有的一个主要特征——谦卑,一项受当时作家称赞的美德。⑤ 关于洗礼的圣像画中的基督就是站在约旦河里受洗,约翰将右手放在他免冠的头顶为他祝福。就像基督在洗礼中表现出的谦卑一样,沙皇也必须在普适精神更新的过程中表现得谦卑。

(五)圣枝主日仪式

圣枝主日仪式是莫斯科所有宫廷仪式中最令人印象深刻的活动(见插图18)。⑥ 17 世纪之前,莫斯科没有相关的正式记录,但是俄国公司成员曾在民族志报告中描述圣枝主日仪式。1558 年,安东尼·詹金森的一位随行人员写道:

> 首先,他们有一棵高大的树,用两驾雪橇拉着,好像它就生长在那里,树上挂满了苹果、葡萄、无花果和枣子,还有许多其他水果。五个身穿白

① Richard Hakluyt, *The Principall Navigations Voiages and Discoveries of the English Nation*, 2 vols., eds. David Beers Quinn and Raleigh Ashlin Skelton (Cambridge: Cambridge University Press, 1965), vol. I, p. 341; Fletcher, "Russe Commonwealth", pp. 233-234.
② 坡(Poe, *People*, p. 48, n. 41)整理有关于主显节和圣枝主日仪式的完整外国文献目录。
③ Fletcher, "Russe Commonwealth", pp. 233-234.
④ Hakluyt, *Principall Navigations*, vol. I, pp. 343-344. Cf. Paul A. Bushkovitch, "The Epiphany Ceremony of the Russian Court in the Sixteenth and Seventeenth Centuries", *RR*, 49 (1990): 1-4.
⑤ Rowland, "Limits", 135.
⑥ Golubtsov, "Chinovniki", 103-108, 250-253; Nikol'skii, *O sluzhbakh*, pp. 45-97; Michael S. Flier, "Breaking the Code: The Image of the Tsar in the Muscovite Palm Sunday Ritual", in Flier and Rowland (eds.), *Medieval Russian Culture*, vol. II, pp. 213-218, 227-232.

色法衣的男孩站在同样的树丛中,在游行队伍的前面唱歌。

雪橇后面依次是一个由襄礼人员组成的十字架形游行长队,队伍中有众多衣着华丽的高级教士,以及一半的莫斯科公国贵族。游行的焦点是对基督在圣枝主日胜利进入耶路撒冷的情景重现表演。

> 首先,有一匹马被一块长及地面的白色亚麻布罩着,它的耳朵被用同样的布做成和驴耳朵一样长的样子。马背上,都主教像女人一样侧坐,膝上放着一本精致的福音书,封面上覆着一个金质十字架,他用左手紧紧地握着,同时右手也拿着一个金十字架,在骑行的过程中不断向人群祝福。

约三十名牧师的儿子在"基督"前进的道路上铺上大块的布,一旦马匹从上面经过,便将它们收起,然后跑到前面再次将它们展开铺好。

> 一位皇室贵族在前头牵引着马,皇帝本人则在后面一手牵着马的缰绳,一手持棕榈树枝步行。再后面跟着其余的皇室贵族和绅士们,还有大量其他的人。①

游行队伍从圣母升天大教堂出发,走进克里姆林纪念基督进入耶路撒冷的礼拜堂(疑为圣母领报堂)②,再返回圣母升天大教堂解散,仪式中使用的树会被拆散,分发给聚集的群众。都主教会支付给沙皇200卢布,一些外国人将其解释为服务费用。③ 沙皇在仪式中相对都主教的较低位置被许多外国观察者视作统治者地位较低的另一个迹象,而没有考虑到沙皇通过表现谦卑来确证自己基督代理人的身份,正如主显节仪式中一样。④

1561年护城河畔的代祷教堂建成后,游行路线从克里姆林延伸到了美丽广场(红场),并进入人群的视野。沙皇和都主教在代祷教堂的礼拜堂进行了一个以进入耶路撒冷为主题的简短仪式,之后再返回圣母升天大教堂。在克里姆林宫墙外的耶路撒冷微缩景观附近重演耶稣降临,会让在场人员、参与者和观众都将重新进入城市的过程视为莫斯科的转变——成为新耶路撒冷。仪式的情感和精神力量在1611年得到了充分体现,当时占领莫斯科的波兰军队

---

① Hakluyt,*Principall Navigations*, vol. I, pp. 341-342.

② Ibid., p. 342.

③ Fletcher,"Russe Commonwealth", p. 234.

④ Hakluyt,*Principall Navigations*, vol. I, pp. 343-344. Cf. Robert O. Crummey, "Court Spectacles in Seventeenth-Century Russia: Illusion and Reality", in Daniel C. Waugh (ed.), *Essays in Honor of A. A. Zimin* (Columbus, Oh.: Slavica Publishers, 1985), p. 134.

取消了圣枝主日仪式,这引发了骚乱,以至于他们不得不将其恢复。

五、类型特征

这五个仪式代表了构成莫斯科统治者神话的政治思想的不同方面。所有仪式都需要统治者在场,但是其中之一——火炉仪式是作为礼仪戏剧表演的,沙皇在这里只是一个被动的观众。火炉仪式也是五个仪式中唯一完全在圣母升天大教堂内部举行的,并且是唯一区分皇帝与大臣善恶的仪式,这在当代文学中属于一种类型学要素。① 两个仪式仅在克里姆林的室外空间进行(教堂广场的新年和最终审判仪式),其特点是关于跨越时间界限的沉思——从一年的结束到"上帝庇佑之年"的开始,以及从历史到永恒。这两个仪式都涉及克里姆林的圣像,它们分别位于金色大厅和圣母升天大教堂之外。

两个最重要和庄严的皇室仪式在本质上要复杂得多,不仅体现在表演规则上,而且在圣像、历史和末世论层面上都有符号化的呈现。主显节仪式和改良后的圣枝主日仪式都利用了克里姆林内外的空间,象征着它们具有更广泛和普遍的意义。两者都利用表演来重现基督一生中的重大事件,从而与圣地建立直接联系:莫斯科河与约旦河,以及莫斯科城与新耶路撒冷。两者都受到了基督受洗和进入耶路撒冷故事的影响,并回顾关键历史事件:揭开了罗斯基督教史序幕的弗拉基米尔大公的洗礼,以及使伊凡四世得以凯旋莫斯科的对喀山的征服。如同在圣餐礼上一样,两个仪式的观众都可以分享因高级教士和沙皇在场而神圣化的物品:莫斯科河的水和人造树。

偶尔举行的仪式主要涉及关于当下的问题,而周期性仪式则关注命运和拯救。对于耶路撒冷相关主题的仪式来说尤其如此。由于微缩耶路撒冷成为朝圣之地,"约旦河"被视为每年重生的源泉,"各各他"(Golgotha)作为宣谕台,教会和国家的领导人在 16 世纪末宣布了他们的意图——用莫斯科将在最终审判和末日之后行使弥赛亚的使命的更清晰图景,来补充其政治思想。这种莫斯科意识形态从留里克王朝的灭亡中幸存,并在进入 17 世纪后得到了罗曼诺夫继承者的精心培育。

---

① Ostrowski, *Muscovy and the Mongols*, pp. 203-210.

第十八章 "混乱时期"(1603—1613 年)

莫琳·佩里

历史学家使用"混乱时期"(smutnoe vremia, smuta)一词来指代 16 世纪晚期至 17 世纪初期所发生的一系列事件。1899 年,S. F. 普拉托诺夫首次出版了他的经典研究,将"混乱时期"的开始追溯到 1584 年伊凡雷帝的死亡,当时波雅尔之间展开了权力之争。普拉托诺夫认为,1613 年米哈伊尔·罗曼诺夫登上皇位后,这场混乱才结束。① 苏联时期,"混乱时期"一词一度遭到摒弃,"农民战争"概念取而代之,它源于弗里德里希·恩格斯对 1525 年德国事件的研究。② I. I. 斯米尔诺夫(I. I. Smirnov)将 1606—1607 年间的博洛特尼科夫暴动看作俄国历史上"第一场农民战争",而在斯大林去世后,一些苏联历史学家提出,1603 年(赫洛普科起义)至 1614 年(扎鲁特斯基运动的失败)的一系列动荡共同构成了"农民战争"。③ 苏联时代末期,俄国历史学家又弃用了"农民战争"概念,要么重新使用旧词"混乱时期",要么引入"内战"的说法。④ 西方学者们从未采纳当时的"农民战争"观点,他们更倾向于保留"混乱时期"这一术语。⑤ 切斯特·邓宁(Chester Dunning)使用了"内战"的术语,这和俄国历史

① S. F. Platonov, *Ocherki po istorii smuty v Moskovskom gosudarstve XVI-XVII vv.*, 4th edn. (Moscow: Gosudarstvennoe sotsial'no-ekonomicheskoe izdatel'stvo, 1937); 5th edn (Moscow: Pamiatniki istoricheskoi mysli, 1995).

② I. I. Smirnov, *Vosstanie Bolotnikova*, *1606-1607*, 2nd edn. (Leningrad: Gosudarstvennoe izdatel'stvo politicheskoi literatury, 1951), pp. 493-494.

③ 例如 A. A. Zimin, "Nekotorye voprosy istorii krest'ianskoi voiny v Rossii v nachale XVII veka", *VI*, 1958, no.3: pp. 97-113。

④ R. G. Skrynnikov, *Rossiia v nachale XVII v. "Smuta"* (Moscow: Mysl', 1988); R. G. Skrynnikov, *Smuta v Rossii v nachale XVII v. Ivan Bolotnikov* (Leningrad: Nauka, 1988); A. L. Stanislavskii, *Grazhdanskaia voina v Rossii XVII v. Kazachestvo na perelome istorii* (Moscow: Mysl', 1990).

⑤ Maureen Perrie, *Pretenders and Popular Monarchism in Early Modern Russia. The False Tsars of the Time of Troubles* (Cambridge: Cambridge University Press, 1995); Chester S. L. Dunning, *Russia's First Civil War. The Time of Troubles and the Founding of* (转下页)

学家 R. G. 斯科雷尼科夫和 A. L. 斯坦尼斯拉夫斯基(A. L. Stanislavskii)的做法相似,他们有意驳斥"阶级斗争"的研究方法,强调俄国社会的纵向而非横向分化。"内战"的研究视角同时淡化外国干预的影响(斯大林时代的历史编纂学和前革命时期的记述着力强调这一点),将混乱的根源归结于俄国的国内问题。

本章将"混乱时期"的起点定于 1604 年秋伪德米特里一世入侵俄国。1601—1603 年的饥荒之后,伪德米特里一世挑战鲍里斯·戈杜诺夫沙皇的合法地位,这与南部边疆地区的民怨结合在一起,整个社会变成了一个"火药桶"。

一、伪德米特里一世

1603 年夏,一位年轻人出现在立陶宛布雷欣的亚当·维什涅维茨基王公(Prince Adam Vishnevetskii)的庄园。他声称自己是伊凡雷帝最小的儿子、1591 年在乌格利奇离奇死亡的德米特里皇子。年轻人自称从鲍里斯·戈杜诺夫派去的刺客手中侥幸脱逃,现在正为夺回理应属于自己的皇位寻求帮助。显然,维什涅维茨基相信了他的故事,他先将此事上报给了波兰总理大臣扬·扎莫耶斯基(Jan Zamoyski),然后又报告了国王西吉斯蒙德。伪德米特里得到了亚当·维什涅维茨基的表亲康斯坦丁·维什涅维茨基王公(Prince Constantine Vishnevetskii),以及康斯坦丁的岳父、桑多梅日王爵(Palatine of Sandomierz)耶兹·姆尼舍克(Jerzy Mniszech)的援助,他们的家族居于波兰的桑博尔(Sambor)。姆尼舍克给伪德米特里提供军事援助,以此换取俄国的部分领土。伪德米特里与姆尼舍克的女儿玛琳娜订婚,并秘密信仰天主教,进一步巩固了他们之间的协议。1604 年 3 月,伪德米特里在克拉科夫(Cracow)面见国王,讨论俄国改信天主教的前景。然而,为了支持伪德米特里,国王遭到下议院(Sejm)的强烈反对,面临着军事骚乱的风险,因为这将破坏 1601 年波兰与俄国达成的和平协定。西吉斯蒙德只能给伪德米特里的事业提供非官方的鼓

(接上页) the Romanov Dynasty (University Park,Pa.: Pennsylvania State University Press, 2001).

励。伪德米特里与姆尼舍克一同返回桑博尔,整个夏天都在招募军事援助。8月底,他们开始向莫斯科进军,意图推翻"篡位者"鲍里斯·戈杜诺夫。

"伪德米特里一世"究竟是谁?鲍里斯·戈杜诺夫政府认为他是一名还俗的贵族修士,原名格里高利·奥特列皮耶夫。这种说法在后来的研究中占据主流,但是也存在一些反对的声音:切斯特·邓宁不但反对伪德米特里是奥特列皮耶夫的说法,而且认为他可能就是乌格利奇的德米特里本人。① 虽然德米特里的身份已经无法被确切证明,但是在当今大多数历史学家看来,奥特列皮耶夫假冒德米特里的观点还是非常有说服力的。② 然而不可否认的是,伪德米特里极其自信地扮演着这一角色,他很有可能相信自己就是德米特里。

各种各样的阴谋论认为某些波雅尔家族资助了伪德米特里,试图利用他推翻戈杜诺夫。其中最经常被提到的是罗曼诺夫家族、切尔卡斯基家族、舒伊斯基家族和纳戈伊家族。不过,正如 A. P. 帕夫罗夫(A. P. Pavlov)所言,并没有足够可信的证据证明波雅尔曾参与到扶持伪德米特里的阴谋中。③ 奥特列皮耶夫更有可能是根据自己的意愿行动的——或许是为了报复 1600 年戈杜诺夫对其资助者罗曼诺夫家族的迫害。④

1604 年秋,伪德米特里带领一小部波兰军队和哥萨克士兵跨越俄国邻近基辅的边境线。他所到达的第一个俄国边境要塞莫拉夫斯克(莫纳斯特列夫斯基-奥斯特罗格,Moravsk/Monastyrevskii Ostrog)毫不反抗地缴械投降。接着,谢韦尔斯克(Seversk,西南部)地区的其他市镇——切尔尼戈夫、普季夫利、雷利斯克(Ryl'sk)和库尔斯克相继投降。伪德米特里还得到了富庶的科玛里茨卡亚(Komaritskaia)地区农民的支持。然而,诺夫哥罗德-谢韦尔斯基要塞被戈杜诺夫的将军 P. F. 巴斯马诺夫(P. F. Basmanov)牢牢防守。1605 年 1月初,伪德米特里未能如期发放军饷,愤怒的波兰军队发生叛乱,但是此时,伪德米特里手下已经加入了数千顿河与扎波罗热哥萨克士兵。伪德米特里继续向俄国中心地区行进,顺利占领谢夫斯克(Sevsk),却在 1 月 21 日遭遇F. I. 姆斯季斯拉夫斯基王公率领的军队,在多布雷尼奇(Dobrynichi)地区遭受重创。尽管军事上受到打击,伪德米特里的呼声在南部草原市镇依然高

---

① Dunning, *Russia's First Civil War*, pp. 131-132.

② Skrynnikov, *Rossiia v nachale XVII v.*, pp. 79-103;Perrie, *Pretenders*, pp. 44-50.

③ A. P. Pavlov, *Gosudarev dvor i politicheskaia bor'ba pri Borise Godunove*(*1584-1605 gg.*)(St Petersburg:Nauka, 1992), pp. 78-79.

④ Perrie, *Pretenders*, pp. 55-58.

涨,支持他的主要是对戈杜诺夫的政策心怀不满的低级军事服役人员。这些边境要塞长官依然忠诚于戈杜诺夫,他们被视为"真正的沙皇"德米特里的背叛者,被市民和驻守军队推翻。除科玛里茨卡亚地区以外,这一区域几乎没有农民,苏联历史学中的"农民战争"理论不适用于这一时期的行动。虽然伪德米特里的支持者主要来自下层阶级,包括底层士兵,但是他的号召力建立在"真正的沙皇"的名义之上,并没有特意争取穷困民众的支持。他的宣言中唯一延续到这一时期后的,是 1604 年 11 月向所有传统阶级中地位下滑的社会群体所做的宣告。[1] 伪德米特里的成功表明,冒充能够团结对沙皇有所不满者的人,打着沙皇后继者的旗帜,可以赢得同样甚至更加坚实的政治合法性基础。

　　1605 年 4 月 13 日,鲍里斯·戈杜诺夫在莫斯科骤然逝世。当时,伪德米特里正在普季夫利地区扎营,1 月在多布雷尼奇地区战败后,他就撤退到此处。戈杜诺夫临终时,他的军队正在围攻普季夫利东北部的小型要塞克罗米,此时克罗米尚由伪德米特里手下的顿河哥萨克首领科列拉(Korela)掌控。莫斯科波雅尔们宣示对鲍里斯年幼的儿子费奥多尔效忠,然而,费奥多尔·鲍里索维奇的支持者基础并不稳固,对其心怀疑虑导致克罗米政府军士气大减。5 月 7 日,政府军发生叛乱,包括彼得·巴斯马诺夫在内的许多将领转而效忠伪德米特里。由伊凡·戈利岑王公率领的一队人马从克罗米被派往普季夫利,报告政府军已经变节,投靠"沙皇德米特里",伪德米特里继续不受阻碍地向莫斯科前进。

　　伪德米特里从图拉附近的卡拉皮夫纳(Krapivna)派出两位特使,前往莫斯科要求首都人民承认他为沙皇。他们被郊区的叛乱者护送到市中心。6 月 1 日早晨,聚集在红场的莫斯科市民聆听了伪德米特里的宣告。很多波雅尔在场,他们当中的大多数人已经放弃效忠费奥多尔·戈杜诺夫,听取了伪德米特里为换取其忠诚而做出的过度承诺。[2] 宣告在首都引发了一场大众暴乱,旨在推翻戈杜诺夫家族及其支持者。波格丹·贝尔斯基(Bogdan Bel'skii)以伪德米特里的名义接管了莫斯科的行政大权。他曾于 1600 年遭到贬谪,在鲍里斯逝世后的政治大赦中才得以重返莫斯科。在伪德米特里进入莫斯科之前,他

---

① *AAE*,vol. II (St Petersburg: Tipografiia II Otdeleniia Sobstvennoi E. I. V. Kantseliarii, 1836), no. 26, p. 76.
② *AAE*,vol. II, no. 34, pp. 89-91.

的特工就暗杀了费奥多尔·鲍里索维奇和他的母亲;牧首伊欧夫由于对戈杜诺夫家族的坚定效忠在起义中遭受攻击,被剥夺了权力。

1605年6月20日,伪德米特里成功进入莫斯科,他被作为照耀俄国土地的"真正的太阳"得到迎接。[1] 当时的资料显示,那些持续反对他或者对他的身份表示质疑的人们都被秘密逮捕、监禁和杀害,尽管只有两起公开处决的案件。舒伊斯基兄弟接受审判,罪名是谋划杀害新任沙皇,兄弟三人都被治罪。瓦西里·舒伊斯基王公被判处死刑,但在最后时刻得以缓刑,同他的兄弟们一起被流放。不久之后,先皇后玛丽亚·纳戈娅(此时的玛尔法修女)——乌格利奇的德米特里之母公开承认他是自己的儿子,伪德米特里的可信度大幅提升。7月21日,玛尔法到达莫斯科后的第三天,伪德米特里在克里姆林圣母升天大教堂加冕。

历史学家们对伪德米特里作为沙皇的成就褒贬不一。难以得到一个恰当评价的原因是复杂的,不仅因为他统治的时间很短,也因为官方资料十分匮乏——1606年5月被推翻后,很多相关文件都被毁掉了。一些学者认为他是一个开明的改革家,将西方现代化的新鲜元素带入了传统的莫斯科政治,却由于保守派波雅尔反对他的革新被剥夺了权力;其他学者则认为他是一个投机者,没有能力应对复杂的权力之争,因而付出了失败的代价。近期的一项俄国研究表明,伪德米特里依靠着一个类似鲍里斯·戈杜诺夫时期的贵族波雅尔杜马,并且实施着相当传统的国内政策。最终,伪德米特里被杜马中最有势力的一派设计陷害,因为对他们而言,伪德米特里不再是一个有利用价值的名义首领了。[2] 切斯特·邓宁也强调了"沙皇德米特里"与他前任之间的政策连续性,而且认为伪德米特里的反对者只是波雅尔中不具代表性的一小派。[3]

关于伪德米特里时期影响到奴隶与农民地位的社会立法,历史学家们争论不断。1606年1月7日的一项法律废除了允许奴隶从属于多个主人的共同协议,从而确认了在主人去世之后,奴隶就可以重获自由。1606年2月的法令规定,在1601—1602年的饥荒期间因主人无法供养而逃离的农民不必回到老

---

[1] Conrad Bussow, *The Disturbed State of the Russian Realm*, ed. and trans. G. Edward Orchard (Montreal: McGill-Queen's University Press, 1994), p. 50.

[2] V. I. Ul'ianovskii, *Rossiiskie samozvantsy: Lzhedmitrii I* (Kiev: Libid', 1993), pp. 41-124.

[3] Dunning, *Russia's First Civil War*, pp. 201-225.

主人身边,而是应继续做新主人的奴隶或者农奴。① 学界一致认为,这两条立法分别代表着对奴隶和农民的小幅让步。② 然而,并没有令人信服的证据能够证明 V. I. 科列茨基(V. I. Koretskii)的说法,即伪德米特里计划发布新的法律,从 1606 年秋季起恢复农民在圣乔治日离开土地的权利。③ 大体而言,伪德米特里保留了奴隶制和农奴制,他更注重保护拥有奴隶和农奴的贵族们的利益,而不是奴隶的利益。他还奖励了南部和西南部城镇的低级服役阶层,后者在伪德米特里向莫斯科行军期间为他提供了必要的支持。他们获得了土地和金钱,被免除为国家垦荒的义务,并且可以免缴十年税款。然而,其他地区的贵族阶层并没有从伪德米特里的统治中在土地和金钱补偿方面得到太多好处。④

伪德米特里在其他领域的政策更具创新性。他计划推动科学和教育,引进新型军事训练。他试图通过自称"沙皇"(tsesar)来提高俄国的国际威望。在外交政策方面,他起初表示愿意支持波兰对抗瑞典,但是后来放弃了这个计划,转而野心勃勃地对克里米亚鞑靼人和土耳其人展开军事征伐,这个计划受到了教皇和波兰国王西吉斯蒙德的鼓动。然而,这一行动还未开始,伪德米特里就被推翻并杀害了。

伪德米特里加冕后,对他身份的怀疑似乎就被压制住了。到 1605 年底,他对自己的地位有了足够的信心,他赦免了舒伊斯基家族,允许他们返回莫斯科。舒伊斯基家族很快重启了针对伪德米特里的阴谋:有材料显示,1606 年初发生了数起流产的秘密暗杀行动。3 月,伪德米特里的射击护卫队中有人策划针对他的阴谋遭到揭露,伪德米特里亲自指挥射击护卫队将"背叛者"碎尸万段。这一风波过后,有组织的反对表面上平息了,但是舒伊斯基家族与其盟友正在等待时机到来。

新沙皇的很多行为都为他的对手创造了有利的土壤。尽管当他还是一个身无分文的波兰流亡者时向对方做出了承诺,但是在他短暂的任期内,伪德米特里并没有试图使俄国人改信天主教。然而,他却有很多波兰亲信,包括他的

① *Zakonodatel'nye akty Russkogo gosudarstva vtoroi poloviny XVI-pervoi poloviny XVII veka. Teksty* (Leningrad: Nauka, 1986), nos. 54-55, pp. 73-74.

② Ul'ianovskii, *Rossiiskie samozvantsy*, pp. 170-230; Perrie, *Pretenders*, pp. 87-89.

③ V. I. Koretskii, *Formirovanie krepostnogo prava i pervaia krest'ianskaia voina v Rossii* (Moscow: Nauka, 1975), pp. 243-249.

④ Ul'ianovskii, *Rossiiskie samozvantsy*, pp. 125-230.

秘书扬和斯坦尼斯拉夫·布赞斯基(Jan and Stanisław Buczynski)。他对非东正教信徒十分宽容,并且抛弃了很多传统宫廷习俗,穿着西式服装,同时将克里姆林改造成最新的波兰风格。然而,阴谋推翻"异端"沙皇行动的主要借口,是他与玛琳娜·姆尼舍克(Marina Mniszech)的婚姻——新沙皇娶了一个外国新娘,新娘还不肯改信东正教,这激怒了很多俄国人。1606 年 5 月 2 日,玛琳娜一行到达莫斯科时,她的波兰随从行为傲慢,这也成了伪德米特里敌对者的把柄。5 月 17 日上午,伪德米特里婚礼后一周,阴谋者们高呼着波兰人正在攻击沙皇冲进克里姆林,袭击了令人厌恶的外国势力。与此同时,沙皇在试图逃离时被刺客杀害。

伪德米特里逝世两天后,瓦西里·舒伊斯基王公就被宣布为沙皇。作为苏兹达尔王公一系的长老,他与留里克家族有着不少渊源,这是他登上皇位的基础。然而从一开始,他被"选举"成为沙皇的合法性就是非常可疑的。舒伊斯基的反对力量很快打着恢复"沙皇德米特里"的旗号集结起来,他们声称伪德米特里并没有在 5 月 17 日的宫廷暴动中被杀害。很快,伪德米特里的支持者们把他死里逃生的谣言散布了出去。这一举措得到玛琳娜·姆尼舍克的支持——伪德米特里死后,玛琳娜和她的父亲以及随身侍从们就被囚禁了起来。

二、博洛特尼科夫暴动

反对舒伊斯基的力量主要集中在普季夫利——1605 年伪德米特里向莫斯科行军的过程中,这里曾是他的重要基地。格里高利·沙霍夫斯科伊王公(Prince Grigorii Shakhovskoi)是舒伊斯基派往普季夫利的长官,然而他刚到达这里,就宣布归顺"沙皇德米特里"。谢韦尔斯克地区的许多其他城镇也拒绝承认舒伊斯基为沙皇。伪德米特里死里逃生的说法使他们有理由反对舒伊斯基,而这种说法不单单是基于莫斯科的谣言。"沙皇德米特里"的心腹之一——米哈伊尔·莫尔恰诺夫(Michael Molchanov)的行动也巩固了这一传言。伪德米特里被杀害当天,他从莫斯科逃脱。莫尔恰诺夫快马加鞭到达普季夫利,声称伪德米特里还活着。他从普季夫利赶往波兰的桑博尔,即姆尼舍克家族所在地,在那里扮演起伪德米特里的角色。然而,他从未在公开场合以伪德米特里的身份出现过,可能是因为他与伪德米特里在外形上没有太多相似的地方,而对于桑博尔地区的人来说,伪德米特里已经是比较熟悉的人物了。

1606 年夏,一个名叫伊凡·伊萨维奇·博洛特尼科夫(Ivan Isaevich Bolotnikov)的人来到普季夫利,声称他在桑博尔见到了"沙皇德米特里",并被他任命为军队长官。博洛特尼科夫以前是一个军事奴隶兼哥萨克士兵,他被土耳其人抓获后做了苦力,直到后来经由波兰逃回俄国。沙霍夫斯科伊接受了他的要求,并委派他指挥 1606 年两支从普季夫利出发分别沿不同路线前往莫斯科的军队中的一支。相比博洛特尼科夫,另一支军队的长官有着更高的社会地位:这支军队由低级贵族伊斯托玛·帕什科夫(Istoma Pashkov)指挥,后来又加入了普罗科皮·利亚普诺夫(Prokopii Liapunov)领导下的梁赞士兵。11 月初,两支军队在莫斯科郊区的科罗缅斯科耶会师,并开始围攻首都。

围攻持续了大约一个月。反舒伊斯基势力向市民们发出了各种各样的信息。帕什科夫首先到达莫斯科,他呼吁人们投降,交出背叛"沙皇德米特里"的舒伊斯基家族。一些资料显示,博洛特尼科夫抵达后,他们号召首都下层民众起义反对权贵阶级。据牧首盖尔摩根所言,叛军派发传单煽动奴隶杀死他们的主人,并承诺将主人的妻子和土地赐给他们;鼓动城市里的"流氓"杀死商人并夺走他们的财产;许诺给那些加入暴动的人在朝廷里安排较高的职位。[1] 然而,一些学者怀疑盖尔摩根的"亲舒伊斯基"宣传是否准确地反映了叛军的诉求[2],即使事实如此,叛军的计划——承诺人们地产与官位——也很难像过去的历史学家所说的那样引发一场"反封建"的社会革命。尽管上层阶级充满恐惧,但是首都最终没有真的发生民众起义,或许是因为舒伊斯基设法说服了莫斯科人民,在叛军眼中,所有人都应为 5 月 17 日的暴动负责,并且计划将他们全部诛杀。叛军的可信度也因为没能推出"沙皇德米特里"而受到削弱。最终,围攻者内部的分裂导致利亚普诺夫和帕什科夫倒戈舒伊斯基一方:我们无法确定这种分裂单纯反映了军官之间的私人恩怨,还是与社会关系的紧张有关。12 月 2 日,沙皇瓦西里的军队向围城部队发起攻击。帕什科夫及其部队在战斗中倒向舒伊斯基,博洛特尼科夫带着残军撤退到卡卢加,秩序仍然良好。尽管此次进攻失败了,但是蔓延全境的叛乱依然在继续,横跨西南边境到

---

[1]　*AAE*, vol. II, no. 57, p. 129.
[2]　Skrynnikov, *Smuta v Rossii*, pp. 134-135; Dunning, *Russia's First Civil War*, pp. 304-305.

伏尔加盆地。

伪德米特里一世尚未去世时,伏尔加地区就出现了另一个冒充者。1606年春,一个名叫伊利亚·科洛温(Il'ia Korovin)的哥萨克年轻人被一群捷列克哥萨克人选中,冒充沙皇费奥多尔·伊凡诺维奇不存在的儿子"皇子彼得"。尽管沙皇费奥多尔真正的儿子要比乌格利奇的德米特里更有资格要求皇位,但是哥萨克人似乎并不想让"彼得"替代伪德米特里,而是总让他以伪德米特里的名义行事。很明显,他们认为对伪德米特里的帮助并没有得到足够的回报,但是他们将责任归咎于波雅尔,而不是"沙皇"。① 伪彼得显然是在效仿伪德米特里,然而他的作用不是推翻"沙皇",而是强化哥萨克人的地位,以便获得更多的酬劳。伪彼得及其支持者们在上游地区肆虐,沿途劫掠商船,但在听说伪德米特里被推翻且杀害后,他们就沿伏尔加河撤退,直到顿河和顿涅茨河畔。1606年11月左右,他们在格里高利·沙霍夫斯科伊王公的邀请下迁往普季夫利,沙霍夫斯科伊正为博洛特尼科夫守卫着这里。伪彼得在此地实施了针对"沙皇德米特里的叛徒"的恐怖统治:他下令处死了很多在向莫斯科行军途中抓获而后被囚禁在普季夫利的贵族。1607年2月,伪彼得将军队从普季夫利开往图拉,支援博洛特尼科夫,后者正被舒伊斯基的军队围困在卡卢加附近。5月,博洛特尼科夫最终突围,离开卡卢加与伪彼得在图拉会师。

"皇子彼得"离开伏尔加地区以后,当地继续拥护"沙皇德米特里"。起自1606年夏天的伏尔加河下游叛乱,与谢韦尔斯克地区的暴动基本毫不相干。第一个反抗舒伊斯基的大城市是阿斯特拉罕——伏尔加河在里海出海口的庞大商业港口。1606年6月17日,当地人民发动起义反对舒伊斯基,阿斯特拉罕长官I. D. 赫沃洛斯季宁王公(Prince I. D. Khvorostinin)也转而效忠伪德米特里。支持舒伊斯基的势力在F. I. 谢列梅捷夫(F. I. Sheremetev)的指挥下,在距离阿斯特拉罕数英里的上游岛屿巴尔奇克(Balchik)扎营,并在那里驻扎了一年多。这一时期,阿斯特拉罕又出现了一些新的冒充者,显然是在模仿"皇子彼得":"皇子伊凡·奥古斯都"(Tsarevich Ivan Augustus),自称伊凡雷帝之子;奥西诺维克(Osinovik),自称伊凡·伊凡诺维奇皇子之子;拉夫尔或拉夫连季(Lavr/Lavrentii),自称沙皇费奥多尔·伊凡诺维奇之子。② 这些冒充

---

① *Vosstanie I. Bolotnikova. Dokumenty i materialy*, comp. A. I. Kopanev and A. G. Man'kov (Moscow: Izdatel'stvo sotsial'no-ekonomicheskoi literatury, 1959), p. 225.

② *PSRL*, vol. XIV (Moscow: Nauka, 1965), p. 89, para. 195.

者都找不到确切对应的历史原型。"伊凡·奥古斯都"与阿斯特拉罕长官赫沃洛斯季宁王公的关系类似伪彼得与普季夫利的沙霍夫斯科伊王公,与伪彼得一样,"伊凡·奥古斯都"以"沙皇德米特里"的名义行事,他的势力范围从伏尔加河延伸到至少察里津。[1]

1607 年 5 月,博洛特尼科夫与伪彼得的军队在图拉会师。6 月 30 日,沙皇瓦西里率领大批军队兵临城门之下,开始围城。1607 年秋,守城士兵发现自己身陷绝境。舒伊斯基在乌帕河下游的图拉修建了水坝,导致该城水灾泛滥。所有交通都被切断,居民饱受饥荒的折磨。最终,伪彼得与博洛特尼科夫不得不与舒伊斯基谈判,10 月 10 日,图拉的军队投降。伪彼得饱受折磨与拷问,1608 年 1 月,在莫斯科被处决。1611 年 2 月,博洛特尼科夫被流放到卡尔戈波雷(Kargopol'),先是被囚禁在那里,后来被刺瞎双眼溺死。沙霍夫斯科伊王公被驱逐到修道院,但不久之后他就逃跑了,随后加入伪德米特里二世的阵营。

三、伪德米特里二世

无法让"沙皇德米特里"露面导致博洛特尼科夫的军队士气大减,然而,早在图拉尚未陷落之前很久,伪德米特里二世就在俄国出现了。1607 年 6 月,这个新的冒充者现身谢韦尔斯克地区的斯塔罗杜布。

到 1606 年秋,米哈伊尔·莫尔恰诺夫已经放弃了采用"沙皇德米特里"的称号,并离开了桑博尔。[2] 然而,叛军仍然急需一个新的德米特里。有证据表明,1606 年 12 月底,"皇子彼得"从普季夫利来到立陶宛,寻找他的"叔叔"德米特里,这一行动可以被看作策划新的冒牌沙皇的第一步:伪德米特里二世最早于 1606—1607 年冬出现于波兰-立陶宛的白俄罗斯土地上,"皇子彼得"也曾于同一时期到访此地。[3]

关于伪德米特里二世的身份,学界至今意见不一。很多老一辈的历史学家认为他是波兰政府的傀儡,但是近年来的一些学者则指出,他背后的支持者

① Perrie, *Pretenders*, pp. 131-134, 144-149.
② I. O. Tiumentsev, *Smuta v Rossii v nachale XVII stoletiia: dvizhenie Lzhedmitriia II* (Volgograd: Volgogradskii Gosudarstvennyi Universitet, 1999), p. 72.
③ Skrynnikov, *Smuta v Rossii*, pp. 191-193; Tiumentsev, *Smuta v Rossii*, pp. 72-79; Dunning, *Russia's First Civil War*, pp. 372-373.

是参与博洛特尼科夫动乱的俄国人。他们论证了一些资料的可靠性,表明伪德米特里二世原是立陶宛白俄罗斯的一名贫穷教师,在一些低级波兰贵族的压迫下扮演了德米特里的角色。这些贵族与伪彼得和其他普季夫利的俄国叛乱者过从甚密。① 然而,有证据证明伪德米特里二世亲自策划了这场阴谋(他已经有了很多可以借鉴的先例),或者至少是自愿加入其中的。② 伪德米特里二世一跨过立陶宛边境线,就得到了俄国人的支持,这些人帮助他在斯塔罗杜布揭示"真正"的皇室身份。他也在那里得到了乌克兰哥萨克首领伊凡·马尔滕诺维奇·扎鲁特斯基(Ivan Martynovich Zarutskii)的"认可",他是被博洛特尼科夫派来寻找"沙皇德米特里"的。扎鲁特斯基后来成了伪德米特里二世手下最重要的指挥官之一。

伪德米特里二世及其同伙在斯塔罗杜布招兵买马,以便支援被围困在图拉的博洛特尼科夫和"皇子彼得"。很快,谢韦尔斯克的大部分市镇就都承认了伪德米特里二世,并为他提供军队——不过,他规模有限的军队中有很大一部分是波兰-立陶宛雇佣兵。1607年9月,伪德米特里二世离开斯塔罗杜布,但是当他在别廖夫听闻图拉已于10月10日陷落后,便命令军队停止前行。他带领军队先撤退到了卡拉切夫(Karachev),然后是奥廖尔(Orel),在那里安营扎寨。1607—1608年冬,他招募了新的军队,其中一些人是从图拉逃亡的博洛特尼科夫残兵,一些是顿河、伏尔加河、捷列克河和第聂伯河地区的哥萨克援军,还有一些则是来自波兰-立陶宛的新雇佣兵。③

在奥廖尔驻扎期间,伪德米特里二世设法收买舒伊斯基支持者的奴隶们,许诺他们如果效忠于自己,就可以得到主人的土地、妻子和女儿们。关于这一时期冒充者针对农民和奴隶的政策,学界始终存在很大争议。伪德米特里二世最有可能像博洛特尼科夫一样,希望通过赏赐给军事奴隶其"叛徒"主人部分财产的方式,吸引他们加入自己的队伍。伪德米特里二世很显然没有制定"反封建"的政策:他答应赐给支持他的俄国士兵与外国雇佣兵土地和农民。1608年2—3月,舒伊斯基用自己的方式做出了反应。关于舒伊斯基的应对,学

---

① Skrynnikov, *Smuta v Rossii*, pp. 190-202；Tiumentsev, *Smuta v Rossii*, pp. 74-79；Dunning, *Russia's First Civil War*, pp. 368-372.
② Perrie, *Pretenders*, p. 165.
③ Tiumentsev, *Smuta v Rossii*, pp. 112-116.

界同样存在相互矛盾的阐释,但是它似乎旨在同时拉拢军事服役阶层和奴隶。①

　　1608年3月,波兰军官罗曼·罗钦斯基(Roman Różyński)王公带着一大批骑兵来到奥廖尔,并取代米克拉伊·米耶乔维奇(Mikołaj Miechowicki)成为伪德米特里二世部队的指挥官。也许是受到罗钦斯基的影响,伪德米特里二世开始减少更具社会分裂性的宣传。自1608年春起,他开始争取贵族军人而不再是军事奴隶的支持。在1608年4月对斯摩棱斯克的一次宣讲中,伪德米特里二世谴责了"皇子彼得"在普季夫利和图拉的恐怖统治,并与伏尔加河和草原地区出现的众多哥萨克"皇子"们撇清了关系。② 他在1607年底已经处死了其中一人——"皇子费奥多尔·费奥多罗维奇",接着又于1608年夏天前后在图希诺(Tushino)对阿斯特拉罕的伪伊凡·奥古斯都和伪拉夫连季处以绞刑。他的宣讲中所提及的另外七位冒充者的下场无从知晓。

　　1608年4月底,伪德米特里二世从奥廖尔前往博尔霍夫(Bolkhov),沙皇瓦西里的军队在其兄弟德米特里·舒伊斯基王公的带领下驻扎在此。罗钦斯基重创舒伊斯基的军队,占领了博尔霍夫,并且经由科泽利斯克(Kozel'sk)、卡卢加、鲍里索夫(Borisov)和莫扎伊斯克开往首都。伪德米特里二世的军队驻扎在莫斯科郊外的图希诺村。6月25日,他们在霍顿卡(Khodynka)再次击败舒伊斯基,却无法夺下首都。伪德米特里二世在图希诺挖掘壕沟,直到次年年底他都驻留在此地。

　　加入伪德米特里二世阵营的波兰军队从未得到国王西吉斯蒙德的正式同意,因此沙皇瓦西里希望说服西吉斯蒙德命令他的士兵离开俄国。1608年7月双方签署了一项条约,舒伊斯基同意释放被囚禁在俄国的姆尼舍克和其他波兰人,作为回报,西吉斯蒙德承诺撤回图希诺的所有波兰军队。然而实际上,这些人被释放后,姆尼舍克来到了图希诺,玛琳娜得以"与她的丈夫重聚"。波兰士兵不仅没有离开图希诺,反而吸纳了更多人加入。其中,最引人注目的新成员是立陶宛大臣利奥·萨皮哈(Leo Sapieha)的侄子扬-彼得·萨皮哈(Jan-Piotr Sapieha)。

　　伪德米特里二世一开始所取得的胜利削弱了沙皇瓦西里的势力,从1608年秋天起,很多波雅尔和贵族转而向图希诺效忠。之后,这些人当中的一些不

① Perrie, *Pretenders*, pp. 171-173; Tiumentsev, *Smuta v Rossii*, pp. 116-126; Dunning, *Russia's First Civil War*, pp. 391-392.
② *Vosstanie I. Bolotnikova*, pp. 229-231.

止一次转变立场(当时的人称他们为"候鸟")①,但伪德米特里二世设法建立了
一个波雅尔杜马和一套朝廷班子,其中包括 D. T. 特鲁别茨科伊和 Iu. N. 特鲁
别茨科伊(D. T. and Iu. N. Trubetskoi)王公,以及波雅尔 M. G. 萨尔蒂科夫
(M. G. Saltykov)等重要莫斯科贵族。1608 年 10 月,罗斯托夫都主教费拉列
特(即前述费奥多尔·尼基季奇·罗曼诺夫)被以囚犯的身份带到图希诺,任命
为牧首。罗曼诺夫家族的诸多亲属——王公 A. Iu. 西茨基(A. Iu. Sitskii)、R. F.
特罗耶库罗夫(R. F. Troekurov)和 I. I. 戈杜诺夫(I. I. Godunov)——都成了
图希诺波雅尔。②

　　1608 年 9 月底,萨皮哈带兵离开图希诺,包围莫斯科东北部的圣三一-谢
尔久斯修道院。这场围攻一直持续到 1610 年 1 月,守军的英勇抵抗构成了混
乱时期一段有名的插曲。伪德米特里二世的剩余部队仍然留在图希诺。他们
对莫斯科的封锁并不严密,因为东南方的梁赞地区仍然忠于舒伊斯基,补给可
以经由梁赞通路横穿科洛姆纳到达莫斯科。

　　1608 年秋,伪德米特里二世的将领们把主要精力放在确保莫斯科北部和
东部城镇的忠诚上。这些城镇大多是因为图希诺或圣三一-谢尔久斯修道院
外的萨皮哈部队的袭击或武力威胁,才不得不承认伪德米特里二世的地位的。
与早期历史学者的结论不同,近期更详细的研究表明,几乎没有证据表明这些
市镇曾发生过支持伪德米特里二世的起义。普斯科夫可能是一个例外,但是
那里的社会冲突早于图希诺阵营的形成,而且在任何情况下都没有编年史所
描述的"小人物"对"大人物"的冲突那么极端。③

　　1608 年底,依旧效忠于舒伊斯基的大城市只剩下了西北部的诺夫哥罗德
和西部的斯摩棱斯克。在伏尔加河流域,下诺夫哥罗德和喀山尚由舒伊斯基
家族的将领控制,但总的来说,沙皇瓦西里的地位已经很难保住了。1609 年
初,科洛姆纳通路被短暂阻断,导致莫斯科无法得到梁赞地区的粮食输入。随
着莫斯科食品价格的上涨,人们对舒伊斯基的不满也不断加剧。2 月,一些大
臣尝试推翻他的统治,但是由于牧首盖尔摩根极力保护沙皇,计划失败。波雅
尔 I. F. 克柳克-科雷切夫(I. F. Kriuk-Kolychev)在圣枝主日再度策划谋反,但

---

① A. Palitsyn, *Skazanie Avraamiia Palitsyna* (Moscow: AN SSS, 1955), p. 117.

② Tiumentsev, *Smuta v Rossii*, pp. 298-305, 543-545.

③ *Pskovskie letopisi*, ed. A. N. Nasonov, vol. II (Moscow: AN SSSR, 1955), p. 268; cf. Tiumentsev, *Smuta v Rossii*, pp. 198-202, 219-255.

是阴谋败露，元凶遭到处决。

　　在俄国北部的许多地方，对伪德米特里二世的支持颇为短暂。在西北地区，普斯科夫依然承认"沙皇德米特里"，但东北部的城镇从 1609 年初就开始反对他。科斯特罗马早在 1608 年 12 月就反抗了图希诺，然而那里和加利奇的民众起义很快就被波兰军队镇压了下去。由于一些城市反复改变立场，因此很多地方的情况都是令人困惑的。波兰人和哥萨克人的掠夺激化了人民反对图希诺的斗争，他们对城镇居民课以重税，并且收缴大量苛捐杂税，有时还会明目张胆地抢劫。政府的宣传也起到了一定作用。舒伊斯基谴责德米特里是个冒牌货，并宣称信仰天主教的波兰人会对东正教产生威胁。这些言论帮助他获得了支持。反图希诺运动在很多地区都有广泛的社会基础，士兵、市民和农民都加入了进来。[1]

　　1609 年初，舒伊斯基得到了外国军事援助。1608 年 8 月，沙皇瓦西里派遣他的侄子米哈伊尔·斯科平-舒伊斯基（Michael Skopin-Shuiskii）前往诺夫哥罗德与卡尔九世（Karl IX）商谈，请求瑞典出兵一同对抗波兰。1609 年 2 月，瑞典指挥官雅各布·蓬图斯·德·拉·加尔迪（Jacob Pontus de la Gardie）来到诺夫哥罗德，并与斯科平-舒伊斯基达成了协议。5 月初，俄瑞联军击败了图希诺派来进攻诺夫哥罗德的军队。5 月 10 日，斯科平-舒伊斯基离开诺夫哥罗德，前往莫斯科解决首都的围困。这一消息使得那些仍然承认伪德米特里二世的北方城镇纷纷转而效忠沙皇瓦西里。普斯科夫维持了现状，尽管米哈伊尔王公曾于 5 月 18 日派兵尝试夺取该城。1609 年 7 月，斯科平占领特维尔，然后向东行进，与东北部城镇派来的部队会合。他们在亚历山德罗夫斯卡亚-斯洛博达等待波雅尔费奥多尔·谢列梅捷夫（Fedor Sheremetev）的到来，后者正在解放东南部的伏尔加河沿岸城镇。谢列梅捷夫曾于 1607 年秋将部队驻扎在阿斯特拉罕城外，随后逐渐向伏尔加河上游移动。1609 年春，他率军抵达下诺夫哥罗德，当年年底，他在亚历山德罗夫斯卡亚-斯洛博达与斯科平-舒伊斯基的军队会师。

　　1609 年夏，波兰国王西吉斯蒙德对瑞典援助舒伊斯基的行为感到十分愤怒，因此决定直接干预俄国内战，为自己或者儿子瓦迪斯瓦夫夺得俄国的君主地位。9 月，他率军包围了斯摩棱斯克。驻扎在图希诺的波兰军队并不乐见西

---

[1]　Tiumentsev, *Smuta v Rossii*, p. 419.

吉斯蒙德的举动,他们派遣使者来到斯摩棱斯克,试图劝阻国王。然而,西吉斯蒙德反过来要求图希诺的支持。1609 年 12 月,一支斯摩棱斯克代表团抵达图希诺,与罗钦斯基谈判。伪德米特里二世被排除在会谈之外。伪德米特里二世担忧会遭到背叛,也知道斯科平-舒伊斯基的军队就在离莫斯科不远的地方,因此逃到了卡卢加。

伪德米特里二世的离开导致图希诺军心涣散,并且开始分裂。一些俄国人向莫斯科的舒伊斯基投降,一些人返回家乡,还有一些人则跟随伪德米特里二世到了卡卢加。1610 年 1 月,扬-彼得·萨皮哈放弃了包围圣三一修道院,撤退到德米特罗夫,玛琳娜·姆尼舍克从图希诺赶来与他会合。玛琳娜后来又辗转卡卢加,会合伪德米特里二世,同时斯科平-舒伊斯基占领德米特罗夫之后,萨皮哈带领部队进一步向西撤退。1610 年 1 月底,一群在图希诺的俄国波雅尔派出一个代表团前往斯摩棱斯克,由 M. G. 萨尔蒂科夫率领,于 2 月 4 日与西吉斯蒙德国王达成协定,将俄国皇位献给瓦迪斯瓦夫王子。最后,罗钦斯基在 3 月 6 日烧毁图希诺大营,率领军队撤回沃洛科拉姆斯克。

图希诺被遗弃后不久,斯科平-舒伊斯基就成功地进入了莫斯科。然而 4 月 23 日,他在莫斯科离奇死亡:有谣言说他是被沙皇瓦西里或德米特里·舒伊斯基王公毒死的,有人猜想后者嫉妒侄子的成功,担心他会与自己争夺皇位。在梁赞长官普罗科皮·利亚普诺夫的领导下,瓦西里·舒伊斯基的对手们利用这些谣言,进一步集结力量反对沙皇。对舒伊斯基来说,军事局势在米哈伊尔王公去世后恶化。沙皇瓦西里任命兄弟德米特里为军队总司令,并派他与瑞典将军德·拉·加尔迪一起抵抗西吉斯蒙德国王在斯摩棱斯克的军力。波兰军官斯坦尼斯拉夫·佐基耶夫斯基(Stanisław Żółkiewski)与之交锋,在克鲁什诺(Klushino)击败他们,并占领了莫扎伊斯克。与此同时,伪德米特里二世成功招募到了一支新的哥萨克人和波兰人军队,其中包括萨皮哈的雇佣军,离开卡卢加向莫斯科进军。[1] 1610 年 7 月 16 日,他们在莫斯科郊外的科罗缅斯科耶驻扎。伪德米特里二世的一些支持者接近首都的舒伊斯基反对者,提议双方推翻各自的沙皇,并选举新的君主。7 月 17 日,舒伊斯基遭到废黜并削发,但伪德米特里二世的支持者并没有遵守承诺。

舒伊斯基被废黜后,莫斯科的局势更加关键了。选举新沙皇的计划流产,

---

① Tiumentsev, *Smuta v Rossii*, pp. 493-495.

权力落到了七名波雅尔手中。他们组成了一个临时政府。佐基耶夫斯基行军至莫斯科郊区，与波雅尔展开谈判，提议将俄国的君主之位交给瓦迪斯瓦夫，以此交换波兰的军事援助，从而对抗"沙皇德米特里"。8 月 17 日，他们达成协议，莫斯科以及大多数承认舒伊斯基的市镇宣誓效忠瓦迪斯瓦夫。佐基耶夫斯基设法说服了萨皮哈的部队叛离伪德米特里二世阵营，后者再次逃回卡卢加。佐基耶夫斯基迅速转移军队，巩固自己的地位。他确保派往斯摩棱斯克商谈将沙皇位置让与瓦迪斯瓦夫的俄国代表团中，包括曾是皇位首要候选人之一的王公瓦西里·戈利岑，以及费拉列特·罗曼诺夫——他的小儿子米哈伊尔是另一个颇受欢迎的候选者。其后，佐基耶夫斯基借口莫斯科人民可能会发动支持伪德米特里二世的暴动，率领部队进驻首都，直接违反 8 月 17 日他同波雅尔们达成的协定。不久之后，佐基耶夫斯基又去往斯摩棱斯克，护送被罢黜的沙皇瓦西里·舒伊斯基及其兄弟到达囚禁之所，将莫斯科留给波兰军官亚历山大·贡采夫斯基（Alexander Gosiewski）管理。然而，斯摩棱斯克的形势清楚地表明，西吉斯蒙德国王没有打算把瓦迪斯瓦夫送去莫斯科，而是计划亲自出任沙皇。这个提议被俄国使者们拒绝，他们被监禁起来，西吉斯蒙德继续包围斯摩棱斯克。

　　1610 年秋，大多数俄国人都意识到，他们将来的新沙皇不是有可能改信东正教的瓦迪斯瓦夫王子，而是狂热的天主教徒西吉斯蒙德国王，而且波兰人已经占领了莫斯科，正对其他地区虎视眈眈。在这种情况下，伪德米特里二世的支持度再度高涨。在卡卢加地区，支持伪德米特里二世的起初主要是哥萨克人[包括 I. M. 扎鲁特斯基（I. M. Zarutskii）统领的顿河哥萨克部队]和鞑靼人，而到了 12 月份，他已经招募到了一批雇佣兵，维亚特卡和喀山等城镇也承认了他的沙皇地位。[1] 然而，伴随着对"叛徒"的酷刑和处决，争斗肆虐卡卢加营地。12 月 11 日，伪德米特里二世被鞑靼王子彼得·乌鲁索夫（Peter Urusov）杀害——此举是为了报复伪德米特里二世杀害另一位加入其阵营的鞑靼首领，卡西莫夫可汗。几天后，玛琳娜·姆尼舍克诞下一名男婴——伊凡·德米特里耶维奇（Ivan Dmitrievich），这个男孩成了一个"世袭冒充者"[K. V. 齐斯托夫（K. V. Chistov）形容他为"出身决定的非自愿冒充者"（samozvanets）]。[2]

---

[1] Tiumentsev, *Smuta v Rossii*, pp. 508-514.

[2] K. V. Chistov, *Russkie narodnye sotsial'no-utopicheskie legendy XVII - XIX vv.* (Moscow: Nauka, 1967), p. 66.

四、国民解放运动

早在伪德米特里二世被谋杀之前,俄国社会中就有部分势力开始反对盘踞莫斯科的波兰军队。饱受争议的伪德米特里二世之死恰恰为他们提供了额外的动力。在莫斯科,牧首盖尔摩根拒绝对西吉斯蒙德国王宣示效忠,因此被波雅尔政府软禁。然而,盖尔摩根的影响力远及莫斯科城外,呼吁人们起来反抗。牧首的信件在梁赞格外拥有市场,当地长官是舒伊斯基的老对手普罗科皮·利亚普诺夫。下诺夫哥罗德也积极响应盖尔摩根的号召。利亚普诺夫在各处招募军队,还试图争取从前承认"沙皇德米特里"的部队。伪德米特里二世手下最年长的波雅尔——王公德米特里·特鲁别茨科伊从卡卢加率军前来,在伪德米特里二世被杀害后带着玛琳娜和她的儿子从卡卢加逃走的扎鲁特斯基也带领着顿河哥萨克人从图拉赶来。

随着解放部队接近莫斯科,1611 年 3 月 19 日,莫斯科人民发动了一场反抗波兰人的起义,但是并未取得成功。波兰占领军撤回克里姆林,在撤退过程中焚烧莫斯科城的外围地区,使得大量人口流离失所。国民军队在莫斯科城外扎营,发誓要选举新沙皇。但是包围莫斯科的军队组成非常复杂,争议和分歧时刻困扰着他们。他们甚至无法一致选举出一名领导人,从而造成了利亚普诺夫、特鲁别茨科伊和扎鲁特斯基三人共同决策的局面。6 月 30 日,三位领导人与部队代表签署了一项协议,旨在解决军事服役阶层和哥萨克人在酬劳方面的冲突。① 然而,新的矛盾很快又爆发出来,这一次选举谁担任沙皇成为矛盾的焦点。利亚普诺夫支持卡尔九世的一个儿子,期待此举能够确保瑞典给予军事援助帮助他们对抗波兰。相对的,扎鲁特斯基支持玛琳娜·姆尼舍克襁褓中的儿子,"皇子"伊凡·德米特里耶维奇。两位领导人支持不同的皇位候选人,导致 1611 年 7 月 22 日利亚普诺夫被哥萨克士兵谋杀。利亚普诺夫逝世后,很多贵族士兵离开了大营。扎鲁特斯基和特鲁别茨科伊率领主要由哥萨克人组成的军队继续包围莫斯科,但是他们想要在秋季攻下莫斯科的尝

---

① Stanislavskii, *Grazhdanskaia voina*, pp. 36-39;Dunning, *Russia's First Civil War*, pp. 425-426.

试失败了。到了年底,许多哥萨克士兵也离开了莫斯科。①

1611 年,外国干预势力大幅推进。6 月 3 日,斯摩棱斯克最终落入国王西吉斯蒙德之手,但随后指挥官立陶宛人扬·卡罗尔·乔德凯耶维奇(Jan Karol Chodkiewicz)的进攻未能将扎鲁特斯基和特鲁别茨科伊逐出他们在莫斯科郊外的大营。1611 年 7 月,瑞典军司令德·拉·加尔迪占领诺夫哥罗德,却没有前来支援围攻首都的解放势力,而是出于己方的利益吞并了诺夫哥罗德地区的许多俄国城镇。

1611—1612 年,第三个伪德米特里在西北地区活跃起来。伪德米特里三世的真实身份无从知晓,官方编年史记载他的名字为西多尔卡(Sidorka)或马丘什卡(Matiushka),他是莫斯科的一名助祭。② 1611 年初,他首次出现在诺夫哥罗德,随后转移到伊凡哥罗德,试图得到瑞典人的支持,但没有成功。很快,他得到了邻近的雅姆、科波尔和格多夫(Gdov)的认可。普斯科夫起初拒绝承认他,但是在诺夫哥罗德向德·拉·加尔迪投降后,普斯科夫人又将新任"沙皇德米特里"邀请到自己的城市,希望他能够帮助他们对付瑞典人。1611 年 12 月 4 日,伪德米特里三世抵达普斯科夫,并在那里建立起大本营。不过,此时"沙皇德米特里"的名字已经失去了其广泛的社会基础,只有少数几个城镇承认这个新的冒充者。哥萨克士兵仍然怀疑他的身份,然而这位普斯科夫"沙皇"很快与他们在莫斯科城外的营地建立了联系。1612 年 3 月,他们向伪德米特里三世宣誓效忠。③

利亚普诺夫死后,以前支持解放部队的一些城镇不再信任剩下的两位指挥官——特鲁别茨科伊和扎鲁特斯基。他们尤其担心扎鲁特斯基和他手下的哥萨克人会谋划将玛琳娜·姆尼舍克的儿子选为沙皇。牧首盖尔摩根向下诺夫哥罗德发出公告,呼吁人们拒绝年幼的伊凡·德米特里耶维奇"皇子"出任沙皇。④ 1611 年 8 月,下诺夫哥罗德收到牧首的来信,在其刺激下组建了另一支新的解放部队。招兵买马的工作由科济马·米宁(Koz'ma Minin)负责,他是当地的一名屠夫,是由市民们选举出来的代表。德米特里·波扎尔斯基王

---

① Stanislavskii, *Grazhdanskaia voina*, pp. 40-42; Dunning, *Russia's First Civil War*, pp. 429-430.
② *PSRL*, vol. XIV, p. 115, para. 279.
③ Perrie, *Pretenders*, pp. 211-216.
④ *AAE*, vol. II, no. 194. II, pp. 333-334.

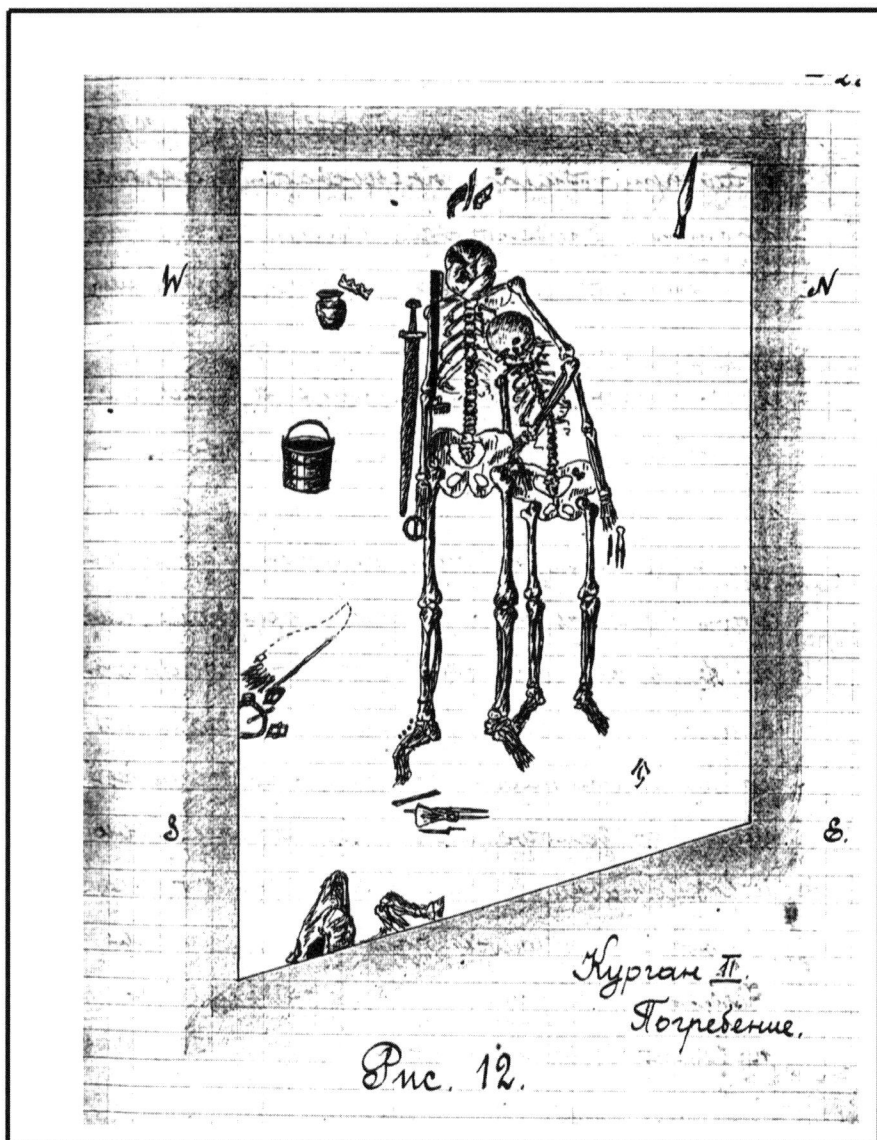

插图 1　战士与妇女(墓葬)

这两人被埋葬在 10 世纪中叶切尔尼戈夫附近谢斯托维察的墓室中。几乎可以肯定,这名妇女是一名奴隶——也许是这名战士最爱的奴仆——在该战士葬礼时殉葬,另外还有一匹马被宰杀并放置在坟墓中。战士的剑是"H 型"(据彼得森分类法)的,这把剑可能是在西欧(也许是莱茵兰)制造的。丰富的出土品还包括一把战刀、一个装满的箭袋、一个秤砣和某种工具箱。见第 49 页。

2a (i)　　　　　　　　　　2a (ii)

2b (i)　　　　　　　　　　2b (ii)

插图 2　弗拉基米尔一世时期的钱币

　　与当时的斯堪的纳维亚和波兰领袖一样,弗拉基米尔在皈依基督教后不久发行货币。他所有的金币和第一类银币(srebreniki)都复制了他的姐夫——瓦西里二世和君士坦丁八世(976—1025 年)的金币(nomismata)图案设计。弗拉基米尔的金币虽然铸造数量少且发行时间短,但流通性却很好。见第 59 页。

插图 2a　弗拉基米尔第一类银币

插图 2a(i)　"基督万主之主(Pantokrator)",磨损严重,但是基督头后的十字架光环和他的《福音书》等特征仍然可以辨认。铭文是镜像的,应从右向左读。

插图 2a(ii)　弗拉基米尔的王冠及其垂饰很简略,他的身体发育不良,但就像原型设计中的拜占庭皇帝,他拿着一个长十字架。在他的左肩上有一个类似三叉戟的权威符号,很可能参考了可萨的用法。

插图 2b　弗拉基米尔第二类银币。弗拉基米尔银币发行量相当可观,其银含量大幅度下降,且设计中的拜占庭风格减弱。第二类银币的流通期稍晚于第一类(约1000—1015 年)。

插图 2b(i)　弗拉基米尔的脸部和王冠已融合为一个由光环包围的十字架。

插图 2b(ii)　弗拉基米尔的权威象征——对于罗斯铸币者来说可能是很熟悉的画面——已经取代了"万主之主"基督,并被清晰而有力地呈现出来。

插图 3　基辅圣索菲亚大教堂的圣母(Theotokos)镶嵌画
11 世纪中叶,见第 82 页。

插图 4　福音传道士圣路加,取自《奥斯特罗米尔福音书》(*Ostromir Gospel*)
手稿微型画,1057 年,这是现存最古老的斯拉夫语书籍。见第 82 页。

插图 5　基辅圣索菲亚大教堂的圣马可镶嵌画

11 世纪中叶，所有铭文（福音传道士的名字以及讲台上《福音书》上的文字）都是希腊文。见第 82 页。

插图 6　圣徒鲍里斯与格列布画像

　　14 世纪初,鲍里斯和格列布是弗拉基米尔·斯维亚托斯拉维奇王公(将基督教定为罗斯官方宗教的王公)之子。鲍里斯和格列布在 1015 年被他们的兄弟谋杀,是最早被尊为圣徒的罗斯人之一。见第 82 页。

7a

7b

插图 7 伊戈尔王子战败,取自《拉齐维乌编年史》(*Radzivil Chronicle*)的微型画

　　1185 年凯阿拉河战役中,波洛伏齐人击败了伊戈尔·斯维亚托斯拉维奇王公。见第 101 页。来自 15 世纪的《拉齐维乌编年史》。

插图 7a　斯维亚托斯拉夫·奥列戈维奇追赶逃亡的波洛伏齐人。

插图 7b　弗谢沃洛德·斯维亚托斯拉维奇步行战斗(左侧);俘获伊戈尔(右侧)。

插图 8　切尔尼戈夫圣帕拉斯凯维星期五教堂(13 世纪初)

插图 9 《诺夫哥罗德诗篇》

这是考古学家于 2000 年 7 月发现的一组三个上蜡的木质书写板之一,上面写有《诗篇》。诺夫哥罗德,11 世纪初。见第 174 页。

插图 10　大公瓦西里三世

来自西吉斯蒙德·冯·赫伯斯坦因男爵于 1556 年在巴塞尔出版的第一版关于俄国的纪事（拉丁语）。

11a

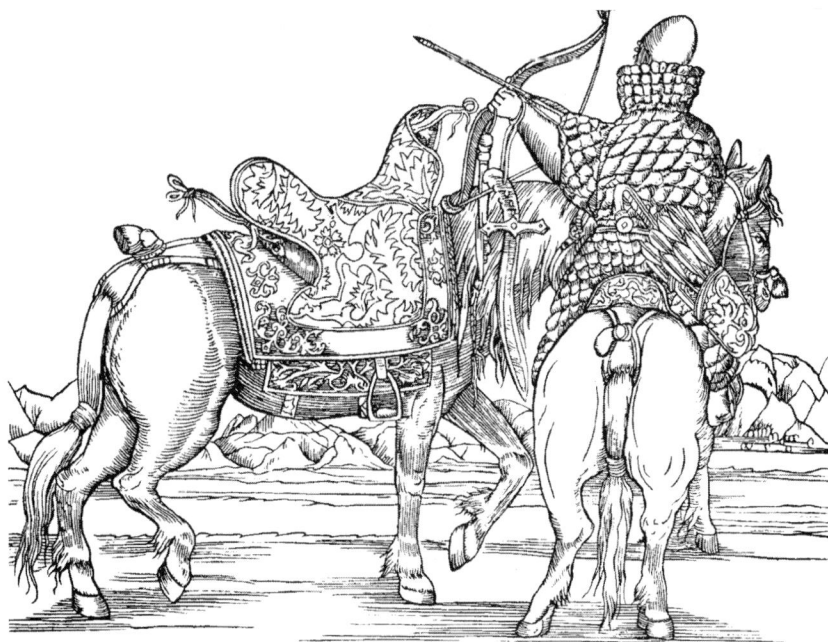

11b

插图 11　俄国骑兵

插图 11a、11b　俄国骑兵。来自赫伯斯坦因纪事 1556 年版。见第 195 页。

12a   12b

插图 12　皇家头盔

插图 12a　伊凡四世头盔(约 1533 年)。刻有铭文"伊凡·瓦西里耶维奇王公的头盔,
瓦西里·伊凡诺维奇大公之子,全罗斯的君主和独裁者"。见第 220 页。

插图 12b　伊凡四世的儿子伊凡·伊凡诺维奇的头盔,饰有双头鹰和狮子的图案(1557
年)。刻有铭文"此头盔是按照忠实的、深爱基督的沙皇,全罗斯的君主与独裁者伊
凡·瓦西里耶维奇的旨意,为他忠实的儿子伊凡·伊凡诺维奇皇子制作的。皇子出生
后的第四年成品于伟大的统治者的城市莫斯科,7065 年 7 月 8 日"。见第 227 页。

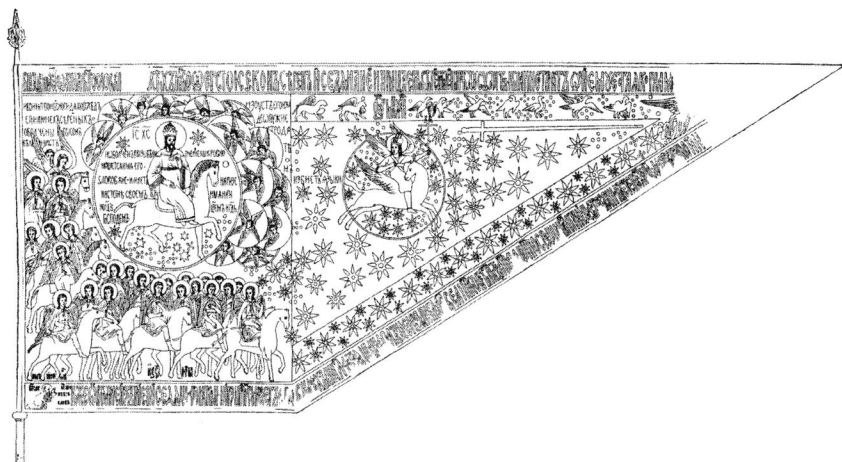

插图 13　伊凡四世大旗

上有《启示录》(1559/1560 年)的大灾难图像和引文。中间的坐像是耶稣基督，右边的有翼骑士是天使长米迦勒。见第 235 页。

插图 14　俄国商人

来自一幅达什科夫(P. Ia. Dashkov)收藏的 16 世纪德国版画，由赫伯斯坦因纪事 1908 年的俄文译本复制。

插图 15　莫斯科圣母升天大教堂

1475—1479 年，北立面和东立面。莫斯科克里姆林。威廉·布拉姆菲尔德
(William Brumfield)摄。见第 312 页。

插图 16　在圣瓦西里大教堂前举行仪式

1634 年 10 月 1 日,赫伯斯坦因使团所目睹的莫斯科圣瓦西里大教堂(建于 1555—1561 年)前的仪式。牧首用十字架碰触沙皇(左侧)。来自亚当·奥莱利乌斯(Adam Olearius)的使团纪事第二版(1656 年)。

插图 17 沙皇米哈伊尔行涂油礼

1613 年,沙皇米哈伊尔在圣母升天大教堂的加冕典礼
上行涂油礼。金板上的徽章是莫诺马赫的王冠、权杖和金
球。来自一份 1672 年的资料。见第 367 页。

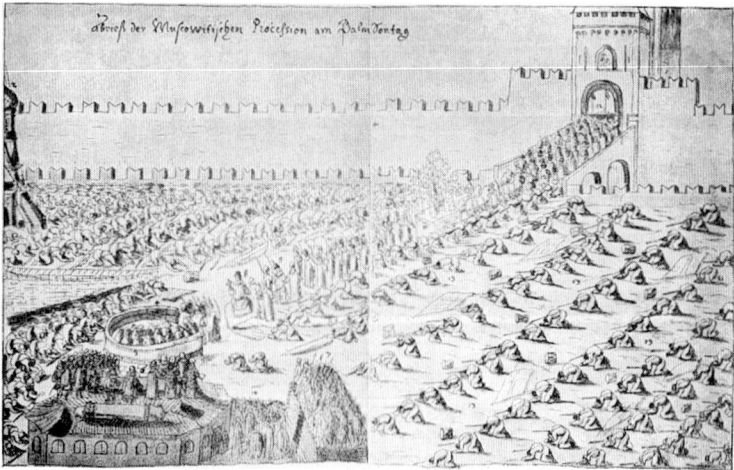

插图 18 圣枝主日仪式

1662 年,游行队伍从各各他(前景)返回克里姆林。左侧是代祷教堂(圣瓦
西里教堂)。来自冯·梅耶伯格男爵(Baron von Meyerberg)对 1661—1662 年
神圣罗马帝国皇帝大使来访莫斯科的纪事中的版画。见第 372 页。

插图 19　沙皇米哈伊尔

　　42 岁(即 1638 年)的米哈伊尔·罗曼诺夫沙皇。肖像画来自亚当·奥莱利乌斯的俄国纪事第一版(1647 年)。

插图 20　沙皇阿列克谢

维也纳(17 世纪六七十年代)。

插图 21　肉刑

以克里姆林为背景描绘。来自奥莱利乌斯的俄国纪事(1656年版)。见第 525 页。

插图 22　17 世纪服饰

各种各样的服装反映出性别和社会地位的差异。来自奥莱利乌斯的俄国纪事第二版(1656 年)。

23a

23b

插图 23　民间娱乐活动

教会反对这些娱乐活动,民间艺人表演在 1648 年被禁止。见第 578 页。

插图 23a　1634 年,民间艺人在拉多加唱歌和跳舞,以取悦赫伯斯坦因的使团。来自亚当·奥莱利乌斯的使团纪事,于 1647 年首次出版。

插图 23b　一个裹着毯子的艺人头顶着一个木偶剧场表演(前景)。来自奥莱利乌斯的俄国纪事第二版(1656 年)。

插图 24　尼基特尼基的圣三一教堂

1631—1653 年,立面细节。见第 595 页。

插图 25　菲利代祷教堂

"莫斯科巴洛克"式（17 世纪 90 年代）。见第 596 页。

插图 26　科罗缅斯科耶的木质宫殿,版画

17 世纪六七十年代。18 世纪的匿名版画。见第 597 页。

插图 27　《老鼠葬猫》,木版印刷(Lubok)

17 世纪晚期。见第 600 页。

插图 28　索菲娅·阿列克谢耶夫娜公主(Tsarevna Sophia Alekseevna),版画

阿姆斯特丹,17 世纪 80 年代。19 世纪的匿名复制品。见第 603 页。

公(Prince Dmitrii Pozharskii)负责统率军队,他曾是利亚普诺夫麾下的一名指挥官,1611 年 3 月在莫斯科城外负伤,正在下诺夫哥罗德附近疗养。1611—1612 年冬,米宁和波扎尔斯基向军队做了动员。这支所谓的"第二国民军"的核心是下诺夫哥罗德和邻近的伏尔加河沿岸城镇的卫戍部队,以及斯摩棱斯克地区的一些流亡军人。1612 年 3 月初,米宁和波扎尔斯基离开下诺夫哥罗德,前往莫斯科。在雅罗斯拉夫尔,他们得知首都近郊的哥萨克军队已经宣誓向伪德米特里三世效忠。波扎尔斯基立即向各个城镇宣告,谴责特鲁别茨科伊和扎鲁特斯基承认那个来自普斯科夫的冒充者,并呼吁所有"真正的基督教徒"拒绝新"沙皇德米特里",以及玛琳娜和她的儿子。

哥萨克军队很快抛弃了伪德米特里三世,因为他的恐怖统治和威胁手段让他在普斯科夫变得非常不受欢迎。5 月,市民们推翻了他,将他押送到莫斯科,由哥萨克人监禁。特鲁别茨科伊和扎鲁特斯基写信给雅罗斯拉夫尔的波扎尔斯基,向后者保证他们已经抛弃了伪德米特里三世,并且否定了玛琳娜儿子的皇位继承权。他们准备与波扎尔斯基联手,把莫斯科从波兰人手中解放出来,共同协商选举新的沙皇。① 然而,波扎尔斯基对这些求和行为的反应非常冷淡。他在雅罗斯拉夫尔建立起大本营,担任临时政府首脑,并继续扩充军队。在谈及未来的沙皇时,波扎尔斯基似乎倾向于瑞典王子卡尔·菲利普〔Karl Filip,其兄古斯塔夫·阿道夫(Gustav Adolf)继承了父亲卡尔九世的王位〕。波扎尔斯基向瑞典人保证,卡尔·菲利普有望成为俄国沙皇,帮助减轻了此时仍占领着诺夫哥罗德和西北部其他一些地区的瑞典的军事威胁。

波扎尔斯基通过与瑞典达成协议确保了自己大后方的安全,1612 年 7 月27 日,他离开了雅罗斯拉夫尔。次日,扎鲁特斯基从莫斯科城外的营地逃离,他这么做显然是因为担心自己会被新国民军的首领们驱逐。扎鲁特斯基带走了自己军队中的半数,约 2 500 人。他在科洛姆纳与玛琳娜和她的儿子会合,随后与哥萨克人一同前往梁赞地区,扎鲁特斯基在那里集结了支持皇子伊凡继位的势力。8 月中旬,波扎尔斯基率军抵达莫斯科城外,及时击溃了正从西面向首都进军的乔德凯耶维奇的波兰军队。扎鲁特斯基的逃亡排除了统一解放部队的最主要障碍,9 月底,波扎尔斯基和特鲁别茨科伊同意组建统一的指挥部。一个月后,克里姆林的占领者投降,莫斯科最终得以解放。然而,被波

① Perrie, *Pretenders*, pp. 216-218.

兰人侵占的危险还没有结束。乔德凯耶维奇战败后,西吉斯蒙德国王亲自开
赴俄国,希望为他的儿子瓦迪斯瓦夫夺得沙皇之位。波兰军队迅速行进,11 月
中旬,亚当·佐基耶夫斯基(Adam Żółkiewski)率领的分队已经行至莫斯科城
外。不过,军事上的失败和冬天的到来迫使波兰人撤退。

　　1612 年底,莫斯科解放者们在米宁、波扎尔斯基和特鲁别茨科伊的领导
下,召开了一场缙绅会议选举新的沙皇。1613 年 1 月初,代表们在首都聚集。
他们的第一项决议便是禁止外国人担任沙皇,这一决定针对的不仅仅是波兰
与瑞典王公,还有玛琳娜和她的儿子。由此,只剩下三名俄国候选人:王公伊
凡·戈利岑、王公德米特里·特鲁别茨科伊和费拉列特 16 岁的儿子米哈伊
尔·罗曼诺夫。哥萨克人偏向后两者,因为他们与图希诺有着一定的联系。
年轻的罗曼诺夫还得到了其他领域人民的广泛支持,他在 1613 年 2 月的选举
大会中最终获胜。罗曼诺夫家族与前朝皇室的姻亲关系无疑有助于米哈伊尔
取得选举的胜利(他的父亲是伊凡四世的第一任妻子安娜斯塔西娅·罗曼诺
夫娜的侄子),而且雄心勃勃、精力充沛的费拉列特仍被波兰人监禁着这一点
也使得波雅尔们更容易接受他十几岁的儿子。

　　沙皇米哈伊尔政府最初采取的行动之一就是派兵追捕扎鲁特斯基。1613
年 6 月,哥萨克军队在沃罗涅日与政府军作战,随后哥萨克首领前往阿斯特拉
罕,在那里他受到了热烈欢迎。扎鲁特斯基散布谣言,宣称"沙皇德米特里"尚
在人世,他和玛琳娜充当着年幼的"皇子"伊凡·德米特里耶维奇的监护人。
1613—1614 年冬,扎鲁特斯基在阿斯特拉罕发起恐怖统治,杀死长官 I. D. 赫
沃洛斯季宁王公和许多"良善的"(富裕的)公民,原因也许是他们反对扎鲁特
斯基向波斯沙阿和土耳其苏丹求援。1614 年复活节期间,民众掀起反对扎鲁
特斯基统治的起义,不久之后,扎鲁特斯基在一小队哥萨克护卫的陪同下带着
玛琳娜和她的儿子逃离了阿斯特拉罕。几天后,由 I. N. 奥多耶夫斯基王公
(Prince I. N. Odoevskii)指挥的政府军进入阿斯特拉罕,全城宣誓效忠沙皇米
哈伊尔。扎鲁特斯基和他的手下在艾克河(River Iaik)畔被逮捕。他们先被送
回阿斯特拉罕,随后又被押送到莫斯科。扎鲁特斯基遭穿刺而死,三岁的"皇
子"伊凡被绞死,不久后玛琳娜也死于狱中。①

　　扎鲁特斯基和伊凡·德米特里耶维奇被处死,这消除了沙皇米哈伊尔在

---

① Perrie, *Pretenders*, pp. 218-228.

俄国地位的合法性所面临的最后挑战。然而,动乱持续了一段时间。1614—1615 年间,政府忙于打击各个流浪哥萨克部队,他们被看作社会与政治稳定的主要威胁。[1] 外国干预也持续了数年。直到 1617 年,俄国才与瑞典达成和平协定,由于《斯托尔博沃条约》(Treaty of Stolbovo)的签订,诺夫哥罗德重回俄国版图。俄国与波兰的敌对持续时间更长。1617 年,乔德凯耶维奇再次入侵俄国,试图将王子瓦迪斯瓦夫扶上沙皇的宝座。根据 1618 年 12 月签署的《杰乌利诺条约》(Treaty of Deulino),波兰被要求撤回,俄国将斯摩棱斯克和其他西部边界地区割让给西吉斯蒙德国王。按照条约的规定,费拉列特·罗曼诺夫被释放,他于 1619 年回到俄国,成为牧首和实际上的君主。一些学者将此事件视作"混乱时期"正式结束的标志。[2] 但是,波兰人仍旧不愿放弃为瓦迪斯瓦夫争夺沙皇宝座的计划。1632 年,西吉斯蒙德国王去世,俄国人继续进攻波兰,试图夺回斯摩棱斯克。他们未能如愿,但是在 1634 年"永久性"的《波利亚诺夫卡和约》(Peace of Polianovka)中,继承父位成为波兰国王的瓦迪斯瓦夫正式宣布放弃俄国皇位,从而终结了"混乱时期"的余波。

五、结语

根据普拉托诺夫对于"混乱时期"的经典论述,俄国社会最上层和最底层的社会团体遭遇了重大失败,中层阶级被牺牲。过去的王公波雅尔贵族信用尽失——先是由于瓦西里·舒伊斯基试图建立寡头政权,后来又是因为波雅尔们试图与波兰人合作。相对的,由于扎鲁特斯基的压迫,规模膨胀的哥萨克人、流亡农民和奴隶阶层也在这一过程中遭受了损失。"中间阶层",即普通军人和相对富有的城镇居民看起来获得了胜利,他们从波兰人手中解放了莫斯科,召开缙绅会议选举米哈伊尔·罗曼诺夫为沙皇。[3] 然而,最近的研究对普拉托诺夫的结论提出了质疑,尤其是"混乱时期"导致旧贵族地位被显著削弱的论点。[4]

———————————

① Stanislavskii, *Grazhdanskaia voina*, pp. 93-152.

② Dunning, *Russia's First Civil War*, p. 459.

③ Platonov, *Ocherki*, 4th edn., pp. 429-433.

④ A. P. Pavlov, "Gosudarev dvor v istorii Rossii XVII veka", *FOG*, 56 (2000): 227-242; Dunning, *Russia's First Civil War*, pp. 461-480.

　　或许"混乱时期"最非凡的结果正是独裁君主制从 16 世纪晚期被几乎原封不动保存下来的现实,沙皇的权力没有受到新的明显限制。颇具启示性的是,17 世纪早期的冲突是在争夺皇位的旗帜下发生的,而不是不同类型君主的竞争。当然,不同候选人代表着不同的统治风格和机制,但是他们都从作为"真正的"沙皇的合法性出发要求皇位,而不是基于社会或政治改革方案。合法性的基础受到质疑(世袭与选举),而君主制统治本身的专制性质却幸免于难。1598 年的王朝危机发生在以世袭继承为基础的制度中,导致了伪德米特里一世的出现;他的胜利又反过来刺激了更多人来冒充皇族。然而,哥萨克"皇子"的增多,以及他们手下的杀戮和掠夺行为,使得他们失信于民。"混乱时期"过后,再也没有俄国的冒充者能够得到伪德米特里一世和二世那样的广泛社会支持。后来的冒充者们几乎都是从底层取得支持的,尤其是哥萨克人和农民们的支持。

第三部分

第一代罗曼诺夫王朝治下的俄国（1613—1689 年）

第十九章　中央政府及其机构

马歇尔·坡

对于莫斯科公国来说,17 世纪是进化与增长的年代,而不是激进改革的年代。[1] 17 世纪并没有发生伊凡三世和伊凡四世统治时期那样的重大政治革命。俄国从"混乱时期"的动荡中恢复过来,依然保持着由小规模军事统治阶级牢牢掌握的强大专制体制。然而,这并不意味着稳定。政权仍在分崩离析,虽然斗争十分短暂。人们可以发现一种政治趋势:从沙皇阿列克谢·米哈伊洛维奇(Tsar Aleksei Mikhailovich)开始,勋贵变得泛滥,而这一趋势被他的几位软弱的后继者放大。不管怎么说,总体上情况是具有持续性的,间或被一时的混乱和渐进式的改革打断。

统治机构也是类似的情况。[2] 17 世纪的莫斯科公国基本沿用了世纪初的巨大动荡之前就已采用的基本组织形式。最重要的机构依旧是皇室、朝廷与朝臣(gosudarev dvor)、行政衙门。同样,波雅尔议会以及缙绅会议这两项早先的发明,在 17 世纪依旧发挥着过去的作用。所有机构都在成长,但是都没有从根本上改变其本质特征。

最后,我们可能会注意到,国家存在的目的也和 16 世纪甚至更早的时候没

---

[1]　关于 17 世纪俄国整体历史的代表作仍然是 V. O. Kliuchevskii, *A Course in Russian History: The Seventeenth Century* (Chicago: Quadrangle Books, 1968)。一、二手资料的调查可见 S. A. Kristensen [Christensen], *Istoriia rossii XVII v. Obzor issledovanii i istochnikov* (Moscow: Progress, 1989)。关于上层政治,参见 Robert O. Crummey, *Aristocrats and Servitors: The Boyar Elite in Russia*, *1613-1689* (Princeton: Princeton University Press, 1983)和 Paul Bushkovitch, *Peter the Great: The Struggle for Power*, *1671-1725* (Cambridge and New York: Cambridge University Press, 2001)。

[2]　关于统治机构的概况,参见 N. P. Eroshkin, *Ocherki istorii gosudarstvennykh uchrezhdenii dorevoliutsionnoi Rossii* (Moscow: Gosudarstvennoe Uchebno-Pedagogicheskoe izdatel'stvo Ministerstva prosveshcheniia RSFSR, 1960)。

有区别——服务莫斯科统治阶级的利益。① 尽管人们有时可能会在莫斯科装饰性文本中找到类似《圣经》中关于君主"照顾他们的羊群"的比喻,但真相是贵族们并没有掩饰他们是只关注自身利益的统治阶层,国家则是他们的统治工具。贵族们对农民、商人有时甚至是神职人员公开表示蔑视,从不放过任何剥削他们的机会——足迹广阔、见多识广且接受过良好教育的政治哲学家(和原始斯拉夫主义者)尤里·克里扎尼奇(Iurii Krizhanich)在 17 世纪 60 年代就提出过这一点,并对此深表惋惜。② 任何没有以最顺从的方式表达的抗议都会遭遇残酷的暴力镇压(只有国家才能实施这样的暴力,因为在近代早期的俄国,国家是唯一有组织的利益机构)。正如来访的外国人经常述及的,没有人谈论"联邦""共同体"或其他任何"共同"的东西(这些概念将由彼得从欧洲带来)。莫斯科公国的上下层都相信沙皇被上帝授予了一切——土地和土地上的人民。③ 沙皇不平等地分配他的恩赐(主要赐予贵族)不会困扰任何人。没有人能想象任何其他秩序,没有人反对现有秩序(至少在很长时间内都是如此),甚至没有人认为它错了。这就是一切正常运行的方式。

一、沙皇及其朝廷

莫斯科人有一整套说法,表明沙皇就像上帝(有人可能会补充说是摩西的上帝,而不是耶稣的)④,因此从统治者及其朝廷开始考察 17 世纪的俄国统治机构是比较合理的。

让我们从沙皇本人开始说起,因为他本身就是一个机构。与其他君主制国家不同,俄国人似乎并不认可甚至并不知道"国王的两个身体"学说。⑤ 按照

---

① 关于俄国统治阶级及其利益的更广泛讨论,参见 Marshall T. Poe, *The Russian Moment in World History* (Princeton: Princeton University Press, 2003)。
② Iurii Krizhanich, *Politika*, ed. A. Gol'dberg (Moscow: Nauka, 1965), pp. 583-584.
③ P. V. Lukin, *Narodnye predstavleniia o gosudarstvennoi vlasti v Rossii XVII veka* (Moscow: Nauka, 2000), *passim*.
④ 关于这一教义,参见 Marshall T. Poe, *"A People Born to Slavery": Russia in Early Modern European Ethnography*, *1476-1748* (Ithaca, N.Y., and London: Cornell University Press, 2000), appendix 1.
⑤ 关于欧洲的理念,参见 E. H. Kantorowicz, *The King's Two Bodies* (Princeton: Princeton University Press, 1957)。更清晰的对比可见 Michael Cherniavsky, "Saintly Princes and Princely Saints", in his *Tsar and People: A Historical Study of Russian National and Social Myths* (New Haven: Yale University Press, 1961), pp. 28-30。

神职人员的宣传，平民们相信沙皇是由上帝选择的——不是担任沙皇的职务（hold the office of tsar），而是成为沙皇（to be tsar）。这就是为什么在俄国历史上有那么多关于"真正的沙皇"和"冒充者"的讨论，尤其是在人们难以辨别真伪的"混乱时期"，罗曼诺夫家族登基后也是如此。[①] 虽然谁才是"真正的"（即由上帝选择的）沙皇是人们的猜测，但俄国人从不怀疑存在一个"真正的"沙皇。当时并没有"沙皇"的职位，只有"真正的沙皇"——全能之主选中的个人及其家族。

当然，我们知道米哈伊尔·罗曼诺夫是通过选举成为沙皇的，或者更确切地说，他的家族在 1613 年那场哥萨克占领军主导的斗争中艰难地取得了胜利。然而，事后提及这一历史事实并不礼貌（甚至并不安全）[②]，因为米哈伊尔是"真正的沙皇"。他的家族和宣传人员花费了许多精力使之深入人心。他们宣称罗曼诺夫家族不仅是留里克家族的后代和合法继承人（通过伊凡四世的一桩婚姻），而且在某种神秘意义上就是留里克家族。这种用超俗的神圣性自我包装的做法抓住了莫斯科人的心，却毫无疑问对真正推动罗曼诺夫家族"继承"沙皇的人来说影响不大。作为政客，他们知道实际上发生了什么，然而对于他们来说，除了顺势而为以外不用采取什么行动。毕竟沙皇本人也是其中一员，他会保护这些人的利益（如果沙皇是被精心挑选出来的话）。米哈伊尔和他的继任者就是这样做的，因而成了"真正的沙皇"。

虽然我们可能在莫斯科训示文本中读到沙皇应该做些什么（例如听取议会的建议、实施仁政、保持智慧）[③]，但事实上，他只有两项困难且紧迫的职责：生育合适的继承人，以及在波雅尔的辅助下统治国家。当然，关于如何执行这

[①] 关于"冒充者"，参见 Chester Dunning, *Russia's First Civil War: The Time of Troubles and the Founding of the Romanov Dynasty* (University Park, Pa.: Pennsylvania State University Press, 2001); and Maureen Perrie, *Pretenders and Popular Monarchism in Early Modern Russia: The False Tsars of the Time of Troubles* (Cambridge and New York: Cambridge University Press, 1995)。

[②] 关于罗曼诺夫家族消灭"冒充者"的行动，参见 Mark C. Lapman, "Political Denunciations in Muscovy, 1600 to 1649: The Sovereign's Word and Deed", unpublished Ph. D. dissertation, Harvard University, 1982; N. I. Novombergskii, *Slovo i delo gosudarevy: Protsessy do izdaniia Ulozheniia Alekseia Mikhailovicha 1649 g.* (Moscow: A. I. Snegireva, 1911), and G. G. Tel'berg, *Ocherki politicheskogo suda i politicheskikh prestuplenii* (Moscow: Tipografiia Imperatorskogo Moskovskogo Universiteta, 1912)。

[③] 参见 Daniel Rowland, "The Problem of Advice in Muscovite Tales about the Time of Troubles", *RH*, 6 (1979): 259-283, and his "Did Muscovite Literary Ideology Place Limits on the Power of the Tsar (1540s-1660s)?", *RR*, 49 (1990): 125-156。

两项任务,沙皇必须遵循一些规则,前者由基督教教义主导,后者则遵照习俗。由于东正教婚姻中的权利和义务(一夫一妻制,或者至少同时只能有一名妻子),以及孕育继承人的过程是众所周知的,我们接下来将讨论莫斯科政治在其主要背景——统治者的朝廷内的运作规则。①

统治者的朝廷是莫斯科公国政治权力的中心。它不是一个地方[尽管克林姆林确实有一个地方叫作"朝廷"(dvor)],而是一个等级系统。图 19.1 对其进行了概述。

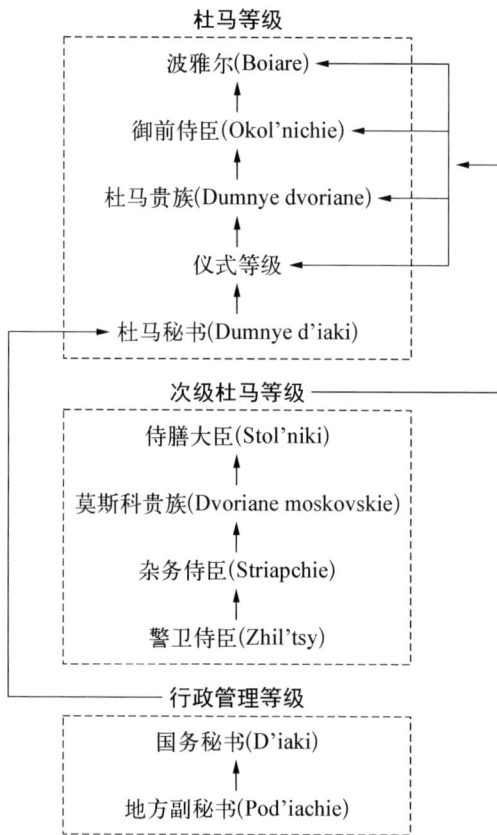

图 19.1 17 世纪俄国统治者的朝廷

① 统治者及其朝廷的研究目录参见 O. Kosheleva and M. A. Strucheva, *Gosudarev dvor v Rossii: konets XV - nachalo XVIII vv.: katalog knizhnoi vystavki* (Moscow: Gosudarstvennaia publichnaia istoricheskaia biblioteka Rossii, 1997)。

正如人们的想象，上层阶级比下层更重视体面，通常来说人数较少。在某种程度上，不同等级的人做不同的事情：杜马等级的人（boiare i dumnye liudi）在皇家议会（杜马）中为沙皇提供建议。杜马是一个定义不明确的惯例性机构，其权力随着沙皇的年龄、周围人的权威以及在场咨询者的人数不同而浮动。次级杜马等级的人主要在朝廷中担任各类侍从职务，比如服侍用餐、守卫皇宫、在仪式上表演、护送使者等。尽管从现代人的视角看这些都是"卑微的"工作，但是这些职务在莫斯科公国上层人士眼中是非常光荣的（而且显然优于在地方工作）。此外还有在衙门工作的行政管理人员。他们负责更加卑微的工作（抄写），因此多来自不那么光荣的阶级——契约服役者（sluzhilye liudi po priboru），而不是世袭服役阶层（sluzhilye liudi po otechestvu）。①

如图 19.1 所示，服役人员有时会在不同等级之间流动。进入及晋升高级职位的规则如下②：杜马等级中三个高于杜马秘书的职位（波雅尔、御前侍臣、杜马贵族）主要从次级杜马等级的世袭服役人员中招募，被选中的人可以被任命为这三个职级中的任何一个（也就是说，不能成为杜马秘书）。一旦进入这一体系，他们就可以向上流动，例如从杜马贵族升为御前侍臣，或者从御前侍臣升为波雅尔。进入杜马等级后不能跳级晋升，也就是说，不能直接从杜马贵族升到波雅尔。杜马秘书通常是从国务秘书中招募来的，国务秘书则来自地方副秘书，这一等级的所有人出身都相对较低。③ 就像他们在杜马等级中的世袭同伴一样，他们也可以在任命之后晋升，同样不能跳级。

简单地说，莫斯科政治游戏的目标要么是提升至高级别（对于个人及其家庭来说），要么是控制各级别的成员（对于皇室或家族联盟来说）。值得一提的是，17 世纪的政治与政策无甚关联，却与人员紧密相关。或许在一些问题上存在争议，但是正如我们已经提到的，（如果沿用我们的隐喻）朝廷中的每个人都是一个团队，并且有着相同的目标：维护（可能的话扩大）贵族精英的利益。④ 当然，在具体问题上可能存在冲突，但它告诉我们，莫斯科人从未

① 关于其中的差别，参见 N. P. Pavlov-Sil'vanskii, *Gosudarevy sluzhilye liudi. Liudi kabal'nye i dokladnye*, 2nd edn. (St Petersburg: Tipografiia M. M. Stasiulevicha, 1909), pp. 128-208。

② 关于这一系统，参见 Crummey, *Aristocrats and Servitors*, pp. 23-24; Marshall T. Poe, *The Russian Elite in the Seventeenth Century*, 2 vols. (Helsinki: Academia Scientiarum Fennica, 2003), vol. II, passim。

③ 关于行政管理等级，参见 N. F. Demidova, *Sluzhilaia biurokratiia v Rossii XVII v. i ee rol' v formirovanii absoliutizma* (Moskva: Nauka, 1987)。

④ 关于精英之间的共识，参见 Edward L. Keenan, "Muscovite Political Folkways", *RR*, （转下页）

建立过一个可能代表显贵中不同政治派别的正式机构——这并不必要。最主要的政治问题似乎始终是由谁推行共同方案,而很少是它是否应该被推行。

其实,这场游戏中有三方势力。① 首先是沙皇本人,理论上,他能够指定所有职位的人选,并且决定等级内的晋升。但事实上,他并不是一个人统治,而是依靠近亲、顾问和导师的辅佐。② 沙皇身边存在一小批顾问的情况是被莫斯科人所认可的。叛国的抄写员格里戈里·科托什辛写下了本土唯一一份描述莫斯科公国政治系统的文本,明确称这些人为沙皇的"近臣"(blizhnie liudi)。③ 这些近臣会在沙皇耳边吹风,影响任命和晋升。莫斯科朝廷中的第二方主要势力是旧精英服役人员,他们拥有显赫家族和世袭地位,其家族传统上在杜马中占有一席之地。他们是莫斯科的贵族,几个世纪以来,他们指挥莫斯科的军队,指导着莫斯科的中央行政机构,并管理着莫斯科公国的偏远地区。④ 他们晋升至高位的权利受门第制——一项维护优先顺序的早期俄国机制的保护。⑤ 最后,还有一些在朝廷的下级部门任职的人员及其家族:成千上万的侍膳大臣、莫斯科贵族和杂务侍臣,他们占据了莫斯科和各地政府部门中不太重要的

(接上页)45 (1986):115-181; Nancy Shields Kollmann, *Kinship and Politics: The Making of the Muscovite Political System*, *1345-1547* (Stanford, Calif.:Stanford University Press, 1987), pp. 2, 7-8, 18, 44, 149-152, 184。协同的程度也是一些论争的主题,参见瓦莱丽·基维森(Valerie Kivelson)和马歇尔·坡的讨论,*Kritika*, 3 (2002):473-499。

① 这并不是说莫斯科的政治舞台上没有别的势力了,当然还有其他成员(如教会、精英女性等)。然而,这三方在我们的论述中发挥着最重要的作用。关于教会与政治,参见 Georg Bernhard Michels, *At War with the Church: Religious Dissent in Seventeenth-Century Russia* (Stanford, Calif.:Stanford University Press, 1999)。关于女性与政治,参见 Isolde Thyrêt, *Between God and Tsar: Religious Symbolism and the Royal Women of Muscovite Russia* (DeKalb, Ill.:Northern Illinois University Press, 2001)。

② 有一些非常著名的例子,包括米哈伊尔和他的父亲、牧首费拉特、年轻的阿列克谢和鲍里斯·伊凡诺维奇·莫洛佐夫、索菲娅和瓦西里·瓦西里耶维奇·戈利岑王公、彼得大帝及其友人。

③ Grigorij Kotošixin [G. K. Kotoshikhin], *O Rossii v carstvovanie Alekseja Mixajloviča. Text and commentary*, ed. A. E. Pennington (Oxford and New York: Clarendon Press, 1980), fos. 34-36。关于科托什辛对于政府机构的理解,参见 Benjamin P. Uroff, "Grigorii Karpovich Kotoshikhin, 'On Russia in the Reign of Alexis Mikhailovich': An Annotated Translation", unpublished Ph.D. dissertation, University of Illinois, 1970; Fritz T. Epstein, "Die Hof- und Zentralverwaltung im Moskauer Staat und die Bedeutung von G. K. Kotosichins zeitgenoessischem Werk 'Über Russland unter der Herrschaft des Zaren Aleksej Michajlovic' für die russische Verwaltungsgeschichte", *Hamburger Historische Studien*, 7 (1978):1-228。

④ 关于这些人,参见 Crummey, *Aristocrats and Servitors*, passim。

⑤ 关于门第制的研究很多,最近的可见 Nancy Shields Kollmann, *By Honor Bound: State and Society in Early Modern Russia* (Ithaca, N.Y., and London: Cornell University Press, 1999), pp. 131-168。

职位。他们基本没有希望赢得杜马中的合适职位。图19.2描述了等级系统中
的三个利益群体。

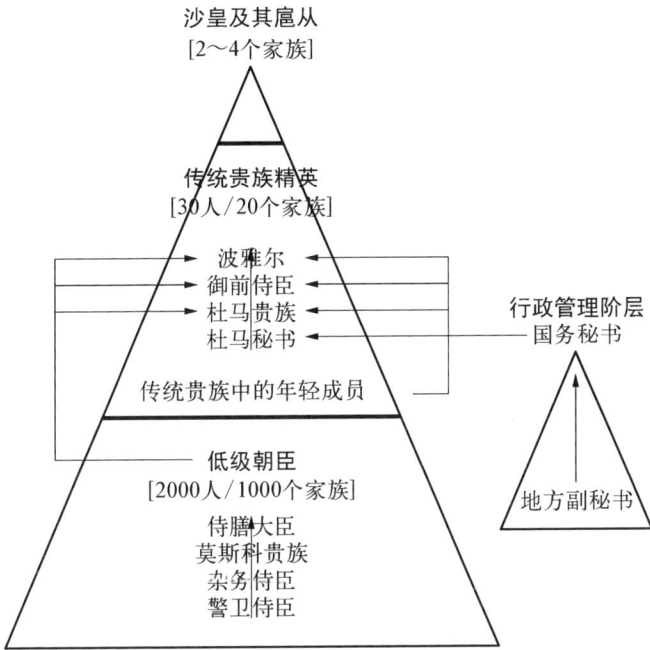

图 19.2　统治者的朝廷(约 1620 年)

　　杜马等级的竞争并不是十分公平的。沙皇掌握着最多的权力——如上所
述,他负责所有的任命。旧贵族精英也有相当大的权力(但少于沙皇)——根
据莫斯科的传统,精英家族在上流社会可以享有一些特殊待遇,通常能持续几
代人的时间。普通朝臣的势力最弱,沙皇只偶尔屈身来到低级朝臣之中,提拔
一名普通侍膳大臣。不过,可能性总是存在的。

　　每个阶层的人都有着不同的取胜策略。沙皇主要采取平衡策略:他试
图分出刚好够的高等级职位留给贵族精英阶层,以保证他们的忠诚,同时保
留一些名额用于吸引赞助、奖励功绩等目的。旧贵族精英阶层采取维持策
略:他们为了保有杜马等级中的位置,把新晋人员排除出既有的位置,并阻
止沙皇设立新的职位。普通朝臣则采取进攻策略:他们利用各种手段获得
沙皇或贵族精英的青睐(比如提供服务和联姻等),以期在杜马中占据一席
之地。

二、谁获得了胜利？17 世纪高层政治总览

1613 年,米哈伊尔登基成为沙皇,但他和他的同盟势力面临着严重的困难:还有一些人宣称对皇位拥有继承权(其中有人的继承权甚至比米哈伊尔·费奥多罗维奇更合法);部分国土依旧被波兰人、瑞典人以及反叛军占领,而且经过多年的血腥内战,经济也陷入了混乱。没有人能够确定谁是"真正的沙皇"。罗曼诺夫派做了唯一能够巩固自身权力的事:发出"全国性"的呼吁驱逐外国军队,对其他营地的囚犯实施实际上的大赦,并且开始缓慢而痛苦地逐一消灭国内外的对手。首先被击溃的是反叛军(扎鲁特斯基与姆尼舍克),接着兵力分散的瑞典人被打败(1617 年《斯托尔博沃条约》),最后波兰人遭到驱逐(1618 年《杰乌利诺条约》)。这些措施确立了罗曼诺夫家族的权力。1619 年,米哈伊尔之父(后来的牧首费拉列特)从波兰战俘营归来,进一步稳固了罗曼诺夫势力。这是俄国历史上第一次也是最后一次,父子——教会与国家领袖——共同统治。

除了这一(戏剧性的)创新外,该双头政权走上了一条温和的道路,吸纳政治支持,同时弥补"混乱时期"和之后一段时间国家遭受的巨大损失。即使在情况稳定下来以后,过去数十年间"站错了边"的人也没有遭遇大规模清洗(不过罗曼诺夫家族改变了对待过去盟友哥萨克人的态度)。可以说,除了少数人以外,"混乱时期"的罪孽几乎被遗忘。波雅尔们回到了旧时的高位,对"混乱时期"的风暴中给予他们庇护的"港湾"毫无敬意;行政管理阶级也获得了职位,同样没有因为之前效忠的对象而遭受惩罚。中央和地方的军人正准备与波兰进行迫在眉睫的最后清算——战斗最终于 1634 年到来。

事实上,在罗曼诺夫家族上位之后的前三十年,俄国高层政治总体和平。当然也会有各种阴谋诡计(因为俄国缺乏记录的习惯,很多密谋还是未知的),但这对于任何国家的政府来说都是司空见惯的。1648 年,这份平静终于被打破。三年前,年轻的阿列克谢·米哈伊洛维奇继承了他备受尊敬的父亲的皇位(见图 19.3),而阿列克谢的前导师鲍里斯·伊凡诺维奇·莫洛佐夫成为摄政,并用自己的亲信填满了朝廷和议会。尽管阿列克谢能力出众,但是他被腐败的米洛斯拉夫斯基(Miloslavskii)家族所包围(阿列克谢的第一任妻子出身米洛斯拉夫斯基家族,而莫洛佐夫娶了她的姐妹,成为沙皇的连襟)。对于政治腐败的不满呼声越来越高,直到

莫斯科和其他几个城市爆发骚乱,要求撤换莫洛佐夫和米洛斯拉夫斯基家族。暴徒私刑处死官员,烧毁房屋,抢劫商店。有一次,沙皇本人也遭遇了暴民的威胁。根据记录,这次经历对年轻且虔诚的沙皇产生了巨大的影响。① 迫于压力,沙皇流放了莫洛佐夫和自己的岳父(虽然很快就被准许返回),腐败的官员(至少民众口中的腐败官员)被无情地处决,沙皇承诺改革,以防止类似事件再次发生。

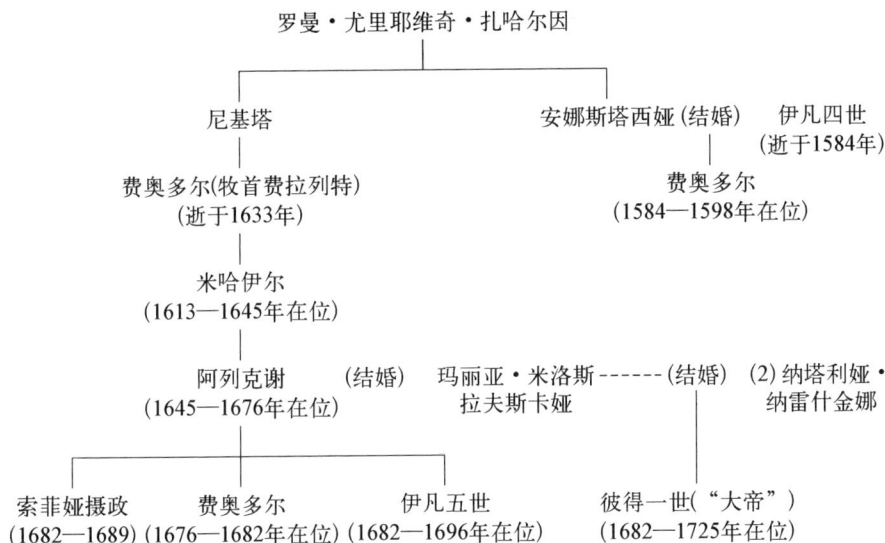

罗曼·尤里耶维奇·扎哈尔因
┌──────────────────┴──────────────────┐
尼基塔　　　　　　　　　安娜斯塔西娅(结婚)　伊凡四世
│　　　　　　　　　　　　　　　　　　　　(逝于1584年)
费奥多尔(牧首费拉列特)　　　　费奥多尔
(逝于1633年)　　　　　　　(1584—1598年在位)
│
米哈伊尔
(1613—1645年在位)
│
阿列克谢　　(结婚)　玛丽亚·米洛斯------(结婚)　(2)纳塔利娅·
(1645—1676年在位)　　拉夫斯卡娅　　　　　　纳雷什金娜
┌───────────┼───────────┐　　　　　　　│
索菲娅摄政　费奥多尔　　　伊凡五世　　　彼得一世("大帝")
(1682—1689)(1676—1682年在位)(1682—1696年在位)(1682—1725年在位)

图 19.3　罗曼诺夫王朝早期成员

阿列克谢求助于能干的王公 N. I. 奥多耶夫斯基(N. I. Odoevskii)。他组建了一支委员会,力求通过一次大胆的立法行动解决莫斯科公国面临的所有未能解决的问题。利用他父亲对公众参与的喜好(这曾在 1613 年救了他们的命),阿列克谢召集莫斯科"全体人民"召开了一场大规模集会。事后看来,对于一名初尝民众抗议滋味的不成熟的统治者来说,这无疑是一个冒险的举动。然而,该委员会完成了其事业,公众对此表示赞赏,莫斯科得到了一份通向长久秩序的"地图"——1649 年《会议法典》(Sobornoe Ulozhenie),它是俄国近代初期规模最大的法典之一。就像所有伟大的妥协一样,它对每个人(至少是每个重要的人)都有好处:有权势的人在沙皇身边的位置得以确认;地主们取得

① Philip Longworth, *Alexis*, *Tsar of all the Russias* (London: Secker and Warburg, 1984), pp. 38-45.

了在必要时追捕逃跑农奴和奴隶的权利；普通城市居民则得到保证腐败会受到法律最大程度的惩罚（我们应该注意到，这个力度还是很大的）。① 和平又一次回到了朝廷和国家中。除了 1656 年和 1662 年两次因为以银代铜所引起的城市骚乱，一切都很平静，至少在表面上很平静。然而，在平静的表象之下，莫斯科高层政治的核心正在酝酿一场重要的斗争。

阿列克谢在位时期最宏大的事业（以及最伟大的胜利）是十三年战争，他努力弥补了深恶痛绝的波兰人造成的损失。沙皇本人在 1654 年亲征，积极确保他的远征军能够带回胜利。根据我们的推测，阿列克谢必定在一系列战役中对自己军队的优缺点做出了评价，因为他一回到首都，就投身于改革（甚至可以说推翻）现存政治秩序的行动。② 在行政管理和军事情况迅速变化的环境下，传统波雅尔精英显然不再有用了。正如科托什辛所直白地描述的，就算是下层民众也不再尊重他们。③ 有天赋的人不管出身如何，只要愿意服务并且能做得很好，那就是国家所需要的人才。根据旧的波雅尔任命原则，这些"新人"没有机会取得最高荣誉和地位。有才华的人并没有获得奖励（至少不是阿列克谢认为他们应该获得的奖励），因此很明显必须修改规则以允许这些"新人"加入。④

沙皇并没有立刻让"新人"进入杜马，因为这会带来和旧贵族精英展开危险且代价高昂的政治斗争的风险。相反，他采取了较为保守的态度，一次只任命少数"新人"。即便如此，他的选择也是受限的，因为旧贵族把持了上层阶级。阿列克谢知道如果他把下层人士一下子提拔到杜马等级，一定会引发旧

---

① 关于《会议法典》，参见 A. G. Man'kov, *Ulozhenie 1649 goda-kodeks feodal'nogo prava Rossii* (Leningrad：Nauka, 1980)；L. I. Ivina (ed.), *Sobornoe ulozhenie 1649 goda: tekst, kommentarii* (Leningrad：Nauka, Leningradskoe otdelenie, 1987)；and Richard Hellie (trans. and ed.), *The Muscovite Law Code (Ulozhenie) of 1649* (Irvine, Calif.：Charles Schlacks, 1988)。关于法典整体内容的精妙论述，参见 Richard Hellie, *Enserfment and Military Change in Muscovy* (Chicago：University of Chicago Press, 1971)。

② Longworth, *Alexis, Tsar of all the Russias*, pp. 136-137. 17 世纪的莫斯科面临严峻的军事压力，因此阿列克谢实施了许多重要军事改革。参见 Hellie, *Enserfment and Military Change in Muscovy*, pp. 181-201。

③ 科托什辛写道："在很多情况下，波雅尔等级并不是由一个人的智慧，而是由他的出身决定的，很多波雅尔并不识字，也没有受过很好的教育。"(Kotošixin, *O Rossii*, fo. 35v.)

④ 以下段落改编自 Marshall T. Poe, "Tsar Aleksei Mikhailovich and the Demise of the Romanov Political Settlement", *RR*, 62 (2004)：537-564；Marshall T. Poe, "Absolutism and the New Men of Seventeenth-Century Russia", in J. Kotilaine and M. Poe (eds.), *Modernizing Muscovy: Reform and Social Change in Seventeenth-Century Russia* (London：Routledge Curzon, 2004), pp. 97-115；and Marshall T. Poe, *The Russian Elite in the Seventeenth Century*, vol. II, passim。

贵族的不满,因为这些职位通常是为他们保留的,但阿列克谢也不能让更受尊敬的"新人"担任杜马秘书,因为对于朝中的世袭贵族来说,这个头衔太低了。因此,阿列克谢选择了一种既可以立即安抚世袭波雅尔阶层,又能够提拔"新人"的策略:他改变了杜马秘书的地位。一系列相关事件能够说明这一点。1650 年,阿列克谢史无前例地任命了第五名杜马秘书,在此之前,杜马秘书最多只有 4 人(1634 年和 1635 年),通常只有 1 人。在与波兰的战争的第一年,这一职位有 8 人,而在战争期间,他又提拔了 16 人,其中很多是阿列克谢眼中的"新人"。[①] 战争中,他还把一些杜马秘书提升到御前侍臣的等级。[②] A. L. 奥尔金-纳晓金(A. L. Ordin-Nashchokin)是他们中的一人,1667 年成为波雅尔,并在 1671 年前实际上担任首相。同年,另一位"新人"A. S. 马特维耶夫(A. S. Matveev)接替了他的位置,尽管他直到 1674 年才晋升为波雅尔。[③]

在阿列克谢的统治下,两名杰出的"新人"开始治理俄国,而其他"新人"则通过领导衙门系统发挥了不那么明显但同样重要的作用。阿列克谢总计任命了 48 名下层"新人"进入杜马等级。如表 19.1 所示,沙皇委任他们担任了许多莫斯科公国的高级管理职位。[④]

表 19.1　阿列克谢在衙门中任命的"新人"

姓　名	等　级			所　领　衙　门
	杜马秘书＞杜马贵族＞御前侍臣＞波雅尔			
F. K. 叶利扎罗夫	1646	1650	1655	服役封地［1643/1644−1663/1664］
I. M. 阿尼奇科夫	1646			沙皇会议［1635/1636−1646/1647］

① I. P. Matiushkin, A. O. Pronchishcheev, I. F. Eropkin, P. K. Elizarov, I. I. Baklanovskii, V. M. Eropkin, A. L. Ordin-Nashchokin, I. A. Pronchishchev, Z. F. Leont'ev, I. I. Chaadaev, G. B. Nashchokin, D. M. Bashmakov, Ia. T. Khitrovo, G. S. Karaulov, L. T. Golosov.

② Z. V. Kondyrev in 1655, F. K. Elizarov in 1665;A. L. Ordin-Nashchokin in 1665;A. S. Matveev in 1672;I. B. Khitrovo in 1674.

③ 关于奥尔金-纳晓金与马特维耶夫的执政情况以及他们对莫斯科朝政的影响,参见 Bushkovitch, *Peter the Great*, pp. 49−79。

④ 表格中的资料来自 S. K. Bogoiavlenskii, *Prikaznye sud'i XVII veka* (Moscow and Leningrad: AN SSSR, 1946)。

续　表

姓　名	等　级			所　领　衙　门
	杜马秘书＞杜马贵族＞御前侍臣＞波雅尔			
N. I. 奇斯特	1647			国库［1630/1631－1646/1647］；矿产［1641/1642］；外交［1646/1647－1647/1648］
B. F. 纳尔别科夫		1648		大税收［1648/1649－1651/1652］
S. I. 扎博罗夫斯基	1649	1664		兵役［1648/1649－1663/1664］；修道院［1667/1668－1675/1676］；新税收区［1676/1677］
L. D. 洛普欣	1651	1667		喀山王宫［1646/1647－1671/1672］；外交［1652/1653－1664/1665］；诺夫哥罗德税收区［1652/1653－1664/1665］；掌印［1653/1654－1663/1664］；补给［1674/1675］
Z. V. 孔德列夫		1651	1655	侍从武官［1646/1647－1653/1654］
V. F. 亚诺夫		1652		牧首廷［1641/1642－1646/1647，1648/1649－1652/1653］
I. P. 马秋什金		1653		国库［1634/1635－1661/1663］；矿产［1641/1642］
A. I. 亚诺夫	1653			宝库［1639/1640－1644/1645］；外交［1645/1646－1666/1667］；诺夫哥罗德税收区［1645/1646－1663/1664］；掌印［1653/1654－1668/1669］；修道院［1654/1655］；印章事务［1667/1668］
A. O. 普龙奇谢夫		1654		调查［1654/1655－1656/1657］
I. F. 叶罗普金		1655		无
P. K. 叶利扎罗夫		1655		莫斯科（缙绅会议）［1655/1656－1671/1672］；科斯特罗马税收区［1656/1657－1670/1671］；财政调查［1662/1663－1664/1665］

姓　名	等　级	所 领 衙 门
	杜马秘书>杜马贵族>御前侍臣>波雅尔	
I. I. 巴克拉诺夫斯基	1655	莫斯科司法［1630/1631－1631/1632］；大税收［1632/1633－1637/1638］；火炮［1658/1659－1662/1663］；国库［1663/1664－1668/1669］
A. L. O.-纳晓金	1658　1665　1667	外交［1666/1667－1670/1671］；弗拉基米尔税收区［1666/1667－1670/1671］；加利奇税收区［1666/1667－1670/1671］；小俄罗斯［1666/1667－1668/1669］；赎金［1667/1668］
G. M. 阿尼奇科夫	1659	大皇宫［1657/1658－1664/1665］；皇宫司法［1664/1665］；新税收区［1664/1665-1668/1669］
I. A. 普龙奇谢夫	1661	国库［1661/1662－1662/1663］；修道院［1664/1665］；大税收［1667/1668－1669/1670］；赎金［1667/1668－1669/1670］；刑事［1673/1674-1674/1675］
Z. F. 列昂季耶夫	1662	无
I. I. 恰达耶夫	1662	莫斯科（缙绅会议）［1672/1673－1673/1674］；外国佣兵［1676/1677-1677/1678］；龙骑兵［1676/1677-1686/1687］；西伯利亚［1680/1681-1682/1683］
G. B. 纳晓金	1664	弗拉基米尔司法［1648/1649］；奴隶［1658/1659－1661/1662］；邮政［1662/1663-1666/1667］
I. T. 希特罗沃	1664	无

续　表

姓　名	等　级	所 领 衙 门
	杜马秘书＞杜马贵族＞御前侍臣＞波雅尔	
D. M. 巴什马科夫	1664	沙皇会议［1654/1655］；大皇宫［1655/1656］；私人事务［1655/1656－1663/1664］；立陶宛［1657/1658］；乌斯秋格税收区［1657/1658 － 1658/1659］；财政调查［1662/1663］；兵役［1663/1664 － 1669/1670，1675/1676］；外交［1669/1670 － 1670/1671］；弗拉基米尔［1669/1670－1670/1671］；加利奇［1669/1670－1670/1671］；小俄罗斯［1669/1670－1670/1671］；请愿［1674/1675］；掌印［1675/1676 － 1699/1700］；宝库［1677/1678 － 1679/1680，1681/1682］；调查［1676/1677－1679/1680］；财政征收［1680/1681］
G. S. 卡劳洛夫	1665	服役封地［1659/1660 － 1669/1670］；大皇宫［1669/1670］；邮政［1669/1670 － 1671/1672］；喀山［1671/1672－1675/1676］；莫斯科（缙绅会议）［1679/1680］；刑事［1682/1683］；调查［1689/1690］
A. S. 杜罗夫	1665	邮政［1630/1631－1631/1632］；侍从武官［1633/1634］；大税收［1637/1638－1639/1640］；射击军［1642/1643－1644/1645］；乌斯秋格税收区［1653/1654，1669/1670-1670/1671］；新税收区［1660/1661-1661/1662］
I. B. 希特罗沃	1666　1674	大皇宫［1664/1665－1669/1670］；皇宫司法［1664/1665－1669/1670］
B. I. O.-纳晓金	1667	无

姓　名	等　级	所　领　衙　门
	杜马秘书＞杜马贵族＞御前侍臣＞波雅尔	
L. T. 戈洛索夫	1667	牧首廷［1652/1653－1658/1659，1660/1661－1662/1663］；外交［1662/1663－1669/1670，1680/1681］；诺夫哥罗德［1662/1663－1669/1670，1680/1681］；赎金［1667/1668］；皇后会议［1659/1660－1660/1661］；弗拉基米尔［1667/1668－1669/1670，1680/1681］；加利奇［1667/1668－1669/1670，1680/1681］；小俄罗斯［1667/1668－1669/1670，1680/1681］；制药［1669/1670－1671/1672］；斯摩棱斯克［1680/1681］；乌斯秋格［1680/1681］
G. S. 多赫图罗夫	1667	邮政［1649/1650－1651/1652］；大皇宫［1651/1652－1653/1654］；射击军［1653/1654－1661/1662］；国库［1661/1662－1663/1664］；新税收区［1664/1665，1666/1667，1669/1670－1675/1676］；外交［1666/1667－1669/1670］；弗拉基米尔税收区［1667/1668－1669/1670］；加利奇税收区［1667/1668－1669/1670］；诺夫哥罗德税收区［1667/1668－1669/1670］；小俄罗斯［1667/1668－1669/1670］；掌印［1668/1669－1675/1676］；服役封地［1669/1670－1675/1676］；兵役［1673/1674－1675/1676］；赎金［1677/1678］
A. V. 托尔斯泰	1668	无
G. I. 勒季谢夫	1669	沙皇会议［1649/1650－1668/1669］

续　表

姓　名	等　级	所　领　衙　门
	杜马秘书＞杜马贵族＞御前侍臣＞波雅尔	
L. I. 伊凡诺夫	1669	新税收区［1662/1663－1663/1664］；大皇宫［1663/1664-1669/1670，1680/1681］；武器［1663/1664-1669/1670］；射击军［1669/1670-1675/1676，1677/1678］；乌斯秋格税收区［1672/1673-1675/1676，1679/1680］；立陶宛［1674/1675］；调查［1675/1676］；外交［1675/1676-1681/1682］
S. S. 季托夫	1670	射击军［1655/1656-1656/1657］；弗拉基米尔税收区［1655/1656-1656/1657］；加利奇税收区［1655/1656－1656/1657］；刑事［1656/1657］；兵役［1657/1658－1658/1659，1669/1670-1673/1674］；财政征收［1662/1663-1663/1664］；大皇宫［1663/1664-1669/1670］；弗拉基米尔司法［1663/1664］
I. P. 索洛夫佐夫	1670	补给［1669/1670-1670/1671］
F. P. 索科夫宁	1670	皇后会议［1666/1667-1669/1670，1676/1677－1681/1682］；请愿［1675/1676］
A. I. 涅斯捷罗夫	1670	枪筒［1653/1654，1655/1656，1657/1658，1660/1661，1665/1666］；武器［1659/1660-1667/1668］；金器［1667/1668］
A. S. 马特维耶夫	1670　　1672　　1674	小俄罗斯［1668/1669－1675/1676］；外交［1669/1670－1675/1676］；弗拉基米尔税收区［1669/1670-1675/1676］；加利奇税收区［1669/1670-1675/1676］；诺夫哥罗德税收区［1669/1670，1671/1672－1675/1676］；赎金［1670/1671－1671/1672］；制药［1671/1672-1675/1676］

姓　名	等　级			所 领 衙 门
	杜马秘书>杜马贵族>御前侍臣>波雅尔			
F. I. 列昂季耶夫	1670			武器[1672/1673-1676/1677]
I. S. 希特罗沃	1670	1676		补给[1667/1668-1669/1670]；乌斯秋格税收区[1670/1671-1671/1672]；修道院[1675/1676-1677/1678]；司法审核[1689/1690]
S. F. 波尔捷夫	1671			龙骑兵[1670/1671-1675/1676]；外国佣兵[1670/1671-1675/1676]
K. P. 纳雷什金	1671	1672	1672	乌斯秋格税收区[1676/1677]；国库[1676/1677-1677/1678]；大税收[1676/1677-1677/1678]
A. S. 希特罗沃	1671	1676		大皇宫[1669/1670-1678/1679]；宫廷司法[1669/1670-1675/1676，1677/1678-1678/1679]
G. K. 波格丹诺夫	1671			兵役[1656/1657-1660/1661]；新税收区[1660/1661-1665/1666]；赎金[1666/1667，1668/1669，1670/1671-1671/1672]；外交[1670/1671-1675/1676]；小俄罗斯[1668/1669-1675/1676]；弗拉基米尔[1670/1671-1675/1676]；加利奇[1670/1671-1675/1676]；国库[1675/1676-1676/1677]；大税收[1675/1676-1676/1677]
D. L. 波利扬斯基	1672			私人事务[1671/1672-1675/1676]；补给[1675/1676-1677/1678]；大税收[1675/1676]；调查[1675/1676，1677/1678]；射击军[1675/1676-1677/1678，1681/1682]；乌斯秋格税收区[1675/1676-1677/1678]；司法[1680/1681]；莫斯科（缙绅会议）[1686/1687-1689/1690]；国库[1689/1690]

续　表

姓　名	等　级	所领衙门
	杜马秘书>杜马贵族>御前侍臣>波雅尔	
F. P. 纳雷什金	1672	无
F. 米哈伊洛夫	1672	武器［1655/1656］；外国佣兵［1656/1657 - 1657/1658］；国库［1659/1660 - 1663/1664］；大税收［1662/1663］；私人事务［1663/1664 - 1671/1672］；大皇宫［1671/1672 - 1676/1677］
A. I. 马秋什金	1672	侍从武官［1653/1654 - 1663/1664］；枪筒［1653/1654］
A. N. 洛普欣	1672	皇后会议［1669/1670 - 1676/1677］
V. N. 帕宁	1673	无

尤其值得注意的是,阿列克谢任命"新人"们在最重要的几个衙门中任职:军事衙门(Razriad),可以说是 17 世纪莫斯科最有实力的衙门;服役封地衙门(Pomestnyi prikaz),负责管理赐予俄国各地主的土地;以及外务衙门(Posol'skii prikaz),掌管莫斯科公国的对外事务。[1]

阿列克谢开始让有能力的"新人"进入世袭贵族控制的职位。[2] 人们不太可能高估这些任命对莫斯科政治系统的影响。阿列克谢对杜马任命政策的改动打破了终结"混乱时期"的沙皇与贵族之间的平衡。十三年战争后,沙皇显然在高层政治的博弈中占据了上风。阿列克谢成功地把杜马等级从由世袭家族控制的皇家议会,变成了由沙皇自主控制的封赏机制。沙皇不再只与杜马成员共同统治国家,而是通过特殊会议和执行机构直接进行统治。科托什辛描述了其中两个:第一个是由"最亲信的波雅尔"和御前侍臣(boiare i okol'nichie blizhnie)组成的私人会议,沙皇在这里"私下"和成员讨论国家大事,远离大型议会。[3] 科托

---

[1]　关于衙门系统以及这些衙门的具体作用,参见 Peter B. Brown, "Muscovite Government Bureaus", *RH*, 10 (1983): 269-330。

[2]　Crummey, *Aristocrats and Servitors*, p. 28.

[3]　Kotošixin, *O Rossii*, fo. 36.

什辛详述的第二个机构是枢密院（Prikaz tainykh del），"波雅尔和杜马成员不能参加……也无权过问"[1]。他写道："这个机构是由现政权建立的，以确保沙皇的想法能够得到执行，波雅尔和杜马成员无从知晓。"[2]科托什辛清楚地了解沙皇与世袭杜马之间的关系：尽管沙皇非常尊敬杜马成员，但他只和"最亲近的人"商量真正重要的事情。诚然，阿列克谢并不是第一位建立强有力的顾问圈子的俄国统治者[3]，但却是平定"混乱时期"政治乱象后的第一位。沙皇将自己从所属的贵族精英集团中解放出来，莫斯科变成了一个独裁（至少是寡头）的政权，就像伊凡三世和伊凡四世时代那样——这在莫斯科公国的历史上并不多见。

但这只是暂时的，阿列克谢的新秩序被证明并不可持续。他足够强大和聪明，能够慢慢运用各种工具来实施新政，但他的继任者们则不行。由于政治上的不稳固，费奥多尔、索菲娅以及年幼的彼得在其支持者的怂恿下，不得不想方设法拉拢杜马，从而获得多数波雅尔的支持。他们不计后果地给予好处，把一大群人任命到朝廷里。后果可见图 19.4。

杜马等级不断膨胀，以至于失去了作为皇家支柱的意义。阿列克谢弱势的后继者们实际上让他们父亲的政治遗产贬值了。阿列克谢精心设计的旨在吸引新人才进入统治阶级的机制，在他的子女手中导致了整个阶级的毁灭。精英阶层陷入了混乱。在沙皇看来是一个累赘、在旧贵族眼中没有意义的门第制悄无声息地消亡。[4] 1681 年，就算是传统精英之中的睿智老人——比如说瓦西里·戈利岑——也在积极寻找新的体制来取代明显被破坏的旧秩序。[5]

---

[1] Kotošixin, *O Rossii*, fo. 123v.

[2] Ibid., fo.124.

[3] 关于这些"小圈子"在过去时代的存在，参见 A. I. Filiushkin, *Istoriia odnoi mistifikatsii: Ivan Groznyi i "Izbrannaia Rada"* (Moscow: VGU, 1998); and Sergei Bogatyrev, *The Sovereign and His Counsellors. Ritualised Consultations in Muscovite Political Culture*, 1350s-1570s (Helsinki: Finnish Academy of Science and Letters 2000)。

[4] Marshall T. Poe, "The Imaginary World of Semen Koltovskii: Genealogical Anxiety and Falsification in Seventeenth-Century Russia", *Cahiers du monde russe*, 39 (1998): 375-388.

[5] A. I. Markevich, *Istoriia mestnichestva v Moskovskom gosudarstve v XV-XVII vekakh* (Odessa: Tipografiia Odesskogo Vestnika, 1888), pp. 572ff.; V. K. Nikol'skii, "Boiarskaia popytka 1681 g.", *Istoricheskie izvestiia izdavaemye Istoricheskim obshchestvom pri Moskovskom universitete*, 2 (1917): 57-87; G. Ostrogorsky, "Das Projekt einer Rangtabelle aus der Zeit des Tsaren Fedor Alekseevich", *Jahrbücher für Kultur und Geschichte der Slaven*, 9 (1933): 86-138; M. Ia. Volkov, "Ob otmene mestnichestva v Rossii", *Istoriia SSSR*, 1977, no. 2: 53-67; P. V. Sedov, "O boiarskoi popytke uchrezhdeniia namestnichestva v Rossii v 1681-82 gg.", *Vestnik LGU*, 9 (1985): 25-29; Kollmann, *By Honor Bound*, pp. 226-231; and Bushkovitch, *Peter the Great*, pp. 118-119.

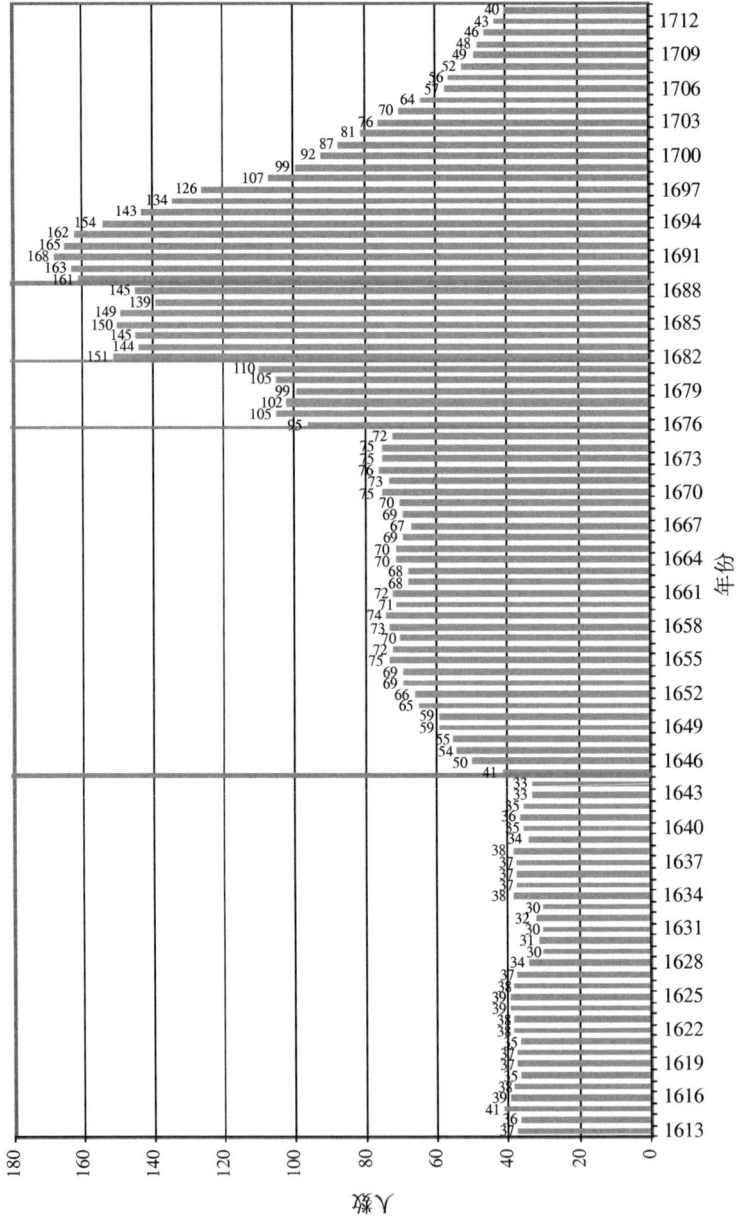

图 19.4 杜马等级的规模（1613—1713 年）

他们失败了，而新的秩序将由彼得建立：在目睹了父亲政治遗产的衰败之后，他建立了一个新的高度君主制的政治体制。

三、衙门

　　莫斯科公国由波雅尔和宫廷贵族精英领导，而衙门官员（prikaznye liudi）则负责具体管理。正如我们所看到的，他们在朝廷上明显是二等官员，是沙皇"随意雇佣"、服务于自己利益的人员。然而，莫斯科公国在 17 世纪迅速发展，随之而来的是广泛且复杂的管理任务。由于衙门官员需要拥有组织技能以及对相关事务的深刻了解，贵族精英们通常会持续雇佣他们，并满足他们的需求——没有他们，国家就无法运转。如果一名衙门官员表现良好并有适当的人脉关系，他就可以晋升，首先进入行政管理等级（从地方副秘书到国务秘书），然后达到杜马等级（虽然非常少见而且基本都停留在杜马秘书级别）。这条晋升之路相当崎岖：所有地方副秘书中只有一小部分能够成为国务秘书，国务秘书中能够成为杜马秘书的更少。[①] 如上所述，17 世纪后期一些衙门官员在政府中担任了重要职务，其中一人还成了事实上的首相。这种显著的向上流动反映了行政管理工作对国家的重要性日益增长。

　　衙门官员的世界在很多方面都和莫斯科公国其他阶层有所不同。首先，他们识字，这就使得他们甚至区别于贵族阶层的大部分人（科托什辛称后者"不学无术"）。[②] 17 世纪末，他们之中的一些人甚至开始对我们称为"文学"的事物（基本都从外国输入）产生兴趣，这对于莫斯科来说还是第一次。[③] 其次，衙门官员在以准理性方式运转的单位中工作。衙门具有很多经典韦伯式官僚

---

① S. K. Bogoiavlenskii, "Prikaznye d'iaki XVII veka", *IZ*, 1 (1937): 220 – 239; Demidova, *Sluzhilaia biurokratiia*, pp. 23-24.

② Kotošixin, *O Rossii*, fo. 35v.

③ 关于这方面的发展，参见 S. I. Nikolaev, "Poeziia i diplomatiia（iz literaturnoi deiatel'nosti Posol'skogo prikaza v 1670-kh gg.）", *TODRL*, 42 (1989): 143-173; and Edward L. Keenan, *The Kurbskii-Groznyi Apocrypha: The Seventeenth-Century Genesis of the "Correspondence" Attributed to Prince A. M. Kurbskii and Tsar Ivan IV* (Cambridge, Mass.: Harvard University Press, 1971), pp. 84-89。

机构的特征,比如书面规则、常规程序、分工制度、奖励机制等。① 当然,这并不是说衙门官员不受裙带关系、偏袒乃至朝令夕改等问题的影响。事实远非如此,大多数衙门雇员都是衙门长官之子,所有人都有担保人,也有不少人被无故解雇。但不管怎么说,现代行政机构的雏形都能在衙门中找到。最后,衙门官员和贵族精英在莫斯科比邻而居:衙门位于克里姆林,而基泰城(Kitai gorod)及其雇员就在周围。这种近距离使他们获得了一般俄国人难以想象的权力。

随着国家利益的扩张,衙门的规模也在增长。② 17 世纪,衙门官员的人数显著增长,从 1613 年的几百人增加到 1689 年的几千人。其中绝大多数是低级职员(地方副秘书),这些人完成了办公室的大部分工作。其人数在 17 世纪大幅增加:1626 年,莫斯科办事处约有 500 人;到 1698 年,则有近 3 000 人。③ 与所有莫斯科机构一样,职员之间存在等级差异——初级(mladshii)、中级(srednii)和高级(starshii)。如果一个人足够幸运,那么他可能被任命为国务秘书。国务秘书通常和另一名行政官员(通常是杜马等级的)一起管理衙门。他们也可能被赋予其他职责,正如科托什辛所言:“他们(国务秘书)可能被当作波雅尔、御前侍臣或者其他杜马成员的助手,以及他们在莫斯科或者各地方衙门中的亲密伙伴,同时也可能担任使馆成员,他们还可能……参与管理事务,主持审判,并且完成其他各种任务。”④同地方副秘书一样,国务秘书的数量在 17 世纪也出现增长:1626 年大概有 50 人在衙门任职,而 1698 年则翻了一番。⑤ 在 17 世纪担任过国务秘书的全部约 800 人中,只有 47 人达到了更高的

---

① 这一点在以下书目中有所强调:Peter B. Brown, "Early Modern Russian Bureaucracy: The Evolution of the Chancellery System from Ivan III to Peter the Great, 1478-1717", unpublished Ph.D. dissertation, University of Chicago, 1978; Peter B. Brown, "Muscovite Government Bureaus", *RH*, 10 (1983): 269-330; and B. Plavsic, "Seventeenth-Century Chanceries and their Staffs", in D. K. Rowney and W. M. Pintner (eds.), *Russian Officialdom: The Bureaucratization of Russian Society from the 17th to the 20th Century* (Chapel Hill: University of North Carolina Press, 1980), pp. 19-45。

② 关于衙门人员及其人数在 17 世纪的增长,参见 Demidova, *Sluzhilaia biurokratiia*; N. F. Demidova, "Gosudarstvennyi apparat Rossii v XVII veke", *IZ*, 108 (1982): 109-154; N. F. Demidova, "Biurokratizatsiia gosudarstvennogo apparata absoliutizma v XVII-XVIII vv.", in N. M. Druzhinin (ed.), *Absoliutizm v Rossii (XVII-XVIII vv.). Sbornik statei k semidesiatiletiiu so dnia rozhdeniia i sorokapiatiletiiu nauchnoi i pedagogicheskoi deiatel'nosti B. B. Kafengauza* (Moscow: Nauka, 1964), pp. 206-242; and N. F. Demidova, "Prikaznye liudi XVII v. (Sotsial'nyi sostav i istochniki formirovaniia)", *IZ*, 90 (1972): 332-354。

③ Demidova, *Sluzhilaia biurokratiia*, p. 23.

④ Kotošixin, *O Rossii*, fo. 37v.

⑤ Demidova, *Sluzhilaia biurokratiia*, p. 23.

杜马秘书等级。这些人可以被称作"超级国务秘书"：他们出席皇家议会（尽管在会议中被要求全程站立），给予沙皇建议，并且管理最敏感的事务。① 其中13 人取得了杜马贵族的荣誉，4 人晋升至御前侍臣，1 人位列波雅尔。② 很自然的是，所有人都是在 17 世纪下半叶，也就是阿列克谢"开放奖励等级"之后才获得晋升的。

衙门本身的数量 17 世纪也在增长。米哈伊尔加冕之后的十年，这一数字从约 35 所增长到约 50 所，其后在 45 所到 59 所之间浮动。③ 不过，这些数字在许多方面具有误导性。大多数衙门的存在时间十分短暂，这反映出它们通常是临时创建的，以履行特定任务（例如征税或调查特定事件）。只有管理最核心事务的大型衙门——兵役、服役封地、外交等——才能在整个世纪中持续运作。

尽管衙门没有被正式列入任何"组织结构图"，但我们可以通过将其归入特定职能类别来估计它们的行政范围（见表 19.2）。④ 表 19.2 清晰地显示出，衙门致力于军事和外交，也就是说，它们主要被作为战争工具。大多数衙门要么直接参与军队供给（如军事衙门，服役封地衙门也应被归入此类），要么为军队提供资助（财政衙门）。虽然负责外交事务的衙门数量较少，但是其中之一——规模庞大的外务衙门——是国家权力的一个焦点，控制着广大领土。这些类别的衙门是中央政府所有行政机构中规模最大、预算最多、最有权力且最荣耀的。

表 19.2　每十年衙门数量与类别（17 世纪 10—90 年代）

	10 年代	20 年代	30 年代	40 年代	50 年代	60 年代	70 年代	80 年代	90 年代
国家衙门	**44**	**50**	**48**	**47**	**50**	**54**	**51**	**40**	**46**
军事事务	12	9	17	15	15	17	15	11	15

① Kotošixin, *O Rossii*, fos. 33ff.
② 参见 Poe, *The Russian Elite in the Seventeenth Century*, vol. II, p. 35。
③ 关于衙门的一切后续内容，参见 Brown, "Early Modern Russian Bureaucracy" and his "Muscovite Government Bureaus"。
④ Peter B. Brown, "Bureaucratic Administration in Seventeenth-Century Russia", in J. Kotilaine and M. Poe (eds.), *Modernizing Muscovy: Reform and Social Change in Seventeenth-Century Russia* (London: Routledge Curzon, 2004), p. 66. 次级名称如"人力动员"表示衙门的职权范围，其数量之和不等于次级部门总数。

续 表

	10 年代	20 年代	30 年代	40 年代	50 年代	60 年代	70 年代	80 年代	90 年代
• 人力动员	3	4	5	7	7	4	4	4	5
• 武器生产	3	3	3	4	4	4	3	3	5
• 要塞建造	1	1	2	2	1	1	1	1	1
• 财政与补给	4	1	5	2	3	5	6	3	3
• 战俘交换	0	0	2	0	0	2	1	0	0
• 军事管理	2	1	1	1	1	2	1	1	2
财政	12	12	10	11	11	12	12	9	11
• 税收	11	11	11	11	11	11	11	9	10
• 宝库	2	3	3	3	3	3	3	2	2
• 铸币	1	1	0	0	1	2	1	0	0
• 采矿	0	0	0	1	0	0	0	0	1
服役封地	1	1	1	1	1	1	1	1	1
重罪起诉	1	1	1	1	1	1	1	2	1
外国与殖民地事务	2	2	3	5	7	9	6	5	5
• 外交	1	1	1	2	1	2	1	1	1
• 南部与西部领土	0	0	0	0	2	3	2	2	2
• 殖民地管理	1	1	2	2	2	3	3	2	2
• 外国人司法案例	1	1	1	2	3	2	1	1	1
邮政服务	1	1	1	1	1	1	1	1	1
城市事务	2	2	2	3	3	2	2	1	1
• 城镇居民	1	1	1	2	1	0	0	0	0
• 莫斯科	1	1	1	1	1	1	1	1	1

续　表

	10年代	20年代	30年代	40年代	50年代	60年代	70年代	80年代	90年代
● 卫生数据	0	0	0	0	1	0	0	0	0
● 社会福利	0	0	0	0	0	1	1	0	0
诉讼	7	10	6	5	5	7	7	7	8
● 请愿	2	2	2	1	1	1	1	1	0
● 上中层服役阶级	11	13	9	9	9	11	11	11	11
文件与印刷事务	2	2	2	2	2	2	3	2	2
宗教事务	3	2	0	1	2	1	1	0	0
杂务	1	8	5	2	2	1	2	1	1
皇宫衙门	**10**	**14**	**14**	**13**	**12**	**7**	**8**	**9**	**8**
宫廷与领土	3	3	3	2	1	1	1	3	2
沙皇护理	5	5	5	5	3	2	3	2	2
贵金属与物件	2	5	5	5	6	3	3	3	3
纪念活动与历史	0	1	1	1	2	1	1	1	1
沙皇私人事务衙门	**0**	**0**	**0**	**0**	**1**	**1**	**1**	**3**	**3**
阿列克谢·米哈伊洛维奇	0	0	0	0	1	1	1	0	0
彼得大帝	0	0	0	0	0	0	0	3	3
牧首衙门	**3**	**4**	**3**	**3**	**3**	**4**	**5**	**4**	**4**
总计	57	68	65	63	66	66	65	56	61

　　同普通低级宫廷贵族一样，17世纪衙门官员的权力不断扩大，因为沙皇发现他们的工作越来越不可或缺。近代国家不能在没有相对高效的（至少是有效的）官僚机构的情况下运作。他们通常负责征税、招聘人员和组织复杂的事务。纵观整个近代早期欧洲的历史，各国都不可避免地依赖于训练有素、技术

娴熟的行政管理人员。莫斯科公国也是如此。17 世纪末,行政管理人员及其工作的重要性都得到了极大提升。越来越多的行政人员被提拔入皇室会议,也有更多的世袭高级军事服役人员(包括旧波雅尔和"新人")选择在衙门中为沙皇服务。① 这个曾经彻底的军事统治阶级逐渐拥有了多元属性,宫廷中、军队中以及行政机构中的工作几乎变得同等重要。这在欧洲相当普遍,普鲁士、法国以及其他一些在早期近代史中成功的国家都经历过类似的变化。②

四、其他中央机构:"波雅尔杜马"与"缙绅会议"

整个 17 世纪,沙皇、朝廷和衙门是莫斯科中央治理中的稳定元素。除此之外,这一时期还有两个性质完全不同的机构:所谓的"波雅尔杜马"(boiarskaia duma)和"缙绅会议"(zemskii sobor)。两者都存在着相当大的争议。早期历史学家把它们和西方类似机构做类比,视其为正式的咨询乃至代议机构,俄国版本的同行会议和议院。后来的历史学家则对这一观点表示质疑,他们指出,这两个术语都是由 18 世纪俄国历史学家所发明的,而且在法律和习俗中都很难找到对两者功能和运作方式的规定。在这些前提下,我们将探讨迄今为止关于这两个机构的已知信息。

"波雅尔杜马"一词是后世发明的,被用来指代基辅、各公国,尤其是莫斯科王公朝廷在 9—18 世纪的定期举行的高级议会。③ 中世纪和近代早期的俄

---

① Robert O. Crummey, "The Origins of the Noble Official: The Boyar Elite, 1613-1689", in D. K. Rowney and W. M. Pintner (eds.), *Russian Officialdom: The Bureaucratization of Russian Society from the Seventeenth to the Twentieth Century* (Chapel Hill: University of North Carolina Press, 1980), pp. 46-75.另参 Bickford O'Brien, "Muscovite Prikaz Administration of the Seventeenth Century: The Quality of Leadership", *FOG*, 24 (1978): 223-235。

② 关于整个欧洲的情况,参见 Marshall T. Poe, "The Military Revolution, Administrative Development, and Cultural Change in Early Modern Russia", *Journal of Early Modern History*, 2 (1998): 247-273; and his "The Consequences of the Military Revolution in Muscovy in Comparative Perspective", *Comparative Studies in Society and History*, 38 (1996): 603-618。

③ 关于波雅尔精英(即统治者朝廷的杜马等级)的研究很多,但是对于杜马本身的研究却很少(很大程度上因为缺少资料),可考的标准记录包括: V. O. Kliuchevskii, *Boiarskaia duma drevnei Rusi. Opyt istorii pravitel'stvennogo uchrezhdeniia v sviazi s istoriei obshchestva*, 3rd edn. (Moscow: Sinodal'naia tipografiia, 1902); S. F. Platonov, "Boiarskaia duma-predshestvennitsa senata", in his *Stat'i po russkoi istorii* (1883-1912), 2nd edn. (St Petersburg: M. A. (转下页)

国文献中均无相关记录。"杜马"(duma)、"近臣杜马"(blizhniaia duma)、"沙皇参议院"(tsarskii sinklit)等词出现在莫斯科的文献中,指的都是某种形式的皇家议会。在莫斯科公国早期,议会主要由服役家族,而不是王公或者独立领主组成。因此,议会逐渐变成了王公们私人统治的工具(即其"世袭领地")。议会成员包括千夫长(tysiatskie)、总管(dvoretskie)、掌印(pechatniki)、国库主管(kaznacheia)等。早期议会波雅尔存在层级,例如"宫廷波雅尔"(vvedennye boiare)或者"部门波雅尔"(putnye boiare),与其他波雅尔有所区别。他们很有可能是王公私人行政系统的代理人,不过这一说法不一定准确。议会的功能可能很广泛,但却难以与王公本身的权力相区分。我们从未在任何史料中找到过对议会权力的确切定义,同样,对于早期议会的内部运作也一无所知。

随着莫斯科在 15、16 世纪的崛起,王公议会也得以快速发展。来自战败公国、立陶宛联邦和鞑靼的移民加入了莫斯科的服役家族。起初,这些新移民会被授予大公政府中较低的位置,之后经过测试,升入较高的朝廷等级,并出任顾问。这一时期的记录使我们能够识别大多数拥有职位的移民,这在基辅罗斯和蒙古统治时代是难以想象的。[1] 有证据表明,在伊凡三世和瓦西里三世时期,"杜马等级"的人数很少,只有 15 人左右;而到伊凡四世时期,这个数字增长到了 50 人。这一时期,立法和法律文件中首次出现了杜马(至少是其中一些成员)的功能。1497 年法典中规定"波雅尔和御前侍臣负责管理司法工作"(suditi sud boiaram i okol'nichim),而从现存的案例中可以看出他们确实是这样做的。[2] 同样,杜马似乎也拥有一部分立法权,莫斯科一则经常被引用的公文用语"君主下令,波雅尔确认"(gosudar' ukazal i boiare prigovorili)正体

（接上页）Aleksandrov, 1912), pp. 447–494; V. I. Sergeevich, *Drevnosti russkogo prava*, vol. II: *Veche i kniaz'. Sovetniki kniazia*, 3rd edn. (St Petersburg, 1908)。最好的现代研究是 Bogatyrev, *The Sovereign and his Counsellors*。

[1] 关于 15、16 世纪的杜马成员（或者至少是拥有杜马等级者的身份）,参见 S. B. Veselovskii, *Issledovaniia po istorii klassa sluzhilykh zemlevladel'tsev* (Moscow: Nauka, 1969); A. A. Zimin, *Formirovanie boiarskoi aristokratii v Rossii vo vtoroi polovine XV–pervoi treti XVI v.* (Moscow: Nauka, 1988); Kollmann, *Kinship and Politics*; A. P. Pavlov, *Gosudarev dvor i politicheskaia bor'ba pri Borise Godunove* (Moscow: Nauka, 1992); M. E. Bychkova, *Sostav klassa feodalov Rossii v XVI v.* (Moscow: Nauka, 1986)。

[2] *Sudebniki XV–XVI vekov*, ed. B. D. Grekov (Moscow: AN SSSR, 1952), p. 19. 另参 Ann M. Kleimola, *Justice in Medieval Russia: Muscovite Judgment Charters (pravye gramoty) of the Fifteenth and Sixteenth Centuries* (Philadelphia: American Philosophical Society, vol. 65, 1975)。

现了这一点。尽管拥有这些线索，但是杜马独立作用的边界（如果有的话）依然很难界定。

16 世纪末，外国人提供了一些关于议会运作的粗略证据。① 他们报告称，曾目击议会在使者面前召开。然而很明显，在这种情况下，议会成员只是照本宣科，并不能反映出"私人"议会真实的运作情况。根据英国大使贾尔斯·弗莱彻的说法，中央和地方管理者、个体发言人在周一、周三和周五的上午 7 点现身杜马。② 总的来说，外国人通常认为杜马是一个低效的机构，但这种看法并不完全准确。③ 议会在"混乱时期"一度十分活跃，并曾在 1606 年成功迫使沙皇瓦西里·舒伊斯基做出一些承诺。据科托什辛所言，1613 年米哈伊尔也被要求承诺，但是这一点并没有得到证实。④

17 世纪议会的权限以及它确切的组织构成和运作方式依然不明确。没有宪法，甚至没有连贯的（书面）惯例明确哪些人能够（或者应该）参加议会，以及议会应该做些什么（除了和沙皇商议）。科托什辛完整地描述了议会的全体会议，表明会上讨论各种事务，协商、确认立法并将其送往衙门公示。⑤ 他告诉我们，"尽管（沙皇米哈伊尔·费奥多罗维奇）使用了'独裁者'的头衔，但没有波雅尔议会，（他）什么都做不了"⑥。相反，他的儿子未经议会做成了很多事。他更倾向于依靠一小群近臣，而不是充满了杜马等级的大量朝臣。⑦ 17 世纪下半叶，拥有杜马等级的人已经太多了，以至于无法让所有人担任顾问，而且也没有证据表明他们这么做了。就像我们之前所说的，杜马等级成为软弱君主的赏赐物，因此这些顾问（至少其中大部分）都被排除出了议会。

缙绅会议的历史同样富有争议且晦暗不明。⑧ 这一术语本身是由激进斯拉夫主义者康斯坦丁·阿克萨科夫（Konstantin Aksakov）在 1850 年左右创造

① Poe, *"A People Born to Slavery"*, pp. 66-67, 103-104.
② Giles Fletcher, *Of the Russe Commonwealth*, eds. John V. A. Fine and Richard Pipes (Cambridge, Mass.: Harvard University Press, 1966), pp. 34-36.
③ Poe, *"A People Born to Slavery"*, pp. 63-66, 101-103, 203.
④ Kotošixin, *O Rossii*, fos. 184-185v.
⑤ Ibid., fos. 35v-36.
⑥ Ibid., fos. 185v-186.
⑦ Ibid., fos. 36-36v.
⑧ 关于缙绅会议的历史，参见 L. V. Cherepnin, *Zemskie sobory russkogo gosudarstva v XVI-XVII vv.* (Moscow: Nauka, 1978), pp. 5-47; and Peter B. Brown, "The *Zemskii Sobor* in Recent Soviet Historiography", *RH*, 10 (1983): 77-90。

的[1]，在莫斯科史料中并不存在。19 世纪具有自由主义倾向的历史学家们尽力从薄弱的证据中寻找"代议制议会原型"，这种原型虽然面对着追逐私利的沙皇和波雅尔的强大权力，却可能将俄国引向开明的自由民主制。另一些更为清醒的历史学家则反对这一乐观的解读，他们专注于证据，而不是将幻想投射于过去的时代。双方观点的冲突仍在继续。

可以确定的是[2]，伊凡四世首先召集了某种形式的群众集会，之后，他的继任者们偶尔也会这么做。米哈伊尔·罗曼诺夫的政权颇为脆弱，而且一直尝试确立其合法性，故而特别喜欢这些集会（他就是在其中一次集会中被"选举"出来的），与他的父亲相反。虽然这些集会［通常被称为"会议"（sobory）］可能肩负着具体的任务［譬如批准 1649 年的《会议法典》，《会议法典》（Sobornoe）正是因为由会议（sobor）批准通过而得名的］，但是更多的时候，它们是由政府组织来征集国内外事务的处理意见的。

缙绅会议的组成从来都没有定数，尽管我们可以发现两个突出特点：首先，其成员来自精英阶层（几乎全部由高级军事服役人员组成）；其次，它们是临时的（通常政府只是召集已经在莫斯科城的服役和神职人员）。有的会议规模很大，有几百名代表；有的则很小，只有数十名代表。会议不定期召开，日期并非没有规律，相反，它们似乎总是在存在疑虑或危机的时候召开。代表们几乎一定会支持政府，据我们所知，从未发生过"激烈"的辩论。和前述皇家议会一样，没有任何法律或者习俗明确定义了会议确切的作用，尽管它们涉及相当广泛的事务。如表 19.3 所示，一些会议的主题是颂扬沙皇，一些负责宣战，还有一些通过法案。[3]

---

[1]　K. S. Aksakov, *Polnoe sobranie sochinenii K. S. Aksakova*, 3 vols. (Moscow: P. Bakhmetev, 1861–1880), vol. I, p. 11.

[2]　下文参考 Ellerd Hulbert, "Sixteenth-Century Russian Assemblies of the Land: Their Composition, Organization, and Competence", unpublished Ph. D. dissertation, University of Chicago, 1970; Hans-JoachimTorke, *Die staatsbedingte Gesellschaft im moskauer Reich: Zar und Zemlja in der altrussischen Herrschaftsverfassung 1613–1689* (Leiden: E. J. Brill, 1974); Cherepnin, *Zemskie sobory*; Ira L. Campbell, "The Composition, Character and Competence of the Assembly of the Land in Seventeenth-Century Russia", unpublished Ph. D. dissertation, University of Illinois, 1984; and Donald Ostrowski, "The Assembly of the Land as a Representative Institution", in J. Kotilaine and M. Poe (eds.), *Modernizing Muscovy: Reform and Social Change in Seventeenth-Century Russia* (London: Routledge Curzon, 2004), pp. 117–142.

[3]　Ostrowski, "The Assembly of the Land", pp. 135–136.

表 19.3　17 世纪的"缙绅会议"及其活动

年　份	主　要　活　动
1613	推选米哈伊尔为沙皇
1614	提议阻止扎鲁特斯基与哥萨克人的行动
1616	商讨与瑞典达成和平的条件与货币税款
1617	提议设立货币税款
1619	提议提升费拉列特为牧首
1621	提议向波兰宣战
1622	提议向波兰宣战
1632	提议为向波兰进军募集资金
1634	提议募集资金和出兵波兰
1637	提议进攻克里米亚可汗赛法特·吉列亦(Sefat Girey)和募集资金
1639	提议如何应对克里米亚对两名俄国使者的待遇
1642	为了占领亚速地区,建议支援顿河哥萨克人
1645	推选阿列克谢为沙皇
1648	对一部新法典的构成提出建议
1648—1649	通过新法典
1650	提议参与运动的人群进入普斯科夫
1651	对俄国-波兰关系和波格丹·赫梅利尼茨基(Bohdan Khmel'nyts'kyi)提出建议
1653	提议向波兰宣战并支援扎波罗热哥萨克人
1681—1682	提议进行军事、财政和土地改革
1682	推选彼得为沙皇(4 月 27 日);推选彼得与伊凡共同担任沙皇(5 月)
1683—1684	提议与波兰议和

应召出席会议是代表们的义务(有时他们也会视之为一种负担),而不是"权利"。不管是在没有举行会议的年份,还是在它最终消亡的时刻,莫斯科的史料都没有任何关于抗议的记载,甚至提都没有提一下。就算是那些非常仔细观察过莫斯科政治的外国人也很少提到这些会议,即使有所提及,也没有关注它的重要性。[①]

五、结语

总而言之,17世纪的莫斯科公国是非常稳固的。即使险些在"混乱时期"的漩涡中分崩离析,沙皇—朝廷—衙门的三重政治体系也得以迅速重整与恢复。1613年,统治阶级没有浪费任何时间和精力在昂贵的政治试验上,而是立刻爬起来投入工作。它的工作正是统治国家,道理非常简单。对于沙皇、他的朝廷和行政人员而言,整个国家最重要的事情就是统治其他阶层并依靠他们的劳动生活——这一点在莫斯科从未被真正质疑过。我们必须对这种单一且专注的目标表示敬意。其他近代早期国家(不管它们的组织形式如何)都会追求许多不同的目标,如发展科学、赞助艺术、教化民众、传播福音,而莫斯科的精英们把他们所有的精力都投入了统治其他阶级以及征服潜在的敌人。统治与支配就是他们存在的意义。

到17世纪末,无论是好是坏,这种专一性消失了。彼得和他的同伴们对于国家及其目标有着相当不同的看法和追求,这些观念不仅对俄国来说是全新的,而且与莫斯科公国的精神迥然不同。阿列克谢·米哈伊洛维奇不再能够自称"国家的第一公仆",就像他不能抛弃东正教信仰一样。他不必服务于国家,因为他拥有这个国家。他接受主(上帝)的命令操控国家这一工具。他的臣下也不再能够宣称他们是为"共同利益"而努力,因为这是不可能的,作为高尚的人,他们只有效忠上帝以及他在凡间的代表——沙皇才是真正高尚的。至于其他既不是沙皇也不服务于沙皇的普通人,他们无人在意。

---

① Poe, *"A People Born to Slavery"*, pp. 66-67.

第二十章 地方政府与行政

布莱恩·戴维斯

1613—1689 年间,俄国地方政府受到两方面发展的影响。第一是地方行政中市长体系的扩展。16 世纪时,南部和西部边境的一些地区出现了每年指定的、具备一定民事和军事权力的镇长(godovye voevody);而到了 17 世纪 20 年代,大部分地区的镇长转变为市长(gorodovye voevody),其下辖的工作人员包括文职人员与警员,管理着本行政区与缙绅会议长老、要塞负责人、军事行动长官以及其他地方官员。防卫的大多数方面、税务、治安、民事与刑事裁决、公务员薪酬、地区一级的服役封地管理等职责,现在集中于市长办公室。第二是市长行政机构对成文法典、书面文件、定期报告以及账目记录的依赖与日俱增。这一方面加强了中央衙门对于地方行政的掌控,另一方面也部分地弥补了市长工作的业余特性。

一、市长行政体系的扩散

市长行政制度的大范围扩散是"混乱时期"政治秩序解体的结果。一方面,16 世纪末期市长行政制度在南部边境的扩展助长了动乱:沉重兵役和"君主什一税耕地"(Sovereign's tithe ploughlands)的农业徭役引发了大规模不满,民众推翻了多名南部边境市长,以至于令南方大量土地落入伪德米特里一世以及后来的叛乱者手中。另一方面,在 1608 年沙皇瓦西里·舒伊斯基政权解体之后,击溃叛乱者与外国侵略者、重建强大中央权力的任务自动落到了其他市长身上,最突出的是梁赞的 P. P. 利亚普诺夫(P. P. Liapunov)和扎莱伊斯克(Zaraisk)的 D. M. 波扎尔斯基(D. M. Pozharskii),他们拥有军事经验与政治资源,足以领导东北地区的市长们及其下属官僚组成一支民族解放军,并组建一个临时政府。波扎尔斯基的军队同一些波雅尔和哥萨克领袖合作，将波兰人逐出莫斯科(1612 年)，进而建立了以新沙皇米哈伊尔·费奥多罗维奇为首的俄国君主制政府(1613 年)。很自然的是，新的罗曼诺夫王朝在高度中央集权与地方政府军事化之中寻求长期生存之道，合乎逻辑的代理人就是市长——由中央衙门任命并对其负责，从宫廷贵族中选出，并被赋予管辖区域内广泛的军事、财政、司法与警务权力。据说沙皇米哈伊尔一即位，他的政府就被各地的集体请愿书淹没，这些请愿书"来自许多城镇，从贵族(dvoriane)到小地主(deti boiarskie)的各个阶层、不同服役人员以及居民"，请求委派市长管理他们所在的地区，因为"没有市长，他们的城镇也将不复存在"。[1] 我们无法确认这些请愿书是否代表了当地民众的真正意愿，抑或其实质是中央政府的策略，无论如何，三天后，中央政府授权在需要市长的所有地区全面恢复和扩大市长制度。在"混乱时期"之前，市长行政体系基本局限在西部和南部边境；而到 17 世纪 20 年代，它已经扩展到中部以及北方地区。截至 1633 年，已有 190 个市长办公室；到了 1682 年，这一数字增长到 299 个。[2]

　　1613 年后，"混乱时期"之前常见的大部分地方行政机关都被撤销或并入市长行政体系。沙皇代理人(namestnik)的头衔仍然在宫廷中作为一种礼节性敬语使用，但已不再管辖各地区。要塞与军事行动负责人的数量减少，成为市长办公室的下级官员(prikaznye liudi)。海关和酒馆的管理权仍然属于选举出来的社区代表或包税人，但他们受到市长的监督，后者监督他们的日常运作并向他们提供季度或年度账目。北方仍然存在区级和州级的、选举产生的缙绅会议办公室，负责税收和司法，但它们大多下属于市长，因而缙绅会议官员不再直接向衙门负责，而是必须经过所属市长。传统上由区级缙绅会议法庭审理的更为重要的案件，如今交由市长的法庭审理；同时，市长法庭也作为二审法庭审理那些仍由缙绅会议法庭审理的案件。缙绅会议官员的征税活动受到市长办公室格外严格的管控，因为市长有权鞭打包税的缙绅会议官员(pravezh)，惩罚任何欠税或违规行为，甚至出现了要求缙绅会议将所收一切税款上交至市长办公室的趋势。

　　在一段时期内，负责维持治安和调查重案的行政区警察办公室拥有更大的

[1] P. Ivanov, *Opisanie gosudarstvennogo razriadnogo arkhiva* (Moscow: Tipografiia S. Silivanskogo, 1842), pp. 156, 209.
[2] N. F. Demidova, *Sluzhilaia biurokratiia v Rossii XVII v. i ee rol' v formirovanii absoliutizma* (Moscow: Nauka, 1987), p. 31.

自主权,因为莫斯科认为由选举产生的社区代表在保护社区免遭盗匪和暴力犯罪方面大有益处。特别是当那些选举出来的警察长官是社区中"最好的人"时,理想的人选是富庶的贵族或小地主,他们直接向莫斯科的劫案衙门(Razboinyi prikaz)汇报并传达判决。除了减少由莫斯科派出特别调查员的需要之外,这样做还有一个好处,那就是能够将人民对警务失误的指责从政府官员转嫁到社区代表身上。莫斯科延续行政区系统独立性的倾向在1649年《会议法典》、1669年《新法典》(New Decree Statutes)乃至1627年法令中都有体现,它要求所有城镇都必须选举行政区警察长官。然而,这遭遇了财政和人力方面的困难:维持行政区办公室需要花费社区额外的税收,而且在战争时期,富裕的贵族和小地主必须应征入伍,无法在家履行警队职责——这一职责被市长,或者在最坏的情况下,被劫案衙门的调查员承担。因此,行政区制度没有被推广:市长们愈发寻求在事实上凌驾于行政区官员之上,1679年全部行政区办公室都关闭了。[①]

二、强调记录,加强管控

与前一个世纪的代理人行政制度相比,市长政府在中央衙门更严密的控制下运作,因为市长办公室被期待提供更高质量的书面报告,并遵守书面指示。市长依照书面工作指示(nakazy)履行一般或长期的职责;在更为具体及非常规的事务上,则由来自衙门的法令规定指导。他们被要求频繁提交汇报,哪怕他们要做的仅仅是报告相关常规指令的实施进展;他们不得不保存不断增加的卷宗、细账、土地分配与调查记录、庭审笔录以及各种间接和直接收入的账簿。市长办公室的档案清单普遍显示相关记录的制作速度显著增长,自17世纪中叶起尤为明显。这反映出不但中央衙门对市长办公室的要求在增加,社区在诉讼和请愿方面的需求和怨言也导致对市长办公室的要求不断强化。[②]

---

① V. N. Glaz'ev, *Vlast' i obshchestvo na iuge Rossii XVII v.: Protivodeistvie ugolovnoi prestupnosti* (Voronezh: Voronezhskii gosudarstvennyi universitet, 2001), p. 141.

② 关于市长办公室的相关记录,参见 N. N. Ogloblin, "Provintsial'nye arkhivy v XVII veke", *Vestnik arkheologii i istorii izdavaemyi Arkheologicheskim institutom*, 6 (1886): 74-206; D. Ia. Samokvasov, *Russkie arkhivy i tsarskii kontrol' prikaznoi sluzhby v XVII veke* (Moscow, 1902); N. N. Ogloblin, "Obozrenie stolbtsov i knig Sibirskogo prikaza", 4 parts, *ChOIDR*, 2 (1895): I-VIII and 1-422; 1 (1898): 1-162; 3 (1900): I-IV and 1-394; 1 (1902): 1-288。

　　由于市长办公室的主要目的是搜集和整理信息，以便中央衙门和杜马进行行政决策，因此市长办公室文职人员的配备是一个至关重要的问题。市长的书记员（pod'iachie）负责制作、传送和储存所有信息，并保持城镇档案和财库的有序。这些书记员还肩负着重要的现场职责——监督劳役，在审讯中执行民意调查（obysk），押运现金前往莫斯科及返回，或者评估地产边界。在部分地区，市长办公室的文职人员数量太少、缺乏经验或者酬劳太低，以至于无法长期满足衙门所要求的信息量。规模更小的市长办公室可能只有一到两名长期服务的办事员，因此只能将一些任务交给公共公证员，甚至迫使路过的旅行者临时履行文员的职责。17 世纪 40 年代，各地市长办公室正式记录在案的文职人员不超过 775 人，略低于中央衙门的办事员人数。① 不过，实际参与工作的地方行政部门办事员总数可能要大得多，因为上述人数不包括海关、酒类行业、行政区和缙绅会议办公室的人员。此外，小型市长办公室的人员缺额可以得到弥补，它们被用作当地更大城镇或军事区（razriady）首府的较大办公室的"卫星"。较大的市长办公室的文职人员数量几乎与莫斯科的一些衙门一样多，并且模仿衙门的内部组织，将办事员分为各个科（stoly），在经验丰富的高级行政职员的整体指导下从事专门的工作。17 世纪 40 年代，普斯科夫市长办公室有 21 名职员，到 1699 年已增至 54 名，其中一些人有三四十年的工作经验。②

　　"混乱时期"结束后各地对文职人员的需求，使得莫斯科不得不赋予市长们任命办事员的自由，并接受各种背景的人员就职：教会神职人员、牧师之子、军人、商人之子、城镇纳税居民之子、国有农民以及下层流动人口。大约 1640 年之后，政府就无法负担这种状况了，因为纳税人或服役人员一旦出任办事员，便不再交税或服兵役。中央衙门因此开始加强他们对办事员任命的控制（最终所有任命都由军事衙门掌控）。各衙门对文职人员的薪酬进行标准化设计，逐渐缩小任职者的社会阶层和等级范围。哥萨克人和射击军被禁止担任书记员。到 17 世纪六七十年代，则出现了小地主只有从军队退役、没有足够的服役封地来提供兵源或者尚未收到正式的征兵令时，才能够被任命为书记员的规则。17 世纪末，甚至连以下情况也不被允许：其父曾在军队服役或被

① Demidova, *Sluzhilaia biurokratiia*, p. 37.
② V. A. Arakcheev, *Pskovskii krai v XV - XVII vekakh: Obshchestvo i gosudarstvo* (St Petersburg: Russko-Baltiiskii informatsionnyi tsentr BLITs, 2003), p. 310.

列入纳税名册者不能出任书记员;只有父亲也是书记员者才能继续在市长办公室工作。

文职人员因此成了一个封闭的世袭团体。虽然这可能减缓了地方文职人员人数的增长,但好处是提高了文职人员的培训效率和团队精神,使行政服务成为一种终身职业。地方办事员代代相传,他们在本地市长办公室积累数十年的经验后,将这些经验传授给自己的儿子,其中一些人最终成为中央衙门的文职人员。这种文职的继承导致相关人员表现出成为地方贵族的倾向,剥削他们的邻居,不过出于对自身利益的关切,他们至少愿意认真培训学徒。①

三、地方政府的重建与改革

市长行政制度的传播和系统化对于牧首费拉列特的重建计划(1619—1633 年)至关重要:市长们帮助重新整理和更新衙门的地籍信息,审查修道院的财政豁免权益,将逃亡的城镇居民重新列入纳税名册,为军事紧急情况引入新的特别税,镇压土匪,并通过加快对权利授予和土地分配诉求的回应来重建基于服役封地的骑兵部队。

1633—1648 年间的政策是由先后以 I. B. 切尔卡斯基(I. B. Cherkasskii)、F. I. 谢列梅捷夫和 B. I. 莫洛佐夫(B. I. Morozov)为首的派系决定的。他们重视加速在南部边境的殖民统治,以及取消免税的社会群体和城镇中的飞地。市长行政在这两项计划中都发挥了重要作用。

1648—1654 年,市长权力被用于实施几项重要的改革,以加强南部边防系统:完成别尔哥罗德防线的大部分工程;向新近复兴的外国步兵团和骑兵部队征税;迫使南方服役人员缴纳以前只由农民和城镇居民支付的粮食税(四分之一粮食、围城粮食等);为庞大的别尔哥罗德军事区奠定基础,南部多个城镇的市长办公室被归入别尔哥罗德的高级指挥官办公室之下,不仅是为了军事动员和联合军事行动,也是为了审查司法、财政和土地分配等事项。这一时期另一项同样重要的改革影响了全国各地市长一级法庭的民事和刑事审判:《会议

---

① 由于没有大学或学院来培训办事员,所有办事员的培训都必须通过在衙门或市长办公室做学徒来获得。

法典》(1649 年)极大地扩大并标准化了对地方法庭的调查和听证会的指示,并通过赋予杜马作为上诉法院的职能和进一步将刑事司法事务的监督职能集中于劫案衙门,简化和深度集中了司法行政。《会议法典》还取消了追回在逃农民的时限,从而完成了农民的农奴化进程,同时,它指示市长办公室通过对在逃农民和市民进行大搜捕以及举行听证会来遣返在逃人员,进而强制推行农奴化。1653 年后缙绅会议不再召开,这一事实或许可以证明中央对市长行政制度的信心:显然,来自市长的报告和相关记录、集体请愿书的信息此时被认为是会定期送达且可信的,这些信息足以支持杜马和衙门做出决策,而不再需要定期召集缙绅代表征求他们的意见作为补充。

在十三年战争期间,军队的薪酬支出大幅增加(尤其是更加昂贵的外国兵团,占比 75%～80%),截至 1633 年已超过每年 100 万卢布,大约是 1632 年军队服役津贴总额的 4 倍。[①] 战争时期急剧上涨的税率和步兵征兵配额比起以往更让人难以承受,因为粮食税和兵役不再只是落在传统上应纳税和服役之人(tiaglye liudi)身上的负担,而且政府决定使货币贬值带来了毁灭性的通货膨胀。市长办公室面临着巨大的压力,既要保障现金、粮食和人力资源的流动,又要防止逃兵、纳税人逃亡和暴乱。为了加强中央对于地方账目和治安的控制,两个具有广泛调查权的新衙门得以设立:枢密院(成立于 1654 年)和审计衙门(成立于 1656 年)。第二个大型地方军事区也在谢夫斯克成立,以便进一步协调资源和南部边境的军事行动。

《安德鲁索沃停战协定》(1667 年)并没有对居高不下的粮食税和征兵配额带来任何明显缓解。在东乌克兰驻军、维持莫斯科的傀儡盖特曼姆诺戈格列什内(Mnogogreshnyi)和萨莫伊洛维奇(Samoilovich)的权力、阻挡盖特曼多罗申科(Doroshenko)仍然是十分必要的。通过加强别尔哥罗德防线和派遣军队沿着顿河协助(和控制)顿河哥萨克人来防御克里米亚鞑靼人也很重要。1674 年,一支莫斯科军队不得不开进西乌克兰,以击败得到奥斯曼军队积极支持的多罗申科。多罗申科的失败很快导致了第一次俄土战争(1676—1681 年),尽管这场战争使东乌克兰大部分地区的人口减少,阻止了奥斯曼人入侵西乌克兰,但也暴露出莫斯科公国需要军事和财政方面的改革。因此,更多的地方军

---

① J. L. H. Keep, *Soldiers of the Tsar: Army and Society in Russia*, 1462 - 1874 (Oxford: Clarendon Press, 1985), p. 91.

事区成立（梁赞、坦波夫、喀山、斯摩棱斯克与弗拉基米尔军事区）。一条新的伊久姆防线（Iziuma Line）建成，将南部边防向前推进了 160 千米，并保护斯洛博达乌克兰的军事殖民地。1678—1680 年间，共有 6 个新的外国骑兵团和 10 个外国步兵团创建，而传统骑兵团中的南方服役人员数量减少，因为服役者被限制在拥有至少 24 户农民、不需要现金津贴、依靠自家服役封地就能够维持他们持续服役的富裕人员。为了支付新建的外国部队的更高开销，政府对国家财政进行了重大改革：起先，政府执行了 1646 年以来第一场新的地籍普查（1677—1679 年）；随后抛弃以"索卡"（sokha，即按照耕地面积和生产能力）评估直接税额的旧办法，转向以家庭评估（1679 年）；敦促一系列小额直接税合并为一项为军队提供的"射击军费"；最终建立了"国库"（Grand Treasury），并制定了最初的初级国家预算（1680 年）。直接税的简化加强了中央衙门对地方的控制，并允许地方政府在财政事务上进行进一步的分工，使市长办公室得以几乎只需要负责记录，而实际的征税的工作被留给选举产生的社区代表。

四、官僚机构合理化的努力

纵观整个 17 世纪，长官（voevoda）行政制度表现出更多理性官僚组织的特质。它已经显现出明显的分化：公务与个人利益被区分开来，一项确立已久的原则是市长办公室（s"ezzhaia izba，会面室）和他的宅邸（voevodskii dvor）必须分开，有关文件或印章绝不可带回宅邸。工作内容也有一些正式的分工，至少在较大的办公室是这样：横向来说，分工采取不同职员类型以及具有特殊职能的办事机构的形式；纵向来说，监督签字员、文书职员和秘书依次向市长汇报。到 17 世纪中叶甚至出现了将市长办公室更名为衙门部（prikaznaia izba）的倾向，因为其组织越来越像一个小型衙门。办公室工作受限于促进标准化做法的各种整合机制：有一套全面且非常连续的固定程序，用于处理日常业务、记录支出和提供的服务以及报告重要信息和未解决的事务。尽管当时还没有涵盖办公室工作所有方面的统一书面通用条例，但是随着《会议法典》的颁布，最需要书面条例的活动领域——司法行政——终于获得了一套全面的程序守则。担保、行为宣誓、年度和任期结束时的审计和调查，在一定程度上强化了对市长及其工作人员行为的约束。为了加强协调和弥补中央控制机制的有限效力,大多数执行决策权不再属于市长办公室,由其上级衙门收走,最终执行权则属于更高的层级,在中央衙门官僚之上,属于杜马咨询者圈子。

但是在一个重要方面,长官行政制度抵制全面的官僚主义合理化。虽然文职人员在增加,市长办公室的工作得到进一步管理,可是这两个进程都不够先进,不足以充分弥补中央和地方文职人员之间的组织联系者——市长本身并非职业行政专家的事实。被任命为市长的人都是宫廷名流,他们只是业余兼任,没有接受过任何专门训练,在履行军事和宫廷职责之余偶然切换到这个角色。莫斯科公国不存在文职贵族(noblesse de robe),没有人接受法律训练而寻求通过司法或行政服务晋升为贵族,更不可能从中选拔市长。

这本身就构成了进一步集中指挥和控制的障碍,因为贵族的业余管理通常被认为比完全官僚化的管理更慢、更不精确、更不统一,"更不受框架束缚且更缺乏形式……同时对上级的依赖更少"①。贵族更倾向于无视官僚规则,滥用权力,因为他们并不永久地从属于其官僚上级,也没有那种内化的、为组织及更宏大的使命提供客观服务的官僚道德观,同时具有高于专业官僚的社会地位。在莫斯科公国,这一问题还因为市长的职责相比其他政府工作形式有着更少的荣誉和报酬而更加严峻,追求在朝廷之中的晋升和影响力的贵族不会在意这样的职位。

希望成为一位市长的理由有很多。它让贵族从严酷的军事行动及风险中得到休息,这也是为什么战时军事衙门必须采取措施加强对市长任命权的控制,以免市长办公室成为逃避责任者的港湾。被派往某些偏远城镇的人在任期内可以免于诉讼。市长担任"组长"(v razriade,即当某人被任命管理一个较大的城镇时,他同时对附近较小的卫星城镇的市长拥有一定的权力)则提供了一个升入门第制中高于其他贵族地位的机会。许多寻求市长职位的人可能是被有机会收取实物和现金形式的"供养"(kormlenie)所吸引的,这能够补充他们从国库中获得的常规年度津贴(zhalovanie)。

因此,谋求市长职位者通常以需要休养生息为理由:他们多年来一直在执行军事任务,从未得到真正的休息机会,他们拥有的耕地不足、负债累累,所以

---

① Max Weber, *Economy and Society*, ed. Guenther Roth and Claus Wittich, 2 vols. (Berkeley: University of California Press, 1978), vol. II, p. 974.

"出于贫穷"而寻求市长职位。① 任何时候都有许多大城市的贵族觉得自己需要休息,空缺的市长位置常常有多名候选人,衙门因此在人选上有着一定的选择权——实际上,候选人或许比军队指挥官更多,即便后者天生是"组长",在获得门第制中较高地位方面也更有利。

然而,这些寻求任命的动机都只将市长视为业余兼职,是大城市贵族从承袭而来的职责——军事职责和宫廷职责——的暂时脱离。传统上,莫斯科公国的国家服役体系将军队和宫廷职责置于地方行政职责之上,因此前者获得晋升和涨薪的机会要比后者多得多。当市长们确实得到加薪或者收获皇家礼物作为奖励时,这大多不是对其履行市长职责的奖励,而是为了纪念某一特殊事件,例如一场伟大的军事胜利或一位皇子的诞生,而赐给整个上层服役阶级的恩赏。担任市长也不像在军队和朝廷中服务那样容易取得晋升或提升政治影响力,军队或朝廷职位的好处更加清晰可见,因为他们身处君主与其他贵族近旁,更不需要长期远离宫廷里的闲言碎语、咨询和赞助者的圈子,而这对职业晋升格外重要。严格地说,市长甚至没有正式的报酬。它通常不自带薪酬,正是因为它被认为是暂时脱离职业服务的休息之处。如果一名贵族被任命为市长,那么他通常被认为应该依靠他根据所属等级和特权本就取得的年度津贴生活。② 他能够与治下的人口达成什么样的收入协议是他自己的事,除非衙门收到有关他索取过多财物的投诉。

因此,尽管市长职位只被留给莫斯科的服役阶层,亦即首都的贵族,而诺夫哥罗德和阿斯特拉罕这样特别重要的城镇的市长职位可能会授予杜马等级的精英,但是绝大多数市长职位都落入了莫斯科的中下等级之手。对服役人员职业模式的研究显示,许多大都市贵族轮流担任市长职务,可他们专门从事这方面工作的例子很少。市长只是他们的兼职,其中很多人仅仅在很少的场合出现,并无多少过往的经验。他们几乎没有机会熟悉官僚程序和规范,也没有理由内化职业官僚精神。

幸好,有一些机制在一定程度上弥补了市长工作的业余性。

① 关于佩列亚斯拉夫尔-梁赞寻求市长职位的请愿,参见 A. A. Kabanov, "Akty o naznachenii i smene voevod v Pereiaslavle Riazanskom", 2 pts., *Trudy Riazanskoi uchenoi arkhivnoi kommissii*, 25, 2 (1912), 1-28; and 26, 1 (1914), 15-35.

② 在一些案例中,贵族若被安置到艰难的职位上——遥远的西伯利亚欠发达地区的市长——确实会从国库中获得特殊的维系补贴,通常是粮食或烈酒,但这些只是对他们日常公务的补充奖赏。

虽然莫斯科的大都市贵族对职业官僚服务的领域颇为陌生,但是对一般国家公务却不然。自15世纪中期以来,都市贵族就终身对君主负有义务——即便不是地方行政工作,也是宫廷特别是军队任务。因此不同于西欧贵族,莫斯科贵族能够在更大程度上接受地位和权利来自对君主效命的观念(尽管出任市长并不是赢得它们的首选服役途径)。更重要的是,即使是在他作为市长得到地方"供养"、从而暂停军事职责时,他仍然受到军事纪律的约束,会因渎职行为受到处罚。

在市长办公室直接负责征税和记录税收的地区,市长可能需要为任何由不公平或疏忽的征收措施以及贪污造成的欠款或赤字向中央衙门负责。他也可能因为更轻微的过错被罚款、剥夺地位、体罚、监禁或流放。当莫斯科在审查市长办公室提交的记录时发现这种违规行为,就会委任衙门官员和警员追讨缺失的款项,并处以罚款或其他处罚。不过总体来说,通过这种方式发现违规行为不太容易,因为直到17世纪末,大多数衙门并不坚持要求市长定期发送完整的收入和支出账目(例如,军事衙门直到1685年才开始要求这样做);他们只要求定期提交对比今年与上一年余额的简短摘要(smety),并对来年的收入和支出进行简单预测(pomety)。这大概就是为什么当衙门官员被派往追查欠款和赤字时,有时会连续去多个地区,因为欠款和赤字被发现在广大范围内持续了一段时间而没有被发现。例如,1646年,大乌斯秋格地区衙门就曾下令从其管辖范围内的数个地区市长那里回收3.5万卢布的欠款。①

各衙门认识到,不能完全依赖季度或年度账目的提交来实现中央控制,因此愈发重视继任者对即将离任的市长进行的任期内的账目审计。离任的市长被要求全面配合继任者的全方位清算与审计。这可能需要很多天才能完成,因为它涉及防御工事和部队的检阅,现金和粮食储备的清点和称重,办公室日志和档案清单的检查,收入和支出账目的审查,以及围绕未经莫斯科授权的支出进行审问。在某些情况下,中央希望借助类似的审计评估此次离任的市长相较前任的盈利能力,为此必须编写一份利润报告(pribyl'naia kniga)和审计报告。在衙门收到这些审计结果,并裁定离任市长是否应支付任何罚款、归还缺失资金或向当地居民支付任何赔偿金之前,该市长都不得离开。100卢布或

① P. P. Smirnov, *Posadskie liudi i ikh klassovaia bor'ba do serediny XVII veka*, 2 vols. (Moscow and Leningrad: AN SSSR, 1947-1948), vol. II, pp. 37-38.

多一点的罚款是非常普遍的。欠缺的资金有时被要求双倍赔偿,金额高达数千卢布。

这种任期结束时进行的审计,也被认为是居民投诉即将离任的市长并要求其继任者展开调查的机会。在西伯利亚地区的城镇,提出申诉的机会是对其他中央控制措施的一项特别重要的补充,并伴随着一个特殊的仪式:每位新市长都被指示邀请社区代表参加一场盛大的欢迎宴会,提供食物和饮料——这被明确展示为沙皇本人的恩赐,而非市长给予——然后向他们宣读"君主赐予声明"(gosudarevo zhalovannoe slovo),承诺新任市长将保护他们免受剥削和压迫,并调查一切针对前任市长的投诉。

衙门有时会从莫斯科派出特别检察官(syshchiki),调查社区集体请愿或副市长、办事员与其他下属官员的谴责中关于腐败或滥用职权的具体投诉。检察官通过审计、听取证人证词、社区民意调查(poval'nyi obysk)制作成报告向上递交,然后执行莫斯科下达的任何惩罚。大量审讯记录被保存了下来,尤其是在西伯利亚,其中一些相当长且细致,做出了给市长腐败的受害者带来颇大安抚的判决。不过,如果受害者未能获得赔偿,他们就会指控检察官没有听取关键证词,错误记录或者伪造证词。在其他案例中,调查拖了几年都没有结果。

打击市长渎职的艰难斗争要求当局同时采取预防措施。17 世纪的整体趋势是市长任期的标准化——在大多数受军事衙门管理的城镇不超过两年,如果市长做出了功绩,或者本地居民请愿不愿面对迎来更高压的新市长的风险,则任期可以延长一到两年。除了为寻求从军队和宫廷职责中解脱出来的贵族提供更多任职机会之外,较短的任期也让市长们更少有时间建立裙带关系,难以因剥削和压迫激起所在地区人民的起义。面积更大、更具战略意义的城镇——如地方军区首府或遥远的西伯利亚城镇——的市长任期通常较长,使得边防和外交行动更具连续性,同时减少从西伯利亚岗位返乡的市长在行李中走私皮毛的机会。

为了遏制权力滥用,还有一种常见的做法,即在较大的城镇和军区首府任命一名高级市长和一到三位副市长(tovarishchi)或秘书,他们按照指示共同行使权力,"团结一致,没有分歧"①。关于合议决策的实际程序没有详细说明(因

---

① *Polnoe sobranie zakonov Rossiiskoi imperii. Sobranie pervoe*, 45 vols. (St Petersburg: Tipografiia II Otdeleniia S. I. V. Kantseliarii, 1830-43), vol. III, no. 1670; *AI*, vol. III (St Petersburg: Tipografiia II Otdeleniia Sobstvennoi E. I. V. Kantseliarii, 1841), nos. 134, 154.

此在实践中可能并不总是被遵守），但通常规定高级市长只有在副市长在场的情况下，才能在官方文件上盖章；法庭案件必须由高级市长和副市长们共同审理，一致通过后才能下达判决；高级市长或者某一名或多名副市长都有权对未经协商单方面做出的其他决定提出质疑。

减少市长渎职机会的一个特别重要的手段，是加强中央和地方政府之间的劳动分工。政府意图最大限度地分离政策制订与政策实施，前者集中于莫斯科的衙门和杜马，后者则被留给市长。未经莫斯科明确授权，市长被禁止自行设定津贴比例。甚至许多日常支出也离不开衙门的事先授权。17 世纪 70 年代，征税业务被进一步从市长办公室剥离，委托给选举出来的长老和代表。在大部分资金类刑事案件中，只有劫案衙门可以判处死刑，中小型城镇市长甚至被限制不得审理涉案金额超过一定卢布的民事案件。一些限制已经在市长工作条例中确立下来，其他的则在具体情况下遵照特定法令实施。中央为自己保留了在一切若全由市长自行决定可能给社区带来毁灭性负担的问题上的决定权。唯一的例外是需要当地立即做出反应的事项，例如军事紧急情况。市长工作条例试图预先规定这些情况，并指示市长在应对这些紧急情况时，只要事后立即向莫斯科报告，他们就可以"根据手头的事情，按照上帝的指示"自由行动。

将行政决策权集中在中央政府的做法，并没能有效地缩小市长应负责执行的任务范围——他仍旧调查和审理法庭案件，并做出判决，即使这一判决在莫斯科宣布——因此可以说市长依然被期望是掌握全权的，而且禁忌的机会诱惑着他利用自己的大权。将决策权集中在莫斯科当然有着怂恿市长不作为的弊端，他们不再及时采取行动，而是一再给莫斯科写信，询问他们应该采取的具体做法。不过，为中央控制而牺牲速度正是专制政权愿意付出的代价，他们宁愿看到越来越多权力的滥用，也不愿给予市长更大的自由裁量权。

鉴于行政决策权越发集中于莫斯科，市长办公室文职人员的汇报功能需要得到更多重视。市长及其办事员必须更频繁地向莫斯科提交更详细的报告，并上交账簿摘录或副本。17 世纪上半叶衙门还不太感兴趣的一些其他事项获得了关注：保存准确的审判记录和民意调查记录，更新囚犯名单，清点没收的财产，汇编对旅行者和新定居者的审讯日志，发放通行证（现已足够详细，几乎可以用作护照），并提交关于海关代表和狱警选举的包含更多信息的协议。理想情况下，这种被记录的信息的不断增加，将成为莫斯科决策集中化的助力,使之更具可行性和能动性;审计和记录校对中发现的任何矛盾或遗漏都会暴露市长渎职的蛛丝马迹;而且,通过使信息收集和报告成为市长办公室的主要职能,人们可以期待地区行政权力会被进一步从市长下放到办事员手中,从而在一定程度上弥补了市长相对缺乏经验的不足。

推动市长办公室提供更多文件的结果令人喜忧参半。很明显,市长办公室的记录数量在 17 世纪中叶以后大幅增加,较大城镇尤其如此;其中一些是为了回应衙门不断增多的文件要求,另一些则是为了应对当地民众日益增长的不满和需求。到 17 世纪 60 年代,已经有迹象表明流向莫斯科的信息已经多到超出了相关衙门的处理能力。政府的解决方式是通过三种方法重组高级行政部门:建立新的地方军事区,以便财会事务和司法监督可以在地区一级开展,由居于市长和中央衙门之间的军事区长官进行;将掌握其他军事职能的衙门进一步划归大军事衙门,从而精简和改善军事管理的协调性;设立枢密院和审计衙门收集军事区长官和市长的情报,对市长办公室和其他衙门进行审计,调查渎职行为和官僚作风。

然而,许多市长办公室、行政区、缙绅会议、海关和税务办公室无法满足衙门对更全面、可靠、及时的报告和会计的要求。他们拖延数月甚至数年提交年度账目,没能记录下无主的津贴或地产边界等重要信息,或者在统计兵员、现金和粮食储备时出现错误。市长们将这些失误归咎于办事员是“酒鬼和斗殴者……愚蠢又不会写字”[1]。办事员则抱怨下级官员和民选官员提供不可靠信息,这些官员往往是文盲(例如,1627 年,喀山的要塞负责人、两名射击军队长之一、海关负责人、两名酒馆负责人之一、两名缙绅会议长老之一以及 19 名海关和酒馆代表中的 18 名都是文盲)。[2] 还有市长被自己的办事员和其他下属指责严重失职的例子。

因此,衙门与地方的通信中有很大一部分是关于年度账目的延误或错误的警告和指责。衙门显然不能仅依靠官方报告和会计来发现其中的错误,它们当然更不会暴露出地方行政中的权力滥用和腐败。B. N. 奇切林(B. N. Chicherin)和其他自由主义历史学家将错误和渎职行为的持续归因于中央行

---

[1] S. V. Bakhrushin, "Ocherki po istorii krasnoiarskogo uezda v XVII v.", in his *Nauchnye trudy*, 4 vols. (Moscow: AN SSSR, 1952-1959), vol. IV (1959), pp. 167-169.

[2] S. I. Porfir'ev, *Neskol'ko dannykh o prikaznom upravlenii v Kazani v 1627 g.* (Kazan', 1911), p. 4.

政部门欠缺官僚主义理性,中央无法制订一套普遍条例并通过常规控制机制执行。[1] 事实上,中央衙门曾制订过并且一直在不断制订一系列措施加强中央控制和打击渎职。该系统的真正弱点在于地方层面,源于骨干的不足,而不是不够重视中央控制措施:中央始终没有收到足够可靠和及时的信息,因为大多数地区经验丰富的办事员太少,而市长又疏忽大意、缺乏经验。由于缺乏收入,中央无法向市长及其办事员支付足够的报酬,从而使他们更有理由贪污,尤其是通过受贿、剥削和过度的"供养"来掠夺社区。

五、腐败的政治经济学

1555—1556 年改革实际上并没有在所有地区废除地方官员从其管辖社区中收取现金或实物形式的"供养"作为自身的部分报酬的做法。只有部分州和地区,主要位于莫斯科公国北部,似乎从改革中获益——他们花钱取消了沙皇代理人的管辖权,并购买了选举本地缙绅会议官员的权利,代价是向中央衙门支付免役税,相当于过去的"供养"惯例。利沃尼亚战争和"混乱时期"的军事紧急情况阻碍了缙绅会议自治的进一步扩展:此时更重要的是解放中层服役阶级以便其履行军事义务,并通过扩大要塞负责人的权力,或者将他们置于每年任命的长官或市长之下,从而实现边境地区地方政府的军事化。事实上,"供养"行为从 16 世纪 70 年代开始取得了复兴。在一些城镇和地区,沙皇代理人和"供养"义务正式恢复,而这些城镇和地区几年前才停止"供养"免役税。来自特定地区的"供养"免役税份额被官方授予一些强大的波雅尔(舒伊斯基家族、鲍里斯·戈杜诺夫)。然而,在大多数情况下,"供养"的复苏并没有官方法令基础,而是官员和他们所管辖的社区私下安排的,"供养"费率由习俗和谈判确定。由于"供养"名目不再像 1556 年以前那样由特许状或收入清单规定,现在中央对于"供养"的直接控制程度降低了。1620 年的一项法令试图判定"供养"是非法的,但很快就被证明无法执行,主要是因为国库需要继续降低工资成本。因此,中央政府只能仅仅威胁要处罚非法征收费用的官员,而法律中

---

[1]　B. N. Chicherin, *Oblastnye uchrezhdeniia Rossii v XVII veke* (Moscow: Tipografiia Aleksandra Semena, 1856), pp. 577-579.

没有任何条文明确规定这些非法费用的构成。① 多高的"供养"费率是可接受的、多高的是非法的被留给社区决定,中央政府不会干预,除非收到有关过高"供养"要求的投诉,以至于该社区已经无法支付对莫斯科的纳税义务。

由于"供养"行为不再受特许状或收入清单约束,人们只能猜测 17 世纪市长及其雇员收取的"供养"范围和规模。调查记录中的轶事证据和北方缙绅会议官员保存的开支账簿显示,"供养"在当地很常见,而且涉及的金额往往相当可观。如果莫斯科默许"供养",那么它很少被隐藏。众所周知,服役者会以需要"供养"收入为由("我请求前去获得供养")寻求成为市长,并会根据"供养"金额要求被派往特定地区。一位莫斯科贵族在结束科斯特罗马市长的任期后,抱怨说他就任期间获得的"供养"远远少于前任的 500 卢布～600 卢布。在调查证实他在科斯特罗马接受的 400 卢布"供养"是获得了当地居民的一致同意后,莫斯科方面同意给他另找一个职位:"他接受了他们给他的东西,没有剥削任何人。"②

许多其他市长和下级官员确实剥削了他们管辖的社区,利用自身的权力驳回请愿、下令监禁和鞭打社区代表,以勒索过高的"供养"。这种情况是如此普遍,以至于可以说市长把高额"供养"作为一种半封建的收租策略——这进一步证明国家官僚策略并没有完全取代封建治理方法。

不过,"供养"的持续存在可能还有第二个原因:社区可能并不愿意彻底废除"供养",甚至不愿退回特许状规定的"供养",因为在适当的情况下,"供养"可以为社区带来一些好处。"供养"的交付是以整个社区的名义进行的[马塞尔·莫斯(Marcel Mauss)称之为"集体呈现"],伴随着一些暗示"送别"收礼官员的仪式。不遵照特许状规定而由社区代表和接收官员"协商"决定的"供养"金额常常足够慷慨,带着信任和不勉强的精神按时交付,因此可以作为社区的礼物,用以部分解除官员的警惕(拒绝他只作为一个局外人以非个人的高级官员身份出现、只对中央政府负责时会提出的要求),衡量他的尺度(估摸他的贪婪底线和讨价还价的意愿),与他熟识起来(使他与社区建立一种荣誉性联系),最后给他加上义务(首先是一般意义上的,然后在适当的时候要求他给予

① *Zakonodatel'nye akty Russkogo gosudarstva vtoroi poloviny XVI - pervoi poloviny XVII veka. Teksty* (Leningrad: Nauka, 1986), no. 68.
② V. N. Tatishchev, *Istoriia rossiiskaia*, vol. VII (Moscow and Leningrad: Nauka, 1968), p. 296.

特殊的好处,以回报社区的款待)。社区所寻求的好处可能是允许请愿者代表团前往莫斯科,或者在社区出于需求请愿时要求市长撰写有利于社区的报告,有时候甚至可以要求减轻罚款或体罚,或者推迟征收拖欠税款。在后一种情况下存在一种危险,即“供养”成为针对官员的贿赂,削弱了衙门对官员的控制。但是由于中央已经决定容忍自愿提供的“供养”费用,因此对抗这种影响的唯一手段就只剩下越过被收买的官员,向社区赠予自己的仪式性礼物。君主的赠礼仪式旨在通过进行赏赐重建君主和臣民之间直接的个人化互惠信任,并重申专制的主张,即所有的赏金都来自君主,而非依照他的指令分发它们的官员。

导致中央政府不愿禁止“供养”的财政困境,使得它打击贿赂的斗争复杂化。因为对“供养”的容忍允许公开向官员集体呈送礼物,所以禁绝其他更加私人化和特定形式的赠礼变得更加困难,而这些行动都可能是贿赂的伪装。“黑色腐败”——明显的拉拢和勒索行为——能够被处罚,但更广范围的、“灰色”和“白色”腐败形式(通过小费、谢礼、奖励和“供养”换取影响力和职位)的行为却得以逃脱制约。

早在 1497 年《法典》中,政府就已誓要打击朝廷中的受贿和行贿行为——尽管法律花费了更长的时间来明确惩罚措施,并将其延伸到最高级别的法官。1550 年《法典》明确规定了对诉讼当事人贿赂法官或证人,以及法警、书记员和秘书伪造债券和法庭记录获取贿赂的惩罚。1649 年《会议法典》最终规定了对受贿做伪证的证人的处罚(鞭刑),和受贿错判无罪者或为有罪者开脱的法官的处罚(杜马等级的法官会被剥夺地位,低于杜马等级的法官处以鞭刑)。至此,可以说莫斯科法律明确禁止通过贿赂拉拢官员(posuly)。以贿赂拉拢官员的目的在于建立一种对国家利益和社区利益不利的、赠予者和受赠者之间的关系,能够换得他人没有并且对他人不利的影响力或判决,也会使受贿官员为了自己的利益滥用君主授予他的权力,从而玷污君主公正的声誉。根据这些检验,一旦有人提出申诉,朝廷上几乎任何赠送或接受礼物的行为都会被判定为拉拢。因此,法律在制裁司法领域的贿赂行为方面最为明晰。

法律将官员敲诈非法款项定为犯罪(vziatki/nalogi i nasil'stvo)。市长非法监禁和折磨无辜者以勒索赎金的指控很常见,特别是在西伯利亚,其中一些赎金金额颇高,达到二三十卢布甚至更多。如果臣民愿意指控他们是这种敲诈勒索的受害者,就有可能令市长获罪,被剥夺地位或施以鞭刑,并且被迫赔偿受害者,同时向国库缴纳罚款。

　　不过,仍有各种常见的礼品交易具有贿赂的效果,可以换得某种形式的官方影响力,却不属于明显的不公正拉拢行为抑或来自明显的敲诈勒索。法律依然认可请愿者有权自愿向官员提供费用(pochesti)和谢礼(pominki),要求加快处理他们的请求或对官员所提供的服务表示感谢。事实上,这些费用和谢礼是官员们普遍接受的收入项目,以至于传统上需要处理大量案件或请愿的特定衙门职员通常会得到较低的工资待遇,因为他们所在的职位更方便获取赠礼来补充其工资。这些职员自然开始期望凭提供特定服务获取相应的礼物,他们开始制订自己的费用表,而这种收费行为又因为类似"供养"传统而获得了正当性。它甚至得到了"事功供养"(kormlenie ot del)的名号。①《会议法典》只在一种情况下将收取谢礼等同于受贿罪:军队指挥官为了换取谢礼解散部队。

　　这意味着哪怕是在司法领域,只要给予者和接受者共谋,将贿赂伪装成无辜的谢礼就很容易。而即便这样一场交易中出现了受害方,他也会发现自己很难证明贿赂换得了某一原本不会得到的判决。

　　在难以区分无辜的礼物和腐败的贿赂问题上,莫斯科公国法律并不唯一。这个问题在近代早期欧洲的其他地方也一直存在,尤其是那些官员至少部分地依赖小费和谢礼作为收入的地方。一方面,莫斯科不能忽视腐败问题,因为它破坏了中央控制和官僚纪律,使得君主为其臣民提供保护和救济的宣言丧失信誉,所以社区对异常恶劣的官员腐败的投诉有机会得到特别调查。另一方面,莫斯科认识到官员的薪酬在一定程度上取决于"供养"、小费和谢礼,因此它不能以可能刺激贿赂或勒索为由,对一切形式的礼物采取激进的"零容忍"政策。结果是莫斯科不断收到集体请愿书,抱怨中央衙门和市长办公室总体上仍然太容易受到"强势者"的贿赂,外国观察者〔奥莱利乌斯、迈尔伯格(Mayerberg)、佩里(Perry)〕也依然认为出售判决是莫斯科公国法庭的常见做法。

　　社区对市长办公室贿赂行为的态度可能是矛盾的。很多时候,当贿赂与他们自己的利益相违背时,社区就有理由谴责它;但是同"供养"一样,它也有可以被利用的机会。贿赂是损害还是服务于社区利益,取决于当地市场的结

---

① Demidova, *Sluzhilaia biurokratiia*, pp. 141-142.

构是否拥有可以收买的政府服务。如果市长和他的工作人员为自己设定的收买费率足够便宜，并且贿赂可以在低风险下进行，那么贿赂经济就会经历一定程度的平民化，那些收入和地位中等的人也可以购买到一些精英们理所当然地享受的好处。在行贿风险更大、贿赂价格更高的地方，只有社区中富有的强势人群才有可能购买服务——他们可能利用这些服务来掠夺弱势的邻居。在一些情况下，社区可以通过增加集体"供养"价值来抵制当地强势者的贿赂，否则，社区的唯一手段就是向中央衙门请愿，要求进行调查。

　　前往莫斯科亲自递交请愿书的通常仅限于获得市长通行证的人。一些衙门只在圣诞节期间接见上访者。1649 年以后，绕过衙门直接向沙皇请愿被定为非法。但是，中央不能完全剥夺臣民反对地头蛇或渎职官员的请愿权。沙皇需要在一定程度上保护臣民免受官员渎职行为的伤害。这不是在限制他的专制权力，而是在加强它，因为通过清除违背他意志的渎职官员，沙皇强化并重新合法化了自己作为独裁者和一切正义与恩赐最终来源的权力。这是莫斯科国家这一时期"过渡"特征的另一个标志：当官僚中央集权策略失败时，它自由地回归到传统的君主专制中央集权，恢复沙皇的个人宗法权威。因此，君主通过特别恩赏邀请臣民表达对即将卸任的市长的不满；被发现撤销反对自己的请愿的市长可能因反沙皇罪被起诉；指控市长及其下属滥用权力、背叛君主利益（gosudarevo delo）的请愿者可以绕过市长，不用他的通行证就亲自到莫斯科向衙门请愿。

第二十一章 莫斯科公国的战争与和平

布莱恩·戴维斯

16 世纪末,莫斯科公国的领土面积达到 540 万平方千米,人口约 700 万。其领土和人口在"混乱时期"大幅缩减,因为西北部和西部遭到瑞典或波兰的侵占,而莫斯科控制的南部大部分地区也受到哥萨克叛军以及鞑靼人的挑战。然而到了 1678 年,莫斯科公国的领土已经翻了三番,人口数量得以恢复,并增加至大约 1 050 万。[1]

大部分领土扩张发生在乌拉尔山脉以东地区,那里人烟稀少,并未出现太多抵抗。莫斯科公国势力的复苏体现在南部草原边疆,以及西南部和西部地区。通过长期的战争、军事殖民与更为熟练的外交手段,罗曼诺夫王朝早期的沙皇们收复了斯摩棱斯克和谢韦尔斯克,将基辅和东乌克兰划为保护国,公国的南部边界从森林-草原地带拓展至草原腹地。在这一过程中,莫斯科公国的两个宿敌——波兰-立陶宛联邦和克里米亚汗国深感自身军事和外交实力的极大削弱。另外两个更强大的挑战者——瑞典和奥斯曼帝国也与莫斯科公国交战,只是持续时间相对较短,结果也是喜忧参半(莫斯科未能控制利沃尼亚沿岸,但在左岸乌克兰成功抵御了奥斯曼帝国的进攻)。莫斯科公国逐渐被承认为欧洲北部和东北部的一个强国,这一点在 17 世纪 20 至 30 年代瑞典和奥斯曼帝国邀请它加入对抗波兰-立陶宛联邦和神圣罗马帝国的联盟,以及 17 世纪 80 年代波兰和奥地利试图将其纳入神圣同盟中得到了清晰的体现。

莫斯科公国之所以能够从"混乱时期"被外国势力占领的屈辱历史中恢复,并成长为一个强国,很大程度上得益于它掌握了忍耐的艺术:它最大的收获来自等待,直到地缘政治时机适于利用对手的弱点,以及投入长期的精力探

---

[1] Ia. E. Vodarskii, *Naselenie Rossii za 400 let* (Moscow: Prosveshchenie, 1973), pp. 27-28; Richard Hellie, *Slavery in Russia*, *1450-1725* (Chicago: University of Chicago Press, 1982), pp. 1-2.

索如何克服调兵和用兵过程中的摩擦。

一、复苏与复仇(1613—1634 年)

沙皇米哈伊尔政府面临的首要任务是确保政权的存续。瑞典人仍然占领着诺夫哥罗德,国王古斯塔夫二世·阿道夫(King Gustav II Adolf)决意占领莫斯科公国西北部从纳尔瓦至普斯科夫的地区,把持卡累利阿(Karelia),攻取远至阿尔汉格尔的白海沿岸,并将自己的兄弟卡尔·菲利普送上莫斯科的皇位。哥萨克人的叛乱也是一个威胁:虽然 1614 年扎鲁特斯基的哥萨克军队在伏尔加河下游被消灭,但波摩尔耶(Pomor'e)出现了一支由巴罗夫尼亚(Balovnia)领导的新哥萨克军队。波兰-立陶宛联邦还是一个致命的威胁:西吉斯蒙德三世坚持自己向莫斯科进军的计划,好让他的儿子瓦迪斯瓦夫加冕为沙皇,为了实现这一目标,乔德凯耶维奇和瓦迪斯瓦夫带领的波兰军队在斯摩棱斯克准备就绪。利索夫斯基(Lisowski)的哥萨克部队、波兰军队以及外国雇佣兵在奥廖尔和卡卢加与莫斯科军队交战。

幸运的是,古斯塔夫·阿道夫对普斯科夫的长期围攻于 1616 年初失败了。在荷兰和英国外交官的怂恿下,他将注意力转向针对波兰-立陶宛联邦的作战计划,以此协助新教的事业,弱化哈布斯堡王朝在中欧的势力。在约翰·梅里克(John Merrick)的调停下,一项俄国-瑞典和平条约于 1617 年 2 月在斯托尔博沃签署。条约规定古斯塔夫·阿道夫放弃诺夫哥罗德,将其与旧鲁萨、波尔霍夫(Porkhov)、苏梅尔斯克(Sumersk)一同归还给沙皇;作为回报,沙皇割让了科列拉、科波尔、奥列谢克、雅姆和伊凡哥罗德,从而放弃了通向波罗的海的直接贸易通道。瑞典控制了利沃尼亚至芬兰的波罗的海沿岸。[①]

1618 年初秋,波兰人进犯莫斯科。乔德凯耶维奇和瓦迪斯瓦夫从莫扎伊斯克向莫斯科进发,同时另一支由萨盖达齐内(Sahaidachnyi)率领的乌克兰哥萨克部队从南部前来。9 月,他们在莫斯科城门前被击溃,但是担心反攻的沙皇米哈伊尔政府要求停战。1618 年 12 月,双方在杰乌利诺签署了为期 14 年

---

① G. A. Sanin et al. (eds.), *Istoriia vneshnei politiki Rossii: Konets XV-XVII vek* (Moscow: Mezhdunarodnye otnosheniia, 1999), pp. 218-219.

的停战协定。该条约的内容对莫斯科更为严苛：罗斯包括斯摩棱斯克、切尔尼戈夫、谢韦尔斯克大部分地区在内的西部领土，合计约 30 座城镇被割让给波兰-立陶宛联邦，使其东部边境延伸到维亚兹马、勒热夫（Rzhev）和卡卢加（1618 年俄国的西部边境见地图 21.1）。瓦迪斯瓦夫继续要求俄国的沙皇之位。①

斯托尔博沃和杰乌利诺条约至少为莫斯科赢得了重建和重整军备的时间。莫斯科的重建分为两个阶段。第一阶段（1613—1618 年），波雅尔杜马与缙绅会议一同恢复基本秩序，重新确立衙门对城镇长官的控制，为之前没有管理者的城镇任命长官，镇压各地的土匪活动，招募哥萨克武装，为赋税和民兵征收施加压力，并增收额外税款用于未来重建。第二阶段（1619—1630 年）由年轻沙皇强势的父亲费拉列特牧首（F. N. 罗曼诺夫）领导，他被囚禁在波兰 9 年，刚刚回到莫斯科。第二阶段在进一步力图实现上述目标的同时，也试图恢复和提升战争中的资源调动能力。费拉列特优先恢复国有土地和近郊社区的人口，增加纳税人数，更新地籍簿，复原欠款与未来常规税款的记录，授予欧洲商人贸易特权，以及重建衙门对军事用地和军饷的管理。两个阶段中，均在确保交换免费过境贸易权的来自英国、荷兰、丹麦以及波斯的大量贷款时，经历过不成功的尝试。

费拉列特坚定地投身于收复失地运动，力图取回"混乱时期"落入波兰-立陶宛联邦之手的罗斯西部领土。对于费拉列特来说，收复斯摩棱斯克尤为重要，因为这座宏大的要塞控制着从边境到莫斯科的主要通路。然而，在他执政的最初几年，政府对此无能为力。重建工作必须被置于优先地位，因此外务衙门内存在着反对战争的意见。而且，费拉列特无法获得瑞典和奥斯曼帝国一同对抗波兰-立陶宛联邦的保证。奥斯曼帝国在霍京战役（Chocim，1621 年）中失败后，与波兰人达成了和平协议，努力阻止克里米亚可汗入侵波兰-立陶宛联邦领土。古斯塔夫·阿道夫对与莫斯科公国结盟抱有兴趣，但是他提出的贸易让步条件过高，以至于莫斯科难以接受。

然而，17 世纪 20 年代末，机遇最终出现了。古斯塔夫·阿道夫与波兰人的战争以休战告终，荷兰人和法国人迫使他在阿尔特马克（Altmark，1629 年）

---

① G. A. Sanin et al. (eds.), *Istoriia vneshnei politiki Rossii: Konets XV-XVII vek* (Moscow: Mezhdunarodnye otnosheniia, 1999), p. 220.

芬 兰

奥内加湖

波罗的海

芬兰湾

科列拉

拉多加湖

伊凡哥罗德

别洛奥焦尔

利沃尼亚

楚德湖

诺夫哥罗德

普斯科夫

特维尔

波洛茨克

勒热夫

莫斯科

斯摩棱斯克

维亚兹马

波 兰 -
立 陶 宛

卡卢加

诺夫哥罗德-谢韦尔斯克

切尔尼戈夫

基辅

[//////] 1617年割让给瑞典的领土

[\\\\\\] 1618年割让给波兰-立陶宛的领土

0   100   200   300   400 km

地图 21.1　1618 年俄国的西部边境

签署和平协议,将军队指向德意志北部。为了能够集中力量对付德意志人,古斯塔夫・阿道夫需要保证波兰不会撕毁停战协定,将其卫戍部队撤出利沃尼亚和普鲁士公爵领地。如果莫斯科公国进攻东立陶宛收复斯摩棱斯克,就能转移波兰人的注意力,从而防止上述情况的出现。

1630 年,古斯塔夫派往莫斯科的使臣莫尼耶(Monier)与莫斯科公国达成了一份对瑞典在德意志地区的作战具有巨大潜在利益的商业协定。瑞典将有权每年免税购买莫斯科 50 000 夸脱的黑麦,以便在阿姆斯特丹转卖。鉴于战争破坏了波罗的海地区的传统粮食贸易模式,这将为瑞典带来巨额利润,作为回报,瑞典将向莫斯科出口武器,支持其对波兰-立陶宛联邦的攻势。莫尼耶协议为活跃的瑞典-俄国联盟铺平了道路。到 1632 年,奥斯曼帝国与克里米亚鞑靼人加入该联盟,使其暂时成为一个范围更广的同盟。因而,费拉列特收复斯摩棱斯克的战争成了一场更具野心的同盟战争的一部分,所针对的对象扩展至德意志、匈牙利以及波兰-立陶宛联邦的南部和东部前线。①

1630 年,莫斯科政府开始通过给予优厚待遇雇佣来自瑞典、荷兰和苏格兰的士兵,采用尼德兰联邦(United Provinces)与瑞典军队的有效战术,训练新的外国部队(inozemskii stroi)。莫斯科公国的农民民兵、哥萨克人、见习中等服役阶级骑兵以及不同社会阶层的志愿兵组成了六个步兵团(soldaty)、一个重骑士枪兵团(reitary)和一个龙骑兵团(draguny)。在 1632—1634 年的斯摩棱斯克战役中,这些军团构成了约半数的军事力量。不同于传统的编制部队,新军团的装备和薪金由国库支付——事实上其成本很高,1633 年仅维持 6 610 名步兵的花费就超过了 129 000 卢布。② 不过,这种对欧式武装的高昂投入是必要的,因为不久前的波兰-瑞典战争促使波兰-立陶宛联邦开始扩充自身的外国部队(cudzoziemski autorament),并对其进行现代化改造。

1632 年 4 月,西吉斯蒙德三世去世,出现了一个过渡时期。在费拉列特看来,这一过渡期将持续数月,为发起收复斯摩棱斯克的战役提供窗口机遇。因此,费拉列特的入侵于 1632 年 8 月开始,M. B. 沙因(M. B. Shein)所率领的

① B. F. Porshnev, *Muscovy and Sweden in the Thirty Years War*, *1630-1635*, ed. Paul Dukes and trans. Brian Pearce (Cambridge: Cambridge University Press, 1995), pp. 28-35.

② A. V. Chernov, *Vooruzhennye sily Russkogo gosudarstva* (Moscow: Ministerstvo oborony SSSR, 1954), pp. 114-115, 157-158; Richard Hellie, *Enserfment and Military Change in Muscovy* (Chicago: University of Chicago Press, 1971), pp. 168-172.

29 000 名士兵进入立陶宛。10 月,沙因成功攻取了二十余座城镇,并包围了他的主要目标——斯摩棱斯克。然而随后,俄国的攻势陷入停滞。泥泞的道路致使沙因的重型火炮无法及时送达。1633 年 2 月,瓦迪斯瓦夫四世加冕,立刻集了 23 000 名士兵以解放斯摩棱斯克。由于沙因的部队忽视了他们的要塞包围线,瓦迪斯瓦夫的军队于 1633 年 8 月将围城部队包围。1634 年 1 月,沙因请求停战,以便残余部队撤离。由于莫斯科并未批准停战,加之战争失败需要替罪羊,波雅尔杜马以叛国罪起诉沙因,将其斩首。①

继续与波兰-立陶宛联邦作战是不可能的。1633 年 10 月,战争的总设计师费拉列特牧首去世;古斯塔夫·阿道夫于 1632 年 11 月亡于吕岑(Lutzen)会战,波美拉尼亚(Pomerania)的瑞典军队陷入更易受到波兰进攻的境地;莫斯科也不再能够寄希望于奥斯曼帝国的援助,因为内部叛乱和与波斯的战争阻碍了奥斯曼苏丹于 1634 年春入侵波兰的计划。最重要的是,莫斯科再次面临来自克里米亚汗国的威胁——与其说这一威胁来自可汗贾尼别克·吉列亦(Khan Janibek Girey),不如说来自部分克里米亚鞑靼首领和贵族。由于克里米亚连年歉收,爆发严重通货膨胀以及内战,致使他们迫切渴望掠夺。1632 年春夏,约 20 000 名鞑靼人洗劫了莫斯科公国南部地区。1633 年,他们的力量更强,超过 30 000 名鞑靼人这次绕过大阿巴提斯防线(Abatis Line),越过奥卡河,进入莫斯科公国的核心地带,在谢尔普霍夫、科洛姆纳、卡什拉(Kashira)和梁赞抓获了数千名俘虏。这次入侵可能对沙因在斯摩棱斯克的战败产生了影响,家乡遭受鞑靼袭击的士兵们大量弃军逃跑。

1633 年 11 月,外务衙门与波雅尔杜马已经决定寻求停战。然而,由于沙因在斯摩棱斯克投降,莫斯科无法要求波兰人撤出斯摩棱斯克和多罗戈布日(Dorogobuzh)作为和平条件。因此,1634 年 6 月 4 日在波利亚诺夫卡(Polianovka)签订的停战条约导致斯摩棱斯克、切尔尼戈夫以及谢韦尔斯克落入波兰人之手。费拉列特收复罗斯西部领土的计划失败了。对于莫斯科公国而言,瓦迪斯瓦夫四世放弃莫斯科皇位,多少挽回了一些损失,瓦迪斯瓦夫想要通过战争实现这些要求已经不再现实。

---

① 关于斯摩棱斯克战争的记载,参见 E. D. Stashevskii, *Smolenskaia voina 1632‐1634. Organizatsiia i sostoianie moskovskoi armii* (Kiev, 1919); and William C. Fuller, Jr., *Strategy and Power in Russia, 1600‐1914* (New York: Free Press, 1992), pp. 7‐14。

二、克里米亚汗国与顿河哥萨克军团

《波利亚诺夫卡和约》签订后，和平持续了 20 年。波兰-立陶宛联邦和莫斯科公国都未重启战争，因为双方都意识到同时进行的军事改革使得它们达成了大致的平等。1634 年之后，瓦迪斯瓦夫四世受困于瑞典人与乌克兰的哥萨克动乱，并为拖欠军队薪金和国内富豪对于皇室军事专制的恐惧感到忧虑。

《波利亚诺夫卡和约》之后，莫斯科不再寄希望于来自瑞典的积极支持。古斯塔夫·阿道夫指望用来补贴瑞典军事行动的俄国廉价粮食出口被削减了，瓦迪斯瓦夫四世能够更加自由地集中兵力，对抗波罗的海沿岸的瑞典驻军；与此同时，与瑞典一同对抗神圣罗马帝国的大部分同盟者都在寻求与斐迪南二世（Ferdinand II）和解。因此，奥克森谢尔纳（Oxenstierna）开始从德意志地区撤出瑞典军队，以便应对波兰或丹麦可能在波罗的海前线某处发起的进攻。克里斯蒂娜女王（Queen Christina）的其他摄政更为警惕，做出了一系列重要让步，包括瑞典军队撤出普鲁士，以达成与波兰-立陶宛联邦的停战协定［《斯图姆斯多夫条约》(Treaty of Stuhmsdorf)，1635 年］。

波罗的海地区力量平衡的转变，使得莫斯科公国有必要从欧洲北部的事务中脱身，并对瑞典和波兰-立陶宛联邦保持谨慎中立。总体而言，莫斯科坚持了这一路线，只在 1643 年发生了偏离：为了劝说莫斯科加入对抗瑞典的联盟，丹麦和波兰-立陶宛联邦提出沙皇米哈伊尔的女儿伊琳娜和丹麦王储瓦尔德马尔（Waldemar）联姻。加入这个联盟本是不明智的，因为此时瑞典的军事实力已经通过与法国结盟，借助法国的慷慨援助得到恢复、加强。幸运的是，沙皇和他的大臣们及时认识到了这一点，当时，托尔斯滕森（Torstensson）率领的瑞典军队在瓦尔德马尔到达莫斯科前夜入侵，并击溃了丹麦。沙皇立刻放弃了这桩婚事，甚至将瓦尔德马尔软禁，证明不再听从丹麦的劝诱，以此安抚瑞典人。

由于在波罗的海和罗斯西部边疆没有扩张领土或影响力的机遇，1635—1654 年间，莫斯科公国的全部外交和军事活动几乎都是围绕保卫南部边疆，应对克里米亚汗国的威胁的。

将克里米亚问题置于优先位置是符合逻辑且必要的，因为此时的克里米亚汗国比以往任何时候都更具危险性，其行为难以预测，遏制它的传统方式愈发不起作用。1632—1633 年,克里米亚鞑靼人入侵莫斯科公国南部和中部地区,这表明可汗正在失去对手下首领以及诺盖盟友的控制。后者违抗可汗的命令,调动相当于可汗大军的兵力攻击莫斯科公国边境城镇。此外,当时的莫斯科已经不再能够指望依靠传统外交方式——请求奥斯曼苏丹约束克里米亚可汗——阻止克里米亚的侵略,因为克里米亚贵族反对奥斯曼帝国的情绪与日俱增,甚至出现分离主义思想,为了保住自己的权力,可汗不得不迎合这种思潮。①

与此同时,莫斯科还失去了对钦察草原(Kipchak steppe)上附庸政权的大部分影响力。莫斯科无法指望忠诚的诺盖首领来抵抗克里米亚汗国,因为大诺盖汗国正处于分裂状态,许多分支被入侵的卡尔梅克人赶至伏尔加河西岸,被迫与克里米亚鞑靼人和小诺盖部落结盟。顿河哥萨克人对克里米亚汗国和奥斯曼宫廷充满敌意,但也随时准备在利益出现分歧时公然反抗莫斯科。1633 年,当被征召支援离开阿斯特拉罕、远征小诺盖部落时,他们频频推诿,并且一再无视莫斯科停止对克里米亚和奥斯曼帝国海上袭击的要求。顿河哥萨克人的劫掠不仅可能招致克里米亚鞑靼人的反攻,而且可能引来土耳其人的报复。但是莫斯科对此无能为力,减少每半年送往顿河的现金和物资补助(顿河运输,Donskoi otpusk)反而更招惹哥萨克人袭击,以弥补收入的损失。事实上对于莫斯科而言,这一时期附属国的独立政治-军事行动几乎构成了与克里米亚汗国敌对同等严重的问题。

由于外交收效甚微,南部边疆的安全愈发依赖军事措施:恢复对森林-草原以及草原地带的大规模军事殖民,利用新的、更具成本效益的人力资源;加强和延长防御线;实验新型军队设置和战术,对指挥和控制进行重组;更加关注小规模防御行动,向顿河下游派遣小股部队,对克里米亚鞑靼人施加压力,同时加强莫斯科对顿河哥萨克军团的控制。

在斯摩棱斯克战争中,全体边防力量和梁赞的军团人数锐减至 5 000 人左右。目前其数量显著增加,1635 年达到 12 000 人,1636 年达到 17 000 人。这使得边防部队和梁赞军团能够更轻松地互相支援,也令主力部队(Bol'shoi polk)终于得以发动正面攻势,从图拉向南进发,解放大阿巴提斯防线以南的城

---

① Mykhailo Hrushevsky, *History of Ukraine-Rus'*. Vol. VIII: *The Cossack Age*, *1626-1650* (Edmonton: Canadian Institute of Ukrainian Studies, 2002), pp. 179-180; A. A. Novosel'skii, *Bor'ba Moskovskogo gosudarstva s tatarami v pervoi polovine XVII veka* (Moscow: AN SSSR, 1948), pp. 245-248.

镇。军事衙门也对大阿巴提斯防线进行了全面检查,并在 1638—1639 年派 20 000 人重建了约 600 千米的防线。守卫修复后的大阿巴提斯防线的人员包括外国步兵和龙骑兵,其中一些人来自参加过斯摩棱斯克战争的部队,其他人则多是新入伍的士兵。虽然只是季节性部署,但是这一行动开创了对抗鞑靼人的南部前线聘用外国军事力量的先例。[1]

超出大阿巴提斯防线的军事殖民活动重新启动,目的是在奥卡河以南更远地区建立外缘要塞。1635—1637 年,一些新的要塞城镇建成,包括切尔那夫斯克(Chernavsk)、科兹洛夫(Kozlov)、上洛莫夫(Verkhnii Lomov)、下洛莫夫(Nizhnii Lomov)、坦波夫(Tambov)、乌谢尔德斯克(Userdsk)、亚布隆诺夫(Iablonov)、叶夫列莫夫(Efremov),它们大多位于东南部地区,目的是保卫领土免受来自诺盖之路的威胁。一道起自科兹洛夫、直抵切尔诺瓦河(Chelnova River)的草原土城墙,有效阻止了鞑靼人沿诺盖之路的攻击。1637 年初,沙皇和杜马拨款 111 000 卢布,在西南部建立类似的要塞城镇和草原城墙,以阻止鞑靼人向穆拉夫斯基(Muravskii)、伊久姆斯基(Iziumskii)和卡尔缪斯基(Kal'miusskii)一线移动。这些新的城镇和草原城墙十分接近,因此将其与先前建设的草原城镇别尔哥罗德连接起来并非难事,它们组成防御网络,成为未来别尔哥罗德防线的核心部分。[2]

军事衙门希望尽可能迅速且低成本地稳定这些新的要塞城市,因此采用了新的军事殖民方法和形式。他们通过放宽入伍的社会标准调集了数千名志愿者,甚至征召了由于贫困或灾难成为地主佃农的原士兵,还改变了归还逃亡农民的标准和庭审程序,因而使地主重获非法南逃至要塞城镇的佃农变得更加困难。波兰-立陶宛联邦乌克兰地区的叛乱迫使数以千计的乌克兰难民逃至莫斯科公国南部,其中许多人被安置在西南部新的特别军事殖民地,如别尔哥罗德和瓦卢伊基以南的草原地带,后称"斯洛博达乌克兰"[3]。另一些难民则被分配至别尔哥罗德防线的新要塞城市,向东远至科兹洛夫。他们对待哥萨克人的经验,以及在研磨、提纯和平地犁耕作方面的技术,极大地促进了莫斯科公国顺利向南部草原殖民。军事衙门做出了一项对莫斯科公国南部社会史

① A. I. Iakovlev, *Zasechnaia cherta Moskovskogo gosudarstva v XVII veke* (Moscow: Tipografiia G. Lissnera i D. Sobko, 1916), pp. 45-46, 57, 62-63.

② V. P. Zagorovskii, *Belgorodskaia cherta* (Voronezh: Voronezhskii gosudarstvennyi universitet, 1969), pp. 93-94.

③ 斯洛博达意为定居区,见第二十五章。——译者注

影响深远的决定,不再在新的南部边疆地区复制过去常见于莫斯科公国中北部的中层服役阶级(拥有产量超过每块地 200 夸脱的服役封地和佃农的服役地主)。相反,军事衙门重组了中层服役阶级,使其适应南部边疆的经济和军事条件,在身为服役地主的同时也是独院小地主(odnodvortsy)和自耕农(siabry)的群体也被纳入其中。他们拥有的服役封地和分配土地比例低得多,没有佃农劳动力,并且在村镇公社管理的集体配给土地中拥有自己的份额。

这些加强南部边境防御的措施帮助俄国预计到了 1637 年春的危机——当时,顿河哥萨克人杀害了奥斯曼外交官福马·坎塔昆津(Foma Cantacuzene),包围并夺取了奥斯曼要塞亚速(Azov)。由于可汗伊纳耶特·吉列亦(Inaet Girey)的部队大多正在布贾克(Bucak)与可汗帖木儿作战,而苏丹穆拉德四世(Sultan Murad IV)正深陷波斯和匈牙利的战争,亚速在面对顿河哥萨克人时骤然变得毫无防备。顿河军团获得了占领亚速的正当理由,因为他们的卫戍部队在顿河哥萨克人于顿河下游建立居民点时协助抵御了鞑靼人的进攻。此外,哥萨克首领伊凡·卡托尔日内(Ataman Ivan Katorzhnyi)或许也已算计到,掌控了亚速,他在沙皇面前便有了更大的筹码,可以要求更加慷慨的待遇以及更多哥萨克运输补贴。然而,莫斯科并没有理由批准其占领亚速。驻守亚速的奥斯曼部队势单力薄,不足以对莫斯科公国南部城镇造成威胁,但是作为绊脚石,却能够给予苏丹足够的理由直接报复顿河哥萨克人或莫斯科的侵略。如果苏丹产生了莫斯科是进攻亚速的帮凶的印象,那么莫斯科在亚速和卡法的贸易就会受到打击,甚至可能被拖入与土耳其宫廷的战争。

因此,只要顿河哥萨克人占据着亚速(1637—1642 年),莫斯科就奉行巩固南部边界防御的政策,同时利用外交手段避免沙皇因危机而遭受指责。沙皇米哈伊尔给顿河军团送去了一些粮食和军需品,但是拒绝派兵将亚速置于其保护之下。1642 年召开的缙绅会议全力支持战争,沙皇米哈伊尔并不理会,在莫斯科使者遭受虐待的情况下,反而恢复了对克里米亚可汗的进贡。沙皇先派使团拜见苏丹穆拉德四世,1640 年穆拉德四世去世后,又派使节谒见苏丹易卜拉欣(Sultan Ibrahim),澄清谋杀坎塔昆津和夺取亚速都是强盗所为,"原因未知……没有我们的指令"①。1641 年 6—9 月,一支由锡利斯特里亚帕夏(pasha of Silistria)领导的奥斯曼大军包围了亚速的哥萨克人。尽管未能成功

---

① S. I. Riabov, *Voisko Donskoe i rossiiskoe samoderzhavie* (Volgograd: Peremena, 1993), p. 24.

夺回亚速,但这清楚地表明了收复亚速对苏丹易卜拉欣的重要性。因而当易卜拉欣于 1642 年 3 月向莫斯科发出最后通牒时,沙皇米哈伊尔答应并命令顿河哥萨克人撤离亚速。奥斯曼军队于 1642 年 9 月再次占领了亚速,并加强了驻防力量。

莫斯科公国因而避免了与奥斯曼帝国的战争。新进驻亚速的土耳其军队对顿河哥萨克定居点进行了报复性袭击,但并未波及莫斯科公国南部边疆城市。1637 年和 1641—1643 年,由于饥荒和牲畜疫情,克里米亚鞑靼人攻入莫斯科公国南部地区,实施具体行动的只有权贵和王公们,伊纳耶特·吉列亦的继任者巴哈德尔·吉列亦(Begadyr Girey,1637—1641 年在位),以及马哈麻·吉列亦(Mehmed Girey,1641—1644 年在位)都已无法控制克里米亚贵族。

然而,莫斯科和奥斯曼的关系遭到了严重破坏。顿河哥萨克人在亚速附近重建了要塞和定居点,再次对土耳其军队发起袭击。苏丹易卜拉欣要求沙皇将哥萨克军团迁离顿河下游,但沙皇无力完成。新的克里米亚可汗伊斯拉姆·吉列亦三世(Islam Girey III,1644—1654 年在位)决定,制服克里米亚贵族的最好办法是与奥斯曼苏丹重新结盟,并主导了对波兰-立陶宛联邦和莫斯科公国的入侵。1644 年夏,20 000 名鞑靼人进攻波兰-立陶宛联邦,另外 20 000 人则横扫了莫斯科公国南部,带走约 10 000 名俘虏。次年,又有 6 000 名莫斯科人被虏获。苏丹易卜拉欣默许了这些行动。[①] 通过纵容伊斯拉姆·吉列亦三世,并且威胁奥斯曼将直接实施军事报复,易卜拉欣得以阻止波兰同莫斯科和解。1646 年,瓦迪斯瓦夫四世重新与奥斯曼宫廷媾和,并恢复对可汗进贡。

因此,莫斯科必须加大对南部边境防御体系的投入。1644—1645 年,鞑靼人的进攻利用了这一系统的特殊弱点:南方外征军团缺乏统一的指挥,军事衙门的指挥权过度集中;外征军团(仍沿大阿巴提斯防线驻扎)无法对南部地区提供前卫防御;别尔哥罗德防线上存在巨大缺口,尤其是在沃罗涅日和科兹洛夫、季哈亚索斯纳河与奥斯科尔河(Tikhaia Sosna and Oskol' rivers)之间的部分;以及莫斯科无法阻止顿河哥萨克人的袭击,进而激怒了鞑靼人和土耳其人。

沙皇阿列克谢·米哈伊洛维奇的新政府于 1646—1654 年分别强调了以

---

① Hrushevsky, *History of Ukraine-Rus'*, vol. VIII, pp. 264-268.

上问题。新一批驻防城镇建成，并与别尔哥罗德防线连接。到 1654 年，大部分缺口已经得到修补。至 1658 年，防线沿着南部森林-草原边界不断延伸，从沃尔斯克拉河沿岸的阿赫特尔卡（Akhtyrka）直到其东 800 千米的切尔那夫斯克（Chelnavsk）。政府还建设了第二条长达 500 千米的防线，从切尔那夫斯克一直到伏尔加河。别尔哥罗德防线或其后方共有 25 座驻防城镇，数以千计的小地主、哥萨克士兵和射击军已在这些新的驻防区的农田上定居。

1646 年，之前曾被部署到北方边境地区和梁赞军团的士兵，被重新安排至别尔哥罗德防线沿线的南部新边疆地区。大部队、先头部队和后卫部队每年春天驻扎在利夫内、库尔斯克和叶列兹，6 月转移至别尔哥罗德、卡尔波夫和亚布隆诺夫。驻扎在大阿巴提斯防线以南的卫戍力量和小型野战部队不必北向与部队会合，而是可以向南在别尔哥罗德防线上加入他们。

这又导致了别尔哥罗德防线沿线新的"命令与管控"实践的出现。由于南部驻军在加强军事行动方面如今扮演着更重要的角色，因此对于别尔哥罗德的兵团司令官而言，进行全年的行动和后勤管理就变得十分必要，管理对象是别尔哥罗德军事区内的所有部队，包括卫戍部队和别尔哥罗德军团。南部驻防城镇的长官因而在军务中（渐渐扩展至更广泛的行政事务）逐渐处于从属地位，服从于别尔哥罗德的指挥官，军事衙门得以将此前集中在莫斯科的后勤资源和监管权力移交至此。到 1653 年，大别尔哥罗德防线成为地区军事管理处（Belgorodskii razriad），独立于别尔哥罗德或库尔斯克的军团指挥部运作。十三年战争期间，这一地区军事管理的新原则变得更加重要：类似的领土管理处在西北部前线的诺夫哥罗德和斯摩棱斯克组建，而别尔哥罗德管理处最西部的区域成为独立的谢夫斯克管理处。

斯摩棱斯克战争之后，大部分花费昂贵的外国军团都被解散。1638 年、1639 年和 1642 年，几千名外国步兵和龙骑兵在大阿巴提斯防线巡逻，但每年进行部署并不符合成本效益。1646 年，政府决定将外国军队作为南部边境防御体系中一个重要的永久组成部分。许多官员是从国外雇用的，特别是荷兰；关于步枪和长矛训练的"战争之书"（kriegsbuch）被翻译成俄语，帮助训练俄国的步兵；一项旨在以家庭为单位招募士兵的新人口普查展开，而不再从住宅区域出发；沙皇阿列克谢还采纳了军事衙门的建议，南部驻军不再依赖不定期征召的农民民兵保卫别尔哥罗德防线，而是将整个农民社区作为"定居的"龙骑兵和步兵安置在常备军中，外国军官全年在村庄中对其进行训练。在科玛里茨卡亚地区,1646 年有 5 125 名农民被编入三个龙骑兵团;次年,科兹洛夫以西、沃罗涅日河沿岸的几个作为私有世袭地产的村庄也同样被编入了龙骑兵团。①

1648 年,波格丹·赫梅利尼茨基在乌克兰领导了新一次的哥萨克起义。他们与克里米亚鞑靼人结盟,致使波兰军队在若夫季-沃季(Zhevty Vody)和科松(Korsun')遭遇毁灭性失败。1652 年 5 月,在巴季(Batih)对波兰军队的又一次屠杀使得赫梅利尼茨基控制了乌克兰的大部分土地,西部远至波多里亚的卡缅涅茨(Kamienets in Podol'ia)。这一状况凸显出莫斯科和乌克兰叛军结盟的前景,也导致与波兰-立陶宛联邦在乌克兰和白俄罗斯爆发战争的可能性增加。于是,军事衙门开始为南部外征军组织外国方阵,目的并不单单是本地防御。亚布隆诺夫组建了四个步兵团(8 000 人),而别尔哥罗德管理处征召来的则主要是来自 18 个南方区的非纳税人口。第二年,西北前线的斯摩棱斯克附近也设置了一些步兵团。②

莫斯科也采取了一系列举措加强对顿河哥萨克军团的控制。1644 年、1646 年和 1647 年,政府下发了更多顿河运输补贴;1646 年、1648 年,则尝试通过新派遣莫斯科人力"稳定"军心,使军团与莫斯科指导的行动绑定。1659—1662 年启动了更大规模的远征,沃罗涅日河与顿河上游的小型船队为其提供补给。尽管他们没有侵扰亚速,却与顿河哥萨克人一道在陆路和水路上袭击正沿梅尔特维-顿涅茨河(Mertvyi Donets)与卡兰察河(Kalancha)修建要塞的奥斯曼军队。1662—1671 年,顿河下游的莫斯科军队停止侵扰土耳其人,集中精力分配顿河运输货物,并且对顿河军团进行监视。

在所有这些顿河远征中,莫斯科都因饥饿、逃兵等遭受了严重损失,在对抗鞑靼人和土耳其人方面也未能取得什么成绩。但是它们给予了莫斯科军队在海陆行动方面宝贵的经验,并且开始实现对顿河哥萨克军团自由的限制。17 世纪 60 年代末,军团开始转型。莫斯科对别尔哥罗德防线的军事殖民引发了数千逃兵、逃亡农民向南迁移,进入哥萨克军团控制的地区。顿河的农业经济以及顿河运输所提供的资源无法保证这些人的生存。与此同时,莫斯科通过外交手段代表指挥官多罗申科(见下文)劝说苏丹和可汗停止攻击乌克兰,

---

① Brian Davies, "Village into Garrison: The Militarized Peasant Communities of Southern Muscovy", *RR*, 51 (1992): 481-501.

② Hellie, *Enserfment*, p. 193.

意味着莫斯科不再有能力对顿河哥萨克人劫掠克里米亚汗国或奥斯曼沿海城镇的行为施以制裁。由于被剥夺了在黑海掠夺的机会，一些哥萨克军团转而叛乱，并追随斯捷潘·拉辛在里海进行海盗活动，之后又加入反对首领科尔尼洛·雅科夫列夫（Ataman Kornilo Iakovlev）和莫斯科在伏尔加河下游驻军的起义。1671 年，拉辛战败，这导致哥萨克军团进一步屈服于莫斯科。[①]

三、十三年战争（1654—1667 年）

早在 1649 年，波格丹·赫梅利尼茨基就曾试图说服莫斯科支援他对抗波兰-立陶宛联邦的起义，并要求将乌克兰置于沙皇的保护下。当时，莫斯科对此并不感兴趣。将乌克兰作为保护国或附庸国并对其负责一直是莫斯科宏观战略的核心目标之一，但与乌克兰人一同对抗波兰-立陶宛联邦同时意味着与克里米亚鞑靼人对抗，而后者已经退出了与赫梅利尼茨基的同盟。然而到 1652 年末，沙皇政府却准备与赫梅利尼茨基结盟。赫梅利尼茨基在巴季的大胜，意味着莫斯科干预乌克兰将会面临的波兰军事威胁大大削弱，而乌克兰和莫斯科的外交官有希望说服克里米亚可汗重新加入对抗波兰的联盟。不过，1653 年 6 月沙皇阿列克谢接受赫梅利尼茨基的结盟提议，并且在 1654 年 1 月用《佩列亚斯拉夫尔条约》（Pereiaslavl' Treaty）将其正式化的根本原因与乌克兰关系不大，而更多的是出于莫斯科对立陶宛控制下的白俄罗斯的考量。波兰-立陶宛联邦与赫梅利尼茨基哥萨克军队的战争，致使立陶宛以及"混乱时期"被从莫斯科手中夺走的罗斯西部领土——斯摩棱斯克、谢韦尔斯克、切尔尼戈夫——仅有少量军队驻防。收复这些土地注定比 1632—1634 年容易得多，特别是赫梅利尼茨基许诺派遣数千哥萨克军队北向支援莫斯科的行动。此外，莫斯科方面也认为实现这一目标的窗口期正在流失：立陶宛大长官亚努什·拉齐维乌（Grand Hetman Janusz Radziwiłł）意识到可能遭遇莫斯科入侵，试图请求摩尔达维亚大公调解，订立波兰-立陶宛联邦与赫梅利尼茨基的哥萨

---

① 关于顿河远征，参见 V. P. Zagorovskii, "Sudostroenie na Donu i ispol'zovanieRossieiu parusnogo-grebnogo flota v bor'be protiv Krymskogo khanstva i Turtsii", Kandidatskaia dissertatsiia, Voronezhskii Gosudarstvennyi Universitet, 1961. 关于梁赞叛乱，参见 E. V. Chistiakova and V. M. Solov'ev, *Stepan Razin i ego soratniki* (Moscow: Mysl', 1988); and Michael Khodarkovsky, "The Stepan Razin Uprising: Was it a 'Peasant War'?", *JGO*, 42 (1994): 1-19。

克酋长国的和平条约。

因此,莫斯科介入乌克兰的决定存在冲动因素。莫斯科军队的战争准备是充分的:入侵立陶宛的行动经过了周密的计划,并且决定外国军队将构成立陶宛、乌克兰前线外征部队中的更大比重,为此引进了 40 000 名荷兰、瑞典火枪兵,更多征召兵力被编入别尔哥罗德管理处的步兵团。[①] 但是,将乌克兰置于莫斯科保护之下的完整战略结果尚不明显。在长达六年的战争中,波格丹·赫梅利尼茨基事实上在乌克兰建立了一个独立的哥萨克酋长国,正是赫梅利尼茨基的领导和外交技艺将这个酋长国团结在一起。在他手下的军官看来,《佩列亚斯拉夫尔条约》的目标就是建成赫梅利尼茨基所期待的松散邦联制的自治乌克兰,并且与莫斯科结为军事同盟。然而,一旦赫梅利尼茨基退出历史舞台,这个酋长国就会陷入哥萨克精英和民众的斗争,哥萨克人、城镇居民、农民之间,以及哥萨克军官和大型乌克兰城市驻军的莫斯科指挥官之间都会爆发矛盾。由于莫斯科承担着保卫乌克兰的任务,因此不可避免地获得了增加驻军的理由,从而得以要求乌克兰增加收入来源供给驻军,蚕食乌克兰的自由。此外,由于赫梅利尼茨基在 1648 年转投莫斯科之前,一直在追求一种富有想象力却复杂的外交政策,因而克里米亚鞑靼人、摩尔达维亚人、瓦拉几亚人、特兰西瓦尼亚人、奥斯曼人和瑞典人对乌克兰所发生的一切均有着利害关系。莫斯科公国成为乌克兰的保护国对其与这些国家的关系产生了严重影响,而乌克兰哥萨克人在对莫斯科的保护不再抱有幻想之后,也拥有了可以转向的其他盟友(成为奥斯曼-鞑靼受保护国、并入波兰-立陶宛联邦,以及后来成为瑞典的受保护国)。

1654 年 5 月 15 日,莫斯科军队入侵立陶宛白俄罗斯,并开进了东乌克兰地区。这场打头的军事行动的根本目的显然是收复斯摩棱斯克以及被立陶宛大公国侵占的西部罗斯领土。三个大型军团进入立陶宛领土:由沙皇本人指挥的 4 万大军,从维亚兹马行进至斯摩棱斯克;由 V. P. 谢列梅捷夫(V. P. Sheremetev)率领的 1.5 万人的第二部队,从大卢基(Velikie Luki)启程冲击波洛茨克和维特伯斯克;由 A. N. 特鲁别茨科伊(A. N. Trubetskoi)率领的另一支 1.5 万人的军队,由布良斯克向明斯克(Minsk)进发。L. 萨尔蒂科夫(L. Saltykov)率领一小支部队也从普斯科夫出发,赫梅利尼茨基派遣佐洛塔连科

---

① A. N. Mal'tsev, *Rossiia i Belorussiia v seredine XVII veka* (Moscow: MGU, 1974), p. 23.

长官(Colonel Zolotarenko)率领 2 万名乌克兰哥萨克人从南面入侵白俄罗斯。部署在乌克兰的莫斯科军队规模较小：以 A. V. 布图尔林(A. V. Buturlin)为首的 4 000 名士兵被派去增援佐洛塔连科，2 500 名士兵进驻基辅。另有 7 000 名莫斯科士兵在别尔哥罗德防线抵抗鞑靼人的进攻。[①]

　　入侵白俄罗斯和立陶宛的行动惊人地顺利。莫斯科军队在数量上拥有压倒性优势(受命击退他们的立陶宛大长官亚努什·拉齐维乌只有 6 000～7 000 士兵)；他们的行动早有计划；沙皇在前线指挥比在莫斯科后方效果更好。6 月，莫斯科军队夺取了别拉亚(Belaia)、多罗戈布日和罗斯拉夫尔(Roslavl')，8 月底夺取姆斯季斯拉夫尔(Mstislavl')、奥尔沙(Orsha)、莫吉廖夫(Mogilev)以及首都维尔纽斯(Vilnius)，斯摩棱斯克于 9 月落入莫斯科之手，维特伯斯克在 11 月被攻占。

　　1655 年夏，瑞典国王卡尔十世·古斯塔夫(King Karl X Gustav，1654—1660 年在位)入侵波兰-立陶宛联邦，瓜分莫斯科公国在立陶宛的成果，同时先发制人，在该地区建立自己的势力范围。由于大部分波兰和立陶宛军队已投身与莫斯科人的战争，入侵的瑞典部队在数月间就取得了显著进展，而他们转瞬之间的收获威胁到了莫斯科当时已经赢得的一切。6 月 13 日，瑞典军队在里加登陆，并夺取了杜纳堡(Dunaburg)，随后被莫斯科军队包围。8 月 17 日，即莫斯科军队夺取维尔纽斯的一周之后，立陶宛大长官亚努什·拉齐维乌签署了《尼耶丹尼条约》(Treaty of Niejdany)，承认卡尔·古斯塔夫为全立陶宛大公。9 月 8 日，瑞典军队攻入华沙，迫使扬·卡奇米日(Jan Kazimierz)出逃至西里西亚。

　　卡尔·古斯塔夫不希望看到莫斯科公国占领里加或波罗的海沿岸的任何地方，但是他打算接受莫斯科控制立陶宛南部腹地的事实，前提是这能帮助他维持与莫斯科的和平，以便与波兰人作战。[②] 然而，莫斯科对这一妥协并不感兴趣，这不符合其原本的战争目标：莫斯科外交领域的新星 A. L. 奥尔金-纳晓金认为，目前莫斯科的首要任务就是巩固对所占立陶宛领土的控制，并且获取波罗的海通路。他敦促沙皇与扬·卡奇米日进行和平谈判，与之结盟，共同对抗瑞典。这与赫梅利尼茨基的建议相悖。赫梅利尼茨基寻求建立瑞典-乌

[①]　A. N. Mal'tsev, *Rossiia i Belorussiia v seredine XVII veka* (Moscow：MGU, 1974), pp. 26-37.

[②]　L. V. Zaborovskii, *Rossiia, Rech' Pospolitaia, i Shvetsiia v seredine XVII v.* (Moscow：Nauka, 1981), pp. 118, 121.

克兰同盟,消灭波兰-立陶宛联邦,从而解放右岸乌克兰。事实上,奥尔金-纳晓金十分急迫,以至于莫斯科在 1656 年 5 月就对瑞典宣战,而此时与波兰人在维尔纽斯的和谈则还处于起步阶段。与波兰-立陶宛联邦的条约最终于 11 月签署,但是仅仅达成了停战,并没有实现永久和平与真正的联盟,因为维尔纽斯的莫斯科使者并不满意扬·卡奇米日割让斯摩棱斯克和谢韦尔斯克的条件,坚持要求更大的让步,如割让立陶宛,或者在卡奇米日死后"选举"沙皇阿列克谢成为波兰国王。

莫斯科公国与瑞典的战争主要呈现为进攻瑞典在卡累利阿、伊若尔斯克 (Izhorsk)和利沃尼亚的要塞的形式。1656 年夏秋时节,莫斯科军队攻陷了杜纳堡、科克内塞(Koknes)和尤里耶夫(多尔帕特),但由于没有海军,无法阻拦海上增援部队,未能在三个月的围困后攻下里加。次年,瑞典发起反攻,在瓦尔加(Walk)击败莫斯科公国,但是未能夺取格多夫。

1658 年 12 月,沙皇阿列克谢与波兰-立陶宛联邦和平谈判破裂以及维霍夫斯基(Vyhovs'kyi)在乌克兰背叛,使得阿列克谢不得不与瑞典签署了一项为期三年的停战协议。瑞典准备接受休战:波兰和立陶宛首领们结成了对抗瑞典人的联盟,并迎回了重获军事主动权的扬·卡奇米日;同时,卡尔十世·古斯塔夫针对普鲁士和丹麦的军事行动导致丹麦、普鲁士、奥地利和荷兰加入了波兰-立陶宛联邦,联合起来对抗他。1660 年,卡尔十世突然去世,这给了继任者卡尔十一世在条件尚且有利的情况下寻求和平的机会。《奥利瓦条约》(Treaty of Oliva,1660 年 5 月)承认了霍亨索伦王朝(Hohenzollern)对普鲁士的主权,以换取瑞典对利沃尼亚的控制权,以及扬·卡奇米日放弃对瑞典王位的要求。《卡尔迪斯条约》(Treaty of Kardis,1661 年 6 月)奠定了瑞典和莫斯科公国之间的持续和平,也迫使沙皇阿列克谢将自 1656 年起获取的波罗的海沿岸城镇和领土归还瑞典。

1656—1658 年莫斯科公国与波兰-立陶宛联邦的休战,并未阻止波格丹·赫梅利尼茨基继续其反对波兰人的行动,克里米亚鞑靼人对乌克兰和莫斯科公国南部的袭击也在持续。赫梅利尼茨基试图说服摩尔达维亚和瓦拉几亚与自己结盟,加之乔治二世·拉科齐(George II Rakoczi)、扎波罗热人和顿河哥萨克人对亚速的劫掠,这促进了波兰人、土耳其人和鞑靼人的和解。苏丹和可汗发动了对摩尔达维亚以及瓦拉几亚的惩罚性入侵,并派给扬·卡奇米日分遣队以打击乌克兰人和顿河哥萨克人。

1657 年 7 月,波格丹·赫梅利尼茨基去世。他的秘书伊凡·维霍夫斯基(Ivan Vyhovs'kyi)被任命为新任长官。维霍夫斯基从一开始就面临三个问题:第一,目前很清楚的是,一切与克里米亚汗国重新结盟的机会,都要求一并与波兰人和解。第二,他本人的权威遭到波尔塔瓦(Poltava)军团长官普什卡尔(Pushkar)以及扎波罗热首领巴拉巴什(Barabash)的挑战,后者受莫斯科将军罗莫丹诺夫斯基(Romodanovskii)的保护。第三,作为莫斯科的受保护国,乌克兰的不满情绪不断加深。莫斯科的外交官计划在维尔纽斯谈判(乌克兰使者被排除在外)中以乌克兰为筹码,换取波兰方面承认沙皇阿列克谢未来有权继承波兰王位。为了准备与波兰-立陶宛联邦重新开战,莫斯科公国正在乌克兰设置更多要塞,以可怕的速度征集军力和运输资源。①

1658 年 9 月,当莫斯科公国与波兰-立陶宛联邦在立陶宛重新开战时,后方的乌克兰是不稳定的。9 月 6 日,维霍夫斯基与波兰人在哈佳奇(Hadiach)签署条约,其中扬·卡奇米日同意乌克兰以鲁塞尼亚大公国(grand duchy of Ruthenia)的身份重新加入波兰-立陶宛联邦,并承认维霍夫斯基为大公,只向国王效忠,同时解散希腊天主教会(尽管波兰下议院批准了这一条约,却从未履行。对于不信任莫斯科保护的哥萨克人而言,《哈佳奇条约》成了乌克兰自治的另一选项)。

与维霍夫斯基的军事联盟使得扬·卡奇米日在立陶宛前线对抗莫斯科公国的兵力加倍。战争形势越来越严酷,在遭遇长时间的围困和伏击后,莫斯科军队对当地人进行了残酷的报复,而这又引发了当地人对莫斯科抵抗的加剧。在乌克兰与维霍夫斯基以及他的鞑靼、波兰盟友作战,还需要莫斯科派出较之前乌克兰战场更多的军力。虽然 G. G. 罗莫丹诺夫斯基(G. G. Romodanovskii)的军队在洛赫维察(Lokhvitsa)取得了一些胜利,但是 1659 年 7 月,S. I. 波扎尔斯基(S. I. Pozharskii)的军队在科诺托普(Konotop)遭遇了伏击并全军覆没。随后,莫斯科军队开始撤出乌克兰,并在谢韦尔斯克重新集结。幸运的是,作为乌克兰(至少是左岸地区)的保护国,莫斯科公国的地位被同时期哥萨克人反对维霍夫斯基的起义挽救了。莫斯科军队借机再次进入乌克兰。1659 年 9 月,维霍夫斯基被罢黜,莫斯科军队将酋长国赐予了波格丹·赫梅利尼茨基的儿子尤里。

---

① N. I. Kostomarov, "Getmanstvo Vygovskogo", in his *Kazaki* (Moscow: Charli, 1995), pp. 49-50, 59, 74, 101.

尤里·赫梅利尼茨基缺乏经验且易被别人左右,而莫斯科决心扮演其领导者的角色：莫斯科必须避免新首领叛变的可能性。因此,莫斯科将尤里的即位视为重新定义保护国责任的机遇,以限制首领的权威。莫斯科意图通过1654 年《佩列亚斯拉夫尔条约》承认的乌克兰自治形式至今存在争议,但可以明确的是,1659 年颁布的《佩列亚斯拉夫尔条约修订条款》极大地削减了乌克兰的自治权。切尔尼戈夫、斯塔罗杜布和诺夫哥罗德-谢韦尔斯克被宣告为莫斯科公国的一部分,而不是乌克兰的领土,并由莫斯科政府全权管理。首领无权接见外国使者,也无权在沙皇未授权的情况下发起军事行动;若不向莫斯科提前"汇报",乌克兰无权推选首领继任人。①

毫不意外的,1659 年《佩列亚斯拉夫尔条约修订条款》产生了与莫斯科期待相悖的效果：它加剧了哥萨克人对莫斯科保护国的不满,哥萨克人向尤里·赫梅利尼茨基施压,要求他仿效维霍夫斯基,并实施反叛。1660 年秋,由 V. B. 谢列梅捷夫率领的莫斯科大军进入沃利尼亚(Volynia),旨在击溃波兰-立陶宛外征军,并夺取利沃夫 (L'viv)。尤里·赫梅利尼茨基本应在楚德诺夫(Chudnov)支援谢列梅捷夫,却与波兰人签署了和平条约,并承诺乌克兰将回归波兰-立陶宛联邦。谢列梅捷夫的 4 万军队遭到波兰和克里米亚军队的包围,被迫投降。

1660—1662 年,在乌克兰的军事行动主要表现为横跨第聂伯河的袭击和反袭击。波兰人和鞑靼人对左岸的袭击造成了最严重的破坏。赫梅利尼茨基领导的哥萨克人战果稍弱,因为他们对其波兰和鞑靼盟友最终意图的疑虑日渐深化,导致军团日益分裂。1662 年 7 月,赫梅利尼茨基的军队遭遇严重失败,克里米亚鞑靼人未能从罗莫丹诺夫斯基处前来协助。1663 年 1 月,奇吉林(Chyhyryn)的一次哥萨克大会上废黜了尤里·赫梅利尼茨基,选举巴维尔·捷捷里亚(Pavel Teteria)为新任首领。捷捷里亚支持《哈佳奇条约》以及与波兰人的同盟,因此遭到了扎波罗热军团和左岸哥萨克人的反对,后者于1663 年 6 月宣布代表莫斯科的伊凡·布留霍韦茨基(Ivan Briukhovets'kyi)为首领。

1663 年 11 月至 1664 年 1 月发生了战争中最后一次大的战役。三列大军在国王扬·卡奇米日、斯特凡·恰尔涅茨基(Stefan Czarniecki)以及首领捷捷

---

① 　N. I. Kostomarov, "Getmanstvo Iuriia Khmel'nitskogo", in his *Kazaki*, pp. 176-180.

里亚的指挥下跨过第聂伯河,洗劫了左岸的一些小镇,在罗莫丹诺夫斯基和布留霍韦茨基的军队到来之前,他们已经向东推进到了格卢霍夫(Hlukhiv)和诺夫哥罗德-谢韦尔斯克。

双方都已经精疲力尽,难以继续发动大规模战役。1665 年,白俄罗斯和立陶宛没有发生战斗。除了科松和比拉-茨尔克瓦(Bila Tsirkva)的一些袭击以外,莫斯科也没有向右岸乌克兰推进。

1666 年,继捷捷里亚之后担任右岸首领的彼得·多罗申科(Petro Doroshenko)进一步为波兰-立陶宛联邦和莫斯科公国提供了和谈的理由。多罗申科突然与波兰人决裂,在解放和统一两岸乌克兰的军事行动中与克里米亚可汗结盟。1667 年 1 月,波兰-立陶宛联邦与莫斯科公国在安德卢索沃(Andrusovo)签署了为期十三年的停战协定。签订《安德卢索沃停战协定》后,波兰人最终向莫斯科割让了斯摩棱斯克、谢韦尔斯克和切尔尼戈夫(1656 年在维尔纽斯就已准备好的让步),并承认了莫斯科在左岸乌克兰的主权。波兰人还同意莫斯科对基辅实施临时管理,并且同意推迟关于基辅问题的决议,以便尽快签署停战协定,使其军队可以转入针对多罗申科的行动。

战争给莫斯科公国的财政和人力带来了相当严重的压力,但是其严重程度并不及战争对波兰-立陶宛联邦资源的永久性伤害。沙皇政府并不像波兰国王那般受到政治约束,其军队动员和补给能力并不依赖于惧怕滋长皇室军事专制主义的下议院的选票。在军队中增加外国成员比重(1651 年占莫斯科军队的 7%,1663 年则占 79%)的决定是明智的。除了驻扎在莫斯科的精锐卫队外,步兵在战场上的战术效能仍然有限。更重要的是,步兵团成员是由政治地位较低的平民组成的,因此重建步兵团比重建传统中等服役阶级骑兵中受损的单位更容易。战争期间,约 10 000 名士兵被征召入步兵团,原始比例为每 25 户征召 1 名士兵(1658 年),很快增加到每 20 户征召 1 名(1660 年)。别尔哥罗德防线的很多地区并不遵循这一比例要求,几乎每户都要应召派出士兵。此外,尽管政府尚无法收取足够的现金税以支付不断增长的外国军队佣金(17 世纪 60 年代早期的通货膨胀使之变得更加困难),但是却可以改征粮食并加征新的粮食税种,甚至对以前免税的社会群体征税。① 因此在《安德卢索沃停

① Hellie, *Enserfment*, pp. 175, 194-196, 200-210, 269; Carol Belkin Stevens, *Soldiers on the Steppe: Army Reform and Social Change in Early Modern Russia* (De Kalb: Northern Illinois University Press, 1995), pp. 33, 56.

战协定》之后，莫斯科公国的军事资源动员能力很快恢复，并展现出满足乌克兰的持续战争需求的能力。

四、与奥斯曼人和克里米亚鞑靼人的冲突（1667—1689 年）

《安德卢索沃停战协定》签订后，莫斯科政府对瑞典奉行十分谨慎的政策。这确实推动了 1673 年里加和勒韦尔的自由贸易，也巩固了 1677 年纳尔瓦附近的边境领土，但在整个斯堪尼亚战争（Scanian war，1674—1679 年）期间，这一政策都阻挡了莫斯科公国被丹麦拖入与瑞典的战争，从而失去了重获利沃尼亚土地的机会。最终，瑞典在斯堪尼亚战争中占据了上风，代价是军事力量暂时削弱，因而瑞典在 17 世纪 80 年代对莫斯科的威胁大大减少。[①]

这一时期，莫斯科的注意力主要集中在乌克兰局势，其对左岸乌克兰的控制面临四大主要威胁：右岸出现了一个敌对的酋长国，它决心击败莫斯科公国，与乌克兰统一；波兰-立陶宛联邦抵抗着奥尔金-纳晓金的永久和平与同盟计划，更糟的是，波兰-立陶宛联邦可能撕毁《安德卢索沃停战协定》并重新与莫斯科公国开战；克里米亚鞑靼人持续袭击；以及奥斯曼入侵的风险与日俱增。

到 1663 年，军事和政治僵局已经事实上导致了第聂伯河两岸乌克兰的分裂。1667 年，在安德卢索沃的和平谈判正式确认了乌克兰的分裂，乌克兰哥萨克代表被排除在外。因此，第聂伯河两岸的哥萨克人对安德卢索沃谈判的结果表示强烈不满。截至 1666 年，很多左岸哥萨克人已经开始怨恨沙皇的保护政策：当时已有超过 11 000 名莫斯科士兵驻防基辅和左岸城镇，莫斯科军事管理模式正在扩展，磨坊、酒馆的收入上缴沙皇国库，长官布留霍韦茨基还对莫斯科做出了不当的谄媚行为。与此同时，右岸的哥萨克将领已经不再寄希望于来自波兰的援助，不指望在盖特曼（即首领）彼得·多罗申科的带领下实现乌克兰统一，而是转而谋求与克里米亚可汗阿迪尔·吉列亦（Aadil Girey）以及奥斯曼苏丹穆罕默德四世结盟。

---

① Robert I. Frost, *The Northern Wars*, *1558-1721* (London, New York：Longman, 2000), pp. 216-217.

　　盖特曼多罗申科接受了奥斯曼的政治和军事支持,这威胁到了波兰-莫斯科停战协定以及莫斯科公国对左岸地区的控制。这使得多罗申科能够自由选择讨伐莫斯科公国或者波兰-立陶宛联邦,同时向两者展示,合适的让步可能给予他与土耳其人决裂的理由,并重新与两国和解。

　　彼时奥尔金-纳晓金的健康已经恶化,在应对多罗申科问题上选择有限。他派往伊斯坦布尔和埃迪尔内(Edirne)的使团劝说苏丹接受《安德卢索沃停战协定》,却遭到断然拒绝;而他通过克里米亚鞑靼人的调停与苏丹进行谈判的努力则被扎波罗热军团阻挡,后者甚至暗杀了克里米亚和莫斯科的使者。这种情况导致奥尔金-纳晓金别无选择,只能集中精力与华沙谈判,传达其使波兰和莫斯科公国共同拥有右岸统治权的意愿,从而令《安德卢索沃停战协定》转变为永久和平状态,以及对抗奥斯曼帝国的共同防御条约。他还向维也纳派出使团,寻求皇帝的调停,最好将其也纳入针对苏丹的同盟。

　　然而,除了刺激多罗申科、克里米亚可汗和奥斯曼苏丹宣战以外,这些谈判还引发了左岸哥萨克人的警觉。哥萨克人担心奥尔金-纳晓金为了实现他的联盟计划,可能会割让基辅甚至左岸一部分地区给波兰。这些左岸哥萨克人中的许多已经失去对莫斯科公国的信任,认为莫斯科不会坚守乌克兰统一、不受波兰统治。于是他们开始投奔多罗申科,虽然多罗申科与土耳其人、鞑靼人存在令人困扰的关系,但是似乎是一位信守上述原则的人。左岸地区对多罗申科的支持达到了相当高的程度,以至于布留霍韦茨基也放弃了自己的合法性,转而反叛,并开始驱逐莫斯科公国驻军。布留霍韦茨基显然期待多罗申科和奥斯曼苏丹奖赏他,任命他为左岸和扎波罗热的臣属盖特曼,但是布留霍维茨基失望了:多罗申科跨过第聂伯河并推翻了他,委任盖特曼杰米扬·姆诺戈格列什内(Demian Mnogogreshnyi)取而代之。

　　奥尔金-纳晓金于1671年引退。之后不到一年,外务衙门的新任领导阿尔塔蒙·马特维耶夫(Artamon Matveev)就不得不面对乌克兰更明晰却危险的局势。莫斯科公国对左岸地区的控制得到了部分恢复:姆诺戈格列什内向莫斯科表示忠心,并批准了《格卢霍夫条约》(Hlukhiv Articles,1669年2月)。《格卢霍夫条约》起到了平息反莫斯科情绪的作用,同时加强了对左岸盖特曼的控制:条约让与了盖特曼政府更多自主权(用于维持莫斯科驻军和管理处的收入再次归于盖特曼而不是沙皇的财库),但是也重申了沙皇暂时在包括基辅在内的城镇维持驻军,以及控制盖特曼酋长国对外关系的权力。① 当姆诺戈格列什内开始恼火于这些限制时,莫斯科轻易地废黜了他(1672 年 6 月),代之以更为顺从的伊凡·萨莫伊洛维奇(Ivan Samoilovich)。

此外,多罗申科的支持者在左岸和右岸地区都在减少。他被认为在苏丹面前过于卑躬屈膝,其《科松条约》(Korsun' Article,1669 年 4 月)承诺彻底向奥斯曼宫廷和克里米亚汗国效忠,并正式成为苏丹的臣属。《科松条约》的本意是在不损害乌克兰自主权的前提下,使奥斯曼和克里米亚鞑靼军队加入多罗申科的武装行动,然而苏丹和可汗并没有立刻明确保证他们接受这些条款。因此,右岸的军团将领们开始抛弃多罗申科,导致他更加依赖奥斯曼和鞑靼辅佐者,进而更加远离乌克兰人民。

然而最重要的是,奥斯曼帝国对多罗申科的军事支持,在 1672 年夏发展为奥斯曼帝国对波兰-立陶宛联邦的全面入侵。10 月 17 日,国王米哈乌(King Michał)在布恰奇(Buczacz)签署和平条约,将整个波多里亚(Podol'ia)割让给苏丹,并承认盖特曼多罗申科领导下的右岸乌克兰独立。

直到 1699 年,波多里亚一直处于奥斯曼帝国的占领之下。多罗申科信心膨胀,开始在左岸乌克兰挑起事端,谋求统一整个乌克兰。莫斯科承诺将左岸盖特曼酋长国置于保护之下,如今面临着与东欧最强大的军事力量——奥斯曼帝国发生战争的风险。

然而,阿尔塔蒙·马特维耶夫直面这一风险,并重申了莫斯科对萨莫伊洛维奇控制下的左岸盖特曼酋长国的保护。具有讽刺意味的是,正是多罗申科的不妥协保留了莫斯科行使宗主权的可能。多罗申科仍在与莫斯科使者谈判,并表现出愿意与莫斯科和解的样子,但是却提高了价码:他不仅要求割让基辅、左岸地区以及扎波罗热,而且要求莫斯科承诺向乌克兰提供军事保护,使其不受土耳其侵犯。② 也就是说,无论是否接受多罗申科对整个乌克兰的主权,莫斯科都会面临与苏丹爆发战争的风险。与奥斯曼帝国的战争是一个可怕的前景,但是至少莫斯科正在积极为此准备。莫斯科军队有时间从十三年战争的僵局所导致的财政收入和人力短缺中恢复(到 1669 年,别尔哥罗德和

---

① V. Gorobets, "Ukrainsko-rossiiskie otnosheniia v politiko-pravovoi status getmanshchiny", in A. I. Miller et al. (eds.), *Rossiia-Ukraina: istoriia vzaimootnoshenii* (Moscow: Iazyki mirovoi kul'tury, 1997), p. 9; N. I. Kostomarov, *Ruina. Mazepa. Mazepintsy* (Moscow: Charli, 1995), pp. 158–165.

② Ibid., p. 267.

谢夫斯克军团的总规模扩至 112 000 人）①；G. G. 罗莫丹诺夫斯基作为一位有能力的指挥官，能够将战争引至右岸；莫斯科明白可以信赖扎波罗热军团；大量难民正跨过第聂伯河在左岸定居；萨莫伊洛维奇有意征服右岸，正如多罗申科意图征服左岸一样。当时，土耳其人正深陷波多里亚的战局，无法为多罗申科稳定右岸东端提供多少帮助。此外，马特维耶夫还可以期待与波兰-立陶宛联邦结盟：下议院拒绝批准耻辱的《布恰奇条约》，同时一些波兰指挥官加入国王盖特曼索别斯基（Crown Hetman Sobieski）的联盟，恢复针对土耳其人的军事行动。1673 年 11 月 11 日，不幸的国王米哈乌去世；就在同一天，索别斯基在霍京大破奥斯曼主力军，并迫使其退回多瑙河对岸。

　　1674 年初，莫斯科放弃了与多罗申科的谈判。罗莫丹诺夫斯基和萨莫伊洛维奇入侵右岸，占领了切尔卡斯克（Cherkassk）和其他一些城镇，并包围了多罗申科的首都奇吉林。佩列亚斯拉夫尔的一次议会（rada）过早地宣布萨莫伊洛维奇为全乌克兰盖特曼。事实证明，奇吉林防御坚固，能够抵挡长时间的围攻。由卡普兰帕夏（Kaplan Pasha）率领的奥斯曼大军终于在夏天前来解救多罗申科。罗莫丹诺夫斯基和萨莫伊洛维奇被迫解除包围，撤回第聂伯河对岸。对多罗申科的事业造成真正破坏的恰恰是他的盟友卡普兰帕夏，后者在拉德任（Lodyzhin）以及乌曼（Uman'）对平民的屠杀导致数千难民向东越过第聂伯河。波兰新任国王、盖特曼索别斯基再次进入右岸乌克兰，在卡普兰帕夏撤军后立刻占领了许多重要城镇。

　　到 1676 年 12 月，多罗申科军队的规模已经不超过 2 000 人，被迫投降。不过，萨莫伊洛维奇却无力利用这一机会来建立对右岸的控制，原因在于奥斯曼人仍然声称对乌克兰拥有主权——右岸地区如今是新傀儡尤里·赫梅利尼茨基统治下的小萨尔玛提亚（Lesser Sarmatia）的一个公国，似乎已经准备好以尤里的名义夺取奇吉林和基辅，并消灭第聂伯河东岸的任何莫斯科军事力量。奥斯曼帝国已经有了发起进攻的充分理由——扎波罗热哥萨克人在克里米亚沿岸的袭击、顿河哥萨克人的小规模行动，以及莫斯科军队对顿河下游的奥斯曼要塞的攻击。而且，莫斯科已经不能再指望波兰人在右岸分散奥斯曼人的注意力。作为国王的索别斯基发现自己难以像联合起义时那样集结军队，因而他于 1676 年 10 月与土耳其人在祖拉夫诺（Zorawno）签署了停战协定，并割让了右岸地区。土耳其人似乎让他相信,一旦萨莫伊洛维奇和莫斯科人被打败,斯摩棱斯克就能重回波兰-立陶宛联邦。莫斯科无法向索别斯基提出相应的条件,尤其是沙皇阿列克谢刚刚去世,马特维耶夫对于外交政策的影响力也在减弱。

1677 年 6 月,易卜拉欣帕夏率领 45 000 名奥斯曼士兵跨过多瑙河,向盖特曼酋长国的象征性首都奇吉林挺进。莫斯科公国面临着被拖入与奥斯曼帝国全面战争的风险。罗莫丹诺夫斯基与萨莫伊洛维奇成功说服莫斯科公国在奇吉林增加莫斯科-乌克兰驻军,并由他们带领一支超过 50 000 人的援军。萨莫伊洛维奇对坚守奇吉林尤为坚决,否则他便无法保证扎波罗热军团的忠诚,更无法扩展对右岸城镇和乡村的控制。莫斯科更能接受罗莫丹诺夫斯基的观点,即夺取奇吉林能使土耳其人和鞑靼人拥有一个集结待命区,以便对基辅和左岸城市发起进攻。此外,莫斯科还意识到,若不能支持萨莫伊洛维奇的计划,那么萨莫伊洛维奇对莫斯科公国占领左岸地区的支持也会减弱。

8 月末,罗莫丹诺夫斯基和萨莫伊洛维奇成功击溃了包围奇吉林的奥斯曼和克里米亚军队。这一胜利似乎是迄今为止莫斯科军队最引人注目的成就之一:据报告,莫斯科与乌克兰的总死亡数只有 3 000 人,总受伤人数为 5 000 人,而土耳其和鞑靼据说损失了大约 20 000 人。[①] 随后,苏丹监禁了易卜拉欣帕夏和塞利姆可汗(Khan Selim)以示不满。

1678 年 6 月,奥斯曼帝国再次企图夺取奇吉林。这一次,入侵的奥斯曼军队超过 70 000 人(不包括克里米亚鞑靼人的援军),下辖一支更大的炮兵部队,由大维齐尔卡拉·穆斯塔法帕夏(Kara Mustafa Pasha)指挥。罗莫丹诺夫斯基和萨莫伊洛维奇再次前往救援奇吉林,率领的军队和行动计划几乎与一年前一致。这次的显著区别在于,他们于 8 月 4 日把军队停驻在了佳斯明河(Tias'min River)对岸距离奇吉林近 4 千米的偏远区域,佯装援军,并没有对奥斯曼军队展开真正的攻击。这使得土耳其人有时间继续炮击奇吉林,并将战壕延伸至城墙脚下。8 月 11 日,罗莫丹诺夫斯基下令撤离奇吉林,放火烧城以防其落入敌人手中。他和萨莫伊洛维奇随后撤退到第聂伯河对岸。

鉴于一年之前罗莫丹诺夫斯基格外强调坚守奇吉林的战略必要性,这看

---

① A. N. Popov, "Turetskaia voina v tsarstvovanie Fedora Alekseevicha", *Russkii vestnik*, 6 (March 1857): 167 - 170; V. N. Zaruba, *Ukrainskoe kazatskoe voisko v bor'be s turetskoi-tatarskoiagressiei* (Kharkov: Osnova, 1993), pp. 46-50.

起来构成了一次重大失败。很多乌克兰人指责罗莫丹诺夫斯基无能甚至叛国。事实上,莫斯科对罗莫丹诺夫斯基下达了秘密命令,要求避免与土耳其人交战,寻求与之和谈,并做好牺牲奇吉林的准备,从而保住军队以防基辅和左岸地区缺乏防御。奇吉林对萨莫伊洛维奇的重要性远大于莫斯科,后者更加关注基辅和左岸地区的防守。①

　　由于奇吉林被摧毁,右岸落入土耳其人和尤里·赫梅利尼茨基之手,因此1676—1681年的俄土战争通常被视为一场僵局,甚至是俄国的失败。但事实上,右岸并未归于奥斯曼帝国。当时,奥斯曼帝国正优先考虑加强对波多里亚的控制,约束摩尔达维亚和瓦拉几亚大公,并阻止索别斯基入侵摩尔达维亚。在左岸地区,斯洛博达乌克兰集结了一支庞大的莫斯科军队,有足够的守军防止奥斯曼部队跨过第聂伯河发起进攻,或者克里米亚鞑靼人从南部入侵:1679年,有7万莫斯科军队和3万萨莫伊洛维奇的哥萨克部队守卫基辅和左岸地区,与此同时,还有5万莫斯科军队坚守别尔哥罗德防线。1680年也驻有几乎同样多的军力。② 因此,奥斯曼帝国从未计划重建奇吉林作为开展针对基辅和左岸地区军事行动的基地,大部分支持赫梅利尼茨基的奥斯曼和克里米亚军队很快撤退了。1681年1月,亚速的帕夏释放出苏丹有意停战和谈的信号。

　　事实证明,奇吉林对于右岸地区命运的决定作用有限,比不上1679年春萨莫伊洛维奇之子谢苗、驻扎在基辅要塞之外的莫斯科军队以及格里高利·科萨戈夫(Grigorii Kosagov)兵团对右岸城镇和村庄的袭击。这一行动后来被称为“大驱逐”(Great Expulsion)。右岸多座大城镇遭到焚毁,大约20 000名居民被迫跨越第聂伯河前往左岸盖特曼酋长国。远至布格河(Bug River)的右岸地区人口锐减,甚至变成无人地带,在左岸盖特曼酋长国的第聂伯前线起到了缓和作用。尤里·赫梅利尼茨基只剩下布拉茨拉夫(Bratslav)领地作为资源基地。1681年,土耳其人将其废黜,试图将摩尔达维亚大公乔治·杜卡(Gheorghe Duca)确立为波多里亚和右岸地区领袖,但是这一尝试被波兰人支持的哥萨克起义挫败了。右岸下一任亲奥斯曼的盖特曼苏利缅科(Sulimenko)也于1685年被推翻。

①　Brian Davies, “The Second Chigirin Campaign (1678): Late Muscovite Military Power in Transition”, in Eric Lohr and Marshall Poe (eds.), *The Military and Society in Russia*, *1450-1917* (Leiden: E. J. Brill, 2002), pp. 101-102, 104-105.

②　Ibid., pp. 115-119.

2 万名被迫越过第聂伯河的难民无法全部在萨莫伊洛维奇哥萨克兵团的领土上安顿下来，这里的耕地本来就很紧张，因此其中三分之二的人被转移到斯洛博达乌克兰为哥萨克军队服役，范围横跨北顿涅茨河到奥斯科尔河(Northern Donets and Oskol' rivers)沿岸的原始草原。这加强了服务于莫斯科军队的斯洛博达乌克兰军团的实力，并加重了莫斯科与乌克兰在当地的殖民。其目的是守卫军事衙门新建的伊久姆防线。防线全长 530 千米，连接 20个驻防城镇，所辖面积达到 3 万平方千米，以此将莫斯科公国的南部边境向南又推进了 160 千米。随着马亚茨克(Maiatsk)和托尔(Tor)的建设，莫斯科公国如今在黑海海岸 150 千米的范围内都拥有驻军。[①]

斯洛博达乌克兰的建成和伊久姆防线与别尔哥罗德防线的连接为莫斯科提供了防御克里米亚鞑靼人入侵的更多保障。可汗穆拉德·吉列亦被迫在巴赫奇萨赖(Bakhchisarai)与莫斯科签订了一项 20 年的停战协议(1681 年)，正式承认基辅和左岸地区属于莫斯科公国，右岸沿第聂伯河 10 千米宽的中立地带不受任何势力领土扩张的侵扰。随后，可汗诱使奥斯曼苏丹穆罕默德四世批准了相同的条款。

因此，可以说莫斯科第一次在大战中战胜了奥斯曼帝国。它保住了自己在左岸的地位，在一段时间内消除了出现右岸盖特曼酋长国的危险，并进一步削弱了来自克里米亚鞑靼人的威胁。战争加强了莫斯科军力和政治地位的另一个证据，是 1678 年格宁斯基使团(Gninski mission)对伊斯坦布尔的出访失败后，波兰-立陶宛联邦奉行了新的对外政策。下议院最终批准了将《安德卢索沃停战协定》延长 15 年（较之前对波兰-立陶宛联邦的有利条件减少），国王扬·索别斯基(King Jan Sobieski)放弃了与奥斯曼宫廷的同盟，转而采取行动将土耳其人赶出波多里亚和摩尔达维亚。因此，他开始通过谈判劝说沙皇费奥多尔加入由他、神圣罗马帝国皇帝利奥波德一世(Leopold I)、威尼斯共和国总督阿尔维斯·康塔里尼(Alvise Contarini)主导的联盟，共同将土耳其人赶出欧洲。

1684 年，莫斯科已准备好加入这一神圣同盟。索别斯基在维也纳城外出人意料地击败了大维齐尔卡拉·穆斯塔法的军队(1683 年 9 月 12 日)，这毫无

[①]　关于伊久姆防线的建设，参见 V. P. Zagorovskii, *Iziumskaia cherta* (Voronezh: Voronezhskii gosudarstvennyi universitet, 1980)。

疑问是莫斯科被说服的原因之一,但并不是唯一的原因。最重要的考量是波兰-立陶宛联邦显然急切渴望与莫斯科结盟,这让戈利岑意识到,要求波兰人放弃对基辅、第聂伯河左岸、扎波罗热塞契(Zaporozhian Sech')以及斯摩棱斯克、切尔尼戈夫和谢韦尔斯克等地区所有权的时候到了。戈利岑要求波兰-立陶宛联邦以此为条件签署一项永久和约,而令下议院沮丧的是,国王扬·索别斯基的使臣签了字(1686年4月26日)。① 盖特曼萨莫伊洛维奇对此也很恼怒,因为条约承认了波兰对右岸地区的主权,所以打击了他以自己的名义统一乌克兰的军事行动。

可以说,《永久和平条约》(Treaty of Eternal Peace)标志着莫斯科公国取得了对波兰-立陶宛联邦长期的地缘政治优势(地图21.2展现了波兰-立陶宛联邦在1667年之后所割让的领土)。索别斯基原本希望通过从波多里亚和摩尔达维亚驱逐土耳其人,补偿波兰-立陶宛联邦所失去的领土,但是在他有生之年,这些目标都没有实现,相反,他所耗费的生命和财富最终激起了贵族们的强烈抵制,以至于贵族们进一步削弱了君主的权力。他也无法重建对右岸地区的管理,波兰贵族对当地的再殖民致使大量右岸哥萨克人加入了谢苗·帕里长官(Colonel Semen Palii)领导的起义。

《永久和平条约》的生效使得莫斯科有义务履行自己向神圣同盟的誓言,向克里米亚汗国宣战。戈利岑发动了两场针对皮里科普的远征(1687年、1689年),将鞑靼人控制在克里米亚,与此同时,波兰人入侵摩尔达维亚,奥地利人在特兰西瓦尼亚(Transylvania)与土耳其人交战,威尼斯人则在达尔马提亚(Dalmatia)展开军事行动。在两次远征中,戈利岑领导的大军都动员了超过11万莫斯科士兵以及3万至5万乌克兰士兵,他们穿越数百千米空旷的干旱草原地带,却由于干旱和饲料短缺,两次远征均未能包围皮里科普,反而遭受了严重伤亡。戈利岑试图将失败粉饰为成功,这使他的下属和朝廷官员感到憎恶,最终导致了他本人与摄政公主索菲娅的倒台。平心而论,穿越大草原成功远征并夺取皮里科普,可能超过了同时代任何势力的能力范围,这或许甚至不是戈利岑真正的目标。事实上,这些向克里米亚的远征分散了克里米亚鞑靼人的精力,使其军队不能支援奥斯曼帝国在其他前线的行动,莫斯科也向神

---

① Andrzej Sulima Kaminski, *Republic vs. Autocracy. Poland-Lithuania and Russia*, 1686–1697 (Cambridge, Mass.: Harvard Ukrainian Research Institute, 1993), p. 12.

芬兰

芬兰湾

拉多加湖

利沃尼亚

纳尔瓦

诺夫哥罗德

普斯科夫

波洛茨克

莫斯科

波兰－
立陶宛

斯摩棱斯克

斯塔罗杜布

切尔尼戈夫

诺夫哥罗德－谢韦尔斯克

基辅

佩列亚斯拉夫尔

别尔哥罗德

奇吉林

第聂伯河

顿河

奥斯曼帝国

扎波罗热

克里米亚汗国

切尔卡斯克

亚速

皮里科普

亚速海

卡法

从1667年起波兰-立陶宛
割让的领土

黑海

0   400 km

地图 21.2 俄国的西部边境(1689 年)

圣同盟展现了自己所拥有的强大资源调配能力(或者说浪费资源的能力)。莫斯科公国的确建立了两个重要的要塞和补给站[新博戈罗季茨科耶(Novobogoroditskoe)和新谢尔盖耶夫斯克(Novosergeevsk)],为未来针对克里米亚汗国和奥斯曼帝国在第聂伯河畔的要塞的远征做好了准备。莫斯科公国还在扎波罗热军团驻地的第聂伯河对岸修建了要塞，创造机会使萨莫伊洛维奇充当替罪羊，并最终让伊凡·马泽帕(Ivan Mazepa)取而代之，从而加强了莫斯科对扎波罗热军团以及左岸的控制。

除了从戈利岑失败的克里米亚远征中获取政治利益以外，沙皇彼得和他的圈子一开始并不觉得代表神圣同盟行动有任何好处。他们相信波兰人和奥地利人已在摩尔达维亚和匈牙利深陷困境，并倾向于单独与奥斯曼帝国媾和。因此对于莫斯科而言，更好的选择是寻求与土耳其宫廷以及克里米亚汗国达成和解，以免被遗留下来，独木难支。当时，新政府与华沙、维也纳保持了距离，并减少对奥斯曼苏丹和克里米亚可汗的要求，希望达成停战协定。直到1694年，彼得才重拾对神圣同盟的承诺，准备向亚速发起远征。

五、莫斯科的大国崛起

沙皇阿列克谢统治时期，莫斯科公国在对外政策方面下了很大赌注，却在此过程中损失惨重。沙皇阿列克谢于1654年进入深陷困境的乌克兰，以获取波格丹·赫梅利尼茨基在白俄罗斯以及立陶宛的支持。由于设置不现实的和平条件，包括选举他担任波兰国王，他延长了与波兰-立陶宛联邦的战争，并且一度扔下与波兰-立陶宛联邦的冲突不管，突然对瑞典宣战，只是为了控制波罗的海沿岸，结果也未成功。

1676年后，莫斯科的外交政策总体上更加谨慎和稳健。1677年的奇吉林战役(其结果颇为侥幸)或戈利岑的克里米亚远征(虽然付出了众多生命的代价，但并未削弱南部边境)无法与沙皇阿列克谢的豪赌相提并论。不过，仍有几个主要战略目标在1689年之前实现。莫斯科沙皇对左岸乌克兰的主权赢得了波兰和奥斯曼帝国的承认，并开始对扎波罗热以及顿河哥萨克军团实施更强的控制。莫斯科不再需要面对出现右岸盖特曼酋长国的重大威胁(右岸亲波兰的盖特曼几乎无法调集超过5 000人，亲奥斯曼的盖特曼则不超过几百人)。波兰-立陶宛联邦不再是莫斯科的死敌，它最终签署了一项永久和平条约，放弃长期以来对斯摩棱斯克和切尔尼戈夫的声索，以此为条件换取莫斯科公国加入神圣同盟。克里米亚汗国对于斯洛博达乌克兰和别尔哥罗德防线一带的城镇而言仍是一个威胁,但对于莫斯科公国核心地带已经不是了。莫斯科公国在草原地带的更多土地上实施军事殖民,将前线推进至距克里米亚汗国只有几百千米的地方,这又激励了莫斯科和哥萨克军队在顿河下游以及第聂伯河发动攻势。莫斯科公国仍未掌握波罗的海的利沃尼亚沿岸,但是能够获得一段较长的喘息时间,回避与瑞典的冲突。

这些成功在一定程度上要归功于莫斯科对手们的失误。莫斯科外交官们更加丰富的经验和更加广阔的视野是一个积极因素。既然莫斯科已经向奥斯曼帝国的敌人们展示了自己的军事能力,那么向大多数欧洲强国频繁派遣使团就成为可能。莫斯科公国终于在华沙拥有了其首个永久使团,作为莫斯科在其他欧洲国家首都的使节所撰报告的交换场所,同时发挥着有关外国势力处理波兰政治派系的高级情报来源的作用。小俄罗斯衙门①(Malorossiiskii prikaz)也在与盖特曼、军事长官以及左岸城镇的政治关系中承担了重要任务,其工作削弱了后来的盖特曼(萨莫伊洛维奇、马泽帕)的能力,从而得以推行自身的外交政策,与此同时在比以往更长的时间内保证了盖特曼们的忠诚。通过进一步控制盖特曼,莫斯科得以使当地军官、将士接受其永久驻军的必要性。

十三年战争末期几乎耗尽的莫斯科军事力量已经迅速恢复,并发展到令人印象深刻的程度。1680 年,外征军的服役人数达到了 16.46 万(其中 55% 属于外国步兵和骑兵)。② 还有数千人在别尔哥罗德防线以及新的伊久姆防线执行驻防任务。两次奇吉林行动、1679 年的大规模防御部署,以及戈利岑的皮里科普远征,都彰显了莫斯科有能力调动和维持大规模军力。③ 17 世纪七八十年代的军事行动也显示出更多的指挥和控制权力被从莫斯科的军事衙门转移到前线。从奇吉林行动中还能看出,外国步兵编队最终发挥了其战术潜力,这尤其体现在 1677 年 8 月 26 日夜晚跨越苏拉河的突袭,以及 1678 年 8 月 3 日袭扰斯特列尔尼科夫山(Strel'nikov Hill)的行动。④

俄土战争期间以及战后之初,莫斯科进行了许多重要的改革,进一步满足军队的需求。1678 年,军事衙门发布了修订后的别尔哥罗德军团传统和外国

---

① 该机构于 1662 年在莫斯科公国成立,管理乌克兰左岸被吞并的领土。——译者注
② Chernov, *Vooruzhennye sily*, pp. 187–189.
③ Stevens, *Soldiers on the Steppe*, pp. 113–116,120.
④ Davies, "The Second Chigirin Campaign", pp. 108–111.

骑兵部队指派标准,将服役人员限制为拥有一定数量农民者,也就是能够在服役期间依赖自己的地产维持生活的人。如此便消除了向骑兵支付现金薪酬的需要,并得以将不那么富裕的士兵从骑兵部队转移到步兵团。在接下来的两年中,通过敦促吸纳成千上万的流浪者、被赦免的逃兵、穷困的下级贵族后代、哥萨克人和射击兵,步兵团的规模进一步扩大。到 1681 年,这些举措已经成功地增加了外国部队在外征军中的相对比重,使步兵和骑兵的比例达到接近2∶1。射击军并没有被废除,但是他们的部队被按照外国步兵的标准进行了重组。重组之后,上尉领导连级单位,上校领导团级单位,他们因而可以被列入外国步兵部队进行训练。几个世纪以来的传统骑兵部队同样被重新组成连队。①

为了增加收入,以支付扩大的外国步兵团军费,1677—1681 年,莫斯科对国家财政系统进行了重大改革。政府组织了新一次地籍普查,许多次要的直接税被合并为一项军队维护现金税(streletskie den'gi,即射击军费用),这项现金税如今与军队的粮食税一样按家庭征收(而不是可耕地面积和生产能力),而直接征税权被进一步集中到中央,上交国库,以便减少征收成本并方便编制预算。

指挥和控制通过两种方式得到加强。在地区军团指挥和管理中实行的军管处原则被扩展至整个俄国欧洲地区,5 个新的地区军团得以建立,总数达到9 个,它们都分配到了陆军外征部队,既包括传统单位,也包括外国部队单位。这起到了简化召集程序的效果(每个军团都有两个或更多固定召集点),将更多后勤权力下放到地方一级,并强化了将军团作为大型作战部队的倾向。1682 年废除门第制(mestnichestvo)的部分原因正是需要加强指挥和控制。军队结构现代化的任务(重组传统骑兵和射击军部队,将其改编为连和团)以及开展(由地区军团和多军团协同进行的)更复杂行动的要求,使得政府必须消除有可能削弱军事努力的门第纠纷,打击关于贵族荣誉的争执。

这些改革为彼得一世的军事现代化计划奠定了基础,就像外交活动的扩大为彼得将俄国改造为欧洲大国的努力铺平了道路一样。

---

① Stevens, *Soldiers on the Steppe*, pp. 77-84.

第二十二章　非俄罗斯臣民

米哈伊尔·霍达科夫斯基

1598—1613 年,俄国经历了最为严峻的危机,史称"混乱时期"。尽管"混乱时期"内战与外国的干涉造成了严重的破坏,但是莫斯科政府中仍有一些人在尽职尽责地处理日常事务,履行他们的责任。边境地区的地方军政长官继续守卫所辖的要塞、城镇,并且推进新的建设。莫斯科的外务衙门持续接待和派遣使者前往偏远地区,大量撰写关于远方民族的报告。俄国的殖民步伐似乎有所放缓,却并未停止。1613 年,罗曼诺夫王朝登场,宣告了"混乱时期"的结束。俄国从"混乱时期"中重生,通过不间断的领土扩张找回了民族身份认同,并建立了新的信心。

整个 17 世纪,俄国政府花费了巨大的资源和精力巩固已侵占的领土,并进一步扩展新疆域。截至 17 世纪末,莫斯科公国已经能够夸耀其在各个方向上的持续胜利:在东方,俄国人已然抵达太平洋沿岸;而在南方以及东南方,新建的要塞和城镇将帝国的边境进一步推延至草原地带深处;17 世纪还标志着俄国向西扩张的开端,莫斯科公国攫取了乌克兰的领土,为俄罗斯帝国增添了新的基石。莫斯科公国不再仅仅入侵非基督徒(穆斯林、泛灵论者以及佛教徒等)的土地,而是在西部边疆获得了大量非俄罗斯族的东正教徒。此时,不断增多的俄国臣民包括了东部地区的非基督徒,以及西部地区的非俄罗斯族。

一、草原地带

俄国的草原边界范围含糊且定义不清。根据这一边界的定义,它是俄国与其敌人的界线。1604 年,俄国政府官员为大诺盖汗国(Greater Nogai Horde)首领——拜格伊什捷列克(beg Ishterek)起草的和平条约(谢尔切)给出了一个明确的信号，表明了莫斯科人眼中其南部边界的位置。伊什捷列克被禁止与奥斯曼苏丹、克里米亚可汗、波斯沙阿、布哈拉可汗、塔什干与乌尔根奇及哈萨克部落、库梅克沙木哈尔以及切尔克斯人联系。换句话说，莫斯科公国大致将其南部边界划定在了克里米亚至北高加索以及中亚一线。①

17 世纪早期，俄国在草原地区的政策意在鼓励诺盖人前来依附，并通过刺激诺盖首领之间的派系斗争削弱他们。这一政策起到了理想的效果。诺盖汗国曾经是一个强大的突厥游牧民族邦联，如今却被内部争斗大伤元气。17 世纪初，大诺盖汗国已经不再具备从南部向俄国发起严峻挑战的能力，相反，愈发依赖俄国的经济和军事援助。

然而，俄国南部边境的稳定和相对安全总是短暂的，它受到迅速变化的草原局势影响。延续数个世纪的古老模式，在中亚草原地带孕育出另一个强大的游牧联盟，并逐渐在里海地区取代了诺盖人的角色。入侵者与他们的新邻居既不共享突厥氏族结构，也不信仰伊斯兰教。新迁入草原地带的游牧民族是一支蒙古人，公开信奉藏传佛教。他们的邻居称其为卡尔梅克人。

即便是卡尔梅克人的早期探索性突袭，也时常导致诺盖人仓皇地逃离他们可怕的敌人。莫斯科试图阻止卡尔梅克人继续向西移动，并控制草原地区的局势，但是这一行动被证明是徒劳的。在 17 世纪第一个十年里，大多数卡尔梅克人在西伯利亚西南部的额尔齐斯河、伊希姆河（Ishim）和托博尔河沿岸活动。17 世纪 20 年代，他们渡过艾克河，并在 17 世纪 30 年代初期到达阿斯特拉罕附近，驱逐了诺盖人和被派往援助他们的俄国射击军，占领伏尔加河沿岸的牧场。由于俄国无法保护诺盖人不受卡尔梅克人的袭击，因此一部分诺盖人加入了卡尔梅克部落，而大部分诺盖人则选择继续向西朝亚速逃亡，寻求奥斯曼宫廷的保护。

17 世纪 30 年代卡尔梅克人的到来给整个南部地区带来了戏剧性的影响。几十年来，莫斯科弱化、分裂诺盖人，使他们陷入贫困的谨慎战略，以及为了实施相关政策花费的巨额支出似乎都白费了。被莫斯科认为已经被平定的诺盖人加入了克里米亚鞑靼人，以及亚速附近的小诺盖汗国。他们一同发起了针对俄国南部边疆的毁灭性袭击。仅在 1632 年、1633 年和 1637 年这三年中，诺

---

① "Akty vremeni Lzhedmitriia I-go (1603-1606), Nogaiskie dela", ed. N. V. Rozhdestvenskii, *ChOIDR* (Moscow, 1845-1918), vol. 264, pt.1 (1918): 105-109, 136, 139-142.

盖人和克里米亚人就抓捕了超过 1 万名俄国俘虏,并将他们带至克里米亚。被殖民不久的南部地区及其城镇和农民急需保护。

诺盖人和克里米亚人具有冲破南部防御并接近莫斯科的危险,这并不是危言耸听。卡尔梅克人来到里海草原地区并取代诺盖人原本地位的目的仍未可知。鉴于俄国此前在草原地区的历史经验,莫斯科对于与卡尔梅克人的和平前景并不乐观。面对南部边境新的危险局势,俄国紧急与波兰在 1634 年签订和平协议,从而将关注点转向南方。这一次莫斯科决定采取新的战略,投入前所未有的资源保障俄罗斯人已经驻扎和生活的土地,一劳永逸地解决游牧民族的入侵威胁。

与以往的政策不同,莫斯科决定打出一张新牌——哥萨克人。在近代早期的俄国,哥萨克人是一个终极的"熔炉"。在莫斯科控制的数个哥萨克军团中,顿河哥萨克是实力最强的。17 世纪,他们之中混杂有俄罗斯人、新皈依者、扎波罗热哥萨克人、波兰人、立陶宛人、农民以及各种逃犯。① 哥萨克人效仿草原社会的生活方式和军事组织,这使得他们成为对付草原游牧民族的良药。同诸多非俄罗斯民族一样,哥萨克人是俄国最具反叛性的臣民。

莫斯科调整了先前约束顿河哥萨克人,以避免激怒奥斯曼宫廷的政策,开始准备进一步为其提供武装,鼓励他们进行突袭。然而,这类袭击事实上是被精心策划的,哥萨克人奉命只袭击诺盖人和克里米亚人,而不得劫掠奥斯曼领地,特别是亚速和卡法。②

可以肯定的是,控制哥萨克人并非易事,因为政府和哥萨克人的利益并不总是契合。毕竟,哥萨克人盯上的不是穷困的诺盖人,而是黑海沿岸富裕的奥斯曼和克里米亚城镇、村落。阻挠哥萨克人获取丰厚战利品和众多奴隶的唯一障碍,是亚速的防御工事和顿河口的奥斯曼要塞,它们使得哥萨克人无法顺流入海。

1636 年,在克里米亚可汗的诱惑下,难以抵御卡尔梅克人和哥萨克人持续压力的诺盖人放弃了亚速附近地区,越过顿河前往克里米亚。顿河哥萨克人迅速前往,并包围了亚速。1637 年 6 月,亚速落入取胜的哥萨克人之手。之后

---

① Grigorii Kotoshikhin, *O Rossii v tsarstvovanie Alekseia Mikhailovicha* (St Petersburg: Tipografiia Glavnogo upravleniia udelov, 1906), p. 135.

② A. A. Novosel'skii, *Bor'ba Moskovskogo gosudarstva s tatarami v pervoi polovine XVII veka* (Moscow and Leningrad: AN SSSR, 1948), pp. 237-238, 296.

五年,吃惊于这一意外却并不乐见的发展,莫斯科身陷窘境:是支持哥萨克人,与奥斯曼帝国开战,还是让哥萨克人放弃要塞,以避免战争?经过长时间犹豫和深思熟虑,政府选择了避免对抗。

但是,哥萨克人独立于莫斯科的程度、难以统治的历史以及参与民众起义的过去,使得政府对其真实动机抱有怀疑。亚速事件证实了他们的担忧并非没有道理。在边境地区利用哥萨克人的政策需要更为可靠的战略支持。1635年,莫斯科政府采取了一项新的大胆主张:开始在南部建设防线。漫长的工程周期、规模庞大的防御工事网络、所动用的大量人力和自然资源,使其成为17世纪俄国最有野心和最具重要战略意义的行动。它将成为莫斯科的"长城",用于抵御南部草原地带的"异教徒"。

在南部地区建造防线并不完全是一个新奇的想法。类似的防线早在10世纪的基辅罗斯就已存在,较近的16世纪中叶,俄国也曾在奥卡河以南建造防线。截至17世纪30年代,已有数量众多的要塞和城镇出现在莫斯科公国南部很远的地方。然而,由于在边境地区从事农业生产具有很大风险,这些激增的军事防御前哨站必须由俄国中心地区提供补给。如果要在当地进行农业殖民,那么强化安全保障就显得至关重要。防线正是服务于这一目的的,它既是莫斯科防御侵略的基本手段,也将成为俄国领土扩张的有效工具。

在1635—1646年的十年间,莫斯科公国将其边境防御大幅向南推移,使用一条连续的防线连接了河流、沼泽等自然屏障与人工要塞,包括数条护城河、伐倒的树木和栅栏,周围分布有哨塔,以及装备有大炮和其他火器的堡垒。第一道这样的防线(zaseka/zasechnaia cherta)名为"别尔哥罗德防线",长达800千米,由西部的阿赫特尔卡河(Akhtyrka River)向东延伸至坦波夫。政府又花费了十年时间将防线继续向东扩展,从坦波夫延伸至伏尔加河沿岸的辛比尔斯克(Simbirsk)。到17世纪中叶,来到俄国南部地区的殖民者和喀山的居民都被保护在别尔哥罗德和辛比尔斯克防线之后,感到相对安全。①

---

① 有关防线的演变,参见 A. I. Iakovlev, *Zasechnaia cherta Moskovskogogosudarstva v XVII veke* (Moscow: Tipografiia I. Lisnera, 1916); V. P. Zagorovskii, *Belgorodskaiacherta* (Voronezh: Voronezhskii Gosudarstvennyi Universitet, 1969); A. V. Nikitin, "Oboronitel'nye sooruzheniia zasechnoi cherty XVI-XVII vv.", in *Materialy i issledovaniiapo arkheologii SSSR*, vol. 44 (1955): 116-213; Novosel'skii, *Bor'ba*, pp. 293-296. 探讨这一情况与南部要塞的英文著作请见 Brian Davies, "The Role of the Town Governors in the Defense and Military Colonization of Muscovy's Southern Frontier: The Case of Kozlov, 1635-38", 2 vols., unpublished Ph. D. dissertation, University of Chicago, 1983; Richard Hellie, *Enserfment and Military* (转下页)

卡尔梅克人被视为危险的外来者,他们的袭击打破了地区现状,因此除了俄国还威胁到了从克里米亚到北高加索地区甚至中亚汗国的其他势力。1644年,原本战无不胜的卡尔梅克人在北高加索草原和山区遭受了重大挫折。一大队卡尔梅克人被诺盖人和卡巴尔达人的联军消灭,后者拥有克里米亚鞑靼人的协助以及俄罗斯小队提供的重要火力。受到共同利益的驱使,俄罗斯人和克里米亚人成功地将卡尔梅克人逼回艾克河以东。

几年后,卡尔梅克人回归。在新首领(tayishi)代钦(Daichin)的领导下,卡尔梅克人洗劫了喀山和乌法,击溃克里米亚军队,并要求归还1644年战死的代钦父亲和兄弟的遗体。一名俄国使者面见代钦,要求卡尔梅克人宣誓效忠并上交人质,代钦则因这一荒唐的要求而称使者为骗子。俄国政府意识到,卡尔梅克人进入里海草原地带已经不可避免,因此放弃了一些惯常的要求,采取了更为温和的行事风格。为了招募卡尔梅克人作为对抗克里米亚人的力量,莫斯科归还了代钦父亲和兄弟的遗骸,对其军事行动支付报酬和奖赏,并且赋予其在边境城镇贸易的特权。1654年莫斯科公国侵占乌克兰部分地区之后,两大敌对联盟成形:一方是波兰和克里米亚,另一方是俄国及其新盟友——卡尔梅克人。

与莫斯科公国同其他游牧民族的关系类似,俄国与卡尔梅克人的同盟并不稳定。由莫斯科起草并使用俄语书写的书面和约,不可避免地有表示卡尔梅克人向莫斯科效忠的措辞。然而事实上,这是一项双方都有义务维护和平、贸易和军事合作的和平条约。莫斯科坚持认为卡尔梅克人是沙皇的臣民,反对其与克里米亚、奥斯曼人抑或其他对莫斯科有潜在威胁的国家发展独立关系。因此,莫斯科有理由怀疑卡尔梅克人的忠诚很容易被收买或抛弃。然而,卡尔梅克人认为莫斯科经常不能履行诺言,俄国官员拖欠款项、索取关税和贿赂,未能保护卡尔梅克人免受据称是俄国臣民的哥萨克人和巴什基尔人(Bashkirs)袭击,更有甚者,强迫逃亡或者被捕的卡尔梅克人皈依基督教。

整个17世纪,卡尔梅克人与俄国的关系持续在共同对抗克里米亚和公开抵制俄国之间转换。到17世纪末,莫斯科采取了一种更加务实的态度。1697年7月,卡尔梅克可汗阿玉奇(Ayuki)同俄国高级使者、波雅尔王公B. A. 戈利

(接上页)*Change in Muscovy* (Chicago: University of Chicago Press, 1971), pp. 174–180; Carol Belkin Stevens, *Soldiers on the Steppe: Army Reform and Social Change in Early Modern Russia* (DeKalb: Northern Illinois University Press, 1995), pp. 19–36。

岑签订了一份完全不同于以往的条约。这一次是由俄方做出承诺,协助卡尔梅克人制止巴什基尔人和哥萨克人的袭击,不划定卡尔梅克牧场的边界,不庇护逃亡的卡尔梅克人或强迫他们皈依基督教。[①]

1696 年,随着俄国攻占奥斯曼帝国在亚速的要塞,卡尔梅克人意识到他们的福祉当下与俄国紧密相连。与此同时,莫斯科也认为安抚卡尔梅克人较之与其对抗会给自己带来更多益处。在应对卡尔梅克人的不满,以书面形式确认自身义务方面,政府已准备好承认为了确保与卡尔梅克人的合作,在边境实现一定程度的和平,不能简单地强调卡尔梅克人的臣属地位及其义务。相反,它要求一份表述清楚的声明,承认这一关系是双向的,双方具有相互的责任和义务。这一对双方关系的认知持续了 20 年,直到自信的新任俄国君主再次出台针对卡尔梅克人的限制,并坚持要求对方明确对沙皇表示顺从。

二、西伯利亚

17 世纪初,莫斯科公国已经在西西伯利亚建立了良好的统治,并一举到达了叶尼塞河沿岸。俄国在西伯利亚的扩张谨慎地沿着草原北部边界与西伯利亚森林南部界线之间的路线进行,因此避开了北部不适宜人居的永冻荒野,以及南部干旱的大草原。距离俄国逐渐将势力扩展到由哈萨克人和卫拉特人(Oirats)两大游牧部族联盟控制的草原地带(今天的哈萨克斯坦北部)还有 100 年。

与此同时,俄国人向东南方向移动,到达伊犁河(Ili River),并于 1630 年建立了伊利姆斯克要塞(Fort Ilimsk)。从这里出发,俄国的首批殖民者选择了两条不同的路线。一条殖民路线沿勒拿河将俄罗斯人带至中西伯利亚,另一条则沿伊利姆河(Ilim)南下,朝向贝加尔湖和阿穆尔河(即黑龙江)。沿第一个方向前进的俄罗斯人几乎没有遭遇抵抗,迅速推进至太平洋沿岸。在两年的时间内,俄国殖民者顺勒拿河而下,穿过鄂温克人(通古斯人)和萨哈人(雅库特人)聚居的地域,并于 1632 年建立了雅库茨克要塞(Fort Iakutsk)。1647

① Michael Khodarkovsky,*Where Two Worlds Met: The Russian State and the Kalmyk Nomads*, *1600-1771* (Ithaca, N. Y.: Cornell University Press, 1992), pp. 105-133.

年,俄罗斯人到达太平洋沿岸,1649 年建立了鄂霍茨克要塞(Fort Okhotsk)。17 世纪后半叶,俄国要塞和居民点出现在西伯利亚东北部的埃文人(拉穆特人)、尤卡吉尔人、楚科奇人以及科里亚克人的聚集地。截至 17 世纪末,俄国要塞已遍布堪察加半岛。

俄罗斯人沿北方路线的扩张与西伯利亚其他区域无异,当地人口只能发起零星而完全无效的抵抗。本地精英极易被归化、分离和操纵。皮毛可以贡品或是贸易的形式轻松收集到。土著民族将成为"永远进贡的臣民",他们唯一的选择就是自愿接受"伟大的统治者沙皇的庄严庇护",或是在俄国武装的压迫下屈服。[1]

俄国开拓西伯利亚的第二条路线,将俄罗斯人带到了贝加尔湖沿岸布里亚特人和鄂温克人生活的地域,以及达斡尔人聚居的黑龙江流域。俄罗斯人很快停下了前进的脚步。他们在这里遭遇了另一个主权帝国,其统治者也声称对当地众多土著居民拥有宗主权。俄罗斯人逼近了清帝国的边境。

有两方声索宗主权与向同一土著群体征收贡赋的权力,而当地居民同时向俄国人和中国人进贡的情况并不罕见。俄国入侵中国的势力范围,并且在土著居民效忠和进贡的对象上引发争论,令中国的满族统治者十分困扰。1665 年,桀骜不驯的俄国哥萨克人来到黑龙江畔,建立阿尔巴津要塞(Fort Albazin),他们受到有关黑龙江富庶传说的吸引,开始大量向此地迁移,至此,北京逐渐意识到单靠谈判已经无法解决持续不断的纠纷。中国军队向俄国位于阿尔巴津和尼布楚的要塞进发,最终迫使俄罗斯人摧毁大部分要塞和定居点,并停止在该地区进一步扩张。1689 年《尼布楚条约》沿额尔古纳河(Argun)、石勒喀河(Shilka)和外兴安岭划定了中俄两大帝国的边界,有效阻止了俄国进一步深入黑龙江流域。直到 150 年后,俄罗斯人才再度入侵这一地区,并将其变成俄罗斯帝国的远东边疆。[2]

---

[1]　*AI*, 5 vols. (St Petersburg: various publishers, 1841-1842), vol. IV (Tipografiia II Otdeleniia Sobstvennoi E. I. V. Kantseliarii, 1842), no. 219, pp. 473-474.

[2]　George Lantzeff and Richard Pierce, *Eastward to Empire: Exploration and Conquest on the Russian Open Frontier, to 1750* (Montreal: McGill-Queen's University Press, 1973), pp. 127-183; James Forsyth, *A History of the Peoples of Siberia* (Cambridge: Cambridge University Press, 1992), pp. 48-109; Mark Bassin, *Imperial Visions, Nationalist Imagination and Geographical Expansion in the Russian Far East, 1840-1865* (Cambridge: Cambridge University Press, 1999), pp. 19-24.

三、北高加索

整个 17 世纪，俄国在北高加索地区都没有实现明显的领土扩张。俄国在
这里停止前进的原因，与 17 世纪 50 年代向东扩张至西伯利亚东南部的步伐停
止的原因相同。在高加索地区，俄国逼近了两大主权国家的势力范围：奥斯曼
帝国和波斯帝国。当时，俄国不容置疑的军事和经济优势使其能够相对轻松
地扩张至各个部落社会，然而面对同样组织化和充满活力的中国、波斯和奥斯
曼帝国，莫斯科还需要等待相当长的一段时间。

自 16 世纪 60 年代首次渗透进高加索地区以来，在当地保有立足之处对莫
斯科来说一直很艰难。捷尔斯克要塞遭受数次损毁之后，莫斯科决定在更北
的捷列克河口选址建设新要塞。1588 年，莫斯科派出一支射击军和哥萨克士
兵保卫位于原突厥城镇秋明的新要塞。最初它被命名为秋明要塞，不过很快
就易名为捷尔斯克要塞。在接下来的几年间，捷尔斯克要塞的存续岌岌可危，
奥斯曼帝国再次宣称要铲除该要塞，有关克里米亚入侵的谣言也甚嚣尘上。
然而，奥斯曼人当时正忙于夺取与萨法维波斯战争的胜利，维护里海沿岸的
"战利品"——杰尔宾特（Derbent）、舍马罕（Shemakha）和巴库。奥斯曼人最后
一次提起这一问题是在 1593 年。莫斯科向奥斯曼帝国承诺和平，保证不干涉
奥斯曼在当地的利益，奥斯曼宫廷因此收回了摧毁捷尔斯克要塞的命令。[1]

如果说俄国的存在对 17 世纪的北高加索地区产生了什么影响的话，那就
是证实了其坚韧和决心。莫斯科公国向捷尔斯克以南推进的尝试被证明是不
成功的，入侵达吉斯坦的多次大规模军事行动也归于失败。莫斯科公国两次
在孙扎河（Sunzha River）汇入捷列克河的位置修建孙扎斯基要塞（Fort
Sunzhenskii），而要塞两次失守。高加索山脚、捷列克河畔[格列本山（Greben'
Mountains）]的一些小规模哥萨克定居点在 17 世纪 50 年代被夷为平地。只有
捷尔斯克在 17 世纪中一直被作为俄国在北高加索地区的主要基地。

尽管没有明显的领土扩张，但俄国仍然成功地确立了自己作为高加索东

---

[1] *Kabardino-russkie otnosheniia v XVI-XVIII vv. Dokumenty i materialy*, 2 vols. (Moscow:
AN SSSR, 1957), vol. I, nos. 21 (pp. 34-35), 41 (pp. 67-68), 43 (p. 69).

北角主要力量的地位。17 世纪中,莫斯科公国着力与数个本地民族(卡尔梅克人、诺盖人、车臣人,尤其是卡巴尔达人)的达官贵人建立联系。有些时候,俄国军队会从捷尔斯克出发,协助忠诚的本地首领抗敌。但大多数时候,莫斯科通过向代表俄国利益的当地人支付酬劳、奖赏以及其他好处扩大影响。

纵观整个 17 世纪,越来越多的本地贵族在捷尔斯克寻求庇护,以免受敌人和对手的侵扰。他们通常携扈从一同前来,提供军事服务,以交换土地、粮食和现金。逃至捷尔斯克的普通民众也在增加,目的是躲避审判、繁重的赋税,抑或只是向往美好生活。很多本地人皈依了基督教。截至 17 世纪 20 年代,捷尔斯克城外已有四个纯粹由土著居民构成的定居点:切尔克斯人(卡巴尔达人)、奥科查尼人[Okochane,亚可(Ako)的一支印古什(Ingush)部落,16世纪 90 年代到达捷尔斯克]、新皈依者和鞑靼人。卡巴尔达人的数量最多,截至 16 世纪末共有大约 175 户。这四个定居点的人口总数几乎是捷尔斯克的俄罗斯人的三倍多。①

本地人与俄国合作最著名的例子是卡巴尔达人的切尔卡斯基家族,数代人忠心耿耿地为俄国在这一地区的利益服务。1588 年修建捷尔斯克要塞时,许多卡巴尔达首领为莫斯科公国效力,并带着扈从在捷尔斯克定居。这些首领之一的孙恰列伊·扬格雷切夫(Sunchalei Ianglychev)得到了俄国政府的充分信任。他数次前往莫斯科,被授予年金,并于 1615 年被任命为王公,管理捷尔斯克的非基督徒。他的儿子穆特萨尔(Mutsal)和孙子卡斯普拉特(Kaspulat)继续忠实地为俄国服务。

17 世纪后半叶,卡斯普拉特·穆特萨罗维奇·切尔卡斯基(Kaspulat Mutsalovich Cherkasskii)是俄国在整个南部地区不可或缺的联络人。他确保了达吉斯坦的主要首领们以及各大卡巴尔达贵族与俄国保持步调一致。他的姐姐与卡尔梅克首领联姻,促进了他与卡尔梅克人的特殊关系。他的混杂了卡巴尔达人、库梅克人、诺盖人和其他民族的俄国军队经常与卡尔梅克人一道对抗克里米亚,也会在乌克兰一同对抗奥斯曼人。卡斯普拉特·切尔卡斯基的服务得到了丰厚的奖赏,他被任命管理捷尔斯克全部非基督徒,在阿斯特拉

---

① Ibid., p. 402, n. 165; *Istoriia narodov Severnogo Kavkaza s drevneishikh vremen do kontsa XVIII v.*, ed. B. B. Piotrovskii (Moscow: Nauka, 1988), pp. 330-331.

罕和捷尔斯克拥有加固的房屋，并掌握了终身在捷尔斯克收缴关税的权力。[①]

17 世纪末，捷尔斯克发展成为重要的边境城市。俄国政府努力确保捷尔斯克得到有效的保护。仅在 1650 年，就有 1 379 名射击兵和哥萨克士兵及其家人被从其他边境城镇调往捷尔斯克。[②] 捷尔斯克直到 18 世纪第二个 25 年始终是俄国在高加索地区最重要的边境要塞，然而，不断推进的俄国要塞和哥萨克定居点使得这一曾经具备战略意义的边境城镇变成了一个闭塞、落后的地方。

四、波罗的海国家和乌克兰

正如俄国皇室的象征"双头鹰"一样，俄国同时面对着两个完全不同的世界：其一是东方泛灵论者、穆斯林和佛教徒的世界，其二则是西方基督徒占主导的世界。与它在东面的迅速挺进不同，俄国数次向西扩张的尝试都因为邻国波兰-立陶宛联邦和瑞典的强大军事力量而遭遇了挫折。在波罗的海地区的两次战争（1558—1583 年、1656—1661 年）使莫斯科公国控制了利沃尼业和爱沙尼亚的部分地区，但是之后不久就被迫放弃。直到 18 世纪初，俄国才得以在波罗的海地区立足。直到彼得大帝的视线聚焦于这一地区，并在波罗的海沿岸建立了帝国的新首都，波罗的海地区的重要意义才变得不容忽视。

17 世纪后半叶，莫斯科公国西部新领土的臣民来自东乌克兰。东乌克兰居民也是东正教徒，而且莫斯科认为他们拥有着共同的基辅罗斯历史传统。然而数个世纪以来，乌克兰居民始终与莫斯科缺乏联系，反而受到波兰和立陶宛的影响。从语言和文化上看，他们的身份认同明显不同于莫斯科的同一宗教信众。考虑到相同的信仰，莫斯科认为乌克兰人是俄罗斯族，但会承认他们之间略有差异，因此称乌克兰人为"小俄罗斯人"。

俄国兼并东乌克兰的过程与西伯利亚极为相似，俄国在此地的介入和扩张同样十分犹豫和谨慎。如果不是 1654 年的良机，入侵乌克兰或许也要等到

---

① *Kabardino-russkie otnosheniia v XVI-XVIII vv.*, vol. I, nos. 28 (pp. 50-51), 52 (pp. 84-85), 208 (pp. 325-326), 232 (pp. 360-361), 236 (pp. 364-365); Khodarkovsky, *Where Two Worlds Met*, pp. 95，113-118.

② *AI*, vol. IV, no. 141, p. 285.

18 世纪早期俄国的现代化军事力量被证明较其邻国更为强大。数十年来,第聂伯哥萨克人生活在防卫良好的扎波罗热塞契地区,如同他们在顿河、伏尔加河以及艾克河的同族一样享有自由和特权。当波兰政府试图加强对扎波罗热哥萨克人的控制时,他们进行了反抗。此类规模最大的反叛发生在 1648—1649 年,波格丹·赫梅利尼茨基以反对波兰、反对犹太人与反对天主教为旗帜,团结哥萨克人和乌克兰农民,领导了起义。

哥萨克人是机会主义者。与俄罗斯人同样信仰东正教的身份认同,对他们而言并没有独立和特权重要。哥萨克人只是在无法和奥斯曼人、克里米亚鞑靼人组建同盟时,才转向了莫斯科。莫斯科意识到支持扎波罗热军团意味着与波兰-立陶宛开战,因此断然拒绝了赫梅利尼茨基和他麾下的哥萨克人。然而数年之后,沙皇、教会和波雅尔做出了一项重要决定,认为莫斯科不能再错失从天主教的压迫中解救同样信仰的人们,并占领古老的基辅罗斯领土的机会。

1654 年 1 月,扎波罗热盖特曼赫梅利尼茨基和其他哥萨克领袖在佩列亚斯拉夫尔签署了一项协议,哥萨克人认为协议条款代表了与俄国缔结军事联盟,而在莫斯科看来,则确认了哥萨克人作为沙皇臣民的新身份。这种对于彼此关系认识的差异,不可避免地导致了双方的合作迅速破裂。两年后,哥萨克人于 1656 年与瑞典人结成同盟,并于 1658 年选择回归波兰国王的庇护下。但是莫斯科已经不再掩饰对乌克兰的野心。俄国与波兰的战争,以及双方于 1667 年在安德卢索沃达成的停火协议决定了乌克兰的命运。乌克兰将会分裂:第聂伯河左岸将由俄国控制,右岸则仍留在波兰手中。

17 世纪的另外几次哥萨克起义都未能改变现状,或是再次将哥萨克人团结起来。在一段时间内,第聂伯河左岸的盖特曼政权保留了大部分特权和充分的自治。其他地区可以见到的俄国政策的典型不协调性,在与哥萨克盖特曼酋长国的关系中也有所表现。尽管莫斯科将左岸居民视为俄罗斯人,但是通过作为俄国外交部组成部分的小俄罗斯衙门处理盖特曼酋长国的问题。

在诸多方面,莫斯科与哥萨克的关系都符合其扩张过程中同其他民族关系的一般规律。同其他俄国边疆的非基督徒一样,哥萨克人也将与莫斯科的条约解读为一项双方都具义务的军事联盟。他们一开始也被允许自治,但是随着莫斯科致力于拉拢精英,操纵地方对抗,重新安置效忠俄国者并将其招募至俄国军队(盖特曼酋长国东部被称为斯洛博达乌克兰,被安置在这里的乌克兰哥萨克人被编入正规军团,接受俄国的别尔哥罗德长官管理),情况逐渐发生了改变。俄国的专制政府看上去不允许任何例外存在,俄罗斯帝国的政策既适用于非基督徒,也适用于基督徒。

盖特曼酋长国的命运同样与它的许多草原邻居相似。乌克兰盖特曼政权的自治也是逐渐被剥夺的。截至18世纪20年代,盖特曼政权加速淹没在俄国行政和社会结构中,这一过程最终在18世纪末完成。

五、伏尔加河中游地区

在向新地域扩张的同时,俄国也在巩固对上个世纪获得的领土的统治。截至此时,伏尔加河中游地区是多样性最明显且最为重要的地区。在这里,除了被征服的民族——鞑靼人、巴什基尔人、马里人、莫尔多瓦人、楚瓦什人和乌德穆尔特人——还有其他前来定居和殖民的民族。到17世纪末,不仅众多城镇已经具备了相当规模的斯拉夫人口,农村的情况也因俄罗斯地主和农民以及波兰战俘的到来发生了转型。如果说莫斯科在边境地区的目标从未超出最初的政治忠诚,那么在伏尔加河中游地区,之前被征服的人口则已经完全融入了俄国行政系统。一些非基督徒加入俄国军队,并拥有了一种被称为"鞑靼服役者"的特殊职位。其他非基督徒被要求缴纳贡品或者支付税费,同时为国家服役。

本地人有几种选择:要么屈服于俄罗斯人的统治,要么反抗或者逃离。他们尝试了以上所有选项。大部分非基督徒留在祖先世代生活的土地上,但是却无法平和地接受俄国的控制。数个世纪以来,伏尔加河地区的非基督徒和俄国南部边疆的哥萨克人是抵抗莫斯科及其政策的核心力量。伏尔加河中游地区有规律地受到小规模骚乱和大规模起义的影响。在该地区的诸多民族中,巴什基尔人毫无疑问最具叛逆性,也作为沙皇最反叛的臣民承受了相应的代价。[1]

俄国在伏尔加河中游地区的征服和殖民政策也引发了非基督徒的大规模迁徙。有史料记载他们或是为了躲避繁重的赋税,或是担心被强行皈依基督教而出逃,真假未知。数千人逃离住地并在巴什基尔定居,最终形成了两类社会群

---

[1] *Materialy po istorii Bashkirskoi ASSR*, vol. I: *Bashkirskie vosstaniia v XVII i pervoi polovine XVIII vekov* (Moscow and Leningrad: AN SSSR, 1936), pp. 26-40, 150-212.

体：登记的农民（tepter）和未登记的流动农民（bobyl'，后来成为国家佃农）。1631—1632 年，共有 8 355 户登记农民和未登记流动农民居住在巴什基尔地区。①

虽然一些拥有"答刺罕"（tarkhan）头衔的本地贵族继续保有传统的免税特权，其他人被新授予这项特权，但是大多数本地居民则发现自己的劳动承受着更严苛的赋税、苦役、兵役负担和法律限制。居民的逃亡、大量叛乱以及俄国当局收到的无数正式诉讼记录，清晰地反映了当地人口的穷困化。在经济困难时期，本地居民在绝望中将他们的孩子和亲人卖给同样信仰东正教的富有俄罗斯人。②

在俄罗斯帝国范围内，针对被征服本土人口的渐进整合政策及其影响，可以通过逃亡的巴什基尔人得到最好的诠释。1755 年，在又一次巴什基尔人起义之后，1 500 多户巴什基尔人向哈萨克人寻求庇护，并警告他们向俄国屈服的危险性。逃亡的巴什基尔人解释道，他们出于自愿成为俄国的臣民，同意进贡并提供兵役和劳役。起初，他们同哈萨克人一样被给予优惠政策，但是之后，政府的索取便开始较先前变本加厉。他们的处境每况愈下，甚至食不果腹。他们的请愿书并没有送至女皇手中，给长官的请愿书也并未被理睬。长官禁止他们向女皇请愿，并且逮捕、拷打和杀害了很多人，他们在自己的土地上不再自由。没有土地他们如何生活？军团到来并损坏了农田，他们砍倒带有蜂箱的树，为了建设要塞，逼迫巴什基尔人砍树、挖土、切石、运输、参加军事巡逻并以高价买盐。最后，绝望的巴什基尔人决定逃离，即便俄国当局宣布每逃走一名巴什基尔人，就处决一名留下的，来阻止他们逃亡。巴什基尔人警告称，相同的命运很快就会降临到哈萨克人身上。③

六、征服和殖民的方法

俄国征服和殖民的方法似乎已经形成了一种清晰的规律。新遇到的民族

---

① *Ocherki po istorii Bashkirskoi ASSR*, vol. I, pt.1 (Ufa: Bashkirskoe izdatel'stvo, 1956), p. 97.

② Ibid., pp. 132 - 134; *Materialy po istorii Bashkirskoi ASSR*, vol. III: *Ekonomicheskie i sotsialnyeotnosheniia v Bashkirii v pervoi polovine XVIII veka* (Moscow and Leningrad: AN SSSR, 1949), pp. 9-25.

③ *Kazakhsko-russkie otnosheniia v XVI-XVIII vekakh. Sbornik dokumentov i materialov* (Alma-Ata: AN Kazakhskoi SSR, 1961), no. 210, p. 539.

被要求宣誓效忠，寻求沙皇的庇护和恩惠，并永远将忠诚献给沙皇。誓词是由莫斯科准备的，而且通常只有俄语版本。本地首领被莫斯科强迫或者哄骗，同意在和平条约上签字，莫斯科因而认为他们对此负有责任，认定他们已成为俄国的臣民。很显然，莫斯科与本地首领彼此都不坦诚。当地首领们感兴趣的主要是经济赠予和政治特权，从未考虑过文件的约束力。莫斯科也十分清楚其与边境各民族关系的不确定性。莫斯科虽然称这些民族为俄国的臣民，但是像对待外国人一样对待他们，一切相关事务都通过俄国外交部门处理。莫斯科有意混淆视听，在朝廷宣称对边境地区各民族拥有宗主权的文件中，只有给西方基督教统治者的通信中提到了沙皇的宗主头衔，而在与奥斯曼苏丹以及波斯沙阿的信件中则被刻意省略了。①

在最初阶段，莫斯科严重依赖当地精英，通过支付和奖励体系以及保留他们的特权赢得本地精英的支持。然而，随着时间的推移，这些精英对俄国的军事和经济依赖性加大，俄国定居点、城镇、修道院和要塞不断向前推进，使得莫斯科能够进入更具侵略性的阶段，将土著居民置于更为严格的俄国统治之下。换句话说，在边境地区融合程度提高之后，莫斯科就谨慎地从间接统治转向了直接统治。

诚然，莫斯科管理非俄罗斯族人口手段的变迁并不是一条直线，而是需要克服诸多困难。俄国边境政府遇到的一个典型困境，就是应该通过支持某一当地权威来团结本地民族，还是应该刺激当地精英之间的纷争以达到离间的目的。在不同时期，两种方法都曾被运用过：当莫斯科处于弱势地位，需要依赖非俄罗斯族人的军事援助时就会采用前者；而在不需要类似援助时，莫斯科的目标就会转变为削弱和制服其新的非俄罗斯臣民。

其他问题似乎服务于不同的目的。莫斯科清楚地明白赢得当地精英的支持对于俄国的利益至关重要，为此莫斯科奉行了拉拢对方的政策。与此同时，俄国的其他政策则在破坏本地精英之间的合作。整个 17 世纪出现的主要问题之一，是本地奴隶和平民不断逃往俄国寻求更好的生活。尽管本地精英前往俄国履行军事义务或者寻求庇护是一种古老的惯例，平民的大批离去却被非俄罗斯精英视为一种令人不安的新现象。

当地贵族愤愤不平地抱怨他们由于失去人口遭受了巨大损失，并要求送

---

① Kotoshikhin, *O Rossii v tsarstvovanie Alekseia Mikhailovicha*, pp. 39，40，87.

回逃亡者或是给予金钱补偿。大多数情况下,这些抱怨都会被邻近俄国城镇的官员驳回,理由是逃亡者已经皈依基督教因而不能被送还。即使是在西伯利亚——那里逃亡者人数的增加意味着皮毛贡品的减少——只要逃亡者"自愿"皈依基督教,俄国当局也会接受他们。数个世纪间,土著居民流入俄国一直是一个具有重要意义的议题,长期损害着俄国与各边境民族首领的关系。①

即便受到政治形势的压力,莫斯科命令地方长官归还未皈依的逃亡者,也几乎没有人能够找到回家的路。无知的逃亡者可以被压榨或变卖换取财富,这对于腐败的俄国地方机关来说是一种极具吸引力的利润来源。半个世纪后的1755年,作为对大量土著居民外逃、被买卖以及转换信仰的现实情况的回应,政府在阿斯特拉罕、奥伦堡(Orenburg)和西伯利亚的边境地区对此类行为开了绿灯。地方政府公然违背只有俄罗斯贵族能够购买和拥有农奴的规定,允许牧师、商人、哥萨克人等购买非基督徒,改变他们的信仰,教导他们,这些非基督徒将作为买主的农奴直到主人去世。枢密院批准购买卡尔梅克人、库梅克人、车臣人、哈萨克人、卡拉卡尔帕克人(Karakalpaks)、土库曼人、托穆特人、鞑靼人、巴什基尔人、巴拉巴鞑靼人(Baraba Tatars)以及其他穆斯林和有神论者。因此,俄罗斯人可以通过非暴力手段拥有非基督徒,"以便使其皈依基督教"。此类交易只有在获得出售对象的本族首领或父母的书面许可的情况下才能进行,并且卖家必须确保出售对象不是被绑架的。② 考虑到许多土著民族的绝望处境、俄国官员和本地首领的腐败程度,这些条件并不能防止任何非法交易。这种在17世纪尚是一种谨慎的官方政策的情况,到18世纪中叶已经变成了在边境地区直接鼓励大规模对非基督徒进行奴役和基督教化。

无论是通过深思熟虑的政策,还是凭借其绝对主导力量,俄国对本地社会的影响都是不稳定和破坏性的。随着时间的推移,本地精英发现自身已经深受俄国影响,在政治、军事和经济事务方面依赖莫斯科。土著精英们被俄国市场所吸引,为了获得种类繁多的商品、现金和贷款,他们向本族民众征收更高

---

① *AI*,vol. I(Tipografiia Ekspeditsii zagotovleniia Gosudarstvennykh bumag,1841),no. 209,p. 449;vol. III(Tipografiia II Otdeleniia Sobstvennoi E. I. V. Kantseliarii,1841),no. 1542,pp. 236,244-245;no. 1594,pp. 355-356;Michael Khodarkovsky,*Russia's Steppe Frontier: The Making of a Colonial Empire*,*1500-1800*(Bloomington:Indiana University Press,2002),pp. 201-210.

② *Arkhiv vneshnei politiki Rossiiskoi imperii*(Moscow),f. 119,op. 5,*Kalmytskie dela*,1755 g.,d. 17,ll. 17-20.

的赋税,以换取各类奢华的物件。这反过来又导致了"劳动力流失"的问题,本地平民为躲避家乡的压迫而逃往俄国。当地社会的平民感到承受着来自本族精英和俄国政府双方越来越沉重的盘剥。

随之而来的,一方面是渴求权力以及与莫斯科更紧密关系的贵族之间漫无止境的内战,另一方面是反对俄国政府以及与莫斯科合作的本地精英的民众起义。最终的结果是当地社会的政治和经济持续且不可逆转地衰退,它们愈发依赖俄国,以至于被完全并入帝国体系。

对于许多非俄罗斯人而言,17 世纪标志着他们被纳入俄罗斯帝国的开端。当时,俄国政府仍在努力解决莫斯科公国的扩张速度超出了其控制和管理新领地和人民的能力的问题。俄国对新领土和边境地区的管理水平低下,这意味着政府倾向于实行间接管理,并且出台一系列非强制性的政策和鼓励措施。直到 18 世纪彼得改革之后,新一代西化的俄国官僚和长官才将俄罗斯和基督教优越性的信条带到边疆地区,坚决使当地人无条件服从并改变原有的生活方式。与 18 世纪相比,17 世纪俄国对土著社会造成的创伤和破坏是较小的。

第二十三章　经济、贸易与农奴制

理查德·赫利

一、贸易与商业

1613—1689 年,俄国的经济状况十分复杂。莫斯科公国过度膨胀,其领导人多是像米尔顿·弗里德曼(Milton Friedman)这一派的货币主义者,他们很清楚流通货币的数量和质量决定了价格水平。俄国采取银本位制,但由于当时的莫斯科没有开掘任何贵金属,其领土内也没有银矿,因此银币都是用从欧洲其他国家进口的泰勒(thaler)重铸的。通过操控货币系统中银的数量和质量,政府可以使价格水平上升、下降或保持不变。

纵观"俄国短暂的 17 世纪",商品的价格水平会在短期内发生巨大变化,却总会或早或晚地恢复正常。① 饥荒、战争等事件也会影响价格水平,但其影响力与货币政策不可同日而语。因此,在斯摩棱斯克战争(1632—1634 年)和十三年战争(1654—1667 年)期间价格呈上升趋势,而在 1662—1663 年间,通货膨胀主要不是由战争,而是当时政府进行的货币贬值引起的。货币贬值始于 17 世纪 50 年代末,为了填补战争开销,政府决定尝试用铜铸币取代银币。② 也许是因为人们非常信任政府,这种"假货币"(bogus currency)以票面价值流通了四年。直到政府开始拒绝接受以铜铸币形式缴纳的税款,社会上开始流行起政府首脑发行铜铸币是为了谋取私利的传言,危机爆发了。整个社会陷入疯狂,物价飙升,莫斯科民众发起了著名的"铜币起义"(Copper Uprising)。起义爆发

---

① 这种现象在最常见的商品——黑麦上最为明显,但几乎在所有东西上都有所体现。参见 Richard Hellie, *The Economy and Material Culture of Russia 1600-1725* (Chicago: University of Chicago Press, 1999), p. 14 (see Fig. 2.1) et passim。

② Richard Hellie, "Russia, 1200-1815", in Richard Bonney (ed.), *The Rise of the Fiscal State in Europe*, c.1200-1815 (Oxford: Oxford University Press, 1999), p. 494 et passim。

后,政府立即在货币中增加了 2% 的银,所有抗议得以平息,物价恢复正常水平。除了战争年代外,价格在长时间内基本保持稳定。当然,农作物歉收会造成暂时的局部地区的价格上涨。这一时期的资料有一个普遍规律,每当农产品的价格偏离中位数值(即看起来"有问题"),数据来源文献就会把原因归结于农作物歉收。

在俄国,一切贸易都是通过现金或实物进行的。直到 18 世纪中叶,俄国才出现银行①,俄国商人也不像罗斯柴尔德(Rothschild)家族那样能够贷款给政府或者互相贷款。他们以不诚信闻名,相互信任的程度很低。修道院有一些储蓄,政府有时会"借用"这些钱,但没有证据表明这种"贷款"会得到偿还。商业修道院、兼涉生产和贸易的垂直企业集团和商人阶层之间的关系尚不完全清楚。

政府清楚自己在宏观上控制价格的能力是有限的。可能会有人认为,政府如同莫斯科"阿加佩图斯国家"②一样随时出入市场,但事实并非如此。无论是莫斯科政府还是地方政府,在购买商品时一般都是"价格接受者"(pricetaker),即以正常市场价买入所需要的东西。只有在极个别情况下,政府才会对普通商品实行价格控制,例如 1623 年伏尔加河下游的鲟鱼交易。③ 奴隶的价格是一个显著的例外:在"混乱时期",政府把有限服务契约奴隶的价格设为每人 2 卢布,在 17 世纪 20 年代中期提高到每人 3 卢布。④ 此前,奴隶的价格是由市场决定的⑤,政府的介入改变了奴隶的组成。强制买家为一个年幼的孩子与一个壮年劳力支付相同的价格,促使买家放弃购买那些定价过高的奴隶,导致他们不能获得奴隶制所应提供的福利。政府是否预料到了这一后果不得而知。政府之所以能够干预奴隶的定价,是因为所有奴隶买卖都必须在政府登记。如果不在奴隶事务衙门(参见第十二章)进行奴隶登记,买家就无法获得奴隶的合法所有权,奴隶因此可以逃跑而不受惩罚。莫斯科政府在其他种类的贸易中都没有进行类似的介入。鉴于在本章涉及的时间段,政府已经完全控制了土地和劳动力这两大经济因素,读者可能会猜想政府同样参与了不

---

① Arcadius Kahan, *The Plow, the Hammer, and the Knout. An Economic History of Eighteenth-Century Russia*, ed. Richard Hellie (Chicago: University of Chicago Press, 1985), pp. 311-318.

② 参见"Agapetos", in *The Oxford Dictionary of Byzantium*, ed. A. P. Kazhdan, 3 vols. (New York: Oxford University Press, 1991), vol. I, p. 34。

③ Hellie, *Economy*, pp. 80-81.

④ Richard Hellie, *Slavery in Russia 1450-1725* (Chicago: University of Chicago Press, 1982), p. 63.

⑤ 正如第十六章所述,例外是存在的。1550 年法典就曾为军事奴隶制定了 15 卢布的价格上限。

动产交易,但事实上,农业用地的交易几乎是不存在的。① 正如第十六章所述,政府对大部分农业用地资金的控制和家族赎回权合在一起扼杀了土地方面的自由交易。

当可以获得定量数据时,任何成本计算都能够通过大量价格数据实现。因此,我们可以计算出雄伟的斯摩棱斯克要塞——该要塞建于 1596—1600 年间,可能是 16 世纪全世界规模最大的工程——其建筑成本约为 150 万卢布。② 我们还能够进一步推算出,17 世纪时政府通过放弃固定防御,转而强化奥卡河以南的防线节省了巨额资金,并且得知 17 世纪中叶,军队的花费占到莫斯科公国 GDP 的八分之一。③

莫斯科公国法律尽其所能促进贸易发展。16 世纪,习惯法的贷款利率被限制在 20%。④ 然而,在 1649 年这是非法的。⑤ 虽然由于俄国法律来源于拜占庭,故而在很多方面遵循罗马法传统,但是出于某种原因,俄国从未发展出罗马合同法。⑥ 不过,其他关系到商人利益的法律领域则得到了全面的发展,如货物的存储等。公平地说,法律大环境对贸易来说总体是有利的。这一时期的大部分时候,诉诸法院的花费不高,审判速度很快,法官也相对正直(如果不是完全正直的话)。莫斯科的法律有助于降低商业交易成本。

莫斯科有各种各样组织成熟的商人。其中既包括在当地市集摆摊的小商人,也包括像斯特罗加诺夫家族这样长途跋涉,前来买卖食盐、皮草、贵重物品以及进口货物的大商贩。这些大商贩任用奴隶扩大其家族公司,正如他们在其他国家,尤其是非洲所做的一样。商人们极大地受益于若干早先时期确定

---

① 迄今为止,还没有学者发现非亲族之间交付了土地和欠款(即符合市场定义)的莫斯科土地交易案例。这在瓦莱丽·基维森的著作中表现得最为突出,参见 Valerie Kivelson, *Autocracy in the Provinces: The Muscovite Gentry and Political Culture in the Seventeenth Century* (Stanford, Calif.: Stanford University Press, 1996)。这使得比较莫斯科与其他地区的农田价格变得不可能。另参 Hellie, *Economy*, pp. 392, 631。

② Richard Hellie, "The Costs of Muscovite Military Defense and Expansion", in Eric Lohr and Marshall Poe (eds.), *The Military and Society in Russia* 1450-1917 (Leiden: Brill, 2002), p. 49.

③ Ibid., p. 66.

④ E. I. Kolycheva, *Agrarnyi stroi Rossii XVI veka* (Moscow: Nauka, 1987), p. 117.

⑤ Richard Hellie (trans. and ed.), *The Muscovite Law Code (Ulozhenie) of 1649* (Irvine, Calif.: Charles Schlacks, 1988), ch. 20, art. 39. (Cited henceforth as Hellie, *Ulozhenie*.)

⑥ Richard Hellie, "Russian Law from Oleg to Peter the Great", in Daniel H. Kaiser (trans. and ed.), *The Laws of Rus'-Tenth to Fifteenth Century* (Salt Lake City, Ut.: Charles Schlacks, 1992), pp. XI-XL.

的制度因素。其中最关键的是在伊凡四世成年之前推行的，俄国拥有"统一信仰、统一货币、统一度量衡"的制度。1653 年，政府公布标准单位，并合理化国内关税，这些举措进一步加强了这种统一性。虽然国内关税直到 1753 年才取消，但是费用似乎相对较低，没有对商业造成显著阻碍。考虑到这些因素，可以认为俄国在 17 世纪时形成了一个接近统一市场的环境：同类货品的成本在整个俄国都是相近的，只有因为运输成本而产生的差异。商人拥有足够的信息，了解相似物品在全国各地的成本差异，将商品从低成本地区运往高成本地区，趁机套利。到 1689 年，建立起时常能够延续三代的商业帝国的商人们，已经可以在亚欧大陆大部分地区不受阻碍地进行贸易，北至白海，南达里海，西至斯摩棱斯克，东达太平洋。这些贸易为关键资本积累提供了机会，资金被花费在修建宏伟的房舍、教堂，以及购买奢侈品和家奴上，他们很少甚至完全不参与生产，却有着强大的消费能力。

政府依据资本将精英商人划分为三组：客商（gosti）、客商团（gostinaia sotnia）和呢绒团（sukonnaia sotnia）。[1]　商人们并未把这种分组当作一种荣誉，而是避之不及，甚至恐惧分组，因为政府视他们为服役阶层，可以在需要时迫使他们为政府工作。这些工作使他们远离自己的企业，并且有可能令他们破产。客商以莫斯科为基地，由国内的商人领袖组成。他们的人数很少，被安排运行主要海关机构，如阿尔汉格尔、阿斯特拉罕等地。客商团（有时被称为"商人中的百夫长"）也居于莫斯科，管理规模较小的海关。如果关税收入与预期不符，他们可能会被要求支付差价。呢绒团是各地商人中的精英，会被分配少量政府任务。所有商人都时不时会被委派交易沙皇的物品，特别是黑貂皮。

1649 年《会议法典》第 19 章规定商人为特权阶层。除了修道院和沙皇本人，城镇商人几乎没有竞争者。农民、地主、神职人员和大部分军事服役人员被禁止从事贸易、制造业，并且不能持有城市财产。城镇居民作为法律意义上的城镇纳税人，垄断了贸易、制造业和城市财产所有权。中上层服役阶级成员和地方骑兵是一个小例外：他们可以在城里拥有一套房子，并且豢养一个奴隶，但这些资产不能被用于商业，与城镇居民构成竞争。[2]　武装射击兵被允许从事小额贸易和在城市就业，以补充他们微薄的工资。教会机构不得不上交其城市财产，同时不得

---

[1]　Hellie, *Ulozhenie*, preamble, ch. 13, art. 1; ch. 19, art. 34.

[2]　Ibid., ch. 19.

进入城镇周围一个宽阔的绿化带,那里被用来供城镇居民建造花园和放牧牲畜。为了交换这些垄断权,城镇居民(大多是工匠或商人)必须为政府提供其所需的现金。这一安排是1648年6月诸多俄国城镇骚乱的结果,它在一个多世纪的时间里避免了城镇居民发动起义,同时为政府提供必要的财政收入。[1]

尽管俄国商人在国内做得相当不错,但是他们无法在国际市场上竞争。大商人们在1649年向政府提交了一份精心制作的请愿书,要求将西方商人逐出俄国腹地,把他们的生意限制在港口和边境城市。请愿书陈述了16世纪莫斯科公国的对外贸易,指出这些贸易是由英国和荷兰支配的。他们提出,英国人贷款给本地俄罗斯商人(俄罗斯人自己不能这样做),并雇用他们担任代理商。外国人把俄罗斯人局限在白海的港口内。[2] 事实上,英国人的确是更好的商人。16世纪最后25年的地中海局势证明了这一点。在短短20年的时间里,英国人打败了所有竞争对手,垄断了全部长途贸易。[3] 1740—1810年的情况也是一项证明。当时,法国人主导了俄国文化,在贸易领域却屈居第三。法国人也像一个世纪前的俄国精英一般,抱怨英国人贷款给俄国商人。在所有例子中,英国人在1649年以前和1740年之后的地中海获得成功的关键,都是通信。[4] 俄国人认为自己在很多领域无法与英国人竞争,而通信就在其中名列前茅。

俄国人在没有任何政府资助的情况下,截至1613年,千年来从南方邻国那里引进了众多突厥服装名称和样式。[5] 然而当引进对象在1613年后转变为西方重大科技时,商人们没能在缺少政府支持的情况下获得任何成果。莫斯科不仅从西方雇佣了医生、语言学家、翻译、天文学家和画家,还请来了建筑师、丝织工人、造船工人、食品专家、造纸商、葡萄酒商、制铁商和矿石探勘家。1621年,政府从国外聘请了金属冶炼专家,17世纪20年代和30年代,荷兰人垄断了俄国的炼铁业。1623年,荷兰企业家新建了一家制绳厂,以补充英国人

---

[1] Richard Hellie, "The Stratification of Muscovite Society: The Townsmen", *RH*, 5 (1978): 119-175.

[2] Richard Hellie (ed. and trans.), *Muscovite Society* (Chicago: University of Chicago Press, 1967, 1970), pp. 63-91.

[3] Maria Fusaro, "Commercial Networks of Cooperation in the Venetian Mediterranean: The English and the Greeks, a Case Study", unpublished paper, October 2001.

[4] Richard Hellie, "Le Commerce russe dans la deuxième moitié du XVIIIe siècle (1740-1810)", in *L'Influence française en Russie au XVIII siècle*, eds. Jean-Pierre Poussou et al. (Paris: Presses de l'Universitè de Paris-Sorbonne, 2004), pp. 73-82.

[5] Hellie, *Economy*, ch. 18.

在 16 世纪末建立的工厂。荷兰人在 17 世纪 20 年代垄断了沥青产业,在 30 年代垄断了钾肥产业。17 世纪 30 年代,荷兰和荷尔斯泰因的造船厂在里海组建了一支船队。1634 年,荷兰人又垄断了天鹅绒产业。同年,第一家玻璃厂成立。西方人还组织了一个临时的邮政系统,并教会了俄国人如何挖掘更深的井。第一家造纸厂建于 1655 年,六年后,外国人又成立了一家粗纸厂。1667 年,外国人建造了一家毛纺厂,十年后,一个意大利人建造了一家缫丝厂。17 世纪 60 年代末,应政府的邀请,外国勘探者在北方(伏尔加河以北)发现了铜矿,并开始为国家挖掘和加工处理这些矿石。这些人是对雇佣兵的一种补充,雇佣兵们在斯摩棱斯克战争期间(1632—1634 年)通过引入新军团实现了俄国军队的现代化。斯摩棱斯克大约一半的俄国军队是由这些雇佣兵及其手下组成的。结果证明,他们消耗了大量国家财政资源,因此大部分人在战争结束后便被遣送归乡了。1647 年,为了备战十三年战争(1654—1667 年),政府再次发起征兵,这一次主要限于军官。① 1654 年,在东正教会的催促下,政府补上了 1649 年《会议法典》(见下文)创建的等级社会的最后一个缺口,迫使外国人,尤其是高薪的外国人,住进"外国人定居区"②(nemetskaia sloboda)。这个区域后来成了彼得大帝向西方扩张行动的孵化器。

17 世纪中叶,重商主义(法国柯尔培尔主义的细微变体)传入俄国。第一位重商主义者是费奥多尔・勒季谢夫(Fedor Rtishchev),不过其主要发言人是 A. L. 奥尔金-纳晓金。作为一个土生土长的普斯科夫人,奥尔金-纳晓金编写了 1665 年《普斯科夫商人贸易章程》(Pskov merchant charter)和 1667 年《新贸易规则》(New Trade Regulations)。他提倡西方式的效率,并拥有了一家从波罗的海出口商品到西方的经销行。除此之外,他还是一个温和的贸易保护主义者,主张俄国保有尽可能多的铸币,这可能是物价在 1663—1689 年间大体下滑的原因之一。③

二、农奴制产生的过程(1613—1649 年)

莫斯科公国的经济并没有让大多数俄罗斯人过上良好的生活。正如前面

---

① Hellie, *Enserfment*, chs. 10 and 11.
② 字面意义为不懂俄语的外国人,即"沉默的人"的定居区。——译者注
③ 大部分数据参见 Hellie, *Economy*。

所提到的,伏尔加河和奥卡河之间的地域不出产有用的矿藏,一切都需要进口。薄灰壤表层土是酸性的,肥力很低。这一时期,每播种 1 粒种子可以收获3 粒。生长季节太短,降水量过大。低产量导致的饥荒在俄国大约每七年发生一次。

大多数人生活在烟雾缭绕的小屋里,木屋内多有一个大型砖石灰泥炉,致命的烟雾被排放在房间里,而不是通过烟囱排出去,以保存热量。大多数人精力不济,一方面是因为他们一年里有六个月的时间都在呼吸自家炉子的毒气,另一方面也是因为营养不足。大部分人只能勉强维持生计,平均寿命不到 30年。人均年收入少于 600 美元(350 英镑)。全体人口的收入中位数是每天 4戈比,"劳动阶层"则是每天 3 戈比。一个烟雾小屋的中间价格是3.25 卢布,约合 100 天的收入。[①] 频繁的火灾意味着要经常更换住房。第十二章已经讨论过,大部分小屋里面没有什么东西,只有一个三腔炉(其大小可供两个人在上面睡觉)、围绕两面墙壁的长凳(可供人坐和睡觉),有时还会有一张桌子和一个装多余衣服的大箱子,仅此而已。

1613—1689 年间,占人口绝大多数的是农奴,约 85%。剩余的人口中 5%～15%是奴隶,神职人员、城市居民、士兵各占 2%。1613 年,国内约有 500 万居民,1689 年则有 900 万或 1 000 万。[②]

出于不明原因,"混乱时期"对农民的农奴化进程影响不大。舒伊斯基的1607 年法令似乎已被打入冷宫,1592 年的法令恢复施行:农民被束缚在土地上,在接到新的通知之前,不再被允许在圣乔治日迁移,并且,主人起诉追回逃亡农奴的五年期限也被废除。苏联历史学家对此的解释是,赫洛普科起义(1601—1603 年)以及随后的博洛特尼科夫起义(1606—1607 年)让政府感到恐惧,他们缺乏进一步镇压农民的勇气。笔者则更倾向于另一种解释,即 1592的法令满足了当权者,除非被迫,他们不打算进行任何改变。[③]

然而,其他人并不安于现状。在社会各阶层中,城镇居民有着独特的地

---

① Hellie, *Economy*, ch. 20; pp. 388, 404-405.
② 沃达尔斯基(Ia. E. Vodarskii)估计 1678 年的人口为 1 000 万,其中 92%是农民[V. A.
Aleksandrov et al., *Krest'ianstvo perioda pozdnego feodalizma* (*seredina XVIIv.-1861 g.*)
(*Istoriia krest'ianstva Rossii s drevneishikh vremen do 1917 g.*, vol. III) (Moscow: Nauka,
1993), p. 18]。这似乎严重低估了奴隶人口,因为奴隶不交税,所以不在人口普查范围之中。
对于奴隶数量的计算,参见本书中笔者所撰"奴隶制"部分。
③ Hellie, *Enserfment*, chs. 6 and 7.

位。他们的问题是俄国的集体税收制度。普查员到来后,发现城市地区居住
着 x 名居民,他因此假设该地区的人口为 x,评估应向当地征收 y 卢布税款,
这一标准保持到下一次人口普查之前。每当一些城镇居民搬走或者逃亡,问
题就会凸显出来。税吏仍坚称该地区应支付 y 卢布,即使实际纳税人数比之
前人口普查时减少了。这样一来,剩下的居民就开始要求政府禁止更多的人
离开,并提出把那些离开的人遣送回来,一起负担税款。早在 1590/1591 年就
有这方面的一个例子,托罗佩茨(位于西部边境)的居民要求禁止他们的同乡
搬离。托罗佩茨政府照做了,将禁止搬离的年限从农民延伸到城镇居民
身上。[①]

在"混乱时期",俄国城镇的情况非常严峻。居民们被逼逃往到四面八方,
就像伊凡四世的野蛮统治使农民散落各方一样。到 1613 年,许多城镇已经完
全成为无人区。[②]"恢复经济学"是经济学的一个重要分支,我们似可推断,
1629 年时俄国已经走出了"混乱时期"的窘迫境地。1613 年成为城镇居民管
理的参照点。在那之后,当城镇居民要求遣返离乡者时,往往会追溯到 1613
年的参照点。到 17 世纪 30 年代末,那些 25 年前逃离的人逐步被送回原籍。
这一先例在遣返超过五年前逃离的农民的运动中发挥了重要作用。在农奴制
的形成过程中,另一件标志性案例是政府在 17 世纪 30 年代后期直接参与了寻
找和送回流亡城镇居民的行动。[③] 对于流亡农奴和奴隶,政府在 1649 年《会议
法典》之前并没有采取什么措施。

修道院也在"混乱时期"遭受了严重损失。这让人们想起 15 世纪 50 年代,
修道院开始将负债农民的移动机会限制在圣乔治日前后,这是通往农奴制的
第一步。1613 年后不久,修道院精英又第一个对农奴出逃问题提出意见。他
们抱怨说,五年时间不足以追回他们的逃亡农奴,因此政府根据农民逃离时间
的不同,将追索时期延长到了十年甚至十年以上。[④]

除了上述发展以外,从"混乱时期"结束到斯摩棱斯克战争结束前,社会分
层相对平静。恢复工作花光了全部社会精力,在 1619—1633 年沙皇米哈伊尔

① Hellie, *Muscovite Society*, pp. 33-47.
② P. P. Smirnov, *Posadskie liudi i ikh klassovaia bor'ba do serediny XVII veka*, 2 vols. (Moscow
   and Leningrad: AN SSSR, 1947-1948).
③ Ibid.; Hellie, "Stratification".
④ Hellie, *Muscovite Society*, pp. 144-156; A. E. Vorms et al. (eds.), *Pamiatniki istorii krest'ian
   XIV-XIX vv.* (Moscow: N. N. Klochkov, 1910), pp. 50-52.

之父、牧首费拉列特领导俄国时,还实行了非常严格的管理。费拉列特去世后,1633—1648 年间,以权谋私和腐败成了俄国政府的常态。统治精英忙于给自己分配土地,并大肆掠夺国库。目睹腐败者的狂欢,中层服役阶级成员决定,是时候去争取他们的利益了。1637 年,他们发起了也许是俄国历史上最有名的请愿运动,要求完成农民的农奴化。[①] 他们列举了追捕流亡农民的五年时效给他们带来的麻烦,指出"不听命令(字面意思为强大)的人"利用法定时效藏匿逃亡者;一旦期满,这些"不听命令的人"就会把逃亡农民送回来处,并招入新的逃亡者。请愿者宣称,唯一的解决办法就是废除五年法定时效。政府对此的回应是将法定时效从 5 年延长至 9 年。[②]

各地方骑兵发现这一让步的作用不大,因此于 1641 年再次奏请废除法定时效。政府再次将该时效从 9 年延长至 15 年作为答复。[③] 说到这里,我们必须停下来考察一下这些请愿的来龙去脉。斯摩棱斯克战争以平局结束,波兰人放弃了对沙皇宝座的要求,却拒绝归还斯摩棱斯克要塞,俄国政府把注意力从西部前线转移到南部前线。克里米亚鞑靼人仍然是莫斯科公国的主要威胁,他们每年掠夺数以万计的俄国奴隶,并将其贩卖至克里米亚的奴隶市场,而且他们的劫掠分散了俄国军队在斯摩棱斯克战争中的注意力。因此在 1636—1654 年间,俄国人开始建造后来所谓的别尔哥罗德防线以防卫南部边境。这使得俄国的正式边界向奥卡河以南推进了几百英里,为莫斯科公国增添了数万公顷良田。别尔哥罗德防线行动的指挥者希望向防线和奥卡河之间的区域移民,从而服务于战略目的。新移民可以被招入伍,以满足防线的军事需要。农民还可以为莫斯科公国创造大量 GNP,向边防部队提供加工好的食品。农民们很乐意迁移到防线所在边境,因为和奥卡河以北的灰化土相比,耕种肥沃的黑钙土能够提高收入。除此之外,在奥卡河南部,农民还不用担忧地主压迫和土地租金。别尔哥罗德防线背后的政府官员不愿意把逃亡者送回他们奥卡河以北的故乡。

1636 年后,奥卡河以北的中层服役阶级的骑兵地主开始察觉,每次他们外出汇报当年的军事工作时,农民就会趁他们不在的空档搬到边境地区,到了那

---

① N. A. Gorskaia et al., *Krest'ianstvo v periody rannego i razvitogo feodalizma* (*Istoriia krest'ianstva SSSR s drevneishikh vremen do velikoi oktiabr'skoi sotsialisticheskoi revoliutsii*, vol. II) (Moscow: Nauka, 1990), pp. 379—380.

② Hellie, *Muscovite Society*, pp. 167—176.

③ Ibid., pp. 178—191.

儿,他们就不大可能追踪到这些农民了,一方面是因为距离太远,另一方面是即使他们运气很好,找到了逃走的农民,也要面临边境官员的阻挠。登记在莫斯科奴隶事务衙门的奴隶有着精确的描述,在遣返逃亡奴隶的司法审判中,可以把中央的备案带到法庭上,因而无论被告是否在政府文件中有所记录,法庭也能做出合理的裁决。但是,农民或农奴却没有这样的记录。[①] 在一个敌对的边境法庭上,一个农奴追踪者可能声称被告 x 是他的逃亡奴隶伊凡、帕维尔之子,而 x 可以回答他是阿列克谢的儿子尼古拉,是原告搞错了他的身份。法官几乎肯定会判原告败诉。地方骑兵每家平均只有 5.6 个农民,本来就不太富裕,当劳动力开始减少时,他们就会陷入绝境。

事实证明,对中层服役阶级来说,15 年的期限并不比 5 年或 9 年更有用。1645 年,他们提交了第三次申请,要求废除法定时效。这一次,正处于从沙皇米哈伊尔过渡到沙皇阿列克谢的转型中的政府,终于迫于压力屈服,承诺在新一轮人口普查后废除法定时效。[②] 人口普查在 1646—1647 年间进行,但是在此期间,政府被阿列克谢的导师鲍里斯·伊凡诺维奇·莫洛佐夫(以阿列克谢的名义)接管了。莫洛佐夫是俄国政府有史以来最有能力的领导人之一,但也是最贪婪和腐败的人之一。同时代人的报道中曾说他"对于金子的渴望就像口渴的人对水一样"。莫洛佐夫试图合理化和简化税收制度,当时的税收制度对几乎所有动产或不动产征税。莫洛佐夫想要废除其中许多,把这些税收项目整合入食盐税。但是莫洛佐夫忘记了人们对盐的需求是弹性的。新税制导致盐价大幅上升,随之而来的是消费的急剧下降,改革因而失败。然而,针对莫洛佐夫的民愤并未熄灭,他的诸多其他行为加剧了人民的愤怒。莫洛佐夫出身于一个古老而卑微的莫斯科家族,并非贵族,他一开始只拥有少量农民,最终却成了莫斯科公国最大的农奴主。他利用土地、农民和国家财产富裕起来,将一批忠诚且同样贪婪的臣属聚集在自己身边。他不仅忘记了 1645 年废除法定时效的承诺,而且不断引诱其他地主手下的农民离开,把他们分配到自

---

① 1688 年 3 月 30 日发布的一项法令试图弥补这一缺陷,要求在服役封地衙门(SLC)登记购买、转让/交换世袭地产与服役封地上的农奴,而贷款与类似文件应被登记在奴隶事务衙门(SC)。这一措施没有起到预期效果,因为服役封地衙门忙于追踪俄国大部分土地的所有权及其产出,无力再登记所有农奴的信息。奴隶事务衙门的工作可操作性更强。参见 *RZ*, 9 vols. (Moscow: Iuridicheskaia literatura, 1984 - 1994), vol. IV: *Zakonodatel'stvo perioda stanovleniia absoliutizma*, ed. A. G. Man'kov (1986), pp. 102-103。

② Ibid., pp. 191-196.

己远在伏尔加河流域的土地上。他还命令管家藏匿这些流亡农民,尽管 1648 年他在政府的任期已经即将到头。①

莫洛佐夫过于腐败,以至于城镇居民们再也无法忍受。他们撰写了一封请愿书,试图在 1648 年 6 月 1 日阿列克谢骑马横穿莫斯科时交给他。这份意义深远的文件被当时一位身在莫斯科的旅行者翻译成了瑞典语,以中世纪俄语和瑞典语两种语言流传下来。② 当请愿者尝试把文件交给阿列克谢时,随行的射击军守卫撕碎了文件,并将其扔到请愿者脸上。这激起了莫斯科两天的暴乱,在这场暴乱中,城市的相当一部分被烧毁,莫洛佐夫的两个幕僚被民众撕成碎片,遗骸被扔在街道上的众多粪堆上。③ 莫洛佐夫险些遭受同样的命运,由于沙皇本人的介入才躲过一劫。沙皇承诺再也不让莫洛佐夫在莫斯科政府任职。

在请愿书中,莫斯科人民对莫洛佐夫派的腐败行为怨声载道,并要求参考拜占庭立法者君士坦丁和查士丁尼的例子编纂一部新法典。政府被不断蔓延的暴乱吓昏了头,做出了一些回应。首先,莫洛佐夫及其幕僚被永久地从政府清除出去,另一个团体取而代之。其次,由 N. I. 奥多耶夫斯基领导的五人委员会被任命负责编纂法典。最后,政府发出号召,选举缙绅会议的代表。缙绅会议是一个始见于 1566 年的原始议会机构,在有重大国家事务(例如战争与和平、王位继承和重大法律问题)需要解决时,就会被召集。④ 完整的缙绅会议由两个议院组成:上院由上层服役阶级和神职人员组成,下院由城镇和地方中层服役阶级选举代表组成。众所周知,1648 年的代表选举中至少有一部分人选受到了强烈质疑。⑤

三、1649 年《会议法典》

奥多耶夫斯基立法委员会是俄国历史上最高效的立法委员会之一。委员会成员向主要衙门发出请求,要求他们提供各自的法令全书。法令全书采用

---

① Hellie, *Enserfment*, pp. 133-138, 188-189.
② Hellie, *Muscovite Society*, pp. 198-205.
③ Richard Hellie, "Patterns of Instability in Russian and Soviet History", *Chicago Review of International Affairs*, 1 (1989): 3-34.
④ 本卷第十九章已提到过,该机构的真实性和历史意义仍待考证和商榷。——译者注
⑤ Hellie, *Enserfment*, pp. 134-145, et passim; Richard Hellie, "Zemskii sobor", in *MERSH*, vol. XLV (Gulf Breeze, Fla.: Academic International Press, 1987), pp. 226-234.

卷轴的形式,法律在被制定时都会录入法令全书。40 个衙门中约有 10 个参与了这一过程。委员会从法令全书中提取了最相关的一些条款,并对它们进行分组,形成了 1649 年《会议法典》的 25 章。除了编年史以外,这是 19 世纪以前俄国历史上最重要的书面文件。1648 年 10 月 1 日,缙绅会议的代表们收集了选民们的请愿和要求。《会议法典》的 968 项条款中约有 7% 来源于这些请愿和要求,其中一项就是废除了起诉追回流亡农民的时效。奥多耶夫斯基委员会向上院和下院宣读了草案,代表们对每项条款投出赞成或反对票。代表们要求的条款和奥多耶夫斯基委员会从衙门记录中提炼出来的草案互相结合。1649 年 1 月,项目全部完成;1 月 29 日,愿意的代表们签署了《会议法典》的卷轴副本。这一点必须得到强调,因为众所周知,一些上院的神职人员拒绝签署文件,以抗议法案对教会的压制,涉及的问题从教会的半世俗化(一个世俗衙门——"修道院衙门"被任命管理教会的大部分事务,这是彼得大帝的圣务院的原型)延及本章开头讨论的教会财产问题。现存的卷轴副本被送往国家印刷厂,共出版 1 200 本。这是莫斯科大公国出版的第二本世俗(非宗教)书籍。这 1 200 本法典迅速销售一空,政府立即下令印刷第二批,同样是 1 200 本,并在几年内完售。[①] 整个《会议法典》充分体现了诺贝尔奖得主、经济学家詹姆斯·布坎南(James Buchanan)的名言:"政府会抓住一切机会获得更多权力。"《会议法典》赋予了政府凌驾于几乎整个社会的权力,从而巩固了政府对两个主要经济因素(土地和劳动力)接近完全的控制。[②] 第三个因素——资本,仍然

---

① Richard Hellie, "Muscovite Law and Society: The *Ulozhenie* of 1649 as a Reflection of the Political and Social Development of Russia since the *Sudebnik* of 1589", unpublished Ph. D. dissertation, University of Chicago, 1965; Richard Hellie, "The *Ulozhenie* of 1649", *MERSH*, vol. XL (Gulf Breeze, Fla.: Academic International Press, 1985), pp. 192-198; Richard Hellie, "Early Modern Russian Law: The *Ulozhenie* of 1649", and "*Ulozhenie* Commentary: Preamble and Chapters 1-2", *RH*, 15 (1988): 155-224; Richard Hellie, "Commentary on Chapters 3 through 6", *RH*, 17 (1990): 65-78; Richard Hellie, "Commentary on Chapters 7-9", *RH*, 17 (1990): 179-226; Richard Hellie, "Commentary on Chapter 11 (The Judicial Process for Peasants)", *RH*, 17 (1990): 305-339; Richard Hellie, "The Church and the Law in Late Muscovy: Chapters 12 and 13 of the Ulozhenie of 1649", *CASS*, 25 (1991): 179-199.
② 也许像这样的一章应该详细论述这一时期剥削农民、农奴政策的演变过程,但由于篇幅的限制和其他方面的考虑,笔者无法呈现这样的论述。苏联学者在这个问题上做了大量工作,却从未将他们的研究系统化。这中间涉及的问题很多:一是随着时间的流逝,租金总是在变化;二是租金存在多种形式,从农奴耕种地主土地的劳动租金(barshchina),到货币或实物租金(obrok),再到这些形式的租金的任何可能组合。地域差异也是需要考虑的重要问题。也许最重要的是土地所有者的复杂构成,包括从国家本身到沙皇、从教会(由牧首、修道院、个人机构组成)到大地主再到地方骑兵等。随着时间的推移,纯粹的"租金"和税收混合在一起。一般的假设是租金和税收占农民收成与时间(如果对其合理定价的话)的三分之一左右,农民自己消耗(转下页)

在私人手中。不过,上文关于技术转移的讨论已经显示出,政府作为最大的商人,对资本因素也有着相当的控制力。

《会议法典》几乎立即传播开来,并且在之后的几十年里为对法律感兴趣的人提供了参考。法律的重大变化由公告员公布出来。就本章的目的而言,主要相关内容包含在《会议法典》第 11 章(农奴制,34 条)、第 19 章(城镇居民,40 条)和第 20 章(奴隶,119 条)中。缙绅会议几乎没有对第 20 章增加什么内容,这章主要是对奴隶事务衙门官员具体实践的编纂。相对的,第 11 章和第 19 章的大部分内容都来自缙绅会议代表们的请愿。这三章的内容相互影响,形成了俄国一套沿用许久的制度系统——其影响甚至跨越 1861 年个体农奴的废除,一直延续到 1906 年改革之后。

农奴制的第一项原则是农民没有主人的许可不得迁移。城镇居民也是如此(城镇即其"主人")。根据第 11 章第 1、2 条,这项规则适用于所有农民,无论他们居住的是世俗或教会领主的土地,还是无主的或属于农民/国家的"应征税土地"。后来,对领主农民和国家农民的规定在 18 世纪出现了差别,不过 1649 年还不是这样。第二是逃亡农民的遣归问题。在这里,针对农奴的措施更接近奴隶而非城镇居民。就奴隶而言,追索逃亡者的诉讼从来没有时效,而现在这一措施也被应用在农奴身上。然而如前所述,奴隶和农奴的地位证据基础大不相同。奴隶被登记在莫斯科奴隶事务衙门,没有登记的就不算是奴隶;农奴则不会被正式登记。这就导致了一个问题,即在涉及农奴的争端里,什么可以作为证据。《会议法典》倾向于书面证据,并提到了 1626 年编制的土地地籍簿、1646—1647 年刚进行的人口普查和转让地产给军人时的记录。在实际执行中,这样的书面证据凌驾于《会议法典》另一条款之上,即农民应该住在其祖辈居住的地方。与此同时,在《会议法典》以前,并没有关于遣返逃亡城

(接上页)约三分之一,然后将三分之一的收成存储起来,作为下一年的种子。参见例如 A. N. Sakharov, *Russkaia derevnia XVII v. Po materialam Patriarshego khoziaistva* (Moscow: Nauka, 1966), pp. 66-67; N. A. Gorskaia, *Monastyrskie krest'iane Tsentral'noi Rossii v XVII veke. O sushchnosti i formakh feodal'no-krepostnicheskikh otnoshenii* (Moscow: Nauka, 1977), pp. 239-339; Iu. A. Tikhonov, *Pomeshchich'i krest'iane v Rossii. Feodal'naia renta v XVII-nachale XVIII v.* (Moscow: Nauka, 1974), pp. 117-305。季霍诺夫(Tikhonov)作品中的表 59 (第 297 页)展示了这一时期服役封地上租金的不同种类。另参 L. V. Milov, *Velikorusskii pakhar' i osobennosti rossiiskogo istoricheskogo protsessa* (Moscow: Rosspen, 1998), pp. 483-485; Z. A. Ogrizko, *Iz istorii krest'ianstva na Severe feodal'noi Rossii XVII v. (Osobye formy krepostnoi zavisimosti)* (Moscow: Sovetskaia Rossiia, 1968), pp. 26-57; Aleksandrov et al., *Krest'ianstvo*, p. 154.

镇居民的规定。对他们来说,将城镇居民与所在地绑定的过程始于 1649 年 1 月 29 日,并且无限期地持续。从未有人对城镇居民的特殊情况做出任何明确的解释,但可以推测,奥多耶夫斯基委员会认为城镇居民从事贸易,而贸易的中断将会对经济造成损害。与之相比,农民是因土壤肥力衰竭而定期搬迁的,所以返回合法主人的土地,并不比刀耕火种的农业模式下迁移到同一地区的新土地或是三田轮作制的破坏性更大。当然,原因可能更多是政治的而非经济的,在缙绅会议上,中层服役阶级骑兵的代表比城市代表更有说服力、更令人生畏。

一个与三类人都相关的重要问题是婚姻。如果一两个逃亡者离开其合法主人的领地或居住地,在逃亡途中结婚,那么这对夫妇会怎么样? 俄国东正教坚定地认为,婚姻是神圣不可侵犯的。顺应这一朴素的教条,一个简单的解决方案被提出:接收逃亡奴隶、农奴和城镇居民是非法的,因此接收者将受到失去这对逃亡者的惩罚。然而,家庭并非不可侵犯,所以如果夫妇有了孩子,那么非法庇护逃亡者的一方(如果双方都是逃亡者则为城镇)可以把"照看"逃亡者期间出生的孩子留在身边,尽管孩子会失去父母。如果逃亡者是在"中立地带"(如在没有领主的边境地区)结婚的,那么领主们则抽签来决定逃亡者的归属。赢家向输家支付 10 卢布,得到这对夫妇。如果一名女性逃亡农奴嫁给了一个边境军人,那么后者可以花费 50 卢布保留她。这是一个不可能的数字,可能是为了阻止军人和女性逃亡者结婚,或者防止女性逃到边境。

最后一个问题是始于伊凡四世时期的农民地位的降低(见第十二章)。这一议题仍有待讨论。令人惊讶的是,虽然关于奴隶的章节是《会议法典》中第二长的,但是其中涉及这一点的内容却非常少,奥多耶夫斯基委员会显然对这个话题十分谨慎。可以推测,立法者想要把注意力集中在眼前的原则,即将农民永远地束缚于土地上,而不是其极易造成相反效果的衍生原则——把农民绑定在主人或领主身边。农奴直到 18 世纪初才陷入了这一极端悲惨的命运,持续到 1861 年结束。不过,将来会发生什么在《会议法典》中已经得到了非常明显的预示。第 15 章第 3 条就是一个预兆,它允许世袭地主(votchinnik)发布解放特许状解放他的农奴,但服役阶级的地主(pomeshchik)并不享有这一特权。这显然把农奴中的一类等同于奴隶,他们都可以成为自由人(几乎是莫斯科公国的唯一自由人群体)。它还构成了世袭地主之间转让农民的一种方法。第 16 章第 7 条直接允许获得废弃土地的人把农民从其他土地上迁移过来。没有条款提到这一过程中是否需要农奴的同意,这以牺牲农奴的个人自由为代价,提高了经济效率。

农民地位下降的另一个征兆见于第 10 章第 141 条。长期以来,人们一直认为奴隶是主人的延伸,对奴隶施加压力将迫使他的主人遵守法律。这一条款将此规定扩大到农奴身上:如果被告躲避法警,那么法警可以拘留他的奴隶或农奴,以迫使他出庭。第 10 章第 161 条规定了进行一般调查的程序(poval'nyi obysk)。中层服役阶级成员(王公扈从和小地主)会被单独审讯,其证词也会与奴隶及农奴的证词分开记录。值得注意的是,在这里,农奴再次与奴隶联系在一起,两者都不能像他们的主人一样作为完全证人。[另外,第 163 条规定,在调查中撒谎的农奴将被罚款 1 卢布,却完全没有提到对奴隶撒谎的惩罚;他们的主人若做伪证将被罚款 30 卢布。第 261 条包含进一步的证据证明农奴的地位还没有完全跌至奴隶一级。中层服役阶级成员如果不偿还债务,可能会被戴上枷锁(pravezh),遭到暴力强迫还债。债务人的奴隶可以代替他的主人佩戴枷锁,但是农奴不用这样做。]与此同时,地主的债务既可以从本人那里收取,也可以向他的奴隶或农奴声讨(第 262 条)。1642 年,农民被禁止签订将在违约时导致他们正式成为奴隶的协议。

应出席缙绅会议的地方骑兵代表的要求,政府从城镇居民那里借鉴了一项历史性做法——地毯式搜查。由于劳动力持续短缺,且其他地主愿意接收,追踪逃亡农奴非常困难,这成为俄国历史上一个长期的主题。① 对于城镇居民当然也是如此。只不过城镇居民只可能从一个城镇逃到另一个城镇,城市定居点的数量有限,因此对城镇地区进行地毯式搜查相对容易,可以辨别出非法居住者。在广阔的俄国乡村和新的边境地区推行这种做法的难度可想而知。然而,考虑到俄国人多聚居在村庄里,而非孤立的农场上,这在一定程度上有助于实施地毯式搜查。《会议法典》颁行后,政府成立了地毯式搜查队,在乡村地区搜索逃亡农民。② 毫无疑问,大量的逐户调查(poval'nyi obysk)为俄国政府实行地毯式搜查积累了经验。逐户调查可以由诉讼当事人发起,一组调查员于是前往当地进行调查,询问数百人"谁是带弯角的斑点牛的主人"这样的

---

① Richard Hellie, "Migration in Early Modern Russia, 1480s–1780s", in David Eltis (ed.), *Coerced and Free Migration. Global Perspectives* (Stanford, Calif.: Stanford University Press, 2002), pp. 292–323.

② 此后,这种做法持续了几年。但是,没有持续的强制执行措施,这种法定社会阶层的区分只能是一场闹剧。列宁格勒(圣彼得堡)著名历史学家 A. G. 曼科夫(A. G. Man'kov)声称,1683 年 3 月 2 日发布的、关于国内逃亡农奴和奴隶追捕者的 52 条法令,是 17 世纪后半叶最重要的法律文件(*RZ*, vol. IV, p. 79)。

问题。获得多数人支持的诉讼当事人胜诉。在追捕逃亡农奴（奴隶也包含在内）时，调查员要求每个人证明他（她）一直居住于他（她）现在所在的地方，如果不能提供证据，就假定调查对象属于别的地方，可能使用酷刑拷问那个地方到底是哪里，之后把逃亡者装在货车上运回去。保存下来的记录显示，一些调查员遣返了一千多名逃亡者。

《会议法典》以法律的形式规定了农奴的地位，并且禁止农奴脱离所属阶层。在此之前，穷困潦倒的农民可以把自己当作奴隶卖掉，但是这种做法现在被禁止了。过去，政府经常缺少兵力，农民偶尔会加入中层服役阶级骑兵或下层服役阶级射击军、炮兵、哥萨克人，这也被明确禁止了。成为城镇居民也曾是一个选择。城镇居民的身份是否代代相传是存疑的，不过他们总是欢迎新人加入，无论人数多少，只要能够分担赋税。当时并没有公会来阻止外人进入。可惜从农村到城市的移民也被禁止了。然而虽然法律设限，这种现象仍然层出不穷。《会议法典》颁布后，城镇居民多次要求大赦目前和自己一起生活的逃亡农民。由于政府急于征收城镇居民的现金税，因此在 1684 年、1685 年和 1688 年同意不遣返 1678 年人口普查中已在城镇登记的逃亡农民。1693 年，这一范围扩展至 1684 年人口普查中登记在城镇的逃亡农民。[1] 遗憾的是，笔者无法计算 1689 年禁止农村—城镇移民前俄国遭受的经济损失，但损失一定是存在的，正如社会分层无疑会有经济成本一样。事实是，莫斯科公国在社会领域展现出了其"更多即更好"的倾向，无论造成了多大的经济成本。

即使在《会议法典》颁布后，农民仍在不断逃跑，有的投奔别的地主，有的逃到边境地区。政府对于后者几乎无能为力，政府是否反对农民移居到边境地区都未可知。[2] 不过，政府意识到可以采取一些措施阻止地主接收逃亡者。首先是罚款，但不见成效。接着，政府决定除了遣返逃亡农民外，还要再额外没收一名农民。这也没有取得效果，因此政府把额外没收的农民人数增加到两名——依然收效甚微。最后，当政府把额外没收人数增加到四名时，那些本来打算接收逃

---

[1] *RZ*, vol. IV, p. 79, pp. 146-147; *PRP*, 8 vols. (Moscow: Gosiurizdat, 1952-1963), vyp. VII: *Pamiatniki prava perioda sozdaniia absoliutnoi monarkhii. Vtoraia polovina XVII v.*, ed. L. V. Cherepnin (1963), pp. 298-301. 另参 1677 年 3 月 5 日发布的法令，该法令允许救世主修道院定居雅罗斯拉夫尔的农民在《会议法典》颁布后依然留在那里（*PRP*, vyp. VII, p. 297）。1699 年，政府也对喀山发布了类似法令（ibid., p. 302）。

[2] Hellie, *Enserfment*, p. 250.

亡农民的地主把他们全部驱逐了出去。① 关于这种惩罚措施,历史学家只了解到少数强制执行的案例。对于野蛮的彼得大帝来说这还不够,所以他下令对接收他人农奴者处以死刑。这种处罚是否真的执行过不为人知。

正如我们所看到的,后《会议法典》时代颁布了很多关于农奴的法令。最后一项必须提及的措施是 1678 年人口普查的产物,它揭示了一个事实:当时与奴隶已经没什么差别的农奴大量出卖自身,成为奴隶,不再纳税。次年,政府就解决了这个问题。1679 年 9 月 2 日,政府单方面将所有干农活的奴隶转为农奴,归为纳税人。② 1719 年人口普查揭示,这项措施导致被剥削的农民只剩下了卖身为家奴的唯一出路。彼得大帝通过在 1722 年 2 月 5 日和 1723 年 1 月 19 日两次发布法令应对这一问题,即向所有家奴课取"魂灵"税(针对全体男性的人头税),从而消灭了奴隶制,发展农奴制。③

1678 年人口普查改变了税收评估方法。以前,农民根据他们耕种的土地的数量和质量缴纳相应的税额。可以预料的是,这导致了农业耕作的减少。因此,政府决定改以家户数征税。当时每户的平均人数是 4 人。这一新规定改变了农民/农奴家户的性质。作为经济动物,俄国人很快就想出了一种"打败"收税人的方法:把尽可能多的人纳入同一户中。虽然烟雾小屋容量有限,但是从根本上来说,独居者消失了,三代同居的家庭出现了。巴尔干地区之前也发生过同样的事情,因为奥斯曼帝国在几个世纪前引进了家庭税。家庭平均人数增加到 10 人,因为高龄的祖父母、他们的儿子和配偶及孙辈都挤在一间小屋里。19 世纪的斯拉夫主义者认为,扩展家庭是一种原始的斯拉夫农民机制,但事实上,它是由强大的莫斯科国家在不知不觉中创造的。彼得知道发生了什么,因而转向征收"魂灵"税的制度。将大量人口聚集在一个小屋内无疑对健康和社会关系都有害,但是却节省金钱(首要的就是节省热能,例如在屋内排放烟雾的火炉),这使得扩展家庭模式持续到 1861 年,在许多地方甚至存续至沙皇政权结束。这是迫于压力的做法,地主们希望能够尽可能多地收取地租,而村社则希望每个农民家庭都有足够的收入来支付被分摊的税收份额。我们必须记得,"魂灵"税是对所有男性征收的。实际上,只有男性劳动者需要支付

① Hellie, *Enserfment*, pp. 252-253. 除此以外,每名逃亡者还会被处以 20 卢布的罚款,冒犯地主则会被处以鞭刑。Vorms, *Pamiatniki*, pp. 84-86.
② Hellie, *Slavery*, pp. 686, 697.
③ Ibid., p. 698.

税款,而带着五个男孩的寡妇不需要缴纳任何税费,即使这五个"魂灵"也被登记在税务记录中。一个社区的税收负担完全依照健全男性人数评估和支付,因此社区关心每个家庭的纳税能力,以便满足过度膨胀的国家需求。

第二十四章　法律和社会

南希·谢尔兹·科尔曼

　　由于司法系统的复杂性，理清 17 世纪莫斯科公国法律和社会之间的相互关系很有挑战性。俄国的情况同当代欧洲"警察国家"（Polizeistaat）力求实现的法律、裁决和程序的统一相去甚远（即使是在"警察国家"中，这一目标更多的也是以违法而不是惯例的形式达到的）。① 多样的审判场所、繁复的法条、灵活的执法，这些都表明俄国司法体系毫无疑问是中世纪性质的。

　　这并不是说国家在法律领域是被动的。法典的编纂和司法权力的集中实际上是 17 世纪统治者的关键目标。但他们的野心超出了现实。管理一个巨大的、多种族的、豁免权泛滥的帝国很有挑战性，莫斯科的统治者受到了阻碍。本章将通过考察莫斯科公国多样的诉讼场所，研究其司法实践，并且调查实在法的变化，来探讨这种复杂性。

一、司法场所

　　原则上，莫斯科中央集权的官僚性衙门机构和各地方长官构成了 17 世纪的司法体系。衙门向地方派出军事长官，行使行政、财政和司法权，监督小城镇的下属官员和法庭。这一制度理论上是等级制和全国性的。然而实际上，由于或明或暗的司法豁免，宗教、民族、殖民地地位或者个人的背景，很多群体和地区超出了管理者的权力范围。

---

① Bruce Lenman and Geoffrey Parker, "The State, the Community and the Criminal Law in Early Modern Europe", in V. A. C. Gatrell, Bruce Lenman and Geoffrey Parker (eds.), *Crime and the Law. The Social History of Crime in Western Europe since 1500* (London: Europa Publications, 1980), pp. 11-48.

俄国东正教会是司法豁免的主要受益者。作为 17 世纪莫斯科公国最大的土地所有者,教会自从 988 年基督教化以来一直享有财政和法律特权。[①] 其中最无可争议的是教会有权对所有涉及东正教徒精神层面问题的案件进行裁决。在 17 世纪,精神层面问题的范围非常广泛,从亵渎神明、异端和巫术到家庭法、继承和离婚,都被涵盖在内。这些案件在主教法庭审理,可以上诉到牧首法庭。

对教会属人的世俗审判问题更大。17 世纪,国家在这方面发挥了作用,为世俗案件中教会属人和神职人员(除了牧首的人)的审判提供了更高级的裁决机构——大皇宫衙门。然而在实际执行中,教会人员在五花八门的场所进行诉讼。

至少从 15 世纪开始,莫斯科大公们就经常直接授予沙皇[②]、修道院、个体或工匠集体等司法、财政和/或行政的豁免特权,留给沙皇的只剩下刑事案件。根据 1625 年获得的豁免权,牧首可以对所辖教区和修道院的世俗和神职人员进行审判,这一特权在整个 15 世纪都通用。都主教、大主教、主教或牧首也通过自己的法庭授予修道院或社区豁免权,允许修道院的掌权者对其属人进行审判,或者向沙皇而非主教上诉。豁免可能限于某种罪行或诉讼价值,其内容有无数选项,几乎所有能想到的组合都存在。虽然 16 世纪中叶国家颁布了缩减豁免权的政策,但是在 17 世纪,豁免权仍然在不断颁授。结果是几乎每个教会社区都跟教会和国家法院有着不同的关系,较之教会法庭,它们更倾向于上诉至高级世俗法院。

17 世纪,国家试图取得对教会人员的司法权。1649 年《会议法典》确认了牧首的自主司法权(见第十二章),同时为神职人员和世俗人员除宗教事务以外的案件创建了一个修道院衙门(见第十三章)。[③] 这促使宗教会议在 1667 年要求获得对神职人员所有案件的司法权威,甚至在教会-国家共同审理的刑事案件中,教会调查人员也处于优势地位。修道院衙门失去了法律权威,并于

---

① Hieromonach Nikolai Iarushevich, *Tserkovnyi sud v Rossii do izdaniia sobornogo ulozheniia Alekseia Mikhailovicha（1649 g.）… Istoriko-kanonicheskoe issledovanie* (Petrograd: Sinodal'naia tipografiia, 1917); F. Dmitriev, *Istoriia sudebnykh instantsii i grazhdanskogo apelliatsionnogo sudoproizvodstva ot sudebnika do uchrezhdeniia o guberniiakh* (Moscow: Universitetskaia tipografiia, 1859), pp. 93-100, 324-333.

② 此处原文为 tsar。——译者注

③ Richard Hellie (trans. and ed.), *The Muscovite Law Code (Ulozhenie) of 1649*, pt. 1: *Text and Translation* (Irvine, Calif.: Charles Schlacks, 1988).

1677 年被废除,直到 1701 年才被彼得大帝恢复。

作为土地所有者,教会机构对其世俗工作者和下属农民的轻微罪行拥有司法裁判权。原则上,涉及教会属人的刑事案件应由沙皇法院判决,然而即使在这个领域,一些豁免特权也允许教会实施刑事判决,许多修道院习惯于篡夺这一权威,在内部进行判决和惩罚。① 修道院长经常将判决的任务委托给财务主管或衣食事务的管理员,他们和修道院同僚共同主持审理。大型修道院还与地方司法官员保持着联系。主教们也将土地按照"什一税庭"划分,并在每块区域设置一名官员(什一税庭官)。这些地方法官非常苛刻,因此主教通常把豁免权授予修道院或教区教堂。② 牧首在其辖区内也保持着中央和地方司法单位的等级制度。教会法院参照拜占庭教规处理宗教案件,结合教会法和世俗法审理世俗案件。③

总而言之,在 17 世纪,没有一项单独的原则可以应对教会相关人员的司法管辖权问题。一切都取决于个人的社会地位、所属机构及其豁免权、所处地域和犯罪类型。

在属人地位方面,与沙皇司法权威相关的第二大类型的豁免权问题,在于农奴制和奴隶制。17 世纪,莫斯科公国人口的绝大多数是农民,越来越多的人被(通过购买和沙皇的拨款)转移给私人土地所有者。约 10% 的人口是奴隶。④ 拥有农民和奴隶的权力被局限在教会、传统骑兵部队(莫斯科和地方贵族)和莫斯科客商手中,因为他们保有世袭领地和服役封地。长久以来,地主享有对土地上农民和奴隶轻微纠纷的审判权,而 1649 年《会议法典》带来的农奴制高潮强化了他们的高压控制。地主们依靠乡村公共制度作为基本法律和秩序规范,由法警监督。在一些大庄园中,法警会在正式场所开庭审判。⑤

然而,俄罗斯帝国的大部分地区并不存在农奴制。农奴制仅限于最肥沃

① A. P. Dobroklonskii, "Solotchinskii monastyr", ego slugi i krest'iane v XVII veke', *ChOIDR*, 1888, no. 144, kn. 1, ch. 5.
② 关于主教权威的讨论,参见 Georg B. Michels, "Ruling without Mercy: Seventeenth-Century Russian Bishops and their Officials", *Kritika*, 4 (2003): 515-542。
③ George G. Weickhardt, "Pre-Petrine Law and Western Law: The Influence of Roman and Canon Law", *HUS*, 19 (1995): 756-783.
④ Richard Hellie, *Slavery in Russia, 1450-1725* (Chicago and London: University of Chicago Press, 1982), pp. 679-689.
⑤ 参见波雅尔 B. I. 莫洛佐夫与其法警的大量通信: A. I. Iakovlev (ed.), *Akty khoziaistva boiarina B. I. Morozova*, 2 vols. (Moscow and Leningrad: AN SSSR, 1940-1945)。

的可耕地带,即中心地区、西北部和不断扩展的南部边境。在北部和西伯利亚,由于距离、低产量和劳动力短缺,将农民绑在土地上和地主身边是不可能的。在没有农奴制的地区,当地农民自我管理,隶属于地方长官管辖。同样比农奴享有更多司法自主权的是处于农民和特权军事精英之间的团体,即所谓的"契约服役阶级",包括军事或准军事部队,如工程师、炮兵、哥萨克人、射击军、邮递员等。他们不仅发挥军事功能,而且耕种(土地通常被授予群体,而不是个人)并且/或者生产和销售货物。他们不能拥有人口稠密的土地或附属劳动力。正如我们将在下面看到的,针对他们的司法管辖很复杂。

　　除了教会和地主握有司法权之外,由于种族、宗教和殖民状况,17 世纪俄国的许多人口也被排除在中央行政管辖之外,只有刑事案件受中央审理。17 世纪莫斯科公国的殖民政策是自由放任的,允许法律、司法机构和精英的多样性。

　　1552 年,莫斯科公国占领重要贸易站——喀山,这成为俄国向伏尔加河中游和草原地区扩张的跳板。① 17 世纪,向草原扩张的进程正全面展开,要塞防线和边境前哨充满俄国士兵,以及鞑靼、马里、莫尔多瓦和其他土著精英。这些边防部队被授予服役封地,获得骑兵地位,或者列入契约服役等级。17 世纪 50 年代和 60 年代,国家还把服役士兵从刚征服的斯摩棱斯克和波洛茨克调往南部边境,同时经常把农民从中部地区迁去,以增加当地的人口。所有军事服役人员和非农奴的农民都隶属于政府管辖。本地居民社区被允许拥有自己的行政和司法机构,推行伊斯兰法律或习惯法。本地人只有在刑事案件中才受地方长官管辖。

　　16 世纪晚期,俄国征服了西西伯利亚汗国,这又带来了一个同等复杂的治理任务。到 17 世纪中期,俄罗斯人已经沿着南部草原边境建立了狭长的定居带,并在鄂毕河、叶尼塞河和其他河流沿岸直到其北极出海口建立了贸易仓库。西伯利亚的俄罗斯人口很少,17 世纪末约有 2.5 万人,包括约 1.1 万名军事服役人员、2 500 名城市居民,剩余的是农民。

　　农民从俄国北部、中心地带、伏尔加河中游和南部边境逃往西伯利亚。他们耕种自己的土地和一部分沙皇粮田(供应军粮)。尽管教会确实拥有一些农

---

①　虽然有些过时,但是以下这部斯大林时代的作品集很好地涵盖了伏尔加河中游与西伯利亚地区:*Ocherki istorii SSSR. Period feodalizma. XVII vek* (Moscow: AN SSSR, 1955), pp. 787-869。

民(到 17 世纪末约 1 500 个农民家庭附属于西伯利亚的修道院),但农奴制并没有大的发展。西伯利亚的俄罗斯农民通过地方村社进行自我管理(北方模式将在下文探讨),在刑事犯罪领域则受地方长官的管辖。由于定居点稀疏,距离莫斯科较远,西伯利亚的长官比中部地区的任期更长(达到两到三年)、权力范围更广。他们因腐败而闻名,像最高统治者一样管理着西伯利亚,莫斯科难以约束。[1]

西伯利亚长官同时监管着偏远的、人口稀少的少数族群,主要以珍贵的毛皮形式纳税。在经济方面,这个民族在森林里进行固定开发和狩猎,在草原上放牧牛、马,在北极地区放养驯鹿,并且狩猎海洋哺乳动物。他们的社区很小,语言数以百计,大部分是古亚细亚语,彼此之间没有联系。西伯利亚长官按照当地人的要求,为他们审理重大刑事案件,允许他们利用俄国法庭。长官还常常对当地习俗做出让步,甚至在刑事案件中也是如此。对于轻微犯罪,长官允许当地社区任由本土精英和委员会依照相关法律进行自我管理。

17 世纪,俄国与乌拉尔南部的巴什基尔人的关系同样复杂。该地区的经济形态和族群都十分多样。偏北的地区以农业为主,而定居在南部草原的巴什基尔人以游牧为主。司法情况颇为复杂。新来的俄罗斯人、鞑靼农民和军人、楚瓦什人、乌德穆尔特人、被迫迁居的波洛茨克贵族都定居在北部农业地区,各自有着不同的社会和政治地位。俄罗斯骑兵和波洛茨克贵族等部分人获得了服役封地和农奴;服役的鞑靼人被等同于契约服役阶层,耕种从巴什基尔土著那里租来的土地;俄罗斯农民沦为军人、教会或国有土地上的农奴。与此同时,巴什基尔农民则保存了他们的传统习俗、制度和精英。

在赫梅利尼茨基起义及随后的俄波战争(以 1667 年和 1687 年的和平条约而结束)中,莫斯科公国占领了左岸乌克兰和白俄罗斯的大量地区,因此面临着一个完全不同于管理莫斯科东面居民稀少的农业、森林和草原社区时的挑战。乌克兰和白俄罗斯地区原本是实行议会贵族民主制的波兰-立陶宛联邦的一部分,人口密集且民族多样。从 1648 年到 18 世纪的最后三十多年,哥萨克政府,或者说盖特曼酋长国一直控制着左岸的大部分地区。莫斯科公国在基辅、切尔尼戈夫和佩列亚斯拉夫尔等关键中心城市设置了长官,并通过小俄

---

[1] V. A. Aleksandrov and N. N. Pokrovskii, *Vlast' i obshchestvo. Sibir' v XVII v.* (Novosibirsk: Nauka, 1991); and George V. Lantzeff, *Siberia in the Seventeenth Century* (Berkeley: University of California Press, 1943).

罗斯衙门(存续至 1722 年)管理乌克兰。通过与每任哥萨克盖特曼重新谈判签订条约,莫斯科确保了哥萨克政府总体不变。盖特曼酋长国被划分为 16 个军团,分别由各自的长官管理,该长官充当本地法庭的首席上诉法官。在裁决中,他们采取多种法律法规,包括盖特曼和沙皇颁布的法令、1566 年和 1588 年立陶宛法规以及习惯法。其结果过于复杂,以至于 1728 年哥萨克政府不得不下令编纂法典。新法于 1743 年提交给俄国参议院,但未获批准,不过依然在 18 世纪下半叶的乌克兰得以实行。①

盖特曼酋长国以外的小范围司法实践至今存在于乌克兰。对于民事和轻微刑事案件,地主在自己的采邑法庭中拥有权威。教会也是如此,因为教会正是最大的独立土地所有者。乌克兰东正教(以基辅都主教为首)保有管理神职人员的宗教法庭,采用教会法律,同时也处理结婚、离婚、道德等一般性问题。东仪天主教会机构在波兰-立陶宛联邦的这部分地区几乎是默默无闻的。

对于盖特曼酋长国以外的地区,莫斯科通过斯洛博达乌克兰和扎波罗热地区的长官进行更为直接的统治。16、17 世纪,乌克兰和白俄罗斯的主要城市可以依照德意志法实行市政自治。盖特曼酋长国约有 12 个城镇享有这一特权,而较小的城镇则由地主私人管理或由哥萨克政府统治。马格德堡法(Magdeburg law)在莫斯科公国占领该地后至少沿用了一个世纪,最终在 18 世纪末被盖特曼酋长国法典取代。在莫斯科公国占领斯摩棱斯克和白俄罗斯的奥卡河上游地区后,政府撤销了市政特权,将这些地区移交由地方长官管理。不过,沙皇承认了波兰国王给予斯摩棱斯克贵族的土地和特权,他们的特权直到 1761 年才被撤销。

因此,有大片地区和团体处于沙皇法院的管理范围之外。沙皇集权制度所涵盖的法律领域反映了他对权力的主张。刑法是一个主要领域——谋杀、抢劫、有物证的盗窃、叛国、异端、纵火。沙皇对不动产问题也具有权威,他有权分配服役封地或世袭土地。相应的,17 世纪的法律法规极为关注土地的所有权和继承权问题。出于同样的原因,为了支持有产骑兵,并为国家的扩张提供稳定的税收,国家格外关注社会立法。政府不仅强制推行农奴制度,而且对奴隶进行规范化管理,限制城市人口的流动。犯罪、财产和社会法律等关键领

---

① A. I. Pashuk, *Sud i sudnichestvo na Livoberezhnii Ukraini v XVII-XVIII st.* (L'viv, 1967), chs. 2-3.

域的案件由沙皇任命的地方长官判决。

17 世纪时,地方长官作为法官审理民事案件。[1] 具有较大司法权的长官可以在莫斯科任命的国务秘书的陪同下,判决涉及 20 卢布以上以及土地和奴隶争端的案件。小城镇的长官身边没有国务秘书,只能审判牵涉金额在 20 卢布以下的案件,之后由相应的衙门接管(《会议法典》第 13 章第 3 条)。理论上,刑事案件由当地选举的刑事官员——行政区长老和宣誓员处理。但是到 17 世纪中叶,行政区系统逐渐落入地方长官之手。行政区官员可以提审案件,然后交给当地长官审判,或者与长官一起审判。莫斯科公国全境都没有行政区司法机构,也并不想要它们。V. N. 格拉济耶夫(V. N. Glaz'ev)表明,17 世纪的社区通常会拒绝同时维系地方长官和行政区组织,因为成本太高了。[2]

在地方管理体系所包含的法律制度中,法律条文和程序在全国各地是统一的,但是司法场所并不统一。除了上文讨论的诸多豁免规定外,即使是在沙皇体系内部,法律管辖权也十分复杂。F. 德米特里耶夫(F. Dmitriev)认为,1649 年《会议法典》将 16 世纪的司法管辖权简化为三个基本原则——居住地管辖原则、社会地位管辖原则以及犯罪类型管辖原则。[3] 这种简化方式带有欺骗性:由此产生的系统仍然包含了诸多法庭系统和司法人员,导致司法场所的频繁更换,以及中央和边缘地区的司法争论。

居住地是决定司法场地的主要因素。不同衙门管理着国家不同的独立区域,并向它们的辖区派遣管理者。军事衙门(Razriad)负责南部边境地区,喀山王宫和西伯利亚衙门负责这两个地区。少数地区性衙门(chetverti,包括诺夫哥罗德、乌斯秋格、科斯特罗马和加利奇)负责西北部地区和乌拉尔山以北。监督地方长官的衙门成为审理本地案件的更高级机构。莫斯科市是一个重要的例外,这里没有长官。莫斯科行政衙门为这里的纳税人执行法律和维持秩序。

地方长官的管理方式根据所辖地区而有所不同。西伯利亚、伏尔加河中

---

[1] 两项关于地方政府与行政区管理的调查参见 Boris Chicherin, *Oblastnye uchrezhdeniia Rossii v XVII veke* (Moscow: Tipografiia Aleksandra Semena, 1856); and Hans-Joachim Torke, *Die staatsbedingte Gesellschaft im moskauer Reich. Zar und Zemlja in der altrussischen Herschaftsverfassung, 1613-1689* (Leiden: E. J. Brill, 1974)。

[2] V. N. Glaz'ev, *Vlast' i obshchestvo na iuge Rossii v XVII veke: Protivodeistvie ugolovnoi prestupnosti* (Voronezh: Voronezhskii gosudarstvennyi universitet, 2001)。

[3] Dmitriev, *Istoriia sudebnykh instantsii*, p. 348.

游和南部边境地区人口稀少,契约服役类型的服役人员比例很高,缴纳税款以支付行政机构(如行政区体系)运营成本的农民相对较少。因此,地方长官拥有相当大的自治权。但是在北部地区——从诺夫哥罗德腹地到德维纳河流域,东起乌拉尔山脉,北至白海和北冰洋——农民社区利用森林开发、渔业、狩猎、适度的手工业和贸易活动平衡了薄弱的农业生产力,他们还自行组织了区级(volost')和村级的自治公社。那些归属北部占主导地位的大修道院(索洛维茨基修道院、基里尔-别洛泽尔斯基修道院)的人们依附于之,但是大多数人并没有被农奴化,只为沙皇服务。对于小额盗窃、打架斗殴、土地纠纷、邻里矛盾、醉酒等轻微犯罪,社区可在长官有限的监督下自行处理。在刑事犯罪中,判决由长官、有时还有行政区官员监督,尽管这些机构在北部地区发展较差。①

根据德米特里耶夫提出的第二个原则——社会地位,许多企业团体在财政、行政和司法事务上都从属于莫斯科的某个衙门,绕过地方长官的管辖。外务衙门对大多数访问莫斯科的外国人以及哥萨克骑兵都有管辖权,而外国军事衙门有权管辖在俄国军队服役的欧洲士兵。邮政衙门负责邮差,石工衙门负责南部边境的砖石工人,武器衙门负责工厂工人,射击军衙门负责射击军以及在城镇服役的哥萨克人,工程师衙门负责炮兵。莫斯科特权商人由国库衙门管辖,而莫斯科和弗拉基米尔的司法衙门审理较高级别封地服役人员的民事案件。大皇宫衙门是皇室(dvortsovye)财产、非农奴社区以及理论上教会人员相关案件的上诉法院。当原告起诉时,他必须遵循根据被告的管辖权归属确定司法场地的规则。

最后,德米特里耶夫的第三个原则——犯罪类型也决定了司法管辖权。如上所述,教会对宗教案件拥有司法管辖权。重罪衙门通过行政区系统对刑法负责。奴隶事务衙门处理关于奴隶所有权的诉讼,服役封地衙门则负责解决17世纪最多的与土地相关的诉讼。

总而言之,在中央维护的总法下,莫斯科公国内部充满各种处于中央总法之下的、小范围自主司法。这些小范围地区包括非俄罗斯殖民地区的少数族裔、宗教和政治社区,个体地主和教会法庭,以及针对宗教和道德问题的宗教法庭。法律在多样化的场所与"社会"互动,并且与因当事人的社会地位、信

① 关于北部地区政府的一项经典研究参见 M. M. Bogoslovskii, *Zemskoe samoupravleniena russkom severe v XVII veke*, in *ChOIDR*, 1910, no. 232, kn. 1, pp. I-VIII, 321 pp. and 105 pp. of addenda; and 1912, no. 214, 2, pp. I-IV, 311 pp.。

仰、种族和犯罪类型而不同的小范围法条互相影响。

二、法律的实践

1649 年《会议法典》对"莫斯科公国从最高级别到最低级别的所有人"都有约束力（《会议法典》第 10 章第 1 条）。在实践中，我们看到整个社会都积极地参与到了诉讼之中，甚至奴隶也可以起诉、作证和提供证据。地主可以在法庭上代表他们的依附者。妇女也可以出庭，但是在有男性亲属或配偶的情况下，后者通常代其出庭。寡妇们可以本人起诉。17 世纪引入了一些限制条件：未成年人不能宣誓或起诉（第 10 章第 185 条、第 14 章第 5 条）；精神不健全者不能起诉；农民不能起诉其地主，配偶不能起诉其伴侣，子女也不能起诉其父母；获得自由的奴隶不能起诉他们以前的主人（第 10 章第 174、176—177 条）。[①]

17 世纪莫斯科公国司法实践的一个突出方面是缺少专业的法学人才充当法官或辩护律师。莫斯科公国没有专门的法学院，大多数法官对审判并不专业——地方行政长官是万金油式的人物，在专业方面要依赖莫斯科衙门分派的地方副秘书或国务秘书。衙门内的情况略有不同，特别到 17 世纪下半叶，法官开始持续在一个衙门工作，逐渐积累专业技能。

莫斯科的官僚阶层——国务秘书和地方副秘书构成了司法实用知识的智囊团。[②] 他们撰写起诉流程文件，从法典中摘选相关条文向法官提供建议，并且接受委托为诉讼当事人起草诉状。我们还发现了教区牧师代替不识字的诉讼人撰写诉状及签署文件的例子。然而在 17 世纪，这些受过教育的司法专家并没有发展成公证人或律师阶层。

腐败和贿赂在这一司法系统中一直存在，这些现象是如此频繁，我们最好重新调整关于这个主题的思考。地方长官的薪资来源于司法和行政活动中收

---

① 较完善的调查参见 A. G. Man'kov, *Zakonodatel'stvo i pravo Rossii vtoroi poloviny XVII v.* (St Petersburg: Nauka, 1998); V. S. Nersesiants (ed.), *Razvitie russkogo prava v XV - pervoi polovine XVII v.* (Moscow: Nauka, 1986); and E. A. Skripilev (ed.), *Razvitie russkogo prava vtoroi poloviny XVII - XVIII vv.* (Moscow: Nauka, 1992).
② N. F. Demidova, *Sluzhilaia biurokratiia v Rossii XVII v. i ee rol' v formirovanii absoliutizma* (Moscow: Nauka, 1987).

取的费用,以及社区交付的现金和物资。他们和当地社区的关系是互惠式的:他们期望从居民那里获取礼金,相应的,居民期望获得他们的关注和关心。莫斯科公国认可多种赠送给法官和官员的礼金,只有一种被认为是非法的,即为没有实际提供的服务收取过高的费用。其他礼金——节日礼品、给官员家人的礼物——只被视为工作的报酬。①

出于缺少专业人员、迫于其他职责的压力、司法场所存在争议、腐败或是其他一系列原因,17世纪的俄国法律并不是一个高度专业化的领域。拖延现象颇为普遍,对法官徇私舞弊和刻意苛待的抱怨也很常见。当诉讼当事人投诉时,莫斯科衙门的回应是更换法官,法典中也有很多告诫、激励和惩罚措施,以确保司法的高效和公正。17世纪晚期,政府采取了许多措施改革地方长官的权力,限制其对纳税人和商人的欺压。在几个著名的案件中,行政长官因过度贪污和腐败而受到了惩罚。②

17世纪的莫斯科法律包含两种程序——控告(sud)和审讯(sysk),审讯主要用于刑事案件,但并不专属于刑事案件。在控告型审判中,由原告提供证人和证据;而在审讯型审判中,由法官指导证据搜查。《会议法典》第10章讨论了控告型审判,这类审判主要用于物质损失案件——土地纠纷、农作物和农场设备破坏、合同和债务等。一场典型的诉讼通常以一份诉状开始,诉状上罗列出情况和遭受的损失,刑事诉讼也是如此。原告用公式化的语言书写诉状,表达他对沙皇的依附。每个社会阶层都会使用一个自我贬低的谦称——服役者自称沙皇的"奴隶",神职人员自称沙皇的"朝圣者",农民和纳税市民自称沙皇的"孤儿"。原告使用自己名字的爱称:伊凡(Ivan)自称"伊凡什卡"(Ivashko),瓦西里(Vasilii)自称"瓦斯卡"(Vaska)。人们自我欺骗沙皇会以法官为代理人,亲自为诉讼当事人带来公正与慈悲。

在控告型审判中,由于统治范围大以及服役需要,法官传唤诉讼当事人是一个复杂的过程。17世纪的法律就出庭时间制定了详细规则,对超时出庭按

---

① Brian L. Davies, "The Politics of Give and Take: Kormlenie as Service Remuneration and Generalized Exchange, 1488-1726", in Ann M. Kleimola and Gail Lenhoff (eds.), *Culture and Identity in Muscovy, 1359-1584*, UCLA Slavic Studies, n. s. 3 (Moscow: ITZ-Garant, 1997), pp. 39-67; and P. V. Sedov, "Podnosheniia v moskovskikh prikazakh XVII veka", *Otechestvennaia istoriia*, 1996, no. 1: 139-150. 另参本书第二十章。

② Christoph Shmidt, *Sozialkontrolle in Moskau: Justiz, Kriminalität und Leibeigenschaft, 1649-1785* (Stuttgart: F. Steiner Verlag, 1996), pp. 76-92.

败诉处理,对延迟审判也订立了相关规范。到场后,双方都可以进行陈述,原告呈现证据。书面文件优先,双方也可以提供证人,或者否决对方提供的证人。① 法律规定,如果双方认同少数证人,则双方必须遵守这些证人的证词。在没有书面文件和确切证人的情况下,法官会令诉讼当事人正面对峙(ochnaia stavka),或者作为最后手段要求诉讼当事人宣誓,这通常导致一方在宣誓前与另一方达成和解。②

根据现有记录,许多案件并没有结案。其中一些可能是由于年岁久远而丢失了资料,但很大一部分案件是在庭外得到解决的,这显示出分配正义这一传统观念的延续。社区满意度需要社会的和谐与稳定,而非冲突和申辩。甚至有些刑事案件也违反法律达成了和解。例如谋杀案可以通过为受害的寡妇和其子女提供生活费得到平息。还有案件在结案之前就由于费用、兵役急务或者意愿降低而被放弃。

在审讯型诉讼中,法官发挥主动作用。当有重大诉状时,法官会采取积极行动,下令逮捕被告,调查犯罪现场、尸体或受害方,令被告和其他重要当事人进行担保(poruka,指被告的朋友、邻居和/或亲属保证出庭)。根据被指控的罪行,被告可能被收监或保释。

法官通过几种审问方式进行证据收集。证人可能被单独审问,法官也可能对整个社区进行调查。传统上,在莫斯科公国的诉讼中,一个人在社区中的声誉和地位是评定其罪行和惩罚的因素。然而到 17 世纪中叶,社区调查的重要性逐渐下降,搜集目击者证词这种更为"理性"的证据的做法得到青睐。社区调查的做法最终在 1688 年因为滥用而遭到废除。

在审讯被告以及被牵连的其他人时,法官最强有力的武器是酷刑——这被视为上帝的考验。审讯分阶段进行:简单审问、面对行刑者和刑具的审问、酷刑审问。审讯的目标是使犯人供认其罪行、犯罪意图和同谋信息。刑罚并不多样,通常是鞭打,但是对于非常严重的罪行,则多使用火刑拷问。

在整个诉讼程序被整理成文并向法官朗读后,法官便会做出判决。这些冗长的文件包括诉讼当事人的初次诉状和在审判过程中提出的后续诉状、法

---

① George G. Weickhardt, "Due Process and Equal Justice in the Muscovite Codes", *RR*, 51 (1992): 463-480.

② 审判过程的更多细节参见拙著 *By Honor Bound: State and Society in Early Modern Russia* (Ithaca, N.Y.: Cornell University Press, 1999), ch. 3。

官对下属的所有命令、下属的所有报告、担保书副本、相关法律摘录、酷刑程序记录、社区调查记录等。在大多数刑事审判中,长官或行政区官员会将案件移送至莫斯科,等待最终裁决,尽管 1669 年《刑事条例》(Criminal Articles)允许重罪调查人员(syshchiki)当场处理案件并实施惩罚,包括处决罪犯。

在刑事案件中,法官很少将法律的恐怖之处发挥到极致。他们通常把犯罪背景、作案意图及罪犯的社区名望等纳入考量,对重罪的处罚比法律规定的要轻。例如在 1650 年,一名妇女承认谋杀她的丈夫,但是却被免于死刑,因为社区成员证实她品行良好,反而批判了死者。[①] 由于法律创造了一种诉讼当事人是在向沙皇上诉、接受沙皇审判的幻象,法官们常常在宣判后以沙皇的名义表示“仁慈”,减轻对罪犯的惩罚。不过,这种灵活的判决模式有一些例外,即针对最严重的罪行,如政治叛国、异端邪说、巫术等,惩罚往往非常严酷。

在涉及物质损失的案件中,败诉方要向法庭支付审判和诉讼费用,有时还要为审判过程中的开销(volokita)缴纳罚款。在发生人身伤害或名誉伤害(侮辱)的情况下,惩罚措施包括罚款、短期监禁、流放做苦力,以及一系列肉刑,包括殴打、鞭刑和死刑(插图 21 展示了这一时期各种各样的肉刑)。针对不同社会阶层,惩罚措施并不平等。虽然没有明确规定军事服役人员可以免于肉刑,但事实上他们极少受到身体处罚,要么是由于某项“慈悲”的规则,要么是因为法律条文规定避免。

当案件被提起上诉时,通常所采取的形式是由法官向上级申请。例如,地方长官向所属衙门,再向波雅尔议会,乃至向沙皇申请,以便解决疑难案件。肉刑,甚至处决,是迅速实施的;而由于贫穷或报复,审理费用和罚款的收取则可能拖延多年。许多案件记录的结尾都是一再的上诉,要求败诉方履行义务。

就分配正义而言,莫斯科公国司法实践的许多方面更接近中世纪,而不是近代早期:它广泛使用庭外和解的办法,鼓励用名声和社区评价作为证据或减刑因素;它通过恩赐的形式减轻判决,并认为酷刑是一种可信的证据采集形式。然而,随着时代的不断发展,俄国出现了与同时期欧洲相似的司法实践,例如证据形式的合理化、法律规范和程序的标准化、惩罚的加强以及对沙皇权力更广泛的要求。

---

① Nancy S. Kollmann, "The Extremes of Patriarchy: Spousal Abuse and Murder in Early Modern Russia", *RH*, 25 (1998): 133-140.

三、法典的编纂

17 世纪,世俗法的普及和编纂引人瞩目。进入 17 世纪以后,法官们拥有了数部法典。《罗斯法典》起源于基辅时代,其简本在 1630 年左右编订出来,强调债务、奴隶制和惩罚,但这些条文在什么地方以及如何应用尚不清楚。1550 年《法典》包含 100 项法条,它是 1497 年《法典》的扩充,添加了 73 条以上的补充条款。该法典在 17 世纪仍然有效,它为法官们提供建议,设定服务费用以限制司法腐败,对某些罪行进行处罚,并制定程序规则和证据标准。继 1550 年《法典》之后,北部地区出台了篇幅更长(231 条)的 1589 年版本,1606—1607 年又有一部新编法典,增加了关于土地占有、债务和农奴化的法令,并设定了审讯程序。值得注意的是,这部法典按照专题划分章节,这是向更理性的立法迈出的第一步。① 此外,1588 年的《立陶宛规约》被翻译并传播于莫斯科各衙门,拜占庭世俗法则在 17 世纪 20 年代颇具影响力。②

17 世纪,法律数量激增。莫斯科各衙门保存着指导他们工作的法律典籍和判例。这些资料是间或性地整理并不断添加的,17 世纪中叶,它们成了 1649 年《会议法典》相关部分的基础。这些 17 世纪上半叶的法律典籍可以在重罪衙门、奴隶事务衙门、大皇宫衙门、莫斯科行政衙门、服役封地衙门和邮政衙门看到。③

地方长官利用着 1550 年《法典》和从中央收到的法令的手抄本。1649 年《会议法典》是第一部印刷出版的法典(1651 年时大约印了 2 500 份),被分发给地方行政长官。正如我们在上文所讨论的,17 世纪的另一套相关法律体系包含了赋予各企业实体豁免和特权的章程。

基于上述法律来源,1649 年《会议法典》编纂了 17 世纪上半叶的法律,并

---

① 三部《法典》参见 *PRP*, 8 vols. (Moscow: Gosudarstvennoe izdatel'stvo iuridicheskoi literatury, 1952-1963), vyp. IV: *Pamiatniki prava perioda ukrepleniia russkogo tsentralizovannogo gosudarstva XV-XVII vv.*, ed. L. V. Cherepnin (1956), pp. 229-350, 409-570。

② I. I. Lappo (ed.), *Litovskii statut v moskovskom perevode-redaktsii* (Iur'ev: Tipografiia K. Mattisena, 1916).

③ *PRP*, vyp. IV, pp. 353-405 and *PRP*, vyp. v: *Pamiatniki prava perioda soslovno-predstavitel'noi monarkhii. Pervaia polovina XVII v.*, ed. L. V. Cherepnin (1959), pp. 185-532.

且增添了一些创新条例。这部法典内容丰富,分为 25 个专题章节,包括 967 项法条。17 世纪下半叶出现立法热潮,预示了 18 世纪初彼得大帝的闪电立法。根据一项统计,17 世纪下半叶共发布了 1 583 条新法令,反映了国家通过法律规范社会和调动资源的愿望。许多新法令涉及公共秩序,反映了欧洲的"警察国家"理念。

各个领域都出现了新的法令汇编:1653 年、1667 年出现关税和贸易规则条例,1669 年出现新刑法典,1676 年、1680 年、1681 年出现服役期限和土地继承法典。① 在 1681 年和 1695 年,政府下令编纂一部综合性法典取代《会议法典》,但毫无效果。1700 年,彼得大帝组建了一支法典编纂委员会,但也收效甚微。《会议法典》依然是大部分法律领域的标准,这种情况一直持续到 18 世纪晚期。

在实在法方面,最有意义的变化出现在社会立法领域。② 法律划分了社会群体,并限制了进入特权阶层和退出依附阶层的途径。《会议法典》中对名誉侮辱的补偿列表是富有启示性的:这一列表比 1550 年和 1589 年《法典》的更长(接近八十条),包括从牧首、波雅尔到农民和奴隶(第 10 章第 26—99 条)的教会和世俗阶层。其指导原则是所有人都享有名誉权,但更高阶层的人应得到更多的补偿,这反映了法典对社会等级制度的绝对强调。

军事服役阶层通过《会议法典》巩固了自己的地位——农民全部沦为农奴,这对于那些缺少土地和劳动力的地方士绅有直接的好处。《会议法典》的新禁令给富裕地主(包括教会)带来了一些不便,使他们无法收留逃亡农民或购买地方的土地,但是绝没有对他们的社会和经济优势造成严重妨碍。

《会议法典》非常重视莫斯科及地方的军事特权精英们的需求和职责。《会议法典》第 7 章涉及他们在服役期间的行为规范,包括对逃避服役和逃离战场行为的严厉惩罚。禁止士绅卖身为奴的法律得到重复,同样被重申的还有强制服兵役的要求(这在 17 世纪最后 25 年内逐渐减弱,却又被彼得一世恢复)。拥有土地的服役者享受经济和法律特权:在物资匮乏时期可以优先购买粮食,在许多商业交易中享受更低的税率,如果在战争中被俘还能获得更高的

---

① 1669 年刑法和土地法令参见 *PRP*,vyp. VII:*Pamiatniki prava perioda sozdaniia absoliutnoi monarkhii. Vtoraia polovina XVII v.*,ed. L. V. Cherepnin (1963),pp. 57-100,396-434。

② Richard Hellie,"Muscovite Law and Society:The Ulozhenie of 1649 as a Reflection of the Political and Social Development of Russia since the Sudebnik of 1589",unpublished Ph. D. dissertation,University of Chicago,1965.

赎金。

《会议法典》(第 16、17 章)与 1676 年、1680 年、1681 年的立法都把主要注意力放在土地所有权上。总体而言更为理论化、可执行性较弱的关于政府授予服役者土地的规范建立起来。在整个 17 世纪,土地所有权期限和世袭领地在法律和实践中融合。服役封地的买卖、抵押和转让,以及购买的世袭土地都有很活跃的市场。继承规范承认了这一点,并扩大了妇女获得土地所有权的机会,尽管法律试图限制此类行为。根据法律,寡妇、未成年子女、未婚女儿可以获得其已故丈夫或父亲的服役封地以维持生活,但是几乎不可能获得世袭土地。然而,正如瓦莱丽·基维森(Valerie Kivelson)所指出的,家人会无视法律,以确保寡妇、儿子和女儿得到照顾。他们实行分割继承制,给予妇女几乎跟男性亲属同样多的各种类型土地作为生活费或嫁妆。[1]

教会、商人等其他群体也从 17 世纪的法律变革中受益良多。自 16 世纪中叶以来,国家一直在立法禁止向教会捐赠世袭土地。《会议法典》也重申了这些法律,但却遭到忽视。17 世纪,教会占有的土地大幅增加。尽管修道院衙门进行了短暂管辖,但是教会机构持续享有地方法院的豁免权。17 世纪的法律扩大了莫斯科客商以及另外两个商业团体——客商团和呢绒团的特权。在这三个团体中,只有客商可以在国外进行贸易。不过,他们都享有拥有世袭土地的权利,不受地方长官的法庭管辖,还有权酿造和储藏烈性酒,享受各种税收优惠和特权。《会议法典》也确认了射击军和哥萨克人享受的税收优惠(第 23—24 章)。

城镇居民和地方士绅一样在《会议法典》(第 19 章)中得到了极大关注,这源于他们在 17 世纪上半叶向国家持续不断的请愿。《会议法典》规定,出逃加入其他社会群体——射击军、哥萨克骑兵、商业团体——的逃亡城镇居民应被遣送回其纳税的城镇公社。法律禁止城镇居民成为依附阶层。最重要的是,《会议法典》废除了对城市纳税人造成不公平竞争的教会和富裕地主下属的免税区,并赋予纳税城镇居民在城镇贸易、制造业和土地所有权上的垄断权。但与此同时,城镇居民实际上被《会议法典》农奴化了——他们被城镇公社登记在册,追踪逃亡城镇居民的法定时效也被废除了。他们成为一个世袭的社会

---

[1] Valerie A. Kivelson, "The Effects of Partible Inheritance: Gentry Families and the State in Muscovy", *RR*, 53 (1994): 197–212.

阶级,而且就像农民那样,是一个不流动的阶级。

在贸易领域,17 世纪出现了响应俄国商人反对外国竞争的请愿,彰显国家不断发展的重商主义的重大法律汇编。1649 年《会议法典》并未太关注外国贸易,但涉及了一些国内贸易和税收问题。《会议法典》规定了通行费、渡轮费和过桥费,确保免除服役人员和外国人缴纳此类费用,并禁止欺诈性费用(第 9 章)。它确立了一个浮动的赎金费率,根据社会等级的差别,在战时赎回俄国俘虏。《会议法典》还对非法酒馆、烈酒生产、烟草的销售和使用进行管制(第 25 章)。

《会议法典》颁布后不久,1653 年的贸易法规就解决了外贸问题。贸易法规对国内商人的过境商品设置了一个单独的关税,向外国商人设置了一个更高的统一税率。1667 年更为丰富的《新商业条例》(New Commercial Regulations)涵盖了这些法规。《新商业条例》的一部分由渐进式改革者 A. L. 奥尔金·纳晓金编写,将贸易和海关服务的管理从地方行政长官的管辖权中移除,并进一步限制外国人只能在特定时间在边境城镇从事有限商品的贸易。这些保护主义条例的效力持续到 1755 年。①

农民和奴隶因 17 世纪的社会立法受到了极大伤害。《会议法典》使 16 世纪晚期正式开始的农奴化进程达到了顶峰。到 17 世纪,法律禁止农民离开其地主,《会议法典》则通过废除追回逃亡农民的诉讼时效完成了这一进程(见第 11 章)。此后,国家投入了大量资源派遣调查员(syshchiki)追捕逃亡农奴和城镇居民。17 世纪下半叶,农民可以向法庭诉讼或担任证人,他们缴纳税金,既可能因犯罪而被审判,也可以通过选举担任公职。但是在农奴制于 18 世纪逐渐达到顶峰的进程中,农民对地主的依赖程度不断加深。除了刑事犯罪外,奴隶主可以自行审判农奴并对他们进行肉体惩罚,强迫农奴和奴隶替自己偿还债务,虽然从法律上来说,农奴应该被束缚在土地上,但事实上,地主却能随意调遣农奴。

奴隶对地主的依赖程度甚至更深。在莫斯科公国文献提及的众多奴隶制种类中,17 世纪最常见的是有限契约奴隶制(kabal'noe kholopstvo)。这在 17 世纪等同于主人在世期间的世袭奴隶制。17 世纪,国家对奴隶制的态度是从奴隶登记中收取费用,同时限制这种现象,因为奴隶制剥夺了国家的劳动力和

---

① 1667 年贸易条例参见 PRP, vyp. VII, pp. 303-328。

税收。《会议法典》用篇幅第二长的章节阐述奴隶制(第 20 章)。1649 年后,通过在 17 世纪 70 年代后期引入家户税制,并且在 1722 年合并家庭奴隶与农奴,国家把农村奴隶加入了纳税人行列,从而从奴隶身上榨取了更多生产力。

17 世纪的社会立法将人们束缚在几个固定的社会等级之中,以便调动生产资源。然而,实际情况经常与这种倾向相矛盾。尽管政府试图阻止人们卖身为奴隶,但是奴隶制度一直存在。农民们为了脱离农奴身份,逃往边境地区和西伯利亚,而边境地区的契约服役人员打破了其他群体对土地所有权、农奴所有权以及贸易的垄断。由于国家对劳动力和收入的巨大需求,中心地区热衷于追踪逃亡农奴和逃亡城镇居民,致力于把人们禁锢在某个社会阶层;在殖民地,政府则容忍社会和法律地位的多样性。17 世纪的立法不追求社会控制或警察国家的统一性这种单一目标,而是受益于一种便利的多样性。

然而,国家通过法律强化自身地位的野心在 17 世纪的立法中昭然若揭。1649 年《会议法典》的前几章是一大创新。借鉴自 1588 年《立陶宛规约》并很可能受到了 17 世纪 40 年代社会动荡的刺激,这几章引入了冒犯君主罪(lèse majestè)的概念,关注对国家尊严的侵犯,体现国家尊严的主体包括教会等级和大教堂、沙皇及其宫殿、印章和代表沙皇权力的官方文件(第 1—6 章)。

受到外国法典(可能是拜占庭)的影响,与 16 世纪的法典相比,刑法变得更加严苛(《会议法典》第 21、22 章,1669 年新条例)。肉体惩罚愈发残忍,包括活埋、裂鼻、烙印与其他形式的酷刑。酷刑的使用范围更加广泛,死刑适用于 60 多种罪行(彼得大帝时代的法典比这还多一倍)。公开鞭刑和当众处决是为了威慑他人,不过,死刑并不像当时的一些西欧国家那样普遍,而且没有以"痛苦的展示"形式执行。① 死刑通常是判决后的一天以内的绞刑。17 世纪后半叶教会分裂,肉体处罚因此加重。世俗法庭把分裂分子视为叛徒和异端,施以极刑。同样,对巫术和妖术以及累犯的惩罚也要比对较轻的犯罪更加严厉。

对于较轻的罪行,死刑往往改判为流放,从而榨取罪犯的劳动力。法庭很少使用长期监禁作为惩罚手段,但城镇保留了监狱以拘留待提审的嫌犯,罪犯可能被拘禁在牢里多年,以偿还诉讼案件的罚款(第 21 章第 92 条)。

17 世纪,关于犯罪责任的诸多原则被引入俄国法律,这些原则在 18 世纪

---

① Pieter Spierenburg, *The Spectacle of Suffering. Executions and the Evolution of Repression: From a Preindustrial Metropolis to the European Experience* (Cambridge and London: Cambridge University Press, 1984).

时得到了更加全面的发展。"故意""过失"和"蓄意"的概念首次出现,依据法律,自卫和保护财产是无罪的,而且对非故意行凶和过失杀人的处罚要比故意犯罪的处罚更温和。醉酒被视为一种可使罪行减轻的情况(第 21 章第 69、71、88 条)。与刑法不同,民法领域有很多规范,几乎没有发生什么实质性的变化。《会议法典》第 14、15、18 章涉及宣誓、结案和文件费用。《会议法典》里最长的一章(第 10 章)论述了司法腐败、法庭程序和民事诉讼。到 17 世纪末,莫斯科公国的法律遗产已经丰富繁杂,分散在整套的专门法律汇编和个别法令先例中。

在 17 世纪的莫斯科公国,社会和法律在很多方面相互交织。传统的分配正义塑造着法庭审判,规范和审判场所的多样性削弱了司法一致性。然而,司法仍是朝着更加合理的方向发展的。法典编纂工作持续进行,审判记录保存的标准化规范正在建立,证据的标准更青睐理性证明。学者们认为这些趋势是"专制主义性质"的。同样的,人们也在 17 世纪末定义时常出现在法律中的"共同利益"这一概念。17 世纪 80 年代,国家利用法律为共同利益服务这一理念由乌克兰引进,并在十年间启发了许多军事和官僚改革项目。尽管 17 世纪的法律十分复杂,但是仍为彼得大帝提供了坚实的基础,从而在 18 世纪推动了他标准化法律与"有秩序的警察国家"模式行政的大胆尝试。

第二十五章　城市发展

丹尼斯·J. B. 肖

17 世纪对于俄国来说是一个困难的时期,对于大部分欧洲国家来说都是如此。然而,这是一个过于宽泛的概括,难以从有限的证据中得到证实,而且不够重视地理差异和年代差异。1613 年后,俄国得以享受一个稳定王朝的益处,这与之前的无政府时代形成鲜明对比。同时,这个国家仍在经历急剧的扩张和殖民。这种不协调的过程自然地反映在俄国城镇的命运上。幸运的是,能够用来研究 17 世纪城市发展的资料比 16 世纪的丰富且完整得多,历史学家也更好地利用了它们。但这些资料常常是零散且无规律的,有时含义晦涩模糊。本章将分析这一时期城市化的几个方面,并且探讨两个问题,即城市的象征意义和宗教作用,以及两者在现实中的体现。第十三章对于 16 世纪的研究无法体现上述两点,但若把这两个时期结合起来研究则很有利。

一、城市网络

同 16 世纪一样,17 世纪城镇的法律地位仍然不确定,资料中所谓的"城镇"(goroda)往往是商业功能很弱或根本没有商业功能的要塞,有时还可能指那些确实具有交易功能却缺少"波萨德"(posad)人口①的要塞。一些"城镇"甚至没有附属区域(uezd),如科斯滕斯克(Kostensk)、奥尔洛夫(Orlov)和别洛科罗茨克(Belokolodsk)三个小镇(gorodki),它们在 17 世纪中期建立在别尔哥罗德防线上,邻近沃罗涅日,又如邻近的隶属于沙皇的族人波雅尔 N. I. 罗曼诺

---

① 波萨德人口指附属于合法商业郊区的纳税人口。反过来,其他城镇可能有合法的波萨德人口,但缺乏商业活动。

夫的私人城镇罗曼诺夫。[①] 同样,其他地方如季赫温波萨德西北方向的修道院区域具有商业功能,却不被称为城镇。法国人采用天主教对"城镇"一词的定义,认为 17 世纪初俄国有大约 220 个城镇,并在百年里见证了大约 100 个新城镇的出现。[②] 然而,沃达尔斯基(Vodarskii)认为应当采取更严格的马克思主义定义,即"城镇"既要有合法商业区(波萨德),又要有商业功能。在此基础上,他认为 1652 年俄国有 160 个城镇,1678 年时增加到 173 个,到 1722 年则为 189 个。[③]

纵观整个 17 世纪,诸多新城镇在俄国的出现在很大程度上归功于边界扩张和向新领土的殖民过程。在西部,随着国家扩张领土,沿线的许多城镇被占领。随着俄国在西伯利亚控制的地区越来越大,东部涌现出许多新城镇。鄂霍茨克(Okhotsk)是 1649 年第一个在太平洋沿岸建立的俄国城镇。然而,很多西伯利亚城镇非常小。因此,沃达尔斯基 1699 年在西伯利亚确定了 19 个主要行政中心,根据他的定义,其中只有 13 个能被称为城镇。据他统计,17 世纪末,西伯利亚总计只有 2 535 户波萨德家庭。[④] 就城市建设而言,俄国在乌拉尔山以西的南部边境的建设更有意义。17 世纪 30 年代到 50 年代,在新别尔哥罗德和辛比尔斯克军事防线一带及其后方建成了一系列要塞城镇。[⑤] 随后,17 世纪下半叶,该防线东面和南面的森林-草原地带和草原地带上出现了许多新城镇。

利用这一时期较为丰富的资料,大量针对城镇人口数据的研究得以进行。[⑥] 这些资料来源包括当时的地籍调查资料、人口普查记录和相关统计,提供了关

① V. P. Zagorovskii, *Belgorodskaia cherta* (Voronezh: Izdatel'stvo Voronezhskogo universiteta, 1969), pp. 211, 227-229.

② R. A. French, "The Early and Medieval Russian Town", in J. H. Bater and R. A. French (eds.), *Studies in Russian Historical Geography* (London: Academic Press, 1983), pp. 249-277; R. A. French, "The Urban Network of Later Medieval Russia", in *Geographical Studies on the Soviet Union: Essays in Honor of Chauncy D. Harris* (Chicago: University of Chicago, Department of Geography, Research Paper no. 211, 1984), pp. 29-51.

③ Ia. E. Vodarskii, *Naselenie Rossii v kontse XVII v - nachale XVIII v.* (Moscow: Nauka, 1977), p. 133.

④ Ibid., p. 127; Ia. E. Vodarskii, "Chislennost' i razmeshchenie posadskogo naseleniia v Rossii vo vtoroi polovine XVII v.", in *Goroda feodal'noi Rossii* (Moscow: Nauka, 1966), p. 290.

⑤ D. J. B. Shaw, "Southern Frontiers of Muscovy, 1550-1700", in Bater and French, *Studies*, pp. 117-142.

⑥ P. P. Smirnov, *Goroda Moskovskogo gosudarstva v pervoi polovine XVII veke*, vol. I, pt. 2 (Kiev: A. I. Grossman, 1919); Vodarskii, "Chislennost'"; Henry L. Eaton, "Decline and Recovery of the Russian Cities from 1500 to 1700", *CASS*, 11 (1977): 220-252.

于波萨德家庭①数量的统计数据,尤其是 1646—1647 年和 1678—1679 年人口普查记录。此外还有 1649—1652 年间开始的普查,记录了商人和手工艺人的家户数,其中很多居于"白色郊区"②,1649 年立法委员会决定将这些"白色郊区"并入城镇波萨德(见下文)。同样重要的还有对军事服役人员和"健全"人员在不同年份的人口清查,这通常在军事衙门(Razriadnyi prikaz)的主持下进行。其中最值得注意的是 1678 年的一次军事人口普查。③ 沃达尔斯基根据斯米尔诺夫 1646—1647 年和 1649—1652 年的数据,结合自己对其后时期的分析,得出了 212 个城镇(西伯利亚城镇合在一起计算)1630—1650 年、1670—1680 年和 1722 年的城镇家庭数据。④ 表 25.1 展示了沃达尔斯基的研究成果,即 17 世纪有 500 个以上波萨德家庭的城镇。1722 年的数据被略去了。为了形成对比,表 25.1 还根据伊顿(Eaton)的研究列出了可知的 16 世纪下半叶波萨德家庭户数记录。⑤

表 25.1 16、17 世纪的城市家庭总数(17 世纪有 500 个以上波萨德家庭的城镇)

城　　镇	1	2	3	4	5	6	7	8
阿尔汉格尔和霍尔莫戈里		645	1 018	263	715	835	4	138
阿尔扎马斯		430	2	135	559	560	—	98
巴拉赫那		637	—	112	661	642	9	140
加利奇	259ᵃ	729	(41)	46	788	481	19	46
雅罗斯拉夫尔	723	2 871	174	564	3 042	2 310	57	468
卡卢加	723	588	339	105	694	1 015	—	45
卡尔戈波雷和图尔恰索夫	476	538	20	6	—	666	—	—

① 属于波萨德的家庭,类似于波萨德人口。——译者注
② "白色郊区"是城镇内免缴正税和免于服役的地区。
③ *DopAI*,vol. IX(St Petersburg:Tipografiia II Otdeleniia Sobstvennoi E. I. V. Kantseliarii,1875),no. 106,pp. 219-314.
④ Vodarskii,"Chislennost",pp. 282-290;Smirnov,*Goroda*,pp. 32ff.
⑤ Eaton,"Decline and Recovery",pp. 235-246.

续　表

城　镇	1	2	3	4	5	6	7	8
喀山	598	1 191	1 600	200	—	310	—	—
赫林诺夫	247	624	1	26	661	616	20	142
科洛姆纳	34	615	8	261	740	352	—	79
科斯特罗马		1 726	54	414	2 086	1 069	—	106
库尔斯克		270	396	20	—	538	104	11
莫斯科		1 221[b]	(20 000)[b]	8 000[b]	3 615	7 043[c]	—	—
下诺夫哥罗德	2 421[a]	1 107	500	666	1 874	1 270	—	600
诺夫哥罗德	4 157	640	1 050	145	770	862	153	344
奥洛涅茨	376	—	—	155	155	637		
佩列亚斯拉夫尔-扎列斯基		525	(80)	104	624	408		110
普斯科夫		940	(1 306)	51	997	912	372	1 043
罗斯托夫	16[a]	416	(15)	167	552	491	—	217
辛比尔斯克		—	—		19	504		114
索利卡姆斯卡亚		549	9	146	686	831	25	20
苏兹达尔	414	360	(14)	495	435	519	7	596
托尔若克	89[a]	486	8	58	508	659	—	—
特维尔		345	53	250	497	524		110
乌格利奇		447	—	226	603	548		49
大乌斯秋格		744	53	36	—	920	—	119
弗拉基米尔		483	58	405	703	400		290

续　表

城　镇	1	2	3	4	5	6	7	8
沃洛格达	591	1 234	175	363	1 674	1 196	13	284
扎莱伊斯克		446	(127)	65	587	254	—	1

* 符号说明：1. 波萨德家庭，约 1550 年—16 世纪 90 年代；2. 波萨德家庭，1646 年；3. 军事服役人员家庭，1650 年(括号里的数字为 1632 年)；4. 其他家庭，1646 年；5. 波萨德家庭，1652 年；6. 波萨德家庭，1678 年；7. 军事服役人员家庭，17 世纪 70 年代(部分数据)；8. 其他家庭，1678 年(部分数据)。
a. 17 世纪 10 年代数据
b. 1638 年数据
c. 1700 年数据
资料来源：Henry L. Eaton, "Decline and Recovery of the Russian Cities from 1500 to 1700", *Canadian-American Slavic Studies*, 11 no. 2 (1977)：220-252；Ia. E. Vodarskii, "Chislennost'i razmeshchenie posadskogo naseleniia v Rossii vo vtoroi polovine XVIIv.", in *Goroda feodal'noi Rossii* (Moscow, 1966), pp. 271-297.

　　由于数据过于模糊且数量太少，我们无法得出关于城镇增长趋势的明确结论。不过，一些商业中心(卡卢加、下诺夫哥罗德、诺夫哥罗德、苏兹达尔)的波萨德规模在 16 世纪晚期和 17 世纪 40 年代间明显迅速下降也许值得关注。莫斯科同上个世纪一样显然居于主导地位，但是相关资料非常有限。[1] 除莫斯科以外，拥有 1 000 个以上波萨德家庭的大城镇(沃洛格达、喀山、卡卢加、科斯特罗马、下诺夫哥罗德、雅罗斯拉夫尔)都是可以追溯到 16 世纪前的古老城镇，而且除了喀山，历史上都和莫斯科有着密切的联系。它们都位于主要河流和贸易路线上。16 世纪，诺夫哥罗德没落，从这一名单中退出，这无疑反映了16 世纪后半叶和 17 世纪初的各种危机以及进入波罗的海带来的问题(见第十三章)。斯摩棱斯克的消失也有很大影响，这跟它在 17 世纪中叶败给波兰有关。与波兰的战争严重影响了俄波贸易，直到大约 1750 年后才得以实质上恢复。[2]

　　伊顿认为，在一些最大的城市里(沃洛格达、喀山、科斯特罗马、下诺夫哥罗德和雅罗斯拉夫尔)，波萨德的规模在 1652 年到 1678 年间的明显下降是因为经济在 17 世纪后半叶普遍缺乏活力，同上半叶经济的显著复苏形成对比。因此，他

---

[1]　Eaton, "Decline and Recovery", pp. 250-251.
[2]　Paul Bushkovitch, *The Merchants of Moscow*, 1580-1650 (Cambridge：Cambridge University Press, 1980), pp. 87-91.

质疑持乐观看法的苏联学者,后者遵循列宁的意见认为 17 世纪是"全俄罗斯市场"出现的时候。沃达尔斯基可能夸大了这 20 年间俄国波萨德居民的总体人数增长,尽管数字有所增长是确实的。莫斯科公国中部一些古老城镇发展迟缓,甚至陷于停滞,但这或许被部分边境地区更大的经济活力抵消了。[①]

　　官方记载的波萨德居民当然不是 17 世纪俄国城镇的唯一居民。根据沃达尔斯基的研究,在 1646 年,波萨德居民只占城镇总人口的 34％,1652 年时占44％(含"白色郊区"人口),1678 年时占 41％。人数上更多的是国家服役人员或军人,1652 年时占 53％,1678 年时占 45％。[②] 表 25.1 只显示了有 500 个以上波萨德家庭的城镇,而忽略了那些有大量驻军的城镇。例如,据记录,别尔哥罗德 1646 年只有 44 户波萨德家庭,但 1650 年有 459 户服役家庭。库尔斯克的记录为 270 户波萨德家庭和 396 户服役家庭,谢夫斯克的记录为 0 户波萨德家庭和 6 017 户服役家庭,沃罗涅日的记录为 85 户波萨德家庭和 1 135 户服役家庭,阿斯特拉罕的记录为 0 户波萨德家庭和 3 350 户服役家庭。[③] 虽然很多服役士兵是被雇佣者或靠农活维生,尤其是在南方地区,但 1649 年以前,服役者经常参与到贸易和手工艺活动中。17 世纪 40 年代,更大规模的驻军显然位于莫斯科、沿着脆弱的西部和南部边界分布或者聚集在伏尔加河流域的三个战略节点(诺夫哥罗德、喀山和阿斯特拉罕)(见地图 25.1)。

　　除了波萨德居民和军事人员之外,城镇中还有其他人口,但是各种普查并没有把所有人都记录在案。根据城镇的大小和位置,人口普查会涵盖国家官员和中高级服役者、服役者家属、神职人员及其家属、农场劳动者(bobyli)、农民、乞丐和其他非正式团体,有时也会包括外国人和非俄罗斯人。因此在衡量俄国的城市化水平时,只考虑总人口中波萨德居民(这是一个法律类别而非职业或社会类别)的比例是相当有误导性的。[④]

　　这一时期的俄国城镇经常被描述为静止的、缺乏商业活力的,充其量也只是缓慢发展的。这样的描述在一定程度上是准确的,因为正如我们已经注意到

---

① J. Pallot and D. J. B. Shaw, *Landscape and Settlement in Romanov Russia*, *1613-1917* (Oxford: Clarendon Press, 1990), pp. 241-264, esp. 242-244, and also 308-309.

② Vodarskii, "Chislennost", p. 279.

③ Ibid., pp. 282-290.

④ 参见 Vodarskii, *Naselenie*, pp. 129-134。基于沃达尔斯基的数据,1678 年的"城镇"人口(波萨德居民加上其他城镇居民——贵族、行政人员、管家等)可以被推断为总人口的约 4％。然而,这一数据看上去并未包含服役人员,以及非法居住在城镇中的人群(农民等)。该统计不包含乌克兰。

科尔斯基-奥斯特罗格

阿尔汉格尔
(与霍尔莫戈里)

北德维纳河

大乌斯秋格

索利卡姆斯卡亚

沃洛格达

赫林诺夫

诺夫哥罗德

雅罗斯拉夫尔　加利奇

普斯科夫

乌格利奇　科斯特罗马

托尔若克

托罗佩茨　罗斯托夫

佩列亚斯拉　巴拉赫耶

夫尔-扎列斯基　下诺夫哥罗德

大卢基　莫斯科　弗拉基米尔　喀山

维亚兹马　穆罗姆　阿尔扎马斯

科洛姆纳

卡卢加　扎莱伊斯克

图拉　米哈伊洛夫

布良斯克

克里亚济马河

伏尔加河

谢夫斯克

普季夫利　沃罗涅日

亚布隆诺夫　科罗托亚克

瓦卢基

第聂伯河

顿河

阿斯特拉罕

▲　有500个以上波萨德家庭的城镇

□　有500个以上服役家庭的城镇

—·—·—　西部界线

0　　　200　　　400 km

地图 25.1　17 世纪中叶俄国欧洲地区的城镇

的,17 世纪是一个困难的时期。然而,从人口统计数据上看,增长迟缓是整个欧洲近代早期(工业化以前)城镇的常见特征。① 此外,这种评估往往忽视了俄国城镇在该时期最重要的一个特点——城镇的意义不限于其本身,还在于它在整个俄国不断发展的广阔城市网络中的地位。换句话说,城镇在国家建设方面发挥了关键作用,是各种活动的协调点,把国家凝聚了起来。德维里斯正是从这个意义上来讨论"结构性城市化"的。② 这个问题是本章剩余部分的讨论重点。

二、城市社会和管理

1613 年罗曼诺夫王朝建立后,迅速采取行动,平定并控制国家的广阔领土。城镇在这一过程中发挥了重要作用。长期以来,城镇被视为周边区域(uezdy)的行政中心。这项职能现在被强化了,因为中央政府任命并派遣的军事长官(voevoda)已从边疆地区扩展到了中部和北部的城镇。军事长官在地方上代表沙皇,负责维护国家的利益,并在其管辖范围内监督军事和民事政务。有一个小型官僚机构组成长官办公室(prikaznaia izba),协助他完成这些工作。也许没有哪个地方能比脆弱的南部边境更能彰显军事长官的作用了。在南部边境,每个城镇及区的整个防御事务和平民生活都是由军事长官组织的,在安全方面管理最为严格。③ 也是在边境地区,城镇作为地方层级上国家军事行政节点的协调功能更为凸显。这里的每个城镇的建立和发展,以及其随后的生活和防御作用,都是莫斯科军事衙门最关心的问题。到 17 世纪中叶,军事衙门试图通过指定军事区来提高处于一个中心城镇管辖之下城镇之间的防守配合。第一个永久军事区于 17 世纪 40 年代和 50 年代在别尔哥罗德建立。其他边境地区(谢夫斯克、斯摩棱斯克、诺夫哥罗德、喀山、坦波夫)紧随其后,并且在 17 世纪的最后 25 年里,国家内陆的一些地区(莫斯科、弗拉基米尔、梁赞)也陆续建立起这种军事区。这一举动显然是彼得大帝 18 世纪初的地方行政制度改革的前兆,它们是由一些相同的目标所推动的——提高中央对地方的控

① J. de Vries, *European Urbanization*, *1500-1800* (London: Methuen, 1984), pp. 254-258.
② Ibid., p. 12.
③ Pallot and Shaw, *Landscape*, pp. 23-24.

制和协调。①

　　军事长官办公室的特点是对地方事务的持续干预和杜绝任何腐败，它很少能够与城市社区的利益或地方民选官员，如警察长老（gubnye starosty）和地方长老（zemskie starosty）的职能相协调，这些人代表国家，被赋予执行某些关键职能的责任。正如学者们经常评论的，后者由选举产生并不意味着城市有任何实际性的自治权。行政体系的原始特征以及国家目标的内在冲突导致了许多紧张局势，例如，国家一方面需要尽可能多地提高城镇税收，另一方面又希望促进城市贸易和商业。除了较小的边境要塞，大多数城镇具有多重功能，但不同功能之间并不总是能轻易调和。

　　16 世纪城镇社会的碎片化特征，在 17 世纪依然如故。然而，正如第二十三章所解释的，这种情况在某种程度上被 1649 年《会议法典》简化了，该法典废除了许多教会和私人郊区的"白色"地位（免税特权），并将它们划归波萨德。根据沃达尔斯基的计算，俄国城镇的男性波萨德居民总数从 1646 年的 8.3 万人左右增加到 1652 年的 10.8 万人左右，这一增长主要来自《会议法典》的影响。国家在 1649 年征召的绝大多数家庭实际上都是教会和修道院家庭。② 长期以来，"黑色"波萨德居民在商业竞争方面对拥有更多特权的"白色"郊区居民非常不满，1649 年的改革也正是受到了由该问题引起的一系列城市骚乱和此前一年中其他问题的刺激。然而，改革的另一个效果是加强了居民对其所在波萨德的依附。此后，波萨德居民安定下来，分担政府对整个波萨德社区施加的税赋和徭役负担。即使别处有更优越的商业机会，他们也不会搬离。同样，那些被发现生活在非城市中心的波萨德商人（通常他们在那里从事贸易）会被遣返回其所属的波萨德，任何波萨德居民都不得"自荐"给富有的地主或教会（即把自己卖为奴隶，通常迫于债务）。③ 这种方式不仅巩固了波萨德作为国家收入的重要来源的地位，而且加强了其协调国家商业生活的作用。

---

① Pallot and Shaw, *Landscape*, p. 246.

② P. P. Smirnov, *Posadskie liudi i ikh klassovaia bor'ba do serediny XVII v.*, 2 vols. (Moscow and Leningrad: AN SSSR, 1947-1948), vol. II, pp. 701-718.

③ R. Hellie (ed. and trans.), *The Muscovite Law Code (Ulozhenie) of 1649*, pt. 1: *Text and Translation* (Irvine, Calif.: Charles Schlacks, 1988), ch. 19, art. 9, 13, pp. 154-155 (hereafter Hellie, *Ulozhenie*).

三、城市贸易

我们已经看到,1649 年《会议法典》废除了"白色郊区",把这部分居民划入"黑色"波萨德居民的行列,并通过禁止迁移将居民们限制在所属波萨德,此外还有一些其他影响。因此,《会议法典》第 19 章(关于城镇居民的那一章)第 6 条规定居于世袭土地或服役封地的所有农民都必须将自己在莫斯科或其他城镇的商店、仓库或熔盐炉卖给波萨德社区,并返回自己的土地。"从此以后,除了君主手下的纳税人之外,没有人可以拥有商店、仓库和熔盐炉。"①换言之,波萨德社区实际上垄断了城市贸易。这种垄断受到两个例外的限制。第一,《会议法典》第 11 条允许部分地方城镇的低级服役人员,即从事商业活动和拥有商铺的射击军、哥萨克人和龙骑兵,继续从事这些活动,前提是他们须缴纳关税和每年的商税。然而,由于他们不是波萨德社区的成员而是为沙皇服役之人,因此他们不必缴纳其他城市税赋,也不用履行城镇人员的强制义务。② 商业活动对于这些收入较低群体的生计至关重要。相比之下,其他从事商业和贸易的低级服役者(枪手、炮兵、守门人、国家木匠和铁匠)则必须同城镇居民一样缴纳税款和提供劳役(也许是由于他们的军事任务,他们有更多机会从事商业活动)。③ 对射击军和其他低级服役者的纵容对南部边境城镇来说格外重要,在那里,"黑色"波萨德居民的人数一开始很少,许多贸易都掌握在服役人员手中。④ 第 19 章第 17 条中体现了打破波萨德居民贸易垄断的另一个例外情况,即允许农民带着要出售的货物到市场上,在推车或船上售卖这些货物,但禁止他们购买或租赁商店。⑤ 同样,农民也不能持有城市里的应税房屋。

莫斯科仍然是这一时期俄国商业活动的中心。一些学者认为,莫斯科人

① Hellie, *Ulozhenie*, p. 153.

② Ibid., p. 155.

③ Ibid.

④ E. V. Chistiakova, "Remeslo i torgovlia na Voronezhskom posade v seredine XVII v.", *Izvestiia Voronezhskogo Gosudarstvennogo universiteta*, 25（1954）：46 - 63; V. A. Aleksandrov, "Streletskoe naselenie iuzhnykh gorodovRossii v XVIIv.", in *Novoe o proshlom nashei strany* (Moscow: Nauka, 1967), pp. 235-250.

⑤ Hellie, *Ulozhenie*, p. 157. 另参 art. 15, p. 156; art. 9, p. 155。

口在 17 世纪增加到了 20 万人，但这一估计似乎过高了。① 资料来源模糊且不完整，但无论如何，人口似乎都经历过巨大的波动。② 一个突出的例子是 1654年，城市被瘟疫蹂躏，一些观点提出当时莫斯科多达 80％的人口因此死亡。③不过很明显的是，莫斯科的人口组成多样，市民从事的职业和活动范围广泛，是各种贸易和生产活动的重点区域。此外，莫斯科商人还在联结国家商业网络各个部分的过程中扮演了重要的角色，如经由阿尔汉格尔的北方贸易，面向乌拉尔和西伯利亚的伏尔加河贸易，在一定程度上还有与西北部和波罗的海的贸易。④ 莫斯科的角色显然反映了其作为国家首都以及俄国最富有的商人们的大本营的地位。

在克里姆林之外，17 世纪的莫斯科被细分为一系列"百户"（sotni）和郊区定居点（slobody），分别是不同社会群体的栖身之所。它们的确切数量随着时间有所变化，资料的记载也不一致。然而，根据斯涅吉列夫（Snegirev）的观点，这些区域包含了属于朝廷和国库的郊区、军事服役人员的土地、修道院和教会的定居点、外国人居住的郊区和"黑色"郊区。⑤ 城市商业生活的基础是"黑色"百户和郊区——这是波萨德社区的核心。无论"百户"（sotnia）和"郊区定居点"（sloboda）的原意有何差异，到 17 世纪，它们都变成了同义词，指同一阶层或同一出生地（有时还可能是同一职业）的人们的定居点。原则上，每个郊区定居点有一个公共组织，不过在莫斯科并不总是如此。⑥ 1649 年，根据《会议法典》的规定，19 处私有（"白色"）郊区、1 410 个家庭被转移到"黑色"百户和郊区，从而整体上加强了后者对城市商业活动的意义。⑦ 据记载，在 11 年前的1638 年，"黑色"和"白色"商业郊区以及属于朝廷和国库的郊区人口共占城市人口的 48.7％⑧，他们构成了城市商业生活的核心。

17 世纪莫斯科经济的一个重要特点是广泛的"内部"生产，为宫廷、政府、

---

① *Istoriia Moskvy*，vol. I：*Period feodalizma*，*XII - XVIIvv.*（Moscow：AN SSSR，1952），p. 446；参见 P. V. Sytin，*Istoriia planirovki i zastroiki Moskvy. Materialy i issledovaniia*，vol. I：*1147-1762*（Moscow：Trudy Muzeia Istorii i Rekonstruktsii Moskvy，vyp. 1，1950），p. 121.

② Eaton，"Decline and Recovery"，pp. 250-251.

③ *Istoriia Moskvy*，p. 453；Eaton，"Decline and Recovery"，p. 250.

④ Bushkovitch，*The Merchants of Moscow*，pp. 69，83-84，101，125-126，168-169.

⑤ V. Snegirev，*Moskovskie slobody*（Moscow：Moskovskii rabochii，1947），p. 18.

⑥ Ibid.，pp. 19-20.

⑦ *Istoriia Moskvy*，pp. 373，462-463.

⑧ Ibid.，p. 450.

军队和其他中央机构谋取利润。这类生产大多在朝廷和国库等所属的郊区进行，主要位于克里姆林以西。这些郊区居民的地位与国家低级服役人员相似，有义务向朝廷或政府机构提供必要的货物和劳役，以换取现金或实物报酬。在可能的时候，他们还会生产市场商品或接收私人订单，以增加收入。例如，许多宫廷工匠会为武器衙门制造火器或其他种类的轻型武器，又或者从事其他技术工作，如制作细木工制品、橱柜、圣像画、地图和装饰艺术品。大皇宫衙门负责为宫廷提供食物及必需品，而国库衙门则提供服装和布料以及用于外交的皮草制品。国库工匠为各个政府衙门工作，担任铁匠、木匠、运输工人、皮草商、造币工、建筑工、制砖工、石匠、皮草商、服装商、珠宝商、贵金属和宝石工人、布料制造商等。这些工匠也参与市场交易，在这种情况下，他们的相对特权就引起了"黑色"波萨德居民的不满。

　　"黑色"波萨德居民中的工匠主要为市场工作，从事各种各样的行业。因此，莫斯科有许多金属匠人。根据一份 1641 年的清单，在特维尔门（Tver' Gate）外的土山镇（Earth Town）①有 69 名铁匠，白城（White Town）②不同地区有 35 名，莫斯科河南岸的扎莫斯科沃雷奇耶（Zamoskvorech'e）有 29 名，等等。③ 其他金属工人则在铜、锡、金、银等各类 17 世纪的莫斯科稀缺的金属行业工作。各种形式的木材加工业雇用了许多城市相关工人。对于朝廷或政府建筑等的大型项目，有时会有木匠队伍从其他城镇和地区被调来莫斯科。从事大麻和亚麻及其衍生产品生产的工人数量有限，这也许是因为这种工艺属于农业活动，不过莫斯科确实为一些专业技术人员提供了市场。皮革工人数量很多，1638 年可能达 200 人，而皮草工人大约有 100 人。④ 波萨德的其他重要工艺包括羊毛加工、动物油脂加工和蜡加工（1638 年有 35 名蜡烛制造商和 10 名肥皂制造商）、食品生产（1638 年有 600 名各种商品的生产者和贸易商，其中包括为宫廷服务者）和布料产业（1638 年约有 250 名生产者和贸易商）。

　　17 世纪城市的大规模生产活动基本上限于政府赞助的项目，包括火炮铸造厂（可以追溯到 15 世纪，从 17 世纪 20 年代起扩大生产规模）、上文中提到的武器衙门及其分支机构金银库（palaty）、国营磨坊、国营砖厂、铸币厂、两家造

---

① 土山镇的位置参见下文。
② 白城的位置参见下文。
③ *Istoriia Moskvy*, p. 373.
④ Ibid., pp. 386-388.

纸厂等。这些工厂几乎只接受国家订单,不为满足市场需求生产。

第十三章提到商人和波萨德贸易商的等级制度构成了 16 世纪俄国城镇的特征,这种等级在 17 世纪依然重要,而这在聚居着国内最富有商人的莫斯科尤为突出。在一个极端上,富商(客商与客商所属百户成员)在广大地区进行贸易活动,同外国人做生意,有时也会控制或有意参与本地贸易。另一个极端则是小商贩,他们在(购买或租用的)当地商店出售商品,在市场上摆出临时摊位或推出推车,又或者在属于他人的商店里工作。其贸易组织越来越落后于欧洲国家。商人缺乏资本,没有银行或现代信贷措施,俄国商人有时会发现自己很难与外国人竞争。直到 1667 年新贸易条例出台,俄国商人才享有面对外国竞争的保护措施,特别是在本地贸易和零售业方面。

17 世纪莫斯科贸易的基本地理分布格局与 16 世纪没有太大不同,因为莫斯科依然是食品、其他必需品以及制造业所需原材料的重要消费城市。跟以前一样,基泰城及其毗邻克里姆林的大型贸易广场是商业活动的焦点。零售贸易仍然通过专门规划成行的商店街进行(也会通过仓库、地窖和其他网点)。大约 120 条商店街的名字可以追溯到 17 世纪。1641 年和 1667 年形成了两个商人市集(gostinnye dvory),批发贸易和外国人贸易在此进行。奥莱利乌斯和其他旅行者都注意到了莫斯科及红场前身贸易的活力和多样性,例如他表示:"这里一整天到处都是商人,有男有女,有奴隶也有闲人。"[1]他的描述还清楚地表明莫斯科其他地方的贸易也很活跃,特别是白城("沙皇城")。他写道,在白城"有出售面包和面粉的摊位、屠宰区、牛市和卖啤酒、蜜饯和伏特加的小酒馆"。[2]

由于资料匮乏,莫斯科以外地区在 17 世纪的贸易和商业分布只能部分地得以重构。我们已经讨论过主要贸易通路沿线上拥有大型波萨德社区的城镇位置。此处只简要探讨其中一条路线的沿线城镇。

从莫斯科向北到阿尔汉格尔的路线是 17 世纪最重要的与西欧贸易的路线。1600 年以后,荷兰主导了这部分贸易。虽然英国人在 16 世纪 50 年代就到达了北德维纳河口,但城镇本身直到 1583—1584 年才挨着附近的修道院建成。起初,与外国的贸易主要在霍尔莫戈里进行,货物通过浅水船从河口的锚

---

① Adam Olearius, *The Travels of Olearius in Seventeenth-Century Russia*, ed. and trans. Samuel H. Baron (Stanford, Calif.: Stanford University Press, 1967), p. 114.

② Ibid.

地逆流运输到城中。然而,阿尔汉格尔渐渐成长为一个良好的港口。17 世纪 20 年代,这里有 115 个波萨德家庭①,1622—1624 年的地籍簿还记录了政府办公室、仓库和贸易机构的存在②。本地服役人员把持了一部分贸易。据估计,从 17 世纪初到中叶,阿尔汉格尔的外贸总额平均增长了两到三倍。③ 商业最活跃的时段是 6—9 月间的年度市集,外国船舶以及来自俄国各个地区,特别是莫斯科和北方城镇以及主要修道院的批发商和贸易商都会到场。1668—1684 年间,应政府要求,当地建起一座新的石质大型商人集市,以便进行贸易。一个外国商人社区永久地在阿尔汉格尔落成。然而,总体人口仍然很少,这毫无疑问反映了贸易时段的受限。事实上,阿尔汉格尔在 17 世纪 20 年代的 70 家商店(不包括商人集市的交易空间)和数额有限的贸易总量与附近的霍尔莫戈里相比很不理想,霍尔莫戈里有 316 家商店和更多种类的工艺活动,这里才是当地商业的真正中心。④

从阿尔汉格尔出发,主要贸易路线沿着北德维纳河而上,再转入苏霍纳河,到达沃洛格达的转运点。然而,在到达沃洛格达之前,贸易者将到达大乌斯秋格,这里是通往西伯利亚的主要路线的起点。大乌斯秋格在毛皮贸易中发挥了重要作用,它将西伯利亚与阿尔汉格尔连接起来,当地的一系列制造业和商业活动也声名远播,包括金属加工、木材加工、皮革、皮草、服装、食物加工等。⑤ 附近的托季马是一个产盐中心,也在苏霍纳河沿岸。⑥ 沃洛格达本身就是通往莫斯科的路线上的主要商业节点⑦,因为商人们会在这里等待冬天结冰,然后再乘坐雪橇前往首都。17 世纪 20 年代,这里居住着大约 5 000 人,包括 11 户外国商人和 5 组莫斯科客商。沃洛格达拥有多样的手工作坊、300 多家商店、一个大型商业集市和其他商业设施。

---

① Eaton, "Decline and Recovery", p. 235.
② Iu. A. Barashkov, *Arkhangel'sk: arkhitekturnaia biografiia* (Arkhangel'sk: Severo-Zapadnoe knizhnoe izdatel'stvo, 1984), p. 18.
③ Bushkovitch, *The Merchants of Moscow*, pp. 51, 56.
④ O. V. Ovsiannikov, "Kholmogorskii i Arkhangel'skii posady po pistsovym i perepisnym knigam XVII v.", in *Materialy po istorii Evropeiskogo Severa SSSR*, vol. I (Vologda, 1970), pp. 197-211.
⑤ A. Ts. Merzon and Iu. A. Tikhonov, *Rynok Ustiuga Velikogo v period skladyvaniia vserossiiskogo rynka (XVII vek)* (Moscow: AN SSSR, 1960).
⑥ R. E. F. Smith and David Christian, *Bread and Salt: A Social and Economic History of Food and Drink in Russia* (Cambridge: Cambridge University Press, 1984), pp. 46-48.
⑦ A. E. Mertsalov, *Ocherki goroda Vologdy po pistsovoi knige 1627 goda* (Vologda, 1885).

通往莫斯科的路线上的最后一个重要节点是伏尔加河沿岸的雅罗斯拉夫尔。这里是一个重要的皮革中心，也是其他手工业的中心，它作为一个贸易中心把伏尔加河和通往西伯利亚的路线同通往西北部的路线连接了起来，也将莫斯科及中心区域同阿尔汉格尔及北部地区连接了起来。

正如第十三章所述，并非所有商业活动都在城镇中进行。像季赫温波萨德这样的宗教中心也很重要，许多村庄也是如此。然而直到 18 世纪，这方面的贸易数据才足够充实，能够拼凑出一幅完整的贸易地图。①

四、城镇的象征意义和宗教意义

17 世纪，宗教对俄国城镇生活至关重要。梅尔萨洛夫（Mertsalov）认为，宗教对于个别城镇的意义在沃洛格达 1627 年的地籍簿中有所体现。② 在那一年，这座 5 000 人～6 000 人口的城镇有 60 座教堂，包括 1 座主教座堂以及 3 座修道院。牧师及其他教会人员拥有八十多套房子，除此之外，城里还居住着修道院人员及其属人、大主教及其仆从和属人。沃洛格达城外的修道院（其中一些是俄国非常重要的修道院）也在城内保有房产。所有这些设施为这一时期俄国城镇特有的宗教仪式和规范奠定了基础。因此，东正教的宗教假期、节日、斋戒和禁欲日丰富了城镇居民的生活。对于虔诚的教徒来说，公共场合的礼拜和私人的奉献是正常且必需的。游行和朝圣是城市生活的正常组成部分。此外，城镇本身就是一个神圣空间的集合体。无论是在某个角落供奉着一幅圣像的私人房屋里，还是在面对着神圣建筑和精巧的马赛克、圣像画以及其他装饰等精神符号的教堂内，加上各种言语、音乐和戏剧形式的宗教仪式，城镇居民会时刻想起宗教的真理，行为也受到相应的影响。例如，《会议法典》第 1 章就明确规定，亵渎上帝或在教堂中做出任何不守纪律的行为将受到最严厉的惩罚。③ 第 10 章强制居民遵守礼拜日和主要宗教节日的行为规范，并禁止在宗教游行期间进行贸易。④ 第 19 章禁止在莫斯科中心地带修建外国教

---

① 参见例如 B. N. Mironov, *Vnutrennii rynok Rossii vo vtoroi polovine XVIII - pervoi polovine XIX v.* (Leningrad: Nauka, 1981)。
② Mertsalov, *Ocherki*, pp. 12ff.
③ Hellie, *Ulozhenie*, ch. 1, pp. 3-4.
④ Ibid., ch. 10, art. 25-26, pp. 28-29.

堂,它们只能建在土山镇之外,"远离上帝的教堂的地方"。① 出于空间排他性和宗教纯洁性的类似要求,政府立法强制欧洲人出售他们在莫斯科的房产,搬到城市东北部的一个新郊区(1652 年),同时禁止不信仰东正教的外国人穿着俄罗斯服装,进入东正教教堂或者雇用东正教仆人。② 虽然俄国城镇接纳外国人,但是希望传播同时契合俄罗斯民族和东正教的价值观。那些作为主教中心的城镇还被赋予了在其周边地区维护这些价值观的任务。

包括埃尔曼·塞维斯(Elman Service)和保罗·惠特利(Paul Wheatley)③在内的许多社会思想家都论证了传统复杂社会中政治权力和宗教权威之间的密切关系,尤其是惠特利还注意到,在这种社会中,城市结构经常反映出其所构建的精神秩序。许多学者都提出过,俄国沙皇宣称其统治拥有神圣权威,特别是 16 世纪的沙皇要求把莫斯科认定为"第三罗马",作为罗马和君士坦丁堡的继承者,成为基督教世界的中心。④ 17 世纪,俄国东正教牧首的宫殿位于莫斯科克里姆林中,毗邻沙皇自己的宫殿,这可能象征着教会和理应按照东正教精神统治的国家之间的"和谐"。17 世纪的沙皇及其朝廷的生活充满了具有宗教象征意义的仪式和活动,许多外国旅行者都注意到了这一点,但往往难以理解他们所见之事的重要性。例如,沙皇参与不计其数的宗教朝圣活动,在特定的宗教节日,尤其是圣枝主日和主显节,城市本身就成了繁复仪式的表演场所。⑤ 此类仪式的意义在何种程度上来自实际城市结构的象征意义是一个值得进一步研究的问题。这包括特定街道的方向,或某些建筑物的宗教形象(例如一些作家把"新耶路撒冷"的形象和红场的圣瓦西里大教堂联系起来,或与鲍里斯·戈杜诺夫重建克里姆林的计划相关联)。⑥ 但很清楚的是,用惠特利

---

① Hellie, *Ulozhenie*, ch. 19, art. 40, p. 161.

② Olearius, *Travels*, pp. 29, 51, 73, 129, 263, 281 etc.; S. H. Baron, "The Origins of Seventeenth-Century Moscow's Nemeckaja sloboda", *California Slavic Studies*, 5 (1970): 1-17.

③ E. Service, *Origins of the State and Civilization: The Process of Cultural Evolution* (New York: Norton, 1975), p. 51; Paul Wheatley, *The Pivot of the Four Quarters: A Preliminary Enquiry into the Origins and Character of the Ancient Chinese City* (Edinburgh: Edinburgh University Press, 1971).

④ G. Hosking, *Russia: People and Empire* (London: HarperCollins, 1997), pp. 4-8; D. B. Rowland, "Moscow-The Third Rome or the New Israel?", *RR*, 55 (1996): 591-614.

⑤ Ivan Zabelin, *Domashnii byt russkikh tsarei*, vol. I (Moscow: Iazyki russkoi kul'tury, 2000), pp. 393-453.

⑥ Robin Milner-Gulland, *The Russians* (Oxford: Blackwell, 1997), pp. 212-220; A. L. Batalov and T. N. Viatchanina, "Ob ideinom znachenii i interpretatsii Ierusalimskogo obraza v russkoi arkhitekture XVI-XVII vv.", *Arkhitekturnoe nasledstvo*, 36 (1988): 22-42.

的话来说,俄国城镇是"神圣空间的产生器",因此有助于巩固当时的政治和宗教秩序。在这样的背景下,以宗教仪式庆祝新城镇的落成(如 1583—1584 年建立的阿尔汉格尔或 1599 年建立的察列夫-鲍里索夫)也就不令人奇怪了。①

　　当然,上述结论并不全面,因为它只在某种意义上反映了国家及其统治者的期望,而不是普通人的愿景。例如,即使到 17 世纪,我们也绝不能肯定地说基督教已经在实际上完全消灭了异教残余。② 此外,17 世纪本身就是一个充满变化的时代,这必然表现为城市生活的多样性,特别是大城市。在莫斯科和其他城镇,外国人与俄罗斯人混住在一起,这意味着东正教和新观念,甚至"异端"思想混合在一起,无论后者遭到宗教保守派多么强烈的抵制。这是一个争议愈演愈烈的时期。牧首尼康被废与东正教分裂导致了社会的分裂。不过,这些事件只是自彼得大帝时代起传统宗教权威和俄国宗教的统一遇到的更大挑战的先兆。换句话说,城镇的宗教象征性不再反映所有俄罗斯人的信仰——它很可能从未反映过。

五、城市外观

　　在 16、17 世纪,大多数俄国城镇都配有防御工事。直到 17 世纪末,防御工事才开始失去意义。③ 从这个事实中,我们了解到那个年代俄国人生活的本质——国家对外八方受敌,对内沙皇命令受挫。边境地区对这种威胁的感受尤为深刻。例如,16 世纪末,很多北方中心城镇开始加强防卫,包括阿尔汉格尔、卡尔戈波雷、霍尔莫戈里和索里维切戈茨克。④ 这些城镇不仅易受西方侵袭,而且需要防备邻近白海北岸政权的威胁。两个世纪以来,西部

---

① G. V. Alferova, *Russkii gorod XVI-XVII vekov* (Moscow: Stroiizdat, 1989), pp. 56-61; D. I. Bagalei, *Materialy dlia istorii kolonizatsii i byta stepnoi okrainy Moskovskogo gosudarstva v XVI-XVII vekakh*, vol. I (Khar'kov, 1886), p. 9; Barashkov, *Arkhangel'sk*, p. 17.

② G. P. Fedotov, *The Russian Religious Mind*, vol. I (Cambridge, Mass.: Harvard University Press, 1966), pp. 344-362; Milner-Gulland, *The Russians*, pp. 96-103; W. F. Ryan, *The Bathhouse at Midnight: An Historical Survey of Magic and Divination in Russia* (Stroud: Sutton Publishing, 1999), p. 14.

③ Alferova, *Russkii gorod*, p. 180.

④ O. V. Ovsiannikov, "Oboronitel'nye sooruzheniia severorusskikh gorodov XVI-XVII vekov", in *Letopis' Severa*, VI (Moscow, 1972), pp. 211-223.

边境的城镇也付出了相当大的努力来加强防卫。① 在南部边境,作为一整套防御措施的一部分,加固原有堡垒和修建新的要塞城镇消耗了大量资源。在这些地区,城镇的军事作用占据了主导地位,城镇生活的所有方面都服从于军事。②

俄国倾向于在城镇扩张期间,逐渐加强特定区域的防卫。首先可能是城区,随后是附近的波萨德,继而是单独的郊区定居点,或者波萨德的较新部分(波萨德可能扩展到了原有范围之外),这就产生了许多学者都曾提及的特有的城镇"蜂窝"结构。③ 莫斯科提供了一个典型的范例。从1485年起,意大利建筑师开始用砖块加固克里姆林。新的砖墙代替了早先的墙壁。数年后,到1535年,如今所谓的基泰城(当时被称为"大波萨德")也被用石头建起了围墙。现在的林荫环道(Boulevard Ring)由一座土筑垒墙守卫。1586—1593年,这道土墙被重建为砖墙,其所包围的空间逐渐成为后来的"白城"。在1591年遭到克里米亚鞑靼人袭击后,政府又沿着今天的花园环道(Garden Ring)建造了第四道土筑防线和一座木墙。④ 最终,层层壁垒之内的区域被称为"土山镇"。由此,莫斯科形成了一种环状和放射状的布局,至今仍是莫斯科城市规划的特点。然而在其他城镇,蜂窝结构的同心状布局不太明显,也不太规则。许多情况下,特别是在南部,防御工事由木料而非石料建造。

远观俄国城镇时,外国人通常会留下深刻印象。当苏格兰雇佣兵帕特里克·戈登(Patrick Gordon)在1661年来到普列斯科(普斯科夫)时,他注意到:"这座城市有着壮丽的外观,石墙环绕,高塔林立。这里有许多教堂和修道院,有些有三个尖顶或塔楼,有些有五个,其上是周长为六英寻、八英寻或十英寻的拱顶——这构成了这座城市宏伟、令人赞叹的外观。"然而,走近细看时,戈登的印象大大下降。他指出,住进城里后,就发现它"因为肮脏散发着臭气,配不上其美妙的远景,以及我们的期望"。⑤ 在外国人眼里,俄国的城镇肮脏且毫无规划,维护极差,十分原始。只有教堂获得了人们的称赞,但即便是教堂收

① 参见例如 G. V. Alferova and V. A. Kharlamov, *Kiev vo vtoroi polovine XVII veke* (Kiev: Naukova Dumka, 1982)。
② Pallot and Shaw, *Landscape*, pp. 23-24.
③ French, "The Early and Medieval", pp. 268-274.
④ Sytin, *Istoriia planirovki*, pp. 42, 52, 58-59.
⑤ *Passages from the Diary of Patrick Gordon of Auchleuchries in the Years 1635-1699* (London: Frank Cass, 1968), pp. 43-44.

获的美誉也因迷信及其奇怪的建筑受到了损害。其他建筑物主要是木质的,和西方常见的建筑比起来相当不起眼。

当然,这些城镇有着明显的缺点。如上所述,大部分建筑是木质的,具有廉价且易获取的巨大优势,但是却具有一个致命的弱点,即容易遭受火灾。事实上,城市火灾发生频率高且破坏性大,以至于重建要求极高的速度和极低的成本,几乎不关注美学和风格,自然无法引起人们的赞赏。不过实际上,城镇也并非像外国人指责的那般无序,特别是莫斯科。例如,从伊凡三世时期开始,政府就开始采取措施,实施消防巡逻,通过分布警力和管制交通,来维护法律和秩序,特别是在夜里。自 16 世纪起,沙皇鼓励用石料进行建筑。排水系统得到了一些重视,未铺砌的、几乎不能通行的街道也受到关注。从 17 世纪早期开始,一些重要街道,特别是市中心的重要街道得到拓宽和整顿,并防止房基线的侵占。这是防火措施的一部分。[1] 人们也挖掘水井,便于在火灾时取水。首都作为沙皇的住地,其安全和福利对政府来说自然是至关重要的。在其他城镇里,类似的措施似乎少得多。

直到 17 世纪末,莫斯科和其他城镇的外观仍然相当"中世纪"。例如,典型的房子或者庭院(dvor)是木质结构,可能带有一些附属建筑,整体被高木栅栏包围,通过一扇门进入街道。但是到 17 世纪中叶,莫斯科的景观开始在一定程度上发生改变,来自阿勒颇的保罗(Paul of Aleppo)在游访时注意到了新的石屋和砖房以及一些富人的豪宅。[2] 根据一些学者的观点,17 世纪后半叶开始出现的砖石房屋和豪宅反映了人们对新建筑形式的兴趣和对传统木质结构的摒弃。[3] 按照欧洲标准,俄国城镇占据的面积十分广阔,因此需要修建极长的围墙来环绕它们。在城镇里,建筑区之间往往有着相当大的开放空间,用于种植和畜牧。而且,这些城镇倾向于越过城墙,延伸到外面的乡村地区,许多活动,特别是与用火相关的活动,也被限制在那些地区。

关于俄国城镇规划的程度,学者们有相当多的争论。例如,L. M. 特维尔斯科伊(L. M. Tverskoi)认为,街道分布具有一定规律,尽管看起来似乎不规整,但城镇一般是有规划的。[4] 一些南方军事城镇布局的规律性尤其明显。其他学

---

[1] Sytin, *Istoriia planirovki*, pp. 84-90, 162ff.

[2] *Istoriia Moskvy*, p. 509; Olearius, *Travels*, p. 154.

[3] A. V. Ikonnikov, *Tysiachia let russkoi arkhitektury* (Moscow: Iskusstvo, 1990), pp. 182-195.

[4] L. N. Tverskoi, *Russkoe gradostroitel'stvo do kontsa XVII veka: planirovka i zastroika russkikh gorodov* (Moscow and Leningrad: AN SSSR, 1953).

者则谈到了城镇的"自发性"发展。① G. V. 阿尔费罗娃(G. V. Alferova)提出了一个颇具独创性的论点。② 她认为,城市是有规划的,但这种规划不同于西方的常规规划,西方采取的是沿袭自中世纪的基于几何的规划系统,起源于古希腊的希波丹姆(Hippodamus)理念。阿尔费罗娃指出,俄国的规划思想源自拜占庭的法律和实践,早期的俄国法律选集和类似的文本中就有相关的翻译和呈现。后者被用于王公法庭,不过至少在 17 世纪之前,这些法律在城市事务方面得到了多大程度的应用尚不清楚(《会议法典》中有关于拜占庭式城市理念的微弱体现)③。阿尔费罗娃的论据是,拜占庭传统较少关注形式的规律性,而更重视建筑物的高度和距离(视野、通风、阴影效果)、街道宽度、公共边界、卫生、植被、排水和供水。阿尔费罗娃认为,城市的整体景观是经过设计的。在她看来,14 世纪后的城镇是根据一个规范的程序建立和发展的,这一程序包括正规的文件和对仪式惯例的遵守。问题是似乎只有有限的资料能支撑这一主张。法律文本中可能出现的内容几乎不能提供任何有关时人具体操作实践的信息。此外,阿尔费罗娃的一些主张表明她相信早就存在一种复杂的景观建筑形式,而这在当时是远远不可能的。这显然是一个需要更多研究的领域。阿尔费罗娃的研究提供了一种比迄今已有的更为深入的对城镇景观中象征主义的理解方式,但她所写的是否属于"规划"则完全是一个不同的问题。

六、结论

虽然关于俄国城镇研究的传统方法强调其迟缓的发展和落后性,特别是相对于同时代的欧洲城镇而言,但本章根据扬·德维里斯(Jan de Vries)的观点,强调了另一个角度,将城镇视为网络中的一个要素,并探索城镇在全国越来越多的各种活动中作为协调者的作用。④ 到 17 世纪,大多数俄国城镇具有多种功能,是商业组织、行政、军事、文化和宗教空间的重要节点(尽管重要程

---

① V. A. Shkvarikov, *Ocherk istorii planirovki i zastroiki russkikh gorodov* (Moscow: Gosudarstvennoe Izdatel'stvo Literatury po Stroitel'stvu i Arkhitekture, 1954).
② Alferova, *Russkii gorod*.
③ Hellie, *Ulozhenie*, ch. 10, arts. 278, 279.
④ de Vries, *European Urbanization*.

度不一）。德维里斯把节点意义不断强化的过程称为"结构性城市化"。[①] 换句话说，只从商业角度来观察城镇，其实忽略了它最重要的方面之一，而且忽视了城镇在俄罗斯的国家建设中发挥的重要作用。

[①] de Vries, *European Urbanization*, p. 12.

第二十六章　人民起义

　　1613 年,米哈伊尔·罗曼诺夫当选沙皇,这通常被视为"混乱时期"结束的标志,但社会动乱还是持续了一段时间。1613—1614 年间,哥萨克首领伊凡·扎鲁特斯基和他的女主人、伪德米特里一世和二世的遗孀玛琳娜·姆尼舍克住在阿斯特拉罕,努力推动她尚在襁褓中的儿子"皇子"伊凡·德米特里耶维奇成为皇位继承人。1614 年夏,扎鲁特斯基和幼小的冒充者被处决。虽然哥萨克人在 1614—1615 年还在继续给政府制造麻烦,但后来他们对新政权的反抗只是偶尔的。俄国于 1617 年和 1618 年分别与瑞典和波兰缔结和平条约,结束了外国的干预,之后的 15 年是俄国内部和外部都相对稳定的时期。

　　1632 年,随着国王西吉斯蒙德三世去世,波兰-立陶宛联邦进入王位空缺期,沙皇米哈伊尔利用这一空窗期,派遣波雅尔 M. B. 沙因带领军队前往西部边境,意图夺回在 1618 年《杰乌利诺条约》中被割让给波兰的斯摩棱斯克。此后,俄国被卷入了几乎不间断的战争(见第二十一章)。这些战争造成的经济和社会压力在很大程度上促成了一系列民众起义,这一时期因此被称作"叛乱时代"。1648—1650 年,城市起义主要发生在莫斯科和其他城镇,1662 年和1682 年首都发生起义,而最大规模的一次起义是 1670—1671 年间由斯捷潘·拉辛领导的哥萨克-农民起义。本章第一部分将按照时序概括这些起义活动,第二部分将研究起义参与者的社会组成,第三部分则将在"以沙皇之名起义"的共同框架内探索这些起义的目的和要求。

一、起义的时间顺序

　　1632—1634 年,斯摩棱斯克战争失败,在这一背景下,动荡的第一个征兆出现。政府呼吁志愿者补充正规军,许多农民和奴隶响应号召,自称"自由的哥萨克人",作为游击队半独立地在前线附近行动,有时与顿河哥萨克人的组织联合。他们行动的目标往往是掠夺当地俄罗斯地主的财产,而非打击波兰人,沙因部队的逃兵也加入其中,使其队伍愈发壮大。苏联历史学家把这场运动称为"巴拉什起义"(Balashovshchina),得名于其早期领导者之一——伊凡·巴拉什(Ivan Balash),他来自多罗戈布日地区,是一个被农奴化的修道院农民,1633年死于囚禁中。农村的动乱很快消退,在俄国和波兰于1634年6月签订《波利亚诺夫卡和约》后,其余波也被政府军队镇压。首都也发生了类似的事件。当不合法的"哥萨克"首领阿尼辛·切尔托普鲁德(Anisim Chertoprud)和伊凡·特斯列夫(Ivan Teslev)来到莫斯科跟政府谈判时,许多不满的奴隶和下级社会成员利用这个机会,志愿加入其队伍,从而逃离莫斯科。① 俄国夺取斯摩棱斯克行动的失败激起了人们的指控,认为军队指挥官叛变。据荷尔斯泰因的特使亚当·奥莱利乌斯说,由于莫斯科暴民威胁发动民众起义②,在此压力下,政府不得不处死了沙因。两年后,1636年3月,首都基泰城中部发生火灾,商人财产遭到大规模趁乱抢劫,不过这似乎是一次机会性的犯罪,而不是社会或政治的重大冲突事件。③

1648—1650年的事件更加严重。1648年6月,一场起义在莫斯科打响,它通常被称为"食盐暴动"。事实上,1646年引入的盐税由于人们的反对,已经在1647年底被废除,但其他的直接税被增至原来的三倍,以补偿损失。人们对税收负担的不满是后续动乱的根本原因。6月1日,年轻的沙皇阿列克谢从朝圣之行归来,在首都的郊区,他遇到了一群试图向他请愿的民众。市民们向他抱怨缙绅衙门(Zemskii prikaz,莫斯科行政事务的主要负责部门)的负责人L. S. 普列谢耶夫(L. S. Pleshcheev)的恶行,但沙皇无视莫斯科公国统治者及其臣民之间传统的家长式关系,不仅拒绝接受请愿,而且下令逮捕了一些请愿者,

---

① B. F. Porshnev, "Sotsial'no-politicheskaia obstanovka v Rossii vo vremia Smolenskoi voiny", *Istoriia SSSR*, 1957, no.5: pp. 112-140; B. F. Porshnev, "Razvitie 'Balashovskogo' dvizheniia v fevrale-marte 1634 g.", in *Problemy obshchestvenno-politicheskoi istorii Rossii i slavianskikh stran. Sbornik statei k 70-letiiu akademika M. N. Tikhomirova* (Moscow: Izdatel'stvo vostochnoi literatury, 1963), pp. 225-235.

② Adam Olearius, *The Travels of Olearius in Seventeenth-Century Russia*, ed. and trans. Samuel H. Baron (Stanford, Calif.: Stanford University Press, 1967), p. 153.

③ E. V. Chistiakova, *Gorodskie vosstaniia v Rossii v pervoi polovine XVII veka* (30-40-e gody) (Voronezh: Izdatel'stvo Voronezhskogo universiteta, 1975), pp. 59-61.

这激怒了民众。第二天,阿列克谢再次被愤怒的莫斯科人包围,被派出协商的波雅尔和官员也遭到推搡和激烈的质问。6 月 2、3 日,许多驻扎在莫斯科的射击军加入群众,开始攻击那些最不受欢迎的统治精英的宅邸,并劫掠他们的财产。受到攻击的除了普列谢耶夫,还有沙皇的内兄弟 B. I. 莫洛佐夫和武器衙门(Pushkarskii prikaz)负责人 P. T. 特拉汉尼奥托夫(P. T. Trakhaniotov)。纳扎里·切斯特伊(Nazarii Chistyi)被认为制订了为人憎恶的盐税,他被暴徒私刑处死——身体被切成碎片丢弃到一个粪堆上。6 月 3 日,阿列克谢派出新一支波雅尔代表团与民众交涉,其中包括他的亲族 N. I. 罗曼诺夫(N. I. Romanov)。波雅尔们同意交出普列谢耶夫,之后普列谢耶夫被愤怒的民众处死。6 月 5 日,应起义者的要求,特拉汉尼奥托夫被处决。莫斯科各处纷纷起火(意料之中导致了许多相互矛盾的纵火控诉),城市中的许多区域被夷为平地。骚乱还在继续,一周后,莫洛佐夫被流放到基里尔-别洛泽尔斯基修道院。一些波雅尔和商人介入,说服政府召开缙绅会议。9 月,一场具有广泛代表性的会议召开,大会于 1649 年 1 月批准了名为《会议法典》的新法律,该法典最终确立了农奴制,取消了城镇中免税的"白色郊区"。通过明智的恩威并施,政府逐渐恢复了权威。1648 年 10 月,莫洛佐夫也被批准从北方流放地返回,并在次年年初重新掌权。①

　　1648—1649 年,许多地方城镇也连续发生暴乱,包括南部的科兹洛夫、库尔斯克、沃罗涅日、诺沃西利(Novosil')等,北部的索里维切戈茨克和大乌斯秋格,还有西伯利亚的几个地区。② 西伯利亚的托木斯克长期处在起义者的控制中:针对长官 O. I. 谢尔巴特伊(O. I. Shcherbatyi)王公的反抗从 1648 年 4 月(甚至早于莫斯科的起义)一直持续到 1649 年 8 月。③

　　在一些情况下,地方城镇的暴动是由关于莫斯科事件的消息引发的。在

① *Gorodskie vosstaniia v Moskovskom gosudarstve XVII v. Sbornik dokumentov*, ed. K. V. Bazilevich (Moscow: Gosudarstvennoe sotsial'no-ekonomicheskoe izdatel'stvo, 1936), pp. 35-92; P. P. Smirnov, *Posadskie liudi i ikh klassovaia bor'ba do serediny XVII veka*, 2 vols. (Moscow and Leningrad: AN SSSR, 1947-1948), vol. II, pp. 158-248; S. V. Bakhrushin, "Moskovskoe vosstanie 1648 g.", in his *Nauchnye trudy*, 4 vols. (Moscow: AN SSSR, 1952-1959), vol. II (1954), pp. 46-91; Chistiakova, *Gorodskie vosstaniia*, pp. 62-106; Valerie A. Kivelson, "The Devil Stole his Mind: The Tsar and the 1648 Moscow Uprising", *American Historical Review*, 98 (1993): 733-756.

② Chistiakova, *Gorodskie vosstaniia*, pp. 107-234.

③ N. N. Pokrovskii, *Tomsk. 1648-1649 gg. Voevodskaia vlast' i zemskie miry* (Novosibirsk: Nauka, 1989).

科兹洛夫,自 1647 年以来,当地服役人员一直在向莫斯科当局抱怨地方长官和其他官员的恶行。1648 年 6 月 11 日,从莫斯科返回的请愿者带回了莫斯科起义的消息,"上等人"(富人和特权阶级)立刻遭到袭击,长官和许多士绅从城里逃离。① 库尔斯克的冲突起源于政府追查逃亡的射击军和哥萨克人,这些人已经在城里找到避难所,成为修道院的农民。7 月 5 日,射击军队长康斯坦丁·特格列夫(Konstantin Teglev)在强制搜查时被当地民众杀死,愤怒的群众还威胁夺走其他地方政府代表的生命和财产。当地市民援引莫斯科处死"叛徒"的先例,要求私刑处死特格列夫:"在莫斯科,比他好的人都被杀了。"刚刚从莫斯科回来的修道院农民库兹马·韦登尼琴(Kuz'ma Vedenitsyn)肯定了这一说法。② 在沃罗涅日、诺沃西利、索里维切戈茨克和大乌斯秋格等地,也有证据表明,波雅尔和官员在莫斯科遭到攻击的消息刺激了地方的骚乱。消息称,莫斯科的起义者没有受到惩罚,政府做出了让步,满足他们的要求,这在各地产生了强烈反响,并导致了一些城镇的"模仿"行动。③ 在西南部分地区,城市骚乱可能不仅受到莫斯科事件的影响,也受到由波格丹·赫梅利尼茨基领导的哥萨克起义的影响,后者爆发于 1648 年邻国波兰-立陶宛联邦控制的乌克兰和白俄罗斯地区。④

　　1650 年,在俄国西北部的普斯科夫和诺夫哥罗德发生的起义有其特殊背景。1649 年,俄国驻斯德哥尔摩的使馆同意向瑞典支付赔款,以补偿由于流民从 1617 年《斯托尔博沃条约》割让给瑞典的土地上出逃,定居莫斯科公国造成的损失。部分赔款以黑麦的形式支付,普斯科夫商人费奥多尔·埃梅利安诺夫(Fedor Emel'ianov)受莫斯科政府委托,负责收购这部分黑麦。埃梅利安诺夫的收购导致黑麦价格飙升,给普斯科夫和诺夫哥罗德人民的生活造成严重的困难,人们对此非常不满。2 月 28 日,瑞典代表罗金·努蒙斯(Login Nummens)到达当地收取黑麦时,普斯科夫的动荡达到了顶点。3 月 15 日,丹麦特使埃弗特·克拉伯(Evert Krabbe)出现在诺夫哥罗德,他被怀疑是瑞典特工,也引发了类似的反应。普斯科夫与诺夫哥罗德富裕商人的房屋都遭到袭

---

① *Gorodskie vosstaniia*, pp. 93-108；Brian L. Davies, *State Power and Community in Early Modern Russia: The Case of Kozlov, 1635-1649* (Houndmills: Palgrave Macmillan, 2004), pp. 225-242.

② *Gorodskie vosstaniia*, p. 113.

③ Ibid., pp. 29-30.

④ Chistiakova, *Gorodskie vosstaniia*, pp. 156-164.

击,政府官员被软禁。莫斯科当局派遣军事指挥官王公 I. N. 霍万斯基(I. N. Khovanskii)镇压城市的暴乱。诺夫哥罗德于 4 月 13 日投降,但普斯科夫坚决反叛,并抵挡住了霍万斯基部队的包围,直到 8 月,才以谈判的形式结束冲突。[1]

莫斯科的下一场重要起义是 1662 年的"铜币暴动"。其背景是俄国与波兰的长期战争(自 1654 年以来一直在进行),并在俄国与瑞典军事冲突(1656—1658 年)期间愈演愈烈。为了增加财政收入,以资助军事行动,政府不仅重新增加税收,而且采取了一种货币改革,用铜代替银制作货币。伪币也流入市场,加剧了通货膨胀。制造伪币者多在衙门中身居高位,政府对其采取的制裁措施并没有安抚到民众,相反却激起了人们对高官叛国的怀疑。7 月 25 日,射击兵库兹玛·纳加耶夫(Kuz'ma Nagaev)召集公民在红场集合。他们组织了一个大型代表团,前往莫斯科郊区的科罗缅斯科耶村——沙皇及其朝廷的住所请愿。阿列克谢设法说服了抗议者,表示将充分调查他们的控诉,于是他们回到了莫斯科。同时,在莫斯科城中,富商瓦西里·绍林(Vasilii Shorin)和谢苗·扎多林(Semen Zadorin)的家宅已经开始遭到攻击。沙皇派王公I. A. 霍万斯基(I. A. Khovanskii)去市中心控制局面,但未能成功,另一群莫斯科起义者也冲到了科罗缅斯科耶。阿列克谢再次试图通过承诺安抚他们,当言语劝说无效时,他让忠于他的军队驱散示威人群,并血腥镇压了起义者。[2]

"铜币暴动"只持续了一天,并且限于莫斯科市内。然而,接下来的一次重大动荡——拉辛起义则持续了更长时间,并且波及了更广的范围。[3] 在 1649 年以法律形式确认了农民阶层的农奴化后,政府便积极采取措施防止农民逃往东南部和东部边境地区,传统上他们会加入经常出没于顿河、伏尔加河、捷列克河和艾克河沿岸的哥萨克人寻求庇护。顿河哥萨克人面临着尤其沉重的

[1] M. N. Tikhomirov, *Klassovaia bor'ba v Rossii XVII v.* (Moscow: Nauka, 1969), pp. 23-169, 234-396; "*Miatezhnoe vremia". Sledstvennoe delo o Novgorodskom vosstanii 1650 goda*, comp. G. M. Kovalenko, T. A. Lapteva, T. B. Solov'eva (St Petersburg and Kishinev: Nestor-Historia, 2001).

[2] V. I. Buganov, *Moskovskoe vosstanie 1662 g.* (Moscow: Nauka, 1964); *Vosstanie 1662 g. v Moskve. Sbornik dokumentov*, comp. V. I. Buganov (Moscow: Nauka, 1964).

[3] *Krest'ianskaia voina pod predvoditel'stvom Stepana Razina. Sbornik dokumentov*, 4 vols. (in 5) (Moscow: AN SSSR, 1954-1976); I. V. Stepanov, *Krest'ianskaia voina v Rossii v 1670-1671 gg. Vosstanie Stepana Razina*, 2 vols. (Leningrad: Izdatel'stvo Leningradskogo universiteta, 1966-1972); Michael Khodarkovsky, "The Stepan Razin Uprising: Was it a 'Peasant War'?", *JGO*, 42 (1994): 1-19.

压力,要将逃亡农民遣返回中央地区。政府切断了对顿河哥萨克首领的食物、金钱和武器供给。这项政策给哥萨克贫民的生活造成了很大困难,很快就出现了反抗行动。1666 年,瓦西里·乌斯(Vasilii Us)带领一支由几百名哥萨克人组成的小队向北行进,到达图拉附近的营地时,他们派出一队代表前往莫斯科,要求为国家服役。在等待沙皇的回复期间,大量来自图拉、沃罗涅日甚至莫斯科的逃亡农民和奴隶加入了队伍。为了获得食物及生活必需品,他们袭击并掠夺地主的财产。政府召集了常规军进行镇压。哥萨克人撤回顿河流域,同行的还有大量来自中部地区的新兵。其中许多人,包括瓦西里·乌斯本人,都参与了不久之后爆发的拉辛起义。

1667 年与波兰的长期战争结束时,哥萨克人从乌克兰的战场上归来,加上难民的大量涌入,顿河地区的情况进一步恶化。正是在这样的情况下,哥萨克首领斯捷潘·拉辛组织了一次掠夺式的远征。数百名哥萨克人越过察里津,来到伏尔加河流域,并沿伏尔加河顺流而下到达里海,然后一路向北展开袭击,直达艾克河口的艾伊茨克(Iaitsk),之后继续向南,进入波斯水域。1669 年夏末,拉辛离开里海,沿伏尔加河航线返回顿河流域,获准通过阿斯特拉罕和察里津,不受沙皇当局的阻拦。拉辛在顿河上一个靠近卡加利尼克(Kagal'nik)的岛上过冬,在那里他吸引了大批贫穷、不满的民众加入队伍。

1670 年春,拉辛做出了一个比 1667—1669 年远征更大胆的决定:进攻俄国的中央地带,根除莫斯科的"波雅尔叛徒"。5 月,拉辛和他的哥萨克部队再次跨过顿河,到达伏尔加河流域,并占领了察里津。但他们并没有沿伏尔加河而上开往莫斯科,而是决定巩固后方,向下游移动,夺取阿斯特拉罕。阿斯特拉罕城内的民众起义促成了哥萨克军队对该城的占领。城里展开了一场针对阿斯特拉罕特权精英阶层的大屠杀:长官 I. S. 普罗佐罗夫斯基王公(Prince I. S. Prozorovskii)被从塔顶上丢下摔死,他的两个幼子受到酷刑折磨。7 月,拉辛再次向上游进发,伏尔加河中游城镇萨拉托夫和萨马拉没有抵抗就直接投降。随着哥萨克人沿伏尔加河继续上行,他们在经过的村庄分发"煽动性信件",引起广泛的农民起义,抢掠大量房舍,烧毁庄园,屠杀地主。伏尔加河沿岸的一些非俄罗斯族民众也加入到起义军中,特别是莫尔多瓦人、马里人和楚瓦什人。起义军的胜利前进终止于辛比尔斯克。当地守卫驻军抵抗了起义军的包围长达一个多月,随后在喀山的支援下解除了包围,10 月初,喀山部队击败了拉辛。大约在同一时期,斯捷潘的兄弟弗罗尔(Frol)正沿着顿河上行,进行类似的行动,他在沃罗涅日南部被政府军队拦下。1670—1671 年冬,虽然起义仍在一些地区蔓延,但其后方已被攻破,政府军处于攻势。政府军沿着伏尔加河和顿河一路展开惩罚性征战,残酷地镇压了起义。1671 年 4 月,拉辛在顿河被服役哥萨克人抓获,6 月在莫斯科处死。

1682 年,莫斯科还发生了一次主要起义,通常被称为"霍万斯基起义"(Khovanshchina,穆索尔斯基创作的歌剧也使用了这一名称)。① 虽然霍万斯基家族的王公们在事件中发挥了重要的作用,但射击军才是起义的主角,近1.5 万名射击兵在年初时驻扎在莫斯科。1681—1682 年冬,射击兵们抱怨指挥官的苛待,当局却并未给出令人满意的回应。形势因王朝危机进一步恶化。4 月 27 日,沙皇费奥多尔过世,没有留下子嗣,皇位继承成了一个问题。选择落在伊凡和彼得之间。伊凡是费奥多尔唯一幸存的同胞兄弟,其父第一任妻子玛丽亚·米洛斯拉夫斯卡娅(Mariia Miloslavskaia)所生,而彼得是沙皇阿列克谢和第二任妻子纳塔利娅·纳雷什金娜(Natal'ia Naryshkina)的独子。伊凡16 岁,但身体和精神都有残疾;彼得聪明健康,但还不到 10 岁。费奥多尔逝世当天,缙绅会议仓促召开,决定选择更年幼的弟弟为沙皇,根据习俗,其母应该成为摄政。然而,这一继承决议引起了争论,射击军对指挥官的不满很快蔓延到纳塔利娅及其支持者身上,他们声称纳塔利娅篡夺了伊凡的皇位,目的是趁彼得未成年时建立波雅尔统治。

4 月 30 日,皇后纳塔利娅响应普通士兵的请愿,下令鞭打一些最腐败的官员。但士兵们并不满足,在 5 月 15—17 日发动叛乱,冲进克里姆林,残忍地杀害了纳塔利娅一族的成员及其盟友。王朝危机通过一个妥协方案得到了解决,伊凡和彼得被创新性地同时置于皇位上,共同执政。伊凡是"第一"沙皇,其胞姐索菲娅成为事实上的摄政。整个夏季,射击军继续发挥着影响力。他们坚持要更名为"宫廷步兵团",6 月 6 日,他们在红场上竖起了一根大圆柱,柱子上刻着 5 月 15—17 日动乱中的受害者名单,并宣称这些人是叛徒而将对其的"处刑"正当化。王公 I. A. 霍万斯基在动乱后成为射击军衙门(Streletskii prikaz)的负责人,他试图利用这种形势来攫取利益。7 月,在索菲娅公主及其

---

① V. I. Buganov, *Moskovskie vosstaniia kontsa XVII veka* (Moscow: Nauka, 1969), pp. 87-318; *Vosstanie v Moskve 1682 goda. Sbornik dokumentov*, comp. N. G. Savich (Moscow: Nauka, 1976); Lindsey Hughes, *Sophia*, *Regent of Russia*, *1657-1704* (New Haven: Yale University Press, 1990), pp. 52-88.

姐妹面前,他组织了一场旧礼仪派信仰者(颇受射击军支持)和官方教会代表的辩论。然而,索菲娅公主很快占据了上风。霍万斯基和他的儿子安德烈被指控叛国,于 9 月被处决。10 月,摄政公主索菲娅已有能力召集常规部队保护自己,射击军向她宣誓效忠,公主掌握了首都的控制权。

骚乱在顿河和南部其他地方持续了一段时间。这些骚乱开始于莫斯科事件之前,当时俄国与土耳其和克里米亚签订了 1681 年《巴赫奇萨赖和约》(Peace of Bakhchisarai),导致哥萨克人前往黑海的通路受到阻拦。1682 年春,一些顿河哥萨克人计划效仿拉辛,攻击俄国中央地区,随后首都动乱的消息传来,他们受到鼓舞,准备前去支持射击军对抗波雅尔集团。这一计划被政府军扼杀在萌芽阶段,但 1682—1683 年间西南部许多地区不断爆发间歇性的动乱。①

二、起义者的社会构成

这些起义的性质是什么? 有多少共同点? 苏联历史学家将拉辛起义和城市起义区分开来,拉辛起义被定性为"农民战争"(更具体而言,是被定义为继 1606—1607 年博洛特尼科夫起义之后的"第二次农民战争"),城市起义则指 1648—1650 年那样的起义。实际上,这种划分是有点武断的。用"农民战争"一词来定义拉辛起义,和定义博洛特尼科夫起义一样是有问题的。② 拉辛起义不仅是由哥萨克人主导的,而且起义还涉及从阿斯特拉罕到察里津的伏尔加河下游的多个城镇,这些起义的参与者与 1648—1650 年及 1662—1682 年城市暴动的参与者类似。如果说 1669—1671 年的"农民战争"包括城市参与者,那么 1648—1650 年的一些城市暴动也蔓延到周围的乡村,并涉及邻近村庄的农民。

首先看一下首都的起义。1648 年莫斯科起义最初的导火索,是普通城镇居民(工匠和商人)的请愿被沙皇拒绝,射击军也在早期阶段就参与其中。士绅阶层利用动乱来提出自己的要求,当政府对他们做出重大让步(即召集缙绅

---

① Buganov, *Moskovskie vosstaniia*, pp. 318-347.
② Khodarkovsky, "The Stepan Razin Uprising".

会议,批准 1649 年《会议法典》)以实现分裂反抗势力的目的时,他们最终成为主要的受益人。因此,起义的社会构成是相当多样化的,其中包括特权群体的代表,例如士绅和商人。1662 年"铜币暴乱"的主要参与者是工匠、商人以及底层军人,射击军只起到了次要的作用。相反,1682 年起义由射击军主导。有证据表明,1648 年和 1682 年起义并非纯粹自发的下层阶级抗议,而是部分统治精英煽动或影响了事件的发展。1648 年,人民对莫洛佐夫的抗议使其敌人——N. I. 罗曼诺夫和王公 Ia. K. 切尔卡斯基(Ia. K. Cherkasskii)受益。1682 年,伊凡皇子的家族——米洛斯拉夫斯基家族被认为曾煽动射击军抗议彼得当选沙皇,而索菲娅公主和王公 I. A. 霍万斯基随后的冲突也影响了事件的结果。①

　　奴隶在莫斯科起义中的作用是比较模糊的。在社会地位方面,奴隶包括贫穷的家庭佣工和相对有着一定特权的军事奴隶。后者可能支持其领主抵抗起义分子,而家奴,即使他们同情那些较为贫穷的城镇居民,也往往由于过于依赖他们的主人,而不愿冒险参与任何挑战其权威的行动。尽管如此,还是有一些证据表明奴隶参与了起义。根据一份资料,逃跑的奴隶参与了 1648 年 6月初莫斯科火灾之后的劫掠,还有消息称,6 月 27 日,莫斯科波雅尔的奴隶们要求获得自由,结果其中 6 人被处决,72 人被监禁。② 1662 年,叛乱分子中的奴隶相对较少,一些人还积极参加了对叛乱的镇压。③ 到 1682 年,"波雅尔的属民"(即奴隶)则于 5 月 26 日向两位沙皇提出请愿,要求自由,却没有得到射击军的支持,因为射击军的不满已经随着伊凡当选为"第一沙皇"消退。④

　　1648—1650 年,各地城市起义参与者的组成反映了相关城镇的不同社会结构。南部和西伯利亚的边境城镇主要是要塞,底层"契约"服役士兵,如射击军和城镇里的哥萨克人,在起义中发挥了主要作用。许多士兵参与工艺品的制作和贸易活动,有些甚至像农民一样劳作,以补贴国家发放的微薄工资。因此,他们的利益和牢骚与其他地区的纳税城镇居民非常相似。1648 年发生起义的北部城镇乌斯秋格和索里维切戈茨克,是重要的制造业和贸易中心。这里,起义的主要参与者是贫穷的城镇居民,如工匠和商人,他们的行动主要针

① Robert O. Crummey, *Aristocrats and Servitors*. *The Boyar Elite in Russia*, *1613-1689* (Princeton: Princeton University Press, 1983), pp. 82-97.

② Chistiakova, *Gorodskie vosstaniia*, pp. 88-90.

③ Buganov, *Moskovskoe vosstanie 1662 g.*, pp. 41-42.

④ Buganov, *Moskovskie vosstaniia*, pp. 198-199.

对负责征税的地方官员，以及市镇当局的亲密商人盟友。普斯科夫和诺夫哥罗德是西北部两个最大的商业城市。1650 年，两座城市的全体居民联合起来，连同驻扎的射击军，发动起义，抗议参与瑞典粮食交易的地方长官和富商。在普斯科夫，暴乱持续了六个月，社会分裂成两个对立的阵营，一面是富商和世袭军人团体，一面是贫穷的城镇居民与射击兵，他们在关于向包围该地的政府军投降的条件上产生了严重分歧。在普斯科夫被围期间，一些邻近村庄的农民加入了起义队伍，攻击霍万斯基的部队，抢掠地主的财产。①

拉辛起义是 17 世纪后期所有起义中最为复杂的。起义的主要领导者是哥萨克人。苏联历史学家认为，这与称起义为"农民战争"并不矛盾，因为许多哥萨克人出身农民。但正如其他学者所言，哥萨克人有着与农民截然不同的身份。领导拉辛起义的顿河哥萨克人是独立的雇佣骑兵，他们自愿向沙皇服役，以换取政府的物资。拉辛本人出身哥萨克较富裕的群体，但其追随者大多来自较贫困的底层。许多赤贫的哥萨克人不久前才定居在顿河上游。1670 年夏，随着拉辛征服伏尔加河下游地区，哥萨克队伍里加入了很多人，包括射击兵、士卒和其他来自被占领城镇驻军的底层服役士兵、来自港口城镇的水手，以及参与城市起义的市民，这些城市起义正是被哥萨克部队的到来激发的。来自伏尔加河中游的非俄罗斯族人——楚瓦什人、莫尔多瓦人、马里人和鞑靼人赋予了起义独特的多民族特征。俄罗斯农民到起义后期才参与其中，因为这时起义军进入了伏尔加河中游、由农奴耕种贵族土地的地区。有少数记录表明妇女也参加了 17 世纪的起义，其中一个例子是阿廖娜（Alena），她是来自阿尔扎马斯镇（Arzamas）的一个修女，出身农民，指挥了一支 7 000 人的分队。被抓获后，她在沙皇的将军 Iu. A. 多尔戈鲁基王公的命令下被活活烧死。②

苏联历史学家有时将"农民战争"称为"封建时期的内战"③，但跟"混乱时期"相比（甚至跟其中的博洛特尼科夫事件相比），拉辛起义的地理范围相对有限，主要在伏尔加河和顿河流域。因此，把它定义为"边境起义"而非"内战"更

---

① Tikhomirov, *Klassovaia bor'ba*, pp. 93-98.

② *Zapiski inostrantsev o vosstanii Stepana Razina*, ed. A. G. Man'kov（Leningrad: Nauka, 1968），pp. 99, 124.

③ 参见例如 V. Nazarov, "The Peasant Wars in Russia and their Place in the History of the Class Struggle in Europe", in *The Comparative Historical Method in Soviet Mediaeval Studies* (Problems of the Contemporary World, no. 79) (Moscow: USSR Academy of Sciences, 1979), pp. 115-116。

为合适。从这方面以及起义军的社会组成方面来看,这次起义更像 1773—1775 年的普加乔夫起义(Pugachev revolt),而非"混乱时期"的动乱。同普加乔夫起义一样,拉辛起义拥有哥萨克人提供的专业军事领导,起义者组成了大规模的军队,与政府部队公开对抗。在这个意义上,拉辛起义比城市起义对国家政治稳定的威胁更大,政府的反应也更严厉,很少有安抚举措。

最后,值得注意的是,宗教问题在某些起义中也发挥了作用。支持拉辛的伏尔加河中游的非俄罗斯人大多是穆斯林,16 世纪莫斯科公国兼并伏尔加河沿岸汗国后,强制他们皈依基督教,对这一政策的不满促使他们发动了一系列起义。拉辛尝试争取他们的支持,并在对喀山鞑靼人的一次呼吁中还援引了先知穆罕默德的训谕。[1] 东正教分裂后,旧礼仪派成为起义中的一个问题。有证据表明拉辛与旧礼仪派的大本营索洛维茨基(Solovki)修道院有过接触。索洛维茨基修道院是白海中的一座海岛修道院,曾在 1668—1676 年间抵抗了政府部队的包围 8 年之久。不过,拉辛的宗教策略缺乏一致性:在援引先知的同时,他也把自己塑造为尼康的拥护者,后者在 1666 年被免去牧首一职,监禁在费拉蓬托夫修道院(Ferapontov monastery)。起义军声称,尼康随同参与了沿着伏尔加河北上的航行。哥萨克人视尼康为"父亲",相信他是被波雅尔剥夺职位的。他们诅咒尼康的继任者约阿萨夫(Ioasaf),并计划恢复尼康的牧首身份。[2] 1682 年,霍万斯基组织与分裂派的辩论时,他就试图取得旧礼仪派射击兵们的同情。顿河哥萨克人的旧礼仪派信仰对 1682—1683 年的起义也是有影响的。

三、"以沙皇之名起义"

所有起义都或多或少采取了"以沙皇之名起义"的形式,也就是说,起义主要针对的是"波雅尔叛徒",而非在位的沙皇。从这个角度看,它们和"混乱时期"的大部分动乱完全不同,后者主要针对统治者,如鲍里斯·戈杜诺夫或瓦西里·舒伊斯基,这些人被视为篡位者。叛乱军试图用冒充者取而代之,并宣

---

[1] Khodarkovsky, "The Stepan Razin Uprising", pp. 13, 15–16.
[2] *Krest'ianskaia voina*, vol. II.I, no. 22, p. 31; no. 29, p. 44.

称这才是"真正的"沙皇,是狡诈的敌人窃取了他们的皇位或继位权(前两任伪德米特里)。

在早期罗曼诺夫沙皇统治下发生的起义中,起义者一般都把"波雅尔叛徒"当作主要目标。此处的"波雅尔"并不仅指狭义上的沙皇最高级别的顾问,而是一个有时被称为"强权阶层"的群体。除了波雅尔和御前侍臣,这个群体还包括高级衙门官员、富商和地方长官。在 1648 年的莫斯科,人民要求处死的首要叛徒是波雅尔鲍里斯·莫洛佐夫(Boris Morozov)、御前侍臣彼得·特拉汉尼奥托夫(Petr Trakhaniotov)、杜马秘书纳扎里·切斯特伊和法官列昂季·普列谢耶夫(Leontii Pleshcheev)。[①] 1662 年,起义者的公告中列出的八个"叛徒"分别是:波雅尔 I. D. 米洛斯拉夫斯基和 I. M. 米洛斯拉夫斯基(I. D. and I. M. Miloslavskii)、御前侍臣 F. M. 勒季谢夫(F. M. Rtishchev)和 B. M. 希特罗沃(B. M. Khitrovo)、书记 D. M. 巴什马可夫(D. M. Bashmakov)、商人 V. G. 绍林和 B. V. 绍林(V. G. and B. V. Shorin)以及 S. 扎多林(S. Zadorin)。[②] 斯捷潘·拉辛呼吁哥萨克人"去罗斯击败君主的敌人和叛徒,从莫斯科公国消灭波雅尔和权臣背叛者,以及城镇长官和官员"[③]。1682 年 5 月 15—17 日起义中的 17 名受害者包括 5 个波雅尔(王公 Iu. A. 多尔戈鲁基、M. Iu. 多尔戈鲁基、G. G. 罗莫丹诺夫斯基、A. S. 马特维耶夫和 I. K. 纳雷什金),以及国务秘书 L. I. 伊凡诺夫(L. I. Ivanov)和 A. S. 基里尔洛夫(A. S. Kirillov)。[④]

然而,并不是所有波雅尔都被认为是叛徒。1648 年 6 月 3 日,莫斯科人民高呼 N. I. 罗曼诺夫应该代替 B. I. 莫洛佐夫辅佐沙皇统治国家。1650 年,罗曼诺夫在普斯科夫被认定为"关心这片土地"的波雅尔。[⑤] 1662 年,莫斯科起义者把王公 I. A. 霍万斯基描述为一个"好"人,1682 年,射击军还把他称为"父亲"。[⑥] 1670 年 5 月,拉辛在潘申镇(Panshin Gorodok)向哥萨克人演讲时,把

---

① *Gorodskie vosstaniia*, pp. 54, 56-57, 61, 75.
② Buganov, *Moskovskoe vosstanie 1662 g.*, pp. 44-47.
③ *Krest'ianskaia voina*, vol. I, no. 171, p. 235.
④ Buganov, *Moskovskie vosstaniia*, p. 151.
⑤ Chistiakova, *Gorodskie vosstaniia*, pp. 69-70; Tikhomirov, *Klassovaia bor'ba*, p. 70.
⑥ Grigorij Kotošixin, *O Rossii v carstvovanie Alekseja Mixajloviča. Text and commentary*, ed. A. E. Pennington (Oxford: Clarendon Press, 1980), p. 115; Buganov, *Moskovskie vosstaniia*, p. 251.

一些波雅尔描述为"好的",因为他们在哥萨克人访问莫斯科时向他们提供了饮食。①

　　因此,起义者区分了执政精英中"好的"和"坏的"成员,起义并不像一些草率的强调阶级斗争的苏联马克思主义学者所暗示的那样,是对所有"封建"地主不加区别的攻击,而只是针对那些普通百姓最憎恶的人。在有些情况下,起义者会邀请群众对目标人物做出判决。拉辛曾请阿斯特拉罕人民决定应该处死哪些人;在1682年的莫斯科,射击军在杀死他们的敌人前事先征求了人民的同意。②

　　在当时对这些起义的记载中,一个共同的主题就是起义者对受害者的残酷惩罚和杀戮。"叛徒"有时会字面意义上被暴民撕成碎片,死后他们的尸体经常遭到玷污和凌虐。掠夺被害者的财产被视为一种原始的财富再分配形式,焚烧和破坏这些产业则是人们排斥特权的更具象征意义的表现。在精英人士的记载中,不可厚非地表达出对起义者采取暴力性报复措施的愤怒。不过,群众的报复往往采取类似于官方惩罚措施的形式,对"叛徒波雅尔"的酷刑和处决尤其接近伊凡雷帝特辖制时期的手段。③ 我们应该时刻牢记,沙皇政府对起义者的镇压,特别是对拉辛起义的镇压,比起义者本身的行为更残酷、波及范围更广。

　　为了正当化对目标人物的攻击,起义者往往指控他们叛国。他们通常控诉"叛徒波雅尔"剥削、压迫农民和城镇居民。例如,1648年,莫斯科起义者聚焦当权者的权力滥用和行政失当。④ 剥削百姓常常被与损害国家利益联系在一起,正如俄国历史学家 N. N. 波克罗夫斯基(N. N. Pokrovskii)在他对1648—1649年托木斯克起义的详细研究中所指出的,请愿者指控地方长官王公 O. I. 谢尔巴特伊压榨当地农民和土著居民,导致沙皇的税收减少。⑤

　　其他类型的叛国罪也存在,但这些指控很少有或者根本没有根据。阴谋

——————————

①　*Krest'ianskaia voina*, vol. I, no. 171, pp. 235-236.

②　Stepanov, *Krest'ianskaia voina*, vol. II, I, p. 89; Buganov, *Moskovskie vosstaniia*, pp. 113, 152-153.

③　S. K. Rosovetskii, "Ustnaia proza XVI - XVII vv. ob Ivane Groznom-pravitele", *Russkii fol'klor*, 20 (1981): 90-92.

④　*Gorodskie vosstaniia*, pp. 35, 46-47.

⑤　Pokrovskii, *Tomsk*, pp. 97-98, 107-108. 另参 Davies, *State Power and Community*, pp. 215-216。

杀害沙皇和皇室其他成员的罪名非常普遍。1648—1650 年,波雅尔们试图谋杀沙皇阿列克谢的流言传到地方城镇。拉辛把皇后玛丽亚·伊里伊尼奇娜(Tsaritsa Mariia Il'inichna)、皇子阿列克谢·阿列克谢耶维奇和西梅翁·阿列克谢耶维奇(Aleksei and Simeon Alekseevich)的死归罪于波雅尔。1682 年,莫斯科起义者还指控"叛徒"杀死了沙皇费奥多尔和皇子伊凡,以便为彼得继承皇位铺平道路。①

最后,起义者的对手们还经常被指控"对外"叛国,即与俄国的外国敌人秘密交易。在 1650 年的普斯科夫和诺夫哥罗德,给瑞典的粮食和金钱调度导致人们怀疑地方长官和当地商人是瑞典的间谍,并且怀疑莫斯科的一些波雅尔如 B. I. 莫洛佐夫也参与了这场阴谋。1662 年,波雅尔们被指控与波兰国王勾结,计划把莫斯科献给波兰人。谣言四起,宣称射击军衙门的官员将送往前线的军火里的火药换成了沙子。1682 年,传言说波雅尔王公 G. G. 罗莫丹诺夫斯基在最近的奇吉林战役中同情土耳其苏丹和克里米亚可汗。② 在选择对敌人的指控以及酷刑时,17 世纪的起义者可能模仿了国家面对"叛徒"时实施的恐怖:特辖制时期,沙皇伊凡四世就对波雅尔们提出了"对内"和"对外"的叛国指控,"对内"叛国涉及压迫人民和损害国家繁荣。③ 更宏观地看,起义者常常利用莫斯科政府官方声明中反腐败的那一套说辞。

在大多数人民起义中,"坏的""波雅尔叛徒"与"好的"沙皇形成对比。然而也有证据表明在 1648—1650 年,起义者批评过统治者本人。在莫斯科,阿列克谢被描述为"年轻和愚蠢的",甚至是"叛徒",普斯科夫和诺夫哥罗德也有类似"不当言辞"的记录。在沙皇米哈伊尔统治期间,曾有传闻称阿列克谢和他的弟弟伊凡皇子是调包来的,非皇室出身,代替叶夫多基娅皇后(Tsaritsa Evdokiia)所生的女儿。但是 1648—1650 年间沙皇的批评者似乎没有质疑过其作为统治者的合法性,也没有拒绝君主制,相反,阿列克谢被描述成"波雅尔

---

① Bakhrushin, "Moskovskoe vosstanie 1648 g.", p. 79; Tikhomirov, *Klassovaia bor'ba*, p. 379; *Krest'ianskaia voina*, vol. I, no. 171, p. 235; Buganov, *Moskovskie vosstaniia*, p. 156.

② Tikhomirov, *Klassovaia bor'ba*, pp. 254, 362; Buganov, *Moskovskoe vosstanie 1662 g.*, pp. 44-46; Buganov, *Moskovskie vosstaniia*, pp. 154-155.

③ M. Perri, "V chem sostoiala 'izmena' zhertv narodnykh vosstanii XVII veka?", in *Rossiia XV-XVIII stoletii. Sbornik nauchnykh statei*, ed. I. O. Tiumentsev (Volgograd and St Petersburg: Volgogradskii gosudarstvennyi universitet, 2001), p. 217.

叛徒”的工具，他们向沙皇施压，要求用“明智的顾问”来取代这些“叛徒”。[①] 年轻而没有经验的沙皇显然被认为特别容易受到“邪恶顾问”的影响：1682 年，射击军担忧 9 岁的彼得当选沙皇，可能意味着不公正和腐败的波雅尔将成为实际上的统治者。[②]

在沙皇米哈伊尔的统治时期，曾有人表达过对新王朝合法性的怀疑，当局报告了许多批评罗曼诺夫王朝的“君主言行”（slovo i delo gosudarevy, lèse-majesté）的案例。甚至有谣言称，“沙皇德米特里”仍然活着。尽管类似的担忧存在，但是在接下来的几十年里，俄国并没有像“混乱时期”那样频出伪沙皇。据报道，17 世纪 40 年代，波兰和克里米亚出现过自称伪德米特里二世和玛琳娜·姆尼舍克的儿子伊凡·德米特里耶维奇皇子的人；波兰和摩尔达维亚还出现过假冒的舒伊斯基家族［包括臭名昭著的季莫沙·安库迪诺夫（Timoshka Ankudinov），此人冒充过许多皇室成员］——但这些跟莫斯科公国内的人民起义没有任何关系。[③] 有些案例记录了俄国人自称沙皇或皇子的行为，但根据最近的一项研究，这种“平民冒充者”更多的是一种文化现象而非政治现象：这反映了一种观念，即成为沙皇意味着比普通人拥有更多特殊的优越性。[④] 然而，虽然这种假冒皇室成员的行为显然没有政治目的，但沙皇政府并不认为这是无伤大雅的，恰恰相反，这被当作政治犯罪而受到严厉的指控。

第一个证明假冒皇族和人民起义有关的证据出现在拉辛起义期间。尽管该起义在 1670 年 5 月开始时是一场反抗“波雅尔叛徒”的典型的“以沙皇之名的起义”，但是到夏末时，随着哥萨克人北上伏尔加河，拉辛开始散播谣言，称阿列克谢·阿列克谢耶维奇皇子（卒于 1670 年）和被罢免的牧首尼康正与他们的队伍同行。拉辛的舰队中是否真的有一个假冒的皇子，抑或哥萨克人只是利用皇子之名为自己的行动正名，尚不可知。当然，并没有证据表明起义军计划推翻沙皇阿列克谢，而用“皇子”取而代之，更确切地说，起义军似乎声称

① Maureen Perrie, "Indecent, Unseemly and Inappropriate Words: Popular Criticisms of the Tsar, 1648-50", *FOG*, 58 (2001): 143-149.

② Sil'vestr Medvedev, *Sozertsanie kratkoe let 7190-92* (Kiev: Tipografiia Imperatorskogo Universiteta Sv. Vladimira, 1895), p. 44.

③ Maureen Perrie, *Pretenders and Popular Monarchism in Early Modern Russia: The False Tsars of the Time of Troubles* (Cambridge: Cambridge University Press, 1995), pp. 229-236.

④ P. V. Lukin, *Narodnye predstavleniia o gosudarstvennoi vlasti v Rossii XVII veka* (Moscow: Nauka, 2000), pp. 103-169.

皇子将带领他们到莫斯科进攻密谋杀害自己的"波雅尔叛徒"。1673 年,伪西梅翁·阿列克谢耶维奇皇子出现在扎波罗热(真正的西梅翁在 1669 年去世,年仅 4 岁):他的敌意似乎也是针对"波雅尔叛徒"的,而非他的"父亲"沙皇阿列克谢。这些假冒的皇子们不反对在位的沙皇,而是为民众反对波雅尔提供合法性。[1]

　　这一时期,其他形式的"大众君主主义"涉及关于官方文件的传言。1648 年沃罗涅日和大乌斯秋格的骚乱就是由(毫无根据的)传闻触发的,传闻称人们收到官方文件,号召城镇居民仿照莫斯科人的例子攻击富商:这种文件的存在使得攻击当地精英之行为合法化。在别的地方,例如 1649 年的托木斯克和 1650 年的诺夫哥罗德和普斯科夫,当莫斯科传来真正的谴责起义者的文件时,起义者则坚称这些文件是波雅尔或官员伪造的:这种说法正当化了起义者拒绝服从当局投降命令的行为。这样的谣言反映出人们普遍相信沙皇会裁决真正的正义,以他之名的信件也一定体现着正义。[2]

＊　　＊　　＊

　　本章所讨论的证据表明,17 世纪的起义主要针对个人而非体制,参与者主要关注对具体抗议内容的解决,而不倡导某个清晰连贯的改革计划,遑论革命。只有在拉辛起义中,我们发现了更加宏大目标的迹象。拉辛在潘申镇对哥萨克人发表演讲时呼吁:"把所有的叛徒赶出莫斯科公国,给普通人自由。"[3] 根据当时一份关于拉辛在伏尔加河战役的英语记录:"他每到一处便承诺人民自由,承诺从波雅尔或贵族的轭缚(拉辛之言)中解放人民,他说波雅尔和贵族是国家的压迫者……"[4]"自由"和免受压迫的目标是相当模糊的,但起义者在阿斯特拉罕的旅居记录中提供了一些具有现实意义的证据。记录表明,他们销毁了奴隶的登记册,从而给予奴隶自由。1648 年和 1682 年的莫斯科起义中

① C. S. Ingerflom, "Entre le mythe et la parole: l'action. Naissance de la conception politique du pouvoir en Russie", *Annales: histoire, sciences sociales*, 51 (1996): 733-757; Maureen Perrie, "Pretenders in the Name of the Tsar: Cossack 'Tsareviches' in Seventeenth-Century Russia", *FOG*, 56 (2000): 249-253.

② Maureen Perrie, "Popular Monarchism in Mid-17th-Century Russia: The Politics of the 'Sovereign's *gramoty*'", in Gyula Szv'ak (ed.), *Muscovy: Peculiarities of its Development* (Budapest: Magyar Ruszisztikai Int'ezet, 2003), pp. 135-142.

③ *Krest'ianskaia voina*, vol. I, no. 171, p. 235.

④ *Zapiski inostrantsev*, p. 97.

有类似行动的记载。① 在起义者控制的一些城镇,哥萨克式的"圈子"取代了政府。② 但是仅凭这些证据,并不能草率地断定起义军旨在废除奴隶制和农奴制,或者推出某种草根民主制度。

如果说早期罗曼诺夫沙皇统治时期的各种民众起义具有一个共同因素,那就是它可以被认为是为了抗议国家扩张,反对侵犯城镇居民、农民和哥萨克人的传统权利和自由,反抗加重的税收负担。这些起义以"好的"沙皇及其明智顾问的名义进行,沙皇将保护人民免受波雅尔"叛徒"和腐败官员的折磨(16世纪家长式君主制的理想版本),但却没有阻止彼得大帝及其继任者统治下的官僚国家的进一步发展。

---

① Stepanov, *Krest'ianskaia voina*, vol. Ⅱ.Ⅰ, p. 102; Chistiakova, *Gorodskie vosstaniia*, pp. 72-73; Buganov, *Moskovskie vosstaniia*, pp. 158-161.

② Chistiakova, *Gorodskie vosstaniia*, p. 242.

第二十七章　东正教会及其分裂

罗伯特・O. 克拉米

17 世纪,俄国东正教经历了激烈的冲突和剧烈的变化,宗教与沙皇政权和社会的关系也是如此。在这一方面,教会反映了莫斯科公国社会和文化(它本身也是一个组成部分)的裂缝。如前所述,在 15、16 世纪成功确立"国教"地位后,教会领袖面临着严峻的挑战。国内批判者要求维持仪式纯洁和实现道德改革,而东正教其他分支的代表则挑战俄罗斯民族传统的合法性。在关键年份,特别是转折性的 1649—1667 年,沙皇政府和教会领袖的利益冲突,打破了这份在东正教传统中代表了教会和国家理想关系的"和谐"。世俗信徒和妇女愈发反对教会的政治主张、经济权力和社会特权。到 18 世纪前十年时,这些冲突导致了一系列后果,包括教会和国家关系的重新定义及教徒的分裂。

一、过去的遗产

1613 年后,俄国教会历史上最重要的主题都可以追溯到 16 世纪末和 17 世纪初的几个关键事件。首先,1589 年,君士坦丁堡的耶利米大牧首访问俄国首都,寻求财政支持,他在极大的压力下同意任命莫斯科牧首。在 1590 年和 1593 年,其他东正教牧首也接受了这个既成事实。这一行动标志着希腊东正教和俄国东正教之间关系的变化。即使在 1589 年以后,来到莫斯科寻求施舍的希腊人仍然相信,希腊"母教会"仍然是东正教信仰和实践的最终仲裁者。然而对莫斯科政府和教会领袖来说,他们十分清楚在 1453 年拜占庭帝国灭亡后,沙皇俄国是地球上唯一的东正教大国,因此是真正的基督教的主要守护者。

其次,16 世纪晚期,波兰-立陶宛联邦的东正教会面临着许多威胁。西吉斯蒙德三世政府联合罗马天主教统治集团和各级传教士,积极使东正教信徒和各种新教团体改宗。东正教采用了两种应对形式。世俗领导人设立了东正教奖学金和出版中心,并创办了学校。1581 年的《奥斯特洛圣经》(Ostrih Bible)首次将《旧约》和《新约》译成教会斯拉夫语,这是早期教会活动最有名的成果。然而在 1596 年,除了两名成员以外,波兰-立陶宛联邦的东正教会高层都接受了布列斯特教会合并,承认罗马教皇至高无上,以保留用斯拉夫语做东正教礼拜的权利。

从一开始,许多东正教信徒,特别是世俗信徒领袖,就拒绝教会合并。一系列兄弟团体扩散到波兰-立陶宛联邦东正教地区的所有主要中心城市,并以欧洲罗马天主教的最佳教学实践为模型建立了学校。此外,到 1633 年,复兴的东正教高层已经赢得了国王的法律认可。简而言之,乌克兰东正教成功地重建了自身机构,发展教育和研究网络,以便从敌对教派特别是后特伦托罗马天主教(post-Tridentine Roman Catholicism)手中保卫东正教。17 世纪结束之前,莫斯科公国的东正教会有机会利用这些经验和文化资源。

最后,"混乱时期"(1598—1613 年)的经验以两种重要方式塑造了莫斯科教会后来的历史。第一,俄国的苦难动摇了人们的信念,即莫斯科公国作为地球上最后的东正教国家受到上帝的特别祝福。那时的人们一次又一次地问道,为什么上帝会让他的子民遭受这样的摧残。第二,"混乱时期"突出了俄罗斯牧首振兴社会的领导者潜质。然而准确地说,盖尔摩根牧首(1606—1612年)根据传统派出牧师们,呼吁和敦促俄罗斯人坚守本土东正教传统,拒绝一切对外国人及其做法的妥协,要为恢复沙皇专制而献出生命。17 世纪,盖尔摩根的三位最有实力的继承人——费拉列特(1619—1634 年)、尼康(1652—1658年或 1666 年)和约阿希姆(Ioakim,1674—1690 年)都延续了他的做法,试图利用职位把自己的信念和目标强加给教会。

二、牧首费拉列特

1613 年,米哈伊尔·罗曼诺夫当选沙皇,他是一名来自强大波雅尔家族的青年,其家族通过联姻关联上留里克家族,他的当选在传统上标志着"混乱时期"的结束。新沙皇的父亲——费拉列特本应是一个更强势的皇位候选人,但

1600年,由于鲍里斯·戈杜诺夫的命令,他被迫削发修道——根据东正教传统,入教誓言是不可撤销的,即使它是在被胁迫的情况下做出的。此后,虽然他出身世俗政治世家,但也只能出任教会职位。费拉列特作为教会王公的职业生涯昙花一现且令人迷惑:伪德米特里一世任命他为罗斯托夫牧首,瓦西里·舒伊斯基和伪德米特里二世都承认他的牧首地位——至少暂时承认过。

1619年,费拉列特回到莫斯科,登上空缺的牧首宝座,并且成为其子政府的实际领导者。历史学家通常认为他是一个有实力但缺乏想象力的保守派代表,而且在波兰多年的监禁生活使他成了一个莫斯科东正教的坚定守护者,对抗着罗马天主教的势力。

费拉列特努力从三方面加强教会。其一,他请耶路撒冷大牧首赛奥法尼斯(Patriarch Theophanes of Jerusalem)举行祝圣礼,系统地建立起莫斯科牧首的权力和威望。他采用了通常只适用于沙皇的"伟大君主"(Velikii Gosudar)头衔,并且经常在与他的儿子联合颁布法令时使用这个头衔。鉴于费拉列特是沙皇家族的族长,这种做法是可以被接受的,但同时也树立了一个危险的先例。他还采取实际措施,使牧首成为除沙皇外莫斯科公国最强大和最富有的人。通过皇家赏赐,他在俄国各地建立起令人印象深刻的庄园,他从这些土地上征税,并拥有对当地除最严重的罪行外一切案件的司法权。为了管理这些领土并从神职人员那里收税,费拉列特为行政、财政和司法事务建立了单独的牧首衙门,与国家官僚机构平行,他还任命了一批服役人员——既有普通信徒也有神职人员——来管理这些机构,并作为他的扈从。简而言之,作为牧首,他实质上把自己塑造成了国家内部一块独立封邑的统治者,而他更具野心的继任者们则热切地追随了这一先例。

其二,为保持莫斯科东正教的纯洁性,费拉列特采取了一系列具体和象征性的措施。他斥责了前任代理牧首克鲁季奇都主教约纳(Metropolitan Iona of Krutitsy),坚持认为只有通过三次沉浸的东正教洗礼才是有效的,因此所有外国人,包括来自波兰-立陶宛联邦的东正教信徒,都必须再次受洗,才能加入俄国教会。1620年,莫斯科的一次宗教会议采纳了他的政策。采取这种严格立场的原动力可能是担心波兰-立陶宛联邦的教会合并运动会腐化莫斯科:乌克兰反教会合并的东正教徒也持有相同立场。

虽然费拉列特把罗马天主教视为东正教最危险的敌人,但他也试图阻挡他的信徒受到自由思想家和新教徒的影响。众所周知,他把两位来自显赫贵族家庭的知识分子——S. I. 沙霍夫斯科伊（S. I. Shakhovskoi）和 I. A. 赫沃洛斯季宁（I. A. Khvorostinin）短暂监禁在修道院里，原因是他们的行为不尊重东正教或者不道德。新教徒中的许多人是作为雇佣兵来到莫斯科的，费拉列特1633 年下令，他们只能生活在自己的定居点——城市里的一个非东正教外国人聚居地，后来这一区域被称为"外国人定居区"。但是在军事紧急情况下，他们在莫斯科工作和信仰的自由不受任何额外限制。[①]

　　其三，17 世纪初，"古登堡革命"开始在莫斯科公国生根。印刷技术给教会既带来了机会，也带来了挑战。沙皇和主教非常清楚，以印刷品为载体的公共讨论具有危险性，因此他们实际上垄断了这项革命性技术：17 世纪俄国绝大多数书籍都由官方印刷局（Pechatnyi dvor）出版。印刷术使得为教区和修道院提供东正教礼拜需要的可靠祷告书副本成为可能。即便如此，风险还是存在，因为出版统一版本的祷告书需要编辑确定权威文本。考虑到在波兰-立陶宛联邦的东正教地区内，礼拜仪式在数个世纪里不断发展，不同社区之间皆有差异，而且在手工传抄时，难免发生谬误，编辑如何才能决定哪种文本才代表真正的东正教？

　　一回到莫斯科，费拉列特就在这个问题上遇到了一次危机。他不在莫斯科期间，沙皇米哈伊尔找到圣三一修道院的负责人，委托修道院长狄奥尼西（Abbot Dionysii）准备新版本的礼拜文本，从《弥撒经书》（Sluzhebnik）开始。在莫斯科公国荒凉的人文景观中，圣三一修道院是仅有的重要修习中心。他和他的合作者阿尔谢尼·格鲁霍伊（Arsenii Glukhoi）、伊凡·纳谢德卡（Ivan Nasedka）比较了莫斯科的最新版本与早期的一些斯拉夫语、希腊语版本，发现了许多在他们看来不合逻辑或带有异端色彩的段落。他们的成果引起了强烈反对。1618 年，以都主教约纳为首的宗教会议攻击狄奥尼西编纂的版本，特别是其中对主显节祝福圣水仪式的微小改变，他谴责狄奥尼西等人为异端，并免去了他们的圣职。

---

① 　Metropolitan Makarii, *Istoriia russkoi tserkvi*, 12 vols.（Düsseldorf：Brücken-Verlag，1968-1969），vol. XI，pp. 3-8，23-33；A. V. Kartashev, *Ocherki po istorii russkoi tserkvi*，2 vols.（Moscow：Nauka，1991），vol. II，pp. 96-99；Pierre Pascal, *Avvakum et les d'ebuts du raskol*，2nd edn（Paris，The Hague：Mouton，1969），pp. 25-27；Serge A. Zenkovsky, *Russkoe staroobriadchestvo；dukhovnye dvizheniia semnadtsatogo veka*（Forum Slavicum，Bd. 21）（Munich：W. Fink，1970），pp. 70-74；Paul Bushkovitch, *Religion and Society in Russia：The Sixteenth and Seventeenth Centuries*（New York：Oxford University Press，1992），pp. 52-53.

费拉列特立即表明,印刷局将继续出版由最优秀的本地学者编辑的新版祷告书。与之相应,他在大牧首赛奥法尼斯的建议下赦免了遭贬的编辑人员,恢复了他们的工作。与此同时,他仍然警惕异端迹象,特别是拉丁世界的影响。他拒绝出版鲁塞尼亚修士拉夫连季·济扎尼(Lavrentii Zyzanii)的《教理问答》,批判另一位鲁塞尼亚修士基里尔·特兰奎利翁·斯塔罗维茨基(Kyryl Tranquillon Stavrovetsky)的《注释福音书》(Evangelie uchitel'noe),并试图禁止从波兰-立陶宛联邦进口任何书籍。牧首的谨慎导致官方印刷局在他生前出版的书籍数量极其有限。但是,通过启动出版程序和组织学者研究,他为自己低调的继任者约阿萨夫一世(Ioasaf I,1634—1640 年)和约瑟夫(Iosif,1642—1652 年)在位时期宗教出版业的繁荣奠定了基础。[1]

三、17 世纪的教会

这里我们需要暂停一下,以便简要考察 17 世纪俄国东正教的制度结构和经济地位。这个任务并不容易:历史学家对这些主题很少有系统性关注。因此,我们只能通过零碎的信息或逸事来描绘出大致轮廓。然而有一点很清楚,同世俗政府一样,17 世纪的教会虽然看起来有着宏大的体制结构,但是在实践中,其下的牧首、都主教、大主教和主教们几乎无法有效地控制修道院社区或教区神职人员及其信众,更别提自封的牧师、修士和修女们了,他们不向任何人汇报。在很大程度上,这动摇了 17 世纪教会的危机源自高层为了更有效地控制教会系统的尝试。[2]

俄国教会辖区(例如与希腊教会相比)的庞大规模,是高层对信众群体的日常生活缺乏影响力的一个明显原因。教会领导人很早就认识到了这个问题,但整个 17 世纪,宗教会议一直拒绝从现有辖区划分出新教区,这可能是因为主教们担心改革将不可避免地导致收入和权力的损失。例如,1619 年,俄国

---

[1] Pascal, *Avvakum*, pp. 8 - 14, 21 - 24; Zenkovsky, *Russkoe staroobriadchestvo*, pp. 91 - 96; Kartashev, *Ocherki*, vol. II, pp. 85 - 94.

[2] 主旨见 Georg B. Michels, *At War with the Church. Religious Dissent in Seventeenth-Century Russia* (Stanford, Calif.: Stanford University Press, 1999)。

教会高层包括费拉列特牧首、4 名都主教、6 名大主教和 1 名主教。① 然而，由于俄罗斯国家的领土扩张和宗教争端，对神职人员的需求显著增长，因此产生了一些新的辖区，包括西伯利亚的托博尔斯克（1620 年）、维亚特卡（1656 年）、别尔哥罗德（1667 年）、下诺夫哥罗德（1672 年）和 1682 年成立的大乌斯秋格、霍尔莫戈里、沃罗涅日和坦波夫四个辖区。到 1700 年，教会高层的人数已达 24 人——牧首、14 名都主教、7 名大主教和 2 名主教。

　　总的来说，17 世纪的教区神职人员同他们的前辈一样，与主教保持着较远的地理距离和社会距离。从一些逸事记载来看，教区神职人员通常是一种可继承的职业，在地方社区的批准下，可以由父亲传给儿子。在最好的情况下，对教区成员的教育包括惯例性的阅读和写作教学，对常见宗教文本的运用，以及礼拜仪式的实践培训。教区牧师与当地社会联系密切。与独身的主教不同，牧师可以是已婚的，他必须通过务农和收取服务费用来维持家庭生活。他很容易受到沙皇手下官员的压力，常常任由附近的地主贵族摆布，而且如果他试图阻止基督教与塑造了当地人生活的传统民间信仰、习俗融合，他就有可能成为教区居民的敌人。

　　然而，17 世纪下半叶，这些条件开始改变。牧首和主教们坚持，所有牧师候选人都必须识字，并被授予正式的任命状。此外，新牧师上任后，高层就会确保他们遵循教会的官方政策。② 当然，这些举措在不同地方取得了不同程度的效果，取决于主教的能力和相应教区牧师的回应或抵抗。此外，正如丹尼尔·凯泽尔（Daniel Kaiser）的研究所示，教区法庭还切实调查涉嫌违反婚姻、家庭和性道德等相关教会法律的案件，并且在大多数情况下严格遵守教会的传统教义。③

　　17 世纪，修道院仍是俄国东正教中的重要力量，同时，与之竞争的权力中心出现，特别是牧首区，以至于跟前几个世纪相比，修道院在教会内的相对权力有所下降。一些教会仍然非常富裕且具有影响力，诸如圣三一修道院、基里尔-别洛泽尔斯基修道院和索洛维茨基修道院，每所修道院都是由神职人员和

① P. M. Stroev, *Spiski ierarkhov i nastoiatelei monastyrei rossiiskoi tserkvi* (St Petersburg: Tipografiia V. S. Balasheva, 1877).
② Michels, *War*, pp. 31-32, 163-170, 187.
③ 最近的研究见 Daniel H. Kaiser, "'Whose Wife Will She Be at the Resurrection?' Marriage and Remarriage in Early Modern Russia", *SR*, 62 (2003): 302-323.

世俗属人组成的复杂等级组织,并且很大程度上独立于外部势力运作。然而,拥有这样扎实基础的修道院属于例外:1653 年,在 494 个人口稠密且拥有土地的社区中,绝大多数修道院的规模都非常小。[①] 所有修道院,不管规模大小,都严重依赖所在地的世俗人士的资助,包括皇室成员、农民和城镇居民。

17 世纪,尽管法律多次禁止新的土地兼并,但修道院的土地还是在继续增长。然而在 17 世纪中叶,通过遗赠获得土地的步伐放缓。[②] 即便如此,所有高层成员,尤其是牧首,还是控制着大量土地和它们所产生的收入。[③] 一份关于1678 年教会高层、修道院和世俗精英所拥有土地的摘要,为我们提供了教会首领相对财富的概况。当时,牧首拥有包含 7 128 个农民家庭的土地;6 名都主教的土地共有 7 167 个农民家庭,其中 3 909 户为罗斯托夫都主教所有;5 名大主教的土地则共有 4 494 个农民家庭。修道院和教堂所属土地上有近 10 万户农民,最多的圣三一修道院土地上有接近 1.7 万户。可以肯定的是,清单上的绝大多数修道院拥有的土地上,农户数不足 200。与之对比,波雅尔议会成员——沙皇最显贵的官员和朝臣控制了 46 771 个农户,名单上最富有的世俗人士 I. M. 沃罗滕斯基(I. M. Vorotynskii)拥有 4 609 户。因此,虽然资料不足,但站在世俗人员的角度,已经能够从 1678 年的数据中看出教会高层和大修道院的巨大财富。无怪乎地方士绅和城镇居民认为他们是"强权阶层",并在 17 世纪三四十年代强烈地抱怨这些人的强权和特权。

礼拜仪式和公共仪式也把教会领袖和世俗精英凝聚在一起。最具戏剧性的例子是主显节和圣枝主日的公开仪式,沙皇和牧首在纪念基督受洗以及进入耶路撒冷的仪式中演出了教会和国家的"和谐"。16 世纪,莫斯科教会人员根据普适基督教象征意义的各种典籍创造了这些仪式,17 世纪时调整了一些细节和重点,但其中心信息没有改变,即宣扬莫斯科是唯一东正教君主制大国的首都,是基督教世界的中心,教会支持其统治者且为其祝圣,君主通过捍卫真正的信仰以合法化自己的权威。然而,仪式的象征复杂性导致了一个遗留

---

① Ia. E. Vodarskii, "Tserkovnye organizatsii i ikh krepostnye krest'iane vo vtoroi polovine XVII–nachale XVIII v.", in *Istoricheskaia geografiia Rossii. XII–nachalo XX v.* (Moscow: Nauka, 1975), p. 76.

② S. V. Nikolaeva, "Vklady i vkladchiki v Troitse-Sergiev Monastyr' v XVI–XVII vekakh. (Po vkladnym knigam XVII veka)", in *Tserkov' v istorii Rossii*, 3 vols. (Moscow: Institut rossiiskoi istorii Rossiiskoi akademii nauk, 1997-1999), vol. II (1998), pp. 81-107.

③ Vodarskii, "Tserkovnye organizatsii"; Iu. V. Got'e, *Zamoskovnyi krai v XVII veke* (Moscow: Gosudarstvennoe sotsial'no-ekonomicheskoe izdatel'stvo, 1937), pp. 230-253.

问题,即沙皇和牧首在救赎事宜中地位的高下可以有多种诠释。①

这些盛大的节日仅仅是构成教会高层和帝国朝廷生活的仪式的一小部分。作为东正教基督徒,沙皇及其家人和随从参与教历上的所有主要仪式,庆祝最庄严的节日,其中包括在莫斯科克里姆林大教堂举办的隆重复活节活动。皇室遵循传统,定期到圣三一和其他修道院朝圣,向神圣的创始人表示敬意和尊敬。②

四、改革的压力

在费拉列特牧首相对平静的任期后,莫斯科教会开始从内部和外部感觉到要求变化的压力。同欧洲的罗马天主教和新教同行一样,神职人员中的改革派努力在礼拜仪式中追求一致性和良好的秩序,并试图提高教区生活的道德基调。他们的许多抱怨并不新鲜。例如,1636 年,下诺夫哥罗德的伊凡·涅罗诺夫(Ivan Neronov)和其他教区牧师向约阿萨夫牧首请愿,要求他支持恢复礼拜仪式的秩序和尊严。请愿者列举了一长串持续已久的陋习——"复诵"(mnogoglasie,即同时唱诵礼拜圣歌中"五六个"不同章节)和其他礼仪上的简化行为,并长篇大论地抱怨仪式中的粗鲁行为。③ 在一系列牧灵指示中,牧首约阿萨夫对他们在礼拜仪式中要求虔诚行为表示大力支持。十年后,他的继任者约瑟夫发布了一项常规法令,规定所有牧师、助祭和"所有东正教基督徒

① Robert O. Crummey, "Court Spectacles in Seventeenth Century Russia: Illusion and Reality", in Daniel Clarke Waugh (ed.), *Essays in Honor of A. A. Zimin* (Columbus, Oh.: Slavica, 1985), pp. 130-158; Michael S. Flier, "Breaking the Code: The Image of the Tsar in the Muscovite Palm Sunday Ritual", in Michael S. Flier and Daniel Rowland (eds.), *Medieval Russian Culture*, vol. II (California Slavic Studies, 19) (Berkeley: University of California Press, 1994), pp. 213-242; Michael S. Flier, "Court Ceremony in an Age of Reform. Patriarch Nikon and the Palm Sunday Ritual", in Samuel H. Baron and Nancy Shields Kollmann (eds.), *Religion and Culture in Early Modern Russia and Ukraine* (DeKalb, Ill.: Northern Illinois University Press, 1997), pp. 74-95; Paul Bushkovitch, "The Epiphany Ceremony of the Russian Court in the Sixteenth and Seventeenth Centuries", *RR*, 49 (1990): 1-18.

② I. Zabelin, *Domashnii byt russkikh tsarei v XVI i XVII st.* (Moscow: Tipografiia A. I. Mamontova, 1895), pp. 376-435; Nancy Shields Kollmann, "Pilgrimage, Procession, and Symbolic Space in Sixteenth-Century Russian Politics", in Flier and Rowland (eds.), *Medieval Russian Culture*, vol. II, pp. 163-181.

③ N. V. Rozhdestvenskii, "K istorii bor'by s tserkovnymi bezporiadkami, otgoloskami iazychestvami porokami v russkom bytu XVII v.", *ChOIDR*, 201 (1902, kn. 2), pp. 19-23.

都要斋戒……并避免醉酒、不公正和各种罪恶行为",礼拜者"应该恐惧和颤抖地站在上帝的教会里……默默地……"并且"带着泪水、谦卑的叹息和忏悔的心"进行祷告。

下诺夫哥罗德的请愿者还抨击了普通信徒在礼仪年的庄严时刻,欢庆非基督教或前基督教节日,如卢萨里日(Rusalii)和冬至日(Koliada)。而民间艺人(skomorokhi)尤其令他们愤怒(对民间艺人和其他流行艺人的描绘参见插图 23)。对于这些问题,教会高层表示认同,但没有找到根除这些古老仪式的方法。①

对"复诵"仪式的抨击更有争议。简化仪式渗入俄国东正教是有充分理由的。几个世纪以来,修道院仪式已经成为教区规范,对耐心和毅力的要求很严格,甚至对那些最虔诚的信众来说也是如此。② 限制这些传统做法的第一次尝试遭到了激烈的反对,约瑟夫不得不让步。1649 年,宗教会议选择维持现状,这让改革派大为懊恼。③

奇特的是,由于改革者渴望有秩序的、一致的礼拜仪式,莫斯科教会因此对来自乌克兰的书籍和学者敞开了大门——这正是费拉列特所担心的。17 世纪 30 年代末到 50 年代初,官方印刷局出版了最重要的祈祷书的新版本、一些圣徒传记和关于东正教精神的经典,如金口圣若望(St. John Chrysostom)、圣耶福列木(St. Efrem the Syrian)和圣若望·克利马古(St. John Climacus)的作品,编辑避免了作品中冒犯莫斯科公国情感的部分。然而,17 世纪 40 年代,官方印刷局也出版了一些乌克兰作品,包括彼得·莫吉拉(Petr Mohyla)的《教理问答》、扎哈里亚·卡佩斯登斯基(Zakhariia Kopystenskii)的《教法汇编》(Nomokanon)和梅列季·斯莫特里茨基(Meletii Smotritskii)首创的斯拉夫语法著作。此外,由于印刷局迫切需要更多懂希腊语和拉丁语的编辑,1649 年,三名乌克兰学者加入了编辑队伍。最后,一本来自乌克兰的书籍激发了莫斯科文化精英对末日的反思,修道院长纳法奈尔(Hegumen Nafanail)将末日主题作品汇编为《信仰书》(Book of Faith),构成了对布列斯特教会合并是末日前兆的东正教解释。莫斯科杂录——《基里尔洛夫书》(Kirillova kniga)以及

① *AAE*, 4 vols. (St. Petersburg: Tipografiia II Otdeleniia Sobstvennoi E. I. V. Kantseliarii, 1836), vol. IV, pp. 481–482 (no. 321).
② Pascal, *Avvakum*, pp. 58–59.
③ "Deianiia Moskovskogo tserkovnogo sobora 1649 goda", ed. S. A. Belokurov, *ChOIDR*, 171 (1894, kn. 4): 1–52.

圣耶福列木的作品也推动了人们对末日论的思考。①

1645 年,阿列克谢·米哈伊洛维奇成为沙皇。他在接下来几十年间暴风骤雨般的事件中所起的决定性作用表明,早在彼得一世之前,世俗统治者的态度和选择就最终决定了俄国东正教会的命运。年轻的君主和他的忏悔师斯特凡·沃尼法季耶夫(Stefan Vonifat'ev)是改革的有力支持者,他们聚集了一群志同道合的人,包括教区牧师如涅罗诺夫及其门徒阿瓦库姆(Avvakum),后来还加入了未来的牧首尼康,这些人传统上被称为"虔诚捍卫者"(Zealots of Piety)。这个多元群体中的每个人都认同,欲振兴教区生活,必须进行有效的布道,维护完整有序的仪式,并且严格执行教会道德教义。②

不久,阿列克谢及其教会盟友将改革派的多项要求制定成了官方政策。沙皇此前便因反对民间娱乐而闻名,他发布了一系列法令,命令地方长官从 1648 年 12 月开始,禁止民间艺人的表演,并限制辖区内每一个村庄的民俗活动。③ 然而,改变根深蒂固的习俗远没有颁布法令那么容易。琐碎的证据表明,民间艺人继续在偏远的乡村从事古老的生意,直到 18 世纪,许多农业仪式和民俗节日幸存了下来,让现代民族志学家得以记录。④

改革者也在关于"单调咏诵"(edinoglasie)仪式(不重复、不简化地进行礼拜仪式)的竞争中获得了胜利。1651 年 2 月,另一次宗教会议决定在教区教堂和修道院中强制执行"单调咏诵"仪式,这推翻了 1649 年的决定。

狂热分子实施的计划意料之中地引起了普通信徒的强烈反对。阿瓦库姆的圣徒自传写作于该事件后二十年左右,讲述了他在担任洛帕季茨(Lopatitsy)教区牧师时,与一名著名贵族、其他本地名流和普通教区牧师之间的冲突。曾有两次,分别在 1648 年和 1652 年,他为了活命,逃离所在教区,去往莫斯科。第二次逃亡时,他获得了重要晋升,成为伏尔加河上尤里耶韦茨

① A. S. Zernova, *Knigi kirillovskoi pechati izdannye v Moskve v XVI-XVII vekakh* (Moscow: Gosudarstvennaia Ordena Lenina biblioteka SSSR imeni V. I. Lenina, 1958), pp. 46-77; Pascal, *Avvakum*, pp. 65-71, 128-132; Zenkovsky, *Russkoe staroobriadchestvo*, pp. 91-101.
② N. Kharuzin, "K voprosu o bor'be moskovskogo pravitel'stva s narodnymi iazycheskimi obriadami i sueveriiami v polovine XVII v.", *Etnograficheskoe Obozrenie*, 1879, no. 1, 143-151; *AI*, vol. IV (St Petersburg: Tipografiia II Otdeleniia Sobstvennoi E. I. V. Kantseliarii, 1842), pp. 124-126.
③ Russell Zguta, *Russian Minstrels: A History of the Skomorokhi* (Philadelphia: University of Pennsylvania Press, 1978), pp. 63-65; M. M. Gromyko, *Mir russkoi derevni* (Moscow: Molodaia Gvardiia, 1991), pp. 325-329, 345-360.
④ Pascal, *Avvakum*, pp. 156-158.

(Iurevets)大教堂的院长,但只任职了八周,直到"……牧师、农民和农民妻子……"殴打他,把他赶到城外。根据他的回忆,阿瓦库姆强制推行礼仪和道德秩序及谴责罪人的方法并不明智。[1] 此外,他与教区居民的冲突发生于俄国许多城市中心极端动荡的"混乱时期"。然而,他与教区居民的问题根本上源于他立志进行彻底的变革。其他改革派牧师也遭受了类似的苦难。自己的传统生活方式遭到突然的改变,教区居民十分愤怒,作为自上而下改革运动中的排头兵,牧师们首当其冲。

法律和经济问题也威胁到改革者的运动。1649 年《会议法典》极大地改变了教会和国家的法律关系,确立了修道院衙门(Monastyrshii prikaz),并授权其审判涉及神职人员和教会土地居民(牧首区除外)的刑事和民事案件。[2] 此外,在城市纳税人的压力下,政府取消了城镇免税区,以往教会属人都在其中贸易。虽然世俗政府审判神职人员和没收教会财产都并非前所未有——大法院衙门以前处理过涉及神职人员的案件——但是《会议法典》的全面性规定明确指出,教会的司法特权和土地都不是神圣不可侵犯的。

五、牧首尼康

1652 年,尼康成为牧首,俄国教会内部潜在的紧张局势爆发,进而发生公开冲突。尼康在当时引起的巨大的争议至今仍让我们感到着迷和困惑。尼康出生于下诺夫哥罗德地区的一个农民家庭,曾短暂当过教区牧师,之后在白海岛屿上的安泽尔斯基隐修院(Anzerskii Skit)立下隐修誓言。在这个小型独居修士社区,他严格遵循着清规戒律。他还展现出强大的精力和行政才能,凭借这些素质,他终于登上了大陆海岸的科热奥泽尔斯基修道院(Kozheozerskii)院长

[1] Archpriest Avvakum, *Zhitie Protopopa Avvakuma im samim napisannoe i drugie ego sochineniia*, ed. N. K. Gudzii (Moscow: Goslitizdat, 1960), pp. 61-64; Archpriest Avvakum, *The Life Written by Himself: With the Study of V. V. Vinogradov*, trans. and ed. Kenneth N. Brostrom (Michigan Slavic translations, no. 4) (Ann Arbor: University of Michigan Press, 1979), pp. 45-50.

[2] *Sobornoe ulozhenie 1649 goda: tekst, kommentarii*, ed. L. I. Ivina, G. V. Abramovich et al. (Leningrad: Nauka, Leningradskoe otdelenie, 1987), pp. 69-70, 242-246; M. I. Gorchakov, *Monastyrskii prikaz, 1649-1725 g. Opyt istoriko-iuridicheskogo issledovaniia* (St. Petersburg: A. Transhel', 1868), pp. 40-90.

之位。1646 年，他以这个身份前往莫斯科，被引荐给沙皇阿列克谢。

　　从那时起，尼康就成了沙皇的宠臣和教会改革者的盟友。虽然他与阿列克谢的长期关系非常复杂，但他以流星般的速度坐上了牧首的宝座，这毫无疑问需要沙皇及其幕僚的无条件支持。阿列克谢立即任命他为莫斯科新救世主修道院（Novospasskii monastery）名誉院长，这是罗曼诺夫家族最喜欢的修道院。1649 年，尼康成为诺夫哥罗德都主教，在教会高层中位居第二。在两次任职期间，他都以标志性的决心执行了改革者的方案。1650 年，他还在诺夫哥罗德镇压一场起义时展示出了巨大的勇气和政治智慧，把流血牺牲降至最低程度。

　　在诺夫哥罗德任职期间，尼康明确表示，教会高层是俄国东正教复兴运动天生的领导者。尼康竭尽所能提升自己的实际权力和作为都主教的仪式尊严，强调为俄国人赢得精神幸福的最终责任掌握在教会领袖，而非世俗统治者手中。例如，1652 年，作为追封俄国教会殉道领袖为圣徒活动的一部分，他把圣徒菲利普都主教的遗物从索洛维茨基修道院带到莫斯科。在索洛维茨基修道院，尼康公开朗读沙皇阿列克谢的忏悔书，为其前任伊凡四世下令谋杀菲利普之罪而忏悔。然而与此同时，我们很难确定尼康在积极传道时期对教会和国家关系的理论陈述在何种程度上反映了他的观点，因为他是在几年后的自我流放中写下了它们。例如，在《驳斥》（Refutation）中，他反复抨击 1649 年《会议法典》篡夺了教会的法律自主权和财产权。① 然而在 1649 年，尼康亲手签署了这部新法典（他后来坚称是被迫的），并且没有因为这些顾虑而拒绝接受牧首的尊贵地位（后来他声称自己是希望扭转那些他强烈排斥的政策）。

　　在沙皇和其他改革者的强烈支持下，尼康成为牧首，随后立即采取措施，维护自己的权威。根据他之后的证词，在祝圣礼时，他让沙皇、波雅尔和主教发誓把他当作自己的牧师服从。作为牧首，尼康显然自视为教会的化身。他致力于将教会组织结构转变为一个有效的等级管理体系，牧首位于这一体系的顶端，对于体系中其他成员的反对，他的反应十分无情。像费拉列特一样，他为牧首区增加了广阔的土地，除了新建或修复其他教堂外，他保留了三座重

---

① William Palmer, *The Patriarch and the Tsar*, 6 vols. (London: Trübner and Co., 1871-1876), vol. I (1871), pp. 292-548; Patriarch Nikon, *Patriarch Nikon on Church and State-Nikon's "Refutation"* (*Vozrazhenie ili razorenie smirennogo Nikona, Bozhieiu milostiiu Patriarkha, protivo voprosov boiarina Simeona Streshneva*), eds. Valerie A. Tumins and George Vernadsky (Berlin, New York, Amsterdam: Mouton, 1982), pp. 351-601.

要的修道院——伊维尔斯基修道院(Iverskii)、克雷特尼修道院(Kretnyi)和沃斯克列先斯基修道院(Voskresenskii,也被称为新耶路撒冷修道院)——作为自己的基地。尼康仪表堂堂,身着一袭华丽的法衣,他冗长的布道、礼拜仪式的繁复礼节,都给来访的神职人员留下了深刻的印象。此外,从 1653 年开始,经沙皇同意,他开始使用"伟大君主"的头衔——以前只有一位牧首,即费拉列特,沙皇的父亲和国家的实际元首,使用过这个称号。

他也继续推进改革者的运动,净化俄国东正教。在他祝圣礼后的几周内,为了保护信徒不受诱惑,教会就颁布法令,禁止在神圣节日出售伏特加,并要求莫斯科所有非东正教信徒的外国人搬到远离市中心的亚乌扎河畔(Iauza River)的一个"外国人定居区"。[①]

然而,长期以来出版准确的祈祷书并在全俄国分发的运动很快发生了转变。沙皇、新任牧首和一些合作者决定,振兴俄国东正教最好的方法是和全世界范围内的东正教会,特别是希腊母教会建立更密切的关系。1649 年,来自希腊的最新一拨访问者出现在莫斯科,其中包括耶路撒冷大牧首派西乌斯(Patriarch Paisios of Jerusalem)和一个背景不明的学者,希腊人阿尔塞尼乌斯(Arsenius the Greek),他们试图说服沙皇和尼康关于两者仪式的差别,他们认为希腊的礼拜忠实于东正教传统,而俄国的仪式则是错误的地方性创新。为了验证这个说法,俄国修士阿尔塞尼·苏哈诺夫(Arsenii Sukhanov)在 1649—1650 年和 1651—1653 年两次前往调查希腊教会的情况。他的成果中有一份报告,指出希腊圣山的修士把俄国祈祷书作为异端烧掉,而这一经历也导致他 1650 年在莫斯科与来访的希腊人就俄国仪式的正统性激烈辩论。[②] 沙皇和尼康听取了希腊人的建议,走上了一条危险的道路。正如同时代人所熟知的,正是希腊人在佛罗伦萨会议的叛教,把东正教俄国推入了世界历史的中心。不仅如此,17 世纪中叶,希腊东正教理论和出版的主要中心在罗马天主教世界,特别是威尼斯。

在这样的背景下,1653 年 2 月 11 日,官方印刷局出版了一本新版《诗篇》(Psalter),删除了原有的指导教徒正确地用手画十字的篇章。数日之内,尼康就用一篇新的说明(pamiat')填补了这个空缺,教导信徒使用三指十字手势,即

---

① Zenkovsky, *Russkoe staroobriadchestvo*, pp. 193-195.

② Kartashev, *Ocherki*, vol. II, pp. 126-131.

把他们的拇指、食指和中指并拢。莫斯科的传统做法是 1551 年百章会议规约确定的双指手势，即只伸出食指和中指。1654 年初，"根据古老的羊皮纸文稿和希腊文本"(po starym kharateinym i grecheskim knigam)，俄国宗教会议批准了修订版俄国祈祷书规定的原则。新的版本接连出版——1654 年、1655 年的《弥撒书》(Sluzhebniki)，以及 1654 年的《石板书》(Skrizhal)，后者是关于礼拜性质与尼康改革说明的论述。

除了十字手势之外，礼仪细节中最具争议的变化包括：圣饼和教堂建筑上的十字架是四向而非八向的；《诗篇》(Psalms)和《基路伯赞美诗》(Cherubic hymn)后面有三段而非两段《哈利路亚》(Alleluia)；四旬斋中的跪拜和鞠躬的次数；"耶稣"的斯拉夫语新译（用"Iisus"代替"Isus"）；以及《尼西亚信经》(Nicene Creed)中措辞的细微却意义重大的变化。

正如尼康的同时代反对者和最优秀的现代学者所言，祈祷书的新版本并非基于古代手稿，而是最新的希腊版本，并要求用当代希腊仪式取代俄国的传统做法。① 俄国和希腊礼拜仪式的标准化源自沙皇阿列克谢政府和尼康的野心，即想要建立一个更加统一的以俄国为首的东正教联盟。乌克兰东正教高层曾在几十年前进行了类似的改革，没有引起明显的反对。最近还有学者们提出，尼康的礼拜仪式改革来自对礼仪性质和功能的新理解，即纪念基督的生、死和复活，其中言辞、手势和仪式物品可能同时具有几个不同层次的意义。②

无论其深层意义如何，新版祈祷书调整了一些最常见的词语、手势和礼仪中的视觉符号。更令人不安的是尼康引入新版本时的独裁手段：他没有采用君士坦丁堡大牧首及其皇室护卫者的建议，坚持只接受改革后的用法。1656 年，他坚持称画十字时的双指手势和其他传统俄国礼拜仪式为异端。③

---

① 关于改革，参见 N. F. Kapterev, *Patriarkh Nikon i Tsar' Aleksei Mikhailovich*, 2 vols. (Sergiev Posad：Tipografiia Sviato-Troitskoi Sergievoi Lavry, 1909-1912); Paul Meyendorff, *Russia, Ritual, and Reform: The Liturgical Reforms of Nikon in the 17th Century* (Crestwood, N.Y.：St Vladimir's Press, 1991)。

② Karl Christian Felmy, *Die Deutung der Göttlichen Liturgie in der russischen Theologie: Wege und Wandlungen russischer Liturgie-Auslegung* (Arbeiten zur Kirchengeschichte, 54) (Berlin, New York：de Gruyter, 1984), pp. 80-111; Boris A. Uspensky, "The Schism and Cultural Conflict in the Seventeenth Century", in Stephen K. Bataldan (ed.), *Seeking God: The Recovery of Religious Identity in Orthodox Russia, Ukraine, and Georgia* (DeKalb：Northern Illinois University Press, 1993), pp. 106-143。

③ Kapterev, *Patriarkh Nikon*, vol. I, pp. 192-198; Meyendorff, *Russia*, pp. 61-62。

六、对尼康改革的反抗

　　改革措施以及牧首在推动改革时不妥协的态度导致改革派发生了分裂。1653 年底到 1654 年初，沙皇和沃尼法季耶夫收到了伊凡·涅罗诺夫的一系列信件，信件的语气越来越焦躁，严厉批评尼康放弃俄国传统的做法，以及他对以前伙伴的傲慢态度。画十字时的三指手势和礼拜中深鞠躬（poklony）次数的改变就是典型的破坏性政策。在给沃尼法季耶夫的一封信中，涅罗诺夫声称他曾听到一幅圣像的声音，敦促他抵制尼康的改革，他的友人阿瓦库姆的自传中反复提到这个故事。[1] 对于他们的直接抗议，当局把涅罗诺夫逐出教会并关押在一个偏远的北方修道院里，同时将阿瓦库姆流放到西伯利亚。从历史经验来看，曾在 1654 年公开质疑改革的主教科洛姆纳的帕维尔（Pavel of Kolomna），就因为其立场失去了教职和生命。[2]

　　正如这些例子所示，对礼拜仪式改革的抵抗始于个人和分散的小团体。从 1658 年斯皮里东·波将金（Spiridon Potemkin）开始，一些著名的神职人员、教会精英就尼康改革做出了细致的批评。他们得到了维亚特卡的亚历山大主教（Bishop Aleksandr of Viatka）的宝贵支持，尽管他本人没有撰写任何对改革的意见，但却鼓励这样做的人，并收集了大量文本支持反改革派的立场。尽管细节上存在一些差异，但波将金、尼基塔·多布雷宁（"普斯托斯维亚特"，Nikita Dobrynin "Pustosviat"）、拉扎尔牧师（Lazar'）等人的作品都攻击了新祈祷书内容的不连贯性，并从根本上动摇了俄国东正教的合法性。如果传统的俄国仪式是异端，那么是否之前所有年代的俄国基督徒——无论是圣徒还是罪人——都要被谴责为异端？虽然这些手稿的流通非常有限，但为后世反对教会改革的人们提供了宝贵的资源。

　　尼康的批评者们面对着强大的善辩对手，因为他们缺乏两件武器——印刷局的资源和统治阶级及政府的支持。除了《石板书》，宫廷诗人兼沙皇子女

---

① *Materialy dlia istorii raskola za pervoe vremia ego sushchestvovaniia*, ed. N. Subbotin, 9 vols. (Moscow: Redaktsiia "Bratskoe slovo", 1874-1890), vol. I, pp. 51-78, 99-100; Avvakum, *Zhitie*, p. 65.

② *Materialy*, vol. I, pp. 100-102.

的家教西梅翁·波洛茨基(Simeon Polotskii)于 1668 年出版了《统治权杖》
(*Zhezl pravleniia*)。之后出现了一系列针对改革后教会的批评,1682 年霍尔
莫戈里的阿法纳西(Afanasii of Kholmogory)的《精神流逝》(*Uvet dukhovnyi*)
是代表作品之一。[①]

　　少数未受教育的普通教徒也表示反对改革。1657 年,教会和政府当局监
禁了罗斯托夫织工西拉·波格丹诺夫(Sila Bogdanov)和他的两个同伴,因为
他们公开批判新祈祷书。[②]

　　发动卡皮顿运动(Kapiton movement)的小团体更加激进。从 17 世纪二
三十年代开始,卡皮顿及其追随者就抵制东正教和相关神职人员,认为他们是
腐败的,而且实行极端的禁欲主义,如全年斋戒,甚至有人把自己饿死(如果官
方指控可信的话)。1665 年和 1666 年间,当局调查了几个遵循卡皮顿基本主
张的非正式修士社区。卡皮顿后来的追随者把新版祈祷书列入对教会的不满
之处,虽然这不是他们关注的核心。

　　从短期来看,对新版祈祷书的反对并没有动摇尼康在教会的压倒性权力
和在宫廷的影响。对尼康位置的唯一威胁在于他所依赖的皇室保护人——沙
皇阿列克谢。历史学家提出了许多假设来解释他们关系恶化的原因,但没有一
个完全令人信服。沙皇朝廷的许多大臣以及统治阶级的大部分人(也许甚至包
括阿列克谢)都已经厌倦了牧首的傲慢,同时也嫉妒他的影响力和财富。1658
年,阿列克谢和尼康突然分道扬镳。沙皇拒绝解决几个似乎微不足道的冲突,这
让尼康不满,因此牧首于 6 月 10 日离开莫斯科,前往新耶路撒冷修道院,把教会
日常事务交由二把手克鲁季奇都主教处理。与此同时,尼康仍然自视为牧首。
例如,1659 年,他试图开除克鲁季奇都主教皮季里姆(Metropolitan Pitirim of
Krutitsy)的教籍,因为皮季里姆在一年一度的圣枝主日游行中代替尼康扮演
基督的角色。

　　尼康自我放逐,却不放弃牧首之位,这造成了一个非常尴尬的局面。消息
和使者在莫斯科和新耶路撒冷修道院之间来回,和解显然已经没有希望,因为
除了激烈的个人恩怨之外,尼康和阿列克谢政府对于基督教君主国的教会和

---

① Michels, *War*, pp. 112-115.

② *Dokumenty Razriadnogo*, *Posol'skogo*, *Novgorodskogo i Tainogo Prikazov o raskol'nikakh
　gorodakh Rossii*, *1654-1684 gg.*, ed. V. S. Rumiantseva (Moscow: AN SSSR, Institut istori
　SSSR, 1990), pp. 29-58; Michels, *War*, pp. 33-38.

国家关系也有着完全不同的想法。在他 1664 年发表的长篇《驳斥》中,尼康坚持以最强硬的术语表明,教会权力高于世俗权力。[1] 因此尼康认为,在原则性问题,例如教会应拥有完全独立于世俗的司法体系上,教会及其基本权力应该得到保护。尼康真的如他所言只是在重申东正教的基本原则吗? 他的许多论据和例子确实来自经典东正教文本,然而他进行了过分的解读和延伸,其程度已经超越"和谐"的界限。而且正如许多学者所指出的,尼康描绘的一些最生动的图像——例如将教会比喻为太阳,世俗政府比作月亮——来源于中世纪的教皇论战。[2] 最后,尼康的态度违背了 16、17 世纪欧洲各国政府和教会领袖合作的倾向,他试图使教会成为维持政治凝聚力和社会秩序的力量。

在这种情况下,阿列克谢别无选择,只能换掉尼康。但是,以什么程序和理由能废除一名牧首呢? 难以抉择的沙皇安排了最看重的代理人派西乌斯·里加里德斯(Paisios Ligarides)来处理革职尼康的事宜,里加里德斯从罗马天主教叛教,他曾自称加沙都主教(Metroplitan of Gaza),后来被免职。1666 年,地方宗教会议无法与尼康达成妥协,使他放弃牧首身份,但保持他的主教特权,仍旧允许他掌管最喜欢的修道院,因此政府选择了一个更为激进的解决方案,召开一个其他牧首都出席的东正教"普世"会议(实际上只有两人出席)。会议的决议是预先确定的。1666 年 12 月 12 日,"普世"会议以疏于职守、侮辱沙皇、苛待神职人员为由罢免尼康,将他贬黜为普通修士,并囚禁在偏僻的费拉蓬特修道院。

七、1666 年以后的旧礼仪派和官方教会

政府及其教会盟友以相似的方式处理了对仪式改革的批评。1666 年,地方宗教会议宣布新仪式是正确的,做出和解的姿态,但避免了谴责俄国的传统做法。多位反对派领袖,特别是伊凡·涅罗诺夫和维亚特卡的亚历山大,为了避免教会分裂,向新的宗教制度让步。其他人则直到痛苦的终点一直坚持抵抗。

---

[1] Palmer, *Patriarch and Tsar*, vol. I; Nikon, *Refutation*.
[2] Contrast M. V. Zyzykin, *Patriarkh Nikon. Ego gosudarstvennye i kanonicheskie idei*, 3 vols (Warsaw: Sinodal'naia Tipografiia, 1931-1938) with Kapterev, *Patriarkh Nikon*.

1666—1667 年的"普世"会议从根本上解决了这个问题。会议宣布只有改革后的仪式才是正统的东正教做法,谴责俄国的传统仪式和肯定了它们的百章会议为异端。同时,会议代表也向新礼拜仪式的固执批评者施以强压,要求他们公开认错。结果,其中一人——尼基塔·多布雷宁暂时屈服了,另外五人——阿瓦库姆、拉扎尔、埃皮法尼(Epifanii)、尼基福尔(Nikifor)和费奥多尔助祭没有屈服。所有人都被解除圣职,两人被以侮辱沙皇的罪名割舌,所有人被一同送往北极沿岸的普斯托泽尔斯克监狱关押。

1666—1667 年的宗教会议对俄国教会的未来产生了深远的影响。它们清楚地表明,沙皇阿列克谢及其顾问——世俗政府及其教会盟友——对教会具有决定性的力量。此后,任何持宗教异议者都明白了国家也是他们的敌人。除此以外,不论好坏,阿列克谢政府在领导东正教世界时,都选择了让来自乌克兰和希腊语国家的学者及其本地门徒作为俄国教会的知识领袖。

1666—1667 年的决议似乎恢复了俄国教会的和平与统一,但现实情况要复杂得多。即使尼康受到处分,身陷囹圄,仍有很多信徒对他效忠,敬他为真正的牧首,并向他寻求精神指引。他坚持不妥协,认为政府是反基督代理人,践踏了教会的权利。然而 1681 年,阿列克谢的儿子费奥多尔允许尼康回到他深爱的新耶路撒冷修道院,不过他在到达前就去世了。

仪式改革似乎进行得很顺利。米歇尔斯(Michels)指出,印刷局快速出售新祈祷书,到 1700 年,新祈祷书已经传播到了俄国疆域内最遥远的区域。[1] 然而,事情并没有那么简单。

1667 年后,俄国传统仪式最坚决的捍卫者——旧礼仪派彻底明白,他们不可能与官方教会或国家妥协。阿瓦库姆和他的囚犯同伴们在莫斯科和其他地方向支持新秩序的小群体展开了猛烈攻击。1681 年,阿瓦库姆等人受火刑而死,以殉道为其理论增添了权威。讽刺的是,他们同意过去的敌人尼康的观点,即反基督者的统治——末世的先导已经到来了。17 世纪 70 年代,迫害和恐吓——或者如米歇尔斯所说,对仪式改革的普遍漠不关心——限制了旧礼仪派公开支持者的数量。

事实上,1666—1667 年的决议并没有带来和平,反而带来了战乱。17 世纪最后几十年,对国家和教会的暴力抵抗成为俄国的时代特征。当地人的不

---

[1]　Michels, *War*, pp. 28-30, 143-144.

满激发了起义,对改革后的教会与新仪式的反对也构成了起义者要求的重要组成部分。在最具戏剧性的例子中,长期实行独立法规的索洛维茨基修道院在 1668—1676 年间也反对新仪式改革,对抗包围过来的政府部队。虽然幸存的捍卫者最终被屠杀,但他们的例子加强了其他国家和教会新秩序的反对者的决心。例如,旧礼仪派组成了顿河哥萨克人反抗莫斯科行政控制的行动的中流砥柱。

1682 年,莫斯科爆发了血腥起义,由尼基塔·多布雷宁领导的旧礼仪派与起义驻军联手,清晰地暴露出政治反对派和宗教反对派的爆炸性混合局面。索菲娅在危机中站出来,出任两个弟弟的摄政,其政府颁布了 1684 年 12 月法令,规定对所有冥顽不灵的旧礼仪派执行火刑,并对任何庇护他们的人进行严厉惩罚。政府甚至派遣部队到最偏远的地区执行法律。[1]

政府的强硬态度引起了同样激烈的反应。大量宗教极端团体以最极端的方式对抗当权者——自焚。在他们的带领下,17 世纪 80 年代和 90 年代,武装分子占领了偏远修道院和村庄,1687 年和 1689 年对帕列奥斯特洛夫斯基修道院(Paleostrovskii monastery)、1693 年对普多日修道院(Pudozh)的占领尤其著名。当政府部队进攻时,宗教极端分子选择自焚而不是投降。这些集体自杀事件,结合社会上的盗匪和宗教狂热,深深地震撼了政府、教会和温和的旧礼仪派。1691 年,旧礼仪派信徒叶夫罗辛(Evfrosin)谴责这种做法违反了传统基督教禁止自杀的教义。[2]

教会改革反对者的第二种反抗形式虽然不那么悲壮,但最终却被证明更加有效。许多人逃往边境地区或逃离帝国的疆界,他们建立了非官方社区,并开始调整东正教仪式以适应新环境。一些逃亡者团体很快遭到政府的迫害,而其他人,如维格社区(Vyg community),则设法生存下来,在 18 世纪的头十年成为旧礼仪派成员的主要集聚中心。

---

① *Polnoe sobranie zakonov Rossiiskoi Imperii*, *Sobranie pervoe*, 45 vols. (St Petersburg: Tipografiia II Otdeleniia S. I. V. Kantseliarii, 1830-1843), vol. II, pp. 647-650 (no. 1102).

② Robert O. Crummey, *The Old Believers & the World of Antichrist. The Vyg Community and the Russian State*, *1694-1855* (Madison: University of Wisconsin Press, 1970), pp. 39-57; Georg B. Michels, "The Violent Old Belief: An Examination of Religious Dissent on the Karelian Frontier", *RH*, 19 (1992): 203-229.

八、1667 年后的官方教会

在 17 世纪的最后几年,牧首约阿希姆(1674—1690 年)制定了官方教会的议程。他具有服役贵族背景,是一个具有坚强意志的领导者,同尼康一样认为牧首是教会的化身。同时,在任职期间,他理解与频繁更替的政府合作的必要性,并认识到自身职位的实际限制。例如,当沙皇费奥多尔坚持赦免尼康时,尽管他对此有着严重的顾虑,但仍然选择了默认。在 1682 年和 1689 年的危机中,他支持彼得一世继承皇位。

在教会管理中,他努力使高层纪律严明且高度组织化,不受政府的日常干涉。依照 1666—1667 年宗教会议的建议和 1675 年一个地方宗教会议的决定,约阿希姆于 1677 年废除了修道院衙门,并用一个教会体系取而代之,在该体系中,由神职人员对教徒进行审判,并监督教会土地行政。由于约阿希姆领导下主教区的抵制,沙皇费奥多尔政府为解决俄国教区规模过大问题而精心设计的计划收效甚微。约阿希姆担心在政府主导的系统中,主教向大主教负责,而非直接向牧首负责。最后,教会通过划分现有管辖区的领土,创建了 11 个新教区,而在 1682 年只成功地向其中 4 个派出了人手。

然而,约阿希姆的最大成就可能是在 1686 年获得哥萨克首领萨莫伊洛维奇(Hetman Samoilovych)的支持并与之达成协议,规定基辅的新任都主教格杰翁(Gedeon)承认莫斯科牧首的最终管辖权,而非以前的君士坦丁堡大牧首。从那时起,乌克兰和俄国东正教的命运就不可分割地联系在了一起,这对两者都有深远的影响。[1]

约阿希姆对教会的理解要求牧首领导之下的教会高层控制宗教生活和教会文化。在处理民间宗教问题时,作为与旧礼仪派和其他异见分子斗争的一部分,约阿希姆和他的支持者资助了奇迹崇拜,认可了画十字时的三指手势,但压制了非官方和无法证实的圣徒崇拜,特别是对卡申的安娜(Anna of Kashin)的崇拜。他还认为,由于一个危机四伏的教会需要受过教育的神职人

---

[1] K. V. Kharlampovich, *Malorossiiskoe vliianie na velikorusskuiu tserkovnuiu zhizn'*, vol. 1 (Kazan': Izdanie knizhnogo magazina M. A. Golubeva, 1914), pp. 214-232.

员,在莫斯科建立神学院是至关重要的。然而,头两次尝试均以失败告终,因为在教会精英中,所谓的亲拉丁派(Latinophile)和亲希腊派(Grecophile)之间存在宗教和政治方面的争议。实际上,双方都调整了国际拉丁学说,使其为东正教所用。

1700 年,当约阿希姆的继任者阿德里安(Adrian)去世时,彼得一世选择让牧首之位空缺,这预示着根本性的变化。回顾过去一个多世纪的戏剧性事件,教会的许多本质特点变化不大。尽管教会企图提升牧首的地位和宗教会议的作用,但沙皇政府一再主动制定教会政策,干预信徒之间的纠纷。神职人员尽其所能为人民提供精神指导和社会文化引导,然而并未成功地创造一个有序的行政管理体系,也没能应对东正教其他分支机构的文化变迁。此外,作为一个富裕的地主,教会引起了人们的不满,并且成为缺乏现金的国家眼中一个诱人的目标。而且最危险的是,俄国东正教陷入分裂之中。在和国家支持的官方教会进行的竞争中,旧礼仪派已经开始建立自己的组织,选择自己的领导干部,创造自己的宗教文化。因此,尽管表面上很强大,但俄国东正教教会很快就不得不在一个坚定的改革派独裁者的压迫下选择屈从。

第二十八章　文化与智识生活

林赛·休斯

一、"过渡时期"的文化

　　现代历史学家将俄国的 17 世纪归为"过渡时期"（perekhodnyi vek），即传统与创新、本土文化与外来趋势并存的时期。事实证明，二元对立的概念框架极富成效。[1] 高雅文化经历的西方化、现代化和世俗化变革尤甚。一些学者认为，艺术、建筑和文学的发展构成了莫斯科版本的巴洛克风格[2]，另一些学者则采用德米特里·利哈乔夫（Dmitrii Likhachev）的说法，认为它们对于俄国的意义"就像文艺复兴之于西欧文化史"[3]。圣像画中对透视画法中光影的运用、生活中的肖像画、建筑中经过改进的古典柱式体系，以及文学中的新流派和新主题，这些现象被认为揭开了 18 世纪的序幕，届时俄国将在彼得大帝的领导下开始追赶西欧的使命。

　　如果我们接受俄国必须"赶上"西方的观点，对俄国本应成为怎样的国家抱有成见，那么我们很可能会得出以下结论：从文化上讲，这里如同一张等待填写的"白纸"。17 世纪初，文艺复兴对莫斯科影响甚微。在形象艺术方面，莫

---

[1] 参见 Iu. M. Lotman and B. A. Uspenskii, "Binary Models in the Dynamics of Russian Culture to the End of the Eighteenth Century", in A. D. and A. S. Nakhimovsky (eds.), *The Semiotics of Russian Cultural History* (Ithaca, N. Y.: Cornell University Press , 1985), pp. 30-66。

[2] 参见 A. I. Nekrasov (ed.), *Barokko v Rossii* (Moscow: GAKhN, 1926)，以及下列书中论辩的概括: James Cracraft, *The Petrine Revolution in Russian Architecture* (Chicago: University of Chicago Press, 1988) and in his *The Petrine Revolution in Russian Imagery* (Chicago: University of Chicago Press, 1997)。另参 Natalia Kostotchkina, "The Baroque in 17th Century Russian Art: Icon-Painting, Painting, Decorative and Applied Art", unpublished M. Phil. thesis, SSEES, University of London, 1994。

[3] D. S. Likhachev, "Barokko i ego russkii variant XVII veka", *Russkaia literatura*, 1969, no. 2: 18-45; and his *Razvitie russkoi literatury X-XVII vekov* (Leningrad: Nauka, 1973), p. 214.

斯科公国没有独立肖像画、静物画、风景画或城市景观绘画、历史绘画或国内流派。俄国有圣像画、木版画和手工绘本,却没有布面油画。石雕或用金属铸造的雕塑(制钟除外)还不为人知。印刷业(1564 年引进)处于萌芽期。莫斯科公国没有剧院或大学,没有诞生诗人、剧作家、哲学家、学者甚至神学家。这里既没有"艺术"理论的概念,也缺少政治理论。例如,注重书面记录的历史学家会难以找到专制制度的学术基础。如果我们继续"搜索名人",世界的"万神殿"中将不会有莫斯科人的身影。东正教的清规戒律、软弱的贵族、缓慢的城市化和落后的经济造成了俄国精英文化与欧洲新教和天主教文化截然不同的氛围。

　　为了了解莫斯科公国的高雅文化(农民文化及其地区变体不在我们的研究范围之内),我们必须首先放弃对西方经验所定义的流派、活动和从业者的追寻。例如,政治意识形态首先不是通过博学之士的文章,而是通过图像和仪式来表达的。在艺术家和工匠们的共同努力下,一种"神圣景观"在建筑、圣像画、织物和礼服、(游行的)舞蹈和圣歌的复杂互动中得以创造和完善。这种文化是保守的,但它并非不受本卷其他章节所述同时代事件的影响。实际上,在17 世纪,一种"文化意识的转变"即将发生。[①]

二、"混乱时期"后的文化

　　从表面上看,"混乱时期"的政策是倒退的。官方言论强调通过建立一个广受赞誉且与旧王朝关系密切的新王朝,来恢复上帝的恩惠和过去的价值观。波兰人(被视为邪恶文化的承载者)对神圣克里姆林的侵犯被解释为对罪恶的惩罚。忏悔的最显著证明是各种宗教仪式,这些仪式反映了以恢复统治的沙皇为中心的和谐境界,新教堂、圣像和宗教圣物则强化了这一境界的神圣性。

　　皇室权威亟须仪式连续性的支撑,莫斯科公国的仪式因此得以恢复。1613 年,米哈伊尔按照 1547 年受拜占庭影响的仪式加冕。在沙皇阿列克谢统

---

① Viktor Zhivov, "Religious Reform and the Emergence of the Individual in Seventeenth-Century Russian Literature", in Samuel H. Baron and Nancy Shields Kollmann (eds.), *Religion and Culture in Early Modern Russia and Ukraine* (DeKalb: Northern Illinois University Press, 1997), pp. 184-198.

治期间(1645—1676年),宫廷仪式盛况空前。每年的重头戏包括前往圣瓦西里大教堂的圣枝主日游行——步行的沙皇和坐在马驹上的牧首展现出沙皇专制和宗教神职的"和谐",以及1月6日的主显节盛宴——牧首在被命名为"约旦河"的圣地为莫斯科河水祝圣。① 这些场合中的圣像画、十字架、器皿和礼服、旗帜、仪式鞍、马具和武器等淋漓尽致地展现了工匠们的卓越技艺。家庭仪式也非常隆重。例如,阿列克谢众多亲属的命名日都要通过同名圣徒的纪念盛宴游行或礼拜庆祝。②

关于沙皇日程(vykhody)的详细记录不仅停留在世俗活动层面。由于大多数公共场合都禁止妇女出入,西方宫廷生活中的舞会(包括化装舞会)是不可能出现在俄国的。③ 但我们不应因此将宗教和世俗活动完全割裂。命名日礼拜结束后,特制的糕饼会被分发给朝臣和牧师。婚礼和皇室成员诞生日会举办歌唱和玩乐的奢华宴会。阿列克谢为举行夏季休闲活动而维护着一些乡村宫殿,例如在科罗缅斯科耶(见下文)和伊斯梅洛沃(Izmailovo),这些宫殿有着带温室和动物园的花园。他尤其热衷于狩猎,并为"光荣的驯鹰运动"编订了一本仪式规则书。④

米哈伊尔制定了一项在历史悠久的市中心修建建筑的计划。17世纪30年代,俄国建筑大师们建造了克里姆林的特雷姆宫(Terem palace),不仅宫中的众多礼拜堂,就连皇室居住区都装饰着将莫斯科统治者与其《圣经》中的前辈相提并论的宗教壁画。宗教与世俗空间并无明确界限。同一时期,为纪念1612年的民族抵抗运动,在红场修建了喀山圣母像大教堂(cathedral of the Icon of Our Lady of Kazan')。⑤ 纪念该运动及其他奇迹圣像的巡游宴会在17世纪每年上演数次。1625年,莫斯科人庆祝获得了基督的衣物碎片。"吾主圣

---

① 参见 Robert O. Crummey, "Court Spectacles in Seventeenth-Century Russia: Illusion and Reality", in D. C. Waugh (ed.), *Essays in Honor of A. A. Zimin* (Columbus, Oh.: Slavica, 1985), pp. 130-146; Paul Bushkovitch, "The Epiphany Ceremony of the Russian Court in the Sixteenth and Seventeenth Centuries", *RR*, 49 (1990): 1-18。

② 参见 Philip Longworth, *Alexis Tsar of All the Russias* (London: Secker and Warburg, 1984); Lindsey Hughes, "The Petrine Year: Anniversaries and Festivals in the Reign of Peter the Great (1682-1725)", in Karin Friedrich (ed.), *Festive Culture in Germany and Europe from the 16th to the 20th Century* (Lewiston, N.Y.: Mellen Press, 2000), pp. 148-168。

③ 参见 Isolde Thyrêt, *Between God and Tsar. Religious Symbolism and the Royal Women of Muscovite Russia* (DeKalb: Northern Illinois University Press, 2001)。

④ Longworth, *Alexis*, pp. 118-120.

⑤ William C. Brumfield, *A History of Russian Architecture* (Cambridge: Cambridge University Press, 1993), pp. 141-145.

衣收取节"(Deposition of the Robe of Our Lord,7 月 10 日)是礼仪日历中新增的几个节日之一,它构成了宫廷文化生活的基础。① 1642—1643 年,来自俄国各地的艺术家团队按照旧图像轮廓重新绘制了克里姆林圣母升天大教堂的壁画。从 1652 年开始,天使长主教座堂中描绘罗斯王公和沙皇的壁画也进行了类似的翻新。② 但我们并没有沙皇米哈伊尔的真像,尽管有记录显示,克里姆林作坊曾为其制作肖像(obraz,意为拜占庭风格),以向国外展示。③

　　罗曼诺夫王朝对此的继承是落后的,但也推动了创新。国家的复兴与独立需要军队、盟友、贸易和外国专家,其中最需要的是军事专家。17 世纪 20 年代,苏格兰工程师克里斯托夫·加洛韦(Christopher Galloway)为克里姆林的救世主塔增添了具有哥特和文艺复兴时期特征的华丽上部,并安装了时钟。瑞典人约翰·克里斯特勒(Johann Kristler)为莫斯科河设计了一座从未完工的大桥。④ 1643 年,荷兰人汉斯·德特尔斯(德特森)[Hans Deters (Deterson)]成为第一位到来的西方画家。俄国精英阶层对外国"新奇事物"及其"狡猾"技术手段(khitrosti)的喜好与日俱增。与此同时,牧首费拉列特禁止出版立陶宛书籍,以抵制"混乱时期"泛滥的"拉丁"影响。开放吸收新思想与保护东正教免受异端邪说侵害之间存在矛盾是 17 世纪的一个显著特点。

三、建筑与雕塑

　　"混乱时期"后建造的第一批砖石结构教堂延续了 16 世纪的趋势——在圆顶的细长鼓形或帐篷(shater)屋顶下修建了层层叠叠的科科什尼克

---

① 参见 Hughes,"Petrine Year' and her 'The Courts of Moscow and St Petersburg. c. 1547 - 1725'",in John Adamson (ed.),*The Princely Courts of Europe 1500 - 1750* (London: Weidenfeld and Nicolson, 1999),pp. 294-313。

② I. L. Buseva-Davydova, *Khramy Moskovskogo Kremlia: sviatyni i drevnosti* (Moscow: Nauka, 1997),pp. 42-43,103-104.

③ B. N. Floria,"Nekotorye dannye o nachale svetskogo portreta v Rossii",*Arkhiv russkoi istorii*,1 (1992):137-139;Frank Kämpfer,*Das russische Herrscherbild von den Anfängen bis zu Peter dem Grossen. Studien zur Entwicklung politischer Ikonographie im byzantinischen Kulturkreis* (Recklinghausen: A. Bongers, 1978),pp. 211-212.

④ Jeremy Howard,*The Scottish Kremlin Builder: Christopher Galloway* (Edinburgh: Manifesto,1997);Lindsey Hughes,"The West Comes to Russian Architecture",in Paul Dukes (ed.),*Russia and Europe* (London: Collins and Brown,1991),pp. 24-47.

(kokoshnik)檐口。(17 世纪 50 年代,牧首尼康以不合教规为由禁用了"帐篷"教堂。)尼基特尼基的五圆顶圣三一教堂(1631—1653 年)是 17 世纪教会建筑的代表,为居于红场不远处的一位富商所建(见插图 24)。① 建筑师丰富的想象力体现在美丽的附属建筑(带有帐篷顶的钟楼和门廊)与外部装饰上。科科什尼克式屋檐和装饰性砖砌结构,同改良版西方柱式元素,如凹陷的半圆柱、古典的窗框、花饰和檐口相映成趣。教堂内部没有墩柱,却布满壁画。全俄国的城镇、村庄和修道院都修建了类似的教堂,这是经济复苏的实证。在伏尔加河畔的商业城市雅罗斯拉夫尔,商人们建造了数十座教堂,教堂外部装饰华丽,可以说有着一层名副其实的砖雕和多色陶瓷"外壳",内部则是色彩绚丽的壁画。② 在大罗斯托夫和由牧首尼康建立的新修道院都实施了令人印象深刻的建筑项目。

苏联学者将此类建筑与"世俗化"(obmir-shchenie)联系在一起。他们认为,通过将穹顶简化为单纯的装饰物,并用雕花窗框将外墙衔接起来,建造者们把教堂打造得如同宫殿,破坏了教堂的神圣性,但显然无论建造者还是教徒都没有这种想法。独特的轮廓和奢华的装饰使这些教堂成为赞美上帝的醒目地标。

"装饰"风格到达顶峰的标志,是"莫斯科巴洛克"(19 世纪末的术语)风格从 17 世纪 70 年代末开始风靡于首都及周边地区,在地方则一直持续到 18 世纪。③ 建筑师们在结构和装饰元素的排序上表现出一种精致的对称感和规律性,几乎用源自古典柱式的图案完全取代了俄式装饰:山墙饰半身柱,带有残缺花饰、涡纹、凹槽的底座、窗框和门廊,扭曲的柱子以及贝壳状屋檐。17 世纪 80 年代,索菲娅公主委托不知名的俄国工匠为莫斯科新圣女修道院(Novodevichii convent)建造了大量此类建筑,给人留下深刻印象。市政建筑也按照类似原则建造,例如瓦西里·戈利岑王公的莫斯科宅邸(17 世纪 80 年代)和红场中心药店(17 世纪 90 年代)。

"莫斯科巴洛克"风格的所谓"八角垒立方"教堂在结构上有所创新。其中

① Brumfield, *History*, pp. 147-149.
② Ibid, pp. 158-164.
③ 参见 Cracraft, *Architecture*, pp. 85 - 109; Lindsey Hughes, "Western European Graphic Material as a Source for Moscow Baroque Architecture", *SEER*, 55 (1977): 433-443; and her "Moscow Baroque — A Controversial Style", *Transactions of the Association of Russian-American Scholars in USA*, 15 (1982): 69-93。

的代表性建筑是位于菲利的代祷教堂,由不知名建筑师于 1690—1693 年为彼得一世的叔叔列夫·纳雷什金(Lev Naryshkin)建造,其塔楼为倒八角形,两侧有四个配楼,每个配楼都为圆顶,并装饰有精雕细琢的石灰石细节(见插图 25)。内部的镀金圣像柱上挂有圆形和八角形,以及"标准"长方形圣像,所有圣像都带有明显的"意大利风格",与传统的俄罗斯-拜占庭绘画大相径庭。① 这座教堂和其他塔式教堂,如特罗伊采-雷科沃(Troitse-Lykovo)的圣三一教堂和乌博雷(Ubory)的救世主教堂[由该风格的代表人物雅科夫·布赫沃斯托夫(Iakov Bukhvostov)设计],可能都参照了俄国木质建筑原型,并受到鲁塞尼亚风格的影响。来自白俄罗斯和乌克兰的工匠通过木雕和装饰陶瓷,引入了波兰巴洛克和文艺复兴时期的建筑元素。"兄弟"国家的文化互动理论与苏联的意识形态框架不谋而合,但俄罗斯的"兄长"地位限制了其对这种借鉴的认可程度,俄国的主要宗教特征也是如此。② 这一问题还需更加深入的研究。

　　西方建筑理念源自军械库(见下文)和外交部门的工坊,在那里,工匠可以接触到印刷品、地图和图解书籍。③ 沙皇阿列克谢拥有一本关于"德意志各邦石质建筑"的书和维尼奥拉(Vignola)、帕拉第奥(Palladio)及其他文艺复兴与巴洛克时代理论家的作品集。俄国建筑师(zodchie)④并不具备五种建筑柱式的理论基础,而且据我们所知,他们都没有关于西方建筑的第一手经验,尽管有些人去过乌克兰。不过,一些潜在的赞助人在国外获得了灵感,尤其是阿列克谢本人。据他的英国医生塞缪尔·柯林斯(Samuel Collins)称,17 世纪 50年代,阿列克谢在立陶宛和波罗的海进行军事活动时接触到的城市建筑和巨头庄园,激发了他改造自己住宅的灵感。⑤ 一些俄罗斯人甚至可能冒险进入莫斯科的"外国人定居区",参观那里的新教教堂、商店和酒馆,哪怕进入外国人

---

① 参见 N. Gordeeva and L. Tarasenko, *Tserkov' Pokrova v Filiakh* (Moscow:"Izobrazitel'noe iskusstvo",1980);Brumfield,*History*,pp. 184-193。

② 参见 Lindsey Hughes,"Byelorussian Craftsmen in Seventeenth-Century Russia and their Influence on Muscovite Architecture",*Journal of Byelorussian Studies*,3 (1976):327-341。关于更宏观的问题,参见 Max Okenfuss,*The Rise and Fall of Latin Humanism in Early-Modern Russia: Pagan Authors*,*Ukrainians*,*and the Resiliency of Muscovy* (Leiden and New York:Brill,1995);and editors' introduction to Baron and Kollmann (eds.),*Religion and Culture*,pp. 3-16。

③ S. P. Luppov,*Kniga v Rossii XVII veka* (Leningrad:Nauka,1970);Hughes,"Western European Graphic Material"。

④ 外来词"arkhitektor"和"arkhitektura"首次出现于 17 世纪 90 年代末至 18 世纪初。

⑤ Samuel Collins,*The Present State of Russia* (London,1671),pp. 64-65。

定居区的禁令限制了其影响力。①

　　位于科罗缅斯科耶的沙皇阿列克谢的木质宫殿(17 世纪 60 年代至 70 年代)显示了 17 世纪俄国建筑的混合性(见插图 26)。这座宫殿的工程总监西蒙·彼得罗夫(Simon Petrov)不是建筑师,而是一位木匠大师。他和他的工人采用了传统的木质结构,但增加了残缺花饰和扭曲的柱子。天花板上绘有十二星座和四季,鲁塞尼亚的工匠们还制作了一些"新奇之物",如狮子形的自动装置。沙皇的木质宫殿是木匠技艺的独特展示,在 17 世纪的俄国,木匠技艺在城市和乡村景观中都占据主导地位。由于这一时期保存完好的木质建筑极少,俄国也没有卡纳莱托(Canaletto,18 世纪意大利著名风景画家)等人留下记录,我们只能从微型画和圣像中的风格化图像,以及外国人的素描中重现城市景象。②

　　木质品,尤其是圣像台,大多保存在室内。在距莫斯科较远的地方,工匠们不仅从事雕刻,还制作立体的宗教图像,类似高浮雕图像。最受欢迎的内容是莫扎伊斯克的圣尼古拉和圣帕拉斯科娃。③ 俄国最早的独立石雕作品是杜勃罗维茨圣灵显现塔教堂(tower church of the Sign at Dubrovitsy,1690—1704 年)外的圣徒雕像。这座教堂的设计也与东正教传统大相径庭——没有圆顶,取而代之的是镂空的皇冠。教堂内部有拉丁文铭文。④ 该教堂的主人是彼得一世的家庭教师鲍里斯·戈利岑亲王,他懂得拉丁语并能接触到意大利工匠,其西化品味使得教堂建立在杜勃罗维茨,展现出"过渡时期"文化的极致。直到 18 世纪,"雕刻人像"一直受到强烈抵制。

四、军械库: 圣像、肖像、应用艺术

　　克里姆林军械库(Oruzheinaia palata)建立于 16 世纪初,由一系列工作室

① 参见 Lindsey Hughes, "Attitudes towards Foreigners in Early Modern Russia", in Cathryn Brennan and Murray Frame (eds.), *Russia and the Wider World in Historical Perspective: Essays for Paul Dukes* (Basingstoke: Macmillan, 2000), pp. 1-23。

② Cracraft, *Architecture*, pp. 40-42.

③ 参见 T. M. Kol'tsova (ed.), *Reznye ikonostasy i dereviannaia skul'ptura Russkogo Severa. Katalog vystavki* (Archangel and Moscow: MKRF, 1995)。

④ Brumfield, *History*, pp. 189-190; T. A. Gatova, "Iz istorii dekorativnoi skul'ptury Moskvy nachala XVIII v.", in T. V. Alekseeva (ed.), *Russkoe iskusstvo XVIII veka* (Moscow: "Iskusstvo", 1968), pp. 40-41.

组成,为沙皇的仪式和日常使用制作、储存和修理优质物品。1654—1680 年间,在独裁波雅尔波格丹·希特罗沃(Bogdan Khitrovo)手下,它成了一所名副其实的"艺术学院"。①

皇家教堂和宅邸大量使用圣像,军械库的工作室雇用了国内最优秀的圣像画家(ikonopistsy)。最著名的是西蒙·乌沙科夫(Simon Ushakov,1629—1686 年),他被视为"过渡时期"的代表人物,是圣像绘画新效果的先驱,却从未完全成为一名架上画家。② 他尤以擅长运用明暗效果而闻名,特别是人物脸部的效果,其传统作品《非人手创造的救世主》(Christ Not Made by Hands)就是一个例子。乌沙科夫熟悉西方艺术。例如,他的圣像画《旧约三位一体》(The Old Testament Trinity,1671 年)背景中的古典拱门就借自意大利画家保罗·委罗内塞(Paolo Veronese)一幅画作的复制版画。1656—1666 年间,同为圣像画家的约瑟夫·弗拉基米罗夫(Iosif Vladimirov)致信乌沙科夫,问道:"人们怎么能说只有俄国人才能画圣像,只有俄国的圣像绘画才能受到尊敬,而其他国家的圣像绘画既不应保留也不应尊敬呢?"在据称为乌沙科夫所写的回信中,他强调图像绘制对于纪念过去和记录现在都非常有用,并将画家的技艺与镜子的特性相比。③ 不过,他始终坚定地站在东正教立场上。

圣像画《种下莫斯科大公国之树》(The Planting of the Tree of the Muscovite Realm,1668 年)多方面地展示了乌沙科夫的艺术。画中包括沙皇阿列克谢、其首任妻子玛丽亚以及他们的两个儿子,这是现存唯一确定是沙皇生前创作并由艺术家签名的沙皇"肖像"(此前圣像画均为匿名,这一事件本身就证明了艺术自主性的增长)。这幅画还准确地展现了克里姆林的城墙和救世主塔(Spasskii tower)。然而,它并非"破坏了俄国早期艺术宗教-象征基础"

---

① 参见 Lindsey Hughes, "The Moscow Armoury and Innovations in 17th-Century Muscovite Art", *CASS*, 13 (1979): 204-223; Cracraft, *Imagery*, pp. 107-115。
② 苏联流行观点参见 N. G. Bekeneva, *Simon Ushakov 1626 - 1686* (Leningrad: Khudozhnik RSFSR, 1984)。另参 V. G. Briusova, *Russkaia zhivopis' XVII veka* (Moscow: Iskusstvo, 1984); Lindsey Hughes, "The Age of Transition: Seventeenth-Century Russian Icon-Painting", in Sarah Smyth and Stanford Kingston (eds.), *Icons 88* (Dublin: Veritas Publications, 1988), pp. 63-74。
③ "Poslanie nekoego izografa Iosifa k tsareva izografu i mudreishemu zhivopistsu Simonu Ushakovu" and "Slovo k liuboshchatel'nomu ikonnogo pisaniia" (c.1667), as cited in Cracraft, *Imagery*, pp. 82-88.

的"现实主义"的载体①,这幅圣像画依照传统无视时间、空间和透视规律,将天与地、不同时代的建筑和圣徒融合在一起,以 12 世纪的弗拉基米尔圣母形象为主持。② 统治者及其家人祈求或祈祷的姿势与拜占庭传统存在一定的相似性。另一个例子是军械库画家伊凡·萨尔塔诺夫(Ivan Saltanov)创作的圣像画《向赐予生命的十字架致敬》(Honouring the Life-Giving Cross,1677—1678 年),画中君士坦丁大帝和圣海伦娜与阿列克谢、玛丽亚、牧首尼康一起瞻仰十字架。③

显然,乌沙科夫和萨尔塔诺夫都无意描绘一些现代历史学家所谓的"世俗与宗教之间的斗争"④。最近,俄国学者将研究重点从乌沙科夫作品的新颖性转移到其传统元素——拜占庭、基辅和莫斯科元素上,并将它归入"中世纪晚期"。⑤ 画家费奥多尔·祖博夫(Fedor Zubov,逝于 1689 年)的一些圣像画直接临摹自外国宗教画,例如创作于 1685 年的《受难图》(Crucifixion)。在这幅画中,基督的双手和身体两侧滴下鲜血,而东正教圣像画通常隐去血迹。但他也遵循严格的东正教风格,《圣母诞生》(Nativity of the Mother of God,1688年)等圣像画因其风格化的装饰、复杂的建筑和风景细节,以及对织物的高光处理而引人注目。⑥ 当时的其他主要画家,如卡尔普·佐洛塔廖夫(Karp Zolotarev)、伊凡·贝兹明(Ivan Bezmin)和基里尔·乌兰诺夫(Kirill Ulanov),都在采用某些"意大利式"风格特征的同时,仍然忠于东正教圣像学。⑦ 不过,

---

① E. S. Ovchinnikova, *Portret v russkom iskusstve XVII veka* (Moscow: Iskusstvo, 1955), p. 13. 另参 I. E. Danilova and N. E. Mneva, "Zhivopis' XVII veka", in I. E. Grabar' (ed.), *Istoriia russkgo iskusstva*, 12 vols. (Moscow: AN SSSR, 1953-1961), vol. IV (1959), p. 380.

② Lindsey Hughes, "Simon Ushakov's Icon 'The Tree of the Muscovite State' Revisited", *FOG*, 58 (2001): 223-234; Thyrêt, *Between God and Tsar*, pp. 70-78; Kämpfer, *Herrscherbild*, pp. 227-230.

③ Ibid, plate 138, and pp. 233-234.

④ Ovchinnikova, *Portret*, p. 22. 关于"此类绘画主题或风格的'世俗'程度"的夸张描写,参见 Cracraft, *Imagery*, p. 19。

⑤ E. S. Smirnova, "Simon Ushakov — 'Historicism' and 'Byzantinism': On the Interpretation of Russian Painting from the Second Half of the Seventeenth Century", in Baron and Kollmann (eds.), *Religion and Culture*, pp. 170-183.

⑥ 参见 V. G. Briusova, *Fedor Zubov* (Moscow: "Izobrazitel' noe iskusstvo", 1985), pp. 150-154.

⑦ A. A. Pavlenko, "Karp Zolotarev i Moskovskie zhivopistsy poslednei treti XVII v.", in *Pamiatniki kul'tury. Novye otkrytiia. 1982* (Leningrad: Nauka, 1984), pp. 301-316; A. A. Pavlenko, "Evoliutsiia russkoi ikonopisi i zhivopisnoe masterstvo kak iavlenie perekhodnogo perioda", in *Russkaia kul'tura v perekhodnyi period ot Srednevekov'ia k novomu vremeni* (Moscow: Institut rossiiskoi istorii RAN, 1992), pp. 103-108; Kostotchkina, "Baroque", pp. 100-131.

在西方艺术中长期独立地属于世俗背景的风景和静物等题材,在俄国仍被归于圣像和壁画的范畴。

苏联学者曾试图寻找莫斯科以外的独特圣像画"流派",例如古里·尼基京(Gurii Nikitin)的科斯特罗马工作室①,但其研究受到意识形态的影响,意图在远离沙皇宫廷压迫的"民主艺术"中寻求"进步"特征。雅罗斯拉夫尔、乌斯秋格、沃洛格达和其他地区中心也诞生了高质量的圣像画。斯特罗加诺夫流派则以细节如微缩画一般精美的小型圣像画著称。17 世纪圣像画的特点是精巧的装饰效果、奢华的黄金和绚丽色彩的使用,这些在应用艺术中也有所体现。镀金银器上的彩色珐琅(索里维切戈茨克的特产)、装饰性皮革制品以及用金银线和珍珠籽缝制的布料,展示了传统花纹和西方图案的混合。②

最"民主"的宗教艺术形式是绘制圣像画内容的单张木版画(lubki),其边框通常装饰有花卉和几何图案,在各阶层民众中广泛流传。瓦西里·科伦(Vasilii Koren)绘制插图的《圣经》和《启示录》(1692—1696 年)就包含一整套单张木版画,其中融合了民间和巴洛克图案。有的版画用于礼仪目的,例如用在圣坛上的印刷圣餐布(antiminsy);还有的则选择非宗教的主题,例如《虔诚者与不虔诚者的宴会》(The Feast of the Pious and Impious)和《老鼠葬猫》(The Mice Bury the Cat,见插图 27)。③ 最精致的版画来自乌克兰,乌克兰艺术家利用木块和金属块作画,用于宗教书籍,以及基辅学院辩论的寓言式结论和节目单。④ 17 世纪 80 年代,这一艺术传至莫斯科。卡里翁·伊斯托明(Karion Istomin)的插图《字母表》(Bukvar')是最宏大的官方绘图项目之一,它最初是为皇室儿童制作的手稿,后来于 1694 年印刷。《字母表》中配合各个西里尔字母的很多插图都是从西方复制的。

在军械库和其他工作室,俄国艺术家与外国画家一起工作,其中包括波兰人斯坦尼斯瓦夫·洛普斯基(Stanisław Loputskii)、德意志人(一说荷兰人)丹尼尔·乌希特斯(Daniel Wuchters,1663—1667 年在俄)和"透视大师"彼得·

---

① V. G. Briusova, *Gurii Nikitin* (Moscow: "Izobrazitel'noe iskusstvo", 1982).

② Anne Odom, *Russian Enamels* (Baltimore: Walters Art Gallery, 1996); Kostotchkina, "Baroque", pp. 191-266.

③ 参见 E. A. Mishina, *Russkaia graviura na dereve XVII-XVIII vv.* (St Petersburg: Dmitrii Bulanin, 2000 [?]).

④ M. A. Alekseeva, "Zhanr konkliuzii v russkom iskusstve kontsa XVII — nachala XVIII v.", in T. V. Alekseeva (ed.), *Russkoe iskusstvo barokko* (Moscow: Nauka, 1977), pp. 7-29.

恩格斯(Peter Engles,17 世纪 70 年代至 80 年代)。① 西方艺术家带来了布面油画以及新的《圣经》和历史题材,包括古典历史场景,用于世俗建筑的内部装饰。遗憾的是,他们的作品留存很少,无法对其技艺做出评判,也无法准确界定他们的影响。由于东正教艺术传统、旅行机会的缺乏、技术知识的不足以及对古典历史和神话的无知,俄国艺术家对外界的接受能力和以成熟的西方风格进行创作的能力都受到限制。就我们所知,没有大师的作品可供其临摹。在使用外国范本的情况有据可查的例子,如对皮斯卡托(Piscator)插图版《圣经》的简易模仿中,俄国艺术家主要是在宗教背景下工作。②

1683 年,在乌沙科夫的领导下成立了一个单独的军械库非宗教艺术工作室(zhivopisnaia palata)。③ 军械库 1687—1688 年的就业名册记录了 27 名圣像画师(ikonopistsy)和 40 名写生画师(zhivopistsy),后者负责制作地图和图表、印刷品、旗帜、戏剧布景(为沙皇阿列克谢昙花一现的剧院所作,见下文)、装饰家具、复活节彩蛋、棋具和儿童玩具等物品。圣像画师的技能也变得多样化。例如,1681 年,瓦西里·波兹南斯基(Vasilii Poznanskii)在一份请愿书中宣布他同时精通圣像画和写生画,可以创作历史题材的画作,进行"透视"研究,并绘制肖像画。④

引入世俗肖像(parsuna/persona,该术语通过波兰语借自拉丁语)是一项重大创新。⑤ 已知最早的例子是米哈伊尔·斯科平-舒伊斯基王公和沙皇费奥多尔·伊凡诺维奇的遗像(17 世纪 30 年代?),它们是木版蛋彩画的圣像式研究。⑥ 用油彩在画布上绘制的、脱离圣像构图或王朝周期的俄国人独立肖像,在 17 世纪 80 年代之前极为罕见。虽然有文献证明 17 世纪 50—60 年代有人绘制过肖像画,但很难找到保存下来的例子。例如,乌沙科夫的肖像画就无一留传。关于俄国艺术家绘制生活中人物肖像的第一份书面材料,是费奥多尔·尤里耶夫(Fedor Iur'ev)1671 年对沙皇阿列克谢的研究,但该研究也并未

① Cracraft, *Imagery*, pp. 115-119.
② 例如 1643 年阿姆斯特丹首次出版的《圣经手册》(*Theatrum Biblicum*)。参见 Hughes, "Moscow Armoury", p. 212；Cracraft, *Imagery*, pp. 94-96。
③ Hughes, "Moscow Armoury", pp. 208-209.
④ Ovchinnikova, *Portret*, p. 29.
⑤ 参见 Lindsey Hughes, "Images of the Elite: A Reconsideration of the Portrait in Seventeenth-Century Russia", *FOG*, 56 (2000): 167-185.
⑥ 参见 Kämpfer, *Herrscherbild*, pp. 174-176；illustrations in Ovchinnikova, *Portret*, p. 59.

留存下来。① 现存最大的肖像作品集是包含了俄国和外国统治者肖像的《名人录》(*Tituliarnik*),这是军械库艺术家在 1672—1673 年为外交部门制作的一种王朝参考书。这些肖像高度风格化,通过铭文和相应的纹章来辨别个人身份。沙皇阿列克谢与 12 世纪的弗拉基米尔·莫诺马赫大公几乎没有区别。②

　　沙皇费奥多尔·阿列克谢耶维奇的短暂统治(1676—1682 年)是世俗肖像演变的关键时期,在此期间波兰文化的影响进一步扩散。1677 年,沙皇费奥多尔向费奥多尔·祖博夫订购了沙皇米哈伊尔和沙皇阿列克谢陵墓的遗像,1682 年又向伊凡·萨尔塔诺夫订购了自己父亲的两幅半身肖像画。米哈伊尔和阿列克谢罕见的"朴素"骑马图也是费奥多尔在位时创作的,由蛋彩颜料在画布上绘制而成,背景则是圣像画般的金色。③ 1678 年,伊凡·贝兹明前往皇宫为沙皇作画(pisal gosudarskuiu personu)。④

　　现存最著名的沙皇阿列克谢油画或许就能追溯至这一时期。这种僵硬而风格化的、身着华服的拜占庭式沙皇形象,显示出画家对背景和脸部的塑造逐渐趋于立体。这幅画及费奥多尔本人的一幅木版遗像,与一个多世纪前在英国绘制的都铎王朝国王和女王的静态装饰性木版画类似,都着重表现了奢华的织物、宝石和纹章。⑤

　　从 17 世纪 80 年代开始,波雅尔也出现在架上肖像中。这些肖像画仿照了波兰-立陶宛和乌克兰贵族僵硬正式的"萨尔马提亚式"肖像。⑥ 据说由乌克兰人列昂季·塔拉谢维奇(Leontii Tarasevich)创作的瓦西里·瓦西里耶维奇·戈利岑王公画像(约 1687 年)包含了他的盾形纹章和纹章诗,其复制版画显示该画像完全是波兰-乌克兰风格。⑦ 戈利岑是少数懂拉丁语的俄国人之一,他

① Ovchinnikova, *Portret*, p. 27.

② 参见 V. Kostsova, "Tituliarnik sobraniia Gosudarstvennogo Ermitazha", *Trudy Gosudarstvennogo Ermitazha*, 3 (1959):16 - 40;Cracraft, *Imagery*, pp. 68 - 70;Kostotchkina, "Baroque", pp. 82 - 84。

③ Ovchinnikova, *Portret*, pp. 27-28;Danilova and Mneva, "Zhivopis'", p. 457.

④ A. E. Viktorov, *Opisanie zapisnykh knig i bumag starinnykh dvortsovykh prikazov*, 1584 - 1725 g., 2 vols. (Moscow:Arkhipov, 1883), vol. II, p. 446.

⑤ Hughes, "Images", 177;Kämpfer, *Herrscherbild*, pp. 214, 242;Briusova, *Russkaia zhivopis'*, plate 36.

⑥ 参见 L. I. Tananaeva, "Portretnye formy v Pol'she i v Rossii v XVII v. Nekotorye sviazi i paralleli", *Sovetskoe iskusstvoznanie'*, 81 (1982), pp. 85-125;Cracraft, *Imagery*, pp. 190-191;Hughes, "Images", 172-173。

⑦ Lindsey Hughes, *Sophia Regent of Russia 1657 - 1704* (New Haven:Yale University Press, 1990), pp. 144-145.

拥有"德意志"版画、地图、乐器、外国书籍、钟表、家具和镜子,还和另一位波雅尔阿尔塔蒙·马特维耶夫一样,都拥有一个肖像画廊。马特维耶夫有一位苏格兰妻子,他会在家中上演戏剧,并聘请外国家庭教师教儿子拉丁语和希腊语。①

这两个人都是特例。即使考虑到几个世纪以来贵族财产的极高破坏率,留存下来的不多的 17 世纪肖像画也无法证明肖像画"广泛分布……无论是在首都,还是在其他地方"②。詹姆斯·克拉克拉夫特(James Cracraft)认为,莫斯科肖像画"按照当时的西欧标准是非常守旧甚至落后的"③。然而,我们应该加一句,"西欧标准"绝非一致的专业标准,由半受训或从未受过训练的地方艺术家绘制的"朴素"肖像画,仍然是整个欧洲宫廷以外的常态。问题的关键在于,肖像画在俄国还是一种新鲜事物,而在西欧的大部分地区却已司空见惯。

在女性肖像画方面,俄国与西方的差距最大。最近的研究认为,宗教象征和修辞赋予了莫斯科王室女性权力:例如,在克里姆林宫接待室的壁画中,就有来自《圣经》和拜占庭的强势女性统治者形象。④ 但由于精英女性仍然处于半隐居状态,活人女性肖像依然是罕见的。已知的第一幅独立女性肖像描绘的是索菲娅公主 1682—1689 年摄政时期的形象。阿姆斯特丹的一幅索菲娅版画周围甚至环绕着七个寓言美德天使和拉丁文诗句(见插图 28)。所有索菲娅肖像都强调了统治者的传统象征——以双头鹰为背景的徽章。⑤ 在俄国,人们不会赞美女性的美丽和性感,这种情况持续了一段时间。当 17 世纪晚期英

① 关于戈利岑,参见 Lindsey Hughes, *Russia and the West*, *the Life of a Seventeenth-Century Westernizer*, *Prince V. V. Golitsyn* (1643-1714) (Newtonville, Mass.: ORP, 1984); A. Smith, "The Brilliant Career of Prince Golitsyn", *HUS*, 19 (1995): 639-654; Richard Hellie, *The Economy and Material Culture of Russia 1600-1725* (Chicago: University of Chicago Press, 1999), pp. 571-627. 罗伯特·O. 克拉米写道:"只有一名波雅尔……戈利岑,可以自称为新文化标准全心全意的遵从者。"*Aristocrats and Servitors: The Boyar Elite in Russia*, *1613-1689* (Princeton: Princeton University Press, 1983), p. 161. 关于马特维耶夫,参见 Paul Bushkovitch, *Peter the Great. The Struggle for Power*, *1671-1725* (Cambridge: Cambridge University Press, 2001), pp. 43-79.
② Ovchinnikova, *Portret*, p. 101.
③ Cracraft, *Imagery*, p. 192.
④ 参见 Thyrêt, *Between God and Tsar*; Lindsey Hughes, "Women and the Arts at the Russian Court from the 16th to the 18th Century", in J. Pomeroy and R. Gray (eds.), *An Imperial Collection. Women Artists from the State Hermitage* (Washington, DC: National Museum of Women in the Arts, 2003), pp. 19-49.
⑤ 参见 Hughes, *Sophia*, pp. 139-144; and her "Sophia, 'Autocrat of All the Russias': Titles, Ritual and Eulogy in the Regency of Sophia Alekseevna (1682-1689)", *Canadian Slavonic Papers*, 28 (1986): 266-286.

国进入"招贴画时代",王室情妇和各种女演员(有时是裸体)的印刷品广泛出售时,大多数莫斯科公国女性却是不见天日的。[①] 为数不多的已知 17 世纪女性油画诞生于 90 年代,例如沙皇费奥多尔的遗孀玛莎(Martha),身着朴素莫斯科长袍,披挂头巾;以及彼得一世的母亲纳塔利娅·纳雷什金娜,她的头发被一条像修女面纱一样的黑色围巾遮住。[②]

五、戏剧与音乐

1672 年 10 月,阿列克谢在莫斯科郊外的普列奥勃拉任斯科耶(Preobrazhenskoe)观看了由路德教牧师导演、德意志业余演员表演的"亚哈随鲁和以斯帖的戏剧"(Play of Ahasuerus and Esther),这是宫廷中首次上演此类戏剧。沙皇了解其他君主对戏剧的热情,十年前曾指示代理人约翰·赫伯顿(John Hebdon)将演员带到莫斯科。业余戏剧先驱阿尔塔蒙·马特维耶夫劝说沙皇重启这一未竟的计划,并在 1672 年谢肉节上演了芭蕾舞剧《奥菲欧》(Orpheo)。[③] 阿列克谢时期剧院的保留剧目主要是宗教和道德题材,剧情以《圣经》故事为主,但也包含现代题材和滑稽幽默的元素。无论内容如何,所有剧目都拥有壮观的灯光效果、"透视"布景和色彩艳丽的服装。《巴克斯喜剧》(The Comedy of Bacchus)中甚至出现了酒鬼、少女和熊的形象。[④] 这些表演在皇家宫殿内进行,观众有限,是宫廷娱乐的延伸。剧院直到沙皇去世后才投入使用,随后又在牧首的压力下关闭。而索菲娅公主创作和演出戏剧的传说没有任何依据。[⑤] 俄国第一家公共剧院于 1701 年在莫斯科开业,但并不成功。

[①] David Piper, *The English Face* (London: National Gallery, 1978), pp. 103-104.

[②] Cracraft, *Imagery*, pp. 206-208; Hughes, "Women"; and her "Images of Greatness: Portraits of Peter I", in *Peter the Great and the West: New Perspectives*, ed. L. Hughes (Basingstoke: Palgrave, 2000), pp. 250-270.

[③] Simon Karlinsky, *Russian Drama from its Beginnings to the Age of Pushkin* (Berkeley: University of California Press, 1985). 有关这一主题的文献发表于 S. K. Bogoiavlenskii, *Moskovskii teatr pri tsariakh Aleksee i Petre* (Moscow: Russkaia starina, 1914).

[④] 内容参见 O. A. Derzhavina et al. (eds.), *Ranniaia russkaia dramaturgiia XVII - pervaia polovina XVIII v.*, 5 vols. (Moscow: Nauka, 1972-1976);另参 L. A. Sofronova, *Poetika slavianskogo teatra XVII-XVIII vv.* (Moscow: Nauka, 1981)。

[⑤] Hughes, *Sophia*, pp. 173-175.

沙皇剧院加速了此前几乎无人知晓的西方乐器和乐谱的引进。剧院还以传统声乐为特色,一个世纪间通过乌克兰吸收了许多"新奇"元素,包括线性(五线谱)记谱法和多声部(分声部演唱)作品的增加。两个最负盛名的教堂合唱团分别属于沙皇和牧首。它们以及由修道院和个人组建的小型合唱团不仅演唱仪式音乐,而且表演教堂"幕间曲"(kontserty)和可以在家中演唱的精神颂歌(dukhovnye kanty)。最多产的宗教音乐作曲家之一是歌手瓦西里·季托夫(Vasilii Titov),他将西梅翁·波洛茨基的《韵律集》(*Psalter in Verse*)谱成乐曲。① 另一位作曲家尼古拉·迪列茨基(Nikolai Diletskii)是乌克兰人,曾在维尔纳学习。他翻译了第一部俄语乐理著作《乐理概念》(*Ideia grammatiki musikiiskoi*)。这一时期有许多声乐谱有待分析和出版。

器乐演奏受到教会限制,因为教会只允许在仪式中使用声乐。阿列克谢统治初期,"虔诚捍卫者"(Zealots of Piety)发起了一场运动,促使沙皇在 1645 年颁布了一项法令:"务必注意,无论在城镇还是乡村,都不得有可耻的表演和游戏,也不得有携带手鼓和笛子的吟游诗人。"手鼓、长笛和号角"无一例外"都要被摧毁。据一名外国目击者的消息,约有五车乐器被没收和烧毁。② 虔诚捍卫者针对的是异教艺人,宫廷活动和外交招待会上"体面的"乐器表演是被允许的。例如,1664 年,英国大使查尔斯·霍华德(Charles Howard)随员中的乐师们就进行了私人演出。沙皇阿列克谢雇佣了波兰风琴演奏家西梅翁·古特科夫斯基(Simeon Gutkovskii)。1671 年,在沙皇与纳塔利娅·纳雷什金娜的婚礼上则演奏了风琴、风笛和鼓。③ 尽管如此,阿列克谢起初对允许在新剧院演奏器乐还是有些犹豫,"因为这是新事物,而且在某种程度上属于异教行为,但当演奏者恳求道,没有音乐就无法组成合唱队,就像舞者没有腿就无法跳舞时,他有些不太情愿地将一切交给了演奏者自己决定"。外国乐师组成了伴奏乐团,有些音师甚至是专门从国外请来的。④ 1676 年,康拉德·范·克伦克

---

① 参见 Olga Dolskaya, "Choral Music in the Petrine Era", in A. G. Cross (ed.), *Russia in the Reign of Peter the Great: Old and New Perspectives* (Cambridge: Study Group on 18th-century Russia, 1998), pp. 173-174; and her "Vasilii Titov and the 'Moscow Baroque'", *Journal of the Royal Musical Association*, 118 (1993): 203-222。

② Adam Olearius, *The Travels of Olearius in Seventeenth-Century Russia*, ed. and trans. S. Baron (Stanford, Calif.: Stanford University Press, 1967), pp. 262-263.

③ 参见 C. R. Jensen, "Music for the Tsar: A Preliminary Study of the Music of the Muscovite Court Theatre", *Musical Quarterly*, 79 (1995): 371-372。

④ Jacob Reutenfels, quoted C. R. Jensen, "Music for the Tsar: A Preliminary Study of the Music of the Muscovite Court Theatre", *Musical Quarterly*, 79 (1995): 373.

(Konraad van Klenk)率领荷兰使团进入莫斯科时,迎接他们的是"持续不断的号角声和打击乐声",伴随着风笛和长笛声。[1] 此类音乐后来被固定用于彼得一世的阅兵和娱乐活动。

六、文学与智识生活:出版与印刷

　　文献资料和调查报告通常将 17 世纪和 18 世纪前几十年作为早期俄国文学的最后一章。它们极大地延续了 16 世纪的特征。圣徒传、圣母玛利亚的奇迹、民间传说等俄国传统文学为大多数阶层所喜爱。然而,越来越多新的"高雅"体裁——诗歌、戏剧、布道词,对传统文学进行了补充,以满足特定读者的需求。"美文"(belles lettres)概念的出现使得精英文学与通俗文学进一步割裂。[2] 不过,这一现象很少体现在印刷品中。纵观整个 17 世纪,官方印刷局——它在 17 世纪的大部分时间里是俄国唯一的出版社——只出版了不到十本非宗教内容的书籍,其中还包括 1649 年《会议法典》、梅列季·斯莫特里茨基的《语法》和步兵团训练手册。出版社最畅销的图书是教人识字的字母入门书,其次是《诗篇》。1601—1700 年间,官方印刷局的书籍总发行量仅为 483 册,其中超过 80％用于礼拜仪式。[3] 换句话说,印刷媒介几乎只用于宗教文本,而且大多是大部头的教会用书,世俗作品则仅限于手稿或口头传播。

　　采取西方标准的历史学家通常将俄国"书面文化"的落后归咎于缺乏知识。这种观点在西方旅行者(其中许多人受过某种形式的高等教育)的描述中反复出现。所谓"科学革命"的名人中少有俄国人不足为奇,因为莫斯科公国不仅没有大学、学院,甚至似乎缺少小学。一些东正教会人员将外国学问等同于"诡计"和"欺骗",加深了人们的负面印象。然而与此同时,我们不应夸大这种差距。即使是艾萨克·牛顿,一名虔诚的基督徒,也研究过占星术和炼金术等在今天看来并"不科学"的问题。对于当时整个欧洲的大多数民众而言,世

---

[1]　Jacob Reutenfels, quoted C. R. Jensen, "Music for the Tsar: A Preliminary Study of the Music of the Muscovite Court Theatre", *Musical Quarterly*, 79 (1995): pp. 375, 377, 382.

[2]　参见 E. K. Romodanovskaia, *Russkaia literatura na poroge novogo vremeni* (Novosibirsk: Nauka, 1994), esp. pp. 3–11.

[3]　Luppov, *Kniga*, p. 29.

界应用神意解释，而非物理定律。在所有地方，书面知识都局限于城市，是少数人的专利。哪怕是贵族也仅掌握了很少的古典语言和拉丁人文主义。[1]

在外国东正教知识中心用西里尔字母印刷的书籍，以及外文世俗书籍传到了俄国。政府部门委托翻译了医学和数学等世俗题材的书籍，各种手抄本在识字群体中流传，而蓬勃发展的口述传统则将其带到偏远的农村。"混乱时期"之后出现了许多历史叙事作品，例如阿夫拉米·帕利岑的《混乱史》（*Skazanie*）和卡特列夫-罗斯托夫斯基（Katyrev-Rostovskii）的《编年史》（*Book of Chronicles*），它们重述现实事件，并表现出对人物性格的兴趣。与之同时流传的还有关于冒险和神秘的虚构故事。通过波兰语翻译的《大镜》（*Magnum speculum exemplorum*）和《罗马故事集》（*Deeds of the Romans*）尤其受欢迎。贵族和城镇居民阅读骑士浪漫故事、流浪汉小说以及《酒鬼的故事》（*Liturgy to the Ale House*）和《谢米亚卡的审判》（*Shemiaka's Judgement*）等戏仿作品。"流氓文学"（literature of roguery）是一种新体裁，其中的人物不断改变自己，获得新的身份。[2] 这类故事包括《萨瓦·格鲁琴》（*Savva Grudtsyn*）和《弗罗尔·斯科比耶夫》（*Frol Skobeev*），后者因缺乏道德寓意而引人注目。苏联历史学家夸大了这类故事的意义，将其视为批判现状的"民主讽刺"，而现在我们可以对这些故事进行更加细致的解读，其中既有歌功颂德的元素，也有对外国和本土故事的借鉴。新的研究将这些故事的创作时间推到 17 世纪末，也将之推向了"文学舞台的边缘"。[3]

传统形式也可以容纳新内容，例如虔诚的平民妇女尤莉亚尼娅·拉扎列夫斯卡娅（Iuliania Lazarevskaia）的传记，由其子撰写，强调她的谦逊和仁慈，而非禁欲主义或奉行礼拜仪式。[4] 大主教阿瓦库姆的自传创作于 17 世纪 70 年代，描写了朴实的家庭生活场景，充满浓郁的乡土气息，并用修辞手法突出

[1] 参见以下文章中的观点：Paul Bushkovitch, "Cultural Change among the Russian Boyars 1650–1680. New Sources and Old Problems", *FOG*, 56（2000）：89–111。关于莫斯科公国的占星术和其他伪科学，参见 W. F. Ryan, *The Bathhouse at Midnight. An Historical Survey of Magic and Divination in Russia*（University Park, Pa.：Pennsylvania State University Press, 1999）；"Aristotle and Pseudo-Aristotle in Kievan and Muscovite Russia", in J. Kraye et al.（eds.）, *Pseudo-Aristotle in the Middle Ages*（London：Warburg Institute, 1986）, pp. 97–109。

[2] Marcia A. Morris, *The Literature of Roguery in Seventeenth- and Eighteenth-Century Russia*（Evanston, Ill.：Northwestern University Press, 2000）.

[3] Zhivov, "Religious Reform", pp. 188–189.

[4] 参见以下书中的讨论：Paul Bushkovitch, *Religion and Society in Russia. The Sixteenth and Seventeenth Centuries*（Oxford：Oxford University Press, 1992）, pp. 140–147。

了个人奋斗的主题。①

17 世纪上半叶,所谓的"衙门"或印刷局诗人的作品,反映了文学作为一种具有独特审美和形式要求的活动的出现。他们擅长用源自鲁塞尼亚模式的音节格律创作训谕诗、书信体长诗和呼吁书。② 第一部被翻译为俄语的修辞学专著可追溯至 1623 年。教会修订礼拜用书的计划加快了对新文学形式和体裁体系的吸收。例如,乌克兰学者和校对者埃皮法尼·斯拉维涅茨基(Epifanii Slavinetskii)是布道的主要先驱。

西梅翁·波洛茨基[谢米尔·加夫里洛维奇·彼得罗夫斯基-西尼安诺维奇(Samuil Gavrilovich Petrovski-Sinianovich),1629—1680 年]的职业生涯是拉丁/斯拉夫文学文化新趋势的典范。③ 这位在基辅受过教育的修士于 1664 年来到莫斯科,担任沙皇阿列克谢子女的家庭教师。他留下了大量手稿,其中既有宗教作品,也有世俗作品。此外,他还有著作出版,这令他成为极少数生前或死后不久就有印刷作品面世的活跃莫斯科作家之一。④ 他的大部分出版物都出自宫廷印刷局(Verkhniaia tipografia),该印刷局在 17 世纪 70 年代至 80 年代早期与官方印刷局并存。波洛茨基的《韵律集》(1680 年)非常畅销。而《多彩的花园》(*Vertograd mnogotsvetnyi*)是他留传下来的手稿之一,其中包含多达 2 763 首音节体训谕诗,诗的内容借自耶稣会士的拉丁文原作,以及《韵体圣诗选》(*Rifmologion*)中为皇家活动创作的诗句。波洛茨基还经常提到古典作家和古代故事。由乌沙科夫为《贝尔拉姆与约瑟伐特的历史》(*History of Barlaam and Josaphat*,1681 年)设计的扉页被誉为"俄国艺术家古典象征主义运用的第一个范例"⑤。总体而言,诗歌仍被视为一种高雅的精

---

① 参见 N. S. Demkova (ed.), *Sochineniia protopopa Avvakuma i publitsisticheskaia literatura rannego staroobriadchestva* (St. Petersburg: Izdatel'stvo S.-Peterburgskogo universiteta, 1998)。

② 参见 A. M. Panchenko (ed.), *Russkaia sillabicheskaia poeziia XVII-XVIII vv.* (Leningrad: Sovetskii pisatel', 1970); A. M. Panchenko, *Russkaia stikhotvornaia kul'tura XVII veka* (Leningrad: Nauka, 1973); Bushkovitch, *Religion*, pp. 140-145; D. I. Luburkin, *Russkaia novolatinskaia poeziia: materialy k istorii XVII - pervaia polovina XVIII veka* (Moscow: RGGU, 2000)。

③ Simeon Polotskii, *Simeon Polockij. Vertograd mnogocvetnyj*, eds. Anthony Hippisley and Lydia I. Sazonova, 3 vols. (Cologne: Böhlau, 1996-2000); L. I. Sazonova, *Poeziia russkogo barokko* (Moscow: Nauka, 1991)。

④ Bushkovitch, *Religion*, pp. 150-151。

⑤ Cracraft, *Imagery*, pp. 127, 155。

神活动。即便世俗诗歌也注重道德的提升,尤其强调抑制骄傲和贪婪。

在接受诗歌的同时,教育也得到了一定的发展。一些波雅尔向外国家庭教师学习拉丁语和波兰语。[1] 年轻的沙皇阿列克谢早年学习的是启蒙读物和《圣经》,后来则是宇宙学、天文学、力学、古代史和游记。一些附属于修道院[奇迹(丘多夫斯基)修道院、圣安德鲁修道院和扎伊科诺斯帕斯基(Zaikonospasskii)修道院]、莫斯科印刷局和政府部门的学校兴起,不过有关信息很零散。[2] 1667 年,沙皇阿列克谢之子阿列克谢在波洛茨基的指导下,面向波兰代表团发表了拉丁语和波兰语演讲。1682 年,他的另一个儿子即沙皇费奥多尔批准在莫斯科建立一所学院,教授语法、诗学、修辞学、辩证法、理性哲学、自然哲学、法律哲学和"自由科学"。其原型是 17 世纪 30 年代根据耶稣会模式在基辅建立的莫吉拉学院(Mohyla academy)。这一计划于 1685—1687年间在索菲娅的领导下得以实施,与此同时,斯拉夫-希腊-拉丁语学院正式开学。该学院所有课程都用拉丁语教授,教师均为教会人士。为实现世俗知识与信仰的协调,课程还包括耶稣会自然哲学背景下的亚里士多德宇宙论。[3]

七、结论:重新审视世俗化

我们对 17 世纪俄国文化的了解还远远不够。作品的署名和年代往往不精确,圣像画尤甚。现存古迹太少——例如木质建筑——以至于无法一概而论,或者根本没有留下任何实例——就像皇家宫墙上的"历史"绘画。手稿中新的文献不断被发现,同时,学者们也在不断修正已知作品的年代。地方文化尤其需要进一步研究。[4] 我们可以得出这样的结论:总的来说,"高雅的"俄罗斯-拜占庭东正教模式和"低级的"民间文化满足了 17 世纪莫斯科社会的大部分需求,反映了大多数莫斯科人仍然持有的世界观。因此,包括青年彼得大帝

---

[1]　Bushkovitch, "Cultural Change", 104-105.

[2]　A. Sakharov, et al. (eds.), *Ocherki po istorii russkoi kul'tury XVII veka*, 2 vols. (Moscow: MGU, 1979), vol. II, pp. 149-152.

[3]　参见 N. Chrissides, "Creating the New Educational Elite. Learning and Faith in Moscow's Slavo-Greco-Latin Academy, 1685-1694", unpublished PhD thesis, Yale University, 2000。

[4]　参见 Valerie Kivelson, *Autocracy in the Provinces. The Muscovite Gentry and Political Culture in the Seventeenth Century* (Stanford, Calif.: Stanford University Press, 1996)。

在内的沙皇们的肖像看起来更像拜占庭皇帝,而不是法国或英国国王;东正教教堂的设计仍然有别于天主教或新教;人们可以在大多数城镇买到圣像或《诗篇》,却买不到油画或诗集。与此同时,有力的证据表明,俄国人对西方文化某些方面的接受程度在不断提高,例如波雅尔精英渴望获得带有徽章的肖像画。借鉴和接受的模式表明他们羞怯地越来越依恋"西方",将其视为新思想的理想来源。这种思想经过"兄弟"文化(尤其是乌克兰)过滤,与外来习俗的危险论调碰撞,并受到经济和社会现实的限制。因此,17 世纪的莫斯科人未能吸收欧洲精英们许多习以为常的东西,包括雕像、古典宅邸和妻女画像。波雅尔仍然必须遵守皇家历法,在沙皇家庭以外的独立、参与性文化生活受到极大限制。不同于许多同时代的西方人,俄国波雅尔普遍不创作或演奏乐曲、不阅读或写作诗歌与哲学、不讲外语、不出国旅行,也对建筑学(而非房屋)、园艺或科学不感兴趣。不过也有例外,比如马特维耶夫和戈利岑,但总的来说莫斯科贵族相比他们的欧洲同僚,在成就和文化方面更接近国内大众。在 17 世纪的几位沙皇统治期间,艺术显然缺乏持续的"西化"计划。外国的"新奇事物"属于"封闭"社群,并不是为普罗大众准备的,更不会像后来彼得一世的服饰改革那样被强加给他们。宗教主导着高雅文化。

苏联历史学家通过强调宗教行为背后"人格价值的发现"(lichnost'),来处理既定宗教长期控制 17 世纪俄国文化这一尴尬的事实。他们贬低或否认宗教艺术的宗教性,转而强调其人性化(gumanitarnye)、大众化(narodnye)和"改善生活"(zhizneradostnye)的特质。① 他们还仔细研究圣像和壁画,寻找现实主义线索、自然主义风景、农民面貌和日常(bytovye)细节。苏联建筑史学家在用石头和砖块而非木材建造的民用和市政建筑数量的增加中发现了一种"进步"。宗教建筑也可能具有进步性的特征,例如他们宣称教堂在设计上"更加向市政建筑靠拢了"。苏联学者,尤其是斯大林时期的学者,淡化了对外国的借鉴,并夸大了新思想,特别是"民主"思想的本土根源。②

上述证据表明,传统宗教文化依然强大,西方世俗思潮只在一定范围内传播。沙皇阿列克谢在外国专家的帮助下进行园艺试验时,也通过泼洒圣水在

---

① 参见例如 Grabar', *Istoriia*, vol. I (1953), p. 504。
② 对于苏联学术问题的讨论,参见 Cracraft, *Architecture*, pp. 9–18; and Cracraft, *Imagery*, pp. 95–106。同时参见 Lindsey Hughes, "Restoring Religion to Russian Art", in G. Hosking and R. Service (eds.), *Reinterpreting Russia* (London: Arnold, 1999), pp. 40–53。

田野上画了十字架。他雇佣了外国医生，却也随身携带圣萨巴斯的牙齿来治疗牙痛。西梅翁·波洛茨基在其作品中明确写道"为了东正教基督徒的精神利益"（polzy radi dushevnyia pravoslavnykh khristian）。文学和艺术深深地根植于对严格等级制度的接受和一个充满对立的世界，在这个世界里，善恶缠斗，人们最终必须放弃世俗之物。

俄国人强烈反对宗教艺术中的"拉丁和路德教"创新。例如，1674 年，牧首约阿希姆禁止销售"德意志异端、路德教和加尔文教根据自身的愚蠢观点粗制滥造的"纸版印刷品。他和前任牧首们一道谴责"按照世俗方式描绘一切"的圣像。[1] 这一行为甚至得到了其旧礼仪派反对者的赞同。关于这个问题，最常被引用的是大主教阿瓦库姆的抱怨，称有些圣像画家把基督画得"像个德意志人，大腹便便，只是臀部没有画剑"[2]。自此，旧礼仪派努力保护古老的艺术传统。他们的警告针对非标准作品和非传统立体绘画，因为这为画像增添了不恰当的"世俗性"，而根据东正教传统，画像应该展现圣像背后的神圣世界，而不是模仿此时此地的血肉之躯。不过，教会本身与世俗绘画领域并无类似争执。事实上，牧首尼康曾多次为自己作肖像画。[3] 总体而言，17 世纪的争论表明，人们对神圣与世俗之间不断变化的界限有了新的认识，并试图确定对于虔诚的东正教徒来说什么是被允许的。相对于禁欲主义，人们更加关注个人道德。[4]

1690 年，牧首约阿希姆仍在呼吁沙皇伊凡和彼得"抵制新的拉丁和外来习俗，不要穿戴外国服饰"[5]。尚未得到充分研究的 17 世纪 90 年代文化见证了西方影响的扩散。从皇室向军械库订购的作品中，我们可以发现圣徒形象被画在油画布上而非木板上[6]，战争画作"模仿德意志模式"，还可以看到仿德意志版画绘制的"军队扬帆大海"油画。[7] 军械库艺术家们开始制作团旗，装饰沙

---

[1] D. A. Rovinskii, *Russkie gravery i ikh proizvedenie s 1564 do osnovaniia Akademii Khudozhestv* (Moscow: Izdatel' stvo grafa Uvarova, 1870), pp. 135-136.

[2] 参见 N. E. Andreyev, "Nikon and Avvakum on Icon-Painting", in his *Studies in Muscovy* (London: Variorum, 1970), essay XIII, p. 43。

[3] Ovchinnikova, *Portret*, p. 98. 相关讨论参见 Cracraft, *Imagery*, pp. 117-118。

[4] Zhivov, "Religious Reform", p. 193.

[5] 全文载于 N. Ustrialov, *Istoriia tsarstvovaniia Petra Velikogo*, 6 vols. (St Petersburg: Tipografiia II Otdeleniia S. I. V. Kantseliarii, 1858-1863), vol. II (1859), appendix 9, pp. 467-477. 另参 Hughes, "Attitudes towards Foreigners"。

[6] G. V. Esipov (ed.), *Sbornik vypisok iz arkhivnykh bumag o Petre Velikom*, 2 vols. (Moscow: Universitetskaia tipografiia, 1872), vol. I, p. 127; Lindsey Hughes, *Russia in the Age of Peter the Great* (New Haven: Yale University Press, 1998), pp. 12-20.

[7] Esipov (ed.), *Sbornik*, vol. I, pp. 143-144, 161-162.

皇彼得在沃罗涅日建造的新船。1696 年,为庆祝从土耳其人手中成功夺取亚速,在莫斯科举行了胜利游行,此次游行以古典建筑装置、寓言画和镶嵌着木雕的凯旋门为背景,门上刻着恺撒大帝之语:“我来,我见,我征服。”①

彼得的西欧大使团(1697—1698 年)巩固了他对“文明”艺术和建筑的看法。1698 年 1 月,戈弗雷·内勒爵士(Sir Godfrey Kneller)在伦敦为他画了一幅肖像,这是俄国统治者第一幅完全采用西方风格的肖像。② 到 1701 年,军械库的受聘职员中只剩下两名圣像画家;到 1711 年,几乎所有军械库人员都被调到了新首都圣彼得堡。③ 然而,俄国离休谟等西方思想家所认为的艺术繁荣所必需的“自由”氛围还差很远。④ 独立的公共领域仍未出现。即使权力从教会转移到了国家,俄国艺术依然牢牢受制于高层权威。

从 18 世纪初开始,“前彼得大帝”时期的大多数领域都被视为空白的。俄国必须通过模仿和同化西方文化来实现文化救赎。在接下来的 150 年里,“俄国艺术始于彼得”的观点一直占据主导地位,这与古典主义主宰俄国和欧洲大部分地区艺术的时期基本吻合。直到 19 世纪中叶,17 世纪的俄国风格才开始在俄罗斯人的想象中恢复和重现。建筑广泛模仿新俄罗斯或伪俄罗斯风格。艺术家、插画师和设计师——伊凡·比利宾(Ivan Bilibin)、阿波利纳里·瓦斯涅佐夫(Apolinarii Vasnetsov)、安德烈·里亚布什金(Andrei Riabushkin)、维亚切斯拉夫·施瓦茨(Viacheslav Shvarz)试图捕捉 17 世纪的精神。法贝热(Fabergé)和奥夫钦尼科夫(Ovchinnikov)为精英客户重塑了 17 世纪名品的形状和色彩。⑤ 浪漫化的 17 世纪风格成为尼古拉二世宫廷的时尚首选,他喜欢把自己看作当代沙皇阿列克谢。这种想象中的 17 世纪是一个童话世界,充满了塔楼和尖顶、奇异的织物、精致的雕刻和宝石般的包装,唤起人们对前西方、前古典世界的怀念。在这种想象中,17 世纪不是为西方化奠定基础的时期,而是真正俄国文化的最后堡垒。

---

① 参见 Richard Wortman, *Scenarios of Power. Myth and Ceremony in Russian Monarchy*, 2 vols. (Princeton: Princeton University Press, 1995-2000), vol. I, pp. 42-44。

② Cracraft, *Imagery*, pp. 133-134; Hughes, "Images of Greatness", pp. 253-254.

③ Esipov (ed.), *Sbornik*, vol. I, p. 154.

④ Gianluigi Goggi, "The Philosophes and the Debate over Russian Civilization", in Maria Di Salvo and Lindsey Hughes (eds.), *A Window on Russia* (Rome: La Fenice Edizioni, 1996), pp. 299-305.

⑤ 参见 E. I. Kirichenko, *The Russian Style* (London: L. King, 1991), ch. 3。

参考文献①

本参考文献包括脚注中提到的所有作品,与这一时期俄国历史关联不大的概述性、比较性或理论性著作除外。本部分还包括许多执笔者推荐,但未被收录进脚注的相关作品。

参考文献分类:

I. 一手资料(PRIMARY SOURCES)

II. 二手资料(SECONDARY SOURCES)

    1. 政治史(Political History)

        (a) 约 900—1462 年

        (b) 1462—1613 年

        (c) 1613—1689 年

    2. 经济与社会史(Economic and Social History)

    3. 东正教会(The Orthodox Church)

    4. 文化与思想史(Cultural and Intellectual History)

二手资料的分类具有一定程度的随意性。政治史部分包括概述性作品,也包括关于军事与外交、民众起义、俄罗斯人与境内非俄罗斯人的关系的作品,还有中央和地方政府机构的发展史。有的书目所涵盖的时限超出了分类所选时段,通常只罗列在最早时段下。经济与社会史部分包括考古学、法律、人口统计学、人种学、性别和历史地理研究的内容。东正教会部分不包含宗教艺术和建筑学的内容,相关书目罗列在文化与思想史部分。

I. 一 手 资 料

AAE, 4 vols. (St Petersburg: Tipografiia II Otdeleniia Sobstvennoi E. I. V. Kantseliarii, 1836).

---

① 参考文献部分保留原书格式,故说明中标注英文原段落序号、标题。——译者注

Adalbert, *Continuatio Reginonis*, eds. A. Bauer and R. Rau, in *Quellen zur Geschichte der sächsischen Kaiserzeit* (reprinted Darmstadt: Wissenschaftliche Buchgesellschaft, 2002), pp. 185-231.

Adelung, Friedrich, *Augustin Freiherr von Meyerberg und seine Reise nach Russland, nebst einer von ihm auf dieser Reise veranstalteten Sammlung von Ansichten, Gebräuchen, Bildnissen u.s.w.* (St Petersburg: Karl Kray, 1827).

Adrianova-Peretts, V. P. (ed.), *Slovo o polku Igoreve* (Moscow: AN SSSR, 1950).

AI, 5 vols. (St Petersburg: various publishers, 1841-1842).

Akty, sobrannye Kavkazskoi Arkheograficheskoi kommissiei, 12 vols. (Tiflis, 1866-1883, vol. I., Tiflis, 1866).

"Akty vremeni Lzhedmitriia i-go (1603 - 1606), Nogaiskie dela", ed. N. V. Rozhdestvenskii, *ChOIDR*, vol. 264, pt. 1 (1918).

Andreev, Aleksandr, comp., *Stroganovy. Entsiklopedicheskoe izdanie* (Moscow: Belyi volk-Kraft, 2000).

Ankhimiuk, Iu. V., "Slovo na 'Spisanie Iosifa'- pamiatnik rannego nestiazhatel'stva", *Zapiski Otdela Rukopisei Russkoi gosudarstvennoi biblioteki* 49 (1990): 115-146.

Annales Bertiniani, eds. F. Grat, J. Vielliard and S. Clémencet (Société de l'histoire de France 470) (Paris: C. Klincksieck, 1964).

Anpilogov, G. N., *Novye dokumenty o Rossii kontsa XVI - nachala XVII veka* (Moscow: Izdatel'stvo Moskovskogo Universiteta, 1967).

Antonov, A. V., "Serpukhovskie dokumenty iz dela Patrikeevykh", *Russkii diplomatarii* 7 (Moscow: Drevlekhranilishche, 2001): 299-309.

Avanesov, R. I. (ed.), *Smolenskie gramoty XIII - XIV vekov* (Moscow: AN SSSR, 1963).

Avvakum, Archpriest, *Zhitie protopopa Avvakuma, im samim napisannoe, i drugie ego sochineniia*, ed. N. K. Gudzii (Moscow: Goslitizdat, 1960).

    Archpriest Avvakum, the Life Written by Himself: With the Study of V. V. Vinogradov, trans. and ed. Kenneth N. Brostrom (Michigan Slavic translations; no. 4) (Ann Arbor: Michigan Slavic Publications, University of Michigan Press, 1979).

Bagalei, D. I., *Materialy dlia istorii kolonizatsii i byta stepnoi okrainy Moskovskogo gosudarstva v XVI-XVII vekakh*, vol. I (Khar'kov, 1886).

Barsov, E. V., *Drevne-russkie pamiatniki sviashchennogo venchaniia tsarei na tsarstvo* (Moscow: Universitetskaia tipografiia, 1883).

Begunov, Iu. K., "'Slovo inoe'-novonaidennoe proizvedenie russkoi publitsistiki XVI v. o bor'be Ivan III s zemlevladeniem tserkvi", *TODRL* 20 (1964): 351-352.

Belokurov, S. A., "Razriadnye zapisi za Smutnoe vremia (7113-7121 gg.)", *ChOIDR* 221 (1907), kn. 2, otd. 2: 1-80.

Berry, Lloyd E., and Crummey, Robert O. (eds.), *Rude and Barbarous Kingdom: Russia in the Accounts of Sixteenth-Century English Voyagers* (Madison:

University of Wisconsin Press, 1968).

Biblioteka literatury Drevnei Rusi. Tom I: *XI‒XII veka* (St Petersburg: Nauka, 1997).

Bogoiavlenskii, S. K. (ed.), "Dopros tsarem Ioannom Groznym russkikh plennikov, vyshedshikh iz Kryma", *ChOIDR* 2 (Moscow: Sinodal'naia tipografiia, 1912), *Smes'*: 26‒33.

Boiarskie spiski poslednei chetverti XVI‒nachala XVII v. i rospis' russkogo voiska 1604 g., comp. S. P. Mordovina and A. L. Stanislavskii, 2 parts (Moscow: TsGADA, 1979).

Bond, E. A. (ed.), *Russia at the Close of the Sixteenth Century* (London: Hakluyt Society, 1896).

Borovkova-Maikova, M. S., "Nila sorskogo predanie i ustav", *Pamiatniki Drevnei pis'mennosti i iskusstva*, no. 179 (1912).

Bronevskii, S. M., *Istoricheskie vypiski o snosheniiakh Rossii s Persiei, Gruziei i voobshche s gorskimi narodami, v Kavkaze obitaiushchimi, so vremen Ivana Vasil'evicha donyne*, ed. I. K. Pavlova (St Petersburg: Peterburgskoe Vostokovedenie, 1996).

Bussov, Konrad, *Moskovskaia khronika 1584‒1613 gg.*, ed. I. I. Smirnov (Moscow and Leningrad: AN SSSR, 1961).

Bussow, Conrad, *The Disturbed State of the Russian Realm*, ed. and trans. G. Edward Orchard (Montreal: McGill-Queen's University Press, 1994).

Chancellor, Richard, "The First Voyage to Russia", in Lloyd E. Berry and Robert O. Crummey (eds.), *Rude and Barbarous Kingdom: Russia in the Accounts of Sixteenth-Century English Voyagers* (Madison: University of Wisconsin Press, 1968), pp. 9‒41.

The Chronicle of Novgorod, 1016‒1471, trans. Robert Mitchell and Nevill Forbes (Camden Society Third Series, no. 25) (London: Royal Historical Society, 1914).

Collins, Samuel, *The Present State of Russia* (London, 1671).

Constantine VII, *De administrando imperio*, eds. and trans. G. Moravcsik and R. J. H. Jenkins (Corpus fontium historiae byzantinae 1) (Washington: Dumbarton Oaks, 2nd edn., 1967).

　De cerimoniis aulae byzantinae, ed. J. J. Reiske, vol. I (Corpus scriptorum historiae byzantinae) (Bonn: E. Weber, 1829).

Contarini, Ambrogio, "Viaggio in Persia", in *Barbaro i Kontarini o Rossii. K istorii italo-russkikh sviazei v XV v.*, ed. E. Ch. Skrzhinskaia (Leningrad: Nauka, 1971), pp. 188‒210.

Cross, Samuel Hazard, and Sherbowitz-Wetzor, Olgerd P. (trans.), *The Russian Primary Chronicle. Laurentian Text*, 3rd printing (Cambridge, Mass.: Mediaeval Academy of America, 1973).

Cummings, Denver (trans.), *The Rudder (Pedalion) of the Metaphorical Ship of the*

One Holy Catholic and Apostolic Church of the Orthodox Christians (Chicago: Orthodox Christian Education Society, 1957).

Dawson, Christopher (ed.), *The Mongol Mission* (New York: Sheed and Ward, 1955).

"Deianiia Moskovskogo tserkovnogo sobora 1649 goda", ed. S. A. Belokurov, *ChOIDR* 171 (1894, kn. 4): 1-52.

Demkova, N. S. (ed.), *Sochineniia protopopa Avvakuma i publitsisticheskaia literatura rannego staroobriadchestva* (St Petersburg: Izdatel'stvo S.-Peterburgskogo universiteta, 1998).

De-Pule, M., *Materialy po istorii Voronezhskoi i sosednikh gubernii. Orlovskie akty XVII-XVIII stoletii* (Voronezh, 1861).

Derzhavina, O. A., et al. (eds.), *Ranniaia russkaia dramaturgiia XVII - pervaia polovina XVIII v.*, 5 vols. (Moscow: Nauka, 1972-1976).

Dewey, Horace W. (ed.), *Muscovite Judicial Texts 1488-1556 (Michigan Slavic Materials*, no. 7) (Ann Arbor: University of Michigan, Department of Slavic Languages and Literatures, 1966).

Dmitrieva, R. P., *Skazanie o kniaz'iakh vladimirskikh* (Moscow and Leningrad: AN SSSR, 1955).

Dnevnik Mariny Mnishek, trans. V. N. Kozliakov (St Petersburg: Dmitrii Bulanin, 1995).

Dokumenty Razriadnogo, Posol'skogo, Novgorodskogo i Tainogo Prikazov o raskol'nikakh v gorodakh Rossii, 1654-1684 gg., ed. V. S. Rumiantseva (Moscow: AN SSSR, Institut istorii SSSR, 1990).

Donesenie o poezdke v Moskvu M. Shilia 1598 g. (Moscow, 1875).

DopAI, 12 vols. (St Petersburg: various publishers, 1846-1875).

Doronin, P., "Dokumenty po istorii Komi", *Istoriko-filologicheskii sbornik Komi filiala AN SSSR* 4 (1958): 241-271.

Dukhovnye i dogovornye gramoty velikikh i udel'nykh kniazei XIV-XVI vv., ed. L. V. Cherepnin (Moscow and Leningrad: AN SSSR, 1950).

Dzhakson, T. N., *Islandskie korolevskie sagi o vostochnoi Evrope (seredina XI - seredina XIII v.) (teksty, perevod, kommentarii)* (Moscow: Ladomir, 2000).

Emchenko, E. B., *Stoglav. Issledovanie i tekst* (Moscow: Indrik, 2000).

Esipov, G. V. (ed.), *Sbornik vypisok iz arkhivnykh bumag o Petre Velikom*, 2 vols. (Moscow: Universitetskaia tipografiia, 1872).

Fennell, J. L. I. (ed. and trans.), *The Correspondence between Prince A. M. Kurbsky and Tsar Ivan IV of Russia, 1564-1579* (Cambridge: Cambridge University Press, 1955).

(ed. and trans.), *Prince A. M. Kurbsky's History of Ivan IV* (Cambridge: Cambridge University Press, 1965).

and Obolensky, Dimitri (eds.), "The Lay of Igor's Campaign", in *A Historical Russian Reader: A Selection of Texts from the XIth to the XVth Centuries* (Oxford:

Clarendon Press, 1969), pp. 63-72.

Fletcher, Giles, *Of the Russe Common Wealth, or Maner of Governement by the Russe Emperour, (Commonly Called the Emperour of Moskovia) with the Manners, and Fashions of the People of That Country* (London: T. D. for Thomas Charde, 1591).

[Fletcher, Dzhil's], *O gosudarstve Russkom* (St Petersburg: A. S. Suvorin, 1906).

Of the Russe Commonwealth, eds. John V. A. Fine and Richard Pipes (Cambridge, Mass.: Harvard University Press, 1966).

"Of the Russe Commonwealth", in Lloyd E. Berry and Robert O. Crummey (eds.), *Rude and Barbarous Kingdom: Russia in the Accounts of Sixteenth-Century English Voyagers* (Madison: University of Wisconsin Press, 1968), pp. 85-246.

Franklin, Simon (trans. and intro.), *Sermons and Rhetoric of Kievan Rus'* (Cambridge, Mass.: Harvard University Press, 1991).

Glazyrina, G. V., *Saga ob Ingvare puteshestvennike. Tekst. Perevod. Kommentarii* (Moscow: Vostochnaia literatura, 2002).

Golb, N. and Pritsak, O., *Khazarian Hebrew Documents of the Tenth Century* (Ithaca, N.Y.: Cornell University Press, 1982).

Goldfrank, David M., *The Monastic Rule of Iosif Volotsky*, rev. edn., Cistercian Studies Series, no. 36 (Kalamazoo, Mich., and Cambridge, Mass.: Cistercian Publications, 2000).

Golokhvastov, D. P., and Archimandrite Leonid, "Blagoveshchenskii ierei Sil'vestr i ego poslaniia", *ChOIDR* (1874), kn. 1: 71-72.

Golubtsov, Aleksandr, "Chinovnik Novgorodskogo Sofiiskogo sobora", *ChOIDR* (1899), kn. 2, otd. 2: I-XX, 1-272.

"Chinovniki Moskovskogo Uspenskogo sobora", *ChOIDR* (1907), kn. 4, otd. 1: 1-312.

Gordon, Patrick, *Passages from the Diary of Patrick Gordon of Auchleuchries in the Years 1635-1699* (London: Frank Cass, 1968).

Gorodskie vosstaniia v Moskovskom gosudarstve XVII v. Sbornik dokumentov, ed. K. V. Bazilevich (Moscow: Gosudarstvennoe sotsial'no-ekonomicheskoe izdatel'stvo, 1936; reprinted Moscow: Gosudarstvennaia Publichnaia Istoricheskaia Biblioteka Rossii, 2003).

Gorsei, Dzherom [Jerome Horsey], *Zapiski o Rossii: XVI-nachalo XVII v.*, ed. and trans. A. A. Sevast'ianova (Moscow: MGU, 1990).

Graham, Hugh F., "Paul Juusten's Mission to Muscovy", *RH* 13 (1986): 41-92.

Gramoty Velikogo Novgoroda i Pskova, ed. S. N. Valk (Moscow: AN SSSR, 1949; reprinted Düsseldorf: Brücken Verlag and Vaduz: Europe Printing, 1970).

Grekov, B. D., et al. (eds.), *Pravda russkaia*, 3 vols. (Moscow and Leningrad: AN SSSR, 1940-1963).

Hakluyt, Richard, *The Principall Navigations Voiages and Discoveries of the English*

Nation, 2 vols., facs. edn., eds. David Beers Quinn and Raleigh Ashlin Skelton (Cambridge: Cambridge University Press, 1965).

Hellie, Richard (ed. and trans.), *Muscovite Society* (Chicago: University of Chicago, 1967, 1970).

(ed. and trans.), *The Muscovite Law Code (Ulozhenie) of 1649*. Part 1: *Text and Translation* (Irvine, Calif.: Charles Schlacks, 1988).

Heppell, Muriel (trans.), *The "Paterik" of the Kievan Caves Monastery* (Cambridge, Mass.: Harvard University Press, 1989).

Herberstein, Sigismund von, *Notes upon Russia*, 2 vols., trans. R. H. Major (New York: Burt Franklin, 1851–1852).

Description of Moscow and Muscovy, *1557*, ed. B. Picard (London: J. M. Dent, 1969).

Hollingsworth, Paul (trans. and intro.), *The Hagiography of Kievan Rus'* (Cambridge, Mass.: Harvard University Press, 1992).

Horsey, Jerome, "Travels", in Lloyd E. Berry and Robert O. Crummey (eds.), *Rude and Barbarous Kingdom. Russia in the Accounts of Sixteenth-Century English Voyagers* (Madison: University of Wisconsin Press, 1968), pp. 262–369.

Iakovlev, A. I. (ed.), *Novgorodskie zapisnye kabal'nye knigi 100–104 i 111 godov (1591–1596 i 1602–1603 gg.)* (Moscow and Leningrad: AN SSSR, 1939).

(ed.), *Akty khoziaistva boiarina B. I. Morozova*, 2 vols. (Moscow and Leningrad: AN SSSR, 1940–1945).

Iakovlev, Lukian, *Drevnosti Rossiiskogo gosudarstva. Dopolnenie k III otdeleniiu. Russkie starinnye znamena* (Moscow: Sinodal'naia tipografiia, 1865).

Iakubov, K. I. (ed.), *Rossiia i Shvetsiia v pervoi polovine XVII veka* (Moscow: Universitetskaia tipografiia, 1897).

Ianin, V. L., *Aktovye pechati Drevnei Rusi X–XV vv.*, vol. I: *Pechati X–nachala XIII v.* (Moscow: Nauka, 1970).

and Gaidukov, P. G., *Aktovye pechati Drevnei Rusi X–XV vv.*, vol. III: *Pechati, zaregistrirovannye v 1970–1996 gg.* (Moscow: Intrada, 1998).

Ibn Fadlan, *Risāla*, ed. T. Lewicki, *Źródła arabskie do dziejów słowiańszczyzny*, vol. III (Wrocław, Warsaw, Cracow, Gdansk, Łodz: Polska Akademia Nauk, 1985).

Ibn Rusta, *Kitāb al-A'lak an-nafisa*, ed. T. Lewicki, *Źródła arabskie do dziejów słowiańszczyzny*, vol. II. 2 (Wrocław, Warsaw, Cracow, Gdansk: Polska Akademia Nauk, 1977).

Ilarion, "Slovo o zakone i blagodati", in D. S. Likhachev et al. (eds.), *Biblioteka literatury drevnei Rusi*, vol. I (St Petersburg: Nauka, 1997), pp. 26–60.

Inostrannye izvestiia o vosstanii Stepana Razina, ed. A. G. Man'kov (Leningrad: Nauka, 1975).

Ioasafovskaia letopis', ed. A. A. Zimin (Moscow: AN SSSR, 1957).

Ivina, L. I., et al. (eds.), *Sobornoe ulozhenie 1649 goda: tekst*, *kommentarii* (Leningrad:

Nauka, Leningradskoe otdelenie, 1987).

"Iz l'vovskogo arkhiva kn. Sapegi", *Russkii arkhiv*, 1896, vol. I, bk. 4.

Kabanov, A. A., "Akty o naznachenii i smene voevod v Pereiaslavle Riazanskom", 2 pts., *Trudy Riazanskoi uchenoi arkhivnoi kommissii* 25, 2 (1912): 1-28; and 26, 1 (1914): 15-35.

Kabardino-russkie otnosheniia v xvi-xviii vv. Dokumenty i materialy, 2 vols. (Moscow: AN SSSR, 1957).

Kaiser, Daniel H. (ed. and trans.), *The Laws of Rus'-Tenth to Fifteenth Centuries* (*The Laws of Russia*, series I, vol. I) (Salt Lake City, Ut.: Charles Schlacks, 1992).

Kashtanov, S. M., "The Czar's Sinodik of the 1550s", *Istoricheskaia Genealogiia/ Historical Genealogy* 2 (Ekaterinburg and Paris: Yarmarka Press, 1993), pp. 44-67.

Kazakhsko-russkie otnosheniia v XVI-XVIII vekakh. Sbornik dokumentov i materialov (Alma-Ata: AN Kazakhskoi SSR, 1961).

Kazakova, N. A., *Vassian Patrikeev i ego sochineniia* (Moscow and Leningrad: AN SSSR, 1960).

and Lur'e, Ia. S., *Antifeodal'nye ereticheskie dvizheniia na Rusi XIV-nachala XVI veka* (Moscow and Leningrad: AN SSSR, 1955).

Kharuzin, N., "K voprosu o bor'be moskovskogo pravitel'stva s narodnymi iazycheskimi obriadami i sueveriiami v polovine XVII v.", *Etnograficheskoe Obozrenie*, 1879, no. 1: 143-151.

Klein, V. K., *Uglichskoe sledstvennoe delo o smerti tsarevicha Dimitriia* (Moscow: Imperatorskii Arkheologicheskii institut imeni Imperatora Nikolaia II, 1913).

Kokovtsov, P. K., *Evreisko-khazarskaia perepiska v X veke* (Leningrad: AN SSSR, 1932).

Komarov, I. A., et al. (eds.), *Armoury Chamber of the Russian Tsars* (St Petersburg: Atlant, 2002).

Kotoshikhin, Grigorii, *O Rossii v tsarstvovanie Alekseia Mikhailovicha* (St Petersburg: Tipografiia Glavnogo upravleniia udelov, 1906).

"On Russia in the Reign of Alexis Mikhailovich: An Annotated Translation", trans. Benjamin Phillip Uroff, unpublished Ph. D. diss., Columbia University, 1970.

Kotošixin, Grigorij, *O Rossii v carstvovanie Alekseja Mixajloviča. Text and commentary*, ed. A. E. Pennington (Oxford: Clarendon Press, 1980).

O Rossii v tsarstvovanie Alekseia Mikhailovicha, ed. G. A. Leont'eva (Moscow: ROSSPEN, 2000).

Kozhanchikov, D. E. (ed.), *Stoglav* (St Petersburg: Tipografiia Imperatorskoi Akademii Nauk, 1863).

Kozliakov, V. N., "Novyi dokument ob oprichnykh pereseleniiakh", in *Arkhiv russkoi istorii* 7 (Moscow: Drevlekhranilishche, 2002): 197-211.

Krest'ianskaia voina pod predvoditel'stvom Stepana Razina. Sbornik dokumentov, 4 vols. (in 5) (Moscow: AN SSSR, 1954-1976).

Krest'ianstvo i natsionaly v revoliutsionnom dvizhenii. Razinshchina, ed. S. G. Tomsinskii (Moscow and Leningrad: Gosudarstvennoe sotsial'no-ekonomicheskoe izdatel'stvo, 1931).

Krizhanich, Iurii, *Politika*, ed. A. Gol'dberg (Moscow: Nauka, 1965).

    Russian Statecraft. The Politika of Iurii Krizhanich. An Analysis and Translation of Iurii Krizhanich's Politika, by John M. Letiche and Basil Dmytryshin (Oxford and New York: Basil Blackwell, 1985).

Kuntsevich, G. Z., "Podlinnyi spisok o novykh chudotvortsakh", *Izvestiia Otdela russkogo iazyka i slovesnosti Akademii nauk* 15 (1910), bk. 1, pp. 252-257.

Lappo, I. I. (ed.), *Litovskii statut v moskovskom perevode-redaktsii* (Iur'ev: Tipografiia K. Mattisena, 1916).

Lavochnye knigi Novgoroda-Velikogo 1583 g., ed. S. V. Bakhrushin (Moscow: RANION, 1930).

"Letopisnye zapisi Marka Levkeinskogo", in A. A. Zimin, "Kratkie letopisi XV-XVI vv.", *Istoricheskii arkhiv* 5 (1950): 9-14.

Likhachev, D. S., and Lur'e, Ia. S. (eds.), *Poslaniia Ivana Groznogo* (Moscow and Leningrad: AN SSSR, 1951).

Louis II, *Epistola ad Basilium I.*, Monumenta Germaniae Historica, Epistolae Karolini Aevi, V (Berlin: Weidmann, 1928), pp. 389-394.

Loviagin, A. M. (ed.), *Albom Meierberga. Bytovye kartiny Rossii XVII veka* (St Petersburg: A. S. Suvorin, 1903).

Majeska, George P., *Russian Travelers to Constantinople in the Fourteenth and Fifteenth Centuries*, Dumbarton Oaks Studies, no. 19 (Washington, DC: Dumbarton Oaks Research Library and Collection, 1984).

Maksim Grek, *Sochineniia prepodobnogo Maksima Greka*, 2nd edn., 3 vols. (Kazan': Kazanskii universitet, 1894-1897).

Man'kov, A. G. (ed.), *Materialy po istorii krest'ian v russkom gosudarstve XVI veka. Sbornik dokumentov* (Leningrad: LGU, 1955).

Margeret, Jacques, *The Russian Empire and Grand Duchy of Muscovy: A 17th-Century French Account*, ed. and trans. Chester S. L. Dunning (Pittsburgh: University of Pittsburgh Press, 1983).

Massa, Isaak [Isaac], *Kratkoe izvestie o Moskovii nachala XVII v.* (Moscow: Gosudarstvennoe Sotsial'no-ekonomicheskoe izdatel'stvo, 1937).

    A Short History of the Beginnings and Origins of these Present Wars in Moscow under the Reigns of Various Sovereigns down to the Year 1610, ed. and trans. G. Edward Orchard (Toronto: University of Toronto Press, 1983).

Materialy dlia istorii raskola za pervoe vremia ego sushchestvovaniia, ed. N. Subbotin, 9 vols. (Moscow, Redaktsiia "Bratskoe Slovo", 1874-1890).

Materialy po istorii Bashkirskoi ASSR, vol. I: *Bashkirskie vosstaniia v XVII i pervoi polovine XVIII vekov* (Moscow and Leningrad: AN SSSR, 1936).

Materialy po istorii Bashkirskoi ASSR, vol. III: *Ekonomicheskie i sotsial'nye otnosheniia v Bashkirii v pervoi polovine XVIII veka* (Moscow and Leningrad: AN SSSR, 1949).

Mavrodin, V. V. (ed.), *Materialy po istorii krest'ian v Rossii XI-XVII vv.* (*Sbornik dokumentov*) (Leningrad: LGU, 1958).

Medvedev, Sil'vestr, *Sozertsanie kratkoe let 7190-92* (Kiev: Tipografiia Imperatorskogo Universiteta Sv. Vladimira, 1895).

"Miatezhnoe vremia". Sledstvennoe delo o Novgorodskom vosstanii 1650 goda, comp. G. M. Kovalenko, T. A. Lapteva, T. B. Solov'eva (St Petersburg and Kishinev: Nestor-Historia, 2001).

Minorsky, V., *Sharaf al-Zamān Tāhir Marvazī on China, the Turks and India* (James G. Forlong Fund 22) (London: Royal Asiatic Society, 1942).

Narodnoe dvizhenie v Rossii v epokhu Smuty nachala XVII veka, 1601-1608. Sbornik dokumentov, eds. N. M. Rogozhin et al. (Moscow: Nauka, 2003).

Nazarov, V. D., "Svadebnye dela XVI veka", *VI*, 1976, no. 10: 110-123.

Nevostruev, K. I. (ed.), "Zhitie prepodobnogo Iosifa Volokolamskogo, sostavlennoe Savvoiu, episkopom krutitskim", "Zhitie prepodobnogo Iosifa Volokolamskogo, sostavlennoe neizvestnym", "Nadgrobnoe slovo prepodobnomu Iosifu Volokolamskomu uchenika i srodnika ego Dosifeia Toporkova", *Chteniia Obshchestva Liubitelei drevnei pis'mennosti*, vol. II (1865), pp. 1-184.

Nikol'skii, Konstantin, *Osluzhbakh Russkoi tserkvi byvshikh v prezhnikh pechatnykh bogosluzhebnykh knigakh* (St Petersburg: Tipografiia Tovarishchestva "Obshchestvennaia pol'za", 1885).

Nikon, Patriarch, *Patriarch Nikon on Church and State – Nikon's "Refutation"* (*Vozrazhenie ili razorenie smirennogo Nikona, Bozhieiu milostiiu Patriarkha, protivo voprosov boiarina Simeona Streshneva*), eds. Valerie A. Tumins and George Vernadsky (Berlin, New York, Amsterdam: Mouton, 1982).

Novgorodskaia pervaia letopis' starshego i mladshego izvodov, ed. A. N. Nasonov (Moscow and Leningrad: AN SSSR, 1950).

Novgorodskie letopisi (St Petersburg: Akademiia Nauk, 1879).

Novombergskii, N. I. (comp.), *Slovo i delo gosudarevy*, vol. I: *Protsessy do izdaniia Ulozheniia Alekseia Mikhailovicha 1649 g.* (Moscow: A. I. Snegireva, 1911; reprinted Moscow: Iazyki slavianskoi kul'tury, 2004).

Novosel'skii, A. A. (ed.), "Rospis' krest'ianskikh dvorov, nakhodivshikhsia vo vladenii vyshego dukhovenstva, monastyrei i dumnykh liudei po perepisnym knigam 1678 g.", *Istoricheskii arkhiv* 4 (1949): 88-149.

Obolenskii, M. A. (ed.), *Sobornaia gramota dukhovenstva pravoslavnoi vostochnoi tserkvi, utverzhdaiushchaia san tsaria za velikim kniazem Ioannom IV Vasil'evichem, 1561 goda* (Moscow: Sinodal'naia tipografiia, 1850).

Olearius, Adam, *The Travels of Olearius in Seventeenth-Century Russia*, trans. and ed. Samuel H. Baron (Stanford, Calif.: Stanford University Press, 1967).

Ol'shevskaia, L. A. and Travnikov, S. N. (eds.), *Drevnerusskie pateriki* (Moscow: Nauka, 1999).

"Opis' domashnemu imushchestvu tsaria Ivana Vasil'evicha, po spiskam i knigam 90 i 91 godov", in *Vremennik Imperatorskogo moskovskogo obshchestva istorii i drevnostei rossiiskikh* 7 (Moscow: Universitetskaia tipografiia, 1850), Smes': 1–46.

Opis' Novgoroda 1617 goda, vyp. 1–2 (Moscow: AN SSSR, 1984).

Ostromirovo Evangelie. Faksimil'noe vosproizvedenie (Leningrad: Aurora, 1988).

Ostrowski, Donald (ed.), *The Povest' vremennykh let: An Interlinear Collation and Paradosis* (Cambridge, Mass.: Harvard University Press, 2003).

Palitsyn, A., *Skazanie Avraamiia Palitsyna*, ed. L. V. Cherepnin (Moscow and Leningrad: AN SSSR, 1955).

Palmer, William, *The Patriarch and the Tsar*, 6 vols. (London: Trübner and Co., 1871–1876).

Pamiatniki diplomaticheskikh snoshenii drevnei Rossii s derzhavami inostrannymi, 10 vols. (St Petersburg: Tipografiia II Otdeleniia Sobstvennoi E. I. V. Kantseliarii, 1851–1871).

"Pamiatniki drevnei russkoi pis'mennosti, otnosiashchiesia k Smutnomu vremeni", *Russkaia istoricheskaia biblioteka*, vol. XIII (St Petersburg, 1891).

Pamiatniki literatury Drevnei Rusi. Konets XV–pervaia polovina XVI veka, comp. and eds. L. A. Dmitriev and D. S. Likhachev (Moscow: Khudozhestvennaia literatura, 1984).

Pamiatniki literatury Drevnei Rusi. Konets XVI–nachalo XVII vekov, comp. and eds. L. A. Dmitriev and D. S. Likhachev (Moscow: Khudozhestvennaia literatura, 1987).

Pavlov, A. S., "Otryvki grecheskogo teksta kanonicheskikh otvetov russkogo mitropolita Ioanna II", *Zapiski Imperatorskoi Akademii nauk* 22 (1873), Appendix 5.

Perfecky, G. E. (trans.), *The Hypatian Codex, Part Two: The Galician-Volynian Chronicle* (Munich: Wilhelm Fink, 1973).

Petrei de Erlezund, P., *Istoriia o Velikom kniazhestve Moskovskom* (Moscow: Universitetskaia tipografiia, 1867).

Pistsovye knigi Moskovskogo gosudarstva, ed. N. V. Kalachov, vol. I, otdelenie 1 (St Petersburg, 1872); vol. I, otdelenie 2 (St Petersburg, 1877).

Pliguzov, A. I., and Tikhoniuk, I. A. (eds.), *Smuta v Moskovskom gosudarstve* (Moscow: Sovremennik, 1989).

Pokrovskii, N. N., *Sudnye spiski Maksima Greka i Isaka Sobaki* (Moscow: Glavnoe arkhivnoe upravlenie, 1971).

Polnoe sobranie zakonov Rossiiskoi imperii. Sobranie pervoe, 45 vols. (St Petersburg: Tipografiia II Otdeleniia S. I. V. Kantseliarii, 1830–1843).

Polotskii, Simeon, *Simeon Polockij. Vertograd mnogocvetnyj*, eds. Anthony Hippisley and L. I. Sazonova, 3 vols. (Cologne: Böhlau, 1996-2000).

Popov, A. N., *Izbornik slavianskikh i russkikh sochinenii i statei, vnesennykh v khronografy russkoi redaktsii* (Moscow, 1869).

  (ed.), "Poslanie mnogoslovnoe, sochinenie inoka Zinoviia", *ChOIDR* (1880), no. 2: 1-305.

Possevino, Antonio, *The Moscovia of Antonio Possevino, S. J.*, intro. and trans. Hugh F. Graham, UCIS Series in Russian and East European Studies, no. 1 (Pittsburgh: University Center for International Studies, University of Pittsburgh, 1977).

Pouncy, Carolyn Johnston (trans. and ed.), *The Domostroi. Rules for Russian Households in the Time of Ivan the Terrible* (Ithaca, N. Y.: Cornell University Press, 1994).

Povest' vremennykh let, eds. V. P. Adrianova-Peretts and D. S. Likhachev with revisions by M. B. Sverdlov (St Petersburg: Nauka, 2nd edn. 1996; 1st edn, 2 vols., Moscow and Leningrad: AN SSSR, 1950).

Prodolzhenie drevnei rossiiskoi vivliofiki, 11 vols. (St Petersburg: Imperatorskaia Akademiia Nauk, 1786-1801); reprinted in Slavic printings and reprintings, 251, ed. C. H. van Schooneveld (The Hague and Paris: Mouton, 1970), vol. IX (1793).

PRP, 8 vols. (Moscow: Gosudarstvennoe izdatel'stvo iuridicheskoi literatury, 1952-1963).

Pskovskie letopisi, ed. A. N. Nasonov, vol. I (Moscow and Leningrad: AN SSSR, 1941; reprinted Düsseldorf, The Hague: Brücken-Verlag GMBH, Europe Printing, 1967); vol. II (Moscow: AN SSSR, 1955; reprinted Moscow: Iazyki russkoi kul'tury, 2000).

PSRL, 43 vols. to date [2004], various locations, various publishers, various editions, 1841-.

Puteshestviia russkikh poslov XVI-XVII vv. Stateinye spiski (Moscow and Leningrad: AN SSSR, 1954).

Razriadnaia kniga 1475-1598 gg., ed. V. I. Buganov (Moscow: Nauka, 1966).

Razriadnaia kniga 1598-1605 gg., ed. V. I. Buganov (Moscow: AN SSSR, 1974).

Rossiia nachala XVII v. Zapiski kapitana Marzhereta, comp. Iu. A. Limonov (Moscow: AN SSSR, 1982).

Rozhdestvenskii, N. V., "K istorii bor'by s tserkovnymi bezporiadkami, otgoloskami iazychestva i porokami v russkom bytu XVII v.", *ChOIDR* 201 (1902), kn. 2: 1-31.

Russkaia Istoricheskaia Biblioteka, izdavaemaia Arkheograficheskoiu Kommissieiu, 39 vols. (St Petersburg: Arkheograficheskaia Kommissiia, 1872-1927).

Russkii feodal'nyi arkhiv. XIV-pervoi treti XVI veka, 5 vols. (Moscow: AN SSSR, Institut istorii SSSR, 1986-1992).

RZ, ed. O. I. Chistiakov, 9 vols. (Moscow: Iuridicheskaia literatura, 1984-1994), vols.

I–IV (1984–1986).

Rzhiga, V. F., "Neizdannye sochineniia Maksima 'Greka'", *Byzantinoslavica* 6 (1935–1936): 85–109.

Sbornik Imperatorskogo Russkogo istoricheskogo obshchestva, 148 vols. (St Petersburg: Obshchestvo, 1874–1916).

Schlichting, Albert, "A Brief Account of the Character and Brutal Rule of Vasil'evich, Tyrant of Muscovy (Albert Schlichting on Ivan Groznyi)", trans. and ed. Hugh F. Graham, *CASS* 9 (1975): 204–272.

Serbina, K. N., *Kniga bol'shomu chertezhu* (Moscow and Leningrad: AN SSSR, 1950).

　(ed.), *Ustiuzhskii letopisnyi svod* (Moscow and Leningrad: AN SSSR, 1950).

SGGD, 5 vols., Moscow, various publishers, 1813–1894, vol. I (Moscow: Tipografiia N. S. Vsevolozhskogo, 1813); vol. II (Moscow: Tipografiia Selivanskogo, 1819).

"'Slovo krata' v zashchitu monastyrskikh imushchestv", *ChOIDR* (1902), no. 2: 31–32.

Snosheniia Rossii s Kavkazom. Materialy izvlechennye iz Moskovskogo Ministerstva Inostrannykh del, *1578–1613*, comp. S. L. Belokurov (Moscow: Universitetskaia Tipografiia, 1889).

Sobornoe ulozhenie 1649 goda: tekst, *kommentarii*, eds. L. I. Ivina, G. V. Abramovich et al. (Leningrad: Nauka, Leningradskoe otdelenie, 1987).

Staden, Heinrich von, *The Land and Government of Muscovy: A Sixteenth-Century Account*, trans. and ed. Thomas Esper (Stanford, Calif.: Stanford University Press, 1967).

Strukov, D., and Popov, I., *Risunki k izdaniiu "Russkie starinnye znamena" Lukiana Iakovleva* (Moscow: Khromolitografiia V. Bakhman, 1865).

Sudebniki XV–XVI vekov, ed. B. D. Grekov (Moscow and Leningrad: AN SSSR, 1952).

Sudnye spiski Maksima Greka i Isaka Sobaki, ed. N. N. Pokrovskii (Moscow: Glavnoe arkhivnoe upravlenie pri Sovete ministrov SSSR, 1971).

The Testaments of the Grand Princes of Moscow, trans. and ed. with commentary by Robert Craig Howes (Ithaca, N.Y.: Cornell University Press, 1967).

Theophanes Continuatus, ed. I. Bekker (Corpus scriptorum historiae byzantinae) (Bonn: E. Weber, 1838).

Tikhoniuk, I. A., "Chin postavleniia Dmitriia-vnuka", *Russkii feodal'nyi arkhiv* 3 (1987): 604–625.

Timofeev, Ivan, *Vremennik Ivana Timofeeva*, ed. and trans. O. L. Derzhavina (Moscow and Leningrad: AN SSSR, 1951).

Trakhaniot, George, "Notes and Information about the Affairs and the Ruler of Russia", in Robert M. Croskey and E. C. Ronquist, "George Trakhaniot's Description of Russia in 1486", *RH* 17 (1990): 55–64.

Troitskaia letopis': Rekonstruktsiia teksta, comp. M. D. Priselkov (Moscow and

Leningrad: AN SSSR, 1950).

Tushinskii vor: lichnost', okruzhenie, vremia. Dokumenty i materialy. (*Pamiatniki smutnogo vremeni*), eds. and comp. V. I. Kuznetsov and I. P. Kulakova (Moscow: Izdatel'stvo Moskovskogo universiteta, 2001).

Tysiachnaia kniga 1550 g. i Dvorovaia tetrad' piatidesiatykh godov XVI veka, ed. A. A. Zimin (Moscow and Leningrad: AN SSSR, 1950).

Ul'fel'dt, Iakob, *Puteshestvie v Rossiiu*, eds. Dzh. Lind and A. L. Khoroshkevich (Moscow: Iazyki slavianskoi kul'tury, 2002).

Ustrialov, N. V., *Skazaniia sovremennikov o Dmitrii Samozvantse*, 1st edn, 5 parts (St Petersburg: Tipografiia Imperatorskoi Akademii Nauk, 1831–1834; 3rd edn., St Petersburg: Tipografiia Imperatorskoi Akademii Nauk, 1859).

Veinberg, L. B., *Materialy po istorii Voronezhskoi i sosednikh gubernii. Drevnie akty XVII stoletiia*, vols. 1–16 (Voronezh, 1885–1890).

and Poltoratskaia, A. A., *Materialy dlia istorii Voronezhskoi i sosednikh gubernii*, vol. ii (Voronezh, 1891).

Viktorov, A. E., *Opisanie zapisnykh knig i bumag starinnykh dvortsovykh prikazov 1584–1725 g.*, 2 vols. (Moscow: S. P. Arkhipov, 1883).

Vladimirskaia, N. S. (ed.), *Orel i lev. Rossiia i Shvetsiia v XVII veke. Katalog vystavki. Gosudarstvennyi istoricheskii muzei, 4. 04–1. 07. 2001* (Moscow: Gosudarstvennyi istoricheskii muzei, 2001).

Volotskii, Iosif, *Prosvetitel', ili oblichenie eresi zhidovstvuiushchikh*, 3rd edn, ed. A. Volkov (Kazan': Tipografiia Imperatorskogo universiteta, 1896); 4th edn. (Kazan': Kazanskii universitet, 1904).

Vorms, A. E., et al. (eds.), *Pamiatniki istorii krest'ian XIV–XIX vv.* (Moscow: N. N. Klochkov, 1910).

Vossoedinenie Ukrainy s Rossiei. Dokumenty i materialy v trekh tomakh, 3 vols. (Moscow: AN SSSR, 1953).

Vosstanie I. Bolotnikova. Dokumenty i materialy, comp. A. I. Kopanev and A. G. Man'kov (Moscow: Izdatel'stvo sotsial'no-ekonomicheskoi literatury, 1959).

Vosstanie 1662 g. v Moskve. Sbornik dokumentov, comp. V. I. Buganov (Moscow: Nauka, 1964).

Vosstanie v Moskve 1682 goda. Sbornik dokumentov, comp. N. G. Savich (Moscow: Nauka, 1976).

Vysotskii, S. A., *Drevnerusskie nadpisi Sofii Kievskoi XI–XIV vv.*, vyp. I (Kiev: Naukova Dumka, 1966).

Srednevekovye nadpisi Sofii Kievskoi (po materialam XI–XVII vv.) (Kiev: Naukova Dumka, 1976).

Kievskie graffiti X–XVII vv. (Kiev: Naukova Dumka, 1985).

Zabelin, I. E., *Domashnii byt russkikh tsarei i tsarits v XVI i XVII stoletiiakh*, vol. III: *Materialy* (Moscow: Iazyki russkoi kul'tury, 2003).

Zakonodatel'nye akty Russkogo gosudarstva vtoroi poloviny XVI-pervoi poloviny XVII veka: Teksty (Leningrad: Nauka, 1986).

Zalizniak, A. A., *Drevnenovgorodskii dialekt* (Moscow: Iazyki russkoi kul'tury, 1995).

Zapiski inostrantsev o vosstanii Stepana Razina, ed. A. G. Man'kov (Leningrad: Nauka, 1968).

Zenkovsky, Serge A. (ed.), *Medieval Russia's Epics, Chronicles, and Tales* (New York: E. P. Dutton, 1974).

Zertsalov, A. N., comp., "K istorii miatezha 1648 goda v Moskve i drugikh gorodakh", in his *Stat'i po russkoi istorii* (The Hague: Europe Printing, 1966).

Zhitie prepodobnogo Prokopiia ustiuzhskogo (St Petersburg: Sinodal'naia Tipografiia, 1893).

Zhmakin, V. I., "Mitropolit Daniil i ego sochineniia", *ChOIDR* (1881), no. 2, app.: pp. 1-88.

Zimin, A. A., "Kratkie letopisi XV-XVI vv.", *Istoricheskii arkhiv* 5 (1950).

(ed.), *Gosudarstvennyi arkhiv Rossii XVI stoletiia. Opyt rekonstruktsii*, vol. III (Moscow: Institut istorii SSSR, 1978).

and Lur'e, Ia. S. (eds.), *Poslaniia Iosifa Volotskogo* (Moscowand Leningrad: AN SSSR, 1959).

Zolkiewski, Stanislas, *Expedition to Moscow*, ed. and trans. J. Giertych (London: Polonica, 1959).

II. 二 手 资 料

1. 政治史

(a) 900—1462 年

Alef, Gustave, "The Political Significance of the Inscriptions of Muscovite Coinage in the Reign of Vasili II", *Speculum* 34 (1959): 1-19; reprinted in his *Rulers and Nobles in Fifteenth-Century Muscovy* (London: Variorum Reprints, 1983).

"Muscovy and the Council of Florence", *SR* 20 (1961): 389-401; reprinted in his *Rulers and Nobles in Fifteenth-Century Muscovy* (London: Variorum Reprints, 1983).

"The Crisis of the Muscovite Aristocracy: A Factor in the Growth of Monarchical Power", *FOG* 15 (1970): 15-58; reprinted in his *Rulers and Nobles in Fifteenth-Century Muscovy* (London: Variorum Reprints, 1983).

"The Battle of Suzdal' in 1445. An Episode in the Muscovite War of Succession", *FOG* 25 (1978): 11-20; reprinted in his *Rulers and Nobles in Fifteenth-Century Muscovy* (London: Variorum Reprints, 1983).

Rulers and Nobles in Fifteenth-Century Muscovy (London: Variorum Reprints, 1983).

"The Origins of Muscovite Autocracy. The Age of Ivan III", *FOG* 39 (1986): 7-362.

Alekseev, L. V., *Polotskaia zemlia (Ocherki istorii severnoi Belorusii) v IX-XIII vv.*

(Moscow: Nauka, 1966).

"Polotskaia zemlia", in L. G. Beskrovnyi (ed.), *Drevnerusskie kniazhestva X - XIII vv.* (Moscow: Nauka, 1975), pp. 202-239.

Smolenskaia zemlia v IX - XIII vv. Ocherki istorii Smolenshchiny i Vostochnoi Belorussii (Moscow: Nauka, 1980).

Allsen, Thomas T., "Mongol Census Taking in Rus'", *HUS* 5 (1981): 32-53.

"Saray", *Encyclopedia of Islam*, 2nd edn., vol. IX (Leiden: E. J. Brill, 1996), pp. 41-44.

"Ever Closer Encounters: The Appropriation of Culture and the Apportionment of Peoples in the Mongol Empire", *Journal of Early Modern History* 1 (1997): 2-23.

Arakcheev, V. A., *Pskovskii krai v XV-XVII vekakh: Obshchestvo i gosudarstvo* (St Petersburg: Russko-Baltiiskii informatsionnyi tsentr BLITs, 2003).

Backus, Oswald P., *Motives of West Russian Nobles in Deserting Lithuania for Moscow, 1377-1514* (Lawrence: University of Kansas Press, 1957).

Bagalei, D. I., *Istoriia Severskoi zemli do poloviny XIV stoletiia* (Kiev, 1882).

Baumgarten, N. de, *Généalogies et mariages occidentaux des Rurikides russes du Xe au XIIIe siècle (Orientalia Christiana)* (Rome: Pont. Institutum Orientalium Studiorum, 1927), vol. 9, no. 35.

Généalogies des branches régnantes des Rurikides du XIIIe au XVIc siècle (Orientalia Christiana) (Rome: Pont. Institutum Orientalium Studiorum, 1934), vol. 35, no. 94.

Bernadskii, V. N., *Novgorod i Novgorodskaia zemlia* (Moscow and Leningrad: AN SSSR, 1961).

Beskrovnyi, L. G. (ed.), *Drevnerusskie kniazhestva X - XIII vv.* (Moscow: Nauka, 1975).

Birnbaum, Henrik, "Iaroslav's Varangian Connection", *Scandoslavica* 24 (1978): 5-25.

Lord Novgorod the Great: Essays in the History and Culture of a Medieval City-State (Columbus, Oh.: Slavica, 1981).

Novgorod in Focus: Selected Essays (Columbus, Oh.: Slavica, 1996).

Bogatyrev, Sergei, *The Sovereign and his Counsellors. Ritualised Consultations in Muscovite Culture, 1350s-1570s* (Helsinski: Finnish Academy of Science and Letters, 2000).

Cherepnin, L. V., *Obrazovanie russkogo tsentralizovannogo gosudarstva v XIV - XV vekakh* (Moscow: Sotsial'no-ekonomicheskaia literatura, 1960).

Crummey, Robert O., *The Formation of Muscovy 1304-1613* (London and New York: Longman, 1987).

Danilevskii, I. N., *Drevniaia Rus' glazami sovremennikov i potomkov (IX-XII vv.)* (Moscow: Aspekt Press, 1998).

Davidson, H. R. Ellis, *The Viking Road to Byzantium* (London: George Allen and

Unwin, 1976).

Dimnik, Martin, "Principality of Galicia-Volynia", in *MERSH*, vol. XII (Gulf Breeze, Fla.: Academic International Press, 1979), pp. 66-69.

Mikhail, Prince of Chernigov and Grand Prince of Kiev, 1224-1246 (Toronto: Pontifical Institute of Mediaeval Studies, 1981).

"The Place of Ryurik Rostislavich's Death: Kiev or Chernigov?", *Mediaeval Studies* 44 (1982): 371-393.

"The 'Testament' of Iaroslav 'the Wise': A Re-Examination", *Canadian Slavonic Papers* 29 (1987): 369-386.

The Dynasty of Chernigov 1054-1146 (Toronto: Pontifical Institute of Mediaeval Studies, 1994).

"Succession and Inheritance in Rus' before 1054", *Mediaeval Studies* 58 (1996): 87-117.

"Igor's Defeat at the Kayala: The Chronicle Evidence", *Mediaeval Studies* 63 (2001): 245-282.

The Dynasty of Chernigov, 1146-1246 (Cambridge: Cambridge University Press, 2003).

Dolukhanov, P. M., *The Early Slavs. Eastern Europe from the Initial Settlement to the Kievan Rus* (London: Longman, 1996).

Dzhakson, T. N., *Austr i Görðum. Drevnerusskie toponimy v drevneskandinavskikh istochnikakh* (Moscow: Iazyki slavianskoi kul'tury, 2001).

(ed.), *Norna u istochnika Sud'by. Sbornik statei v chest' Eleny Aleksandrovny Mel'nikovoi* (Moscow: Indrik, 2001).

Ekzempliarskii, A. O., *Velikie i udel'nye kniaz'ia severnoi Rusi v Tatarskii period*, 2 vols. (St Petersburg: I. I. Tolstoi, 1889-1891; reprinted The Hague: Europe Printing, 1966).

"Olga's Visit to Constantinople", *HUS* 14 (1990): 293-312.

Featherstone, J. M., "Olga's Visit to Constantinople in *De cerimoniis*", *Revue des études byzantines* 61 (2003): 241-251.

Fennell, John, *The Emergence of Moscow 1304-1359* (Berkeley and Los Angeles: University of California Press, 1968).

The Crisis of Medieval Russia 1200-1304 (London and New York: Longman, 1983).

"The Last Years of Riurik Rostislavich", in D. C. Waugh (ed.), *Essays in Honor of A. Zimin* (Columbus, Oh.: Slavica, 1985), pp. 159-166.

Franklin, Simon, "Pre-Mongol Rus': New Sources, New Perspectives?", *RR* 60 (2001): 465-473.

and Shepard, Jonathan, *The Emergence of Rus, 750-1200* (London and New York: Longman, 1996).

Golden, P. B., "Rūs", in *The Encyclopaedia of Islam*, vol. VIII (Leiden: Brill, 1994), pp. 618-629.

Goldfrank, David, "*Muscovy and the Mongols*: What's What and What's Maybe", *Kritika* 1 (2000): 259-266.

Golovko, A. B., *Drevniaia Rus' i Pol'sha v politicheskikh vzaimootnosheniiakh X - pervoi treti XIII vv.* (Kiev: Naukova Dumka, 1988).

Golubovskii, P. V., *Istoriia Severskoi zemli do poloviny XIV stoletiia* (Kiev, 1881).

Gorskii, A. A. *Drevnerusskaia druzhina. K istorii genezisa klassovogo obshchestva i gosudarstva na Rusi* (Moscow: Prometei, 1989).

　Moskva i Orda (Moscow: Nauka, 2000).

Grushevskii, A. S., *Ocherk istorii Turovo-Pinskogo kniazhestva XI - XIII vv.* (Kiev, 1901).

Gumilev, L. N., *Drevniaia Rus' i velikaia step'* (Moscow: Mysl', 1989).

Halbach, Uwe, *Der russische Fürstenhofvor dem 16. Jahrhundert: eine vergleichende Untersuchung zur politischen Lexikologie und Verfassungsgeschichte der alten Rus'* (Quellen und Studien zur Geschichte des östlichen Europa, 23) (Stuttgart: Steiner Verlag, 1985).

Halperin, Charles, "The Russian Land and the Russian Tsar: The Emergence of Muscovite Ideology, 1380-1408", *FOG* 23 (1976): 7-103.

　"Tverian Political Thought in the Fifteenth Century", *Cahiers du monde russe et soviétique* 18 (1977): 267-273.

　Russia and the Golden Horde: The Mongol Impact on Medieval Russian History (Bloomington: Indiana University Press, 1985).

　The Tatar Yoke (Columbus, Oh.: Slavica, 1986).

　"Muscovite Political Institutions in the 14th Century", *Kritika* 1 (2000): 237-257.

Hrushevskii, M., *Ocherk istorii Kievskoi zemli ot smerti Iaroslava do kontsa XIV stoletiia* (Kiev, 1891).

Hurwitz, E. S., *Prince Andrej Bogoljubskij: The Man and the Myth* (Studia historica et philologica 12, sectio slavica 4) (Florence: Licosa Editrice, 1980).

Ianin, V. L., "Bor'ba Novgoroda i Moskvy za Dvinskie zemli v 50-kh-70-kh gg. XV v.", *IZ* 108 (1982): 189-214.

　"K khronologii i topografii ordynskogo pokhoda na Novgorod v 1238 g.", in *Issledovaniia po istorii i istoriografii feodalizma* (Moscow: Nauka, 1982), pp. 146-158.

　Novgorodskie akty XII - XV vv. Khronologicheskii kommentarii (Moscow: Nauka, 1990).

　Novgorod i Litva. Pogranichnye situatsii XIII - XV vekov (Moscow: Izdatel'stvo Moskovskogo universiteta, 1998).

　"Kniaginia Ol'ga i problema stanovleniia Novgoroda", in *Drevnosti Pskova. Arkheologiia. Istoriia. Arkhitektura* (Pskov: Pskovskii gosudarstvennyi ob'edinennyi istorikoarkhitekturnyi i khudozhestvennyi muzei-zapovednik, 2000).

　U istokov novgorodskoi gosudarstvennosti (Novgorod: Novgorodskii gosudarstvennyi universitet, 2001).

Novgorodskie posadniki (Moscow: MGU, 1962; 2nd edn., Moscow: Iazyki slavianskoi kul'tury, 2003).

and Aleshkovskii, M. Kh., "Proiskhozhdenie Novgoroda: Kpostanovke problemy", *Istoriia SSSR*, 1971, no. 2: 32-61.

Ianovskii, A. M., *Iurii Dolgorukii* (Moscow: Moskovskii rabochii, 1955).

Kämpfer, F., "Eine Residenz für Anna Porphyrogenneta", *JGO* 41 (1993): 101-110.

Karamzin, N. M., *Istoriia gosudarstva Rossiiskogo*, 5th edn., 12 vols. and index (in 4 books) (St Petersburg: I. Dinerling, 1842-1844; facsimile reprint Moscow: Kniga, 1988-1989).

Karger, M. K., *Novgorod Velikii*, 4th edn. (Leningrad: Iskusstvo, 1980).

Kazakova, N. A., *Russko-livonskie i russko-ganzeiskie otnosheniia* (Leningrad: Nauka, 1975).

Kazhdan, Alexander, "Rus'-Byzantine Princely Marriages in the Eleventh and Twelfth Centuries", *HUS* 12/13 (1988/1989 [pub. 1990]): 414-429.

Kleimola, A. M., and Lenhoff, G. D. (eds.), *Culture and Identity in Muscovy, 1359-1584* (UCLA Slavic Studies, new series, vol. iii) (Moscow: ITZ-Garant, 1997).

Kollmann, Nancy Shields, *Kinship and Politics: The Making of the Muscovite Political System, 1345-1547* (Stanford, Calif.: Stanford University Press, 1987).

"Collateral Succession in Kievan Rus'", *HUS* 14 (1990): 377-387.

Kopanev, A. I., "O 'kupliakh' Ivana Kality", *IZ* 20 (1946): 24-37.

Korinnyi, N. N., *Pereiaslavskaia zemlia X - pervaia polovina XIII veka* (Kiev: Naukova Dumka, 1992).

Korpela, J., *Prince, Saint and Apostle: Prince Vladimir Svjatoslavic of Kiev, his Posthumous Life and the Religious Legitimization of the Russian Great Power* (Wiesbaden: Harrassowitz, 2001).

Kuchera, M. P., "Pereiaslavskoe kniazhestvo", in L. G. Beskrovnyi (ed.), *Drevnerusskie kniazhestva X-XIII vv.* (Moscow: Nauka, 1975), pp. 118-143.

Kuchkin, V. A., *Formirovanie gosudarstvennoi territorii severo-vostochnoi Rusi v X-XIV vv.* (Moscow: Nauka, 1984).

"Dmitrii Donskoi", *VI*, 1995, nos. 5-6: 62-83.

Kuryuzawa, Takeo, "The Debate on the Genesis of Russian Feudalism in Recent Soviet Historiography", in Takayuki Ito (ed.), *Facing up to the Past. Soviet Historiography under Perestroika* (Sapporo, Japan: Slavic Research Center, Hokkaido University, 1989), pp. 111-147.

Kuza, A. V., "Novgorodskaia zemlia", in L. G. Beskrovnyi (ed.), *Drevnerusskie kniazhestva X-XIII vv.* (Moscow: Nauka, 1975), pp. 144-201.

Liaskoronskii, V. G., *Istoriia Pereiaslavskoi zemli s drevneishikh vremen do poloviny XIII stoletiia* (Kiev, 1897).

Limonov, Iu. A., *Vladimiro-Suzdal'skaia Rus': Ocherki sotsial'no-politicheskoi istorii*, ed. B. A. Rybakov (Leningrad: Nauka, 1987).

Lysenko, P. F., "Kiev i Turovskaia zemlia", in L. D. Pobol' et al. (eds.), *Kiev i zapadnye zemli Rusi v IX-XIII vv.* (Minsk: Nauka i Tekhnika, 1982), pp. 81-108.

Martin, Janet, "Muscovite Frontier Policy: The Case of the Khanate of Kasimov", *RH* 19 (1992): 169-179.

　Medieval Russia 980-1584 (Cambridge: Cambridge University Press, 1995).

Mavrodina, R. M., *Kievskaia Rus' i kochevniki (pechenegi, torki, polovtsy). Istoriograficheskii ocherk* (Leningrad: Nauka, 1983).

Mel'nikova, E. A. (ed.), *Drevniaia Rus' v svete zarubezhnykh istochnikov* (Moscow: Logos, 1999).

Meyendorff, John, "Alexis and Roman: A Study in Byzantino-Russian Relations (1352-1354)", *St. Vladimir's Theological Quarterly* 11 (1967): 139-148.

　Byzantium and the Rise of Russia. A Study of Byzantino-Russian Relations in the Fourteenth Century (Cambridge: Cambridge University Press, 1981).

Miller, David B., "The Kievan Principality in the Century before the Mongol Invasion: An Inquiry into Recent Research and Interpretation", *HUS* 10 (1986): 215-240.

Mongait, A. L., *Riazanskaia zemlia* (Moscow: AN SSSR, 1961).

Montgomery, J. E., "Ibn Fadlān and the Rūsiyyah", *Journal of Arabic and Islamic Studies* 3 (2000): 1-25.

Morgan, David, *The Mongols* (Oxford and New York: Basil Blackwell, 1986).

Nasonov, A. N., *"Russkaia zemlia" i obrazovanie territorii drevnerusskogo gosudarstva* (Moscow: AN SSSR, 1951).

　Mongoly i Rus' (Istoriia tatarskoi politiki na Rusi) (Moscow and Leningrad: AN SSSR, 1940; reprinted The Hague and Paris: Mouton, 1969).

Nazarenko, A. V., "O russko-datskom soiuze v pervoi chetverti XI v.", in *Drevneishie gosudarstva na territorii SSSR. Materialy i issledovaniia. 1990 god* (Moscow: Nauka, 1991), pp. 167-190.

　Drevniaia Rus' na mezhdunarodnykh putiakh. Mezhdistsiplinarnye ocherki kul'turnykh, torgovykh, politicheskikh sviazei IX-XII vekov (Moscow: Iazyki russkoi kul'tury, 2001).

Noonan, T. S., "Why the Vikings First Came to Russia", *JGO* 34 (1986): 321-348; reprinted in his *The Islamic World, Russia and the Vikings, 750-900* (Aldershot: Ashgate, 1998), no. 1.

　"Rus', Pechenegs and Polovtsy", *RH* 19 (1992): 300-326.

Obolensky, Dimitri, "Byzantium, Kiev and Moscow: A Study in Ecclesiastical Relations", *Dumbarton Oaks Papers* 11 (Cambridge, Mass.: Harvard University Press, 1957), pp. 23-78; reprinted in Dimitri Obolensky, *Byzantium and the Slavs: Collected Studies* (London: Variorum Reprints, 1971) [item] no. VI.

The Byzantine Commonwealth. Eastern Europe 500-1453 (London: Weidenfeld and Nicolson, 1971).

"Byzantium and Russia in the Late Middle Ages", in J. R. Hale, J. R. L. Highfield and B. Smalley (eds.), *Europe in the Late Middle Ages* (London: Faber and Faber, 1965), pp. 248-275; reprinted in Dimitri Obolensky, *Byzantium and the Slavs: Collected Studies* (London: Variorum Reprints, 1971).

Byzantium and the Slavs: Collected Studies (London: Variorum Reprints, 1971).

Byzantium and the Slavs (Crestwood, N.Y.: St Vladimir's Seminary Press, 1994).

Ostrowski, Donald, "The Mongol Origins of Muscovite Political Institutions", *SR* 49 (1990): 525-542.

Muscovy and the Mongols: Cross-Cultural Influences on the Steppe Frontier, 1304-1589 (Cambridge: Cambridge University Press, 1998).

"Muscovite Adaptation of Steppe Political Institutions: A Reply to Halperin's Objections", *Kritika* 1 (2000): 267-304.

"Troop Mobilization by the Muscovite Grand Princes (1313-1533)", in Eric Lohr and Marshall Poe (eds.), *The Military and Society in Russia, 1450-1917* (Leiden, Boston and Köln: Brill, 2002), pp. 19-40.

Pashuto, V. T., *Ocherki po istorii Galitsko-Volynskoi Rusi* (Moscow: AN SSSR, 1950).

Vneshniaia politika Drevnei Rusi (Moscow: Nauka, 1968).

Pelenski, Jaroslaw, "The Origins of the Official Muscovite Claims to the 'Kievan Inheritance'", *HUS* 1 (1977): 29-52.

"The Contest between Lithuania-Rus' and the Golden Horde in the Fourteenth Century for Supremacy over Eastern Europe", *Archivum Eurasiae Medii Aevi* 2 (1982): 303-320.

"The Emergence of the Muscovite Claims to the Byzantine-Kievan 'Imperial Inheritance'", *HUS* 7 (1983): 520-531.

"The Sack of Kiev in 1169: Its Significance for the Succession to Kievan Rus'", in his *The Contest for the Legacy of Kievan Rus'* (Boulder, Colo.: East European Monographs, 1998), pp. 45-60.

The Contest for the Legacy of Kievan Rus' (Boulder, Colo: East European Monographs, 1998).

Pletneva, S. A., "Polovetskaia zemlia", in L. G. Beskrovnyi (ed.), *Drevnerusskie kniazhestva X-XIII vv.* (Moscow: Nauka, 1975), pp. 260-300.

Polovtsy (Moscow: Nauka, 1990).

Plugin, V. A., "Sergei Radonezhskii-Dmitrii Donskoi-Andrei Rublev", *Istoriia SSSR*, 1989, no. 4: 71-88.

Poe, Marshall T., *The Russian Moment in World History* (Princeton: Princeton University Press, 2003).

Poppe, A., "The Political Background to the Baptism of Rus'", *Dumbarton Oaks Papers* 30 (1976): 197-244; reprinted in his *The Rise of Christian Russia* (London:

Variorum, 1982), no. 2.

Presniakov, A. E., *The Formation of the Great Russian State. A Study of Russian History in the Thirteenth to Fifteenth Centuries*, trans. A. E. Moorhouse (Chicago: Quadrangle Books, 1970).

Raba, Joel, "The Authority of the Muscovite Ruler at the Dawn of the Modern Era", *JGO* 24 (1976): 321-344.

Roublev, Michel, "The Mongol Tribute According to the Wills and Agreements of the Russian Princes", in Michael Cherniavsky (ed.), *The Structure of Russian History. Interpretive Essays* (New York: Random House, 1970), pp. 29-64. Originally published as "Le Tribut aux Mongols d'après les Testaments et Accords des Princes Russes", *Cahiers du monde russe et soviétique* 7 (1966).

"The Periodicity of the Mongol Tribute as Paid by the Russian Princes during the Fourteenth and Fifteenth Centuries", *FOG* 15 (1970): 7-13.

Rybakov, B. A., *Kievskaia Rus' i russkie kniazhestva XII-XIII vv.* (Moscow: Nauka, 1982).

Kievan Rus (Moscow: Progress Publishers, 1984).

et al. (eds.), *Kulikovskaia bitva v istorii i kul'ture nashei Rodiny. (Materialy iubeleinoi nauchnoi konferentsii)* (Moscow: Moskovskii universitet, 1983).

Schramm, G., *Altrusslands Anfang. Historische Schlüsse aus Namen, Wörtern und Texten zum 9. und 10. Jahrhundert* (Freiburg im Breisgau, Rombach, 2002).

Scdov, V. V., "Smolenskaia zemlia", in L. G. Beskrovnyi (ed.), *Drevnerusskie kniazhestva X-XIII vv.* (Moscow: Nauka, 1975), pp. 240-259.

Shtykhov, G. V., *Drevnii Polotsk, IX-XIII vv.* (Minsk: Nauka i Tekhnika, 1975).

Sofronenko, K. A., *Obshchestvenno-politicheskii stroi Galitsko-Volynskoi Rusi XI-XIII vv.* (Moscow: Gosiurizdat, 1955).

Solov'ev, S. M., *Istoriia Rossii s drevneishikh vremen*, 29 vols. in 15 books (Moscow: Izdatel'stvo sotsial'no-ekonomicheskoi literatury, 1959-1966).

History of Russia from Earliest Times, ed. G. Edward Orchard, 50 vols. [projected] (Gulf Breeze, Fla.: Academic International Press, 1978-).

Stokes, Anthony D., "The System of Succession to the Thrones of Russia, 1054-1113", in R. Auty, L. R. Lewitter and A. P. Vlasto (eds.), *Gorski Vijenac: a Garland of Essays Offered to Professor E. M. Hill* (Cambridge: Modern Humanities Research Association, 1970), pp. 268-275.

Tatishchev, V. N., *Istoriia Rossiiskaia*, 7 vols. (Moscow and Leningrad: AN SSSR, 1962-1968).

Tikhomirov, M. N., "Moskovskie tretniki, tysiatskie, i namestniki", *Izvestiia AN SSSR*, seriia istorii i filosofii, 3 (1946): 309-320.

Tolochko, A. P., *Kniaz' v Drevnei Rusi: vlast', sobstvennost', ideologiia* (Kiev: Naukova Dumka, 1992).

Tolochko, O. P., "Shche raz pro mistse smerti Riuryka Rostyslavycha", in V. P.

Kovalenko et al. (eds.), *Sviatyi kniaz' Mykhailo Chernihivs'kyi ta ioho doba* (Chernihiv: Siverians'ka Dumka, 1996), pp. 75-76.

Tolochko, P. P., "Kievskaia zemlia", in L. G. Beskrovnyi (ed.), *Drevnerusskie kniazhestva X-XIII vv.* (Moscow: Nauka, 1975), pp. 5-56.

Kiev i Kievskaia zemlia v epokhu feodal'noi razdroblennosti XII-XIII vekov (Kiev: Naukova Dumka, 1980).

Drevniaia Rus'. Ocherki sotsial'no-politicheskoi istorii (Kiev: Naukova Dumka, 1987).

Kyivs'ka Rus' (Kiev: Abrys, 1996).

Uspenskii, F. B., *Skandinavy. Variagi. Rus'. Istoriko-filologicheskie ocherki* (Moscow: Iazyki slavianskoi kul'tury, 2002).

Vernadsky, George, *Kievan Russia* (*A History of Russia*, vol. II), 7th printing (New Haven and London: Yale University Press, 1972; 1st edn, 1948).

The Mongols and Russia (*A History of Russia*, vol. III) (New Haven: Yale University Press and London: Oxford University Press, 1953).

Vodoff, Wladimir, "A propos des 'achats' (kupli) d'Ivan Ier de Moscou", *Journal des Savants* (1974): 95-127.

"Quand a pu être le Panégyrique du grand-prince Dmitrii Ivanovich, tsar' russe?", *CASS* 13 (1979): 82-101.

"La Place du grand-prince de Tver' dans les structures politiques russes de la fin du XIVe et du XVe siècle", *FOG* 27 (1980), 32-63.

Wörn, D., "Studien zur Herrschaftsideologie des Grossfürsten Vsevolod III 'Bol'shoe gnezdo' von Vladimir", *JGO* 27 (1979): 1-40.

Zaitsev, A. K., "Chernigovskoe kniazhestvo", in L. G. Beskrovnyi (ed.), *Drevnerusskie kniazhestva X-XIII vv.* (Moscow: Nauka, 1975), pp. 57-117.

Zdan, Michael, "The Dependence of Halych-Volyn' on the Golden Horde", *SEER* 35 (1957): 505-522.

Zimin, A. A., *Vitiaz' na rasput'e. Feodal'naia voina v Rossii XV v.* (Moscow: Mysl', 1991).

(b) 1462—1613 年

Alef, Gustave, "The Adoption of the Muscovite Two-Headed Eagle: A Discordant View", *Speculum* 41 (1966): 1-21.

Babichenko, Denis, "Kremlevskie tainy: 33-i element", *Itogi*, no. 37 (327), 17 September 2002: 36-39.

Backus, Oswald P., "Treason as a Concept and Defections from Moscow to Lithuania in the Sixteenth Century", *FOG* 15 (1970): 119-144.

Bakhrushin, S. V., *Nauchnye trudy*, 4 vols. (in 5) (Moscow: AN SSSR, 1952-1959).

"Ostiatskie i vogul'skie kniazhestva v XVI-XVII vv.", in his *Nauchnye trudy*, 4 vols. (Moscow: AN SSSR, 1952-1959), vol. III, pt. 2 (1955), pp. 86-152.

Barbour, Philip L., *Dimitry, Called the Pretender, Tsar and Great Prince of All*

Russia, *1605-1606* (London: Macmillan, 1967).

Bazilevich, K. V., *Vneshnaia politika russkogo tsentralizovannogo gosudarstva. Vtoraia polovina XV veka* (Moscow: Izdatel'stvo Moskovskogo universiteta, 1952).

Berelowitch, André, *La Hiérarchie des égaux. La Noblesse russe d'Ancien Régime XVIe-XVIIe siècles* (Paris: Editions du Seuil, 2001).

Bogatyrev, Sergei, "Groznyi tsar' ili groznoe vremia? Psikhologicheskii obraz Ivana Groznogo v istoriografii", *RH* 22 (1995): 285-308.

The Sovereign and his Counsellors. Ritualised Consultations in Muscovite Culture, *1350s-1570s* (Helsinski: Finnish Academy of Science and Letters, 2000).

"Battle for Divine Wisdom. The Rhetoric of Ivan IV's Campaign against Polotsk", in Eric Lohr and Marshall Poe (eds.), *The Military and Society in Russia*, *1450-1917* (Leiden: Brill, 2002), pp. 325-363.

"Localism and Integration in Muscovy", in Sergei Bogatyrev (ed.), *Russia Takes Shape. Patterns of Integration from the Middle Ages to the Present* (Helsinki: Finnish Academy of Science and Letters, 2004), pp. 59-127.

Bogdanov, A. P., "Chiny venchaniia rossiiskikh tsarei", in B. A. Rybakov et al. (eds.), *Kul'tura srednevekovoi Moskvy XIV - XVII vv.* (Moscow: Nauka, 1995), pp. 211-224.

Brown, Peter B., "Muscovite Government Bureaus", *RH* 10 (1983): 269-330.

Bulanin, D. M., "Adashev Aleksei Fedorovich", in *Slovar' knizhnikov i knizhnosti Drevnei Rusi*, vyp. 2: *Vtoraia polovina XIV - XVI v.* (Leningrad: Nauka, Leningradskoe otdelenie, 1988), pt. I, pp. 8-10.

Cherepnin, L. V., *Zemskie sobory Russkogo gosudarstva v XVI-XVII vv.* (Moscow: Nauka, 1978).

Croskey, Robert M., *Muscovite Diplomatic Practice in the Reign of Ivan III* (New York: Garland, 1987).

"Byzantine Greeks in Late Fifteenth- and Early Sixteenth-Century Russia", in Lowell Clucas (ed.), *The Byzantine Legacy in Eastern Europe* (Boulder, Colo.: East European Monographs, 1988), pp. 35-56.

and Ronquist, E. C., "George Trakhaniot's Description of Russia in 1486", *RH* 17 (1990): 55-64.

Crummey, Robert O., *The Formation of Muscovy*, *1304-1613* (London and New York: Longman, 1987).

"New Wine in Old Bottles? Ivan IV and Novgorod", *RH* 14 (1987): 61-76.

"The Latest from Muscovy", *RR* 60 (2001): 474-486.

Sundhaussen, Holm, and Vulpius, Ricarda (eds.), *Russische und Ukrainische Geschichte vom 16.-18. Jahrhundert* = *FOG* 58 (2001).

Czerska, D., *Borys Godunow* (Wrocław: Ossolineum, 1988).

Davies, Brian L., "The Town Governors in the Reign of Ivan IV", *RH* 14 (1987): 77-143.

"The Politics of Give and Take: *Kormlenie* as Service Remuneration and Generalized Exchange, 1488-1726", in Ann M. Kleimola and Gail Lenhoff (eds.), *Culture and Identity in Muscovy*, 1359-1584 (Moscow: ITZ-Garant, 1997), pp. 39-67.

"The Development of Russian Military Power, 1453-1815", in Jeremy Black (ed.), *European Warfare, 1453-1815* (Houndmills and New York: Macmillan, 1999), pp. 145-179.

Dewey, Horace W., "The 1550 Sudebnik as an Instrument of Reform", *JGO* 10 (1962): 161-180.

and Kleimola, A. M., "Promise and Perfidy in Old Russian Cross-Kissing", *Canadian Slavic Studies* 3 (1968): 327-341.

Donnelly, Alton S., *The Russian Conquest of Bashkiria, 1552-1740. A Case Study in Imperialism* (New Haven: Yale University Press, 1968).

Dunning, Chester S. L., *Russia's First Civil War: The Time of Troubles and the Founding of the Romanov Dynasty* (University Park, Pa.: Pennsylvania State University Press, 2001).

"Terror in the Time of Troubles", *Kritika* 4 (2003): 491-513.

Emerson, C., *Boris Godunov: Transpositions of a Russian Theme* (Bloomington and Indianapolis: Indiana University Press, 1986).

Fennell, J. L. I., *Ivan the Great of Moscow* (London: Macmillan, 1961).

Filiushkin, A. I., *Istoriia odnoi mistifikatsii. Ivan Groznyi i "Izbrannaia Rada"* (Moscow: Voronezhskii gosudarstvennyi universitet, 1998).

"Diskursy Livonskoi voiny", *Ab Imperio* 4 (2001): 43-80.

"Post-Modernism and the Study of the Russian Middle Ages", *Kritika* 3 (2002): 89-109.

Flier, Michael S., "Breaking the Code: The Image of the Tsar in the Muscovite Palm Sunday Ritual", in Michael S. Flier and Daniel Rowland (eds.), *Medieval Russian Culture*, vol. II (Berkeley: University of California Press, 1994), pp. 213-242.

Floria, B. N., *Russko-pol'skie otnosheniia i baltiiskii vopros v kontse XVI-nachale XVII v.* (Moscow: Nauka, 1973).

Russko-pol'skie otnosheniia i politicheskoe razvitie Vostochnoi Evropy (Moscow: Nauka, 1978).

Ivan Groznyi, 2nd edn. (Moscow: Molodaia gvardiia, 2002).

Forsyth, James, *A History of the Peoples of Siberia* (Cambridge: Cambridge University Press, 1992).

Frost, Robert I., *The Northern Wars, 1558-1721* (London, New York: Longman, 2000).

Golubtsov, I. A., "'Izmena' smolian pri Borise Godunove i 'izvet Varlaama'", *Uchenye zapiski instituta istorii RANION* 5 (1928): 218-251.

"'Izmena' Nagikh", *Uchenye zapiski instituta istorii RANION* 4 (1929): 55-70.

Gralia, I., *Ivan Mikhailov Viskovatyi: Kar'era gosudarstvennogo deiatelia v Rossii*

XVI v. (Moscow: Radiks, 1994).

Grobovsky, A. N., *The "Chosen Council" of Ivan IV. A Reinterpretation* (New York: Gaus, 1969).

Halperin, Charles J., "Edward Keenan and the Kurbskii-Groznyi Correspondence in Hindsight", *JGO* 46 (1998): 376-403.

"Muscovy as a Hypertrophic State: A Critique", *Kritika* 3 (2002): 501-507.

Hellie, Richard, "What Happened? How Did he Get away with it? Ivan Groznyi's Paranoia and the Problem of Institutional Restraints", *RH* 14 (1987): 199-224.

(ed.), *Ivan the Terrible: A Quarcentenary Celebration of his Death = RH* 14 (1987).

"Zemskii sobor", in *MERSH*, ed. Joseph L. Wieczynski, vol. XLV (Gulf Breeze, Fla.: Academic International Press, 1987), pp. 226-234.

"Thoughts on the Absence of Elite Resistance in Muscovy", *Kritika* 1 (2001): 5-20.

Hulbert, Ellerd, "Sixteenth-Century Russian Assemblies of the Land: Their Composition, Organization, and Competence", unpublished Ph. D. dissertation, University of Chicago, 1970.

Hunt, Priscilla, "Ivan IV's Personal Mythology of Kingship", *SR* 52 (1993): 769-809.

Ianov, Aleksandr, *Rossiia: U istokov tragedii 1462-1584* (Moscow: Progress, 2001).

Istoriia narodov Severnogo Kavkaza s drevneishikh vremen do kontsa XVIII v., ed. B. B. Piotrovskii (Moscow: Nauka, 1988).

Istoriia Sibiri, 5 vols. (Leningrad: Nauka, 1968).

Istoriia Urala s drevneishikh vremen do 1861 g. (Moscow: Nauka, 1989).

Iurganov, A. L., "Staritskii miatezh", *VI*, 1985, no. 2: 100-110.

"Politicheskaia bor'ba v 30-e gg. XVI veka", *Istoriia SSSR*, 1988, no. 2: 101-112.

"Oprichnina i strashnyi sud", *Otechestvennaia istoriia*, 1997, no. 3: 52-75.

Iuzefovich, L. A., "*Kak v posol'skikh obychaiakh vedetsia ...*" (Moscow: Mezhdunarodnye otnosheniia, 1988).

Kämpfer, Frank and Frötschner, Reinhard (eds.), *450 Jahre Sigismund von Herbersteins Rerum Moscoviticarum Commentarii 1549-1999* (Schriften zur Geistesgeschichte des östlichen Europa, vol. 24) (Wiesbaden: Harrassowitz Verlag, 2002).

Kappeler, Andreas, *The Russian Empire: A Multiethnic History*, trans. Alfred Clayton (Harlow: Longman, 2001).

Kashtanov, S. M., *Sotsial'no-politicheskaia istoriia Rossiia, kontsa XV - pervoi poloviny XVI veka* (Moscow: Nauka, 1967).

Kavel'makher, V. V., "Gosudarev dvor v Aleksandrovskoi slobode. Opyt rekonstruktsii", in Iakob Ul'feldt, *Puteshestvie v Rossiiu*, eds. Dzh. Lind and A. L. Khoroshkevich (Moscow: Iazyki slavianskoi kul'tury, 2002), pp. 457-487.

Keenan, Edward L., "Muscovy and Kazan, 1445-1552: A Study in Steppe Politics", unpublished Ph. D. dissertation, Harvard University, 1965.

"The *Jarlyk* of Axmed-Xan to Ivan III: A New Reading", *International Journal of Slavic Linguistics and Poetics* 12 (1969): 33-47.

The Kurbskii-Groznyi Apocrypha: The Seventeenth-Century Genesis of the "Correspondence" Attributed to Prince A. M. Kurbskii and Tsar Ivan IV, with an appendix by Daniel C. Waugh (Cambridge, Mass.: Harvard University Press, 1971).

"Putting Kurbskii in his Place, or: Observations and Suggestions Concerning the Place of the *History of the Grand Prince of Muscovy* in the History of Muscovite Literary Culture", *FOG* 24 (1978): 131-161.

"Muscovite Political Folkways", *RR* 45 (1986): 115-181.

"Response to Halperin, 'Edward Keenan and the Kurbskii-Groznyi Correspondence in Hindsight'", *JGO* 46 (1998): 404-415.

Kennedy, Craig Gayen, "The Juchids of Muscovy: A Study of Personal Ties between Émigré Tatar Dynasts and the Muscovite Grand Princes in the Fifteenth and Sixteenth Centuries", unpublished Ph. D. dissertation, Harvard University, 1994 (Ann Arbor: UMI, 1994, AAT 9520971).

Khodarkovsky, Michael, "Of Christianity, Enlightenment, and Colonialism: Russia in the North Caucasus, 1500-1800", *Journal of Modern History* 71 (1999): 394-430.

Russia's Steppe Frontier: The Making of a Colonial Empire, 1500-1800 (Bloomington: Indiana University Press, 2002).

Khoroshkevich, A. L., "Tsarskii titul Ivana IV i boiarskii 'miatezh' 1553 goda", *Otechestvennaia istoriia*, 1994, no. 3: 23-42.

Rossiia v sisteme mezhdunarodnykh otnoshenii serediny XVI veka (Moscow: Drevlekhranilishche, 2003).

Khudiakov, M., *Ocherki po istorii Kazanskogo khanstva* (Kazan': Gosudarstvennoe izdatel'stvo, 1923; reprinted Kazan': Fond TIAK, 1990).

Kivelson, Valerie A., "Muscovite 'Citizenship': Rights without Freedom", *Journal of Modern History* 74 (2002): 465-489.

"On Words, Sources, and Historical Method: Which Truth about Muscovy?", *Kritika* 3 (2002), 487-499.

Kleimola, Ann M., "Status, Place, and Politics: The Rise of mestnichestvo during the boiarskoe pravlenie", *FOG* 27 (1980): 195-214.

Kliuchevskii, V. O., "Kurs russkoi istorii", in his *Sochineniia*, 8 vols. (Moscow, 1956-1959), vol. III (Gosudarstvennoe Izdatel'stvo politicheskoi literatury, 1957).

"Sostav predstavitel'stva na zemskikh soborakh drevnei Rusi", in his *Sochineniia*, 8 vols. (Moscow, 1956-1959), vol. VIII (Izdatel'stvo sotsial'no-ekonomicheskoi literatury, 1959), pp. 5-112.

Kollmann, Nancy Shields, "Consensus Politics: The Dynastic Crisis of the 1490s Reconsidered", *RR* 45 (1986): 235-267.

"The Grand Prince in Muscovite Politics: The Problem of Genre in Sources on Ivan's Minority", *RH* 14 (1987): 293-313.

"Convergence, Expansion and Experimentation: Current Trends in Muscovite History-Writing", *Kritika* 2 (2001): 233-240.

Kosheleva, O., and Strucheva, M. A., *Gosudarev dvor v Rossii: konets XV-nachalo XVIII vv.: katalog knizhnoi vystavki* (Moscow: Gosudarstvennaia publichnaia istoricheskaia biblioteka Rossii, 1997).

Kostomarov, N. I., "Boris Godunov", in his *Russkaia istoriia v zhizneopisaniiakh ee glavneishikh deiatelei*, 3 vols. (St Petersburg: Tipografiia M. Stasiulevicha, 1873-1888; reprinted Moscow: Kniga, 1990), vol. I, pp. 563-609.

Krom, M. M., "Sud'ba regentskogo soveta pri maloletnem Ivane IV. Novye dannye o vnutripoliticheskoi bor'be kontsa 1533-1534 goda", *Otechestvennaia istoriia*, 1996, no. 5: 34-49.

"Politicheskii krizis 30-40kh godov XVI veka. Postanovka problemy", *Otechestvennaia istoriia* 1998, no. 5: 3-19.

Kusheva, E. I., "Politika russkogo gosudarstva na Severnom Kavkaze v 1552-1572 gg.", *IZ* 34 (1950): 236-287.

Latkin, V. N., *Zemskie sobory drevnei Rusi* (St Petersburg: Izdatel'stvo L. F. Panteleeva, 1885).

Lenhoff, Gail, and Martin, Janet, "Marfa Boretskaia, *posadnitsa* of Novgorod: A Reconsideration of her Legend and her Life", *SR* 59 (2000): 343-368.

Liubomirov, P. G., *Ocherk istorii Nizhegorodskogo opolcheniia 1611-1613 gg.*, rev. edn. (Moscow: Gosudarstvennoe sotsial'no-ekonomicheskoe izdatel'stvo, 1939).

Loparev, Kh., "O chine venchaniia russkikh tsarei", *Zhurnal Ministerstva Narodnogo Prosveshcheniia* (October 1887): 312-319.

Majeska, George P., "The Moscow Coronation of 1498 Reconsidered", *JGO* 26 (1978): 353-361.

Markevich, A. I., *Istoriia mestnichestva v moskovskom gosudarstve v XV-XVII veke* (Odessa: Tipografiia Odesskogo Vestnika, 1888).

Martin, Janet, "Muscovite Relations with the Khanate of Kazan' and the Crimea (1460s to 1521)", *CASS* 17 (1983): 435-453.

"Russian Expansion in the Far North", in Michael Rywkin (ed.), *Russian Colonial Expansion to 1917* (London: Mansell Publishing, 1988), pp. 35-48.

"The Novokshcheny of Novgorod: Assimilation in the Sixteenth Century", *Central Asian Survey* 9 (1990): 13-38.

"Muscovite Frontier Policy: The Case of the Khanate of Kasimov", *RH* 19 (1992): 169-179.

Medieval Russia, 980-1584 (Cambridge: Cambridge University Press, 1995).

"Tatars in the Muscovite Army during the Livonian War", in Eric Lohr and Marshall Poe (eds.), *The Military and Society in Russia, 1450-1917* (Leiden: Brill,

2002）, pp. 365-387.

Martin, Russell E. "Dynastic Marriage in Muscovy, 1500-1729", unpublished Ph. D. dissertation, Harvard University, 1996.

Miller, David B., "The Coronation of Ivan IV of Moscow", *JGO* 15 (1967): 559-574.

"The Velikie Minei Chetii and the Stepennaia Kniga of Metropolitan Makarii and the Origins of Russian National Consciousness", *FOG* 26 (1979): 263-382.

"Creating Legitimacy: Ritual, Ideology, and Power in Sixteenth-Century Russia", *RH* 21 (1994): 289-315.

Mordovina, S. P., "Kharakter dvorianskogo predstavitel'stva na zemskom sobore 1598 g.", *VI*, 1971, no. 2: 55-63.

Morozova, L. E., "Fedor Ivanovich", *VI*, 1997, no. 2: 49-71.

"Boris Fedorovich Godunov", *VI*, 1998, no. 1: 59-81.

Narody Sibiri, eds. M. G. Levina and L. P. Potapova (Moscow: AN SSSR, 1956).

Nosov, N. E., *Ocherki po istorii mestnogo upravleniia Russkogo gosudarstva pervoi poloviny XVI veka* (Moscow and Leningrad: AN SSSR, 1957).

Stanovlenie soslovno-predstavitel'nykh uchrezhdenii v Rossii. Izyskaniia o zemskoi reforme Ivana Groznogo (Leningrad: Nauka, Leningradskoe otdelenie, 1969).

Ocherki istorii SSSR. Period feodalizma. Konets XV v.- nachalo XVII v. (Moscow: AN SSSR, 1955).

Ostrowski, Donald, "The Extraordinary Career of Tsarevich Kudai Kul/Peter in the Context of Relations between Muscovy and Kazan'", in Janusz Duzinkiewicz, Myroslav Popovych, Vladyslav Verstiuk and Natalia Yakovenko (eds.), *States, Societies, Cultures: East and West. Essays in Honor of Jaroslaw Pelenski* (New York: Ross Publishing, 2004), pp. 697-719.

Pashkova, T. I., *Mestnoe upravlenie v Russkom gosudarstve v pervoi polovine XVI v. Namestniki i volosteli* (Moscow: Drevlekhranilishche, 2000).

Pavlov, A. P., "Sobornaia utverzhdennaia gramota ob izbranii Borisa Godunova na prestol", *Vspomogatel'nye istoricheskie distsipliny* 10 (1978): 206-225.

"Prikazy i prikaznaia biurokratiia (1584-1605 gg.)", *IZ* 116 (1988): 187-227.

Gosudarev dvor i politicheskaia bor'ba pri Borise Godunove (1584-1605 gg.) (St Petersburg: Nauka, 1992).

and Perrie, Maureen, *Ivan the Terrible* (Harlow: Longman, 2003).

Pelenski, Jaroslaw, *Russia and Kazan: Conquest and Imperial Ideology (1438-1560s)* (The Hague, Paris: Mouton, 1974).

"The Origins of the Official Muscovite Claims to the 'Kievan Inheritance'", *HUS* 1 (1977): 29-52.

Perrie, Maureen, "'Popular Socio-Utopian Legends' in the Time of Troubles", *SEER* 60 (1982): 223-243.

The Image of Ivan the Terrible in Russian Folklore (Cambridge: Cambridge University Press, 1987; paperback edn, 2002).

Pretenders and Popular Monarchism in Early Modern Russia: The False Tsars of the Time of Troubles (Cambridge: Cambridge University Press, 1995; paperback edn, 2002).

The Cult of Ivan the Terrible in Stalin's Russia (Houndmills: Palgrave, 2001).

Pipes, Richard, *Russia under the Old Regime* (Harmondsworth: Penguin Books, 1977).

Platonov, S. F., *Drevnerusskie skazaniia i povesti o Smutnom vremeni XVII v. kak istoricheskii istochnik* (St Petersburg: Tipografiia V. S. Balasheva, 1888; 2nd edn, St Petersburg: Tipografiia M. A. Aleksandrova, 1913).

Boris Godunov (Petrograd: Ogni, 1921).

The Time of Troubles, trans. J. T. Alexander (Lawrence: University of Kansas Press, 1970).

Boris Godunov, Tsar of Russia, trans. L. Rex Pyles, ed. J. T. Alexander (Gulf Breeze, Fla.: Academic International Press, 1972).

Ivan the Terrible, ed. and trans. Joseph L. Wieczynski, with "In Search of Ivan the Terrible", by Richard Hellie (Gulf Breeze, Fla.: Academic International Press, 1974).

Ocherki po istorii Smuty v Moskovskom gosudarstve XVI – XVII vv., 5th edn. (Moscow: Pamiatniki istoricheskoi mysli, 1995).

Pliukhanova, M. B., *Siuzhety i simvoly Moskovskogo tsarstva* (St Petersburg: Akropol', 1995).

Poe, Marshall, "The Truth about Muscovy", *Kritika* 3 (2002): 473–486.

Polosin, I. I., *Sotsial'no-politicheskaia istoriia Rossii XVI–nachala XVII v.* (Moscow: AN SSSR, 1963).

"Uglichskoe sledstvennoe delo 1591 g.", in his *Sotsial'no-politicheskaia istoriia Rossii XVI–nachala XVII v.* (Moscow: AN SSSR, 1963), pp. 218–245.

Pouncy, Carolyn Johnston, "'The Blessed Sil'vestr' and the Politics of Invention in Muscovy, 1545–1700", *HUS* 19 (1995): 548–572.

Raba, Joel, "The Moscow Kremlin: Mirror of the Newborn Muscovite State", *Slavic and Soviet* series 1, no. 2(1976): 3–49 plus map.

Rasmussen, Knud, "On the Information Level of the Muscovite Posol'skij prikaz in the Sixteenth Century", *FOG* 24 (1978): 87–99.

Rowland, Daniel, "The Problem of Advice in Muscovite Tales about the Time of Troubles", *RH* 6 (1979): 259–283.

"Did Muscovite Literary Ideology Place Limits on the Power of the Tsar, 1540s–1660s?", *RR* 49 (1990): 125–155.

"Ivan the Terrible as a Carolingian Renaissance Prince", *HUS* 19 (1995): 594–606.

"Moscow-the Third Rome or the New Israel?", *RR* 55 (1996): 591–614.

Sadikov, P. A., "Pokhod tatar i turok na Astrakhan' v 1569 g.", *IZ* 22 (1947): 132–166.

Sanin, G. A. et al. (eds.), *Istoriia vneshnei politiki Rossii: Konets XV – XVII vek*

(Moscow: Mezhdunarodnye otnosheniia, 1999).

Ševčenko, Ihor, "A Neglected Byzantine Source of Muscovite Political Ideology", *Harvard Slavic Studies* 2 (1954): 141-179; reprinted in Michael Cherniavsky (ed.), *The Structure of Russian History. Interpretive Essays* (New York: Random House, 1970), pp. 80-107; and in Ihor Ševčenko, *Byzantium and the Slavs in Letters and Culture* (Cambridge, Mass.: Harvard Ukrainian Research Institute, 1991), pp. 49-87.

Shmidt, S. O., *U istokov rossiiskogo absoliutizma. Issledovanie sotsial'no-politicheskoi istorii vremeni Ivana Groznogo* (Moscow: Progress, 1996).

"Mitropolit Makarii i pravitel'stvennaia deiatel'nost' ego vremeni", in S. O. Shmidt, *Rossiia Ivana Groznogo* (Moscow: Nauka, 1999), pp. 239-245.

Rossiia Ivana Groznogo (Moscow: Nauka, 1999).

Skrynnikov, R. G., "Zemskii sobor 1598 goda i izbranie Borisa Godunova na tron", *Istoriia SSSR*, 1977, no. 3: 141-157.

Ivan the Terrible, ed. and trans. Hugh F. Graham (Gulf Breeze, Fla.: Academic International Press, 1981).

Rossiia nakanune "Smutnogo vremeni" (Moscow: Mysl', 1981).

Boris Godunov, ed. and trans. Hugh F. Graham (Gulf Breeze, Fla.: Academic International Press, 1982).

Boris Godunov (Moscow: Nauka, 1978; 3rd edn, 1983).

Sotsial'no-politicheskaia bor'ba v Russkom gosudarstve v nachale XVII veka (Leningrad: Izdatel'stvo Leningradskogo Universiteta, 1985).

Rossiia v nachale XVII v. Smuta (Moscow: Mysl', 1988).

Smuta v Rossii v nachale XVII v. Ivan Bolotnikov (Leningrad: Nauka, 1988).

The Time of Troubles. Russia in Crisis, 1604-1618, ed. and trans. Hugh F. Graham (Gulf Breeze, Fla.: Academic International Press, 1988).

Samozvantsy v Rossii v nachale XVII veka: Grigorii Otrep'ev (Novosibirsk: Nauka, 1987; 2nd edn., Novosibirsk: Nauka, 1990).

Tsarstvo terrora (St Petersburg: Nauka, 1992).

"The Civil War in Russia at the Beginning of the Seventeenth Century (1603-1607): Its Character and Motive Forces", in Lindsey Hughes (ed.), *New Perspectives on Muscovite History* (London: Macmillan, 1993), pp. 61-79.

Tragediia Novgoroda (Moscow: Izdatel'stvo imeni Sabashnikovykh, 1994).

Smirnov, I. I., *Vosstanie Bolotnikova* (Leningrad: Gosudarstvennoe Izdatel'stvo politicheskoi literatury, 1951).

Ocherki politicheskoi istorii Russkogo gosudarstva 30-50kh godov XVI veka (Moscow and Leningrad: AN SSSR, 1958).

Stanislavskii, A. L., "Opyt izucheniia boiarskikh spiskov kontsa XVI-nachala XVII v.", *Istoriia SSSR*, 1971, no. 4: 97-110.

Grazhdanskaia voina v Rossii XVII v. Kazachestvo na perelome istorii (Moscow:

Mysl', 1990).

Stevens, Carol B., "Banditry and Provincial Order in Sixteenth-Century Russia", in Ann M. Kleimola and Gail D. Lenhoff (eds.), *Culture and Identity in Muscovy, 1359-1584* (Moscow: ITZ-Garant, 1997), pp. 578-599.

Syroechkovskii, V. E., "Puti i usloviia snoshenii Moskvy s Krymom na rubezhe XVI veka", *Izvestiia AN SSSR. Otdelenie obshchestvennykh nauk* 3 (1932): 193-237.

Szvák, Gyula (ed.), *Muscovy: Peculiarities of its Development* (Budapest: Magyar Ruszisztikai Intézet, 2003).

Tikhomirov, M. N., *Rossiia v XVI veke* (Moscow: AN SSSR, 1962).

Tiumentsev, I. O., *Smuta v Rossii v nachale XVII stoletiia: dvizhenie Lzhedmitriia II* (Volgograd: Volgogradskii Gosudarstvennyi Universitet, 1999).

Trepavlov, V. V., *Istoriia Nogaiskoi Ordy* (Moscow: Vostochnaia literatura, 2001).

Ul'ianovskii, V. I., *Rossiiskie samozvantsy: Lzhedmitrii I* (Kiev: Libid', 1993).

Uspenskii, B. A., "Vospriiatie istorii v Drevnei Rusi i doktrina 'Moskva-Tretii Rim'", in B. V. Raushenbakh (ed.), *Russkoe podvizhnichestvo* (Moscow: Nauka, 1996), pp. 464-501.

Vel'iaminov-Zernov, V. V., *Issledovanie o Kasimovskikh tsariakh i tsarevichakh*, 4 vols. (St Petersburg: Imperatorskaia Akademiia Nauk, 1863-1887), vol. I (1863).

Vernadskii, V. N., *Novgorod i Novgorodskaia zemlia v XV veke* (Moscow and Leningrad: AN SSSR, 1961).

Vernadsky, George, *Russia at the Dawn of the Modern Age* (*A History of Russia*, vol. iv) (New Haven: Yale University Press, 1959).

Veselovskii, S. B., *D'iaki i pod'iachie XV-XVII vv.* (Moscow: Nauka, 1975).

Videkind, Iukhan [Johann Widekind], *Istoriia desiatiletnei shvedsko-moskovitskoi voiny* (Moscow: Pamiatniki istoricheskoi mysli, 2000).

Zharinov, G. V., "O proiskhozhdenii tak nazyvaemoi 'Opisi domashnemu imushchestvu tsaria Ivana Vasil'evicha ...'", *Arkhiv russkoi istorii* 2 (Moscow: Roskomarkhiv, 1992): 179-185.

Zimin, A. A., "O politicheskoi doktrine Iosifa Volotskogo", *TODRL* 9 (1953): 159-177.

"Nekotorye voprosy istorii krest'ianskoi voiny v Rossii v nachale XVII veka", *VI*, 1958, no. 3: 97-113.

Reformy Ivana Groznogo (Moscow: Izdatel'stvo sotsial'no-ekonomicheskoi literatury, 1960).

"Ivan Groznyi i Simeon Bekbulatovich v 1575 g.", *Uchenye zapiski Kazanskogo gosudarstvennogo pedagogicheskogo universiteta* 80: Iz istorii Tatari 4 (1970): 141-163.

Rossiia na poroge novogo vremeni (*Ocherki politicheskoi istorii Rossii pervoi treti XVI v.*) (Moscow: Mysl', 1972).

Rossiia na rubezhe XV - XVI stoletii (*Ocherk sotsial'no-politicheskoi istorii*)

(Moscow: Mysl', 1982).

V kanun groznykh potriasenii. Predposylki pervoi krest'ianskoi voiny v Rossii (Moscow: Mysl', 1986).

Oprichnina (Moscow: Territoriia, 2001).

(c) 1613—1689 年

Aleksandrov, V. A., and Pokrovskii, N. N., *Vlast' i obshchestvo: Sibir' v XVII v.* (Novosibirsk: Nauka, 1991).

Avrich, Paul, *Russian Rebels 1600-1800* (London: Allen Lane The Penguin Press, 1973).

Bakhrushin, S. V., "Moskovskoe vosstanie 1648 g.", in his *Nauchnye trudy*, 4 vols. (Moscow: AN SSSR, 1952-1959), vol. II (1954), pp. 46-91.

"Iasak v Sibiri v XVII v.", in his *Nauchnye trudy*, 4 vols. (Moscow: AN SSSR, 1952-1959), vol. III, pt. 2 (1955), pp. 49-85.

"Ocherki po istorii krasnoiarskogo uezda v XVII v.", in his *Nauchnye trudy*, 4 vols. (Moscow: AN SSSR, 1952-1959), vol. IV (1959), pp. 7-192.

Bogoiavlenskii, S. K., "Prikaznye d'iaki XVII veka", *IZ* 1 (1937): 220-239.

Prikaznye sud'i XVII veka (Moscow and Leningrad: AN SSSR, 1946).

Bogoslovskii, M. M., *Zemskoe samoupravlenie na russkom severe v XVII veke*, ChOIDR, 1910, no. 232, kn. 1, pp. I-VIII, 321 pp. and 105 pp. of addenda and 1912, no. 214, kn. 2, pp. I-IV, 311 pp.

Brown, Peter B., "Early Modern Russian Bureaucracy: The Evolution of the Chancellery System from Ivan III to Peter the Great, 1478 - 1717", unpublished Ph. D. dissertation, University of Chicago, 1978.

"Muscovite Government Bureaus", *RH* 10 (1983): 269-330.

"The *Zemskii Sobor* in Recent Soviet Historiography", *RH* 10 (1983): 77-90.

"Bureaucratic Administration in Seventeenth-Century Russia", in J. Kotilaine and M. Poe (eds.), *Modernizing Muscovy: Reform and Social Change in Seventeenth-Century Russia* (London: Routledge Curzon, 2004), pp. 57-78.

Buganov, V. I., *Moskovskoe vosstanie 1662 g.* (Moscow: Nauka, 1964).

Moskovskie vosstaniia kontsa XVII veka (Moscow: Nauka, 1969).

Mir istorii. Rossiia v XVII stoletii (Moscow: Molodaia gvardiia, 1989).

Bushkovitch, Paul, *Peter the Great: the Struggle for Power, 1671-1725* (Cambridge and New York: Cambridge University Press, 2001).

Campbell, Ira L., "The Composition, Character and Competence of the Assembly of the Land in Seventeenth-Century Russia", unpublished Ph. D. dissertation, University of Illinois, 1984.

Chernov, A. V., *Vooruzhennye sily Russkogo gosudarstva* (Moscow: Ministerstvo oborony SSSR, 1954).

Chicherin, B. N., *Oblastnye uchrezhdeniia Rossii v XVII veke* (Moscow: Tipografiia Aleksandra Semena, 1856).

Chistiakova, E. V., *Gorodskie vosstaniia v Rossii v pervoi polovine XVII veka* (*30-40-e godу*) (Voronezh: Izdatel'stvo Voronezhskogo universiteta, 1975).

and Solov'ev, V. M., *Stepan Razin i ego soratniki* (Moscow: Mysl', 1988).

Crummey, Robert O., "The Origins of the Noble Official: The Boyar Elite, 1613 – 1689", in D. K. Rowney and W. M. Pintner (eds.), *Russian Officialdom: The Bureaucratization of Russian Society from the Seventeenth to the Twentieth Century* (Chapel Hill: University of North Carolina Press, 1980), pp. 46-75.

Aristocrats and Servitors: The Boyar Elite in Russia, 1613-1689 (Princeton: Princeton University Press, 1983).

"Court Spectacles in Seventeenth-Century Russia: Illusion and Reality", in Daniel C. Waugh (ed.), *Essays in Honor of A. A. Zimin* (Columbus, Oh.: Slavica Publishers, 1985), pp. 130-158.

"Muscovy and the 'General Crisis of the Seventeenth Century'", *Journal of Early Modern History* 2 (1998): 156-180.

"Seventeenth-Century Russia: Theories and Models", *FOG* 56 (2000): 113-131.

Holm Sundhaussen and Ricarda Vulpius (eds.), *Russische und Ukrainische Geschichte vom. 16. bis zum 18. Jahrhundert = FOG* 58 (2001).

Davies, Brian, "The Role of the Town Governors in the Defense and Military Colonization of Muscovy's Southern Frontier: The Case of Kozlov, 1635 – 38", 2 vols., unpublished Ph. D. dissertation, University of Chicago, 1983.

"The Second Chigirin Campaign (1678): Late Muscovite Military Power in Transition", in Eric Lohr and Marshall Poe (eds.), *The Military and Society in Russia, 1450-1917* (Leiden: E. J. Brill, 2002), pp. 97-118.

State Power and Community in Early Modern Russia: The Case of Kozlov, 1635-1649 (Houndmills and New York: Palgrave Macmillan, 2004).

Demidova, N. F., "Biurokratizatsiia gosudarstvennogo apparata absoliutizma v XVII – XVIII vv.", in N. M. Druzhinin (ed.), *Absoliutizm v Rossii* (*XVII – XVIII vv. Sbornik statei k semidesiatiletiiu so dnia rozhdeniia i sorokapiatiletiiu nauchnoi i pedagogicheskoi deiatel'nosti B. B. Kafengauza* (Moscow: Nauka, 1964), pp. 206-242.

"Prikaznye liudi XVII v. (Sotsial'nyi sostav i istochniki formirovaniia)", *IZ* 90 (1972): 332-354.

"Gosudarstvennyi apparat Rossii v XVII veke", *IZ* 108 (1982): 109-154.

Sluzhilaia biurokratiia v Rossii XVII v. i ee rol' v formirovanii absoliutizma (Moscow: Nauka, 1987).

Dukes, Paul, *The Making of Russian Absolutism, 1613-1801* (London and New York: Longman, 1982; 2nd edn 1990).

Epstein, Fritz T., "Die Hof- und Zentralverwaltung im Moskauer Staat und die Bedeutung von G. K. Kotošichins zeitgenoessischem Werk 'Über Russland unter der Herrschaft des Zaren Aleksej Michajlovic' für die russische Verwaltungsgeschichte", *Hamburger*

Historische Studien 7 (1978): 1-228.

Eroshkin, N. P., *Ocherki istorii gosudarstvennykh uchrezhdenii dorevoliutsionnoi Rossii* (Moscow: Gosudarstvennoe Uchebno-Pedagogicheskoe izdatel'stvo Ministerstva prosveshcheniia RSFSR, 1960).

Flier, Michael S., "Court Ceremony in an Age of Reform: Patriarch Nikon and the Palm Sunday Ritual", in Samuel H. Baron and Nancy Shields Kollmann (eds.), *Religion and Culture in Early Modern Russia and Ukraine* (DeKalb: Northern Illinois University Press, 1997), pp. 73-95.

Fuller, William C., Jr., *Strategy and Power in Russia, 1600-1914* (New York: Free Press, 1992).

Gorobets, V., "Ukrainsko-rossiiskie otnosheniia v politiko-pravovoi status getmanshchiny", in A. I. Miller et al. (eds.), *Rossiia-Ukraina: istoriia vzaimootnoshenii* (Moscow: Iazyki mirovoi kul'tury, 1997), pp. 8-11.

Hatton, Ragnhild Marie, "Russia and the Baltic", in Taras Hunczak (ed.), *Russian Imperialism from Ivan the Great to the Revolution* (New Brunswick, N.J.: Rutgers University Press, 1974), pp. 106-130.

Hellie, Richard, "The Expanding Role of the State in Russia", in Jarmo T. Kotilaine and Marshall T. Poe (eds.), *Modernizing Muscovy: Reform and Social Change in Seventeenth-Century Russia* (London: Routledge, 2003), pp. 29-56.

Hosking, Geoffrey, *Russia: People and Empire 1552-1917* (London: HarperCollins, 1997).

Hrushevsky, Mykhailo, *History of Ukraine-Rus'*. Vol. VIII: *The Cossack Age, 1626-1650* (Edmonton: Canadian Institute of Ukrainian Studies, 2002).

Hughes, Lindsey, *Russia and the West, the Life of a Seventeenth-Century Westernizer, Prince V. V. Golitsyn (1643-1714)* (Newtonville, Mass.: ORP, 1984).

"Sophia, 'Autocrat of All the Russias': Titles, Ritual and Eulogy in the Regency of Sophia Alekseevna (1682-89)", *Canadian Slavonic Papers* 28 (1986): 266-286.

Sophia, Regent of Russia, 1657-1704 (New Haven: Yale University Press, 1990).

Russia in the Age of Peter the Great (New Haven: Yale University Press, 1998).

"The Courts of Moscow and St Petersburg, c. 1547-1725", in John Adamson (ed.), *The Princely Courts of Europe 1500-1750* (London: Weidenfeld and Nicolson, 1999), pp. 294-313.

Peter the Great: A Biography (New Haven: Yale University Press, 2002).

Huttenbach, Henry, "The Ukraine and Muscovite Expansion", in Taras Hunczak (ed.), *Russian Imperialism from Ivan the Great to the Revolution* (New Brunswick, N. J.: Rutgers University Press, 1974), pp. 167-197.

Ingerflom, C. S., "Entre le mythe et la parole: l'action. Naissance de la conception politique du pouvoir en Russie", *Annales: histoire, sciences sociales* 51 (1996): 733-757.

Istoriia narodov Severnogo Kavkaza s drevneishikh vremen do kontsa XVIII v., ed. B.

B. Piotrovskii (Moscow: Nauka, 1988).

Ivanov, P., *Opisanie gosudarstvennogo razriadnogo arkhiva* (Moscow: Tipografiia S. Silivanovskogo, 1842).

Kaminski, Andrzej Sulima, *Republic vs. Autocracy. Poland-Lithuania and Russia, 1686-1697* (Cambridge, Mass.: Harvard Ukrainian Research Institute, 1993).

Keep, J. L. H., *Soldiers of the Tsar: Army and Society in Russia, 1462-1874* (Oxford: Clarendon Press, 1985).

Khodarkovsky, Michael, *Where Two Worlds Met: The Russian State and the Kalmyk Nomads, 1600-1771* (Ithaca, N. Y.: Cornell University Press, 1992).

"The Stepan Razin Uprising: Was it a 'Peasant War'?", *JGO* 42 (1994): 1-19.

Kivelson, Valerie A., "The Devil Stole his Mind: The Tsar and the 1648 Moscow Uprising", *American Historical Review*, 98 (1993): 733-756.

Autocracy in the Provinces: The Muscovite Gentry and Political Culture in the Seventeenth Century (Stanford, Calif.: Stanford University Press, 1996).

Kliuchevskii, V. O., *A Course in Russian History: The Seventeenth Century* (Chicago: Quadrangle Books, 1968).

Boiarskaia duma drevnei Rusi. Opyt istorii pravitel'stvennogo uchrezhdeniia v sviazi s istoriei obshchestva, 3rd edn. (Moscow: Sinodal'naia tipografiia, 1902).

Kollmann, Nancy Shields, "Ritual and Social Drama at the Muscovite Court", *SR* 45 (1986): 486-502.

Kostomarov, N. I., *Kazaki: istoricheskie monografii i issledovaniia* (Moscow: Charli, 1995).

Ruina. Mazepa. Mazepintsy (Moscow: Charli, 1995).

Kotilaine, Jarmo T., and Poe, Marshall T. (eds.), *Modernizing Muscovy: Reform and Social Change in Seventeenth-Century Russia* (London: Routledge Curzon, 2004).

Kozliakov, V. N., *Sluzhilyi gorod Moskovskogo gosudarstva XVII veka* (Iaroslavl': Iaroslavskii Gosudarstvennyi Pedagogicheskii Institut, 2000).

Krest'ianskie voiny v Rossii XVII - XVIII vekov: problemy, poiski, resheniia (Moscow: Nauka, 1974).

Kristensen [Christensen], Svend A., *Istoriia rossii XVII v. Obzor issledovanii i istochnikov* (Moscow: Progress, 1989).

Lantzeff, George V., *Siberia in the Seventeenth Century* (Berkeley: University of California Press, 1943).

and Pierce, Richard, *Eastward to Empire: Exploration and Conquest on the Russian Open Frontier, to 1750* (Montreal: McGill-Queen's University Press, 1973).

Lapman, Mark C., "Political Denunciations in Muscovy, 1600 to 1649: The Sovereign's Word and Deed", unpublished Ph. D. dissertation, Harvard University, 1982.

Leont'ev, A. K., *Obrazovanie prikaznoi sistemy upravleniia v moskovskom gosudarstve* (Moscow: MGU, 1961).

Litavrin, G. G. (ed.), *Osmanskaia imperiia i strany Tsentral'noi, Vostochnoi i Iugo-*

Vostochnoi Evropy v XVII v. (Moscow: Pamiatniki istoricheskoi mysli, 2001).

Longworth, Philip, *Alexis, Tsar of All the Russias* (London: Secker and Warburg, 1984).

Lukin, P. V., *Narodnye predstavleniia o gosudarstvennoi vlasti v Rossii XVII veka* (Moscow: Nauka, 2000).

Mal'tsev, A. N., *Rossiia i Belorussiia v seredine XVII veka* (Moscow: MGU, 1974).

Mousnier, Roland, *Peasant Uprisings in Seventeenth-Century France, Russia and China* (London: George Allen and Unwin, 1971).

Nazarov, V., "The Peasant Wars in Russia and their Place in the History of the Class Struggle in Europe", in *The Comparative Historical Method in Soviet Mediaeval Studies* (Problems of the Contemporary World, no. 79) (Moscow: USSR Academy of Sciences, 1979), pp. 113-142.

Nikolaev, S. I., "Poeziia i diplomatiia (iz literaturnoi deiatel'nosti Posol'skogo prikaza v 1670-kh gg.)", *TODRL* 42 (1989): 143-173.

Nikol'skii, V. K., "Boiarskaia popytka 1681 g.", *Istoricheskie izvestiia izdavaemye Istoricheskim obshchestvom pri Moskovskom universitete* 2 (1917): 57-87.

Novosel'skii, A. A., *Bor'ba Moskovskogo gosudarstva s tatarami v pervoi polovine XVII veka* (Moscow: AN SSSR, 1948).

O'Brien, Bickford, "Muscovite Prikaz Administration of the Seventeenth Century: The Quality of Leadership", *FOG* 24 (1978): 223-235.

Ocherki po istorii Bashkirskoi ASSR, vol. I, pt. I (Ufa: Bashkirskoe izdatel'stvo, 1956).

Ogloblin, N. N., "Provintsial'nye arkhivy v XVII veke", *Vestnik arkheologii i istorii, izdavaemyi Arkheologicheskim institutom* 6 (1886): 74-206.

"Obozrenie stolbtsov i knig Sibirskogo prikaza", 4 pts., *ChOIDR* 2 (1895): I-VIII + 1-422; 1 (1898): 1-162; 3 (1900): I-IV + 1-394; 1 (1902): 1-288.

Ostrogorsky, G., "Das Projekt einer Rangtabelle aus der Zeit des Tsaren Fedor Alekseevich", *Jahrbücher für Kultur und Geschichte der Slaven* 9 (1933): 86-138.

Ostrowski, Donald, "The Assembly of the Land as a Representative Institution", in J. Kotilaine and M. Poe (eds.), *Modernizing Muscovy: Reform and Social Change in Seventeenth-Century Russia* (London: Routledge Curzon, 2004), pp. 117-142.

Pavlov, A. P., "Gosudarev dvor v istorii Rossii XVII veka", *FOG* 56 (2000): 227-242.

Perrie, Maureen, "Pretenders in the Name of the Tsar: Cossack 'Tsareviches' in Seventeenth-Century Russia", *FOG* 56 (2000): 243-256.

[Perri, M.], "V chem sostoiala 'izmena' zhertv narodnykh vosstanii XVII veka?", in I. O. Tiumentsev (ed.), *Rossiia XV - XVIII stoletii. Sbornik nauchnykh statei* (Volgograd and St Petersburg: Volgogradskii Gosudarstvennyi Universitet, 2001), pp. 207-220.

"Indecent, Unseemly and Inappropriate Words: Popular Criticisms of the Tsar, 1648-50", *FOG* 58 (2001): 143-149.

"Popular Monarchism in Mid-17th-Century Russia: The Politics of the 'Sovereign's *gramoty*'", in Gyula Szvák (ed.), *Muscovy: Peculiarities of its Development* (Budapest: Magyar Ruszisztikai Intézet, 2003), pp. 135-142.

Platonov, S. F., "Boiarskaia duma - predshestvennitsa senata", in his *Stat'i po russkoi istorii (1883-1912)*, 2nd edn. (St Petersburg: M. A. Aleksandrov, 1912), pp. 447-494.

Plavsic, B., "Seventeenth-Century Chanceries and their Staffs", in D. K. Rowney and W. M. Pintner (eds.), *Russian Officialdom: The Bureaucratization of Russian Society from the Seventeenth to the Twentieth Century* (Chapel Hill: University of North Carolina Press, 1980), pp. 19-45.

Poe, Marshall T., "The Consequences of the Military Revolution in Muscovy in Comparative Perspective", *Comparative Studies in Society and History* 38 (1996): 603-618.

"The Imaginary World of Semen Koltovskii: Genealogical Anxiety and Falsification in Seventeenth-Century Russia", *Cahiers du monde russe* 39 (1998): 375-388.

"The Military Revolution, Administrative Development, and Cultural Change in Early Modern Russia", *Journal of Early Modern History* 2 (1998): 247-273.

"What Did Russians Mean when they Called themselves 'Slaves of the Tsar'?", *SR* 57 (1998): 585-608.

"Tsar Aleksei Mikhailovich and the Demise of the Romanov Political Settlement", *RR* 62 (2003): 537-564.

The Russian Elite in the Seventeenth Century, 2 vols. (Helsinki: Academia Scientiarum Fennica, 2003).

"Absolutism and the New Men of Seventeenth-Century Russia", in J. Kotilaine and M. T. Poe (eds.), *Modernizing Muscovy: Reform and Social Change in Seventeenth-Century Russia* (London: RoutledgeCurzon, 2004), pp. 97-116.

Pokrovskii, N. N., "Sibirskie materialy XVII-XVIII vv. po 'slovu i delu gosudarevu' kak istochnik po istorii obshchestvennogo soznaniia", in *Istochniki po istorii obshchestvennoi mysli i kul'tury epokhi pozdnego feodalizma* (Novosibirsk: Nauka, 1988), pp. 24-61.

Tomsk 1648-1649 gg.: Voevodskaia vlast' i zemskie miry (Novosibirsk: Nauka, 1989).

Popov, A. N., "Turetskaia voina v tsarstvovanie Fedora Alekseevicha", *Russkii vestnik* 6 (1857): 145-180; and 7 (1857): 285-328.

Porfir'ev, S. I., *Neskol'ko dannykh o prikaznom upravlenii v Kazani v 1627 g.* (Kazan', 1911).

Porshnev, B. F., "Sotsial'no-politicheskaia obstanovka v Rossii vo vremia Smolenskoi voiny", *Istoriia SSSR*, 1957, no. 5: 112-140.

"Razvitie 'Balashovskogo' dvizheniia v fevrale-marte 1634 g.", in *Problemy obshchestvennopoliticheskoi istorii Rossii i slavianskikh stran. Sbornik statei k 70-*

letiiu akademika M. N. Tikhomirova (Moscow: Izdatel'stvo vostochnoi literatury, 1963), pp. 225-235.

Muscovy and Sweden in the Thirty Years' War, 1630-1635, ed. Paul Dukes and trans. Brian Pearce (Cambridge: Cambridge University Press, 1995).

Riabov, S. I., *Voisko Donskoe i rossiiskoe samoderzhavie* (Volgograd: Peremena, 1993).

Samokvasov, D. Ia., *Russkie arkhivy i tsarskii kontrol' prikaznoi sluzhby v XVII veke* (Moscow, 1902).

Sedov, P. V., "O boiarskoi popytke uchrezhdeniia namestnichestva v Rossii v 1681-82 gg.", *Vestnik LGU* 9 (1985): 25-29.

Smith, A., "The Brilliant Career of Prince Golitsyn", *HUS* 19 (1995): 639-654.

Solov'ev, V. M., *Sovremenniki i potomki o vosstanii S. T. Razina* (Moscow: Izdatel'stvo Universiteta Druzhby Narodov, 1991).

Stashevskii, E. D., *Smolenskaia voina 1632-1634. Organizatsiia i sostoianie moskovskoi armii* (Kiev, 1919).

Stepanov, I. V., *Krest'ianskaia voina v Rossii v 1670-1671 gg. Vosstanie Stepana Razina*, 2 vols. (Leningrad: Izdatel'stvo Leningradskogo universiteta, 1966-1972).

Stevens, Carol Belkin, *Soldiers on the Steppe: Army Reform and Social Change in Early Modern Russia* (De Kalb: Northern Illinois University Press, 1995).

Sysin, Frank E., *Between Poland and the Ukraine. The Dilemma of Adam Kysil, 1600-1653* (Cambridge, Mass.: Harvard University Press, 1985).

Tel'berg, G. G., *Ocherki politicheskogo suda i politicheskikh prestuplenii* (Moscow: Tipografiia Imperatorskogo Moskovskogo Universiteta, 1912).

Tikhomirov, M. N., *Klassovaia bor'ba v Rossii XVII v.* (Moscow: Nauka, 1969).

Torke, Hans-Joachim, *Die staatsbedingte Gesellschaft im Moskauer Reich: Zar und Zemlja in der altrussischen Herrschaftsverfassung 1613-1689* (Leiden: E. J. Brill, 1974).

   (ed.), *Von Moskau nach St. Petersburg. Das russische Reich im 17. Jahrhundert* = *FOG* 56 (2000).

Uroff, Benjamin P., "Grigorii Karpovich Kotoshikhin, 'On Russia in the Reign of Alexis Mikhailovich': An Annotated Translation", unpublished Ph. D. dissertation, University of Illinois, 1970.

Ustiugov, N. V., "Evoliutsiia prikaznogo stroia russkogo gosudarstva v XVII v.", in *Absoliutizm v Rossii (XVII-XVIII vv.)* (Moscow: Nauka, 1964), pp. 134-167.

Ustrialov, N., *Istoriia tsarstvovaniia Petra Velikogo*, 6 vols. (St Petersburg: Tipografiia II Otdeleniia S. I. V. Kantseliarii, 1858-1863).

Verner, I. I., *O vremeni i prichinakh obrazovaniia moskovskikh prikazov*, 2 vols. (Moscow: Universitetskaia tipografiia, 1907-1908).

Volkov, M. Ia., "Ob otmene mestnichestva v Rossii", *Istoriia SSSR*, 1977, no. 2: 53-67.

Wortman, Richard, *Scenarios of Power. Myth and Ceremony in Russian Monarchy*, 2 vols. (Princeton: Princeton University Press, 1995-2000), vol. I: *From Peter the Great to the Death of Nicholas I*.

Zaborovskii, L. V., *Rossiia, Rech' Pospolitaia, i Shvetsiia v seredine XVII v.* (Moscow: Nauka, 1981).

Zagorovskii, V. P., "Sudostroenie na Donui ispol'zovanie Rossieiu parusnogo-grebnogo flota v bor'be protiv Krymskogo khanstva i Turtsii", Kandidatskaia dissertatsiia, Voronezhskii Gosudarstvennyi Universitet, 1961.

Zaruba, V. N., *Ukrainskoe kazatskoe voisko v bor'be s turetskoi-tatarskoi agressiei* (Kharkov: Osnova, 1993).

2. 经济与社会史

Agrarnaia istoriia Severo-Zapada Rossii XVI veka: Novgorodskie piatiny (Leningrad: Nauka, 1974).

Aleksandrov, V. A., "Streletskoe naselenie iuzhnykh gorodov Rossii v XVIIv.", in *Novoe o proshlom nashei strany* (Moscow: Nauka, 1967), pp. 235-250.

et al., *Krest'ianstvo perioda pozdnego feodalizma (seredina XVII v.-1861 g.)* (*Istoriia krest'ianstva Rossii s drevneishikh vremen do 1917 g.*, vol. III) (Moscow: Nauka, 1993).

Alekseev, Iu. G., *Agrarnaia i sotsial'naia istoriia Severo-VostochnoiRusi XV-XVI vv. Pereiaslavskii uezd* (Moscow and Leningrad: Nauka, 1966).

and A. I. Kopanev, "Razvitie pomestnoi sistemy v XVI v.", in N. I Pavlenko et al. (eds.), *Dvorianstvo i krepostnoi stroi Rossii XVI - XVIII vv. Sbornik statei, posviashchennyi pamiati Alekseia Andreevicha Novosel'skogo* (Moscow: Nauka, 1975), pp. 57-69.

Alexander, John T., *Bubonic Plague in Early Modern Russia: Public Health and Urban Disaster* (Baltimore: Johns Hopkins University Press, 1980).

Alferova, G. V., *Russkii gorod XVI-XVII vekov* (Moscow: Stroiizdat, 1989).

and Kharlamov, V. A., *Kiev vo vtoroi polovine XVII veke* (Kiev: Naukova Dumka, 1982).

The Archaeology of Novgorod, Russia. Recent Results from the Town and its Hinterland (Lincoln, Nebr.: Society for Medieval Archaeology, 1992).

Arkheologicheskoe izuchenie Novgoroda. Sbornik statei (Moscow: Nauka, 1978).

Attman, Artur, "The Russian Market in World Trade, 1500-1800", *Scandinavian Economic History Review* 29 (1981): 177-202.

Avdusin, D. A. (ed.), *Smolensk i Gnezdovo (k istorii drevnerusskogo goroda)* (Moscow: Moskovskii Universitet, 1991).

and Pushkina, T. A., "Three Chamber-Graves at Gnezdovo", *Fornvännen* 83 (1988): 20-33.

Bagalei, D. I., *Ocherki iz istorii kolonizatsii i byta stepnoi okrainy Moskovskogo gosudarstva* (Moscow, 1887).

Baranov, D. A., et al., *Russkaia izba. Illiustrirovannaia entsiklopediia. Vnutrennee prostranstvo izby. Mebel' i ubranstvo izby. Domashniaia i khoziaistvennaia utvar'* (St Petersburg: Iskusstvo, 1999).

Barashkov, Iu. A., *Arkhangel'sk: arkhitekturnaia biografiia* (Arkhangel'sk: Severo-Zapadnoe knizhnoe izdatel'stvo, 1984).

Baron, S. H., "The Town in 'Feudal' Russia", *SR* 28 (1969): 116-122.

"The Origins of Seventeenth-Century Moscow's Nemeckaja sloboda", *California Slavic Studies* 5 (1970): 1-17.

"The Weber Thesis and the Failure of Capitalist Development in 'Early Modern' Russia", *JGO* 18 (1970): 320-336.

Bater, J. H., and French, R. A. (eds.), *Studies in Russian Historical Geography* (London: Academic Press, 1983).

Berelowitch, André, *La Hiérarchie des égaux. La Noblesse russe d'Ancien Régime XVIe-XVIIe siècles* (Paris: Editions du Seuil, 2001).

Berg, L. S., *Geograficheskie zony Sovetskogo Soiuza* (Moscow: OGIZ, 1947).

Bogoiavlenskii, S. K., "Moskovskie slobody i sotni v XVII veke", in *Moskovskii krai v ego proshlom*, vol. II (*Trudy Obshchestva izucheniia Moskovskoi oblasti*, vyp. 6) (Moscow, 1930), pp. 117-131.

Boškovska, Nada, *Die russische Frau im 17. Jahrhundert* (Cologne, Weimar and Vienna: Böhlau Verlag, 1998).

"Muscovite Women during the Seventeenth Century: At the Peak of the Deprivation of their Rights or on the Road Towards New Freedom?", *FOG* 56 (2000): 47-62.

Brisbane, M., and Gaimster, D. R. M. (eds.), *Novgorod: The Archaeology of a Russian Medieval City and its Hinterland* (London: British Museum, 2001).

Brown, Peter B., "Neither Fish nor Fowl: Administrative Legality in Mid- and Late-Seventeenth-Century Russia", *JGO* 50 (2002): 1-21.

Buchinskii, I. E., *O klimate proshlogo Russkoi ravniny* (Leningrad, 1958).

Bushkovitch, Paul, *The Merchants of Moscow, 1580-1650* (Cambridge: Cambridge University Press, 1980).

Bychkova, M. E., *Sostav klassa feodalov Rossii v XVI v.* (Moscow: Nauka, 1986).

Chechulin, N. D., *Goroda Moskovskogo gosudarstva v XVI veke* (St Petersburg: Tipografiia I. N. Skorokhodova, 1889; reprinted The Hague: Mouton, 1969).

Cherepnin, L. V., "Obshchestvenno-politicheskie otnosheniia v drevnei Rusi i Russkaia pravda", in A. P. Novosel'tsev et al., *Drevnerusskoe gosudarstvo i ego mezhdunarodnoe znachenie* (Moscow: Nauka, 1965), pp. 128-278.

Novgorodskie berestianye gramoty kak istoricheskii istochnik (Moscow: Nauka, 1969).

Chistiakova, E. U., "Remeslo i torgovlia na Voronezhskom posade v seredine XVII v.", *Izvestiia Voronezhskogo Gosudarstvennogo universiteta* 25 (1954): 46-63.

Darkevich, V. P., "K istorii torgovykh sviazei Drevnei Rusi", *Kratkie soobshcheniia o dokladakh i polevykh issledovaniiakh Instituta arkheologii* 138 (1974): 93-103.

and Edomakha, I. I., "Pamiatnik zapadnoevropeiskoi torevtiki XII veka", *Sovetskaia arkheologiia* 3 (1964): 247-255.

Davies, Brian, "Village into Garrison: The Militarized Peasant Communities of Southern Muscovy", *RR* 51 (1992): 481-501.

Degtiarev, A. Ia., "O mobilizatsii pomestnykh zemel' v XVI v.", in *Iz istorii feodal'noi Rossii. Stat'i i ocherki k 70-letiiu so dnia rozhdeniia prof. V. V. Mavrodina*, eds. A. Ia. Degtiarev et al. (Leningrad: Leningradskii universitet, 1978), pp. 85-91.

Russkaia derevnia v XV - XVII vekakh. Ocherki istorii sel'skogo rasseleniia (Leningrad: LGU, 1980).

Dewey, Horace W., "The 1497 Sudebnik-Muscovite Russia's First National Law Code", *American Slavic and East European Review* 15 (1956): 325-338.

D'iakonov, M. A., *Ocherki iz istorii sel'skogo naseleniia v Moskovskom gosudarstve XVI-XVII vv.* (St Petersburg: Tipografiia I. N. Skorokhodova, 1898).

Dimnik, Martin, "The Kuna and the Currency of Kievan Rus'", Julijan Dobrini (ed.), *Proceedings of the 3rd International Numismatic Congress in Croatia*, 11-14 October, 2001, Pula, Croatia (Pula: Dobrini and Dobrini, 2002), pp. 105-114.

Ditiatin, I. I., *Ustroistvo i upravlenie gorodov Rossii* (St Petersburg: Tipografiia Merkul'eva, 1875).

Dmitriev, F., *Istoriia sudebnykh instantsii i grazhdanskogo appelliatsionnogo sudoproizvodstva ot sudebnika do uchrezhdeniia o guberniiakh* (Moscow: Universitetskaia tipografiia, 1859).

Dobroklonskii, A. P., "Solotchinskii monastyr', ego slugi i krest'iane v XVII veke', *ChOIDR* 1888, no. 144, kn. 1.

Dokuchaev, V. V., "K ucheniiu o zonakh prirody", in his *Izbrannye trudy*, vol. III (Moscow: Gosudarstvennoe izdatel'stvo sel'skokhoziaistvennoi literatury, 1949), pp. 317-329.

Russkii chernozem (Moscow: Gosudarstvennoe izdatel'stvo sel'skokhoziaistvennoi literatury, 1952).

Dollinger, Phillippe, *The German Hansa*, trans. D. S. Ault and S. H. Steinberg (Stanford, Calif.: Stanford University Press, 1970).

Dulov, A. V., *Geograficheskaia sreda i istoriia Rossii* (Moscow: Nauka, 1983).

Eaton, Henry L., "Decline and Recovery of the Russian Cities from 1500 to 1700", *CASS* 11 (1977): 220-252.

Fekhner, M. V., *Torgovlia russkogo gosudarstva so stranami Vostoka v XVI veke* (Moscow: Izdatel'stvo Gosudarstvennogo Istoricheskogo muzeia, 1952).

Floria, B. N., "Torgovlia Rossii so stranami zapadnoi Evropy v Arkhangel'ske (konets XVI-nachalo XVII v.)", *Srednie veka* 36 (1973): 129-151.

French, R. A., "The Early and Medieval Russian Town", in J. H. Bater and R. A. French (eds.), *Studies in Russian Historical Geography* (London: Academic

Press，1983），pp. 249-277.

"The Urban Network of Later Medieval Russia", in *Geographical Studies on the Soviet Union: Essays in Honor of Chauncy D. Harris* (Chicago: University of Chicago, Department of Geography, Research Paper no. 211, 1984), pp. 29-51.

Froianov, I. Ia., *Kievskaia Rus'. Glavnye cherty sotsial'no-ekonomicheskogo stroia* (St Petersburg: Izdatel'stvo S.-Peterburgskogo universiteta, 1999).

Gaidukov, P. G., *Slavenskii konets srednevekovogo Novgoroda. Nutnyi raskop* (Moscow: Novgorodskii gosudarstvennyi ob'edinennyi muzei-zapovednik, 1992).

Gerasimov, M. M., "Dokumental'nyi portret Ivana Groznogo", *Kratkie soobshcheniia Instituta arkheologii AN SSSR* 100 (1965): 139-142.

Gibson, James R., *Imperial Russia in Frontier America* (New York: Oxford University Press, 1976).

Glamann, Kristoff, "The Changing Patterns of Trade", in *Cambridge Economic History of Europe*, vol. v (Cambridge: Cambridge University Press, 1977), pp. 185-289.

Glaz'ev, V. N., *Vlast' i obshchestvo na iuge Rossii v XVII veke: Protivodeistvie ugolovnoi prestupnosti* (Voronezh: Voronezhskii gosudarstvennyi universitet, 2001).

Golikova, N. B., *Ocherki po istorii gorodov Rossii kontsa XVII - nachala XVIII v.* (Moscow: Izdatel'stvo Moskovskogo universiteta, 1982).

Gol'tsberg, I. A. (ed.), *Agroklimaticheskii atlas mira* (Moscow and Leningrad: Gidrometeoizdat, 1972).

Gorod i gorozhane Rossii v XVII - pervoi polovine XIXv. Sbornik statei (Moscow: Institut Istorii AN SSSR, 1991).

Goroda feodal'noi Rossii: sbornik statei pamiati N. V. Ustiugova (Moscow: Nauka, 1966).

Gorskaia, N. A., *Monastyrskie krest'iane Tsentral'noi Rossii v XVII veke. O sushchnosti i formakh feodal'no-krepostnicheskikh otnoshenii* (Moscow: Nauka, 1977).

　　et al., *Krest'ianstvo v periody rannego i razvitogo feodalizma* (*Istoriia krest'ianstva SSSR s drevneishikh vremen do velikoi oktiabr'skoi sotsialisticheskoi revoliutsii*, vol. II) (Moscow: Nauka, 1990).

Gorskii, A. D., *Ocherki ekonomicheskogo polozheniia krest'ian Severo-Vostochnoi Rusi XIV-XV vv.* (Moscow: MGU, 1960).

　　Bor'ba krest'ian za zemliu na Rusi v XV-nachale XVI veka (Moscow: MGU, 1974).

Got'e, Iu. V., *Zamoskovnyi krai v XVII veke* (Moscow: Gosudarstvennoe sotsial'noekonomicheskoe izdatel'stvo, 1937).

Grekov, B. D., "Novgorodskii dom sviatoi Sofii. (Opyt izucheniia organizatsii i vnutrennikh otnoshenii krupnoi tserkovnoi votchiny)", (= his *Izbrannye trudy*, vol. iv) (Moscow: AN SSSR, 1960).

Gromyko, M. M., *Mir russkoi derevni* (Moscow: Molodaia Gvardiia, 1991).

Hamm, Michael (ed.), *The City in Russian History* (Lexington: University Press of

Kentucky, 1976).

Hellie, Richard, "Muscovite Law and Society. The *Ulozhenie* of 1649 as a Reflection of the Political and Social Development of Russia since the *Sudebnik* of 1589", unpublished Ph. D. dissertation, University of Chicago, 1965.

"Foundations of Russian Capitalism", *SR* 26 (1967): 148-154.

Enserfment and Military Change in Muscovy (Chicago: University of Chicago Press, 1971).

"The Stratification of Muscovite Society: The Townsmen", *RH* 5 (1978): 119-175.

Slavery in Russia 1450-1725 (Chicago: University of Chicago Press, 1982).

"*Sudebniki*", in *MERSH*, ed. Joseph L. Wieczynski, vol. XXXVIII (Gulf Breeze, Fla.: Academic International Press, 1984), pp. 15-22.

"The *Ulozhenie* of 1649", in *MERSH*, ed. Joseph L. Wieczynski, vol. XL (Gulf Breeze, Fla.: Academic International Press, 1985), pp. 192-198.

"Patterns of Instability in Russian and Soviet History", *Chicago Review of International Affairs* 1 (1989): 3-34 and 2 (1990): 3-16.

"Early Modern Russian Law: The *Ulozhenie* of 1649", and "Ulozhenie Commentary: Preamble and Chapters 1-2", *RH* 15 (1988): 155-224; "Commentary on Chapters 3 through 6", *RH* 17 (1990): 65-78; "Commentary on Chapters 7-9", *RH* 17 (1990): 179-226; "Commentary on Chapter 11 (The judicial process for peasants)", *RH* 17 (1990): 305-339.

"The Church and the Law in Late Muscovy: Chapters 12 and 13 of the *Ulozhenie* of 1649", *CASS* 25 (1991): 179-199.

"Russian Law From Oleg to Peter the Great", in Daniel H. Kaiser (ed. and trans.), *The Laws of Rus' - Tenth to Fifteenth Centuries* (Salt Lake City, Ut.: Charles Schlacks, 1992), pp. XI-XL.

The Economy and Material Culture of Russia, 1600-1725 (Chicago: University of Chicago Press, 1999).

"Russia, 1200-1815", in Richard Bonney (ed.), *The Rise of the Fiscal State in Europe, c. 1200-1815* (Oxford: Oxford University Press, 1999), pp. 481-505.

"The Russian Smoky Hut and its Possible Health Consequences", *RH* 28 (2001): 171-184.

"The Costs of Muscovite Military Defense and Expansion", in Eric Lohr and Marshall Poe (eds.), *The Military and Society in Russia 1450-1917* (Leiden: Brill, 2002), pp. 41-66.

"Migration in Early Modern Russia, 1480s-1780s", in David Eltis (ed.), *Coerced and Free Migration. Global Perspectives* (Stanford, Calif.: Stanford University Press, 2002), pp. 292-323, 418-424.

"Le Commerce russe dans la deuxième moitié du XVIIIe siècle (1740-1810)", in *L'Influence française en Russie au XVIIIe siècle*, eds. Jean-Pierre Poussou et al. (Paris: Presses de l'Université de Paris-Sorbonne, 2004), pp. 73-82.

Hittle, J. Michael, *The Service City: State and Townsmen in Russia*, 1600-1800 (Cambridge, Mass.: Harvard University Press, 1979).

Huttenbach, Henry R., "Hydrography and the Origins of Russian Cartography", in *Five Hundred Years of Nautical Science* (London: National Maritime Museum, 1981), pp. 142-152.

Iakovlev, A. I., *Zasechnaia cherta Moskovskogo gosudarstva v XVII veke* (Moscow: Tipografiia G. Lissnera i D. Sobko, 1916).

Ianin, V. L., *Novgorodskaia feodal'naia votchina (Istoriko-genealogicheskoe issledovanie)* (Moscow: Nauka, 1981).

et al., *Problemy agrarnoi istorii (s drevneishikh vremen do XVIII v. vkliuchitel'no)* (Minsk: Nauka i tekhnika, 1978).

Iarushevich, Nikolai, hieromonach, *Tserkovnyi sud v Rossii do izdaniia sobornogo ulozheniia Alekseia Mikhailovicha (1649 g.) ... Istoriko-kanonicheskoe issledovanie* (Petrograd: Sinodal'naia tipografiia, 1917).

Istoriia Moskvy, vol. I: *Period feodalizma*, *XII - XVII vv.* (Moscow: AN SSSR, 1952).

Istoriia severnogo krest'ianstva, vol. I: *Krest'ianstvo Evropeiskogo severa v period feodalizma* (Arkhangel'sk: Severo-Zapadnoe knizhnoe izdatel'stvo, 1984).

Iushkov, S. V., *Obshchestvenno-politicheskii stroi i pravo Kievskogo gosudarstva* (Moscow: Gosiurizdat, 1949).

Ivanov, Vladimir Ivanovich, *Monastyrskie krest'iane Pomor'ia v XVII v.* (Moscow: RAN, 1997).

Ivina, L. I., *Krupnaia votchina Severo-Vostochnoi Rusi kontsa XIV - pervoi poloviny XVI v.* (Leningrad: Nauka, 1979).

Kahan, A., *The Plow, the Hammer and the Knout: An Economic History of Eighteenth-Century Russia* (Chicago: Chicago University Press, 1985).

Kaiser, Daniel H., "The Transformation of Legal Relations in Old Rus' (Thirteenth to Fifteenth Centuries)", unpublished Ph. D. dissertation, University of Chicago, 1977.

The Growth of the Law in Medieval Russia (Princeton: Princeton University Press, 1980).

"Death and Dying in Early Modern Russia", in Nancy Shields Kollmann (ed.), *Major Problems in Early Modern Russian History* (New York: Garland Publishers, 1992), pp. 217-257.

Karagodin, G. M., *Kniga o vodke i vinodelii* (Cheliabinsk: Ural LTD, 2000).

Kargalov, V. V., "Posledstviia mongolo-tatarskogo nashestviia XIII v. dlia sel'skikh mestnostei Severo-Vostochnoi Rusi", *VI*, 1965, no. 3: 53-58.

Kashtanov, S. M., "Feodal'nyi immunitet v gody boiarskogo pravleniia (1538 - 1548 gg.)", *IZ* 66 (1960): 239-268.

"K voprosu ob otmene tarkhanov v 1575/76 g.", *IZ* 77 (1965): 209-235.

"Finansovoe ustroistvo moskovskogo kniazhestva v seredine XIV v. po dannym dukhovnykh gramot", in V. T. Pashuto et al. (eds.), *Issledovaniia po istorii i istoriografii feodalizma. K 100-letiiu so dnia rozhdeniia akademika B. D. Grekova* (Moscow: Nauka, 1982), pp. 173-189.

Finansy srednevekovoi Rusi (Moscow: Nauka, 1988).

Kavelin, K., *Osnovnye nachala russkogo sudoustroistva i grazhdanskogo sudoproizvodstva* (Moscow: Tipografiia Avgusta Semena, 1844).

Kazanski, M., Nercessian, A., and Zuckerman, C. (eds.), *Les Centres proto-urbains russes entre Scandinavie, Byzance et Orient* (Réalités byzantines 7) (Paris: P. Lethielleux, 2000).

Khoroshkevich, A. L., "Iz istorii ganzeiskoi torgovli (Vvoz v Novgorod blagorodnykh metallov v XIV-XV vv.)", in *Srednie veka. Sbornik*, no. 20 (Moscow: AN SSSR, 1961), pp. 98-120.

Torgovlia Velikogo Novgoroda s pribaltikoi i zapadnoi Evropoi v XIV-XV vekakh (Moscow: AN SSSR, 1963).

Kirchner, Walther, *Commercial Relations between Russia and Europe, 1400-1800: Collected Essays* (Bloomington: Indiana University Press, 1966).

Kivelson, Valerie A., "The Effects of Partible Inheritance: Gentry Families and the State in Muscovy", *RR* 53 (1994): 197-212.

"Male Witches and Gendered Categories in Seventeenth-Century Russia", *Comparative Studies in Society and History* 45 (2003): 606-631.

Kleimola, Ann M., *Justice in Medieval Russia: Muscovite Judgment Charters (pravye gramoty) of the Fifteenth and Sixteenth Centuries* (Philadelphia: American Philosophical Society, vol. 65, 1975).

Kobrin, V. B., "Stanovlenie pomestnoi sistemy", *IZ* 105 (1980): 150-195.

Vlast' i sobstvennost' v srednevekovoi Rossii (XV-XVI vv.) (Moscow: Mysl', 1985).

Kobylianskii, V. D. (ed.), *Rozh'* (Leningrad: Agropromizdat, 1989).

Kochedatov, V. I., *Pervye russkie goroda Sibiri* (Moscow: Stroiizdat, 1978).

Kochin, G. E., *Sel'skoe khoziaistvo na Rusi v period obrazovaniia Russkogo tsentralizovannogo gosudarstva, konets XIII - nachalo XVI v.* (Moscow and Leningrad: Nauka, 1965).

Kolchin, B. A. and Makarova, T. I. (eds.), *Drevniaia Rus'. Byt i kul'tura* (Moscow: Nauka, 1997).

Kollmann, Nancy S., "The Extremes of Patriarchy: Spousal Abuse and Murder in Early Modern Russia", *RH* 25 (1998): 133-140.

By Honor Bound: State and Society in Early Modern Russia (Ithaca, N.Y., and London: Cornell University Press, 1999).

"Lynchings and Legality in Early Modern Russia", *FOG* 58 (2001): 91-96.

"Russian Law in a Eurasian Setting: The Arzamas Region, Late Seventeenth-Early Eighteenth Century", in Gyula Szvák (ed.), *The Place of Russia in Eurasia*

(Budapest: Magyar Ruszisztikai Intézet, 2001), pp. 200-206.

Kolycheva, E. I., *Agrarnyi stroi Rossii XVI veka* (Moscow: Nauka, 1987).

Kopanev, A. I., *Krest'ianstvo Russkogo Severa v XVI v.* (Leningrad: Nauka, 1978).

Kopanev, A. N., "Naselenie russkogo gosudarstva v XVI veke", *IZ* 64 (1959): 233-254.

Koretskii, V. I., *Zakreposhchenie krest'ian i klassovaia bor'ba v Rossii vo vtoroi polovine XVI v.* (Moscow: Nauka, 1970).

   Formirovanie krepostnogo prava i pervaia krest'ianskaia voina v Rossii (Moscow: Nauka, 1975).

Korobushkina, T. N., *Zemledelie na territorii Belorussii v X-XIII vv.* (Minsk: Nauka i Tekhnika, 1979).

Kostomarov, N., *Ocherki torgovli Moskovskogo gosudarstva v XVI i XVII stoletiiakh* (St Petersburg: N. Tiblen, 1862; reprinted The Hague: Europe Printing, 1966).

Kovalev, R. K., "The Infrastructure of the Northern Part of the 'Fur Road' between the Middle Volga and the East during the Middle Ages", *Archivum Eurasiae Medii Aevi* 11 (2000-2001): 25-64.

Kratkii istoricheskii ocherk razvitiia vodianykh i sukhoputnykh soobshchenii i torgovykh portov v Rossii (St Petersburg: Kushnerev, 1900).

Kudriavtsev, A. S., *Ocherki istorii dorozhnogo stroitel'stva v SSSR* (Moscow, 1951).

Langer, Lawrence N., "The Black Death in Russia: Its Effects upon Urban Labor", *RH* 2 (1975): 53-67.

   "The Medieval Russian Town", in Michael Hamm (ed.), *The City in Russian History* (Lexington: University of Kentucky Press, 1976), pp. 11-33.

   "Plague and the Russian Countryside: Monastic Estates in the Late Fourteenth and Fifteenth Centuries", *CASS* 10 (1976): 351-368.

Lappo-Danilevskii, A. S., *Organizatsiia priamogo oblozheniia v Moskovskom gosudarstve so vremen smuty do epokhi preobrazovanii* (St Petersburg: Tipografiia I. N. Skorokhodova, 1890; reprinted The Hague: Mouton, 1969).

Leont'ev, A. E., *Arkheologiia Meri. K predystorii severo-vostochnoi Rusi* (Moscow: Institut Arkheologii RAN, 1996).

Levin, Eve, *Sex and Society in the World of the Orthodox Slavs, 900-1700* (Ithaca, N.Y.: Cornell University Press, 1989).

Liebermann, V., "Transcending East-West Dichotomies: State and Culture Formation in Six Ostensibly Different Areas", in V. Liebermann (ed.), *Beyond Binary Histories: Reimagining Eurasia to c. 1830* (Ann Arbor: University of Michigan Press, 1999), pp. 19-102.

Liubavskii, M. K., *Obzor istorii russkoi kolonizatsii*, reprint edn (Moscow: Izdatel'stvo Moskovskogo Universiteta, 1996).

   Istoricheskaia geografiia Rossii v sviazi s kolonizatsiei (Moscow: I. I. Liubimov, 1909; reprinted St Petersburg: Lan', 2001).

Makarov, N. A. et al. (eds.), *Srednevekovoe rasselenie na Belom Ozere* (Moscow: Iazyki russkoi kul'tury, 2001).

Makovskii, D. P., *Razvitie tovarno-denezhnykh otnoshenii v sel'skom khoziaistve russkogo gosudarstva v XVI veke* (Smolensk: Smolenskii gosudarstvennyi pedagogicheskii institut, 1963).

Man'kov, A. G., *Ulozhenie 1649 goda – kodeks feodalnogo prava Rossii* (Leningrad: Nauka, 1980).

　Zakonodatel'stvo i pravo Rossii vtoroi poloviny XVII v. (St Petersburg: Nauka, 1998).

Martin, Janet, "Les uškujniki de Novgorod: Marchands ou Pirates?", *Cahiers du monde russe et soviétique* 16 (1975): 5-18.

　"Muscovite Travelling Merchants: The Trade with the Muslim East (15th and 16th Centuries)", *Central Asian Survey* 4 (1985): 21-38.

　Treasure of the Land of Darkness. The Fur Trade and its Significance for Medieval Russia (Cambridge: Cambridge University Press, 1986).

Mel'nikova, A. S., *Russkie monety ot Ivana Groznogo do Petra Velikogo. Istoriia russkoi denezhnoi sistemy s 1533 po 1682 god* (Moscow: Finansy i statistika, 1989).

Mel'nikova, E. A., *Skandinavskie runicheskie nadpisi. Novye nakhodki i interpretatsii* (Moscow: Vostochnaia Literatura, 2001).

Mertsalov, A. E., *Ocherki goroda Vologdy po pistsovoi knige 1627 goda* (Vologda, 1885).

Merzon, A. Ts. and Tikhonov, Iu. A., *Rynok Ustiuga Velikogo v period skladyvaniia vserossiiskogo rynka (XVII vek)* (Moscow: AN SSSR, 1960).

Mesiats, V. K. (ed.), *Sel'sko-khoziaistvennyi entsiklopedicheskii slovar'* (Moscow: Sovetskaia entsiklopediia, 1989).

Mezentsev, Volodymyr I., "The Territorial and Demographic Development of Medieval Kiev and Other Major Cities of Rus': A Comparative Analysis Based on Recent Archaeological Research", *RR* 48 (1989): 145-170.

Mikhailov, K., "Drevnerusskie kamernye pogrebeniia i Gnezdovo", *Arkheologicheskii Sbornik. Trudy Gosudarstvennogo Istoricheskogo Muzeia* 124 (2001): 159-175.

Mikhailov, M. M., *Russkoe grazhdanskoe sudoproizvodstvo v istoricheskom ego razvitii ot Ulozheniia 1649 goda do izdaniia svoda zakonov* (St Petersburg: Tipografiia II Otdeleniia S. I. V. Kantseliarii, 1856).

Miklashevskii, I. N., *K istorii khoziaistvennogo byta Moskovskogo gosudarstva*, vol. I: *Zaselenie i sel'skoe khoziaistvo iuzhnoi okrainy v XVII veke* (Moscow: D. I. Inozemtsev, 1894).

Miliukov, P., *Ocherki po istorii russkoi kul'tury. Chast' pervaia: naselenie, ekonomicheskii, gosudarstvennyi i soslovnyi stroi* (St Petersburg: Mir Bozhii, 1896).

Miller, David B., "Monumental Building as an Indicator of Economic Trends in Northern

Rus' in the Late Kievan and Mongol Periods, 1138-1462", *American Historical Review* 94 (1989): 360-390.

"Monumental Building and Its Patrons as Indicators of Economic and Political Trends in Rus', 900-1262", *JGO* 38 (1990): 321-355.

Milner-Gulland, Robin, *The Russians* (Oxford: Blackwell, 1997).

Milov, L. V., *Velikorusskii pakhar' i osobennosti rossiiskogo istoricheskogo protsessa* (Moscow: Rosspen, 1998).

    et al., *Tendentsii agrarnogo razvitiia Rossii pervoi poloviny XVII stoletiia. Istoriografiia, komp'iuter, metody issledovaniia* (Moscow: MGU, 1986).

Mironov, B. N., *Vnutrennii rynok Rossii vo vtoroi polovine XVIII-pervoi polovine XIX v.* (Leningrad: Nauka, 1981).

Moon, David, *The Russian Peasantry, 1600-1930. The World the Peasants Made* (London and New York: Longman, 1999).

Morgunov, I. I., "O pogranichnom stroitel'stve Vladimira Sviatoslavicha na pereiaslavskom levoberezh'e", *Rossiiskaia Arkheologiia* 1999, no. 3: 69-78.

Mühle, E., *Die städtischen Handelszentren der nordwestlichen Ruś. Anfänge und frühe Entwicklung altrussischer Städte (bis gegen Ende des 12. Jahrhunderts)* (Stuttgart: Franz Steiner, 1991).

Murvar, V., "Max Weber's Urban Typology and Russia", *Sociological Quarterly* 8 (1967): 481-494.

Nersesiants, V. S. (ed.), *Razvitie russkogo prava v XV-pervoi polovine XVII v.* (Moscow: Nauka, 1986).

Nevolin, K. A., "O prostranstve tserkovnogo suda v Rossii do Petra Velikogo", in his *Polnoe sobranie sochinenii*, vol. VI (St Petersburg: Tipografiia Eduarda Pratsa, 1859).

    "Obshchii spisok russkikh gorodov", in his *Polnoe sobranie sochinenii*, vol. VI (St Petersburg: Tipografiia Eduarda Pratsa, 1859), pp. 27-96.

Nikitin, A. V., "Oboronitel'nye sooruzheniia zasechnoi cherty XVI-XVII vv.", in *Materialy i issledovaniia po arkheologii SSSR*, vol. 44 (1955), pp. 116-213.

Nikol'skaia, T. N., *Zemlia Viatichei. K istorii naseleniia basseina verkhnei i srednei Oki v IX-XIII vv.* (Moscow: Nauka, 1981).

Noonan, T. S., "The Monetary History of Kiev in the Pre-Mongol Period", *HUS* 11 (1987): 384-443.

    "The Flourishing of Kiev's International and Domestic Trade, ca. 1100-ca. 1240", in I. S. Koropeckyj (ed.), *Ukrainian Economic History: Interpretive Essays* (Harvard: Harvard University Press, 1991), pp. 102-146.

    "Forging a National Identity: Monetary Politics during the Reign of Vasilii I (1389-1425)", in A. M. Kleimola and G. D. Lenhoff (eds.), *Culture and Identity in Muscovy, 1359-1584* (Moscow: ITZ-Garant, 1997), pp. 495-529.

    The Islamic World, Russia and the Vikings, 750-900. The Numismatic Evidence

(Aldershot: Ashgate, 1998).

Nosov, E. N., *Novgorodskoe (Riurikovoe) Gorodishche* (Leningrad: Nauka, 1990).

Nosov, N. E., "Russkii gorod i russkoe kupechestvo v XVI stoletii (k postanovke voprosa)", in *Issledovaniia po sotsial'no-politicheskoi istorii Rossii* (Leningrad: Nauka, 1971), pp. 152-177.

"Novgorod. Das mittelalterliche Zentrum und sein Umland im Norden Russlands", *Studien zur Siedlungsgeschichte und Archaeologie der Ostseegebiete*, Bd. 1 (Wachholtz Verlag, 2001).

Novgorod: the Archaeology of a Russian Medieval City and its Hinterland, The British Museum Occasional Paper, No. 141 (London: British Museum, 2001).

Novgorodskii sbornik. 50 let raskopok Novgoroda (Moscow: Nauka, 1982).

Ogrizko, Z. A., *Iz istorii krest'ianstva na Severe feodal'noi Rossii XVII v. (Osobye formy krepostnoi zavisimosti)* (Moscow: Sovetskaia Rossiia, 1968).

Ostrowski, Donald, "The Military Land Grant along the Muslim-Christian Frontier", *RH* 19 (1992): 327-359; and "Errata", *RH* 21 (1994): 249-250.

"Early *pomest'e* Grants as a Historical Source", *Oxford Slavonic Papers* 33 (2000): 37-63.

Ovsiannikov, O. V., "Kholmogorskii i Arkhangel'skii posady po pistsovym i perepisnym knigam XVII v.", in *Materialy po istorii Evropeiskogo Severa SSSR*, vol. I (Vologda, 1970), pp. 197 211.

"Oboronitel'nye sooruzheniia severorusskikh gorodov XVI- XVII vekov", in *Letopis' Severa*, VI (Moscow, 1972), pp. 211-223.

and Iasinskii, M. E., "Gollandtsy. 'Nemetskaia sloboda' v Arkhangel'ske XVII-XVIII vv.", in *Arkhangel'sk v XVIII veke* (St Petersburg: Russko-Baltiiskii informatsionnyi tsentr BLITs, 1997), pp. 108-180.

Pallot, J., and Shaw, D. J. B., *Landscape and Settlement in Romanov Russia, 1613-1917* (Oxford: Clarendon Press, 1990).

Paneiakh, V. M., "Zakreposhchenie krest'ian v XVI v.: novye materialy, kontseptsii, perspektivy izucheniia (po povodu knigi V. I. Koretskogo)", *Istoriia SSSR*, 1972, no. 1: 157-165.

Pashuk, A. I., *Sud i sudnichestvo na Livoberezhnii Ukraini v XVII-XVIII st.* (L'viv, 1967).

Pavlova, Elena, "Private Land Ownership in Northeastern Russia during the Late Appanage Period (Last Quarter of the Fourteenth through the Middle of the Fifteenth Century)", unpublished Ph. D. dissertation, University of Chicago, 1998.

Pavlov-Sil'vanskii, N. P., *Gosudarevy sluzhilye liudi: liudi kabal'nye i dokladnye* (St Petersburg: Tipografiia M. M. Stasiulevicha, 1909).

Petrov, V. P., *Podsechnoe zemledelie* (Kiev: Naukova Dumka, 1968).

Pipes, Richard, "Was there Private Property in Muscovite Russia?", *SR* 53 (1994): 524-530. [George G. Weickhardt, "Response", *SR* 53 (1994): 531-538.]

Pletneva, S. A., *Ocherki khazarskoi arkheologii*, ed. V. I. Petrukhin (Moscow and Jerusalem: Mosty kul'tury-Gesharim, 1999).

Poe, Marshall, *"A People Born to Slavery": Russia in Early Modern Ethnography, 1476-1748* (Ithaca, N.Y., and London: Cornell University Press, 2000).

Pokrovskii, N. N., *Aktovye istochniki po istorii chernosochnogo zemlevladeniia v Rossii XIV-nachala XVI v.* (Novosibirsk: Nauka, 1973).

Postnikov, A. V., *Razvitie krupnomasshtabnoi kartografii v Rossii* (Moscow: Nauka, 1989).

Potin, V. M., *Drevniaia Rus' i evropeiskie gosudarstva v X - XIII vv. Istoriko-numizmaticheskii ocherk* (Leningrad: Sovetskii Khudozhnik, 1968).

Pushkareva, N. L., *Zhenshchiny drevnei Rusi* (Moscow: Mysl', 1989).

　Women in Russian History from the Tenth to the Twentieth Century, ed. Eve Levin (Armonk, N.Y.: M. E. Sharpe, 1997; and Stroud: Sutton, 1999).

　Zhenshchiny Rossii i Evropy na poroge novogo vremeni (Moscow: Institut etnologii i antropologii RAN, 1996).

Rabinovich, G. S., *Gorod soli: Staraia Russa v kontse XVI-seredine XVIII vekov* (Leningrad: Izdatel'stvo Leningradskogo universiteta, 1973).

Raeff, Marc, *The Well-Ordered Police State. Social and Institutional Change through Law in the Germanies and Russia, 1600-1800* (New Haven: Yale University Press, 1983).

Rapov, O. M., *Kniazheskie vladeniia na Rusi v X-pervoi polovine XIII v.* (Moscow: MGU, 1977).

Rozhkov, N., *Sel'skoe khoziaistvo Moskovskoi Rusi v XVI veke* (Moscow: Universitetskaia tipografiia, 1899).

Rozman, G., *Urban Networks in Russia, 1750-1800 and Pre-Modern Periodization* (Princeton: Princeton University Press, 1976).

Ryan, W. F., "The Witchcraft Hysteria in Early Modern Europe: Was Russia an Exception?", *SEER* 76 (1998): 49-84.

Rybakov, B. A., "Drevnosti Chernigova", in N. N. Voronin (ed.), *Materialy i issledovaniia po arkheologii drevnerusskikh gorodov*, vol. I (= *Materialy i issledovaniia po arkheologii SSSR*, no. 11, 1949), pp. 7-93.

Rybina, E. A., *Inozemnye dvory v Novgorode XII - XVII vv.* (Moscow: Izdatel'stvo Moskovskogo universiteta, 1986).

　Torgovlia srednevekovogo Novgoroda. Istoriko-arkheologicheskie ocherki (Velikii Novgorod: Novgorodskii gosudarstvennyi universitet, 2001).

Sakharov, A. N., *Russkaia derevnia XVII v. Po materialam Patriarshego khoziaistva* (Moscow: Nauka, 1966).

Sedov, P. V., "Podnosheniia v moskovskikh prikazakh XVII veka", *Otechestvennaia istoriia*, 1996, no. 1: 139-150.

Serbina, K. N., *Ocherki iz sotsial'no-ekonomicheskoi istorii russkogo goroda:*

Tikhvinskii posad v XVI-XVII vv. (Moscow and Leningrad: AN SSSR, 1951).

"Iz istorii vozniknoveniia gorodov v Rossii XVI v.", in *Goroda feodal'noi Rossii* (Moscow: Nauka, 1966), pp. 135-143.

Sergeevich, V. I., *Russkie iuridicheskie drevnosti*, 3 vols. (St Petersburg: M. M. Stasiulevich, 1890-1903).

Drevnosti russkogo prava (= 3rd edn of his *Russkie iuridicheskie drevnosti*), 3 vols. (St Petersburg: M. M. Stasiulevich, 1903-1909), vol. II: *Veche i kniaz'. Sovetniki kniazia*, 3rd edn. (1908; reprinted The Hague: Europe Printing, 1967).

Shapiro, A. L., *Russkoe krest'ianstvo pered zakreposhcheniem (XIV - XVI vv.)* (Leningrad: LGU, 1987).

et al., *Agrarnaia istoriia severo-zapada Rossii, vtoraia polovina XV-nachalo XVI v.* (Leningrad: Nauka, 1971).

et al., *Agrarnaia istoriia severo-zapada Rossii XVI veka. Sever. Pskov. Obshchie itogi razvitiia Severo-Zapada* (Leningrad: Nauka, 1978).

Shaw, D. J. B., "Southern Frontiers of Muscovy, 1550-1700", in J. H. Bater and R. A. French (eds.), *Studies in Russian Historical Geography* (London: Academic Press, 1983), pp. 117-142.

Shennikov, A. A., *Dvor krest'ian Neudachki Petrova i Shestachki Andreeva. Kak byli ustroeny usad'by russkikh krest'ian v XVI veka* (St Petersburg: Russkoe geograficheskoe obshchestvo, 1993).

Shepard, J., "A Cone-Seal from Shestovitsy", *Byzantion* 56 (1986): 252-274.

Shkvarikov, V. A., *Ocherk istorii planirovki i zastroiki russkikh gorodov* (Moscow: Gosudarstvennoe Izdatel'stvo Literatury po Stroitel'stvu i Arkhitekture, 1954).

Shmidt, Christoph, *Sozialkontrolle in Moskau: Justiz, Kriminalität und Leibeigenschaft, 1649-1785* (Stuttgart: F. Steiner Verlag, 1996).

Shtykhov, G. V., *Goroda Polotskoi zemli (IX-XIII vv.)* (Minsk: Nauka i Tekhnika, 1978).

Shunkov, V. I., *Ocherki po istorii kolonizatsii Sibiri v XVII - nachale XVIII vekov* (Moscow and Leningrad: AN SSSR, 1946).

Voprosy agrarnoi istorii Rossii (Moscow: Nauka, 1974).

Skripilev, E. A. (ed.), *Razvitie russkogo prava vtoroi poloviny XVII - XVIII vv.* (Moscow: Nauka, 1992).

Skrynnikov, R. G., "Zapovednye i urochnye gody tsaria Fedora", *Istoriia SSSR*, 1973, no. 1: 99-129.

Smirnov, P. P., *Goroda Moskovskogo gosudarstva v pervoi polovine XVII veke*, vol. I, pt. 2 (Kiev: A. I. Grossman, 1919).

Posadskie liudi i ikh klassovaia bor'ba do serediny XVII veka, 2 vols. (Moscow and Leningrad: AN SSSR, 1947-1948).

Smith, R. E. F., *Peasant Farming in Muscovy* (Cambridge: Cambridge University Press, 1977).

and Christian, David, *Bread and Salt: A Social and Economic History of Food and Drink in Russia* (Cambridge: Cambridge University Press, 1984).

Snegirev, V., *Moskovskie slobody* (Moscow: Moskovskii rabochii, 1947).

Sorokin, A. N., *Blagoustroistvo drevnego Novgoroda* (Moscow: Obshchestvo istorikov arkhitektury, 1995).

Stalsberg, A., "Scandinavian Viking-Age Boat Graves in Old Rus'", *RH* 28 (2001): 359–401.

Stashevskii, E. D., "Sluzhiloe soslovie", in M. V. Dovnar-Zapol'skii (ed.), *Russkaia istoriia v ocherkakh i stat'iakh*, 3 vols. (Moscow: Moskovskoe uchebnoe knigoizdatel'stvo, 1909–1912), vol. II, pp. 1–33.

Sverdlov, M. B., *Obshchestvennyi stroi Drevnei Rusi v russkoi istoricheskoi nauke XVIII–XX vv.* (St Petersburg: Dmitrii Bulanin, 1996).

Syroechkovskii, V. E., *Gosti-surozhane* (*Izvestiia gosudarstvennoi Akademii Istorii Material'noi Kul'tury*, 127) (Moscow and Leningrad: OGIZ, 1935).

Sytin, P. V., *Istoriia planirovki i zastroiki Moskvy. Materialy i issledovaniia*, vol. I: *1147–1762* (Moscow: Trudy Muzeia Istorii i Rekonstruktsii Moskvy, vyp. 1, 1950).

Thompson, M. W., *Novgorod the Great: Excavations at the Medieval City Conducted by A. V. Artsikhovsky and B. A. Kolchin* (London: Evelyn, Adams and Mackay, 1967).

Tikhonov, Iu. A., *Pomeshchich'i krest'iane v Rossii. Feodal'naia renta v XVII–nachale XVIII v.* (Moscow: Nauka, 1974).

Tulupnikov, A. I. (ed.), *Atlas sel'skogo khoziaistva SSSR* (Moscow: GUGK, 1960).

Tverskoi, L. N., *Russkoe gradostroitel'stvo do kontsa XVII veka: planirovka i zastroika russkikh gorodov* (Moscow and Leningrad: AN SSSR, 1953).

Ustiugov, N. V., "Remeslo i melkoe tovarnoe proizvodstvo v Russkom gosudarstve XVIIv.", *IZ* 34 (1950): 166–197.

Solevarennaia promyshlennost' Soli Kamskoi v XVII veke (Moscow: AN SSSR, 1957).

Veinberg, L. B., *Ocherk sel'skokhoziaistvennoi promyshlennosti Voronezhskoi gubernii* (Voronezh, 1891).

Veselovskii, S. B., *Selo i derevnia v Severo-Vostochnoi Rusi XIV–XVI vv.* (Moscow and Leningrad: OGIZ, 1936).

"Monastyrskoe zemlevladenie v moskovskoi Rusi vo vtoroi polovine XVI v.", *IZ* 10 (1941): 95–116.

Feodal'noe zemlevladenie v severo-vostochnoi Rusi (Moscow and Leningrad: AN SSSR, 1947).

Issledovaniia po istorii klassa sluzhilykh zemlevladel'tsev (Moscow: Nauka, 1969).

Vilkov, O. N., "Tobol'sk-tsentr tamozhennoi sluzhby Sibiri XVII v.", in *Goroda Sibiri: ekonomika, upravlenie i kul'tura gorodov Sibiri v dosovetskii period*

(Novosibirsk: Nauka, Sibirskoe otdelenie, 1974), pp. 131-169.

Vladimirskii-Budanov, M. F., *Obzor istorii russkogo prava*, 3rd edn (Kiev: N. Ia. Ogloblin, 1900).

Vlasova, I. V., *Traditsii krest'ianskogo zemlepol'zovaniia v Pomor'e i Zapadnoi Sibiri v XVII-XVIII vv.* (Moscow: Nauka, 1984).

Vodarskii, Ia. E., "Chislennost' i razmeshchenie posadskogo naseleniia v Rossii vo vtoroi polovine XVII v.", in *Goroda feodal'noi Rossii* (Moscow: Nauka, 1966), pp. 271-297.

Naselenie Rossii za 400 let (Moscow: Prosveshchenie, 1973).

Naselenie Rossii v kontse XVII v.-nachale XVIII v. (Moscow: Nauka, 1977).

and Chistiakova, E. V., "Spiski gorodov, posadov i ukreplennykh monastyrei v Rossii vo vtoroi polovine XVII v.", *Arkheograficheskii ezhegodnik* (Moscow, 1972), pp. 304-310.

Voronin, N. N., *K istorii sel'skogo poseleniia feodal'noi Rusi. Pogost, svoboda, selo, derevnia* (Leningrad: OGIZ, 1935).

Weickhardt, George G., "Due Process and Equal Justice in the Muscovite Codes", *RR* 51 (1992): 463-480.

"The Pre-Petrine Law of Property", *SR* 52 (1993): 663-679.

"Pre-Petrine Law and Western Law: The Influence of Roman and Canon Law", *HUS* 19 (1995): 756-783.

"Legal Rights of Women in Russia, 1100-1750", *SR* 55 (1996): 1-23.

Willan, T. S., *The Early History of the Russia Company, 1553-1603* (Manchester: Manchester University Press, 1956).

Zabelin, I. E., *Domashnii byt russkikh tsarei v XVI i XVII stoletiiakh*, 4th edn., 2 pts (=*Domashnii byt russkogo naroda v XVI i XVII st.*, vol. I) [Moscow: Iazyki russkoi kul'tury, 2000 (reprint of edition of 1915-1918)].

Domashnii byt russkikh tsarits v XVI i XVII stoletiiakh, 3rd edn (= *Domashnii byt russkogo naroda v XVI i XVII st.*, vol. II) [Moscow: Iazyki russkoi kul'tury, 2001 (reprint of edition of 1901, with supplements)].

Zagorovskii, V. P., *Belgorodskaia cherta* (Voronezh: Izdatel'stvo Voronezhskogo Gosudarstvennogo Universiteta, 1969).

Iziumskaia cherta (Voronezh: Izdatel'stvo Voronezhskogo Gosudarstvennogo Universiteta, 1980).

Voronezh: istoricheskaia khronika (Voronezh: Tsentral'no-Chernozemnoe knizhnoe izdatel'stvo, 1989).

Zagoskin, N. P., *Russkie vodnye puti i sudovoe delo v do-petrovskoi Rossii* (Kazan', 1909).

Zakonodatel'nye akty Russkogo gosudarstva vtoroi poloviny XVI-pervoi poloviny XVII veka. Kommentarii (Leningrad: Nauka, Leningradskoe otdelenie, 1987).

Zaozerskaia, E. I., *U istokov krupnogo proizvodstva v russkoi promyshlennosti XVI-*

XVII vv.: k voprosu o genezise kapitalizma v Rossii (Moscow: Nauka, 1970).

Zimin, A. A., "Sostav russkikh gorodov XVI v.", *IZ* 52 (1955): 336-347.

Formirovanie boiarskoi aristokratii v Rossii v vtoroi polovine XV-pervoi tret'i XVI v. (Moscow: Nauka, 1988).

Zlotnik, Mark David, "Immunity Charters and the Centralization of the Muscovite State", unpublished Ph. D. dissertation, University of Chicago, 1976.

3. 东正教会

Anichkov, E. V., *Iazychestvo i Drevniaia Rus'* (St Petersburg: M. M. Stasiulevich, 1914).

Arrignon, J.-P., "La Création des diocèses russes au milieu du XIIe siècle", in *Mille ans de christianisme russe, 988-1988. Actes du colloque international de l'Université Paris-Nanterre 20-23 janvier 1988* (Paris: YMCA, 1989), pp. 27-49.

Baron, Samuel H., and Nancy Shields Kollmann (eds.), *Religion and Culture in Early Modern Russia and Ukraine* (DeKalb: Northern Illinois University Press, 1997).

Belonenko, V. S. (ed.), *"Sikh zhe pamiat" prebyvaet vo veki' (Memorialnyi aspekt v kul'ture russkogo pravoslaviia)* (St Petersburg: Russkaia natsional'naia biblioteka, 1997).

Bogdanov, A. P., *Russkie patriarkhi, 1589-1700*, 2 vols. (Moscow: "Terra", Izdatel'stvo "Respublika", 1999).

Borisov, N. S., "Moskovskie kniaz'ia i russkie mitropolity XIV veka", *VI*, 1986, no. 8: 30-43.

Russkaia tserkov' v politicheskoi bor'be XIV-XV vekov (Moscow: Moskovskii universitet, 1986).

Bosley, Richard D., "The Changing Profile of the Liturgical Calendar in Muscovy's Formative Years", in A. M. Kleimola and G. D. Lenhoff (eds.), *Culture and Identity in Muscovy, 1359-1584* (Moscow: ITZ-Garant, 1997), pp. 26-38.

Bulavin, D. M., *Perevody i poslaniia Maksima Greka* (Leningrad: Nauka, 1984).

Bushkovitch, Paul, "The Epiphany Ceremony of the Russian Court in the Sixteenth and Seventeenth Centuries," *RR* 49 (1990): 1-18.

Religion and Society in Russia: The Sixteenth and Seventeenth Centuries (New York: Oxford University Press, 1992).

"The Life of Saint Filipp: Tsar and Metropolitan in the Late Sixteenth Century," in Michael S. Flier and Daniel Rowland (eds.), *Medieval Russian Culture*, vol. II (Berkeley: University of California Press, 1994), pp. 29-46.

Challis, Natalie, and Dewey, Horace W., "Basil the Blessed, Holy Fool of Moscow", *RH* 14 (1987): 47-59.

Cherniavsky, Michael, "The Reception of the Council of Florence in Moscow", *Church History* 24 (1955): 347-359.

Crummey, Robert O., *The Old Believers & the World of Antichrist. The Vyg*

Community and the Russian State, *1694-1855* (Madison: University of Wisconsin Press, 1970).

DiMauro, Giorgio Giuseppe, "The Furnace, the Crown, and the Serpent: Images of Babylon in Muscovite Rus", unpublished Ph. D. dissertation, Harvard University, 2002.

Dmitriev, M. V., *Dissidents russes*, 2 vols. [vols. XIX, XX of André Séguenny (ed.), *Biblioteka Dissidentium*] (Baden-Baden: V. Koerner, 1997).

Emchenko, E. B., "Zhenskie monastyri v Rossii", in N. V. Sinitsyna (ed.), *Monashestvo i monastyri v Rossii*, *XI-XX veka* (Moscow: Nauka, 2002), pp. 245-284.

Fedotov, G. P., *The Russian Religious Mind*, vol. I (Cambridge, Mass.: Harvard University Press, 1966).

Felmy, Karl Christian. *Die Deutung der Göttlichen Liturgie in der russischen Theologie: Wege und Wandlungen russischer Liturgie-Auslegung* (Arbeiten zur Kirchengeschichte, 54) (Berlin, New York: de Gruyter, 1984).

Fennell, John L. I., *A History of the Russian Church to 1448* (London and New York: Longman, 1995).

Flier, Michael S., "The Iconology of Royal Ritual in Sixteenth-Century Muscovy", *Byzantine Studies: Essays on the Slavic World and the Eleventh Century*, ed. Speros Vryonis, Jr. (New York: Aristide D. Caratzas, 1992), pp. 53-76.

"Court Ceremony in an Age of Reform: Patriarch Nikon and the Palm Sunday Ritual", in Samuel H. Baron and Nancy Shields Kollmann (eds.), *Religion and Culture in Early Modern Russia and Ukraine* (DeKalb: Northern Illinois University Press, 1997), pp. 74-95.

"Till the End of Time: The Apocalypse in Russian Historical Experience before 1500", in Valerie A. Kivelson and Robert H. Greene (eds.), *Orthodox Russia: Belief and Practice under the Tsars* (University Park, Pa.: Pennsylvania State University Press, 2003), pp. 127-158.

Floria, B. N., *Otnosheniia gosudarstva i tserkvi u vostochnykh i zapadnykh slavian* (Moscow: Institut slavianovedeniia i balkanistiki RAN, 1992).

Fuhrmann, Joseph, "Metropolitan Cyril II (1242-1281) and the Politics of Accommodation", *JGO* 24 (1976): 161-172.

Geanakoplos, Deno John, *Byzantine East & Latin West: Two Worlds of Christendom in Middle Ages and Renaissance*, *Studies in Ecclesiastical and Cultural History* (New York: Harper Torchbooks, 1966).

Golubinskii, Evgenii, *Istoriia russkoi tserkvi*, 2 vols. (in 4) (Moscow, 1900-1910; reprinted The Hague: Mouton, 1969).

Gonneau, Pierre, *La Maison de Sainte Trinité: un grand monastère russe du Moyen-âge tardif* (*1354-1533*) (Paris: Klincksieck, 1992).

"The Trinity-Sergius Brotherhood in State and Society", in A. M. Kleimola and G. D. Lenhoff (eds.), *Culture and Identity in Muscovy*, *1359-1584* (Moscow: ITZ-

Garant, 1997), pp. 116-145.

Gorchakov, M. I., *Monastyrskii prikaz, 1649-1725 g. Opyt istoriko-iuridicheskogo issledovaniia* (St Petersburg: A. Transhel', 1868).

Gudziak, Borys A., *Crisis and Reform. The Kyivan Metropolitanate, the Patriarchate of Constantinople, and the Genesis of the Union of Brest* (Cambridge, Mass.: Harvard University Press, 1998).

Ianin, V. L., "Monastyri srednevekovogo Novgoroda v strukture gosudarstvennykh institutov", *POLYTROPON: k 70-letiiu V. N. Toporova* (Moscow: Indrik, 1998), pp. 911-922.

Kaiser, Daniel H., "Symbol and Ritual in the Marriages of Ivan IV", *RH* 14 (1987): 247-262.

"'Whose Wife Will She Be at the Resurrection?' Marriage and Remarriage in Early Modern Russia", *SR* 62 (2003): 302-323.

Kapterev, N. F., *Patriarkh Nikon i Tsar' Aleksei Mikhailovich*, 2 vols. (Sergiev Posad: Tipografiia Sviato-Troitskoi Sergievoi Lavry, 1909-1912).

Kharakter otnoshenii Rossii k pravoslavnomu vostoku v XVI i XVII stoletiiakh (Sergiev Posad: Izdanie knizhnogo magazina M. S. Elova, 1914).

Kartashev, A. V., *Ocherki po istorii russkoi tserkvi*, 2 vols. (Moscow: Nauka, 1991).

Kazakova, N. A., and Lur'e, Ia. S. *Antifeodal'nye ereticheskie dvizheniia na Rusi XIV-nachala XVI veka* (Moscow and Leningrad: AN SSSR, 1955).

Keenan, Edward L., and Ostrowski, Donald G. (eds.), *The Council of 1503: Source Studies and Questions of Ecclesiastical Landowning in Sixteenth-Century Muscovy* (Cambridge, Mass.: Kritika, 1977).

Keep, J. L. H., "The Régime of Filaret, 1619-1633", *SEER* 38 (1960): 334-360.

Kharlampovich, K. V., *Malorossiiskoe vliianie na velikorusskuiu tserkovnuiu zhizn'*, vol. I (Kazan': Izdanie knizhnogo magazina M. A. Golubeva, 1914; reprinted The Hague: Mouton, 1968).

Khoroshev, A. S., *Tserkov' v sotsial'no-politicheskoi sisteme Novgorodskoi feodal'noi respubliki* (Moscow: Izdatel'stvo Moskovskogo universiteta, 1980).

Politicheskaia istoriia russkoi kanonizatsii (XI - XVI vv.) (Moscow: Moskovskii universitet, 1986).

Klibanov, A. I., *Reformatsionnye dvizheniia v Rossii* (Moscow: AN SSSR, 1960).

Kliuchevskii, V. O., *Drevnerusskie zhitiia sviatykh kak istoricheskii istochnik* (Moscow: Tipografiia Gracheva, 1871).

Kollmann, Jack E., Jr., "The Moscow *Stoglav* (Hundred Chapters) Church Council of 1551", unpublished Ph. D. dissertation, University of Michigan, 1978.

"The Stoglav Council and Parish Priests", *RH* 7 (1980): 65-91.

Kollmann, Nancy Shields, "Pilgrimage, Procession and Symbolic Space in Sixteenth-Century Russian Politics", in Michael S. Flier and Daniel Rowland (eds.), *Medieval Russian Culture*, vol. II (Berkeley: University of California Press, 1994), pp. 163-

181.

Kolycheva, E. I., "Pravoslavnye monastyri vtoroi poloviny XV - XVI veka", in N. V. Sinitsyna (ed.), *Monashestvo i monastyri v Rossii, XI - XX veka* (Moscow: Nauka, 2002), pp. 81-115.

Kuchkin, V. A., "O formirovanii Velikikh Minei Chetii mitropolita Makariia", in A. A. Sidorov (ed.), *Problemy rukopisnoi i pechatnoi knigi* (Moscow: Nauka, 1976), pp. 86-101.

"Sergei Radonezhskii", *VI*, 1992, no. 10: 75-92.

Lenhoff, Gail, "Canonization and Princely Power in Northeast Rus': The Cult of Leontij Rostovskij", *Die Welt der Slaven*, N. F., 16 (1992): 359-380.

Early Russian Hagiography: The Lives of Prince Fedor the Black (Wiesbaden: Harrassowitz, 1997).

"Unofficial Veneration of the Daniilovichi in Muscovite Rus", in A. M. Kleimola and G. D. Lenhoff (eds.), *Culture and Identity in Muscovy, 1359 - 1584* (Moscow: ITZ-Garant, 1997), pp. 391-416.

Levin, Eve, "*Dvoeverie* and Popular Religion", in Stephen K. Batalden (ed.), *Seeking God: The Recovery of Religious Identity in Orthodox Russia, Ukraine, and Georgia* (DeKalb: Northern Illinois University Press, 1993), pp. 29-52.

"Supplicatory Prayers as a Source for Popular Religious Culture in Muscovite Russia", in S. H. Baron and N. S. Kollmann (eds.), *Religion and Culture in Early Modern Russia and Ukraine* (DeKalb: Northern Illinois University Press, 1997), pp. 96-114.

Lidov, A. M. (ed.), *Ikonostas: proiskhozhdenie - razvitie - simvolika* (Moscow: Progress-Traditsiia, 2000).

Lilienfeld, Fairy von, *Nil Sorskij und seine Schriften: Die Krise der Tradition in Russland Ivans III* (Berlin: Evfangelische Verlagsanstalt, 1963).

Lobachev, S. V., *Patriarkh Nikon* (St Petersburg: Iskusstvo-SPB, 2003).

Lur'e, Ia. S., "Kak ustanovilas' avtokefaliia russkoi tserkvi v XV v.", *Vspomogatel'nye istoricheskie distsipliny* 23 (1991): 181-198.

"Istochniki po istorii 'novoiavivsheisia novgorodskoi eresi' ('zhidovstvuiushchikh')", *Jews and Slavs* 3 (1995): 199-223.

Makarii, Arkhimandrit (Veretennikov), *Zhizn' i trudy sviatitelia Makariia, mitropolita Moskovskogo i vseia Rusi* (Moscow: Izdatel'skii sovet Russkoi pravoslavnoi tserkvi, 2002).

Makarii, Metropolitan of Moscow, *Istoriia russkoi tserkvi*, 12 vols. (Düsseldorf: Brücken-Verlag, 1968-1969).

Maloney, George A., *Russian Hesychasm: The Spirituality of Nil Sorskij* (The Hague: Mouton, 1973).

Meyendorff, Paul, *Russia, Ritual, and Reform: The Liturgical Reforms of Nikon in the 17th Century* (Crestwood, N.Y.: St Vladimir's Press, 1991).

Michels, Georg B., "The Violent Old Belief: An Examination of Religious Dissent on the Karelian Frontier", *RH* 19 (1992): 203-229.

At War with the Church: Religious Dissent in Seventeenth-Century Russia (Stanford, Calif.: Stanford University Press, 1999).

"Ruling without Mercy: Seventeenth-Century Russian Bishops and their Officials", *Kritika* 4 (2003): 515-542.

Miller, David B., "The Cult of Saint Sergius of Radonezh and Its Political Uses", *SR* 52 (1993): 680-699.

"Donors to the Trinity-Sergius Monastery as a Community of Venerators: Origins, 1360s-1462", in A. M. Kleimola and G. D. Lenhoff (eds.), *Culture and Identity in Muscovy, 1359-1584* (Moscow: ITZ-Garant, 1997), pp. 450-474.

"The Origin of Special Veneration of the Mother of God at the Trinity-Sergius Monastery: The Iconographic Evidence", *RH* 28 (2001): 303-314.

"Pogrebeniia riadom s Sergiem: Pogrebal'nye obychai v Troitse-Sergievom monastyre, 1392-1605", in T. N. Manushina and S. V. Nikolaeva (eds.), *Troitse-Sergieva Lavra v istorii, kul'ture i dukhovnoi zhizni Rossii* (Sergiev Posad: Ves' Sergiev Posad, 2002), pp. 74-89.

Motsia, A. P., "Nekotorye svedeniia o rasprostranenii khristianstva na Rusi po dannym pogrebal'nogo obriada", in: *Obriady i verovaniia drevnego naseleniia Ukrainy. Sbornik nauchnykh trudov* (Kiev: Naukova Dumka, 1990), pp. 114-132.

Nikolaeva, S. V., "Vklady i vkladchiki v Troitse-Sergiev Monastyr' v XVI-XVII vekakh. (Po vkladnym knigam XVII veka)", in *Tserkov' v istorii Rossii*, 3 vols. (Moscow: Institut rossiiskoi istorii Rossiiskoi akademii nauk, 1997-1999), vol. II (1998), pp. 81-107.

Nikol'skii, N. M., *Istoriia russkoi tserkvi*, 4th edn. (Moscow: Izdatel'stvo politicheskoi literatury, 1988).

Obolensky, Dimitri, "Italy, Mount Athos, and Muscovy: The Three Worlds of Maximos the Greek (c. 1470-1556)", *Proceedings of the British Academy* 67 (1981): 143-161.

"Cherson and the Conversion of Rus': An Anti-revisionist View", *Byzantine and Modern Greek Studies* 13 (1989): 244-256.

"Byzantium, Kiev and Moscow: A Study in Ecclesiastical Relations", *Dumbarton Oaks Papers* 11 (Cambridge, Mass.: Harvard University Press, 1957); reprinted in his *Byzantium and the Slavs* (Crestwood, N. Y.: St Vladimir's Seminary Press, 1994), pp. 109-165.

Ostrowski, Donald, "A 'Fontological' Investigation of the Muscovite Church Council of 1503", unpublished Ph. D. dissertation, Pennsylvania State University, 1977 (Ann Arbor: UMI, 1977). AAT 7723262.

"Church Polemics and Monastic Land Acquisition in Sixteenth-Century Muscovy", *SEER* 64 (1986): 355-379.

"Why Did the Metropolitan Move from Kiev to Vladimir in the Thirteenth Century?", in Boris Gasparov and Olga Raevsky-Hughes (eds.), *Slavic Cultures in the Middle Ages* (*California Slavic Studies*, vol. 16) (Berkeley, Los Angeles, Oxford: University of California Press, 1993), pp. 83-101.

"500 let spustia. Tserkovnyi Sobor 1503 g.", *Palaeoslavica* 11 (2003): 214-239.

Pascal, Pierre, *Avvakum et les débuts du raskol*, 2nd edn (Paris and The Hague: Mouton, 1969).

Pelenski, Jaroslaw, "The Origins of the Muscovite Ecclesiastical Claims to the Kievan Inheritance (Early Fourteenth Century to 1458/1461)", in Boris Gasparov and Olga Raevsky-Hughes (eds.), *Slavic Cultures in the Middle Ages* (*California Slavic Studies*, vol. 16) (Berkeley, Los Angeles and Oxford: University of California Press, 1993), pp. 102-115.

Pliguzov, Andrei, "On the Title 'Metropolitan of Kiev and All Rus''", *HUS* 15 (1991): 340-353.

"Archbishop Gennadii and the Heresy of the 'Judaizers'", *HUS* 16 (1992): 269-288.

"'Kniga na eretikov' Iosifa Volotskogo", in V. I. Buganov (ed.), *Istoriia i paleografiia: Sbornik statei*, 2 vols. (Moscow: Institut istorii AN, 1993), vol. I, pp. 90-139.

Polemika v russkoi tserkvi pervoi treti XVI stoletiia (Moscow: Indrik, 2002).

Podskalsky, Gerhard, *Christentum und theologische Literatur in der Kiever Rus' (988-1237)* (Munich: C. H. Beck, 1982).

Poppe, A., *The Rise of Christian Russia* (London: Variorum, 1982).

"Werdegang der Diözesanstruktur der Kiever Metropolitankirche in den ersten Jahrhunderten der Christianisierung der Ostslaven", in K. C. Felmy et al. (eds.), *Tausend Jahre Christentums in Russland. Zum Millennium der Taufe der Kiever Rus'* (Göttingen: Vandenhoeck and Ruprecht, 1988), pp. 251-290.

Rumiantseva, V. S., "The Russian Church and State in the 17th Century", in *The Russian Orthodox Church. 10th to 20th Centuries* (Moscow: Progress, 1988), pp. 81-103.

Sedov, V. V., "Rasprostranenie khristianstva v Drevnei Rusi", *Kratkie soobshcheniia Instituta arkheologii* 208 (1993): 3-11.

Senyk, Sophia, *A History of the Church in Ukraine*, vol. I: *To the End of the Thirteenth Century* (Orientalia christiana analecta 243) (Rome: Pontificio Istituto Orientale, 1993).

Shchapov, Ia. N., *Kniazheskie ustavy i tserkov' v drevnei Rusi XI-XIV vv.* (Moscow: Nauka, 1972).

Gosudarstvo i tserkov' Drevnei Rusi X-XIII vv. (Moscow: Nauka, 1989).

State and Church in Early Russia 10th-13th Centuries, trans. Vic Schneierson (New Rochelle, N.Y., Athens and Moscow: Aristide D. Caratzas, 1993).

Shepard, J., "Some Remarks on the Sources for the Conversion of Rus'", in S. W.

Swierkosz-Lenart (ed.), *Le origini e lo sviluppo della cristianità slavo-bizantina* (Nuovi studi storici 17) (Rome: Istituto storico italiano per il Medio Evo, 1992), pp. 59-95.

"The Coming of Christianity to Rus: Authorised and Unauthorised Versions", in C. Kendall et al. (eds.), *Conversion to Christianization* (forthcoming).

Shpakov, A. Ia., *Gosudarstvo i tserkov' v ikh vzaimnykh otnosheniiakh v Moskovskom gosudarstve* (Odessa: Tipografiia Aktsionernogo Iuzhno-russkogo Obshchestva pechatnogo dela, 1912).

Sinitsyna, N. V., *Maksim Grek v Rossii* (Moscow: Nauka, 1977).

"Tipy monastyrei i russkii asketicheskii ideal (XV – XVI vv.)", in N. V. Sinitsyna (ed.), *Monashestvo i monastyri v Rossii, XI – XX veka* (Moscow: Nauka, 2002), pp. 116-149.

Skrynnikov, R. G., *Sviatiteli i vlasti* (Leningrad: Lenizdat, 1990).

Gosudarstvo i tserkov' na Rusi XIV-XVI vv. (Novosibirsk: Nauka, 1991).

Krest i korona. Tserkov' i gosudarstvo na Rusi IX – XVII vv. (St Petersburg: Iskusstvo, 2000).

Smolitsch, Igor, *Russisches Mönchtum: Entstehung, Entwicklung und Wesen, 988 – 1917* (Das Östliche Christentum, n. F., Heft 10/11) (Würzburg: Augustinus-Verlag, 1953).

Spitsyn, A., "Peshchnoe deistvo i khaldeiskaia peshch", *Zapiski Imperatorskogo russkogo arkheologicheskogo obshchestva* 12 (1901): 95-136, 201-209.

Stefanovich, P. S., *Prikhod i prikhodskoe dukhovenstvo v Rossii v XVI – XVII vekakh* (Moscow: Indrik, 2002).

Steindorff, Ludwig, "Klöster als Zentren der Tötensorge in Altrussland", *FOG* 50 (1995): 337-353.

"Sravnenie istochnikov ob organizatsii pominaniia usopshikh v Iosifo-Volokolamskom i Troitse-Sergievom monastyriakh v XVI veke", *Arkheograficheskii Ezhegodnik za 1996 g.* (Moscow: Nauka, 1998), pp. 65-78.

Stroev, P. M., *Spiski ierarkhov i nastoiatelei monastyrei rossiiskiia tserkvi* (St Petersburg: Tipografiia V. S. Balasheva, 1877).

Swoboda, Marina, "*The Furnace Play* and the Development of Liturgical Drama in Russia", *RR* 61 (2002): 220-234.

Taube, Moise, "The Kievan Jew Zacharia and the Astronomical Works of the Judaizers", *Jews and Slavs* 3 (1995): 168-198.

"The 'Poem of the Soul' in the *Laodicean Epistle* and the Literature of the Judaizers", *HUS* 19 (1995): 671-685.

"Posleslovie k 'Logicheskim terminam' Maimonida i eres' zhidovstvuiushchikh", in *In Memoriam: Sbornik Pamiati Ia. S. Lur'e* (St Petersburg: Atheneum-Feniks, 1997), pp. 239-246.

Thomson, Francis J., "The Slavonic Translation of the Old Testament", in J. Kras (ed.), *Interpretation of the Bible* (Ljubljana: Slovenska akademija znanosti in umetnosti, 1998), pp. 605-918.

Thyrêt, Isolde, *Between God and Tsar: Religious Symbolism and the Royal Women of Muscovite Russia* (DeKalb: Northern Illinois University Press, 2001).

Uspensky, Boris A., "The Schism and Cultural Conflict in the Seventeenth Century", in Stephen K. Batalden (ed.), *Seeking God: the Recovery of Religious Identity in Orthodox Russia, Ukraine, and Georgia* (DeKalb: Northern Illinois University Press, 1993), pp. 106-143.

   Tsar' i patriarkh: Kharisma vlasti v Rossii. Vizantiiskaia model' i ee russkoe pereosmyslenie (Moscow: Iazyki russkoi kul'tury, 1998).

Velemirovič, Miloš, "Liturgical Drama in Byzantium and Russia", *Dumbarton Oaks Papers* 16 (1962): 351-385 + figures.

Vilinskii, S. G., *Poslaniia startsa Artemiia* (Odessa: Ekonomicheskaia tipografiia, 1906).

Vlasov, V. G., "The Christianization of the Russian Peasants", in Marjorie Mandelstam Balzer (ed.), *Russian Traditional Culture: Religion, Gender, and Customary Law* (Armonk, N.Y.: M. E. Sharpe, 1992), pp. 16-33.

Vodarskii, Ia. E., "Tserkovnye organizatsii i ikh krepostnye krest'iane vo vtoroi polovine XVII-nachale XVIII v.", in *Istoricheskaia geografiia Rossii. XII-nachalo XX v.* (Moscow: Nauka, 1975), pp. 70 96.

Zenkovsky, Serge A., *Russkoe staroobriadchestvo; dukhovnye dvizheniia semnadtsatogo veka* (Forum Slavicum, Bd. 21) (Munich: W. Fink, 1970).

Zhivov, V. M., and Uspenskii, B. A., "Tsar' i Bog: Semioticheskie aspekty sakralizatsii monarkha v Rossii", in *Iazyki kul'tury i problemy perevodimosti* (Moscow: Nauka, 1978), pp. 47-153.

Zyzykin, M. V., *Patriarkh Nikon. Ego gosudarstvennye i kanonicheskie idei*, 3 vols. (Warsaw: Sinodal'naia Tipografiia, 1931-1938).

4. 文化与思想史

Alekseeva, M. A., "Zhanr konkliuzii v russkom iskusstve kontsa XVII-nachala XVIII v.", in T. V. Alekseeva (ed.), *Russkoe iskusstvo barokko* (Moscow: Nauka, 1977), pp. 7-29.

Andreyev, N. E., "Nikon and Avvakum on Icon-Painting", in his *Studies in Muscovy* (London: Variorum, 1970), essay XIII.

Baron, Samuel H., and Kollmann, Nancy Shields (eds.), *Religion and Culture in Early Modern Russia and Ukraine* (DeKalb: Northern Illinois University Press, 1997).

Batalov, A. L., "K interpretatsii arkhitektury sobora Pokrova na rvu (o granitsakh ikonograficheskogo metoda)", in A. L. Batalov (ed.), *Ikonografiia arkhitektury: Sbornik nauchnykh trudov* (Moscow: Vsesoiuznyi nauchno-issledovatel'skii institut teorii arkhitektury i gradostroitel'stva, 1990), pp. 15-37.

Moskovskoe kamennoe zodchestvo kontsa XVI veka: Problemy khudozhestvennogo myshleniia epokhi (Moscow: Rossiiskaia akademiia khudozhestv, 1996).

and Uspenskaia, L. S., *Sobor Pokrova na rvu (Khram Vasiliia Blazhennogo)* (Moscow: Severnyi Palomnik, 2002).

et al. (eds.), *Drevnerusskoe iskusstvo. Russkoe iskusstvo pozdnego srednevekov'ia, XVI vek* (St Petersburg: Dmitrii Bulanin, 2003).

and Viatchina, T. N., "Ob ideinom znachenii i interpretatsii Ierusalimskogo obraztsa v russkoi arkhitekture XVI-XVII vv.", *Arkhitekturnoe nasledstvo* 36 (1988): 22-42.

Bekeneva, N. G., *Simon Ushakov 1626-1686* (Leningrad: Khudozhnik RSFSR, 1984).

Berezhkov, N. G., *Khronologiia russkogo letopisaniia* (Moscow: AN SSSR, 1963).

Billington, James, *The Icon and the Axe* (New York: Knopf, 1966).

Bocharov, G. N., "Tsarskoe Mesto Ivana Groznogo v moskovskom Uspenskom sobore", in V. P. Vygolov (ed.), *Pamiatniki russkoi arkhitektury i monumental'nogo iskusstva: Goroda, ansambli, zodchie* (Moscow: Nauka, 1985), pp. 39-57.

Bogoiavlenskii, S. K., *Moskovskii teatr pri tsariakh Aleksee i Petre* (Moscow: Russkaia starina, 1914).

Briusova, V. G., *Gurii Nikitin* (Moscow: "Izobrazitel'noe iskusstvo", 1982).

Russkaia zhivopis' XVII veka (Moscow: Iskusstvo, 1984).

Fedor Zubov (Moscow: "Izobrazitel'noe iskusstvo", 1985).

"Kompozitsiia 'Novozavetnoi Troitsy' v stenopisi Uspenskogo sobora", in E. S. Smirnova (ed.), *Uspenskii sobor Moskovskogo Kremlia* (Moscow: Nauka, 1985), pp. 87-99.

Brumfield, William Craft, *Gold in Azure: One Thousand Years of Russian Architecture* (Boston: David R. Godine, 1983).

A History of Russian Architecture (Cambridge: Cambridge University Press, 1993).

Brunov, N. I., *Khram Vasiliia Blazhennogo v Moskve: Pokrovskii sobor* (Moscow: Iskusstvo, 1988).

et al., *Istoriia russkoi arkhitektury*, 2nd edn., rev. and expanded (Moscow: Gosudarstvennoe Izdatel'stvo literatury po stroitel'stvu i arkhitekture, 1956).

Buseva-Davydova, I. L., *Khramy Moskovskogo Kremlia: Sviatyni i drevnosti* (Moscow: Nauka, 1997).

Bushkovitch, Paul, "Cultural Change among the Russian Boyars 1650-1680. New Sources and Old Problems", *FOG* 56 (2000): 89-111.

Cherniavsky, Michael, *Tsar and People: A Historical Study of Russian National and Social Myths* (New Haven: Yale University Press, 1961).

"Ivan the Terrible and the Iconography of the Kremlin Cathedral of the Archangel Michael", *RH* 2 (1975): 3-28.

Chistov, K. V., *Russkie narodnye sotsial'no-utopicheskie legendy, XVII-XIX vv.* (Moscow: Nauka, 1967).

Russkaia narodnaia utopiia (genezis i funktsii sotsial'no-utopicheskikh legend) (St

Petersburg: Dmitrii Bulanin, 2003).

Chrissides, N., "Creating the New Educational Elite. Learning and Faith in Moscow's Slavo-Greco-Latin Academy, 1685 – 1694", unpublished Ph. D. thesis, Yale University, 2000.

Cracraft, James, *The Petrine Revolution in Russian Architecture* (Chicago: University of Chicago Press, 1988).

The Petrine Revolution in Russian Imagery (Chicago: University of Chicago Press, 1997).

Danilova, I. E., and Mneva, N. E., "Zhivopis' XVII veka", in I. E. Grabar' (ed.), *Istoriia russkogo iskusstva*, 13 vols. (Moscow: AN SSSR, 1953 – 1961), vol. IV (1959), pp. 354–466.

Dmitriev, L. A., "Rol' i znachenie mitropolita Kipriana v istorii drevnerusskoi literatury", *TODRL* 19 (1963): 215–254.

Dolskaya, Olga, "Vasilii Titov and the 'Moscow Baroque'", *Journal of the Royal Musical Association*, 118 (1993): 203–222.

"Choral Music in the Petrine Era", in A. G. Cross (ed.), *Russia in the Reign of Peter the Great: Old and New Perspectives* (Cambridge: Study Group on 18th-century Russia, 1998), pp. 173–186.

Evdokimov, G. S., Ruzaeva, E. I., and Iakovlev, D. E., "Arkhitekturnaia keramika v dekore Moskovskogo velikokniazheskogo dvortsa v seredine XVI v.", in A. L. Batalov et al. (eds.), *Drevnerusskoe iskusstvo. Russkoe iskusstvo pozdnego srednevekov'ia, XVI vek* (St Petersburg: Dmitrii Bulanin, 2003), pp. 120–129.

Flier, Michael S., "Filling in the Blanks: The Church of the Intercession and the Architectonics of Medieval Muscovite Ritual", *HUS* 19 (1995): 120–137.

"K semioticheskomu analizu Zolotoi palaty Moskovskogo Kremlia", in *Drevnerusskoe iskusstvo. Russkoe iskusstvo pozdnego srednevekov'ia: XVI vek* (St Petersburg: Dmitrii Bulanin, 2003), pp. 178–187.

"The Throne of Monomakh: Ivan the Terrible and the Architectonics of Destiny", in James Cracraft and Daniel Rowland (eds.), *Architectures of Russian Identity 1500 to the Present* (Ithaca, N.Y.: Cornell University Press, 2003), pp. 21–33.

and Daniel Rowland (eds.), *Medieval Russian Culture*, vol. II (Berkeley: University of California Press, 1994).

Floria, B. N., "Nekotorye dannye o nachale svetskogo portreta v Rossii", *Arkhiv russkoi istorii*, vyp. 1 (1992): 133–141.

Franklin, Simon, *Writing, Society and Culture in Early Rus, c. 950–1300* (Cambridge: Cambridge University Press, 2002).

Freski Spasa-Nereditsy (Leningrad, 1925).

Gasparov, Boris, and Raevsky-Hughes, Olga (eds.), *Slavic Cultures in the Middle Ages* (*Christianity and the Eastern Slavs*, vol. I) (*California Slavic Studies*, vol. 16) (Berkeley, Los Angeles and Oxford: University of California Press, 1993).

Gatova, T. A., "Iz istorii dekorativnoi skul'ptury Moskvy nachala XVIII v.", in T. V. Alekseeva (ed.), *Russkoe iskusstvo XVIII veka* (Moscow: "Iskusstvo", 1968), pp. 31-44.

Gippius, A. A., "K attributsii novgorodskikh kratirov i ikony 'Znamenie'", *Novgorod i Novgorodskaia zemlia. Istoriia i arkheologiia*, vyp. 13 (Novgorod: Novgorodskii gosudarstvennyi ob'edinennyi muzei-zapovednik, 1999), pp. 379-394.

Goggi, Gianluigi, "The Philosophes and the Debate over Russian Civilization", in Maria Di Salvo and Lindsey Hughes (eds.), *A Window on Russia* (Rome: La Fenice Edizioni, 1996), pp. 299-305.

Golden, Peter B., "Turkic Calques in Medieval Eastern Slavic", *Journal of Turkish Studies* 8 (1984): 103-111.

Gordeeva N., and Tarasenko, L., *Tserkov' Pokrova v Filiakh* (Moscow: "Izobrazitel'noe iskusstvo", 1980).

Grabar', I. E., et al. (eds.), *Istoriia russkogo iskusstva*, 13 vols. (Moscow: AN SSSR, 1953-1964), vol. III (1955), vol. IV (1959).

Howard, Jeremy, *The Scottish Kremlin Builder: Christopher Galloway* (Edinburgh: Manifesto, 1997).

Hughes, Lindsey, "Byelorussian Craftsmen in Seventeenth-Century Russia and their Influence on Muscovite Architecture", *Journal of Byelorussian Studies* 3 (1976): 327-441.

"Western European Graphic Material as a Source for Moscow Baroque Architecture", *SEER* 55 (1977): 433-443.

"The Moscow Armoury and Innovations in 17th-Century Muscovite Art", *CASS* 13 (1979): 204-223.

"The 17th-Century 'Renaissance' in Russia", *History Today* (February 1980), pp. 41-45.

"Moscow Baroque-a Controversial Style", *Transactions of the Association of Russian-American Scholars in USA* 15 (1982): 69-93.

"The Age of Transition: Seventeenth-Century Russian Icon-Painting", in Sarah Smyth and Stanford Kingston (eds.), *Icons 88* (Dublin: Veritas Publications, 1988), pp. 63-74.

"The West Comes to Russian Architecture", in Paul Dukes (ed.), *Russia and Europe* (London: Collins and Brown, 1991), pp. 24-47.

"Restoring Religion to Russian Art", in G. Hosking and R. Service (eds.), *Reinterpreting Russia* (London: Arnold, 1999), pp. 40-53.

"Attitudes towards Foreigners in Early Modern Russia", in Cathryn Brennan and Murray Frame (eds.), *Russia and the Wider World in Historical Perspective. Essays for Paul Dukes* (Basingstoke: Macmillan, 2000), pp. 1-23.

"Images of Greatness: Portraits of Peter I", in *Peter the Great and the West: New Perspectives*, ed. L. Hughes (Basingstoke: Palgrave, 2000), pp. 250-270.

"Images of the Elite: A Reconsideration of the Portrait in Seventeenth-Century Russia", *FOG* 56 (2000): 167-185.

"The Petrine Year: Anniversaries and Festivals in the Reign of Peter the Great (1682-1725)", in Karin Friedrich (ed.), *Festive Culture in Germany and Europe from the 16th to the 20th Century* (Lewiston, N.Y.: Mellen Press, 2000), pp. 148-168.

"Simon Ushakov's Icon 'The Tree of the Muscovite State' Revisited", *FOG* 58 (2001): 223-234.

"Women and the Arts at the Russian Court from the 16th to the 18th Century", in J. Pomeroy and R. Gray (eds.), *An Imperial Collection. Women Artists from the State Hermitage* (Washington D. C.: National Museum of Women in the Arts, 2003), pp. 19-49.

Iakovlev, I. V., "O date okonchaniia stroitel'stva Pokrovskogo sobora", *Ezhegodnik GIM. 1961* (Moscow: Gosudarstvennyi istoricheskii muzei, 1962), pp. 115-118.

Ianin, V. L., *Ia poslal tebe berestu ...*, 3rd edn. (Moscow: Iazyki russkoi kul'tury, 1998).

and Zalizniak, A. A., "Novgorodskaia psaltyr' nachala XI veka – drevneishaia kniga Rusi", *Vestnik Rossiiskoi akademii nauk*, 71, 3 (2001): 202-209.

Ikonnikov, A. V., *Tysiachia let russkoi arkhitektury* (Moscow: Iskusstvo, 1990).

Iurganov, A. L., *Kategorii russkoi srednevekovoi kul'tury* (Moscow: MIROS, 1998).

Iz istorii russkoi kul'tury. T. I (Drevniaia Rus') (Moscow: Iazyki russkoi kul'tury, 2000).

Jensen, C. R. "Music for the Tsar: A Preliminary Study of the Music of the Muscovite Court Theatre", *Musical Quarterly* 79 (1995): 368-401.

Kachalova, I. Ia., et al., *Blagoveshchenskii sobor Moskovskogo Kremlia* (Moscow: Iskusstvo, 1990).

Kalugin, V. V., *Andrei Kurbskii i Ivan Groznyi. Teoreticheskie vzgliady i literaturnaia tekhnika drevnerusskogo pisatelia* (Moscow: Iazyki russkoi kul'tury, 1998).

Kämpfer, Frank, "'Rußland an der Schwelle zur Neuzeit': Kunst, Ideologie und historisches Bewußtsein unter Ivan Groznyj", *JGO* 23 (1975): 504-524.

"Über die theologische und architektonische Konzeption der Vasilij-Blažennyj-Kathedrale in Moskau", *JGO* 24 (1976): 481-498.

Das russische Herrscherbild von den Anfängen bis zu Peter dem Grossen. Studien zur Entwicklung politischer Ikonographie im byzantinischen Kulturkreis (Recklinghausen: A. Bongers, 1978).

Karlinsky, Simon, *Russian Drama from its Beginnings to the Age of Pushkin* (Berkeley: University of California Press, 1985).

Kazakova, N. A., *Vassian Patrikeev i ego sochineniia* (Moscow and Leningrad: AN SSSR, 1960).

Keenan, Edward L., *Josef Dobrovsky and the Origins of the Igor' Tale* (Cambridge,

Mass.: Harvard University Press, 2004).

Kirichenko, E. I., *The Russian Style* (London: L. King, 1991).

Kliukanova, O. V., "Novgorodskii amvon 1533 g.", in *Drevnerusskoe iskusstvo. Russkoe iskusstvo pozdnego srednevekov'ia: XVI vek* (St Petersburg: Dmitrii Bulanin, 2003), pp. 373-385.

Kolchin, B. A., Khoroshev, A. S. and Ianin, V. L., *Usad'ba novgorodskogo khudozhnika XII v.* (Moscow: Nauka, 1981).

Kol'tsova, T. M. (ed.), *Reznye ikonostasy i dereviannaia skul'ptura Russkogo Severa. Katalog vystavki* (Archangel and Moscow: MKRF, 1995).

Komech, A. I., and Podobedova, O. I. (eds.), *Drevnerusskoe iskusstvo. Khudozhestvennaia kul'tura X-pervoi poloviny XIII v.* (Moscow: Nauka, 1988).

Kostotchkina, Natalia, "The Baroque in 17th-Century Russian Art: Icon-Painting, Painting, Decorative and Applied Art", unpublished MPhil. thesis, SSEES, University of London, 1994.

Kostsova, V., "Tituliarnik sobraniia Gosudarstvennogo Ermitazha", *Trudy Gosudarstvennogo Ermitazha* 3 (1959): 16-40.

Lazarev, V. N., *Old Russian Murals and Mosaics* (London: Phaidon, 1966).

Lenhoff, Gail, *The Martyred Princes Boris and Gleb: A Socio-Cultural Study of the Cult and the Texts* (Columbus, Oh.: Slavica, 1989).

Likhachev, D. S., *Russkie letopisi i ikh kul'turno-istoricheskoe znachenie* (Moscow and Leningrad: AN SSSR, 1947).

"Barokko i ego russkii variant XVII veka", *Russkaia literatura*, 1969, no. 2: 18-45.

Razvitie russkoi literatury X-XVII vekov (Leningrad: Nauka, 1973).

"*Slovo o polku Igoreve*" *i kul'tura ego vremeni* (Leningrad: Khudozhestvennaia Literatura, 1978).

Limonov, Iu. A., *Letopisanie Vladimiro-Suzdal'skoi Rusi* (Leningrad: Nauka, 1967).

Lopialo, K. K., "K primernoi rekonstruktsii Zolotoi palaty Kremlevskogo dvortsa i ee monumental'noi zhivopisi", in O. I. Podobedova, *Moskovskaia shkola zhivopisi pri Ivane IV*, pp. 193-198 + figures.

Lotman, Ju. M. and Uspenskij, B. A., *The Semiotics of Russian Culture*, ed. Ann Shukman (Ann Arbor: Department of Slavic Languages and Literatures, University of Michigan, 1984).

"Binary Models in the Dynamics of Russian Culture to the End of the Eighteenth Century", in A. D. and A. S. Nakhimovsky (eds.), *The Semiotics of Russian Cultural History. Essays by Iurii M. Lotman, Lidiia Ia. Ginsburg, Boris A. Uspenskii* (Ithaca, N.Y., and London: Cornell University Press, 1985), pp. 30-66.

Luburkin, D. I., *Russkaia novolatinskaia poeziia: materialy k istorii XVII-pervaia polovina XVIII veka* (Moscow: RGGU, 2000).

Luppov, S. P., *Kniga v Rossii XVII veka* (Leningrad: Nauka, 1970).

Lur'e, Ia. S., *Ideologicheskaia bor'ba v russkoi publitsistike kontsa XV-nachala XVI veka* (Moscow and Leningrad: AN SSSR, 1960).

[Jakov S. Luria], "Unresolved Issues in the History of the Ideological Movements of the Late Fifteenth Century", in Henrik Birnbaum and Michael S. Flier (eds.), *Medieval Russian Culture*, vol. I (Berkeley: University of California Press, 1984), pp. 150–171.

Dve istorii Rusi XV veka. Rannie i pozdnie, nezavisimye i ofitsial'nye letopisi ob obrazovanii Moskovskogo gosudarstva (St Petersburg: Dmitrii Bulanin, 1994).

Maiasova, N. A., *Arkhangel'skii sobor Moskovskogo Kremlia* (Moscow: Krasnaia ploshchad', 2002).

Medyntseva, A. A., *Gramotnost' v Drevnei Rusi. Po pamiatnikam epigrafiki X-pervoi poloviny XIII veka* (Moscow: Nauka, 2000).

Miller, David B., "The Lübeckers Bartholomäus Ghotan and Nicolaus Bülow in Novgorod and Moscow and the Problem of Early Western Influences on Russian Culture", *Viator* 9 (1978): 395–412.

"The Viskovatyi Affair of 1553–1554: Official Art, the Emergence of Autocracy, and the Disintegration of Medieval Russian Culture", *RH* 8 (1981): 293–332.

Mishina, E. A., *Russkaia graviura na dereve XVII–XVIII vv.* (St Petersburg: Dmitrii Bulanin, 2000 [?]).

Morozov, V. V., and Chernetsov, A. V., "Legenda o Monomakhovykh regaliiakh v iskusstve Moskvy XVI v.", in A. N. Sakharov (ed.), *Rim, Konstantinopol', Moskva: Sravnitel'noistoricheskoe issledovanie tsentrov ideologii i kul'tury do XVII v.* (Moscow: Institut russkoi istorii RAN, 1997), pp. 367–372.

Morozova, L. E., *Sochineniia Zinoviia Otenskogo* (Moscow: Institut istorii AN SSSR, 1990).

Morris, Marcia A., *The Literature of Roguery in Seventeenth- and Eighteenth-Century Russia* (Evanston, Ill.: Northwestern University Press, 2000).

Nasibova, Aida, *The Faceted Chamber in the Moscow Kremlin*, trans. N. Johnstone (Leningrad: Aurora Publishers, 1978).

Nekrasov, A. I., (ed.), *Barokko v Rossii* (Moscow: GAKhN, 1926).

Odom, Anne, *Russian Enamels* (Baltimore: Walters Art Gallery, 1996).

Okenfuss, Max, *The Rise and Fall of Latin Humanism in Early-Modern Russia: Pagan Authors, Ukrainians, and the Resiliency of Muscovy* (Leiden and New York: Brill, 1995).

Ovchinnikova, E. S., *Portret v russkom iskusstve XVII veka* (Moscow: Iskusstvo, 1955).

Panchenko, A. M. (ed.), *Russkaia sillabicheskaia poeziia XVII – XVIII vv.* (Leningrad: Sovetskii pisatel', 1970).

Russkaia stikhotvornaia kul'tura XVII veka (Leningrad: Nauka, 1973).

Panova, T. D., "Opyt izucheniia nekropolia Moskovskogo Kremlia", in V. F. Kozlov et al. (eds.), *Moskovskii nekropol'. Istoriia, arkheologiia, iskusstvo, okhrana*

(Moscow: Nauchnoissledovatel'skii institut kul'tury, 1991), pp. 98-105.

Nekropoli Moskovskogo Kremlia (Moscow: Muzei-zapovednik "Moskovskii Kreml", 2003).

Pavlenko, A. A., "Karp Zolotarev i Moskovskie zhivopistsy poslednei treti XVII v.", in *Pamiatniki kul'tury. Novye otkrytiia. 1982* (Leningrad: Nauka, 1984), pp. 310-316.

"Evoliutsiia russkoi ikonopisi i zhivopisnoe masterstvo kak iavlenie perekhodnogo perioda", in *Russkaia kul'tura v perekhodnyi period ot Srednevekov'ia k novomu vremeni* (Moscow: Institut rossiiskoi istorii RAN, 1992), pp. 103-108.

Petrukhin, V. J., "The Early History of Old Russian Art: The Rhyton from Chernigov and Khazarian Tradition", *Tór* 27 (1995): 475-486.

Nachalo etnokul'turnoi istorii Rusi IX - XI vekov (Smolensk and Moscow: Rusich-Gnozis, 1995).

Drevniaia Rus': Narod. Kniaz'ia. Religiia, in *Iz istorii russkoi kul'tury*, *I* (*Drevniaia Rus'*) (Moscow: Iazyki russkoi kul'tury, 2000).

Pod'iapol'skii, S. S., "Moskovskii Kremlevskii dvorets XVI v. po dannym pis'mennykh istochnikov", in A. L. Batalov et al. (eds.), *Drevnerusskoe iskusstvo. Russkoe iskusstvo pozdnego srednevekov'ia, XVI vek* (St Petersburg: Dmitrii Bulanin, 2003), pp. 99-119.

Evdokimov, G. S., Ruzaeva, E. I., Iaganov, A. V., and Iakovlev, D. E., "Novye dannye o Kremlevskom dvortse rubezha XV - XVI vv.", in A. L. Batalov et al. (eds.), *Drevnerusskoe iskusstvo. Russkoe iskusstvo pozdnego srednevekov'ia*, *XVI vek* (St Petersburg: Dmitrii Bulanin, 2003), pp. 51-98.

Podobedova, O. I., *Moskovskaia shkola zhivopisi pri Ivane IV: Raboty v Moskovskom Kremle 40-kh-70-kh godov XVI v.* (Moscow: Nauka, 1972).

Posokhin, M. V., et al., *Pamiatniki arkhitektury Moskvy. Kreml'. Kitai-gorod. Tsentral'nye ploshchadi* (Moscow: Iskusstvo, 1982).

Priselkov, M. D., *Istoriia russkogo letopisaniia XI-XV vv.* (Leningrad: LGU, 1940).

Prokhorov, G. M., *Povest' o Mitiae. Rus' i Vizantiia v epokhu kulikovskoi bitvy* (Leningrad: Nauka, 1978).

Rappoport, Pavel A., *Russkaia arkhitektura X - XIII vv.: katalog pamiatnikov* [Arkheologiia SSSR. Svod arkheologicheskikh istochnikov (E1-47)] (Leningrad: Nauka, 1982).

Drevnerusskaia arkhitektura (St Petersburg: Stroiizdat, 1993).

Building the Churches of Kievan Russia (Aldershot: Variorum, 1995).

Romodanovskaia, E. K., *Russkaia literatura na poroge novogo vremeni* (Novosibirsk: Nauka, 1994).

Rosovetskii, S. K., "Ustnaia proza XVI-XVII vv. ob Ivane Groznom-pravitele", *Russkii fol'klor*, 20 (1981): 71-95.

Rovinskii, D. A., *Russkie gravery i ikh proizvedenie s 1564 do osnovaniia Akademii*

Khudozhestv (Moscow: Izdatel'stvo grafa Uvarova, 1870).

Rowland, Daniel, "Two Cultures, One Throneroom: Secular Courtiers and Orthodox Culture in the Golden Hall of the Moscow Kremlin", in Valerie A. Kivelson and Robert H. Greene (eds.), *Orthodox Russia: Belief and Practice under the Tsars* (University Park, Pa.: Pennsylvania State University Press, 2003), pp. 33-57.

Ryan, W. F., "Aristotle and Pseudo-Aristotle in Kievan and Muscovite Russia", in J. Kraye et al. (eds.), *Pseudo-Aristotle in the Middle Ages* (London: Warburg Institute, 1986), pp. 97-109.

The Bathhouse at Midnight: An Historical Survey of Magic and Divination in Russia (Stroud: Sutton; and University Park, Pa.: Pennsylvania State University Press, 1999).

Rybakov, B. A., *Drevniaia Rus'. Skazaniia, byliny, letopisi* (Moscow: AN SSSR, 1963).

"Slovo o polku Igoreve" i ego sovremenniki (Moscow: Nauka, 1971).

Rybakov, B. A., et al. (eds.), *Kul'tura srednevekovoi Moskvy XIV - XVII vv.* (Moscow: Nauka, 1995).

Sakharov, A., et al. (eds.), *Ocherki po istorii russkoi kul'tury XVII veka*, 2 vols. (Moscow: MGU, 1979).

Savarenskaia, T. F. (ed.), *Arkhitekturnye ansambli Moskvy XV - nachala XX vekov: Printsipy khudozhestvennogo edinstva* (Moscow: Stroiizdat, 1997).

Sazonova, L. I., *Poeziia russkogo barokko* (Moscow: Nauka, 1991).

Skrynnikov, R. G., "Pervye tipografii v Rossii", *HUS* 19 (1995): 627-638.

Slovar' knizhnikov i knizhnosti Drevnei Rusi, 3 vols. (in 7) (St Petersburg: various publishers, 1987-2004).

Smirnova, E. S., "Simon Ushakov - 'Historicism' and 'Byzantinism': On the Interpretation of Russian Painting from the Second Half of the Seventeenth Century", in Samuel H. Baron and Nancy Shields Kollmann (eds.), *Religion and Culture in Early Modern Russia and Ukraine* (DeKalb: Northern Illinois University Press, 1997), pp. 170-183.

(ed.), *Uspenskii sobor Moskovskogo Kremlia* (Moscow: Nauka, 1985).

Sofronova, L. A., *Poetika slavianskogo teatra* (Moscow: Nauka, 1981).

Sokolova, I. M., *Monomakhov tron: Tsarskoe mesto Uspenskogo sobora Moskovskogo Kremlia, K 450-letiiu pamiatnika* (Moscow: Indrik, 2001).

Sterligova, I. A., "Ierusalimy kak liturgicheskie sosudy v Drevnei Rusi", in Andrei Batalov and Aleksei Lidov (eds.), *Ierusalim v russkoi kul'ture* (Moscow: Nauka, 1994), pp. 46-62.

Tananaeva, L. I., "Portretnye formy v Pol'she i v Rossii v XVII v. Nekotorye sviazi i paralleli", *Sovetskoe iskusstvoznanie* 81 (1982): 85-125.

Thomson, Francis J., "The Corpus of Slavonic Translations Available in Muscovy", in Boris Gasparov and Olga Raevsky-Hughes (eds.), *Slavic Cultures in the Middle*

Ages (*Christianity and the Eastern Slavs*, vol. I) (Berkeley: University of California Press, 1993), pp. 178-214.

The Reception of Byzantine Culture in Mediaeval Russia (Aldershot: Ashgate, 1999).

Tolstaia, T. V., *Uspenskii sobor Moskovskogo Kremlia* (Moscow: Nauka, 1979).

Tserkva Bohoroytsi desiatynna v Kyevi (Kiev: ArtEk, 1996).

Voronin, N. N., *Zodchestvo severo-vostochnoi Rusi XII - XV vekov*, 2 vols. (Moscow: AN SSSR, 1961).

Vygolov, V. P., *Arkhitektura Moskovskoi Rusi serediny XV veka* (Moscow: Nauka, 1988).

Zabelin, I., "Opis' stenopisnykh izobrazhenii pritchei v Zolotoi palate gosudareva dvortsa, sostavlennaia v 1676 g.", in *Materialy dlia istorii, arkheologii i statistiki g. Moskvy*, pt. I (Moscow: Moskovskaia gorodskaia tipografiia, 1884), pp. 1238-1255.

and Shchepkin, V., "Tron, ili Tsarskoe mesto Groznogo v Moskovskom Uspenskom sobore", in *Otchet imperatorskogo Rossiiskogo istoricheskogo muzeia imeni Imperatora Aleksandra III v Moskve* (Moscow: Sinodal'naia Tipografiia, 1908), pp. 66-80 + 20 tables.

Zalizniak, A. A., "Novgorodskie berestianye gramoty s lingvisticheskoi tochki zreniia", in V. L. Ianin and A. A. Zalizniak (eds.), *Novgorodskie gramoty na bereste (iz raskopok 1977-1983 gg.)* (Moscow: Nauka, 1986), pp. 89-121.

Drevnenovgorodskii dialekt (Moscow: Iazyki russkoi kul'tury, 1995).

Zarubin, N. N., *Biblioteka Ivana Groznogo. Rekonstruktsiia i bibliograficheskoe opisanie*, ed. A. A. Amosov (Leningrad: Nauka, Leningradskoe otdelenie, 1982).

Zemtsov, S. M., and Glazychev, V. L., *Aristotel' F'oravanti* (Moscow: Stroiizdat, 1985).

Zernova, A. S., *Knigi Kirillovskoi pechati, izdannye v Moskve v XVI - XVII vekakh. Svodnyi katalog* (Moscow: Gosudarstvennaia biblioteka SSSR, 1958).

Zguta, Russell, *Russian Minstrels: A History of the Skomorokhi* (Philadelphia: University of Pennsylvania Press, 1978).

Zhilina, N. V., *Shapka Monomakha: Istoriko-kul'turnoei tekhnologicheskoe issledovanie* (Moscow: Nauka, 2001).

Zhivov, Viktor, "Religious Reform and the Emergence of the Individual in Seventeenth-Century Russian Literature", in S. Baron and N. S. Kollmann (eds.), *Religion and Culture in Early Modern Russia and Ukraine* (DeKalb: Northern Illinois University Press, 1997), pp. 184-198.

专有名词对照

Aadil Girey, khan of Crimea
阿迪尔·吉列亦,克里米亚可汗

Abatis defensive line (southern frontier)
阿巴提斯防线(南部边界)

Abbasids, Caliphate of
阿拔斯王朝

Abibos, St
圣阿比博斯

Acre, merchants in Kiev
阿克里的商人们光顾基辅

Adalbert, bishop, mission to Rus'
阿达尔伯特主教到罗斯传教

Adashev, Aleksei Fedorovich, courtier to Ivan IV
阿列克谢·费奥多罗维奇·阿达舍夫,伊凡四世的侍臣

Adrian, Patriarch (d. 1700)
阿德里安牧首(卒于 1700 年)

Adyg tribes
阿德格部落

Afanasii, bishop of Kholmogory, Uvet dukhovnyi
阿法纳西,霍尔莫戈里主教,《精神流逝》

Agapetus, Byzantine deacon
阿加佩图斯,拜占庭助祭

"Agapetus doctrine"
"阿加佩图斯学说"

Ahmed, khan of the Great Horde
阿黑麻,大帐汗国可汗

Akakii, Bishop of Tver'
阿卡基,特维尔主教

Alachev, Mansi chief
阿拉切夫,曼西首领

Aland islands, possible origins of Rus'
奥兰群岛,罗斯的可能起源地

Albazin, Fort
阿尔巴津要塞

Aleksandr, bishop of Viatka
亚历山大,维亚特卡主教

Aleksandr, boyar, brother of Metropolitan Aleksandr Mikhailovich (d. 1339)
亚历山大,波雅尔,都主教亚历山大·米哈伊洛维奇的兄弟(卒于 1339 年)

Aleksandr Nevskii, son of Iaroslav
亚历山大·涅夫斯基,雅罗斯拉夫之子

Aleksandr Vasil'evich (d. 1331), of Suzdal'
苏兹达尔的亚历山大·瓦西里耶维奇(卒于 1331 年)

Aleksandrovskaia Sloboda
亚历山德罗夫斯卡亚-斯洛博达

Aleksei Alekseevich, Tsarevich
阿列克谢·阿列克谢耶维奇皇子

Aleksei, Metropolitan
阿列克谢,都主教

Alena, nun of Arzamas
阿尔扎马斯的修女阿廖娜

Alevisio Lamberti da Montagnana (the Younger), Venetian architect
小阿莱维修·兰贝蒂·达·蒙塔尼亚纳,威尼斯建筑师

Alexander, Grand Duke of Lithuania
立陶宛王公亚历山大

Alexios I Komnenos, emperor of Byzantium
阿莱克修斯一世·科穆宁,拜占庭皇帝

Alexis (Aleksei Mikhailovich), Tsar (d.1676)
阿列克谢·米哈伊洛维奇,沙皇(卒于 1676 年)

Alkas, chief of Kabardinians
卡巴尔达领袖阿尔卡斯

Alphabet (Bukvar'), illustrated (1694)
插图版《字母表》(1694 年)

Altmark, Treaty of (1629)
《阿尔特马克条约》(1629 年)

amanat (submission of hostages)
阿马纳特(遣送人质)

Ambassadorial Chancellery (Posol'skii prikaz)

外务衙门

Anastasiia, daughter of Petr Mikhalkovich

安娜斯塔西娅，彼得·米哈尔科维奇之女

Anastasiia Romanovna, first wife of Ivan IV

安娜斯塔西娅·罗曼诺夫娜，伊凡四世的第一任
妻子

Anastasius of Cherson

赫尔松的阿纳斯塔修斯

Andrei Aleksandrovich (d.1304)

安德烈·亚历山德罗维奇（卒于 1304 年）

Andrei, bishop of Tver'

特维尔主教安德烈

Andrei Bogoliubskii (d.1174), son of Iurii

安德烈·博戈柳布斯基（卒于 1174 年），尤里之
子

Andrei Dmitr'evich (d.1432), of Mozhaisk

莫扎伊斯克的安德烈·德米特里耶维奇（卒于
1432 年）

Andrei the Elder, son of Vasilii II (d.1493)

大安德烈，瓦西里二世之子（卒于 1493 年）

Andrei Fedorovich, prince of Rostov (1364)

安德烈·费奥多罗维奇，罗斯托夫王公（1364
年）

Andrei Iaroslavich (d. 1252), as prince in
Vladimir

安德烈·雅罗斯拉维奇（卒于 1252 年），弗拉基
米尔王公

Andrei Ivanovich, son of Ivan III, of Staritsa (d.
1537)

斯塔里察的安德烈·伊凡诺维奇（卒于 1537
年），伊凡三世之子

Andrei Rublev, artist

安德烈·鲁布廖夫，艺术家

Andrei, son of Vladimir Monomakh

安德烈，弗拉基米尔·莫诺马赫之子

Andrei the Younger, son of Vasilii II (d.1481)

小安德烈（卒于 1481 年），瓦西里二世之子

Andrusovo Armistice (1667)

《安德鲁索沃停战协定》（1667 年）

Anfim, son of Sil'vestr (priest)

安菲姆，希尔维斯特（牧师）之子

animism, in northern regions

北方地区的泛灵论

Ankudinov, Timoshka, impostor

季莫沙·安库迪诺夫，冒充者

Anna, daughter of Emperor Isaac II Angelus,
wife of Roman Mstislavich

安娜，皇帝伊萨克二世·安格鲁斯之女，罗曼·

姆斯季斯拉维奇之妻

Anna, daughter of Iaroslav, wife of Henry I of
France

安娜，雅罗斯拉夫之女，法兰西亨利一世之妻

Anna of Kashin, cult of

对卡申的安娜的崇拜

Anna Koltovskaia, wife of Ivan IV

安娜·科尔托夫斯卡娅，伊凡四世之妻

Anna Porphyrogenita, wife of Vladimir
Sviatoslavich

安娜·波菲罗洁尼塔，弗拉基尔·斯维亚托斯
拉维奇之妻

Anna Vasil'chikova, wife of Ivan IV

安娜·瓦西里奇科娃，伊凡四世之妻

Antoniev-Siiskii monastery

安东涅夫-希斯基修道院

Antonii, St, of Kiev

基辅的圣安东尼

Anzerskii Skit monastery

安泽尔斯基隐修院

apocalyptic writings

末日论述

Arcadiopolis

阿卡迪奥波利斯

Archangel, port of

阿尔汉格尔港

aristocracy, Lithuanian, influence on Muscovite
government

立陶宛贵族对莫斯科公国政府的影响

Armoury Chancellery

军械库

Artemii, Non-possessor monk

阿尔捷米，"无产者"修士

Askold, non-princely Varangian

阿斯科尔德，非王公瓦良格人

Assembly of the Land (zemskii sobor)

缙绅会议

Astrakhan'

阿斯特拉罕

Astrakhan', khanate of

阿斯特拉罕汗国

Auditing Chancellery (formed 1656)

审计衙门（成立于 1656 年）

Avramii of Smolensk, *Life* of

斯摩棱斯克的阿夫拉米的《生平》

Avvakum, Archpriest

阿瓦库姆，大司祭

Ayuki, Kalmyk khan

Zosima，Metropolitan
佐西马，都主教

Zubov，Fedor，icon-painter
费奥多尔·祖博夫，圣像画家

Zvenigorod，fortified by Iurii Dolgorukii
兹韦尼哥罗德，由"长臂"尤里设防

Zyzanii，Lavrentii，Ruthenian monk
拉夫连季·济扎尼，鲁塞尼亚修士

图书在版编目(CIP)数据

剑桥俄国史.第一卷,从早期罗斯到1689年/(英)莫琳·佩里主编;杨成等译.--上海:复旦大学出版社,2025.5
书名原文:The Cambridge History of Russia Volume Ⅰ:From Early Rus' to 1689
ISBN 978-7-309-17035-1

Ⅰ.①剑… Ⅱ.①莫… ②杨… Ⅲ.①俄罗斯-历史 Ⅳ.①K512.0

中国国家版本馆CIP数据核字(2023)第209839号

上海市版权局著作权合同登记号:图字09-2020-572

剑桥俄国史 第一卷 从早期罗斯到1689年
[英]莫琳·佩里 主编
杨 成 等译
责任编辑/史立丽 赵楚月

复旦大学出版社有限公司出版发行
上海市国权路579号 邮编:200433
网址:fupnet@fudanpress.com http://www.fudanpress.com
门市零售:86-21-65102580 团体订购:86-21-65104505
出版部电话:86-21-65642845
浙江新华数码印务有限公司

开本787毫米×1092毫米 1/16 印张47.5 字数777千字
2025年5月第1版
2025年5月第1版第1次印刷

ISBN 978-7-309-17035-1/K·819
定价:245.00元